MICHEL

Österreich-Spezial-Katalog 2008

SCHWANEBERGER VERLAG GMBH

Bewertungshinweise

Für ungebrauchte Marken des Kaiserreichs bis 1880 gelten die Bewertungen, sofern nichts anderes vermerkt, für Marken mit Falz ✶. Postfrische Qualität ✶✶ rechtfertigt zum Teil erhebliche Preisaufschläge (Vorsicht vor nachgummierten oder entfalzten Marken. Auch auf Reparaturen achten!).

Für den Zeitraum 1883–1938 sind Bewertungen für ungebrauchte Marken mit Falz ✶ und postfrisch ✶✶ angegeben. Ab 1945 gelten für ungebrauchte Marken Postfrisch-Notierungen ✶✶, Marken mit Falz ✶ bedingen Preisermäßigungen.

Die ⊠-Preise gelten für die jeweils billigste Frankaturform portogerecht frankierter Briefe oder Paket-(Post)karten, und zwar für die teuerste der auf dem Poststück befindlichen Marken. Weitere Marken werden mit dem ☉-Preis hinzugerechnet. Nicht portogerecht frankierte Briefe werden nur mit einem Aufschlag von maximal 15% für die beste Marke auf den ☉-Preis bewertet, restliche Marken mit dem normalen ☉-Preis hinzugerechnet.

Alle Preisnotierungen sind Richtwerte auf Euro-Basis und gelten für Marken in einwandfreier Qualität. Einzelheiten und Ausnahmen sind am Beginn der jeweiligen Katalogkapitel bzw. bei einzelnen Ausgaben dargestellt. Einzelne Marken aus Sätzen können teurer sein als die Notierung im Katalog. Gravierende Preisänderungen nach Redaktionsschluß werden in der MICHEL-Rundschau angezeigt.

Als Grundlage für die Ermittlung der Preisnotierungen dienten Unterlagen des Briefmarkenhandels, Arbeitsvorlagen von Sammlern sowie (Bundes-)Arbeitsgemeinschaften im In- und Ausland.

Internationaler Verband der Herausgeber von Briefmarkenkatalogen

Das Papier dieses Kataloges ist mit elementar chlorfreiem Zellstoff gefertigt und voll recycelbar.

ISBN 978-3-87858-163-5

© 2008 Schwaneberger Verlag GmbH, Ohmstr. 1, 85716 Unterschleißheim, Telefon (0 89) 3 23 93-02, Telefax (0 89) 3 23 24 02
e-mail: europa@michel.de
Internet: http://www.michel.de
          http://www.briefmarken.de
Satz: Gerber Satz GmbH, Ohmstr. 1, 85716 Unterschleißheim
Druck: Kessler Druck + Medien, Michael-Schäffer-Str. 1, 86399 Bobingen

Vorwort

Der MICHEL-Österreich-Spezial-Katalog erweist sich auf Grund des übersichtlichen Aufbaus, der Fülle der enthaltenen Informationen und nicht zuletzt wegen der jährlich mit großer Sorgfalt durchgeführten Überarbeitung als Standardwerk der Österreich-Philatelie, das jedem engagierten Österreich-Philatelisten eine unverzichtbare Hilfe beim Aufbau seiner Sammlung bietet. Die Preisnotierungen wurden anhand von Händlerpreislisten vollständig aktualisiert.

Auch in diesem Jahr wurden wieder zahlreiche redaktionelle Verbesserungen in den Text eingearbeitet. Auf den ersten Blick fallen die auf 84 Seiten erstmals enthaltenen Ganzsachen sowie die Bearbeitung der Trachtenserie und die über 100 neu aufgenommenen und vielfach auch abgebildeten Abarten und Besonderheiten ins Auge. Natürlich wurde auch die nicht ausgegebene Dalai-Lama-Marke von 2005 aufgenommen.

Zu den weiteren nützlichen Ergänzungen zählen z. B. die Neufassung der Dollfuß-Marke von 1934 und die verbesserten Abbildungen der Markenheftchen. Auf vielfachen Sammlerwunsch sind bei der Erfassung der Einschreibmarken jetzt auch die Nummernkreisstempel angegeben.

Die österreichischen Briefmarken erfreuen sich nach wie vor einer stabilen Nachfrage.

Besonders das Interesse an Besonderheiten jeder Art, wie Untertypen, Abarten, Probedrucke usw., spiegelt sich in Preiserhöhungen. Teils spürbar zurückgenommen wurden, der aktuellen Marktlage entsprechend, die Notierungen für einige Europa-Ausgaben.

Ab etwa dem Erscheinungsjahr 1990 ist ein Anziehen der Preise bei Blocks und Kleinbogen zu beobachten. Ab 2000 gilt dies verstärkt auch für andere Erhaltungsformen. So sind sauber gestempelte Marken und Bedarfsbriefe immer schwieriger zu finden, was sich in steigenden Handelspreisen niederschlägt.

In diesem Katalog sind alle bis einschließlich Heft 2/2008 der MICHEL-Rundschau katalogisierten Neuheiten Österreichs enthalten. Um keine der nachfolgenden Ausgaben zu verpassen und den Katalog aktuell zu halten, empfiehlt sich ein Abonnement der MICHEL-RUNDSCHAU ab Heft 3/2008.

Die Redaktion dankt allen Sammlern und Händlern, die mit Ergänzungsvorschlägen und der Überlassung von Preislisten zum Gelingen des MICHEL-Österreich-Spezial-Kataloges 2008 beigetragen haben.

Wir wünschen allen Lesern weiterhin viel Freude bei der Beschäftigung mit der österreichischen Philatelie und dem vorliegenden Katalog.

Schwaneberger Verlag

Redaktion

Wenn Sie zu diesem Katalog noch eine philatelistische Frage haben, rufen Sie uns bitte an: +49(0)89 3 23 93-2 01, Mo.–Fr. 9–15 Uhr.

Hinweise für den Katalog-Benutzer

Prüfungen und Begutachtungen von Briefmarken oder Feststellungen, ob es sich evtl. um Abarten oder Plattenfehler u. ä. handelt, sowie Ermittlungen von Katalognummern etc. sind der Redaktion aus Zuständigkeits- bzw. Zeitgründen nicht möglich. Für unverlangt eingesandte Briefsendungen und Markenvorlagen wird keinerlei Haftung übernommen. Vor Einsendung geprüfter Marken halten Sie bitte kurz telefonische Rücksprache mit der Redaktion.

Alle Zuschriften, auch E-Mails, Fax etc., werden aufmerksam gelesen, können aber nicht in jedem Fall beantwortet werden. Anfragen, die ausschließlich in eigenem Interesse gestellt werden, beantworten wir in aller Regel nur dann, wenn Rückporto (Ausland Antwortschein) beiliegt.

Vor Einsendung von geprüften Markenvorlagen bitten wir Sie, sich zu überlegen, ob Ihre beabsichtigte Meldung für den MICHEL-Österreich-Spezial-Katalog auch wirklich geeignet ist. Wir empfehlen Ihnen darüberhinaus, die unter dem Titel „MICHEL-Abartenführer" beim Fachhandel vorliegende „Anleitung zur Bestimmung von Abarten, Abweichungen und Fehlern auf Briefmarken" zu Rate zu ziehen. Aus dieser kleinen Broschüre können Sie alle wichtigen Informationen zum Thema Abarten entnehmen.

Sollten Sie Irrtümer, Satz- oder Druckfehler entdecken, bitten wir Sie, uns diese mitzuteilen. Sie tragen so dazu bei, daß wir diese Fehler für die nächste Auflage korrigieren können. Für Ihre Mithilfe bedanken wir uns bereits an dieser Stelle.

Sie erleichtern uns die Arbeit, wenn Sie Hinweise auf Fehler, Vorschläge und Anfragen getrennt von der übrigen Korrespondenz auf einseitig beschriebenen Blättern einsenden.

Vergessen Sie bitte in Ihrem eigenen Interesse nie, auf Ihrem Schreiben deutlich Ihren Namen und Ihre genaue Anschrift mit Postleitzahl, nach Möglichkeit auch Ihre telefonische Erreichbarkeit anzugeben.

Ein Anruf in der Redaktion ist meist der einfachste und schnellste Weg. Tel.-Nr. 0049 (0) 89/3 23 93-2 01.

Einführung in den MICHEL-Österreich-Spezial-Katalog

Allgemeine Hinweise zur Benutzung

Aufbau und Inhalt

Der MICHEL-Österreich-Spezial-Katalog umfaßt alle Postwertzeichen, die ab 1850 für Österreich, Lombardei und Venetien, Bosnien und Herzogowina und für die österreichischen Auslandspostämter auf Kreta, in der Levante und in China ausgegeben wurden. Außerdem sind die Marken der Post der Donau-Dampfschiffahrts-Gesellschaft und die Lokalausgaben der 1. Republik (1918–1938) sowie der 2. Republik (1945) aufgeführt. Zusätzlich sind die Ausgaben der Postverwaltung der Vereinten Nationen Wien katalogisiert.

Am Anfang der einzelnen Sammelgebiete stehen allgemeingültige Bemerkungen zu nachfolgenden Katalogisierungen. Es empfiehlt sich daher grundsätzlich, auch den Einleitungstexten Aufmerksamkeit zu schenken. Hier sind weiterführende Hinweise auf Besonderheiten, Wasserzeichen und Blockaufstellungen zu finden.

Das am Schluß des Kataloges eingefügte Stichwortverzeichnis bietet eine große Hilfe bei der Auffindung von einzelnen Gebieten oder Marken.

Die wichtigsten sind:

D	= Dienstmarken
H-Bl.	= Markenheftchenblatt
Hz	= Herzstück
K	= Kehrdruck (aus Markenheftchenbogen)
KZ	= Kehrdruck mit Zwischensteg (aus Markenheftchenbogen)
MH	= Markenheftchen
MHB	= Markenheftchenbogen
P	= Portomarken
S	= senkrechter Zusammendruck (aus Markenheftchenbogen)
SZ	= senkrechter Zusammendruck mit Zwischensteg (aus Markenheftchenbogen)
SZd	= senkrechter Zusammendruck (aus Schalterbogen)
W	= waagerechter Zusammendruck (aus Markenheftchenbogen)
WZ	= waagerechter Zusammendruck mit Zwischensteg (aus Markenheftchenbogen)
WZd	= waagerechter Zusammendruck (aus Schalterbogen)

Gliederung der Markengattungen

Innerhalb eines Landes bzw. eines Sammelgebietes sind ohne besondere Überschriften die Marken in chronologischer Reihenfolge numeriert, die der Vorauszahlung der Postgebühren durch den Absender dienen; dazu gehören auch Eilmarken, Flugpostmarken (gekennzeichnet durch ✈), Einschreibmarken, Zeitungsmarken usw. Anschließend folgen jeweils mit eigener Überschrift und Numerierung, z. B. Automatenmarken, Markenheftchen mit ihren Zusammendrucken, Portomarken, Telegrafenmarken usw.

MICHEL-Numerierung

Die Marken sind innerhalb ihrer Gattungen chronologisch numeriert, einzelne Nachzügler mit Angabe ihres Ausgabejahres eingefügt. Wo nötig, sind Übersichtstabellen oder Hinweise in kursiv eingefügt. Nachträglich eingefügte Hauptarten erhalten in Ausnahmefällen die Nummern der vorangegangenen Marken mit den Buchstaben A, B, C usw. vor der Nummer.

Innerhalb eines Sammelgebietes erhalten bestimmte Markengattungen zur Unterscheidung zu den Normalausgaben eigene chronologische Numerierungen mit vorangestellten Buchstaben(-kombinationen).

Nachgestellte Buchstaben(-kombinationen) bei Unterarten

A, B, C, D, E … (die ersten Großbuchstaben des Alphabetes) hinter der Nummer bezeichnen Trennungsarten der Marken.

a, b, c, d, e … (die ersten Kleinbuchstaben des Alphabetes) hinter der Nummer bezeichnen wichtige Farbtönungsunterschiede.

… V, W, X, Y, Z (die letzten Großbuchstaben des Alphabetes) hinter der Nummer bezeichnen Wasserzeichenarten.

… v, w, x, y, z (die letzten Kleinbuchstaben des Alphabetes) hinter der Nummer bezeichnen Papier- und Gummierungsunterschiede.

I, II, III, IV, V … (römische hinter arabischen Ziffern) bezeichnen Druckarten und Typenunterschiede.

L	= Leerfeld in Markengröße
P	= Plattendruck oder Probedruck
R	= Rollenmarke
W	= Walzendruck
Zf	= Zierfeld in Markengröße
ZS	= senkrechtes Zwischenstegpaar
ZW	= waagrechtes Zwischenstegpaar

Nachgestellte Buchstaben(-kombinationen) bei Abarten

DD = Doppel(-bild)-druck oder doppelter Aufdruck
DK = doppelter Aufdruck, einer kopfstehend
F = Fehldruck oder Fehlfarbe
G = Druck auf der Gummiseite
K = Kehrdruckpaar oder kopfstehender Aufdruck
Pa = auf geklebter Papierbahn
U = ungezähnt (Uo usw. siehe Abkürzungsverzeichnis)

I, II, III, IV, V … (römische Ziffern am Ende der MICHEL-Nr.) numerieren die Plattenfehler.

Aus irgendwelchen Gründen nicht zur Ausgabe gelangte Marken erhalten römische Ziffern ohne weitere Zusätze.

Die Reihenfolge der Unternummern kann von Ausgabe zu Ausgabe verschieden sein, da die Aufteilungen bei den Katalogisierungen so gewählt werden, wie sie sich am übersichtlichsten darstellen lassen. Abartenbezeichnungen werden grundsätzlich zuletzt genannt.

Als Beispiel MiNr. 49 X a B I: 49 (Hauptnummer) X (Wasserzeichen) a (Farbe) B (Zähnung) I (Abart Plattenfehler).

Wertangaben

Die Wertbezeichnungen (Nominalen) der Marken werden in der Regel in Ziffern angegeben. Währungsbezeichnungen sind innerhalb der Sammelgebiete einheitlich abgekürzt, ohne Berücksichtigung der Schreibweise auf den betreffenden Postwertzeichen. Stehen Währungsbezeichnungen in Klammern, ist auf der Marke selbst keine Bezeichnung angegeben. Wertaufdrucke sind durch fette Schrift gekennzeichnet.

Abbildungen

Briefmarken sind, soweit nichts anderes vermerkt, in ½ Größe wiedergegeben, Blocks in unterschiedlichen Verkleinerungen abgebildet. Die Größenangaben der Blocks sind Durchschnittsmaße, da die Größen der Blocks nicht einheitlich sind. Bei Abarten und Besonderheiten ist der Vergrößerungsmaßstab so gewählt, daß eine möglichst große Aussagekraft erreicht werden kann.

Katalogabbildungen können nicht als Vergleichsmaterial zu Prüfungen herangezogen werden.

Klischeezeichen

Fortlaufende Buchstabenangaben (= Klischeezeichen) vor den Bildlegenden sowie vor den Preisspalten in den Katalogisierungszeilen ermöglichen eine problemlose Zuordnung der Markenabbildungen zu den MICHEL-Nummern.

Bildbeschreibungen

Die Bildbeschreibungen sind so informativ wie möglich gehalten, können und wollen jedoch kein Lexikon ersetzen.

In der Philatelie bezieht sich die Bildbeschreibung „rechts" oder „links" immer auf die Vorderseite der vor dem Betrachter liegenden Marke. Dies geschieht auch, wenn es dem eigentlichen Sachverhalt widerspricht; so ist z. B. das auf einer Marke abgebildete linke Auge eines Menschen körperlich dessen rechtes Auge.

Preisspalten

Die Notierungen in den MICHEL-Spezial-Katalogen gelten in den linken Spalten für ungebrauchte (✳, (✳), ✳✳), in den rechten für gebrauchte (⊘, ☉, 〜, ⊠) Stücke. In einzelnen Fällen sind noch weitere Preisspalten, z. B. für Einheiten und für besondere Entwertungen (oder Frankaturen) eingefügt. Sie sind durch die im Abkürzungsverzeichnis näher erläuterten Zeichen gekennzeichnet. Im übrigen sind im Vortext jedes Sammelgebietes die Bewertungsgrundlagen angegeben.

Eine Notierung in Schrägschrift bedeutet, daß die Bewertungsunterlagen für eine eindeutige Preisfestsetzung nicht ausreichen.

Die Bezeichnung „—,—" innerhalb der Preisspalten besagt: Diese Marke gibt es, eine Notierung ist jedoch nicht möglich, weil Bewertungsunterlagen fehlen. Dies muß nicht zwangsläufig bedeuten, daß die Marke sehr teuer ist.

Ist weder —,— noch Preis eingesetzt, gibt es diese Marke nicht bzw. wurde sie noch nicht vorgelegt.

Preisnotierungen

Alle Preisnotierungen sind Richtwerte auf Euro-Basis und gelten für Marken in einwandfreier Qualität. Mängel bewirken in der Regel Abschläge. Einzelheiten und Ausnahmen sind am Beginn der jeweiligen Katalogkapitel bzw. bei einzelnen Ausgaben dargestellt. Satzpreise sind, wenn nicht anders angegeben, nach den niedrigsten Preisen der Einzelmarken errechnet. Einzelne Marken aus Sätzen können wesentlich teurer sein als die Notierung im Katalog, Satzpreise können niedriger sein als die Summe der Einzelpreise. Preisbewegungen nach oben und unten sind auf Grund von Angebot und Nachfrage die Regel. Da der MICHEL-Katalog nur immer die Marktlage zum Zeitpunkt der Bearbeitung berücksichtigen kann, werden gravierende Preisänderungen nach Redaktionsschluß in der monatlich erscheinenden MICHEL-Rundschau angezeigt.

Briefpreise:

Die ⊠-Preise gelten nur für echt postalisch beförderte, nach den jeweiligen Portosätzen richtig frankierte bzw. mit Nachporto belegte unterfrankierte Sendungen.

Während bei Mehrfachfrankaturen Überfrankaturen bis höchstens 10% in der Regel nur geringe Abschläge auf den ⊠-Preis bewirken, müssen Einzel- und Mischfrankaturen in aller Regel portogerecht sein. Höhere Überfrankaturen, Satzbriefe und dergleichen werten, wenn echt gelaufen, höchstens 15% mehr als die teuerste ⊙-Marke (Ausnahme besonders seltene Marken). Für nicht gelaufene ⊠ gilt das Gleiche.

Noch gültige Marken:

Noch frankaturgültige Marken können auf ⊠ keine Preisansätze erhalten. Für ihre Bewertung kann aber folgende Regel angewendet werden: Mindestens 0,50 Euro bzw. ca. 20% Aufschlag auf ⊙-Preis, höchstens jedoch ∗∗-Preis, wenn der ∗∗-Preis über 0,50 Euro liegt.

FDC

Die FDC-Bewertungen gelten für Belege mit Abstempelung vom 1. Gültigkeitstag, ohne Rücksicht auf die Portogerechtheit der Frankatur.

Portogerechte, echt gelaufene Belege vom 1. Gültigkeitstag verdienen oft zum Teil erhebliche Aufschläge!

Erhaltung der Marken

Bei der Beurteilung der Qualität wird der einsichtsvolle Philatelist immer von dem Zustand der Marke bei der Ausgabe ausgehen und die Eigenarten ihrer Grundstoffe (Papier, Farben, Gummierung), der Herstellung, ihre Widerstandsmöglichkeiten gegen äußere Einflüsse und die übliche Behandlung im Postverkehr (Zähnung, Abstempelung usw.) berücksichtigen; der Qualitätsanspruch ist diesen Voraus-

setzungen unterzuordnen. Man kann z. B. von geschnittenen Marken, die nahezu ohne Ränder oder mit sehr kleinen Zwischenräumen hergestellt wurden, keine vollrandigen Stücke, bei reißschlechten Papiersorten keine vollständigen Durchstiche oder Zähnungen verlangen.

Wenn bei einzelnen Ausgaben nicht anders vermerkt, muß bei gezähnten Marken die Zähnung allseits vollständig sein, bei geschnittenen Marken darf der Schnitt das Markenbild nicht berühren, postfrische Qualität setzt vollkommen unberührte Gummierung voraus, ungebrauchte Marken dürfen nur einen sauberen Erstfalz haben und gestempelte Marken sollten eine saubere und möglichst lesbare Abstempelung aufweisen; allerdings ist zu berücksichtigen, daß es zeit- und ortsbedingt Qualitätsunterschiede der Stempel sowie der Stempelfarbe gibt. So sind zu bestimmten Zeiten und/oder in einigen Gebieten verschwommene, leicht verschmierte Abstempelungen durchaus als vollwertig zu betrachten. Alle Marken, denen vorgenannte Qualitätsmerkmale fehlen, erfordern je nach Erhaltungsgrad mehr oder weniger starke Preisabschläge. Überdurchschnittliche, selten anzutreffende Erhaltung bedingt höhere Preise.

Ausbesserungen (Reparaturen) haben den Zweck, den weiteren Verfall einer beschädigten, noch sammelwürdigen Marke aufzuhalten. Reparierte Marken sind darum den philatelistischen Begriffsbestimmungen entsprechend eine bestimmte, durchaus sammelwürdige Art der Erhaltung, wenn der Zweck der Reparatur nicht eine betrügerische Veränderung der Katalognummer ist (z. B. falsch eingesetzte Mittelstücke). Da die Werteinbuße nach dem Grad der Verschönerung bzw. Ausbesserung schwankt, sollten in Zweifelsfällen anerkannte Prüfer zu Rate gezogen werden.

Markentechnische und wichtige philatelistische Begriffe von A bis Z

Abarten

Druckfehler, Fehldrucke, Plattenfehler usw. sind natürlich auch beim Markendruck unvermeidbar. **Genaue Beschreibungen und Abbildungen siehe MICHEL-Abartenführer. Abarten werden entsprechend den dort niedergelegten Grundsätzen katalogisiert.**

Aufdruckfehler

Gerade bei Aufdrucken kann es herstellungsbedingt eine Unzahl von Abarten geben: Aufdruck auf einem anderen als dem bestimmten Wert oder in falscher Farbe. Ausgefallene Aufdrucke (Paar mit und ohne Aufdruck). Setz- oder Plattenfehler in Aufdrucken. Kopfstehende und seitliche, mehrfache und rückseitige Aufdrucke und vieles mehr.

Ausgefallener Druckgang

Marken, bei deren Fertigung ein Druckgang ausgefallen ist, zeigen eine Farbe zu wenig, es fehlt also ein Teil der Zeichnung. Dies kann auch bei einfarbigen Marken auftreten, wenn sie in mindestens zwei Druckgängen gedruckt wurden.

Doppeldrucke

Der echte Doppeldruck bedingt ein zweimaliges Durchlaufen des Druckbogens durch die Maschine, das Markenbild ist dadurch doppelt zu sehen.

Nur beim Offsetdruck kommt auch der sogenannte Doppelbilddruck vor, der durch seine Ähnlichkeit zum Doppeldruck und sein häufiges Vorkommen bei Sammlern auf Interesse stößt. Er entsteht, wenn Farbe von der Druckwalze auf die Gegenwalze gerät und

dann vom nächsten Bogen aufgenommen wird. Er wurde nur anerkannt bei deutlich abgesetzter zweiter Kontur. Da es sich eigentlich um eine Druckzufälligkeit handelt, werden Doppelbilddrucke seit 1992 nicht mehr signiert und ab diesem Zeitpunkt auch nicht mehr neu in die MICHEL-Kataloge aufgenommen.

Farbfehldruck

Wird eine Marke oder Teile davon in der falschen Farbe oder auf falschfarbigem Papier gedruckt, spricht man von Farbfehldruck.

Geklebte Papierbahn

Diese Abart entsteht durch das Zusammenkleben des Endes einer Papierbahn mit dem Beginn der nächsten oder durch das Kleben einer gerissenen Papierbahn während des Druckvorganges.

Kopfstehende Bildteile

Dieser Fehler entsteht, wenn ein Markenbild aus mehreren Klischees zusammengesetzt ist und eines davon kopfstehend einmontiert wurde.

Druck auf der Gummiseite

Er entsteht, wenn der schon gummierte Bogen oder die Papierbahn falsch in die Druckmaschine eingelegt wird.

Plattenfehler

Dies sind Schäden, die entweder schon bei der Vervielfältigung des Urklischees oder durch Abnutzung während des Drucks in der Druckform auftreten. Sie ziehen sich über ganze Auflagen oder größere Teilauflagen unverändert hin. Katalogisiert werden Plattenfehler nur, wenn eine amtliche Bestätigung vorliegt, daß es sich wirklich um einen Plattenfehler und nicht nur um einen Druckzufall handelt. Außerdem muß die Abweichung für einen normalsichtigen Menschen ohne Lupe oder sonstige Hilfsmittel gut erkennbar sein.

Wasserzeichenabart

Wenn der Druck einer Marke auf einem Wasserzeichenpapier erfolgte, das für diese Marke nicht vorgesehen war, so handelt es sich um eine Wasserzeichenabart. Als Abarten werden auch versehentlich falsche Stellungen des Wasserzeichens anerkannt.

Zähnungsabarten

Versagen die Zähnungsmaschinen ganz oder teilweise, so entstehen ganz oder teilweise ungezähnte Bogenreihen. Wegen Fälschungsgefahr sollten solche Stücke nur als Randstücke oder in Paaren gesammelt werden.

Andreaskreuze (1850 und 1858)

Jede Druckplatte umfaßte vier Blocks zu 60 Marken. Sie wurde aus Einzeldruckstöckeln zusammengesetzt. Jeder Block bestand aus 8 Reihen zu 8 Markenfeldern. Dies ergab jedoch 64 Felder, weshalb die vier überschüssigen Felder in der untersten Reihe eines jeden Schalterbogens mit den sogenannten „Andreaskreuzen" ausgefüllt wurden. Die Einzeldruckstöckel der Druckplatte scheinen in waagerechten Reihen von 8 Stück, die Andreaskreuze in solchen von 4 Stück zusammengelötet gewesen zu sein.

Bei der Ausgabe 1850 und als Ausnahme, bei einem Wert der ersten Auflage der Ausgabe 1858, waren sie farbig auf weiß und zuerst bei allen vier Bogenvierteln rechts unten angebracht, später teils rechts, teils links unten.

Bei der Ausgabe 1858 waren die Andreaskreuze im allgemeinen weiß auf farbig, und zwar in zwei Ausführungen, 20 × 24 mm („große Kreuze", Marken in Type I und II) und 17 × 20½ mm („kleine Kreuze", nur Marken in Type II).

Abgesehen von vereinzelten Fällen bei der Type II, bei der sie auch rechts unten vorkommen, waren die Andreaskreuze bei dieser Ausgabe immer links unten angeordnet. Sowohl die großen als auch die kleinen Kreuze dieser Ausgabe hatten in jedem Viererstreifen immer einen, zwei, drei oder vier weiße Punkte zur Unterscheidung der vier Druckbogenviertel.

Aufdruck

Marken werden aus den unterschiedlichsten Gründen mit Aufdrucken versehen:

Änderung der Markengattung (z. B. Freimarke wird Dienst- oder Portomarke), Änderung der Wertstufe oder der Währungsbezeichnung, Änderung des Ausgabeanlasses oder Zuweisung eines neuen Verwendungsbezirkes.

Klammerzahlen vor den Preisspalten weisen bei Aufdruckmarken auf die Katalognummern der betreffenden Urmarken hin, Kleinbuchstaben auf die entsprechenden Abbildungen. Die danach eingesetzten Großbuchstaben sind die Farbabkürzungen der Aufdruckfarben. Sind keine angegeben, so ist die Aufdruckfarbe immer schwarz.

Aufheller

Dem Papierbrei werden chemische Mittel beigefügt, die das Papier weißer erscheinen lassen und damit die Farben leuchtender machen. Unter der UV-Lampe leuchten diese Marken bläulich auf. Eine katalogmäßige Erfassung muß unterbleiben.

Bogenplatz einer Marke (Feld)

Im Normalfall besteht beim Bogendruck ein Druckbogen aus mehreren (meist vier) Schalterbogen. Im MICHEL-Österreich-Spezial-Katalog wird in den

Kopftexten die **Schalter**bogengröße in Klammern nach dem Druckverfahren angegeben. Dabei bedeutet z.B. bei 10×5 die erste Zahl (10) die Anzahl der Marken nebeneinander (waagerecht), die zweite (5) die Anzahl der Marken untereinander (senkrecht).

Die Basis für die philatelistische Zählweise ist, **unabhängig von Bogenrandbeschriftungen,** das normalstehende Markenbild. Der Philatelist zählt in waagerechter Richtung von links nach rechts, abweichend von der postalischen Zählweise (von oben nach unten).

Drucker(ei)zeichen

Am Bogenrand befinden sich bisweilen Buchstaben, Zahlen oder Zeichen, die Hinweise auf den verantwortlichen Drucker oder die Druckerei geben.

Druckprobe

Zur Überprüfung der Druckmaschine auf ordnungsgemäße Funktion werden während der Herstellung Druckproben vorgenommen.

Druckspieße

Druckspieße (Balken) zwischen den Marken entstanden durch Hochsteigen der zwischen die Klischees eingefügten „Durchschüsse" bei nicht fest in den Druckrahmen geschlossenen Platten. Diese Spieße wurden beim Druck eingefärbt und mitgedrruckt. Beispiel: Österreich Ausgabe 1850, jedoch auch bei relativ modernen Ausgaben.

Druckverfahren

Grundsätzlich unterscheidet man: Hochdruck (Buchdruck, Flexodruck, Prägedruck), indirekter Hochdruck (Letterset), Flachdruck (Steindruck, Offsetdruck, Lichtdruck), Tiefdruck (Stichtiefdruck, Rastertiefdruck) und Siebdruck.

Relativ häufig findet man Kombinationen aus zwei verschiedenen Druckverfahren.

Hochdruck

Buchdruck (im Katalog abgekürzt Bdr.)

Die Hochdruckform hat erhabene (das sind die druckenden) und tieferliegende (nichtdruckende) Teile. Die erhabenen Druckelemente werden gleichmäßig eingefärbt, anschließend mit verhältnismäßig großem Druck gegen das Papier gepreßt. Daraus ergeben sich folgende Erkennungsmerkmale:

Quetschränder an Schrift und Linien
Farbflächen erscheinen unter der Lupe unruhig
rückseitig meist leichte Prägung sichtbar

Prägedruck (im Katalog abgekürzt Prägedr. oder Pdr.)

Für das herzustellende Markenbild werden zwei übereinstimmende Druckformen angefertigt, bei der einen ist das Prägebild erhaben, bei der anderen vertieft. Beim Druckvorgang liegt das Papier zwischen den beiden Formen, die mit hohem Druck gegeneinander gepreßt werden und dadurch die Prägung auf das Papier übertragen.

Der Prägedruck tritt fast immer in Kombination mit anderen Druckverfahren auf. Erkennungsmerkmal: vorderseitig positives, rückseitig negatives Relief.

Indirekter Hochdruck

Letterset (im Katalog abgekürzt Ldr.)

Der indirekte Hochdruck wird auch Letterset oder Trockenoffset genannt. Der Unterschied zum konventionellen Hochdruck besteht darin, daß hier nicht direkt von der Druckform auf das Papier gedruckt wird. Die Hochdruck-Platte druckt auf einem mit einem Gummituch bespannten Zylinder. Von dort wird das Druckmotiv auf das Papier übertragen. Das Schriftbild der Druckplatte muß seitenrichtig sein. Dieser Übertragungsvorgang ist auch im Offsetverfahren üblich. Erkennungsmerkmale:
wie bei Offsetdruck.

Buchdruck   Letterset

Flachdruck

Beim Flachdruck befinden sich druckende und nichtdruckende Flächen nahezu auf einer Ebene. Die druckenden Stellen sind so präpariert, daß sie Wasser abstoßen und dadurch die fettige Druckfarbe annehmen, während die nichtdruckenden Stellen wasserfreundlich sind und Farbe abstoßen. Auf diesem Gegensatz zwischen Fett und Wasser beruht das Wesen des Flachdruckverfahrens. Je mehr es dabei möglich ist, diesen Gegensatz zu steigern, desto leichter und besser gestaltet sich der spätere Druckvorgang.

Lichtdruck (im Katalog abgekürzt Lichtdr.)

Die Druckform besteht beim Lichtdruck (auch Phototypie) aus einer mit einer Gelatine-Chromschicht beschichteten Glasplatte, die mit einem (seitenrichtigen) Halbtonnegativ belichtet wird. Die Gelatine wird entsprechend den Tonwerten unterschiedlich stark gehärtet und anschließend gefeuchtet, es bildet sich

ein Relief auf der Platte. Die unbelichteten Stellen stoßen die Druckfarbe ab, belichtete nehmen sie an.

Charakteristisch für den Lichtdruck ist das unter der Lupe erkennbare sogen. Runzelkorn, das den Raster ersetzt, in der Vergrößerung ergibt sich ein unscharfes Bild.

komb. StTdr. und RaTdr.   komb. StTdr. und Odr.

Lichtdruck   Steindruck   Offsetdruck

Tiefdruck

Beim Tiefdruck wird die Druckfarbe über Einfärbewalzen in die tiefliegenden Bildteile übertragen, wobei die auf der Oberfläche des Zylinders haftende Farbe durch eine Wischeinrichtung (Rakel) entfernt wird. Die Papierbahn übernimmt die Farbe aus den Vertiefungen des Druckzylinders.

Steindruck (im Katalog abgekürzt Stdr.)

Der Steindruck oder die Lithografie ist das älteste Flachdruckverfahren, das heute für den Druck von Briefmarken nicht mehr gebräuchlich ist. Als Druckträger dienen Kalkstein- oder Schieferplatten, auf die die Zeichnungen manuell oder fotolithografisch, in beiden Fällen seitenverkehrt, übertragen werden. Der Druck erfolgt direkt vom Stein auf das Papier, es handelt sich also im Gegensatz zum Offsetdruck um ein direktes Druckverfahren.

Für den Steindruck ergeben sich folgende Erkennungsmerkmale:
unscharfe, in der Linienführung oft unterbrochene Bilder
matte, weiche Farben (dünner Farbauftrag)
Konturen undeutlich.

Offsetdruck (im Katalog abgekürzt Odr.)

Als Druckträger werden biegsame Metallplatten verwendet, welche um die Druckzylinder gespannt werden. Der Druck erfolgt über Gummituchzylinder auf das Papier. Der Offsetdruck ist also ein indirektes Druckverfahren, die Zeichnung auf der Platte muß seitenrichtig sein.

Halbtöne müssen gerastert werden. Der Raster täuscht durch verschieden große Punkte verschiedene Tonwerte vor. Helle Bildstellen (helle Tonwerte) werden von kleinen Punkten gebildet, dunkle von großen.

Da das Offsetverfahren keine großen Anforderungen an die Papierqualität stellt und eine sehr schnelle Arbeitsweise gestattet, verdrängte es bei Massenauflagen, besonders auch im Mehrfarbendruck, den Buchdruck. Erkennungsmerkmale:
Farbflächen gleichmäßig eingefärbt
saubere, nicht ausgefranste, nicht gequetschte Ränder
rückseitig keine Prägung sichtbar
Tonwertabstufung durch Aufrasterung
Rasterpunkte unterschiedlich groß aber mit gleicher Farbintensität

Stichtiefdruck   Rastertiefdruck

Stichtiefdruck (im Katalog abgekürzt StTdr.)

Beim Kupferstich – der ältesten Technik des Tiefdrucks – wird die Zeichnung mit Stichel in eine Kupferplatte eingraviert, beim Stahlstich in eine Stahlplatte.

Nach dem Härten der Platte wird das vertieft liegende Markenbild auf ein Stück Rundstahl (Molette) übertragen. Dabei wird das Markenbild reliefartig geprägt. Von der gehärteten Molette erfolgt die Übertragung auf den mit einer Kupferschicht (weich) überzogenen Druckzylinder, der durch Verchromung gehärtet wird. Das Bild erscheint auf dem Druckzylinder vertieft und seitenverkehrt.

Beim Druckvorgang wird die zähflüssige Farbe von dem angepreßten feuchten saugfähigen Papier aufgenommen und trocknet leicht erhaben auf. Durch das Zusammenziehen des trocknenden Papieres ergeben sich häufig meßbare Größenunterschiede des Markenbildes.

Die Schabetechnik – Mezzotinto genannt – bedient sich des Gravierstahles und bringt zusätzlich kleine Vertiefungen in die Platte; dies war die erste Technik mit Halbton-Wiedergabe.

Das Stichtiefdruckverfahren wird bevorzugt für Markenbilder, die eine besonders sorgfältige Ausarbeitung jeder Bildeinzelheit erfordern; wegen seiner Kostspieligkeit kommt es meist für die höheren Nenn-

werte in Frage, bietet allerdings auch den größtmöglichen Schutz gegen Fälschungen zum Schaden der Post. Die Erkennungsmerkmale sind:

Farbauftrag als Relief spürbar

Zeichnung besteht aus feinen Linien und Punkten

Farbflächen werden durch eng nebeneinanderliegende und/oder kreuzende Linien erzielt

klares, detailreiches Markenbild

Rastertiefdruck (im Katalog abgekürzt RaTdr.)

Der Rastertiefdruck wird auch Ätztiefdruck oder Rakeltiefdruck genannt. Im Gegensatz zum StTdr. wird die Zeichnung auf fotografischem Wege auf eine Kupferplatte übertragen. Die älteste Form des Ätztiefdrucks ist die Heliogravüre oder Fotogravüre.

Vor dem Aufbringen der Negativ-Zeichnung mittels Pigmentpapier wird der Kupferplatte eine Asphalt- oder Harzstaubschicht als Kornraster aufgeschmolzen. Durch das Pigmentpapier hindurch wird die Platte in mehreren Schritten geätzt, dadurch bilden sich Vertiefungen.

Der heute gebräuchliche Rastertiefdruck ist eine Weiterentwicklung der Heliogravüre. Hier wird in zwei Arbeitsgängen der Raster und die Zeichnung durch Belichtung auf das Pigmentpapier übertragen. Dieses wird auf dem Druckzylinder entwickelt. Beim nachfolgenden Ätzen entstehen die Vertiefungen.

Der eigentliche Druckvorgang ist bei Heliogravüre und Rastertiefdruck identisch: die Vertiefungen werden mit dünnflüssiger Farbe aufgefüllt, überflüssige Farbe wird mittels Rakel abgestreift. Die Farbe wird von dem angepreßten Papier aufgenommen und trocknet im Gegensatz zum StTdr. eben auf.

Da das Papier nicht so feucht ist wie beim StTdr., sind Größenunterschiede des Markenbildes kaum feststellbar.

Erkennungsmerkmale des Rastertiefdrucks:

Sägezahneffekt bei Linien, Schriften und Bildrändern

Rasterpunkte in etwa gleich groß mit häufiger Farbabschwächung zur Rasterpunktmitte

Markenbild wirkt in der Vergrößerung unscharf

hohe Farbintensität möglich, großer Tonwertumfang

perliger Ausdruck an vielen Stellen (Farben-Fließstruktur)

Entwertung

Die Entwertung erfolgt durch Stempel, Feder- oder Farbstiftzug, seltener durch Aufdruck, Lochung, Scherenschnitt, Dienstsiegel oder ähnliche Maßnahmen. Postalisch gebraucht bedeutet mit Poststempel entwertet (im Gegensatz zur fiskalischen, steuerlichen Verwendung).

Seltene Entwertungen. Seltene, in Form und Farbe abweichende oder aus sonstigen Gründen wenig vorkommende Entwertungen bedingen je nach Seltenheit, besonders bei älteren Ausgaben, oft sehr hohe Preiszuschläge.

Vorausentwertung findet man bei den österreichischen Zeitungsstempelmarken durch Zeitungsdruck. Auch auf Marken der Ausgabe 1850 kommen Vorausentwertungen vor (z. B. von „Lend").

Entwertungen zu philatelistischen Zwecken erfolgen von Postbehörden mit unveränderten oder teilweise auch eigenen Stempeln speziell für Sammler. Zum Teil wurden auch während oder nach der Kurszeit aufgedruckte, spezielle Stempel verwendet. Beide Arten sind im MICHEL-Katalog mit ⊘ bezeichnet.

Falschstempel sind solche Abstempelungen, welche mit betrügerischer Absicht mittels von unbefugter Seite hergestellter, also falscher Stempel vorgenommen wurden, um dadurch den Wert der ungebraucht billigeren Marken zu erhöhen. Auf das Vorkommen von Falschstempeln ist im Katalog mit dem Zeichen ⓕ hingewiesen.

Unter **verfälschten Stempeln** versteht man Abstempelungen, die nach der Kurszeit von privater, bzw. unbefugter Seite mit echten, aber rückdatierten oder veränderten Stempeln vorgenommen wurden.

Die Formulierung „ohne Obligo" bedeutet, daß der Stempel nicht prüfbar oder verfälscht oder falsch ist.

Ersttagsblatt (ETB)

Von der Post ausgegebenes und vertriebenes Blatt mit neuausgegebener Marke mit Ersttagsstempel sowie Motivbeschreibungen und technischen Angaben. Private ETB werden nicht katalogisiert.

Ersttagsbrief (FDC) (First Day Cover)

Umschläge oder Karten, die am ersten Gültigkeitstag der aufgeklebten Marke(n) abgestempelt werden. Einige Postverwaltungen geben besondere (Schmuck-)Umschläge, oft mit ausgabeanlaßbezogenen Sonderstempeln, heraus. In den MICHEL-Katalogen wird zwischen amtlichen und privaten (Schmuck-)Belegen nur in Ausnahmefällen unterschieden.

Essay

Um für eine Markenausgabe die geeignetste Gestaltung hinsichtlich Entwurf, Druck, Farbe etc. zu finden, werden von der Post Vorlagen angefordert. Solche nicht angenommenen Proben gelangen in den Handel. Sie werden Essays genannt.

z. B. Essay zu Ausgabe 1916   Aufdruckessay

Faksimile

Von privater Seite hergestellte Nachahmung seltener Marken, die in Farbe, Papier und/oder Druckverfahren vom Original abweicht.

Fälschungen

Es gibt verschiedene Arten von Fälschungen:

1. Fälschungen zum Schaden der Sammler und Händler FALSCH

Es kann sich um Ganz- oder Teilfälschungen handeln, z. B. falscher Durchstich, falsche, verfälschte oder entfernte Zähnung, falsche Abstempelung, falscher Aufdruck, chemische Veränderung von Papier und Druckfarbe, im Wege der Reparatur verkehrt eingesetzte Mittelstücke etc. Ferner chemisch oder mechanisch entfernte Aufdrucke, Stempel und dgl.

2. Fälschungen zum Schaden der Post 🕮

Hierunter fallen nur solche Fälschungen, die während der Kurszeit der Marken zum Schaden der Post hergestellt wurden.

3. Fälschungen als Kriegsmaßnahmen 🕮 sind Fälschungen, die von kriegführenden Staaten zur Schädigung des Gegners hergestellt wurden. Man unterscheidet Kriegs-Postfälschungen, die den Originalen täuschend nachgebildet sind und Propagandafälschungen, deren ursprüngliches Bild originalähnlich umgezeichnet wurde.

Feldbestimmung

Die Feldbestimmung kann wichtig sein für das Auffinden von katalogisierten Typen oder Plattenfehlern im Bogen. Feld 27 bedeutet im Beispiel einer Bogengröße von 10 × 5, daß die gesuchte Marke die 7. von links in der 3. Reihe von oben ist.

Fluoreszenz, Phosphoreszenz

Zur Erleichterung der Postautomation werden den Markenpapieren chemische Verbindungen beigemischt, seltener nachträglich aufgedruckt. Fluoreszierende Stoffe leuchten unter der Prüflampe gelblich bis grünlich auf, phosphoreszierende leuchten nach dem Ausschalten der Lampe kurz nach. Unterschiede der Fluoreszenz- oder Phosphoreszenzstoffe werden in den MICHEL-Katalogen nur in engumgrenzten Ausnahmefällen erwähnt.

Ganzsache

Ganzsachen sind mit vorauszubezahlenden Wertzeichen oder Wertstempeln bedruckte, für einen postalischen Verwendungszweck bestimmte Umschläge, Kartenbriefe, Postkarten o. ä. Alle Ganzsachen sind Postwertzeichen wie Briefmarken. Sofern es offizielle Ganzsachen mit (eingedrucktem) bildgleichem Wertstempel gibt, ist nach der Farbangabe der entsprechenden Marke das Zeichen GA eingefügt.

Gummierung

Alle österreichischen Marken wurden bereits bei ihrer Herstellung gummiert. Bis ca. 1898 wurde in Österreich zur Gummierung der Marken fast ausschließlich tierischer Leim verwendet, der im Wasserbad bloß aufquillt, sich oft jedoch nicht löst.

Die Gummierung kommt glatt oder brüchig vor. Sie ist weiß, gelblich oder bräunlich – bei einer Teilauflage der Ausgabe 1867 im feinen Druck auch rosa. Bei den älteren Ausgaben kann der Gummi wegen Bruchgefahr oft zum Ablösen zwingen.

Unter **Gummiriffelung** (z. B. Trachtenausgabe 1948/52) wird das Brechen des Gummis nach dem Trocknen durch Walzen verstanden. Sogenannter Spargummi sollte den Rohstoff strecken (z. B. Landschaftsausgabe 1945/47).

körniger Gummi   senkr. geriffelt   waager. geriffelt

Borkengummi   Spargummi

Auf die Bedeutung, die die Originalgummierung heute bei der Bewertung spielt, wir an anderer Stelle („ungebraucht") noch eingegangen.

Kehrdruck (tête-bêche)

Unter Kehrdrucken versteht der Philatelist waagerechte oder senkrechte Paare, die vom Markenbild aus gesehen kopfstehend unmittelbar oder durch Zwischenstege getrennt zusammenhängen. Im MICHEL-Katalog wird dafür das Zeichen ⊔ oder der Buchstabe K angewandt. Die meisten Kehrdrucke stammen aus Markenheftchenbogen.

Literatur

Die Möglichkeit, die geradezu unerschöpflichen, sich ständig ergänzenden Informationsquellen des philatelistischen Schrifttums Sammlern und Händlern zugänglich zu machen, beschränkt sich heute nur noch auf wenige zentrale Fachbüchereien. Die Münchner Stadtbibliothek, Philatelistische Abteilung, Rosenheimer Straße 5, 81667 München, und die Philatelistische Bibliothek Hamburg e. V., Schloßstraße 12, 22041 Hamburg stellen ihre umfangreichen Buch- und Zeitschriftenbestände in ihren Lesesälen, aber auch im Fernverleih, zur Verfügung. Aus der Münchner Stadtbibliothek können BdPh-Vereinsmitglieder direkt ausleihen. Alle übrigen Personen erhalten im Rahmen des nationalen und internationalen Leihverkehrs durch Vermittlung einer öffentlichen Bibliothek Fachbücher oder Fotokopien.

Lochungen

Amtliche Lochungen verändern meist den Charakter der Marke oder beschränken ihren Verwendungsbereich.

Nur diese amtlichen Lochungen werden in den MICHEL-Katalogen katalogisiert.

Nichtamtliche Einlochungen von Buchstaben oder Firmenzeichen wurden zum Schutz vor Diebstählen und unberechtigter Verwendung durch Dritte meist von privaten Stellen, die einen größeren Markenbestand vorrätig halten, angewandt. Amtliche Stellen kennzeichnen vereinzelt die Marken auf aufbewahrten Postformularen ebenfalls durch eine Einlochung als Schutz gegen Diebstähle.

Makulatur

Unter Makulatur versteht man die durch unsauberen Druck, durch Material- oder Zähnungsfehler oder aus anderen Gründen unbrauchbar gewordenen, vor der Ausgabe an den Postschaltern ausgeschiedenen Druckbogen, die zur Vernichtung bestimmt sind. Solche Stücke kommen vereinzelt illegal in den Handel, sind aber philatelistisch wertlos.

Markenanordnung im Bogen

In der Regel werden die Klischees in gleicher Lage und in regelmäßigen Zwischenräumen zusammengestellt. Die Abstände lassen im allgemeinen auch genügend Raum für die Anbringung einer Trennungsart (Durchstich oder Zähnung), doch gibt es auch oft eine zu enge Bogenzusammenstellung; in solchen Fällen reicht der Durchstich oder die Zähnung in das Markenbild hinein, und man spricht von schlechter Zentrierung. Bei geschnittenen, im Bogen zu eng zusammenstehenden Marken stellen im Schnitt leicht berührte Ränder die einwandfreie Qualität dar.

Marken auf Brief

Alle mit Briefmarken frankierten Poststücke, welche auf dem üblichen Wege durch die Post befördert wurden, erhalten das Katalogzeichen ✉, wenn es sich um nach den jeweils gültigen Portosätzen frankierte Bedarfspost handelt, im Gegensatz zu Sammlerbriefen, die zu Sammelzwecken der Post zur Beförderung übergeben wurden. Besonders Briefe mit älteren Ausgaben und viele mit Flugpost richtig beförderte Briefe werten oft das Vielfache der gleichen losen Marken. Die Bewertung für Briefstücke (✄, ⊡) bewegt sich zwischen dem Preis für die gestempelte Marke und dem Briefpreis, je nach Größe und Aussagekraft des Briefstücks. Briefstücke, die außer dem kompletten Stempel keine weiteren Informationen enthalten, werden kaum teurer als die gestempelte Marke gehandelt, wohingegen beispielsweise eine komplett erhaltene Briefvorderseite dem Briefpreis schon ziemlich nahekommen kann. Eine Bewertung von Briefstücken muß also stets individuell vorgenommen werden.

Bedarfsbriefe aus Inflationszeiten werden von Spezialsammlern darum besonders gesucht, weil die einzelnen Werte bei den ständig wechselnden Posttarifen oft nur wenige Tage frankaturfähig waren. Es gibt Marken, die auf Bedarfsbriefen als Einzelfrankatur Seltenheit sind.

Ersttagsstempel (First day), oft auf zu diesem Zweck eigens von der Postverwaltung oder von privater Seite hergestellten Sonderumschlägen oder Karten, benutzen manche Postverwaltungen am ersten Verwendungstag neuer Postwertzeichen-Ausgaben.

Seit 1.6.1948 existieren offizielle „Ersttags"-Nebenstempel in Achteckform. Ab 26.1.1973 bis 11.12.1975 wurde ein Ersttagsstempel mit Abbildung eines Posthorns verwendet. Dieser wurde ab 25.2.1976 bis 13.12.1985 durch eine neue Form ersetzt, die wiederum ab 24.1.1986 durch eine neue ovale Stempelform abgelöst wurde. Vorsicht: es existieren gefährliche Fälschungen.

Die Bewertung „Ersttag" bzw. „FDC" im MICHEL-Katalog bezieht sich auf alle Belege, die mit dem Datum des ersten Tages der Gültigkeit der aufgeklebten Marke(n) abgestempelt wurden, nicht aber auf lose gestempelte Marken. Dabei ist es gleichgültig, ob die Belege einen Sonderstempel oder den Tagesstempel irgendeines Postamtes aufweisen, ob es sich um gefälligkeitsgestempelte Belege oder um echt gelaufene Sendungen handelt.

Achtung: Liegt der FDC-Preis niedriger als der ✉-Preis, so gilt er nur für nicht gelaufene oder Sammlerbriefe. Die Preise für portogerecht frankierte, echt gelaufene FDC sind in diesem Fall mindestens gleich denen von Bedarfs-✉.

Ersttag-Zusatzstempel

Vom 1.6.1948 bis 14.12.1972	Vom 26.1.1973 bis 11.12.1975	Vom 25.2.1976 bis 13.12.1985

Vom 24.1.1986 bis 15.12.2000	Neue Stempelform ab 16.2.2001

Sonderstempel, die in einer Beziehung zu dem Postwertzeichen stehen, auf dem sie angebracht sind, sind nur dann gesondert bewertet, wenn der Sonderstempel einen vom gewöhnlichen Poststempel erheblich abweichenden Mehrwert hat.

Markenfarben

Die verschiedenen Tönungen sind eine technisch bedingte Begleiterscheinung des Markendrucks. Besonders häufig sind sie zu beobachten, wenn der Druck in mehreren Auflagen erfolgt. Solche Farbunterschiede werden nur dann berücksichtigt, wenn sie verschiedenen Auflagen zugeordnet werden können bzw. mit ihnen Preisdifferenzen verbunden sind.

Farbbenennungen. Die Farbbenennungen richten sich im wesentlichen nach der Ostwaldschen Farbenlehre. Phantasienamen, wie sämisch, rahmfarben oder Zusammensetzungen mit anderen Wörtern wie ziegelrot, kornblumenblau, lichtblau, wasserblau, maigrün, seegrün usw., dienten in früherer Zeit der Erweiterung der Farbnamen-Palette. Um falsche Assoziationen zu vermeiden, wird seit geraumer Zeit auf derartige unpräzise Angaben verzichtet.

Unverzichtbar als Anhaltspunkt zum Bestimmen der Markenfarben ist der **MICHEL-Farbenführer,** nach dem seit Anfang der 80er-Jahre alle Farbbenennungen von Neuaufnahmen durchgeführt werden. Die Farben älterer Ausgaben werden Schritt für Schritt ausschließlich nach der ab 1991 erweiterten Ausgabe des MICHEL-Farbenführers benannt.

Ausdrücklich sei darauf hingewiesen, daß der MICHEL-Farbenführer gerade bei teuren Farbvarianten eine Prüfung durch anerkannte Verbandsprüfer nicht ersetzen kann!

Zu beachten ist, daß für den Druck von Briefmarken viel mehr Farben bzw. Farbtönungen verwendet werden als abgebildet und durch Namen oder Bezeichnungen sinnvoll ausgedrückt werden können. Zu wählen ist also die Farbbezeichnung im Farbenführer, die der Markenfarbe am nächsten kommt.

Soweit Farben angegeben sind sind, beginnt bei mehrfarbigen Marken die Farbbezeichnung in der Regel bei der Umrahmung und setzt sich danach bis zur Markenmitte fort; in neuerer Zeit werden Marken mit zwei Farben als „zweifarbig", solche mit mehr als zwei Farben als „mehrfarbig" im MICHEL-Katalog geführt.

Maximumkarte

Voraussetzung für eine Maximumkarte ist, daß das Markenmotiv und das Bild der Karte weitgehend übereinstimmen. Die Marke wird auf die Bildseite der Karte geklebt und mit Sonderstempel oder Ortsdatumstempel entwertet. In den MICHEL-Katalogen werden nur amtliche Maximumkarten katalogisiert.

Nachdrucke

sind in staatlichem Auftrag hergestellte Drucke, zu deren Herstellung ein mehr oder weniger abgeänderter bzw. erneuerter Originaldruckstock verwendet wurde, und zwar nachdem die Frankaturgültigkeit gleichwertiger Postwertzeichen beendet war. Nachdrucke, die nicht in staatlichem Auftrag hergestellt wurden, werden Fälschungen gleichgestellt.

Nadelpunkte

Einzelne farbige Punkte am Bogenrand, meist in der Mitte der Druckbogen oder Druckbogenviertel, die dazu dienten, das genaue Einpassen der Bogen beim Schneiden oder Zähnen zu erleichtern.

Nagelkopfprägung

entsteht durch zu weit vorstehende Nägel, die zur Fixierung der Gegenplatte angebracht waren. Der Durchmesser dieser, meist unregelmäßigen Prägung beträgt 5 bis 6 mm. Nagelkopfprägungen kommen bei den Ausgaben 1858–1883 vor.

Neuauflage

Neue Ausgaben eines Postwertzeichens für den postalischen Bedarf, die sich von den ursprünglichen Erstauflagen durch irgendwelche Merkmale unterscheiden, nennt man Neuauflagen. Sie werden entsprechend dieser Unterschiede als Unterarten katalogisiert und numeriert.

Neudruck

Begriff für alle „neuen Drucke" eines Postwertzeichens, welche von einer staatlichen Postverwaltung mit unveränderten (Original-) Druckstöcken oder Druckplatten hergestellt wurden, nachdem die Frankaturgültigkeit solcher Marken beendet war. Neudrucke sind mit dem Zeichen **ND** gekennzeichnet. Da sie vielfach von den Originalen nur schwer zu unterscheiden sind, wird im MICHEL-Katalog absichtlich von der leicht irreführenden Angabe der Unterscheidungsmerkmale meist abgesehen. Neudrucke werden häufig zu Studienzwecken gesammelt, den Spezialisten sind sie unentbehrlich. Wenn es sich um Neudrucke handelt, die nicht von (beziehungsweise im Auftrag) der betreffenden staatlichen Postverwaltung hergestellt wurden, so muß die Bezeichnung „privater Neudruck" lauten.

Die Bezeichnung „Neudruck" ist für Fälschungen, Phantasiedrucke, Nachdrucke oder dergleichen nicht zu verwenden.

Postwertzeichenpapier

In der Regel werden für den Markendruck Papiersorten gewählt, die den besonderen drucktechnischen Anforderungen qualitativ entsprechen und oft noch mit besonderen Sicherungen gegen Fälschungen (Seidenfaden, Wasserzeichen) versehen werden. In Zeiten wirtschaftlicher Not kommen natürlich auch Papiere minderer Qualität zur Verwendung.

Häufig verwendete Papiersorten sind Glanz- und Kunstdruckpapiere, maschinenglatte, satinierte (geglättete), gestrichene (Kreide-)Papiere mit und ohne Fasern. Weitere Unterscheidungsmerkmale sind dünnes, dickes, kartonartiges, durchscheinendes, rauhes, gestreiftes oder geripptes Papier.

Bei farbigem Papier enthält die Papiermasse selbst den Farbstoff, bei gefärbtem Papier ist er nur auf der Oberfläche aufgetragen.

In Österreich wurde zur Herstellung der Briefmarken, mit Ausnahme der Freimarken, die in den Jahren 1850–1854 auf Handpapier gedruckt wurden, Maschinenpapier verwendet.

Handpapier ist zufolge seiner Herstellungsweise ungleichmäßig, ist in der Durchsicht oft quadrilliert oder wolkig und greift sich in der Regel rauher an. Obwohl auch satiniertes Handpapier vorkommt, ist es niemals so glatt wie das Maschinenpapier.

Bei der Herstellung von Österreichmarken wurden neben normalem Maschinenpapier, Faserpapier von 1890–1907 bzw. 1917–1919, gestrichenes Papier (Kreidepapier) von 1908–1913 bzw. bei einigen Sonderausgaben ab 1933 gelbes Japanpapier verwendet. Ab 1962 wurde zumeist bei Freimarken, ab 1965 ausschließlich auf Papier mit mehr oder weniger starken optischen Aufhellern gedruckt. Diese leuchten unter einer UV-Lampe bläulichweiß auf.

Der Hinweis auf Papiersorten in der Katalogisierung erfolgt meist nur dann, wenn eine Ausgabe in verschiedenen Sorten existiert.

Probedruck

Der Probedruck ist der letzte Versuchsdruck vor Annahme der Zeichnung und Ausführung zur Überprüfung von Druckform, Druckfarbe und Druckverfahren.

Einzelprobe. Vom Urstöckel oder Einzelstöckeln stammender Druck, meist auf kleinem Papierblatt.

Einzelproben

Prüfungen und Prüfordnung

Der beste Schutz gegen den Erwerb falscher oder minderwertiger Marken ist der Einkauf im gutberufenen Fachgeschäft. In Zweifelsfällen ist die Hinzuziehung eines Experten angebracht.

Prüfordnung. Die von den Spitzenverbänden der Sammler und Händler anerkannten Experten für Marken, Abstempelungen und Erhaltung prüfen nach einheitlichen Richtlinien, die jeder Philatelist kennen sollte. Prüfordnung und Prüferliste finden Sie entweder im Kataloganhang oder im Internet unter http://www.bpp.de.

> **Ergänzend wird darauf hingewiesen, daß der Verlag der MICHEL-Kataloge keine Markenprüfungen vornimmt.**

Retusche

Nachgravierungen oder Ausbesserungen einer ganzen Druckplatte oder einzelner Klischees werden oft vorgenommen, wenn der Stecher durch Überarbeitung eine bessere Bildwirkung erzielen oder ursprüngliche Gravurfehler sowie Abnutzungserscheinungen und Druckschäden beseitigen will.

Schriftarten

Der Umfang der Schriftarten und -formen auf Briefmarken ist derart groß, daß an dieser Stelle nur auf die wichtigsten Hauptgruppen eingegangen wird. Am

meisten verwendet wird die aus der römischen Kapitalschrift hervorgegangene Antiqua mit ihren verschiedenen Unterarten, z. B. Mediaeval (Linearantiqua), Egyptienne (serifenbetonte Antiqua) und Grotesk oder Blockschrift (ohne Serifen, also ohne Abschlußstriche an Kopf und/oder Fuß der Buchstaben = Schrift dieser Einführung). Eine Nebenform ist die Kursivschrift (Schrägschrift), die als Druckschrift die altrömische, handgeschriebene Kursiv nachbildet. Weitere häufig vorkommende Schriftarten sind Schreibschriften (z. B. Englische Schreibschrift) und besonders bei älteren Marken Frakturschriften wie z. B. Gotisch und Schwabacher. Außerdem findet man vereinzelt auch nichtlateinische Schriften wie z. B. Kyrillisch. Alle diese Schriften kommen natürlich in den verschiedensten Größen (Graden) und Erscheinungsformen (mager bis fett, schmal bis breit usw.) vor.

Specimen

Der Aufdruck oder Stempel SPECIMEN, MUSTER auf Originalmarken besagt, daß diese Stücke als amtliche Orientierungsmuster, meist bei Neuausgabe der betreffenden Serie, gedient haben; der Aufdruck soll die Verwendung dieser Marken zu Frankaturzwecken verhindern. Nicht immer sind Specimen-Marken billiger als die gleichen Marken ohne Aufdruck, weil Spezialsammler ihnen besondere Beachtung schenken und die Auflagen meist gering sind.

Trennungsarten

Die drei bei Postwertzeichen vorkommenden Trennungsarten sind mit geschnitten, durchstochen und gezähnt bezeichnet. Im MICHEL-Katalog ist die Abkürzung für geschnitten □, für durchstochen □ und für gezähnt gez.

Geschnitten

Anfangs wurden die Markenbogen häufig ohne Trennungshilfen hergestellt, so daß die Marken mit der Schere herausgeschnitten werden mußten, später geschah dies meist nur noch in Notzeiten oder für Sammlerzwecke.

In der Philatelie werden als geschnitten nur solche Marken bezeichnet, die amtlich und regulär ohne Durchstich bzw. ohne Zähnung ausgegeben wurden.

Versehentlich nicht gezähnte Marken werden als ungezähnt (U) bezeichnet und als Abarten katalogisiert.

Durchstochen

Schon bald bemühte man sich, Hilfen für das Heraustrennen der Marken aus den Bogen zu finden: mittels feiner Messer wurde das Papier zwischen den Markenreihen teilweise eingeschnitten, so daß Papierbrücken zwischen den einzelnen Schnitten stehenblieben. Die häufigsten Durchsticharten sind Linien-, Punkt-, Zickzack-, Sägezahn- und Bogendurchstiche, vereinzelt farbig unterlegt.

Zickzack-   Sägezahnartiger   Linien-
Durchstich   Durchstich   Durchstich

Versehentlich nicht durchstochene Marken werden als undurchstochen (U) bezeichnet und als Abarten katalogisiert.

Bedingt durch die Herstellungsart bringt der Reißvorgang mit sich, daß an die Randbeschaffenheit bei durchstochenen Marken nicht die gleichen Ansprüche wie an gezähnte gestellt werden können. Die Trennung wird immer unsauberer und ungenau sein.

Gezähnt

Die heute gebräuchlichste Trennungsart ist die Zähnung. Die Philatelie bezeichnet je nach Herstellungsmethode die Zähnung als Linien-, Kamm- oder Kastenzähnung.

Bei der Linienzähnung erfolgt erst die Zähnung der einen, dann die der anderen Richtung, wodurch die Eckzähne der einzelnen Marken meistens unregelmäßig ausfallen. Verschiedene Markengrößen bei Linienzähnungsmarken entstehen dadurch, daß die Lochleisten nicht immer im gleichen Abstand eingestellt sind.

Linienzähnung

Bei Kammzähnung werden Breiten- und Höhenzähnung einer Bogenreihe, bei Kastenzähnung die des ganzen Bogens in einem Arbeitsgang der Zähnungsmaschine ausgeführt; bei diesen Zähnungsvarianten sind die Eckzähne der einzelnen Marken daher gleichmäßig.

Bei der einfachen Kammzähnung werden alle Marken einer waagerechten Reihe auf drei Seiten (oben oder unten und links und rechts) gezähnt. Bei der Kreuzkammzähnung ist der Kamm H-förmig, so daß in ei-

nem Arbeitsgang eine waagerechte Reihe und je zur Hälfte der Markenhöhe die linken und rechten senkrechten Reihen gezähnt werden.

Kammzähnung   Doppelkammzähnung

Bei Doppelkamm- und Doppelkreuzkammzähnung werden je 2 waagerechte Reihen gleichzeitig gezähnt.

Kreuzkammzähnung   Doppelkreuzkammzähnung

Zähnungszahl. Die Zähnungslöcher werden international auf 2 cm berechnet, z. B. gez.12 heißt: auf 2 cm gehen 12 Zähnungslöcher. Bei Zähnungsverschiedenheiten einer Marke (gemischte Zähnung) ist die erste Zahl die (waagerechte) **Breiten-,** die zweite aber die (senkrechte) **Höhenzähnung.** So kommen z.B. bei gez.14½ :15 in der Breite auf 2 cm 14½ , in der Höhe 15 Zähnungslöcher.

Bei Mischzähnungen (unterschiedliche Zähnungen auf mindestens drei Seiten) wird die Zähnung – von der Markenvorderseite aus betrachtet – zuerst oben, dann rechts, dann unten und zuletzt links gemessen. Steht zwischen den Zähnungsangaben ein Bindestrich (z. B. 9–11), so zeigt das an, daß die Marken in verschiedenen Zähnungen von 9 bis 11 vorkommen.

Ein genaues Bestimmen der Zähnung ist nur mit Hilfe eines zuverlässigen Zähnungsschlüssels möglich, der zu den notwendigsten Bedarfsartikeln eines Sammlers gehört.

Die Zähnungsspitzen müssen mit den senkrechten Einteilungsstrichen von links bis rechts übereinstimmen. Die Zähnungsangaben in diesem Katalog sind nach dem MICHEL-Zähnungsschlüssel bestimmt worden. **Zu beachten ist, daß auch der beste Zähnungsschlüssel gerade bei teuren Zähnungsvarianten eine Prüfung durch Verbandsprüfer nicht ersetzen kann.**

Zähnungsgüte. Wenn die Zähnung gleichmäßige Abstände vom Markenbild hat, bezeichnet man die Marke als gut zentriert; schlechte Zentrierung entsteht bei ungenauer Bogeneinlegung oder bei nicht ausreichendem Zähnungszwischenraum im Bogen.

Von unvollkommener Zähnung spricht man, wenn die Beschaffenheit des Papiers (zu weich, wollig, dick) eine reine Zähnung unmöglich machte.

Ist die Dezentrierung sehr stark oder verläuft die Zähnung an anderer Stelle oder in andere Richtung als vorgesehen, so spricht man von Verzähnung.

Ganz oder teilweise ungezähnte siehe unter Abarten.

Ungebraucht

Bezeichnung für alle nicht entwerteten Marken. Man unterscheidet:

Postfrisch = ✱✱: Alle gummiert verausgabten Postwertzeichen, die in dem Zustand sind, in dem sie am Postschalter erhältlich waren.

Bei einigen – insbesondere älteren – Markenausgaben mußte die Gummierung entfernt werden, da sie auf Grund ihrer Zusammensetzung die Marken zerstörte. **Vorsicht vor Teil- bzw. Ganzfälschungen der Gummierung (Nachgummierungen)!**

Ungebraucht mit Falz = ✱: Ungestempelte Postwertzeichen, die mit Falz(resten) behaftet sind. Diese sind in jedem Falle „postfrisch gemachten" Marken vorzuziehen. Vorsicht: Formulierungen wie „ungebraucht ohne Falz mit Gummierung" sind oft Umschreibungen für nachgummierte Marken!

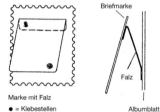

Marke mit Falz   Briefmarke   Falz   Albumblatt
● = Klebestellen

Ungebraucht ohne Gummi = (✱): Damit sind alle Marken bezeichnet, die entweder so verausgabt wurden oder deren Originalgummierung aus bestimmten Gründen entfernt wurde.

Unterlegte Mitte

Bei einer Auflage verschiedener Wertstufen der Ausgabe 1850 wurde versucht, bessere Ergebnisse durch Unterlegen der Mitte der Marken auf der Gegenplatte zu erreichen. Diese „Zurichtung" ist meist etwas verschoben und erreichte selten den gewünschten Zweck.

Wasserzeichen

Sie werden bei der Herstellung der Postwertzeichen in die noch nicht trockene Papiermasse mit Formen eingepreßt. Man unterscheidet einfaches und mehrfaches Wasserzeichen, stehendes, liegendes (gegebenenfalls linksliegendes und rechtsliegendes), stei-

gendes und fallendes, kopfstehendes und seitenvertauschtes Wasserzeichen. Das Wasserzeichenbild befindet sich entweder auf jeder Marke, auf mehreren Marken, als Bogenwasserzeichen über den ganzen Markenbogen verteilt oder zusätzlich am Bogenrand.

Die Wasserzeichen sind in den MICHEL-Katalogen abgekürzt Wz aufgeführt und von der Rückseite der Marke aus gesehen wiedergegeben. Fehlen Wz-Angaben, so sind die Marken auf Papier ohne Wasserzeichen gedruckt.

Bei Österreich-Marken auf Handpapier hatten alle Bogen ein Bogenwasserzeichen, das aus den Buchstaben K K H M (Abkürzung für Kaiserlich-Königliches Handels-Ministerium), in doppelliniger Schreibschrift bestand. Es verlief senkrecht in der Mitte des Druckbogens. Die anfänglich vorgeschriebene Lage des Wasserzeichens ging, von der Rückseite des Bogens betrachtet, richtigstehend von oben nach unten. Später hielt man sich aber offenbar nicht an diese Regel, da das Wasserzeichen dann auch in den drei anderen noch möglichen Lagen (kopfstehend seitenverkehrt) vorkommt.

Regelmäßige Nahtwasserzeichen

Unregelmäßige Nahtwasserzeichen

Bei Maschinenpapier dieser Zeitperiode findet man vereinzelt das sogenannte *Nahtwasserzeichen*, das auch nach seinem Entdecker als „Ladurner Wz." genannt wird. Es ist durch Einpressen der Nähte bei den Filzwalzen der Papiermaschine in die Papiermasse entstanden.

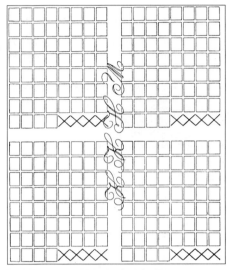

Wz. 1 (Bogen-Wz.) 1850, Buchstabenhöhe 35 mm

Das Wasserzeichen ist meist zu erkennen, wenn man die Marke rückseitig gegen das Licht hält. Versagt diese Methode, gibt es zwei Möglichkeiten: Einmal in der herkömmlichen Art mit Benzin und dem in jedem Fachgeschäft erhältlichen Wasserzeichensucher. Hier wird die zu untersuchende Marke mit der Bildseite auf die schwarze Platte gelegt und einige Tropfen chemisch reines (sehr wichtig!) Benzin auf die Marke geträufelt. Bei Marken auf gestrichenem Papier kann es u. U. erforderlich sein, die Marken mehrere Minuten im Benzinbad zu belassen, bis das Wasserzeichen erkennbar wird. Benzinempfindliche Marken dürfen jedoch so nicht untersucht werden. Der Gummierung schadet im allgemeinen ein Benzinbad nicht. Eine andere, sehr gute Möglichkeit bieten Geräte, die auf optisch-elektrischer Basis unter Druck und ohne jegliche chemische Hilfsmittel arbeiten. Bei Marken auf Briefen läßt sich das Wasserzeichen manchmal bei schräg auf die Marke auffallendem Licht und seitlicher Betrachtungsweise erkennen.

Zufälligkeiten

Mit katalogwürdigen Abarten sollten folgende Zufälligkeiten nicht verwechselt werden:

Abklatsch (seitenverkehrtes Bild auf der Rückseite)

Abspringende Farbe (bei StTdr.)

Aufdruckverstümmelungen

Bogenumschlag (teilweise fehlendes Markenbild)

Doppelbilddruck

Farbbläschen, Farbstreifen und Verklecksungen

Papierfalten, Quetschfalten

Passerverschiebungen

Putzenauflage und andere Druckmängel

Schmitzdrucke

verschnittene und verzähnte Marken

Abkürzungen und Zeichenerklärungen

Abkürzungen der Druckverfahren:

Bdr.	= Buchdruck
Hfdr.	= Heißfoliendruck
Ldr.	= indirekter Hochdruck (Letterset)
Odr.	= Offsetdruck
Pdr.	= Prägedruck
RaTdr.	= Rastertiefdruck
Rdr.	= Reliefdruck
Stdr.	= Steindruck
StTdr.	= Stichtiefdruck (Stahl- oder Kupferstich)

Abkürzungen der Farbenbezeichnungen:

bl.	= blau	Bl	= blauer Aufdruck
bräunl'	= bräunlich	Br	= brauner Aufdruck
d', dkl'	= dunkel-	G	= goldener Aufdruck
gelbl'	= gelblich-	Gb	= gelber Aufdruck
grünl'	= grünlich-	Gr	= grüner Aufdruck
lebh'	= lebhaft-	K	= karminer Aufdruck
or.	= orange	L	= lila Aufdruck
rötl'	= rötlich-	Or	= orange Aufdruck
schw.	= schwarz	R	= roter Aufdruck
schwärzl'	= schwärzlich	S	= schwarzer Aufdruck*)
ultram.	= ultramarin	Si	= silbener Aufdruck
vio.	= violett	V	= violetter Aufdruck
mfg.	= mehrfarbig		

*) Wenn nicht anders angegeben, ist die Aufdruckfarbe immer schwarz.

Andere Abkürzungen und Abkürzungszeichen:

Platten, Typen und Trennungsarten:

Pl	= Platte
T	= Type
gez.	= gezähnt
K	= Kammzähnung
Ks	= Kastenzähnung
L	= Linienzähnung
~	= Zähnung richtungsvertauscht
⬚	= durchstochen
▢	= geschnitten
U	= ungezähnt
Ul (▢)	= links ungezähnt
Ur (▢)	= rechts ungezähnt
Uo (▢)	= oben ungezähnt
Uu (▢)	= unten ungezähnt
Us	= senkrecht ungezähnt
Uw	= waagerecht ungezähnt
▢▢ } (Udr)	= dreiseitig ungezähnt
Uzw(▢▢)	= zweiseitig ungezähnt,
UMs	= waagerechtes Paar, Mitte ungezähnt
UMw	= senkrechtes Paar, Mitte ungezähnt

Wasserzeichen:

oWz	= ohne Wasserzeichen (Bezeichnung nur in Sonderfällen)
Wz.	= Wasserzeichen

Gummierung:

(✳)	= ungebraucht ohne Gummierung oder mit Teilgummi
✳	= ungebraucht mit Originalgummierung (Falz)
✳✳	= ungebraucht mit Originalgummierung (postfrisch)
o. G.	= ohne Gummierung

Entwertungen:

⊙	= mit Poststempel entwertet
~	= Federzugentwertung
⊗	= fiskalische Entwertung
⊘	= Abstempelung zu philatelistischen Zwecken
○	= Lochentwertung
Ⓢ	= ausgabebezogene Sonderstempel
①	= Tagesstempel

Fälschungen:

FALSCH	= Fälschungen (Teilfälschungen) vorkommend (zum Schaden der Sammler)
☮	= Falschstempel vorkommend, Stempelprüfung erforderlich
7⁄₁₀	= Fälschungen zum Schaden der Post

Aufdrucke:

Ⓐ	= Aufdruck normalstehend
ⒶⒶ (DD)	= doppelter Aufdruck bzw. auch Doppeldruck
ⒶⱯ (DK)	= doppelter Aufdruck, davon einer kopfstehend
Ɐ (K)	= kopfstehender Aufdruck
⬉	= schräger Aufdruck nach links oben
⬋	= schräger Aufdruck nach links unten
⬈	= schräger Aufdruck nach rechts oben
⬊	= schräger Aufdruck nach rechts unten

Briefe und Briefstücke:

✉	= Marke auf Bedarfsbrief, -Postkarte, Paketkarte oder Drucksache, bei Flugpostmarken auf Flugpostbrief oder -karte
▷, ⊡	= Marke auf Briefstück
◥	= schräg halbiert vorkommend
◻	= senkrecht halbiert vorkommend
▭	= waagerecht halbiert vorkommend
FDC	= Ersttagsbrief

Verschiedenes:

Ak	= Ankündigungskarton
AkB	= Ankündigungsblatt mit Druckvermerk
Bl.	= Block
Br l/u	= Bogenrand links/unten
DD	= doppelter (Auf-)Druck
DPrä	= Doppelprägung
DDD	= Dreifachaufdruck bzw. Dreifachdruck
DZ	= Drucker(ei)zeichen
EB	= Erinnerungsblatt
ETB	= Ersttagsblatt
Erg.	= Ergänzung
F	= Fehldruck, Fehlfarbe oder Fehlverwendung
G	= Druck auf der Gummiseite
HAN	= Hausauftragsnummer
H-Bl.	= Heftchenblatt
Hz	= Herzstück
K (Ⱂ)	= Kehrdruckpaar
KZ	= Kehrdruckpaar mit Zwischensteg
L	= Leerfeld bzw. anhängendes gez. Feld mit Bogenrandbedruckung
MH	= Markenheftchen
MHB	= Markenheftchenbogen
MK	= Maximumkarte
NA	= Neuauflage
ND	= amtlicher Neudruck
Nachdr. (N)	= Nachdruck
Neudr. (N)	= privater Neudruck
P	= Plattendruck oder Probedruck
Pa	= auf geklebter Papierbahn
PF	= Plattenfehler
PH	= Phasendruck
Pl.-Nr.	= Plattennummer
POL	= POL-Lochung
R	= Rollendruck oder Rollenmarke
RWZ	= Reihenwertzahl
S	= Seite, Sonderdruck oder Schwarzdruck
s.	= siehe
SD	= Schwarzdruck
SZ	= senkrechter Zusammendruck mit Zwischensteg
V	= Vorlagedruck oder Versuchsdruck
W	= Walzendruck oder waager. Zusammendruck
WZ	= waagerechter Zusammendruck mit Zwischensteg
Zd	= Zusammendruck
Zf	= Zierfeld
ZS	= Zwischenstegpaar (senkrecht)
ZW	= Zwischenstegpaar (waagerecht)
Ⓔ	= Entwurf
GA	= es gibt Ganzsachen mit bildgleichem Wertstempel
⒮	= Stich
▥	= Marke erscheint unter der UV-Lampe …
◻◻	= Doppelstück (2 Marken zusammenhängend)
◻◻◻	= Dreierstreifen (3 Marken zusammenhängend)
◻◻, ⊞	= Viererblock
—,—	= kein Preisansatz möglich
✈	= Flugpostmarke

Österreich

Kaiserreich bis 1918. (1867 Bildung des Königreichs Ungarn). Ab 12.11.1918 Republik. Am 13. März 1938 wurde Österreich dem Deutschen Reich angegliedert. Nach dem Zweiten Weltkrieg wieder Republik, zunächst unter einer Alliierten Kommission. Am 15. Mai 1955 erhielt Österreich die Souveränität.

Währung:
Bis 1858: 1 Gulden Conventionsmünze (Fl.C.N.) = 60 Kr. (Kr.C.M.); ab 1858: 1 Gulden (Fl.) = 100 Kreuzer (Kr.); ab 1900: 1 Krone = 100 Heller; ab 1925–1938 und ab 1945: 1 Schilling (S.) = 100 Groschen (g.). Von 1938–1945 reichsdeutsche Währnng: 1 Reichsmark = 100 Pfg. Ab 1. 1. 1999: 1 Euro (€) = 100 Cent (C); bis 31. 12. 2001: 1 € = 13.7603 S.

Eintritt in den Weltpostverein: 1. Juli 1875

Postgeschichte:

Bis zum Jahre 1806 war Österreich ein Bestandteil des Hl. Römischen Reiches. Daher entspricht die Entwicklung des Postwesens derjenigen im übrigen Bereich der Kaiserlichen Reichspost, die von der Familie von Thurn und Taxis aufgebaut worden war. In den österreichischen Erblanden wurde die Verwaltung der Post allerdings schon frühzeitig der Familie Paar übertragen. Die ältesten Briefe weisen noch keine postalischen Vermerke auf, bzw. nur handschriftliche. Ab 1751 finden sich in Österreich die ersten Poststempel, die bis 1790 schon recht vielfältig in Erscheinung treten, dann aber merkwürdigerweise plötzlich fast wieder völlig durch handschriftliche Abgangsvermerke ersetzt werden. Während der napoleonischen Zeit wurden in den an andere Staaten (Bayern, Italien, Frankreich) abgetretenen Gebieten die Poststempel dieser Länder benutzt. Nach der Gründung des Deutschen Bundes und der Neuregelung des Postwesens wurde auch Österreich ab 1.1.1818 die Verwendung von Poststempeln obligatorisch. Zur Zeit der Einführung der Briefmarken am 1. Juni 1850 umfaßte Österreich die Gebiete des heutigen Österreichs, sowie die Tschechische Republik, die Slowakei, Ungarn, dazu auch das Gebiet Galizien, Bukowina (heute Polen und Ukraine), Siebenbürgen, Temeser Banat (heute Rumänien), die Gebiete Slowenien, Kroatien, Dalmatien, Küstenland und die nördlichen Teile Serbiens sowie die Gebiete Lombardei, Venetien und Südtirol (heute Italien). Außerdem wurden die österr. Marken bis 31.1.1920 im Fürstentum Liechtenstein verwendet (siehe MICHEL-Schweiz-Liechtenstein Spezial-Katalog). Nach dem Verlust der Lombardei im Juli 1859, Venetiens am 19. August 1866 und dem darauf folgenden Ausscheiden aus dem Deutschen Bund (allerdings blieb das Postwesen mit dem übrigen deutschen Staaten bzw. des Deutschen Reiches weiter eng verbunden) war die nächste wesentliche Veränderung die Verselbständigung der Post Ungarns am 1.5.1867. Zuerst wurden noch gemeinsame Briefmarken verwendet, am 1.5.1871 aber eigene ungarische eingeführt. Nach dem Zusammenbruch im November 1918 wurde Österreich auf die deutschen Kerngebiete beschränkt, aus denen – nachdem der beschlossene Anschluß an das Deutsche Reich von den Siegermächten verhindert worden war – die erste Republik entstand. Am 13.3.1938 erfolgte der Anschluß an das Deutsche Reich und ab 4.4. wurden dessen Marken verwendet. Nach dem Zweiten Weltkrieg hatte Österreich wieder eigene Posthoheit.

Wz. 1 (Bogen-Wz.) 1850, Buchstabenhöhe 35 mm

Wz. 2 (Bogen-Wz.) 1864–1900, 24 mm mit durchgezogenen Linien

Wz. 3 (Bogen-Wz.) 1864–1882, Buchstabenhöhe 25 mm, mit durchgezogenen Linien

Wz. 4 (Bogen-Wz.) 1883–1900, Buchstabenhöe 25 mm, ohne durchgezogene Linien

Wz. 5 (Bogen-Wz.) 1883, Buchstabenhöhe 25 mm, ohne durchgezogene Linien

Wz. 6 (Bogen-Wz.) Buchstabenhöe 25 mm, mit durchgezogenen Linien

Wz. 7 (Bogen-Wz.) Buchstabenhöhe 25 mm, ohne durchgezogene Linien

Beispiele für in Österreich gebräuchliche Stempel

| Langstempel | Schreibschriftstempel | Kastenstempel | (Postablagen) | Ovalstempel | Strichstempel |

| Einkreisstempel | Zweikreisstempel | Brücken (Radgang)-stempel | Randgangstempel | Segmentstempel | Postleitzahlen-Einkreisstempel |

einige Zierstempel

einige stumme Stempel

| Bielitz | Bergamo | Budweis | Chiavenna | Mantova | Milano |

| Monza | Teschen | Triest | Venezia | Viadana | Wien | Znaim |

Österreichische Marken in Liechtenstein verwendet

Mit der Einführung von Briefmarken in Österreich am 1.6.1850 erhielten diese auch im Fürstentum Liechtenstein Gültigkeit. Mit den Stempeln von Balzers, Vaduz, Nendeln (ab 1.10.1864), Schaan (ab 15.10.1872) und Triesen (ab 1.7.1890) gelten sie bis 31.1.1912 als Vorläufer.
Ab 1.2.1912 – dem Erstausgabetag eigener Briefmarken – zählen alle im Fürstentum Liechtenstein bis 31.1.1920 verwendeten österreichischen Marken als Mitläufer. Es kommen dieselben Orte wie bei den Vorläufern vor; Nendeln jedoch nur bis März 1912, Eschen ab 1.3.1912.

Mischfrankaturen von österreichischen und liechtensteinischen Marken waren möglich.

Katalogisierung siehe MICHEL-Schweiz-Liechtenstein-Spezial-Katalog.

Die Marken Österreichs wurden bis zur Republik 1937 (bis MiNr. 659) in der Staatsdruckerei in Wien hergestellt, ebenfalls ab Ende 1945 (MiNr. 738 ff.) wieder, sofern keine andere Angabe.

Alle Marken ab MiNr. 2363 sind frankaturgültig.
ND (Amtliche Neudrucke) siehe am Schluß des Landes.
Lombardei und Venetien siehe Österreich Lokalausgaben.

Block 1 s. nach MiNr. 556 A	Block 17 s. nach MiNr. 2396	Block 33 s. nach MiNr. 2577	MiNr. I	siehe nach MiNr. 5
Block 2 s. nach MiNr. 1400	Block 18 s. nach MiNr. 2410	Block 34 s. nach MiNr. 2610	MiNr. II	siehe nach MiNr. 227
Block 3 s. nach MiNr. 1508	Block 19 s. nach MiNr. 2411	Block 35 s. nach MiNr. 2610	MiNr. A II	siehe nach MiNr. 659
Block 4 s. nach MiNr. 1530	Block 20 s. nach MiNr. 2429	Block 36 s. nach MiNr. 2639	MiNr. III	siehe nach MiNr. 320
Block 5 s. nach MiNr. 1665	Block 21 s. nach MiNr. 2433	Block 37 s. nach MiNr. 2653	MiNr. A III	siehe nach MiNr. 663
Block 6 s. nach MiNr. 1750	Block 22 s. nach MiNr. 2449	Block 38 s. nach MiNr. 2668	MiNr. B III–E III s. nach MiNr. 659
Block 7 s. nach MiNr. 1819	Block 23 s. nach MiNr. 2475	Block 39 s. nach MiNr. 2670	MiNr. IV	siehe nach MiNr. 663
Block 8 s. nach MiNr. 1867	Block 24 s. nach MiNr. 2481	Block 40 s. nach MiNr. 2683	MiNr. A IV–G IV s. nach MiNr. 663
Block 9 s. nach MiNr. 1886	Block 25 s. nach MiNr. 2496		MiNr. V	siehe nach MiNr. 673
Block 10 s. nach MiNr. 2022	Block 26 s. nach MiNr. 2501		MiNr. VI–VII siehe nach MiNr. 783
Block 11 s. nach MiNr. 2054	Block 27 s. nach MiNr. 2520		MiNr. VIII	siehe nach MiNr. 1450
Block 12 s. nach MiNr. 2204	Block 28 s. nach MiNr. 2530		MiNr. IX	siehe nach MiNr. 2535
Block 13 s. nach MiNr. 2303	Block 29 s. nach MiNr. 2546			
Block 14 s. nach MiNr. 2303	Block 30 s. nach MiNr. 2556			
Block 15 s. nach MiNr. 2321	Block 31 s. nach MiNr. 2558			
Block 16 s. nach MiNr. 2384	Block 32 s. nach MiNr. 2575			

Preise ungebraucht MiNr. 1–43 ✱ oder (✱); MiNr. 44–659 ✱ und ✱✱; ab MiNr. 660 ✱✱.

Österreich–Ungarn (Kaisertum bis 1867)

Bis zur Errichtung des selbständigen Königreichs Ungarn (1.5.1867) unterstand die Postverwaltung Ungarns dem gemeinsamen K. K. Handelsministerium in Wien, das für seinen gesamten Bereich gemeinsame Marken ausgab.

Bewertung: Die anschließend angeführten Preise gelten für Durchschnittsstücke in guter Erhaltung. Die Ränder an allen 4 Seiten sollen nicht unter 1 mm, die Stempel nicht verschmiert sein. Angeschnittene Stücke, Marken mit Bug, dünnen Stellen oder Einriß, Abschläge bis 90%, Kabinettstücke + 50%, Luxusstücke + 100% Aufschlag.

1850

1850, 1. Juni/1854. Freimarken: Wappenzeichnung. ☑ Herz; ☒ Tautenhayn; Bdr. (8×8, = 60 Marken + 4 Andreaskreuze, in Druckbogen zu 4 Schalterbogen); X = Handpapier mit Bogen-Wz. 1, Y = Maschinenpapier oWz.; ☐.

Bogen-Wz. 1, Buchstabenhöhe 35 mm

a) Wappen

Type I   Type I   Type II   Type III   Type III

Type I. Bei den Werten 1–6 Kr stößt die Wertziffer oben an die Einfassungslinie des Wertschildes an. Die untere Einfassung des Wappens ist eine dicke Linie, die nur bei sehr klaren Drucken eine Teilung stellenweise erkennen läßt.

Die beiden Punkte des Wappenhintergrunds unterhalb des rechten Adlerfangs sind zusammenhängend und etwas schräggestellt. Die Punkte am linken unteren Wappenrand laufen parallel zur Einfassung. Bei der 9-Kreuzer-Marke steht die Ziffer 9 tiefer als die Fußlinie von KREUZER, der Abstand zwischen 9 und K schwankt zwischen 0,3 und 1,2 mm, das Wappen ist gleich den anderen Werten.

Type II gibt es nur beim Wert 9 Kreuzer. Die Ziffer steht auf gleicher Höhe wie KREUZER, der Abstand zwischen 9 und K ist immer 0,7 mm, Wappen wie bei Type I.

Type III. Die Wertziffer ist bei allen Werten von der Einfassung des Wertschildes gelöst und auf gleicher Höhe wie KREUZER. Die untere Einfassungslinie des Wappens ist durch eine weiße Linie geteilt, der Wappenhintergrund ist nachgraviert. Die Punkte erscheinen meist kleiner und manchmal wie ein liegender Rhombus (2-fache Gravur) bzw. als Sechseck (3-fache Gravur). Die beiden Punkte unterhalb des rechten Adlerfanges sind gleich hoch und voneinander getrennt. Die Punkte am linken unteren Teil des Wappens berühren teilweise die Einfassung.

Bei jeder der 3 Typen gibt es weitere Untertypen. (Siehe Großes Handbuch Österreich und Lombardei-Venetien I. Emission 1850 von Huber/Wessely).

X = Handpapier, mit Bogen-Wz. 1, Papierstärke 0,08–0,11 mm (1850)

Das Handpapier wurde zum Druck der Marken etwa bis Ende 1854 verwendet. Es ist durch eine rauhe Struktur erkennbar. Die Stärke schwankt zwischen 0,05 und 0,14 mm. Außerdem weist der Druckbogen ein Wasserzeichen KKHM (Kaiserlich Königliches Handels-Ministerium) in Schreibschrift und einer Buchstabenhöhe von 35 mm auf. Es erfaßt nur etwa 16–20 der 240 Marken des Druckbogens.

			(✳)	✱	☉	✉	□□ ☉	□□□ ☉	⊞ ☉
1 X	1 Kr	...........................a							
a		(ocker)gelb ....(Type I, III)	500,—	2000,—	130,—	550,—	360,—	850,—	6000,—
b		orange ....(Type I, III)			150,—	600,—			
c		(hell)braunorange ....(Type I)			600,—	2500,—			
d		kadmiumgelb ....(Type III)			140,—	550,—			
e		rötlichbraunorange ....(Type I)			750,—	3000,—			
2 X	2 Kr	...........................a							
a		schwarz ....(Type I, III)	450,—	1500,—	80,—	350,—	300,—	900,—	10000,—
b		silbergrau ....(Type I, Erstdr.!)			700,—	1800,—			
c		grauschwarz ....(Type I, III)			135,—	400,—			
3 X	3 Kr	...........................a							
a		(blaß- bis dunkel)rot ....(Type I, III)	200,—	800,—	7,—	35,—	20,—	60,—	3000,—
b		(dunkel)karmin ....(Type I, III)			50,—	250,—			
c		(blaß)rosa ....(Type I, III)			7,—	35,—			
d		zinnoberrot ....(Type I)			90,—	350,—			
4 X	6 Kr	...........................a							
a		braun bis dunkelbraun ....(Type I, III)	260,—	1200,—	6,—	40,—	80,—	350,—	4000,—
b		schwarzbraun ....(Type I)			200,—	450,—			
c		rostbraun ....(Type I)			40,—	100,—			
5 X	9 Kr	...........................a							
a		(hell)blau ....(Type I)	500,—	2200,—	15,—	100,—			
b		grau- bis dunkelblau ....(Type II)			10,—	50,—			
c		blau bis dunkelblau ....(Type III)	350,—	1500,—	3,—	30,—	30,—	160,—	2000,—
d		schwarzblau ....(Type III)			15,—	60,—			
		Satzpreis (5 W.)	1600,—	7000,—	220,—				

Y. Maschinenpapier, ohne Wz., Papierstärke 0,08–0,11 mm (ab Ende 1854)

Das Maschinenpapier, ab Ende 1854 verwendet, ist glatt, gleichmäßiger und fühlt sich auch meist weicher an als Handpapier. Gelegentlich wurde aber auch kartonartiges Maschinenpapier verwendet, das etwa die Stärke einer schwächeren Postkarte hat. Maschinenpapier hat kein Wz.

			(✳)	✱	☉	✉	□□ ☉	□□□ ☉	⊞ ☉
1 Y	1 Kr	...........................a							
a		(zitronen)gelb ....(Type III)	300,—	2000,—	120,—	450,—	380,—	950,—	6000,—
b		ockergelb ....(Type I)			130,—	500,—			
c		goldgelb ....(Type I)			250,—	750,—			
d		kadmiumgelb ....(Type III)			150,—	500,—			
e		olivgelb ....(Type III)			450,—				
2 Y	2 Kr	...........................a							
a		(tief)schwarz ....(Type III)	350,—	1800,—	85,—	280,—	320,—	1000,—	13000,—
b		grauschwarz ....(Type III)			100,—	350,—			
c		mausgrau ....(Type III)			950,—	1800,—			
3 Y	3 Kr	...........................a							
a		(blaß)rot (Töne) ....(Type III)	100,—	500,—	3,—	20,—	15,—	60,—	1500,—
b		karmin ....(Type I, Gravurtype)			60,—	220,—			
4 Y	6 Kr	...........................a							
a		braun (Töne) ....(Type III)	200,—	1000,—	5,—	40,—	100,—	400,—	5000,—
5 Y	9 Kr	...........................a							
a		(hell)blau (Töne) ....(Type III)	250,—	1400,—	3,—	25,—	40,—	170,—	2500,—
b		tiefdunkelblau ....(Type III)			10,—	50,—			
		Satzpreis (5 W.)	1200,—	6500,—	200,—				

Bei (✳), ✱ sowie ☉-Einheiten sind nur die gängigen Farben bewertet. Andere Farben bedingen (teils erhebliche) Preisaufschläge. Detaillierte Auflistung siehe Dr. Ferchenbauer „Handbuch und Spezialkatalog 1850–1918".

MICHEL-Einführung in die Druckverfahren

Die ausführliche Erklärung der wichtigsten Druckverfahren mit Abbildungen und Beispielen.

Andreaskreuze

MiNr. 3 mit anhängendem Andreaskreuz

Im Druckbogenviertel befanden sich in der untersten Reihe jedes Druckbogenviertels 4 Leerfelder, farbig durchkreuzt, jedoch in 4 verschiedenen Anordnungen. Es gibt daher Kreuze links, rechts und unterhalb von Marken, aber nie oberhalb. Ganze anhängende Kreuze sind äußerst selten. Marken mit mehreren anhängenden Kreuzen gehören zu den größten Seltenheiten Altösterreichs.

Andreaskreuze (lose)

		X			Y	
			4er-Streifen			4er-Streifen
	(✳)	✳	✳	(✳)	✳	✳
gelb	150,—	850,—	5500,—	120,—	700,—	4500,—
schwarz	180,—	1000,—	6500,—	150,—	900,—	5500,—
rot	35,—	240,—	1500,—	30,—	180,—	1300,—
braun	55,—	340,—	2800,—	40,—	260,—	2200,—
blau	45,—	300,—	2600,—	35,—	260,—	1600,—

Marken mit 1 anhängendem Kreuz

	(✳)	✳	☉	✉
3 X	7500,—	30000,—	30000,—	80000,—
3 Y	7500,—	30000,—	30000,—	80000,—
4 X	10000,—	40000,—	30000,—	80000,—
4 Y	10000,—	40000,—	30000,—	150000,—
5 X	6000,—	28000,—	30000,—	100000,—
5 Y	6000,—	28000,—	30000,—	100000,—

Andreaskreuze mit Poststempelentwertung entsprechen nicht der Vorschrift und sind zufällig. Marken mit anhängendem Andreaskreuz (✳) ca. ⅓ des ✳-Preises. Für besonders schöne Stücke erhebliche Aufschläge. Marken mit zwei, drei oder vier anhängenden Andreaskreuzen sind ganz große Seltenheiten; (✳) —,—.

Marken mit Andreaskreuzansatz (mindestens 1 mm sichtbar)

Kreuzansatz rechts

			1 mm ☉	2 mm ☉	3 mm ☉
1 X a	1 Kr		50,—	400,—	700,—
2 X a	2 Kr		220,—	400,—	700,—
3 X a	3 Kr		70,—	110,—	220,—
4 X a	6 Kr		80,—	120,—	280,—
5 X c	9 Kr		60,—	120,—	250,—
1 Y a	1 Kr		230,—	420,—	750,—
2 Y a	2 Kr		200,—	400,—	700,—
3 Y a	3 Kr		60,—	100,—	200,—
4 Y	6 Kr		80,—	120,—	250,—
5 Y a	9 Kr		60,—	110,—	220,—

Kreuzansatz links oder unten je 20% Zuschlag. ▷ + 20%, ✉ + 100%.

Besonderheiten des Papiers

Geripptes Papier

Bei Handpapier wurde vorübergehend an Marken nach erfolgter Gummierung eine senkrechte Rippung in etwa 0,3 mm Breite angebracht. Diese ist manchmal so stark, daß Poststempel streifenartige Unterbrechungen aufweisen. Folgende Werte kommen gerippt vor (†):

				✳	☉	✉
2 X R	2 Kr	geripptes Papier	(Type I)	—,—	5000,	15000,—
3 X R	3 Kr	geripptes Papier	(Type I)	4500,—	150,—	600,—
4 X R	6 Kr	geripptes Papier	(Type I)	—,—	2800,—	8000,—

Geripptes Papier stammt von Ende 1850/Anfang 1851.

Die Preise gelten für deutlich geripptes Papier. Nur schwach geripptes Papier bedingt Preisabschläge.

Gestreiftes Papier

Es existiert ein Handpapier, das kein Wz., aber senkrechte Streifen (0,7 mm breite Linien) in der Durchsicht zeigt. Auf 2 cm kommen 15 Streifen. Folgende Werte sind bekannt (r):

			*	⊙	✉
3 X S	3 Kr	gestreiftes Papier .... (Type III)	—,—	18000,—	—,—
5 X S	9 Kr	gestreiftes Papier .... (Type III)	—,—	15000,—	—,—

Gestreiftes Papier stammt aus 1852/53.

Papierstärken (Seiden- und Kartonpapier):

		u 0,05 ⊙	v 0,06 ⊙	w 0,07 ⊙	x 0,12 ⊙	y 0,13 ⊙	z 0,14 mm ⊙
1 X a	1 Kr	300,—	170,—	150,—	150,—	160,—	200,—
2 X a	2 Kr	220,—	130,—	100,—	110,—	120,—	170,—
3 X a	3 Kr	100,—	40,—	20,—	22,—	30,—	55,—
4 X a	6 Kr	120,—	40,—	25,—	34,—	45,—	65,—
5 X c	9 Kr	130,—	50,—	35,—	22,—	32,—	48,—
1 Y a	1 Kr				140,—	150,—	190,—
2 Y a	2 Kr				90,—	110,—	150,—
3 Y a	3 Kr				16,—	25,—	40,—
4 Y	6 Kr				22,—	35,—	50,—
5 Y a	9 Kr				20,—	30,—	40,—

Beim Maschinenpapier finden sich gelegentlich wasserzeichenähnliche, etwa 3 mm lange, parallele Strichelchen (senkrecht oder waagerecht) in 2 nebeneinander liegenden Reihen. Diese sind durch Nähte an den Filzwalzen der Papiermaschinen entstanden. Man nennt sie auch nach ihrem Entdecker „Ladurner Strichelung" (je nach Deutlichkeit 30,— bis 500,— Zuschlag).

Besonderheiten der Platten und Typen

9 Kreuzer Type I

Abstände zwischen „9" und „K"

		(*)	*	⊙	✉
5 X I/I	engster Abstand 0,3 mm	—,—	—,—	2000,—	—,—
5 X I/II	Abstand 0,4 mm	750,—	3700,—	150,—	650,—
5 X I/III	normaler Abstand 0,5–0,6 mm			Normalpreise	
5 X I/IV	Abstand 0,7 mm	660,—	3500,—	50,—	250,—
5 X I/V	Abstand 0,8 mm	750,—	3800,—	180,—	480,—
5 X I/VI	Abstand 0,9 mm	850,—	5000,—	500,—	950,—
5 X I/VII	Abstand 1,0 mm	—,—	—,—	1200,—	2000,—
5 X I/VIII	weitester Abstand 1,2 mm	—,—[1]	—,—[1]	1900,—	3600,—

[1] Jeweils nur 1 Stück bekannt.

Abstände zwischen „9" und unterer Randlinie

5 X I/IX	Abstand 0,6 mm („hohe 9")	800,—	5000,—	300,—	800,—
5 X I/X	Abstand 0,2 mm („tiefe 9")	750,—	4000,—	200,—	650,—

Marken mit Wz.-Teilen je nach Größe MiNr. 1–5 ✳ 10–50% Zuschlag MiNr. 1 und 2 ⊙ 20–50% bzw. MiNr. 3–5 ⊙ 30–150% Zuschlag.

Gravurtypen der 3 Kr Maschinenpapier

Die bei der 3 Kr Maschinenpapier katalogisierten Marken der Type I stammen von Druckstöckeln, die am Farbfleck an der Innenseite des unteren rechten Wappenrandes und am Kopf der Wertziffer „3" nachgraviert wurden. Es werden je nach Art der vorgenommenen Gravur verschiedene Untertypen unterschieden (siehe Dr. Ferchenbauer „Handbuch und Spezial-Katalog 1850–1918").

Waagerechte Paare von der Bogenmitte

			*	⊙
1 Y	1 Kr	.... (Type I)		—,—*)
3 Y	3 Kr	.... (Type III)	70000,—	

*) 1 Stück bekannt

Besonderheiten des Drucks, Randstücke

Doppelseitige Drucke

Durch Bedrucken der Bogen auf Vorder- und Rückseite entstanden die doppelseitigen Drucke. Bei gelben Marken auf Handpapier kommt dies verhältnismäßig häufig vor. Wenig farbintensive Bogen wurden von der Kontrolle aussortiert und auf der Rückseite nochmals bedruckt. Bei der 3- und 9-Kreuzer-Marke dürfte nur je 1 Bogen versehentlich zweiseitig bedruckt worden sein.

			*	⊙
1 X DG	1 Kr	....	3000,—	180,—
3 X DG	3 Kr	....		14000,—*)
5 X DG	9 Kr	....		12000,—

*) alle bekannten Stücke mehr oder minder beschädigt

Unterlegte Mitte

Durch Unterlegen des Mittelstückes am Druckstöckel wurde der Versuch unternommen, das Wappen besser zur Geltung zu bringen. Marken mit unterlegter Mitte verdienen Zuschläge je nach Deutlichkeit von mindestens 30,—.

			⊙	✉
2 X	2 Kr	.... (Type I)	300,—	750,—
3 X	3 Kr	.... (Type I)	80,—	240,—
5 X	9 Kr	.... (Type I)	300,—	750,—
	9 Kr	.... (Type II)	90,—	240,—
3 Y	3 Kr	.... (Type I, Gravurtype)	250,—	550,—

Balken

Farbige Balken waagerecht und senkrecht zwischen den Markenbildern sind durch Lockerung der zwischen den Druckstöckeln eingesetzten Stegstreifen entstanden. Die Randlinien der äußeren Marken des Druckbogens sind vielfach merklich verdickt. Marken mit Balken 100% Aufschlag

Plattenfehler

finden sich bei Handpapier häufig. Besonders bei Type I

			$\odot$	$\boxtimes$
5 X I/F I	stark gebrochene linke untere Ecke		600,—	1100,—
5 X I/F II	fehlende Wertziffer, jedoch handschriftlich eingesetzt		—,—	—,—
5 X I/F III	wanderndes Männchen		600,—	1400,—
5 X I/F IV	Stahlhelm		600,—	1200,—
5 X I/F V	fehlender rechter Adlerkopf		150,—	300,—
5 X I/F VI	Raupe		250,—	550,—
5 X I/F VII	fehlende linke untere Ecke		1500,—	—,—

Rand- und Eckrandstücke

In einem Bogen zu 60 Marken können theoretisch 21 Randstücke und 3 Eckrandstücke vorkommen, doch sind diese durch Abschneiden der Ränder nur selten erhalten geblieben.

			Rand 5 mm $\odot$	Rand 10 mm $\odot$	Rand 15 mm $\odot$	Eckrand 5×5 mm $\odot$	Eckrand 5×10 mm $\odot$
1 X a	1 Kr	....	260,—	600,—	1100,—	1100,—	1500,—
2 X a	2 Kr	....	200,—	500,—	1000,—	800,—	1500,—
3 X a	3 Kr	....	30,—	100,—	350,—	350,—	500,—
4 X a	6 Kr	....	60,—	150,—	450,—	600,—	800,—
5 X c	9 Kr	....	30,—	120,—	300,—	380,—	550,—
1 Y a	1 Kr	....	250,—	600,—	1200,—	1000,—	1600,—
2 Y a	2 Kr	....	200,—	450,—	950,—	800,—	1500,—
3 Y a	3 Kr	....	25,—	70,—	300,—	320,—	500,—
4 Y	6 Kr	....	35,—	90,—	300,—	450,—	550,—
5 Y a	9 Kr	....	30,—	100,—	280,—	320,—	550,—

Untere Rand- bzw. Eckrandstücke 20%, $\boxtimes$ 200% Aufschlag.

Besonderheiten der Trennung

Tokayer Liniendurchstich 14

Im Mai 1852 wurden in Homonna erstmals Marken verwendet, die einen Liniendurchstich 14 zeigen. Ab Ende Oktober 1852 kommen Marken mit diesem Durchstich nur mehr in Tokay verwendet vor, und zwar bis 1854. Die Echtheit durchstochener Marken ist nur auf Briefstücken bzw. Briefen nachweisbar.

Mit Stempel Tokay

			$\triangleright$	$\boxtimes$
1 X C	1 Kr	....	—,—	—,—
2 X C	2 Kr	....	—,—	—,—
3 X C	3 Kr	....	1700,—	12000,—
4 X C	6 Kr	....	2500,—	20000,—
5 X C	9 Kr	....	2200,—	17000,—

Mit Stempel Homonna (bisher 5 $\boxtimes$ bekannt) ab 50000,—.

FALSCH Gefährliche Fälschungen sind bekannt.

Besonderheiten der Entwertung

Die 1. Ausgabe war ab 1. Juni 1850 frankaturgültig. Lose Stücke und $\triangleright$ können nur dann mit Sicherheit als Ersttag bezeichnet werden, wenn das Datum gut lesbar ist und der Stempel die Jahreszahl enthält.

Bei Briefen muß das Datum aus dem Inhalt deutlich hervorgehen. Zuschlag für Jahresangabe im Poststempel für 3, 6 und 9 Kr: auf $\boxtimes$ 25%.

Von einzelnen Postämtern wurde zur Entwertung der Marken rote oder blaue Farbe verwendet, erstgenannte besonders bei Rekommandationsstempeln. Weiter kam es vor, daß Kreuzermarken im Gebiet Lombardei-Venetien verwendet wurden, obwohl dies ab Mai 1851 nicht zulässig war.

			Ersttags- $\odot$	Ersttags- $\boxtimes$	Rot- $\odot$	Rot- $\boxtimes$	Blau- $\odot$	Blau- $\boxtimes$	Lombardei-Venetien- $\odot$	Lombardei-Venetien- $\boxtimes$
1 X	1 Kr	....	—,—	—,—	4500,—	35000,—	1400,—	7500,—	500,—	6500,—
2 X	2 Kr	....	—,—	120000,—	1500,—	7000,—	1000,—	5000,—	500,—	5000,—
3 X	3 Kr	....	1700,—	35000,—	800,—	4500,—	270,—	1000,—	70,—	500,—
4 X	6 Kr	....	2000,—	40000,—	750,—	4000,—	300,—	1200,—	75,—	550,—
5 X	9 Kr	....	2000,—	35000,—	850,—	4200,—	270,—	1300,—	120,—	1000,—

		Ersttags-⊙	Ersttags-✉	Rot-⊙	Rot-✉	Blau-⊙	Blau-✉	Lombardei-Venetien-⊙	Lombardei-Venetien-✉
1 Y	1 Kr	....	....	1500,—	6500,—	950,—	5000,—	900,—	12000,—
2 Y	2 Kr			580,—	2000,—	950,—	3800,—	700,—	10000,—
3 Y	3 Kr			280,—	800,—	140,—	850,—	400,—	2500,—
4 Y	6 Kr			110,—	600,—	150,—	900,—	450,—	4500,—
5 Y	9 Kr			75,—	480,—	170,—	950,—	600,—	4500,—

1 X–5 Y auf Briefstück verdienen jeweils ca. 20% Aufschlag auf den ⊙-Preis.

Von MiNr. 1 X, rot sind bisher nur 2 ✉ (Drucksachen) bekannt.

Die Stempelfarbe muß eindeutig rot oder blau sein. Schwarzblau („müllerblau") starke Abschläge. Grüne Stempel sind nur wenige bekannt.

Die Verwendung von Kreuzermarken in Lombardei-Venetien war bis 7. Mai 1851 gestattet. Ab diesem Zeitpunkt werden Kreuzermarken mit Lombardei-Venetien-Stempel selten.

Handschriftliche Entwertungen kommen ebenfalls meist aus dem Jahr 1850 vor. Später sind sie wesentlich seltener.

Verwendung als Stempelmarken

Am 1. November 1854 wurden in Österreich Stempelmarken eingeführt. Entgegen den Vorschriften wurden manchmal Freimarken als Stempelmarken verwendet.

		Federzug ∾ ✉	Dokument ∾ ✉	Dokument ⊗ ✉
1	1 Kr	....	3500,—	5000,—	6000,—
2	2 Kr		3500,—	—,—	—,—
3	3 Kr		1100,—	1800,—	2000,—
4	6 Kr		1000,—	2000,—	2200,—
5	9 Kr		1300,—	—,—	—,—

Fiskalische Federzugentwertung ist der Normalfall, die Entwertung mit Fiskal- oder sonstigen Behörden-Stempeln ist die Ausnahme.

1 Kreuzer halbiert als Ankündigungsstempelmarke zu ½ Kreuzer auf Theaterprogramm .... 25000,—

Mischabgeltungen der Stempelgebühr durchFrei- und Stempelmarken auf Dokument .... mind. 3000,—

Besonderheiten der Frankaturen

Buntfrankaturen

Buntfrankatur ist eine Frankatur verschiedener Marken einer Ausgabe auf Brief bzw. Briefstück.

		▷	✉
2-Farben-Frankatur	.... mind.	20,—	120,—
3-Farben-Frankatur	.... mind.	1000,—	4500,—
4-Farben-Frankatur	.... mind.	15000,—	75000,—
5-Farben-Frankatur	....	—,—	—,—

Die angegebenen Preis e sind Mindestpreise, ohne Berücksichtigung besonderer Typen, Farben oder Abstempelungen. Bei der Bewertung wurden nur die am häufigsten vorkommenden Kombinationen berücksichtigt.

Mischfrankaturen mit Lombardei-Venetien

		▷	✉
in Österreich gestempelt	....	—,—	—,—
in Lombardei-Venetien gestempelt	.... mind.	5000,—	25000,—

Besondere Frankatur bei MiNr. 4:

Eingeschriebene barfrankierte Briefe ins Ausland (Briefvorderseite ohne Marke, Briefrückseite mit 6-Kreuzer-Marke als Einschreibgebühr) .... ab 400,—

Aushilfsfrankatur (Halbierungen und Drittelungen)

6 Kreuzer halbiert

Bei Mangel an kleineren Werten wurden (meist in ungarischen Orten) auch Marken halbiert, in wenigen Fällen sogar gedrittelt.

		▷	✉
2 H	2 Kr	halbiert als 1-Kr-Frankatur	6000,—	60000,—
3 Dr	3 Kr	gedrittelt als 1-Kr-Frankatur	—,—	—,—*)
4 H	6 Kr	halbiert als 3-Kr-Frankatur	3500,—	25000,—
5 Dr	9 Kr	gedrittelt als 3-Kr-Frankatur	—,—	—,—

*) 2 Briefe bekannt

Vorsicht vor Scheinhalbierungen der 6 Kr auf Retourrezepissen!

Vorstehende Preise gelten nur für diagonale Halbierungen. Senkrechte Halbierungen 30%, waagerechte Halbierungen 50% Aufschlag (mit waagerechter Halbierung 1 ✉, 2 ✉ mit Drittelungen der 3-Kreuzer-Marke und 1 ✉ mit Drittelung der 9-Kreuzer-Marke bekannt).

Mit MICHEL-Katalogen sind Sie immer gut informiert!

Probedrucke (1849)

Inschrift K.K. POSTSTÄMPEL

 4 P   A 4 P   1 Y

				(*)	*
4 P	6 Kr	rosa	....	1200,—	
A 4 P	6 Kr	hellblau	....	4000,—	
B 4 P	6 Kr	schwarz	....	—,—	
C 4 P	1 G	rosa	....	1200,—	
D 4 P	1 G	hellblau	....	2600,—	
E 4 P	1 G	schwarz	....	—,—	

Papierproben (1851) in Zeichnung der Type I

3 P	3 Kr	blau	....	500,—	2000,—
A 3 P	3 Kr	schwarz	....	500,—	1800,—
A 3 P AK	mit Andreaskreuz (1 Stück bekannt)	....		—,—	

Zähnungsprobe

1 Y	1 Kr	gez. Ks 18½	.... (Type III)	500,—	2000,—

Auflagen (einschließlich Ausgabe Lombardei-Venetien): MiNr. 1 = 14 760 000, MiNr. 2 = 13 420 000, MiNr. 3 = 107 250 000, MiNr. 4 = 70 950 000, MiNr. 5 = 70 720 000 Stück

Gültig bis 31.12.1858

ND siehe nach Zeitungsstempelmarken.

Nicht ausgegeben:

 Federzugentwertung   Franco-Entwertung

I	12 Kr	blau	.... a	120000,—	90000,— ⊙

Von MiNr. I wurde fast die ganze Auflage vernichtet. Erhalten geblieben sind 4 Stück mit Versuchsstempel „FRANCO", 2 Stück mit Federzug und eines bei dem die „12" chemisch entfernt und mit „9" überschrieben war.

Ein Nachdruck der MiNr. I wurde anläßlich der Internationalen Briefmarkenausstellung WIEN '75 als Gratisbeilage zur Festschrift „125 Jahre österreichische Briefmarken" ausgegeben.

1851

1851, 1. Jan. Zeitungsmarken: Merkurkopf. ☒ Axmann; Bdr. (10×10 im Druckbogen zu 4 Bogen) auf Maschinenpapier in 3 Typen; ☐.

b) Merkur

 Type I    Type II    Type IIa

Typenunterschiede:

Type I: Grotesk erscheinende Blockschrift. Das „G" und „S" weisen keine Abschlußstriche auf. Die linke obere Rosette hat deutlich 4 Blätter.

Type II: „G" und „S" haben Abschlußstriche, das „U" ist rechts meist unterbrochen und im „G" sind 2 deutliche Punkte erkennbar. Die Rosette links oben ist verstümmelt.

Type IIa: Die Eckrosette hat regelmäßige Blätter. Das „U" ist komplett, im „G" sind keine Punkte. Diese Type kommt nur bei blauen Merkuren vor.

Nachfolgende Preise gelten für vollrandige Stücke. Im übrigen wird der Preis der „Merkur"-Ausgabe stark von der Erhaltung dieser empfindlichen Marken beeinflußt.

Die Druckbogen wurden waagerecht durchschnitten und in Bogen zu je 200 Marken an die Zeitungsverleger ausgegeben.

			(✶)	✶	⊙	Schleife ⊠	Zeitung ⊠	□□ ⊙	□□□ ⊙	⊞ ✶	⊞ ⊙
6	(0.6 Kr)	.................b									
I		hell- bis dunkelblau	45,—	230,—	150,—	350,—	500,—	500,—	750,—	1800,—	3000,—
I y		geripptes Papier, hellgrünlichblau	120,—	600,—	250,—	450,—	600,—	600,—	900,—	3000,—	3500,—
II		blau bis dunkelblau	35,—	180,—	120,—	300,—	400,—	350,—	550,—	1600,—	2300,—
IIa		blau	80,—	480,—	300,—	550,—	650,—	600,—	900,—		
7 I	(6 Kr)	.................b									
a		gelb	20000,—	—,—	9000,—	18000,—	23000,—	—,—	—,—		
b		braunorange			14000,—						
8 I	(30 Kr)	rosa ....b	40000,—	—,—	12000,—	28000,—					

Besonderheiten des Papiers

Stücke mit Nahtwasserzeichen 200% Aufschlag.

Besonderheiten des Drucks, Randstücke

			Rand-stück ⊙	Eckrand-stück ⊙	Typen-mischpaar ⊙	Rand-leiste ⊙
6	(0.6 Kr)	....	250,—	650,—	2500,—	—,—

			(✶)	✶	⊙
6 WZ	Paar mit Zwischensteg	....	10000,—	25000,—	30000,—

Besonderheiten der Entwertung

			Ersttags- ⊙	Rot- ⊙	Blau- ⊙	Lombardei-Venetien- ⊙
6	(0.6 Kr)	....	5000,—	3000,—	3500,—	200,—

Besonderheiten der Frankaturen

Mischfrankaturen

	⊠
mit Freimarkenausgabe 1850 (1 Stück bekannt)	—,—

Buntfrankaturen

6 + 7 (2 Stück bekannt)	—,—
MiNr. 6 in betrügerischer Absicht statt 9-Kreuzer-Freimarke (MiNr. 5) verwendet (3 Stück bekannt)	—,—

Probedrucke

		(✶)
6 P	in Schwärzlichbraun, o.G.	—,—

MiNr. 8 wurde ab Oktober 1852, MiNr. 7 ab März 1856 als 0,6-Kreuzer-Zeitungsmarke aufgebraucht.

Auflagen: MiNr. 6 = 135 790 000, MiNr. 7 = 720 000, MiNr. 8 = 240 000 Stück

Gültig bis 31.5.1864

ND (nur in Type I) siehe nach Zeitungsstempelmarken.

1856

1856, 21. März. Zeitungsmarke: Merkurkopf. MiNr. 7 in Farbänderung; Bdr.; □.

b

				(✶)	✶	⊙
9	(6 Kr)	zinnober (Type II)	....b	40000,—	100000,—	70000,—

Auflage: 120 000 Stück

Gültig bis 31.12.1858

ND siehe nach Zeitungsstempelmarken.

Achten Sie bei geprüften Marken auf die Stellung des Prüfzeichens. Lesen Sie die Prüfordnung des Bundes Philatelistischer Prüfer e. V. (BPP) am Ende des Kataloges.

1858

Neue Währung: 1 Gulden (G) = 100 Kreuzer (Kr)

1858, 1. Nov./1859. Freimarken: Kaiser Franz Joseph. [E] Meißner; [S] Schmidt und Schrepfer; komb. Bdr. und Pdr. (8×8, = 60 Marken + 4 Andreaskreuze, im Druckbogen zu 4 Schalterbogen); gez. Ks 14½.

c
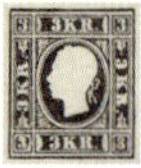
d

d
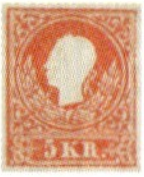
e
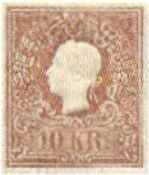
f
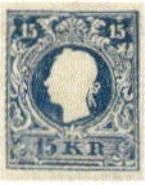
g

c–g) Franz Joseph I. (1830–1916), Kaiser von Österreich und König von Ungarn

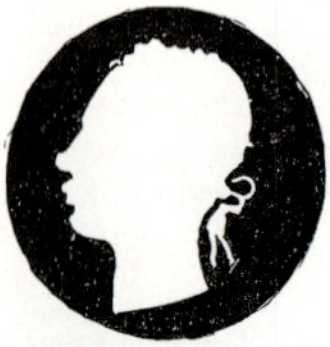
Type I
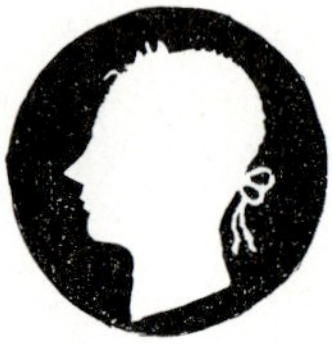
Type II
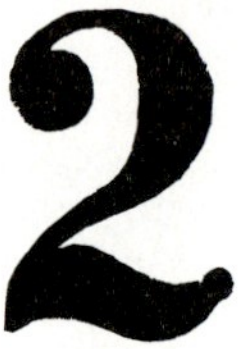
Type I
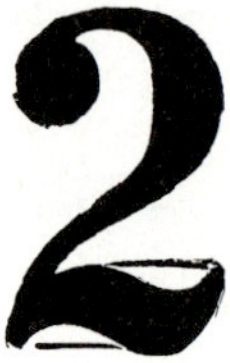
Type II

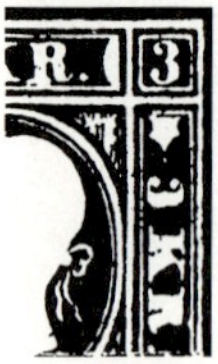
Type Ib der MiNr. 11 Ib

13 II

13 II/I

Type I der MiNr. 11–15: Kranz an Scheitel stumpfe Spitzen. Form der Schleife „3“.
Type II der MiNr. 11–15: Scharfe Spitzen. Form der Schleife „8“.

Type Ia: Beide „R“ der oberen und rechten Schrift normal gezeichnet.
Type Ib: Fuß des oberen „R“ ist mit dem Rahmen verbunden, beim rechten „R“ ist die Schlinge zusammengeflossen (verstümmeltes „R“).

Die beiden Typen der MiNr. 10 unterscheiden sich auch durch die verschiedene Form der Ziffer 2.
Type I: Der Fuß der 2 ist flach und wird gegen das Ende ziemlich dünn.
Type II: Der Fuß der 2 ist gleichmäßig dick, aber stärker geschweift.

Type I (1. Nov. 1858)

				(✱)	✱	⊙	✉	□□ ⊙	□□□ ⊙	⊞ ⊙
10 I		2 Kr	c							
	a		gelb	500,—	4200,—	500,—	900,—	1100,—	1700,—	9000,—
	b		dunkelgelb	600,—	4500,—	520,—	1000,—			
11 I		3 Kr	d							
	Ia		Type Ia, schwarz	600,—	4500,—	420,—	1000,—			
	Ib		Type Ib							
	a		schwarz	350,—	2800,—	300,—	600,—	700,—	1000,—	6000,—
	b		grauschwarz			750,—	1700,—			
	Ic		Type Ic, schwarz	500,—	4500,—	400,—	900,—			
13 I		5 Kr	e							
	a		rot	300,—	1200,—	25,—	50,—	40,—	80,—	900,—
	b		dunkelrot	350,—	1800,—	30,—	60,—			
14 I		10 Kr	f							
	a		braun	500,—	2800,—	50,—	100,—	100,—	150,—	1400,—
	b		tiefbraun	550,—	3200,—	70,—	120,—			
15 I		15 Kr	g							
	a		(hell)blau	400,—	2400,—	30,—	50,—	60,—	120,—	1000,—
	b		dunkelblau	450,—	2900,—	30,—	60,—			
	c		schwarzblau	500,—	4200,—	75,—	150,—			
			Satzpreis (5 W.)	2000,—	13000,—	900,—				

Type II (Dez.1858–Mai 1959)

			(✱)	✱	⊙	✉	□□ ⊙	□□□ ⊙	田 ⊙
10 II	2 Kr	 c							
a		(hell)gelb	250,—	1300,—	60,—	150,—	150,—	250,—	3500,—
b		dunkelgelb	300,—	1500,—	80,—	200,—			
c		(hell)orange	500,—	2800,—	300,—	550,—			
d		dunkelorange	1500,—	7500,—	750,—	1500,—			
11 II	3 Kr	. . . . d							
a		schwarz	500,—	3200,—	230,—	500,—	550,—	900,—	4600,—
b		grauschwarz	900,—	6000,—	600,—	1500,—			
12	3 Kr	(16.3.1859) . . . . d							
a		grün, gelbgrün	280,—	1500,—	180,—	380,—	450,—	800,—	5000,—
b		bläulichgrün	320,—	2000,—	220,—	450,—			
13 II	5 Kr	. . . . e							
a		blaßrot	80,—	500,—	2,—	5,—	7,—	25,—	500,—
b		rot	100,—	600,—	2,50	7,—			
c		dunkelrot	140,—	750,—	7,—	15,—			
II/I		(Rahmen in Type I), rot	200,—	1000,—	35,—	90,—			
14 II	10 Kr	. . . . f							
a		(hell)braun	150,—	900,—	4,—	10,—	20,—	50,—	700,—
b		lilabraun	160,—	1000,—	6,—	12,—			
c		schwärzlichbraun	250,—	1500,—	20,—	30,—			
15 II	15 Kr	. . . . g							
a		(hell)blau	150,—	900,—	2,—	15,—	18,—	40,—	550,—
b		dunkelblau	180,—	1000,—	4,—	16,—			
c		schwarzblau	300,—	1800,—	25,—	100,—			
		Satzpreis (6 W.)	1300,—	8000,—	470,—				

Plattenfehler

Plattenfehler kommen vor allem bei der Wertziffer der MiNr. 15 vor. Diese ist in verschiedener Art verstümmelt. Auch der weiße Fleck am Hinterkopf (Haarschopf) ist typisch. Zuschläge 10,— bis 50,—.

„Bulldoggenkopf" (vergrößertes Kinn)

Plattenfehler Haarschopf

			⊙	✉
11 I b PF I	„Bulldoggenkopf" (vergrößertes Kinn)	500,—	1200,—
15 II PF I	„05" statt „15"	250,—	500,—

Andreaskreuze

Die Andreaskreuze sind bei sämtlichen Schalterbogen in der untersten Markenreihe ganz links oder ganz rechts zusammenhängend angeordnet. Die Kreuze sind weiß auf farbigem Grund (selten auch blaue Kreuze auf weißem Grund).

Von den vier Andreaskreuzen im Bogen trägt jeweils das am Bogenrand liegende ein Plattenzeichen in Form von Punkten. Bei den großen Kreuzen gibt es von allen Farben 1 und 2 Punkte (selten bei Blau auch 3 und 4 Punkte), bei den kleinen Kreuzen gibt es von allen Farben 1, 2, 3 und 4 Punkte.

Type I: große Kreuze (Größe des farbigen Grundes 20 × 24 mm)

Plattenzeichen 2 Punkte

Type II: kleine Kreuze (Größe des farbigen Grundes 17 × 20,5 mm)

Plattenzeichen 1 Punkt

	I = große Kreuze		4er-Streifen	II = kleine Kreuze		4er-Streifen
	(✱)	✱	✱	(✱)	✱	✱
gelb	80,—	500,—	3000,—	200,—	1400,—	
orange				800,—	4200,—	
schwarz	120,—	900,—	4000,—			
grün	150,—	800,—	4500,—	350,—	2500,—	
rot	15,—	80,—	500,—	30,—	200,—	700,—
braun	20,—	100,—	700,—	40,—	280,—	1000,—
blau	20,—	100,—	650,—	35,—	250,—	850,—
blau auf weißem Grund				700,—		

Einzelkreuze mit Plattenzeichen ca. 50% Aufschlag.

Andreaskreuz statt Marke

auf ✉-Vorderseite unbeanstandet als Freimarke verwendet .... mind.   ✉ 8000,—

Andreaskreuzansätze (mindestens 1 mm sichtbar)

    Ansatz unten   Ansatz rechts

		Type I links	Type I unten	rechts	Type II links	Type II unten	rechts
10	2 Kr	800,—	450,—		300,—	120,—	
11	3 Kr	500,—	300,—		400,—	280,—	
12	3 Kr				380,—	240,—	
13	5 Kr	100,—	40,—		70,—	25,—	
14	10 Kr	160,—	70,—		120,—	35,—	
15	15 Kr	160,—	55,—		100,—	35,—	500,—

2 mm sichtbare Ansätze 50% Aufschlag. ▷ + 20%, ✉ + 100%.

Marken mit anhängendem Andreaskreuz

MiNr. 13 mit Andreaskreuz

			Type I		Type II	
			∗	⊙	∗	⊙
10	2 Kr	....				35000,—
11	3 Kr	....				35000,—
12	3 Kr	....			40000,—	45000,—
13	5 Kr	....	14500,—			17000,—
14	10 Kr	....	18000,—			25000,—
15	15 Kr	....	18000,—			15000,—

links anhängende Kreuze 20% Zuschlag, rechts anhängende (nur bei MiNr. 15 II) —,—.

Besonderheiten des Papiers

Stücke mit Nahtwasserzeichen ca 200% Aufschlag

Besonderheiten des Drucks

Nagelkopf, DD = Doppeldruck, davon einer im Blinddruck, DG = doppelseitiger Druck, davon einer im Blinddruck

			Type I		Type II		
			Nagelkopf	DD	Nagelkopf	DD	DG
			⊙	⊙	⊙	⊙	⊙
10	2 Kr	....	550,—		300,—	1200,—	
11	3 Kr	....	400,—	1500,—	340,—	1000,—	
12	3 Kr	....			300,—		1500,—
13	5 Kr	....	60,—		35,—		
14	10 Kr	....	75,—		40,—		900,—
15	15 Kr	....	60,—		35,—		1000,—

Besonderheiten der Entwertung

				Type I			Type II	
			Erst-tags-	Rot-	Blau-	Lomb.-Venetien-	Rot-	Blau-	Lomb.-Venetien-
			⊙	⊙	⊙	⊙	⊙	⊙	⊙
10	2 Kr	....		850,—	1800,—	1600,—	150,—	1200,—	800,—
11	3 Kr	....		280,—	1100,—	420,—	230,—	900,—	380,—
12	3 Kr	....					280,—	600,—	450,—
13	5 Kr	....	1000,—	130,—	80,—	220,—	35,—	70,—	150,—
14	10 Kr	....	1300,—	75,—	140,—	260,—	30,—	75,—	200,—
15	15 Kr	....	1200,—	60,—	130,—	320,—	10,—	80,—	240,—

Besonderheiten der Frankaturen

Mischfrankaturen

MiNr. 5 und 13

		✉ (🏷)	✉
mit Ausgabe 1850 *)	mind.	2000,—	9000,—
mit Soldi-Werten 1858	mind.	6500,—	35000,—
Kombinationen Type I mit Type II	mind.	200,—	600,—

*) Mischfrankaturen mit MiNr. 1–5 waren bis 31.12.1858 gestattet

Mischfrankaturen mit der Zeitungsmarke MiNr. 17 bekannt .... —,—   —,—

Buntfrankaturen

			✉ (🏷)	✉
3-Farben-Frankatur	Type I	.... mind.	600,—	2000,—
4-Farben-Frankatur	Type I	.... mind.	6000,—	25000,—
3-Farben-Frankatur	Type II	.... mind.	400,—	1500,—
4-Farben-Frankatur	Type II	.... mind.	6000,—	18000,—

Kombinationen mit beiden Typen mind. + 50,—, bei Buntfrankaturen Preise für Type II + 25%.

Die MICHEL-Redaktion nimmt keine Markenprüfungen vor!

Halbierungen (◥, selten ◲ ◱)

2 Kr halbiert

				▷	⊠
10 H	2 Kr	halbiert + 2 Kr		5000,—	50000,—
14 H	10 Kr	halbiert		3000,—	20000,—
15 H	15 Kr	halbiert + 3 Kr		—,—	—,—

Freimarken als Stempelmarken verwendet

			Type I		Type II	
			⊗ Stempel	⊗ Dokument	⊗ Stempel	⊗ Dokument
10	2 Kr	....	1000,—		700,—	4500,—
11	3 Kr	....	1000,—		850,—	7000,—
12	3 Kr	....			850,—	7000,—
13	5 Kr	....	300,—	2500,—	250,—	2200,—
14	10 Kr	....	400,—	3000,—	300,—	2500,—
15	15 Kr	....	500,—	3500,—	400,—	3500,—

Die Preise gelten für Fiskal-(Behörden-)Stempelentwertung. Federzugentwertung ca. 40% Abschlag!

Mischabgeltung der Stempelgebühr durch Stempel- und Freimarken komplettes Dokument mind. 3500,—

Probedrucke

				✱
10 P I–15 P I	farbloser Prägedruck in Farben und Nominale der Ausgabe 1850 .... je			—,—
10 P II	1 Kr in Orange oder Grün .... je			—,—
10 P U I–15 P U I	farbloser Prägedruck in Farben und Nominale der Ausgabe 1850, ungezähnt .... je			—,—

Auflagen (für beide Typen einschließlich Ausgabe Lombardei-Venetien): MiNr. 10 = 22 008 000, MiNr. 11 = 14 004 000, MiNr. 12 = 40 008 000, MiNr. 13 = 108 000 000, MiNr. 14 = 98 004 000, MiNr. 15 = 86 004 000 Stück

Gültig bis 31.5.1864

ND siehe nach Zeitungsstempelmarken.

Gleiche Ausgaben in Soldi-Währung siehe Lombardei und Venetien

1858. 1. Nov./1859. Zeitungsmarken: Kaiser Franz Joseph. ⬚ **Meißner; Präge-Bdr. (10 × 10 + 10 × 10);** □.

h) Franz Joseph I. (1830–1916), Kaiser von Österreich und König von Ungarn

			(✱)	✱	☉	Schleife ⊠	Zeitung ⊠	☐☐ ☉	☐☐☐ ☉	⊞ ✱	⊞ ☉
16	(1.05 Kr)	Type I .... h									
a		hellblau	100,—	600,—	650,—	1100,—	1200,—	2500,—	3500,—	4000,—	7000,—
b		blau	200,—	800,—	750,—	1100,—	1200,—				
c		schwärzlichblau	280,—	1200,—	850,—	1300,—	1400,—				
17	(1.05 Kr)	Type II .... h									
a		dunkellila	300,—	1800,—	450,—	900,—	1000,—	1200,—	2000,—	7000,—	4500,—
b		graulila, lila, bräunlichlila	160,—	800,—	350,—	800,—	900,—				
c		tief dunkellila	200,—	—,—	750,—	1800,—	—,—				
		Satzpreis (2 W.)	260,—	1400,—	1000,—						

Plattenfehler

16 I		„Bulldoggenkopf"	250,—	1000,—	900,—	1500,—	1600,—

Besonderheiten des Papiers

Stücke mit Nahtwasserzeichen 200% Aufschlag

Besonderheiten des Drucks

Nagelkopf, Randstücke

			Nagel- kopf ⊙	Bogenrand 5 mm ⊙	Bogenecke 5 × 5 mm ⊙
16 a	(1.05 Kr)	....	900,—	1000,—	2100,—
17 b	(1.05 Kr)	....	550,—	700,—	1900,—

Zwischenstegpaare

				✳	⊙
16 ZW	waagerechtes Zwischenstegpaar	....			25000,—
17 ZW	waagerechtes Zwischenstegpaar	....		20000,—	30000,—

Besonderheiten der Entwertung

			Rot- ⊙	Blau- ⊙	Venetien- ⊙
16 a	(1.05 Kr)	....	3500,—	2200,—	700,—
17 b	(1.05 Kr)	....	4000,—	1200,—	420,—

Besonderheiten der Frankaturen

Als Freimarke verwendet

			⊠
16 a	(1.05 Kr)	....	25000,—
17 b	(1.05 Kr)	(4 Briefe bekannt)	—.—

Mischfrankaturen

Mit Zeitungsmarken-Ausgabe 1850 (1 Brief bekannt)	....	—.—
Mit Freimarken-Ausgabe 1858 (2 Briefstücke bekannt)	....	—.—
MiNr. 16 mit MiNr. 17 (2 Schleifen bekannt)	....	—.—

Auflagen: MiNr. 16 = 12 000 000, MiNr. 17 = 80 060 000 Stück

ND siehe nach Zeitungsstempelmarken.

Gültig bis 31.5.1864

1860

1860, Dez./1861. Freimarken: Kaiser Franz Joseph. ⬚ Tautenhayn; Präge-Bdr. (10 × 10); gez. Ks 14.

i) Franz Joseph I. (1830–1916), Kaiser von Österreich und König von Ungarn

			(✳)	✳	⊙	⊠	▢▢ ⊙	▢▢▢ ⊙	⊞ ✳	⊞ ⊙
18	2 Kr	 i								
a		(hell)gelb	80,—	450,—	35,—	70,—	80,—	150,—	5000,—	1500,—
b		dottergelb	100,—	600,—	50,—	100,—				
19	3 Kr GA	 i								
a		(hell)grün	70,—	400,—	30,—	65,—	80,—	140,—	4800,—	1400,—
b		dunkelgrün	100,—	700,—	45,—	80,—				
20	5 Kr GA	 i								
a		(blaß)rot	60,—	300,—	1,—	7,—	5,—	20,—	2700,—	230,—
b		dunkelrot	70,—	400,—	2,50	10,—				
21	10 Kr GA	 i								
a		(hell)braun	80,—	350,—	2,—	10,—	8,—	35,—	3500,—	480,—
b		dunkelbraun	100,—	600,—	6,—	12,—				
22	15 Kr GA	 i								
a		(hell)blau	80,—	450,—	2,—	8,—	7,—	30,—	4500,—	350,—
b		dunkelblau	100,—	700,—	4,—	20,—				
		Satzpreis (5 W.)	350,—	1900,—	70,—					

Besonderheiten des Papiers

Stücke mit Nahtwasserzeichen ca. 100,—

Bitte teilen Sie uns von Ihnen festgestellte Fehler mit, damit wir sie berichtigen können.

Besonderheiten des Drucks

Nagelkopf, Randleiste, DD = Doppeldruck (einer im Blinddruck)

			Nagelkopf ⊙	Randleiste ⊙	DD ⊙
18	2 Kr	....	200,—	80,—	800,—
19	3 Kr	....	160,—	70,—	700,—
20	5 Kr	....	90,—	15,—	450,—
21	10 Kr	....	130,—	20,—	450,—
22	15 Kr	....	100,—	20,—	420,—

Doppelseitiger Druck

			⊙
18 DG	2 Kr	doppelseitiger Druck, Rückseite im Blinddruck	—,—
19 DG	3 Kr	doppelseitiger Druck	2500,—
21 DG	5 Kr	doppelseitiger Druck, Rückseite im Blinddruck	—,—
22 DG I	10 Kr	doppelseitiger Druck	2500,—
22 DG II	15 Kr	doppelseitiger Druck, Rückseite im Blinddruck	—,—

Besonderheiten der Zähnung

Normalerweise haben die Marken an den senkrechten Seiten 18 Zähne. Durch eine fehlerhafte Zähnungsmaschine kommen ab ca. 1863 Marken vor, die 17 bzw. 19 Zähne aufweisen, sowie solche mit 17:18 oder 19:18.

			Niedriges Format 17 Zähne hoch ⊙	Hohes Format 19 Zähne hoch ⊙
18	2 Kr	....	100,—	150,—
19	3 Kr	....	90,—	140,—
20	5 Kr	....	35,—	60,—
21	10 Kr	....	45,—	80,—
22	15 Kr	....	40,—	80,—

Marken mit 17:18 oder 18:19 Zähnen werten 25% höher, zusammenhängende Paare in verschiedenen Formaten 100% Aufschlag.

Besonderheiten der Entwertung

			Rot- ⊙	Blau- ⊙	Venetien- ⊙
18	2 Kr	....	650,—	550,—	550,—
19	3 Kr	....	60,—	400,—	500,—
20	5 Kr	....	10,—	20,—	160,—
21	10 Kr	....	7,—	20,—	220,—
22	15 Kr	....	5,—	20,—	350,—

Besonderheiten der Frankaturen

Mischfrankaturen

		✉	⊠
mit Ausgabe 1858 Type I .... mind.		1300,—	7000,—
mit Ausgabe 1858 Type II .... mind.		50,—	150,—
mit Soldi-Werten 1861 .... mind.		8000,—	—,—

Buntfrankaturen

		✉	⊠
3-Farben-Frankatur .... mind.		300,—	1000,—
4-Farben-Frankatur .... mind.		1500,—	7000,—

Halbierungen

			✉	⊠
18 H	2 Kr	.... mind.	—,—	—,—
21 H	10 Kr	.... mind.	2500,—	12000,—

Verwendung als Stempelmarken

			⊗ Stempel	⊗ Dokument
18	2 Kr	....	220,—	2800,—
19	3 Kr	....	200,—	2800,—
20	5 Kr	....	80,—	900,—
21	10 Kr	....	180,—	1500,—
22	15 Kr	....	220,—	3500,—

Auf Dokument mit Federzugentwertung ca 60% der o.a. Preise

Probedrucke

		(*)
18 P I–22 P I	Einzelproben ohne Wertziffern, o.G. .... je	1000,—
18 P II–22 P II	Einzelproben in Schwarz auf Kartonpapier, o.G. .... je	800,—

Auflagen: MiNr. 18 = 41 290 000, MiNr. 19 = 76 800 000, MiNr. 20 = 174 760 000, MiNr. 21 = 153 960 000, MiNr. 122 = 135 0760 000 Stück

Gültig bis 31.5.1864

N̶D siehe nach Zeitungsstempelmarken.

1861

1861. Zeitungsmarke: Kaiser Franz Joseph. Präge-Bdr. (10×10 + 10×10); □.

k) Franz Joseph I. (1830–1916), Kaiser von Österreich und König von Ungarn

		(✳)	✳	⊙	Schleife ⊠	Zeitung ⊠	⊡⊡ ⊙	⊡⊡⊡ ⊙	⊞ ✳	⊞ ⊙
23	(1.05 Kr) .... k									
a	hellgrau	30,—	200,—	200,—	500,—	550,—	600,—	850,—	1200,—	4000,—
b	(dunkel)grau	75,—	600,—	350,—	700,—	750,—				
c	grauviolett	200,—	1000,—	300,—	700,—	750,—				
d	dunkellila	400,—	2500,—	850,—	1500,—	1700,—				
e	(bräunlich)lila	100,—	600,—	300,—	700,—	750,—				

Die Farben dieser Marke sind äußerst lichtempfindlich.

Besonderheiten des Papiers

Stücke mit Nahtwasserzeichen ca 100% Aufschlag

Besonderheiten des Drucks

Nagelkopf, Randstücke

		Nagel- kopf ⊙	Rand- leiste ⊙	Rand- stück ⊙	Eckrand- stück ⊙
23 a	....	450,—	350,—	300,—	650,—

Zwischenstegpaar

			✳	⊙
23 ZW	waagerechtes Paar mit Zwischensteg		12000,—	30000,—

Besonderheiten der Entwertung

		Rot- ⊙	Blau- ⊙	Venetien- ⊙
23 a	....	3000,—	800,—	230,—

Besonderheiten der Frankaturen

Mischfrankaturen

	⊠
mit Zeitungsmarken-Ausgabe 1858	—,—

Auflage: 90 370 000 Stück

Gültig bis 31.5.1864

ND siehe nach Zeitungsstempelmarken.

1863

1863, 1. Juli. Freimarken: Doppeladler. Ⓢ Tautenhayn; Präge-Bdr. (10×10); eng gez. Ks 14.

l) Doppeladler

		(✳)	✳	⊙	⊠	⊡⊡ ⊙	⊡⊡⊡ ⊙	⊞ ✳	⊞ ⊙
24	2 Kr l								
a	hellgelb	150,—	750,—	110,—	300,—	300,—	550,—	8000,—	2500,—
b	dottergelb	170,—	850,—	120,—	320,—				
25	3 Kr [GA] l								
a	gelblichgrün	140,—	700,—	100,—	250,—	240,—	520,—	6000,—	2600,—
b	dunkelgrün	160,—	800,—	120,—	280,—				
26	5 Kr [GA] l								
a	rosa	150,—	750,—	17,—	50,—	50,—	100,—	9000,—	550,—
b	karminrosa	170,—	850,—	20,—	45,—				

				(*)	*	⊙	⊠	□□ ⊙	□□□ ⊙	⊞ *	⊞ ⊙
27	10 Kr	GA	I								
a		hellblau	....	360,—	1800,—	25,—	60,—				
b		(dunkel)blau	....	300,—	1500,—	28,—	50,—	70,—	140,—		700,—
28	15 Kr	GA	I					80,—	170,—		
a		(hell)braun	....	360,—	1800,—	23,—	60,—				1000,—
b		dunkelbraun	....	400,—	2000,—	30,—	60,—				
		Satzpreis (5 W.)		1100,—	5500,—	260,—					

Besonderheiten des Papiers

Stücke mit Nahtwasserzeichen 100% Aufschlag

Besonderheiten des Drucks

Nagelkopf, Randleiste

			Nagel-kopf ⊙	Rand-leiste ⊙
24	2 Kr	....	250,—	550,—
25	3 Kr	....	250,—	480,—
26	5 Kr	....	130,—	70,—
27	10 Kr	....	150,—	100,—
28	15 Kr	....	180,—	120,—

Doppeldruck

			*
24 DD		Doppeldruck, einmal im Blinddruck	1000,—

Besonderheiten der Zähnung

			Niedriges Format 17 Zähne hoch			Hohes Format 19 Zähne hoch		
			*	⊙	⊠	*	⊙	⊠
24	2 Kr	....	1000,—	200,—	600,—	1300,—	250,—	600,—
25	3 Kr	....	800,—	180,—	500,—	1100,—	220,—	550,—
26	5 Kr	....	900,—	50,—	150,—	1300,—	50,—	150,—
27	10 Kr	....	45,—	130,—	350,—		160,—	380,—

Marken mit 17:18 oder 18:19 Zähnen werten 25% höher, zusammenhängende Paare in verschiedenen Formaten 100% Aufschlag.

Besonderheiten der Entwertung

			Rot- ⊙	Blau- ⊙	Venetien- ⊙
24	2 Kr	....	1800,—	500,—	900,—
25	3 Kr	....	200,—	350,—	550,—
26	5 Kr	....	45,—	55,—	220,—
27	10 Kr	....	40,—	45,—	350,—
28	15 Kr	....	55,—	65,—	500,—

MiNr. 24 Rot-⊙ bisher nur 1 ⊠ bekannt.

Besonderheiten der Frankaturen

Mischfrankaturen

		▷	⊠
mit Ausgabe 1858	.... mind.	2000,—	10000,—
mit Ausgabe 1860/61	.... mind.	50,—	250,—
mit Ausgabe 1858 + 1860/61			—,—
mit Soldi-Werten	.... mind.	10000,—	

Buntfrankaturen

3-Farben-Frankatur	.... mind.	550,—	2500,—
4-Farben-Frankatur	.... mind.	1500,—	—,—

Halbierungen

			⊠
24 H	2 Kr	....	—,—
27 H	10 Kr	....	—,—

Verwendung als Stempelmarken

			⊗ Stempel	⊗ Dokument
24	2 Kr	....	500,—	3500,—
25	3 Kr	....	600,—	4000,—
26	5 Kr	....	150,—	1500,—
27	10 Kr	....	300,—	2000,—
28	15 Kr	....	350,—	

Auf Dokument mit Federzugentwertung ca 50% der o.a. Preise

Auflagen: MiNr. 24 = 21 530 000, MiNr. 25 = 43 420 000, MiNr. 26 = 96 570 000, MiNr. 27 = 71 360 000, MiNr. 28 = 78 400 000 Stück

Gültig in Ungarn bis 15.6.1867, in Kroatien-Slavonien bis 31.3.1868, in Österreich und der Militärgrenze bis 31.8.1869

ND siehe nach Zeitungsstempelmarken.

Bei Anfragen bitte Rückporto nicht vergessen!

1863. Zeitungsmarke: Doppeladler. Präge-Bdr. (10×10 + 10×10): X = ohne, Y = mit Wz. 2; □.

m) Doppeladler Wz. 2 (Bogen-Wz.)

		★	⊙	Schleife ⊠	Zeitung ⊠	□□ ⊙	□□□ ⊙	⊞ ★	⊞ ⊙
29 X	(1.05 Kr) .... m								
a	grau	90,—	30,—	130,—	150,—	50,—	150,—	400,—	800,—
b	graubraun	70,—	20,—	80,—	100,—				
c	grauviolett	150,—	35,—	150,—	180,—				
d	bräunlichlila	80,—	25,—	100,—	120,—				

Als Briefmarke verwendet (Verona) .... ⊠ 15000,—

Die Farben dieser Marken sind lichtempfindlich.

Besonderheiten des Papiers

Stücke mit Wasserzeichen 20% Aufschlag, Stücke mit Nahtwasserzeichen 100% Aufschlag

Besonderheiten des Drucks

Nagelkopf, Randstücke

		Nagel-kopf ⊙	Rand-leiste ⊙	Rand-stück ⊙	Eckrand-stück ⊙
29 b	....	180,—	50,—	25,—	220,—

Paare

			(*)	★	⊙
29 WZ	waagerechtes Paar mit Zwischensteg		400,—	2000,—	5000,—
29 K	Kehrdruckpaar		—,—	—,—	

Besonderheiten der Entwertung

		Rot- ⊙	Blau- ⊙	Grün- ⊙	Venetien- ⊙
29 b	....	1800,—	220,—	1500,—	40,—

Auflage: 181 330 000 Stück

Gültig in Venetien bis 19.8.1866, in Ungarn bis 15.6.1867, in Kroatien-Slavonien bis 31.3.1868, in Österreich und der Militärgrenze bis 31.8.1869

ND siehe nach Zeitungsstempelmarken.

1863/64. Freimarken: Doppeladler. Ⓢ Tautenhayn; Präge-Bdr. (10×10); zuerst ohne, ab Mitte 1864 mit Wz. BRIEFMARKEN; weit gez. Ks 9½.

Wz. 3 (Bogen-Wz.)

l) Doppeladler

		★	★★	⊙	⊠	□□ ⊙	□□□ ⊙	⊞ ★	⊞ ⊙
30	2 Kr l								
a	(hell)gelb	220,—	450,—	15,—	50,—	40,—	80,—	1200,—	1000,—
b	dunkelgelb	280,—	600,—	20,—	60,—				
31	3 Kr l								
a	(hell)grün	220,—	450,—	15,—	60,—	35,—	90,—	1200,—	1200,—
b	dunkelgrün	280,—	600,—	20,—	70,—				
32	5 Kr l								
a	(blaß)rosa	70,—	150,—	0,50	5,—	2,—	10,—	500,—	250,—
b	dunkelkarminrosa	120,—	250,—	1,—	5,—				
c	karminrot	200,—	400,—	3,—	8,—				
33	10 Kr l								
a	(hell)blau	280,—	550,—	4,—	15,—	12,—	35,—	1500,—	1200,—
b	grünlichblau	350,—	650,—	10,—	20,—				
34	15 Kr l								
a	(hell)braun	280,—	550,—	2,—	10,—	10,—	30,—	1300,—	500,—
b	dunkelbraun	300,—	600,—	3,50	15,—				
	Satzpreis (5 W.)	1000,—	2100,—	35,—					

Besonderheiten des Papiers

Marken mit Wasserzeichen (je nach Größe) 5,— bis 20,— Aufschlag.

Senkrecht gestreiftes Papier

			⊙	⊠
30 S	2 Kr	....	600,—	1500,—
32 S	5 Kr	....	—,—	—,—

Besonderheiten des Drucks

Nagelkopf, Randleisten

		Nagel-kopf ⊙	Rand-leiste ⊙
30–34	.... je ab	50,—	50,—

Kehrdruckpaar, Doppeldrucke

		⊙
30 K	Kehrdruckpaar (1 Stück bekannt, ⊙ Triest)	—,—
34 DG	doppelseitiger Druck (⊙ Reichenberg)	—,—
31 DD	Doppeldruck, einer im Blinddruck	1000,—
32 DD	Doppeldruck, einer im Blinddruck	550,—
33 DD	Doppeldruck, einer im Blinddruck	750,—

Besonderheiten der Entwertung

			Rot- ⊙	Blau- ⊙	Violett- ⊙	Grün- ⊙	Venetien- ⊙	Levante- ⊙
30	2 Kr	....	550,—	80,—	—,—	1000,—	1000,—	1000,—
31	3 Kr	....	40,—	35,—	—,—	1000,—	550,—	850,—
32	5 Kr	....	25,—	8,—	200,—	300,—	150,—	250,—
33	10 Kr	....	15,—	20,—	—,—	—,—	450,—	350,—
34	15 Kr	....	10,—	10,—	200,—	—,—	500,—	400,—

Besonderheiten der Frankaturen

Mischfrankaturen

		✉	⊠
mit Ausgabe 1858	.... mind.	3000,—	—,—
mit Ausgabe 1860/61	.... mind.	400,—	1200,—
mit Ausgabe 1863	.... mind.	30,—	120,—
mit Soldi-Werten 1863/64	.... mind.	4000,—	20000,—

Buntfrankaturen

3-Farben-Frankatur	.... mind.	150,—	750,—
4-Farben-Frankatur	.... mind.	1200,—	7500,—
5-Farben-Frankatur	.... mind.	2500,—	—,—

Halbierungen

30 H	2 Kr	+ 2×30 Kr	5000,—	25000,—
33 H	10 Kr	....	4000,—	20000,—

Verwendung als Stempelmarken

			⊗ Stempel	⊗ Dokument
30	2 Kr	....	250,—	3500,—
31	3 Kr	....	300,—	3600,—
32	5 Kr	....	100,—	1000,—
33	10 Kr	....	250,—	2500,—
34	15 Kr	....	350,—	4000,—

Auf Dokument mit Federzugentwertung ca 50% der o.a. Preise

Auflagen: MiNr. 30 = 41 530 000, MiNr. 31 = 72 460 000, MiNr. 32 = 181 620 000, MiNr. 33 = 133 690 000, MiNr. 34 = 114 450 000 Stück

Gültig in Ungarn bis 15.6.1867, Kroatien-Slavonien bis 31.3.1868, Österreich und der Militärgrenze bis 31.8.1869

ND siehe nach Zeitungsstempelmarken.

Kaiserreich

Im Februar 1867 wurde Ungarn als Königreich vom Kaiserreich Österreich getrennt. Als Folge dieses politischen Ausgleichs entstand die ÖSTERREICH-UNGARISCHE MONARCHIE. Die Teilung in der Verwaltung des Postwesens erfolgte mit Übereinkommen vom 2.4.1867. Ab 1. Mai 1867 entstanden zwei Postverwaltungen, nämlich die „österreichische" und die „ungarische". Mit separatem Übereinkommen entstand ab 1.4.1868 eine dritte Postverwaltung, die gemeinsame für die Militärgrenze. Diese Dreiteilung in der Administration des Postwesens blieb bis zum Übergang des Militärgrenzgebietes in ungarischer Verwaltung (1.1.1871) bestehen. Trotz verschiedener Postverwaltungen wurde das Postwesen im gesamten Gebiet der Monarchie nach gleichen Grundsätzen und zu einheitlichen Tarifen geführt. Dem Postausland gegenüber blieb jedoch allein die österr. Verwaltung in Wien zuständig. Die Portoabrechnungen mit dem Ausland erledigte Wien für alle Postverwaltungen der Monarchie (Artikel 5 des Übereinkommens vom 2.4.1867).

Die folgende Markenreihe galt bis zum 31.7.1871 auch in Ungarn, und sie enthielt deshalb außer der Abkürzung Kr, die auch für die ungarische Sprache paßte, keinen Text. Misch-Frankaturen mit Marken von Österreich und Ungarn selten!

1867

1867, 1. Juni/1. Sept. Freimarken: Kaiser Franz Joseph. Bdr.; Bogen-Wz. BRIEFMARKEN; : MiNr. 35–40 = A gez. K 9½, MiNr. 41 = D gez. L 12.

Wz. 5 (Bogen-Wz.) 1883, Buchstabenhöhe 25 mm, ohne durchgezogene Linien

n   n   n   n   n   n   o

n–o) Franz Joseph I. (1830–1916), Kaiser von Österreich und König von Ungarn

I Grober Druck (1867/74)   II Feiner Druck (Ende 1874/84)   37 I/I   37 I/II und 37 II/II

37 I/Ia   37 I/Ib   37 I/IIa 37 II/IIa   37 II/IIb

Der feine Druck unterscheidet sich gegenüber dem groben durch die zarteren Linien der Kopfzeichnung. Der Untergrund des Medaillons ist eine völlig glatte Fläche. Beide Drucke wurden mit der gleichen Platte ausgeführt, die veränderte Zeichnung entstand durch Verwendung von Papier anstatt Filz als Druckunterlage. Auch war das ab Ende 1874 verwendete Markenpapier etwas härter, was einen feineren Druck begünstigte. Typische Unterschiede ergeben sich bei den beiden Drucken keine. Lediglich bei MiNr. 37 gibt es 2 Typen mit je 2 Untertypen. Bei Type I hat die Wertziffer 5 eine geschweifte Fahne, die Verzierung links der 5 rechts reicht nicht in die Schnecke hinein. Bei Type II hat die 5 eine flachere Fahne und die Verzierung reicht weit in die Schnecke hinein ..

Bei I/Ia weist das Ohr keine Beschädigung auf, bei I/Ib einen Farbfleck, der die beiden Linien verbindet.

Bei II/IIa besteht das Zierstück aus 2 getrennten Teilen, bei II/IIb aus einem zusammenhängenden Teil.

I = grober Druck

			✳	✳✳	⊙	✉ *)	⊞ ✳	⊞ ⊙
35 I	2 Kr	GA .... n					1500,—	650,—
a		gelb (Töne)	160,—	300,—	3,—	20,—		
b		ocker, orange	150,—	300,—	3,—	15,—		
c		dunkelorange	250,—	400,—	10,—	100,—		
d		braunorange	400,—	650,—	20,—	100,—		
36 I	3 Kr	GA .... n					1600,—	700,—
a		grün (Töne)	180,—	350,—	3,—	25,—		
b		dunkelgrün	350,—	550,—	10,—	100,—		
37 I	5 Kr	GA .... n						
Ia		Type Ia					1300,—	150,—
a		(rosa)karmin	120,—	200,—	0,50	5,—		
b		karmin (Töne)	130,—	250,—	0,50	8,—		
c		lilarosa	150,—	300,—	0,50	5,—		
d		violettrot	300,—	550,—	4,—	50,—		
Ib		Type Ib					1300,—	150,—
a		(rosa)karmin	120,—	200,—	0,50	5,—		
b		karmin (Töne)	130,—	250,—	0,50	8,—		
c		lilarosa	150,—	300,—	0,50	5,—		
d		violettrot	300,—	550,—	4,—	50,—		
II		Type II						
a		(blaß)karmin	100,—	200,—	0,50	5,—		
b		ziegelrot	150,—	300,—	2,50	20,—		
38 I	10 Kr	GA .... n					5000,—	900,—
a		blau (Töne)	350,—	600,—	2,—	60,—		
b		dunkelblau	400,—	650,—	3,—	60,—		
c		hellblau	400,—	700,—	5,—	80,—		
39 I	15 Kr	GA .... n						
a		braun (Töne)	400,—	700,—	8,—	25,—	—,—	1200,—
b		dunkelbraun bis schwarzbraun	700,—	—,—	30,—	150,—		
c		gelbbraun, graubraun	500,—	850,—	10,—	40,—		
d		rötlichbraun	500,—	750,—	15,—	40,—		
40 I	25 Kr	(1. Sept.) GA .... n						
a		(rein)grau	1200,—	1800,—	450,—	1500,—	350,—	1200,—
b		(grau)lila (Töne)	60,—	120,—	20,—	120,—		
c		lila bis dunkellila	150,—	250,—	30,—	120,—		
d		violett	60,—	120,—	25,—	120,—		
e		bräunlichlila	80,—	150,—	40,—	300,—		
f		violettrot	500,—	750,—	75,—	500,—		
41 I	50 Kr	(1. Sept.) (D gez. L 12) .... o						
a		braun (Töne)	40,—	80,—	150,—	3500,—	300,—	4000,—
b		rötlichbraun	650,—	1000,—	250,—	4000,—		
c		bräunlichrosa	600,—	850,—	380,—	4500,—		
		Satzpreis (7 W.)	1200,—	2300,—	180,—			

*) Die Briefpreise gelten für Einzelfrankaturen.

Marken mit Wz. bedingen je nach Größe einen Auschlag von 15—50% auf den Markenwert.

Besonderheiten der Zähnung

37 I/II C	Type II, gez. L 10½	300,—	400,—	
41 UMw	senkrechtes Paar, Mitte ungezähnt			3500,—
41 Uw	waagerecht ungezähnt			3500,—

Besonderheiten des Drucks

36 F

			⊙	✉
36 F	Fehlfarbe Rot statt Grün		100000,—	—,—

Von MiNr. 36 F sind 2 Briefe, 1 Briefstück und 3 (mehr oder minder beschädigte) lose Marken bekannt.

			Randleiste*) 1 mm ⊙	gegittertes Medaillon ⊙	Doppel- druck vorderseitig ⊙
35 I	2 Kr	....	150,—	30,—	
36 I	3 Kr	....	200,—	20,—	
37 I	5 Kr	....	100,—	6,—	
38 I	10 Kr	....	150,—	8,—	3500,—
39 I	15 Kr	....	170,—	15,—	3500,—

*) Preise gelten für Stücke, bei denen die Randleiste über die Zahnspitzen hinausgehend bis in das Markenbild reicht.

Besonderheiten der Entwertung

Verwendung in Österreich:

		Rot ⊙	Blau- ⊙	Blau- ✉	Violett- ⊙
35 I	2 Kr	1200,—	10,—	40,—	70,—
36 I	3 Kr	1300,—	10,—	40,—	70,—
37 I	5 Kr	300,—	5,—	15,—	15,—
38 I	10 Kr	700,—	15,—	30,—	100,—
39 I	15 Kr	700,—	20,—	60,—	80,—
40 I	25 Kr	3000,—	50,—	200,—	200,—
41 I	50 Kr		200,—	—,—	1000,—

Verwendung in Ungarn:

		⊙	✉ *)	Rot ⊙	Rot ✉	Blau ⊙	Blau ✉	Grün ⊙
35 I	2 Kr	10,—	90,—	1300,—	—,—	20,—	100,—	
36 I	3 Kr	25,—	150,—	1300,—	—,—	35,—	300,—	
37 I	5 Kr	2,—	15,—	150,—	450,—	5,—	30,—	1000,—
38 I	10 Kr	5,—	250,—	200,—	650,—	10,—	350,—	
39 I	15 Kr	15,—	75,—	200,—	700,—	20,—	220,—	
40 I	25 Kr	250,—	2000,—	3000,—	—,—	500,—		
41 I	50 Kr	500,—	20000,—	—,—	—,—	—,—		

*) Die Briefpreise gelten für Einzelfrankaturen

Besonderheiten der Frankaturen

Buntfrankaturen

		✉	Ungarn- ✉
3-Farben-Frankatur	mind.	400,—	1500,—
4-Farben-Frankatur	mind.	3000,—	—,—
5-Farben-Frankatur		—,—	—,—

Mischfrankaturen

		✉	✉
mit Ausgabe 1861			
mit Ausgabe 1863	mind.	70,—	350,—
mit Levante-Ausgabe 1867	mind.	1000,—	4500,—

Halbierungen

	✉
35 I H	—,—
36 I H	—,—
37 I H	—,—
38 I H	—,—

Probedrucke

		(✱)
35 P U I	Einzelprobe ohne Wertangabe in Blau auf dickem Karton, ungezähnt, o.G.	1500,—
35 P U II—39 P U II	Einzelproben in Blau auf dünnem Papier, ungezähnt, o.G. je	1200,—
35 P U III—39 P U III	Einzelproben in Goldbronze auf dünnem Papier, ungezähnt, o.G. je	1200,—
35 P U IV—39 P U IV	Einzelproben in Originalfarben, ungezähnt, o.G. je	4000,—
35 P U V—41 P U V	Einzelproben in Originalfarben auf Kartonpapier, ungezähnt, o.G. Satzpreis (7 W.)	1000,—
35 P U VI—41 P U VI	Einzelproben in Originalfarben auf dünnem Papier, ungezähnt, o.G. Satzpreis (7 W.)	1000,—

Des weiteren sind verschiedene Andruckproben ungezähnt auf farbigen Papier, ungezähnt, o.G., bekannt (je ab 50,—).

II = feiner Druck

			✱	✱✱	⊙	✉ *)	⊞✱	⊞⊙
35 II	2 Kr	n						
a		(hell)gelb	15,—	35,—	1,—	15,—	160,—	250,—
b		zitronengelb	25,—	50,—	2,—	30,—		
36 II	3 Kr	n						
a		hellgrün	100,—	180,—	1,—	20,—	1000,—	400,—
b		gelblichgrün	110,—	200,—	1,50	20,—		
c		bläulichgrün	130,—	220,—	2,—	30,—		
37 II	5 Kr rot	n						
IIa		Type IIa	10,—	25,—	0,50	5,—	50,—	60,—
IIb		Type IIb	10,—	15,—	0,50	5,—		
38 II	10 Kr	n						
a		blau	220,—	450,—	1,—	30,—	1000,—	600,—
b		hellblau	280,—	600,—	1,—	30,—		
39 II	15 Kr	n						
a		gelbbraun	10,—	20,—	10,—	70,—	100,—	1200,—
b		graubraun	15,—	35,—	25,—	90,—		
c		rötlichbraun	10,—	30,—	15,—	80,—		
d		marron	25,—	50,—	75,—	250,—		
40 II	25 Kr	n						
a		lilagrau	2,—	5,—	200,—	12500,—**)	15,—	3800,—
b		grauviolett	30,—	50,—	250,—	—,—		
41 II	50 Kr braun (D gez. L 12)	o	20,—	40,—	200,—	15000,—**)	125,—	6000,—
	Satzpreis (7 W.)		320,—	540,—	400,—			

*) Die Briefpreise gelten für Einzelfrankaturen.
**) gilt für Briefe, auf Geldanweisung 20% Abschlag.

Marken mit Wz. bedingen je nach Größe einen Auschlag von 15—50% auf den Markenwert.

Weitere Zähnungen

		B = L 9 *	B = L 9 ⊙	C = L 10½ *	C = L 10½ ⊙	D = L 12 *	D = L 12 ⊙	E = L 13 *	E = L 13 ⊙	F = L 9:10½ *	F = L 9:10½ ⊙	G = L 9:12 *	G = L 9:12 ⊙	H = L 9:13 *	H = L 9:13 ⊙
35 II	2 Kr	350,—	75,—	70,—	5,—	380,—	180,—	400,—	400,—	550,—	120,—			350,—	
36 II	3 Kr	300,—	40,—	120,—	5,—	320,—	40,—	300,—	50,—	400,—	120,—				
37 II/II a	5 Kr	100,—	5,—	20,—	2,—	70,—	10,—	150,—	20,—	150,—	20,—	150,—		90,—	
37 II/II b	5 Kr	120,—	5,—	20,—	2,—			180,—	30,—	130,—	50,—				
38 II	10 Kr	500,—	50,—	250,—	5,—	600,—	180,—	350,—	120,—	500,—	130,—				
39 II	15 Kr	750,—	160,—	300,—	30,—	900,—	260,—	850,—							
41 II	50 Kr					Preise s. oben		60,—	320,—						

		J = L 10½:9 *	J = L 10½:9 ⊙	K = L 10½:12 *	K = L 10½:12 ⊙	L = L 10½:13 *	L = L 10½:13 ⊙	M = L 12:10½ *	M = L 12:10½ ⊙	N = L 12:13 *	N = L 12:13 ⊙	O = L 13:10½ *	O = L 13:10½ ⊙	P = L 13:12 *	P = L 13:12 ⊙
35 II	2 Kr	400,—	50,—	160,—		160,—									
36 II	3 Kr	360,—	50,—	500,—	200,—									150,—	
37 II/II a	5 Kr	125,—	10,—	170,—	40,—	180,—	60,—	240,—	40,—	100,—		250,—		250,—	100,—
37 II/II b	5 Kr	110,—	15,—												
38 II	10 Kr	520,—	70,—			100,—		100,—		140,—	130,—	140,—			
39 II	15 Kr		180,—												
41 II	50 Kr			450,—											

Besonderheiten der Entwertung

		Blau ⊙	Blau ✉	Violett ⊙
35 II	2 Kr	100,—	500,—	
36 II	3 Kr	150,—	750,—	
37 II	5 Kr	10,—	100,—	50,—
38 II	10 Kr	40,—	250,—	
39 II	15 Kr	150,—	750,—	
40 II	25 Kr	1000,—		
41 II	50 Kr	1200,—		

Specimen

			*
35 II–41 II SP	mit Handstempelaufdruck „SPECIMEN"	je ab	150,—

Auflagen (I und II): MiNr. 35 = 240 000 000, MiNr. 36 = 196 000 000, MiNr. 37 = 1 260 000 000, MiNr. 38 = 150 000 000, MiNr. 39 = 35 000 000, MiNr. 40 = 3 500 000, MiNr. 41 = 800 000 Stück

Gültig in Ungarn bis 31.7.1871, in Österreich bis 31.10.1884

Marken in Soldi-Währung siehe Österreichische Post in der Levante

1867, 1. Juni. Zeitungsmarke: Merkurkopf. Bdr. (10 × 10 im Druckbogen zu 4 Bogen) in 4 Typen; ☐.

p) Merkur

Type I, grober Druck   Type II   Type I, feiner Druck   Type IIIa

Type I: Grober Druck: Helm, Kopf und Hals rückwärts keine scharfe Abgrenzung, wobei der rückwärtige Halsrand stark geschweift erscheint. Helmflügel nur teilweise sichtbar. Vorn unter dem linken Helmflügel befinden sich sechs Strichelchen, deren beide ersten Paare zu zwei Klecksen zusammengeschlossen sind.

Type I: Feiner Druck: Helm, Kopf und Hals deutlich abgegrenzt, Schattierungslinien rückwärts am Hals verlaufen nicht bis zum farbigen Untergrund, wodurch eine weiße geschweifte Linie entsteht.

Type II: Grober oder feiner Druck: Helm, Kopf und Hals deutlich abgegrenzt, linker Helmflügel von weißer Linie eingefaßt, Stirnschatten von den Haaren deutlich getrennt.

Type III: Nur feiner Druck: Äußere weiße Kreislinie ist oberhalb des Helmes genau in der Mitte offen und geht somit in die weiße Querlinie über. Vorderer Helmrand zeigt zwei Linien.

Type IIIa: Nur feiner Druck: Vorderer Helmrand zeigt zwei Linien, äußere Kreislinie berührt jedoch nicht die obere Umrahmung nicht.

FALSCH Vorsicht vor Zähnungsverfälschungen aus ungezähnten bzw. überformatigen Marken! – Die Preise gelten ausschließlich für (BPP-)geprüfte Stücke.

I = grober Druck

				★	★★	⊙	⊠ Schleife	⊞ ★	⊞ ⊙
42 I		(1 Kr)							
I			Type I						
	a		lilabraun	90,—	200,—	30,—	150,—		
	b		grau	120,—	250,—	20,—	100,—		
	c		violett	90,—	200,—	10,—	60,—	1000,—	400,—
	d		grauviolett	120,—	250,—	15,—	100,—		
	e		lila	90,—	200,—	10,—	60,—		
II			Type II						
	a		grauviolett	280,—	600,—	30,—	220,—	—,—	1000,—
	b		schwarzviolett	380,—	750,—	100,—	650,—		

II = feiner Druck

				★	★★	⊙	⊠ Schleife	⊞ ★	⊞ ⊙
42 II		(1 Kr)							
I			Type I, graulila	280,—	600,—	40,—	200,—	—,—	800,—
II			Type II						
	a		lila	75,—	150,—	10,—	100,—	1500,—	500,—
	b		graulila	80,—	160,—	10,—	100,—		
	c		violett	80,—	160,—	10,—	100,—		
	d		grauviolett	180,—	350,—	35,—	200,—		
	e		tiefviolett	150,—	250,—	30,—	200,—		
III			Type III						
	a		grauviolett	0,50	2,—	0,50	10,—	2,—	5,—
	b		rötlichviolett	0,50	2,—	0,50	10,—		
IIIa			Type IIIa						
	a		grauviolett	50,—	100,—	25,—	150,—		
	b		rötlichviolett	35,—	80,—	20,—	130,—	—,—	450,—

Marken mit Wz. bedingen je nach Größe einen Aufschlag von 15—50% auf den Markenwert.

Es existieren auch privat gezähnte Marken (auf Schleife 100% Aufschlag).

Besonderheiten des Drucks, Randstücke:

			★	⊙	⊠ Schleife
42 I/I	gegittertes Medaillon		150,—	20,—	100,—
42 II/III DD	Doppeldruck		—,—	200,—	—,—
42 III ZW	waagerechtes Zwischenstegpaar		1300,—		

Randleisten 50% Aufschlag
Randstücke 40% Aufschlag
Eckrandstücke 200% Aufschlag

Besonderheiten der Entwertung:

		Rot- ⊙	Blau- ⊙	Blau- ⊠	Violett- ⊙	Violett- ⊠
42 I/I		500,—	30,—	220,—	50,—	350,—
42 I/II		750,—	90,—	500,—	120,—	650,—
42 II/I		—,—	100,—	500,—	150,—	650,—
42 II/II		600,—	40,—	220,—	50,—	400,—
42 II/III		250,—	10,—	60,—	15,—	75,—
42 II/IIIa		—,—	50,—	—,—	—,—	—,—

Besonderheiten der Frankaturen:

	▷	⊠
Mischfrankatur mit Zeitungsmarke 1863	2000,—	—,—
mit ungarischer Zeitungsmarke 1871		—,—
Mischfrankatur grober und feiner Druck mind.	150,—	750,—

Plattenfehler

		★	★★	⊙	Schleife ⊠
42 I/I PF I	schüsselförmiger Helm	500,—	—,—	300,—	—,—

Probedrucke

			(★)
42 P I	Einzelproben vom Urstöckel in verschiedenen Farben, o.G.	je	1000,—
42 P II	Type I in Violett auf weißem Papier, o.G.		200,—
42 P III	Andruck in Schwarz auf weißem Papier, o.G.		75,—
42 P IV	Andruck in Schwarz auf farbigem Papier, o.G.		75,—

Des weiteren existieren verschiedene aus Makulatur stammende Doppeldrucke, meist auf farbigem Papier (je 35,—).

Auflage: 2 070 000 000 Stück

Gültig bis 30.9.1900, in Ungarn bis 31.7.1871

Mit MICHEL-Katalogen sind Sie immer gut informiert!

1880

1880, 1. Dez. Zustellungsmarke. Zeichnung ähnlich MiNr. 42, jedoch mit Wertangabe in unterer Rahmenleiste; Bdr. (10×10 im Druckbogen zu 4 Bogen); Bogen-Wz. „ZEITUNGS-MARKEN"; ☐.

r) Merkur   Wz. 4 (Bogen-Wz.)

ZEITUNGS-MARKEN.

		✻	✻✻	⊙	✉ Schleife	⊞ ✻	⊞ ⊙
43	½ Kr .... r						
a	blaugrün	10,—	25,—	1,50	60,—	100,—	150,—
b	gelbgrün	15,—	40,—	1,50	60,—		
c	smaragdgrün	10,—	25,—	1,50	60,—		
d	graugrün	15,—	30,—	1,50	60,—		

Marken mit Wz. bedingen je nach Größe einen Aufschlag von 15—50% auf den Markenwert.

Es existieren auch privat gezähnte Marken (auf Schleife 100% Aufschlag).

Randleisten 50% Aufschlag

Besonderheiten der Entwertung:

		Ersttags-⊙	Rot-⊙	Blau-⊙	Blau-✉	Violett ⊙
43 a	....	150,—	300,—	35,—	250,—	50,—

Besonderheiten der Frankaturen:

	Schleife	✉
Mischfrankatur mit Zeitungsmarke 1867	60,—	300,—
Verwendung als 1-H-Freimarke (Jan./Febr. 1900)		1500,—

Auflage: 131 100 000 Stück

Gültig bis 31.12.1899

1883

1883, 15. Aug. Freimarken: Doppeladler. Scharff und Brendler; Ⓢ Brendler und Macklowsky; Bdr. (10×10); X = oWz., Y = Wz. 5 (Bogen-Wz.), Z = Wz. 4 (Bogen-Wz.); verschieden gez.

Wz. 5 (Bogen-Wz.)

s) Doppeladler

Billigste Sorte

				✻	✻✻	⊙	✉
44	2 Kr	hellockerbraun/schwarz GA	s	8,—	25,—	0,40	10,—
45	3 Kr	mattgrün/schwarz GA	s	8,—	25,—	0,20	10,—
46	5 Kr	lebhaftlilarot/schwarz GA	s	50,—	150,—	0,20	3,—
47	10 Kr	mittelviolettultramarin/schwarz GA	s	5,—	20,—	0,40	15,—
48	20 Kr	olivgrau/schwarz GA	s	80,—	200,—	4,—	250,—
49	50 Kr		s				
a		mittelviolettbraun/schwarz		420,—	2000,—	80,—	3500,—
b		mittelbraunlila/schwarz		380,—	1000,—	120,—	4000,—
		Satzpreis (6 W.)		500,—	1400,—	85,—	

Die ✉-Preise gelten nicht für Paketkarten oder Postformulare.

Marken mit Wasserzeichenteilen verdienen einen Aufschlag von 50–100 %, mit ganzen Buchstaben 400 % Aufschlag.

Zähnungsunterschiede

		A = K 9½ (1883)		B = K 10 (1887)		C = L 9 (1883/84)		D = L 10½ (1883/84)		E = L 11½ F = L 12 G = L 12½ (1890)		Misch- zähnungen	
		✻✻	⊙	✻✻	⊙	✻✻	⊙	✻✻	⊙	✻✻	⊙	✻✻	⊙
44	2 Kr	25,—	0,70	25,—	0,40	400,—	100,—	120,—	20,—	150,—	100,—	—,—	350,—
45	3 Kr	25,—	0,50	25,—	0,20	300,—	40,—	110,—	15,—	140,—	100,—	—,—	150,—
46	5 Kr	180,—	0,40	150,—	0,20	—,—	200,—	300,—	10,—	240,—	20,—	—,—	200,—
47	10 Kr	20,—	0,50	20,—	0,40	400,—	25,—	150,—	6,—	180,—	100,—	—,—	180,—
48	20 Kr	200,—	4,—	200,—	4,—	—,—	1500,—	—,—	400,—				
49 a	50 Kr	2000,—	80,—										
49 b	50 Kr			1000,—	120,—								

Es sind folgende Mischzähnungen bekannt: L 9:10½, L 10½:9, L 10½:11½, L 10:9½:9½:9½, L 9½:9:9½:9½, L 9½:9½:10:9½, L 9½:9½:9½:9, L 9½:9:9½:9, L 9½:9:10:9½, L 9½:9½:10:9, L 9½:10:9½:9½, L 9½:9½:9½:10, L 9½:10:10:9½, L 9½:9½:10:10.

Weitere Zähnungsabarten, insbesondere die der unregelmäßigen Zähnung K 9½ siehe Pfalz/Richter-Spezial-Katalog.

Besondere Entwertungen

		Rot- ⊙	Blau- ⊙	Violett- ⊙	Levante- ⊙	Ersttags- ⊙	Letzttags- ⊙
44	2 Kr	500,—	35,—	80,—	100,—		25,—
45	3 Kr		40,—	85,—	100,—		25,—
46	5 Kr		6,—	20,—	50,—		25,—
47	10 Kr		30,—	70,—	50,—		25,—
48	20 Kr		70,—	150,—	200,—	200,—	35,—
49	50 Kr		450,—	600,—	500,—		—,—

Alle Farbangaben beziehen sich auf den MICHEL-Farbenführer ab 37. Auflage. Eventuelle Farbangaben in eckigen Klammern sind „klassische" Farbbezeichnungen. Bei teuren Stücken ist eine BPP-Prüfung unbedingt anzuraten.

Kopfstehendes Wasserzeichen

		*	**	☉
48 Z	mit kopfstehendem Wz.		800,—	

Paar, Mitte ungezähnt

		*	**	☉
46 UMw	senkrechtes Paar, Mitte ungez.	350,—	650,—	650,—
47 F	stark verschobene Wertziffer	200,—		

Plattenfehler

		*
44 B I	gebrochene „2"	—,—

Versuchszähnung (Große Zahnlöcher, spitze Zähne)

		*	☉	✉
46 D I	. . . .	90,—	4,—	18,—

Probedrucke

			(*)
44 P I–49 P I	einfarbig in anderen Farben, o.G.	je	250,—
44 P II–49 P II	in verschiedenen Farben mit abweichenden schwarzen Ziffern, o.G.	je	250,—
44 P U I–49 P U I	in Karmin auf grünlichem Papier, ungezähnt, o.G.	je	100,—
47 P II	in Karmin auf grauem Papier, ungezähnt, o.G.	je	100,—
46 P U III–48 P U III	auf Kartonpapier, ungezähnt, o.G.	je	100,—
44 P U IV–48 P U IV	Andruckprobe auf dünnem gelblichem Papier, ungezähnt, o.G.	je	15,—
44 P U V–48 P U V	Andruckprobe in anderen Farben auf dünnem gelblichem Papier, ungezähnt, o.G.	je	20,—
44 P U VI–48 P U VI	Andruckprobe in Schwarz auf dünnem gelblichem Papier, ungezähnt, o.G.	je	20,—

Mischfrankaturen mit Ausgabe 1867 feiner Druck häufig, mit grobem Druck selten.

Auflagen: MiNr. 44 = 205 300 000, MiNr. 45 = 195 100 000, MiNr. 46 = 1 074 400 000, MiNr. 47 = 108 300 000, MiNr. 48 = 16 400 000, MiNr. 49 = 1 229 100 Stück

Gültig bis 30.6.1891

MiNr. 45–49 mit Aufdruck: Österreichische Post in der Levante MiNr. 15–19

Gleiche Ausgabe in Soldi-Währung siehe Österreichische Post in der Levante MiNr. 8–13.

1890

1890, 1. Sept. Freimarken: Kaiser Franz Joseph. MiNr. 50–60 Bdr.; MiNr. 61–62 StTdr. (10 × 10); verschieden gez.

t–u) Franz Joseph I. (1830–1916), Kaiser von Österreich und König von Ungarn

Billigste Sorte:

				*	**	☉	✉
50	1 Kr	dunkelgelbgrau/schwarz . . . . t	1,50	5,—	0,50	5,—
51	2 Kr	(dunkel)braunocker/schwarz . . . . t	0,40	3,—	0,20	2,—
52	3 Kr	dunkelgrünblau/schwarz . . . . t	0,60	4,—	0,20	2,50
53	5 Kr	mittelkarmin/schwarz . . . . t	0,60	4,—	0,20	1,—
54	10 Kr	mattgraaultramarin/schwarz . . . . t	1,20	7,50	0,20	5,—
55	12 Kr	hellilakarmin/schwarz . . . . t	2,80	14,—	0,40	50,—
56	15 Kr	braunpurpur/schwarz . . . . t	2,50	14,—	0,40	15,—
57	20 Kr	lebhaftolivgrün/schwarz . . . . t	40,—	130,—	3,—	350,—
58	24 Kr	grautürkis/schwarz . . . . t	3,—	13,—	2,—	700,—
59	30 Kr	dunkelorangebraun/schwarz . . . . t	3,—	13,—	1,—	200,—
60	50 Kr	(lebhaft)braunviolett/schwarz . . . . t	7,—	20,—	12,—	5000,—
61	1 G	schwärzlichultramarin . . . . u	2,50	10,—	3,50	600,—
62	2 G	dunkelkarmin . . . . u	4,—	10,—	25,—	1200,—
		Satzpreis (13 W.)		65,—	240,—	45,—	

FALSCH Vorsicht vor den sehr häufigen Nachgummierungen und Entfalzungen! – Alle **-Preise über 25,— gelten ausschließlich für (BPP-)geprüfte Stücke.

Zähnungsunterschiede

		A = K 10 C = K 13:12½ D = K 13:13½ F = L 10½ H = L 11½ K = L 12½		B = L 9¼		E = L 9¾		G = L 11	
		✱✱	⊙	✱✱	⊙	✱✱	⊙	✱✱	⊙
50	1 Kr	5,—	0,50	20,—	2,—	—,—	20,—	35,—	8,—
51	2 Kr	3,—	0,20	50,—	25,—	—,—	35,—	45,—	6,—
52	3 Kr	4,—	0,20	45,—	2,—	—,—	16,—	45,—	5,—
53	5 Kr	4,—	0,20	35,—	2,—	—,—	10,—	45,—	3,—
54	10 Kr	7,50	0,20	80,—	20,—	—,—	35,—	50,—	5,—
55	12 Kr	14,—	0,40	35,—	2,—	—,—	35,—	200,—	12,—
56	15 Kr	14,—	0,40	45,—	2,—	—,—	20,—	200,—	12,—
57	20 Kr	130,—	3,—	160,—	5,—	—,—	150,—	170,—	30,—
58	24 Kr	13,—	2,—	10,—	3,—	—,—	130,—		
59	30 Kr	13,—	1,—	20,—	2,—	—,—	15,—	45,—	20,—
60	50 Kr	20,—	12,—	75,—	20,—				
61	1 G	10,—	3,50	50,—	8,—			—,—	100,—
62	2 G	10,—	25,—	25,—	35,—				

		J = L 12		L = L 13		M = L 13½		Misch-zähnungen	
		✱✱	⊙	✱✱	⊙	✱✱	⊙	✱✱	⊙
50	1 Kr					6,—	6,—	35,—	10,—
51	2 Kr	—,—	15,—	—,—	18,—	8,—	2,—	30,—	10,—
52	3 Kr	—,—	15,—	—,—	10,—	6,—	2,—	30,—	10,—
53	5 Kr	—,—	10,—	—,—	7,—	5,—	0,50	20,—	5,—
54	10 Kr	—,—	50,—			8,—	5,—	50,—	10,—
55	12 Kr					70,—	70,—	50,—	10,—
56	15 Kr			—,—	35,—	30,—	10,—	50,—	10,—
57	20 Kr							220,—	150,—
58	24 Kr							30,—	10,—
59	30 Kr	—,—	35,—	—,—	50,—			35,—	10,—
60	50 Kr							130,—	120,—
61	1 G	15,—	10,—	10,—	8,—			40,—	25,—
62	2 G			15,—	35,—			80,—	45,—

Bei MiNr. 50–60 gelten die ⊠-Preise nur für Bedarfsbriefe, nicht für Paketkarten oder Postformulare; die ⊠-Preise von MiNr. 61 und 62 gelten für Wert-(Geld-)Briefe.

Preise für teuere Zähnungsarten, nur für (BPP-)geprüfte Stücke.

Folgende Mischzähnungen sind bekannt: L 9¼:10½, L 9¼:11½, L 9¼:12½, L 9¾:10½, L 9¾:11, L 9¾:11½, L 10½:9¼, L 10½:9¾, L 10½:11, L 10½:11½, L 10½:12½, L 10½:13½, L 11:9¾, L 11:10½, L 11:11½, L 11:13, L 11½:9¼, L 11½:9¾, L 11½:10½, L 11½:11, L 11½:12½, L 11½:13½, L 12:12½, L 12:13, L 12½:10½, L 12½:11½, L 12½:13, L 13:9¼, L 13:10½, L 13:11, L 13:11½, L 13:12, L 13:12½, L 13½:10, L 13½:11½, L 13½:12½., L 10½:12½:9½:12½.

Durch Zähnungsverschiebungen kommen auch Marken in abweichenden Formaten vor (zu hoch, zu niedrig, zu breit, zu schmal). Marken in normalem Format im Paar zusammenhängend mit Marken in abweichenden Format werten ca. 40,—.

Besondere Entwertungen

		Rot- ⊙	Blau- ⊙	Violett- ⊙	Levante- ⊙	Ersttags- ⊙	Letzttags- ⊙
50	1 Kr		30,—	40,—	—,—	100,—	50,—
51	2 Kr		15,—	25,—	100,—		50,—
52	3 Kr	300,—	15,—	25,—	80,—		50,—
53	5 Kr	250,—	5,—	15,—	70,—		50,—
54	10 Kr	220,—	15,—	35,—	75,—		50,—
55	12 Kr		50,—	80,—	—,—	100,—	50,—
56	15 Kr	350,—	30,—	60,—	—,—	100,—	50,—
57	20 Kr		150,—	180,—	—,—		100,—
58	24 Kr		150,—	180,—	—,—	100,—	100,—
59	30 Kr		70,—	100,—	—,—	75,—	100,—
60	50 Kr		200,—	220,—	—,—	75,—	100,—
61	1 Kr		180,—	220,—	—,—	150,—	90,—
62	2 Kr		220,—	250,—	—,—	150,—	90,—

Zähnungsabarten

		(✱)	⊙
61 U	ungezähnt, o.G.	1000,—	
62 U	ungezähnt, o.G.	1000,—	

		✱✱	⊙
50 UMs, UMw	waagerechtes oder senkrechtes Paar, Mitte ungezähnt	400,—	600,—
52 UMs, UMw	waagerechtes oder senkrechtes Paar, Mitte ungezähnt	550,—	700,—
53 UMs, UMw	waagerechtes oder senkrechtes Paar, Mitte ungezähnt	400,—	500,—
54 UMs, UMw	waagerechtes oder senkrechtes Paar, Mitte ungezähnt	600,—	800,—
55 UMs	waagerechtes Paar, Mitte ungezähnt	—,—	4000,—
56 UMs	waagerechtes Paar, Mitte ungezähnt	800,—	1000,—
58 UMs, UMw	waagerechtes oder senkrechtes Paar, Mitte ungezähnt	850,—	1000,—
61 UMw	senkrechtes Paar, Mitte ungezähnt	—,—	1000,—
62 UMs, UMw	waagerechtes oder senkrechtes Paar, Mitte ungezähnt	—,—	3000,—

Achten Sie bei geprüften Marken auf die Stellung des Prüfzeichens. Lesen Sie die Prüfordnung des Bundes Philatelistischer Prüfer e. V. (BPP) am Ende des Kataloges.

Probedrucke

			(✶)	
61 P I–62 P I	in vertauschten Farben, o.G.	Satzpreis (2 W.)	3800,—	
53 P II	ohne Werteindruck, o.G.		200,—	
54 P II	ohne Werteindruck, o.G.		200,—	
58 P II	ohne Werteindruck, o.G.		200,—	
			✶	✶✶
50 P III–56 P III	mit Lackstreifen	Satzpreis (7 W.)	250,—	450,—
			(✶)	
51 P IV	in Orange, o.G.		1500,—	
55 P IV	in Braun, o.G.		1500,—	
59 P IV	in Rosa, o.G.		1500,—	
53 P V	Andruckprobe auf gelbl. Papier, o.G.		100,—	
56 P V	Andruckprobe auf gelbl. Papier, o.G.		150,—	
51 P U I	Einzelabzug in anderen Farben, ungezähnt, o.G.	je	1500,—	
61 P U II–62 P U II	Einzelabzug in Schwarz auf Japanpapier, ungezähnt, o.G.	je	1000,—	
61 P U III–62 P U III	Einzelabzug in Blau auf Faserpapier, ungezähnt, o.G.	je	2000,—	

Halbierungen

In der Zeit vom 1.–20. Januar 1900 war es möglich, die MiNr. 50 halbiert als 1 Heller zu verwenden. Alle Halbierungen außerhalb dieser Zeit und anderer Werte sind phil. Ursprungs!

	▷	⊠
50 H	30,—	100,—

Spezialisten unterscheiden drei verschiedene Papierarten: x = Papier dünn, hart, spröde, glasig, durchscheinend, gelblichgrau; y = Papier glatt, weich, nicht durchscheinend, gelblichgrau; z = Papier weich, weiß.

Mischfrankaturen mit Ausgabe 1883 sind auf Paketkarten relativ häufig; auf ⊠ selten.

Auflagen: MiNr. 60 = 9 100 000, MiNr. 61 = 2 000 000, MiNr. 62 = 610 000 Stück

Gültig: MiNr. 50–56 bis 30.9.1900, MiNr. 57–60 bis 31.8.1891, MiNr. 61–62 bis 31.1.1896

Mit Aufdruck: Österreichische Post in der Levante MiNr. 20–27

Weitere Werte in Zeichnung t: MiNr. 69–73, 84–88; in Zeichnung u: MiNr. 67–68, 81–83

1891

1891, 16. März. Freimarken: Kaiser Franz Joseph. Wertziffer schwarz auf weißem Grund; Bdr. (10×10); verschieden gez.

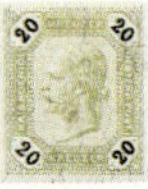
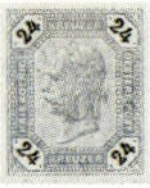
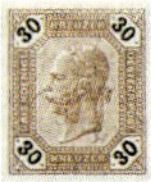
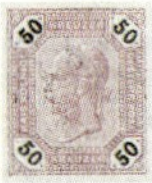

v) Franz Joseph I. (1830–1916), Kaiser von Österreich und König von Ungarn

Billigste Sorte

				✶	✶✶	⊙	⊠
63	20 Kr	grünlicholiv/schwarz	v	2,—	10,—	0,20	20,—
64	24 Kr	mittelpreußischblau/schwarz	v	4,—	13,—	1,—	200,—
65	30 Kr	mattsiena/schwarz	v	2,—	13,—	0,20	40,—
66	50 Kr	lebhaftbraunviolett/schwarz	v	2,—	20,—	0,60	350,—
			Satzpreis (4 W.)	10,—	55,—	2,—	

Zähnungsunterschiede

		A = K 10 E = L 10½ F = L 11½ G = L 12½ ✶✶	⊙	B = L 9¼ ✶✶	⊙	C = L 11 ✶✶	⊙	D = L 13½ ✶✶	⊙	Mischzähnungen ✶✶	⊙
63	20 Kr	10,—	0,20			100,—	45,—	70,—	50,—	150,—	40,—
64	24 Kr	13,—	1,—			120,—	45,—	80,—	60,—	170,—	30,—
65	30 Kr	13,—	0,20	320,—	80,—	100,—	20,—	80,—	50,—	200,—	30,—
66	50 Kr	20,—	0,60			140,—	50,—			250,—	140,—

⊠-Preise gelten für Bedarfsbriefe, nicht für Paketkarten oder Postformulare.

Preise für teuere Zähnungsarten gelten nur für (BPP-)geprüfte Stücke. Mischzähnungen auf ⊠ sind selten.

Folgende Mischzähnungen sind bekannt: L 9¼:11½, L 9¼:12½, L 10½:9¼, L 10½:11½, L 10½:12½, L 10½:13½, L 11:11½, L 11½:9¼, L 11½:10½, L 11½:11, L 12½:10½, L 12½:13½, L 13½:10½, L 13½:11½, L 12½:12½:12½:10½.

Besondere Entwertungen

		Blau- ⊙	Violett- ⊙	Levante- ⊙
63	20 Kr	50,—	80,—	200,—
64	24 Kr	80,—	100,—	—,—
65	30 Kr	40,—	70,—	—,—
66	50 Kr	130,—	150,—	400,—

Zähnungsabarten

			(*)		
63 U	ungezähnt, o.G.	....	600,—		
64 U	ungezähnt, o.G.	....	600,—		
66 U	ungezähnt, o.G.	....	600,—		

			*	**	⊙
65 UMs	waagerechtes Paar, Mitte ungezähnt	....	400,—	600,—	700,—

Probedrucke

				(*)	
63 P I–66 P I	in anderen Farben, o.G.	.... je	1000,—		

			*	**	
63 P II–66 P II	mit Lackstreifen	.... Satzpreis (4 W.)	175,—	450,—	

Mischfrankaturen mit gleichen Werten der Ausgabe 1890 sind selten.

Spezialisten unterscheiden drei verschiedene Papierarten: x = Papier dünn, hart, glasig, durchscheinend, gelblichgrau; y = Papier glatt, weich, nicht durchscheinend, gelblichgrau; z = Papier weich, weiß.

Mit Aufdruck: Österreichische Post in der Levante MiNr. 28–29

Gültig bis 30.9.1900

1896

1896, 1. Febr. Freimarken: Kaiser Franz Joseph. MiNr. 61 und 62 in Farbänderungen. Bdr. (10 × 10); verschieden gezähnt.

u) Franz Joseph I. (1830–1916), Kaiser von Österreich und König von Ungarn

Billigste Sorte:

			*	**	⊙	✉
67	1 G	(dunkel)violettgrau .... u	45,—	140,—	5,—	600,—
68	2 G	grün (Töne) .... u	15,—	50,—	45,—	2000,—
		Satzpreis (2 W.)	60,—	180,—	50,—	

Zähnungsunterschiede

		A = L 10½		Misch-	
		B = L 11½		zähnungen	
		C = L 12½			
		*	⊙	*	⊙
67	1 G	....	45,—	5,—	400,—	80,—
68	2 G	....	15,—	45,—	450,—	140,—

Preise für teuere Zähnungsarten gelten nur für geprüfte Stücke. ✉-Preise für MiNr. 68 gelten für Wert-(Geld-)Briefe.

Folgende Mischzähnungen sind bekannt: L 10½:11½, L 10½:12½, L 11½:10½, L 12½:10½.

Die ✉-Preise gelten nicht für Paketkarten oder Postformulare.

Zähnungsabart

			*	**	⊙
67 UI	links ungezähnt	....			1500,—

Besondere Entwertungen

			Blau-	Violett-	Levante-
			⊙	⊙	⊙
67	1 G	....	250,—	300,—	—,—
68	2 G	....	400,—	400,—	—,—

Probedrucke

			*	**	⊙
67 P I–68 P I	mit Lackstreifen .... Satzpreis (2 W.)	80,—	180,—		
67 P II–68 P II	in vertauschten Farben, o.G. .... je			—,—	

Spezialisten unterscheiden zwei verschiedene Papierarten: y = Papier glatt, weich, nicht durchscheinend, gelblichgrau; z = Papier weich, weiß.

Auflagen: MiNr. 67 = 2 100 000, MiNr. 68 = 1 750 000 Stück

Mit Aufdruck: Österreichische Post in der Levante MiNr. 30–31

Gültig bis 30.9.1900

Kronenwährung

Ende des 19. Jahrhunderts ging man in Österreich allmählich zur Kronenwährung über. Ab 1. Januar 1900 wurde diese auch im Postbetrieb eingeführt. Zur alten Währung war die Relation 1 Gulden = 2 Kronen, 1 Kreuzer = 2 Heller, 1 Krone = 100 Heller.

Neue Währung: 1 Krone (Kr) = 100 Heller (H)

1899

1899, 1. Dez. Freimarken: Kaiser Franz Joseph, Muster wie Ausgabe 1890, Kronenwährung. MiNr. 69–80 Bdr.; MiNr. 81 bis 83 StTdr.; Faserpapier; verschieden gez. ohne Lackstreifen.

t, w, x, u) Franz Joseph I. (1830–1916), Kaiser von Österreich und König von Ungarn

Billigste Sorte:

				＊	＊＊	☉	✉
69	1 H	lebhaftbraunpurpur/schwarz . . . . .t		0,50	3,—	0,10	5,—
70	2 H	schwarzbraungrau/schwarz . . . . .t		2,50	15,—	0,60	5,—
71	3 H	(dunkel)braunocker/schwarz . . . . .t		6,50	25,—	0,10	2,—
72	5 H	schwärzlichgrünblau/schwarz . . . . .t		6,50	25,—	0,10	1,—
73	6 H	orange/schwarz . . . . .t		0,50	3,—	0,10	3,—
74	10 H	lebhaftrosakarmin/schwarz . . . . .w		15,—	70,—	0,10	1,—
75	20 H	dunkelockerbraun/schwarz . . . . .w		4,—	25,—	0,30	5,—
76	25 H	mittelgrauultramarin/schwarz . . . . .w		55,—	260,—	0,50	5,—
77	30 H	mittelbraunpurpur/schwarz . . . . .w		15,—	80,—	3,—	20,—
78	40 H	hellgrünlicholiv/schwarz x		30,—	120,—	3,20	30,—
79	50 H	mittelpreußischblau/schwarz x		15,—	75,—	4,—	40,—
80	60 H	orangebraun/schwarz x		45,—	180,—	1,50	40,—
81	1 Kr		u				
a		rötlichlila		5,—	25,—	0,40	200,—
b		lilarot		5,—	30,—	0,40	250,—
82	2 Kr	dunkelviolettgrau . . . . .u		50,—	230,—	0,50	1200,—
83	4 Kr	graugrün . . . . .u		9,—	40,—	20,—	600,—
			Satzpreis (15 W.)	250,—	1100,—	30,—	

Zähnungsunterschiede

			A = K 13:12½ E = K 13:13½		B = L 10½		C = L 12½		D = L 10½:12½		F = K 12½:10½	
			＊＊	☉	＊＊	☉	＊＊	☉	＊＊	☉	＊＊	☉
69	1 H	. . . .	3,—	0,10	50,—	8,—	10,—	2,—	200,—	25,—	60,—	20,—
70	2 H	. . . .	15,—	0,60	18,—	2,—	15,—	2,—	45,—	15,—	25,—	5,—
71	3 H	. . . .	25,—	0,10	30,—	3,—	50,—	20,—	220,—	30,—	80,—	25,—
72	5 H	. . . .	25,—	0,10	40,—	5,—	30,—	2,—	220,—	30,—	80,—	20,—
73	6 H	. . . .	3,—	0,10	12,—	2,—	5,—	2,—	230,—	25,—	90,—	20,—
74	10 H	. . . .	70,—	0,10	1400,—	240,—	200,—	130,—				
75	20 H	. . . .	25,—	0,30	25,—	2,—	50,—	8,—	40,—	20,—	50,—	20,—
76	25 H	. . . .	260,—	0,50	260,—	3,—	250,—	2,—	350,—	40,—	450,—	35,—
77	30 H	. . . .	80,—	3,—	90,—	8,—	80,—	5,—	100,—	10,—	300,—	25,—
78	40 H	. . . .	120,—	3,20	140,—	10,—	120,—	5,—	150,—	30,—	250,—	40,—
79	50 H	. . . .	75,—	4,—	80,—	8,—	70,—	7,—	300,—	10,—	140,—	15,—
80	60 H	. . . .	180,—	1,50	200,—	5,—	180,—	2,—	400,—	10,—	240,—	15,—
81	1 Kr											
a		. . . .			50,—	2,—	25,—	0,40	80,—	15,—	90,—	25,—
b		. . . .					30,—	0,40				
82	2 Kr	. . . .			250,—	3,—	230,—	0,50	400,—	30,—	400,—	30,—
83	4 Kr	. . . .			50,—	30,—	40,—	20,—	220,—	50,—	220,—	50,—

Bei MiNr. 69–81 gelten die ✉-Preise für Bedarfsbriefe, nicht für Paketkarten oder Postformulare; die ✉-Preise von MiNr. 82–83 gelten für Wert-(Geld-)Briefe. Auch von MiNr. 69–83 gibt es Marken in abweichendem Format (vgl. Hinweis nach MiNr. 62).

Preise für teurere Zähnungsarten gelten nur für (BPP-)geprüfte Stücke.

Folgende Mischzähnungen sind noch bekannt: L 12½:10½:12½:12½, L 12½:12½:12½:10½.

Besondere Entwertungen

			Rot-⊙	Blau-⊙	Violett-⊙	Levante-⊙
69	1	H	100,—	20,—	10,—	50,—
70	2	H	100,—	15,—	3,—	45,—
71	3	H	100,—	10,—	3,—	45,—
72	5	H	100,—	5,—	2,—	35,—
73	6	H	120,—	20,—	2,—	50,—
74	10	H	80,—	5,—	2,—	40,—
75	20	H	100,—	25,—	5,—	50,—
76	25	H	140,—	30,—	5,—	60,—
77	30	H	—,—	40,—	25,—	60,—
78	40	H	—,—	40,—	25,—	60,—
79	50	H	—,—	50,—	40,—	60,—
80	60	H	—,—	50,—	10,—	75,—
81 a	1	Kr	—,—	25,—	5,—	90,—
82	2	Kr	—,—	30,—	8,—	—,—
83	4	Kr	—,—	65,—	35,—	—,—

Zähnungsabarten

			∗	∗∗	⊙	✉
69 U		ungezähntes Vorzugsstück	70,—	150,—	180,—	400,—
70 U		ungezähnt (1 Stück bekannt)				—,—
77 UMs, UMw		waagerechtes oder senkrechtes Paar, Mitte ungezähnt	700,—	—,—	—,—	
80 UMs, UMw		waagerechtes oder senkrechtes Paar, Mitte ungezähnt	750,—	1300,—	1300,—	
81 UMs, UMw		waagerechtes oder senkrechtes Paar, Mitte ungezähnt	250,—	400,—	400,—	
82 UMs, UMw		waagerechtes oder senkrechtes Paar, Mitte ungezähnt	700,—	1200,—	—,—	

Abarten

69 F		Druck der Wertziffer kopfstehend	2000,—	—,—	2500,—
71 F		Wertziffer „3" rechts unten liegend	—,—	—,—	3000,—
79 F		alle 4 Wertangaben „50" schräg nach rechts eingesetzt	—,—	—,—	3500,—

Probedrucke

			(∗)	
69 P U I–80 P U I	auf gelbem Andruckpapier, ungez., o.G.	je ab	20,—	
80 P U II	1 Krone, in Rot, ungezähnt			100,—
82 P U III–83 P U III	rechts ohne Wertziffern, o.G.	je	1000,—	
82 P U IV–83 P U IV	Einzelabzüge in Schwarz auf Kartonpapier, o.G.	je	600,—	
82 P U V–83 P U V	Einzelabzüge in Originalfarben, o.G.	je	1000,—	

Mischfrankaturen mit 1890/96 möglich bis 31.12.1899, mit Levante 1900 selten, mit Post auf Kreta sehr selten.

Auflagen: MiNr. 81 = 21 400 000, MiNr. 82 = 4 300 000, MiNr. 83 = 800 000 Stück

Gültig bis 31.10.1908

Mit Aufdruck: Österreichische Post auf Kreta MiNr. 5–7 und Österreichische Post in der Levante MiNr. 32–38

1901

1901, 2. Jan./1903. Freimarken: Kaiser Franz Joseph. Bdr.; Faserpapier mit Lackstreifen (in drei Typen); verschieden gez.

t, w–x) Franz Joseph I. (1830–1916), Kaiser von Österreich und König von Ungarn

A = gez. K 13:12½

				∗	∗∗	⊙	✉
84 A	1	H	lebhaftbraunpurpur/schwarz ...t	2,—	5,—	0,50	5,—
85 A	2	H	schwarzbraungrau/schwarz ...t	3,—	15,—	0,50	5,—
86 A	3	H	(dunkel)braunocker/schwarz ...t	1,—	3,—	0,20	2,—
87 A	5	H	schwärzlichgrünblau/schwarz ...t	1,—	3,—	0,20	1,—
88 A	6	H	rötlichorange/schwarz ...t	1,—	3,—	0,20	3,—
89 A	10	H	lebhaftrosakarmin/schwarz ...w	1,—	3,—	0,20	1,—
90 A	20	H	dunkelockerbraun/schwarz ...w	1,—	5,—	0,20	5,—
91 A	25	H	mittelgraultramarin/schwarz ...w	1,—	5,—	0,20	5,—
92 A	30	H	mittelbraunpurpur/schwarz ...w	2,—	7,—	1,—	15,—
93 A	35	H	opalgrün/schwarz ...x	1,—	5,—	0,30	10,—
94 A	40	H	hellgrünlicholiv/schwarz ...x	2,—	7,—	5,—	25,—
95 A	50	H	mittelpreußischblau/schwarz ...x	5,—	15,—	12,—	50,—
96 A	60	H	orangebraun/schwarz ...x	2,—	7,—	1,—	30,—
			Satzpreis A (13 W.)	23,—	80,—	20,—	

B = gez. K 13:13½

				✳	✳✳	☉	✉
84 B	1 H	lebhaftbraunpurpur/schwarz ....t		2,—	5,—	0,50	5,—
85 B	2 H	schwarzbraungrau/schwarz ....t		3,—	15,—	0,50	5,—
86 B	3 H	(dunkel)braunocker/schwarz ....t		1,—	3,—	0,20	2,—
87 B	5 H	schwärzlichgrünblau/schwarz ....t		1,—	3,—	0,20	1,—
88 B	6 H	rötlichorange/schwarz ....t		1,—	3,—	0,20	3,—
89 B	10 H	lebhaftrosakarmin/schwarz ....w		1,—	3,—	0,20	1,—
90 B	20 H	dunkelockerbraun/schwarz ....w		1,—	5,—	0,20	5,—
91 B	25 H	mittelgraultramarin/schwarz ....w		1,—	5,—	0,20	5,—
92 B	30 H	mittelbraunpurpur/schwarz ....w		2,—	7,—	1,—	15,—
93 B	35 H	opalgrün/schwarz x		1,—	5,—	0,30	10,—
94 B	40 H	hellgrünlicholiv/schwarz x		2,—	7,—	5,—	25,—
95 B	50 H	mittelpreußischblau/schwarz x		5,—	15,—	12,—	50,—
96 B	60 H	orangebraun/schwarz x		2,—	7,—	1,—	30,—
			Satzpreis B (13 W.)	23,—	80,—	20,—	

Die ✉-Preise gelten nicht für Paketkarten oder Postformulare.

Von MiNr. 84–96 wurden auch sogen. Friedlzählungen (auf private Bestellung) hergestellt: L 9¼, L 10½, L 10½:12½, L 12½:10½. Einzelwerte ✳✳ 25,— ☉ 30,—.

Spezialisten unterscheiden 3 verschiedene Schutzlackstreifen: Type I (1901) = 5,25 mm breit im Abstand von 4,5 mm, Type II (1902) = 4,25 mm breit im Abstand von 5,25 mm, Type III (1903)= 2,25 mm breit im Abstand von 7,25 mm

Gültig bis 31.10.1908

Mit Aufdruck: Österreichische Post auf Kreta MiNr. 1–4 und Österreichische Post in der Levante MiNr. 39–42

1899, 20. Dez. Zeitungsmarken: Merkur, Kopf nach links, mit Eckziffern; ohne Lackstreifen; Bdr. (10 × 10 im Druckbogen zu 4 Bogen) auf Faserpapier; ☐.

y) Merkur

				✳	✳✳	☉	Zeitung bzw. Schleife
97	2 (H)	(dunkel)blau ⦾GA⦿ ....y		0,20	1,—	0,10	5,—
98	6 (H)	orange ....y		2,—	6,—	2,50	100,—
99	10 (H)	lebhaftgelbbraun ....y		1,20	6,—	1,20	50,—
100	20 (H)	....y					
a		karminrot		1,20	6,—	2,—	200,—
b		lebhaftmagenta		1,20	6,—	2,50	200,—
			Satzpreis (4 W.)	4,50	18,—	5,50	

Doppeldruck

			✳	✳✳	☉	
97 DD	....		60,—	120,—	80,—	250,—

Probedrucke

			(✳)
97 P U I–100 P U I	Einzeldrucke in Schwarz auf Kartonpapier, o.G. ....Satzpreis (4 W.)		600,—
97 P U II–100 P U II	auf gelblichem Andruckpapier, o.G. ....Satzpreis (4 W.)		400,—

MiNr. 97–100 waren im Jahr 1900 aushilfsweise als Portomarken verwendet möglich.

1901. Zeitungsmarken: Merkur, Kopf nach links. Wie MiNr. 97–100, jedoch mit Lackstreifen (in drei Typen); Bdr.; ☐.

y) Merkur

				✳	✳✳	☉	Zeitung bzw. Schleife
101	2 (H)	(dunkel)blau ....y		1,—	5,—	0,20	10,—
102	6 (H)	orange ....y		20,—	60,—	25,—	300,—
103	10 (H)	lebhaftgelbbraun ....y		20,—	60,—	10,—	250,—
104	20 (H)	lebhaftmagenta ....y		25,—	70,—	55,—	500,—
			Satzpreis (4 W.)	65,—	190,—	90,—	

MiNr. 97–104 privat gezähnt auf Streifband 250% Aufschlag.

Spezialisten unterscheiden 3 verschiedene Schutzlackstreifen: Type I (1901) = 5,25 mm breit im Abstand von 4,5 mm, Type II (1902) = 4,25 mm breit im Abstand von 5,25 mm, Type III (1903)= 2,25 mm breit im Abstand von 7,25 mm

Eingedruckte Merkur-Zeitungsmarken in Schleifen von diesen oder späteren Ausgaben siehe MICHEL-Europa-Ganzsachen-Katalog.

Gültig bis 31.12.1916

1904

1904, 1. Dez. Freimarken: Kaiser Franz Joseph. Zeichnungen ähnlich MiNr. 84–96. Bdr. (10 × 10) mit Lackstreifen (2,25 mm breit im Abstand von 7,25 mm); A = gez K 13:12½, C = gez. K 13:13½.

z) Wertziffer farbig
im weißen Feld

aa) Wertziffer schwarz
im weißen Feld

ab) Wertziffer weiß
im farbigen Feld

z–ab) Franz Joseph I. (1830–1916), Kaiser von Österreich und König von Ungarn

A = gez. K 13:12½

					✶	✶✶	☉	✉
105 A	1 H	dunkel- bis schwärzlichgraulila	z		0,60	1,50	1,20	5,—
106 A	2 H	rotschwarz	z		1,70	7,—	0,70	15,—
107 A	3 H	dunkelgelbbraun	z		2,50	7,—	0,10	2,—
108 A	5 H	schwärzlichgrünlichblau	z		4,—	10,—	0,10	1,—
109 A	6 H	dunkelorange	z		10,—	35,—	0,40	2,—
110 A	10 H	lilarot/schwarz	aa		2,20	15,—	0,10	1,—
111 A	20 H	schwärzlichockerbraun/schwarz	aa		36,—	140,—	1,—	10,—
112 A	25 H	mittelviolettultramarin/schwarz	aa		36,—	120,—	1,—	10,—
113 A	30 H	bräunlichlila/schwarz	aa		55,—	180,—	2,—	20,—
114 A	35 H	opalgrün	ab		36,—	130,—	0,70	80,—
115 A	40 H	schwarzviolettbraun	ab		35,—	130,—	5,—	80,—
116 A	50 H	lebhaftpreußischblau	ab		36,—	130,—	12,—	80,—
117 A	60 H	schwärzlichgelbbraun	ab		50,—	200,—	1,50	30,—
			Satzpreis A (13 W.)		300,—	1100,—	25,—	

C = gez. K 13:13½

					✶	✶✶	☉	✉
105 C	1 H	dunkel- bis schwärzlichgraulila	z		0,60	1,50	1,20	5,—
106 C	2 H	rotschwarz	z		1,70	7,—	1,20	15,—
107 C	3 H	dunkelgelbbraun	z		2,50	7,—	0,10	2,—
108 C	5 H	schwärzlichgrünlichblau	z		4,—	10,—	0,10	1,—
109 C	6 H	dunkelorange	z		10,—	35,—	0,40	2,—
110 C	10 H	lilarot/schwarz	aa		2,20	15,—	0,10	1,—
111 C	20 H	schwärzlichockerbraun/schwarz	aa		36,—	140,—	1,50	10,—
112 C	25 H	mittelviolettultramarin/schwarz	aa		36,—	120,—	1,—	10,—
113 C	30 H	bräunlichlila/schwarz	aa		55,—	180,—	2,—	20,—
114 C	35 H	opalgrün	ab		36,—	130,—	0,70	80,—
115 C	40 H	schwarzviolettbraun	ab		35,—	130,—	5,—	80,—
116 C	50 H	lebhaftpreußischblau	ab		36,—	130,—	12,—	80,—
117 C	60 H	schwärzlichgelbbraun	ab		50,—	200,—	2,—	30,—
118 C	72 H	karmin	ab		2,50	15,—	2,80	350,—
			Satzpreis C (14 W.)		300,—	1100,—	30,—	

Die ✉-Preise gelten nicht für Paketkarten oder Postformulare.

Von MiNr. 105–118 wurden auch sogen. Friedlzähnungen (auf private Bestellung) hergestellt: L 9¼, L 12½:9¼, L 12½. Einzelwerte ab ✶✶ 20,— ☉ 25,—.

Marken mit Levante-Abstempelung verdienen einen Aufschlag von 25,—, Marken mit violetter Abstempelung einen Aufschlag von 50% auf den Normalpreis.

Probedrucke

		(✶)
114 P I–118 P I	schwarze Ziffern in weißem Feld, o.G. .... je	800,—
118 P II	in anderen Farben, o.G. .... je	700,—
105 P U–118 P U	Einzelabzüge in Schwarz auf Japanpapier, ungezähnt, o.G. .... je	150,—

Gültig bis 31.10.1908

Mit Aufdruck: Österreichische Post auf Kreta MiNr. 8–11

In gleichen Zeichnungen, jedoch ohne Wertziffer und mit Aufdruck: Österreichische Post in der Levante MiNr. 43–52

Vorsicht vor Zähnungsverfälschungen aus billigen bzw. überformatigen Marken! – Die Preise gelten ausschließlich für (BPP-)geprüfte Stücke.

1905

1905, Febr. Freimarken: Kaiser Franz Joseph. Gleiche Zeichnungen wie MiNr. 105–118. Bdr. ohne Lackstreifen; A = gez K 13:12½, C = gez. K 13:13½.

z–ab) Franz Joseph I. (1830–1916), Kaiser von Österreich und König von Ungarn

A = gez K 13:12½

				✶	✶✶	⊙	✉
119 A	1 H	dunkel- bis schwärzlichgraulila	z	0,20	1,—	0,40	3,—
120 A	2 H	rotschwarz	z	0,20	1,—	0,20	5,—
121 A	3 H	dunkelgelbbraun	z	0,20	2,—	0,10	2,—
122 A	5 H	schwärzlichgrünlichblau	z	10,—	30,—	0,10	1,—
123 A	6 H	dunkelorange	z	0,30	2,—	0,10	2,—
124 A	10 H	lilarot/schwarz	aa	15,—	100,—	0,10	1,—
125 A	20 H	schwärzlichockerbraun/schwarz	aa	40,—	150,—	2,—	10,—
126 A	25 H	mittelviolettultramarin/schwarz	aa	40,—	140,—	3,—	10,—
127 A	30 H	bräunlichlila/schwarz	aa	60,—	240,—	6,—	25,—
128 A	35 H	opalgrün	ab	2,50	15,—	0,30	10,—
129 A	40 H	schwarzviolettbraun	ab	2,50	15,—	1,—	20,—
130 A	50 H	lebhaftpreußischblau	ab	2,50	15,—	4,50	30,—
131 A	60 H	schwärzlichgelbbraun	ab	2,50	15,—	1,—	20,—
132 A	72 H	karmin	ab	2,50	15,—	2,20	350,—
		Satzpreis A (14 W.)		170,—	720,—	20,—	

C = gez. K 13:13½

				✶	✶✶	⊙	✉
120 C	2 H	rotschwarz	z	0,20	1,—	0,20	5,—
121 C	3 H	dunkelgelbbraun	z	0,20	2,—	0,10	2,—
122 C	5 H	schwärzlichgrünlichblau	z	10,—	30,—	0,10	1,—
123 C	6 H	dunkelorange	z	0,30	2,—	0,10	2,—
124 C	10 H	lilarot/schwarz	aa	15,—	100,—	0,10	1,—
125 C	20 H	schwärzlichockerbraun/schwarz	aa	40,—	150,—	2,—	10,—
126 C	25 H	mittelviolettultramarin/schwarz	aa	40,—	140,—	3,—	10,—
127 C	30 H	bräunlichlila/schwarz	aa	60,—	240,—	6,—	25,—
128 C	35 H	opalgrün	ab	2,50	15,—	0,30	10,—
130 C	50 H	lebhaftpreußischblau	ab	2,50	15,—	4,50	30,—
131 C	60 H	schwärzlichgelbbraun	ab	2,50	15,—	1,—	20,—
		Satzpreis C (11 W.)		170,—	700,—	16,—	

Die ✉-Preise gelten nicht für Paketkarten oder Postformulare.

Marken mit Levante-Abstempelung verdienen einen Aufschlag von 25,—, Marken mit violetter Abstempelung einen Aufschlag von 50% auf den Normalpreis.

Von MiNr. 119–132 wurden auch sogen. Friedlzähnungen (auf private Bestellung) hergestellt: L 9¼, L 10½, L 9¼:12½, L 12½:9¼. Einzelwerte ab ✶✶ 20,— ⊙ 25,—.

Probedruck

				(✶)
131 P U		in Rosa, ungezähnt, o.G.		100,—

Mischfrankaturen mit Ausgabe 1899, mit Levante 1900–1903, sowie mit Post auf Kreta 1900–1907 möglich.

Gültig bis 31.10.1908

Mit Aufdruck: Österreichische Post auf Kreta MiNr. 12–13

Von MiMr. 1–292 sind Marken mit Falz ✶, wenn nicht angegeben, mit 30–40% des Postfrischpreises zu bewerten.

Zum Bestimmen der Farben   **MICHEL-Farbenführer**

1906

1906/1907, 1. Juni. Freimarken: Kaiser Franz Joseph. Wertziffern farbig in weißen Feldern; ohne Lackstreifen; Bdr.; gez. K 13:12½

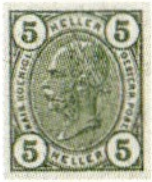
z

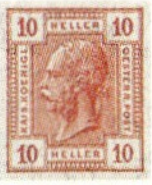
aa

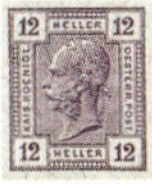
aa

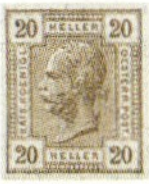
aa

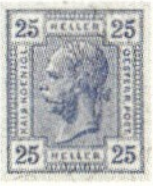
aa

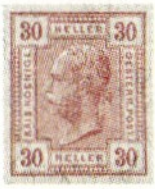
aa

z–aa) Franz Joseph I. (1830–1916), Kaiser von Österreich und König von Ungarn

				✶	✶✶	⊙	✉
133	5 H	dunkel- bis schwärzlichgrün	z	0,30	1,—	0,20	1,—
134	10 H	(dunkel)karminrot	aa	0,40	2,—	0,20	1,—
135	12 H	schwärzlichviolett (1.6.1907)	aa	1,20	5,—	1,—	150,—
136	20 H	schwärzlich- bis schwarzockerbraun	aa	4,—	15,—	0,20	5,—
137	25 H	mittelviolettultramarin	aa	4,—	15,—	0,50	10,—
138	30 H	dunkelrotlila	aa	8,50	30,—	0,50	20,—
		Satzpreis (6 W.)		18,—	65,—	2,50	

Die ✉-Preise gelten nicht für Paketkarten oder Postformulare.

Marken mit Levante-Abstempelung verdienen einen Aufschlag von 25,—, Marken mit violetter Abstempelung einen Aufschlag von 50% auf den Normalpreis.

Von MiNr. 133–138 wurden auch sogen. Friedlzähnungen (auf private Bestellung) hergestellt: B = gez. L 9¼, C = gez. L 10½, D = gez. L 9¼:12½, E = 12½:9¼. Einzelwerte ab ✶✶ 20,— ⊙ 25,—.

Zähnungsabart

		(✶)
137 U	ungezähnt, o.G.	600,—

Probedrucke

			(✶)
133 P I	Einzelabzüge in verschiedenen Farben, o.G.	je	1000,—
133 P II	Einzelabzüge in verschiedenen Farben, o.G.	je	1000,—
133 P III	Einzelabzüge in verschiedenen Farben, o.G.	je	1200,—
133 P IV	Einzelabzüge in verschiedenen Farben, o.G.	je	1500,—
133 P V	Einzelabzüge in verschiedenen Farben, o.G.	je	1500,—
137 P U	auf gelblichem Andruckpapier, o.G.		50,—

Gültig bis 31.10.1908

Mit Aufdruck: Österreichische Post auf Kreta MiNr. 14–15

1908

1908, 1. Jan./1913, Febr. Freimarken: 60jähriges Regierungsjubiläum von Kaiser Franz Joseph. [E] Moser; [S] Schirnböck; MiNr. 139 bis 149 Bdr.; MiNr. 150–156 StTdr. (10×10, MiNr. 156 5×5); v = gestrichenes Papier, x = gewöhnliches (nicht gestrichenes) Papier, w = weißes bis gelbliches, z = graues Tiefdruckpapier; MiNr. 139–149 gez. K 12½, MiNr. 150–156 gez. L 12½.

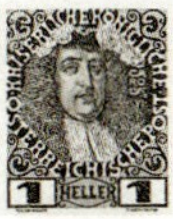
ac) Karl VI. (1711–1740)

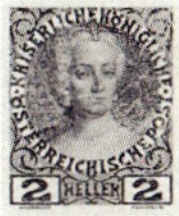
ad) Maria Theresia (1740–1780); Porträt von Martin von Meytens

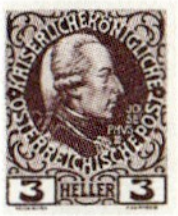
ae) Joseph II. (1780–1790); Porträt von Adam Jakob

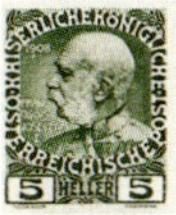
af) Franz Joseph (1830–1916)

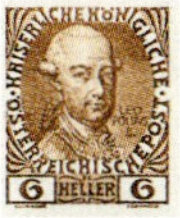
ag) Leopold II. (1790–1792)

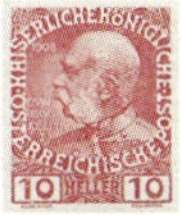
af

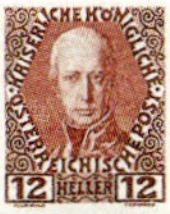
ah) Franz. I. (1792–1835)

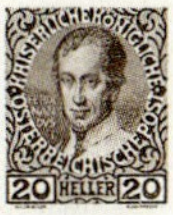
ai) Ferdinand I. (1835–1848)

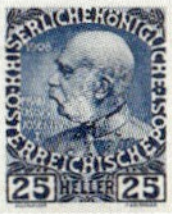
af

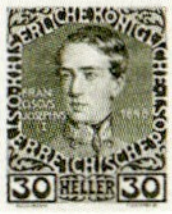
ak) Franz Joseph im Jahre 1848

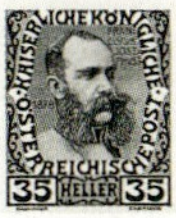
al) Franz Joseph im Jahre 1878

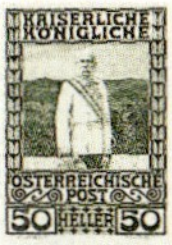
am) Franz Joseph in Marschallsuniform

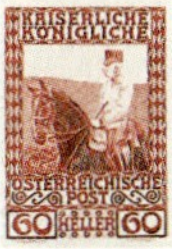
an) Franz Joseph zu Pferde

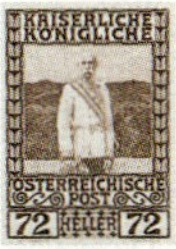
am

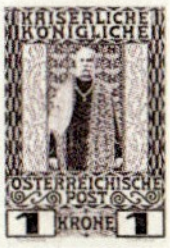
ao) Franz Joseph im Krönungsornat

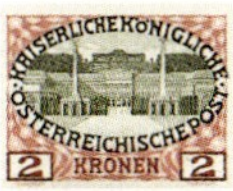
ap) Schloß Schönbrunn

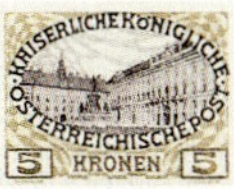
ar) Wiener Hofburg

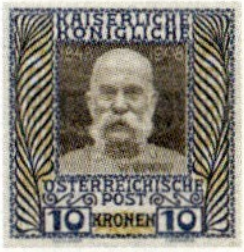
as) Franz Joseph (reg. 1848–1916)

v = gestrichenes (Kreide-)Papier, w = weißes bis gelbliches Tiefdruckpapier

				✳	✳✳	☉	✉
139 v	1 H	olivschwarz	ac	0,30	2,—	0,30	5,—
140 v	2 H	schwärzlichbläulichviolett	ad	0,30	2,—	0,30	5,—
141 v	3 H	dunkelgraulila	ae	0,60	2,—	0,30	4,—
142 v	5 H	grün (Töne) GA	af	0,40	8,—	0,30	2,—
143 v	6 H	schwärzlichgelborange	ag	0,70	4,—	1,—	20,—
144 v	10 H	dunkelrosakarmin (Töne) GA	af	0,20	1,—	0,30	2,—
145 v	12 H	rot (Töne)	ah	1,—	8,—	1,50	20,—
146 v	20 H	schwärzlichrötlichbraun	ai	6,—	35,—	0,50	10,—
147 v	25 H	violettultramarin (Töne)	af	2,50	20,—	0,50	3,—
148 v	30 H	schwärzlichgrauoliv	ak	10,—	50,—	0,50	15,—
149 v	35 H	schwärzlichpreußischblau	al	3,—	20,—	0,30	10,—
150 w	50 H	schwärzlichgrünoliv	am	0,70	10,—	0,30	30,—
151 w	60 H	lebhaftkarminrot	an	0,30	2,—	0,30	20,—
152 w	72 H	schwärzlichrotbraun (Febr. 1913)	am	2,—	15,—	0,50	100,—
153 w	1 Kr	schwarzblauviolett (Töne)	ao	13,—	40,—	0,30	40,—
154 w	2 Kr	dunkelkarminrot/schwarzoliv	ap	20,—	80,—	0,50	100,—
155 w	5 Kr	dunkelockerbraun/schwarzviolett	ar	45,—	150,—	7,50	220,—
156 w	10 Kr	mehrfarbig	as	200,—	600,—	80,—	550,—
		Satzpreis v, w (18 W.)		300,—	1000,—	90,—	

x = gewöhnliches (nicht gestrichenes) Papier:

				✳	✳✳	☉	✉
139 x	1 H	schwarzgrünlichgrau	ac	0,20	1,40	1,20	5,—
140 x	2 H	dunkelgrauviolett	ad	0,20	1,40	1,—	5,—
141 x	3 H	dunkelbraunpurpur	ae	0,20	1,40	0,30	5,—
142 x	5 H	(dunkel)grün (Töne)	af	0,20	0,80	0,30	1,—
143 x	6 H	braunorange	ag	2,—	7,—	2,50	20,—
144 x	10 H	magenta (Töne)	af	0,20	0,70	0,30	1,—
145 x	12 H	dunkelorangerot	ah	2,—	10,—	2,50	20,—
146 x	20 H	schwärzlichsiena	ai	2,50	15,—	0,60	10,—
147 x	25 H	mittellilaultramarin	af	2,—	15,—	0,60	4,—
148 x	30 H	bräunlicholiv	ak	5,—	30,—	0,80	15,—
149 x	35 H	schwärzlichgrautürkis	al	5,—	25,—	0,80	10,—
		Satzpreis x (11 W.)		18,—	100,—	10,—	

MiNr. 139 x–149 x in Tönungen, die sich von der Ausgabe 1908 auf gestrichenem Papier wesentlich unterscheiden.

z = graues Tiefdruckpapier (1916)

				✳	✳✳	☉	✉
151 z	60 H	lebhaftkarminrot	an	1,10	5,—	1,50	55,—
152 z	72 H	schwärzlichrotbraun	am	4,—	25,—	1,50	—,—
153 z	1 Kr	schwarzblauviolett (Töne)	ao	25,—	70,—	1,—	—,—
154 z	2 Kr	dunkelkarminrot/schwarzoliv	ap	35,—	100,—	3,—	—,—
155 z	5 Kr	dunkelockerbraun/schwarzviolett	ar	70,—	220,—	25,—	—,—
156 z	10 Kr	mehrfarbig	as	320,—	1100,—	250,—	—,—
		Satzpreis z (6 W.)		450,—	1500,—	280,—	

MiNr. 139–156 (ohne MiNr. 152) mit rotem Jubiläumsstempel vom 2.12.1908   Satzpreis (17.W.)   1000,—

MiNr. 151 z–156 z gedruckt auf Kriegspapier, es weist eine intensive Graufärbung auf. Auch die Markenfarben zeigen abweichende Tönungen (siehe auch Flugpost-serie (x) 1918).

Die ✉-Preise gelten nicht für Paketkarten.

Größenunterschiede im Markenbild der Tiefdruckmarken kommen häufig vor, Preisunterschiede sind hierfür nicht gerechtfertigt.

MiNr. 151 und 154 sind sehr wasserempfindlich.

Zähnungsabarten

			(✳)	✳✳	☉	✉
139 v U–149 v U	ungezähnt	je		35,—		
139 x U–149 x U	ungezähnt	je		35,—		
151 U	ungezähnt, o.G.		100,—			
152 U	ungezähnt, o.G.		150,—			
153 U	ungezähnt, o.G.		150,—			
154 U	ungezähnt, o.G.		200,—			
155 U	ungezähnt, o.G.		220,—			
156 U	ungezähnt, o.G.		2800,—			

			✳		
154 Uo	oben ungezähnt		250,—	400,—	

150 UMs, UMw	waagerechtes oder senkrechtes Paar, Mitte ungezähnt	je	250,—	500,—	500,—	
151 UMs, UMw	waagerechtes oder senkrechtes Paar, Mitte ungezähnt	je	200,—	500,—	500,—	
153 UMs, UMw	waagerechtes oder senkrechtes Paar, Mitte ungezähnt	je	250,—	450,—	450,—	

Alle Farbangaben beziehen sich auf den MICHEL-Farbenführer ab 37. Auflage. Eventuelle Farbangaben in eckigen Klammern sind „klassische" Farbbezeichnungen. Bei teuren Stücken ist eine (BPP-)Prüfung unbedingt anzuraten.

Plattenfehler

147 I   149 I

		*	**	⊙	✉
144 I	190„3" statt 1908	50,—	120,—	40,—	150,—
147 I	„P"RANCISCUS	20,—	50,—	15,—	45,—
149 I	„E"RANCISCUS	20,—	70,—	20,—	60,—

Probedrucke

			(*)	
139 x P–149 x P	in anderen Farben . . . . je		30,—	
139 v I–149 v P I	in anderen Farben . . . . je		40,—	
139 v P II–149 v P II	gez. L 12½ . . . . je		20,—	
151 P	in anderen Farben, o.G. . . . . je		150,—	
139 P U–149 P U	in anderen Farben auf Kreidepapier, ungezähnt, o.G. . . . . je	40,—		

Mischfrankaturen mit Ausgaben 1899/1907 bis 31.10.1908 möglich sowie mit Levante 1908 bzw. Post auf Kreta.

MiNr. 142 und 144 wurden auch im Markenheftchen (MH 0–1 und 0–2) ausgegeben.

Von MiNr. 156 gibt es Nachdrucke, gez. L 12, rückseitig gekennzeichnet: Nachdruck B.H.G. (✱✱ 10,—).

FALSCH MiNr. 156, Bdr., auch mit ⊘.

Auflagen: MiNr. 139 v = 38 422 000, MiNr. 139 x = 13 920 000, MiNr. 140 v = 53 105 000, MiNr. 140 x = 53 040 000, MiNr. 141 v = 725 545 000, MiNr. 141 x = 321 076 000, MiNr. 142 v = 1 867 964 000, MiNr. 142 x = 986 900 000, MiNr. 143 v = 77 683 000, MiNr. 143 x = 35 851 000, MiNr. 144 v = 2 171 447 000, MiNr. 144 x = 1 054 686 000, MiNr. 145 x = 44 383 000, MiNr. 145 x = 22 460 000, MiNr. 146 v = 182 663 000, MiNr. 146 x = 104 280 000, MiNr. 147 v = 117 573 000, MiNr. 147 x = 47 090 000, MiNr. 148 v = 90 561 000, MiNr. 148 x = 72 867 000, MiNr. 149 v = 97 042 000, MiNr. 149 x = 26 826 000, MiNr. 150 w = 18 522 000, MiNr. 151 w = 225 671 000, MiNr. 152 w = 20 360 000, MiNr. 153 w = 37 789 000, MiNr. 154 w = 9 321 000, MiNr. 155 w = 722 000, MiNr. 156 w = 107 000 Stück

Gültig bis 31.12.1916

Mit Aufdruck: Portomarken MiNr. 58–59

In ähnlichen Zeichnungen: Österreichische Post auf Kreta MiNr. 17–24 und Österreichische Post in der Levante MiNr. 53–63

1908/10. Zeitungsmarken: Merkur, Kopf nach rechts, mit Eckziffern. Bdr. (10×10 im Druckbogen zu 4 Bogen); verschiedene Papiersorten; □.

at) Merkur

x = gestrichenes (Kreide-)Papier (1908)

				*	**	⊙	Schleife
157 x	2	(H)	schwärzlichkobalt . . . . at	6,—	18,—	1,—	15,—
158 x	6	(H)	rötlichorange . . . . at	4,—	13,—	10,—	100,—
159 x	10	(H)	lilarot . . . . at	4,—	13,—	10,—	100,—
160 x	20	(H)	siena . . . . at	4,—	13,—	10,—	150,—
			Satzpreis x (4 W.)	18,—	55,—	30,—	

y = glanzloses, dünnes, durchsichtiges Papier (1909)

				*	**	⊙	
157 y	2	(H)	schwärzlichkobalt . . . . at	8,—	30,—	1,—	15,—
158 y	6	(H)	rötlichorange . . . . at	10,—	40,—	15,—	120,—
159 y	10	(H)	lilarot . . . . at	20,—	80,—	7,—	120,—
160 y	20	(H)	siena . . . . at	20,—	75,—	7,—	200,—
			Satzpreis y (4 W.)	55,—	220,—	28,—	

z = gewöhnliches (dickeres, glattes) Papier (1910)

				*	**	⊙	
157 z	2	(H)	schwärzlichkobalt . . . . at	1,—	5,—	0,10	10,—
158 z	6	(H)	rötlichorange . . . . at	6,—	20,—	0,60	80,—
159 z	10	(H)	lilarot . . . . at	6,—	25,—	0,50	80,—
160 z	20	(H)	siena . . . . at	6,—	25,—	0,50	120,—
			Satzpreis z (4 W.)	19,—	75,—	1,60	

Abarten

			*	**	☉	Schleife
157 K	Kehrdruckpaar	250,—	500,—	400,—	
		(*)			
157 DG	doppelseitiger Druck, o.G.	110,—			
157 G	Druck auf der Gummiseite		150,—		

Probedrucke

			*	**	
157 P I–160 P I	gez. L 12, auf Kreidepapier	150,—	300,—	
157 P II	in Türkis auf Kreidepapier, gez. L 12	150,—		
157 P U I	in Schwarz auf gewöhnlichem Papier, ungezähnt	150,—		
		(*)		
157 P U II	in Schwarz auf Kreidepapier, ungezähnt, o.G.	150,—		

Gültig bis 31.12.1916

1910

1910, 18. Aug. 80. Geburtstag von Kaiser Franz Joseph. Zeichnungen ähnlich MiNr. 139–156, zusätzlich Jahreszahlen 1830/1910. MiNr. 161–171 Bdr. (8×10); gez. K 12½; MiNr. 172–177 StTdr. (MiNr. 172–174 8×5, MiNr. 175–176 5×5, MiNr. 177 3×2); gez. L 12½.

ac I   ad I   ae I   af I   ag I   af I

ah I   ai I   af I   ak I   al I   am I

an I   ao I   ap I   ar I   as I

			*	**	☉	✉
161	1 H	schwarztürkisgrau . . . . ac I	5,—	15,—	10,—	40,—
162	2 H	schwärzlichbläulichviolett . . . . ad I	6,—	25,—	20,—	75,—
163	3 H	dunkelgraulila . . . . ae I	5,—	20,—	15,—	40,—
164	5 H	grün . . . . af I	0,20	2,—	0,40	6,—
165	6 H	schwarzgelborange . . . . ag I	4,—	15,—	15,—	50,—
166	10 H	dunkelrosakarmin . . . . af I	0,20	2,—	0,40	6,—
167	12 H	dunkelrosa . . . . ah I	4,—	15,—	15,—	75,—
168	20 H	schwärzlichrötlichbraun . . . . ai I	8,—	40,—	15,—	100,—
169	25 H	violettultramarin . . . . af I	2,—	10,—	3,—	20,—
170	30 H	schwärzlichgrauoliv . . . . ak I	4,—	20,—	15,—	100,—
171	35 H	dunkelpreußischblau (Töne) . . . . al I	4,—	20,—	15,—	100,—
172	50 H	schwärzlicholivgrün . . . . am I	7,—	20,—	15,—	200,—
173	60 H	karminrot . . . . an I	7,—	20,—	15,—	180,—
174	1 Kr	schwarzblauviolett (Töne) . . . . ao I	7,—	20,—	20,—	400,—
175	2 Kr	dunkelkarminrot/schwarzoliv . . . . ap I	170,—	320,—	280,—	1200,—
176	5 Kr	dunkelockerbraun/schwarzviolett . . . . ar I	130,—	220,—	280,—	2000,—
177	10 Kr	mehrfarbig . . . . as I	200,—	340,—	320,—	2500,—
		MiNr 161–174 Satzpreis (14 W.)	60,—	230,—	160,—	
		MiNr. 161–177 Satzpreis (17 W.)	550,—	1100,—	1000,—	

Ⓢ Am Ausgabetag wurde ein roter Jubiläumsstempel verwendet:

Kleinwerte-Satz-✉ (MiNr. 161–174) . . . . (14 W.)			300,—
kompletter Satz-✉ . . . . (17 W.)			2000,—

Marken einer 2. Auflage, die sich durch dünneres Papier, dünn aufgetragene Gummierung und etwas abweichende Farben unterscheiden, verdienen 20% Aufschlag.

Die ⊠-Preise von MiNr. 175–177 gelten für Wert-(Geld-)Briefe.

Überfrankierte ⊠ 20% Aufschlag auf ⊙-Preise.

Zähnungsabarten

			(∗)		
164 U	ungezähnt, o.G.	......	250,—		
166 U	ungezähnt, o.G.	......	250,—		

Probedrucke

			(∗)	∗	⊙	⊠
161 P–171 P	auf Kreidepapier, gez. L 12, in anderen Farben	je		150,—		
172 P–174 P	in anderen Farben	je		250,—		
175 P–176 P	in anderen Farben	je		1500,—		
177 P	in anderen Farben			3500,—		
161 P U I–171 P U I	Einzelproben in Schwarz auf Japanpapier, ungezähnt, o.G., dabei 2-Kr- und 5-Kr-Wert in 2 Phasen, 10-Kr-Wert in 3 Phasen	Satzpreis (21 W.)	2700,—			
161 P U II–171 P U II	Einzelproben in Originalfarben, ungezähnt, o.G.	Satzpreis (17 W.)	8500,—			

Von MiNr. 175–177 gibt es Nachdrucke, gez. L 12, rückseitig gekennzeichnet: Nachdruck B.H.G. (∗∗ je 10,—).

FALSCH MiNr. 175–177, Bdr.

Auflagen: MiNr. 161 = 157 960, MiNr. 162 = 155 160, MiNr. 163 = 159 000, MiNr. 164 = 6 836 120, MiNr. 165 = 155 800, MiNr. 166 = 8 067 100, MiNr. 167 = 156 520, MiNr. 168 = 156 680, MiNr. 169 = 797 240, MiNr. 170 = 159 360, MiNr. 171 = 158 440, MiNr. 172 = 127 860, MiNr. 173 = 128 660, MiNr. 174 = 121 460, MiNr. 175 = 28 700, MiNr. 176 = 27 900, MiNr. 177 = 25 600 Stück

Gültig bis 31.12.1910

1914

1914, 4. Okt. Kriegswitwen- und -waisenhilfe (I). Jahreszahl 1914 unten im Oval. Bdr. (8 × 10); gez. K 12½.

au) Kaiser Franz Joseph

			∗	∗∗	⊙	⊠
178	5 H + (2 H) schwarzgelblichgrün	au	0,30	1,—	0,40	25,—
179	10 H + (2 H) rosakarmin	au	0,30	1,80	0,70	30,—
		Satzpreis (2 W.)	0,50	2,80	1,—	
		FDC				100,—

Zähnungsabarten

			∗	∗∗
178 U–179 U	ungezähnt	Satzpreis (2 W.)	100,—	250,—

Probedrucke

			∗	∗∗
178 P–179 P	auf verschieden durchgefärbtem Papier	je	250,—	450,—
178 P U I–179 P U I	auf verschieden durchgefärbtem Papier, ungezähnt ...	je	250,—	450,—

			(∗)	
178 P U II–179 P U II	Einzelabzüge in Schwarz auf Kartonpapier, ungezähnt, o.G.	Satzpreis (2 W.)	800,—	

Auflagen: MiNr. 178 = 17 600 000, MiNr. 179 = 17 440 000 Stück

Gültig bis 30.6.1915

1915

1915, 1. Mai. Kriegswitwen- und -waisenhilfe (II). [E] Moser; [S] Schirnböck; Bdr. (10×10); gez. K 12½.

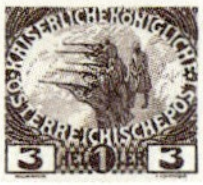
av) Infanterie im Schützengraben

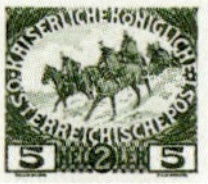
aw) Kavallerie-Patrouille

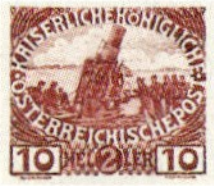
ax) Artillerie (Škoda-Mörser)

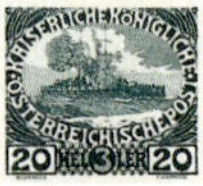
ay) Linienschift „Viribus Unitis“

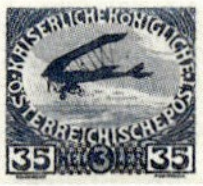
az) Kriegsflugzeug Lohner „Pfeil“

			✶	✶✶	⊙	✉
180	3 H + 1 H schwärzlichlilabraun	av	0,10	0,50	0,50	35,—
181	5 H + 2 H schwarzgelblichgrün	aw	0,10	0,50	0,10	6,—
182	10 H + 2 H magenta	ax	0,10	0,50	0,10	6,—
183	20 H + 3 H schwärzlichgrünlichblau	ay	0,60	7,—	3,—	80,—
184	35 H + 3 H dunkelultramarin (Töne)	az	2,20	15,—	7,—	50,—
		Satzpreis (5 W.)	3,—	22,—	10,—	

Zähnungsabarten

180 U–184 U	ungezähnt	Satzpreis (5 W.)	400,—	650,—

Aus dieser Zeit existiert eine Fülle von philatelistischen Halbierungen oder spielerischen, bunten Frankaturen. Diese nicht bedarfsmäßig hergestellten Briefe erkennt man z.B. am Verkleben einer ganzen und einer halben Marke des doppelten Nennwertes oder zweier Hälften einer Marke – sehr geringwertig.

Bedarfsmäßige Briefe mit Halbierungen wurden vielfach von Firmen und Behörden verwendet, teils ist die Bedarfsmäßigkeit auch aus dem Inhalt solcher Briefe zu entnehmen, sie kommen meist aus kleinen, abgelegenen Postorten. ✉ mind. 60,—.

Plattenfehler

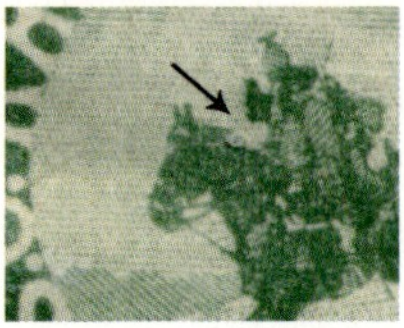
181 I

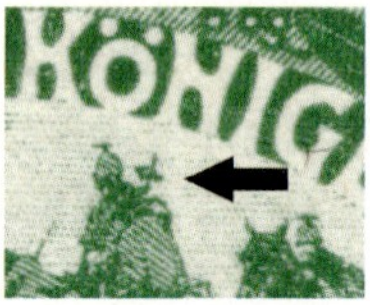
181 II

		✶	✶✶	⊙	✉
181 I	„Salutierender Reiter“ (Feld 57)	45,—	170,—	75,—	
181 II	„Brotlaib“ (Feld 5)	45,—	170,—	75,—	

Probedrucke

			(✶)	
180 P U I–184 P U I	Einzelabzüge in Schwarz auf Kreidepapier, ungezähnt, o.G.	je	250,—	
180 P U II–184 P U II	Einzelabzüge in Schwarz, ungezähnt	je		400,—
180 P U III–184 P U III	Einzelabzüge, ungezähnt	je		800,—

Des weiteren sind verschiedene Phasendrucke und Essays in abweichender Zeichnung bekannt.

Auflagen: MiNr. 180 = 7 881 250, MiNr. 181 = 34 427 500, MiNr. 182 = 40 367 500, MiNr. 183 = 3 225 000, MiNr. 184 = 2 602 000 Stück

Gültig bis 30.9.1916

1916

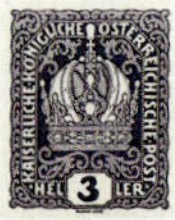

1916, 28. Sept./1918, 1. Sept. Freimarken: Kaiserkrone, Kaiser Franz Joseph, Wappen. [E] Junk; [S] Schirnböck; Bdr. (10×10); x = normales, y = dickeres Papier; gez. K 12½.

ba) Kaiserkrone

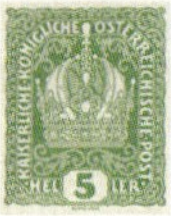
ba

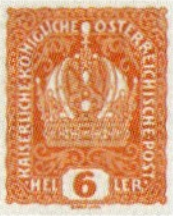
ba

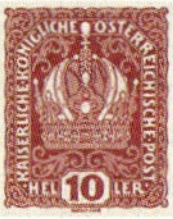
ba

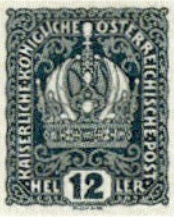
ba

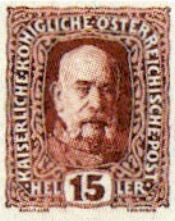
bb) Kaiser Franz Joseph

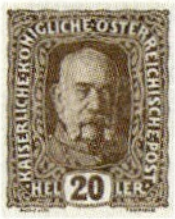
bb

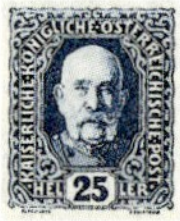
bc) Kaiser Franz Joseph

bc   bd) Wappen   bd   bd   bd   bd   bd I) Wappen

x = normales Papier

				✳	✳✳	☉	✉
185 x	3 H	schwärzlichbläulichviolett	ba	0,10	0,20	0,20	4,—
186 x	5 H	dunkelgelblichgrün (Töne) GA	ba	0,10	0,20	0,20	1,—
187 x	6 H	dunkelrotorange	ba	0,30	1,—	0,80	20,—
188 x	10 H	schwärzlichrotkarmin (Töne) GA	ba	0,10	0,20	0,20	1,—
189 x	12 H		ba				
a		schwärzlichgrünlichblau		0,30	1,50	1,10	30,—
b		schwarztürkisblau		40,—	100,—	90,—	150,—
190 x	15 H	schwärzlichrosarot GA (1.10.1916)	bb	0,50	2,—	0,20	2,—
191 x	20 H	lebhaftsiena	bb	3,—	15,—	0,30	10,—
192 x	25 H		bc				
a		dunkelgraultramarin		6,—	30,—	0,50	10,—
b		dunkellilaultramarin		5,—	25,—	0,50	15,—
193 x	30 H	schwarzpreußischblau	bc	5,—	25,—	0,80	15,—
194 x	40 H	lebhaftbraunoliv	bd	0,20	1,50	0,30	5,—
195 x	50 H	schwärzlichopalgrün	bd	0,20	1,50	0,30	15,—
196 x	60 H	dunkellilaultramarin	bd	0,20	1,50	0,30	25,—
197 x	80 H	schwärzlichbräunlichrot (1.10.1916)	bd	0,20	1,50	0,30	30,—
198 x	90 H	schwärzlichrotkarmin	bd	0,20	1,50	0,30	80,—
199 x	1 Kr	lilarot (1.9.1918)	bd I	0,40	1,50	0,30	100,—
		Satzpreis x (15 W.)		15,—	75,—	6,—	
		FDC mit MiNr. 190					50,—
		FDC mit MiNr. 197					75,—
		FDC mit MiNr. 199					150,—

y = dickeres Papier (mind. 0,09 mm)

185 y	3 H	schwärzlichbläulichviolett	ba	100,—	180,—	80,—	—,—
186 y	5 H	dunkelgelblichgrün (Töne)	ba	100,—	220,—	110,—	—,—
188 y	10 H	schwärzlichrotkarmin (Töne)	ba	100,—	200,—	80,—	—,—
194 y	40 H	lebhaftbraunoliv	bd	100,—	200,—	70,—	—,—
195 y	50 H	schwärzlichopalgrün	bd	150,—	300,—	70,—	—,—
		Satzpreis y (5 W.)		550,—	1200,—	400,—	

MiNr. 186 mit anhängendem Andreaskreuz-Leerfeld siehe Zusammendrucke aus Markenheftchen.

Papierabart

			✳	✳✳	☉	✉
197 Pa	geklebte Papierbahn		350,—			

Zähnungsabart

185 U–199 U	ungezähnt	Satzpreis (15 W.)	250,—	500,—	

MiNr. 192 U und 193 U sind seltener.

Probedrucke

185 P–199 P	in anderen Farben	je ab	100,—	
185 P U–199 P U	in anderen Farben, ungezähnt	je ab	100,—	

Weitere Probedrucke bzw. Essays, teils auch in Kleinbogen und Zusammendrucken, auch von nicht ausgegebenen Wertstufen bekannt.

🅿🅺 MiNr. 186 und 188 sind 1916 zu Kriegspropagandazwecken auf gelblichem Papier in England hergestellt worden. Kennzeichen: Gelbliches Papier, verdickte Randlinie, N und K des Stecherzeichens kleiner.

				✳	✳✳		
🅿🅺 186	5 H			40,—	90,—		
🅿🅺 188	10 H			70,—	170,—		

Auflagezahlen nicht genau feststellbar.

MiNr. 190–193 gültig bis 28.2.1918, MiNr. 185, 187, 189 bis 15.1.1920, MiNr. 186, 188 und 194–199 bis 31.10.1920

Mit Aufdruck: MiNr. 228–232, 237–242

1916, 28. Sept. Freimarken: Wappen. StTdr. (10×10); gez. L 12½.

be) Wappen

I = Bildgröße 25×30 mm

				★	★★	⊙	✉
200 I	2 Kr	schwärzlichviolettultramarin .... be		1,—	6,—	0,50	100,—
201 I	3 Kr	dunkelbräunlichkarmin .... be		20,—	60,—	1,50	200,—
202 I	4 Kr	schwärzlicholivgrün .... be		5,—	14,—	2,50	300,—
203 I	10 Kr	.... be					
a		schwarzgrauviolett		40,—	120,—	75,—	420,—
b		schwarzbraunviolett (unklarer Druck)		30,—	80,—	56,—	400,—
		Satzpreis I (4 W.)		55,—	160,—	60,—	

II = Bildgröße 26×29 mm

				★	★★	⊙	✉
200 II	2 Kr	schwärzlichviolettultramarin .... be		4,—	10,—	2,—	100,—
201 II	3 Kr	dunkelbräunlichkarmin .... be		130,—	450,—	45,—	220,—
202 II	4 Kr	schwärzlicholivgrün .... be		6,—	15,—	8,—	350,—
203 II	10 Kr	.... be					
a		schwarzgrauviolett		—,—	—,—	—,—	—,—
b		schwarzbraunviolett (unklarer Druck)		—,—	—,—	—,—	—,—
		Satzpreis II (4 W.)		—,—	—,—	—,—	

Zähnungsabarten

			★	★★	⊙	✉
200 U–203 U	ungezähnt .... Satzpreis (4 W.)		400,—	1000,—		
200 Ur	rechts ungezähnt		150,—	350,—	300,—	

Gültig bis 31.10.1920

1917

1917, Juli. Freimarken: Wappen. Wie MiNr. 200–203, jedoch in helleren Farben. StTdr.; gez. L 12½.

be) Wappen

I = Bildgröße 25×30 mm

				★	★★	⊙	✉
204 I	2 Kr	preußischblau .... be		2,50	5,—	1,—	80,—
205 I	3 Kr	dunkellilarot .... be		40,—	80,—	1,—	200,—
206 I	4 Kr	dunkelgelblichgrün .... be		4,—	10,—	1,50	320,—
207 I	10 Kr	schwärzlichbraunviolett .... be		140,—	350,—	130,—	500,—
		Satzpreis I (4 W.)		180,—	440,—	130,—	

II = Bildgröße 26×29 mm

				★	★★	⊙	✉
204 II	2 Kr	preußischblau .... be		2,50	30,—	1,—	80,—
205 II	3 Kr	dunkellilarot .... be		950,—	2200,—	350,—	—,—
206 II	4 Kr	dunkelgelblichgrün .... be		25,—	100,—	40,—	400,—
207 II	10 Kr	schwärzlichbraunviolett .... be		3000,—	8500,—	—,—	—,—
		Satzpreis II (4 W.)		3900,—	10500,—	—,—	

Auch die Kronen-Werte MiNr. 200–207 weisen wie bei der Ausgabe MiNr. 151 z–155 z zum Teil eine intensive Graufärbung (Kriegspapier) auf.

Die ✉-Preise von MiNr. 205–207 gelten für Wert-(Geld-)Briefe.

Zähnungsabarten

			★	★★	⊙	✉
204 I U–207 I U	ungezähnt ....Satzpreis (4 W.)		400,—	800,—		
204 Ur	rechts ungezähnt		250,—		250,—	
204 Ul	links ungezähnt		250,—		250,—	
206 Ur	rechts ungezähnt		250,—		250,—	

Einseitig ungezähnte Marken mit mind. 5 mm Bogenrand.

Gültig bis 31.10.1920

1917/19. Freimarken: Wappen. MiNr. 204–207 auf Faserpapier. StTdr.; A = gez. L 12½, B = gez. L 11½.

be) Wappen

I = Bildgröße 25×30 mm

				✻	✻✻	⊙	⊠
208 I A	2 Kr	preußischblau	be	2,—	5,—	4,—	150,—
209 I A	3 Kr	dunkellilarot	be	2,—	5,—	4,—	350,—
210 I A	4 Kr	dunkelgelblichgrün (1919)	be	20,—	50,—	40,—	400,—
211 I A	10 Kr	schwärzlichbraunviolett (1919)	be	50,—	150,—	—,—	—,—
		Satzpreis I (4 W.)		70,—	200,—	—,—	

II = Bildgröße 26×29 mm

				✻	✻✻	⊙	⊠
208 II	2 Kr	preußischblau	be				
A		gez. L 12½		0,10	1,—	0,20	120,—
B		gez. L 11½		650,—	1900,—	1200,—	—,—
209 II A	3 Kr	dunkellilarot	be	0,20	1,—	1,—	300,—
210 II A	4 Kr	dunkelgelblichgrün (1919)	be	5,—	10,—	20,—	350,—
211 II A	10 Kr	schwärzlichbraunviolett (1919)	be	10,—	30,—	—,—	—,—
		Satzpreis II (4 W.)		15,—	40,—	—,—	

Die ⊠-Preise gelten für Wert-(Geld-)Briefe.

Zähnungsabart

211 U	ungezähnt	320,—	600,—

Auflagen: MiNr. 208 = 20 980 000, MiNr. 209 = 2 775 000, MiNr. 210 = 1 384 000, MiNr. 211 = 124 000 Stück

Gültig bis 31.10.1920

Mit Aufdruck: MiNr. 243–246

In anderen Farben und mit Aufdruck „Flugpost": MiNr. 225–227

1916, 1. Okt. Zeitungsmarken: Kleiner Merkurkopf. ⊡ Junk; Bdr. (10×10 im Druckbogen zu 4 Bogen); ☐.

bf) Merkur

				✻	✻✻	⊙	Schleife
212	2 H		bf				
a		lebhaftsiena		0,10	1,—	0,50	10,—
b		hellrötlichbraun		15,—	40,—	10,—	100,—
c		schwärzlichbraun		0,20	1,50	0,50	10,—
213	4 H		bf				
a		schwärzlichgrün		0,40	1,50	1,50	150,—
b		dunkelsmaragdgrün		0,40	2,—	1,50	150,—
214	6 H	schwärzlichultramarin	bf	0,40	1,50	1,50	150,—
215	10 H		bf				
a		dunkelgelblichrot		0,90	2,50	2,50	150,—
b		schwärzlichorange		0,70	2,—	2,—	150,—
216	30 H	dunkelmagenta	bf	0,40	1,50	1,80	240,—
		Satzpreis (5 W.)		2,—	7,50	7,—	

Von MiNr. 212–216 sind Privatzähnungen bekannt; ⊙ auf Schleife oder Zeitung 50% Zuschlag.

Zwischenstegpaare

212 ZW–216 ZW	waagerechte Zwischenstegpaare	Satzpreis (5 Paare)	400,—	900,—

Farbproben

212 P	in anderen Farben	je	250,—

Gültig bis 31.10.1920

Mit Aufdruck: MiNr. 247–251

FALSCH Vorsicht vor den sehr häufigen Nachgummierungen und Entfalzungen! – Alle ✻✻-Preise über 25,— gelten ausschließlich für (BPP-)geprüfte Stücke.

1916, 1. Okt. Drucksachen-Eilmarken: Merkurkopf. ✉ Cossmann; Bdr. auf gelbem Papier (8 × 13); gez. K 12.

bg) Merkurkopf

			★	★★	☉	✉
217	2 H	lilakarmin .... bg	1,—	3,—	3,—	60,—
218	5 H	schwarzgrün .... bg	1,—	3,—	3,—	60,—
		Satzpreis (2 W.)	2,—	6,—	6,—	
		FDC				150,—

Marken mit anhängendem Leerfeld

217–218	mit ½ Leerfeld .... je	2,—	10,—	10,—	
217–218	mit 4½ Leerfeldern .... je	60,—	200,—	220,—	

Zähnungsabarten

217 U	ungezähnt	50,—	100,—
218 U	ungezähnt	130,—	300,—

Probedrucke

218 P	in anderen Farben .... je	350,—
217 P U	mit Nominale „3 H", ungezähnt	900,—	1500,—
218 P U	mit Nominale „6 H", ungezähnt	900,—	1500,—

MiNr. 217–218 wurden jeweils im Bogen zu 100 Marken und 4 Leerfeldern (rechts unten) gedruckt.

Auflagen: MiNr. 217 = 22 000 000, MiNr. 218 = 11 000 000 Stück einschließlich der Aufdruckmarken

Gültig bis 28.2.1918, MiNr. 217 wieder gültig ab 1.9.1918 bis 31.10.1920.
MiNr. 217 wurde als Freimarke amtlich ab 1.9.1918 wieder in Kurs gesetzt und vorwiegend als Postkartenzusatzfrankatur verwendet.

1917, 15. Mai. Drucksachen-Eilmarken: Merkurkopf. ✉ Cossmann; Bdr. auf gelbem Papier (13 × 8); A = gez. L 12½, B = gez. L 11½, C = gez. L 11½:12½, D = gez. L 12½:11½.

bh) Merkurkopf

			★	★★	☉	✉
219	2 H	schwarzrotkarmin .... bh				
A		gez. L 12½	0,20	0,50	0,50	40,—
B		gez. L 11½	2,—	5,—	5,—	50,—
C		gez. L 11½:12½	150,—	800,—	300,—	300,—
D		gez. L 12½:11½	250,—	900,—	350,—	400,—
220	5 H	schwärzlichopalgrün .... bh				
A		gez. L 12½	0,20	0,50	0,50	50,—
B		gez. L 11½	2,—	5,—	5,—	50,—
C		gez. L 11½:12½	120,—	800,—	170,—	300,—
D		gez. L 12½:11½	180,—	900,—	280,—	400,—
		Satzpreis A (2 W.)	0,40	1,—	1,—	

✉-Preise gelten für Verwendung als Eilmarken.

Marken mit anhängendem Andreaskreuz-Leerfeld

219 A Kr	2 H	....	3,—	10,—	10,—
220 A Kr	5 H	....	3,—	10,—	10,—
219 B Kr	2 H	....	20,—	60,—	60,—
220 B Kr	5 H	....	20,—	60,—	60,—
219 C Kr	2 H	....	400,—	2000,—	500,—
220 C Kr	5 H	....	400,—	2000,—	500,—
219 D Kr	2 H	....	700,—	2500,—	700,—
220 D Kr	5 H	....	700,—	2500,—	700,—

Zähnungsabarten

219 U–220 U	ungezähnt .... Satzpreis (2 W.)	180,—	400,—	
219 UMs, UMw	senkrechtes oder waagerechtes Paar, Mitte ungezähnt .... je	400,—	800,—	800,—
220 UMs, UMw	senkrechtes oder waagerechtes Paar, Mitte ungezähnt .... je	400,—	800,—	800,—

Plattenfehler

219 A I	ohne Stecherzeichen	20,—	50,—	50,—
219 A II	Merkurhals mit kropfartiger Ausweitung	40,—	100,—	100,—

MiNr. 219 war ab 1.9.1918 auch als Freimarke gültig.

MiNr. 219–220 wurden jeweils im Bogen zu 100 Marken und 4 Andreaskreuz-Leerfeldern (rechts unten) gedruckt.

MiNr. 219 gültig bis 15.1.1920, MiNr. 220 gültig bis 31.10.1920

Mit Aufdruck: MiNr. 252–253, 254

1917, 10. Mai/1918. Freimarken: Kaiser Karl I. ⊠ Cossmann; Bdr. (10×10); x = normales, y = dickes Papier; gez. K 12½.

bi) Kaiser Karl I. (1887–1922)

x = normales Papier

				★	★★	☉	⊠
221 x	15 H	lebhaftbräunlichrot GA .... bi		0,20	1,—	0,30	4,—
222 x	20 H	GA .... bi					
a		schwarzblaugrün (1918)		0,20	1,—	0,30	5,—
b		dunkelopalgrün		1,—	8,—	0,50	15,—
223 x	25 H	lebhaftviolettultramarin .... bi		1,—	5,—	0,30	15,—
224 x	30 H	schwärzlichblau(grau)violett .... bi		1,—	5,—	0,30	20,—
		Satzpreis x (4 W.)		2,—	12,—	1,20	

y = dickes Papier (mind. 0,09 mm ohne Gummierung)

221 y	15 H	lebhaftbräunlichrot .... bi		110,—	220,—	100,—	—,—
222 y	20 H						
a		schwarzblaugrün		180,—	400,—	150,—	—,—
b		dunkelopalgrün		480,—	1100,—	450,—	—,—
223 y	25 H	lebhaftviolettultramarin .... bi		260,—	700,—	250,—	—,—
224 y	30 H	schwärzlichblau(grau)violett .... bi		300,—	800,—	350,—	—,—
		Satzpreis y (4 W.)		800,—	2100,—	800,—	—,—

Papierabart

221 Pa	geklebte Papierbahn	350,—

Zähnungsabarten

221 U–224 U	ungezähnt ....Satzpreis mit a+b (5 W.)	200,—	500,—
223 Ur	rechts ungezähnt	200,—	500,—

Farbproben

			(★)
221 P–224 P	in anderen Farben, o.G. .... je		150,—

Weitere Probedrucke bzw. Essays, teils auch in Kleinbogen und Zusammendrucken, auch von nicht ausgegebenen Werten bekannt.

Markenheftchen und Markenrollen siehe nach Gedenkblätter.

7⁊ MiNr. 223 wurde zu Kriegspropagandazwecken auf gelblichem Papier in England hergestellt:

		★	★★
223 PFä	....	250,—	800,—

Mit Aufdruck: MiNr. 233–236

Gültig bis 31.10.1920

1918

✈ **1918, 30. März/24. Juni. Flugpostlinie Wien–Krakau–Lemberg–Kiew. Freimarken in Zeichnung be mit Aufdruck. x = hellgraues Papier, y = weißes Papier; A = gez. L 12½, B = gez. L 11½, C = gez. 12½:11½.**

x I = hellgraues Papier, Bildformat 25×30 mm (30.3.1918):

				★	★★	☉	⊠
225 x I A	**1.50 Kr**	auf 2 Kr mittelblauviolett/schwarz .... (be)		2,—	5,—	9,—	120,—
226 x I	**2.50 Kr**	auf 3 Kr dunkelocker/schwarz .... (be)					
A		gez. L 12½		13,—	30,—	40,—	130,—
B		gez. L 11½		700,—	1800,—	900,—	1700,—
C		gez. L 12½:11½		50,—	140,—	120,—	200,—
227 x I A	4 Kr	dunkelgelbgrau/schwarz .... (be)		5,—	10,—	20,—	—,—
		Satzpreis x I (3 W.)		20,—	40,—	65,—	100,—

y II = weißes Papier, Bildformat 26×29 mm (24.6.1918):

225 y II A	**1.50 Kr**	auf 2 Kr mittelblauviolett/schwarz .... (be)		3,—	5,—	9,—	200,—
226 y II A	**2.50 Kr**	auf 3 Kr dunkelocker/schwarz .... (be)		10,—	20,—	30,—	200,—
227 y II A	4 Kr	dunkelgelbgrau/schwarz .... (be)		10,—	20,—	30,—	—,—
		Satzpreis y II (3 W.)		20,—	40,—	65,—	140,—

Zähnungsabarten

			(∗)
225 x U–227 x U	ungezähnt, o.G. . . . . Satzpreis (3 W.)		550,—

Aufdruckfehler

		∗	∗∗	⊙	⊠
226 x I	Aufdruck stark nach unten verschoben	850,—			
226 y K	kopfstehender Aufdruck (Auflage: 200 Stück)	1200,—	2500,—		
226 y F	Aufdruck nur „FLUGPOST" (ohne „2.50")	3500,—			
227 x I	Aufdruck in Markenmitte	850,—			

Probedrucke

			∗	∗∗
225 x P I–227 x P I	ohne Aufdruck . . . . Satzpreis (3 W.)		600,—	1300,—
225 x P II–227 x P II	abweichende Aufdrucke, auch in Rot . . . . je		1500,—	
225 x P U–227 x P U	ohne Aufdruck, ungezähnt . . . . Satzpreis (3 W.)		500,—	1000,—

Frankaturen und Stempel

Die Frankatur der Flugpostsendungen setzt sich aus 3 Beträgen zusammen:

1. der normalen Postgebühr
2. der Vermittlungsgebühr von 1 K pro Sendung (Beförderung zum Flugfeld)
3. der Fluggebühr von 1.50 K für jede Teilstrecke pro 20 Gramm.

Flugdaten

		Erstflug	Letztflug
Wien–Krakau–Lemberg	. . . .	31.3.1918	8.10.1918
Lemberg–Krakau–Wien	. . . .	3.4.1918	7.10.1918*)
Krakau–Wien	. . . .	1.4.1918	7.10.1918
Lemberg–Krakau	. . . .	1.4.1918	9.10.1918*)
Wien–Budapest	. . . .	5.7.1918	24.7.1918

*) Die letzte Flugpost Lemberg–Wien wurde ab Krakau per Bahnpost befördert.

Briefe, Erst- und Letztflüge

		überfran- kierter Satzbrief ⊠	billigster Bedarfs- brief ⊠	Erst- flug1) ⊠	Letzt- flug1) ⊠
Wien–Lemberg	. . . .	90,—	115,—	150,—	170,—
Wien–Krakau	. . . .	90,—	115,—	200,—	220,—
Krakau–Lemberg	. . . .	170,—	270,—	—,—	—,—
Lemberg–Wien	. . . .	90,—	115,—	250,—	230,—
Krakau–Wien	. . . .	90,—	115,—	270,—	300,—
Lemberg–Krakau	. . . .	170,—	270,—	—,—	450,—
Wien–Budapest	. . . .	135,—	220,—	170,—	350,—

1) Die Preise für Erst- und Letztflüge gelten für überfrankierte Satzbriefe. Richtig frankierte Briefe Erstflüge + 75 %, Letztflüge + 50 %.

	⊠
Echt gelaufene Briefe von oder nach Kiew, bzw. von oder zur Feldpost in der Ukraine . . . . mindestens	1400,—
Nur mit Flugpostmarken frankierte militärische Dienstpost . . . . mindestens	1000,—
Nur mit Freimarken frankierte Sendungen	700,—

In den Landeshauptstädten mit Ausnahme von Wien, Krakau und Lemberg aufgegebene Flugpostsendungen 250 % Aufschlag.

Auflagen: MiNr. 225 x = 86 800, MiNr. 226 x = 85 900, MiNr. 227 x = 84 900; MiNr. 225 y = 110 910, MiNr. 226 y = 108 506, MiNr. 227 y = 95 028 Stück

Gültig bis 15.10.1918

IFA-Gedenkblatt von 1968 siehe unter „Gedenkblätter" MiNr. 5.

Nicht ausgegeben:

II

			(∗)	∗	∗∗
II	**7 Kr**	auf 10 Kr rotbraun . . . . (be)			
A		gez. L 12½		700,—	1800,—
B		□, o.G.	1200,—		

Probedrucke

			(∗)	∗	∗∗
II P	10 Kr	ohne Aufdruck		800,—	2000,—
II P U	10 Kr	ohne Aufdruck, ungezähnt, o.G.	1200,—		

Auflage: 500 Stück

Republik Deutsch-Österreich

Im November 1918 brach das Kaiserreich Österreich zusammen und löste sich in die Republik Deutschösterreich, die Tschechoslowakei, Ungarn, die Westukraine, den südlichen Teil Polens, die italienischen Besetzungsgebiete Trentino und Venezia Giulia, den Landesteil Slowenien, Jugoslawien und das rumänische Besetzungsgebiet Bukowina auf.

Allgemeine Hinweise

Bogenränder

kommen nicht bei allen Ausgaben vor, da sie (teilweise bereits ab 1925) vor allem bei Freimarkenausgaben von der Staatsdruckerei vorweg abgetrennt worden sind. Nur bei einer geringen Anzahl von diesen Marken bzw. Ausgaben wurde der Bogenrand belassen und an bevorzugte Personen abgegeben.

Besonderheiten

bzw. Abarten sind im wesentlichen vorerst nur dann angeführt bzw. bewertet, wenn es sich um typische bzw. markante Farbverschiedenheiten, Plattenfehler (bzw. Plattenabarten) und Druckabarten handelt, wobei zu bedenken ist, daß typische Plattenfehler nicht immer in jedem Bogen vorkommen. Allerdings sind vor allem bei den ersten Ausgaben der Inflationszeit (1918–1924) Abweichungen oftmals unwesentlich und relativ häufig, so daß eine vollständige Zusammenfassung derselben so gut wie unmöglich erscheint. Marken in gänzlich anderen Farben als den offiziell ausgegebenen sind Farbproben.

Ungezähnte Stücke in Tiefdruck sind – im Gegensatz zum Buchdruck – meist ohne Gummi.

Ungezähnte Farbproben und Probedrucke stammen teils aus Geschenkmappen, die an hochgestellte Persönlichkeiten abgegeben wurden.

Vorzugsdrucke auf Japan- bzw. Büttenpapier in Mappe (teilweise vom Autor signiert), die auf Vorausbestellung erhältlich waren (Wohltätigkeits-Ausgaben von 1922 und 1923, also Musiker- und Städte-Serie). Katholiken-Satz (MiNr. 557–562) 1 Stück bekannt.

Mischfrankaturen gibt es:

1. mit Marken der Monarchie (ab 1916, MiNr. 185–216 sowie MiNr. 219–220 bis 31.10.1920, mit MiNr. 221–224 bis 29.2.1920);
2. mit Marken von Liechtenstein bis 31.1.1921 möglich mit MiNr. 4–39, selten);
3. mit Marken des Deutschen Reiches (vom 4.4.1938 bis 31.10.1938).

Briefpreise (✉)

Die ✉-Preise gelten ausschließlich für portogerecht frankierte Briefe oder Paket- (Post-)karten. Nicht portogerecht frankierte Briefe werden nur mit einem Aufschlag von maximal 10% für die beste Marke auf den ⊙-Preis bewertet. Überfrankierungen bis etwa 10% können in der Inflationszeit (1920–1925) teilweise als portogerecht anerkannt werden.

Höhere Bewertungen bei Satz-Briefen (ein oder mehrere Briefe) sind nur dann gerechtfertigt, wenn es sich um Wohltätigkeitsmarken (Marken mit Zuschlag) handelt. Sie wurden meist nur satzweise verkauft, vor allem dann, wenn die einzelnen Werte gleiche Auflagehöhe hatten. Dies ist z.B. bei den Winterhilfsausgaben n i c h t der Fall.

Abstempelungen

Liechtensteinstempel:

Da Österreich-Marken bis 31.1.1921 in Liechtenstein gültig waren, so können sie – soweit sie vor diesem Datum zur Ausgabe gelangt sind – mit folgenden Stempeln vorkommen (Reihung ungefähr nach Häufigkeit): Vaduz, Schaan, Balzers, Eschen, Triesen). Achtung vor Falschstempeln! 👁

Sonderstempel:

Eine Bewertung der zahlreichen Sonderstempel kann in diesem Katalog nur ausnahmsweise bei einzelnen Ausgaben vorgenommen werden. Eine genaue Katalogisierung dieser Sonderstempel ist in dem Handbuch „Sonderpostämter in Österreich" von Dr. R. Wurth zu finden.

👁 Vorsicht vor Falschstempeln! – Alle ⊙-Preise über 25,— gelten ausschließlich für (BPP-)geprüfte Stücke.

Alle Farbangaben beziehen sich auf den MICHEL-Farbenführer ab 37. Auflage. Eventuelle Farbangaben in eckigen Klammern sind „klassische" Farbbezeichnungen. Bei teuren Stücken ist eine (BPP-)Prüfung unbedingt anzuraten.

FALSCH Vorsicht vor Zähnungsverfälschungen aus ungezähnten bzw. überformatigen Marken! – Die Preise gelten ausschließlich für (BPP-)geprüfte Stücke.

1918, Dez./1919. Freimarken: MiNr. 185–189, 194–199 und 221–224 mit Aufdruck.

				∗	∗∗	⊙	✉
228	3 H	schwarzbläulichviolett	(185)	0,10	0,20	0,20	5,—
229	5 H	dunkelgelblichgrün (Töne)	(186)	0,10	0,20	0,20	1,50
230	6 H	dunkelrotorange	(187)	0,20	1,—	2,50	20,—
231	10 H	schwärzlichrotkarmin (Töne) GA	(188 x)	0,10	0,20	0,20	1,—
232	12 H						
a		schwarztürkisblau	(189 a)	0,30	1,50	2,50	35,—
b		schwärzlichgrünlichblau	(189 b)	25,—	80,—	100,—	200,—
233	15 H	lebhaftbräunlichrot	(221)	0,20	1,50	1,50	4,—
234	20 H	schwarzblaugrün	(222 a)	0,10	0,50	0,20	1,—
235	25 H	lebhaftviolettultramarin	(223)	0,10	0,60	0,20	6,—
236	30 H	schwärzlichblau(grau)violett	(224)	0,10	0,60	0,20	3,—
237	40 H	lebhaftbraunoliv	(194)	0,10	0,60	0,20	10,—
238	50 H		(195)				
a		schwärzlichopalgrün		0,60	2,50	2,—	15,—
b		schwarzgrün		150,—	250,—	250,—	350,—
239	60 H	dunkellilaultramarin	(196)	0,60	2,20	2,—	20,—
240	80 H	schwärzlichbräunlichrot	(197)	0,20	0,60	0,20	20,—
241 x	90 H	schwärzlichrotkarmin	(198)	0,20	0,80	0,60	30,—
242	1 Kr	lilarot auf mattgelb	(199)	0,20	0,60	0,30	30,—
			Satzpreis (15 W.)	3,—	13,—	12,—	

y = dickes Papier

241 y	90 H	schwärzlichrotkarmin	(198)	500,—	1000,—	—,—	—,—

Zähnungsabarten

228 U–229 U, 231 U, 234 U–238 U, 241 U　ungezähnt　.................................. Satzpreis (9 W.)　　　　　　350,—

Aufdruckfehler

236 I

		∗	∗∗	⊙	✉
228 I	zweites „s" im Aufdruck unten nach rechts geknickt (Feld 35)		4,—	3,50	
229 I	zweites „s" im Aufdruck unten nach rechts geknickt (Feld 35 und 100)		5,—	3,50	
230 I	zweites „s" im Aufdruck unten nach rechts geknickt (Feld 100)		4,—	4,—	
231 I	zweites „s" im Aufdruck unten nach rechts geknickt (Feld 35)		17,—	12,50	
232 I	zweites „s" im Aufdruck unten nach rechts geknickt (Feld 100)		4,—	6,50	
233 I	zweites „s" im Aufdruck unten nach rechts geknickt (Feld 100)		6,—	6,—	
234 I	zweites „s" im Aufdruck unten nach rechts geknickt (Feld 35)		12,50	7,50	
236 I	zweites „s" im Aufdruck unten nach rechts geknickt (Feld 35)		12,50	8,50	
238 I	zweites „s" im Aufdruck unten nach rechts geknickt (Feld 100)		55,—	45,—	
239 I	zweites „s" im Aufdruck unten nach rechts geknickt (Feld 35)		5,—	4,50	
240 I	zweites „s" im Aufdruck unten nach rechts geknickt (Feld 100)		15,—	17,—	
241 I	zweites „s" im Aufdruck unten nach rechts geknickt (Feld 35 und 100)		5,—	4,—	
228 II	Paar, mit und ohne Aufdruck			—,—	
240 K	kopfstehender Aufdruck	250,—	600,—	450,—	
238 DD	doppelter Aufdruck			350,—	
242 DD	doppelter Aufdruck			400,—	

Probedrucke

228 P	mit waagerechtem Probeaufdruck			—,—	
233 P	mit waagerechtem Probeaufdruck			—,—	

Auflagen: MiNr. 228 = 40 012 000, MiNr. 229 = 35 955 000, MiNr. 230 = 1 017 500, MiNr. 231 = 78 030 000, MiNr. 232 = 1 217 500, MiNr. 233 = 1 188 400, MiNr. 234 = 57 840 000, MiNr. 235 = 4 045 000, MiNr. 236 = 4 871 000, MiNr. 237 = 5 242 000, MiNr. 238 = 1 272 000, MiNr. 239 = 5 342 000, MiNr. 240 = 27 520 000, MiNr. 241 = 4 475 000, MiNr. 242 = 5 050 000 Stück

MiNr. 228, 230 und 232 gültig bis 15.1.1920, MiNr. 229, 231 und 233–242 gültig bis 31.10.1920

1919

1919. Freimarken: Wappen. MiNr. 208–211 mit Aufdruck.

I = Bildgröße 25×30 mm

				✻	✻✻	☉	✉
246 I A	10 Kr	schwärzlichbraunviolett	(211 I)	110,—	250,—	200,—	—,—

II = Bildgröße 26×29 mm

243 II	2 Kr		(208 II)				
A		gez. L 12½					
a		preußischblau		0,10	0,30	0,20	35,—
b		dunkelgrünlichblau		0,20	2,50	0,20	35,—
c		dunkelblau		0,50	2,50	1,—	40,—
B a		gez. L 11½, preußischblau		110,—	300,—	120,—	350,—
244 II A	3 Kr	dunkellilarot	(209 II)	0,40	1,—	1,—	120,—
245 II	4 Kr	dunkelgelblichgrün	(210 II)				
A		gez. L 12½		2,—	4,—	4,—	250,—
B		gez. L 11½		15,—	40,—	45,—	—,—
246 II A	10 Kr	schwärzlichbraunviolett	(211 II)	10,—	18,—	25,—	450,—
			Satzpreis II (4 W.)	12,—	22,—	30,—	

Zähnungsabarten

244 U	ungezähnt		350,—	
246 U	ungezähnt		450,—	
243 A a UMs	waagerechtes Paar, Mitte ungezähnt	220,—	500,—	
243 A b UMw	senkrechtes Paar, Mitte ungezähnt	500,—	1500,—	

Aufdruckfehler

243 II/I	gebrochenes Aufdruckklischee	500,—	

Probedruck

246 P	mit waagerechtem Probeaufdruck	—,—	

Auflagen: MiNr. 243 = 3 876 800, MiNr. 244 = 1 124 000, MiNr. 245 = 442 500, MiNr. 246 = 298 000 Stück

Gültig bis 31.10.1920

1919, Jan. Zeitungsmarken: Merkurkopf. MiNr. 212–216 mit Aufdruck.

				✻	✻✻	☉	Schleife
247	2 H		(212)				
a		lebhaftsiena		0,10	0,30	1,—	5,—
b		hellrötlichbraun		0,40	0,60	1,20	7,—
c		schwärzlichbraun		0,10	0,30	1,—	6,—
248	4 H		(213)				
a		schwärzlichgrün		0,40	0,80	8,—	35,—
b		dunkelsmaragdgrün		0,60	4,—	15,—	70,—
249	6 H	schwärzlichultramarin	(214)	0,20	0,40	10,—	50,—
250	10 H		(215)				
a		dunkelgelblichrot		1,—	2,—	15,—	70,—
b		schwärzlichorange		0,40	0,80	12,—	70,—
251	30 H	dunkelmagenta	(216)	0,20	0,40	20,—	90,—
			Satzpreis (5 W.)	1,30	3,50	50,—	

Doppeldrucke

247 DD	Doppeldruck		250,—	400,—
247 DD F	Paar mit und ohne Doppeldruck		—,—	

Farbprobe

247 P	in Grau	—,—	

Mischfrankaturen mit Ausgabe 1916 (MiNr. 212–216) möglich.

Auflagen: MiNr. 247 = 189 500 000 Stück, MiNr. 248 = 1 172 000, MiNr. 249 = 1 940 000, MiNr. 250 = 13 731 000, MiNr. 251 = 2 145 100 Stück

Gültig bis 31.10.1920

Von MiMr. 1–292 sind Marken mit Falz ✻, wenn nicht angegeben, mit 30–40% des Postfrischpreises zu bewerten.

1919, 15. Mai. Eilmarken: Merkurkopf. MiNr. 219–220 mit Aufdruck.

				★	★★	⊙	✉
252	2 H	schwarzrotkarmin .... (219)					
A		gez. L 12½		0,10	0,30	0,30	20,—
B		gez. L 11½		0,50	1,50	1,50	35,—
C		gez. L 11½:12½		7,50	13,—	15,—	150,—
D		gez. L 12½:11½		120,—	350,—	260,—	450,—
253	5 H	schwärzlichopalgrün .... (220)					
A		gez. L 12½		0,10	0,30	0,30	25,—
B		gez. L 11½		0,30	1,—	1,—	40,—
C		gez. L 11½:12½		2,—	5,—	5,50	150,—
D		gez. L 12½:11½		45,—	100,—	90,—	450,—
		Satzpreis A (2 W.)		0,20	0,60	0,60	

Marken mit anhängendem Andreaskreuz-Leerfeld

			★	★★	⊙	
252 A Kr	2 H	....	2,—	4,—	8,—	
252 B Kr	2 H	....	5,—	11,—	15,—	
252 C Kr	2 H	....	50,—	150,—	150,—	
252 D Kr	2 H	....	180,—	500,—	500,—	
253 A Kr	5 H	....	1,50	4,—	8,—	
253 B Kr	5 H	....	5,—	11,—	15,—	
253 C Kr	5 H	....	15,—	35,—	180,—	
253 D Kr	5 H	....	80,—	220,—	250,—	

Zähnungsabarten

			★	★★		
252 U–253 U	ungezähnt .... Satzpreis (2 W.)		220,—	450,—		
252 A UMw	senkrechtes Paar, Mitte ungezähnt		300,—	500,—		
253 A UMw	senkrechtes Paar, Mitte ungezähnt		280,—	500,—		

Aufdruckfehler

			★	★★		
252 C K	kopfstehender Aufdruck (⅌)		350,—	800,—		
252 F	Paar, mit und ohne Aufdruck			—,—		

Plattenfehler

252 A I   252 A II   252 A III   252 A IV   253 A IV

			★	★★	⊙	✉
252 A I	ohne Stecherzeichen		5,—	17,—	17,—	50,—
252 A II	Merkurhals mit kropfartiger Ausweitung		20,—	40,—	35,—	100,—
252 A III	Farbstrich durch Markenbild		20,—	45,—	100,—	200,—
252 A IV	„D" mit Querbalken		20,—	40,—	35,—	100,—
253 A IV	„D" mit Querbalken		40,—	80,—	70,—	200,—

Probedruck

252 P	mit waagerechtem Probeaufdruck			—,—		

Abstempelungen mit Liechtensteinstempeln bis 31.1.1920 möglich.

FALSCH Besonders der kopfstehende Aufdruck bei MiNr. 252 C K (echt nur gez. L 11½:12½! *Nur geprüft erwerben.*) wurde gefälscht, ebenso die Zähnungen C und D (hergestellt aus ungezähnten Vorlagestücken).

Auflagen: MiNr. 252 = 7 148 000, MiNr. 253 = 10 042 000 Stück

Gültig: MiNr. 252 bis 31.10.1920, MiNr. 253 bis 30.4.1922

MiNr. 252 A mit Aufdruck: MiNr. 254

1921, 15. Dez. Eilmarke: Merkurkopf. MiNr. 252 mit blauem Aufdruck.

			✱	✱✱	⊙	✉
254	**50 (H)** auf 2 H schwarzrotkarmin .... (252 A)		0,10	0,40	0,40	90,—

Marke mit anhängendem Andreaskreuz-Leerfeld

| 254 Kr | .... | | 1,50 | 4,— | 50,— | |

Zähnungsabarten

		✱	✱✱	⊙	✉
254 U	ungezähnt				
254 UMw	senkrechtes Paar, Mitte ungezähnt	650,—	1500,—		

Plattenfehler

254 II	ohne Stecherzeichen (Feld 31)	3,—	10,—	50,—	150,—
254 III	Merkurhals mit kropfartiger Ausweitung	20,—	45,—	100,—	250,—
254 IV	„D" mit Querbalken	20,—	45,—	100,—	250,—

Auflage: 7 150 000 Stück

Gültig bis 30.4.1922

1919, Juli / 1920. Freimarken. ☒ Renner; Bdr. (10 × 12); gez. K 12½.

bk) Posthorn	bl) Wappenadler	bl	bk	bl	bl	bk
bk	bm) Allegorie	bm	bl	bk	bm	bm
bm	bl	bm	bk	bl	bl	

x = gewöhnliches weißes Papier

			✱	✱✱	⊙	✉
255 x	3 H	.... bk				
a		schwarzgrautürkis	2,50	5,—	8,—	20,—
b		schwarzgrau	180,—	420,—	400,—	700,—
c		dunkelblaugrau	0,10	0,20	0,20	3,—
d		grauschwarz	400,—	800,—	800,—	—,—
256 x	5 H	schwärzlichsmaragdgrün .... bl	0,10	0,20	0,20	3,—
257 x	5 H	.... bl				
a		schwarzgrautürkis (Jan. 1920)	0,10	0,20	0,20	3,—
b		schwarzgrau	320,—	750,—	400,—	—,—
258 x	6 H	.... bk				
a		dunkelorange	0,10	0,20	0,60	3,20
b		rötlichorange	2,50	5,50	8,—	20,—
259 x	10 H	magenta GA .... bl	0,10	0,20	0,20	1,—
260 x	10 H	dunkelzinnoberrot (Jan.1920) .... bl	0,10	0,20	0,20	1,—
261 x	12 H	.... bk				
a		grünblau	0,10	0,40	5,—	30,—
b		schwärzlichtürkisblau	20,—	50,—	50,—	—,—
262 x	15 H	dunkelocker (Jan. 1920) .... bk	0,20	1,—	1,—	3,—
263 x	20 H	schwärzlich- bis schwarzbläulichgrün GA .... bm	0,10	0,20	0,20	1,—
264 x	20 H	dunkel- bis schwärzlichgrün (1920) .... bm	0,10	0,20	0,20	1,50
265 x	25 H	.... bl				
a		blau	0,10	0,20	0,20	3,—
b		(dunkel)grauultramarin	0,20	0,40	0,30	3,—
c		schwärzlichultramarin	200,—	500,—	500,—	—,—
d		hellblau	20,—	50,—	38,—	60,—

			★	★★	⊙	✉
266 x	25 H	dunkelbraunviolett (Jan. 1920) GA .... bk	0,10	0,20	0,20	3,—
267 x	30 H	.... bm				
a		schwärzlich- bis schwarzbraun	0,10	0,20	0,20	2,—
b		schwarzgelbbraun	0,10	0,50	0,30	3,—
268 x	40 H	dunkelgrauviolett .... bm	0,10	0,20	0,20	3,—
269 x	40 H	bräunlichkarmin (Jan. 1920) GA .... bm	0,10	0,20	0,20	2,50
270 x	45 H	(dunkel)grauoliv (Töne) .... bl	0,20	0,40	1,—	20,—
271 x	50 H	GA .... bm				
a		schwarzblau	0,20	0,60	0,20	2,—
b		schwarzultramarin	0,20	0,60	0,20	2,—
272 x	60 H	(Jan. 1920) GA .... bk				
a		(lebhaft)bräunlicholiv	0,10	0,20	0,20	5,—
b		dunkelbraunoliv	2,50	5,—	6,—	20,—
273 x	1 Kr	.... bl				
a		lilarot (Töne)	0,10	0,20	0,20	12,—
b		dunkellilarot	200,—	450,—	400,—	—,—
274 x	1 Kr	GA .... bl				
a		(dunkel)grauultramarin (Jan. 1920)	0,10	0,20	0,20	4,—
b		blau	0,40	1,20	1,—	7,50
c		schwärzlichultramarin	200,—	400,—	400,—	—,—
		Satzpreis x (20 W.)	2,—	5,—	10,—	

y = dickes graues Papier:

			★	★★	⊙	✉
260 y	10 H	dunkelzinnoberrot (Jan.1920) .... bl	0,10	0,20	0,20	2,20
262 y	15 H	dunkelocker (Jan. 1920) .... bk	0,10	0,20	0,20	2,—
264 y	20 H	dunkel- bis schwärzlichgrün (Jan. 1920) .... bm	1,50	3,50	4,—	10,—
271 y	50 H	.... bm				
a		schwarzblau	0,30	1,—	0,50	3,—
b		schwarzultramarin	0,20	0,40	0,60	3,50
		Satzpreis y (4 W.)	1,80	4,—	4,50	

Zähnungsabarten

MiNr. 255 U, 258 U, 260 y U, 261 U, 262 y U, 263 U, 264 y U, 265 U, 269 U, 270 U,
271 x U, 273 U, 274 U   ....Satzpreis (13 W.)   520,—

Plattenfehler

256 I

260 x I

263 x I

266 I

267 II

267 III

269 I

271 y I

274 a I

274 a II

Es existiert eine Fülle von Plattenfehlern, Druckzufälligkeiten und weiteren kleinen Abarten, Farbnuancen usw.

			*	**	☉	✉
256 I	„n"eller			3,—	3,50	10,—
256 II	Fahne der „5" verlängert			2,70	2,70	8,—
257 I	Fahne der „5" verlängert			2,70	2,70	8,—
260 I	Deutsch,ü"sterreich			3,—	3,50	10,—
260 x I	Raupe und Adlerkopf			10,—	10,—	30,—
263 x I	ausgebrochenes zweites „e" von „Heller"			10,—	12,—	35,—
266 I	„re" in „Deutschösterreich" zusammenhängend			6,—	7,—	20,—
267 I	ausgebrochenes zweites „e" von „Heller"			35,—	40,—	120,—
267 II	Jüngling mit „Glatze"			3,50	3,50	10,—
267 III	Deuts,e"hösterreich			4,50	5,—	15,—
269 I	ausgebrochenes zweites „e" von „Heller"			50,—	40,—	120,—
271 x I	Jüngling mit „Glatze"			2,50	3,—	10,—
271 x II	ausgebrochenes zweites „e" von „Heller"			20,—	25,—	75,—
271 y I	Jüngling mit „Glatze"			4,—	4,—	12,—
271 y II	ohne Stecherzeichen			4,—	4,—	12,—
274 a I	Punkt vor „1"			4,50	5,—	15,—
274 a II	„T" statt „1"			7,—	7,—	20,—

Die meisten Plattenfehler kommen nur in einem Teil der Auflage vor.

Farbproben

255 P I	in anderen Farben	je		500,—		
262 P I	in anderen Farben	je	250,—			
263 P I	in anderen Farben	je	250,—			
			(*)			
255 P II–274 P II	in anderen Farben auf andersfarbigem Papier, gez. und □, o.G.	je ab	20,—			
255 x P U	in Hellgrün, ungezähnt			400,—		
256 x P U	in Karminrot oder Dunkelblau, ungezähnt	je		400,—		
263 x P U	in anderen Farben, ungezähnt	je		400,—		

Auflagen (Auflageziffern für x und y gemeinsam): MiNr. 255 = 25 251 000, MiNr. 256 = 28 913 000, MiNr. 257 = 9 933 000, MiNr. 258 = 2 747 000, MiNr. 259 = 55 102 000, MiNr. 260 = 22 737 000, MiNr. 261 = 2 481 000, MiNr. 262 = 23 550 000, MiNr. 263 = 118 687 000, MiNr. 264 = 82 788 000, MiNr. 265 = 2 344 000, MiNr. 266 = 48 231 000, MiNr. 267 = 3 126 000, MiNr. 268 = 3 721 000, MiNr. 269 = 97 008 000, MiNr. 270 = 2 323 000, MiNr. 271 = 6 900 000, MiNr. 272 = 17 256 000, MiNr. 273 = 15 295 000, MiNr. 274 = 17 802 000 Stück

MiNr. 255, 258, 261 gültig bis 15.1.1920, MiNr. 256–257, 259–260 und 262 bis 274 gültig bis 31.7.1922 (als Zusatzfrankatur auf Ganzsachen bis 30.9.1922).

MiNr. 262 y mit Aufdruck: Portomarke MiNr. 102

In gleichen Zeichnungen, jedoch geänderten Farben und mit Aufdruck: MiNr. 321–329, 340–348

1919/20. Freimarken: ⧄ Renner; Bdr. auf gewöhnlichem, weißem Papier, jedoch □.

bl   bl   bl   bl   bk   bk   bm   bm   bk

			*	**	☉	✉
275	5 H	schwärzlichsmaragdgrün ... bl	0,10	0,70	1,20	12,—
276	5 H	schwarzgrautürkis (Töne) (1920) ... bl	0,10	0,20	0,20	2,50
277	10 H	magenta ... bl	0,10	0,20	0,20	1,50
278	10 H	dunkelzinnoberrot (1920) ... bl	0,10	0,20	0,20	1,50
279	15 H	dunkelocker (1920) ... bk	0,10	0,30	0,30	4,—
280	25 H	dunkelbraunviolett (1920) ... bk	0,10	0,20	0,20	2,50
281	30 H	(1920) ... bm				
a		schwärzlich- bis schwarzbraun	0,10	0,60	0,60	6,—
b		schwarzgelbbraun	0,10	0,50	0,50	5,—
282	40 H	dunkelgrauviolett ... bm	0,10	0,20	0,20	3,—
283	60 H	(dunkel)grauoliv (Töne) (1920) ... bk	0,10	0,20	0,20	4,—
		Satzpreis (9 W.)	0,50	2,50	3,—	

Bei MiNr. 275–283 handelt es sich um ungezähnt gebliebene Markenbögen, da die Staatsdruckerei den Bedarf an gezähnten Marken nicht decken konnte. Sie kommen auch privat gezähnt (Linienzähnung!) vor.

Abarten

278 I

				*	**	✉
275 I	Fahne der „5" verlängert			2,80	2,80	25,—
276 I	Fahne der „5" verlängert			2,80	2,80	10,—
277 I	kokonartiger weißer Fleck unter Adlerkopf			40,—	40,—	150,—
278 I	Punkt zwischen „1" und „0"			3,—	3,—	10,—

		✶✶	⊙	⊠
280 I	„re" in „Deutschösterreich" zusammenhängend	8,—	6,50	20,—
281 I	Jüngling mit „Glatze"	5,—	5,—	20,—
281 II	ausgebrochenes zweites „e" in „Heller" (wie i ohne Punkt)	50,—	50,—	150,—

Mischfrankaturen der Ausgaben 1919/20 (MiNr. 255–283) mit Ausgabe 1916 (selten). 1918, sowie mit Liechtensteinmarken (bis 31.1.1920) möglich.

Auflagen: MiNr. 275 = 3 240 000, MiNr. 276 = 10 200 000, MiNr. 277 = 6 600 000, MiNr. 278 = 21 120 000, MiNr. 279 = 7 680 000, MiNr. 280 = 9 200 000, MiNr. 281 = 14 313 000, MiNr. 282 = 7 320 000, MiNr. 283 = 700 000 Stück

Gültig bis 31.7.1922 (als Zusatzfrankatur auf Ganzsachen bis 30.9.1922)

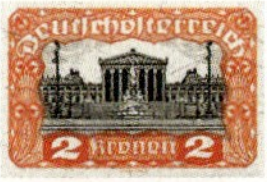

1919/21. Freimarken: Parlamentsgebäude. [E] Renner, [S] Schirnböck; StTdr. (MiNr. 284, 286–287 und 290 10×6 oder 10×5, MiNr. 285, 288–289 und 292 10×10, MiNr. 291 10×5), außer MiNr. 292 alle auf Faserpapier; A = gez. L 12½, B = gez. L 11½, C = gez. L 11½:12½.

bn) Parlamentsgebäude, Wien

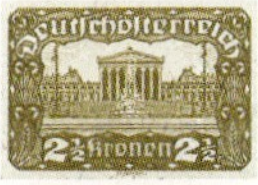
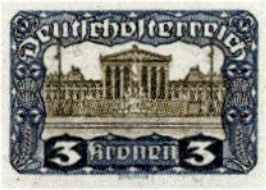
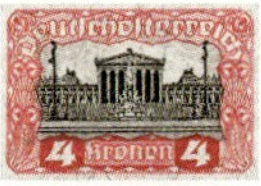
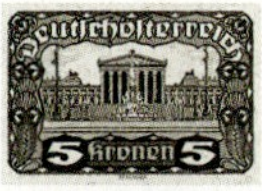
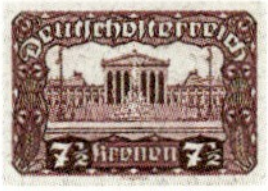
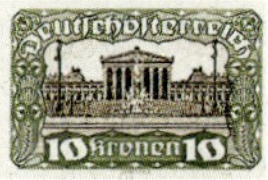
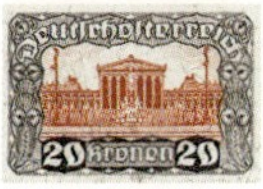
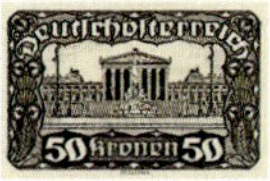

				✶	✶✶	⊙	⊠
284		2 Kr	bn				
	A		gez. L 12½				
	a		dunkelrotorange/schwarz	0,30	1,—	1,—	20,—
	b		orangerot/schwarz	0,40	1,40	1,—	20,—
	c		schwärzlichrötlichorange/schwarz	0,50	5,—	2,—	30,—
	B a		gez. L 11½, dunkelrotorange/schwarz	2,—	4,—	4,—	50,—
285	**A**	2½ Kr	gez. L 12½ (Febr. 1920) bn				
	a		olivbraun	0,20	0,50	0,50	8,—
	b		schwärzlichbraunoliv	0,30	0,60	0,30	9,—
286		3 Kr	schwärzlichviolettultramarin/schwarzbraun bn				
	A		gez. L 12½	0,10	0,20	0,20	10,—
	B		gez. L 11½	7,50	22,—	18,—	35,—
287		4 Kr	rosakarmin/schwarz bn				
	A		gez. L 12½	0,10	0,30	0,20	15,—
	B		gez. L 11½	2,50	6,—	7,—	25,—
288		5 Kr	braunschwarz (Febr. 1920) bn				
	A		gez. L 12½	0,10	0,30	0,30	8,—
	B		gez. L 11½	3,50	7,—	8,—	20,—
	C		gez. L 11½:12½	70,—	150,—	110,—	—,—
289		7½ Kr	schwärzlichrotlila (Febr. 1920) bn				
	A		gez. L 12½	0,30	0,50	0,50	8,—
	B		gez. L 11½	150,—	320,—	270,—	—,—
	C		gez. L 11½:12½	90,—	200,—	180,—	—,—
290		10 Kr	schwarzgrünlicholiv/schwarzsiena bn				
	A		gez. L 12½	0,20	0,50	0,50	15,—
	B		gez. L 11½	17,—	40,—	35,—	70,—
	C		gez. L 11½:12½	200,—	420,—	380,—	—,—
291		20 Kr	dunkelviolettgrau/dunkelbräunlichrot (Mai 1920) bn				
	A		gez. L 12½	0,10	0,50	0,50	20,—
	B		gez. L 11½	90,—	220,—	160,—	350,—
292		50 Kr	(Aug. 1921) bn				
	A		gez. L 12½				
	a		violettschwarz	0,70	1,80	1,50	80,—
	b		schwarzgrauviolett	1,—	3,—	3,—	100,—
	B a		gez. L 11½, violettschwarz	18,—	30,—	85,—	280,—
			Satzpreis A (9 W.)	2,—	5,50	4,50	
			Satzpreis B (8 W.)	280,—	650,—	550,—	
			Satzpreis C (3 W.)	350,—	750,—	600,—	

Zähnungsabarten

		✶	✶✶	⊙
284 U	ungezähnt	500,—	1100,—	
285 U–292 U	ungezähnt Satzpreis (8 W.)	230,—	500,—	
286 UMw	senkrechtes Paar, Mitte ungezähnt	250,—	500,—	—,—
287 UMw	senkrechtes Paar, Mitte ungezähnt	250,—	500,—	—,—
290 UMw	senkrechtes Paar, Mitte ungezähnt	250,—	500,—	—,—
291 UMw	senkrechtes Paar, Mitte ungezähnt	450,—	900,—	—,—

Abarten

287 K

			✱	✱✱	⊙	✉
284 K	kopfstehendes Mittelstück		2200,—	5000,—		
287 K	kopfstehendes Mittelstück		1200,—	2500,—	2500,—	
291 K	kopfstehendes Mittelstück		25000,—	—,—	35000,—	
284 A I	ohne Stecherzeichen		6,—	15,—	15,—	35,—
287 A I	ohne Stecherzeichen		6,—	15,—	15,—	35,—
291 A I	ohne Stecherzeichen		6,—	15,—	15,—	35,—
291 B I	ohne Stecherzeichen		200,—	400,—	300,—	—,—

Probedrucke

			(✱)			
285 P	in anderen Farben auf bläulichem Papier, o.G.	je	500,—			
290 P	in anderen Farben, o.G.	je	500,—			

Druckzufälligkeiten, Papier- und Farbverschiedenheiten kommen relativ häufig vor.

FALSCH Vorsicht vor Zähnungsverfälschungen und verfälschten Mittelstücken. Nur (BPP-)geprüft erwerben!

Auflagen: MiNr. 284 = 1 887 500, MiNr. 285 = 1 817 500, MiNr. 286 = 2 322 500, MiNr. 287 = 2 240 000, MiNr. 288 = 2 810 000, MiNr. 289 = 950 000, MiNr. 290 = 2 600 000, MiNr. 291 = 1 440 000, MiNr. 292 = 2 750 000 Stück

Gültig bis 31.7.1922, als Zusatzfrankatur auf Ganzsachen bis 30.9.1922

In gleichen Zeichnungen, jedoch geänderten Farben und mit Aufdruck: MiNr. 333–339, 353–359

1920

1920/1921. Zeitungsmarken: Merkurkopf. ⊠ Renner; Bdr. (10×10); x = gewöhnliches dünnes weißes Papier, y = dickes graues Papier; □.

bo) Merkurkopf

x = gewöhnliches dünnes weißes Papier

				✱	✱✱	⊙	Schleife
293 x	2 H	dunkelblau(grau)violett	bo	0,10	0,20	0,20	5,—
294 x	4 H	schwärzlichgelbbraun	bo	0,10	0,30	0,30	20,—
295 x	5 H	schwarzgraurkis (Juli 1920)	bo	0,10	0,20	0,20	50,—
296 x	6 H	lebhaftgrünlichblau	bo	0,10	0,20	0,20	10,—
297 x	8 H	schwärzlichgelblichgrün (Juli 1920)	bo	0,10	0,20	0,50	40,—
298 x	9 H	(lebhaft)gelbocker (März 1921)	bo	0,10	0,20	0,20	10,—
299 x	10 H	rot (Töne) (Juli 1920)	bo	0,10	0,20	0,20	20,—
300 x	12 H	schwarzcyanblau	bo	0,10	0,20	0,50	40,—
301 x	15 H	mittelgraupurpur (März 1921)	bo	0,10	0,20	0,20	20,—
302 x	18 H	schwärzlichbläulichgrün (Okt. 1921)	bo	0,10	0,20	0,30	15,—
303 x	20 H	dunkel- bis schwärzlichorange (1921)	bo	0,10	0,20	0,30	25,—
304 x	30 H	braunorange (Töne) (März 1921)	bo	0,10	0,20	0,20	20,—
305 x	45 H	grün (Töne) (März 1921)	bo	0,10	0,40	0,50	35,—
306 x	60 H	mittellilakarmin	bo	0,10	0,20	0,30	30,—
307 x	72 H	mittel- bis lebhaftsiena (Okt.1921)	bo	0,10	0,40	0,50	180,—
308 x	90 H	dunkelblauviolett (Okt.1921)	bo	0,10	0,40	1,—	80,—
309 x	1.20 Kr	lebhaftrot (Töne) (Okt.1921)	bo	0,10	0,50	1,—	200,—
310 x	2.40 Kr	dunkel- bis schwärzlichgelblichgrün (Okt.1921)	bo	0,10	0,50	1,—	300,—
311 x	3 Kr	dunkeltürkisgrau (Okt.1921)	bo	0,10	0,40	1,—	—,—
		Satzpreis x (19 W.)		1,—	5,—	8,—	

y = dickes graues Papier

					✳	✳✳	☉	Schleife
301 y	15 H	mittelgraupurpur	....	bo	0,20	4,—	3,—	50,—
302 y	18 H	schwärzlichbläulichgrün	....	bo	0,10	0,30	0,50	20,—
303 y	20 H	dunkel- bis schwärzlichorange	....	bo	0,10	0,30	0,50	40,—
304 y	30 H	braunorange (Töne)	....	bo	0,10	0,30	0,50	30,—
306 y	60 H	mittellilakarmin	....	bo	0,10	0,30	0,50	50,—
308 y	90 H	dunkelblauviolett	....	bo	0,10	0,50	1,50	100,—
311 y	3 Kr	dunkeltürkisgrau	....	bo	0,10	0,30	1,—	—,—
			Satzpreis y (7 W.)		0,50	6,—	7,50	

Plattenfehler

293 x I

295 x I

296 x I

301 y I

301 y II

303 x I

303 x II

303 x III

304 x I

306 x I

308 y I

309 x I

			✳✳	☉	✉
293 x I	Fuß der „2" verlängert	....	3,—	4,—	100,—
295 x I	„S" statt 5	....	3,—	4,—	100,—
296 x I	„Lampe"	....	30,—	30,—	—,—
301 x I	Ze„t"ungsmarke	....	3,50	3,50	40,—
301 y I	Deutschösterrei„b"	....	8,—	7,—	100,—
301 y II	Ze„t"ungsmarke	....	9,—	6,—	100,—
303 x I	Deutschösterr„c"ich	....	5,—	5,—	60,—
303 x II	gebrochenes „e"	....	3,—	3,—	10,—
303 x III	offenes „2"	....	3,—	3,—	10,—
303 y I	Deutschösterr„c"ich	....	4,—	4,—	60,—
304 x I	H„o"ller (Feld 20)	....	5,—	4,—	40,—
304 y I	H„o"ller	....	6,—	5,—	60,—
306 x I	Ze„s"ungsmarke	....	17,—	17,—	60,—
308 y I	Zeitungsmark„o"	....	15,—	15,—	200,—
309 x I	beschädigtes „e"	....	3,—	4,—	100,—

Probedrucke

			(✳)	✳✳
293 P I	2 H in Dunkelblau, o.G.	....	—,—	
296 x P U	6 H in anderen Farben, ☐	.... je		250,—

Auf Grund großer Probleme bei der Produktion wurde dieser Satz ungezähnt ausgeliefert, worauf er von einigen Firmen privat gezähnt wurde. Privat gezähnt auf ✉ 200% Aufschlag.

Farbverschiedenheiten sind unwesentlich.

Abstempelungen mit Liechtensteinstempeln bei MiNr. 293–297, 299, 300, 303 und 306 möglich.

Auflagen: MiNr. 293 = 47 000 000, MiNr. 294 = 5 870 000, MiNr. 295 = 7 000 000, MiNr. 296 = 29 447 000, MiNr. 297 = 4 945 000, MiNr. 298 = 23 840 000, MiNr. 299 = 10 502 000, MiNr. 300 = 5 165 000, MiNr. 301 = 6 572 000, MiNr. 302 = 12 887 000, MiNr. 303 = 6 455 000, MiNr. 304 = 8 990 000, MiNr. 305 = 4 448 000, MiNr. 306 = 10 043 000, MiNr. 307 = 4 415 000, MiNr. 309 = 2 470 000, MiNr. 310 = 2 459 000, MiNr. 311 = 4 955 000 Stück

Gültig bis 31.7.1922

👉 Vorsicht vor Falschstempeln!
Alle ☉-Preise von MiNr. 409–659 gelten ausschließlich nur für BPP-geprüfte Stücke.

1920/21. Freimarken: Wappenzeichnung, jedoch breiteres Format. ✎ Renner; Bdr. (10×10); x = gewöhnliches weißes Papier, y = dickes graues Papier; gez. K 12½.

bp

bp   bp   bp   br   br   br   br   br

bp–br) Wappenadler

x = gewöhnliches dünnes weißes Papier

				★	★★	⊙	✉
312 x	80 H	lilarot (Töne) GA .... bp		0,10	0,20	0,20	1,—
313 x	1 Kr	(Mai 1920) GA .... bp					
a		schwärzlichsiena		0,10	0,20	0,20	1,—
b		schwarzbraun		0,30	1,—	0,20	1,50
314 x	1½ Kr	schwarzgelblichgrün (Febr. 1921) GA .... bp		0,30	1,—	0,20	2,50
315 x	2 Kr	(Mai 1920) GA .... bp					
a		grauultramarin		0,10	0,20	0,20	1,50
b		blau		0,30	1,20	0,40	0,50
316 x	3 Kr	(Aug. 1921) .... br					
a		dunkelgelblichgrün/schwarz		0,10	0,50	0,20	1,—
c		gelbgrün/dunkelbläulichgrün		14,—	25,—		
317 x	4 Kr	zinnoberrot/schwärzlichkarminlila (8.1921) .... br		0,10	0,50	0,20	2,50
318 x	5 Kr	grauviolett/schwärzlichlila (Aug. 1920) .... br		0,10	0,50	0,20	2,—
319 x	7½ Kr	dunkelorangegelb/lebhaftsiena (Dez. 1921) .... br		0,10	0,50	0,40	2,50
320 x	10 Kr	(Aug. 1921) .... br					
a		mittelviolettblau/schwärzlichkobaltblau		0,10	0,50	0,20	2,50
b		(dunkel)violettblau/schwärzlichcyanblau		20,—	50,—	50,—	100,—
			Satzpreis x (9 W.)	1,—	4,—	2,—	

y = dickes graues Papier

				★	★★	⊙	✉
312 y	80 H	lilarot (Töne) .... bp		0,10	0,30	0,20	1,—
313 y	1 Kr	.... bp					
a		schwarzorangebraun		0,10	0,30	0,20	1,—
b		schwarzbraun		0,10	1,—	0,30	1,50
314 y	1½ Kr	schwarzgelblichgrün .... bp		0,10	0,30	0,20	1,50
315 y	2 Kr	.... bp					
a		lebhaftgrauultramarin		0,10	0,50	0,20	1,—
b		(dunkel)blau		0,30	1,—	0,40	2,—
316 y	3 Kr	.... br					
a		dunkelgelblichgrün/schwarz		0,10	0,50	0,20	1,—
b		dunkelgrün/schwarz		450,—	900,—	900,—	—,—
c		(dunkel)gelbgrün/dunkelbläulichgrün		15,—	40,—	40,—	85,—
317 y	4 Kr	.... br					
a		orangerot/schwärzlichkarminlila		0,20	0,60	0,40	2,—
b		(lebhaft)rot/schwärzlichkarminlila		400,—	800,—	800,—	—,—
318 y	5 Kr	.... br					
a		dunkelgrauviolett/schwärzlichlila		0,20	0,60	0,40	2,—
b		schwarzbraunviolett/schwärzlichlila		250,—	500,—	500,—	—,—
320 y	10 Kr	lebhaftlilaultramarin/					
		schwarzkobaltblau .... br		0,20	0,60	0,40	2,—
			Satzpreis y (8 W.)	1,—	3,50	2,—	

Zähnungsabarten

312 U–320 U		ungezähnt (11 W., aus x und y gemischt) .... je		40,—		
313 Uo		oben ungezähnt		—,—		

Plattenfehler

313 x a I   318 y II   319 x I

		★	★★	☉	✉
313 x a I	„H"-Marke	0,40	1,30	1,30	10,—
313 x b I	„H"-Marke	1,—	2,50	2,50	10,—
313 y a I	„H"-Marke	0,40	1,50	1,50	10,—
313 y b I	„H"-Marke	1,—	2,—	2,—	10,—
318 y II	unterbrochene Randlinie	1,50	3,—	3,—	10,—
319 x I	Fahne der linken „7" verkürzt (Feld 69)	1,50	3,—	3,—	10,—

Farbproben

			★	★★	☉	✉
315 P	in verschiedenen Farben, zweifarbig	je		400,—		
320 P	in verschiedenen Farben	je		400,—		
312 P ZS–315 P ZS	mit ungezähntem Zwischensteg, in verschiedenen Farben	je		200,—		
312 P U ZS–315 P U ZS	ungezähnt, mit Zwischensteg, in verschiedenen Farben	je		200,—		
316 Ph–320 Ph	Phasendrucke, ohne Wertziffer und Adler	je		20,—		
🔳 312 PFä	„Jüdisch Österreich"			—,—		

Auflagen: (für x und y gemeinsam). MiNr. 312 = 105 775 000, MiNr. 313 = 102 100 000, MiNr. 314 = 27 270 000, MiNr. 315 = 142 280 000, MiNr. 316 = 39 955 000, MiNr. 317 = 51 000 000, MiNr. 318 = 65 780 000, MiNr. 319 = 9 450 000, MiNr. 320 = 16 925 000 Stück

Gültig bis 31.7.1922 (als Zusatzfrankatur auf Ganzsachen bis 30.9.1922)

In gleichen Zeichnungen, jedoch geänderten Farben und mit Aufdruck: MiNr. 330–332, 349–352

Nicht ausgegeben:

✈ 1922. Freimarke ähnlich MiNr. 315 (Urmarke zu MiNr. 332) mit Aufdruck „Flugpost".

			★	★★	☉	✉
III	2 Kr mittelgrünlichblau	(bp)	25,—	60,—		

Plattenfehler

III I	kurzes „s"	70,—	150,—	

1920, 16. Sept. Volksabstimmung in Kärnten. Freimarken in Zeichnung bk, bl, bm, bn und bp in geänderten Farben. MiNr. 321–329 Bdr. (10×12) auf farbigem Papier, MiNr. 330–332 Bdr. (10×10) auf graustichigem Papier, MiNr. 333–339 StTdr. (MiNr. 333 und 336–337 10×10, übrige 10×5) auf Faserpapier; MiNr. 321–332 gez. K 12½, MiNr. 333–339 ▢.

						★	★★	☉	✉
321	5 H	(+ 10 H)	dunkeltürkisgrau auf hellgraugelb	(bl)	0,70	1,50	2,—	30,—
322	10 H	(+ 20 H)	rot auf rosaweiß	(bl)	0,70	1,50	1,50	35,—
323	15 H	(+ 30 H)	dunkelocker auf mattgraugelb	(bk)	0,30	1,20	1,—	30,—
324	20 H	(+ 40 H)	schwärzlichbläulichgrün auf hellgrünlichblau	(bm)	0,30	1,—	0,80	32,—
325	25 H	(+ 50 H)	dunkelrotviolett auf rosaweiß	(bk)	0,30	1,—	0,90	32,—
326	30 H	(+ 60 H)	mittelsiena auf mattchromgelb	(bm)	1,70	4,50	3,60	45,—
327	40 H	(+ 80 H)	lilarot auf weißbraungelb	(bm)	0,30	1,20	1,—	30,—
328	50 H	(+ 100 H)	schwärzlichviolettultramarin auf hellgrünlichblau	(bm)	0,30	1,—	0,80	30,—
329	60 H	(+ 120 H)	dunkelbräunlicholiv auf mattgrautürkis	(bm)	1,70	4,—	3,50	45,—
330	80 H	(+ 160 H)	dunkelzinnoberrot	(bp)	0,40	1,—	0,90	30,—
331	1 Kr	(+ 2 Kr)	schwärzlichbraunorange	(bp)	0,40	1,—	1,—	40,—
332	2 Kr	(+ 4 Kr)	mittelgrünlichblau	(bp)	0,40	1,—	1,—	35,—

							*	**	⊙	✉
333	2½ Kr	(+	5	Kr)	schwärzlichbräunlichrot	(bn)	0,50	1,50	1,30	50,—
334	3 Kr	(+	6	Kr)	dunkelviolettultramarin/schwarzgelblichgrün	(bn)	0,60	1,50	1,60	50,—
335	4 Kr	(+	8	Kr)	rosakarmin/schwärzlichgrauviolett	(bn)	0,80	2,—	1,90	60,—
336	5 Kr	(+	10	Kr)	schwarzultramarin	(bn)	0,70	1,50	1,60	75,—
337	7½ Kr	(+	15	Kr)	schwärzlicholivgrün	(bn)	0,70	1,50	1,60	75,—
338	10 Kr	(+	20	Kr)	schwärzlichgrünoliv/dunkelbräunlichrot	(bn)	0,70	2,—	1,80	75,—
339	20 Kr	(+	40	Kr)	schwärzlichviolettgrau/lebhaftbraunorange	(bn)	0,90	2,50	2,20	75,—
					Satzpreis (19 W.)		12,—	32,—	30,—	

Ⓢ Sonderstempel „Klagenfurt 10.X.20" (Tag der Abstimmung) 25% Aufschlag.

Plattennummern

| 333 PNr–339 PNr | Randpaare bzw. Randstücke mit Plattennummer .... je ab | | 35,— | |

Doppelaufdruck

| 338 DD | Doppelter Aufdruck, einmal schwächer .... | | 500,— | |

Zähnungsabarten

			(*)
321 U–329 U	ungezähnt, o.G. .... Satzpreis (9 W.)		360,—
321 ZW U–329 ZW U	ungezähnte Zwischenstegpaare, o.G. .... je ab		300,—

Aufdruckfehler

332 I

			*	**	⊙	✉
329 I	tieferstehendes „g" in „Abstimmung"		5,—	12,—	12,—	
330 I	tieferstehendes „g" in „Abstimmung" (Feld 99)		2,—	8,—	8,—	
331 I	tieferstehendes „g" in „Abstimmung" (Feld 99)		3,—	7,—	7,—	
331 II	„H"-Marke (wie bei MiNr. 313 I)		4,—	12,—	12,—	
332 I	tieferstehendes „g" in „Abstimmung" (Feld 100)		4,—	10,—	10,—	

Probedrucke

			(*)
333 P U	ohne Aufdruck, ungezähnt, o.G.		180,—
334 P U	ohne Aufdruck, ungezähnt, o.G.		170,—
335 P U	ohne Aufdruck, ungezähnt, o.G.		160,—
336 P U	ohne Aufdruck, ungezähnt, o.G.		150,—
337 P U	ohne Aufdruck, ungezähnt, o.G.		220,—
338 P U	ohne Aufdruck, ungezähnt, o.G.		240,—
339 P U	ohne Aufdruck, ungezähnt, o.G.		180,—
321 P–339 P	Aufdruckproben in verschiedenen Ausführungen .... je		1000,—

FALSCH: 333 P U–339 P U gezähnt

Österreichische Marken (teils auch in MiF mit jugoslawischen) aus dem Kärntner Kampf- und Abstimmungsgebiet Nov. 1918 bis Nov. 1920 sind (vor allem auf ✉) sehr gesucht und erzielen Liebhaberpreise. Es können alle gültigen Ausgaben vorkommen. Ebenso gilt dies für jugoslawische Marken, die während der Besetzung durch den SHS-Staat im südlichen Kärnten verwendet wurden.

Auflagen: MiNr. 321–323 je 324 000 Stück, MiNr. 324 = 396 000, MiNr. 325 = 324 000, MiNr. 326 = 300 000, MiNr. 327 = 324 000, MiNr. 328 = 420 000, MiNr. 329 = 300 000, MiNr. 330 = 495 000, MiNr. 331 = 410 000, MiNr. 332 = 430 000, MiNr. 333–339 je 302 000 Stück.

Gültig bis 10.10.1920

1921

1921, 1. März. Hilfe für Hochwasser-Geschädigte. Frühere Marken in geänderten Farben mit Aufdruck. MiNr. 340–352 Bdr. (MiNr. 340–348 10×12, übrige 10×10), zum Teil auf farbigem Papier; gez. K 12½, MiNr. 353–359 StTdr. (MiNr. 353 und 356–357 10×10, übrige 10×5) auf Faserpapier; gez. L 12½.

						*	**	⊙	✉
340	5 H	(+	10 H)	dunkelolivgrau auf mattgraugelb	bl	0,30	0,70	1,—	25,—
341	10 H	(+	20 H)	braunorange	bl	0,30	0,70	1,—	25,—
342	15 H	(+	30 H)	dunkelgelbgrau	bk	0,30	0,70	1,—	25,—
343	20 H	(+	40 H)	schwärzlichsmaragdgrün auf mattgraugelb	bm	0,30	0,70	1,—	25,—
344	25 H	(+	50 H)	schwärzlichcyanblau auf mattgraugelb	bk	0,30	0,70	1,—	25,—
345	30 H	(+	60 H)	dunkelblauviolett auf hellgrünlichblau	bm	0,60	1,40	2,—	30,—
346	40 H	(+	80 H)	dunkelbraunorange auf mattgraurot	bm	0,70	1,80	2,50	45,—
347	50 H	(+	100 H)	dunkelgrün auf hellgrünlichblau	bm	1,50	2,90	4,50	25,—
348	60 H	(+	120 H)	lebhaftgrauviolett auf mattgraugelb	bk	0,50	1,30	2,—	25,—
349	80 H	(+	160 H)	mittelpreußischblau	bp	0,50	1,50	2,—	35,—
350	1 Kr	(+	2 Kr)	dunkelrötlichorange auf mattgrünblau	bp	0,40	1,—	2,—	25,—
351	1½ Kr	(+	3 Kr)	schwarzgelbgrün auf hellgrünlichgelb	bp	0,20	0,60	1,—	25,—
352	2 Kr	(+	4 Kr)	mittelrötlichbraun	bp	0,20	0,60	1,—	25,—
353	2½ Kr	(+	5 Kr)	dunkelblau	bn	0,30	0,70	1,—	25,—
354	3 Kr	(+	6 Kr)	schwärzlichgrünoliv/dunkelbräunlichrot	bn	0,30	0,70	1,—	25,—
355	4 Kr	(+	8 Kr)	schwärzlichviolettgrau/lebhaftbraunorange	bn	1,—	2,10	3,50	40,—
356	5 Kr	(+	10 Kr)	schwärzlicholivgrün	bn	0,30	0,70	2,—	30,—
357	7½ Kr	(+	15 Kr)	schwärzlichbräunlichrot	bn	0,30	0,90	2,—	30,—
358	10 Kr	(+	20 Kr)	dunkelviolettultramarin/schwarzgelblichgrün	bn	0,30	0,80	2,—	35,—
359	20 Kr	(+	40 Kr)	rosakarmin/schwärzlichgrauviolett	bn	0,60	1,50	3,—	35,—
				Satzpreis (20 W.)		9,—	22,—	35,—	

Zähnungsabarten

340 U–359 U	ungezähnt	je	—,—	—,—
352 Uo	oben ungezähnt		—,—	

Aufdruckfehler

352 F I	„1020" statt „1920"		250,—
352 F II	ohne Jahreszahl „1920"		500,—
356 F I	„1020" statt „1920"		150,—

Plattenfehler

353 II   III

		*	**	☉	✉
350 I	„H"-Marke (wie bei 313 I)	3,—	6,—	6,—	30,—
355 I	ohne Stecherzeichen	3,—	7,—	7,—	35,—
353 II–359 II	höherstehendes „r" in „Hochwasser" je		5fache Normalpreise		
353 III–359 III	gebogener „r"-Fuß je		5fache Normalpreise		
359 I	Fuß der „9" in „1920" auffallend dünn	3,—	7,—	7,—	35,—
359 IV	ohne Stecherzeichen	6,—	14,—	14,—	70,—

Durch Umschlagen der Bogenecken wurde bei einigen Werten ein Teil des Aufdruckes „1920" abgedeckt:

Probedrucke

		(*)
356 P U	ohne Aufdruck, ungezähnt, o.G.	170,—
357 P U	ohne Aufdruck, ungezähnt, o.G.	50,—

FALSCH: 356 P U–357 P U gezähnt

Auflagen: MiNr. 340–344 je 450 000, MiNr. 345–348 je 400 000, MiNr. 349, 353–355, 357–359 je 480 000, MiNr. 350–352 und MiNr. 356 je 530 000 Stück

Gültig bis 31.3.1921

Republik Österreich

1922

1922, Jan./1924. Freimarken. ☑ Dachauer; Bdr. (MiNr. 360, 363, 366, 368–371 und 378–390 10×12 ansonsten 10×10); gez. K 12½.

bs) Kornähre   bt) Hammer und Zange

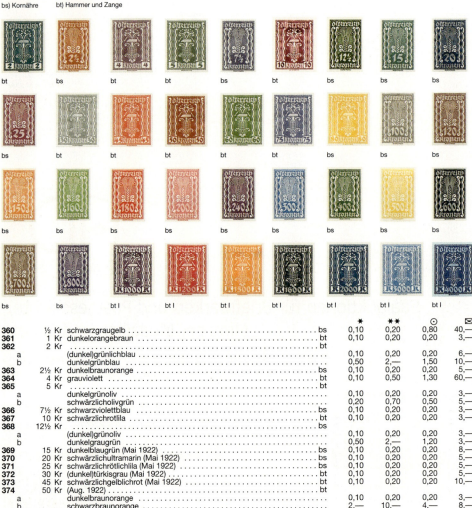

				*	**	☉	✉
360	½ Kr	schwarzgraugelb	bs	0,10	0,20	0,80	40,—
361	1 Kr	dunkelorangebraun	bt	0,10	0,20	0,20	3,—
362	2 Kr		bt				
a		(dunkel)grünlichblau		0,10	0,20	0,20	6,—
b		dunkelgrünblau		0,50	2,—	1,50	10,—
363	2½ Kr	dunkelbraunorange	bs	0,10	0,20	0,20	5,—
364	4 Kr	grauviolett	bt	0,10	0,50	1,30	60,—
365	5 Kr		bt				
a		dunkelgrünoliv		0,10	0,20	0,20	3,—
b		schwärzlicholivgrün		0,20	0,70	0,50	5,—
366	7½ Kr	schwarzviolettblau	bs	0,10	0,20	0,20	3,—
367	10 Kr	schwärzlichrotlila	bt	0,10	0,20	0,20	3,—
368	12½ Kr		bs				
a		(dunkel)grünoliv		0,10	0,20	0,20	3,—
b		dunkelgraugrün		0,50	2,—	1,20	3,—
369	15 Kr	dunkelblaugrün (Mai 1922)	bs	0,10	0,20	0,20	8,—
370	20 Kr	schwärzlichultramarin (Mai 1922) .	bs	0,10	0,20	0,20	5,—
371	25 Kr	schwärzlichrötlichlila (Mai 1922) .	bs	0,10	0,20	0,20	5,—
372	30 Kr	(dunkel)türkisgrau (Mai 1922)	bt	0,10	0,20	0,20	5,—
373	45 Kr	schwärzlichgelblichrot (Mai 1922) .	bt	0,10	0,20	0,20	10,—
374	50 Kr	(Aug. 1922)	bt				
a		dunkelbraunorange		0,10	0,20	0,20	3,—
b		schwarzbraunorange		2,—	10,—	4,—	8,—
375	60 Kr	schwarzgelbgrün (Aug. 1922)	bt	0,10	0,20	0,20	5,—
376	75 Kr	mittelviolettultramarin (Aug. 1922)	bt	0,10	0,20	0,20	3,—
377	80 Kr	orangegelb (Aug. 1922)	bt	0,10	0,20	0,20	5,—

				*	**	⊙	✉
378	100 Kr	dunkelbraungrau (Aug. 1922)	bs	0,10	0,20	0,20	3,—
379	120 Kr	dunkelrotbraun (Aug. 1922)	bs	0,10	0,50	0,20	7,—
380	150 Kr	rötlichorange (Aug. 1922)	bs	0,10	0,20	0,20	5,—
381	160 Kr	schwärzlichgelbgrün (Sept. 1922)	bs	0,10	0,20	0,20	5,—
382	180 Kr	rot (Aug. 1922)	bs	0,10	0,50	0,20	10,—
383	200 Kr	mittelrötlichkarmin (Sept. 1922)	bs	0,10	0,20	0,20	3,—
384	240 Kr	(Aug. 1922)	bs				
a		dunkelrotviolett		0,10	0,50	0,20	5,—
b		schwarzpurpurviolett		2,—	8,—	3,50	15,—
385	300 Kr	mittelblau (Aug. 1922)	bs	0,10	0,20	0,20	3,—
386	400 Kr	(Nov. 1922)	bs				
a		dunkelgrün (Töne)		1,50	5,—	0,50	3,—
b		dunkelolivgrün		1,10	3,50	0,50	5,—
c		schwarzgelblichgrün		2,—	7,—	2,—	5,—
387	500 Kr	(Sept. 1922)	bs				
a		lebhaftorangegelb		0,10	0,30	0,20	3,—
b		gelborange		1,50	5,—	3,—	5,—
388	600 Kr	schwarzblau (Sept. 1922)	bs	0,10	0,50	0,20	5,—
389	700 Kr	siena (Töne) (Dez. 1924)	bs	2,50	10,—	0,20	5,—
390	800 Kr	dunkelblauviolett (Töne) (Dez. 1924)	bs	1,—	3,—	2,60	3,—
391	1000 Kr	schwärzlichbläulichviolett (Aug. 1923)	bt l	0,70	14,—	0,20	3,—
392	1200 Kr	lilarot (Töne) (Aug. 1923)	bt l	0,50	7,—	0,60	5,—
393	1500 Kr	dunkelorange (Dez. 1924)	bt l	0,50	14,—	0,20	3,—
394	1600 Kr	schwarzpreußischblau (Aug. 1923)	bt l	4,—	14,—	4,—	5,—
395	2000 Kr	(Aug. 1923)	bt l				
a		(lebhaft)blau		5,—	18,—	3,50	5,—
b		dunkelultramarin		7,—	24,—	3,50	10,—
396	3000 Kr	(Dez 1923)	bt l				
a		mittel- bis lebhaftkobalt		15,—	50,—	2,50	10,—
b		hellkobalt		18,—	60,—	4,—	10,—
397	4000 Kr	violettlultramarin auf hellgrünlichblau (Dez. 1924)	bt l	7,50	30,—	3,50	15,—
		Satzpreis (38 W.)		35,—	160,—	22,—	

Druckzufälligkeiten wie Abklatsche, Papier-, Gummi- und unwesentliche Farbverschiedenheiten kommen häufig vor.

Zähnungsabarten

360 U–397 U	ungezähnt .... Satzpreis (38 W.)	1500,—	
366 ZW U	senkrechtes Zwischenstegpaar, ungezähnt	220,—	

Plattenfehler

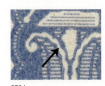

362 l   367 l   376 l

		(*)	**	⊙	✉
362 l	verbundende Zierlinien rechts	3,—	3,—		15,—
367 l	verbundende Zierlinien links	3,—	3,—		15,—
376 l	Ausbuchtung links am Hammerstiel	3,—	3,—		15,—

Farbproben

360 P I	in verschiedenen Farben o.G.	je	150,—	
361 P I	in verschiedenen Farben o.G.	je	150,—	
366 P U	Kleinbogen zu 6 Marken in verschiedenen Farben, ungezähnt	je		1200,—
367 P U	Kleinbogen zu 10 Marken in verschiedenen Farben, ungezähnt	je		1200,—
383 P I	in verschiedenen Farben o.G.	je	150,—	
360 P II–397 P II	auf gelblichem Andruckpapier, o.G.	je ab	25,—	
360 P III–397 P III	in Schwarz auf gelblichem Andruckpapier, o.G.	je ab	25,—	

Mischfrankaturen mit Freimarkenausgabe 1919 möglich.

Auflagen: MiNr. 360 = 12 750 000, MiNr. 361 = 11 750 000, MiNr. 362 = 14 640 000, MiNr. 363 = 9 329 000, MiNr. 364 = 4 880 000, MiNr. 365 = 39 455 000, MiNr. 366 = 17 340 000, MiNr. 367 = 63 187 000, MiNr. 368 = 28 632 000, MiNr. 369 = 9 507 000, MiNr. 370 = 66 663 000, MiNr. 371 = 27 756 000, MiNr. 372 = 17 115 000, MiNr. 373 = 12 400 000, MiNr. 374 = 29 520 000, MiNr. 375 = 7 700 000, MiNr. 376 = 19 132 000, MiNr. 377 = 48 000 000, MiNr. 378 = 173 952 000, MiNr. 379 = 9 342 000, MiNr. 380 = 14 060 000, MiNr. 381 = 30 016 000, MiNr. 382 = 9 393 000, MiNr. 383 = 149 760 000, MiNr. 384 = 17 520 000, MiNr. 385 = 76 128 000, MiNr. 386 = 85 500 000, MiNr. 387 = 161 164 000, MiNr. 388 = 69 540 000, MiNr. 389 = 41 361 000, MiNr. 390 = 7 089 000, MiNr. 391 = 160 000 000, MiNr. 392 = 19 739 000, MiNr. 393 = 54 600 000, MiNr. 394 = 5 407 000, MiNr. 395 = 21 850 000, MiNr. 396 = 25 560 000, MiNr. 397 = 9 842 000 Stück

Gültig: MiNr. 360–366, 368 und 369 bis 31.7.1923 (als Zusatzfrankatur auf Ganzsachen bis 30.9.1923); MiNr. 370–377, 379–382, 384 bis 30.9.1923 (als Zusatzfrankatur auf Ganzsachen bis 31.12.1923); MiNr. 367 bis 31.12.1923; MiNr. 378, 383, 385–397 bis 30.6.1925 (als Zusatzfrankatur auf Ganzsachen bis 30.9.1925).

1922, Jan./1924. Freimarken: Frauenkopf. ⬛ Dachauer; ⬛ Schirnböck; StTdr. (10×10), MiNr. 408 auf Faserpapier; A = gez. L 12½, B = gez. L 11½, C = gez. L 12½:11½.

bu) Frauenbild

A = gez. L 12½

I = Bildgröße 25×29,5 mm

				★	★★	⌀	⊙	✉
400 A I	50 Kr	.... bu						
a		dunkelbräunlichrot		0,10	0,20	0,10	0,20	15,—
b		dunkelbräunlichkarmin		0,40	1,50	0,40	1,—	20,—
c		dunkelkarminrot		3,50	15,—	3,50	12,—	75,—
401 A I	100 Kr	.... bu						
a		schwarzgrün		0,10	0,20	0,10	0,20	20,—
b		schwärzlichgraugrün		1,20	3,—	1,20	3,—	20,—
c		schwarzopalgrün		50,—	150,—	50,—	100,—	—,—
402 A I	200 Kr	schwarzbraunviolett auf weißgelb ....bu		0,50	2,—	0,50	2,—	20,—
403 A I	500 Kr	dunkelgelblichrot (Mai 1923) .... bu		0,30	1,50	0,30	2,—	40,—
404 A I	1000 Kr	schwarzblauviolett auf weißgelb (Aug. 1922) .... bu		0,10	0,50	0,10	0,20	15,—
405 A I	2000 Kr	(Nov.1922) .... bu						
a		schwarzsmaragdgrün auf weißgelb		0,10	0,50	0,10	0,20	30,—
b		schwarzgelblichgrün auf weißgelb		6,50	20,—	6,50	16,—	40,—
c		schwarzolivgrün auf weißgelb		100,—	250,—	100,—	200,—	—,—
406 A I	3000 Kr	dunkelbraunkarmin (Aug. 1923) .... bu		12,50	50,—	0,50	1,—	30,—
407 A I	5000 Kr	(Aug. 1923) .... bu						
a		schwarzgrünlichblau		2,—	13,—	1,—	2,—	80,—
b		schwarzpreußischblau		2,—	18,—	1,50	3,—	80,—
		Satzpreis A I (8 W.)		15,—	65,—	2,50	7,—	

II = Bildgröße 26×29 mm

				★	★★	⌀	⊙	✉
398 A II	20 Kr	dunkelsiena .... bu		0,10	0,20	0,10	0,20	15,—
399 A II	25 Kr	.... bu						
a		(dunkel)ultramarin		0,10	0,20	0,10	0,20	10,—
b		schwärzlichviolettultramarin		0,30	1,—	0,30	1,—	15,—
400 A II	50 Kr	.... bu						
a		dunkelbräunlichrot		0,10	0,50	0,10	0,20	15,—
b		dunkelbräunlichkarmin		0,40	1,50	0,40	1,—	20,—
c		dunkelkarminrot		3,50	10,—	3,50	8,—	75,—
401 A II	100 Kr	.... bu						
a		schwarzgrün		0,10	0,20	0,10	0,20	20,—
b		schwärzlichgraugrün		1,20	3,—	1,20	3,—	40,—
402 A II	200 Kr	schwarzbraunviolett auf weißgelb ....bu		0,10	0,20	0,10	0,20	20,—
403 A II	500 Kr	dunkelgelblichrot (Mai 1923) .... bu		0,30	1,50	0,30	2,—	40,—
408 A II	10000 Kr	schwarzbraunorange (Jan. 1924) .... bu		5,50	15,—	5,50	7,—	900,—
		Satzpreis A II (7 W.)		6,—	17,—	6,—	10,—	
		Satzpreis A, gemischte Formate (11 W.)		20,—	80,—	8,—	15,—	

B = gez. L 11½

<u>I = Bildgröße 25×29,5 mm</u>

				★	★★	⊘	⊙	✉
400 B I a	50 Kr	dunkelbräunlichrot .... bu		2,—	15,—	2,—	10,—	70,—
401 B I a	100 Kr	schwarzgrün .... bu		15,—	50,—	15,—	40,—	90,—
404 B I	1000 Kr	schwarzblauviolett auf weißgelb (Aug. 1922) .... bu		290,—	500,—	290,—	400,—	700,—
		Satzpreis B I (3 W.)		300,—	550,—	300,—	440,—	

<u>II = Bildgröße 26×29 mm</u>

				★	★★	⊘	⊙	✉
398 B II	20 Kr	dunkelsiena .... bu		1,50	3,—	1,50	2,50	40,—
399 B II	25 Kr	.... bu						
a		(dunkel)ultramarin		1,50	5,—	1,50	3,—	40,—
b		schwärzlichviolettultramarin		3,50	10,—	3,50	7,50	50,—
400 B II	50 Kr	.....................................bu						
a		dunkelbräunlichrot		2,—	7,—	2,—	4,—	40,—
b		dunkelbräunlichkarmin		3,—	10,—	3,—	8,—	50,—
c		dunkelkarminrot		6,—	25,—	6,—	20,—	100,—
401 B II	100 Kr	.....................................bu						
a		schwarzgrün		5,—	15,—	5,—	15,—	70,—
b		schwärzlichgraugrün		7,—	25,—	7,—	25,—	100,—
402 B II	200 Kr	schwarzbraunviolett auf weißgelb .... bu		6,—	20,—	6,—	17,—	70,—
		Satzpreis B II (5 W.)		10,—	50,—	10,—	40,—	
		Satzpreis B, gemischte Formate (6 W.)		300,—	550,—	300,—	440,—	

C = gez. L 12½:11½, <u>Bildgröße 25×29,5 mm</u>

400 C I a	50 Kr	dunkelbräunlichrot .... bu	wird derzeit nicht geprüft

Papier- und Gummiverschiedenheiten kommen vor.

Zähnungsabarten

398 U–408 U	ungezähnt .... Satzpreis (11 W.)	700,—
400 UMw	senkrechtes Paar, Mitte ungezähnt	600,—
401 UMw	senkrechtes Paar, Mitte ungezähnt	600,—
402 UMw	senkrechtes Paar, Mitte ungezähnt	600,—
404 UMw, UMs	senkrechtes oder waagerechtes Paar, Mitte ungezähnt .... je	600,—
405 UMw	senkrechtes Paar, Mitte ungezähnt	600,—

Plattenfehler

399 A PF I

			★	★★	⊘	⊙	✉
399 A PF I	Diadem		100,—	—,—	—,—	—,—	—,—

Farbproben

		(★)
400 P	in verschiedenen Farben, o.G. .... je	370,—
401 P	Wertziffer spiegelverkehrt, in verschiedenen Farben, o.G. .... je	650,—
403 P I	in verschiedenen Farben, o.G. .... je	350,—
403 P II	in verschiedenen Farben auf Faserpapier, o.G. .... je	350,—
404 P	in verschiedenen Farben, o.G. .... je	500,—
407 P U I	Einzeldrucke in verschiedenen Farben, ungezähnt, o.G. .... je	1200,—
407 P U II	Einzeldrucke in verschiedenen Farben auf Faserpapier, ungezähnt, o.G. .... je	1200,—

Mischfrankaturen mit Freimarken-Ausgaben 1919 möglich.

Auflagen (gemeinsam für A und B): MiNr. 398 = 4 900 000, MiNr. 399 = 12 337 000, MiNr. 400 = 9 630 000, MiNr. 401 = 6 360 000, MiNr. 402 = 5 700 000, MiNr. 403 = 6 912 000, MiNr. 404 = 12 672 000, MiNr. 405 = 10 265 000, MiNr. 406 = 6 512 000, MiNr. 407 = 7 030 000, MiNr. 408 = 1 892 000 Stück

Gültig: MiNr. 398 und 399 bis 31.7.1923 (als Zusatzfrankatur auf Ganzsachen bis 30.9.1923);
MiNr. 400–403 bis 30.9.1923 (als Zusatzfrankatur auf Ganzsachen bis 31.12.1923); MiNr. 404–408 bis 30.6.1925 (als Zusatzfrankatur auf Ganzsachen bis 30.9.1925)

Ausgaben mit zusätzlicher ⊘-Bewertung:

Die ⊘-Bewertung gilt für nicht prüfbare bzw. nicht eindeutig als zeitgerecht bestimmbare Stempel.
Die Bewertung für postalische Stempel (⊙, Ⓢ, Ⓣ) gilt nur für Marken mit zeitgerechten Entwertungen (BPP-)Prüfung erforderlich!

1921, Dez./1922, Jan. Zeitungsmarken: Merkurkopf. ⊠ Dachauer; Bdr. (10×10); □.

bv) Merkurkopf

				✱	✱✱	⌀	⊙	Schleife
409	45 H	dunkeltürkisgrau	bv	0,10	0,30	0,20	15,—	60,—
410	75 H	mittelbräunlichrot (Jan. 1922)	bv	0,10	0,30	0,20	25,—	100,—
411	1.50 Kr	mittelolivbraun (Jan. 1922)	bv	0,10	0,30	0,20	25,—	—,—
412	1.80 Kr	hell(grau)violettultramarin (Jan. 1922)	bv	0,10	0,30	0,20	25,—	—,—
413	2.25 Kr	mittelrötlichbraun	bv	0,10	0,50	0,20	50,—	360,—
414	3 Kr	dunkelopalgrün (Jan. 1922)	bv	0,10	0,50	0,20		
415	6 Kr	bräunlichlila (Jan. 1922)	bv	0,10	0,50	0,30		
416	7.50 Kr	schwärzlichbraungelb	bv	0,20	0,60	0,50		
		Satzpreis (8 W.)		0,90	3,—	2,—		

Plattenfehler

 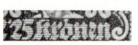 

412 I   413 I   415 I   415 II

		✱	✱✱	⌀	⊙	Schleife
412 I	gespaltene Lippe	10,—	10,—			—,—
413 I	Kr„ö"nen	10,—	10,—			—,—
415 I	Wertziffer „6" mit doppeltem Anstrich (Feld 64)	10,—	10,—			—,—
415 II	rasierter Merkur (Feld 66)	10,—	10,—			—,—

Probedruck

		(✱)
409 P	in Violett, o.G.	350,—
414 P	in Schwarzgrau auf gelblichem Papier, o.G.	100,—

Auflagen: MiNr. 409 = 14807000, MiNr. 410 = 4917000, MiNr. 411 = 3737000, MiNr. 412 = 3925000, MiNr. 413 = 2466000, MiNr. 414 = 2920000, MiNr. 415 = 2942000, MiNr. 416 = 1975000 Stück

Gültig bis 28.2.1922

1921, Dez. Drucksachen-Eilmarken. ⊠ Dachauer; Bdr. (10×8); gez. L 12½.

bw) Posthorn, Pfeil

				✱	✱✱	⌀	⊙	⊠
417	50 H	violettgrau auf weißgelb	bw	0,20	0,40	0,20	1,40	250,—

Zähnungsabarten

417 U	ungezähnt	300,—
417 UMw	senkrechtes Paar, Mitte ungezähnt	1500,—

Probedruck

		(✱)
417 P	olivgrün, o.G.	350,—

Auflage: 6080000 Stück

Gültig bis 30.4.1922

FALSCH Vorsicht vor Zähnungsverfälschungen aus ungezähnten bzw. überformatigen Marken!
Preise gelten ausschließlich für (BPP-)geprüfte Stücke.

1922, 24. April. Wohlfahrt: Österreichische Komponisten und Musiker. ⧄ Junk; ⧄ Schirnböck; StTdr. (5×10); A = gez. L 12½, B = gez. L 11½.

bx) Joseph Haydn (1732–1809); Porträt von Thomas Hardy

by) Wolfgang Amadeus Mozart (1756–1791); Porträt von Johann Heinrich W. Tischbein

bz) Ludwig van Beethoven (1770–1827); Porträt von August von Klöber

ca) Franz Schubert (1797–1828); Porträt von Wilhelm August Rieder

cb) Anton Bruckner (1824–1896)

cc) Johann Strauß Sohn (1825–1899)

cd) Hugo Wolf (1860–1903)

A = gez. L 12½

						∗	∗∗	⊘	⊙	✉
418 A	2½ Kr	(+	22.50	Kr)	rötlichbraun .... bx	12,—	35,—	15,—	25,—	70,—
419 A	5 Kr	(+	45.00	Kr)	schwärzlichblau .... by	1,50	3,—	1,50	2,50	50,—
420 A	7½ Kr	(+	67.50	Kr)	schwarz .... bz	2,50	5,—	2,50	4,—	50,—
421 A	10 Kr	(+	90.00	Kr)	schwärzlichbraunviolett .... ca	3,—	12,—	3,—	5,—	50,—
422 A	25 Kr	(+	225.00	Kr)	schwarzgraugrün .... cb	5,50	16,—	6,—	10,—	50,—
423 A	50 Kr	(+	450.00	Kr)	braunkarmin cc	3,—	7,—	3,—	5,—	50,—
424 A	100 Kr	(+	900.00	Kr)	dunkelockerbraun .... cd	9,—	20,—	10,—	20,—	150,—
					Satzpreis (7 W.)	35,—	90,—	40,—	70,—	150,—
					FDC					400,—

B = gez. L 11½

						∗	∗∗	⊘	⊙	✉
418 B	2½ Kr	(+	22.50	Kr)	rötlichbraun .... bx	9,—	20,—	9,—	12,—	70,—
420 B	7½ Kr	(+	67.50	Kr)	schwarz .... bz	140,—	250,—	140,—	240,—	400,—
421 B	10 Kr	(+	90.00	Kr)	schwärzlichbraunviolett .... ca	4,—	10,—	4,—	8,—	60,—
422 B	25 Kr	(+	225.00	Kr)	schwarzgraugrün .... cb	6,—	12,—	6,—	14,—	60,—
424 B	100 Kr	(+	900.00	Kr)	dunkelockerbraun .... cd	13,—	35,—	13,—	20,—	150,—
					Satzpreis (5 W.)	170,—	320,—	170,—	290,—	

Zähnungsabarten

418 U–424 U	ungezähnt .... Satzpreis (7 W.)	1500,—

Probedrucke

		(∗)
418 P U I–424 P U I	auf Japanpapier in Mappe, ungez., o.G. (Aufl. 100 Stück) .... Satzpreis (7 W.)	1200,—
418 P U II–424 P U II	Einzelabzüge in Schwarz auf Japanpapier, ungez., o.G. ..... Satzpreis (7 W.)	1800,—

☞

Auflagen: MiNr. 418, 423, 424 je 480 000, MiNr. 419 und 421 je 530 000, MiNr. 420 und 422 je 520 000 Stück

Gültig bis 22.5.1922

Gedenkblatt

Zur Jubiläumsausstellung „100 Jahre Wiener Staatsoper 1869 bis 1969" wurde ein Gedenkblatt (148×105) hergestellt, enthaltend je einen Neudruck ☐ der MiNr. 419 in Schwarz, MiNr. 420 in Rot und MiNr. 423 in Blau. Über die oberen Markenränder in Schwarz der Texteindruck „NEUDRUCK". Das Gedenkblatt trägt die Beschriftung „100 JAHRE WIENER STAATSOPER/1869–1969" (oben) und „JUBILÄUMSAUSSTELLUNG/WIEN 1969/REDOUTENSAAL" (unten) (Auflage: 200 000 Stück).

✈ **1922, 31. Okt./1924, 18. April. Flugpostmarken.** ⧄ Dachauer; ⧄ Schirnböck; MiNr. 425–428 Bdr. (10×10), gez. K 12½; MiNr. 429 bis 432 StTdr. (10×10), gez. L 12½.

ce) Turmfalke (Falco tinnunculus)

ce

ce

ce

cf) Wilhelm Kress (1836–1913), Flugzeugkonstrukteur

cf

cf

cf

				✶	✶✶	▨	⊙	✉
425	300 Kr	schwärzlichgraulila	ce	0,40	0,90	0,40	1,60	40,—
426	400 Kr	lebhaftbläulichgrün (18.4.1924)	ce	6,—	15,—	6,—	20,—	200,—
427	600 Kr	schwarzgraugelb	ce	0,20	0,50	0,20	1,10	40,—
428	900 Kr	schwärzlichrötlichorange	ce	0,20	0,50	0,20	1,20	40,—
429	1200 Kr	schwarzviolettbraun	cf	0,20	0,50	0,20	1,20	40,—
430	2400 Kr	schwarzgrünlichblau	cf	0,20	0,50	0,20	1,20	40,—
431	3000 Kr	dunkelrötlichbraun (17.3.1923)	cf	3,50	10,—	3,50	12,—	150,—
432	4800 Kr	schwärzlichgrauultramarin (17.3.1923)	cf	3,50	8,—	3,50	12,—	150,—
		Satzpreis (8 W.)		14,—	35,—	14,—	50,—	
		FDC mit MiNr. 425 und 427–430 (31.10.1922)						100,—
		FDC mit MiNr. 426 (18.4.1924)						300,—
		FDC mit MiNr. 431–432 (17.3.1923)						300,—

Flugpost war in Betrieb bis 15.11.1922, vom 19.3. bis 16.11.1923, vom 22.4. bis 31.12.1924 und ab 20.4.1925. Die ✉-Preise gelten nur für Flugpostbriefe aus den Jahren 1923, 1924 und 1925. Flugpost-✉ von 1922 dreifache Preise.

Die Marken dienten nur zur Entrichtung des Flugportos bzw. des Flugpostzuschlags.

Zähnungsabarten

		✶	✶✶	▨	⊙	✉
425 U–432 U	ungezähnt . . . Satzpreis (8 W.)		500,—			

Plattenfehler

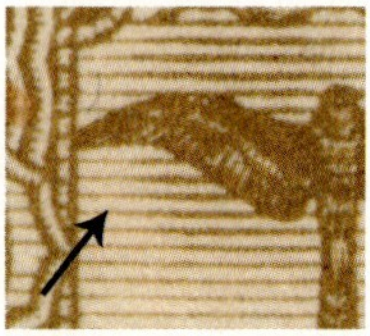

427 I

		✶	✶✶	▨	⊙	✉
427 I	Wolkenartiger Farbfleck bei linkem Falkenflügel		40,—		50,—	—,—

Probedrucke

			(✶)
425 P I		in Grün, o.G.	—,—
425 P II	50 Kr	in Violett, o.G.	—,—
429 P I		in Braun oder Bräunlichgrau, o.G. . . . je	—,—

Auflagen: MiNr. 425 = 525 000, MiNr. 426 = 287 000, MiNr. 427 = 816 000, MiNr. 428 = 821 000, MiNr. 429 = 810 000, MiNr. 430 = 812 000, MiNr. 431 = 570 000, MiNr. 432 = 567 000 Stück (bis Ablauf der Gültigkeit waren nur ca. 60 000 Sätze verkauft).

Gültig bis 31.8.1925. Vom 1. bis 31.8. Mischfrankaturen mit Marken der Flugpostausgabe 1925 möglich.

1923

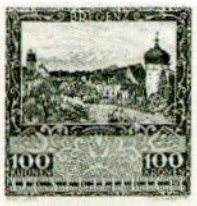

1923, 22. Mai. Wohlfahrt: Landeshauptstädte. [E] Junk; [S] Schirnböck; StTdr. (5×10); gez. L 12½.

cg) Martinsturm mit Oberstadt, Bregenz

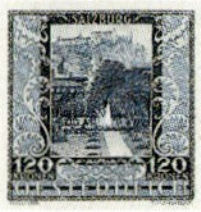

ch) Mirabellgarten, Salzburg

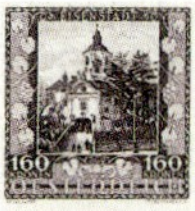

ci) Bergkirche, Eisenstadt

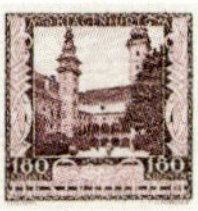

ck) Landhaus Klagenfurt

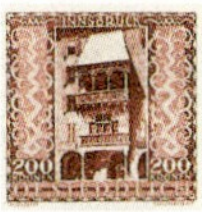

cl) Goldenes Dachl, Innsbruck

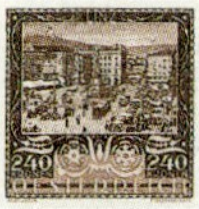

cm) Hauptplatz und Altstadt, Linz

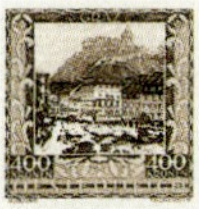

cn) Hauptplatz und Schloßberg, Graz

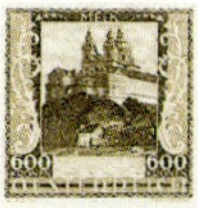

co) Benediktinerstift Melk, Niederösterreich

cp) Sphinx im Belvederegarten, Wien

					✶	✶✶	▨	⊙	✉
433	100 Kr	(+ 400 Kr)	schwärzlichgrün	cg	5,—	10,—	5,—	9,—	80,—
434	120 Kr	(+ 480 Kr)	dunkelkobalt	ch	5,—	10,—	5,—	9,—	80,—
435	160 Kr	(+ 640 Kr)	dunkelgrauviolett	ci	5,—	10,—	5,—	9,—	80,—
436	180 Kr	(+ 720 Kr)	dunkelgraulila	ck	5,—	10,—	5,—	9,—	80,—
437	200 Kr	(+ 800 Kr)	dunkellilarot	cl	5,—	10,—	5,—	9,—	80,—
438	240 Kr	(+ 960 Kr)	lebhaftrotbraun	cm	5,—	10,—	5,—	9,—	80,—
439	400 Kr	(+ 1600 Kr)	lebhaftsiena	cn	5,—	10,—	5,—	9,—	100,—
440	600 Kr	(+ 2400 Kr)	lebhaftockerbraun	co	5,—	15,—	5,—	9,—	80,—
441	1000 Kr	(+ 4000 Kr)	grauschwarz	cp	5,—	25,—	5,—	15,—	120,—
			Satzpreis (9 W.)		40,—	110,—	40,—	80,—	100,—
			FDC						200,—

Plattennummern

			*	**			✉
433 PNr–441 PNr	Randpaare mit Plattennummer . . . . je ab			50,—			

Zähnungsabarten

433 U–441 U	ungezähnt . . . . Satzpreis (9 W.)		1200,—				
440 Ur	rechts ungezähnt		800,—				

Probedrucke

(✱)

433 P U I–441 P U I	ungezähnter Satz auf Japanpapier, o.G., in numerierter Mappe	800,—	
433 P U II–441 P U II	ungezähnter Satz auf Japanpapier, o.G., in Mappe mit Buchstaben	1000,—	

Mappen (Auflage 250 Stück) wurden nur auf Vorausbestellung abgegeben (Verkaufspreis 250 000 Kr)

Ⓢ

Auflagen: MiNr. 433 = 170 483, MiNr. 434 = 169 904, MiNr. 435 = 169 638, MiNr. 436 = 169 020, MiNr. 437 = 169 227, MiNr. 438 = 168 006, MiNr. 439 = 167 442, MiNr. 440 = 167 170, MiNr. 441 = 167 206 Stück

Gültig bis 23.6.1923

1924

1924, 6. Sept. Jugend und Tuberkulosefürsorge. ☑ Sterrer; RaTdr. (10 × 10); gez. L 12½.

cr) Die Kunst als Trösterin   cs) Ackerbau und Handwerk   ct) Mutterliebe   cu) Mildtätigkeit   cv) Gaben spenderin Natur

					*	**	⊘	⊙	✉
442	100 Kr	+	300	(Kr)	schwärzlicholivgrün . . . . cr	5,—	10,—	5,—	10,—	80,—
443	300 Kr	+	900	(Kr)	braunrot . . . . cs	5,—	10,—	5,—	10,—	100,—
444	500 Kr	+	1500	(Kr)	schwarzviolettbraun . . . . ct	5,—	10,—	5,—	10,—	100,—
445	600 Kr	+	1800	(Kr)	schwärzlichpreußischblau . . . . cu	8,—	20,—	8,—	20,—	100,—
446	1000 Kr	+	3000	(Kr)	braunorange cv	10,—	25,—	10,—	25,—	100,—
					Satzpreis (5 W.)	30,—	75,—	30,—	75,—	100,—
					FDC					180,—

Plattennummern

442 PNr–446 PNr	Randpaare mit Plattennummer . . . . je ab		75,—

Zähnungsabarten

442 U–446 U	ungezähnt . . . . Satzpreis (5 W.)		650,—

Probedrucke

(✱)

444 P	mit Nominale 50 000 Kr in verschiedenen Farben, o.G. . . . . je	600,—	
442 P U–446 P U	Einzelabzüge in Schwarz auf Japanpapier, ungezähnt, o.G. . . Satzpreis (5 W.)	1800,—	

Ⓢ

Auflagen: MiNr. 442 = 124 608, MiNr. 443 = 119 809, MiNr. 444 = 119 642, MiNr. 445 = 118 558, MiNr. 446 = 118 681 Stück

Gültig bis 31.12.1924

1925

Neue Währung ab 1. April 1925:
1 Schilling (S) (= 10 000 Kronen) = 100 Groschen (g)

1925, 1. Juni/1927, Juni. Freimarken in Schillingwährung. Ⓡ **Retzl (MiNr. 447–454) und Zerritsch (MiNr. 455–467);** Ⓢ **Schirnböck (MiNr. 466–467); MiNr. 447–465 Bdr. (10×15), MiNr. 466–467 StTdr. (10×10); MiNr. 447–465 gez. K 12, MiNr. 466–467 gez. L 12½.**

cw) Ziffernzeichnung | cw | cw | cw | cw | cw | cw

cw | cx) „Kornmandeln", Telegraphenleitung | cx | cx | cy) Steinadler (Aquila chrysaetos) | cy

cy | cy | cy | cy | cy | cz) Minoritenkirche, Wien | cz

				✱	✱✱	☉	✉
447	1 g	schwärzlichgrau .... cw		0,50	1,—	0,20	3,—
448	2 g	.... cw					
a		schwärzlichkarminlila		0,50	1,50	0,20	2,—
b		dunkelrotlila (Neuauflage ab 1932)		1,—	3,50	0,70	3,—
449	3 g	.... cw					
a		rot		0,50	2,—	0,50	10,—
b		(dunkel)zinnoberrot		1,—	4,—	0,70	3,—
450	4 g	lebhaftgrünlichblau (6.1927) .... cw		1,50	3,50	0,20	8,—
451	5 g	schwärzlichorange .... cw		2,—	5,—	0,20	2,—
452	6 g	.... cw					
a		dunkelviolettblau		1,50	6,—	0,20	5,—
b		(dunkel)lilaultramarin		2,50	9,—	0,50	10,—
453	7 g	dunkelrötlichbraun .... cw		2,—	5,50	0,20	3,—
454	8 g	schwärzlichgelblichgrün .... cw		5,—	18,—	0,20	2,—
455	10 g	schwärzlichgelblichorange cx		1,—	2,—	0,20	2,—
456	15 g	schwärzlichkarminlila cx		1,—	2,—	0,20	5,—
457	16 g	schwärzlichgraublau cx		1,—	2,—	0,20	5,—
458	18 g	schwärzlichgrauoliv cx		1,50	4,—	1,—	12,—
459	20 g	schwarzgrauviolett .... cy		1,—	4,—	0,20	6,—
460	24 g	lilarot .... cy		1,—	4,—	0,50	12,—
461	30 g	schwärzlichbraun .... cy		1,50	4,—	0,20	5,—
462	40 g	dunkelviolettblau .... cy		1,50	7,—	0,20	20,—
463	45 g	orangebraun .... cy		2,—	9,—	0,20	30,—
464	50 g	dunkeltürkisgrau .... cy		2,—	12,—	0,30	40,—
465	80 g	lebhaftgrünlichblau .... cy		4,50	30,—	5,50	70,—
466	1 S	.... cz					
a		schwärzlicholivgrün (Töne), Papier grauweiß		22,—	90,—	2,—	40,—
b		schwarzgelblichgrün, Papier graugelb		350,—	1700,—	25,—	100,—
467	2 S	schwärzlichbräunlichlila .... cz		8,50	30,—	12,—	300,—
		Satzpreis (21 W.)		60,—	240,—	24,—	
		FDC (ohne MiNr. 450) Einzelwerte je ab					100,—

Zähnungsabarten

			✱	✱✱	☉	✉
447 U–465 U	ungezähnt .... Satzpreis (19 W.)		600,—			
466 U	ungezähnt		900,—			
467 U	ungezähnt		900,—			
466 UMs, UMw	waagerechtes oder senkrechtes Paar, Mitte ungezähnt .... je		1800,—			

			*	**	⊙	✉
448 ZW U		senkrechtes Zwischenstegpaar, ungezähnt		1000,—		
453 ZW U		senkrechtes Zwischenstegpaar, ungezähnt		1000,—		
456 ZW U		waagerechtes Zwischenstegpaar, ungezähnt		1000,—		

Probedrucke

				(*)
453 P		„Stüber" statt „Groschen", in verschiedenen Farben, o.G. .... je		350,—
455 P		mit Nominale 4000 Kr, in verschiedenen Farben, o.G. .... je		350,—
462 P		mit Nominale 500 Kr, in verschiedenen Farben, o.G. .... je		350,—
466 P		mit Nominale 10 000 Kr, in verschiedenen Farben, o.G. .... je		1800,—

Druckzufälligkeiten (tlw. oder ganze Abklatsche), unwesentliche Plattenfehler, Gummi- und Papierverschiedenheiten (satiniertes Papier) kommen öfter vor.

Mischfrankaturen mit Freimarken-Ausgabe 1922/1924 möglich.

Auflagen: MiNr. 447 = 126 466 500, MiNr. 448 = 288 750 000, MiNr. 449 = 407 730 450, MiNr. 450 = 50 899 700, MiNr. 451 = 230 780 400, MiNr. 452 = 46 512 300, MiNr. 453 = 38 122 500, MiNr. 454 = 181 375 500, MiNr. 455 = 279 952 500, MiNr. 456 = 558 690 000, MiNr. 457 = 131 820 000, MiNr. 458 = 20 194 500, MiNr. 459 = 33 847 350, MiNr. 460 = 18 565 500, MiNr. 461 = 106 114 500, MiNr. 462 = 45 552 000, MiNr. 463 = 30 077 550, MiNr. 464 = 16 323 750, MiNr. 465 = 3 667 800, MiNr. 466 = 11 291 000, MiNr. 467 = 1 594 000 Stück

Gültig: MiNr. 459, 463–465 bis 31.1.1930, MiNr. 455–458, 460–462, 466 467 bis 31.12.1930, MiNr. 447–454 bis 31.12.1935

MiNr. 451 in geänderter Farbe und mit Aufdruck: MiNr. 563

✈ **1925, 1. Aug./1930, 18. Juni. Flugpostmarken.** ⌷ Sterrer; MiNr. 468–478 Bdr. (10×10), MiNr. 479–487 RaTdr. (10×10, MiNr. 487 5×10); gez. L 12½.

da) Flieger vor Flugzeug Hansa Brandenburg C-1 — da — da — da — da — da — da

da — da — da — da — db) Kranich und Flugzeug De Havilland D.H. 34 — db — db

db — db — db — db — db — dc) Kranich und Flugzeug De Havilland D.H. 34

				*	**	⊘	⊙	✉
468	2 g	dunkelgraubraun .... da		0,50	1,—	0,50	1,20	15,—
469	5 g	rot .... da		0,50	1,—	0,50	1,—	10,—
470	6 g	schwärzlichviolettultramarin .... da		1,—	3,50	1,—	2,—	15,—
471	8 g	gelblichgrün .... da		1,—	3,50	1,—	2,50	15,—
472	10 g	rötlichorange(7.9.1926) .... da		1,—	5,—	1,—	2,50	20,—
473	15 g	dunkelgraulila (7.9.1926) .... da		0,50	1,—	0,50	1,—	15,—
474	20 g	schwärzlichbraunorange (18.6.1930) .... da		13,50	40,—	13,50	15,—	20,—
475	25 g	schwarzviolett (18.6.1930) .... da		6,—	12,—	6,—	11,—	70,—
476	30 g	mittelockerbraun (7.9.1926) .... da		10,—	35,—	10,—	12,—	60,—
477	50 g	grautürkis (7.9.1926) .... da		17,—	50,—	17,—	18,—	60,—
478	80 g	schwärzlichgrün (18.6.1930) .... da		3,—	10,—	3,—	5,—	40,—
479	10 g	dunkelorangerot .... db		1,—	2,50	1,—	3,50	15,—
480	15 g	braunkarmin .... db		1,—	2,—	1,—	2,—	12,—
481	30 g	schwarzviolettbraun .... db		1,—	2,—	1,—	3,50	15,—
482	50 g	schwarzgrau .... db		1,—	2,—	1,—	3,50	15,—
483	1 S	dunkelviolettultramarin .... db		10,—	50,—	10,—	13,—	20,—
484	2 S	schwarzgrün .... db		2,—	8,—	2,—	5,—	25,—
485	3 S	dunkelbraunrot (27.9.1926) .... db		65,—	130,—	65,—	80,—	100,—
486	5 S	schwarzviolettblau (27.9.1926) .... db		17,—	35,—	17,—	35,—	200,—
487	10 S	schwärzlichsiena auf weißgrau (27.9.1926) .... dc		10,—	20,—	10,—	35,—	500,—

		*	**	⊘	⊙	✉
	Satzpreis (20 W.)	150,—	400,—	150,—	250,—	
	FDC 1.8.1925 (10 W.)					—,—
	FDC 7.9.1926 (7 W.)					—,—
	FDC 18.6.1930 (3 W.)					—,—

Plattennummern

		✶	✶✶	◍	⊙	✉
479 PNr–486 PNr	Randpaare mit Plattennummer . . . . . je ab		100,—			

Zähnungsabarten

		✶	✶✶	◍	⊙	✉
468 U–486 U	ungezähnt . . . . . Satzpreis (19 W.)		850,—			
487 U	ungezähnt		500,—			
469 UMs	waagerechtes Paar, Mitte ungezähnt		1500,—			
479 UMs	waagerechtes Paar, Mitte ungezähnt		1500,—			
484 UMs, UMw	waagerechtes oder senkrechtes Paar, Mitte ungezähnt . . . . . je		1500,—			

Probedrucke

		(✶)
468 P	mit Nominale 20 000 Kr in verschiedenen Farben, o.G. . . . . . je	600,—
469 P	in verschiedenen Farben, o.G. . . . . . je	400,—
479 P	mit Nominale 50 000 Kr in verschiedenen Farben, o.G. . . . . . je	650,—
485 P	in anderen Farben, o.G. . . . . . je	700,—
486 P	in anderen Farben, o.G. . . . . . je	700,—
487 P	in anderen Farben, o.G. . . . . . je	1000,—
468 P U–478 P U	Einzelabzüge in verschiedenen Farben, ungezähnt, o.G. . . . . . je	1800,—

Mischfrankaturen mit Flugpostausgabe 1922 (vom 1.8. bis 31.8.1925) möglich, mit Flugpostausgabe 1935 häufig. Auch mit Marken des Deutschen Reiches (vom 4.4. bis 31.10.1938) möglich.

Auflagen: MiNr. 468 = 329 400, MiNr. 469 = 381 000, MiNr. 470 = 192 100, MiNr. 471 = 194 700, MiNr. 472 = 257 000, MiNr. 473 = 238 000, MiNr. 474 = 236 000, MiNr. 475 = 136 800, MiNr. 476 = 189 400, MiNr. 477= 188 800, MiNr. 478 = 190 000, MiNr. 479 = 186 500, MiNr. 480 = 191 800, MiNr. 481 = 190 400, MiNr. 482 = 187 800, MiNr. 483 = 192 500, MiNr. 484 = 190 500, MiNr. 485 = 92 500, MiNr. 486 = 90 000, MiNr. 487 = 95 000 Stück

Gültig bis 31.10.1938 (gültig zunächst nur zur Entrichtung des Flugpostzuschlags, ab 6.5.1926 auch für andere Flugpostgebühren).

1926

1926, 8. März. Nibelungensage. [E] Dachauer; [S] Franke und Zenzinger; StTdr. (5×8); I = Bildformat 27,5×28,5 mm, II = Bildformat 28,5×27,5 mm; gez. L 12½.

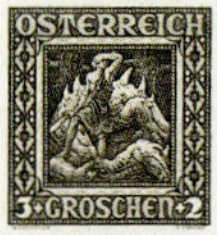

dd) Siegfried nach dem Kampf mit dem Lindwurm

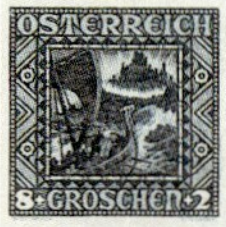

de) Gunther im Drachenschiff auf der Fahrt nach Isenland

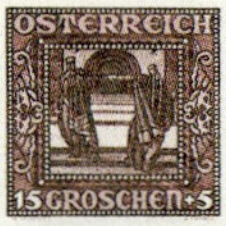

df) Streit Kriemhilds und Brunhilds vor dem Dom zu Worms

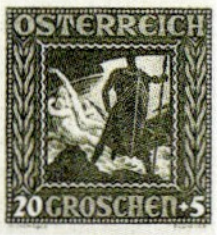

dg) Hagen und der Schicksalsspruch der Donauweiber

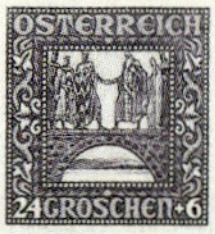

dh) Rüdiger von Bechelaren begrüßt die Nibelungen vor seiner Burg

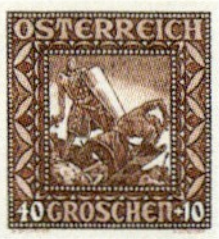

di) Dietrich von Bern besiegt Hagen

I = Bildformat 27,5×28,5 mm

		✶	✶✶	◍	⊙	✉
488 I	3 g + 2 (g) braunschwarz . . . . . dd	1,20	2,—	1,—	1,20	10,—
489 I	8 g + 2 (g) schwarzultramarin . . . . . de	0,40	0,50	0,40	0,50	10,—
490 I	15 g + 5 (g) schwärzlichbraunkarmin . . . . . df	0,40	0,50	0,40	0,50	10,—
491 I	20 g + 5 (g) schwarzoliv . . . . . dg	0,60	0,80	0,60	1,—	15,—
492 I	24 g + 6 (g) schwarzbläulichviolett . . . . . dh	0,60	0,80	0,60	1,—	15,—
493 I	40 g + 10 (g) dunkelbraunrot . . . . . di	3,—	13,50	3,—	6,50	20,—
	Satzpreis (6 W.)	6,—	18,—	6,—	10,—	
	FDC					120,—

II = Bildformat 28,5×27,5 mm

		✶	✶✶	◍	⊙	✉
488 II	3 g + 2 (g) braunschwarz . . . . . dd	—,—	—,—	—,—	—,—	—,—
489 II	8 g + 2 (g) schwarzultramarin . . . . . de	0,80	4,—	0,30	2,—	10,—
490 II	15 g + 5 (g) schwärzlichbraunkarmin . . . . . df	0,60	3,—	0,60	2,50	15,—
491 II	20 g + 5 (g) schwarzoliv . . . . . dg	30,—	120,—	30,—	120,—	250,—
492 II	24 g + 6 (g) schwarzbläulichviolett . . . . . dh	3,50	8,—	3,50	9,—	20,—
493 II	40 g + 10 (g) dunkelbraunrot . . . . . di	10,—	22,—	10,—	15,—	30,—

Ausgaben mit zusätzlicher ◍-Bewertung:

Die ◍-Bewertung gilt für nicht prüfbare bzw. nicht eindeutig als zeitgerecht bestimmbare Stempel.
Die Bewertung für postalische Stempel (⊙, Ⓢ, Ⓣ) gilt nur für Marken mit zeitgerechten Entwertungen (BPP-)Prüfung erforderlich!

Plattennummern

		★	★★	◎	⊙	✉
488 PNr–493 PNr	Randpaare mit Plattennummer . . . . je ab		10,—			

Zähnungsabarten

488 I U–493 I U	. . . . ungezähnt Satzpreis (6 W.)		600,—	
489 I Ul	links ungezähnt		500,—	
490 I Ul	links ungezähnt		500,—	
490 I Ur	rechts ungezähnt		500,—	
491 I Ur	rechts ungezähnt		500,—	
492 I Ur	rechts ungezähnt		500,—	
492 I Uo	oben ungezähnt		500,—	
492 I Uu	unten ungezähnt		500,—	
493 I Ul	links ungezähnt		500,—	

Probedrucke

		(★)
488 P U–493 P U	Einzelabzüge in Schwarz auf Japanpapier, ungezähnt, o.G. . . Satzpreis (6 W.)	1500,—
489 P	mit Nominale 7 g in verschiedenen Farben, o.G. . . . . je	600,—

Neujahrsgeschenkblatt mit eingedruckter Marke MiNr. 489, deutscher oder französischer Text . . . . .   —,—

Auflagen: MiNr. 488, 491 und 492 je 1 000 000, MiNr. 489–490 je 1 500 000, MiNr. 493 = 500 000 Stück

Gültig bis 31.10.1938

1928

1928, 5. Nov. 10 Jahre Republik. ⒂ Junk; ⒮ Schirnböck; StTdr. (5×10); gez. L 12½.

dk) Michael Hainisch (1858–1940), Bundespräsident von 1920 bis 1928

				★	★★	◎	⊙	✉
494	10 g	(+ 10 g)	dunkelsiena . . . . dk	6,—	12,—	6,—	15,—	80,—
495	15 g	(+ 15 g)	dunkelkarminbraun . . . . dk	6,—	12,—	6,—	15,—	80,—
496	30 g	(+ 30 g)	schwarzblaugrau . . . . dk	6,—	12,—	6,—	15,—	120,—
497	40 g	(+ 40 g)	schwarzviolettultramarin . . . . dk	6,—	12,—	6,—	15,—	120,—
			Satzpreis (4 W.)	24,—	45,—	24,—	60,—	75,—
			FDC					450,—

MiNr. 494–497 wurden nur satzweise am Schalter verkauft.

Plattennummern

		★
494 PNr–497 PNr	Randpaare mit Plattennummer . . . . je ab	60,—

Zähnungsabarten

		(★)
494 U–497 U	ungezähnt, o.G. . . . . Satzpreis (4 W.)	750,—

Probedrucke

496 P	in 4 verschiedenen Farben, o.G. . . . . je	800,—

✆

Auflage: 100 000 Sätze

Gültig bis 30.4.1929

1929

1929, 4. Nov./1930, Sept. Freimarken: Landschaften. ⬨ Junk und Retzl; ⬨ Schirnböck; MiNr. 498–509 Bdr. (10×10), gez. K 12½; MiNr. 510–511 StTdr. (10×10), gez. L 12½.

dl) Burg Güssing
(Burgenland)   dl   dm) Burg Hochoster-   dn) Dürnstein   do) Traunsee   dn   dp) Festung Hohen-
                     witz (Kärnten)   (Niederösterreich)   (Oberösterreich)   salzburg (Salzburg)

dp   dr) Seewiesen   ds) Frühere Hofburg,   dt) Wörthersee   du) Hohenems   dv) Nationalbiblio-   dw) Stefansdom,
      (Steiermark)   Innsbruck (Tirol)   (Kärnten)   (Vorarlberg)   thek, Wien   Wien

			✳	✳✳	⊙	✉
498	10 g	dunkelocker . . . . dl	0,80	10,—	0,10	2,—
499	10 g	schwarzgelblichorange (Sept. 1930) . . . . dl	0,80	7,50	0,10	4,—
500	15 g	schwarzbraunpurpur . . . . dm	0,80	4,50	1,70	20,—
501	16 g	schwärzlichgrau . . . . dn	0,20	1,50	0,10	15,—
502	18 g	dunkelblaugrün . . . . do	0,50	8,—	0,60	10,—
503	20 g	schwärzlichgrau (Jan. 1930) . . . . dn				
x		normales Papier	0,50	22,—	0,10	2,—
y		dickes gelblliches Papier	130,—	280,—	100,—	—,—
504	24 g	dunkelrötlichkarmin . . . . dp	8,—	37,—	10,—	30,—
505	24 g	dunkelrosakarmin (Sept. 1930) . . . . dp	4,50	45,—	0,60	20,—
506	30 g	schwarzviolettpurpur . . . . dr	4,50	55,—	0,10	5,—
507	40 g	schwärzlichblau . . . . ds	9,—	85,—	0,20	5,—
508	50 g	schwärzlichblauviolett (8.1930) . . . . dt	35,—	175,—	0,20	7,—
509	60 g	schwarzgrünlicholiv . . . . du	22,—	165,—	0,30	10,—
510	1 S	schwarzorangebraun . . . . dv	5,—	45,—	0,30	30,—
511	2 S	schwärzlichopalgrün . . . . dw	20,—	90,—	15,—	300,—
		Satzpreis (14 W.)	110,—	750,—	28,—	
		FDC 4.11.1929 (10 W.)				—,—

Bei MiNr. 510 und 511 kommen Unterschiede in der Bildgröße (21×28 mm zu 20,5×25 mm) häufig vor. Preiszuschläge sind nicht gerechtfertigt.

Papierabarten

		✳	✳✳	⊙	✉
503 Pa	geklebte Papierbahn		250,—		

Zähnungsabarten

498 U–509 U	ungezähnt . . . . .Satzpreis (12 W.)	950,—		
510 U–511 U	ungezähnt . . . . Satzpreis (2 W.)	1800,—		
510 UMs	waagerechtes Paar, Mitte ungezähnt	—,—		
510 UMw	senkrechtes Paar, Mitte ungezähnt		1500,—	
511 UMs	waagerechtes Paar, Mitte ungezähnt	—,—		

Plattenfehler

498 I

498 I	„i" in der linken Zierleiste	30,—	8,—
499 I	„i" in der linken Zierleiste	30,—	8,—

Auflagen: MiNr. 498 = 81 570 000, MiNr. 499 = 148 360 000, MiNr. 500 = 2 790 000, MiNr. 501 = 14 700 000, MiNr. 502 = 12 770 000, MiNr. 503 = 303 490 000, MiNr. 504 = 3 460 000, MiNr. 505 = 7 720 000, MiNr. 506 = 64 960 000, MiNr. 507 = 27 150 000, MiNr. 508 = 13 210 000, MiNr. 509 = 8 480 000, MiNr. 510 = 7 910 000, MiNr. 511 = 1 300 000 Stück

Gültig bis 31.12.1935 (MiNr. 501 war infolge Portoerhöhung zunächst nur bis 31.12.1929 gültig, wurde jedoch am 15.12.1932 wieder ausgegeben).

In kleinerem Format: MiNr. 530–543
Mit Aufdruck: MiNr. 518–523
MiNr. 510 in geänderter Farbe und mit Aufdruck: MiNr. 566

1930

1930, 4. Okt. Lungenheilstätten in Kärnten. [E] Junk; [S] Schirnböck; StTdr. (5×10); gez. L 12½.

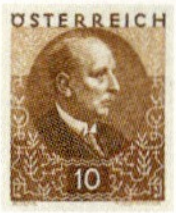
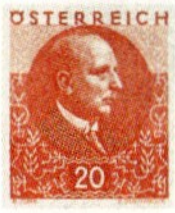
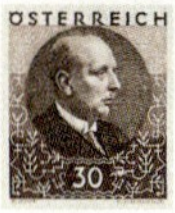
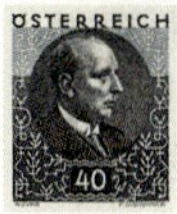
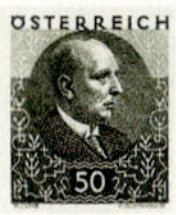
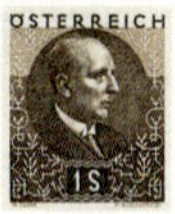

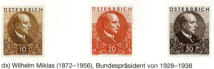

dx) Wilhelm Miklas (1872–1956), Bundespräsident von 1928–1938

MiNr.	Wert	Farbe		✶	✶✶	⊘	⊙	✉
512	10 (g) (+ 10 g)	dunkelgelbbraun	dx	9,—	25,—	9,—	25,—	100,—
513	20 (g) (+ 20 g)	rot	dx	9,—	25,—	9,—	25,—	160,—
514	30 (g) (+ 30 g)	schwarzbraunviolett	dx	9,—	25,—	9,—	25,—	100,—
515	40 (g) (+ 40 g)	schwärzlichblau	dx	9,—	25,—	9,—	25,—	100,—
516	50 (g) (+ 50 g)	schwarzopalgrün	dx	9,—	25,—	9,—	25,—	140,—
517	1 S (+ 1 S)	schwärzlichbraun	dx	9,—	25,—	9,—	25,—	300,—
			Satzpreis (6 W.)	50,—	150,—	50,—	150,—	200,—
			FDC					600,—

MiNr. 512–517 wurden nur satzweise am Schalter verkauft.

Plattennummern

512 PNr–517 PNr Randpaare mit Plattennummer . . . . . je ab 120,—

Zähnungsabarten

512 U–517 U ungezähnt, o.G. . . . . . Satzpreis (6 W.) (✶) 1200,—

Neujahrsgeschenkblatt mit eingedruckter Marke MiNr. 517 in Grün, deutscher oder französischer Text —,—

👁

Auflage: 85 000 Sätze

Gültig bis 30.4.1931

1931

1931, 20. Juni. Kongreß von Rotary International. Marken der Freimarkenausgabe von 1929 mit Aufdruck.

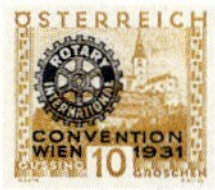
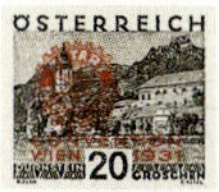
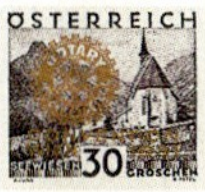
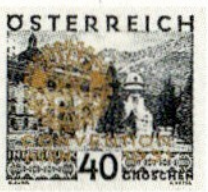
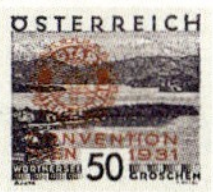
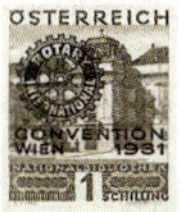

MiNr.	Wert	Farbe		✶	✶✶	⊘	Ⓢ	Ⓣ	✉
518	10 (g) (+ 10 g)	schwarzgelblichorange	(499) Bl	35,—	120,—	35,—	70,—	250,—	250,—
519	20 (g) (+ 20 g)	schwärzlichgrau	(503) R	35,—	120,—	35,—	70,—	250,—	300,—
520	30 (g) (+ 30 g)	schwarzviolettpurpur	(506) G	35,—	120,—	35,—	70,—	250,—	400,—
521	40 (g) (+ 40 g)	schwärzlichblau	(507) G	35,—	120,—	35,—	70,—	250,—	400,—
522	50 (g) (+ 50 g)	schwärzlichblauviolett	(508) R	35,—	120,—	35,—	70,—	250,—	450,—
523	1 S (+ 1 S)	schwarzorangebraun	(510) S	35,—	120,—	35,—	70,—	250,—	450,—
			Satzpreis (6 W.)	200,—	700,—	200,—	400,—	1500,—	600,—
			FDC						700,—

MiNr. 518–523 wurden nur satzweise am Schalter verkauft.

Probedrucke

			(✶)
519 P I–523 P I	Aufdruckprobe in Gold, o.G.	je	—,—
519 P II–523 P II	Aufdruckprobe in Silber, o.G.	je	—,—

[FALSCH] Achtung vor Aufdruck-Fälschungen!

👁

Auflage: 50 000 Sätze

Gültig bis 30.9.1931

Alle Farbangaben beziehen sich auf den MICHEL-Farbenführer ab 37. Auflage. Eventuelle Farbangaben in eckigen Klammern sind „klassische" Farbbezeichnungen. Bei teureren Stücken ist eine (BPP-)Prüfung unbedingt anzuraten.

1931, 12. Sept. Wohlfahrt: Österreichische Dichter. [E] Junk; [S] Lorber (MiNr. 525 und 527), Schuricht (MiNr. 524 und 528) und Zenzinger (MiNr. 526 und 529); StTdr. (5×10); gez. L 12½.

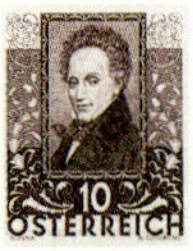
dy) Ferdinand Raimund (1790–1836)

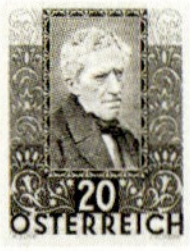
dz) Franz Grillparzer (1791–1872)

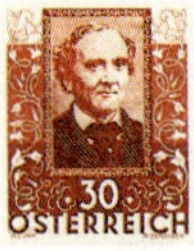
ea) Johann Nestroy (1801–1862)

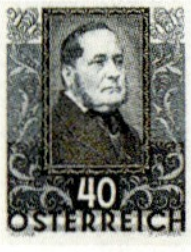
eb) Adalbert Stifter (1805–1868)

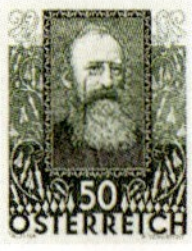
ec) Ludwig Anzengruber (1839–1889)

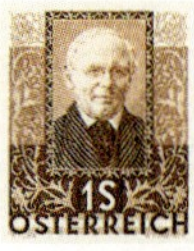
ed) Peter Rosegger (1843–1918)

				✶	✶✶	◍	⊙	✉
524	10 (g) (+ 10 g) schwarz rotviolett	dy		14,—	35,—	14,—	40,—	200,—
525	20 (g) (+ 20 g) schwärzlichgrau	dz		14,—	35,—	14,—	40,—	240,—
526	30 (g) (+ 30 g) orangerot	ea		14,—	35,—	14,—	40,—	320,—
527	40 (g) (+ 40 g) dunkelblau	eb		14,—	35,—	14,—	40,—	320,—
528	50 (g) (+ 50 g) schwärzlichopalgrün	ec		14,—	35,—	14,—	40,—	360,—
529	1 S (+ 1 S) orangebraun	ed		14,—	35,—	14,—	40,—	360,—
			Satzpreis (6 W.)	80,—	200,—	80,—	220,—	280,—
			FDC					400,—

MiNr. 524–529 wurden nur satzweise am Schalter verkauft.

Plattennummern

			✶	✶✶
524 PNr–529 PNr	Randpaare mit Plattennummer	je ab		150,—

Zähnungsabarten

			(✶)
524 U–529 U	ungezähnt, o.G.	Satzpreis (6 W.)	1200,—

Probedrucke

524 P U–529 P U	Einzelabzüge in Schwarz auf Japanpapier, ungezähnt, o.G. . . (Satzpreis 6 W.)	1800,—

€

Auflage: 65 000 Sätze

Gültig bis 30.4.1932

1932

1932, 1. März/Nov.. Freimarken: Landschaften. Wie Freimarkenausgabe von 1929/30, jedoch kleineres Format. Bdr. (15×10); gez. L 12.

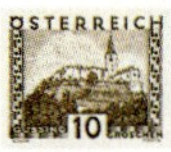
dl I

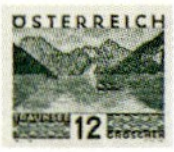
do I

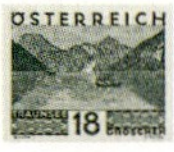
do I

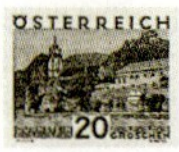
dn I

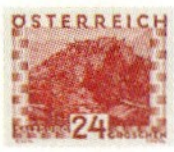
dp I

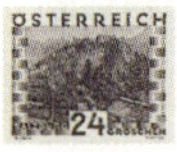
dp I

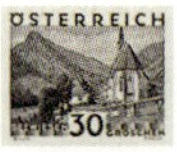
dr I

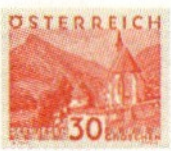
dr I

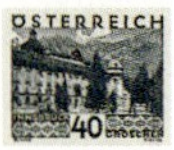
ds I

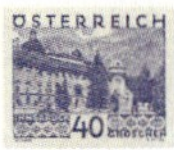
ds I

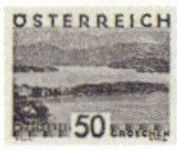
dt I

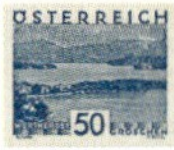
dt I

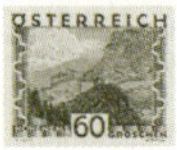
du I

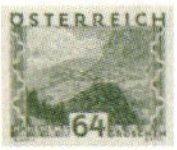
du I

				✶	✶✶	⊙	✉
530	10 g lebhaftbraun (1. März)	dl I		0,70	4,—	0,10	2,—
531	12 g schwärzlichbläulichgrün (Okt.)	do I		2,—	7,—	0,10	2,—
532	18 g schwärzlichblaugrün (1. März)	do I		2,—	6,—	3,—	10,—
533	20 g dunkelgelbgrau (1. März)	dn I		0,70	8,—	0,10	3,—
534	24 g karmin (1. März)	dp I		7,50	20,—	0,10	2,—
535	24 g schwarzviolett (Okt.)	dp I		5,—	13,—	0,10	2,—
536	30 g schwärzlichgrauviolett (1. März.)	dr I		25,—	75,—	0,20	5,—
537	30 g lebhaftmagenta (Sept.)	dr I		10,—	32,—	0,20	5,—
538	40 g schwarzkobalt (1. März)	ds I		28,—	120,—	1,50	10,—
539	40 g schwarzblauviolett (Sept.)	ds I		10,—	45,—	0,40	8,—
540	50 g schwärzlichblauviolett (1. März)	dt I		30,—	120,—	0,40	20,—
541	50 g schwärzlichgrauultramarin (Sept.)	dt I		10,—	40,—	0,40	15,—
542	60 g schwärzlichgraugrün (1. März)	du I		50,—	320,—	4,—	20,—
543	64 g schwarzgrünoliv (Nov.)	du I		17,—	140,—	0,40	20,—
			Satzpreis (14 W.)	200,—	950,—	10,—	
			FDC 1.3.1932 (8 W.) je ab				300,—

Zähnungsabarten

530 U–543 U	ungezähnt	Satzpreis (14 W.)	1100,—

Auflagen: MiNr. 530 = 67 890 000, MiNr. 531 = 152 650 000, MiNr. 532 = 1 440 000, MiNr. 533 = 77 910 000, MiNr. 534 = 24 240 000, MiNr. 535 = 167 220 000, MiNr. 536 = 14 400 000, MiNr. 537 = 18 270 000, MiNr. 538 = 5 830 000, MiNr. 539 = 21 240 000, MiNr. 540 = 7 870 000, MiNr. 541 = 11 640 000, MiNr. 542 = 2 310 000, MiNr. 543 = 7 290 000 Stück

Gültig bis 31.12.1935

In größerem Format: MiNr. 498–511

MiNr. 531 und 535 in geänderten Farben und mit Aufdruck: MiNr. 564–565

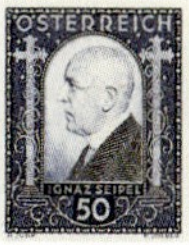

1932, 12. Okt. Tod von Ignaz Seipel. [E] Junk; [S] Lorber; StTdr. (5×10); gez. L 12½.

ef) I. Seipel (1876–1932), Bundeskanzler

			★	★★	⊘	⊙	✉	FDC
544	50 (g) (+ 50 g) lebhaftlilaultramarin	ef	12,—	30,—	12,—	30,—	100,—	130,—

Plattennummern

544 PNr	Randpaar mit Plattennummer		120,—

Zähnungsabarten

		(★)	
544 U	ungezähnt, o.G.	800,—	
544 Ur	rechts ungezähnt		—,—

Auflage: 100 000 Stück

Gültig bis 30.4.1933

1932, 21. Nov. Wohlfahrt: Österreichische Maler. [E] Junk; [S] Lorber; StTdr.; gez. L 12½.

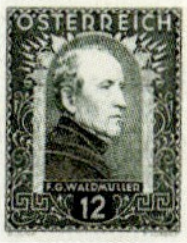

eg) F. G. Waldmüller (1793–1865)

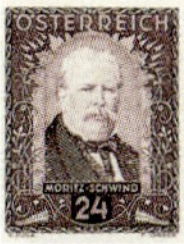

eh) Moritz v. Schwind (1804–1871)

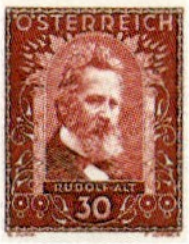

ei) Rudolf v. Alt (1812–1905)

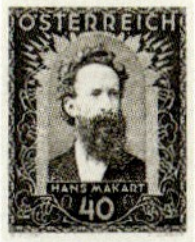

ek) Hans Makart (1840–1884)

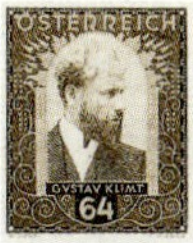

el) Gustav Klimt (1862–1918)

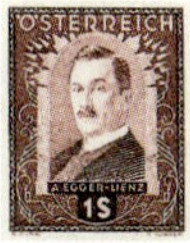

em) A. Egger-Lienz (1868–1926)

			★	★★	⊘	⊙	✉
545	12 (g) (+ 12 g) schwärzlichgrünblau	eg	20,—	55,—	20,—	75,—	250,—
546	24 (g) (+ 24 g) schwarzgraupurpur	eh	20,—	55,—	20,—	75,—	300,—
547	30 (g) (+ 30 g) lilarot	ei	20,—	55,—	20,—	75,—	350,—
548	40 (g) (+ 40 g) schwarzgrautürkis	ek	20,—	55,—	20,—	75,—	400,—
549	64 (g) (+ 64 g) schwärzlichorangebraun	el	20,—	55,—	20,—	75,—	400,—
550	1 S (+ 1 S) braunlila	em	20,—	55,—	20,—	75,—	500,—
		Satzpreis (6 W.)	120,—	320,—	120,—	450,—	600,—
		FDC					700,—

MiNr. 545–550 wurden nur satzweise am Schalter verkauft.

Plattennummern

545 PNr–550 PNr	Randpaare mit Plattennummer	je ab	200,—

Zähnungsabarten

			(★)
545 U–550 U	ungezähnt, o.G.	Satzpreis (6 W.)	1300,—

Neujahrsgeschenkblatt mit eingedruckter Marke MiNr. 545 in Grün, deutscher oder französischer Text —,—

Auflage: 50 000 Sätze

Gültig bis 30.4.1933

Die Wohlfahrts- und Sondermarkenausgaben der 1. Republik wurden nur satzweise und auch nur auf den Hauptpostämtern agegeben. Bedingt durch die hohen Zuschläge wurde nur ein verschwindend kleiner Teil für Bedarfspost verwendet. Das Gros der gestempelten Marken wurde mit den damals sehr beliebten Sonderstempeln entwertet.
Als zeitgerecht gestempelt prüfbare Marken (⊙,Ⓢ, Ⓣ) sind daher selten und bedingen teilweise erhebliche Aufschläge. (BPP-)Prüfung erforderlich!
⊘-Bewertung gilt für Stempelabschläge, die nicht als zeitgerecht verwendet prüfbar sind.

1933

1933, 9. Jan. Jugendwohlfahrt: FIS-Wettkämpfe in Innsbruck. ◳ Junk; RaTdr. auf gestrichenem Papier (5×5); gez. L 12½.

en) Aufstieg   eo) Abfahrtslauf   ep) Langlauf   er) Skispringen

					★	★★	◎	Ⓢ	①	✉
551	12 (g)	(+ 12 g)	schwärzlichgrünlichblau	.... en	8,—	25,—	8,—	10,—	15,—	50,—
552	24 (g)	(+ 24 g)	schwärzlichbläulichviolett	.... eo	90,—	290,—	90,—	160,—	300,—	300,—
553	30 (g)	(+ 30 g)	karminrot	.... ep	15,—	40,—	15,—	20,—	25,—	200,—
554	50 (g)	(+ 50 g)	lilaultramarin	.... er	90,—	280,—	90,—	160,—	300,—	300,—
			Satzpreis (4 W.)		200,—	600,—	200,—	350,—	620,—	400,—
			FDC							450,—

Ⓢ FIS-Wettkämpfe Innsbruck

Zähnungsabarten

				(★)
551 U–554 U	ungezähnt, o.G.	.... Satzpreis (4 W.)	4800,—	
553 Ur	rechts ungezähnt	....		4000,—

Ⓡ

Auflagen: MiNr. 551 = 80 000, MiNr. 552 und 554 je 50 000, MiNr. 553 = 65 000 Stück

Gültig bis 31.3.1933

1933, 23. Juni. Internationale Postwertzeichen-Ausstellung WIPA, Wien. ◳ Junk; Ⓢ Lorber; StTdr. MiNr. 555 auf gewöhnlichem, MiNr. 556 auf Faserpapier (5×5); A = gez. L 12½.

es) Postkutsche (nach dem Gemälde von Moritz von Schwind „Symphonie")

				★	★★	◎	Ⓢ	①	✉	FDC
555 A	50 (g)	(+ 50 g) schwärzlichviolettultramarin, gewöhnliches Papier .... es		180,—	320,—	180,—	260,—	320,—	400,—	300,—
556 A	50 (g)	(+ 50 g) schwärzlichviolettultramarin, Faserpapier .... es		400,—	750,—	400,—	650,—	800,—	900,—	900,—
		Satzpreis (2 W.)		550,—	1000,—	550,—	900,—	1100,—		

Blockausgabe mit 4×MiNr. 556 C, Faserpapier, C = gez. Ks 12

es I

		★	★★	◎	Ⓢ	①	✉	FDC
556 C	50 (g) (+ 50 g) schwärzlichviolettultramarin .....es	600,—	800,—	600,—	800,—	850,—	1100,—	1200,—
Block 1	(127×104,5 mm, Mittelmaß) ....es I	3000,—	3700,—	3000,—	4000,—	6000,—	8000,—	4600,—

Ⓢ Anläßlich der WIPA waren von 3 Sonderpostämtern Stempel erhältlich: Künstlerhaus, Sezession, Kongreßhaus.

Der Block, der zu 90% nur in Verbindung mit einer Eintrittskarte abgegeben wurde, war in einem Umschlag auf dessen rechter Innenseite zart angeklebt (meist leicht löslich). Diese ungestempelten Blocks weisen deshalb im oberen Rand drei leichte Klebspuren auf. Auch für solche Blocks gilt die Bewertung ✳✳.

Plattennummern

		✳	✳✳	⊘	Ⓢ	ⓣ	⊠	FDC
555 A PNr	Randstück mit Plattennummer		450,—					
556 A PNr	Randstück mit Plattennummer		1000,—					

Zähnungsabarten

555 U	ungezähnt, o.G.	2500,—
556 U	ungezähnt, o.G.	—,—
Block 1 U	ungezähnt, o.G.	—,—

Probedrucke

555 P U I	in Schwarz auf Kartonpapier, ungezähnt, o.G.	1500,—
555 P U II	in Schwarz auf Kreidepapier, ungezähnt, o.G.	2000,—
Block 1 P	in Schwärzlichgrauultramarin, o.G.	20000,—
Block 1 P U I	in Schwarz auf Kartonpapier, ungezähnt, o.G.	8000,—
Block 1 P U II	in Schwarz auf Japanpapier, ungezähnt, o.G.	8500,—

Neujahrsgeschenkblatt mit eingedruckter Marke MiNr. 555, deutscher oder
französischer Text . . . . —,—

Ⓖ

Auflagen: MiNr. 555 A = 40 000, MiNr. 556 A = 20 000 Stück, Block 1 = 10 000 Blocks

Gültig bis 31.8.1933

Zur WIPA 1965 wurde ein Gedenkblatt (100×134 mm) hergestellt, enthaltend einen Neudruck des Markenbildes „es" in Braunrot. Auf dem Neudruck der Bdr.-Aufdruck NEUDRUCK (oben), WIPA (links, schräg), 1965 (rechts, schräg) in Ultramarin; rückseitig quer teilweise der Stempelaufdruck MUSTER in Rosakarmin (Auflage 262 285 Stück).

1933, 6. Sept. Wohlfahrt: Allgemeiner Katholikentag zum Gedenken an den Befreiungskampf 1683 gegen die Türken. ▨ Attems;
RaTdr. auf gestrichenem Papier (5×10); gez. L 12½.

et) Wien mit Stephans-kirche (1683)	eu) P. Marco d'Aviano, päpstl. Legat; Porträt von C. G. von Amling	ev) Graf Ernst Rüdiger von Starhemberg; Porträt von Nicolas Vischer	ew) Johann Sobieski, König von Polen; Porträt von N. Vischer	ex) Karl V., Herzog von Lothringen; Porträt von Abraham Bloteling	ey) Joh. Andreas von Liebenberg, Bürger-meister von Wien; Porträt von Matthias von Sommeren

				✳	✳✳	⊘	Ⓢ	ⓣ	⊠
557	12 (g)(+ 12 g)	schwarzopalgrün . . . . et	25,—	70,—	25,—	45,—	90,—	180,—
558	24 (g)(+ 24 g)	schwarzbläulichviolett . . . . eu	20,—	65,—	20,—	40,—	85,—	200,—
559	30 (g)(+ 30 g)	schwärzlichrosarot . . . . ev	20,—	65,—	20,—	40,—	85,—	200,—
560	40 (g)(+ 40 g)	schwarzblau . . . . ew	25,—	95,—	25,—	75,—	120,—	250,—
561	50 (g)(+ 50 g)	schwarzcyanblau . . . . ex	20,—	65,—	20,—	40,—	85,—	200,—
562	64 (g)(+ 64 g)	mittelbraun . . . . ey	20,—	85,—	20,—	65,—	120,—	250,—
		Satzpreis (6 W.)	130,—	440,—	130,—	300,—	580,—	350,—
		FDC						400,—

Ⓢ: Katholikentag und Türkenbefreiung.

MiNr. 557–562 wurden nur satzweise am Schalter verkauft.

Probedrucke

		(✳)
557 P U–562 P U	ungezähnt auf Japanpapier in Mappe, o.G. . . . .(Satzpreis 6 W.)	—,—

Plattenfehler

557 I

560 I

562 I

562 II

562 III

	✳	✳✳	⊘	Ⓢ	①	✉
557 I	Punkt zwischen „e" und „n" in „Katholikentag"	180,—		120,—		—,—
560 I	„s" statt „o" („Jshann") (Feld 28)	180,—		120,—		—,—
562 I	Farbfleck unter „1933"	180,—		120,—		—,—
562 II	„Fragezeichen" unter „64"	180,—		120,—		—,—
562 III	Punkt zwischen „6" und „4" (Feld 1)	180,—		120,—		—,—

Ⓖ

Auflage: 50 000 Sätze

Gültig bis 31.1.1934

1933, 15. Dez. Winterhilfe (I). MiNr. 451, 531, 535 und 510 in geänderten Farben mit Aufdruck.

					✳	✳✳	⊘	☉	✉
563	5 g	+	**2 g**	dunkelgrünoliv .... (cw)	0,20	1,—	0,20	0,70	10,—
564	12 g	+	**3 g**	mittelpreußischblau .... (do I)	0,30	1,20	0,30	1,—	10,—
565	24 g	+	**6 g**	schwärzlichorange .... (dp I)	0,20	1,—	0,20	0,70	10,—
566	1 S	+	**50 g**	orangerot .... (dv)	40,—	95,—	40,—	80,—	200,—
				Satzpreis (4 W.)	40,—	95,—	40,—	80,—	100,—
				FDC					200,—

Aufdruckfehler

563 I

566 I

		(✳)	✳✳	⊘	☉	✉
563 I	gebrochenes „I" (wie „i") (Feld 87)		50,—		40,—	—,—
566 I	tieferstehende Null in „50" (Feld 28)		250,—		200,—	—,—

Probedrucke

563 P–566 P   mit verschiedenen Aufdruckproben, o.G. .... je   —,—

Ⓖ

Auflagen: MiNr. 563–565 je 1 000 000, MiNr. 566 = 60 000 Stück

Gültig bis 10.11.1934, MiNr. 566 bis 30.4.1934

Die ✉-Preise gelten **ausschließlich** für portogerecht frankierte Briefe oder Paket-(Post-)karten. Nicht portogerecht frankierte Briefe, soweit bei Satzbriefen keine eigene Bewertung erfolgte, rechtfertigen nur einen geringen Aufschlag auf den ☉-Preis.

1934

 1934, 15. Aug./1936, 28. Juni. Freimarken: Österreichische Volkstrachten. ☒ Jung;] Lorber; MiNr. 567–585 Bdr. (MiNr. 567–578 10 × 15, MiNr. 579–585 10 × 10), MiNr. 586–587 StTdr. (5 × 5); MiNr. 567–578 gez. K 12, MiNr. 579–585 gez. K 12½, MiNr. 586–587 gez. L 12.

 ez) Pferdehirte; Windmühle am Zicksee und Pferdeherde, Burgenland

 fa) Bäuerin auf dem Gang zum Wochenmarkt; Schloß Forchtenstein

 fb) Hochzeitsbitter in der Tracht des Lesachtales; Heiligenblut, Kärnten

 fc) Glantaler Mädchen auf dem Weg zur Osterweihe; Wörther See mit Maria-Wörth

fd) Winzer aus der Wachau mit Hauskäppchen und Zugheber; Donautal mit Ruine Aggstein, Niederösterreich

 fe) Mädchen mit Wachauer Bretthaube auf dem Kirchweg; Rosenburg im Kamptal

 ff) Bauer aus dem Traunkreis; Traunsee mit Schloß Orth, Oberösterreich

 fg) Oberösterreicherin mit Goldhaube auf dem Weg zur Palmenweihe; Mondsee mit Schafberg

 fh) Holzfäller; Zeller See mit Zell und Kitzsteinhorn, Salzburg

 fi) Pinzgauerin auf dem Weg zur Kirmes: Untersberg mit Hohensalzburg

 fk) Jäger; Pürgg mit dem Grimming, Steiermark

 fl) Mädchen aus Alt-Aussee; Graz mit Murbrücke, Schloßberg und Uhrturm

 fm) Unterinntalerin mit Firmling; Festung Kufstein, Tirol

 fn) Kaisertaler Bauernpaar; Lermoos mit Wettersteingebirge

 fo) Brautpaar auf dem Hochzeitsgang; Körbersee, Vorarlberg

 fp) Mutter und Tochter aus dem Montafon; Dorf Innerberg

 fr) Wiener Familie; Stephansdom

 fs) Tiroler Kaiserschützen

 fs

 ft) Ländliche Arbeit: Schnitter und Garbenbinderinnen

 fu) Städtische Arbeit: Bauarbeiter

 MiNr. 571 I

 MiNr. 571 II

 MiNr. 584

 MiNr. 585

				*	**	⊘	⊙	✉
567	1 g	schwarzbläulichviolett .... ez		0,10	0,20	0,10	0,10	3,—
568	3 g	schwärzlichgraurot .... fa		0,10	0,20	0,10	0,10	3,—
569	4 g	schwarzolivgrün .... fb		0,10	0,20	0,10	0,10	3,—
570	5 g	dunkelviolettpurpur .... fc		0,10	0,20	0,10	0,10	3,—
571	6 g	lebhaftlilaultramarin .... fd						
I		falsche Ohrenzeichnung		0,20	0,70	0,20	0,30	2,—
II		richtige Ohrenzeichnung (1935)		0,20	0,50	0,20	0,20	1,80
572	8 g	dunkelgrün .... fe		0,10	0,50	0,10	0,10	1,50
573	12 g	siena .... ff		0,10	0,50	0,10	0,10	1,—
574	20 g	mittelbraunorange .... fg		0,10	0,50	0,10	0,10	1,—
575	24 g	dunkelgrünlichblau .... fh		0,10	0,50	0,10	0,10	1,—
576	25 g	(dunkel)bläulichviolett .... fi		0,20	0,70	0,20	0,30	2,50
577	30 g	schwärzlichrötlichkarmin .... fk		0,20	0,70	0,10	0,30	1,20
578	35 g	schwärzlichlilarosa .... fl		0,40	2,50	0,40	0,60	3,—
579	40 g	schwärzlichpreußischblau .... fm		0,50	2,50	0,30	0,50	1,80
580	45 g	schwärzlichgelblichrot .... fn		0,40	2,50	0,20	0,40	3,—
581	60 g	lebhaftviolettultramarin .... fo		0,70	5,—	0,50	0,70	3,—
582	64 g	siena .... fp		1,—	5,—	0,20	1,—	5,—
583	1 S	schwärzlichrotviolett .... fr		1,50	12,—	0,80	1,50	6,50
584	2 S	dunkelbläulichgrün .... fs		55,—	150,—	55,—	110,—	140,—
585	2 S	dunkelgelbsmaragdgrün (3.4.1935) .... fs		4,50	8,—	4,50	8,—	30,—
586	3 S	zinnober (28.6.1936) .... ft		17,—	35,—	17,—	25,—	50,—
587	5 S	rotschwarz (2.6.1936) .... fu		40,—	60,—	40,—	60,—	100,—
		Satzpreis (21 W.)		120,—	280,—	120,—	200,—	
		FDC mit MiNr. 567–570, 571 I, 572–584 (18 W.)						—,—
		4 FDCs mit MiNr. 571 II, 585, 586, 587 je						—,—

Papierabarten

		*	**	⊘	⊙	⊠
568 Pa	geklebte Papierbahn		350,—			
573 Pa	geklebte Papierbahn		350,—			
574 Pa	geklebte Papierbahn		350,—			
575 Pa	geklebte Papierbahn		350,—			
578 Pa	geklebte Papierbahn		350,—			

Zähnungs- und Druckabarten

567 U–583 U	ungezähnt . . . . Satzpreis (17 W.)	250,—
568 U DD	ungezähnt, Doppeldruck	250,—
568 U DDG	ungezähnt, Druck vorder- und rückseitig	250,—
570 U DD	ungezähnt, Doppeldruck	250,—
571 KZ U	ungezähntes senkrechtes Kehrdruckpaar	280,—
572 Uu	unten ungezähnt	500,—
572 Udr	dreiseitig ungezähnt	500,—
575 ZW U	Zwischenstegpaar, ungezähnt	1500,—
575 Uo	durch Randumschlag oben ungezähnt	1000,—
575 U DD	ungezähnt, Doppeldruck	250,—
576 U DD	ungezähnt, Doppeldruck	250,—
576 U DDG	ungezähnt, Druck vorder- und rückseitig	250,—
576 U G	ungezähnt, Druck auf der Gummiseite	500,—
577 U DD	ungezähnt, Doppeldruck	250,—
577 G	Druck auf der Gummiseite	1500,—
577 U G	ungezähnt, Druck auf der Gummiseite	500,—
578 U DD	ungezähnt, Doppeldruck	250,—
578 U G	ungezähnt, Druck auf der Gummiseite	500,—
579 U DD	ungezähnt, Doppeldruck	250,—
579 U DDG	ungezähnt, Druck vorder- und rückseitig	250,—
579 Udr	dreiseitig ungezähnt	500,—
580 U DD	ungezähnt, Doppeldruck	250,—
580 Ul	links ungezähnt	500,—
581 U DD	ungezähnt, Doppeldruck	250,—
581 U DDG	ungezähnt, Druck vorder- und rückseitig	250,—
581 KZ U	ungezähntes senkrechtes Kehrdruckpaar	500,—
582 U DD	ungezähnt, Doppeldruck	250,—
583 U DD	ungezähnt, Doppeldruck	250,—
584 U	ungezähnt	300,—
585 U	ungezähnt	160,—
585 U DD	ungezähnt, Doppeldruck	250,—
586 U	ungezähnt	500,—
587 U	ungezähnt	500,—

Plattenfehler

578 I   581 I   584 I   587 I

		*	**	⊘	⊙	⊠
578 I	„blaues Auge"		250,—		200,—	—,—
581 I	Fleck auf Wange der Frau		1800,—		—,—	—,—
584 I	Farbfleck rechts oberhalb der „2"		450,—		300,—	400,—
587 I	Ausbuchtung im „G"		180,—		150,—	250,—

Probedrucke

			(*)	
567 P U I–584 P U I	Einzelabzüge in Schwarz auf Japanpapier, o.G. . . . . Satzpreis (18 W.)		1500,—	
569 P I–583 P I	in abweichender Zeichnung und verschiedenen Farben, o.G. . . . . je		250,—	
572 P U II	in verschiedenen Grüntönen, ungezähnt . . . . je			250,—
573 P II	mit Nominale 10 g (statt 12 g), o.G.		500,—	
575 P U II	in verschiedenen Brauntönen, ungezähnt . . . . je			250,—
576 P U II	in verschiedenen Blautönen, ungezähnt . . . . je			250,—
578 P II	in verschiedenen Rottönen . . . . je			250,—
578 P U II	auf gelblichem Andruckpapier, ungezähnt, o.G.		80,—	
578 P U III	in verschiedenen Rottönen, ungezähnt . . . . je			250,—
580 P U II	in verschiedenen Brauntönen, ungezähnt . . . . je			250,—
581 P U II	in verschiedenen Blautönen, ungezähnt . . . . je			250,—
582 P U II	in verschiedenen Brauntönen, ungezähnt . . . . je			250,—
583 P U II	auf gelblichem Andruckpapier, ungezähnt, o.G.		100,—	
584 P	in abweichender Zeichnung und verschiedenen Farben, o.G. . . . . je		—,—	
585 P U I	auf gelblichem Andruckpapier, ungezähnt, o.G.		100,—	
585 P U II	in verschiedenen Grüntönen, ungezähnt . . . . je			250,—
586 P I	in anderen Farben . . . . je		2000,—	
586 P II	Einzelabzug in anderen Farben . . . . je		—,—	
586 P U I	in anderen Farben, ungezähnt . . . . je		2000,—	
586 P U II	Einzelabzug in anderen Farben, ungezähnt . . . . je		—,—	
587 P I	in anderen Farben . . . . je		2000,—	
587 P II	Einzelabzug in anderen Farben . . . . je		—,—	
587 P U I	in anderen Farben, ungezähnt . . . . je		2000,—	
587 P U II	Einzelabzug in anderen Farben, ungezähnt . . . . je		—,—	

Mischfrankaturen (bis 31.12.1935) mit MiNr. 447–454, Freimarken-Ausgabe 1929 bzw. 1932 möglich.

Auflagen: MiNr. 584 = 87 600 Stück

Gültig bis 31.10.1938

MiNr. 570, 573, 575 und 583 in Farbänderung mit Aufdruck: MiNr. 613–616

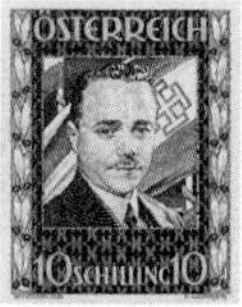

1936, 25. Juli. Engelbert Dollfuß. [E] **Dachauer;** [S] **Lorber; StTdr. (5×5); gez. L 12½.**

fv) E. Dollfuß (1892–1934), Bundeskanzler

			✶	✶✶	◍	Ⓢ	Ⓣ	✉	FDC
588	10 S schwärzlichviolettultramarin	fv	900,—	1300,—	900,—	1100,—	1300,—	3000,—	1600,—

Zähnungsabarten

588 U	ungezähnt		4000,—

Probedrucke

		(✶)
588 P I	in anderen Farben, einfarbig, o.G. . . . je	6000,—
588 P II	in anderen Farben, mit roter Fahne und Lorbeer, o.G. . . . je	—,—
588 P III	in anderen Farben und mit roter Fahne, o.G. . . . je	—,—
588 P IV	Einzelabzug in anderen Farben, einfarbig, o.G. . . . je	7000,—
588 P V	Einzelabzug in anderen Farben, mit roter Fahne und Lorbeer, o.G. . . . je	—,—
588 P VI	Einzelabzug in anderen Farben, mit roter Fahne, o.G. . . . je	7000,—
588 P U I	in Schwarz auf Japanpapier, ungezähnt, o.G.	2200,—
588 P U II	Einzelabzug in anderen Farben, einfarbig, ungezähnt, o.G. . . je	7000,—
588 P U III	Einzelabzug in anderen Farben und mit roter Fahne, ungezähnt, o.G. . . . je	—,—
588 P U IV	Einzelabzug in anderen Farben, mit roter Fahne und Lorbeer, ungezähnt, o.G. . . . je	—,—

Auflage: 100 000 Stück

Gültig bis 15.3.1938

1934, 21. Okt./1935, 25. Juli. Ermordung von Engelbert Dollfuß. [E] **Junk;** [S] **Schuricht; StTdr. (5×10); gez. L 12½.**

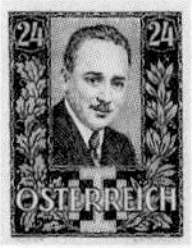

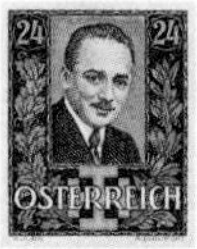

fw) E. Dollfuß (1892–1934), Bundeskanzler

I = Bildgröße 24×30 mm

			✶	✶✶	◍	⊙	✉	FDC
589 I	24 g schwarzbläulichgrün	fw	0,40	2,—	0,40	0,50	5,—	30,—
590 I	24 g schwarzgraublau (1935)	fw	1,—	4,—	1,—	1,20	5,—	8,—
	Satzpreis (2 W.)		1,40	6,—	1,40	1,70		

II = Bildgröße 25×29 mm

			✶	✶✶	◍	⊙	✉	FDC
589 II	24 g schwarzbläulichgrün	fw	2,—	10,—	2,—	2,50	25,—	150,—
590 II	24 g schwarzgraublau (1935)	fw	5,—	20,—	5,—	6,—	25,—	40,—
	Satzpreis (2 W.)		7,—	30,—	7,—	8,50		

MiNr. 590 I mit Ⓢ Volkstrauertag Wien (am häufigsten)	6,—
MiNr. 590 I mit Ⓢ Bregenz, Eisenstadt, Graz, Innsbruck, Klagenfurt, Linz, Salzburg . . je	7,—

Plattennummern

590 I PNr	Randpaar mit Plattennummer	25,—

Zähnungsabarten

589 U	ungezähnt	400,—
589 UMs	waagerechtes Paar, Mitte ungezähnt	—,—
590 U	ungezähnt	300,—
590 UMs	waagerechtes Paar, Mitte ungezähnt	—,—

Probedrucke

		(✶)
589 P I	Einzelabzug in anderen Farben, o.G. . . . je	1500,—
589 P II	in anderen Farben, o.G. . . . je	1000,—
589 P U I	in Schwarz auf Kartonpapier, ungezähnt, o.G.	350,—
589 P U II	Einzelabzüge in Schwarz auf Kreidepapier, ungezähnt, o.G.	350,—
589 P U III	Einzelabzüge in Schwarz auf Japanpapier, ungezähnt, o.G.	350,—

Auflagen: MiNr. 589 = 3 000 000, MiNr. 590 = 1 000 000 Stück

Gültig bis 15.3.1938

1934, 2. Dez. Wohlfahrt: Österreichische Baumeister. ▱ und ▱ Ranzoni d. J.; StTdr. (5×10) auf gelbem Japan-Papier; gez. L 12½.

fx) Anton Pilgram (ca. 1450–1515); Erbauer der Kanzel und des Orgelfußes der Stephanskirche

fy) J. B. Fischer von Erlach (1656–1723); Erbauer der Karlskirche in Wien (Hintergrund)

fz) Jakob Prandtauer (1660–1726); Erbauer des Stiftes Melk (Hintergrund)

ga) August Siccard von Siccardsburg (1813–1868) und E. van der Null (1812–1868); Erbauer der Staatsoper in Wien

gb) Heinrich v. Ferstel (1828–1883); Erbauer der Votivkirche in Wien

gc) Otto Wagner (1841–1918); Erbauer des Brückenkopfes der Nußdorfer Schleuse in Wien

					★	★★	▱	ⓢ	ⓣ	⊠
591	12 (g)	(+ 12 g)	schwarzgrau	fx	10,—	25,—	10,—	25,—	60,—	180,—
592	24 (g)	(+ 24 g)	schwarzviolett	fy	10,—	25,—	10,—	25,—	60,—	150,—
593	30 (g)	(+ 30 g)	dunkelrosarot	fz	10,—	25,—	10,—	25,—	60,—	120,—
594	40 (g)	(+ 40 g)	mittelsiena	ga	10,—	25,—	10,—	25,—	60,—	150,—
595	60 (g)	(+ 60 g)	dunkelultramarin	gb	10,—	25,—	10,—	25,—	60,—	180,—
596	64 (g)	(+ 64 g)	dunkelopalgrün	gc	10,—	25,—	10,—	25,—	60,—	200,—
			Satzpreis (6 W.)		60,—	150,—	60,—	150,—	350,—	170,—
			FDC							220,—

MiNr. 591–596 wurden nur satzweise am Schalter verkauft.

ⓢ: Ravag-Jubiläumsausstellung (Ausgabetag).

Plattennummern

591 PNr–596 PNr	Randpaare mit Plattennummer	je ab	100,—

Zähnungsabarten

591 U–596 U	ungezähnt	Satzpreis (6 W.)	1000,—
593 Uo	oben ungezähnt		1500,—
593 Ur	rechts ungezähnt		1500,—
594 Ur	rechts ungezähnt		1500,—

Probedrucke

			(★)
591 P I–596 P I	in andereren Farben, o.G.	je	500,—
591 P II–596 P II	auf gewöhnlichem Papierin anderer Farben, o.G.	je	800,—
591 P III–596 P III	Einzelabzüge in andereren Farben, o.G.	je	—,—
592 P IV	mit Nominale 30 (g) und in andereren Farben, o.G.	je	800,—
591 P U I–596 P U I	in Schwarz auf Kartonpapier, ungezähnt, o.G. Satzpreis (6 W.)		700,—
591 P U II–596 P U II	Einzelabzüge in Schwarz auf Kreidepapier, ungezähnt, o.G.	je	250,—
592 P U III	Einzelabzüge mit Nominale 30 (g)		
	und in anderen Farben, ungez., o.G.	je	—,—

☞

Auflage: 70 000 Sätze

Gültig bis 31.3.1935

▱-Bewertung gilt für Stempelabschläge, die nicht als zeitgerecht verwendet prüfbar sind!

1935

1935, 1. Mai. Muttertag. ▱ und ▱ Ranzoni d. J.; StTdr. (10×5); gez. L 12½.

gd) „Mutter und Kind" (nach einem Gemälde von J. Danhauser)

				★	★★	▱	⊙	⊠	FDC
597	24 g	schwärzlichblau	gd	0,70	2,—	0,40	0,70	7,—	11,—

Zähnungsabarten

597 U	ungezähnt	280,—
597 Ur	rechts ungezähnt	600,—
597 Uu	unten ungezähnt	600,—
597 Ul	links ungezähnt	600,—
597 Uw	waagerecht ungezähnt	500,—
597 Us	senkrecht ungezähnt	500,—
597 Udr	dreiseitig ungezähnt	500,—
597 UMw	senkrechtes Paar, Mitte ungezähnt	—,—

Probedrucke

			(✱)
597 P I	in anderen (4 verschiedenen) Farben, o.G.	je	800,—
597 P II	Einzelabzüge in anderen (4 verschiedenen) Farben, o.G.	je	—,—
597 P U I	in Schwarz auf Kartonpapier, ungezähnt, o.G.		200,—
589 P U II	Einzelabzüge in Schwarz auf Kreidepapier, ungezähnt, o.G.		500,—

Auflage: 2 000 000 Stück

Gültig bis 31.8.1935

✈ **1935, 16. Aug. Flugzeug über Landschaften.** ⬚ Jung; RaTdr. (5×10); gez. L 12½.

ge) Burg Güssing (Burgenland)

gf) Maria-Wörth (Kärnten)   gg) Dürnstein (Niederösterreich)   gh) Hallstatt (Oberösterreich)   gi) Salzburg   gk) Dachstein (Schladminger Gletscher)   gl) Wettersee im Ötztal (Tirol)   gm) Stuben am Arlberg   gn) Wien (Stephansdom)

go) Wien (Minoritenkirche und Hochhaus)   gp) Flußschiff mit Schloß Schönbühel und Stift Melk   gr) Viadukt der Tauernbahn (Hintergrund Kreuzeckgruppe)   gs) Auto auf der Großglockner-Straße   gt) Zugspitz-Schwebebahn   gu) Segelflieger und Segelboote am Attersee

				✱	✱✱	◎	☉	✉
598	5 g	schwärzlichbraunviolett	ge	0,20	0,50	0,20	0,80	5,—
599	10 g	orangerot	gf	0,10	0,50	0,10	0,50	5,—
600	15 g	schwärzlicholivgrün	gg	0,90	2,—	0,90	2,—	10,—
601	20 g	schwärzlichgrauultramarin	gh	0,20	0,50	0,20	0,50	8,—
602	25 g	schwärzlichbraunkarmin	gi	0,20	0,50	0,20	0,50	8,—
603	30 g	dunkelbräunlichrot	gk	0,20	0,50	0,20	0,50	8,—
604	40 g	dunkelgraugrün	gl	0,20	0,50	0,20	0,50	10,—
605	50 g	schwarzviolettultramarin	gm	0,20	0,50	0,20	1,—	15,—
606	60 g	rotschwarz	gn	0,40	1,—	0,40	1,50	15,—
607	80 g	dunkelorangebraun	go	0,50	1,—	0,50	1,50	15,—
608	1 S	lebhaftkarminrot	gp	0,40	1,—	0,40	1,50	15,—
609	2 S	schwarzgrauoliv	gr	2,50	8,—	2,50	9,—	50,—
610	3 S	dunkelbraunorange	gs	10,—	25,—	10,—	25,—	70,—
611	5 S	schwarzgrün	gt	3,50	10,—	3,50	20,—	200,—
612	10 S	schwarzgraublau	gu	65,—	120,—	65,—	150,—	400,—
		Satzpreis (15 W.)		80,—	160,—	80,—	210,—	230,—
		FDC						400,—

Zähnungsabarten

598 U–612 U	ungezähnt	Satzpreis (15 W.)	550,—	

Plattenfehler

598 I   600 I   605 I   608 I

		✱	✱✱	◎	☉	✉
598 I	Wolkenartiger Fleck neben Kirchturm (Feld 32)	15,—			10,—	30,—
598 II	weißer Punkt am Fuß der „5"	15,—			10,—	30,—
600 I	Einbuchtung unter „Ö" (Feld 16)	40,—			35,—	70,—

		*	**	⊘	⊙	✉
605 I	Apostroph zwischen „5“ und „O“ (Feld 6)		75,—		50,—	100,—
608 I	Einbuchtung der Randlinie unter dem zweiten „R“ (Feld 36)		35,—		35,—	70,—

Probedrucke

		(*)
598 P I–612 P I	in anderen Farben, o.G. . . . je ab	35,—
602 P II	andere Zeichnung, verschiedene Farben, o.G. . . . je	500,—
605 P II	andere Zeichnung, verschiedene Farben, o.G. . . . je	500,—
608 P II	andere Zeichnung, verschiedene Farben, o.G. . . . je	500,—
598 P U–612 P U	in anderen Farben, ungezähnt, o.G. . . . je ab	30,—

Mischfrankaturen mit Flugpostausgabe 1925 und mit Marken des Deutschen Reiches möglich.

⊜

Auflagen: MiNr. 598 = 550 000, MiNr. 599 = 480 000, MiNr. 600 = 350 000, MiNr. 601 = 390 000, MiNr. 602 = 350 000, MiNr. 603 = 330 000, MiNr. 604 = 305 000, MiNr. 605 = 330 000, MiNr. 606 = 285 000, MiNr. 607 = 250 000, MiNr. 608 = 435 000, MiNr. 609 = 165 000, MiNr. 610 = 130 000, MiNr. 611 = 130 000, MiNr. 612 = 105 000 Stück

Gültig bis 31.10.1938

1935, 11. Nov. Winterhilfe (II): Volkstrachten-Marken in geänderten Farben mit Aufdruck. MiNr. 613–615 Bdr. (10 × 15), gez. K 12; MiNr. 616 Bdr. (10 × 10), gez. K 12½.

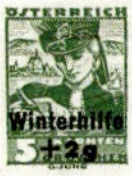

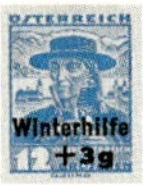

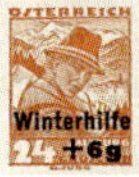

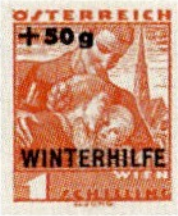

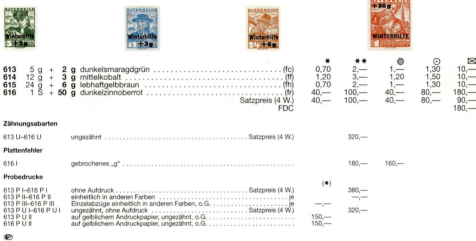

			*	**	⊘	⊙	✉
613	5 g + **2 g**	dunkelsmaragdgrün . . . (fc)	0,70	2,—	1,—	1,30	10,—
614	12 g + **3 g**	mittelkobalt . . . (ff)	1,20	3,—	1,20	1,50	10,—
615	24 g + **6 g**	lebhaftgelbbraun . . . (fh)	0,70	2,—	1,—	1,30	10,—
616	1 S + **50 g**	dunkelzinnoberrot . . . (fr)	40,—	100,—	40,—	80,—	180,—
		Satzpreis (4 W.)	40,—	100,—	40,—	80,—	90,—
		FDC					180,—

Zähnungsabarten

		*	**
613 U–616 U	ungezähnt . . . Satzpreis (4 W.)		320,—

Plattenfehler

		*	**	⊘
616 I	gebrochenes „g“ . . .		180,—	160,—

Probedrucke

		(*)	**
613 P I–616 P I	ohne Aufdruck . . . Satzpreis (4 W.)		380,—
613 P II–616 P II	einheitlich in anderen Farben . . . je		—,—
613 P III–616 P III	Einzelabzüge einheitlich in anderen Farben, o.G. . . . je	—,—	
613 P U I–616 P U I	ungezähnt, ohne Aufdruck . . . Satzpreis (4 W.)		320,—
613 P U II	auf gelblichem Andruckpapier, ungezähnt, o.G. . . .	150,—	
616 P U II	auf gelblichem Andruckpapier, ungezähnt, o.G. . . .	150,—	

⊜

[FALSCH] MiNr. 613–616 zeitgenössische „Münchener“ Ganzfälschungen werden von Spezialsammlern gesucht (Satzpreis 350,—).

Auflagen: MiNr. 613–615 je 300 000, MiNr. 616 = 70 000 Stück

Gültig bis 1.11.1936

1935, 1. Dez. Wohlfahrt: Österreichische Heerführer. [E] Dachauer; [S] Lorber; StTdr. (5 × 10); gez. L 12½.

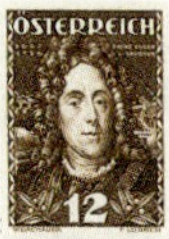

gv) Prinz Eugen (1663–1736)

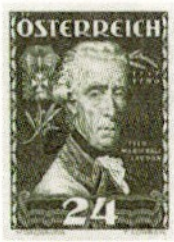

gw) Feldmarschall Laudon (1717–1790); Gemälde von Carl Caspar

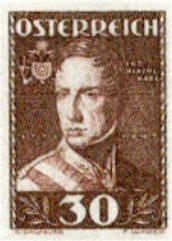

gx) Erzherzog Karl (1771–1847); Gemälde von Josef Kreutzinger

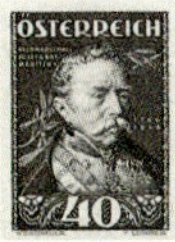

gy) Feldmarschall Radetzky (1766 bis 1858); Gemälde von Georg Decker (1814–1894)

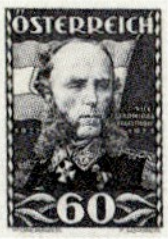

gz) Vizeadmiral Tegetthoff (1827–1871); Gemälde von Georg Decker

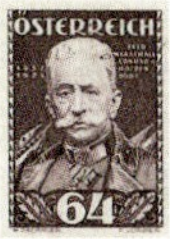

ha) Feldmarschall Conrad v. Hötzendorf (1852–1925)

			*	**	⊘	Ⓢ	Ⓣ	✉
617	12 (g) (+ 12 g)	schwarzorangebraun . . . gv	12,—	25,—	12,—	25,—	60,—	180,—
618	24 (g) (+ 24 g)	schwärzlichgrün . . . gw	12,—	25,—	12,—	25,—	60,—	150,—
619	30 (g) (+ 30 g)	karminbraun . . . gx	12,—	25,—	12,—	25,—	60,—	120,—
620	40 (g) (+ 40 g)	schwarzblau . . . gy	12,—	25,—	12,—	25,—	60,—	150,—
621	60 (g) (+ 60 g)	schwarzultramarin . . . gz	12,—	25,—	12,—	25,—	60,—	180,—
622	64 (g) (+ 64 g)	schwärzlichbraunviolett . . . ha	12,—	25,—	12,—	25,—	60,—	200,—
		Satzpreis (6 W.)	70,—	150,—	70,—	150,—	350,—	170,—
		FDC						200,—

Bei MiNr. 617 ist ein falsches Geburtsjahr (1667 statt 1663) angegeben.

	∗	∗∗	⊘	Ⓢ	①	✉

Plattennummern

| 624 PNr | Randpaar mit Plattennummer .... | | 150,— | | | | |

Zähnungsabarten

| 617 U–622 U | ungezähnt .... Satzpreis (6 W.) | | 1000,— | | | | |

Probedrucke

		(∗)
617 P–622 P	in anderen Farben, o.G. .... je	—,—
617 P U I–622 P U I	in Schwarz auf Kartonpapier, o.G. .... Satzpreis (6 W.)	700,—
617 P U II–622 P U II	Einzelabzüge in Schwarz auf Japanpapier, o.G. Satzpreis (6 W.)	1800,—
617 P U III–622 P U III	Einzelabzüge in Schwarz auf Kreidepapier, o.G. .... je	250,—

Ⓔ

Auflage: 70000 Sätze

Gültig bis 31.3.1936

1936

1936, 20. Febr. FIS-Wettkämpfe in Innsbruck. ⊠ Geßner nach Bildern von Rübelt; RaTdr. (5×10) auf gestrichenem Papier; gez. L 12½.

hb) Slalom   hc) Abfahrtslauf   hd) Slalom   he) Innsbruck, Maria-Theresien-Straße mit dem Blick zur Nordkette

				∗	∗∗	⊘	Ⓢ	①	✉
623	12 (g)	(+ 12 g) schwarzbläulichgrün .... hb		2,—	6,—	2,—	6,—	20,—	30,—
624	24 (g)	(+ 24 g) dunkelviolett........................... hc		3,—	8,—	3,—	10,—	20,—	50,—
625	35 (g)	(+ 35 g) karmin .... hd		30,—	75,—	30,—	65,—	170,—	150,—
626	60 (g)	(+ 60 g) cyanblau .... he		30,—	75,—	30,—	65,—	170,—	200,—
		Satzpreis (4 W.)		65,—	160,—	65,—	140,—	350,—	150,—
		FDC							180,—

MiNr. 625 und 626 wurden nur im kompletten Satz am Schalter verkauft.

Zähnungsabarten

| 623 U–626 U | ungezähnt .... Satzpreis (4 W.) | | 900,— | | | | |

Probedrucke

		(∗)
623 P U I–626 P U I	Einzelabzüge, ungezähnt, o.G. .... je	600,—
623 P U II–626 P U II	ungezähnt in verschiedenen Farben, mit Makulaturstrich, o.G. .... je	—,—

Ⓔ

Auflagen: MiNr. 623 = 100000, MiNr. 624 = 85000, MiNr. 625 bis 626 je 70000 Stück

Gültig bis 30.4.1936

1936, 5. Mai. Muttertag. ⊠ Retzl; RaTdr. auf gestrichenem Papier (5×10); gez. L 12½.

hf) Maria mit dem Kinde; Gemälde von Albrecht Dürer

			∗	∗∗	⊘	☉	✉
627	24 (g)	schwarzviolettblau .... hf	0,30	1,80	0,50	1,20	7,—
		FDC					8,—

Zähnungsabarten

| 627 U | ungezähnt .... | | 350,— |
| 627 Ur | rechts ungezähnt .... | | 2000,— |

Probedrucke

		(∗)
627 P I	Einzelabzüge in anderen Farben, o.G. .... je	1200,—
627 P II	in anderen Farben, o.G. .... je	400,—
627 P U	Einzelabzug in Schwarz auf gelbem Kartonpapier, ungezähnt, o.G.	—,—

Auflage: 2000000 Stück

Gültig bis 31.10.1936

1936, 2. Nov. Winterhilfe (III). [E] Retzl und Jettmar; RaTdr. auf gestrichenem Papier (5×10); gez. L 12½.

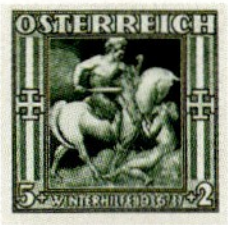

hg) Hl. Martin teilt seinen Mantel mit einem Bedürftigen

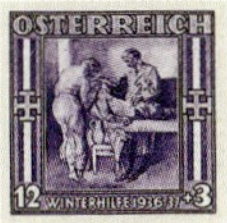

hh) Krankenpflege

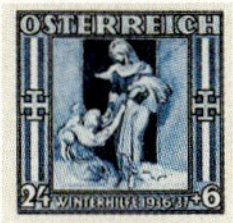

hi) Hl. Elisabeth spendet Brot

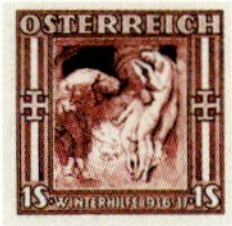

hk) Wärmespendung für die Armen

			✶	✶✶	⊘	Ⓢ	Ⓣ	✉
628	5 (g) + 2 (g) dunkelopalgrün	hg	0,30	0,50	0,30	1,—	5,—	10,—
629	12 (g) + 3 (g) dunkelbläulichviolett	hh	0,30	0,50	0,30	1,—	5,—	10,—
630	24 (g) + 6 (g) dunkelkobalt	hi	0,40	0,50	0,40	1,—	5,—	10,—
631	1 (S) + 1 (S) lilarot	hk	9,—	16,—	9,—	22,—	40,—	70,—
	Satzpreis (4 W.)		10,—	17,—	10,—	25,—	55,—	30,—
	FDC							60,—

Zähnungsabarten

		✶	✶✶	⊘	Ⓢ	Ⓣ	✉
628 U–631 U	ungezähnt . . . Satzpreis (4 W.)		600,—				

Probedrucke

		(✶)
628 P–631 P	Einzelabzüge in anderen Farben, o.G. . . . je	1200,—

⊜

Auflagen: MiNr. 628, 629 je 450 000, MiNr. 630 = 400 000, MiNr. 631 = 100 000 Stück

Gültig bis 17.10.1937

1936, 6. Dez. Wohlfahrt: Österreichische Erfinder. [E] Dachauer; [S] Lorber; StTdr. (5×8); gez. L 12½.

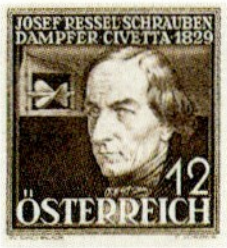

hl) Joseph Ressel (1793–1857), Erfinder der Schiffsschraube

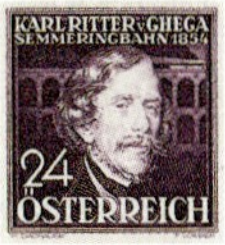

hm) Karl Ritter von Ghega (1802–1860), Erbauer der Semmeringbahn

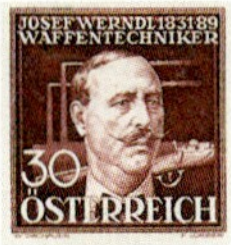

hn) Joseph Werndl (1831–1889), Waffentechniker

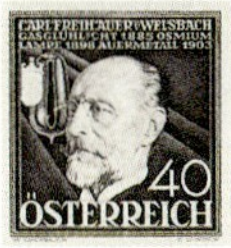

ho) Carl Freiherr Auer von Welsbach (1858–1929), Erfinder des Gasglühlichtes

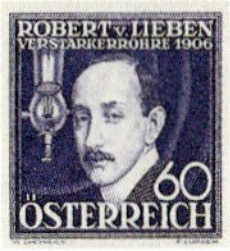

hp) Robert von Lieben (1873–1913), Erfinder der Elektronen-Verstärker-Röhre

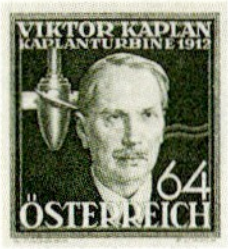

hr) Viktor Kaplan (1876–1934), Erfinder der Kaplan-Turbine

			✶	✶✶	⊘	Ⓢ	Ⓣ	FDC
632	12 (g) (+ 12 g) dunkelsiena	hl	3,50	8,50	3,50	8,50	20,—	100,—
633	24 (g) (+ 24 g) schwärzlichrotviolett	hm	3,50	8,50	3,50	8,50	20,—	100,—
634	30 (g) (+ 30 g) lilakarmin	hn	3,50	8,50	3,50	8,50	20,—	100,—
635	40 (g) (+ 40 g) blauschwarz	ho	3,50	8,50	3,50	8,50	20,—	100,—
636	60 (g) (+ 60 g) dunkelviolettblau	hp	3,50	8,50	3,50	8,50	20,—	100,—
637	64 (g) (+ 64 g) schwärzlichopalgrün	hr	3,50	8,50	3,50	8,50	20,—	100,—
	Satzpreis (6 W.)		20,—	50,—	20,—	50,—	120,—	60,—
	FDC							75,—

MiNr. 632–637 wurden nur satzweise am Schalter verkauft.

Ⓢ: „Tag der Briefmarke" bzw. Technikertagung (Ausgabetag).

Zähnungsabarten

		(✶)	✶✶
632 U–637 U	ungezähnt, o.G. . . . Satzpreis (6 W.)	1000,—	
637 UMs	waagerechtes Paar, Mitte ungezähnt . . .		1000,—

Probedrucke

632 P I–637 P I	in anderen Farben, o.G. . . . je	500,—
632 P II–637 P II	Einzelabzüge in anderen Farben, o.G. . . . je	—,—
632 P U I–637 P U I	Einzelabzüge in anderen Farben, ungezähnt, o.G. . . . je	—,—
632 P U II–637 P U II	in Schwarz auf Kartonpapier, ungezähnt, o.G. Satzpreis (6 W.)	700,—
632 P U III–637 P U III	Einzelabz. in Schwarz a. Japanpap., □, o.G. . Satzpreis (6 W.)	1800,—
632 P U IV–637 P U IV	Einzelabzüge in Schwarz auf Kreidepapier, ungezähnt o.G. . je	250,—

⊜

Auflage: 130 000 Sätze

Gültig bis 31.3.1937

⊘-Bewertung gilt für Stempelabschläge, die nicht als zeitgerecht verwendet prüfbar sind!

[FALSCH] Vorsicht vor den sehr häufig vorkommenden Nachgummierungen und Entfalzungen, speziell bei Marken in StTdr.!
✶✶-Preise gelten ausschließlich für (BPP-)geprüfte Stücke.

1937

1937, 5. Mai. Muttertag. ⌧ Kraft; RaTdr. auf gestrichenem Papier (5×10); gez. L 12½.

hs) Kind gratuliert der Mutter

				✶	✶✶	ⓐ	☉	⊠
638	24 g	dunkelbräunlichrot .... hs		0,30	1,20	0,30	0,50	7,—
		FDC						8,—

Zähnungsabart

638 U	ungezähnt		250,—

Probedrucke

638 P	in anderen Farben, o.G. .... je	(✶) 400,—

Auflage: 2 000 000 Stück

Gültig bis 31.12.1937

1937, 9. Juni. 100. Jahrestag der Erstfahrt Wien–Linz der „Maria Anna". ⌧ Rétzl; RaTdr. auf gestrichenem Papier (10×5); gez. L 12.

ht) Raddampfer „Maria Anna" (1837) an der Donaulände in Wien   hu) Raddampfer „Jupiter" der Stern-Klasse   hv) Raddampfer „Österreich"

				✶	✶✶	ⓐ	☉	⊠
639	12 (g)	braunrot .... ht		0,70	3,—	0,70	1,—	7,—
640	24 (g)	dunkelblau .... hu		0,70	3,—	0,70	1,—	8,—
641	64 (g)	dunkelgrün .... hv		0,70	3,—	0,70	1,50	15,—
		Satzpreis (3 W.)		2,—	9,—	2,—	3,50	
		FDC						20,—

Ⓢ Schiffspost-Sonderstempel, 7 verschiedene (Budapest, Habsburg, Schönbrunn, Franz Schubert, Babenberg, Sophie, Johann Strauß). Garnitur 170,—.

Zähnungsabarten

639 U–641 U	ungezähnt ....Satzpreis (3 W.)	4500,—	
640 Uo	oben ungezähnt		3000,—

Abarten

640 I   640 II

		✶✶	Ⓢ	⊠
640 I	Wolkenartiger Fleck über linker Rauchfahne (Feld 31)	35,—	25,—	40,—
640 II	„ÖSTERREIGH" (Feld 10)	40,—	30,—	50,—
640 III	Fleck über Fahnenmast („Ballon") (Feld 46)	45,—	30,—	50,—

Auflagen: MiNr. 639–640 je 2 500 000, MiNr. 641 = 1 000 000 Stück

Gültig bis 31.12.1937

1937, 18. Okt. Winterhilfe (IV). ⬚ Kitt; RaTdr. auf gestrichenem Papier (5×10); gez. L 12½.

hw) Kinderpflege   hx) Kinderspeisung   hy) Altersfürsorge   hz) Krankenpflege

						✶	✶✶	⊘	☉	✉
642	5	(g)	+ 2	(g)	dunkelgrün .... hw	0,20	0,40	0,20	0,50	10,—
643	12	(g)	+ 3	(g)	dunkelbraun .... hx	0,20	0,40	0,20	0,50	10,—
644	24	(g)	+ 6	(g)	schwärzlichkobalt .... hy	0,20	0,40	0,20	0,50	10,—
645	1	(S)	+ 1	(S)	rötlichkarmin .... hz	4,50	10,—	4,50	17,—	60,—
					Satzpreis (4 W.)	5,—	11,—	5,—	18,—	
					FDC					45,—

Zähnungsabarten

642 U–645 U	ungezähnt ....Satzpreis (4 W.)	200,—
644 KZ U	ungezähntes waagerechtes Kehrdruckpaar	500,—

Probedrucke

                                                    (✶)

642 P I–645 P I	in anderen Farben, o.G. .... je	400,—	
642 P II–645 P II	Einzelabzüge in anderen Farben .... je		1000,—

Mischfrankaturen mit Marken des Deutschen Reiches (vom 4.4.1938 bis 31.10.1938) möglich.

Ⓢ

Auflagen: MiNr. 642–644 je 700 000, MiNr. 645 = 200 000 Stück

Gültig bis 31.10.1938

1937, 22. Nov. 100 Jahre österreichische Eisenbahn. ⬚ Exax; RaTdr. auf gestrichenem Papier (10×5); gez. L 12½.

ia) 1 A n2-Schlepptenderlokomotive, „Austria" (1837)   ib) 1 D2 h2-Schnellzug-Schlepptenderlokomotive BR 214 (1937)   ic) Elektrische Bo-Bo-Personenzuglokomotive BR 1170.2 (1935)

				✶	✶✶	⊘	☉	✉
646	12	(g)	schwärzlichbraun .... ia	0,20	1,—	0,20	0,30	7,—
647	25	(g)	schwärzlichbraunviolett .... ib	0,80	4,—	0,80	1,50	10,—
648	35	(g)	lebhaftbraunrot ic	2,50	8,—	2,50	3,40	15,—
			Satzpreis (3 W.)	3,50	13,—	3,50	5,—	
			FDC					35,—

Zähnungsabarten

646 U–648 U	ungezähnt ....Satzpreis (3 W.)	200,—
646 ZW U–648 ZW U	Zwischenstegpaare, ungezähnt ....Satzpreis (3 W.)	—,—

Plattenfehler

                             646 I   648 I

		✶✶	◎	✉
646 I	Strich durch Bremshebel (Feld 48)	35,—	5,—	15,—
647 I	Schiefer Strich unter „5" (Feld 10)	30,—	20,—	30,—
648 I	Strich durch „S"	40,—	25,—	40,—

Probedrucke

                                                        (✶)

646 P–648 P	in abweichender Zeichnung, o.G. .... je	—,—

Mischfrankaturen mit Marken des Deutschen Reiches (vom 4.4.1938 bis 31.10.1938) möglich.

Auflagen: MiNr. 646 = 6 000 000, MiNr. 647 = 1 500 000, MiNr. 648 = 1 000 000 Stück

Gültig bis 31.10.1938

⊘-Bewertung gilt für Stempelabschläge, die nicht als zeitgerecht verwendet prüfbar sind!

1937, 5. Dez. Wohlfahrt: Österreichische Ärzte. ⊠ Dachauer; Ⓢ Lorber (MiNr. 649 und 653–657) und Schuricht (MiNr. 650–652); StTdr. (5×10); gez. L 12½.

id) Gerhard Freiherr van Swieten (1700–1772)

| ie) Leopold Auenbrugger von Auenbrugg (1722–1809) | if) Karl Freiherr von Rokitansky (1804–1878), Anatom | ig) Joseph Škoda (1805–1881) | ih) Ferdinand Ritter von Hebra (1816–1880) | ik) Ferdinand Ritter von Arlt (1812–1887), Augenarzt | il) Joseph Hyrtl (1810–1894), Anatom | im) Theodor Billroth (1829–1894), Chirurg | in) Theodor Meynert (1833–1892), Psychiater |

				✶	✶✶	⊘	☉	①	⊠
649	5 (g)	(+ 5 g)	schwärzlichrötlichbraun . . . . id	2,50	5,—	2,50	6,50	15,—	120,—
650	8 (g)	(+ 8 g)	dunkelrot . . . . ie	2,50	5,—	2,50	6,50	15,—	120,—
651	12 (g)	(+ 12 g)	braunschwarz . . . . if	2,50	5,—	2,50	6,50	15,—	80,—
652	20 (g)	(+ 20 g)	schwärzlichopalgrün . . . . ig	2,50	5,—	2,50	6,50	15,—	80,—
653	24 (g)	(+ 24 g)	schwarzviolett . . . . ih	2,50	5,—	2,50	6,50	15,—	80,—
654	30 (g)	(+ 30 g)	braunkarmin . . . . ik	2,50	5,—	2,50	6,50	15,—	80,—
655	40 (g)	(+ 40 g)	schwärzlichbraunoliv il	2,50	5,—	2,50	6,50	15,—	80,—
656	60 (g)	(+ 60 g)	schwarzviolettultramarin . . . . im	2,50	5,—	2,50	6,50	15,—	100,—
657	64 (g)	(+ 64 g)	schwärzlichgraulila . . . . in	2,50	5,—	2,50	6,50	15,—	120,—
			Satzpreis (9 W.)	22,—	45,—	22,—	55,—	120,—	65,—
			FDC						90,—

Zähnungsabarten

649 U–657 U	ungezähnt, o.G. . . . . .Satzpreis (9 W.)	(✶) 1600,—

Probedrucke

649 P U–657 P U	Einzelabzüge in Schwarz auf Kreidepapier, ungezähnt, o.G. . . . . . . je	250,—

Mischfrankaturen mit Marken des Deutschen Reiches (vom 4.4.1938 bis 30.6.1938) möglich.

Auflage: 150 000 Sätze

Gültig bis 30.6.1938

1937, 12. Dez. Freimarken für Glückwunsch-Korrespondenz. StTdr. (5×10); gez. K 13.

io) Vase mit Edelrosen (Rosa hybr.), Tierkreiszeichen (Sternbilder)

			✶	✶✶	⊘	☉	⊠
658	12 (g)	schwärzlichbläulichgrün . . . . io	0,10	0,30	0,10	0,30	6,—
659	24 (g)	karminrot . . . . io	0,10	0,30	0,10	0,30	6,—
		Satzpreis (2 W.)	0,20	0,60	0,20	0,60	
		FDC					14,—

Plattennummern

658 PNr–659 PNr	Randpaare mit Plattennummer . . . . je ab	5,—

Zähnungsabarten

658 U–659 U	ungezähnt . . . . .Satzpreis (2 W.)	200,—
658 ZW U–659 ZW U	ungezähnte Zwischenstegpaare . . . . .Satzpreis (2 W.)	900,—

Probedrucke

658 P–659 P	in anderen Farben, o.G. . . . . je	(✶) 500,—

Mischfrankaturen mit Marken des Deutschen Reiches (vom 4.4.1938 bis 31.10.1938) möglich.

Gültig bis 31.10.1938

1938

Nicht ausgegeben:

1938. Anschluß an das Deutsche Reich. Marke in Zeichnung Deutsches Reich MiNr. 663, jedoch mit Wertangabe „12 g" und Landesbezeichnung „Deutsches Reich Land Österreich". Bdr.; gez. K 12¾; o.G.

A io) Deutscher und Österreicher mit Fahne

A II	12 g	schwarzblaugrün	A io	(✶) —,—

Probedruck

A II P	in Grünlichschwarz	—,—

1938. Freimarken. MiNr. 568 und 573–575 mit Hakenkreuz-Aufdruck und Wertangabe in Rpf. Die für den Anschluß an das Deutsche Reich vorbereitete Ausgabe wurde durch das Reichspostministerium verboten.

						✶✶
B III	3 Rpf	auf	3 g	schwärzlichgraurot	(568)	100,—
C III	6 Rpf	auf	12 g	siena	(569)	100,—
D III	8 Rpf	auf	20 g	mittelbraunorange	(570)	100,—
E III	12 Rpf	auf	24 g	dunkelgrünlichblau	(571)	100,—

Satzpreis (4 W.)   400,—

Zähnungsabarten

B III U	ungezähnt	140,—
C III U	ungezähnt	140,—
E III U	ungezähnt	140,—

1938. Eine sogenannte Schuschniggvignettenserie von 5 Werten in fünf verschiedenen Farben je Wert (5, 10, 20, 50 g und 1 S), teils nur waagerecht gez. 11½, war keine frankaturgültige Serie, obwohl Briefe aus Innsbruck mit diesen Marken bekannt sind.

Jeder Wert existiert in Blau, Dunkelgrün, Grauschwarz, Rot und Violett.

	✶✶	⊙
Satz von 5 Vignetten in einer Farbe ...	75,—	

Österreich gehörte vom 13.3.1938–27.4.1945 dem Deutschen Reich an.
Die kursierenden Marken von Österreich wurden bis zum 31.10.1938 weiterverwendet. Ab 4.4.1938 gelangten die Marken der Deutschen Reichspost zur Ausgabe. Mischfrankaturen österreichischer und deutscher Marken waren möglich. Die österreichischen Marken wurden zum Kurs von 1.50 Schilling = 1 RM umgerechnet.

Österreich als ein Teil des Deutschen Reiches (1938–1945)

Österreich-Marken vom 13.3. bis 31.10.1938, bzw. als Mischfrankatur mit Marken des Deutschen Reiches ab 4.4., in Österreich verwendet.

Die kursierenden Marken von Österreich konnten nach dem Einmarsch der deutschen Truppen vom 13.3.1938 bis 31.10.1938 in Österreich (nicht im Deutschen Reich) weiterverwendet werden, soweit die Marken nicht schon vorher ungültig wurden (MiNr. 588–590 nur bis 15.3.1938, MiNr. 649–657 nur bis 30.6.1938). Ab 4.4.1938 waren alle Marken des Deutschen Reiches gültig. Es galt der Tarif der Deutschen Reichspost. Als Verrechnungsbasis galt 1 RM = 1.50 Schilling (ausgenommen waren die Werte Trachten 1934 bis 3 g, die 1:1 umgewechselt wurden). Somit waren Mischfrankaturen österreichischer und deutscher Marken in mannigfaltiger Weise möglich.

I = Österreich-Marken in der Zeit vom 13.3.1938 bis 31.10.1938 in Österreich verwendet (MiNr. 588–590 nur bis 15.3.1938)

II = Österreich-Marken mit Marken des Deutschen Reiches als Mischfrankatur vom 4.4.1938 bis 31.10.1938 in Österreich verwendet. Die Bewertung gilt jeweils nur für ⊠ oder ▷ mit den österreichischen Marken, die Marken des Deutschen Reiches müssen mit dem ⊙-Preis noch hinzugerechnet werden.

Nr.	I ▷	I ⊠	II ▷	II ⊠
468	—,—	—,—	—,—	—,—
469	—,—	—,—	—,—	—,—
470	—,—	—,—	—,—	—,—
471	—,—	—,—	—,—	—,—
472	—,—	—,—	—,—	—,—
473	—,—	—,—	—,—	—,—
474	—,—	—,—	—,—	—,—
475	—,—	—,—	—,—	—,—
476	—,—	—,—	—,—	—,—
477	—,—	—,—	—,—	—,—
478	—,—	—,—	—,—	—,—
479	—,—	—,—	—,—	—,—
480	—,—	—,—	—,—	—,—
481	—,—	—,—	—,—	—,—
482	—,—	—,—	—,—	—,—
483	—,—	—,—	—,—	—,—
484	—,—	—,—	—,—	—,—
485	—,—	—,—	—,—	—,—
486	—,—	—,—	—,—	—,—
487	—,—	—,—	—,—	—,—
488	10,—	38,—	—,—	—,—
489	—,—	—,—	—,—	—,—
490	—,—	—,—	—,—	—,—
491	—,—	—,—	—,—	—,—
492	—,—	—,—	—,—	—,—
493	—,—	—,—	—,—	—,—
567	3,—	12,50	4,—	17,50
568	3,—	12,50	4,—	17,50
569	3,—	15,—	4,—	20,—
570	3,—	15,—	4,—	20,—
571	4,—	20,—	4,50	25,—
572	4,—	20,—	4,50	25,—
573	3,—	12,50	4,—	20,—
574	3,—	12,50	4,50	20,—
575	3,—	12,50	—,—	20,—
576	4,—	20,—	—,—	25,—
577	3,—	12,50	—,—	15,—
578	7,50	30,—	—,—	30,—
579	10,—	45,—	—,—	20,—
580	4,—	20,—	—,—	25,—
581	7,50	30,—	10,—	50,—
582	3,—	12,50	7,50	40,—
583	15,—	60,—	24,—	95,—
584	—,—	—,—	—,—	—,—
585	—,—	—,—	—,—	—,—
586	—,—	—,—	—,—	—,—
587	—,—	—,—	—,—	—,—
588	—,—	—,—	—,—	—,—
589	—,—	—,—	—,—	—,—
590	—,—	—,—	—,—	—,—
598	4,—	20,—	7,50	30,—
599	4,—	20,—	7,50	30,—
600	4,—	20,—	7,50	30,—
601	4,—	20,—	7,50	30,—
602	4,—	20,—	7,50	30,—
603	4,—	20,—	7,50	30,—
604	4,—	20,—	7,50	30,—
605	4,—	20,—	7,50	30,—
606	7,50	30,—	10,—	45,—
607	7,50	12,50	10,—	45,—
608	7,50	30,—	10,—	45,—
609	15,—	65,—	24,—	95,—
610	28,—	100,—	35,—	125,—
611	50,—	250,—	—,—	—,—
612	150,—	450,—	—,—	—,—
642	7,50	30,—	—,—	—,—
643	7,50	30,—	—,—	—,—
644	7,50	30,—	—,—	—,—
645	60,—	300,—	—,—	—,—
646	—,—	—,—	—,—	—,—
647	—,—	—,—	—,—	—,—
648	—,—	—,—	—,—	—,—
649	30,—	150,—	40,—	180,—
650	30,—	150,—	40,—	180,—
651	20,—	100,—	35,—	120,—
652	25,—	100,—	40,—	120,—
653	25,—	100,—	40,—	120,—
654	25,—	100,—	40,—	120,—
655	25,—	100,—	40,—	120,—
656	35,—	150,—	40,—	180,—
657	25,—	180,—	40,—	180,—
658	4,—	20,—	5,—	25,—
659	4,—	20,—	5,—	25,—

Portomarken

Nr.	I ▷	I ⊠	II ▷	II ⊠
159	—,—	—,—	—,—	—,—
160	—,—	—,—	—,—	—,—
161	10,—	45,—	—,—	—,—
162	—,—	45,—	—,—	—,—
163	—,—	45,—	15,—	60,—
164	—,—	45,—	—,—	60,—
165	—,—	45,—	—,—	60,—
166	—,—	—,—	—,—	—,—
167	10,—	45,—	—,—	—,—
168	—,—	—,—	—,—	—,—
169	—,—	45,—	—,—	—,—
170	—,—	75,—	—,—	—,—
171	—,—	—,—	—,—	—,—
172	—,—	—,—	—,—	—,—
173	—,—	—,—	—,—	—,—
174	—,—	—,—	—,—	—,—

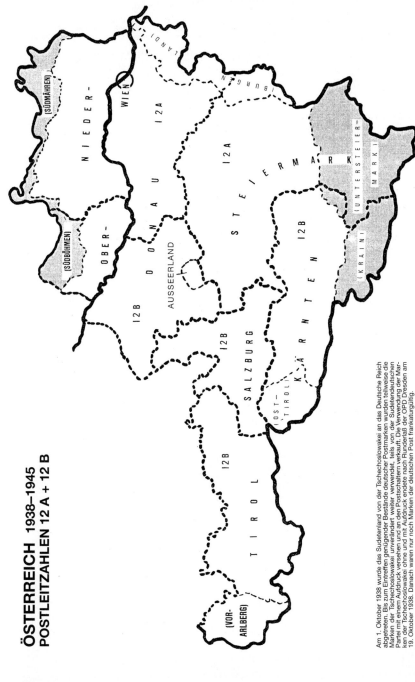

ÖSTERREICH 1938–1945
POSTLEITZAHLEN 12 A + 12 B

Am 1. Oktober 1938 wurde das Sudetenland von der Tschechoslowakei an das Deutsche Reich abgetreten. Bis zum Eintreffen genügender Bestände deutscher Postmarken wurden teilweise die Marken der Tschechoslowakei unverändert weiter verwendet, teils von der Sudetendeutschen Partei mit einem Aufdruck versehen und an den Postschaltern verkauft. Die Verwendung der Marken der Tschechoslowakei ohne und mit Aufdruck endete nach Runderlaß der OPD Dresden am 19. Oktober 1938. Danach waren nur noch Marken der deutschen Post frankaturgültig.

Am 6. April 1941 rückten deutsche Truppen in Jugoslawien ein. Die früher österreichisch gewesenen Gebiete, wie die Untersteiermark und der nördliche Teil von Krain (mit Krainburg), wurden der Ostmark angeschlossen. Die Hauptstadt Laibach und der südliche Teil Krains wurden von Italien besetzt. In den ersten Wochen existierte in diesen Gebieten nur Dienstpost. Ab 2. Mai 1941 wurde der allgemeine Postverkehr wieder aufgenommen.

Marken des Deutschen Reiches in Österreich verwendet

Bewertung für Marken des Deutschen Reiches auf ⊠ bzw. ▷ mit Entwertung in Österreich (Ostmark) ab dem 4. April 1938 (inkl. Stempel des südlichen Sudetenlandes, das am 1. Oktober 1938 an Ober- oder Niederdonau angegliedert wurde, sowie ab 2. Mai 1941 die Stempel von Krain, Südkärnten und Untersteiermark, den Ländern, die nach der Besetzung Jugoslawiens an die Ostmark angegliedert wurden.

Marken, die vor dem 13. März 1938 ausgegeben wurden und deren Verwendung in der Ostmark möglich war.

Nr.	gültig bis	▷	⊠
364	31.12.1938	—,—	—,—
365	31.12.1938	—,—	—,—
366	31.12.1938	65,—	230,—
367	31.12.1938	—,—	—,—
440	31.12.1938	50,—	—,—
467		—,—	—,—
468		—,—	—,—
469		—,—	—,—
470		—,—	—,—
471		—,—	—,—
472		—,—	—,—
473		—,—	—,—
482		—,—	—,—
483		—,—	—,—
484		—,—	—,—
485		—,—	—,—
486		—,—	—,—
487		—,—	—,—
488		—,—	
489		—,—	—,—
490		—,—	—,—
491		—,—	—,—
492		—,—	—,—
493		—,—	—,—
494		—,—	—,—
495		—,—	
512		1,50	4,50
513		0,60	2,80
514		0,80	3,50
515		0,60	1,80
516		0,60	1,80
517		1,—	3,50
518		1,—	3,50
519		0,80	2,80
520		1,—	3,50
521		1,—	3,50
522 a		0,80	3,50
522 b		60,—	150,—
523		0,80	2,80
524		1,50	5,—
525		2,—	8,—
526		2,—	8,—
527		5,—	20,—
528		7,50	28,—
529 x	31.12.1939	9,—	28,—
530 x	31.12.1939	10,—	34,—
531 x	31.12.1939	10,—	34,—
532 x	31.12.1939	20,—	65,—
533 x	31.12.1939	12,50	45,—
534 x	31.12.1939	10,—	34,—
535 x	31.12.1939	10,—	34,—
536 x	31.12.1939	30,—	110,—
537 x	31.12.1939	25,—	85,—
538 x	31.12.1939	45,—	165,—
539 x	31.12.1939	75,—	225,—
529 y	31.12.1939	12,50	45,—
530 y	31.12.1939	12,50	45,—
531 y	31.12.1939	12,50	45,—
532 y	31.12.1939	22,—	80,—
533 y	31.12.1939	15,—	55,—
534 y	31.12.1939	25,—	80,—
535 y	31.12.1939	30,—	100,—
536 y	31.12.1939	38,—	140,—
537 y	31.12.1939	35,—	110,—
538 y	31.12.1939	6000,—	—,—
539 y	31.12.1939	700,—	1500,—
643	31.12.1938	7,50	28,—
644	31.12.1938	6,—	24,—
645	31.12.1938	10,—	40,—
646	31.12.1938	4,50	17,50
Block 7	31.12.1938	22,—	55,—
647	31.12.1938	10,—	34,—
Block 8	31.12.1938	48,—	120,—
648	31.12.1938	17,50	55,—
Block 9	31.12.1938	150,—	360,—

Nr.	gültig bis	▷	⊠
649	30.6.1938	150,—	500,—
Block 10	30.6.1938	300,—	1000,—
650	31.12.1938	15,—	50,—
Block 11	31.12.1938	85,—	210,—
651	30.6.1938	5,—	17,50
652	30.6.1938	5,—	17,50
653	30.6.1938	3,80	14,—
654	30.6.1938	3,40	11,50
655	30.6.1938	6,—	20,—
656	30.6.1938	2,50	8,50
657	30.6.1938	12,50	35,—
658	30.6.1938	9,—	30,—
659 x		650,—	900,—
659 y	30.6.1938	17,50	55,—
660	31.12.1939	3,—	8,50
661	31.12.1939	4,—	12,50
662	31.12.1939	1,40	3,—
663	31.12.1939	1,40	3,—

12.3.1938 Einmarsch der deutschen Truppen in Österreich.

Nr.	gültig bis	▷	⊠
664	*)	3,50	10,—
665	31.12.1939	1,40	5,—
666	31.12.1939	1,—	3,—
667	31.12.1939	1,—	3,—
668	31.12.1939	3,—	10,—

Ab 22.6.1938 alle Marken für das Deutsche Reich (einschl. Ostmark) ausgegeben.

Nr.	▷	⊠
669	3,50	15,—
670	3,80	15,—
671 x	450,—	650,—
671 y	75,—	120,—
672 x	6,50	15,—
672 y	220,—	300,—
673	4,—	12,—
674	5,50	16,—
675	1,—	3,—
676	3,—	7,—
677	1,50	4,—
678	0,70	2,50
679	3,—	10,—
680	1,40	3,—
681	9,—	22,—
682	9,—	18,—
683	16,50	45,—
684 x	50,—	80,—
684 y	6,—	18,—
685	8,—	20,—
686	13,50	30,—
687	13,50	30,—
688	25,—	50,—
689	8,—	20,—
690	8,—	20,—
691	8,—	20,—
692	5,—	18,—
693	5,—	18,—
694	8,—	20,—
695	65,—	175,—
696	65,—	175,—
697	65,—	175,—
698	35,—	100,—
699	45,—	110,—
700	20,—	40,—
701	18,—	35,—
702	10,—	30,—
703	10,—	25,—
704	4,—	10,—
705	2,80	10,—
706	3,50	10,—
707	3,50	10,—
708	3,50	10,—
709	5,—	20,—
710	7,—	20,—

	▷	✉		▷	✉
711	7,—	22,—	790	2,50	7,—
712	10,—	25,—	791	0,60	1,40
713	11,—	28,—	792	2,50	4,—
714	1,50	4,—	793	0,70	2,—
715	2,—	4,—	794	0,70	2,—
716	10,—	60,—	795	0,70	2,50
717	10,—	30,—	A 795	3,—	12,—
718	11,50	25,—	796	0,70	3,—
719	10,—	30,—	797	0,70	4,—
720	10,—	30,—	798	0,70	5,—
721	8,—	18,—	799 A	10,—	30,—
722	—,—	—,—	800 A	10,—	40,—
723	—,—	—,—	801 A	25,—	—,—
724	—,—	—,—	802 A	75,—	—,—
725	—,—	—,—	799 B	10,—	40,—
726	—,—	—,—	800 B	100,—	200,—
727	—,—	—,—	801 B	—,—	—,—
728	—,—	—,—	802 B	—,—	—,—
729	—,—	—,—	803	10,—	25,—
730	1,—	3,50	804	4,—	12,—
731	3,50	10,—	805	6,—	18,—
732	1,40	3,50	806	4,—	10,—
733	0,80	2,50	807	4,—	10,—
734	3,—	5,—	808	4,50	12,—
735	1,50	2,50	809	9,—	28,—
736	9,—	20,—	810	1,40	5,50
737	9,—	20,—	811	4,50	10,—
738	10,—	32,—	812	3,—	6,50
Z 738	10,—	—,—	813 x	35,—	50,—
Z 739	10,—	—,—	813 y	12,50	20,—
739	1,—	4,50	814	20,—	45,—
740	1,—	3,—	815	10,—	20,—
741	1,—	3,—	816	2,50	5,—
742	3,—	9,—	817	4,—	6,—
743	30,—	40,—	818	1,80	3,50
744	10,—	25,—	819	3,—	5,50
745	2,50	6,—	820	3,—	6,—
746	18,—	30,—	821	3,—	6,50
747	55,—	95,—	822	4,50	10,—
748	4,50	8,—	823	4,50	11,—
749	4,50	8,—	824	4,50	12,—
750	18,—	30,—	825	8,—	20,—
751	1,50	5,—	826 a	0,80	1,80
752	1,80	7,—	826 b	4,50	8,—
753	1,—	3,—	827	0,80	1,50
754	1,—	2,—	828	1,80	5,—
755	2,—	7,—	829	4,—	15,—
756	1,—	2,50	830	1,50	5,—
757	5,—	12,—	831	2,50	6,—
758	5,—	15,—	832	2,40	5,—
759	11,—	22,—	833	2,40	5,—
760	4,—	8,50	834	2,40	4,—
761	5,—	11,—	835	2,40	5,—
762	4,—	8,—	836	2,40	4,—
763	5,50	15,—	837	3,50	10,—
764	1,80	6,—	838	3,50	10,—
765	1,40	4,—	839	4,—	14,—
766	2,—	4,—	840	5,50	18,—
767	3,80	15,—	841	6,50	20,—
768	1,50	6,—	842	6,50	22,—
769	1,40	3,50	843	1,80	4,50
770	1,50	4,—	844	3,—	8,—
771	4,—	14,—	845	3,—	8,—
772 x	5,—	15,—	846	3,—	8,—
772 y	25,—	35,—	847	3,—	8,—
773	4,—	7,—	848	7,50	20,—
774	3,—	9,—	849	10,—	30,—
775	2,50	6,50	850	1,50	6,—
776	7,—	20,—	851	1,50	6,—
777	7,—	25,—	852	1,50	5,50
778	22,—	35,—	853	2,80	9,—
779	15,—	30,—	854	4,—	11,50
780	10,—	30,—	855	2,—	6,—
781 a	0,50	1,50	856	2,50	6,50
781 b	1,50	3,—	857	2,50	7,—
782	0,50	1,40	858	2,50	7,50
783	0,50	1,80	859	3,—	9,50
784 a	0,50	1,40	860	2,—	7,—
784 b	1,50	3,50	861	2,50	7,—
785 a	0,50	1,40	862	2,50	8,—
785 b	0,80	2,—	863	3,—	10,—
786	0,50	1,40	864	3,—	8,50
787	0,50	2,50	865	3,50	11,50
788	0,50	1,40	866	2,80	11,—
789	0,60	2,50	867	2,80	11,—

	✒	✉
868	4,50	15,—
869	2,—	8,—
870	2,—	7,—
871	2,—	7,—
872	3,50	11,50
873	2,50	7,50
874	2,40	7,50
875	2,40	7,50
876	2,40	6,50
877	2,40	7,50
878	2,40	7,50
879	2,40	6,50
880	2,80	15,—
881	4,50	16,—
882	4,50	15,—
883	5,—	16,—
884	7,50	24,—
885	7,50	24,—
886 a	2,40	6,50
886 b	3,50	11,—
887	3,50	9,50
888	1,80	6,—
889	1,80	6,—
890	1,80	6,—
891	2,80	8,50
892	3,—	12,—
893	3,50	14,—
894	2,50	8,—
895	2,50	8,—
896	2,—	7,—
897	2,50	8,—
898	2,50	8,—
899	4,50	14,—
900	2,80	9,50
901	3,—	9,50
902	2,80	10,—
903	3,—	10,—
904	3,—	10,—
906	3,80	15,—
907	3,80	15,—
908	17,50	90,—

MiNr. 909 und 910 konnten in der Ostmark nicht mehr verwendet werden.

Dienstmarken

	✒	✉
132	2,—	4,50
133	1,50	4,50
134	5,—	15,—
135	1,50	3,50
136	1,50	4,50
137	12,—	20,—
138 a	3,—	6,—
138 b	100,—	150,—
139	15,—	35,—
140	2,50	5,50
141	3,—	15,—
142	8,—	30,—
143	12,50	45,—
144	6,—	15,—
145	5,—	12,50
146	4,—	10,—
147	4,—	15,—
148	4,—	10,—
149	4,—	10,—
150	4,—	10,—
151	30,—	60,—
152	12,50	40,—
153	15,—	45,—
154	25,—	65,—
155	50,—	90,—
156	3,50	11,—
157	5,—	18,—
158	40,—	60,—

	✒	✉
159	4,—	15,—
160	4,—	11,—
161	3,—	9,—
162	120,—	250,—
163	50,—	160,—
164	40,—	130,—
165	80,—	160,—
166	2,50	8,50
167	5,—	14,—
168	25,—	30,—
169	2,50	8,50
170 a	7,50	24,—
170 b	25,—	50,—
171	20,—	30,—
172 a	40,—	80,—
172 b	9,—	18,—
173	100,—	120,—
174	12,50	45,—
175	17,50	55,—
176	30,—	60,—
177	500,—	—,—

Feldpostmarken

	✒	✉
1 A	4,—	12,50
1 B	9,—	30,—
2 A	50,—	250,—
2 B	250,—	1500,—
3	500,—	12500,—
4	350,—	2500,—
7 A	600,—	1000,—
7 B	—,—	—,—
8 A	5000,—	7000,—
8 B	140,—	500,—
9	600,—	1800,—
10 A a	3000,—	7500,—
10 A b II	850,—	1800,—
10 A d	2500,—	6000,—
10 B a	1400,—	2800,—
10 B b I	100,—	250,—
10 B b II	100,—	250,—
10 B c	200,—	450,—
10 B d	600,—	1500,—
11 A	2500,—	4500,—
11 B	800,—	2300,—
12 I	700,—	3300,—

Paketkarten 3fache ✒-Preise (jedoch nicht höher als ✉-Preise).

*) ab 13.4.1938 gültig.

Deutsche Dienstpost in der Ostmark

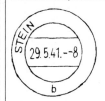

Ab 6.4.1941 bis einschließlich 1.5.1941 wurden Marken des Deutschen Reiches in Südkärnten, Südsteiermark und Krain nur für Dienstpost verwendet.

5fache ✉-Preise.

Bei Anfragen bitte Rückporto nicht vergessen!

Dienstmarken für die bayerischen Eisenbahnbehörden in Österreich entwertet

Die bayerischen Bauinspektionen in Eger, Kufstein und Salzburg verwendeten bayerische Dienstmarken, die von der österreichischen Post entwertet wurden.

E **1908/1916. Aufdruck eines „E" bzw. mit eingelochtem „E".**

			📬	✉
1	3 Pf	dunkelbraun .... (60 y) R	—,—	—,—
2	5 Pf	dunkelgrün .... (61 y) R	25,—	100,—
3	10 Pf	karminrosa .... (56 y) Gr	25,—	100,—
4	20 Pf	ultramarin .... (57 y) R	—,—	—,—
5	50 Pf	lilabraun .... (63 y) Gr	—,—	—,—
6	3 Pf	braun auf bräunlich .... (76)	—,—	—,—
7	5 Pf	grün auf hellgrün .... (77)	38,—	150,—
8	10 Pf	rot auf sämisch .... (78)	38,—	150,—
9	20 Pf	blau auf hellblau .... (79 a)	—,—	—,—
10	25 Pf	braunviolett auf sämisch .... (80)	—,—	—,—
11	50 Pf	braunrot auf graubraun .... (83)	—,—	—,—
12	3 Pf	tiefbraun (1916) .... (94 I)	—,—	—,—
13	5 Pf	saftgrün .... (95 I)	100,—	500,—
14	10 Pf			
a		zinnober .... (96 a)	100,—	500,—
b		bräunlichrot .... (96 b)	—,—	—,—
15	20 Pf	blau, ultramarin .... (97 I)	—,—	—,—

Post in den Zollausschlußgebieten Kleinwalsertal und Jungholz

A. Deutsche Marken (Deutsche Post bzw. Deutsche Bundespost) in den Zollausschlußgebieten Kleinwalsertal und Jungholz verwendet

Bis 31.12.1950 wurden dort nach dem Zweiten Weltkrieg für Sendungen nach Deutschland deutsche Marken verwendet. Im Auslandsverkehr galten nur deutsche Marken, im Verkehr nach Österreich nur österreichische Marken. Am 1.1.1951 wurde die Post wieder von Österreich übernommen. Für den Verkehr mit Deutschland galten aber eigene Sondertarife. Zur Frankierung von Zahlkarten und Postanweisungen mußten bis 31.8.1962 noch deutsche Marken verwendet werden, diese wurden aber nur vom Schalterbeamten verklebt.

Orte: Hirschegg, Mittelberg, Riezlern und Jungholz. Die Entwertung der deutschen Marken ab 1.1.1951 im Zahlungsverkehr wurde mit besonderen Stempeln vorgenommen: Oberstdorf/Postzahlungsverkehr/H (für Hirschegg), Oberstdorf/Postzahlungsverkehr/M (für Mittelberg), Oberstdorf/Postzahlungsverkehr/R (für Riezlern). Für Jungholz galten die gleichen Regeln wie für das Kleinwalsertal.

Auch nach dem 31.8.1962 wurde der Zahlungsverkehr von der Deutschen Bundespost durchgeführt, jedoch mit Barfreimachung. Dennoch findet man auch noch später deutsche Marken mit obengenannten Stempeln gefälligkeitsentwertet. Bis 10.12.1947 galt 1 S = 1 RM.

Dann wurde der Schilling 3:1 abgewertet, für die neue Schillingwährung wurde im Kleinwalsertal zuerst Barfrankierung durchgeführt. Ab der deutschen Währungsreform 6 S (später 6,5 S) schließlich 7 S = 1 DM. Ab 1.1.1951 ✉ = Zahlungsanweisung, Zahlkartenabschnitt.

Gemeinschaftsausgaben für die amerikanische, britische und sowjetische Zone.

		✉	Mi✉*)
911	1 Pf	250,—	750,—
912	2 Pf	150,—	700,—
913	3 Pf	250,—	750,—
914	4 Pf	350,—	900,—
915	5 Pf	250,—	700,—
916	6 Pf	100,—	600,—
917	8 Pf	100,—	600,—
918	10 Pf	150,—	650,—
919	12 Pf	100,—	600,—
920	12 Pf	50,—	600,—
921	15 Pf	250,—	800,—
922	15 Pf	200,—	750,—
923	16 Pf	100,—	600,—
924	20 Pf	250,—	800,—
925	24 Pf	50,—	600,—
926	25 Pf	500,—	1000,—
927	25 Pf	250,—	800,—
928	30 Pf	250,—	800,—
929	40 Pf	400,—	1000,—
930	42 Pf	—,—	—,—
931	45 Pf	—,—	—,—
932	50 Pf	—,—	—,—
933	60 Pf	—,—	—,—
934	75 Pf	—,—	—,—
935	80 Pf	—,—	—,—
936	84 Pf	—,—	—,—
937	1 RM	—,—	—,—
Block 12 A	....	—,—	—,—
Block 12 B	....	—,—	—,—
941 A	24 Pf + 26 Pf	—,—	—,—
942 A	60 Pf + 40 Pf	—,—	—,—
941 B	24 Pf + 26 Pf	—,—	—,—
942 B	60 Pf + 40 Pf	—,—	—,—
943	2 Pf	250,—	800,—
944	6 Pf	100,—	600,—
945	8 Pf	100,—	600,—
946	10 Pf	250,—	750,—
947	12 Pf	50,—	500,—
948	15 Pf	500,—	—,—
949	16 Pf	100,—	600,—
950	20 Pf	250,—	—,—
951	24 Pf	50,—	500,—
952	25 Pf	250,—	—,—
953	30 Pf	500,—	—,—
954	40 Pf	400,—	—,—
955	50 Pf	500,—	—,—

			☒	Mi☒*)
956	60 Pf			
a		....	750,—	—,—
b		....	400,—	—,—
957	80 Pf	....	500,—	—,—
958	84 Pf	....	250,—	—,—
959	1 M	....	—,—	—,—
960	2 M	....	—,—	—,—
961	3 M	....	—,—	—,—
962	5 M	....	—,—	—,—
a		....	—,—	—,—
b		....	—,—	—,—
963	24 (Pf)	....	500,—	—,—
964	75 (Pf)	....	—,—	—,—
965	12 (Pf)	....	750,—	—,—
966	75 (Pf)	....	—,—	—,—
967	50 (Pf)	....	—,—	—,—
968	84 (Pf)	....	—,—	—,—
969	24 (Pf)	....	—,—	—,—
970	50 (Pf)	....	—,—	—,—

Zusammendrucke

		☒	Mi☒
W Zd 1	969/970	—,—	—,—
W Zd 2	969/979/969	—,—	—,—
W Zd 3	970/969	—,—	—,—
W Zd 4	970/969/970	—,—	—,—
S Zd 1	969/970	—,—	—,—
S Zd 2	969/970/969	—,—	—,—
S Zd 3	970/969	—,—	—,—
S Zd 4	970/969/970	—,—	—,—
Viererblock I	50/24/24/50	—,—	—,—
Viererblock II	24/50/50/24	—,—	—,—
W 158	923/920	—,—	—,—
S 29	920/923	—,—	—,—

Zehnfachfrankaturen

Als Zehnfachfrankaturen gelten die vom 21.–23.6.1948 zu einem Zehntel ihres Nennwertes verwendeten Marken, gleichgültig, ob alleine oder in MiF mit DM- oder Österreich-Marken, wobei letztere noch seltener sind.

		☒
911–970	.... je	—,—

*) Mi☒-Bewertung für Mischfrankatur deutscher und österreichischer Marken.

Französische Zone

Ab 3.10.1949 waren die Marken Baden MiNr. 14–41, 46–57, Rheinland-Pfalz MiNr. 16–29, 32–41, 46–52 und Württemberg-Hohenzollern MiNr. 14–37, 44–52 im gesamten Bundesgebiet frankaturgültig und auch in den Zollausschlußgebieten möglich.

Baden

		☒
14–41, 46–57	.... je	—,—

Rheinland-Pfalz

		☒
16–29, 32–41, 46–52	.... je	—,—

Württemberg-Hohenzollern

		☒
14–37, 44–52	.... je	—,—

Amerikanische und Britische Zone (Bizone)

			☒	Mi☒*)
1	3 Pf	....	400,—	—,—
2	4 Pf	....	400,—	—,—
3	5 Pf	....	—,—	—,—
4	6 Pf	....	250,—	—,—
5	8 Pf	....	400,—	—,—
6	10 Pf	....	—,—	—,—
7	12 Pf	....	150,—	—,—
8	15 Pf	....	—,—	—,—
9	25 Pf	....	—,—	—,—

MiNr. 10–35 konnten ebenfalls verwendet werden, sind aber, da sie in den Zollausschlußgebieten nicht am Schalter verkauft wurden, sehr selten.

MiF zwischen AM-Post und Ziffernausgabe sind nur vor dem 1.3.1946 selten. Ab 1.3.1946 sind keine Zuschläge gerechtfertigt.

		☒
10–35	.... je	—,—

			☒	Mi☒*)
36 I, II	2 Pf	....	—,—	—,—
37 I, II	6 Pf	....	—,—	—,—
38 I, II	6 Pf	....	—,—	—,—
39	10 Pf			
I		....	—,—	—,—
II		....	250,—	—,—
40	12 Pf			
I		....	150,—	—,—
II		....	—,—	—,—
41 I, II	15 Pf	....	—,—	—,—
42 I, II	16 Pf	....	—,—	—,—
43 I, II	20 Pf	....	—,—	—,—
44	24 Pf			
I		....	150,—	—,—
II		....	—,—	—,—
45 I, II	25 Pf	....	—,—	—,—
46 I, II	30 Pf	....	—,—	—,—
47 I, II	40 Pf	....	—,—	—,—
48 I, II	50 Pf	....	—,—	—,—
49 I, II	60 Pf	....	—,—	—,—
a		....	—,—	—,—
b		....	—,—	—,—
50 I, II	80 Pf	....	—,—	—,—
51 I, II	84 Pf	....	—,—	—,—

		☒
MiNr. 52–68, I–IX, 69–72	.... je	—,—

			☒	Mi☒*)
73	2 (Pf)	....	250,—	—,—
74	4 (Pf)	....	150,—	—,—
75	5 (Pf)	....	250,—	—,—
76	6 (Pf)	....	—,—	—,—
77	6 (Pf)	....	250,—	—,—
78	8 (Pf)	....	—,—	—,—
79	8 (Pf)	....	500,—	—,—
80	10 (Pf)	....	50,—	500,—
81	15 (Pf)	....	—,—	—,—
82	15 (Pf)	....	400,—	—,—
83	16 (Pf)	....	—,—	—,—
84	20 (Pf)	....	—,—	—,—
85	20 (Pf)	....	50,—	500,—
86	24 (Pf)	....	—,—	—,—
87	25 (Pf)	....	500,—	1000,—
88	30 (Pf)	....	—,—	—,—
89	30 (Pf)	....	250,—	800,—
90	40 (Pf)	....	250,—	800,—
91	50 (Pf)	....	—,—	—,—
92	50 (Pf)	....	250,—	800,—
93	60 (Pf)	....	150,—	600,—
94	80 (Pf)	....	600,—	1100,—
95	84 (Pf)	....	—,—	—,—
96	90 (Pf)	....	750,—	1500,—
97 I, II	1 M	....	—,—	—,—
98 I, II	2 M	....	—,—	—,—
99 I, II	3 M	....	—,—	—,—
100 I, II	5 M	....	—,—	—,—
73 A	2 (Pf)	....	—,—	—,—
74 A	4 (Pf)	....	250,—	800,—
75 A	5 (Pf)	....	—,—	—,—
77 A	6 (Pf)	....	—,—	—,—
80 A	10 (Pf)	....	100,—	600,—
82 A	15 (Pf)	....	—,—	—,—
85 A	20 (Pf)	....	100,—	600,—
89 A	30 (Pf)	....	—,—	—,—
90 A	40 (Pf)	....	—,—	—,—
92 A	50 (Pf)	....	—,—	—,—
63 G	60 (Pf)	....	500,—	1000,—
94 A	80 (Pf)	....	—,—	—,—
96 A	90 (Pf)	....	—,—	—,—

		⊠	Mi⊠*)
97 G	1 M	—,—	—,—
101	10 (Pf) + 5 (Pf)	—,—	—,—
102	20 (Pf) + 10 (Pf)	—,—	—,—
103	10 (Pf)	750,—	1200,—
104	20 (Pf)	750,—	1200,—
105	30 (Pf)	—,—	—,—
Block 1 a		—,—	—,—
106	10 (Pf) + 5 (Pf)	—,—	—,—
107	20 (Pf) + 10 (Pf)	—,—	—,—
108	10 (Pf) + 5 (Pf)	—,—	—,—
109	20 (Pf) + 10 (Pf)	—,—	—,—
110	30 (Pf) + 15 (Pf)	—,—	—,—

Bundesrepublik Deutschland

		⊠	Mi⊠*)
111	10 (Pf)	1000,—	2000,—
112	20 (Pf)	1000,—	2000,—
113	10 (Pf) + 2 (Pf)	—,—	—,—
114	20 (Pf)	—,—	—,—
115	30 (Pf)	—,—	—,—
116	30 (Pf)	—,—	—,—
117	8 (Pf) + 2 (Pf)	—,—	—,—
118	10 (Pf) + 5 (Pf)	—,—	—,—
119	20 (Pf) + 10 (Pf)	—,—	—,—
120	30 (Pf) + 15 (Pf)	—,—	—,—
121	10 (Pf) + 2 (Pf)	—,—	—,—
122	20 (Pf) + 3 (Pf)	—,—	—,—

*) Mi-⊠-Bewertung für Mischfrankaturen deutscher und österreichischer Marken.

Berlin (West)

Ab 20.1.1950 waren die Marken Berlin MiNr. 21–73 auch im Bundesgebiet frankaturgültig und auch in den Zollausschlußgebieten möglich.

		⊠
21–73	je	—,—

Alle Bewertungen gelten für Abstempelungen aus dem Kleinwalsertal. Stempel von Jungholz rechtfertigen doppelte Preise.

Ab 1.1.1951 wurde die Post wieder von Österreich übernommen, nur für den Zahlungsverkehr war die Deutsche Bundespost weiter tätig, zu diesem Zweck wurden deutsche Marken an den Schaltern vorrätig gehalten. Amerikanische und britische Zone MiNr. 87 A, Bundesrepublik Deutschland MiNr. 123–138, 177–196, 226, 259–265, 302–306, 347 x–352 x, 355 x, 347 y–358 ay, 359, 361 und 362 waren in den Zollausschlußgebieten für Frankaturen möglich ⊠ je —,—.

B. Österreichische Marken, von der deutschen Post in Österreich verwendet (bis 31.12.1950)

		⊳	⊠
721	1 g	—,—	—,—
722	3 g	—,—	—,—
723	4 g	—,—	—,—
724	5 g	—,—	—,—
725	6 g	40,—	200,—
726	8 g	—,—	—,—
727	10 g	—,—	—,—
728	12 g	60,—	300,—
729	15 g	—,—	—,—
730	20 g	—,—	—,—
731	25 g	—,—	—,—
732	30 g	—,—	—,—
733	40 g	—,—	—,—
734	60 g	—,—	—,—
735	1 S	—,—	—,—
736	2 S	—,—	—,—
737	5 S	—,—	—,—
738	3 g	—,—	—,—
739	4 g	—,—	—,—
740	5 g		
a		—,—	—,—
b		—,—	—,—
c		—,—	—,—
741	6 g		
a		60,—	250,—
b		—,—	—,—
742	8 g	—,—	—,—
743	8 g	—,—	—,—
744	8 g		
a		—,—	—,—
b		—,—	—,—
745	10 g	—,—	—,—
746	10 g	—,—	—,—
747	12 g	75,—	300,—
748	15 g	—,—	—,—
749	16 g	—,—	—,—
750	20 g		
a		—,—	—,—
b		—,—	—,—
c		—,—	—,—
751	24 g	—,—	—,—
752	25 g	—,—	—,—
753	30 g	—,—	—,—
754	30 g	—,—	—,—
755	35 g	—,—	—,—
756	38 g		
a		—,—	—,—
b		—,—	—,—
757	40 g		
a		—,—	—,—
b		—,—	—,—
758	42 g	—,—	—,—
759	45 g	—,—	—,—
760	50 g		
a		—,—	—,—
b		—,—	—,—
761	50 g		
a		—,—	—,—
b		—,—	—,—
762	60 g		
a		—,—	—,—
b		—,—	—,—
763	60 g		
a		—,—	—,—
b		—,—	—,—
764	70 g	—,—	—,—
765	80 g	—,—	—,—
766	90 g	—,—	—,—
767 I	1 S	—,—	—,—
768 I	2 S	—,—	—,—
769 I	3 S	—,—	—,—
770 I	5 S	—,—	—,—
767 II	1 S	—,—	—,—
768 II	2 S	—,—	—,—
769 II	3 S	—,—	—,—
770 II	5 S	—,—	—,—
771	30 g + **20 g**	—,—	—,—
772 A	1 S + 1 S	—,—	—,—
773 A	2 S + 2 S	—,—	—,—
774 A	3 S + 3 S	—,—	—,—
775 A	5 S + 5 S	—,—	—,—
772 B	1 S + 1 S	—,—	—,—
773 B	2 S + 2 S	—,—	—,—
774 B	3 S + 3 S	—,—	—,—
775 B	5 S + 5 S	—,—	—,—
776	5 (g) + 3 (g)	—,—	—,—
777	6 (g) + 4 (g)	60,—	300,—
778	8 (g) + 6 (g)	—,—	—,—
779	12 (g) + 12 (g)	90,—	350,—
780	30 (g) + 30 (g)	—,—	—,—
781	42 (g) + 42 (g)	—,—	—,—
782	1 (S) + 1 (S)	—,—	—,—
783	2 (S) + 2 (S)	—,—	—,—
784	12 g	100,—	400,—
785	16 g + 16 g	—,—	—,—
786	24 g + 24 g	—,—	—,—
787	60 g + 60 g	—,—	—,—
788	1 S + 1 S	—,—	—,—
789	2 S + 2 S	—,—	—,—
790	30 g + 70 g	—,—	—,—
791	3 g + 12 g	—,—	—,—
792	5 g + 20 g	—,—	—,—
793	6 g + 24 g	100,—	400,—

Nr.		⊳	⊠	Nr.		⊳	⊠
794	8 g + 32 g	—,—	—,—	873	60 g + 30 g	—,—	—,—
795	10 g + 40 g	—,—	—,—	874	75 g + 35 g	—,—	—,—
796	12 g + 48 g	100,—	400,—	875	80 g + 40 g	—,—	—,—
797	30 g + 1.20 S	—,—	—,—	876	1 S + 50 g	—,—	—,—
798	50 g + 1.80 S	—,—	—,—	877	1.40 S + 70 g	—,—	—,—
799	1 S + 5 S	—,—	—,—	878	20 g + 10 g	90,—	350,—
800	2 S + 10 S	—,—	—,—	879	30 g + 15 g	—,—	—,—
801	12 g	55,—	250,—	880	40 g + 20 g	100,—	400,—
802	18 g	75,—	325,—	881	50 g + 25 g	—,—	—,—
803	3 g + 2 g	—,—	—,—	882	60 g + 30 g	—,—	—,—
804	8 g + 2 g	—,—	—,—	883	1 S + 50 g	—,—	—,—
805	10 g + 5 g	—,—	—,—	884	1.40 S + 70 g	—,—	—,—
806	12 g + 8 g	100,—	400,—	885	20 g + 10 g	60,—	250,—
807	18 g + 12 g	—,—	—,—	886	30 g + 15 g	—,—	—,—
808	30 g + 10 g	—,—	—,—	887	40 g + 20 g	75,—	300,—
809	35 g + 15 g	—,—	—,—	888	50 g + 25 g	—,—	—,—
810	60 g + 20 g	—,—	—,—	889	60 g + 30 g	—,—	—,—
811	60 g + 20 g	—,—	—,—	890	80 g + 40 g	—,—	—,—
812	3 g + 2 g	—,—	—,—	891	1 S + 50 g	—,—	—,—
813	8 g + 2 g	—,—	—,—	892	1.40 S + 70 g	—,—	—,—
814	10 g + 5 g	—,—	—,—	893	3 g	—,—	—,—
815	12 g + 8 g	90,—	350,—	894	5 g	—,—	—,—
816	18 g + 12 g	—,—	—,—	895	10 g	—,—	—,—
817	20 g + 10 g	100,—	400,—	896	15 g	—,—	—,—
818	30 g + 10 g	—,—	—,—	897	20 g	75,—	300,—
819	35 g + 15 g	—,—	—,—	898	25 g	—,—	—,—
820	48 g + 12 g	—,—	—,—	899	30 g	100,—	400,—
821	60 g + 20 g	—,—	—,—	900	30 g	—,—	—,—
822	50 g	—,—	—,—	901	40 g	100,—	400,—
823	1 S	—,—	—,—	902	40 g	100,—	400,—
824	2 S	—,—	—,—	903	45 g	—,—	—,—
825	3 S	—,—	—,—	904	50 g	—,—	—,—
826	4 S	—,—	—,—	905	60 g	—,—	—,—
827	5 S	—,—	—,—	906	70 g	—,—	—,—
828	10 S	—,—	—,—	907	75 g	—,—	—,—
829	8 g + 2 g	—,—	—,—	908	80 g	—,—	—,—
830	12 g + 8 g	100,—	400,—	909	90 g	—,—	—,—
831	18 g + 12 g	—,—	—,—	910	1 S	—,—	—,—
832	35 g + 15 g	—,—	—,—	911	1 S	—,—	—,—
833	60 g + 20 g	—,—	—,—	913	1.20 S	—,—	—,—
834	1 S + 40 g	—,—	—,—	914	1.40 S	—,—	—,—
835	**75 g** auf 38 g	—,—	—,—	917	1.60 S	—,—	—,—
836	**1.40 S** auf 16 g	—,—	—,—	918	1.70 S	—,—	—,—
837	40 g	—,—	—,—	919	2 S	—,—	—,—
838	3 g	—,—	—,—	922	3 S	—,—	—,—
839	5 g	—,—	—,—	925	5 S	—,—	—,—
840	10 g	—,—	—,—	926	10 S	—,—	—,—
841	15 g	—,—	—,—	927	1 S	—,—	—,—
842	20 g	60,—	250,—	928	60 g	—,—	—,—
843	30 g	—,—	—,—	929	40 g + 10 g	75,—	300,—
844	40 g	75,—	300,—	930	60 g + 20 g	—,—	—,—
845	50 g	—,—	—,—	931	1 S + 25 g	—,—	—,—
846	60 g	—,—	—,—	932	1.40 S + 35 g	—,—	—,—
847	70 g	—,—	—,—	933	1 S	—,—	—,—
848	80 g	—,—	—,—	934	1 S	—,—	—,—
849	90 g	—,—	—,—	935	20 g	60,—	240,—
850	1 S	—,—	—,—	936	30 g	100,—	400,—
851	2 S	—,—	—,—	937	40 g + 10 g	125,—	450,—
852	3 S	—,—	—,—	938	60 g + 15 g	—,—	—,—
853	5 S	—,—	—,—	939	1 S + 25 g	—,—	—,—
854	1 S + 50 g	—,—	—,—	940	1.60 S + 40 g	—,—	—,—
855	20 g	75,—	300,—	941	40 g	100,—	400,—
856	40 g	—,—	—,—	942	30 g	100,—	400,—
857	60 g	—,—	—,—	943	40 g	125,—	450,—
858	10 g + 5 g	—,—	—,—	944	60 g	—,—	—,—
859	20 g + 10 g	100,—	400,—	945	1 S	—,—	—,—
860	30 g + 10 g	—,—	—,—	946	60 g + 15 g	—,—	—,—
861	40 g + 20 g	100,—	400,—	947	1 S	—,—	—,—
862	45 g + 20 g	—,—	—,—	948	60 g	—,—	—,—
863	60 g + 30 g	—,—	—,—	949	60 g	—,—	—,—
864	75 g + 35 g	—,—	—,—	950	60 g	—,—	—,—
865	80 g + 40 g	—,—	—,—	951	60 g	—,—	—,—
866	1 S + 50 g	—,—	—,—	952	60 g + 15 (g)	—,—	—,—
867	1.40 S + 70 g	—,—	—,—	953	1 S + 25 (g)	—,—	—,—
868	10 g + 5 g	—,—	—,—	954	1.70 S + 40 (g)	—,—	—,—
869	20 g + 10 g	75,—	300,—	955	60 g	—,—	—,—
870	30 g + 10 g	—,—	—,—	956	2 S	—,—	—,—
871	40 g + 20 g	100,—	400,—	957	60 g + 15 g	—,—	—,—
872	45 g + 20 g	—,—	—,—	958	30 g	100,—	400,—

Mit der MICHEL-Nummer auf Nummer sicher!

Republik Österreich
nach dem Zweiten Weltkrieg

Notmaßnahmen nach der Wiederaufnahme des Postverkehrs

Schon bald nach der Besetzung Österreichs durch die alliierten Truppen wurde damit begonnen, den zivilen Postverkehr zu organisieren. Aus Mangel an Briefmarken und Stempeln waren dabei die verschiedensten Aushilfs- und Notmaßnahmen erforderlich. Bei der Betrachtung dieser Notmaßnahmen lassen sich vier Zeiträume unterscheiden:

1. Von der Befreiung Wiens durch sowjetische Truppen bis zur offiziellen Aufnahme des Postverkehrs am 2. Mai 1945.
Das Stadtgebiet von Wien wurde am 14. April 1945 besetzt, am 16. April erging eine Aufforderung an die Postbeamten, sich zum Dienst zu melden, am 20. April wurde die erste Briefkastenleerung angeordnet und in den folgenden Tagen wurde auch von einzelnen Postämtern Post innerhalb Wiens zugestellt. Diese Post ist nur an Datumsmarken/Stempeln erkennbar.

2. Von der offiziellen Aufnahme des Postverkehrs in Österreich bis zur Währungsreform bis Dezember 1945.
Der Postverkehr wurde in den einzelnen Regionen Österreichs zu sehr unterschiedlichen Terminen wieder aufgenommen. In Wien war dies am 2. Mai 1945 der Fall, in den von den westlichen Alliierten besetzten Zonen erst am 4. Juni 1945. Im Dezember 1945 wurde in allen Besatzungszonen die Reichsmark durch den Österreichischen Schilling ersetzt. In der Steiermark war Bar-Verrechnung zwischen der Ungültigkeitserklärung der Grazer Aushilfsausgabe mit 2. Juli 1945 und bis nach dem Zonenwechsel von den Sowjets zu den Briten Anfang August 1945 „Vorschrift". Am häufigsten ist diese Maßnahme in der 2. bzw. 4. Periode.

3. Zwischen den Währungsreformen 1945 und 1947.
Notmaßnahmen kommen besonders von Anfang 1946 vor.

4. Im Zeitraum der Währungsreform von 1947.
Am 9./10. Dezember wurde der Österreichische Schilling im Verhältnis 1:3 umgetauscht. Um Spekulationen zu verhindern, wurden am 9. 12. 1947 alle Marken ungültig, am 10. 12. 1947 wurden neue Marken (MiNr. 838–853) ausgegeben. Auch aus diesem Zeitraum sind Notmaßnahmen bekannt. Barfrankierungen entstanden meist aus Markenmangel oder bei Masseneinlieferungen in der sowjetisch besetzten Zone.

Für die nachstehend genannten Barfrankierungen gelten die Preise für saubere Briefe oder Postkarten mit klaren Gebühren- und Ortsstempelabdrucken. Sie verstehen sich im allgemeinen für rote oder violette Freivermerkstempel. Schwarze Stempel werden ca. 50%, blaue oder grüne Stempel ca. 500% höher bewertet.

Literaturhinweis: Spezialkatalog „Notmaßnahmen in Österreich 1945–1948" von Herbert Stephan; Eigenverlag 1994.

A. Barverrechnungsvermerke

1	Handschriftliche Vermerke	✉ 5,—
2	Schreibmaschinenschrift	15,—
3	Typenstempel aus Handdruckkasten	12,—
4	Gummistempel ohne Rahmen	5,—
5	Gummistempel mit Rahmen	✉ 7,50

6		Fremdsprachliche Freivermerke	
	a	Handschrift	20,—
	b	Typenstempel .... ab	15,—
	c	Gummistempel .... ab	12,—

7		Mehrsprachige Freivermerke	
	a	Handschrift	25,—
	b	Typenstempel	20,—
	c	Gummistempel	20,—

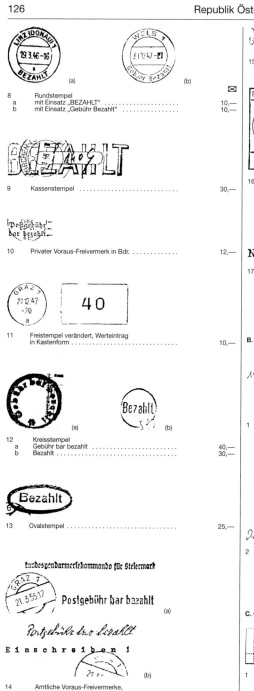

8 Rundstempel ✉
a mit Einsatz „BEZAHLT" .... 10,—
b mit Einsatz „Gebühr Bezahlt" .... 10,—

9 Kassenstempel .... 30,—

10 Privater Voraus-Freivermerk in Bdr. .... 12,—

11 Freistempel verändert, Werteintrag in Kastenform .... 10,—

12 Kreisstempel
a Gebühr bar bezahlt .... 40,—
b Bezahlt .... 30,—

13 Ovalstempel .... 25,—

14 Amtliche Voraus-Freivermerke, Postgebühr bar bezahlt
a Stempel 7,50
b Handschrift 7,50

15 Typenstempel mit Zierstücken .... ✉ 17,—

16 Behördenpost-Voraus-Freivermerk 7,50

17 Einnahme-Nachweisstempel
a Gummistempel (1945) .... 40,—
b Gummistempel (1947/48) .... 25,—

B. Teilbarfrankaturen

1 Handschriftlicher Vermerk mit Frankatur .... ab 60,—

2 Kastenstempel „Gebühr bezahlt" mit Frankatur .... ab 35,—

C. Gebührenzettel

1 GRAZ 1 1947/48
Private Herstellung „Weihs", postalisch geduldet. Inschrift: Postgebühr / bar bezahlt / Taxe percue / Barnachweisung. Werte zu 5, 10, 20 und 40 Groschen, 1, 1.40 und 2.40 Schilling (7 Werte) .... ab 15,—

1.40 Schilling
Porto bar bezahlt
Affranchement percu
Barnachweisung

⊠

2 Inschrift: Porto bar bezahlt / Affranchement
percu / Barnachweisung. Werte zu 5, 10, 20, 40
Groschen, 1, 1.40 und 2.40 Schilling (7 Werte) . . ab   12,—

⚹❀3Groschen❀⚹
bar bezahlt

(a)

⚹ 5 Gro❀❀hen ⚹
bar bezahlt

(b)

⚹❀8Groschen❀⚹
bar bezahlt

(c)

3   GRAZ-ANDRITZ 1946
   Wertangabe / bar bezahlt
a   zwischen Arabesken . . . .   20,—
b   zwischen Sternen . . . .   20,—
c   zwischen Händen . . . .   20,—

2.10 Schilling
Porto bar bezahlt
Taxe percu
Barnachweisung

4   GRAZ-KROISBACH 1947/48
   Bdr.-Inschrift: 2.10 Schilling / Porto bar
   bezahlt / Taxe percu / Barnachweisung . . . .   17,—

Postgebühren
bar bezahlt

(a)

Postgebühr bar bezahlt

(b)

5   Amtliche Gebührenzettel
a   Salzburg 2 (1947) . . . .   60,—
b   Villach 2 (1946) . . . .   70,—

Barnachweisung Nr.: 3446
6 Pfennig bar bezahlt
P. A. Senftenberg, N. Ö.
den 21. Juni 1945

6   SENFTENBERG 1945/21. Juni
   Gebührenzettel in den Farben Rot
   oder Blau nur auf Gedenkkarte zur
   300-Jahr-Feier der Stadt Senftenberg . . . .   15,—

Postgebühr bar bezahlt S. ...

⊠

7   WIEN 9   1946
   Gebührenzettel mit Schreibmaschinen-
   schrift „Postgebühr bar bezahlt S....“.
   Der Wert wurde nach Bedarf handschriftlich
   eingetragen . . . .   60,—

Taxe percue
Nachw.Nr.

8   1947
   Gebührenzettel mit Schreibmaschinen-
   schrift „Taxe percue / Nachw. Nr....“
   Handschriftlicher Werteintrag und Signatur . . . .   80,—

D. Nebenstempel

Zur Erleichterung des Arbeitsablaufes wurden Rundstempel
mit eingesetzter Wertangabe angefertigt . . . .   22,—

E. Stempel-Notmaßnahme (Ortsnotstempel)

M Unzbach
Bezahlt
am 23. Juni 1945

Bei Kriegsende wurde eine Reihe von Postutensilien wie Poststempel und Formulare verlagert, vernichtet oder gestohlen. Um diesen Mangel zu beheben, wurden
verschiedene Arten von Notstempeln verwendet. Diese Art der Stempel ist auf die
Sowjetzone beschränkt.

Ortsnotstempel . . . . ab   50,—
Kombination mit „bar bezahlt“ . . . . ab   70,—

Wichtige philatelistische Informationen

finden Sie in der Einführung in den
MICHEL-Katalog sowie in den Vortexten
und Anmerkungen zu den einzelnen
Ländern.

Schwärzungen bzw. Klecksstempel

Ab 4. Juni 1945 mußte laut Verfügung der sowjetischen Besatzungsmacht eine weitere Unkenntlichmachung des Hitlerkopfes erfolgen. Entsprechende Versuche wurden bereits ab 1. Juni 1945 im Postamt Wien 1 vorgenommen. In der Praxis erfolgte die Durchführung aber erst ab etwa 7./8. Juni 1945. Die Form wurde den Postämtern freigestellt, es wurden u.a. „Kork-Entwertungen" empfohlen. Der Poststempel durfte nur neben die Marke auf das Poststück gesetzt werden. Diese Vorschrift wurde jedoch vielfach nicht eingehalten.
Klecksstempel auf losen Marken waren nicht zulässig, wurden aber für philatelistische Zwecke produziert. Lose Marken mit Klecksstempel verdienen keinen Zuschlag. Schwärzungen bzw. Klecksstempel sollten nur auf Bedarfspost gesammelt werden. Eine Prüfung ist ratsam. Literatur: Fritz H. Sturzeis „Österreich im Juni 1945 – Die Zeit der Klecksstempel". Wien 1994.

Bewertung:		✉
Wiener Ortspost	ab	15,—
Fernpost von Wien nach Niederösterreich	ab	50,—
Fernpost aus Niederösterreich	ab	100,—

Verschiedene Formen von Klecksstempeln:

Es existierte eine Vielfalt von „Klecksen", die teils im Bogen philatelistisch produziert wurden. Besonders bei den dekorativen Klecksstempeln handelt es sich oft um Schwindelprodukte.

Literatur: F. Sturzeis: Österreich im Juni 1945 – Die Zeit des Klecksstempel. Sonderdruck des Verbandes Österreichischer Philatelisten-Vereine.

Wiederaufnahme des Postverkehrs nch Kriegsende in den verschiedenen Besatzungszonen:

Sowjetische Zone:　am 2. Mai 1945 in Wien und einem kleinen Teil Niederösterreichs. In der Steiermark (russisch besetzter Teil) war der Postverkehr nur teilweise unterbrochen (siehe auch Ausgabetag der Grazer Aushilfsausgabe). Im Burgenland wurde der Postverkehr wesentlich später aufgenommen.

Amerikanische Zone: am 4. Juli 1945 in Salzburg und Oberösterreich, vom 4. bis 9. Juli in Tirol

Britische Zone:　am 16. Juli 1945 in Kärnten, am 26. Juli 1945 in der Steiermark. In der Steiermark waren die Reichsmarken bis zum 22.5.1945 gültig.

Französische Zone:　am 16. Juli 1945 in Tirol, 30. Juli in Vorarlberg

ab 1.9.1945 zwischen den 3 Westzonen,
ab 1.10.1945 zwischen allen 4 Zonen

Ausgaben für die Sowjetische Zone

1 Reichsmark (RM) = 100 Pfennig (Pf)

A. Ausgaben für Wien und Niederösterreich

1945

1945, 2./18. Mai. 1. Wiener Aushilfsausgabe. Marken des Deutschen Reiches mit schrägem Aufdruck „Österreich" auf 5 und 8 Pf für den Ortspostverkehr in Wien (ab 2. Mai) und schrägem Aufdruck „Österreich" mit Balken über dem alten Landesnamen auf 6 und 12 Pf für den Postverkehr zwischen Wien und Niederösterreich (ab 18. Mai). Aufdruck I von Hohler & Co., Wien; Aufdruck II von Druckerei Steyrermühl, Wien.

 Aufdruck I   Aufdruck II

			**	⊘	⊙	✉	FDC
660	5 (Pf)	(2. Mai) . . . . I (784)					
a		schwarzgelbgrün (Töne)	0,30	1,—	5,—	15,—	40,—
a x		senkrecht geriffelter Gummi	0,50	1,50			
b		dunkelschwärzlicholivgrün	0,30	1,—	5,—	15,—	40,—
c		schwarzgelblichgrün	0,30	1,—	5,—	15,—	40,—
d		schwärzlichgraugrün [(dunkel)moosgrün]	15,—	30,—	50,—	80,—	—,—
661	6 (Pf)	(18. Mai) . . . . II (785)					
a		schwärzlich- bis schwarzrotviolett	0,30	1,—	10,—	45,—	150,—
b x		dunkelbläulichviolett, senkrecht geriffelter Gummi	3,50	10,—	—,—	—,—	—,—
662	8 (Pf)	orangerot (Töne) (2. Mai) . . . . I (786)	0,30	0,50	5,—	15,—	40,—
x		senkrecht geriffelter Gummi	1,50	3,—			
663	12 (Pf)	schwärzlichrosa (18. Mai) . . . . II (827)	0,30	0,50	8,—	35,—	150,—
x		senkrecht geriffelter Gummi	1,50	3,—			
		Satzpreis (4 W.)	1,20	3,—	28,—		

Ⓔ

Ab 4. Juni mußte laut Verfügung der Besatzungsmacht ein weiterer Aufdruck mittels Handstempel angebracht werden, der das Kopfbild unkenntlich machte; den dazu erforderlichen Zusatzstempel hatte sich jedes Postamt aus greifbarem Material selbst zu beschaffen (✉ ab 15,—).

Gültig bis 27.6.1945

Nicht ausgegeben:

A III   IV   A IV   B IV   C IV

D IV   E IV   F IV   G IV

				✳	✳✳	⊙
A III	1 (Pf)	schwarzgrau .... I (781)	3000,—	6500,—	
IV	3 (Pf)	.... I (782)			
a		dunkelgelbbraun (Töne)		35,—	100,—	—,—
b		orangebraun		25,—	75,—	—,—
c x		hellgraubraun (senkrecht geriffelter Gummi)		500,—	2500,—	
A IV	6 (Pf)	dunkelbläulichviolett .... (785)		—,—	—,—
A V	6 (Pf)	dunkelbläulichviolett, Rosettenaufdruck schwarz ...... (785)	3500,—	—,—
A VI	6 (Pf)	dunkelbläulichviolett, Probeaufdruck schwarz .... (785)	3500,—	—,—
A VII	6 (Pf)	dunkelbläulichviolett, Rosettenaufdruck rot .... (785)	3500,—	—,—
A VIII	6 (Pf)	dunkelbläulichviolett, Probeaufdruck rot .... (785)	3500,—	—,—
B IV	10 (Pf)	dunkelrötlichbraun .... (787)		—,—	—,—
C IV	12 (Pf)	schwärzlichrosa .... (788)		—,—	—,—
C V	12 (Pf)	schwärzlichrosa, Rosettenaufdruck schwarz .... (788)	3500,—	—,—
C VI	12 (Pf)	schwärzlichrosa, Probeaufdruck schwarz .... (788)	3500,—	—,—
C VII	12 (Pf)	schwärzlichrosa, Rosettenaufdruck rot .... (788)	3500,—	—,—
C VIII	12 (Pf)	schwärzlichrosa, Probeaufdruck rot .... (788)	3500,—	—,—
D IV	30 (Pf)	schwärzlichgrün .... (794)	10000,—	—,—
E IV	30 (Pf)	schwärzlichgrün, Rosettenaufdruck .... (794)	10000,—	—,—
F IV	42 (Pf)	schwärzlichgelbsmaragdgrün .... (A 795)	10000,—	—,—
G IV	42 (Pf)	schwärzlichgelbsmaragdgrün, Rosettenaufdruck .... (A 795)	10000,—	—,—

Besonderheiten

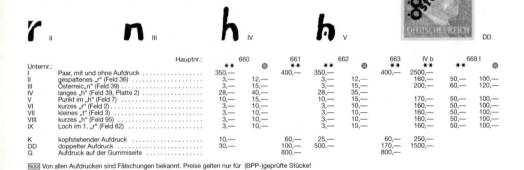

	Hauptnr.:	660		661	662		663	IV b	668 I	
Unternr.:		✳✳	⊘	✳✳	✳✳	⊘	✳✳	✳✳	✳✳	⊘
I	Paar, mit und ohne Aufdruck	350,—		400,—	350,—		400,—	2500,—		
II	gespaltenes „r" (Feld 36)	3,—	12,—		3,—	12,—		160,—	50,—	100,—
III	Österreic„n" (Feld 39)	3,—	15,—		3,—	15,—		200,—	60,—	120,—
IV	langes „h" (Feld 39, Platte 2)	28,—	40,—		28,—	35,—				
V	Punkt im „h" (Feld 7)	10,—	15,—		10,—	15,—		170,—	50,—	100,—
VI	kurzes „r" (Feld 2)	3,—	10,—		3,—	10,—		160,—	50,—	100,—
VII	kleines „t" (Feld 3)	3,—	10,—		3,—	10,—		160,—	50,—	100,—
VIII	kurzes „h" (Feld 95)	3,—	10,—		3,—	10,—		160,—	50,—	100,—
IX	Loch im 1. „r" (Feld 62)	3,—	10,—		3,—	10,—		160,—	50,—	100,—
K	kopfstehender Aufdruck	10,—		60,—	25,—		60,—	250,—		
DD	doppelter Aufdruck	30,—		100,—	500,—		170,—	1500,—		
G	Aufdruck auf der Gummiseite			800,—			800,—			

FALSCH Von allen Aufdrucken sind Fälschungen bekannt. Preise gelten nur für (BPP-)geprüfte Stücke!

1945, 13. Juni. 2. Wiener Aushilfsausgabe. Marken des Deutschen Reiches mit Aufdruck ÖSTERREICH, neuer Wertangabe und Strich über alter Wertangabe (bei MiNr. 664) bzw. Balken über altem Wert und Landesname (bei MiNr. 665–667).

				✳✳	⊘	⊙	✉	FDC
664	5 Pf auf 12 + 88 (Pf)	dunkelbläulichgrün .... (817)	0,50	2,50	15,—	35,—	100,—
665	6 Pf auf 6 + 14 (Pf)	blau/dunkelbraun .... (821)	9,—	20,—	50,—	180,—	300,—
666	8 Pf auf 42 + 108 (Pf)	braun .... (899)	1,—	4,—	15,—	20,—	80,—
667	12 Pf auf 3 + 7 (Pf)	dunkelblau (Töne) .... (820)	0,50	2,50	15,—	50,—	180,—
		Satzpreis (4 W.) ✳ 3,—	11,—	28,—	90,—		120,—

Alle Farbangaben beziehen sich auf den MICHEL-Farbenführer ab 37. Auflage. Eventuelle Farbangaben in eckigen Klammern sind „klassische" Farbbezeichnungen. Bei teuren Stücken ist eine BPP-Prüfung unbedingt anzuraten.

Plattenfehler

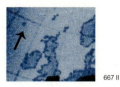

667 I   667 II

			✶✶	⊘	⊙	✉
667 I	WIE„M" (Feld 25) ....(820 I)		120,—	150,—		200,—
667 II	3 Inseln		80,—	100,—		200,—

Probedrucke

664 P–667 P	Aufdruckproben auf Marken Deutsches Reich MiNr. 809–819 .... je	20000,—

Auflagen: MiNr. 664 = 397 826, MiNr. 665 = 322 826, MiNr. 666 = 395 576, MiNr. 667 = 487 826 Stück

Gültig bis 2.7.1945

1945, 21./25. Juni. 3. Wiener Aushilfsausgabe. Marken des Deutschen Reiches mit Gitter-Aufdruck und „Österreich", alter Landesname durchbalkt, sowie Marken Österreich MiNr. 660, D IV und F IV mit Gitter-Aufdruck; Aufdruck durch die Staatsdruckerei Wien in 2 Typen.

668 I   668 II   669   670   671   672 I   672 II   673 I   673 II

Type I: Gitter und Balken in zwei Druckgängen gedruckt. Gitterlinien und Balken hängen nicht zusammen, „Österreich" oft dezentriert zum Gitter.
Type II: Aufdruck in einem Druckgang. Gitterlinien und Balken hängen zusammen, „Österreich" immer zentriert.

				✶✶	⊘	⊙	✉	FDC
668	5 (Pf)	schwarzgelb(lich)grün)						
I		Type I (21. Juni) .... (660)						
a		14 Gitterlinien		15,—	30,—	100,—	350,—	220,—
ax		geriffelter Gummi		20,—				
b		13 Gitterlinien		250,—	400,—	700,—	—,—	
bx		geriffelter Gummi		500,—				
c		15 Gitterlinien		40,—	80,—	150,—	450,—	
cx		geriffelter Gummi		85,—				
d		15/14 verschobene (bzw. ungleiche) Gitterlinien (Feld 41)		300,—	—,—	—,—	—,—	
dx		geriffelter Gummi		600,—				
II		Type II (23. Juni) .... (784 a)		2,50	4,—	50,—	250,—	170,—
x		geriffelter Gummi		3,—				
669	6 (Pf)	dunkelbläulichviolett (Töne) (21. Juni) .... (785 a)		1,—	4,—	50,—	220,—	120,—
x		senkrecht geriffelter Gummi		3,—				
670	8 (Pf)	orangerot (Töne) (21. Juni) .... (786)		1,—	4,—		80,—	60,—
x		geriffelter Gummi		3,—				
671	12 (Pf)	schwärzlichrosa (23. Juni) .... (827)		2,50	4,—	50,—	220,—	85,—
x		geriffelter Gummi		3,—				
672	30 (Pf)	schwärzlichgrün (25. Juni *)						
I		Type I .... (D IV)		55,—				
II		Type II .... (794)		25,—				
673	42 (Pf)	schwärzlichgelbsmaragdgrün (25. Juni *)						
I		Type I .... (F IV)		36,—				
II		Type II .... (795)		80,—				
		Satzpreis (6 W.) ✶ 25,—		65,—				

*) am 25. Juni offiziell ausgegeben, jedoch nicht zur Reco-Frankatur freigegeben. Dies wäre erst am 2. Juli möglich gewesen. Es können daher keine „Bedarfs"-Briefe mit diesen Marken existieren.

Kombinationen möglich und gesucht.

Dreierstreifenkombinationen

a	a kurzes r	a kurzes t	a	a	b 13 Gitter	a Punkt im h	a	c 15 Gitter	a
a	a	a	a	a	c 15 Gitter	a	a 14 Gitter	a 14 Gitter	a
a	b 13 Gitter	a 14 Gitter	a	a	a 14 Gitter	a	b 13 Gitter	b 13 Gitter	a
a	a 14 Gitter	b 13 Gitter	a	c	a gespaltenes r	a	c 15 Gitter	c 15 Gitter stereicn	a
d 14/15 Gitter	c 15 Gitter	c 15 Gitter	a	a	a	a	a 14 Gitter	a 14 Gitter	a
c	a	a 14 Gitter	a	a	a	a	a	a	a
c	Loch im 1. r	a	a	a	a	a	a	a	a
c	a	a	a	a	a	a	a	a	a
c	a	a	a	a	a	a	a	a	a
c	a	a	a	a kurzes h	a	a	a	a	a

Bogenschema

		**	⊘	⊙	✉
668 I b+c+a	glatter Gummi	300,—	—,—		
668 I bx+cx+ax	geriffelter Gummi	600,—	—,—		
668 I a+b+c	glatter Gummi	350,—	—,—		
668 I ax+bx+cx	geriffelter Gummi	700,—	—,—		
668 I b+a+c	glatter Gummi	400,—	—,—		
668 I bx+ax+cx	geriffelter Gummi	800,—	—,—		
668 I c+a+b	glatter Gummi	400,—	—,—		
668 I cx+ax+bx	geriffelter Gummi	800,—	—,—		

Doppelaufdruck

668 II DD	doppelter Aufdruck	300,—	—,—

Plattenfehler

671 PF I   672 PF III   673 PF I   673 PF II

			**	⊘	⊙	✉
668 II PF I–671 PF I	5. Gitterstab unten gebrochen (Feld 71)	je	20,—	20,—		
672 I PF I–673 I PF I	7. Gitterstab oben durchbrochen (Feld 4, 9, 54)	je	75,—			
672 II PF I–673 II PF I	7. Gitterstab oben durchbrochen (Feld 4, 9, 54)	je	75,—			
672 I PF I–673 I PF II	4. Gitterstab oben angespitzt (Feld 34, 39, 84)	je	100,—			
672 I PF II–673 II PF II	4. Gitterstab oben angespitzt (Feld 34, 39, 84)	je	100,—			
672 I PF III–673 I PF III	4. Gitterstab unten eingekerbt (Feld 44)	je	100,—			
672 I PF III–673 II PF III	4. Gitterstab unten eingekerbt (Feld 44)	je	100,—			

Aufdruckarten von MiNr. 668 I siehe Tabelle vor MiNr. 664.

[FALSCH] Alle Aufdrucke als Fälschungen bekannt. Preise gelten nur für (BPP-)geprüfte Stücke!

Auflagen: MiNr. 668 I = 376 298, MiNr. 668 II = 530 010, MiNr. 669 = 611 883, MiNr. 670 = 646 227, MiNr. 671 = 530 906, MiNr. 672 I = 40 000, MiNr. 672 II = 129 456, MiNr. 673 I = 120 156, MiNr. 673 II = 39 200, MiNr. V a = 112 389, MiNr. V b = 87 000, MiNr. V c = 87 239, MiNr. V d = 87 389 Stück

Gültig bis 27. 6. 1945

Nicht mehr zur Ausgabe gelangt (dem Wertzeichenlager übermittelt, jedoch nicht mehr an die Postämter ausgeliefert):

V a   V b   V c   V d

				*	**
V a	1 RM	schwarzgrün (Töne)	(799)		
B		gez. K 14		15,—	40,—

				*	**
V b	2 RM	schwarzviolett .... (800)			
A		gez. L 12½		30,—	85,—
B		gez. K 14		20,—	50,—
V c	3 RM	dunkelbraunrot .... (801)			
A		gez. L 12½		1000,—	3000,—
B		gez. K 14		25,—	60,—
V d	5 RM	schwarzviolettultramarin ....(802)			
A		gez. L 12½		350,—	1000,—
B		gez. K 14		25,—	60,—
		Satzpreis B (4 W.)		80,—	200,—
V d B Pa		geklebte Papierbahn			1500,—
V a B DD		doppelter Aufdruck			1500,—

Plattenfehler

V b A I

		*	**
V b A I	langes „h" in „Österreich" (Feld 6, Teilauflage)	—,—	—,—
V c A I	langes „h" in „Österreich" (Feld 6, Teilauflage)	—,—	—,—
V d A I	langes „h" in „Österreich" (Feld 6, Teilauflage)	—,—	—,—

FALSCH Alle Aufdrucke als Fälschungen bekannt. Preise gelten nur für (BPP-)geprüfte Stücke!

B. Ausgaben für die Steiermark (Grazer Ausgaben)

Bis 22.5.1945 blieben die Marken des Deutschen Reiches auch ohne Aufdruck in Verwendung.

1945, 22. Mai/9. Juni. Grazer Lokal-Ausgabe für das von der Sowjetarmee vorübergehend besetzte Gebiet der Steiermark. Marken des Deutschen Reiches mit senkrechtem Aufdruck Österreich zwischen je 3 Linien.

			**	◎	☉	✉
674	1 (Pf)	.... (781)				
a		dunkel- bis schwärzlichgrau (22. Mai)	5,—	10,—	50,—	300,—
ax		geriffelter Gummi	25,—			
b		schwarzgrau	5,—	11,—	50,—	300,—
c		grauschwarz	50,—	110,—	—,—	—,—
675	3 (Pf)	(22. Mai) .... (782)				
a		dunkelgelbbraun (Töne)	3,—	10,—	60,—	300,—
b		orangebraun	3,50	12,—	60,—	300,—
cx		hellgraubraun, geriffelter Gummi	10,—	20,—	60,—	300,—
676	4 (Pf)	(22. Mai) .... (783)				
a		dunkelpreußischblau	15,—	35,—	100,—	350,—
b		schwarzgrünlichblau	15,—	35,—	100,—	350,—
bx		geriffelter Gummi	20,—			
677	5 (Pf)	GA (26. Mai) .... (784)				
a		schwarzgelbgrün (Töne)	4,—	10,—	100,—	350,—
b		dunkelschwärzlicholivgrün (Töne)	5,—	15,—	100,—	350,—
bx		geriffelter Gummi	10,—			
c		schwarzgelblichgrün	5,—	15,—	100,—	350,—
d		schwärzlichgraugrün [(dunkel)moosgrün)]	100,—	200,—	—,—	—,—
678	6 (Pf)	GA (22. Mai) .... (785)				
a		dunkelbläulichviolett	2,—	2,—	20,—	80,—
ax		geriffelter Gummi	1,—			
b		schwärzlich- bis schwarzrotviolett	0,50	1,—	20,—	80,—
679	8 (Pf)	orangerot bis zinnober (26. Mai) .... (786)	1,—	3,—	50,—	150,—
x		geriffelter Gummi	25,—			
680	10 (Pf)	(22. Mai) .... (826)				
a		schwärzlichrötlichbraun	4,—	10,—	80,—	360,—
b		dunkelrötlichbraun	5,—	10,—	80,—	360,—
c		schwarzrötlichbraun	6,—	10,—	80,—	360,—

				**	⌀	⊙	✉
681	12 (Pf)	schwärzlichrosa (22.5.)	(827)	1,—	3,—	10,—	70,—
x		geriffelter Gummi		0,50			
682	15 (Pf)	(26. Mai)	(789)				
a		lilabraun		1,50	5,—	140,—	400,—
b		dunkelkarminbraun bis dunkellilabraun		1,50	5,—	140,—	400,—
683	16 (Pf)	dunkelgrünblau (2. Juni)	(790)	35,—	80,—	200,—	450,—
684	20 (Pf)	(26. Mai)	(791)				
a		(lebhaft)ultramarin (Töne)		4,—	8,—	140,—	400,—
b		blau (Töne)		4,—	8,—	140,—	400,—
685	24 (Pf)	dunkelbraunorange (9. Juni)	(792)	35,—	80,—	200,—	450,—
686	25 (Pf)	(30. Mai)	(793)				
a		dunkelviolettultramarin (Töne)		8,—	15,—	140,—	
b		dunkellilaultramarin		5,—	10,—	140,—	
c		dunkelviolettblau		5,—	10,—	140,—	
687	30 (Pf)	schwärzlichgrün(lich)oliv (1. Juni)	(794)	5,—	10,—	110,—	
688	40 (Pf)	(2. Juni)	(795)				
a		dunkellilapurpur		5,—	10,—	110,—	
b		schwärzlichlila		7,—	12,—	110,—	
689	42 (Pf)	(5. Juni)	(A 795)				
a		schwärzlichgelbsmaragdgrün		8,—	20,—	220,—	
b		schwarzsmaragdgrün		8,—	20,—	220,—	
690	50 (Pf)	schwarzopalgrün (6. Juni)	(796)	7,—	15,—	220,—	
691	60 (Pf)	(7. Juni)	(797)				
a		braunkarmin (Töne)		7,—	15,—	220,—	
b		dunkelkarminbraun		8,—	15,—	220,—	
c		dunkelrotbraun		10,—	20,—	220,—	
692	80 (Pf)	(8. Juni)	(798)				
a		schwarzblau		10,—	20,—	220,—	
b		schwarzgraublau		6,—	15,—	200,—	
			Satzpreis (19 W.)	150,—	350,—	2200,—	
			FDC (mehrere ✉)				—,—
			Satzbrief (ab 8. Juni 1945 möglich)				—,—
			FDC (22. Mai) mit MiNr. 674–676, 678, 680–681				—,—

Die Werte ab 25 Pf können bedarfsmäßig nur auf Postanweisungen oder Paketkarten vorkommen.

Von den Wertstufen zu 1, 3, 4, 5, 6, 8, 10, 12, 15, 20 Pf existiert eine Platte 2, die von den Spezialisten gesucht wird (10 W.) ** 100,—. Literatur hierzu: Grazer Handbuch 1978; Grazer Aushilfsabgabe-Spezial von Fritz H. Sturzeis.

Die Platte 1 wurde in mehreren Teilauflagen gedruckt, daher sind manche Plattenfehler sehr selten. Die Unterscheidung der Platten ist jedoch zumeist nur in Bogenteilen möglich.

1945, 9. Juni. Deutsches Reich MiNr. 799–802 mit gleichem Aufdruck in 2 Typen. Type I „Österreich" 18½ mm, Type II „Österreich" 16¼ mm lang; A = gez. L 12½, B = gez. K 14.

Österreich   Type I

Österreich   Type II

Type I

				✶	**	⌀
693 I	1 RM	schwarzgrün (Töne)	(799)			
A		gez. L 12½		2500,—	5000,—	—,—
B		gez. K 14			25,—	60,—
694 I	2 RM	schwarzviolett	(800)			
A		gez. L 12½			25,—	60,—
B		gez. K 14			100,—	100,—
695 I A	3 RM	dunkelbraunrot	(801 A)		160,—	180,—
696 I A	5 RM	schwarzviolettultramarin	(802 A)		600,—	1500,—
			Satzpreis (4 W.)		800,—	1800,—

Type II

					**	⌀
693 II B	1 RM	schwarzgrün (Töne)	(799)		35,—	60,—
694 II B	2 RM	schwarzviolett	(800)		50,—	75,—
695 II A	3 RM	dunkelbraunrot	(801 A)		60,—	110,—
696 II A	5 RM	schwarzviolettultramarin	(802 A)		400,—	800,—
			Satzpreis (4 W.)		500,—	1000,—

Besonderheiten MiNr. 674–696:

K = Kopfstehende Aufdrucke (von oben nach unten), DD = Doppelaufdrucke (in verschiedenen Formen möglich)

				K **	⊙	DD **	⊙
674	1	(Pf)	....	80,—			
675	3	(Pf)	....	160,—		240,—	
676	4	(Pf)	....	180,—		160,—	
678	6	(Pf)	....	100,—		110,—	
679	8	(Pf)	....	180,—		340,—	
680	10	(Pf)	....	220,—		260,—	
681	12	(Pf)	....	1250,—		280,—	
683	16	(Pf)	....	250,—		240,—	
684	20	(Pf)	....	400,—		110,—	
685	24	(Pf)	....			240,—	
686	25	(Pf)	....			190,—	
687	30	(Pf)	....	40,—		40,—	
688	40	(Pf)	....			200,—	
689	42	(Pf)	....			140,—	
690	50	(Pf)	....			200,—	
691	60	(Pf)	....			200,—	
693 I	1	RM	....	280,—		600,—	
693 II	1	RM	....			800,—	
694 I	2	RM	....	500,—		800,—	
694 II	2	RM	....	500,—			
695 I	3	RM	....	320,—			
696 I	5	RM	....	4000,—		3500,—	

Paare mit und ohne Aufdruck können nur zufällig durch Bogenumschlag entstanden sein. Eine Katalogisierung ist nicht vorgesehen. Auch verschobene Aufdrucke werden nicht katalogisiert.

FALSCH Alle Aufdrucke als Fälschungen bekannt. Preise gelten nur für (BPP-)geprüfte Stücke.

Gültig bis 2.7.1945

In abgelegenen Postämtern wurden die Marken teils bis Ende Juli verwendet. Zwischen 22.7. und 10.8. wurde die Steiermark von den Briten übernommen, ab 26.7. waren die Posthornmarken (MiNr. 721–737) in Verwendung, bis dahin wurde bar verrechnet.

Plattenfehler MiNr. 674–685

I — II — III — IV

V — VI — VII — VIII — IX

X

I = halbes „ch" (Feld 22)
II = fehlende Unterlänge beim „s" (Feld 88)
III = zerkratztes „Österreich" (Felder 44, 54, 64)
IV = Teilaufdruck (Feld 3)
V = dünner Balken links (Felder 63, 73, 83, 93)
VI = Spieß zwischen „s" und „t" (Feld 29)
VII = gebrochenes „h" (Feld 60)
VIII = Spieß im „c" (Feld 91)
IX = Punkt im „h" (Feld 100)
X = beschädigtes „i" (Feld 89)

Preise: **=⊘

			I	II	III	III 3er-Str.	IV	V	V 4er-Str.	VI	VII	VIII	IX	X
674	1	(Pf)	....	15,—	18,—	80,—	250,—		20,—	150,—	180,—				20,—
675	3	(Pf)	....	15,—	15,—	120,—	500,—		170,—	1000,—	300,—		45,—		20,—
676	4	(Pf)	....	40,—	50,—				60,—	420,—				160,—	
677	5	(Pf)	....	15,—	20,—				15,—	130,—				160,—	
678	6	(Pf)	....	5,—	7,—	25,—	240,—	500,—	10,—	100,—	100,—	45,—			
679	8	(Pf)	....	12,—	15,—				20,—	140,—		70,—	40,—		
680	10	(Pf)	....	100,—	110,—	80,—	400,—		10,—	100,—	200,—		130,—		
681	12	(Pf)	....	5,—	6,—	25,—	220,—		10,—	100,—	80,—	40,—		100,—	20,—
682	15	(Pf)	....	10,—	15,—				20,—	160,—			40,—		20,—
683	16	(Pf)	....	60,—	80,—							150,—			100,—
684	20	(Pf)	....	90,—	100,—			500,—	10,—	100,—			130,—		
685	24	(Pf)	....	60,—	80,—							150,—			100,—

Plattenfehler MiNr. 686–692

I   II   III   IV   V

I   = halbes „h" (Feld 27)
II   = Spieß im „h" (Feld 42)
III   = Spieß im „c" (Feld 21)
IV   = Spieß zwischen „i" und „c" (Feld 73)
V   = gebrochenes „h" (Feld 7)

Preise: ★★=◎

			I	II	III	IV	V
686	25	(Pf)	10,—	30,—	50,—	45,—	30,—
687	30	(Pf)	10,—	30,—	50,—		25,—
688	40	(Pf)	12,—	35,—	60,—	45,—	
689	42	(Pf)	20,—	40,—	50,—		40,—
690	50	(Pf)	20,—			50,—	
691	60	(Pf)	20,—	40,—			
692	80	(Pf)	20,—	30,—		50,—	30,—

Plattenfehler MiNr. 693–696

I   II   III   IV   V   VI   VII

I   = halbfettes „ch" (Feld 18)
II   = fettes „ch" (Feld 23)
III   = gebrochener „h"-Fuß (Feld 25)
IV   = dickes und dünnes „r" (Feld 14)
V   = Ausbuchtung im „Ö" (Feld 4)
VI   = Punkt im „h" (Feld 6)
VII   = Loch im „h" (Feld 20)

Preise: ★★=◎

			I	II	III	IV	V	VI	VII
693 I	1	RM					50,—	120,—	50,—
694 I	2	RM					50,—	80,—	50,—
695 I	3	RM					180,—	300,—	180,—
696 I	5	RM					750,—	1000,—	750,—
693 II	1	RM	50,—	50,—	60,—	60,—			
694 II	2	RM	60,—	60,—	70,—	70,—			
695 II	3	RM	90,—	90,—	100,—	140,—			
696 II	5	RM	700,—	700,—	700,—	700,—			

FALSCH Alle Aufdrucke als Fälschungen bekannt. Preise gelten nur für (BPP-)geprüfte Stücke.

Grazer Zweistundenprovisorium

Am 22.5.1945 wurde am Postamt Graz 1 wegen verspäteter Anlieferung der endgültigen Ausgabe in der Zeit von 8 bis 10 Uhr ein von Doppellinien umrahmter Gummistempelaufdruck auf Postanweisungen auf den Werten zu 5, 6, 10, 12, 15, 20, 25, 30 und 40 Pf verwendet.

		★★	◎
20 Pf		3000,—	1000,—
übrige Werte	je	3000,—	ab 1500,—

Achten Sie bei geprüften Marken auf die Stellung des Prüfzeichens. Lesen Sie die Prüfordnung des Bundes Philatelistischer Prüfer (BPP) am Ende des Kataloges.

Marken für Ganzsachen

678 a T

Von den Wertstufen zu 1, 5 und 6 Pf sind Einzelaufdrucke bekannt. Diese können nur (∗) ohne Gummi oder ⊘ existieren, da diese Marken von übeklebten Postkarten stammen. Aus Mangel an Postkarten (Ganzsachen), wurden 6-Pf- bzw. 1-Pf- und 5-Pf-Marken auf Karten verklebt und mit diesem für Ganzsachen vorgesehenen Aufdruck versehen. Der Aufdruck geht nur über das Markenbild, nicht über die Zähnung hinweg. Vorsicht vor Fälschungen.

				(∗)	⊘	✉
674 a T	1 Pf	grau		400,—	500,—	700,—∗)
677 a T	5 Pf	olivgrün		1000,—		
678 a T	6 Pf	lila		800,—		

∗) MiNr. 674 a T gilt zusammen mit einer 5-Pf-Ganzsache.

1945, 3. Juli/21. Nov. Freimarken: Wappenzeichnung in drei Größen. 🖌 Ranzoni d. J.; bei MiNr. 697–715 I = Bdr. von Gummiplatten, II = Bdr. von Metallplatten, III = Odr.; MiNr. 716–719 StTdr.; gez. K 14¼:13¾, MiNr. 716–719 auch ∿.

ip ip ip ip ip ip ip ip

ip ir ir ir ir ir ir ir

ir ir ir is is is is

ip–is) Wappenadler

				∗∗	⊘	Ⓢ	①	✉
697 II	3 (Pf)	(9. Aug.)	ip					
a		(dunkel)orangebraun		0,20	0,20	0,20	3,—	8,—
b		lebhaftsiena		0,50	0,50	0,50	3,—	8,—
c		dunkelrötlichbraun		0,50	0,50	0,50	3,—	8,—
698 II	4 (Pf)	schwärzlichpreußischblau (9. Aug.)	ip	0,20	0,20	0,40	6,—	15,—
699 I	5 (Pf)	🅖🅐 (3. Juli)	ip					
a		lebhaftsmaragdgrün		0,50	0,50	0,50	1,—	5,—
b		dunkelgrün bis schwärzlichgrün		0,50	0,50	0,50	1,—	5,—
700 I	6 (Pf)	🅖🅐 (3. Juli)	ip					
a		dunkelviolettgrau (Töne)		0,20	0,20	0,20	0,80	3,—
b		schwärzlichgraupurpur		0,20	0,20	0,20	0,80	3,—
c		dunkelbraunviolett		0,20	0,20	0,20	0,80	3,—
701	8 (Pf)	(3. Juli)	ip					
I a		dunkelrot (Töne), Bdr. von Gummiplatten [1]		0,20	0,20	0,20	0,40	2,—
II b		schwärzlichrotorange (Töne), Bdr. von Metallplatten [2]		0,20	0,20	0,20	0,40	2,—
702 II	10 (Pf)	(10. Aug.)	ip					
a		dunkel- bis schwarzsiena		0,20	0,20	0,20	7,—	20,—
b		schwarzbraun		0,20	0,20	0,20	7,—	20,—

				✶✶	⊘	Ⓢ	①	✉
703	12 (Pf)	(3. Juli) .... ip						
I a		lebhaftlilarot, Bdr. von Gummiplatten [1]		0,20	0,20	0,20	0,40	1,—
I b		karminrot, Bdr. von Gummiplatten [1]		1,50	1,50	1,50	3,50	10,—
II c		dunkelrosarot (Töne), Bdr. von Metallplatten [2]		0,20	0,20	0,20	0,40	1,—
704 II	15 (Pf)	orangerot (Töne) (3. Aug.) .... ip		0,20	0,20	0,20	10,—	25,—
705 II	16 (Pf)	schwärzlichgrünblau (28. Juli) .... ip		0,20	0,20	0,50	12,—	30,—
706 III	20 (Pf)	(25. Juli) .... ir						
a		mattblau (Töne)		0,20	0,20	0,20	12,—	30,—
b		hellkobaltblau		0,30	0,30	0,30	13,—	35,—
707 III	24 (Pf)	(28. Juli) .... ir						
a		lebhaftbraunorange		0,20	0,20	0,40	13,—	35,—
b		mittelbraunorange		0,20	0,20	0,40	13,—	35,—
708 II	25 (Pf)	(10. Aug) .... ir						
a		blau (Töne)		0,20	0,20	0,40	14,—	35,—
b		dunkelultramarin		0,20	0,20	0,40	14,—	35,—
709	30 (Pf)	(3. Juli) .... ir						
II a		lebhaftolivgrün, Bdr.		0,20	0,20	0,20	4,—	15,—
III b		dunkelolivgrün, Odr.		0,20	0,20	0,20	4,—	15,—
710	38 (Pf)	(20. Juli) .... ir						
II a		(lebhaft)lilaultramarin, Bdr.		0,20	0,20	0,30	4,—	10,—
III b		mittel- bis lebhaftultramarin, Odr.		0,20	0,20	0,30	4,—	10,—
711 II	40 (Pf)	(9. Aug.) .... ir						
a		lilapurpur (Töne)		0,30	0,30	0,30	15,—	40,—
b		dunkellila (Töne)		0,20	0,20	0,40	14,—	35,—
712	42 (Pf)	(14. Juli) .... ir						
II a		grauopalgrün, Bdr.		0,20	0,20	0,40	4,—	10,—
III b		lebhaftgraugrün (Töne), Odr.		0,20	0,20	0,40	4,—	10,—
III c		schwärzlichopalgrün, Odr.		0,20	0,20	0,40	4,—	10,—
713 II	50 (Pf)	(dunkel)gelbsmaragdgrün (10. Aug.) .... ir		0,20	0,20	0,50	30,—	80,—
714 II	60 (Pf)	dunkel- bis schwärzlichkarmin (9. Aug.) .... ir		0,20	0,20	0,40	40,—	300,—
715	80 (Pf)	(3. Aug.) .... ir						
II a		dunkelviolettgrau, Bdr.		0,20	0,20	0,40	50,—	130,—
III b		schwarzviolettgrau, Odr.		0,50	0,50	3,—	50,—	130,—
716	1 (RM)	schwarzopalgrün (21. Nov.) .... is		0,20	0,20	1,—	140,—	350,—
717	2 (RM)	schwärzlichblauviolett (21. Nov.) .... is		0,20	0,20	1,—	150,—	—,—
718	3 (RM)	schwarzpurpur (21. Nov.) .... is		0,30	0,30	1,50	150,—	—,—
719	5 (RM)	karminbraun (21. Nov.) .... is		0,40	0,40	2,—	150,—	—,—
		Satzpreis (23 W.)		4,—	4,—	10,—	850,—	
		FDC (mit MiNr. 697, 698, 711, 714) (9.8.1945)						110,—
		FDC (mit MiNr. 699–701, 703, 709) (3.7.1945)						—,—
		FDC (mit MiNr. 702, 708, 713) (10.8.1945)						110,—
		FDC (mit MiNr. 704, 715) (3.8.1945)						110,—
		FDC (mit MiNr. 705, 707) (28.7.1945)						110,—
		FDC (mit MiNr. 706) (25.7.1945)						—,—
		FDC (mit MiNr. 710) (20.7.1945)						—,—
		FDC (mit MiNr. 712) (14.7.1945)						—,—
		FDC (mit MiNr. 716–719) (21.11.1945)						200,—

[1] Bdr. von Gummiplatten = weiche Konturen, keine Prägespuren möglich.
[2] Bdr. von Metallplatten = scharfe Konturen, rückseitig Prägespuren sichtbar.

Überfrankierte ✉ bis 20 Pf über Postgebühr kommen häufig vor.
Werte der Wappenserie waren am 25.7.1945 im Bereich der Post- und Telegrafendirektion für Steiermark frankaturgültig.

Zähnungsabarten

		✶✶	⊘
702 U	ungezähnt	100,—	—,—
707 Udr	dreiseitig ungezähnt	2500,—	
718 Uu	unten ungezähnt	180,—	

Doppeldrucke

		✶✶	⊘
698 DD	Doppeldruck		250,—
700 DD	Doppeldruck	200,—	
701 DD	Doppeldruck	200,—	
702 DD	Doppeldruck	200,—	
715 DD	Doppeldruck	300,—	600,—

Plattenfehler

698 I   699 I   699 III   699 IV

699 V

699 VI

701 I

701 II

701 III

702 I

702 II

703 I

703 II

703 III

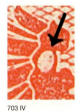

703 IV

703 V

704 I

705 I

708 I

708 II

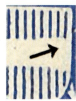

710 I

710 II

711 I

712 I

713 I

715 I

717 I

Plattenfehler

		**	☉
698 PF I	Komet (Feld 54)	10,—	7,—
699 PF I	Doppelte Inschrift (Feld 76, 87)	7,—	7,—
699 PF II	Komet (Feld 4, 9, 54, 59)	2,—	2,—
699 PF III	Dreieck (Feld 57)	15,—	15,—
699 PF IV	Sichelspitze gespalten (Feld 75)	15,—	15,—
699 PF V	Wappen beschädigt (Feld 60)	15,—	15,—
699 PF VI	dicke „5" (Feld 1)	15,—	15,—
700 PF I	Komet (Feld 32, 37, 82, 87)	2,—	2,—
701 PF I	Ecke rechts oben beschädigt (Feld 14)	130,—	130,—
701 PF II	Sichel beschädigt (Feld 24, 29, 74, 79)	2,—	2,50
701 PF III	„G" statt „C" (Feld 22, 27, 72, 77)	2,—	2,—
702 PF I	Hammer gebrochen (Feld 12, 17, 62, 67)	2,—	2,50
702 PF II	„1" gebrochen (Feld 49)	20,—	20,—
703 PF I	Druckstock schief (Feld 14)	30,—	35,—
703 PF II	gebrochene Kralle (Feld 5, 10, 55, 60)	2,—	2,50
703 PF III	Krone beschädigt (Feld 24)	20,—	25,—
703 PF IV	Ei im Flügel (Feld 67)	20,—	25,—
703 PF V	„2" beschädigt (Feld 20, 63)	25,—	25,—
704 PF I	Wappen beschädigt (Feld 5, 10, 55, 60)	2,—	2,50
705 PF I	liegendes „R" (Feld 31, 36, 81, 86)	2,—	2,50
708 PF I	„P"EPUBLIK (Feld 31)	220,—	230,—
708 PF II	RSE Farbfleck (Feld 39)	25,—	30,—
710 PF I	Wappen beschädigt (Feld 23)	3,—	3,50
710 PF II	Komet (Feld 25)	15,—	18,—
711 PF I	Sichel gebrochen (Feld 14, 18)	2,—	2,50
712 PF I	Feder rechts gebrochen (Feld 1)	2,—	2,50
713 PF I	„0" offen (Feld 35, 40)	2,—	2,50
715 PF I	liegende „1" (Feld 27)	5,—	6,—
717 PF I	Spinnweben (Feld 13, 18)	2,—	5,—
718 PF I	Spinnweben (Feld 4)	2,—	5,—

Probedrucke

		(*)	**
697 P	in anderen Farben ... je		700,—
700 P U	auf gelblichem Andruckpapier, ungezähnt, o.G.	50,—	
702 P U	auf gelblichem Andruckpapier, ungezähnt, o.G.	50,—	
703 P U	auf gelblichem Andruckpapier, ungezähnt, o.G.	50,—	
707 P	in anderen Farben ... je		700,—
707 P U	Einzeldruck in anderen Farben, ungezähnt ... je		1200,—
711 P U	auf gelblichem Andruckpapier, ungezähnt, o.G.	50,—	
716 P U	in Dunkelblau, ungezähnt, o.G.	2500,—	
719 P U	in Bräunlichkarmin, ungezähnt		—,—

Auflagen: MiNr. 697 = 12 576 722, MiNr. 698 = 6 966 722, MiNr. 699 = 12 159 032, MiNr. 700 = 19 123 632, MiNr. 701 = 16 869 854, MiNr. 702 = 5 336 722, MiNr. 703 = 21 194 854, MiNr. 704 = 5 252 432, MiNr. 705 = 4 087 422, MiNr. 706 = 4 456 772, MiNr. 707 = 3 496 772, MiNr. 708 = 4 591 072, MiNr. 709 = 4 571 054, MiNr. 710 = 4 568 544, MiNr. 711 = 5 271 072, MiNr. 712 = 6 078 544, MiNr. 713 = 2 921 072, MiNr. 714 = 3 266 072, MiNr. 715 = 2 763 544, MiNr. 716 = 1 605 850, MiNr. 717 = 1 605 850, MiNr. 718 = 1 595 850, MiNr. 719 = 1 605 950 Stück

Gültig bis 20.12.1945

MiNr. 717 in Farbänderung mit Aufdruck: MiNr. 1017

1945, 10. Sept. Österreichisches Wohlfahrtswerk. ☒ Ranzoni d. J.; RaTdr. (10×5); gez. K 14¼:13¾.

it) Heimkehrer vor seiner Alpenheimat

			**	⌀	Ⓢ	①	☒	FDC
720	1 (RM) + 10 (RM) schwarzgrün	it	1,50	1,—	3,—	50,—	350,—	450,—

Zähnungsabart

720 UI	links ungezähnt	5000,—

Plattenfehler

720 I

		**	☉
720 I	„R" mit Anstrich (Feld 11)	8,—	14,—

Probedrucke

720 P	in Violett, Blau oder Weinrot ... je	350,—

Ⓟ

Auflage: 684 822 Stück

Gültig bis 10.11.1945

Neue Währung für Gesamt-Österreich:
1 Schilling (S) = 100 Groschen (g)

Gemeinschaftsausgabe für die amerikanische, britische und französische Zone

1945, 28. Juni/20. Nov. Freimarken: Posthorn. Odr. Bureau of Engraving and Printing, Washington; gez. L 11.

iu) Posthorn

Nr.	Wert	Beschreibung		**	⊘	Ⓢ	①	⊠
721	1 g	türkisblau (20. Nov.)	iu	0,20	0,20	0,70	8,—	35,—
722	3 g		iu					
a		(lebhaft)rötlichorange		0,20	0,20	0,20	2,50	15,—
b		lebhaftrotorange		0,20	0,20	0,50	3,—	15,—
723	4 g	lebhaftbraunorange (15. Juli)	iu	0,20	0,20	0,20	4,—	15,—
724	5 g	(dunkel)smaragdgrün	iu	0,20	0,20	0,20	4,—	10,—
725	6 g	dunkel(lila)purpur	iu	0,20	0,20	0,20	0,50	1,—
726	8 g	lebhaftmagenta	iu	0,20	0,20	0,20	1,50	5,—
727	10 g	dunkelgraubraun	iu	0,20	0,20	0,20	6,—	20,—
728	12 g	mittelbraun (Töne)	iu	0,20	0,20	0,20	0,50	1,—
729	15 g	(15. Juli)	iu					
a		dunkel- bis schwärzlichrosa		0,20	0,20	0,20	8,—	25,—
b		rot (Töne)		0,20	0,20	0,20	10,—	30,—
730	20 g	lebhaftrötlichbraun	iu	0,20	0,20	0,20	8,—	30,—
731	25 g	violettultramarin	iu	0,20	0,20	0,20	10,—	40,—
732	30 g	(dunkel)purpurviolett	iu	0,20	0,20	0,20	4,—	25,—
733	40 g	grauultramarin (Töne)	iu	0,20	0,20	0,20	12,—	35,—
734	60 g	(dunkel)gelboliv	iu	0,20	0,20	0,20	30,—	80,—
735	1 S	dunkelbraunviolett (Töne) (13. Aug.)	iu	0,20	0,20	0,30	50,—	250,—
736	2 S	dunkel- bis schwärzlichorangegelb (13. Aug.)	iu	0,50	0,50	0,80	100,—	450,—
737	5 S	schwarzviolettblau (Töne) (13. Aug.)	iu	0,50	0,50	1,60	135,—	700,—
		Satzpreis (17 W.)		2,50	2,50	6,—	370,—	

Doppeldrucke

723 DD	Doppeldruck		200,—	250,—	
726 DD	Doppeldruck		200,—		
727 DD	Doppeldruck		200,—	250,—	
728 DD	Doppeldruck		200,—	250,—	

Plattenfehler

728 I

			**	⊘	Ⓢ	①	⊠
727 I	ohne Schnur		8,—	10,—			
728 I	ohne Schnur		2,—	2,—			
732 I	ohne Schnur		3,—	3,—			

Viele Druckzufälligkeiten bekannt.

MiNr. 721–737 hatten in der Sowjetischen Zone keine Gültigkeit, Ausnahme mittleres und westliches Mühlviertel (O.Ö.). Mischfrankatur mit Wappenmarken ⊠ mind. 55,—.

Mit Aufdruck PORTO: Portomarken MiNr. 189–203

Gültig bis 9.12.1947

Auslandsbriefe in die Tschechoslowakei vom 5.10.1945 bis 10.11.1945 möglich. Ab 2.1.1946 Auslandsbriefe wieder allgemein zugelassen, außer nach Deutschland (ab 17.4.1946) bzw. Japan (ab 15.10.1948).

Ausgaben für das gesamte Österreich

Alle folgenden Ausgaben sind, sofern nicht ein anderer Vermerk im Kopftext eingefügt, wieder in der Staatsdruckerei, Wien, hergestellt.

1945, 24. Nov./1947. Freimarken: Landschaften. ⬚ Chmielowski; RaTdr. (10×10), MiNr. 767–770: I = Plattendruck, II = Walzendruck; MiNr. 738–749 gez. K 14, MiNr. 750–766 gez. K 14:14¼, MiNr. 767–770 gez. K 13¾:14½.

iv) Lermoos (Tirol)   iw) Erzberg (Steiermark)   ix) Leopoldsberg (Wien)   iy) Salzburg   iz) Praterallee (Wien)   ka) Rathauspark (Wien)   ka

kb) Hochosterwitz (Kärnten)   kc) Hochosterwitz (Kärnten)   kd) Schafberg (Oberösterreich)   ke) Burg Forchtenstein (Burgenland)   kf) Gesäuseeingang (Steiermark)   kg) Kapelle am Gebhardsberg (Vorarlberg)   kh) Höldrichsmühle bei Mödling (Niederösterreich)

Vent im Ötztal (Tirol)   kk) Neusiedler See (Burgenland)   kk   kl) Belvedere (Wien)   km) Langbathsee (Oberösterreich)   kn) Mariazell (Steiermark)   ko) Traunsee (Oberösterreich)

kp) Burg Hartenstein (Niederösterreich)   kq) Silvrettagruppe (Vorarlberg)   kq   kr) Semmering (Niederösterreich)   kr   ks) Badgastein (Salzburg)   kt) Kaisergebirge (Tirol)

ku) Marterl bei Tragöss (Steiermark)   kv) Dürnstein (Niederösterreich)   kw) St. Christoph am Arlberg (Tirol)   kx) Heilligenblut (Kärnten)   ky) Schönbrunn, Schloßpark mit Gloriette (Wien)

			**	⊙	✉
738	3 g	 iv			
a		dunkelultramarin	0,20	0,20	2,—
b		dunkelkobalt	0,20	0,20	2,50
739	4 g	(dunkel)braunorange (Töne) (21.1.1946) . . . . iw	0,20	0,20	5,—
740	5 g	 ix			
a		(dunkel)karmin (Töne)	0,20	0,20	3,—
b		dunkelrotkarmin bis dunkelrötlichkarmin	0,40	0,40	4,—
741	6 g	. . . . iy			
a		dunkel- bis schwärzlichgrün	0,20	0,20	1,—
b		schwarzopalgrün	0,20	0,20	1,—
c		schwarzbläulichgrün	1,50	1,50	5,—
742	8 g	schwärzlichbraunocker (Töne) . . . . iz	0,20	0,20	1,—
743	8 g	schwärzlichgraulila (Töne) (8.4.1946) . . . . ka	0,20	0,20	1,50
744	8 g	GA . . . . ka			
a		schwarzbräunlicholiv	0,30	0,30	3,—
b		schwarzgrünoliv	0,20	0,20	1,—
c		schwärzlichgraugrün	0,20	0,20	1,—

			✶✶	⊙	✉
745	10 g	.... kb			
a		schwarzopalgrün	0,20	0,20	1,—
b		schwarzbläulichgrün	0,20	0,20	1,20
746	10 g	(30.1.1947) .... kc			
a		schwarzviolettpurpur	0,20	0,20	2,—
b		schwarzgraulila	0,20	0,20	2,50
747	12 g	.... kd			
a		schwarzbraun	0,20	0,20	1,—
b		schwärzlicholivbraun	0,20	0,20	1,—
c		schwarzorangebraun	0,20	0,20	1,—
748	15 g	(27.8.1946) 🄶🄰 .... ke			
a		schwarzgraublau	0,20	0,20	6,—
b		schwärzlichblau	0,30	0,30	7,—
749	16 g	rötlichbraun bis lebhaftsienabraun (21.1.1946) .... kf	0,20	0,20	5,—
750	20 g	(27.8.1946) .... kg			
a		dunkelultramarin (Töne)	0,30	0,30	4,—
b		dunkellilaultramarin (Töne)	0,20	0,20	2,—
751	24 g	schwärzlichgrün (23.4.1946) .... kh	0,20	0,20	15,—
752	25 g	schwärzlich- bis schwarzgrau (8.4.1946) .... ki	0,20	0,20	4,—
753	30 g	(dunkel)bräunlichrot (Töne) 🄶🄰 .... kk	0,20	0,20	1,50
754	30 g	dunkelgraublau (Töne) (30.1.1947) 🄶🄰 .... kk	0,50	0,50	5,—
755	35 g	(23.4.1946) .... kl			
a		dunkelbräunlichrot (Töne)	0,20	0,20	3,—
b		bräunlichkarmin	0,20	0,20	3,—
756	38 g	(8.4.1946) .... km			
a		schwärzlich- bis schwarzgrünoliv	0,20	1,—	8,—
b		dunkelgraugrün [steingrün] .... ✶ 220,—	400,—	400,—	—,—
c		schwarzolivgrün	0,40	1,—	8,—
757	40 g	grautürkis (Töne) .... kn	0,20	0,20	1,50
758	42 g	dunkelbraunorange (8.4.1946) .... ko	0,20	0,20	3,—
759	45 g	dunkelblau (Töne) (27.8.1946) .... kp	0,40	2,—	25,—
760	50 g	.... kq			
x		normales Papier			
a		dunkelpreußischblau	0,20	0,20	2,—
b		dunkel- bis schwärzlichgraublau	0,40	0,40	4,—
y		dickes Papier (mindestens 0,11 mm)			
b		dunkel- bis schwärzlichgraublau		250,—	
761	50 g	(30.1.1947) .... kq			
a		schwarzpurpur	1,20	1,20	8,—
b		schwarzviolettpurpur	1,—	1,—	6,—
762	60 g	🄶🄰 .... kr			
a		schwarzgrauviolett	0,20	0,20	4,—
b		schwärzlichviolett	1,40	1,40	7,—
763	60 g	.... kr			
a		schwarzviolettblau (1947)	3,—	3,—	25,—
b		dunkellilaultramarin (30.1.1947)	30,—	30,—	80,—
764	70 g	schwarzkobaltblau (20.5.1946) .... ks	0,30	0,50	20,—
765	80 g	dunkelorangebraun (27.8.1946) .... kt	0,30	0,70	25,—
766	90 g	schwärzlichgrünblau (27.8.1946) .... ku	1,—	3,—	25,—
767	1 S	dunkelgelbbraun .... kv			
I		Plattendruck (13.6.1946)	1,—	1,—	10,—
II		Walzendruck (24.8.1946)	2,—	3,—	11,—
768	2 S	schwärzlichgrünblau .... kw			
I		Plattendruck (13.6.1946)	2,50	3,—	22,—
II		Walzendruck (29.8.1946)	8,—	3,50	35,—
769	3 S	schwarzgrün (Töne) .... kx			
I		Plattendruck (20.5.1946)	1,20	3,—	30,—
II		Walzendruck (9.8.1946)	3,—	4,—	35,—
770	5 S	dunkelrot (Töne) .... ky			
I		Plattendruck (13.6.1946)	2,—	5,—	80,—
II		Walzendruck (6.8.1946)	50,—	26,—	150,—
		Satzpreis (33 W.)	15,—	20,—	
		Satzpreis II (4 W.)	60,—	30,—	
		FDC (mit MiNr. 738, 740–742, 745, 747, 753, 757, 760, 762) (24.11.1945)			300,—
		FDC (mit MiNr. 739, 749) (12.11.1946)			30,—
		FDC (mit MiNr. 743, 752, 756, 758) (8.4.1946)			150,—
		FDC (mit MiNr. 751, 755) (23.4.1946)			75,—
		FDC (mit MiNr. 764) (20.5.1946)			75,—
		FDC (mit MiNr. 769 I) (20.5.1946)			—,—
		FDC (mit MiNr. 767 I, 768 I, 770 I) (13.6.1946)			—,—
		FDC (mit MiNr. 770 II) (6.8.1946)			—,—
		FDC (mit MiNr. 769 II) (9.8.1946)			—,—
		FDC (mit MiNr. 767 II) (24.8.1946)			—,—
		FDC (mit MiNr. 744, 748, 750, 759, 765, 766) (27.8.1946)			300,—
		FDC (mit MiNr. 768 II) (29.8.1946)			—,—
		FDC (mit MiNr. 746, 754, 761, 763) (30.1.1947)			300,—

Die MICHEL-Redaktion nimmt keine Markenprüfungen vor!

Die Schillingwerte wurden zuerst in RaTdr. von Platten (I), späterhin mit Walzen (II) (Rotationstiefdruck) hergestellt. Unterschiede:

I. Plattendruck: Schriftband oben und unten auf fein gerastertem Grund; Markenbild klar. Druck reliefartig zur Rückseite durchgeprägt.

II. Walzendruck: Schriftband oben und unten auf glattem Grund; Markenbild weich und getönt. Druck flach, keine rückseitige Durchprägung.

Zahlreiche Druckunregelmäßigkeiten und Farbtönungen bekannt.

Papierabarten

			**	⊙
740 bx	waagerecht geripptes Papier	....	250,—	
746 Pa	geklebte Papierbahn	....	250,—	

Zähnungsabarten

738 U–766 U	ungezähnt (27 W., ohne MiNr. 748 und 763)	.... je	100,—	
738 Uu	unten ungezähnt (▭)	....	800,—	
740 Udr	dreiseitig ungezähnt (▭)	....	400,—	
741 Udr	dreiseitig ungezähnt (▭)	....	250,—	
748 Udr	dreiseitig ungezähnt (▭)	....	800,—	
750 Ul	links ungezähnt (▭)	....	120,—	
753 Udr	dreiseitig ungezähnt (▭)	....	250,—	
757 Ur	rechts ungezähnt (▭)	....	1000,—	
757 Udr	dreiseitig ungezähnt (▭)	....	800,—	
769 I U	ungezähnt	....	250,—	
750 ZW U	senkrechtes Zwischenstegpaar, ungezähnt	....	—,—	

Plattenfehler

738 I	742 I	743 I	746 I	747 I

748 I	749 I	754 I	756 I

756 II	759 I	760 I	770 I/I

			**	⊙
738 PF I	Wolke (Feld 55)	....	2,50	2,50
742 PF I	Kreuz (Feld 17)	....	15,—	15,—
743 PF I	Turmuhr (Feld 100)	....	5,—	6,—
744 PF I	Turmuhr (Feld 100)	....	13,—	13,—
746 PF I	gebrochenes „U" (Feld 41)	....	25,—	25,—
747 PF I	Boot im Schilf (Feld 64)	....	300,—	320,—
748 PF I	Christbaumkerze (Feld 95)	....	200,—	200,—
749 PF I	Lift (alle Marken der 4., 5. oder 9. Spalte)	....	2,—	2,—
754 PF I	Insektenschwarm (Feld 1)	....	150,—	100,—
756 PF I	Gletscher (Feld 27)	....	8,—	8,—
756 PF II	Haus am See (Feld 49)	....	7,—	7,—

		**	⊙
759 PF I	Wasserfall (Feld 20)	50,—	50,—
760 PF I	Lift (alle Marken der 10. Spalte)	2,—	2,—
761 PF I	Lift (alle Marken der 10. Spalte)	4,—	4,—
770 I PF I	Gebüsch (Feld 41)	35,—	40,—
770 II PF I	Gebüsch (Feld 41)	180,—	140,—

Probedrucke

		(*)
740 P	Farbprobe in Lilarot	800,—
741 P	Farbprobe in Lilarot	800,—
743 P	Einzelabzug	800,—
750 P	Einzelabzug	800,—
754 P	Einzelabzug	800,—
762 P	gez. L 14	200,—
767 I P–770 I P	Einzelabzug	—,—
767 I P U–770 I P U	Einzelabzug auf Japanpapier, ungezähnt, o.G.	—,—
740 P U Zw–741 P U Zw	Farbprobe in Grün, mit waagerechtem Zwischensteg	—,—

Gültig bis 9.12.1947

Mit Aufdruck: MiNr. 771, 784, 835, 836; in geänderten Farben: MiNr. 838–853; in geänderter Farbe mit Aufdruck: MiNr. 983; in geänderter Farbe mit Aufdruck, ohne Wertangabe: MiNr. 998

1946

1946, 25. Juni. Tag der Liga der Vereinten Nationen. MiNr. 753 mit Aufdruck.

		**	⌀	Ⓢ	①	⊠	FDC
771	30 g **+ 20 g** dunkelbräunlichrot (Töne) .... (753)	3,—	3,—	5,—	12,—	30,—	350,—
Gedenkblatt oder Kuvert							10,—
771 U	ungezähnt	—,—					
771 ZW U	senkrechtes Zwischenstegpaar, ungezähnt	—,—					
771 x	geriffelter Gummi	7,—	7,—	8,—	20,—		

Plattenfehler

771 I 　　　　771 II 　　　　771 III + IV 　　　　771 V

		**	⌀
771 I	Teil Südamerikas fehlt (Feld 11)	20,—	25,—
771 x I	Teil Südamerikas fehlt (Feld 11)	30,—	30,—
771 II	Teil Norwegens fehlt (Feld 10)	20,—	20,—
771 x II	Teil Norwegens fehlt (Feld 10)	30,—	25,—
771 III u. IV	nur 5 Wappenstriche (statt 6) und längere „6" (Feld 41–50)	12,—	18,—
771 x III u. IV	nur 5 Wappenstriche (statt 6) und längere „6" (Feld 41–50)	20,—	20,—
771 V	linkes Wappeneck gebrochen (Feld 47)	18,—	18,—
771 VI	unterer Teil Südamerikas fehlt (Feld 2)	25,—	25,—

Auflage: 600 000 Stück

Gültig bis 31.7.1946

Als Grundlage für die Ermittlung von Preisnotierungen dienten Unterlagen des Briefmarkenhandels, von Arbeitsgemeinschaften sowie Sammlern im In- und Ausland.

1946, 7. Aug./5. Sept. Karl Renner. ⟨⟩ und ⟨⟩ Ranzoni d. J.; StTdr., Bogen (B) (5×10) und Kleinbogen (Klb.) (3×3); A = gez. K 13¾:14½, B = □ auf gelbem Japanpapier.

kz) K. Renner (1870–1950), Bundespräsident, Wappen der Bundesländer

A = gez. K 13¾:14½ (B) (7. Aug.)

					**	⬚	Ⓢ	①	✉
772	1 S	+ 1 S	schwärzlicholivgrün	kz	6,—	1,—	10,—	70,—	800,—
773	2 S	+ 2 S	schwärzlichviolettultramarin	kz	6,—	1,—	10,—	70,—	—,—
774	3 S	+ 3 S	dunkelgrauviolett	kz	6,—	1,—	10,—	70,—	—,—
775	5 S	+ 5 S	dunkelrotbraun	kz	6,—	1,—	10,—	70,—	—,—
			Satzpreis (4 W.) ✱ 6,—		24,—	4,—	40,—	280,—	120,—
			FDC						500,—

B = □ auf gelbem Japanpapier (Klb.) (5. Sept.)

					**	⬚	Ⓢ	①	✉
772	1 S	+ 1 S	schwärzlicholivgrün	kz	75,—	40,—	340,—	320,—	—,—
773	2 S	+ 2 S	schwärzlichviolettultramarin	kz	75,—	40,—	340,—	320,—	—,—
774	3 S	+ 3 S	dunkelgrauviolett	kz	75,—	40,—	340,—	320,—	—,—
775	5 S	+ 5 S	dunkelrotbraun	kz	75,—	40,—	340,—	320,—	—,—
			Satzpreis (4 W.) ✱ 150,—		280,—	150,—	1300,—	1200,—	1800,—
			FDC						3000,—
			Kleinbogensatz (4 Klb.)		2300,—	2300,—	15000,—	14000,—	—,—

Dreierstreifen

772 B WZ–775 B WZ	waagerechte Dreierstreifen mit Zierfeld	Satzpreis (4 Streifen)	700,—	400,—	4200,—	
772 B SZ–775 B SZ	senkrechte Dreierstreifen mit Zierfeld	Satzpreis (4 Streifen)	700,—	400,—	4200,—	

MiNr. 772 B–775 B wurden jeweils im Kleinbogen zu 8 Marken und 1 Zierfeld gedruckt, sog. „RENNERBLOCK" (Format ca. 180×154 mm).

Zähnungsabarten

		(*)	**	⊙
773 A U	ungezähnt		200,—	
774 A U	ungezähnt		150,—	

Doppeldruck

774 B DD	Doppeldruck (nur ein Kleinbogen bekannt)	—,—

Farbfehldruck

774 B F Klb.	Fehlfarbe Dunkelbraun (kompl. Kleinbogen)	—,—

Probedrucke

774 A P	in anderen Farben	je	200,—	
774 A P U I	in anderen Farben, ungezähnt	je	200,—	
774 A P U II	in Dunkelgrün auf gelblichem Andruckpapier, ungezähnt, o.G.	120,—		
774 A P U III	auf gelblichem Andruckpapier, ungezähnt, o.G.	150,—		
774 B P	in Dunkelbraun, o.G.	1500,—		
774 B P U	in Dunkelbraun, ungezähnt, o.G.	1500,—		
774 B P Klb.	kompl. Kleinbogen in Schwarzblaugrün, ohne Zierfeld, Rahmen und Signatur, o.G.	25000,—		

Ⓔ Vorsicht vor Stempelfälschungen oder rückdatierten Stempeln.

Auflagen: A = 450 000 Sätze, B = 20 000 Kleinbogen

Gültig bis 30.9.1946

1946, 16. Sept. Antifaschistische Ausstellung „Niemals vergessen", Wien. ⬚ Chmielowski; RaTdr., MiNr. 780 auch auf dünnem Papier (10 × 5); gez. K 14:14¼.

Ia) Besetzung Österreichs (1938)	Ib) Das Ende (1945)
Ic) Brennender Stephansdom	Id) Hand hinter Stacheldraht
Ie) Faust erwürgt Schlange	If) Hammer zerschlägt Säule mit Hakenkreuzkapitell
Ig) Schwurhand mit gesprengter Fessel, österr. Nationalflagge	Ih) Der österr. Bundesadler steigt aus den Flammen empor

					✶✶	⊘	Ⓢ	①	✉
776	5 (g) + 3 (g) schwärzlicholivbraun	Ia			0,50	0,50	1,50	15,—	60,—
777	6 (g) + 4 (g) schwarzopalgrün	Ib			0,30	0,30	0,50	9,—	50,—
778	8 (g) + 6 (g) dunkelbraunorange	Ic			0,30	0,30	0,50	9,—	50,—
779	12 (g) + 12 (g) schwarzgraublau	Id			0,30	0,30	0,50	9,—	50,—
780	30 (g) + 30 (g) schwärzlichblauviolett	Ie							
w	normales Papier				0,30	0,30	0,50	12,—	70,—
x	dünnes Papier				45,—	45,—	45,—		
781	42 (g) + 42 (g) dunkelorangebraun	If			0,30	0,30	1,50	25,—	90,—
782	1 (S) + 1 (S) schwärzlichzinnoberrot	Ig			0,50	0,50	2,—	100,—	400,—
783	2 (S) + 2 (S) dunkelkarmin	Ih			1,—	1,—	3,—	100,—	800,—
		Satzpreis (8 W.)			3,50	3,50	10,—	270,—	
		FDC							100,—

Zähnungsabarten:

776 U–782 U	ungezähnt	Satzpreis (7 W.)	1500,—
783 U	ungezähnt		4000,—

Ⓖ

Auflage: 800 000 Sätze

Gültig bis 31.12.1946

Nicht ausgegeben:

 A Ih) Blitze

 B Ih) Totenkopf mit Hitlermaske

			✶✶	✉
VI	5 g + 3 g schwärzlicholivbraun		1300,—	
VII	12 g + 12 g schwarzgraublau		1300,—	
		Satzpreis (2 W.) ✶ 1200,—	2600,—	

Die Entwürfe gelangten noch vor dem Ausgabetag der Normalserie in den Handel und kommen (sehr selten) mißbräuchlich mit den anderen Werten mit Ausstellungsstempel entwertet vor. Prüfung wird empfohlen.

Zähnungsabart:

VII U	ungezähnt (1 Stück bekannt)	—,—

Probedrucke

VI P–VII P	in dunklerer Farbe, gez. L 12:12½	je	10000,—

Die Ausgabe von MiNr. VI und VII wurde durch die Besatzungsmächte verboten.

Ⓖ

 1946, 26. Sept. Kongreß der Gesellschaft zur Pflege der kulturellen und wirtschaftlichen Beziehungen zur Sowjetunion. MiNr. 747 mit rotem Bdr.-Aufdruck.

			✶✶	⊘	Ⓢ	①	✉	FDC
784	12 g schwarzbraun	(747) R	0,30	0,30	0,50	8,—	25,—	10,—
Gedenkblatt oder Sonderkarte								3,—

Zähnungsabart:

784 U	ungezähnt	800,—

Achten Sie bei geprüften Marken auf die Stellung des Prüfzeichens. Lesen Sie die Prüfordnung des Bundes Philatelistischer Prüfer (BPP) am Ende des Kataloges.

Plattenfehler

784 I   784 II   784 III

		★★	⊙
784 I	Ausbuchtung (Feld 25, Teilauflage)	8,—	8,—
784 II	„25." statt „26." (Feld 56, Teilaufl.)	7,—	8,—
784 III	gebrochener Meridian (Feld 90)	7,—	8,—

Ⓟ

Auflage: 1 000 000 Stück

Gültig bis 31.10.1946

1946, 20. Okt. Pferderennen um den „Austria-Preis". Ⓔ Bauer; Ⓢ Lorber; StTdr. (5×10); gez. K 13¾:14½.

Ii) Rennpferd mit Fohlen   Ik) Pferdeköpfe   Il) Springreiter   Im) Rennpferde   In) Pferdeköpfe

			★★	⊘	Ⓢ	Ⓘ	✉
785	16 g + 16 g	schwärzlichrot Ii	2,—	2,—	5,—	25,—	80,—
786	24 g + 24 g	schwarzviolett . . . . Ik	2,—	2,—	4,—	30,—	100,—
787	60 g + 60 g	schwärzlicholivgrün Il	2,—	2,—	4,—	55,—	180,—
788	1 S + 1 S	schwärzlichpreußischblau . . . . Im	2,—	2,—	4,—	90,—	300,—
789	2 S + 2 S	schwarzbraunocker . . . . In	7,—	5,—	13,—	100,—	500,—
		Satzpreis (5 W.)	15,—	13,—	30,—	300,—	
		FDC					65,—

Plattenfehler

788 I

		(*)	★★	⊙
788 I	Fleck im Geländer (Feld 48)		40,—	

Farbproben:

785 P–789 P	in anderen Farben, o.G. . . . . je	1500,—
785 P U–789 P U	Photoproben als Einzelabzüge, o.G. . . . . Satzpreis (5 W.)	1000,—

Ⓟ

Auflage: 800 000 Sätze

Gültig bis 30.11.1946

1946, 30. Okt. 950 Jahre Österreich. Ⓔ Woyty; Ⓢ Franke; StTdr. (10×5); gez. K 14½:13¾.

Io) St.-Ruprechts-Kirche in Wien

			★★	⊘	Ⓢ	Ⓘ	✉	FDC
790	30 g + 70 g	schwärzlichrosa	0,50	0,50	2,50	10,—	40,—	60,—
Gedenkblatt		. . . .						4,50

Farbproben:

		(*)
790 P	in anderen Farben, o.G. . . . . je	700,—

Ⓟ

Auflage: 1 000 000 Stück

Gültig bis 31.12.1946

1946, 12. Dez. Wiederaufbau des Stephansdomes, Wien. ⬚ Strohofer; ⬚ Woyty-Wimmer (MiNr. 791–792, 794–795), Ranzoni d. J. (MiNr. 793 und 798), Schimek (MiNr. 796–797) und Franke (MiNr. 799–800); StTdr. (10 × 5); gez. K 14½:13¾.

Ip) Herzog Rudolf IV. der Stifter (1339–1365)
Iq) Grabmal Kaiser Friedrichs III. (1415–1493)
Ir) Kanzel von Anton Pilgram (16. Jh.)
Is) Hl. Stephan (Riesentor) (15. Jh.)
It) Dienstbotenmuttergottes (Barbara-Kapelle des Doms)

Iu) Barocker Hochaltar vor der Zerstörung 1945
Iv) Barocke Orgel auf der Westempore (1945 zerstört)
Iw) Meister Anton Pilgram („Fenstergucker"), (16. Jh.) Selbstbildnis
Ix) Nordturm
Iy) Südturm

							**	⬭	◎	①	✉
791	3	(g) +	12	g	schwärzlichorangebraun	Ip	0,20	0,20	1,—	9,—	30,—
792	5	(g) +	20	g	schwarzbräunlichlila	Iq	0,20	0,20	1,—	7,50	25,—
793	6	(g) +	24	g	schwärzlichblau	Ir	0,20	0,20	1,—	6,—	20,—
794	8	(g) +	32	g	schwärzlichgrün	Is	0,20	0,20	1,—	6,—	20,—
795	10	(g) +	40	g	dunkelblau	It	0,20	0,20	1,—	6,—	20,—
796	12	(g) +	48	g	dunkelviolett	Iu	0,20	0,20	1,—	10,—	35,—
797	30	(g) +	1.20	S	lebhaftlilarot	Iv	1,50	1,50	3,—	15,—	50,—
798	50	(g) +	1.80	S	schwarzcyanblau	Iw	2,—	2,—	3,—	20,—	70,—
799	1	(S) +	5	S	dunkelbraunpurpur	Ix	2,50	2,50	8,—	35,—	120,—
800	2	(S) +	10	S	schwärzlichrötlichbraun	Iy	5,—	5,—	8,—	60,—	200,—
					Satzpreis (10 W.)		12,—	12,—	28,—	170,—	
					FDC						750,—

796 Udr	nur oben gezähnt	1600,—
799 Udr	nur oben gezähnt	1600,—

Probedrucke:

			(*)
791 P I–800 P I	gez. L 14½, o.G.	je	600,—
791 P II–800 P II	in anderen Farben, o.G.	je	950,—

Ⓟ
Auflage: 800 000 Sätze

Gültig bis 9.12.1947

Schwarzdrucke

Ab MiNr. 791 werden von fast allen Marken für Informations-, Vorlage- und Probezwecke ⬚ Schwarzdrucke hergestellt. Diese sind auf Erläuterungsblätter geklebt. Die Auflage betrug bis 1948 nur 500 Stück, in der Neuzeit bis zu 3000 Stück. Sie sind nicht frankaturgültig. Von einigen wenigen Marken (u. a. Volksabstimmung in Kärnten, 1950) wurden nur Fotos hergestellt; Zusammenfassung siehe am Schluß des Landes.

Die Preisnotierungen in den MICHEL-Katalogen gelten für Marken in einwandfreier Qualität. Bei gezähnten Marken muß die Zähnung allseits vollständig sein, bei geschnittenen Marken darf der Schnitt das Markenbild nicht berühren. Postfrische Erhaltung setzt vollkommen unberührte Gummierung voraus, Marken mit Falz dürfen nur einen sauberen Erstfalz haben. Gestempelte Marken sollen eine saubere und möglichst lesbare Abstempelung haben.

Lesen Sie dazu auch die Einführung.

1947

1947, 31. März. 150. Geburtstag von Franz Schubert. ⬚ und ⬚ Lorber; StTdr. (10×5); gez. K 14½:13¾.

lz) Fr. Schubert (1797–1828), Komponist

				✶✶	⊙	✉	FDC
801	12 g	schwärzlichgrün . . . . lz		0,30	0,50	3,—	180,—

Probedrucke

		(✶)			
801 P I	gez. L 14½, o.G.	800,—			
801 P II	in anderen Farben, o.G. . . . . je	950,—			

Gültig bis 9.12.1947

1947, 10. Febr. 75. Todestag von Franz Grillparzer (I). ⬚ und ⬚ Lorber; StTdr. (10×5); gez. K 14½:13¾.

ma) Fr. Grillparzer (1791–1872), Dichter; Lithographie von Josef Kriehuber

802	18 g	rotbraun . . . . ma	0,30	0,30	3,—	80,—

Plattenfehler

802 I   802 II

802 I	Spinnennetz oben (Feld 26)	15,—	15,—	30,—
802 II	Spinnennetz unten (Feld 10)	5,—	5,—	15,—

Probedrucke

		(✶)	
802 P I	gez. L 14½, o.G.	800,—
802 P II	in anderen Farben, o.G. . . . . je	950,—

Gültig bis 9.12.1947

1947, 14. Juni. 75. Todestag von Franz Grillparzer (II). Wie MiNr. 802, jedoch RaTdr.; I = Type I, II = Type II; gez. K 14½:13¾.

ma I

				✶✶	⊙	✉	FDC
A 802	18 g	. . . . ma I				
I		Type I, lebhaftlilabraun (Töne)	0,40	0,30	10,—	100,—
II		Type II, violettbraun (Töne)	0,50	0,50	10,—	100,—

Type I: Rahmen oben hell, Schrift ohne Konturen
Type II: Rahmen gleichmäßig, Schrift mit Konturen

Zähnungsabart   ✶✶   ☉   ✉   FDC

A 802 U   ungezähnt . . . .   190,—
A 802 ZW U   waagerechtes Zwischenstegpaar, ungezähnt . . . .   —,—

Probedruck

A 802 P   gez. L 14, o.G. . . . .   (✶)
                                                                                                                  900,—

Plattenfehler

A 802 PF I

                                                                                      ✶✶   ☉   ✉
A 802 PF I   Fleck unter rechtem „g" (Feld 46) . . . .   60,—   50,—   100,—

Gültig bis 9.12.1947

1947, 23. März. Wiener Frühjahrsmesse. Ⓔ Blechner; Ⓢ Wimmer (MiNr. 803), Schimek (MiNr. 804, 805, 810) und Franke (MiNr. 806 bis 809); StTdr. (10×5); gez. K 14½:13¾.

mb) Dreschmaschine im Kornfeld

mc) Holzfloß auf der Salza

md) Zementfabrik

me) Franzensschacht im weststeirischen Braunkohlenrevier

mf) Bohrtürme in Zistersdorf

mg) Webstuhl

mh) Hochöfen im Hüttenwerk Donawitz

mi) Überland-Hochspannungsleitung am Präbichl

					✶✶	⊘	Ⓢ	①	✉
803	3 g	+ 2 g	dunkelbraunocker	mb	0,40	0,40	1,—	6,—	25,—
804	8 g	+ 2 g	schwarzopalgrün	mc	0,40	0,40	1,—	6,—	20,—
805	10 g	+ 5 g	schwärzlichgrautürkis	md	0,40	0,40	1,—	6,—	20,—
806	12 g	+ 8 g	schwarzviolett	me	0,40	0,40	1,—	6,—	20,—
807	18 g	+ 12 g	schwarzgrünlicholiv	mf	0,40	0,40	1,—	7,50	25,—
808	30 g	+ 10 g	dunkellilakarmin	mg	0,40	0,40	1,—	12,—	40,—
809	35 g	+ 15 g	schwärzlichrosarot	mh	0,40	0,40	1,60	15,—	55,—
810	60 g	+ 20 g	dunkelviolettultramarin	mi	0,40	0,40	1,60	13,—	50,—
			Satzpreis (8 W.)		3,—	3,—	9,—	70,—	
			FDC						60,—

Probedrucke:

803 P I–810 P I   gez. L 14, o.G. . . . . je   (✶)
                                                                                                                  600,—
803 P II–810 P II in anderen Farben, o.G. . . . . je   850,—

Auflage: 1 000 000 Sätze

Gültig bis 31.7.1947

Vorsicht: Die Ausgaben bis zur Währungsreform (10. Dezember 1947) sind echt gebraucht relativ selten. Außer bei den billigsten Werten ist Prüfung unbedingt anzuraten. Bei allen Werten, die ☉ wesentlich teurer als ✶✶ sind, gelten die Preise für geprüfte Stücke.

1947, 29. Juni. Pferderennen um den Preis der Stadt Wien. ⊠ Bauer und Strohofer; ⊠ Franke; StTdr. (5×10); gez. K 13¾:14½.

mk) Rennpferd mit Jockey

				⋆⋆	⊘	Ⓢ	Ⓣ	⊠	FDC
811	60 g + 20 g	schwärzlichultramarin auf rosaweiß . . . . mk		0,30	0,30	1,—	10,—	40,—	15,—
Gedenkkarte	. . . .							1,80	

Probedrucke

		(⋆)
811 P I	gez. L 14, o.G.	800,—
811 P II	in anderen Farben, o.G. . . . . je	1100,—
811 P III	in anderen Farben auf rosa Papier, o.G. . . . . je	1100,—

Ⓖ

Gültig bis 31.10.1947

1947, 20. Juni. 1. Große Österreichische Kunstausstellung im Wiener Künstlerhaus. ⊠ Schrom; ⊠ Zenzinger (MiNr. 812 und 817), Woyty (MiNr. 813 und 818), Franke (MiNr. 814 und 819–820) und Schimek (MiNr. 815–816 und 821); StTdr. (10×5); gez. K 14½:13¾.

ml) Corvinus-Becher (15. Jh.)

mm) Brunnenfigur „Providentia" von Raphael Donner

mn) Benediktiner-stift Melk

mo) Gattin des Wiener Arztes Dr. Brante

mp) Bäuerin mit Kindern am Fenster (nach Gemälde von F. G. Waldmüller)

mq) Wien, Haupttor von Schloß Belvedere

mr) Nymphe Egeria am Schloßbrunnen in Schönbrunn

ms) National-bibliothek, Wien

mt) Werkstatt des Kupferdruckers Ernst Röhm; Lithographie von Ferdinand Schmutzer

mu) Mädchen mit Strohhut; Gemälde von F. Amerling

				⋆⋆	⊘	Ⓢ	Ⓣ	⊠
812	3 g + 2 g	siena . . . . ml		0,40	0,40	0,80	6,—	20,—
813	8 g + 2 g	schwärzlichgrün . . . . mm		0,40	0,40	0,80	6,—	20,—
814	10 g + 5 g	lilakarmin . . . . mn		0,40	0,40	0,80	9,—	30,—
815	12 g + 8 g	schwarzbraunviolett . . . . mo		0,40	0,40	0,80	9,—	30,—
816	18 g + 12 g	dunkelbraunorange . . . . mp		0,40	0,40	0,80	9,—	30,—
817	20 g + 10 g	schwarzviolettbraun . . . . mq		0,40	0,40	0,80	10,—	35,—
818	30 g + 10 g	schwarzolivgrün . . . . mr		0,40	0,40	0,80	10,—	35,—
819	35 g + 15 g	magenta . . . . ms		0,40	0,40	0,80	25,—	80,—
820	48 g + 12 g	schwärzlichbraunpurpur . . . . mt		0,60	0,60	1,30	15,—	50,—
821	60 g + 20 g	(dunkel)violettultramarin . . . . mu		0,60	0,60	1,30	12,—	40,—
		Satzpreis (10 W.)		4,—	4,—	9,—	110,—	
		FDC						80,—

Papierabart

812 Pa	geklebte Papierbahn	350,—

Zähnungsabart

818 U	ungezähnt	900,—

Probedrucke

818 P I

		(*)	**
812 P I–821 P I	gez. L 14, o.G. .... je	600,—	
812 P II–821 P II	in anderen Farben, o.G. .... je	700,—	
812 P III	in anderen Farben auf rosa Papier, o.G. .... je	800,—	
813 P III	in anderen Farben auf rosa Papier, o.G. .... je	800,—	
817 P III	in anderen Farben auf rosa Papier, o.G. .... je	800,—	
818 P III	in anderen Farben auf rosa Papier, o.G. .... je	800,—	
819 P III	in anderen Farben auf rosa Papier, o.G. .... je	800,—	
818 P U	in Blau, ungezähnt		1000,—

Ⓖ

Auflage: 1 000 000 Sätze

Gültig bis 30.9.1947

✈ **1947, 5. Mai /12. Nov. Flugzeug über Landschaften oder Gebäuden.** Ⓩ **Blechner;** Ⓢ **Schimek (MiNr. 822 und 826), Wimmer (MiNr. 823), Zenzinger (MiNr. 824) und Franke (MiNr. 825 und 827–828); StTdr. (10×5); gez. K 14½:13¾.**

Fa) Windmühle am Zicksee bei St. Andrä (Burgenland) — Fb) Heidentor bei Petronell, ein Rest von Carnuntum (N.Ö.) — Fc) Stadtturm in Gmünd (Kärnten) — Fd) Schiederweiher bei Hinterstoder (O.Ö.) — Fe) Prägraten in Osttirol — Ff) Torsäule bei Bischofshofen (Salzburg) — Fg) Karlskirche in Wien

				**	Ⓞ	Ⓢ	Ⓣ	✉
822	50 g	schwarzbraun (12. Nov.) .... Fa		0,50	0,50	1,—	25,—	150,—
823	1 S	schwärzlichbraunkarmin (12. Nov.) .... Fb		0,50	0,50	1,—	25,—	200,—
824	2 S	schwarzbläulichgrün (12. Nov.) .... Fc		0,50	0,50	1,50	25,—	220,—
825	3 S	dunkelbraun (5. Mai) .... Fd		3,—	3,—	7,—	15,—	40,—
826	4 S	schwärzlichgrün (5. Mai) .... Fe		2,50	2,50	7,—	25,—	70,—
827	5 S	dunkellilaultramarin (5. Mai) .... Ff		2,50	2,50	7,—	25,—	100,—
828	10 S	schwarzultramarin (12. Nov.) .... Fg		1,—	1,—	12,—	30,—	400,—
		Satzpreis (7 W.)		10,—	10,—	35,—	170,—	
		FDC mit MiNr. 822–824, 828 (12.11.1947)						600,—
		FDC mit MiNr. 825–827 (5.5.1947)						380,—

Überfrankierte Flp.-✉

			✉
mit MiNr. 822–827	.... je		35,—
mit MiNr. 828	....		50,—

Zähnungsabarten

822 U–828 U	ungezähnt .... Satzpreis (7 W.)	1750,—	

Plattenfehler

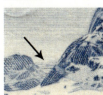

827 I

		**	Ⓞ
827 I	ausgefülltes Tal (Feld 22)	12,—	15,—

Probedrucke

		(*)
822 P I–828 P I	gez. L 14, o.G. .... je	1000,—
822 P II–828 P II	in anderen Farben, o.G. .... je	1200,—
827 P U	in Schwarzgrün, ungezähnt, o.G. ...	200,—

Ⓖ

Auflagen: MiNr. 822–824 und 828 je 755 000, MiNr. 825 = 720 000, MiNr. 826 = 735 000, MiNr. 827 = 740 000 Stück

Gültig bis 9.12.1947

1947, 30. Aug./9. Sept. Kriegsgefangene. ⌾ Jahn; ⌾ Schimek (MiNr. 829 und 832), Toth (MiNr. 830), Franke (MiNr. 831 und 833) und Wimmer (MiNr. 834); StTdr. (10×5); gez. K 14½:13¾.

mv) Soldat hinter Stacheldraht   mw) Brief aus der Heimat   mx) Mutter vor dem Stacheldraht   my) Heimkehrer mit Familie   mz) Die Arbeit ruft den Heimkehrer   na) Heimkehrer bei der Aussaat

						**	⌀	⌀	①	✉
829	8 g	+	2 g	schwärzlichopalgrün	mv	0,30	0,20	0,70	10,—	40,—
830	12 g	+	8 g	dunkellilabraun	mw	0,30	0,20	0,70	10,—	50,—
831	18 g	+	12 g	rotschwarz	mx	0,30	0,20	0,70	12,—	40,—
832	35 g	+	15 g	dunkelbräunlichkarmin	my	0,30	0,20	0,70	25,—	80,—
833	60 g	+	20 g	dunkelblau	mz	0,30	0,20	0,70	12,—	40,—
834	1 S	+	40 g	rotbraun (9. Sept.)	na	0,30	0,20	1,50	20,—	100,—
				Satzpreis (6 W.)		1,60	1,20	5,—	80,—	
				FDC mit MiNr. 829–833 (30.8.1947)						140,—
				FDC mit MiNr. 834 (9.9.1947)						70,—

Plattenfehler

                                  830 I   831 I   833 I   834 I

		**	⌀	⌀	①	✉
830 I	nur ein Ö-Punkt (Feld 47)	6,—	10,—			
831 I	weißer Balken (Feld 25, 30)	5,—	10,—			
833 I	beschädigter Kragen (Feld 41, 46)	5,—	10,—			
834 I	Oberarm weiß (Feld 43, 47, 49)	5,—	10,—			

Probedrucke

		(*)
829 P I–834 P I	gez. L 14, o.G.	1000,—
829 P II–834 P II	in anderen Farben, o.G.	1200,—

Ⓟ

Auflage: 1 500 000 Sätze

Gültig bis 9.12.1947

1947, 1. Sept. MiNr. 749 mit schwarzem oder rötlichbraunem, MiNr. 756 mit rötlichbraunem Aufdruck.

			**	☉	✉
835	**75 g**	auf 38 g			
a		schwärzlich- bis schwarzgrünoliv	(756 a) Br	0,30	1,50	20,—
b		dunkelgraugrün (steingrün)	(756 b) Br	320,—	260,—	—,—
c		schwarzolivgrün	(756 c) Br	0,60	1,50	20,—
836	**1.40 S**	auf 16 g braun	(749)			
a		Aufdruck schwarz	S	1,—	1,50	15,—
b		Aufdruck rötlichbraun	Br	0,30	0,50	10,—
		Satzpreis (2 W.)		0,60	2,—	
		FDC mit MiNr. 835				150,—
		FDC mit MiNr. 836				150,—

Platten- und Aufdruckfehler

			★★	☉	✉
835 I	Gletscher (Feld 27)	(756 I)	20,—	15,—	30,—
835 II	Haus am See (Feld 49)	(756 II)	80,—	80,—	150,—
836 I	dicke „1" (Feld 76)		20,—	15,—	30,—
836 II	Lift (alle Marken der 4., 5. oder 9. Spalte)	(749 I)	2,—	2,50	30,—
835 F	stark verschobener Aufdruck		250,—		

Probedruck

		(*)
836 P	nur Aufdruckprobe	35,—

Gültig bis 9.12.1947

1947, 5. Nov. 100 Jahre Telegrafie in Österreich. ⬚ Strohofer; ⬚ Schimek; StTdr. (10×5); gez. K 14½:13¾.

nb) Morseapparat und Globus

			★★	⊘	Ⓢ	Ⓣ	✉
837	40 g	schwärzlichbraunviolett .... nb	0,40	0,40	0,70	10,—	35,—
		FDC					32,—
	Gedenkblatt oder Kuvert	....					1,80

Zähnungsabart

		★★
837 U	ungezähnt	1200,—

Plattenfehler

837 I

837 II

			★★	☉	✉
837 I	mit Morsezeichen „öpt" im senkrechten Band oben (Feld 17)		8,—	12,—	50,—
837 II	mit Morsezeichen „öpt" im waagerechten Band unten (Feld 34)		8,—	12,—	50,—

Farbproben

		(*)
837 P I	gez. L 14, o.G.	800,—
837 P II	in anderen Farben, o.G.	je 800,—
837 P III	in anderen Farben auf rosa Papier, o.G.	je 800,—

Gültig bis 9.12.1947

Österreich 1946–1952 □

Die Staatsdruckerei in Wien druckte auf Privatbestellung fast jedes gewünschte kursierende Postwertzeichen auf Ganzsachen, Schmuckblatt usw. (sog. Adreßzettel), sofern eine vorgeschriebene Mindestauflage abgenommen wurde. Aus derartig im privaten Auftrag hergestellten Ganzsachen stammen verschiedene □ Ausgaben auf abweichendem, meist Kunstdruckpapier, z.B. MiNr. 897, 941 bis 945, 955–956, 959.

FLUGPOST   AIRMAIL
DRUCKSACHE   PRINTED MATTER

AUSTRIA TO THE UNITED STATES OF AMERICA

UPU-Adreßzettel (Format ca. 150×75 mm)

Währungsreform

(3 alte Schillinge = 1 neuer Schilling)

MiNr. 838–2362 waren bis zum 30.6.2002 frankaturgültig. Bei MiNr. 838–2362 gelten die ✉-Preise nur für bedarfsmäßige EF (Einzelfrankaturen), falls teurer als ✶✶; MiF (Mischfrankaturen) höchstens wie ✶✶.

1947, 10. Dez./Febr. 1948. Freimarken: Landschaften. Wie MiNr. 738–770, jedoch geänderte Farben. RaTdr. (10 × 10); MiNr. 838–841 gez. K 14:13¾, MiNr. 842–849 gez. K 14:14¼, MiNr. 850 bis 853 gez. K 13¾:14½.

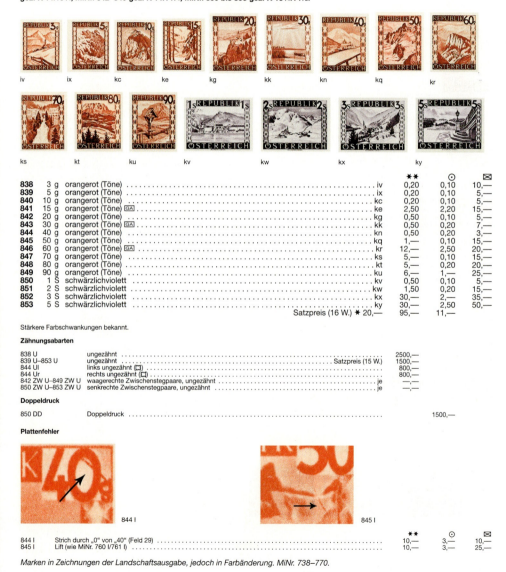

						✶✶	☉	✉
838	3 g	orangerot (Töne)			iv	0,20	0,10	10,—
839	5 g	orangerot (Töne)			ix	0,20	0,10	5,—
840	10 g	orangerot (Töne)			kc	0,20	0,10	5,—
841	15 g	orangerot (Töne)	GA		ke	2,50	2,20	15,—
842	20 g	orangerot (Töne)			kg	0,50	0,10	5,—
843	30 g	orangerot (Töne)	GA		kk	0,50	0,20	7,—
844	40 g	orangerot (Töne)			kn	0,50	0,20	3,—
845	50 g	orangerot (Töne)			kq	1,—	0,10	15,—
846	60 g	orangerot (Töne)	GA		kr	12,—	2,50	20,—
847	70 g	orangerot (Töne)			ks	5,—	0,10	15,—
848	80 g	orangerot (Töne)			kt	5,—	0,20	20,—
849	90 g	orangerot (Töne)			ku	6,—	1,—	25,—
850	1 S	schwärzlichviolett			kv	0,50	0,10	5,—
851	2 S	schwärzlichviolett			kw	1,50	0,20	15,—
852	3 S	schwärzlichviolett			kx	30,—	2,—	35,—
853	5 S	schwärzlichviolett			ky	30,—	2,50	50,—
			Satzpreis (16 W.) ✶ 20,—			95,—	11,—	

Stärkere Farbschwankungen bekannt.

Zähnungsabarten

838 U	ungezähnt		2500,—	
839 U–853 U	ungezähnt	Satzpreis (15 W.)	1500,—	
844 UI	links ungezähnt (▢)		800,—	
844 Ur	rechts ungezähnt (▢)		800,—	
842 ZW U–849 ZW U	waagerechte Zwischenstegpaare, ungezähnt	je	—,—	
850 ZW U–853 ZW U	senkrechte Zwischenstegpaare, ungezähnt	je	—,—	

Doppeldruck

850 DD	Doppeldruck		1500,—

Plattenfehler

844 I

845 I

		✶✶	☉	✉
844 I	Strich durch „0" von „40" (Feld 29)	10,—	3,—	10,—
845 I	Lift (wie MiNr. 760 I/761 I)	10,—	3,—	25,—

Marken in Zeichnungen der Landschaftsausgabe, jedoch in Farbänderung. MiNr. 738–770.

Marken mit Falz werten ca. 40–50% des Postfrischpreises. ✶-Preise werden ab 1945 nur noch in Ausnahmefällen angegeben.

1948

1948, 16. Jan. Olympische Spiele, London. ⬭ Chmielowski; ⬭ Wimmer; StTdr. (10×5); gez. K 14½:13¾.

nc) Olympische Flamme

			∗∗	⊙	✉	FDC
854	1 S + 50 g schwarzlilaultramarin .... nc		0,50	0,50	15,—	150,—

Plattenfehler

854 I   854 II   854 III

		∗∗	⊙	✉
854 I	beschädigtes „E" (Feld 7)	9,—	7,—	25,—
854 II	gebrochene „5" (Feld 34, 39)	9,—	7,—	25,—
854 III	keine Trennungslinie zwischen Schale und Sockel	3,—	4,—	20,—
854 IV	Bildhöhe 35 mm statt 34,5 mm (Feld 24, 29)	6,—	6,—	25,—

Probedrucke

			(∗)
854 P I	60 g + 20 g, in verschiedenen Farben, o.G. .... je		2500,—
854 P II	60 g + 20 g, gez. L 14½, o.G.		2500,—
			∗∗
854 P U	1 S + 40 g in Schwarz, ungezähnt		—,—

Auflage: 1 460 000 Stück

1948. 25. Todestag von Carl M. Ziehrer, 80. Todestag von Adalbert Stifter, 60. Todestag von Friedrich Amerling. ⬭ und ⬭ Lorber; komb. StTdr. und Bdr. (10×5); gez. K 14½:13¾.

 nd) C. M. Ziehrer (1843–1922), Komponist   ne) A. Stifter (1805–1868), Dichter und Maler   nf) F. Amerling (1803–1887), Maler

			∗∗	⊙	✉	FDC
855	20 g	schwärzlichgrün (26. Jan.) .... nd	0,50	0,30	5,—	130,—
856	40 g	siena (6. Sept.) .... ne	10,—	5,50	20,—	65,—
857	60 g	bräunlichkarmin (26. Jan.) .... nf	0,50	0,40	7,—	130,—
		Satzpreis (3 W.)	11,—	6,—		

Plattenfehler

855 I   855 II

		∗∗	⊙	✉
855 I	Fleck rechts im Rahmen (Feld 32, 37)	8,—	6,—	12,—
855 II	Fleck unter erstem „E" von „ZIEHRER" (Feld 10)	14,—	10,—	20,—

Farbproben

		(∗)
855 P–857 P	in anderen Farben, o.G. .... je	800,—

Auflagen: MiNr. 855 und 857 je 3 000 000, MiNr. 856 = 1 000 000 Stück

1948, 18. Febr. Österreichischer Wiederaufbau-Fonds. ⬚ Blechner; ⬚ Wimmer (MiNr. 858, 864 und 866), Schimek (MiNr. 859 und 861), Zenzinger (MiNr. 860 und 862), Toth (MiNr. 863 und 865) und Franke (MiNr. 867); StTdr. (10×5); gez. K 14½:13¾.

ng) Laabenbach-Viadukt   nh) Vermunt-Stausee   ni) Hafenanlagen, Wien   nj) Erzberg, Steiermark   nk) Stellwerk des Wiener Südbahnhofs

nl) Wohnbauanlage, Wien   nm) Gaswerk, Wien   nn) Erdölraffinerien   no) Gesäusestraße, Steiermark   np) Parlamentsgebäude, Wien

					✶✶	⊙	✉
858	10 g	+	5 g	grauschwarz .... ng	0,20	0,20	10,—
859	20 g	+	10 g	schwarzgrauviolett .... nh	0,20	0,20	10,—
860	30 g	+	10 g	schwärzlichopalgrün .... ni	0,60	0,60	20,—
861	40 g	+	20 g	schwarzockerbraun .... nj	0,20	0,20	10,—
862	45 g	+	20 g	schwärzlichlilaultramarin .... nk	0,20	0,20	15,—
863	60 g	+	30 g	schwärzlichbräunlichrot .... nl	0,20	0,20	15,—
864	75 g	+	35 g	schwärzlichlilabraun .... nm	0,20	0,20	20,—
865	80 g	+	40 g	schwärzlichlilabraun .... nn	0,30	0,30	25,—
866	1 S	+	50 g	(dunkel)violettultramarin .... no	0,30	0,30	25,—
867	1.40 S	+	70 g	karminrot .... np	0,60	0,60	30,—
				Satzpreis (10 W.)	3,—	3,—	
				FDC			400,—

Probedrucke

			(✶)
858 P I–867 P I	gez. L 14½, o.G. .... je	700,—	
858 P II–867 P II	in anderen Farben, o.G. .... je	700,—	

Auflage: 800 000 Sätze

1948, 14. Mai. Anti-Tuberkulose-Fonds. ⬚ Strohofer; ⬚ Ranzoni d. J. (MiNr. 868 und 876) und Woyty-Wimmer (MiNr. 869–875 und 877); komb. StTdr. und Bdr. (10×5); gez. K 14½:13¾.

nq) Duftveilchen (Viola odorata)   nr) Buschwindröschen (Anemone nemorosa)   ns) Frühlingskrokus (Crocus vernalis)   nt) Kissenprimel (Primula vulgaris)   nu) Echte Küchenschelle (Pulsatilla vulgaris)

nv) Rauhhaarige Alpenrose (Rhododendron hirsutum)   nw) Hundsrose (Rosa canina)   nx) Alpenveilchen (Cyclamen purpurescens)   ny) Stengelloser Enzian (Gentiana kochiana)   nz) Edelweiß (Leontopodium alpinum)

					✶✶	⊙	✉
868	10 g	+	5 g	mehrfarbig .... nq	0,40	0,40	10,—
869	20 g	+	10 g	mehrfarbig .... nr	0,20	0,20	10,—
870	30 g	+	10 g	mehrfarbig .... ns	4,—	3,60	20,—
871	40 g	+	20 g	mehrfarbig .... nt	0,80	0,50	10,—

						✶✶	☉	✉
872	45 g	+	20 g	mehrfarbig .... nu		0,30	0,20	15,—
873	60 g	+	30 g	mehrfarbig .... nv		0,30	0,20	15,—
874	75 g	+	35 g	mehrfarbig .... nw		0,30	0,20	20,—
875	80 g	+	40 g	mehrfarbig .... nx		0,30	0,30	20,—
876	1 S	+	50 g	mehrfarbig .... ny		0,40	0,40	25,—
877	1.40 S	+	70 g	mehrfarbig .... nz		2,—	1,—	35,—

Satzpreis (10 W.) 9,— 7,—

FDC   400,—

Abarten:

868 U	ungezähnt	—,—		
868 F	Gründruck verschoben	250,—		
868 F U I	ohne StTdr., ungezähnt	—,—		
868 F U II	ohne Bdr., ungezähnt	—,—		
869 F I	fehlende Farbe Gelb	1000,—		
869 F I U	fehlende Farbe Gelb, ungezähnt	800,—	—,—	
869 F II	fehlende Farben Gelb und Gelbgrün	650,—	—,—	
869 F III	Gelbdruck verschoben	250,—		
870 F U	fehlende Farben Gelb u. Gelbgrün, ungezähnt	400,—	—,—	
871 F U	fehlende Farben Gelb u. Orange, ungezähnt	400,—		
873 F U	fehlende Farben Grün u. Lilarosa, ungezähnt	400,—		
874 U	ungezähnt	1300,—		
874 F I	stark verschobener Rotdruck	—,—		
874 F II U	fehlende Farben Gelb und Rosa, ungezähnt	400,—		
875 F U	fehlende Farben Grün und Lila, ungezähnt	400,—		
876 F I	fehlende Farbe Blau (weißer Enzian)	1600,—	—,—	
876 F II	fehlende Farben Blau und Grün	1400,—		
877 F U	fehlende Farben Gelb und Grün, ungezähnt	400,—		

Farbproben

(✶)
871 P	einfarbig in verschiedenen Farben, o.G. .... je	1400,—

Auflagen: MiNr. 868 = 1 500 000, MiNr. 869 = 1 400 000, MiNr. 870–871 und 875 je 1 200 000, MiNr. 872–873 und 876 je 1 300 000, MiNr. 877 = 1 000 000 Stück

1948, 15. Juni. 80 Jahre Künstlerhaus, Wien. ⬚ Schrom; ⬚ Schimek (MiNr. 878), Woyty (MiNr. 879 und 882), Ranzoni d. J. (MiNr. 880 und 884) und Lorber (MiNr. 881 und 883); StTdr. (10×5); gez. K 14½:13¾.

oa) Künstlerhaus, Wien

ob) Hans Makart (1840–1884), Maler

oc) Karl Kundmann (1838–1919), Bildhauer

od) August von Siccardsburg (1813–1868), Baumeister

oe) Hans Canon (1829–1885), Maler

of) William Unger (1837–1932), Radierer

og) Friedr. Freiherr von Schmidt (1825–1891), Dombaumeister

						✶✶	☉	✉
878	20 g	+	10 g	schwärzlichgrün .... oa		10,—	8,—	50,—
879	30 g	+	15 g	schwärzlichsiena .... ob		3,—	3,—	40,—
880	40 g	+	20 g	schwarzgrünlichblau .... oc		5,—	7,—	30,—
881	50 g	+	25 g	schwarzpurpurviolett .... od		6,—	4,—	50,—
882	60 g	+	30 g	(dunkel)karminrot .... oe		7,—	4,—	50,—
883	1 S	+	50 g	schwarzlilaultramarin .... of		7,—	7,—	70,—
884	1.40 S	+	70 g	schwärzlichlilabraun (Töne) .... og		15,—	20,—	80,—

Satzpreis (7 W.) ✶ 20,— 50,—

FDC   240,—

Plattenfehler

884 I

884 I	beschädigter Zirkel (Feld 5)	80,—	80,—	150,—

Probedrucke

(✶)
878 P I–884 P I	gez. L 14½, o.G. .... je	1100,—
878 P II–884 P II	in anderen Farben, o.G. .... je	1800,—

Auflage: 400 000 Sätze

1948, 6. Aug. Wiederaufbau des Salzburger Doms. ⬦ Jahn; Ⓢ Franke (MiNr. 885 und 892), Teubel (MiNr. 886 und 890), Zenzinger (MiNr. 887), Toth (MiNr. 888), Schimek (MiNr. 889) und Wimmer (MiNr. 891); StTdr. (10×5); gez. K 14½:13¾.

oh) Hl. Rupert († 715)   oi) Seitenansicht des Doms   ok) Domfassade und Mariensäule   ol) Dom mit Vorplatz   om) Stift St. Peter   on) Inneres des Doms   oo) Dom und Festung   op) Die schöne Madonna von M. Pacher

				✶✶	☉	✉
885	20 g + 10 g	schwarzolivgrün	oh	10,—	10,—	30,—
886	30 g + 15 g	schwärzlichkarminrot	oi	3,—	4,—	25,—
887	40 g + 20 g	schwarzgrünblau	ok	3,50	4,—	20,—
888	50 g + 25 g	dunkelsiena	ol	0,50	1,—	25,—
889	60 g + 30 g	dunkelrot	om	0,50	1,—	25,—
890	80 g + 40 g	dunkelbraunviolett (Töne)	on	0,50	1,—	30,—
891	1 S + 50 g	dunkelblau (Töne)	oo	1,—	1,—	25,—
892	1.40 S + 70 g	schwarzgrünlicholiv	op	3,—	4,—	30,—
		Satzpreis (8 W.) ✶ 8,—		22,—	25,—	
		FDC				200,—

Plattenfehler

889 I

		✶✶	☉	✉
889 I	Wolke zwischen den Türmen (Feld 16)	10,—	10,—	35,—

Probedrucke

		(✶)
885 P I–892 P I	L 14½, o.G. je	800,—
885 P II–892 P II	in anderen Farben, o.G. je	800,—

Auflagen: MiNr. 885 = 462 000, MiNr. 886, 888, 889 und 891 je 461 000, MiNr. 887 = 470 000, MiNr. 890 und 892 je 460 000 Stück

---

1948, 1. Juni/1958. Freimarken: Trachten. ⬦ Seger, Ⓢ Ranzoni d. J. (MiNr. 926); MiNr. 893–925 RaTdr. (10×10) auf graustichigem Papier mit gelblicher Gummierung, ab 1958 auf weißem Papier mit weißer Adhesingummierung; gez. K 14; MiNr. 926 StTdr. (10×5); gez. K 14½:13¾.

or) Tirol, Inntal   os) Salzburg, Pinzgau   ot) Steiermark, Salzkammergut   ou) Burgenland Lutzmannsburg   ov) Vorarlberg, Montafon   ow) Wien (1850)

ox) Salzburg, Pongau   ox   oy) Wien (1840)   oy   oz) Kärnten, Lesachtal   pa) Vorarlberg, Bregenzer Wald

pb) Kärnten, Lavanttal   pc) Niederösterr., Wachau   pd) Steiermark, Salzkammergut   pe) Steiermark, Ennstal   pf) Steiermark, Mittelsteier   pg) Tirol, Pustertal

pg pg ph) Niederösterreich, Wienerwald pi) Oberösterreich, Innviertel pk) Wilten, Innsbruck pl) Wien (1853)

pm) Wien (1850) pn) Osttirol po) Oberösterreich pp) Tirol, Kitzbühel pr) Kleines Walsertal ps) Burgenland

pt) Niederösterreich (um 1850) pu) Gailtal, Kärnten pv) Zillertal pw) Wien (um 1850)

Billigste Sorte

					★★	☉	✉
893	3 g	(dunkel)grautürkis (13.3.1950)		or	0,80	0,50	20,—*)
894	5 g	schwarzbläulichgrün (5.3.1949)		os	0,30	0,20	7,—
895	10 g	schwärzlichblau (Töne) (6.9.1948)		ot	0,30	0,20	5,—
896	15 g	dunkelorangebraun (6.9.1948)		ou	0,50	0,20	7,—
897	20 g	schwarzgelblichgrün (1.6.1948) GA		ov	0,30	0,20	5,—
898	25 g	schwärzlichsiena (24.9.1949)		ow	0,30	0,20	10,—
899	30 g	karmin (Töne) (6.9.1948)		ox	5,—	0,20	5,—
900	30 g	schwarzviolett (13.3.1950) GA		ox	1,—	0,20	5,—
901	40 g	schwärzlich- bis schwarzbläulichviolett (6.9.1948) GA		oy	4,—	0,20	5,—
902	40 g	schwarzgrün (Töne) (3.12.1949)		oy	0,40	0,20	5,—
903	45 g	schwärzlichlilaultramarin (Töne) (1.6.1948) GA		oz	4,—	0,50	20,—
904	50 g	dunkelbraunorange (Töne) (5.3.1949)		pa	1,20	0,20	5,—
905	60 g	dunkelrosa (Töne) (6.9.1948) GA		pb	0,50	0,20	5,—
906	70 g	schwärzlichsmaragdgrün (Töne) (5.3.1949) GA		pc	0,50	0,20	7,—
907	75 g	schwarzkobaltblau (1.6.1948)		pd	7,—	0,50	25,—
908	80 g	rotlila (Töne) (3.12.1949)		pe	0,50	0,20	12,—
909	90 g	schwärzlichbraunpurpur (3.12.1949)		pf	55,—	0,40	20,—
910	1 S	lebhaftlilaultramarin (Töne) (1.6.1948) GA		pg	20,—	0,20	5,—
911	1 S	karminrot (Töne) (13.3.1950)		pg	130,—	0,20	7,—
912	1 S	schwarzgelblichgrün (Töne) (24.9.1951) GA		pg	0,50	0,20	3,—
913	1.20 S	dunkel- bis schwärzlichgrauviolett (24.9.1949)		ph	0,80	0,20	15,—
914	1.40 S	schwärzlich- bis schwarzrötlichbraun (1.6.1948)		pi	3,—	0,20	7,—
915	1.45 S	rosakarmin (Töne) (26.11.1951) GA		pk	4,—	0,20	8,—
916	1.50 S	(24.9.1951)		pl			
	a	dunkelkobalt (Töne)			1,20	0,20	3,—
	b	dunkelultramarin			5,—	0,20	10,—
917	1.60 S	schwärzlichzinnober (24.9.1949)		pm	0,50	0,20	25,—
918	1.70 S	lebhaftlilaultramarin (Töne) (13.3.1950) GA		pn	4,—	1,—	15,—
919	2 S	dunkelgrünblau (6.9.1948) GA		po	1,50	0,20	20,—
920	2.40 S	schwärzlichultramarin (26.11.1951)		pp	1,50	0,20	5,—
921	2.70 S	schwarzorangebraun (26.11.1951)		pr	1,—	0,70	30,—
922	3 S	dunkelbräunlichrot (5.3.1949)		ps	4,—	0,20	5,—
923	3.50 S	schwärzlichgraugrün (26.11.1951)		pt	30,—	0,20	10,—
924	4.50 S	schwärzlichbraunviolett (26.11.1951)		pu	1,—	0,60	25,—
925	5 S	schwärzlichgraupurpur (Töne) (6.9.1948)		pv	1,50	0,20	15,—
926	10 S	schwarzblaugrau (13.3.1950)		pw	50,—	7,—	80,—

Satzpreis (34 W.) 320,— 15,—

FDC mit MiNr. 897, 903, 907, 910, 914 (1.6.1948) .... 260,—
FDC mit MiNr. 895, 896, 899, 901, 905, 919, 925 (6.9.1948) .... 250,—
FDC mit MiNr. 894, 904, 906, 922 (5.3.1949) .... 120,—
FDC mit MiNr. 898, 913, 917 (24.9.1949) .... 50,—
FDC mit MiNr. 902, 908, 909 (3.12.1949) .... 170,—
FDC mit MiNr. 893, 900, 911, 918, 926 (13.3.1950) .... 1100,—
FDC mit MiNr. 912, 916 (24.9.1951) .... 35,—
FDC mit MiNr. 915, 920, 921, 923, 924 (26.11.1951) .... 250,—

*) EF auf Blindendrucksache .... 2500,—

Weitere Werte: MiNr. 978–980

Freimarken: Trachten – spezialisiert

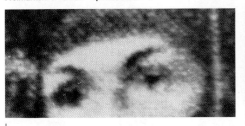

I

II

I = weit gerastert (= 70 Rasterlinien je cm)
　x = Papier grau, Gummi gelbbraun, glänzend
　　xa = waagerechte Gummiriffelung
　　xb = senkrechte Gummiriffelung
　z = Papier weiß mit optischem Aufheller,
　　beige bis rosa Gummi (matt, ohne Riffelung)

II = eng gerastert (= 100 Rasterlinien je cm)
　x = Papier graugelb, Papierstärke 0,10 mm
　　xa = waagerechte Gummiriffelung
　　xb = senkrechte Gummiriffelung
　　xc = Kasten-Gummiriffelung (waagerecht und senkrecht geriffelt)
　y = Papier weiß, weich und dünn, Papierstärke 0,10 mm
　　ya = senkrechte Gummiriffelung, weißer Gummi
　　yb = ohne Gummiriffelung, silbergrauer Adhesin-Gummi (seidig)
　z = Papier weiß mit optischem Aufheller, beige bis rosa Gummi (matt,
　　ohne Riffelung)

I = weit gerastert

x = Papier grau; xa = waagerechte bzw. ohne, xb = senkrechte Gummiriffelung, xc = Kreuzriffelung
z = Papier weiß mit Aufheller

			xa ✶✶	xa ⊙	x xb ✶✶	x xb ⊙	xc ✶✶	xc ⊙	z ✶✶	z ⊙
893 I	3 g	(dunkel)grautürkis	0,80	0,50						
894 I	5 g	schwarzbläulichgrün	0,30	0,20						
895 I	10 g	schwärzlichblau	1,—	0,20						
896 I	15 g	dunkelorangebraun	0,50	0,20						
897 I	20 g	schwarzgelblichgrün	0,30	0,20						
898 I	25 g	schwärzlichsiena	0,30	0,30						
899 I	30 g	karmin (Töne)	5,—	0,20						
900 I	30 g	schwarzviolett	2,—	0,20						
901 I	40 g	schwarzbläulichviolett	4,—	0,20	500,—	15,—				
902 I	40 g	schwarzgrün (Töne)	1,—	0,20						
903 I	45 g	schwärzlichlilaultramarin	4,—	0,50						
904 I	50 g	dunkelbraunorange	1,20	0,20						
905 I	60 g	dunkelrosa (Töne)	0,50	0,20						
906 I	70 g	schwärzlichsmaragdgrün	1,—	0,20						
907 I	75 g	schwarzkobaltblau	13,—	0,80	10,—	0,50				
908 I	80 g	rotlila (Töne)	1,40	0,20	3,50	0,20				
909 I	90 g	schwärzlichbraunpurpur	55,—	0,40	300,—	25,—				
910 I	1 S	lebhaftlilaultramarin	20,—	0,20	25,—	3,50				
911 I	1 S	karminrot (Töne)	130,—	0,20	400,—	24,—				
913 I	1.20 S	dunkelgrauviolett	1,40	0,50	5,—	0,60				
914 I	1.40 S	schwarzrötlichbraun	3,—	0,20						
917 I	1.60 S	schwärzlichzinnober	0,50	0,20						
918 I	1.70 S	lebhaftlilaultramarin (Töne)	4,—	1,—	180,—	14,—				
919 I	2 S	dunkelgrünblau	1,90	0,20						
922 I	3 S	dunkelbräunlichrot	20,—	0,30						
925 I	5 S	schwärzlichgraupurpur	2,—	0,50					1,50	0,20
980 I	7 S	schwärzlichgrauoliv							3,—	0,20
926 I	10 S	schwarzblaugrau (StTdr., kein Raster)								
a		gelblicher Gummi	50,—	7,—			250,—	25,—		
b		weißer Gummi			300,—	22,—				

II = eng gerastert

x = Papier graugelb
xa = waagerechte bzw. ohne, xb = senkrechte Gummiriffelung, xc = Kreuzriffelung

			xa ✶✶	xa ⊙	x xb ✶✶	x xb ⊙	xc ✶✶	xc ⊙
894 II	5 g	schwarzbläulichgrün	2,—	0,20	0,30	0,20	0,90	0,20
895 II	10 g	schwärzlichblau	1,70	0,20	0,30	0,20	0,90	0,20
897 II	20 g	schwarzgelblichgrün	1,70	0,20	0,30	0,20	0,90	0,20
898 II	25 g	schwärzlichsiena	2,—	0,20	0,30	0,20	0,90	0,20
900 II	30 g	schwarzviolett	1,—	0,20	1,—	0,20	2,50	0,20
902 II	40 g	schwarzgrün (Töne)	1,—	0,20	11,—	0,20	11,—	0,20
904 II	50 g	dunkelbraunorange	1,20	0,20	1,60	0,20	4,40	0,20
905 II	60 g	dunkelrosa (Töne)			0,80	0,20	2,50	0,20
906 II	70 g	schwärzlichsmaragdgrün	2,—	0,20	0,80	0,30	0,90	0,30
908 II	80 g	rotlila (Töne)	1,50	0,20	1,20	0,20	4,—	0,20
912 II	1 S	schwarzgelblichgrün	1,30	0,20	0,50	0,20	4,—	0,20
913 II	1.20 S	dunkelgrauviolett	2,—	0,30	2,50	0,20	3,—	0,20

MiNr	Wert	Farbe	xa ★★	xa ⊙	x / xb ★★	xb ⊙	xc ★★	xc ⊙
915 II	1.45 S	rosakarmin	4,—	0,30	4,—	0,20	4,—	0,30
916 II	1.50 S							
a		dunkelkobalt (Töne)	3,50	0,20	1,20	0,20	4,40	1,50
b		dunkelultramarin	5,—	0,20	5,—	0,20	5,—	1,50
919 II	2 S	dunkelgrünblau	1,90	0,20	1,50	0,20	9,—	0,20
978 II	2.20 S	dunkelblaugrau	8,—	0,20	7,50	0,20	11,—	0,20
920 II	2.40 S	schwärzlichultramarin	1,70	0,30	1,50	0,20	28,—	0,50
979 II	2.50 S	dunkelorangebraun	3,50	1,80				
921 II	2.70 S	schwarzorangebraun	1,—	0,70				
922 II	3 S	dunkelbräunlichrot	4,—	0,20	11,—	0,20	30,—	0,30
923 II	3.50 S	schwärzlichgraugrün	30,—	0,20	30,—	0,20		
924 II	4.50 S	schwärzlichbraunviolett	1,—	0,60				
925 II	5 S	schwärzlichgraupurpur	2,—	0,30	1,50	0,20	4,50	0,30
980 II	7 S	schwärzlichgrauoliv	7,50	2,40				

y = Papier weiß; ya = senkrechte, yb = ohne Gummiriffelung, yc = Kreuzriffelung
z = Papier weiß mit Aufheller, ohne Gummiriffelung

MiNr	Wert	Farbe	ya ★★	ya ⊙	y / yb ★★	yb ⊙	yc ★★	yc ⊙	z ★★	z ⊙
894 II	5 g	schwarzbläulichgrün	0,30	0,20	0,30	0,20	2,—	0,20		
895 II	10 g	schwärzlichblau	0,30	0,20	0,30	0,20	2,—	0,20		
897 II	20 g	schwarzgelblichgrün	0,30	0,20	0,30	0,20	2,50	0,20		
898 II	25 g	schwärzlichsiena	0,70	0,70	1,—	0,70				
900 II	30 g	schwarzviolett	1,—	0,20	0,40	0,20	2,50	0,20		
902 II	40 g	schwarzgrün (Töne)	0,50	0,20	0,40	0,20	3,50	0,30		
904 II	50 g	dunkelbraunorange	1,20	0,20			2,50	0,20		
905 II	60 g	dunkelrosa (Töne)	1,—	0,80	0,50	0,50	3,50	0,30		
906 II	70 g	schwärzlichsmaragdgrün	1,—	0,20	0,50	0,20	3,50	0,30		
908 II	80 g	rotlila (Töne)	0,50	0,30	0,50	0,30	4,50	0,50		
913 II	1.20 S	dunkelgrauviolett	1,70	0,80	0,80	0,20	5,—	1,—		
915 II	1.45 S	rosakarmin	4,—	0,80						
916 II	1.50 S									
a		dunkelkobalt (Töne)	5,—	0,60						
b		dunkelultramarin	5,—	0,60						
917 II	1.60 S	schwärzlichzinnober	5,—	3,50	4,—	3,50				
978 II	2.20 S	dunkelgraublau	2,40	0,30	2,—	0,20				
920 II	2.40 S	schwärzlichultramarin	1,50	1,10						
979 II	2.50 S	dunkelorangebraun	4,50	1,40	3,50	1,20				
922 II	3 S	dunkelbräunlichrot	5,—	0,20	4,—	0,20	10,—	2,—		
923 II	3.50 S	schwärzlichgraugrün			30,—	0,20				
925 II	5 S	schwärzlichgraupurpur			2,—	0,30			1,50	0,20
980 II	7 S	schwärzlichgrauoliv	3,—	0,80	3,—	0,80			3,—	0,20

MiNr. 897 ☐ auf Montafon-Adreßzettel 50,— 40,— (s. Notiz nach MiNr. 837).

Es existieren mehrere Werte ☐, meist weißer Gummi. Sehr selten nur 10 S gelber Gummi senkrecht gerieffelt (Originalfarbe und feiner Originaldruck) 926 yU ★★ 200,—, weißer, grauweißer und gelblichweißer Gummi (etwas abweichende Probefarben) sind modernen Ursprungs, ebenso 926 PU ★★ 50,—. Überprüfung ratsam.

Weitere Spezialisierung siehe Katalog: „Symbolzahlen der österreichischen Bautenmarken, Trachtenmarken, Landschaftsmarken und Nachportomarken (ab 1965)" von Dipl.-Ing. Herwig Rainer.

Zähnungsabarten

			★	★★	⊙
893 ZW	waagerechtes Zwischenstegpaar in Linienzähnung		—,—		
926 xa U	ungezähnt			250,—	
926 xb U	ungezähnt			150,—	
893 y U–915 y U	ungezähnt	je		100,—	
916 y U	ungezähnt			250,—	
917 y U–925 y U	ungezähnt	je		100,—	
897 Udr	nur oben gezähnt			300,—	
906 Udr	nur oben gezähnt			300,—	
912 Udr	nur oben gezähnt			300,—	
915 Udr	nur oben gezähnt			300,—	
916 I z ZW U	waagerechtes Zwischenstegpaar, ungezähnt		—,—		
925 I z ZW U	waagerechtes Zwischenstegpaar, ungezähnt		—,—		
926 I z ZW U	waagerechtes Zwischenstegpaar, ungezähnt		—,—		

Plattenfehler

894 PF I

894 PF II

895 PF I

895 PF II

895 PF III

895 PF IV

895 PF V

897 PF I

897 PF II

897 PF III

898 PF I

898 PF II

898 PF III

905 PF I

911 PF I

911 PF II

912 PF I

912 PF II

913 PF I

913 PF II

913 PF III

913 PF IV

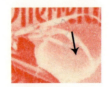
915 PF I

915 PF II

915 PF III

916 PF I

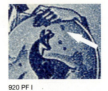
920 PF I

922 PF I

922 PF II

925 PF I

925 PF II

926 PF I

978 PF I

978 PF II

		**	⊙
894 PF I	„Blume" am Hut (Feld 73)	3,—	1,50
894 PF II	Loch im rechten Ärmel (Ellbogen) (Feld 8)	3,—	1,50
895 PF I	Fleck auf der Wange (Feld 5)	3,—	1,50
895 PF II	„b" verstümmelt (Feld 13)	3,—	1,50
895 PF III	verlängertes „I" (Feld 20)	3,—	1,50
895 PF IV	verstümmelte Nase (Feld 85)	3,—	1,50
895 PF V	Punkt zwischen „k" und „o" (Feld 59)	3,—	1,50
897 PF I	Punkt vor „2" und Strich durch „0" (Feld 39)	10,—	5,—
897 PF II	Fleck am Spiegel (Feld 5)	3,—	1,50
897 PF III	rechtes Auge blind (Feld 2)	3,—	1,50
898 PF I	Fleck auf Wange (Feld 12)	3,—	1,50
898 PF II	Fleck am „h" (Feld 92)	5,—	3,—
898 PF III	Loch im Ärmel (Feld 60)	5,—	3,—
900 PF I	Gewitterwolke	10,—	2,—
901 PF I	kurzes „t"	11,—	5,—
901 PF II	Bienenschwarm	5,50	2,50
903 PF I	Dolch im Rücken	7,—	4,—
905 PF I	ohne Daumen	28,—	20,—
905 PF II	Kragenknopf	25,—	15,—
905 PF III	Hakenstock	14,—	7,—
905 PF IV	weißer Strich	50,—	28,—
906 PF I	Farbstrich unter „u"	2,—	1,—
909 PF I	„9.0"	38,—	1,50
910 PF I	verletzte Hand	20,—	7,50
911 PF I	drei Ö-Punkte (Feld 5)	250,—	20,—
911 PF II	beschädigter Rand (retuschierte MiNr. 911 PF I) (Feld 5)	230,—	20,—
911 PF III	Tirolerin mit Blumen im Arm	170,—	—,—
912 PF I	Punkt am „S" (Feld 12)	5,—	3,—
912 PF II	verletzte Hand	20,—	5,—
913 PF I	Fleck über „ep" (Feld 26)	5,—	3,—
913 PF II	beschädigte Hand (Feld 14)	10,—	5,—
913 PF III	helle Hand	5,—	3,—
913 PF IV	Loch im Rock (Feld 25)	5,—	3,—
915 PF I	Mond (Feld 39)	100,—	50,—
915 PF II	gebrochener Stock (Feld 91)	10,—	5,—
915 PF III	weißer Fleck an Feder (Feld 67)	10,—	5,—
916 PF I	Punkt nach „r" (Feld 57)	8,—	4,—
920 PF I	4. Einschußloch (Feld 95)	10,—	5,—
922 PF I	Fleck an rechter Schulter (Feld 14)	15,—	5,—
922 PF II	Linie neben Ellbogen (Feld 83)	10,—	5,—
925 PF I	blindes Auge (Feld 9)	10,—	5,—
925 PF II	verletzte Hand (Feld 96)	10,—	5,—
926 PF I	starke Retuschen … je	90,—	25,—
978 PF I	Fleck auf Wange (Feld 97)	25,—	10,—
978 PF II	„0" unten offen (Feld 81)	25,—	10,—

Probedrucke

		(*)	**	⊙
893 P I–925 P I	in anderen Farben … je		1500,—	
893 P I U–925 P I U	in anderen Farben, ungezähnt … je		1500,—	
893 P II	in anderen Farben mit vertauschten Abbildungen … je		2500,—	
908 P II	in anderen Farben mit vertauschten Abbildungen … je		2500,—	
909 P II	in anderen Farben mit vertauschten Abbildungen … je		2500,—	
926 P I U	in abweichenden Probefarben, ungezähnt … je		50,—	
926 P II U	Einzelabzüge in anderen Farben, ungezähnt, o.G. …	4000,—		
926 P III U	auf gelblichem Andruckpapier, ungezähnt, o.G.	50,—		

Spezialliteratur für Trachten mit weißem Gummi: „Österreichischer Spezialkatalog Volkstrachten 1958 und Bautenserie" von Wilhelm Jung.

Sie halten Ihren Katalog aktuell, wenn Sie die Preisänderungen aus der **MICHEL-Rundschau** nachtragen!

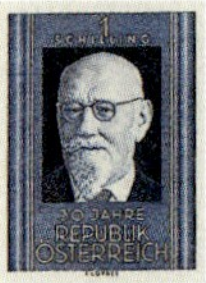

1948, 12. Nov. 30 Jahre Republik Österreich. [E] und [S] Lorber; StTdr. (10×5); gez. K 14½:13¾.

px) Karl Renner (1870–1950), Bundespräsident

			**	⊙	✉
927	1 S dunkellilaultramarin	..... px	3,—	2,50	10,—
		FDC			45,—

Auflage: 1 000 000 Stück

In ähnlicher Zeichnung: MiNr. 959 und 1057

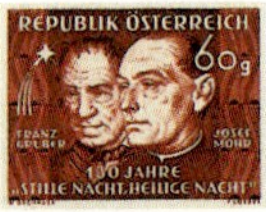

1948, 18. Dez. 130. Jahrestag der Uraufführung des Liedes „Stille Nacht, heilige Nacht". [E] Dachauer; [S] Lorber; StTdr. (5×10); gez. K 13¾:14½.

py) Josef Mohr (1792–1848) (Dichter des Liedes) und Franz X. Gruber (1787–1863), (Komponist)

928	60 g bräunlichkarmin [GA]	.... py	7,—	6,—	25,—
		FDC			26,—

Probedruck

		(*)
928 P	gez. L 14½, o.G.	1200,—

Auflage: 500 000 Stück

1949

1949, 13. April. Kinderfürsorge „Glückliche Kindheit". [E] E. Ranzoni; [S] H. Ranzoni; StTdr. (10×5); gez. K 14½:13¾.

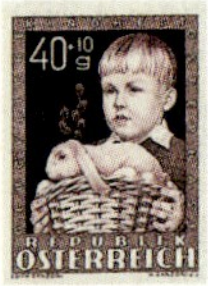

pz) Osterhase

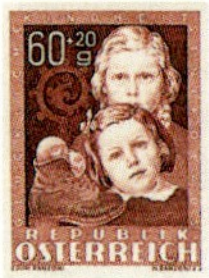

ra) Hl. Nikolaus

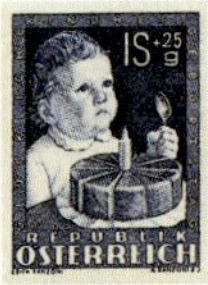

rb) Geburtstag

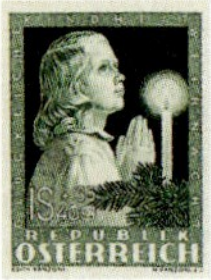

rc) Weihnacht

			**	⊙	✉
929	40 g + 10 g schwärzlich-braunviolett	.... pz	20,—	22,—	70,—
930	60 g + 20 g bräunl'karmin	. ra	20,—	22,—	60,—
931	1 S + 25 g dunkelviolett-ultramarin	.... rb	20,—	22,—	70,—
932	1.40 S + 35 g schwärzl'grün	rc	20,—	22,—	80,—
		Satzpreis (4 W.)	80,—	85,—	
		FDC			170,—

Probedrucke

		(*)
929 P–932 P	gez. L 14½, o.G. .... je	1100,—

Auflage: 290 000 Sätze

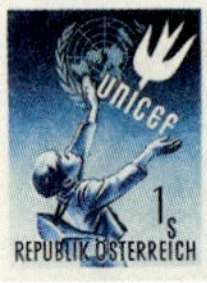

1949, 14. Mai. UNICEF (United Nations International Children's Emergency Fund). [E] Seger; RaTdr. (10×5); gez. K 14½:13¾.

rd) Schulkind, Friedenstaube, UNO-Emblem

933	1 S hellblau/dunkelkobalt	.... rd	15,—	4,—	20,—
		FDC			35,—

Farbfehldruck

		**	⊙	✉
933 F U	Farbe Dunkelkobalt fehlend, ungezähnt	—,—		

Plattenfehler

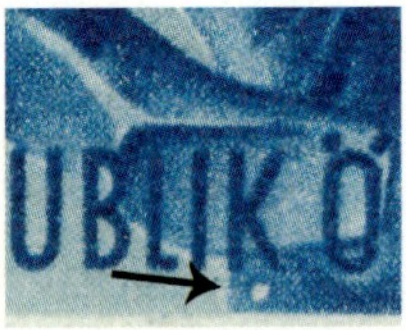

933 I

933 I	Loch in der Hose	80,—	40,—	70,—

Probedrucke

		(*)
933 P I	gez. L 14½, o.G.	1100,—
933 P II	in anderen Farben, o.G. .... je	1100,—

Auflage: 1 000 000 Stück

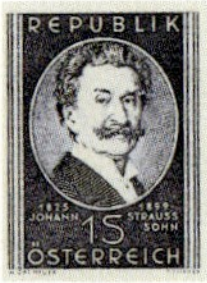

1949, 3. Juni. 50. Todestag von Johann Strauß (Sohn). [E] Dachauer, [S] Lorber; StTdr. (10×5); gez. K 14½:13¾.

re) J. Strauß (Sohn) (1825–1899), Komponist

934	1 S schwarzultramarin	.... re	4,—	2,80	15,—
		FDC			35,—

Probedrucke

		(*)
934 P	gez. L 14½, o.G.	1100,—

Auflage: 1 000 000 Stück

1949, 25. Juni. Österreichischer Esperanto-Kongreß, Graz. Ⓔ Dachauer; RaTdr. (10×5); gez. K 14½:13¾.

rf) Esperantostern zwischen Zweigen

			★★	☉	✉
935	20 g	schwärzlichsmaragdgrün . rf	1,20	1,20	12,—
		FDC			15,—

Plattenfehler

935 I

935 I	„2.0" (Feld 23)	25,—	13,—	30,—

Probedrucke

		(*)		
935 P I	gez. L 14½, o.G.	600,—		
935 P II	in Dunkelolivgrün, o.G.	1100,—		
		★★		
935 P III	in Orange	1800,—		
935 P U	in anderen Farben, ungezähnt . . . . je	1800,—		

Auflage: 1 000 000 Stück

1949, 6. Aug. 1000. Geburtstag des hl. Gebhard. Ⓔ Seger, Ⓢ Woyty; StTdr. (10×5); gez. 14½:13¾.

rg) Hl. Gebhard (949–995), Landespatron von Vorarlberg

				★★	☉	✉
936	30 g	purpur . . . . rg		2,—	2,—	10,—
		FDC				17,—

Probedruck

		(*)
936 P	gez. L 14½, o.G.	1100,—

Auflage: 1 000 000 Stück

1949, 17. Aug. Kriegsgefangenen- und Heimkehrerfürsorge. Ⓔ Dachauer; Ⓢ Woyty; StTdr., Siegel bei MiNr. 937 RaTdr., Wappen bei MiNr. 938–940 Bdr. (10×5); gez. K 14½:13¾.

rh) Reitersiegel Herzog Friedrichs II., des Streitbaren († 1246)

ri) Wappen (um 1450)	rk) Wappen (um 1600)	rl) Bundeswappen (1945)

937	40 g + 10 g	orangebraun/hellgelb . . . . rh	12,—	12,—	40,—
938	60 g + 15 g	braunrot/h'rosa . ri	10,—	10,—	40,—

			★★	☉	✉
939	1 S + 25 g	dunkellilaultramarin/lebhaftorangerot . rk	10,—	10,—	35,—
940	1.60 S + 40 g	schwärzlichopalgrün/mittelgraurot . . . . . . rl	15,—	15,—	55,—
		Satzpreis (4 W.)	45,—	45,—	
		FDC			130,—

Papierabart

937 Pa	geklebte Papierbahn	350,—

Farbfehldrucke

937 F	Gelbdruck stark verschoben	250,—
938 F U	Buchdruck (rot) fehlend, ungezähnt . .	—,—
939 F U	Buchdruck (rot) fehlend, ungezähnt . .	—,—
940 F U	Buchdruck (rot) fehlend, ungezähnt . .	—,—

Probedrucke

		(*)
937 P–940 P	in anderen Farben, o.G. . . . . je	1100,—

Auflage: 340 000 Sätze

MiNr. 940 in Farbänderung mit Aufdruck: MiNr. 1030

1949, 3. Sept. 125. Geburtstag von Anton Bruckner. Ⓔ und Ⓢ Lorber; StTdr. (10×5); gez. K 14½:13¾.

rm) A. Bruckner (1824–1896), Komponist

			★★	☉	✉
941	40 g	schwärzlichopalgrün . . . rm	10,—	10,—	35,—
		FDC			25,—

Probedrucke

		(*)
941 P I	gez. L 14½, o.G.	1100,—
941 P II	in anderen Farben, o.G. . . . . je	1800,—
941 P III	in anderen Farben auf Japanpapier, o.G. . . . . je	1800,—

Bruckner-Adreßzettel (s. Notiz nach MiNr. 837) . .	40,—	50,—

Auflage: 500 000 Stück

1949, 24. Sept. 100. Todestag von Johann Strauß (Vater). Ⓔ Dachauer; Ⓢ Lorber; StTdr. (10×5); gez. K 14½:13¾.

rn) J. Strauß (Vater) (1804–1849), Komponist; Lithographie von Josef Kriehuber

			★★	☉	✉
942	30 g	dunkelbraunpurpur . . . . . rn	2,—	2,50	10,—
		FDC			14,—

Probedrucke

		(*)
942 P I	gez. L 14½, o.G.	1100,—
942 P II	in anderen Farben, o.G. . . . . je	1800,—

Strauß-Adreßzettel (s. Notiz nach MiNr. 836)	70,—	55,—

Auflage: 600 000 Stück

Abkürzungen der Druckverfahren:

Stdr.	= Steindruck
Odr.	= Offsetdruck
Bdr.	= Buchdruck
Ldr.	= Indirekter Hochdruck (Letterset)
Sta.-St. } StTdr.	= Stahlstich } Stichtiefdruck
Ku.-St.	= Kupferstich
RaTdr.	= Rastertiefdruck

1949, 8. Okt. 75 Jahre Weltpostverein (UPU). [E] Dachauer; [S] Lorber; StTdr. (5×10); gez. K 13¾:14½.

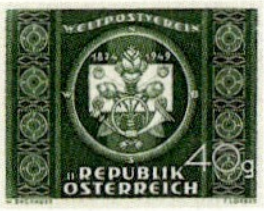

ro) Brief und Posthorn

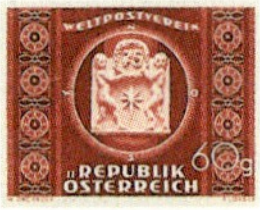

rp) Jubiläumstafel

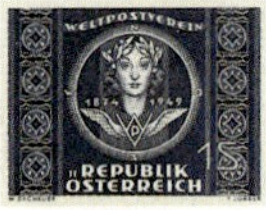

rq) Mädchenkopf

		**	⊙	⊠
943	40 g schwarzbläulichgrün . . . . ro	5,—	5,—	20,—
944	60 g lilakarmin . . . . rp	5,—	4,—	12,—
945	1 S schwarzviolettblau . . . . . rq	10,—	9,—	25,—
	Satzpreis (3 W.)	20,—	18,—	
	FDC			55,—

Probedrucke

		(*)
943 P–945 P	gez. L 14½, o.G. . . . . je	1100,—

		**	⊙
UPU-Adreßzettel (s. Notiz nach MiNr. 837)			
3 verschiedene	. . . . je	60,—	60,—
UPU-Aerogramm	. . . .	50,—	50,—

Auflage: 600 000 Sätze

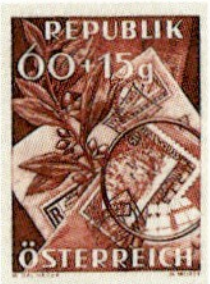

1949, 3. Dez. Tag der Briefmarke. [E] Dachauer; [S] Woyty; StTdr. (10×5); gez. K 14½:13¾

rr) Lupe, Briefumschläge, 3 mal Marke MiNr. 555, Lorbeerzweig

946	60 g + 15 g dkl'bräunlichrot . rr	4,—	3,50	20,—
	FDC			18,—

Probedruck

		(*)
946 P	gez. L 14½, o.G.	800,—

Auflage: 680 000 Stück

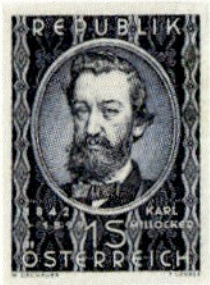

1949, 31. Dez. 50. Todestag von Karl Millöcker. [E] Dachauer; [S] Lorber; StTdr. (10×5); gez. K 14½:13¾.

rs) K. Millöcker (1842–1899), Komponist

947	1 S schwärzlichultramarin . . . . rs	20,—	16,—	35,—
	FDC			28,—

Plattenfehler

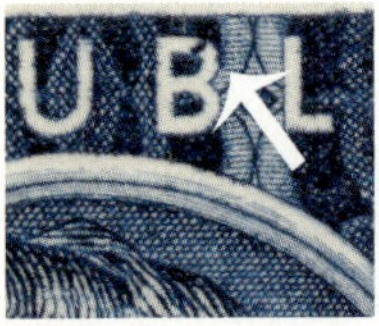

947 I

		**	⊙	⊠
947 I	„B“ gebrochen (Feld 50)	50,—	50,—	80,—

Probedruck

		(*)
947 P	gez. L 14½, o.G.	1100,—

Auflage: 600 000 Stück

1950

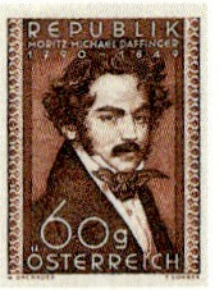

1950, 25. Jan. 160. Geburtstag von Moritz Daffinger. [E] Dachauer, [S] Lorber; StTdr. (10×5); gez. K 14½:13¾.

rt) M. Daffinger (1790–1849), Maler; Selbstporträt

		**	⊙	⊠
948	60 g (dunkel)bräunlichkarmin . . rt	10,—	8,—	25,—
	FDC			25,—

948 U	ungezähnt	2000,—

Probedrucke

		(*)
948 P I	gez. L 14½, o.G.	1100,—
948 P II	in anderen Farben, o.G. . . . . je	1800,—
948 P III	in anderen Farben in RaTdr., o.G. . je	4000,—

Auflage: 600 000 Stück

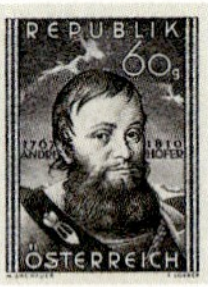

1950, 20. Febr. 140. Todestag von Andreas Hofer. [E] Dachauer; [S] Lorber; StTdr. (10×5); gez. K 14½:13¾.

ru) A. Hofer (1767–1810), Freiheitskämpfer; Porträt von Franz Altmutter

949	60 g schwarzblauviolett . . . . . ru	16,—	12,—	30,—
	FDC			26,—

949 U	ungezähnt	—,—

Probedrucke

		(*)
949 P I	gez. L 14½, o.G.	1100,—
949 P II	in anderen Farben, o.G. . . . . je	1800,—

Auflage: 500 000 Stück

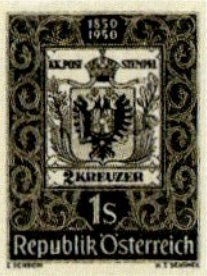

1950, 20. Mai. 100 Jahre österreichische Briefmarke. [E] Schrom; [S] Schimek; StTdr. (10×5) auf Japan-Dokumentenpapier; gez. L 14¾.

rv) Marke MiNr. 2

950	1 S schwarz auf mattchromgelb [GA] . . . . rv	2,50	2,—	10,—
	FDC			26,—

950 U	ungezähnt	2000,—	
950 Ur	rechts ungezähnt	3500,—	2000,—

Probedruck

		(*)
950 P	auf Normalpapier, o.G.	4000,—

Auflage: 500 000 Stück

Aufdruck

Wenn die Farbe des Aufdrucks nicht angegeben ist, ist der Aufdruck immer schwarz.

**1950, 2. Okt. 100. Todestag von Josef Maders-
perger.** ⓏDachauer; ⓈLorber; StTdr. (10×5);
gez. K 14½:13¾.

rw) J. Madersperger (1768–1850), Erfinder der
Nähmaschine

			✶✶	⊙	✉
951	60 g	schwarzviolett GA . . . . . rw	9,—	5,—	10,—
		FDC			17,—
951 U	ungezähnt	2000,—			

Auflage: 600 000 Stück

1950, 10. Okt. 30. Jahrestag der Volksabstimmung in Kärnten.
ⓏChmielowski; RaTdr. (10×5); gez. K 14½:13¾.

rx) Bundeswappen
Österreichs und
Landeswappen
Kärntens

ry) Fahnen-
schwenker mit
Fahne Österreichs

rz) Stimmzettel und
Wahlurne

952	30 g + 15 (g) grün/braun . . rx	35,—	35,—	70,—
953	1 S + 25 (g) orangerot/			
	dunkelrot . . . . ry	40,—	40,—	100,—
954	1.70 S + 40 (g) grauultramarin/			
	schwarzblau . . . . rz	40,—	40,—	120,—
	Satzpreis (3 W.)	110,—	110,—	
	FDC			200,—

Farbfehldrucke

952 F I	Gründruck stark verschoben	280,—	
952 F II U	Farbe Braun fehlend, ungezähnt . . .	—,—	
953 F U	Farbe Dunkelrot fehlend, ungezähnt	—,—	
954 F U	Farbe Schwarzblau fehlend, ungez.	—,—	

Probedrucke

		(✶)
952 P I–954 P I	gez. L 14½, o.G. . . . . je	—,—
952 P II–954 P II	in anderen Farben, o.G. . . . . je	—,—

Auflage: 290 000 Sätze

✈ **1950, 21. Okt. Vögel.** ⓏStrohofer; ⓈWoyty; StTdr. (5×10);
gez. 13¾:14¼.

sa) Saatkrähe (Corvus frugilegus)

sb) Lachmöwe (Larus ridibundus)

955	60 g	schwarzbläulichviolett . . sa	2,—	2,—	20,—
956	2 S	dunkelgrauultramarin . . . sb	16,—	7,—	25,—
		Satzpreis (2 W.)	18,—	9,—	
		FDC			110,—

Probedrucke

		(✶)
955 P I–956 P I	gez. L 14½, o.G. . . . . je	1100,—
955 P II–956 P II	in anderen Farben, o.G. . . je	1100,—

Flugpost-Adreßzettel mit MiNr. 955–956
(s. Notiz nach MiNr. 837) . . . . 50,— 65,—

Auflagen: MiNr. 955 = 850 000, MiNr. 956 = 1 050 000 Stück

Weitere Werte: MiNr. 968, 984–987

1950, 2. Dez. Tag der Briefmarke. ⓏSeger; Ⓢ
Woyty; StTdr. (10×5); gez. K 14½:13¾.

sc) Sammler prüft eine Marke

			✶✶	⊙	✉
957	60 g + 15 g	bläulichgrün . sc	12,—	10,—	35,—
		FDC			19,—

Plattenfehler

957 I

957 I	beschädigte Marke in Album	25,—	25,—	75,—

Probedrucke

		(✶)
957 P I	gez. L 14½, o.G.	1100,—
957 P II	in anderen Farben, o.G. . . . . je	1800,—
957 P III	in anderen Farben in RaTdr., o.G. . . je	4000,—

Auflage: 480 000 Stück

**1950, 5. Dez. 100. Geburtstag von Alexander
Girardi.** ⓏDachauer; ⓈLorber; StTdr. (10×5);
gez. K 14½:13¾.

sd) A. Girardi (1850–1918), Schauspieler

958	30 g	dunkelviolettultramarin . . sd	2,—	1,50	10,—
		FDC			15,—

Plattenfehler

958 I

958 I	ALEX˙ANDER (Feld 1)	25,—	25,—	40,—

Probedrucke

		(✶)
958 P I	gez. L 14½, o.G.	1100,—
958 P II	in anderen Farben, o.G.	1800,—
958 P U	Einzelabzüge in anderen Farben,	
	ungezähnt, o.G. . . . . je	2800,—

Auflage: 800 000 Stück

1951

1951, 3. März. Tod von Karl Renner. Ⓩund Ⓢ
Lorber; StTdr. (10×5) auf Japan-Papier; gez.
L 14.

se) K. Renner (1870–1950), Bundespräsident

		✶✶	☉	✉
959	1 S schwarz auf			
	mattchromgelb . . . . se	1,50	0,50	7,—
	FDC			17,—

| 959 U | ungezähnt . . . . | 600,— |

Plattenfehler

| 959 I | Haarbüschel . . . . | 25,— | 12,— | 30,— |

Renner-Adreßzettel
(s. Notiz nach MiNr. 837) . . . . 45,— 45,—

Auflage: 2 000 000 Stück

In ähnlicher Zeichnung: MiNr. 927 und 1057

1951, 10. März. Wiederaufbau. ✍ Schrom; ☒ Franke (MiNr. 960),
Teubel (MiNr. 961), Ranzoni d. J. (MiNr. 962) und Woyty (MiNr.
963); StTdr. (10×5); gez. K 14½:13¾.

sf) Bergarbeiter   sg) Maurer   sh) Brückenbauer   si) Telegrafen-
arbeiter

960	40 g + 10 g schwärzlich-			
	braunkarmin . . . . sf	20,—	18,—	60,—
961	60 g + 15 g schwärzlich-			
	opalgrün . . . . sg	15,—	18,—	60,—
962	1 S + 25 g lebhaftkarmin-			
	braun . . . . sh	15,—	18,—	70,—
963	1.70 S + 40 g schwärzlich-			
	lilaultramarin . . . . si	20,—	18,—	90,—
	Satzpreis (4 W.)	70,—	70,—	
	FDC			150,—

Probedrucke

			(✶)
960 P I–963 P I	gez. L 14½, o.G. . . . . je	900,—
960 P II–963 P II	in anderen Farben, o.G. . . . . je	900,—

Auflage: 290 000 Sätze

**1951, 12. April. 150. Geburtstag von Joseph
Lanner.** ✍ Dachauer; ☒ Lorber; StTdr. (10×5);
gez. K 14½:13¾.

sk) J. Lanner (1801–1843), Walzerkomponist; Lithographie
von Josef Kriehuber

| **964** | 60 g schwärzlichbläulichgrün . sk | 6,— | 2,50 | 20,— |
| | FDC | | | 18,— |

Probedruck

| | | | (✶) |
| 964 P | gez. L 14½, o.G. . . . . | 1100,— |

Auflage: 800 000 Stück

**1951, 28. Juni. 150. Todestag von Martin Jo-
hann Schmidt.** ✍ Dachauer; ☒ Lorber; StTdr.
(10×5); gez. K 14½:13¾.

sf) M. J. Schmidt (1718–1801), gen. „Kremser-Schmidt",
Barockmaler; Selbstporträt

		✶✶	☉	✉
965	1 S dunkelbräunlichrot . . . . sl	8,—	3,50	20,—
	FDC			20,—

Probedrucke

			(✶)
965 P I	gez. L 14½, o.G.	1100,—
965 P II	in anderen Farben, o.G. . . . . je	1100,—

Auflage: 800 000 Stück

**1951, 3. Aug. 7. Weltjamboree (Weltpfadfinder-
treffen) bei Bad Ischl.** ✍ Schrom; ☒ Olinowetz;
komb. StTdr. und Bdr. (10×5); gez. K 14½:13¾.

sm) Abzeichen der österr. Pfadfinder auf Weltkugel

| **966** | 1 S mehrfarbig . . . . sm | 6,— | 6,— | 15,— |
| | FDC | | | 32,— |

966 U	ungezähnt	2000,—
966 F U	fehlender StTdr. (nur Abzeichen	
	vorhanden), ungezähnt	1500,—

Probedruck

| | | | (✶) |
| 966 P | gez. L 14½, o.G. . . . . | 2200,— |

Auflage: 1 000 000 Stück

1951, 3. Okt. 10. Todestag von Wilhelm Kienzl.
✍ Dachauer; ☒ Lorber; StTdr. (10×5); gez. K
14½:13¾.

sn) W. Kienzl (1857–1941), Komponist; Notenthema aus
der Oper „Der Evangelimann"

| **967** | 1.50 S schwarzblau . . . . sn | 4,— | 2,50 | 10,— |
| | FDC | | | 16,— |

| 967 U | ungezähnt . . . . | 1500,— |

Probedrucke

967 P U	in anderen Farben, ungezähnt . . . . je	2200,—
			(✶)
967 P I	gez. L 14½, o.G.	1100,—
967 P II	In anderen Farben,	
	gez. L 14½, o.G. . . . . je	1300,—

Auflage: 800 000 Stück

1952

✈ **1952, 7. Jan./1959, 24. Juni. Adler.** ✍
Strohofer; ☒ Schimek; StTdr. (5×10); x =
graustichiges Papier mit gelblicher Gummierung, y = weißes Papier mit weißer
Adhesingummierung, z = graustichiges
Papier mit grauer Gummierung; gez. K
14½:13¾.

so) Herabstoßender Steinadler (Aquila chrysaëtus)

968	20 S braunschwarz . . . . so			
x	Papier x	14,—	12,—	50,—
y	Papier y (24.6.1959)	12,—	12,—	
z	Papier z	12,—	12,—	
	FDC (x)			200,—

Probedrucke

968 x P U	ungezähnt	150,—
968 y P U	ungezähnt	120,—
968 z P U	ungezähnt	130,—
			(✶)
968 P I	gez. L 14½, o.G.	800,—
968 P II	in anderen Farben, o.G. . . . . je	800,—
			✶✶
968 P III	in Gelblichschwarzgrau	60,—

Weitere Werte: MiNr. 955–956, 984–987

1952, 26. Jan. Olympische Spiele, Oslo und Helsinki. Ⓩ Chmielowski; Ⓢ Ranzoni d. J.; StTdr. (5×10); gez. K 13¾:14½.

sp) Olympische Ringe im Lorbeerzweig

972 I

		**	⊙	✉
972 I	gebrochener Pfeil	75,—	75,—	100,—

Probedrucke

			(*)
972 P I	gez. L 14½, o.G.		1100,—
972 P II	in anderen Farben, o.G.	je	1800,—

Auflage: 300 000 Stück

			**	⊙	✉
969	2.40 S + 60 (g) schwarzgrün-lichblau	sp	25,—	25,—	50,—
	FDC				45,—

Plattenfehler

969 I

969 I	„P" mit Farbfleck (Feld 36)	50,—	50,—	100,—

Probedrucke

			(*)
969 P I	gez. L 14½, o.G.		1500,—
969 P II	in anderen Farben, o.G.	je	2200,—

Auflage: 350 000 Stück

1952, 3. März. 100. Geburtstag von Josef Schrammel. Ⓩ Gorgon; Ⓢ Lorber; StTdr. (10×5); gez. K 14½:13¾.

sr) J. Schrammel (1852–1895), Musiker, Begründer der Schrammelmusik

			**	⊙	✉
970	1.50 S schwärzlichviolettblau	sr	8,—	2,—	12,—
	FDC				16,—

Probedrucke

			(*)
970 P I	gez. L 14½, o.G.		1100,—
970 P II	in anderen Farben, o.G.	je	1800,—

Auflage: 800 000 Stück

1952, 1. März. 150. Geburtstag von Karl Ritter von Ghega. Ⓩ Hörwarter; Ⓢ Lorber; StTdr. (10×5); gez. K 14½:13¾.

ss) K. Ritter v. Ghega (1802–1860), Ingenieur, Erbauer der Semmeringbahn

			**	⊙	✉
971	1 S schwarzopalgrün	ss	8,—	2,—	10,—
	FDC				15,—

Probedrucke

			(*)
971 P I	gez. L 14½, o.G.		1100,—
971 P II	in anderen Farben, o.G.	je	1800,—

Auflage: 800 000 Stück

1952, 10. März. Tag der Briefmarke. Ⓩ Slama; Ⓢ Teubel; StTdr. (10×5); gez. K 14½:13¾.

st) Amor mit Brief auf der Weltkugel

			**	⊙	✉
972	1.50 S + 35 g dunkelbraun-karmin	st	25,—	25,—	50,—
	FDC				45,—
972 U	ungezähnt				2000,—

1952, 24. Mai. 200 Jahre Tiergarten von Schönbrunn. Ⓩ Schrom; Ⓢ Teubel; StTdr. (5×10); gez. K 13¾:14½.

su) Ehemaliger kaiserlicher Frühstückspavillon (erb. 1759), Palmenblätter Rahmen mit Tierbildern

			**	⊙	✉
973	1.50 S schwarzopalgrün	su	8,—	2,50	15,—
	FDC				15,—
973 U	ungezähnt				1800,—

Probedrucke

			(*)
973 P I	gez. L 14½, o.G.		800,—
973 P II	in anderen Farben, o.G.	je	1300,—

Auflage: 800 000 Stück

1952, 1. Juli. Großlager der Internationalen Union der sozialistischen Jugend (IUSY = International Union of Socialist Youth), Wien. Ⓩ Slama; Ⓢ Olinowetz; StTdr. (10×5); gez. K 14½:13¾.

sv) Symbolik

			**	⊙	✉
974	1.50 S schwärzlichviolett-ultramarin	sv	8,—	1,50	10,—
	FDC				15,—
974 U	ungezähnt				1800,—

Probedrucke

			(*)
974 P I	gez. L 14½, o.G.		1100,—
974 P II	in anderen Farben, o.G.	je	1300,—

Auflage: 1 000 000 Stück

1952, 13. Aug. 150. Geburtstag von Nikolaus Lenau. Ⓩ Gorgon; Ⓢ Lorber; StTdr. (10×5); gez. K 14½:13¾.

sw) N. Lenau, eigentl. Franz Nikolaus Niembsch, Edler von Strehlenau (1802–1850), Dichter

			**	⊙	✉
975	1 S schwärzlichbläulichgrün	sw	8,—	2,—	10,—
	FDC				15,—

Probedrucke

			(*)
975 P	gez. L 14½, o.G.		800,—

Auflage: 800 000 Stück

Die ✉-Preise gelten nur für portogerecht frankierte Briefe.

1952, 6. Sept. Freimarke: Internationaler Korrespondenzaustausch zwischen Schulkindern. Ⓩ **Strohofer;** Ⓢ **Lorber; StTdr. (10×5); gez. K 14½:13¾.**

sx) Mädchen

                            ✶✶   ☉   ✉

976   2.40 S   schwarzviolettblau . . . . sx   15,—   3,—   20,—
                          FDC   22,—

Probedruck

                                       (✶)
976 P   gez. L 14½, o.G. . . . .   800,—

Auflage: 1 000 000 Stück

1952, 6. Sept. Österreichischer Katholikentag, Wien. Ⓩ **Chmielowski;** Ⓢ **Ranzoni d. J.; StTdr. (5×10); gez. K 13¾;14½.**

sy) Christus Pantokrator aus dem Tympanon des Riesentores von St. Stephan, Wien

977   1 S + 25 g   dunkelgrüngrau . sy   14,—   15,—   40,—
                          FDC   15,—

Probedrucke

                                       (✶)
977 P I   gez. L 14½, o.G. . . . .   600,—
977 P II   in anderen Farben, o.G. . . . . je   1100,—

Auflage: 350 000 Stück

1952, 15. Nov./1958. Freimarken: Trachten. Ⓩ **Seger; RaTdr. (10×10) auf graustichigem Papier mit gelblicher Gummierung; ab 1958 auf weißem Papier mit weißer Adhesingummierung; gez. K 14.**

sz) Salzkammergut,   ta) Obersteiermark   tb) Steiermark,
Ischl (1820)   (1850)   Sulmtal

978   2.20 S   dunkelgraublau . . . . . . sz   4,—   0,20   20,—
979   2.50 S   dunkelorangebraun . . . ta   7,—   1,20   25,—
980   7 S   schwärzlichgrauoliv . . . tb   6,—   0,20   20,—
                 Satzpreis (3 W.)   15,—   1,60
                     FDC   150,—

Katalogisierung nach Papier- und Gummierungsarten siehe nach MiNr. 926.

Weitere Werte: MiNr. 893–926

1953

1953, 21. Febr. 50. Todestag von Hugo Wolf. Ⓩ **Gorgon;** Ⓢ **Lorber; StTdr. (10×5); gez. K 14½:13¾.**

tc) H. Wolf (1860–1903), Komponist

981   1.50 S   schwärzlichlilaultramarin tc   8,—   2,—   10,—
                          FDC   17,—

Probedrucke
                                      (✶)
981 P I   gez. L 14½, o.G. . . . .   1100,—
981 P II   in anderen Farben, o.G. . . . . je   1100,—

Auflage: 900 000 Stück

1953, 24. April. 80. Geburtstag von Theodor Körner. Ⓩ **und** Ⓢ **Lorber; StTdr. (10×5); gez. K 14½:13¾.**

td) Th. Körner (1873–1957), Bundespräsident

                            ✶✶   ☉   ✉

982   1.50 S   schwärzlichviolettblau . td   8,—   1,50   7,—
                          FDC   15,—

982 U   ungezähnt . . . .   500,—

Probedrucke
                                      (✶)
982 P I   gez. L 14½, o.G. . . . .   800,—
982 P II   in anderen Farben, o.G. . . . . je   1800,—

Auflage: 1 000 000 Stück

In gleicher Zeichnung, jedoch in Schwarz: MiNr. 1031

1953, 29. Aug. 60 Jahre Gewerkschaftsbewegung in Österreich. Wie MiNr. 770, jedoch in geänderter Farbe mit goldenem Odr.-Aufdruck. Ⓩ **Kopfleithner (Aufdruck); RaTdr. (5×10); gez. K 14½:13¼.**

te

983   1 S + 25 g   auf (5 S)
                dunkelgrauultramarin . . . (te)   3,—   3,—   30,—
                          FDC   10,—

Plattenfehler

983 I   983 II

983 III   983 IV

983 V   983 VI

983 I	Gärtner im Rasen (Feld 43)	** 15,—	☉ 15,—	✉ 40,—
983 II	Schlangenkopf im „C"			
	(Feld 33, Teilauflage)	200,—	200,—	—,—
983 III	retuschierter Schlangenkopf			
	(Feld 33, Teilauflage)	14,—	14,—	40,—
983 IV	BEW.EGUNG (Feld 45)	14,—	14,—	40,—
983 V	2 Bäume (Feld 46)	14,—	14,—	40,—
983 VI	weißer Fleck im Tor (Feld 1)	20,—	20,—	50,—

Probedruck

		(*)
983 P	Andruckprobe, o.G.	350,—

Auflage: 450 000 Stück

✈ 1953, 29. Sept. Vögel. Ⓩ Strohofer; Ⓢ Woyty (MiNr. 984 und 986–987) und Teubel (MiNr. 985); StTdr. (5×10); gez. K 13¾:14½.

tf) Rauchschwalbe (Hirundo rustica)

tg) Europäischer Kormoran (Phalacrocorax carbo)

th) Mäusebussard (Buteo buteo)

ti) Graureiher (Ardea cinerea)

984	1 S	schwarzlilaultramarin . . . . tf	20,—	15,—	50,—
985	3 S	schwarzgrünlichblau . . . . tg	150,—	100,—	180,—
986	5 S	schwärzlichlilabraun . . . . th	150,—	100,—	200,—
987	10 S	schwarzviolettgrau . . . . . . ti	65,—	50,—	120,—
		Satzpreis (4 W.)	350,—	260,—	
		FDC			650,—

Handelsübliche Satzzusammenstellung:

955–956, 968, 984–987 . . . . (7 W.)	420,—	270,—

Probedrucke

		(*)
984 P–987 P	gez. L 14½, o.G. . . . . je	700,—

Auflage: 350 000 Sätze

Weitere Werte: MiNr. 955–956, 968

1953, 17. Okt. 150 Jahre Linzer Landestheater. Ⓩ Schrom; Ⓢ Teubel; StTdr. (5×10); gez. K 13¾:14½.

tk) Linzer Landestheater, antike Theatermasken

988	1.50 S	schwarzgrünblau . . . . . tk	20,—	3,—	15,—
		FDC			22,—

Probedrucke

		(*)
988 P I	gez. L 14½, o.G.	800,—
988 P II	in anderen Farben, o.G. . . . . je	1800,—

Auflage: 800 000 Stück

Ab MiNr. 838 gelten die ✉-Preise nur für bedarfsmäßige EF (Einzelfrankaturen), falls teurer als **; MiF höchstens wie **. Marken mit Falz: MiNr. 838–1072 ✱ 50–60% Abschlag, wenn nicht extra angegeben.

1953, 5. Nov. Wiederaufbau der evangelischen Schule Wien-Karlsplatz. Ⓩ Bild: Chmielowski (MiNr. 989, 991 und 993) und Lorber (MiNr. 990 und 992), Ⓩ Rahmen: Chmielowski; Ⓢ Bild: Toth (MiNr. 989, 991 und 993) und Lorber (MiNr. 990 und 992), Ⓢ Rahmen: Olinowetz; StTdr. (10×5); gez. K 14½:13¾.

tl) Historisches Bummerlhaus, Steyr

tm) Johannes Kepler (1571 bis 1630), Astronom und Mathematiker

tn) Titelseite der Lutherbibel aus der Österreichischen Nationalbibliothek

to) Theophil von Hansen (1813 bis 1891), Baumeister

tp) Evangelische Schule auf dem Karlsplatz, Wien, nach dem Wiederaufbau

			**	☉	✉
989	70 (g)	+ 15 g schwärzlichbraunpurpur . . . . tl	0,20	0,20	10,—
990	1 S	+ 25 g schwärzlichblau . . . . tm	0,20	0,20	7,—
991	1.50 S	+ 40 g schwarzkarminbraun . . . . tn	1,—	1,—	7,—
992	2.40 S	+ 60 g schwarzblaugrün . . . . to	4,—	4,—	20,—
993	3 S	+ 75 g schwarzviolett . . . . tp	8,—	8,—	35,—
		Satzpreis (5 W.)	13,—	13,—	
		FDC			50,—
989 U–993 U		ungezähnt . . . . je	—,—		

Probedrucke

		(*)
989 P I–993 P I	gez. L 14½, o.G. . . . . je	—,—
990 P II	in anderen Farben, o.G. . . . . je	1800,—
992 P II	in anderen Farben, o.G. . . . . je	1800,—

Auflagen: MiNr. 989–990 je 670 000, MiNr. 991 = 590 000, MiNr. 992 = 520 000, MiNr. 993 = 470 000 Stück

1953, 30. Nov. Weihnachten. Ⓩ Chmielowski; Ⓢ Lorber; StTdr. (10×5); gez. K 14½:13¾.

tr) Mädchen vor geschmücktem Christbaum

994	1 S	schwarzbläulichgrün . . . . . tr	1,50	0,80	4,—
		FDC			17,—
994 U		ungezähnt	280,—		

Farbproben

		(*)
994 P I	gez. L 14½, o.G.	1000,—
994 P II	in Braun, gez. L 14½, o.G.	1800,—

Auflage: 1 965 000 Stück

In gleicher Zeichnung, jedoch in Dunkelblau: MiNr. 1009

1953, 5. Dez. Tag der Briefmarke. Ⓩ Chmielowski; Ⓢ Wimmer; StTdr. (10×5); gez. K 14½:13¾.

ts) Aufgeschlagenes Briefmarkenalbum, Weltkugel mit Schriftband „Tag der Briefmarke 1953"

995	1 S	+ 25 g schwärzlichsiena . ts	8,—	8,—	15,—
		FDC			15,—

Probedrucke

			(*)
995 P I	gez. L 14½, o.G.	800,—	
995 P II	in anderen Farben, o.G. . . . . je	1100,—	

Auflage: 490 000 Stück

1954

1954, 21. Jan. 150. Geburtstag von Moritz von Schwind. Ⓐ und Ⓢ Lorber; StTdr. (10×5); gez. K 14½:13¾.

tt) Moritz v. Schwind (1804–1871), Maler, im Hintergrund Figuren aus „Elfentanz"; Porträt von Franz von Lenbach

		★★	☉	✉
996	1.50 S schwärzlichgrauviolett . tt	15,—	3,—	12,—
	FDC			22,—

Plattenfehler

996 I

996 I	Fleck beim Ohr (Feld 33)	60,—	20,—	35,—

Probedrucke

			(*)
996 P I	gez. L 14½, o.G.	800,—	
996 P II	in anderen Farben, o.G. . . . . je	1800,—	

MiNr. 996 ist wasserempfindlich!

Auflage: 900 000 Stück

1954, 19. Febr. 150. Geburtstag von Karl Freiherr von Rokitansky. Ⓐ Gorgon; Ⓢ Lorber; StTdr. (10×5); gez. K 14½:13¾.

tu) K. Frh. von Rokitansky (1804–1878), Pathologe

		★★	☉	✉
997	1.50 S schwärzlichviolett . . . . tu	18,—	3,—	12,—
	FDC			26,—

Plattenfehler

997 I

997 I	Bart mit dem Kragen verbunden (Feld 36)	50,—	15,—	40,—

Probedrucke

			(*)
997 P I	gez. L 14½, o.G.	800,—	
997 P II	in anderen Farben, o.G. . . . . je	1800,—	
997 P U I	in Schwarz auf gelbem Andruckpapier, o.G., aus Makulatur	25,—	
997 P U II	auf gelbem Andruckpapier, o.G. (aus Makulatur)	25,—	

MiNr. 997 ist wasserempfindlich!

Auflage: 900 000 Stück

1954, 19. Febr. Lawinenunglück. Wie MiNr. 768, jedoch in geänderter Farbe und ohne Wertangabe mit schwarzbraunem Bdr.-Aufdruck. RaTdr.; gez. K 13¾:14½.

tv) St. Christoph am Arlberg

		★★	☉	✉
998	1 S + 20 g dunkelgrau-ultramarin . . . . tv	0,50	0,60	5,—
	FDC			8,—
998 U	ungezähnt	—,—		

Plattenfehler

998 I   998 II

998 I	gebrochene „4" (Feld 21)	5,—	5,—	20,—
998 II	gebrochenes „A" (Feld 49)	20,—	20,—	100,—

Probedrucke

			(*)
998 P I	gez. L 14½, o.G.	—,—	
998 P II	in Hellblau, ohne Aufdruck, o.G.	—,—	
998 P III	in Hellblau, mit rotem Aufdruck, o.G. . .	—,—	

Auflage: 5 000 000 Stück

1954, 13. März. Gesundheitsfürsorge. Ⓐ Mynni; Ⓢ Hörwarter (MiNr. 999, 1003 und 1004) und Teubel (MiNr. 1000–1002); StTdr. (10×5); gez. K 14½:13¾.

tw) Bestrahlung eines Patienten   tx) Arzt mit Mikroskop   ty) Mutter mit zwei gesunden Kindern

tz) Operationssaal   ua) Baby auf der Waage   ub) Rotkreuz-Schwester und Rettungswagen

		★★	☉	✉
999	30 g + 10 (g) schwärzlichviolett . . . . tw	1,50	2,—	15,—
1000	70 g + 15 (g) schwarzlilabraun . . . . tx	0,30	0,30	10,—

			**	⊙	✉
1001	1 S + 25 (g) schwärzlich-lilaultramarin . . . . ty		0,30	0,30	7,—
1002	1.45 S + 35 (g) schwarzblau-grün . . . . tz		0,70	0,40	10,—
1003	1.50 S + 35 (g) dkl'karmin . ua		7,—	7,—	20,—
1004	2.40 S + 60 (g) dunkellila-karmin . . . . ub		8,—	10,—	25,—
	Satzpreis (6 W.)		17,—	20,—	
	FDC				46,—

| 999 U–1004 U | ungezähnt . . . . je | | —,— | | |

Probedrucke

		(*)
999 P I–1004 P I	gez. L 14½, o.G. . . . . . . je	500,—
999 P II–1004 P II	in anderen Farben, o.G. . . je	800,—
999 P U I	auf gelbl. Andruckpapier (aus Makulatur), ☐, o.G. . . .	25,—
999 P U II	in Schwarz auf gelblichem Andruckpapier, ☐, o.G.	25,—
1001 P U	auf gelbl. Andruckpapier (aus Makulatur), ☐, o.G. . .	25,—
1002 P U	auf gelbl. Andruckpapier (aus Makulatur), ☐, o.G. . .	25,—
1004 P U I	auf gelbl. Andruckpapier (aus Makulatur), ☐, o.G. . .	25,—
1004 P U II	in Schwarz auf gelblichem Andruckpapier, ☐, o.G. . .	25,—

Auflagen: MiNr. 999–1001 je 680 000, MiNr. 1002 = 650 000, MiNr. 1003–1004 je 580 000 Stück

1954, 5. Juni. 50 Jahre Esperantobewegung in Österreich. ⌷ Schrom; Ⓢ Wimmer; StTdr., Stern Bdr. (5×10); gez. K 13¾:14½.

uc) Esperantostern, von Pflanzen umgeben

1005	1 S schwarzbraun/smaragd-grün . . . . uc	5,—	0,50	5,—
	FDC			12,—

| 1005 U | ungezähnt . . . . | —,— |
| 1005 F U | nur Bdr. (Stern), ungezähnt . . . . | —,— |

Probedrucke

		(*)
1005 P I	gez. L 14½, o.G.	800,—
1005 P II	in anderen Farben, o.G. . . . . . je	1100,—
1005 P U	nur StTdr. (ohne Stern) auf gelbem Andruckpapier, ungezähnt, o.G.	25,—

Auflage: 2 000 000 Stück

1954, 4. Aug. 25. Todestag von Carl Freiherr Auer Ritter von Welsbach. ⌷ Gorgon; Ⓢ Lorber; StTdr. (10×5); gez. K 14½:13¾.

ud) C. Frhr. Auer Ritter von Welsbach (1858–1929), Chemiker

1006	1.50 S schwärzl'lilaultramarin ud	30,—	3,—	15,—
	FDC			42,—

| 1006 U | ungezähnt . . . . | 1800,— |

Plattenfehler

| 1006 I | „C" gebrochen (Feld 9) . . . . | 85,— | 20,— | 50,— |

1006 I

Probedrucke

		(*)
1006 P I	gez. L 14½, o.G.	800,—
1006 P II	in anderen Farben, o.G. . . . . . . je	1800,—
1006 P U I	in Schwarz auf gelbem Andruck-papier, o.G.	25,—
1006 P U II	auf gelbem Andruckpapier, o.G. (aus Makulatur)	25,—

Auflage: 900 000 Stück

1954, 4. Aug. 300. Geburtstag von Johann Michael Rottmayr. ⌷ Gorgon; Ⓢ Lorber; StTdr. (10×5); gez. K 14½:13¾.

ue) J. M. Rottmayr von Rosenbrunn (1654–1730), Maler

		**	⊙	✉
1007	1 S dunkelbläulichgrün . . . . . ue	15,—	3,50	15,—
	FDC			20,—

| 1007 U | ungezähnt . . . . | —,— |

Probedrucke

		(*)
1007 P I	gez. L 14½, o.G.	800,—
1007 P II	in anderen Farben, o.G. . . . . je	1800,—

Auflage: 900 000 Stück

1954, 2. Okt. Internationaler Kongreß für katholische Kirchenmusik. ⌷ Chmielowski; Ⓢ Ranzoni d. J.; StTdr. (10×5); gez. K 14½:13¾.

uf) Musizierender Putto vor Bruckner-Orgel der Stiftskirche von St. Florian

1008	1 S schwärzlichbraunorange . uf	3,—	0,50	5,—
	FDC			11,—

| 1008 U | ungezähnt . . . . | 260,— |

Probedrucke

		(*)
1008 P I	gez. L 14½, o.G.	600,—
1008 P II	in anderen Farben, o.G. . . . . je	900,—

Auflage: 2 000 000 Stück

1954, 30. Nov. Weihnachten. Wie MiNr. 994, jedoch in geänderter Farbe. StTdr.; gez. K 14½:13¾.

tr) Mädchen vor geschmücktem Christbaum

1009	1 S schwärzlichkobalt . . . . . . tr	5,—	0,70	5,—
	FDC			16,—

| 1009 U | ungezähnt . . . . | 350,— |

Probedrucke

		(*)
1009 P I	gez. L 14½, o.G.	800,—
1009 P II	in anderen Farben, o.G. . . . . je	1500,—

Auflage: 1 963 000 Stück

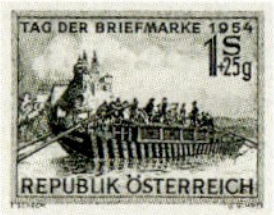

1954, 4. Dez. Tag der Briefmarke. [E] Schrom; [S] Wimmer; StTdr. (5×10); gez. K 13¾:14½.

ug) „Ulmer Ordinari" (Ulmer Schachtel), Stift Melk

		✱✱	⊙	✉
1010	1 S + 25 g schw'graugrün . ug	8,—	8,—	25,—
	FDC			16,—

1010 U	ungezähnt	600,—

Probedrucke

		(✱)
1010 P I	gez. L 14½, o.G.	600,—
1010 P II	in anderen Farben, o.G. ....je	1100,—

Auflage: 470 000 Stück

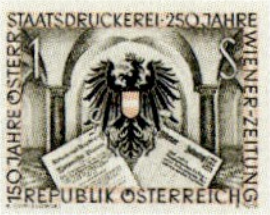

1954, 18. Dez. 150 Jahre Österreichische Staatsdruckerei; 250 Jahre Wiener Zeitung. [E] Chmielowski; [S] Toth; komb. StTdr. und Bdr. (5×10); gez. K 13¾:14½.

uh) Österreichisches Bundeswappen, ein „Wienerisches Diarium" und eine „Wiener Zeitung" vor Ausstellungshalle der östereichischen Staatsdruckerei

		✱✱	⊙	✉
1011	1 S h'zinnober/braunschwarz uh	3,—	0,50	5,—
	FDC			8,50

Probedrucke

		(✱)
1011 P I	gez. L 14½, o.G.	800,—
1011 P II	in anderen Farben, o.G. ....je	—,—
1011 P III	in Braunschwarz o.G.	4200,—

		✱✱
1011 P U	in Braunschwarz, ungezähnt	900,—

Auflage: 2 000 000 Stück

1955

1955, 27. April. 10 Jahre Wiederherstellung der Unabhängigkeit der Republik Österreich. [E] Chmielowski; [S] Bild: Wimmer (MiNr. 1012 und 1015), Lorber (MiNr. 1013 und 1016) und Toth (MiNr. 1014); [S] Umrahmung: Olinowetz; StTdr. (5×10); gez. K 13¾:14½.

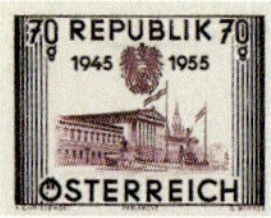

ui) Parlamentsgebäude, Wien

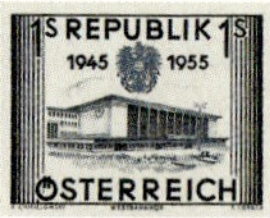

uk) Westbahnhof, Wien

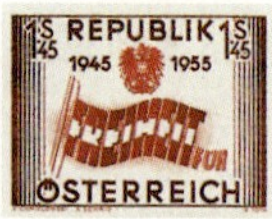

ul) Fahne, gebildet aus dem Wort „FREIHEIT"

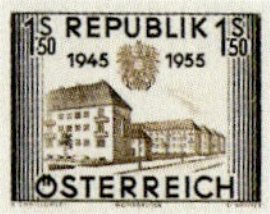

um) Wohnbauten der Per-Albin-Hansson-Siedlung, Wien

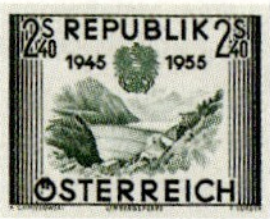

un) Limberg-Talsperre, Kaprun

			✱✱	⊙	✉
1012	70 g	schwärzlichlilapurpur . ui	2,—	1,—	7,—
1013	1 S	schwärzlichultramarin uk	6,—	0,30	10,—
1014	1.45 S	dunkelorangerot ..... ul	12,—	3,50	20,—
1015	1.50 S	dunkelorangebraun . um	30,—	0,50	5,—
1016	2.40 S	dunkelbläulichgrün . . un	12,—	7,—	20,—
		Satzpreis (5 W.)	60,—	12,—	
		FDC			100,—

1012 U–1016 U	ungezähnt ....je	—,—

Probedrucke

		(✱)
1012 P I–1016 P I	gez. L 14½, o.G. ......je	500,—
1012 P II–1016 P II	in anderen Farben, o.G. je	800,—

Auflage: 2 000 000 Sätze

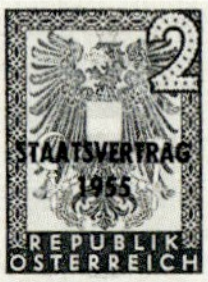

1955, 15. Mai. Staatsvertrag. Wie MiNr. 717, jedoch in geänderter Farbe mit dunkelblauem Bdr.-Aufdruck. StTdr. (10×5); gez. L 14.

		✱✱	⊙	✉
1017	2 (S) grautürkis ....(is)	3,—	0,80	5,—
	FDC			10,—

1017 U	ungezähnt	—,—

Plattenfehler

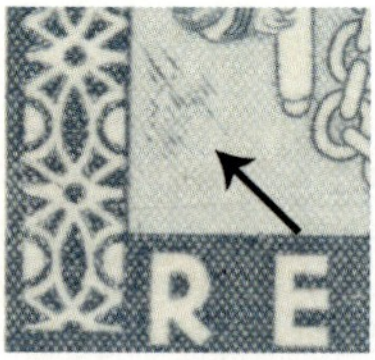

1017 I	Spinnweben (Feld 13, 16)	8,—	4,—	15,—

Auflage: 2 000 000 Stück

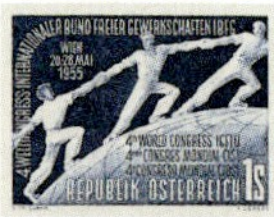

1955, 20. Mai. Weltkongreß des Internationalen Bundes freier Gewerkschaften (IBFG). [E] Slama; [S] Lorber; StTdr. (5×10); gez. K 13¾:14½.

uo) Drei Arbeiter verschiedener Völker reichen sich auf der Erdkugel die Hände

		✱✱	⊙	✉
1018	1 S dunkellilaultrmarin .....uo	3,—	2,50	10,—
	FDC			8,50

1018 U	ungezähnt (Originalfarbe)	1200,—

Probedrucke

		(✱)
1018 P I	gez. L 14½, o.G.	600,—
1018 P II	in anderen Farben, o.G. ....je	1100,—

		✱✱
1018 P U	in 6 verschiedenen Farben, ungez. je	200,—

Auflage: 770 000 Stück

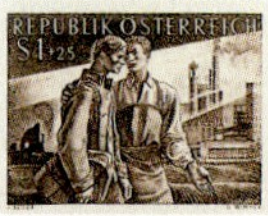

1955, 29. Juni. Heimkehrer. [E] Seger; [S] Wimmer; StTdr. (5×10); gez. K 13¾:14¼.

up) Heimkehrer und Industriearbeiter; Ruine und Industrieanlage

		✱✱	⊙	✉
1019	1 S + 25 g rotbraun ......up	3,—	3,—	10,—
	FDC			7,50

1019 U	ungezähnt	1200,—

Farbproben

		(✱)
1019 P	in anderen Farben, o.G. ....je	700,—

Auflage: 760 000 Stück

1955, 25. Juli. Wiedereröffnung des Burgtheaters und der Staatsoper, Wien. [E] und [S] Ranzoni d. J.; StTdr. (5×10); gez. K 13¾:14½.

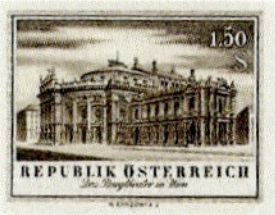

ur) Burgtheater

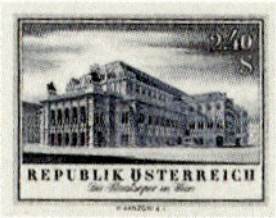

us) Staatsoper

				★★	⊙	✉
1020	1.50 S	schwärzlichbraun	ur	5,—	0,50	5,—
1021	2.40 S	dunkelviolett-ultramarin	us	6,—	3,—	10,—
		Satzpreis (2 W.)		10,—	3,50	
		FDC				36,—

1020 U–1021 U ungezähnt . . . .Satzpreis (2 W.) —,—

In ähnlichen Zeichnungen: MiNr. 2555–2556

Plattenfehler

1021 I

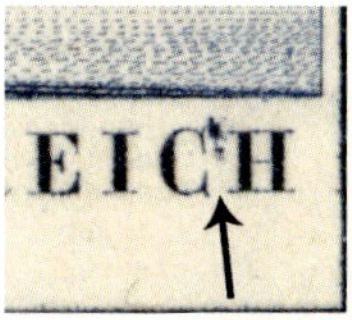

1021 II

1021 I	Erster Opernbesucher (Feld 18)	35,—	25,—	40,—
1021 II	ÖSTERREIC:H (Feld 26)	30,—	20,—	40,—

Farbproben

		(★)
1020 P	in anderen Farben, o.G. . . . . je	1100,—
1021 P	in anderen Farben, o.G. . . . . je	1100,—
1021 P U	Einzelabzüge in anderen Farben, ungezähnt, o.G. . . . . je	2800,—

Auflage: je 2 000 000 Stück

In ähnlichen Zeichnungen: MiNr. 2555–2556

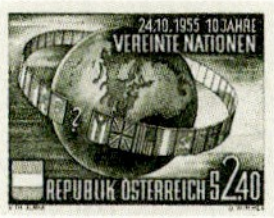

1955, 24. Okt. 10 Jahre Vereinte Nationen (UNO). [E] Slama; [S] Wimmer; StTdr. (5×10); gez. K 13¾:14½.

ut) Weltkugel, umkreist von den Flaggen der Mitgliedstaaten der UNO

1022	2.40 S	schwärzlichgrün	ut	16,—	4,—	15,—
		FDC				22,—

1022 U ungezähnt . . . . —,—

Farbproben

		(★)
1022 P	in anderen Farben, o.G. . . . . je	1100,—

Auflage: 1 500 000 Stück

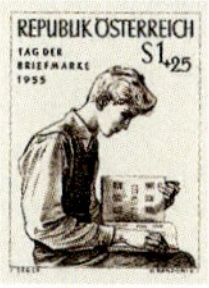

1955, 3. Dez. Tag der Briefmarke. [E] Seger; [S] Ranzoni d. J.; StTdr. (10×5); gez. K 14½:13¾.

uu) Junger Mann mit Briefmarkenalbum

1023	1 S + 25 g	schwarzrötlichbraun	uu	5,—	5,—	20,—
		FDC				12,—

1023 U ungezähnt . . . . —,—

Plattenfehler

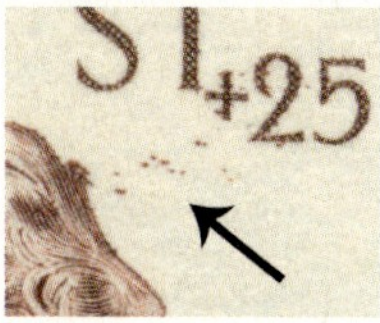

1023 I

		★★	⊙	✉
1023 I	„Bienenschwarm“ bei Wertbezeichnung (Feld 9)	22,—	20,—	40,—

Farbproben

		(★)
1023 P	in anderen Farben, o.G. . . . . je	1100,—

Auflage: 590 000 Stück

1956

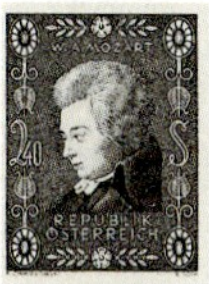

1956, 21. Jan. 200. Geburtstag von Wolfgang Amadeus Mozart. [E] Chmielowski; [S] Toth (Bild) und Olinowetz (Rahmen); StTdr. (10×5); gez. K 14½:13¾.

uv) W. A. Mozart (1756–1791), Komponist; Porträt von Josef Lange

1024	2.40 S	schwärzlichblau	uv	6,—	1,50	3,—
		FDC				12,—

1024 U ungezähnt . . . . —,—

Farbprobe

		(★)
1024 P	in anderen Farben, o.G. . . . . je	—,—
		★★
1024 P U	in Dunkelbraun, ungezähnt	—,—

Auflage: 1 951 000 Stück

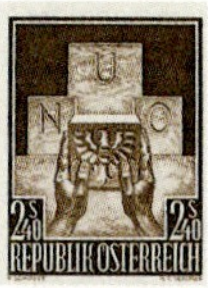

1956, 20. Febr. Aufnahme Österreichs in die Vereinten Nationen. [E] Schober; [S] Schimek; StTdr. (10×5); gez. K 14½:13¾.

uw) Symbolik

1025	2.40 S	dunkelsiena	uw	13,—	2,50	4,—
		FDC				18,—

1025 U ungezähnt . . . . —,—

Plattenfehler

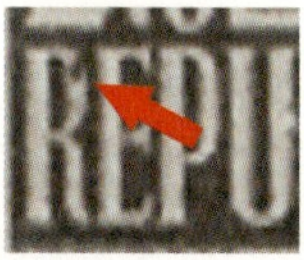

1025 I

1025 I	Punkt im „R“ von „REPUBLIK“ (Feld 7, Teilauflage)	25,—	5,—	15,—

Farbproben

		(★)
1025 P	in anderen Farben, o.G. . . . . je	600,—

Auflage: 3 000 000 Stück

1956, 8. Mai. Weltkraftkonferenz, Wien. ⊠ Fritz; Ⓢ Wimmer; StTdr. (5×10); gez. K 13¾:14½.

ux) Symbolik, Inschrift

			✶✶	☉	⊠
1026	2.40 S dunkelkobalt . . . . ux		14,—	3,—	6,—
	FDC				17,—
1026 U	ungezähnt	1500,—			

Farbproben

		(✶)
1026 P	in anderen Farben, o.G. . . . . je	500,—

Auflage: 2 000 000 Stück

1956, 8. Juni. Internationaler Städtebaukongreß, Wien. ⊠ Seger; komb. RaTdr. und Bdr. (10×5); gez. K 14½:13¾.

uy) Landkarte Europas mit Grundrissen von Wien (Österreich), Vällingby bei Stockholm (Schweden), Sennestadt bei Bielefeld (Deutschland), Quartier T 8 in Mailand (Italien), Harlow New Town (Großbritannien) und PAP Rotterdam (Niederlande)

1027	1.45 S mehrfarbig . . . . uy		4,—	1,—	2,50
	FDC				7,—
1027 U	ungezähnt	—,—			
1027 F U	fehlende Farbe Rot, ungezähnt	—,—			

Auflage: 4 000 000 Stück

1956, 20. Juli. 300. Geburtstag von Johann Bernhard Fischer von Erlach. ⊠ Fuchs; Ⓢ Toth; StTdr. (10×5); gez. K 14½:13¾.

uz) J. B. Fischer von Erlach (1656–1723), Architekt und Bildhauer; Porträt von Adam Mangoki

1028	1.50 S dunkelsiena . . . . uz		1,—	1,—	12,—
	FDC				6,—
1028 U	ungezähnt	—,—			

Farbproben

		(✶)
1028 P	in anderen Farben, o.G. . . . . je	1100,—

Auflage: 900 000 Stück

1956, 1. Dez. Tag der Briefmarke. ⊠ Dachauer; Ⓢ Wimmer; StTdr. (10×5); gez. K 14½:13¾.

va) Verzierte Tafel mit Blumenkorb, Blumen und Briefumschlag

1029	1 S + 25 g lebhaftrot . . . . . va		4,—	4,—	8,—
	FDC				8,50
1029 U	ungezähnt	—,—			

Farbproben

		(✶)
1029 P	in anderen Farben, o.G. . . . . je	1100,—

Auflage: 640 000 Stück

1956, 21. Dez. Ungarische Flüchtlinge. Ähnlich MiNr. 940, jedoch in geänderter Farbe mit rotem Bdr.-Aufdruck. Komb. StTdr. und Bdr.; gez. K 14½:13¾.

			✶✶	☉	⊠
1030	1.50 (S) + 50 (g) grautürkis/				
	dunkelrosa . . . . (vb)		0,80	0,80	2,50
	FDC				4,—
1030 U	ungezähnt			—,—	
1030 F U	fehlende Farbe Dunkelrosa, ungez. . .			—,—	

Auflage: 1 750 000 Stück

1957

1957, 11. Jan. Tod des Bundespräsidenten Theodor Körner. Wie MiNr. 982, jedoch in geänderter Farbe. ⊠ und Ⓢ Lorber; StTdr. (10×5); gez. K 14½:13¾.

td) Th. Körner (1873–1957), Bundespräsident

1031	1.50 S braunschwarz . . . . . . td		2,20	2,—	4,—
	FDC				5,—
1031 U	ungezähnt	—,—			

Plattenfehler

1031 I

1031 I	Strich beim Stecherzeichen (Feld 31)	10,—	10,—	25,—

Auflage: 800 000 Stück

In gleicher Zeichnung, jedoch in Blau: MiNr. 982

1957, 7. März. 100. Geburtstag von Julius Wagner-Jauregg. ⊠ Fuchs; Ⓢ Wimmer; StTdr. (10×5); gez. K 14½:13¾.

vc) J. Wagner-Jauregg (1857–1940), Psychiater

1032	2.40 S dunkelbraunpurpur . . vc		5,—	3,—	6,—
	FDC				10,—
1032 U	ungezähnt	3000,—			

Ab MiNr. 838 gelten die ⊠-Preise nur für bedarfsmäßige EF (Einzelfrankaturen), falls teurer als ✶✶; MiF höchstens wie ✶✶. Marken mit Falz: MiNr. 838–1072 ✶ 50–60% Abschlag, wenn nicht extra angegeben.

Plattenfehler

1032 I 1032 II

		★★	⊙	⊠
1032 I	„Wägner" (Feld 47)	35,—	10,—	25,—
1032 II	fleckiger Kragen (Feld 24)	20,—	10,—	25,—

Farbproben

		(*)
1032 P	in anderen Farben, o.G. .... je	1500,—

Auflage: 1 500 000 Stück

1957, 3. Mai. 25. Todestag von Anton Wildgans. Ⓩ Strohofer; Ⓢ Lorber; StTdr. (10×5); gez. K 14½:13¾.

vd) A. Wildgans (1881–1932), Dichter

1033	1 S schwärzlichlilaultramarin vd	0,60	0,50	3,—
	FDC			3,—
1033 U	ungezähnt			—,—

Farbproben

		(*)
1033 P	in anderen Farben, o.G. .... je	1100,—

Auflage: 2 000 000 Stück

1957, 14. Juni. 50 Jahre Postauto. Ⓩ und Ⓢ Ranzoni d. J.; StTdr. (5×10); gez. K 13¾:14½.

ve) Alter und moderner Postomnibus

1034	1 S schwarz auf m'braungelb ve	0,60	0,50	3,—
	FDC			2,20
1034 U	ungezähnt			—,—

Auflage: 2 000 000 Stück

1957, 22. Juni. Freimarke: Bauwerke. Ⓩ Strohofer; Ⓢ Wimmer; StTdr. (10×10); gez. K 14.

vf) Basilika von Mariazell

1035	1 S violettbraun .... vf	1,50	0,50	1,50
	FDC			7,50

Katalogisierung nach Papier- und Gummierungsarten siehe nach MiNr. 1055.

Weitere Werte siehe Übersicht nach Jahrgangswerttabelle.

1957, 27. Juli. Österreichische Himalaya-Karakorum-Expedition 1956. Ⓩ und Ⓢ Ranzoni d. J.; StTdr. (5×10); gez. K 13¾:14½.

vg) Gasherbrum II („Der schöne Berg")

1036	1.50 S dkl'violettultramarin . . vg	★★ 0,50	⊙ 0,50	⊠ 0,70
	FDC			2,20
1036 U	ungezähnt			—,—

Plattenfehler

1036 I 1036 II

1036 I	beschädigte Zahl „8035" (Feld 42) . .	10,—	8,—	25,—
1036 II	Zahl „6035" (Feld 42)	10,—	8,—	25,—

Farbproben

		(*)
1036 P	in anderen Farben, o.G. .... je	800,—

Auflage: 2 000 000 Stück

1957, 25. Okt. Freimarken: Bauwerke. Ⓩ Strohofer; Ⓢ Wimmer; MiNr. 1037 Bdr. (10×10), MiNr. 1038 StTdr. (10×5); gez. K 14.

vf) Basilika von Mariazell | vh) Burg Heidenreichstein

1037	1 S violettbraun ▣ ....vf	1,70	0,50	1,50
1038	10 S schwarzgelblichgrün			
	(Töne) ....vh	3,—	0,50	7,—
	Satzpreis (2 W.)	4,50	1,—	
	FDC (MiNr. 1037)			5,—
	FDC (MiNr. 1038)			26,—
	FDC (MiNr. 1038) Ortserst-tag Heidenreichstein			150,—
1037 U	ungezähnt	50,—		
1038 U	ungezähnt	200,—		
1038 ZW	senkrechtes Zwischenstegpaar	1800,—		
1038 Pa	geklebte Papierbahn	350,—		

Plattenfehler

1037 I 1037 II

1037 III 1038 I

		✶✶	☉	✉
1037 I	Strich durch „REPUBLIK"	13,—	7,50	
1037 II	Wolke bis zum Oberrand gehend ...	6,50	3,—	
1037 III	Komet	10,—	4,—	
1038 x I	HEIDENREICHSTE„M"	40,—	19,—	
1038 y I	HEIDENREICHSTE„M"	25,—	11,—	

Farbproben

		(*)
1037 P	in anderen Farben, o.G. .... je	1200,—
1038 P	in Lilarot, ohne Wertangabe	5000,—

Katalogisierung nach Papier- und Gummierungsarten siehe nach MiNr. 1055.

Weitere Werte siehe Übersicht nach Jahrgangswerttabelle.

1957, 30. Nov. Tag der Briefmarke. ☑ **Koller;** Ⓢ **Wimmer; StTdr. (5×10); gez. L 14.**

vi) Postamt Linz 2

1039	1 S + 25 g schwärzlich-graugrün vi	3,—	4,—	8,—
	FDC			7,—

1039 U	ungezähnt	—,—

Plattenfehler

1039 I	1039 II

1039 I	kleines „k" (Feld 21, 41)	10,—	10,—
1039 II	Fensterputzer (Feld 19)	10,—	10,—

Farbproben

		(*)
1039 P	in anderen Farben, o.G. .... je	800,—

Auflage: 640 000 Stück

1958

1958, 1. Febr. Alpine Skiweltmeisterschaften, Badgastein. ☑ **Fuchs;** Ⓢ **Wimmer; StTdr. (10×5); gez. K 14½:13¾.**

vk) Berg „Graukogel" mit Streckenführungen

1040	1.50 S dunkelultramarin .... vk	0,40	0,20	1,—
	FDC			2,—

1040 U	ungezähnt	—,—

Farbproben

		(*)
1040 P	in anderen Farben, o.G. .... je	800,—

Auflage: 2 643 000 Stück

1958, 27. März. Eröffnungsflüge der österreichischen Luftverkehrsgesellschaft „Austrian Airlines". ☑ **Chmielowski;** Ⓢ **Schimek; StTdr. (5×10); gez. K 13¾:14½.**

vl) Viermotorige Vickers-Viscount über Silhouette Österreichs

		✶✶	☉	✉
1041	4 S rot vl	1,—	0,40	1,—
	FDC			2,20

1041 U	ungezähnt	—,—

Farbproben

		(*)
1041 P	in anderen Farben, o.G. .... je	1500,—

Auflage: 3 000 000 Stück

1958, 8. Mai. Muttertag. ☑ **Pilch;** Ⓢ **Wimmer; StTdr. (10×5); gez. K 14½:13¾.**

vm) Mutter und Kind

1042	1.50 S schwarzviolett-ultramarin .... vm	0,40	0,20	1,—
	FDC			1,70

1042 U	ungezähnt	—,—

Farbproben

		(*)
1042 P	in anderen Farben, o.G. .... je	800,—

Auflage: 2 960 000 Stück

1958, 17. Juli. Österreichisches Sängerbundfest, Wien. ☑ **Mynni;** Ⓢ **Olinowetz; komb. StTdr. und Odr. (10×5); gez. K 14½:13¾.**

vn) Walther von der Vogelweide (um 1170–um 1230), nach der manessischen Liederhandschrift

		✶✶	☉	✉
1043	1.50 S mehrfarbig .... vn	0,40	0,20	1,—
	FDC			1,70

1043 U	ungezähnt	220,—

Plattenfehler

1043 I

1043 I	Fleck im Mützenrand (Feld 45)	22,—	20,—

Fehldruck

		FDC
1043 F	Fehlende Farbe Rosa	1500,—

Probedrucke

1043 P U I	nur Rosadruck, ungezähnt	—,—
1043 P U II	nur Rötlichbraundruck, ungezähnt	—,—
1043 P U III	nur Dunkelgelbdruck, ungezähnt .	—,—
1043 P U IV	ohne Schwarz, ungezähnt	1800,—

FALSCH 1043 F: Farbe Rosa fast immer chemisch entfernt, echt nur auf FDC bekannt. (BPP-)Prüfung erforderlich!

Auflage: 4 949 000 Stück

1958/1960. Freimarken: Bauwerke. ⓒ Strohofer; Odr. (10×10); gez. K 14:13¾.

vo) Wohnbau Karl-Marx-Hof, Wien-Heiligenstadt

vf I) Basilika von Mariazell

vp) Klagenfurter Landhaus

vr) Wohnbau „Raben-hof" Wien-Erdberg

vs) Münzturm in Hall i. T.

vt) Gnadenkirche von Christkindl

vu) Steinertor in Krems a. d. Donau

vv) Wienertor in Hainburg a. d. Donau

vw) Kommandoturm des Flughafens Wien-Schwechat

vx) Churertor in Feldkirch

vy) Grazer Landhaus

vz) Goldenes Dachl in Innsbruck

Billigste Sorte

				★★	⊙	⊠	FDC
1044	50 g	schwärzlichgrünlichblau (Töne) (23.10.1959) GA .... vo		0,30	0,10	0,50	2,50
1045	1 S	dunkelsiena (19.1.1959) GA .... vf I		0,50	0,20	0,60	4,—
1046	1.40 S	türkisblau (Töne) (1.2.1960) .... vp		0,50	0,30	0,80	1,50
1047	1.50 S	karminrot (Töne) (30.8.1958) GA .... vr		0,50	0,20	0,60	4,50
1048	1.80 S	violettblau (1.2.1960) GA .... vs		0,50	0,20	3,—	1,50
1049	2 S	dunkel- bis schwärzlichpreußischblau (29.11.1958) GA ....vt		3,—	0,10	0,50	12,—
1050	3.40 S	grünoliv (1.2.1960) .... vu		1,30	1,—	3,50	2,50
1051	4 S	dunkelpurpur (Töne) (1.2.1960) vv		2,—	0,20	0,60	2,50
1052	4.50 S	schwärzlichopalgrün (17.6.1960) .... vw		2,—	0,70	5,—	3,20
1053	5.50 S	olivgrau (1.2.1960) GA vx		2,—	0,20	5,—	3,20
1054	6 S	(dunkel)bläulichviolett (1.2.1960) .... vy		2,—	0,20	0,80	4,20
1055	6.40 S	(dunkel)kobalt (Töne) (1.2.1960) .... vz		2,50	1,30	8,—	3,—
		Satzpreis (12 W.)		17,—	4,50		

1044 U–1054 U	ungezähnt .... je		60,—	
1055 U	ungezähnt		2000,—	

1044 y DD	Doppeldruck			250,—
1048 y DD	Doppeldruck			250,—
1049 y DD	Doppeldruck			250,—

1045 G	Druck auf der Gummiseite		2000,—

Farbproben

1050 P	in anderen Farben .... je		320,—
1050 P U	in anderen Farben, ungezähnt .... je		500,—
1053 P	in anderen Farben .... je		350,—
1055 P	in anderen Farben .... je		350,—

MiNr. 1045 unterscheidet sich von MiNr. 1035 und 1037 außer in Druckverfahren und Farbe auch noch durch Entwerfernamen in der Mitte unterhalb des Markenbildes.

Weitere Werte siehe Übersicht nach Jahrgangswerttabelle.

Spezialkatalogisierung der Freimarken „Bauwerke"

x = graugelbliches Papier, gelblicher Gummi
y = weißes Papier, weißer Gummi (teils auch leicht rosa oder bläulich, schwacher bis starker Aufheller
z = geriffelter Gummi, außer 20-S-Wert (y-Papier) alle mit x-Papier
w = weißes Papier, weißer Gummi ohne Aufheller

Nr	Wert		Beschreibung	x **	x ⊙	y **	y ⊙	z **	z ⊙	w **	w ⊙
1102	20 g										
		a	schwärzlichbraunviolett (Töne) ..	0,20	0,20	0,20	0,20			3,—	0,50
		b	schwarzbraunviolett	0,80	0,20	0,80	0,20				
1111	30 g										
		a	schwarzgraugrün			2,—	0,20			30,—	2,50
		b	schwarzgrün (Töne)			0,20	0,20				
		c	dunkelschwarzgrün			5,50	0,30			40,—	3,50
		d	schwärzlichgraugrün			3,80	0,20				
1112	40 g										
		a	dunkelrosa	0,30	0,20	0,20	0,20				
		b	dunkelrosarot	3,—	0,30	1,70	0,20				
1044	50 g										
		a	schwarzgraublau (Töne)	0,30	0,20						
		b	schwarzpreußischblau	10,—	0,30	16,—	0,40				
		c	schwarzblaugrau	6,—	0,30	20,—	0,60				
		d	schwärzlichgrünlichblau (Töne) .			0,30	0,10			5,50	0,20
		e	schwarzgrünlichblau			30,—	1,—				
1113	60 g										
		a	schwärzlichlilabraun	2,60	0,40	14,—	0,50				
		b	dunkelbraunpurpur	1,80	0,40	4,—	0,40				
		c	dunkellilabraun (Töne)	0,70	0,30	0,20	0,10				
1114	70 g										
		a	schwärzlichlilaultramarin (Töne) .			0,30	0,10			30,—	2,80
		b	schwarzblauviolett			12,—	0,40			40,—	4,—
1115	80 g										
		a	schwärzlichbraunocker	0,50	0,20	10,—	1,60			6,—	0,60
		b	schwarzbraunocker	4,50	0,30						
		c	schwärzlichgelbbraun (Töne) ...			0,20	0,20				
		d	schwärzlichorangebraun			8,—	1,—				
		e	schwarzorangebraun			60,—	8,—				
1035	1 S		violettbraun (StTdr.)					5,—	0,80	1,50	0,50
1037	1 S		violettbraun (Bdr.)					2,—	0,50	1,70	0,50
1045	1 S		(Odr.)								
		a	schwärzlichrotbraun (Töne)	0,60	0,20	3,50	0,30			8,50	0,50
		b	dunkelsiena (Töne)	8,—	0,30	0,50	0,20	6,—	0,20	6,50	0,40
		c	dunkelrotbraun					12,—	0,40		
		d	schwarzrotbraun			45,—	3,50	60,—	6,—		
1324	1 S										
		a	dunkelrötlichbraun			0,40	0,20				
		b	schwarzrötlichbraun			0,50	0,30				
1116	1.20 S		purpur (Töne)	0,50	0,30	0,50	0,30			7,—	1,—
1232	1.30 S										
		a	dunkelgraugrün (Töne)			0,30	0,20				
		b	graugelblichgrün			3,—	0,30				
		c	schwärzlichgraugrün			13,—	0,40				
		d	schwarzgraugrün			70,—	5,—				
1046	1.40 S										
		a	türkisblau (Töne)	0,50	0,40	0,50	0,30			20,—	1,50
		b	schwärzlichtürkisblau	2,—	0,50	9,—	1,—				
		c	dunkeltürkisblau			30,—	2,40			40,—	2,80
1047	1.50 S										
		a	(lebhaft)bräunlichkarmin (Töne) .	0,50	0,40	10,—	0,40				
		b	karminrot (Töne)			0,50	0,20	1,50	1,20	7,—	0,30
		c	schwärzlichrotkarmin			6,—	0,30	7,—	0,30		
		d	lebhaft- bis dunkelkarminrot ...			65,—	4,—				
1048	1.80 S										
		a	violettblau	0,60	0,40	0,50	0,20			8,—	0,70
		b	dunkelviolettblau	15,—	0,80	35,—	2,80				
1049	2 S										
		a	dkl'- bis schwärzl'preußischblau	3,—	0,40	3,80	0,10	4,40	0,20		
		b	dunkelgraublau			10,—	0,20				
		c	schwarzgrauultramarin					30,—	1,—		
		d	schwarzcyanblau			14,—	0,40			40,—	3,—
		e	schwärzlichblau			35,—	2,60			50,—	4,—
1256	2 S										
		a	dunkelultramarin (Töne)			0,50	0,20				
		b	schwarzultramarin			1,50	0,20				
		c	schwärzlichkobalt			50,—	4,—				
1117	2.20 S										
		a	dunkelsmaragdgrün	1,—	0,60	1,—	0,40			10,—	1,—
		b	smaragdgrün			4,—	0,50				
		c	schwärzlichgelblichsmaragdgrün	12,—	1,40	9,—	0,70			3,80	0,40
1118	2.50 S										
		a	dunkelbläulichviolett	1,—	0,60	16,—	2,—				
		b	lebhaftviolett			25,—	2,40				
		c	violett			1,—	0,40			12,—	1,—

			x **	x ⊙	y **	y ⊙	z **	z ⊙	w **	w ⊙
1119	3 S									
	a	lebhaftlilaultramarin (Töne)			1,10	0,20			50,—	8,—
	b	lilaultramarin			5,—	0,30				
	c	hellilaultramarin			4,—	0,30			40,—	6,—
1050	3.40 S									
	a	grünoliv	1,40	1,—	1,30	1,—			6,—	2,—
	b	dunkelgrünoliv	4,20	2,—					14,—	3,50
	c	grünlicholiv			8,—	2,20				
	d	schwärzlichgrünlicholiv			30,—	6,—				
1120	3.50 S									
	a	rötlichlila (Töne)	1,40	0,80	1,10	0,20			10,—	1,20
	b	dunkelrötlichlila	9,—	2,—	12,—	0,60				
	c	rotlila			9,—	0,60				
1051	4 S									
	a	dunkelpurpur (Töne)	2,20	0,20	2,—	0,40			12,—	1,—
	b	lebhaftviolettpurpur	15,—	1,50						
	c	purpur			12,—	1,—				
1052	4.50 S									
	a	schwärzlichopalgrün	2,50	1,—	2,—	0,70			35,—	3,—
	b	schwarzopalgrün			10,—	1,20				
	c	schwärzlichgrün	6,—	3,—	19,—	3,—				
1053	5.50 S									
	a	olivgrau	2,50	1,20	2,—	0,20			14,—	3,—
	b	dunkelolivgrau			8,—	1,50			25,—	5,—
	c	bräunlicholivgrau			11,—	2,—				
1054	6 S									
	a	(dunkel)bläulichviolett	2,20	1,30	2,—	0,20			15,—	2,—
	b	schwärzlichbläulichviolett	15,—	2,40	6,—	0,30				
1055	6.40 S									
	a	(dunkel)kobalt (Töne)	2,80	1,50	2,50	1,30				
	b	ultramarin	10,—	4,—	5,50	3,—			8,—	3,60
1194	8 S									
	a	lebhaftbraunkarmin			6,50	1,20				
	b	lilakarmin			1,70	0,40				
1038	10 S									
	a	schwarzbläulichgrün	11,—	2,40	12,—	2,—				
	b	schwärzlichbläulichgrün	5,—	2,40	28,—	3,—	40,—	6,—	25,—	3,—
	c	schwarzgelblichgrün (Töne)			3,—	0,50				
	d	schwarzblaugrün					50,—	10,—		
	e	schwärzlichblaugrün	4,80	2,20			8,50	2,40		
1128	20 S									
	a	dunkelkarminlila (Töne)			4,40	1,30	4,40	0,80		
	b	schwärzlichlila			16,—	2,50				
	c	schwärzlichlilapurpur					30,—	2,50		
	d	karminlila (Töne)			9,—	1,70				

v = Kreidepapier mit Aufheller („Tenero-Coat-Papier")

			v **	v ⊙
1055	6.40 S			
	c	leuchtendbläulichviolett	1000,—	—,—

Gesammelt werden auch „Symbolzahlen" auf linken unteren Bogenecken, Paaren oder Dreierstreifen. Symbolzahlen existieren auch auf den letzten Ausgaben der Trachtenwerte zu 5 und 7 S ✶ sowie auf 50 S „Schönes Österreich" (MiNr. 1476), der Postleitzahlenmarke (MiNr. 1201), der Obstserie (MiNr. 1223–28) und bei Porto-marken der Ziffernzeichnung (Pv). Siehe MICHEL-Handbuch-Katalog Österreich 1981/82. Eine Bewertung ist im Rahmen dieses Kataloges nicht möglich.

Weitere Spezialisierung siehe Katalog: „Symbolzahlen der österreichischen Bautenmarken, Trachtenmarken, Landschaftsmarken und Nachportomarken (ab 1965)" von Dipl.-Ing. Herwig Rainer.

Zum Bestimmen der Farben   **MICHEL-Farbenführer**

1958, 17. Sept. 100. Geburtstag von Oswald Redlich. Ⓕ Fuchs; Ⓢ Wimmer; StTdr. (10×5); gez. K 14½:13¾.

wa) O. Redlich (1858–1944), Historiker

			★★	☉	✉
1056	2.40 S	dunkelviolettblau ... wa	0,80	0,60	5,—
		FDC			2,—
1056 U		ungezähnt	220,—		

Farbproben

			(*)
1056 P	in anderen Farben, o.G. ...... je	800,—	

Auflage: 3 000 000 Stück

1958, 12. Nov. 40. Gründungstag der Republik Österreich. Wie MiNr. 959, jedoch in etwas abgeänderter Zeichnung und Farbe. Ⓕ und Ⓢ Lorber; StTdr. (10×5); gez. K 14½:13¾.

wb) Karl Renner (1870–1950), Bundespräsident

1057	1.50 S	schwarzgrün .... wb	0,80	0,80	1,40
		FDC			2,—
1057 U		ungezähnt	260,—		
1057 Uu		unten ungezähnt	1500,—	1500,—	

Plattenfehler

		1057 I	
1057 I	verkürzte „5" (Feld 37)	5,—	4,50

Farbproben

			(*)
1057 P	in anderen Farben, o.G. .... je	600,—	

Auflage: 1 500 000 Stück

1958, 6. Dez. Tag der Briefmarke. Ⓕ Koller; Ⓢ Wimmer; StTdr. (5×10); gez. L 14.

wc) Postamt Kitzbühel

1058	2.40 S + 60 g schwärzlich-				
		ultramarin .... wc	1,20	1,20	6,—
		FDC			3,—
1058 U		ungezähnt	200,—		

Farbproben

			(*)
1058 P	in anderen Farben, o.G. .... je	800,—	

Auflage: 980 000 Stück

Die ✉-Preise gelten nur für portogerecht frankierte Briefe.

1959

1959, 9. März. Europa. Ⓕ Spitzer; Ⓢ Toth; StTdr. (10×5); gez. K 14½:13¾.

wd) „E" als Wohngebäude auf Europateil einer Weltkugel

			★★	☉	✉
1059	2.40 (S)	dunkelsmaragdgrün wd	1,50	0,50	1,—
		FDC			2,60
1059 U		ungezähnt	400,—		
1059 y		dünnes Papier (max. 0,09 mm) ..	—,—		

Plattenfehler

1059 I				1059 II
1059 I	kleines „i" (Feld 29)	8,—	8,—	
1059 II	Fleck zwischen 2. und 3. Fenster-			
	reihe von unten (Feld 22)	8,—	8,—	

Farbproben

			(*)
1059 P I	in anderen Farben, o.G. .... je	1500,—	
			★★
1059 P II	Einzelabzug in anderen Farben .... je	2500,—	

Auflage: 2 871 000 Stück

1959, 8. Mai. 175 Jahre Österreichische Tabakregie. Ⓕ Schrom; Ⓢ Wimmer; StTdr. (10×5); gez. L 14.

we) Zigarettenpackmaschine, Wappenadler mit Unterschrift

1060	2.40 S	schwärzlich-			
		braunocker .... we	0,60	0,50	6,—
		FDC			2,—
1060 U		ungezähnt	250,—		

Plattenfehler

		1060 I	
1060 I	beschädigte Zigarette	30,—	30,—

Farbproben

			(*)
1060 P	in anderen Farben, o.G. .... je	800,—	

Auflage: 2 956 000 Stück

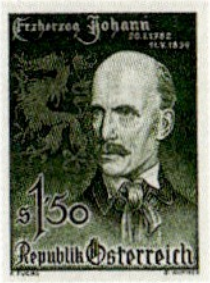

1959, 11. Mai. 100. Todestag von Erzherzog Johann von Österreich. [E] Fuchs; [S] Wimmer; StTdr. (10×5); gez. K 14½:13¾.

wf) Erzherzog Johann von Österreich (1782–1859); Wappentier der Steiermark

			✱✱	⊙	✉
1061	1.50 S dunkelopalgrün . . . . . wf		0,40	0,30	1,—
		FDC			1,50

1061 U	ungezähnt	200,—

Farbproben

		(✱)
1061 P	in anderen Farben, o.G. . . . . je	800,—
1061 P U	auf Kartonpapier, ungezähnt, o.G. . .	300,—

Auflage: 3 000 000 Stück

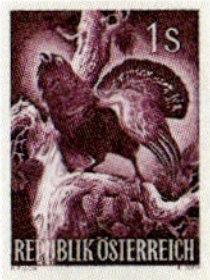

1959, 20. Mai. Kongreß des Internationalen Jagdrates, Wien. [E] Pilch; [S] Toth (MiNr. 1062 und 1065) und Wimmer (MiNr. 1063–1064); StTdr. (10×5); gez. K 14½:13¾.

wg) Balzender Auerhahn (Tetrao urogallus)

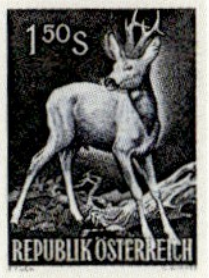

wh) Rehbock (Capreolus capreolus)

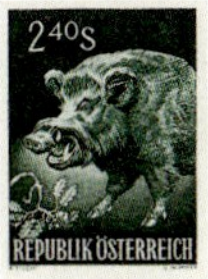

wi) Wildschwein (Sus scrofa)

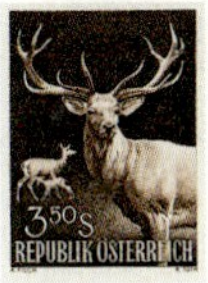

wk) Rotwild (Cervus elaphus)

1062	1 S schwärzlichpurpur . . wg	0,30	0,20	1,—
1063	1.50 S schwärzlichlila-ultramarin . . . . wh	0,60	0,30	1,—
1064	2.40 S schwarzblaugrün . . . . wi	0,80	1,—	1,50
1065	3.50 S dunkelsiena . . . . wk	0,80	0,60	1,—
	Satzpreis (4 W.)	2,50	2,—	
	FDC			5,50

1062 U–1065 U	ungezähnt . .Satzpreis (4 W.)	800,—

Farbproben

		(✱)
1062 P–1065 P	in anderen Farben, o.G. je	600,—
1062 P U–1064 P U	in anderen Farben, ungezähnt, o.G. . . . . . je	400,—

Auflagen: MiNr. 1062 = 5 000 000, MiNr. 1063–1065 je 3 000 000 Stück

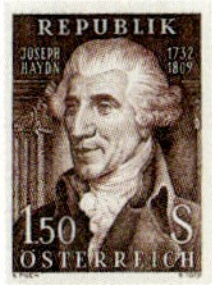

1959, 30. Mai. 150. Todestag von Joseph Haydn. [E] Pilch; [S] Toth; StTdr. (10×5); gez. K 14½:13¾.

wl) J. Haydn (1732–1809), Komponist

1066	1.50 S schwärzl'braunpurpur wl		0,60	0,30	6,—
		FDC			1,70

1066 U	ungezähnt	250,—
1066 Uu	unten ungezähnt	1800,—

Farbproben

		(✱)
1066 P I	in anderen Farben, o.G. . . . . je	800,—
		✱✱
1066 P II	Einzelabzug in anderen Farben . . je	2500,—
1066 P U	in Violettblau, ungezähnt	850,—

Auflage: 3 000 000 Stück

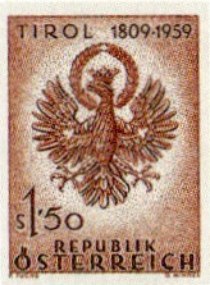

1959, 13. Juni. Tirol. [E] Fuchs; [S] Wimmer; StTdr. (10×5); gez. K 14½:13¾.

wm) Tiroler Adler

			✱✱	⊙	✉
1067	1.50 S rot . . . . wm		0,40	0,20	3,50
		FDC			1,50

1067 U	ungezähnt	190,—

Farbproben

		(✱)
1067 P	in anderen Farben, o.G. . . . . . je	500,—
		✱✱
1067 P U	in Blau, ungezähnt	850,—

Auflage: 4 962 000 Stück

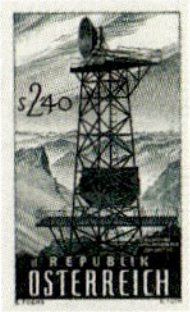

1959, 19. Juni. Offizielle Inbetriebnahme des Österreichischen Richtfunknetzes. [E] Fuchs; [S] Toth; StTdr. (10×5); gez. K 13¾:14.

wn) Antennenmast der Richtfunkrelaisstation Zugspitze

1068	2.40 S schwärzlichtürkisblau wn		0,50	0,30	3,—
		FDC			1,50

1068 U	ungezähnt	200,—

Farbproben

		(✱)
1068 P	in anderen Farben, o.G. . . . . . je	500,—
		✱✱
1068 P U I	in anderen Farben, ungezähnt . . . . je	300,—
		(✱)
1068 P U II	in anderen Farben auf Kartonpapier, ungezähnt, o.G. . . . . . je	300,—

Auflage: 2 956 000 Stück

1959, 20. Juni/17. Juli. Sport (I). [E] Pilch; [S] Toth (MiNr. 1069) und Wimmer (MiNr. 1070); StTdr. (10×5); gez. K 14½:13¾.

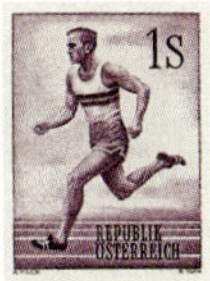

wo) Laufen

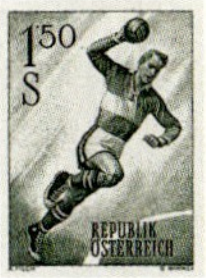

wp) Handball

1069	1 S rotviolett (17.7.) . . . . . wo	0,40	0,20	1,—
1070	1.50 S dkl'blaugrün (20.6.) . . wp	0,70	0,40	1,—
	Satzpreis (2 W.)	1,—	0,60	
	FDC mit MiNr. 1069			1,50
	FDC mit MiNr. 1070			1,50

1069 U–1070 U	ungezähnt Satzpreis (2 W.)	600,—

Ab MiNr. 838 gelten die ✉-Preise nur für bedarfsmäßige EF (Einzelfrankaturen), falls teurer als ✱✱; MiF höchstens wie ✱✱. Marken mit Falz: MiNr. 838–1072 ✱ 50–60% Abschlag, wenn nicht extra angegeben.

Plattenfehler

1070 I

		**	⊙	⊠
1070 I	Strich bei „R" und „Ö" (Feld 50)	30,—	30,—	

Farbproben

		(*)		
1069 P–1070 P	in anderen Farben, o.G. je	500,—		
		**		
1069 P U–1070 P U	in anderen Farben, ungezähnt .... je	600,—		

Auflage: 3 000 000 Sätze

Weitere Werte: MiNr. 1121, 1242, 1348, 1377, 1418, 1456, 1707

1959, 19. Aug. Orchester-Weltreise der Wiener Philharmoniker. Ⓔ und Ⓢ Ranzoni d. J.; komb. StTdr. und Odr. (10×5); gez. K 14½:13¾.

wr) Geigen, Harfe, Posaunen und Trompeten

			**	⊙	⊠
1071	2.40 S	grautürkis/schwarz .. wr	0,60	0,40	3,—
		FDC			1,50
1071 U	ungezähnt	190,—			

Plattenfehler

1071 I

1071 I	„H" ohne Querstrich (Feld 27)	7,—	8,—

Farbproben

		(*)	
1071 P	in anderen Farben, o.G. .... je	800,—	

Auflage: 3 000 000 Stück

1959, 5. Dez. Tag der Briefmarke. Ⓔ Pilch; Ⓢ Toth; komb. StTdr. und Odr. (5×10); gez. K 13¾:14½.

ws) Römischer Reisewagen; Relief an der Basilika von Maria Saal, Kärnten

1072	2.40 S + 60 g	weißrosa/ schwarz .... ws	1,—	0,70	1,50
		FDC			2,50
1072 U	ungezähnt	190,—			

Farbproben

		(*)	
1072 P	in anderen Farben, o.G. .... je	800,—	

Auflage: 1 200 000 Stück

1960

1960, 1. Febr. Freimarke: Bauwerke. In Zeichnung vf, jedoch kleineres Format. Ⓢ Strohofer; RaTdr. Harrison in Bogen (B) (10×20) und Rollen (R); gez. K 15:14.

vf I

			**	⊙	⊠
1073	1 S	.... vf I			
a		dunkelbraun (R)	0,20	0,20	1,—
b		dunkelbraun auf gelblich (B)	1,—	1,—	1,50
		FDC			2,50

Waagerechtes Paar (aus Bogen)

1073 b/1073 b	....	3,—	3,—	4,—

Einzelmarken mit anhängendem Bogenrand werten 50% vorstehender Paarpreise.

Weitere Werte siehe Übersicht nach Jahrgangswerttabelle.

1960, 7. April. Weltflüchtlingsjahr 1959/60. Ⓔ Pilch; Ⓢ Toth; StTdr. (5×10); gez. K 13¾:14½.

wt) Flüchtlingspaar mit Kind

			**	⊙	⊠
1074	3 S	schwärzlichblaugrün .... wt	0,70	0,50	3,—
		FDC			2,—
1074 U	ungezähnt	180,—			

Farbproben

		(*)	
1074 P	in anderen Farben, o.G. .... je	450,—	
		**	
1074 P U	in Dunkelviolett, ungezähnt	700,—	

Sendungen mit MiNr. 1074 wurden in Ostblockstaaten z.T. zurückgewiesen oder die Marke wurde geschwärzt.

Auflage: 2 966 000 Stück

1960, 20. April. 70. Geburtstag von Adolf Schärf. Ⓔ Pilch; Ⓢ Wimmer; StTdr. (10×5); gez. K 14½:13¾.

wu) A. Schärf (1890–1965), Bundespräsident

			**	⊙	⊠
1075	1.50 S	schwarzoliv .... wu	0,60	0,30	1,—
		FDC			2,—
1075 U	ungezähnt	180,—			
1075 F	Fehlfarbe Bräunlichgrau		300,—	

Plattenfehler

1075 I

1075 I	kurze Feder	6,—	5,—	20,—

Farbproben

		(*)	
1075 P	in anderen Farben, o.G. ..... je	400,—	
		**	
1075 P U I	in Blaugrün, ungezähnt	500,—	
1075 P U II	in Dunkelbraun, ungezähnt	500,—	

Auflage: 2 968 000 Stück

1960, 20. Mai. Jugendwandern. ⓚ Pilch; Ⓢ Toth; StTdr. (5×10); gez. K 13¾:14½.

wv) Jugendliches Paar vor Landschaft mit Jugendherberge

			★★	☉	✉
1076	1 S magenta . . . . wv		0,30	0,30	1,—
	FDC				1,50
1076 U	ungezähnt		180,—		

Plattenfehler

1076 I

1076 I	WA.NDERN (Feld 41)	10,—	8,—	20,—

Farbproben

1076 P	in anderen Farben . . . . je	600,—

Auflage: 2 969 000 Stück

1960, 20. Juni. 100. Geburtstag von Anton Freiherr von Eiselsberg. ⓚ Fuchs; Ⓢ Wimmer; komb. StTdr. und Odr. (10×5); gez. K 14½:13¾.

ww) A. Frh. von Eiselsberg (1860–1939), Chirurg

1077	1.50 S hellgraugelb/schwarz-siena . . . . ww	0,80	0,30	3,—
	FDC			1,70
	FDC Ortsersttagsstempel Steinhaus			350,—
1077 U	ungezähnt	180,—		

Farbproben

1077 P I	in anderen Farben . . . . je	300,—
1077 P II	Einzelabzüge in verschiedenen Farben . . . . je	1200,—
1077 P U I	in anderen Farben, ungezähnt . . . je	300,—
1077 P U II	Einzelabzüge in verschiedenen Farben, ungezähnt . . . . je	1200,—

Auflage: 2 967 000 Stück

1960, 7. Juli. 100. Geburtstag von Gustav Mahler. ⓚ Fuchs; Ⓢ Wimmer; StTdr. (10×5); gez. K 14½:13¾.

wx) G. Mahler (1860–1911), Komponist

1078	1.50 S schwärzlichlilabraun . wx	0,80	0,30	3,—
	FDC			1,70
1078 U	ungezähnt	180,—		

Farbproben

1078 P	in anderen Farben, o.G. . . . . . . je	400,—(*)

Auflage: 2 971 000 Stück

1960, 16. Juli. 300. Geburtstag von Jakob Prandtauer. ⓚ Pilch; Ⓢ Toth; StTdr. (10×5); gez. K 14½:13¾.

wy) J. Prandtauer (1660–1726), Baumeister; Stift Melk

			★★	☉	✉
1079	1.50 S lebhaftrötlichbraun . . wy		0,80	0,30	3,—
	FDC				1,70
1079 U	ungezähnt		180,—		

Farbproben

1079 P	in andere Farben, o.G. . . . . je	400,—(*)

Auflage: 2 966 000 Stück

1960, 3. Aug. 25. Jahrestag der Eröffnung der Großglockner-Hochalpenstraße. ⓚ Pilch; Ⓢ Wimmer; StTdr. (10×5); gez. K 14½:13¾.

wz) Großglockner-Hochalpenstraße

1080	1.80 S blau . . . . wz	1,50	0,50	1,—
	FDC			2,—
1080 U	ungezähnt	180,—		

Plattenfehler

1080 I

1080 I	„6" statt „S" (Feld 9, Teilauflage) .	120,—	120,—	240,—

Farbproben

1080 P	in anderen Farben, o.G. . . . . . . je	800,—(*)

Auflage: 2 967 000 Stück

1960, 29. Aug. Europa. ⓚ Pilch; Ⓢ Toth; StTdr. (10×5); gez. K 14½:13¾.

xa) Teil einer ionischen Säule; Wort „EUROPA"

1081	3 S grauschwarz . . . . xa	1,50	1,—	5,—
	FDC			2,50
1081 U	ungezähnt	380,—		

Farbproben

1081 P	in andere Farben, o.G. . . . . je	1500,—(*)
1081 P U	auf Kartonpapier, ungezähnt, o.G.	600,—

Auflage: 2 966 000 Stück

Mehr wissen mit MICHEL

1960, 10. Okt. 40. Jahrestag der Volks-abstimmung in Kärnten. Ⓐ Pilch; Ⓢ Toth; StTdr. (5×10); gez. L 14.

xb) Ortsansicht von Griffen

			★★	☉	✉
1082	1.50 S dunkelgraugrün . . . . . xb		0,50	0,30	2,—
	FDC				1,70
1082 U	ungezähnt	170,—			

Farbproben

1082 P	in anderen Farben, o.G. . . . . . . je	800,—(*)

Auflage: 2 969 000 Stück

1960, 2. Dez. Tag der Briefmarke. Ⓐ Pilch; Ⓢ Toth; StTdr. (5×10); gez. K 13¾:14½.

xc) Hände mit Lupe und Probeabzug der Sticharbeit von MiNr. 1065

1083	3 S + 70 g schwärzlich-rötlichbraun xc		1,20	0,90	2,—
	FDC				2,50
1083 U	ungezähnt	180,—			

Plattenfehler

1083 I	BRIEF „W"ARKE (Feld 24)	20,—	20,—	40,—

Farbproben

1083 P I	in anderen Farben . . . . je	800,—
1083 P II	Einzelabzug in anderen Farben . . je	2500,—
1083 P I U	in anderen Farben, ungezähnt . . . je	300,—
1083 P II U	Einzelabzug in anderen Farben, ungezähnt . . . . je	1500,—

Auflage: 1 197 000 Stück

1961

1961, 8. Mai. Ehrung der Opfer für die Freiheit Österreichs. Ⓐ Weyss-Lampel; Ⓢ Toth; StTdr. (10×5); gez. K 14½:13¾.

xd) Opferschale über Kette mit gesprengtem Mittelglied

1084	1.50 S schwärzlichrosa . . . . . xd		0,40	0,30	2,—
	FDC				1,20
1084 U	ungezähnt	160,—			

Farbproben

1084 P	in anderen Farben, o.G. . . . . je	400,—(*)

Auflage: 2 964 000 Stück

1961, 15. Mai. Luftpost-Briefmarkenaus-stellung LUPOSTA 1961, Wien. Ⓐ und Ⓢ Ranzoni d. J.; StTdr. (5×10); gez. K 13¾:14½.

xe) Erstes Postflugzeug Hansa Brandenburg C-1

			★★	☉	✉
1085	5 S lilaultramarin . . . . xe		1,20	0,60	2,—
	FDC				2,—
1085 U	ungezähnt	180,—			

Farbproben

1085 P	Einzelabzug in anderen Farben . . . je	1600,—
1085 P U	Einzelabzug in anderen Farben, ungezähnt . . . . je	1600,—

Auflage: 2 963 000 Stück

1961, 29. Mai. Europäische Konferenz der Verkehrsminister. Ⓐ Pilch; Ⓢ Wimmer; komb. StTdr. und Bdr. (10×5); gez. K 13¾.

xf) Lastwagen und Omnibus auf Brücke über Eisenbahn-linie mit Güter- und Personenzug sowie Kanal mit Last-kähnen; Wiener Stadtwappen

1086	3 S dunkelzinnoberrot/schwärzlicholiv . . . . xf		0,70	0,50	1,—
	FDC				1,50
1086 U	ungezähnt	250,—			

Farbproben

1086 P	in anderen Farben, o.G. . . . . je	600,—(*)
1086 P U	in anderen Farben, ungezähnt . . . . je	800,—★★

Auflage: 2 970 000 Stück

1961, 12. Juni. 100 Jahre Gesellschaft bilden-der Künstler Wiens: Gemälde. Ⓐ Pilch; Ⓢ Toth; StTdr. (10×5); gez. K 13¾:14½.

xg) Der Bergmäher (Detail); von A. Egger-Lienz

xh) Der Kuß; von A. v. Pettenkofen   xi) Mädchenbildnis; von A. Romako   xk) Triumph der Ariadne; von Hans Makart

1087	1 S mehrfarbig . . . . xg		0,30	0,20	2,—
1088	1.50 S mehrfarbig . . . . xh		0,40	0,30	1,—
1089	3 S mehrfarbig xi		0,90	1,—	4,—
1090	5 S mehrfarbig . . . . xk		1,50	0,70	5,—
	Satzpreis (4 W.)		3,—	2,20	
	FDC				5,—

1087 U–1090 U	ungezähnt . . . . Satzpreis (4 W.)	800,—
1090 G	Druck auf der Gummiseite . . .	—,—

Plattenfehler

1090 I

		★★	⊙	✉
1090 I	doppelter Nabel (Feld 42)	7,—	7,—	15,—

Farbproben

1087 P	in anderen Farben . . . . je	700,—	
1087 P U	in Grün oder Braunviolett, ungezähnt . . . . je	750,—	
1088 P	in anderen Farben . . . . je	700,—	
1088 P U	in anderen Farben, ungezähnt . . . . je	600,—	

Auflagen: MiNr. 1087 = 2 968 000, MiNr. 1088 = 2 958 000, MiNr. 1089 = 2 959 000, MiNr. 1090 = 2 958 000 Stück

1961, 1. Sept. 75 Jahre Sonnblick-Observatorium. ⒜ und ⒮ Ranzoni d. J.; StTdr. (10 × 5); gez. K 14½:13¾.

xl) Sonnblick mit Observatorium

			★★	⊙	✉
1091	1.80 S	schwärzlichviolettblau xl	0,50	0,40	2,—
		FDC			1,50
1091 U	ungezähnt		180,—		

Farbproben

1091 P	in anderen Farben . . . . je	350,—	
1091 P U I	in anderen Farben, ungezähnt . . . je	300,—	
			(*)
1091 P U II	in anderen Farben auf Kartonpapier, ungezähnt, o.G. . . . . . . je	300,—	

Auflage: 2 973 000 Stück

1961, 15. Sept. 15 Jahre verstaatlichte Unternehmen. ⒜ Pilch; ⒮ Wimmer; StTdr. (10 × 5); gez. K 14.

xm) Förderturm des Wolkersdorfer Schachtes

xn) Rotor eines Großgenerators der Elin-Union

xo) Hochöfen der Österr.-Alpine Montangesellschaft

xp) LD-Stahlwerk Voest, Linz

xr) Großraffinerie Schwechat der ÖMV A. G.

1092	1 S	schwarz . . . . xm	0,20	0,20	2,—
1093	1.50 S	schwarzopalgrün . . . . xn	0,30	0,20	1,—
1094	1.80 S	dunkelmagenta . . . . . xo	0,70	0,60	3,—
1095	3 S	dunkelpurpurviolett . . xp	0,80	0,70	2,—

			★★	⊙	✉
1096	5 S	schwärzlichultramarin xr	1,—	0,90	2,—
		Satzpreis (5 W.)	3,—	2,60	
		FDC			7,50
1092 U–1096 U		ungezähnt . . Satzpreis (5 W.)	1100,—		

Plattenfehler

1096 I

1096 I	Hammerkopf fehlt (Feld 35)	10,—	9,—	20,—

Farbproben

			(*)
1092 P I–1096 P I	in anderen Farben, o.G. je	500,—	
			★★
1096 P II	Einzelabzug	—,—	
1092 P U–1096 P U	in anderen Farben, ungezähnt . . . . je	400,—	

Auflagen: MiNr. 1092 und 1094 je 2 960 000, MiNr. 1093 und 1095 je 2 957 000, MiNr. 1096 = 2 959 000 Stück

1961, 18. Sept. Weltbankkongreß, Wien. ⒜ Pilch; ⒮ Toth; StTdr. (10 × 5); gez. K 13¾.

xs) Merkur vor Weltkugel

1097	3 S	blauschwarz . . . . xs	0,70	0,60	2,—
		FDC			1,80
1097 U		ungezähnt	170,—		

Farbproben

			(*)
1097 P	in anderen Farben, o.G. . . . . je	400,—	
1097 P U	in anderen Farben, ungez., o.G. . . je	220,—	

Auflage: 2 965 000 Stück

1961, 9. Okt. 40 Jahre Burgenland. ⒜ und ⒮ Ranzoni d. J.; komb. StTdr. und Odr. (10 × 5); gez. K 14½:13¾.

xt) Landeswappen des Burgenlandes

1098	1.50 S	mehrfarbig . . . . xt	0,40	0,30	2,—
		FDC			1,20
1098 U		ungezähnt	160,—		

Probedrucke

1098 P U I	ohne gelbe Farbe, ungezähnt . . .	450,—	
1098 P U II	ohne rote Farbe, ungezähnt	450,—	
1098 P U III	ohne gelbe u. rote Farbe, ungez.	450,—	

Auflage: 2 965 000 Stück

1961, 20. Okt. 150. Geburtstag von Franz Liszt. Ⓐ Pilch; Ⓢ Toth; StTdr. (10×5); gez. K 14½:13¾.

xu) F. Liszt (1811–1886), Musiker und Komponist; Porträt von V. Bauer

			★★	⊙	✉
1099	3 S siena . . . . xu		0,70	0,40	2,—
	FDC				1,70
1099 U	ungezähnt		170,—		

Farbproben

			(*)
1099 P	in anderen Farben, o.G. . . . . je		800,—

Auflage: 2 968 000 Stück

1961, 1. Dez. Tag der Briefmarke. Ⓐ Pilch; Ⓢ Toth; StTdr. (5×10); gez. K 13¾.

xv) Postamt, Rust

			★★	⊙	✉
1100	3 S + 70 g schwärzlich-grünblau xv		1,—	1,—	2,50
	FDC				2,50
1100 U	ungezähnt		170,—		

Plattenfehler

1100 I	verkürzte „7"		120,—	—,—	—,—

Farbproben

1100 P	in anderen Farben . . . . je		500,—
1100 P U	in anderen Farben, ungezähnt . . . . je		300,—

Auflage: 1 190 000 Stück

1961, 18. Dez. 200 Jahre Österreichischer Rechnungshof. Ⓐ und Ⓢ Ranzoni d. J.; StTdr. (5×10); gez. K 13¾:14½.

xw) Parlament in Wien

			★★	⊙	✉
1101	1 S schwärzlichsiena . . . . . . xw		0,30	0,30	2,—
	FDC				1,—
1101 U	ungezähnt		200,—		

Farbproben

1101 P	in anderen Farben . . . . je		450,—
1101 P U	in anderen Farben, ungezähnt . . . . je		300,—

Auflage: 2 977 000 Stück

1961, 18. Dez. Freimarke: Bauwerke. Ⓐ Pilch; Odr. (10×10); gez. K 14.

xx) Bauernhof in Mörbisch

			★★	⊙	✉
1102	20 g schwärzlichbraunviolett xx		0,20	0,20	1,—
	FDC				1,—
1102 U	ungezähnt		80,—		
1102 x DD	Doppeldruck		250,—		

Farbproben

1102 P	in anderen Farben . . . . je		250,—

Katalogisierung nach Papier- und Gummierungsarten siehe nach MiNr. 1055.

Weitere Werte siehe Übersicht nach Jahrgangswertetabelle.

1962

1962, 26. März. 15 Jahre verstaatlichte Elektrizitätswirtschaft. Ⓐ Pilch; Ⓢ Wimmer; StTdr. (5×10); gez. K 14:13¾.

xx) Speicher Mooserboden, Tauernkraftwerke A. G. Kaprun   xz) Kraftwerk Ybbs-Persenbeug, Österreichische Donaukraftwerke A. G.   ya) Kraftwerk Lünersee, Vorarlberger Illwerke A. G.

yb) Kraftwerk Großraming, Ennskraftwerke A. G.   yc) Umspannwerk Bisamberg, Verbundgesellschaft   yd) Dampfkraftwerk St. Andrä, Österreichische Draukraftwerke A. G.

			★★	⊙	✉
1103	1 S dunkellilaultramarin . . xy		0,30	0,20	2,—
1104	1.50 S schwärzlichpurpur . . . xz		0,40	0,30	1,—
1105	1.80 S schwarzgelblichgrün . ya		0,70	0,70	2,—
1106	3 S dunkelsiena . . . . yb		0,70	0,50	2,—
1107	4 S lilarot . . . . yc		0,80	0,50	2,—
1108	6.40 S grünschwarz . . . . yd		1,50	1,50	5,—
	Satzpreis (6 W.)		4,20	3,60	
	FDC				5,—
1103 U–1108 U	ungezähnt . . . Satzpreis (6 W.)		1200,—		

Farbproben

			★★	⊙	✉
1103 P U	in anderen Farben, ungez. . . je		500,—		
			(*)		
1103 P–1108 P	in anderen Farben, o.G. . . . . je		600,—		

Auflagen: MiNr. 1103 = 3 798 000, MiNr. 1104 = 2 820 000, MiNr. 1105 = 2 791 000, MiNr. 1106 = 2 798 000, MiNr. 1107 = 2 603 000, MiNr. 1108 = 2 935 000 Stück

1962, 25. Mai. 100. Todestag von Johann Nepomuk Nestroy. Ⓐ Dachauer; Ⓢ Lorber; StTdr. (10×5); gez. K 14½:13¾.

ye) J. N. Nestroy (1801–1862), Sänger, Schauspieler und Dichter; Theatermasken

			★★	⊙	✉
1109	1 S schwarzviolett . . . . ye		0,40	0,40	1,—
	FDC				1,20
1109 U	ungezähnt		150,—		

Farbproben

			(*)
1109 P	in anderen Farben, o.G. . . . . je		500,—
1109 P U	in anderen Farben auf Kartonpapier, o.G. . . . . je		600,—

Auflage: 2 986 000 Stück

In die **MICHEL**-Kataloge können nur Marken aufgenommen werden, wenn sie der Redaktion im Original vorlagen.

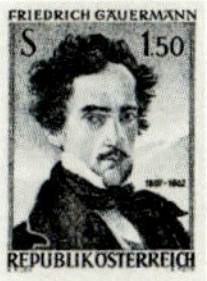

1962, 6. Juli. 100. Todestag von Friedrich Gauermann. [E] Pilch; [S] Toth; StTdr. (10×5); gez. K 14½:13¾.

yf) F. Gauermann (1807–1862), Maler (Selbstbildnis)

			✱✱	⊙	✉
1110	1.50 S	schwärzlich-preußischblau . . . . . . yf	0,40	0,40	1,—
		FDC			1,20

1110 U	ungezähnt	150,—

Farbproben

		(✱)
1110 P	in anderen Farben, o.G. . . . . je	500,—

Auflage: 2 930 000 Stück

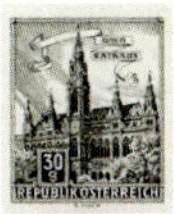

1962, 25. Sept./9. Nov. Freimarken: Bauwerke. [E] Pilch (MiNr. 1111–1112 und 1115–1116), Strohofer (MiNr. 1113 und 1117) und Zeiller (MiNr. 1114 und 1118–1120); Odr. (10×10); gez. K 14.

yg) Wiener Rathaus

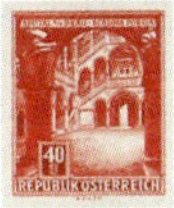

yh) Schloß Porcia in Spittal an der Drau

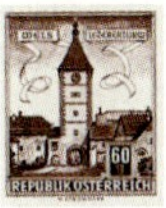

yi) Ledererturm in Wels

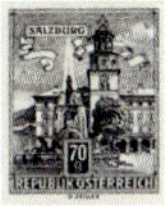

yk) Residenzbrunnen in Salzburg

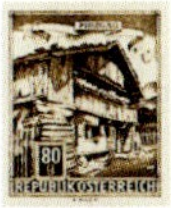

yl) Alter Bauernhof im Pinzgau

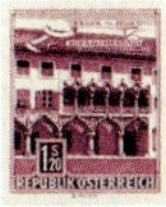

ym) Kornmesserhaus in Bruck an der Mur

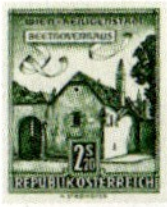

yn) Beethovenhaus in Wien-Heiligenstadt

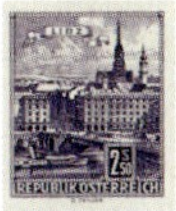

yo) Donaubrücke in Linz

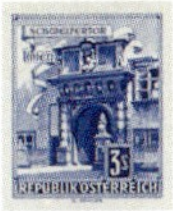

yp) Schweizertor in der Wiener Hofburg

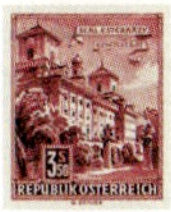

yr) Schloß Esterházy in Eisenstadt

			✱✱	⊙	✉
1111	30 g	schwarzgrün (9. Nov.) yg	0,20	0,20	1,—
1112	40 g	dunkelrosa (25. Sept.) yh	0,20	0,20	1,—
1113	60 g	dunkellilabraun (25. Sept.) . . . . yi	0,20	0,10	1,—
1114	70 g	schwärzlichlilaultramarin (9. Nov.) [GA] . . . . yk	0,30	0,10	1,—
1115	80 g	schwärzlichgelbbraun (Töne) (25. Sept.) . . . . yl	0,20	0,20	1,—
1116	1.20 S	purpur (Töne) (25.9.) .ym	0,70	0,30	1,—
1117	2.20 S	dunkelsmaragdgrün (25. Sept.) . . . . yn	1,—	0,40	1,—
1118	2.50 S	violett (9. Nov.) [GA] . . . yo	1,—	0,40	1,—
1119	3 S	lebhaftlilaultramarin (9. Nov.) [GA] . . . . yp	1,10	0,20	1,—
1120	3.50 S	rötlichlila (Töne) (9. Nov.) [GA] . . . . yr	1,10	0,20	1,—
		Satzpreis (10 W.)	6,—	2,—	
		FDC mit MiNr. 1111, 1114, 1118, 1119, 1120 (9.11.1962)			8,50
		FDC mit MiNr. 1112, 1113, 1115, 1116, 1117 (25.9.1962)			6,50

1111 U–1120 U	ungezähnt . . . . je	60,—

Zwischenstegpaare

		✱✱	⊙	✉
1111 ZWs U	senkrechtes Zws-Paar, □	250,—		
1111 ZWw U	waagerechtes Zws-Paar, □ . .	250,—		
1112 ZW U	waagerechtes Zws-Paar, □ . .	400,—		
1114 ZWs U	senkrechtes Zws-Paar, □	250,—		
1114 ZWw U	waagerechtes Zws-Paar, □ . .	250,—		
1115 ZW U	waagerechtes Zws-Paar, □ . .	400,—		
1116 ZW U	waagerechtes Zws-Paar, □ . .	400,—		
1117 ZW U	waagerechtes Zws-Paar, □ . .	400,—		
1118 ZW U	waagerechtes Zws-Paar, □ . .	400,—		

Farbproben

1111 P–1112 P	in anderen Farben . . . . je	250,—
1113 P–1116 P	in anderen Farben . . . . je	300,—
1117 P	in anderen Farben . . . . je	180,—
1118 P–1120 P	in anderen Farben . . . . je	320,—

Katalogisierung nach Papier- und Gummierungsarten siehe nach MiNr. 1055.

Weitere Werte siehe Übersicht nach Jahrgangswerttabelle.

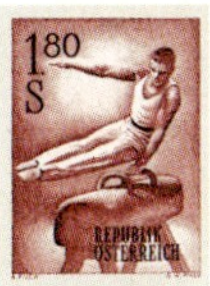

1962, 5. Okt. Sport (II). [E] Pilch; [S] Wimmer; StTdr. (10×5); gez. K 14½:13¾.

ys) Turnen am Seitpferd

			✱✱	⊙	✉
1121	1.80 S	karmin (Töne) . . . . ys	0,40	0,40	2,—
		FDC			1,20

1121 U	ungezähnt	180,—

Farbproben

		(✱)
1121 P	in anderen Farben, o.G. . . . . . . je	500,—

Auflage: 2 962 000 Stück

Weitere Werte: MiNr. 1069–1070, 1242, 1348, 1377, 1418, 1456, 1707

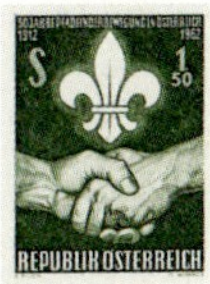

1962, 5. Okt. 50 Jahre Pfadfinderbewegung in Österreich. [E] Pilch; [S] Wimmer; StTdr. (10×5); gez. K 14½:13¾.

yt) Pfadfinderlilie, Händedruck der Pfadfinder

			✱✱	⊙	✉
1122	1.50 S	schwarzgrün . . . . yt	0,50	0,40	1,—
		FDC			1,20

1122 U	ungezähnt	800,—

Farbproben

		(✱)
1122 P	in anderen Farben, o.G. . . . . . . je	1500,—

Auflage: 2 991 000 Stück

1962, 12. Okt. Österreichischer Wald. [E] Pilch; [S] Toth; StTdr. (5×10); gez. K 14.

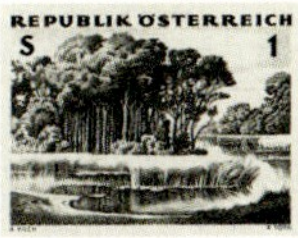

yu) Auwald

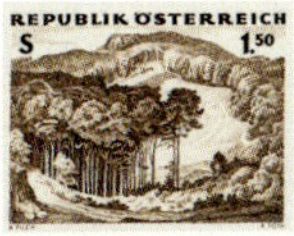

yv) Laubwald

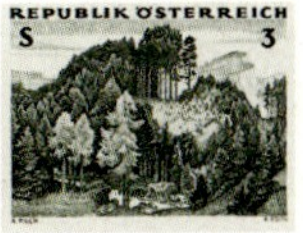

yw) Fichten-Lärchen-Wald

			**	⊙	✉
1123	1 S dunkeltürkisgrau .... yu		0,40	0,40	2,—
1124	1.50 S lebhaftsiena .... yv		0,50	0,50	1,50
1125	3 S schwarzbläulichgrün . yw		1,10	1,10	4,—
	Satzpreis (3 W.)		2,—	2,—	
	FDC				4,—

1123 U–1125 U	ungezähnt Satzpreis (3 W.)		600,—

Farbproben

1123 P–1125 P	in anderen Farben .... je	300,—
1123 P U–1124 P U	in anderen Farben, ungezähnt .... je	250,—

Auflagen: MiNr. 1123 = 2 974 000, MiNr. 1124 = 2 963 000, MiNr. 1125 = 2 980 000 Stück

1962, 9. Nov. 125 Jahre Österreichische Eisenbahnen. ⬚ Quittan; 𝕊 Ranzoni d. J.; komb. StTdr. und Odr. (5 × 10); gez. K 14.

yx) Elektrolokomotive BR 1010, darüber Zeichnung der ersten Lokomotive „Austria" mit Tender und Waggon

1126	3 S mattockerbraun/ schwarz .... yx		1,40	0,90	3,—
	FDC				2,20

1126 U	ungezähnt		250,—

Farbproben

		(*)
1126 P	in anderen Farben, o.G. .... je	800,—

Auflage: 2 985 000 Stück

1962, 30. Nov. Tag der Briefmarke. ⬚ Pilch; 𝕊 Toth; StTdr. (5 × 10); gez. K 13¾:14½.

yy) Hände eines Markenstechers bei der Arbeit

1127	3 S + 70 g schwärzlich- grauviolett .... yy		1,50	1,20	3,—
	FDC				2,20

1127 U	ungezähnt		160,—

Farbproben

1127 P	in anderen Farben .... je	500,—

Auflage: 1 198 000 Stück

1963

1963, 7. Mai. Freimarke: Bauwerke. ⬚ Pilch; 𝕊 Toth; StTdr. (10 × 5); gez. K 14.

yz) Stift Melk

1128	20 S dunkelkarminlila (Töne) . yz		4,40	0,80	3,—
	FDC				12,—

1128 U	ungezähnt		350,—

Farbproben

			**	⊙	✉
1128 P	in anderen Farben .... je		600,—		

MiNr. 1128 ist wasserempfindlich.
Katalogisierung nach Papier- und Gummierungsarten siehe nach MiNr. 1055.

Weitere Werte siehe Übersicht nach Jahrgangswerttabelle.

1963, 7. Mai. 100. Jahrestag der 1. internationalen Postkonferenz, Paris. ⬚ Pilch; RaTdr. (10 × 5); gez. K 14½:13¾.

za) Postillione und Postbeamter in Uniform von 1863

1129	3 S dunkelsiena/lebhaftoliv- gelb .... za		0,90	0,70	1,20
	FDC				1,70

1129 U	ungezähnt		200,—

Farbproben

		(*)
1129 P I	StTdr., in anderen Farben., o.G. je	800,—
1129 P II	Odr., in anderen Farben, o.G. . je	1500,—
		**
11129 P U I	Farbe Dunkeloliv fehlend, ungezähnt	300,—
1129 P U II	in Bräunlicholiv/Braunschwarz, ungezähnt	380,—

Auflage: 2 972 000 Stück

1963, 19. Juli. 100. Geburtstag von Hermann Bahr. ⬚ Pilch; 𝕊 Toth; komb. StTdr. und Odr. (10 × 5); gez. K 14½:13¾.

zb) H. Bahr (1863–1934), Dichter; Porträt von Emil Orlik

1130	1.50 S mittelkobaltblau/ rotschwarz .... zb		0,40	0,20	1,—
	FDC				1,—

1130 U	ungezähnt		180,—

Farbprobe

		(*)
1130 P	in Lila/Schwarz, o.G.	800,—

Auflage: 2 964 000 Stück

1963, 30. Aug. 100 Jahre Freiwillige Feuerwehren. ⬚ Pilch; 𝕊 Toth; komb. StTdr. und Odr. (10 × 5); gez. K 14½:13¾.

zc) Hl.-Florian-Statue vom gotischen Flügelaltar in Kefermarkt, Feuerwehr-Gerätewagen

1131	1.50 S mehrfarbig .... zc		0,60	0,30	1,—
	FDC				1,10

1131 U	ungezähnt		230,—

Stärkere Farbschwankungen bekannt.

Auflage: 3 000 000 Stück

1963, 23. Sept. Bundeskongreß des Öster-reichischen Gewerkschaftsbundes (ÖGB). Ⓐ Pilch; Odr. (5×10); gez. K 13¾:14½.

zd) Fahne und Landkarte Österreichs mit Buchstaben ÖGB über Fabrikanlage vor Berglandschaft

			**	⊙	✉
1132	1.50 S mehrfarbig ....zd		0,40	0,20	1,—
	FDC				1,—
1132 U	ungezähnt		150,—		

Farbproben

| 1132 P | in anderen Farben, o.G. ......je | (*) 800,— | | | |

Auflage: 2 969 500 Stück

1963, 27. Sept. 600 Jahre Zugehörigkeit Tirols zu Österreich. Ⓐ Haller; Odr. Brüder Rosenbaum (5×10); gez. K 14.

ze) Wappen Österreichs und Tirols, durch Kette verbunden

			**	⊙	✉
1133	1.50 S mehrfarbig ....ze		0,40	0,20	1,—
	FDC				1,—
1133 UI	links ungezähnt		2500,—		

Auflage: 2 958 000 Stück

1963, 18. Okt. 300. Geburtstag von Prinz Eugen. Ⓐ und Ⓢ Ranzoni d. J.; StTdr. (10×5); gez. K 14½:13¾.

zf) Prinz Eugen von Savoyen (1663–1736), Feldherr und Staatsmann; Kupferstich von Gustav Adolf Müller (1694–1767)

			**	⊙	✉
1134	1.50 S dunkelbläulichviolett ..zf		0,40	0,30	1,—
	FDC				1,—
1134 U	ungezähnt		180,—		

Farbproben

| 1134 P | in anderen Farben, o.G. ......je | (*) 450,— | | | |

Auflage: 3 000 000 Stück

1963, 25. Okt. 100 Jahre Internationales Rotes Kreuz. Ⓐ und Ⓢ Ranzoni d. J.; komb. StTdr. und RaTdr. (10×5); gez. K 14½:13¾.

zg) Jubiläumssignet des Roten Kreuzes, Inschrift

			**	⊙	✉
1135	3 S mehrfarbig ....zg		0,70	0,40	1,—
	FDC				1,50
1135 F	Farbe Silber fehlend		—,—		
1135 U	ungezähnt		220,—		
1135 F U	Farben Rot und Silber fehlend, ungezähnt		1000,—		

Farbproben

| 1135 P | in anderen Farben, o.G. ....je | (*) —,— | | | |
| 1135 P U | Farben Rot und Silber fehlend, in anderen Farben, ungezähnt ....je | ** —,— | | | |

Auflage: 3 000 000 Stück

1963, 11. Nov. Olympische Winterspiele, Innsbruck. Ⓐ Pilch; Ⓢ Toth (MiNr. 1136, 1139 und 1141) und Wimmer (MiNr. 1137–1138, 1140 und 1142); komb. StTdr. und RaTdr. (5×10); gez. K 13¾:14½.

zh) Slalom

zi) Biathlon   zk) Skispringen   zl) Eiskunstlauf

zm) Eishockey   zn) Rennrodeln   zo) Zweierbob

			**	⊙	✉
1136	1 S mehrfarbig ....zh		0,20	0,10	1,—
1137	1.20 S mehrfarbig ....zi		0,30	0,20	1,—
1138	1.50 S mehrfarbig ....zk		0,40	0,20	1,—
1139	1.80 S mehrfarbig Ⓖ......zl		0,40	0,30	1,—
1140	2.20 S mehrfarbig ....zm		0,60	0,60	1,—
1141	3 S mehrfarbig ....zn		0,70	0,40	1,—
1142	4 S mehrfarbig ....zo		0,80	0,80	1,20
	Satzpreis (7 W.)		3,20	2,60	
	FDC				5,50

1136 U–1142 U	ungezähnt ... Satzpreis (7 W.)	1900,—		
1142 Uo	oben ungezähnt (⊔)	1900,—		
1142 Udr	dreiseitig ungezähnt (⊓)	1900,—		

1137 F	Farbe Schwarz fehlend	1800,—		
1137 F II	Farbe Gold fehlend	1800,—		
1139 F	Farbe Schwarz fehlend	2500,—		
1139 F U	Farbe Schwarz fehlend, □ ..	1800,—		
1140 F U I	Farben Gold und Schwarz fehlend, □	1800,—		
1140 F U II	Farbe Schwarz fehlend, □ ...	1800,—		
1141 F	Farbe Schwarz stark verschob.	1600,—		
1141 K	kopfstehender Schwarzdruck (Rodler)	—,—		

Plattenfehler

1136 I

| 1136 I | drei Ö-Punkte (Feld 26) .... | 3,— | 3,— | 7,— |

Probedrucke

1137 P	in Dunkelgrau/Schwarz	1800,—		
1137 P U	Einzeldruck, ungezähnt	2000,—		
1142 P U	Einzeldruck, ungezähnt	2000,—		

Auflagen: MiNr. 1136 und 1138–1139 je 4 500 000, MiNr. 1137 und 1141 je 3 000 000, MiNr. 1140 und 1142 je 2 500 000 Stück

1963, 29. Nov. Weihnachten. Ⓔ Zerritsch; Ⓢ Ranzoni d. J.; StTdr. (10×5); gez. K 14½:13¾.

zp) Die Heilige Familie; Weihnachtskrippe im Stift Admont von Josef Thaddäus Stammel

			✶✶	☉	✉
1143	2 S	schwarzblaugrün ......zp	0,50	0,30	1,—
		FDC			1,50
1143 U		ungezähnt	350,—		

Probedrucke

			(✶)
1143 P		in anderen Farben, o.G. ......je	800,—
			✶✶
1143 P U	in anderen Farben, ungezähnt ....je	1200,—

Auflage: 3 000 000 Stück

1963, 29. Nov. Tag der Briefmarke. Ⓔ Quittan; Ⓢ Ranzoni d. J.; komb. StTdr. und Odr. (5×10); gez. K 13¾:14½.

zr) Postamt Wien 101, Westbahnhof, mit Gleishalle

1144	3 S + 70 g	mattbraun/			
		schwarz ....zr	0,80	0,80	1,20
		FDC			2,—
1144 U		ungezähnt	180,—		

Farbproben

			(✶)
1144 P		in anderen Farben, o.G. ....je	500,—

Auflage: 1 389 000 Stück

1964

1964, 17. April. Wiener Internationale Gartenschau (WIG '64). Ⓔ Riefel; Odr. Brüder Rosenbaum (5×10); gez. K 14.

zs) Große Kapuzinerkresse (Tropaeolum majus)   zt) Pfingstrose (Paeonia officinalis)   zu) Großblütige Waldrebe (Clematis hybr.)

zv) Dahlie (Dahlia hybr.)   zw) Gartenwinde (Ipomoea nil)   zx) Stockmalve (Althaea rosea)

1145	1 S	mehrfarbig ....zs	0,20	0,20	0,60
1146	1.50 S	mehrfarbig ....zt	0,40	0,20	0,60
1147	1.80 S	mehrfarbig ....zu	0,40	0,30	1,—
1148	2.20 S	mehrfarbig ....zv	0,50	0,30	1,—
1149	3 S	mehrfarbig ....zw	0,80	0,50	1,—
1150	4 S	mehrfarbig ....zx	1,20	0,70	1,20
		Satzpreis (6 W.)	3,50	2,20	
		FDC			4,—

1146 U	ungezähnt	220,—
1146 F	stark verschobener Farbdruck ..	500,—

Auflagen: MiNr. 1145–1146 je 4 500 000, MiNr. 1147 = 3 500 000, MiNr. 1148 und 1150 je 2 500 000, MiNr. 1149 = 3 000 000 Stück

1964, 21. Mai. Romanische Kunst in Österreich. Ⓔ Pilch; Ⓢ Ranzoni d. J.; StTdr. (10×5); gez. K 13¾.

zy) Apostelbüste vom Riesentor des Stephansdoms in Wien und Magdalenenscheibe aus Weitensfeld

			✶✶	☉	✉
1151	1.50 S	blauschwarz ....zy	0,40	0,30	1,—
		FDC			1,—
1151 U		ungezähnt	170,—		

Farbproben

			(✶)
1151 P		in anderen Farben, o.G. ......je	800,—
			✶✶
1151 P U	in Dunkelgelbgrün, ungezähnt ...	800,—

Auflage: 3 000 000 Stück

1964, 25. Mai. Parlamentarisch-Wissenschaftliche Konferenz, Wien. Ⓔ Stefferl; Ⓢ Wimmer; komb. StTdr. und Odr. (10×5); gez. K 14½:13¾.

zz) Pallas Athene und Sitzungssaal des Nationalrates

1152	1.80 S	schwarz/			
		hellsmaragdgrün ....zz	0,40	0,30	2,—
		FDC			1,10
1152 U		ungezähnt	400,—		

Farbproben

			(✶)
1152 P		in anderen Farben, o.G. ......je	800,—

Auflage: 3 000 000 Stück

1964, 25. Mai. Freimarke: Bauwerke. In Zeichnung der MiNr. 1044, jedoch kleineres Format. Ⓢ Strohofer und Zeiler; RaTdr. Harrison, Bogen (B) (10×20) und Rollen (R); gez. K 15:14.

vo l) Wohnbau Karl-Marx-Hof, Wien-Heiligenstadt

1153	50 g	................vo l			
a		schwarzgrau (R)	0,20	0,10	0,50
b		grauschwarz (B)	0,30	0,30	1,—
		FDC			1,10

Waagerechtes Paar (aus Bogen)

1153 b/1153 b	....	1,—	1,—	2,—

Einzelmarken mit anhängendem Bogenrand werten 30% vorstehender Paarpreise.

Weitere Werte siehe Übersicht nach Jahrgangswerttabelle.

1964, 5. Juni. Wiedereröffnung der Wiener Secession. Ⓔ Klimt; Odr. Brüder Rosenbaum (5×10); gez. K 14.

aaa) Der Kuß (Detail); Gemälde von Gustav Klimt

1154	3 S	mehrfarbig ....aaa	0,70	0,70	1,—
		FDC			1,60

1154 U	ungezähnt	—,—
1154 KZ U	ungezähntes Kehrdruckpaar mit Zwischensteg	—,—

Auflage: 3 000 000 Stück

1964, 11. Juni. 350 Jahre Barmherzige Brüder in Österreich. Ⓐ Pilch; Ⓢ Wimmer; StTdr. (10×5) Österr. Nationalbank; gez. K 14½:13¾.

aab) Pater Gabriel v. Ferrara (1543–1627), Arzt und Barmherziger Bruder, bei einem Kranken

			✶✶	⊙	✉
1155	1.50 S	dunkelblau . . . . aab	0,40	0,30	1,—
		FDC			1,—
1155 U		ungezähnt	180,—		

Farbproben

			(*)
1155 P		in anderen Farben, o.G. . . . . . . je	800,—

Auflage: 3 000 000 Stück

1964, 15. Juni. Weltpostkongreß, Wien. Ⓐ Pilch; Ⓢ Toth; StTdr. (5×10); gez. K 14.

aac) Überbringung der Meldung vom Sieg bei Kunersdorf; Gemälde von B. Bellotto

aad) Pferdewechsel in einer Poststation; Gemälde von J. Hörmann

aae) Die Hochzeitsreise; Gemälde von M. v. Schwind

aaf) Nach dem Regen; Gemälde von J. Raffalt

aag) Postkutsche in den Bergen; Gemälde von A. Klein

aah) Das Umspannen eines Eilwagens an der bayerischen Grenze; Gemälde von F. Gauermann

aai) Postschlitten im Hochgebirge

aak) Postamt Saalbach

1156	1 S	schwärzl'rotlila ⒼⒶ . . aac	0,20	0,10	0,50
1157	1.20 S	schwärzlichbraun . . aad	0,30	0,20	1,—
1158	1.50 S	dunkellilaultramarin . . aae	0,40	0,20	1,—
1159	1.80 S	dunkelviolett . . . . aaf	0,40	0,20	1,—
1160	2.20 S	violettschwarz . . . . . aag	0,50	0,20	1,—
1161	3 S	dunkelrotlila . . . . aah	0,70	0,50	1,—
1162	4 S	schwärzlichgrünblau . . aai	0,80	0,40	1,20
1163	6.40 S	schwärzlichbraun-			
		purpur . . . . aak	1,70	0,70	2,50
		Satzpreis (8 W.)	5,—	2,50	
		FDC			10,—

1156 U–1163 U   ungezähnt . . . Satzpreis (8 W.) 1200,—

Plattenfehler

1159 I

			✶✶	⊙	✉
1159 I		kurze Wolke (Feld 30)	20,—	20,—	40,—

Farbproben

			(*)
1156 P–1163 P		in anderen Farben, o.G. . . . je	1000,—

Auflagen: MiNr. 1156, 1158–1159 und 1161 je 4 500 000, MiNr. 1157 = 3 500 000, MiNr. 1160 und 1162–1163 je 2 500 000 Stück

1964, 20. Juli. Internationale Briefmarkenausstellung WIPA 1965, Wien (I). Ⓐ Zeiller; Ⓢ Toth; komb. StTdr. und Odr. Österr. Nationalbank und Brüder Rosenbaum (5×10); gez. K 14.

aal) Blick nach W: Minoritenkirche und Rathaus

aam) Blick nach NW: Votivkirche und Schottenkirche

aan) Blick nach N: Ringturm und alte Flaktürme

aao) Blick nach NO: Kirche Maria am Gestade und Donauturm der Gartenbauausstellung

aap) Blick nach O: Kirche St. Peter und Stephansdom

aar) Blick nach SO: Schloß Belvedere

aas) Blick nach S: Hofburg, Michaelerkirche

aat) Blick nach SW: Museen am Ring

aal–aat) Rundblick über Wien von der Terrasse des Hochhauses in der Herrengasse

			✶✶	⊙	✉
1164	1.50 S + 30 g	mehrfarbig . aal	0,30	0,30	1,—
1165	1.50 S + 30 g	mehrfarbig aam	0,30	0,30	1,—
1166	1.50 S + 30 g	mehrfarbig . aan	0,30	0,30	1,—
1167	1.50 S + 30 g	mehrfarbig . aao	0,30	0,30	1,—
1168	1.50 S + 30 g	mehrfarbig . aap	0,30	0,30	1,—
1169	1.50 S + 30 g	mehrfarbig . aar	0,30	0,30	1,—
1170	1.50 S + 30 g	mehrfarbig . aas	0,30	0,30	1,—
1171	1.50 S + 30 g	mehrfarbig . aat	0,30	0,30	1,—
		Satzpreis (8 W.)	2,40	2,40	
		FDC			4,50

Auflage: 2 500 000 Sätze

1964. 4. Sept. 100 Jahre Arbeiterbewegung. ⓖ Stefferl; ⓢ Wimmer; StTdr. (10×5); gez. K 14½:13¾.

aau) Arbeitende Menschen als Pyramide, das oberste Paar vor Sonne

			✶✶	☉	✉
1172	1 S	grünschwarz ⒼⒶ ...... aau	0,30	0,20	1,—
		FDC			1,—
1172 U		ungezähnt	180,—		

Farbproben

1172 P		in anderen Farben, o.G. .... je	(✶) 800,—

Auflage: 3 000 000 Stück

1964, 14. Sept. Europa. ⓖ Bétemps und Pilch; Odr. (10×5); gez. K 12.

aav) Stilisierte Blume mit 22 Blütenblättern um Emblem der CEPT

1173	3 S	dunkellilaultramarin (Töne) .... aav	1,50	0,50	1,—
		FDC			1,50
1173 U		ungezähnt	850,—		

Plattenfehler

1173 I

1173 I	Kerbe im Blatt links unten	30,—	30,—

Farbproben

1173 P I	RaTdr., in anderen Farben, o.G. ... je	(✶) 1500,—
1173 P II	Odr., in anderen Farben, o.G. .... je	1500,—

Auflage: 3 500 000 Stück

1964, 1. Okt. 40 Jahre Rundfunk in Österreich. ⓖ Pilch; RaTdr. (5×10); gez. K 13¾.

aaw) Emblem des Österreichischen Rundfunks vor Rundfunkwellen, Autotransistorenempfänger

1174	1 S	braunschwarz/ dunkelrosa .... aaw	0,30	0,20	0,60
		FDC			1,—
1174 U		ungezähnt	180,—		
1174 F		Rotdruck stark verschoben	220,—		

Farbproben

1174 P		in anderen Farben, o.G. .... je	(✶) 800,—

Auflage: 3 000 000 Stück

1964, 12. Okt. Kongreß der Internationalen Graphischen Föderation. ⓖ und ⓢ Ranzoni d. J.; komb. StTdr. und Odr. (10×5); gez. K 14½:13¾.

aax) Alte Druckerpresse, Inschrift

			✶✶	☉	✉
1175	1.50 S	braungrau/schwarz . aax	0,40	0,20	0,60
		FDC			1,—
1175 U		ungezähnt	200,—		

Farbproben

1175 P		in anderen Farben, o.G. ...... je	(✶) 800,—

Auflage: 3 000 000 Stück

1964, 4. Dez. Tag der Briefmarke. ⓖ Zeiller; ⓢ Toth; Odr. Brüder Rosenbaum (5×10); gez. K 14.

aay) Postautobahnhof St. Gilgen

1176	3 S + 70 g	mehrfarbig ... aay	0,70	0,60	1,—
		FDC			1,50
1176 U		ungezähnt	800,—		
1176 F U		fehlender StTdr., ungezähnt	700,—		

Auflage: 1 979 000 Stück

1965

1965, 20. April. Tod von Adolf Schärf. ⓖ Pilch; ⓢ Wimmer; komb. StTdr. und Bdr. (10×5); gez. K 12.

aaz) A. Schärf (1890–1965), Bundespräsident, vor Adolf-Schärf-Studentenheim, Wien XX

1177	1.50 S	schwarz/schwärzlich- graublau .... aaz	0,40	0,30	1,—
		FDC			1,60
1177 U		ungezähnt	220,—		
1177 F U		ohne Trauerrrand, ungezähnt ...	—,—		

Plattenfehler

1177 I

1177 I	gebrochener Rahmen	30,—	30,—	60,—

Farbproben

1177 P	ohne Trauerrand, in anderen Farben, o.G. .... je	(✶) 1500,—

Auflage: 3 000 000 Stück

1965, 27. April. Freimarke: Bauwerke. In Zeichnung der MiNr. 1047, jedoch kleineres Format (für Automaten). ⬚ Strohofer und Zeiller; RaTdr. Harrison, Bogen (B) (10×20) und Rollen (R); gez. K 15:14.

vr I) Wohnbau „Rabenhof", Wien-Erdberg

			vr I	✶✶	☉	✉
1178	1.50 S	. . . . vr I				
a		karmin (R)		0,40	0,20	1,—
b		dunkelkarmin (B)		0,40	0,40	1,—
		FDC (a)				1,10
		FDC (b)				1,20

Waagerechtes Paar (aus Bogen)

1078 b/1078 b	. . . .	1,50	1,50	3,—

Einzelmarken mit anhängendem Bogenrand werten 30% vorstehender Paarpreise.

Weitere Werte siehe Übersicht nach Jahrgangswerttabelle.

1965, 27. April. 20 Jahre Wiederaufbau. ⬚ Stefferl; ⬚ Wimmer; StTdr. (10×5); gez. K 14½:13¾.

aba) Neubauten hinter Häuserruinen

1179	1.80 S	dunkelrosalila GA . . . aba	0,40	0,30	1,—
		FDC			1,—

1179 U	ungezähnt	190,—

Farbproben

1179 P	in anderen Farben, o.G. . . . . . . je	800,— (*)

Auflage: 3 000 000 Stück

1965, 10. Mai. 600 Jahre Universität Wien. ⬚ Ranzoni d. J.; komb. StTdr. und RaTdr. (10×5); gez. K 14½:13¾.

abb) Ältestes großes Siegel der Universität

1180	3 S	gold/schwärzlichrosa . . abb	0,70	0,40	1,—
		FDC			1,10

1180 U	ungezähnt	190,—

Farbproben

1180 P	in anderen Farben, o.G. . . . . je	1500,— (*)

Auflage: 3 000 000 Stück

1965, 17. Mai. 100 Jahre Internationale Fernmeldeunion (ITU). ⬚ Zeiller; ⬚ Fischer; StTdr. (10×5); gez. K 14½:13¾.

abc) Morsetaste, Antenne, Emblem der ITU

1181	3 S	dunkelviolettblau . . . . . abc	0,70	0,40	1,—
		FDC			1,10

1181 U	ungezähnt	190,—

Farbproben

1181 P	in anderen Farben, o.G. . . . . je	800,— (*)

Auflage: 3 000 000 Stück

1965, 17. Mai. Die Kunst der Donauschule. ⬚ Pilch; ⬚ Ranzoni d. J.; StTdr. Österr. Nationalbank (10×5); gez. K 14.

abd) Hl. Georg (Holyplastik) vor Altdorfer Stich aus Benediktinerstift Seitenstetten

			✶✶	☉	✉
1182	1.80 S	schwarz/schwärzlich- ultramarin . . . . abd	0,40	0,30	1,—
		FDC			1,—

1182 U	ungezähnt	220,—

Farbproben

1182 P	in anderen Farben, o.G. . . . . . . je	800,— (*)

Auflage: 3 000 000 Stück

1965, 1. Juni. 175. Geburtstag von Ferdinand Raimund. ⬚ und ⬚ Ranzoni d. J.; StTdr. Österr. Nationalbank (10×5); gez. K 14½:13¾.

abe) F. Raimund (1790–1836), Dichter

1183	3 S	schwärzlichviolett- braun . . . . abe	0,70	0,30	1,—
		FDC			1,—

1183 U	ungezähnt	230,—
1183 F	Fehlfarbe Bräunlichviolett	5500,—	—,—

Farbproben

1183 P	in anderen Farben, o.G. . . . . je	800,— (*)

Auflage: 3 000 000 Stück

1965, 4. Juni. Internationale Briefmarkenausstellung WIPA 1965, Wien (II). ⬚ Stefferl; ⬚ Toth; komb. StTdr. und Odr. (10×5); gez. K 14½:13¾.

abf) Hieroglyphen aus altägyptischem Papyros-Totenbuch, dahinter Wandgemälde von Grab in Theben

abg) Keilschrift auf Tontafel, Kopf eines geflügelten Stieres aus assyrischem Palast

abh) Römische Großbuchstabenschrift auf Wachstafel, korinthische Säule

abi) Gotische Schreibschrift auf Pergament-Kaufbrief, gotisches Fenster des Domes zu Münster/Westfalen

abk) Kurrentschrift auf Briefkuvert, Tabernakel-Schreibschrank

abl) Schreibmaschine mit eingespanntem Briefbogen

1184	1.50 S	+ 40 g lilarosa/ schwarz . . . . abf	0,40	0,20	0,60
1185	1.80 S	+ 50 g lebhaft- braungelb/schwarz . abg	0,40	0,30	0,80

			★★	⊙	✉
1186	2.20 S	+ 60 g hellgrau-violett/schwarz .... abh	0,60	0,70	1,20
1187	3 S	+ 80 g mittel-gelboliv/schwarz .... abi	0,70	0,40	1,—
1188	4 S	+ 1 S mattblau/schwarz .... abk	0,80	0,80	1,30
1189	5 S	+ 1.20 (S) mittelgelb-smaragdgrün/schwarz abl	1,20	1,—	1,60
		Satzpreis (6 W.)	4,—	3,40	
		FDC			7,50

1184 U–1189 U   ungezähnt ... Satzpreis (6 W.)   1200,—

Farbproben

1184 P–1189 P   in anderen Farben, o.G. ... je   800,—(*)

Auflagen: MiNr. 1184 und 1187 je 2 500 000, MiNr. 1185 = 2 000 000, MiNr. 1186 und 1188–1189 je 1 800 000 Stück

1965, 20. Juli. Gymnaestrada, Wien. ✍ Pilch; ✄ Nefe; komb. StTdr. und RaTdr. (10×5); gez. K 14½:13¾.

abm) Turner mit Turnstab   abn) Turnerinnen mit Tamburin

			★★	⊙	✉
1190	1.50 S	hellultramaringrau/schwarz .... abm	0,40	0,20	0,60
1191	3 S	h'olivbraun/schwarz abn	0,70	0,40	1,—
		Satzpreis (2 W.)	1,—	0,60	
		FDC			1,50

1190 U–1191 U   ungezähnt ... Satzpreis (2 W.)   2500,—

Farbproben

1190 P–1191 P   in anderen Farben, o.G. ... je   1500,—(*)

Auflage: 3 000 000 Sätze

1965, 13. Aug. 100. Todestag von Ignaz Philipp Semmelweis. ✍ Pilch; ✄ Toth; StTdr. (10×5); gez. K 14½:13¾.

abo) I. Ph. Semmelweis (1818–1865), Entdecker der Ursache des Kindbettfiebers

			★★	⊙	✉
1192	1.50 S	schwarzbläulich-violett .... abo	0,40	0,20	0,60
		FDC			1,—

1192 U   ungezähnt ....   —,—

Farbproben

1192 P   in anderen Farben, o.G. ...... je   800,—(*)

Auflage: 3 000 000 Stück

1965, 23. Aug. 100. Todestag von Ferdinand Georg Waldmüller. ✍ und ✄ Ranzoni d. J.; StTdr. (10×5); gez. K 14½:13¾.

abp) F. G. Waldmüller (1793–1865), Maler

			★★	⊙	✉
1193	3 S	grünschwarz .... abp	0,70	0,40	1,—
		FDC			1,10

Farbproben

1193 P   in anderen Farben, o.G. .... je   800,—(*)

Auflage: 3 000 000 Stück

1965, 23. Sept. Freimarke: Bauwerke. ✍ Zeiller; Odr. (10×10); gez. K 14.

abr) Rathaus, Steyr

			★★	⊙	✉
1194	8 S	lilakarmin GA .... abr	1,70	0,40	1,50
		FDC			2,60

Katalogisierung nach Papier- und Gummierungsarten siehe nach MiNr. 1055.

Weitere Werte siehe Übersicht nach Jahrgangswerttabelle.

1965, 1. Okt. 20. Internationale Rotkreuzkonferenz, Wien. ✍ Wulz; Odr. (10×5); gez. K 14½:13¾.

abs) Gazestreifen vor Rotem Kreuz

			★★	⊙	✉
1195	3 S	schwarz/lebhaftrot .... abs	0,70	0,30	1,—
		FDC			1,50

Probedrucke

				(*)
1195 P I	Odr., Entwerferzeichen im Markenbild			—,—
1195 P II	RaTdr., Entwerferzeichen im Markenbild			—,—

Auflage: 3 000 000 Stück

1965, 7. Okt. 50 Jahre Österreichischer Städtebund. ✍ Jonas; ✄ Wimmer; komb. StTdr. und RaTdr. (10×5); gez. K 14½:13½.

abt) Adlerkopf mit Mauerkrone (heraldisches Symbol der Städte) und Nationalflagge Österreichs

			★★	⊙	✉
1196	1.50 S	mehrfarbig .... abt	0,40	0,20	0,60
		FDC			1,—

Auflage: 3 000 000 Stück

1965, 25. Okt. Österreich 10 Jahre Mitglied der Vereinten Nationen (UNO). ✍ Pilch; ✄ Fischer; komb. StTdr. und Odr. (10×5); gez. K 12.

abu) Nationalflagge Österreichs vor UNO-Gebäude in New York und Flagge der Vereinten Nationen

			★★	⊙	✉
1197	3 S	mehrfarbig .... abu	0,70	0,40	1,—
		FDC			1,50

1197 U   ungezähnt ....   170,—

Auflage: 3 000 000 Stück

Die ✉-Preise gelten nur für portogerecht frankierte Briefe.

1965, 8. Nov. 150 Jahre Technische Hochschule Wien. ⍖ Stefferl; ⍑ Wimmer; StTdr. (5×10); gez. K 13¾:14½.

abv) Technische Hochschule Wien

		✱✱	⊙	✉
1198	1.50 S dunkelbläulichviolett abv	0,40	0,20	0,60
	FDC			1,—

Farbproben

| 1198 P | in anderen Farben, o.G. . . . . . . je | (✱)
800,— |

Auflage: 3 500 000 Stück

1965, 1. Dez. 60. Jahrestag der Verleihung des Nobelpreises an Bertha von Suttner. ⍖ Pilch; ⍑ Nefe; StTdr. (10×5); gez. K 14½:13¾.

abw) B. von Suttner (1843–1914), Schriftstellerin, Friedensnobelpreis 1905

1199	1.50 S schwarzlilaultramarin . . . . abw	0,40	0,20	0,60
	FDC			1,—

Farbproben

| 1199 P | in anderen Farben, o.G. . . . . . . je | (✱)
800,— |

Auflage: 3 500 000 Stück

1965, 3. Dez. Tag der Briefmarke. ⍖ Pilch; ⍑ Toth; StTdr. (5×10); gez. K 13¾:14½.

abx) Briefträger beim Ablegen von Poststücken in einen Abgabebriefkasten

1200	3 S + 70 g schwärzlichblaugrün . . . . abx	0,60	0,60	1,—
	FDC			1,50

Farbproben

| 1200 P | in anderen Farben, o.G. . . . . je | (✱)
800,— |

Auflage: 2 188 000 Stück

1966

1966, 14. Jan. Einführung der Postleitzahlen. ⍖ Geßner; RaTdr. (5×10); gez. K 12.

aby) Landkarte Österreichs mit eingezeichneten Leitzonen

1201	1.50 S mehrfarbig . . . . aby	0,40	0,20	0,60
	FDC			1,—

Auflage: 30 000 000 Stück

Weitere Spezialisierung siehe Katalog: „Symbolzahlen der österreichischen Bautenmarken, Trachtenmarken, Landschaftsmarken und Nachportomarken (ab 1965)" von Dipl.-Ing. Herwig Rainer.

1966, 4. März. 100 Jahre Generaldirektion für die Post- und Telegraphenverwaltung. ⍖ Zeiller; ⍑ Wimmer; StTdr. (10×5); gez. K 14½:13¾.

abz) Generalpostdirektionsgebäude in Wien in der Postgasse, Wappen der österreichischen Post

		✱✱	⊙	✉
1202	1.50 S schwarz auf mattolivgelb . . . . abz	0,40	0,20	0,60
	FDC			1,—

Auflage: 3 500 000 Stück

1966, 11. März. 50. Todestag von Marie von Ebner-Eschenbach. ⍖ Pilch; ⍑ Stefferl; StTdr. (10×5); gez. K 14½:13¾.

aca) M. von Ebner-Eschenbach (1830–1916), Dichterin; nach einem Kupferstich von Ludwig Michalek

1203	3 S dunkelbraunviolett . . . . aca	0,70	0,30	1,—
	FDC			1,10

Auflage: 3 000 000 Stück

1966. 19. April. 200 Jahre Wiener Prater. ⍖ Zeiller; ⍑ Nefe; StTdr. (10×5); gez. K 14½:13¾.

acb) Wiener Prater mit Riesenrad

1204	1.50 S schwarzblaugrün . . . acb	0,40	0,20	0,60
	FDC			1,—

Auflage: 3 000 000 Stück

1966, 6. Mai. 10. Todestag von Josef Hoffmann. ⍖ Pilch; ⍑ Nefe; StTdr. (10×5); gez. K 12.

acc) J. Hoffmann (1870–1956), Architekt, Begründer der „Wiener Werkstätte"

1205	3 S schwarzviolettbraun . . . acc	0,70	0,30	1,—
	FDC			1,10

Auflage: 3 500 000 Stück

1966, 27. Mai. Landeskunstausstellung „Wiener Neustadt 1440–1493". ⍖ Pilch; ⍑ Fischer; komb. StTdr. und RaTdr. (10×5); gez. K 14½:13¾.

acd) Wappen von Wiener Neustadt

1206	1.50 S mehrfarbig . . . . acd	0,40	0,20	0,60
	FDC			1,—

Probedruck

| 1206 P | ohne Schwarz, o.G. (aus Makulatur) . . . . | (✱)
50,— |

Auflage: 3 500 000 Stück

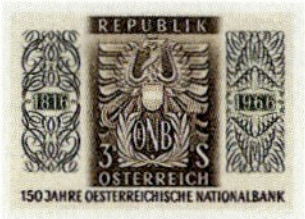

1966, 27. Mai. 150 Jahre Österreichische Nationalbank. [E] **Hellmann;** [S] **Toth; komb. StTdr. und RaTdr. (5×10); gez. K 14.**

ace) Adler und Signum der Österreichischen Nationalbank in Lorbeerumrahmung, links und rechts kalligraphische und guillochetechnische Linienführung banknotenähnlichen Charakters

			★★	⊙	✉
1207	3 S mehrfarbig	ace	0,70	0,30	1,—
		FDC			1,10

1207 F Unterdruck hellgrün statt hellbraun .. 5500,—

Auflage: 3 500 000 Stück

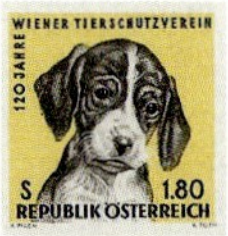

1966, 16. Juni. 120 Jahre Wiener Tierschutzverein. [E] **Pilch;** [S] **Toth; komb. StTdr. und Odr. (10×5); gez. K 12.**

acf) Kopf eines jungen englischen Fuchshundes

1208	1.80 S schwärzlichgelb/schwarz	act	0,40	0,20	0,60
		FDC			1,—

1208 Udr nur rechts gezähnt .... 6000,—
1208 F Untergrund hellgrün .... —,—

Auflage: 4 200 000 Stück

1966, 17. Aug. Alpenflora. [E] **Riefel; Odr. Brüder Rosenbaum (10×5); gez. K 14.**

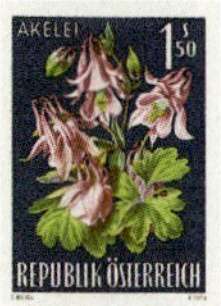

acg) Gemeine Akelei (Aquilegia vulgaris)

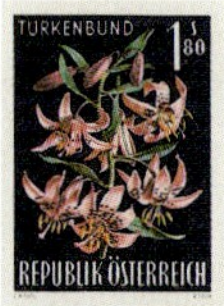

ach) Türkenbund (Lilium martagon)

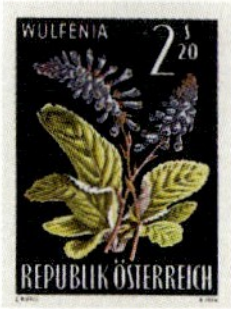

aci) Kärntner Wulfenie (Wulfenia carinthiaca)

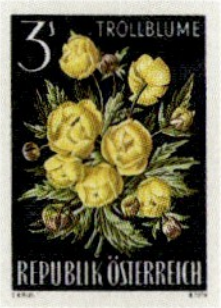

ack) Europäische Trollblume (Trollius europaeus)

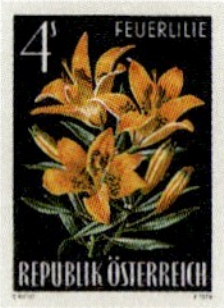

acl) Feuerlilie (Lilium bulbiferum)

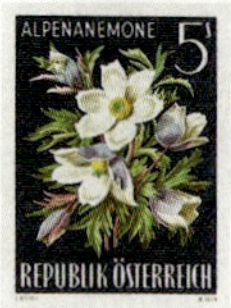

acm) Alpenanemone (Pulsatilla alpina)

1209	1.50 S mehrfarbig	acg	0,40	0,20	0,60
1210	1.80 S mehrfarbig	ach	0,40	0,20	1,—
1211	2.20 S mehrfarbig	aci	0,50	0,40	1,—
1212	3 S mehrfarbig	ack	0,70	0,50	1,—
1213	4 S mehrfarbig	acl	0,70	0,70	1,20
1214	5 S mehrfarbig	acm	1,20	0,80	1,40
		Satzpreis (6 W.)	3,80	2,80	
		FDC			4,20

1210 U–1214 U ungezähnt .... je —,—

Auflagen: MiNr. 1209 = 4 500 000, MiNr. 1210 = 4 200 000, MiNr. 1211–1214 je 3 500 000 Stück

> Achten Sie bei geprüften Marken auf die Stellung des Prüfzeichens. Lesen Sie die Prüfordnung des Bundes Philatelistischer Prüfer (BPP) am Ende des Kataloges.

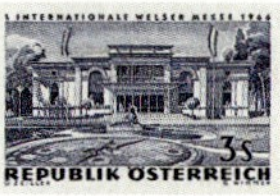

1966, 26. Aug. Internationale Messe, Wels. [E] **Zeiller;** [S] **Wimmer; StTdr. (5×10); gez. K 13½:12¾.**

acn) Ausstellungs-Hauptgebäude; Blumenuhr

			★★	⊙	✉
1215	3 S lebhaftlilaultramarin	acn	0,70	0,30	1,—
		FDC			1,10

Auflage: 3 500 000 Stück

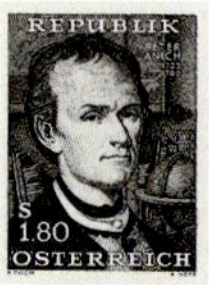

1966, 1. Sept. 200. Todestag von Peter Anich. [E] **Pilch;** [S] **Nefe; StTdr. (10×5); gez. K 14½:13¾.**

aco) P. Anich (1723–1766), Kartograph, vor geographischem Gerät (Globus, Landkarte und Bücher)

1216	1.80 S schwarzblau	aco	0,40	0,20	0,60
		FDC			1,—

1216 G Druck auf der Gummiseite ...... 1900,—

Auflage: 3 650 000 Stück

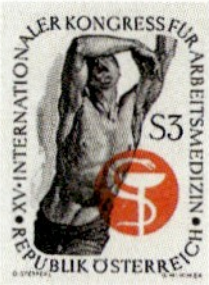

1966, 19. Sept. Internationaler Kongreß für Arbeitsmedizin. [E] **Stefferl;** [S] **Wimmer; komb. StTdr. und Odr. (10×5); gez. K 14½:13¾.**

acp) Arbeiter, die Arme abwehrend vor das Gesicht haltend, Äskulapstab als Symbol der Medizin

1217	3 S violettschwarz/zinnoberot	acp	0,70	0,30	1,—
		FDC			1,10

Auflage: 3 500 000 Stück

1966, 28. Sept. Österreichische Nationalbibliothek. [E] **Pilch;** [S] **Fischer (MiNr. 1218), Toth (MiNr. 1219 und 1221) und Nefe (MiNr. 1220); komb. StTdr. und RaTdr. (5×10); gez. K 14.**

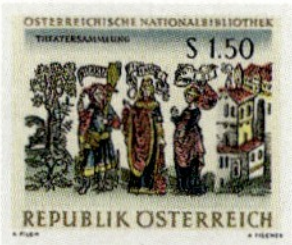

acr) Figuren und Dekorationsteile aus der Komödie „Eunuchus" des römischen Dichters Terenz († 159 v. Chr.)

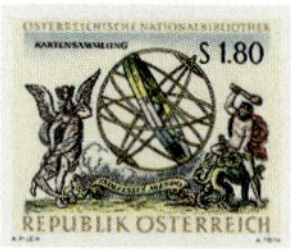

acs) Die Himmelssphäre, links davon Gott Chronos mit Stundenglas und Sense, rechts Herakles, die Hydra erschlagend

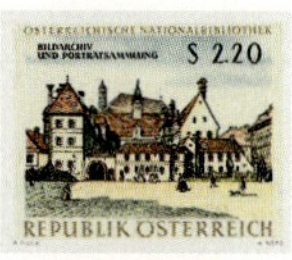

act) Altes Landhaus in der Herrengasse zu Wien, im Hintergrund die Minoritenkirche; nach einem Aquarell von Anton Stutzinger

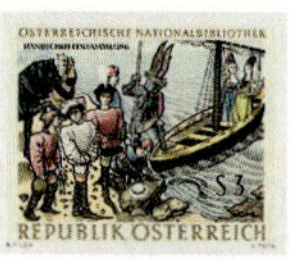

acu) Illustrationen aus dem Buch „Buch vom liebentbrannten Herzen" (1409–1480)

1218	1.50 S mehrfarbig	acr	0,40	0,10	0,60
1219	1.80 S mehrfarbig	acs	0,40	0,20	0,60
1220	2.20 S mehrfarbig	act	0,40	0,30	1,—
1221	3 S mehrfarbig	acu	0,70	0,40	1,—
		Satzpreis (4 W.)	1,80	1,—	
		FDC			2,50

1218 F I–1221 F I fehlende Farbe Rot . . . . . je —,—
1220 F II fehlende Farbe Gold
(Inschrift) . . . . 4200,— 2000,—

Auflagen: MiNr. 1218 = 4 500 000, MiNr. 1219 = 4 200 000, MiNr. 1220–1221 je 3 500 000 Stück

1966, 3. Okt. 10 Jahre Österreichische Gesellschaft „Rettet das Kind". � Pilch; ⍓ Nefe; komb. StTdr. und Odr. (10×5); gez. K 14½:13¾.

acv) Porträt eines Mädchens

		**	⊙	✉
1222	3 S helltürkisblau/schwarz . acv	0,70	0,30	1,—
	FDC			1,10

Auflage: 3 500 000 Stück

1966, 25. Nov. Freimarken: Einheimische Obstsorten. ⍓ Riefel; RaTdr. (10×10); gez. K 14:13¼.

acw) Ananas-Erdbeeren   acx) Weintrauben   acy) Apfel (Malus sylve-
(Fragaria ananassa)   (Vitis vinifera)   stris var. domestica)

acz) Brombeeren   ada) Aprikosen (Maril-   adb) Süßkirschen
(Rubus ursinus)   len) (Prunus armeniaca)   (Prunus avium)

1223	50 g mehrfarbig . . . . acw	0,30	0,20	1,50
1224	1 S mehrfarbig . . . . acx	0,30	0,20	1,—
1225	1.50 S mehrfarbig . . . . acy	0,40	0,20	1,—
1226	1.80 S mehrfarbig . . . . .acz	0,50	0,30	3,—
1227	2.20 S mehrfarbig . . . . .ada	0,60	0,40	3,—
1228	3 S mehrfarbig . . . . .adb	0,70	0,40	4,—
	Satzpreis (6 W.)	2,80	1,70	
	FDC			4,—

1223 U–1228 U ungezähnt . . . Satzpreis (6 W.) 450,—

Probedrucke

1223 P U I–1228 P U I
in Gelb, ☐ . . . . Satzpreis (6 W.) 380,—
1223 P U II–1228 P U II
in Rot, ☐ . . . . Satzpreis (6 W.) 380,—
1223 P U III–1228 P U III
in Blau, ☐ . . . . Satzpreis (6 W.) 380,—
1223 P U IV–1228 P U IV
in Schwarz, ☐ . . . . . Satzpreis (6 W.) 380,—
1223 P U V–1228 P U V
in Gelb und Rot, ☐ . . Satzpreis (6 W.) 380,—
1223 P U VI–1228 P U VI
in Gelb, Rot und
Blau, ☐ . . . . Satzpreis (6 W.) 380,—

Weitere Spezialisierung siehe Katalog: „Symbolzahlen der österreichischen Bautenmarken, Trachtenmarken, Landschaftsmarken und Nachportomarken (ab 1965)" von Dipl.-Ing. Herwig Rainer.

1966, 2. Dez. Tag der Briefmarke. ⍓ Pilch; ⍓ Fischer; komb. StTdr. und RaTdr. (10×5); gez. K 13¾.

adc) Der Briefbote; Illustration aus dem Ambraser Heldenbuch (um 1517)

		**	⊙	✉
1229	3 S + 70 g mehrfarbig . . . adc	0,70	0,50	1,—
	FDC			1,50

Auflage: 2 993 000 Stück

1966, 9. Dez. Hochschule Linz. ⍓ Geßner; ⍓ Wimmer; komb. StTdr. und RaTdr. (10×5); gez. K 14½:13¾.

add) Wappen der Hochschule Linz

1230	3 S mehrfarbig . . . . .add	0,70	0,30	1,—
	FDC			1,10

1230 F Farbe Silber fehlend . . . . 1600,—

Auflage: 3 900 000 Stück

1967

1967, 3. Febr. 100 Jahre Wiener Eislaufverein. ⍓ Pilch; ⍓ Wimmer; komb. StTdr. und RaTdr. (10×5); gez. K 14½:13¾.

ade) Eiskunstlauf

1231	3 S ultramarinweiß/ schwarzultramarin . . . .ade	0,70	0,30	1,—
	FDC			1,10

Auflage: 3 200 000 Stück

1967, 3. Febr. Freimarke: Bauwerke. ⍓ Pilch; Odr. (10×10); gez. K 14.

adf) Schattenburg in Feldkirch (Vorarlberg)

1232	1.30 S dkl'graugrün (Töne) . adf	0,30	0,20	0,50
	FDC			1,—

1232 U ungezähnt . . . . 300,—
1232 Udr nur oben gezähnt . . . . 300,—
1232 ZW U waagerechtes Zwischenstegpaar, ungezähnt . . . . —

Katalogisierung nach Papier- und Gummierungsarten siehe nach MiNr. 1055.

Weitere Werte siehe Übersicht nach Jahrgangswerttabelle.

1967, 15. Febr. 100 Jahre Walzer „An der schönen blauen Donau". ⧄ und ⧄ Stefferl; StTdr. (10×5); A = gez. K 11½:12, C = gez. K 12.

adg) Tänzerin beim Ballettwalzer

			★★	☉	✉
1233	3 S	schwarzbraunpurpur adg			
A		gez. K 11½:12	0,70	0,30	1,—
C		gez. K 12	1,80	1,50	2,—
		FDC (A)			1,20
		FDC (C)			2,60

Auflage: 3 200 000 Stück

1967, 24. Febr. 100. Geburtstag von Karl Schönherr. ⧄ Pilch; ⧄ Nefe; StTdr. (10×5); gez. K 14½:13¾.

adh) K. Schönherr (1867–1943), Schriftsteller und Dichter

			★★	☉	✉
1234	3 S	schwarzrotbraun . . . . . adh	0,70	0,30	1,—
		FDC			1,10

Farbprobe

1234 P U   in Braunschwarz, ungezähnt . . . . 1500,—

Auflage: 3 500 000 Stück

1967, 17. März. Eishockey-Weltmeisterschaft, Wien. ⧄ Seger; ⧄ Fischer; komb. StTdr. und RaTdr. (5×10); gez. K 13¾:14½.

adi) Eishockey-Torwart

			★★	☉	✉
1235	3 S	weißopalgrün/schwärzlich-			
		violettultramarin . . . . adi	0,70	0,80	1,—
		FDC			1,10

Auflage: 3 300 000 Stück

1967, 28. März. 125 Jahre Wiener Philharmoniker. ⧄ Stefferl; ⧄ Toth; StTdr. (10×5); gez. K 13¾.

adk) Violine, Lorbeerzweig und Orgel

			★★	☉	✉
1236	3.50 S	schwarzblau . . . . . . adk	0,70	0,30	1,—
		FDC			1,20
1236 U		ungezähnt		250,—	

Probedruck

				(∗)	
1236 P U		auf gelbem Andruckpapier, unge- zähnt, o.G. (aus Makulatur)		60,—	

Auflage: 3 200 000 Stück

1967, 28. April. Muttertag. ⧄ Fendi; Odr. (5×10); gez. K 14.

adl) Mutter mit Kindern; Aquarell von Peter Fendi
(1796–1842)

			★★	☉	✉
1237	2 S	mehrfarbig (Töne) . . . . . adl	0,30	0,20	0,60
		FDC			1,—
1237 U		ungezähnt		200,—	

Auflage: 3 500 000 Stück

1967, 19. Mai. Ausstellung „Gotik in Österreich", Krems. ⧄ Pilch; ⧄ Toth; StTdr. (10×5); gez. K 14.

adm) Schutzmantelmadonna der Pfarrkirche Frauenstein
bei Klaus (Oberösterreich); Bildschnitzwerk (Holz) des
schwäbischen Meisters Gregor Erhart (um 1515)

			★★	☉	✉
1238	3 S	schwarzgrünlichblau . . adm	0,70	0,20	1,—
		FDC			1,10

Probedruck

			(∗)	
1238 P U		auf gelbem Andruckpapier, unge- zähnt, o.G. (aus Makulatur)	25,—	

Auflage: 3 200 000 Stück

1967, 9. Juni. Ausstellung „Salzburgs Alte Schatzkammer". ⧄ Pilch; ⧄ Fischer; komb. StTdr. und Odr. (10×5); gez. K 13¾.

adn) Reliquienkreuz, sog. Staurothek (um 1070)
Salzburger Domschatz

			★★	☉	✉
1239	3.50 S	mehrfarbig . . . . adn	0,70	0,30	1,—
		FDC			1,20

Auflage: 3 100 000 Stück

1967, 9. Juni. Ausstellung „Kunst im Nibelungengau", Pöchlarn. ⧄ Kokoschka; RaTdr. (10×5); gez. K 13¾.

ado) Schwan, Märchengestalt aus „Amor und Psyche",
Festspielhaus Salzburg; Gemälde von Oskar Kokoschka
(1886–1980)

			★★	☉	✉
1240	2 S	mehrfarbig . . . . ado	0,30	0,20	0,60
		FDC			1,—

Auflage: 3 200 000 Stück

1967, 12. Juni. Europagespräche der Stadt Wien. ⧄ Zeiller; ⧄ Toth; komb. StTdr. und Odr. (5×10); gez. K 13¾.

adp) Wien vom sog. „Marshallhof" gesehen,
davor Donauüberschwemmungsgelände mit
Reichsbrücke

			★★	☉	✉
1241	3 S	schwarz/zinnoberrot . . . adp	0,70	0,30	1,—
		FDC			1,10

Probedruck

			(∗)	
1241 P U		in Schwarz auf gelbem Andruck- papier, ungezähnt, o.G. (aus Makulatur)	25,—	

Auflage: 3 200 000 Stück

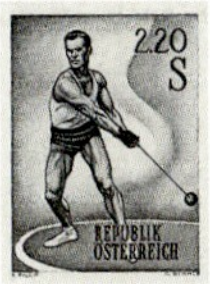

1967, 3. Juli. Sport (III). [E] Pilch; [S] Wimmer; StTdr. (10×5); gez. K 14½:13¾.

adr) Hammerwerfen

			★★	⊙	✉
1242	2.20 S schwarzgrau-ultramarin	adr	0,40	0,20	0,60
		FDC			1,—

Auflage: 2 950 000 Stück

Weitere Werte: MiNr. 1069–1070, 1121, 1348, 1377, 1418, 1456, 1707

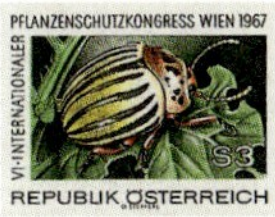

1967, 29. Aug. Internationaler Pflanzenschutzkongreß, Wien. [E] und [S] Stefferl; komb. StTdr. und RaTdr. (5×10); gez. K 13¾:14½.

ads) Kartoffelkäfer (Leptinotarsa decemlineata)

1243	3 S mehrfarbig	ads	0,70	0,30	1,—
		FDC			1,10

Auflage: 3 200 000 Stück

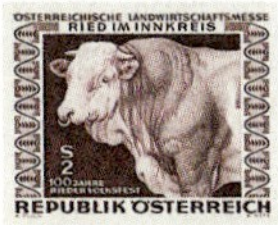

1967, 29. Aug. Österreichische Landwirtschaftsmesse, Ried im Innkreis; 100 Jahre Rieder Volksfest. [E] Pilch; [S] Nefe; StTdr. (5×10); x = normales, y = dickes Papier; gez. K 13½.

adt) Zuchtstier

1244	2 S schwarzbraunviolett	adt			
x	normales Papier		0,40	0,20	0,60
y	dickes Papier (mindestens 0,12 mm)		40,—	40,—	—,—
		FDC (x)			1,—

Auflage: 3 200 000 Stück

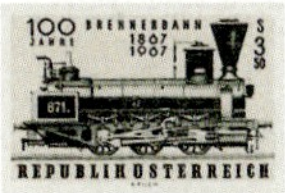

1967, 23. Sept. 100 Jahre Brennerbahn. [E] Pilch; RaTdr. (5×10); gez. K 12.

adu) C n2-Güterzug-Tenderlokomotive System Hall (1860), diente 1967 dem Jubiläumszug auf der letzten Fahrt

1245	3.50 S braungrau/schwarz-bläulichgrün	adu	0,70	0,40	1,—
		FDC			1,50

Auflage: 3 100 000 Stück

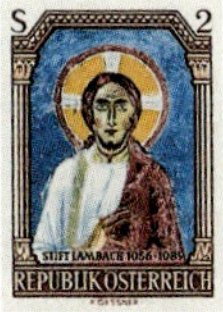

1967, 13. Okt. Romanische Fresken, Lambach. [E] Geßner; RaTdr. (10×5); gez. K 13½.

adv) Christus; Wandfresko aus der Stiftskirche Lambach (um 1080)

1246	2 S mehrfarbig	adv	0,30	0,20	0,60
		FDC			1,—

Auflage: 3 100 000 Stück

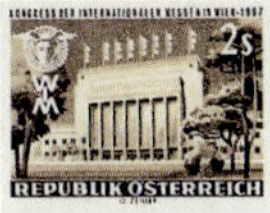

1967, 24. Okt. Kongreß der Internationalen Messen, Wien. [E] Zeiller; RaTdr. (5×10); gez. K 14½:13¾.

adw) Haupteingang des Ausstellungsgeländes im Wiener Prater; Emblem der UFI (= Union des Foires Internationales) über dem Signet der Wiener Messe

			★★	⊙	✉
1247	2 S mehrfarbig	adw	0,30	0,20	0,60
		FDC			1,—

Auflage: 3 100 000 Stück

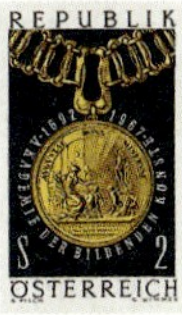

1967, 25. Okt. 275 Jahre Akademie der bildenden Künste, Wien. [E] Pilch; [S] Wimmer; komb. StTdr. und Odr. (10×5); gez. K 13¾.

adx) Rektorskette der Akademie mit einer Preismedaille aus der Zeit Maria Theresias

1248	2 S mehrfarbig	adx	0,30	0,20	0,60
		FDC			1,—

Auflage: 3 200 000 Stück

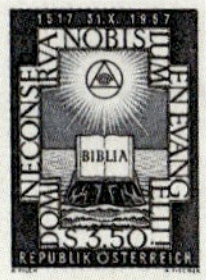

1967, 31. Okt. 450. Jahrestag des Reformationsbeginns. [E] Pilch; [S] Fischer; StTdr. (10×5); gez. K 14½:13¾.

ady) Bibel auf einem Fels im Meer, darüber Auge Gottes, Vorderseite einer Gedenkmünze der Stadt Frankfurt/Main aus dem Jahre 1717.

1249	3.50 S schwärzlich-lilaultramarin	ady	0,70	0,30	1,—
		FDC			1,20

Auflage: 3 200 000 Stück

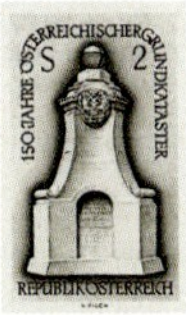

1967, 7. Nov. 150 Jahre Österreichischer Grundkataster. [E] Pilch; RaTdr. (10×5); gez. K 13¾.

adz) Barock-Denkmal, 1762 errichtet über dem nördlichen Endpunkt der „Wiener Neustädter Basis" (= Trigonometrischer Punkt zur Grundsteuer-Berechnung)

1250	2 S olivschwarz	adz	0,30	0,20	0,60
		FDC			1,—

Auflage: 3 100 000 Stück

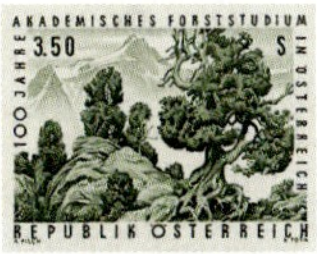

1967, 7. Nov. 100 Jahre Akademisches Forststudium in Österreich. [E] Pilch; [S] Toth; StTdr. (5×10); gez. K 13¾.

aea) Zirbelkiefern (Pinus cembra) in oberster Baumgrenze des Waldes

1251	3.50 S schwärzlicholivgrün	aea	0,70	0,40	1,—
		FDC			1,50

Farbprobe

1251 P U in Schwarzblaugrün, ungezähnt . 1600,—

Auflage: 3 200 000 Stück

1967, 15. Nov. Markgraf Leopold der Heilige. ⓩ Pilch; Ⓢ Fischer; komb. StTdr. und RaTdr. (10×5); gez. K 13¾.

aeb) Markgraf Leopold der Heilige (um 1075–1136); Glasgemälde im Brunnenhaus des Zisterzienser-Stifts, Heiligenkreuz (Ende 13. Jh.)

			**	☉	✉
1252	1.80 S mehrfarbig . . . . aeb		0,30	0,20	0,60
	FDC				1,—

Auflage: 3 200 000 Stück

1967, 17. Nov. 150 Jahre Akademie für Musik und Darstellende Kunst, Wien. ⓩ Stefferl; Ⓢ Wimmer; komb. StTdr. und RaTdr. (10×5); gez. K 13½.

aec) Schnecke und Wirbel einer von Franciscus Geissenhof 1814 in Wien gebauten Violine vor Theatermaske, dahinter Fassadenteil des Zweiten Akademie-Hauptgebäudes in der Seilerstätte

1253	3.50 S hellblauviolett/				
	schwarz . . . . aec	0,70	0,70	1,—
	FDC			1,20

1253 U	ungezähnt	1500,—

Auflage: 3 100 000 Stück

1967, 27. Nov. Weihnachten. ⓩ Zeiller; Ⓢ Toth; StTdr. (10×5); gez. K 14½:13¾.

aed) Anbetung der Hirten; Mittelschrein des Marien-Triptychons der Johanneskapelle, Frauenstift Nonnberg (1498)

1254	2 S schwarzgrün . . . . aed	0,40	0,20	0,60
				1,20

Auflage: 5 000 000 Stück

1967, 1. Dez. Tag der Briefmarke. ⓩ Geßner; Ⓢ Fischer; komb. StTdr. und RaTdr. (10×5); gez. K 13:13¾.

aee) Landesherrlicher Bote (15. Jh.); aus dem heraldischen Hofkartenspiel des Erzherzogs Ferdinand (1529–1595)

1255	3.50 S + 80 g mehrfarbig . aee	0,70	0,70	1,20
	FDC			1,50

Auflage: 2 657 000 Stück

1968

1968, 22. Jan. Freimarke: Bauwerke. ⓩ Zeiller; Odr. (10×10); gez. K 14.

aef) Lindwurmbrunnen am Neuen Platz, Klagenfurt; Steinplastik (1590) von Ulrich Vogelsang

1256	2 S dkl'ultramarin (Töne) GA aef	0,50	0,20	1,—
	FDC			1,50

Katalogisierung nach Papier- und Gummierungsarten siehe nach MiNr. 1055.

Weitere Werte siehe Übersicht nach Jahrgangswerttabelle.

1968, 22. Jan. Winteruniversiade, Innsbruck. ⓩ Pilch; Ⓢ Wimmer; StTdr. (10×5); gez. K 13½.

aeg) Berg-Isel-Schanze bei Innsbruck mit Blick auf die Nordkette; Emblem der Winteruniversiade

		**	☉	✉
1257	2 S dunkelcyanblau . . . . . . aeg	0,40	0,20	0,60
	FDC			1,—

Auflage: 2 850 000 Stück

1968, 17. April. 125. Geburtstag von Camillo Sitte. ⓩ Stefferl; Ⓢ Nefe; StTdr. (10×5); gez. K 13½.

aeh) C. Sitte (1843–1903), Architekt und Städteplaner

1258	2 S schwarzsiena . . . . aeh	0,30	0,20	0,60
	FDC			1,—

Auflage: 2 850 000 Stück

1968, 7. Mai. 200 Jahre Tierärztliche Hochschule Wien. ⓩ Ranzoni d. J.; RaTdr. (10×5); gez. K 13½.

aei) Emblem des Veterinärwesens

1259	3.50 S mehrfarbig . . . . aei	0,70	0,30	1,—
	FDC			1,20

1259 F	Farbe Hellolivgrau fehlend	3500,—

Auflage: 2 800 000 Stück

1968, 7. Mai. Muttertag. ⓩ Pilch; Ⓢ Wimmer; StTdr. (10×5); gez. K 13¾.

aek) Mutter mit Kind

1260	2 S schwarzgrünoliv . . . . . . aek	0,30	0,20	0,60
	FDC			1,—

Auflage: 2 950 000 Stück

1968, 24. Mai. 100 Jahre Vorarlberger Stickereiindustrie. ⓩ Pilch; Ⓢ Toth; StTdr. (5×10); gez. K 12.

ael) Brautschmuck aus Vorarlberger Spitze

1261	3.50 S blauschwarz . . . . ael	0,70	0,40	1,—
	FDC			1,20

Auflage: 2 850 000 Stück

✈ 1968, 31. Mai. Internationale Flugpostausstellung IFA 1968, Wien. Ⓩ Sinawehl (MiNr. 1262–1263) und Kostohris (MiNr. 1264); Ⓢ Fischer; StTdr. (5×10); gez. K 13¾:14½.

aem) Etrichtaube vor Konstruktionsplan (Grundriß)

aen) Sud Aviation SE-210 Caravelle vor Konstruktionsplan (Grundriß)

aeo) Douglas DC-8 vor Weltkugel

			✶✶	⊙	✉
1262	2 S	lebhaftolivbraun/ dunkelolivbraun GA aem	0,40	0,40	0,80
1263	3.50 S	dunkelopalgrün/ grünschwarz . . . . . aen	0,70	0,70	1,20
1264	5 S	lebhaftviolettultramarin/ schwärzlichviolett- ultramarin GA . . . . . . aeo	1,20	0,90	1,40
		Satzpreis (3 W.)	2,20	2,—	
		FDC			3,60

Auflage: 2 950 000 Sätze

1968, 4. Juni. 100 Jahre Galopprennen in Wien-Freudenau. Ⓩ Pilch; Ⓢ Wimmer; StTdr. (5×10); gez. K 13½:13¾.

aep) Galopper

1265	3.50 S	schwarzrötlich- braun . . . . aep	0,70	0,50	1,—
		FDC			1,30

Auflage: 2 750 000 Stück

1968, 14. Juni. 100. Geburtstag von Karl Landsteiner. Ⓩ Pilch; Ⓢ Nefe; StTdr. (10×5); gez. K 14½:13¾.

aer) K. Landsteiner (1868–1943), Bakteriologe, Nobelpreis (1930)

1266	3.50 S	dunkelviolett- ultramarin . . . . aer	0,70	0,40	1,—
		FDC			1,20

Auflage: 2 800 000 Stück

1968, 26. Juni. 50. Todestag von Peter Rosegger. Ⓩ Pilch; Ⓢ Nefe; StTdr. (10×5); gez. K 14½:13¾.

aes) P. Rosegger (1843–1918), Volksschriftsteller und Heimatdichter; Porträt von A. Cossmann (1870–1951)

1267	2 S	schwarzopalgrün . . . . aes	0,30	0,20	0,60
		FDC			1,—

Auflage: 2 950 000 Stück

MICHELsoft
Sammlung im Griff

1968, 15. Juli. 20 Jahre Ausgrabungen auf dem Magdalensberg. Ⓩ Exax; Ⓢ Nefe; komb. StTdr. und RaTdr. (10×5); gez. K 14½:13¾.

aet) Jüngling von Helenenberg; Abguß aus dem 16. Jh. der römischen Kopie einer griechischen Bronzestatue (1. Jh. v. Chr.)

			✶✶	⊙	✉
1268	2 S	mattgraugrün/schwarz . aet	0,30	0,30	0,60
		FDC			1,—

Auflage: 2 900 000 Stück

1968, 15. Juli. Ausstellung „Angelika Kauffmann und ihre Zeitgenossen", Bregenz. Ⓩ Pilch; Ⓢ Wimmer; StTdr. (10×5); gez. K 14½:13¾.

aeu) Selbstporträt; von Angelika Kauffmann (1741–1807), Malerin

1269	2 S	schwarzviolettblau . . . . aeu	0,40	0,30	0,80
		FDC			1,—

Auflage: 2 850 000 Stück

1968, 20. Sept. 750 Jahre Diözese Graz-Seckau. Ⓩ Pilch; Ⓢ Leitgeb; StTdr. (10×5); gez. K 14½:13¾.

aev) Bischof, Relieffigur am Nordwestpfeiler in der Stiftskirche Seckau

1270	2 S	dunkelpreußischblau . . aev	0,40	0,30	0,80
		FDC			1,—

Auflage: 2 900 000 Stück

1968, 18. Okt. 50. Todestag von Koloman Moser. Ⓩ Stefferl; Ⓢ Toth; komb. StTdr. und RaTdr. (10×5); gez. K 12.

aew) K. Moser (1868–1918), Briefmarkengrafiker und Kunstgewerbler

1271	2 S	schwarzlilabraun/rot . . aew	0,40	0,30	0,80
		FDC			1,—

Auflage: 2 950 000 Stück

1968, 18. Okt. Internationales Jahr der Menschenrechte. Ⓩ Zeiller; RaTdr. (10×5); gez. K 14½:13¾.

aex) Lorbeerkranz und Flamme, UN-Emblem der Menschenrechte

1272	1.50 S	mehrfarbig . . . . aex	0,70	0,30	0,80
		FDC			1,20

Auflage: 2 850 000 Stück

1968, 11. Nov. 50 Jahre Republik Österreich. Ⓖ Jonas (MiNr. 1273–1274) und Zeiller (MiNr. 1275); Ⓢ Fischer; komb. StTdr. und RaTdr. (10×5); gez. K 13¾.

aey) Dr. Karl Renner (1870–1950), 1. Staatskanzler Österreichs

aez) Wortlaut des Artikels 1 der Österreichischen Bundesverfassung

afa) Staatswappen der Republik Österreich

aey–afa) Wappen der Bundesländer Niederösterreich, Oberösterreich, Vorarlberg, Burgenland, Wien, Tirol, Kärnten, Salzburg, Steiermark (im Uhrzeigersinn)

			**	☉	✉
1273	2 S	mehrfarbig . . . . aey	0,40	0,40	0,80
1274	2 S	mehrfarbig . . . . aez	0,40	0,40	0,80
1275	2 S	mehrfarbig . . . . afa	0,40	0,40	0,80
		Satzpreis (3 W.)	1,10	1,10	
		FDC			2,50

Auflage: 2 900 000 Sätze

1968, 29. Nov. 150 Jahre Weihnachtslied „Stille Nacht, heilige Nacht". Ⓖ Zeiller; Ⓢ Wimmer; StTdr. (10×5); gez. K 14½:13¾.

afb) Krippe der Gedächtniskapelle Oberndorf-Salzburg von Hermann Hutter

1276	2 S	schwarzbläulichgrün . . . afb	0,40	0,20	0,60
		FDC			1,50

Auflage: 5 200 000 Stück

1968, 29. Nov. Tag der Briefmarke. Ⓖ Pilch; Ⓢ Laurent; StTdr. (10×5); gez. K 13¾.

afc) Fassadenrelief „Götterbote" am ehemaligen Postgebäude in Purkersdorf bei Wien

1277	3.50 S + 80 g	schwarzgraugrün . . . . afc	0,70	0,70	1,20
		FDC			1,50

Auflage: 2 410 000 Stück

1968, 11. Dez. Barocke Fresken. Ⓖ Pilch; Ⓢ Toth; komb. StTdr. und RaTdr. (5×10); gez. K 14:14¼.

afd) Hl. Michael und David vor der Bundeslade; Kuppelfresko in Stift Altenburg

afe) Christus als Weltenrichter; Deckenfresko der Grabkapelle zu Röhrenbach-Greillenstein

aff) Übergabe des Stiftes Melk an die Benediktiner; Fresko im Festsaal des Gymnasiums in Melk

afg) Aufnahme Mariens in den Himmel; Fresko aus der Maria-Treu-Kirche in Wien

afh) Apotheose des hl. Leopold; Fresko aus der Kapelle des Schlosses Ebenfurth

afi) Allegorie der Zeit und des Lichts; Deckenfresko im Prunksaal des Schlosses Halbthurn

afd–aff) Fresken von Paul Troger (1698–1762)
afg–afi) Fresken von Franz Albert Maulpertsch (1724–1796)

			**	☉	✉
1278	2 S	mehrfarbig . . . . afd	0,50	0,40	0,80
1279	2 S	mehrfarbig . . . . afe	0,50	0,40	0,80
1280	2 S	mehrfarbig . . . . aff	0,50	0,40	0,80
1281	2 S	mehrfarbig . . . . afg	0,50	0,40	0,80
1282	2 S	mehrfarbig . . . . afh	0,50	0,40	0,80
1283	2 S	mehrfarbig . . . . afi	0,50	0,40	0,80
		Satzpreis (6 W.)	2,80	2,20	
		FDC			6,—

1280 F		Rotdruck stark verschoben	900,—	
1283 F		Gelbdruck stark verschoben	600,—	

Auflage: 2 850 000 Sätze

1969

1969, 28. Jan. 500 Jahre Diözese Wien. Ⓖ Pilch; Ⓢ Toth; StTdr. (10×5); gez. K 13½:14.

afk) Hl. Stephan

afl) Hl. Paulus

afm) Schutzmantelmadonna

afn) Hl. Christophorus

afo) Hl. Georg

afp) Hl. Sebastian

afk–afp) Heiligenfiguren aus der „Allerheiligen-Domkirche bei Sankt Stephan", Wien

			**	☉	✉
1284	2 S	violettschwarz . . . . afk	0,40	0,40	0,80
1285	2 S	schwärzlichrotlila . . . . . . afl	0,40	0,40	0,80
1286	2 S	dunkelviolettultramarin . afm	0,40	0,40	0,80
1287	2 S	indigo . . . . afn	0,40	0,40	0,80
1288	2 S	schwärzlichopalgrün . . . afo	0,40	0,40	0,80
1289	2 S	schwärzlichrötlichbraun afp	0,40	0,40	0,80
		Satzpreis (6 W.)	2,20	2,20	
		FDC			5,—

1284 U–1289 U		ungezähnt . . . . je	—,—	

Auflage: 2 950 000 Sätze

Die ✉-Preise gelten nur für portogerecht frankierte Briefe.

1969, 8. April. Frühjahrstagung der Inter-parlamentarischen Union, Wien. ⌕ Zeil-ler; Ⓢ Leitgeb; StTdr. (5×10); gez. K 14.

afr) Ansicht des Parlaments in Wien

			**	⊙	✉
1290	2 S schwarzgrünblau ...... afr		0,30	0,20	0,60
		FDC			1,—

Auflage: 3 000 000 Stück

1969, 28. April. Europa. ⌕ Gasbarra und Belli; RaTdr. (5×10); gez. K 12.

afs) „EUROPA" und „CEPT" in Tempelform

			**	⊙	✉
1291	2 S mehrfarbig .... afs		0,80	0,30	0,60
		FDC			1,10

Auflage: 3 000 000 Stück

1969, 5. Mai. 20 Jahre Europarat. ⌕ Geßner; RaTdr. (5×10); gez. K 12.

aft) Europa-Emblem aus 12 Sternen, griechische Säule

			**	⊙	✉
1292	3.50 S mehrfarbig .... aft		0,70	0,40	1,—
		FDC			1,50

Auflage: 3 100 000 Stück

1969, 14. Mai. Bundesheer. ⌕ Pilch; Ⓢ Pfeiler; komb. StTdr. und RaTdr. (10×5); gez. K 12¼.

afu) Angehörige des österr. Bundesheeres in Tarnuniformen, Nationalemblem

			**	⊙	✉
1293	2 S schwarzbraun/				
	lebhaftrot .... afu		0,40	0,20	0,60
		FDC			1,—

Auflage: 3 050 000 Stück

1969, 23. Mai. 100 Jahre Wiener Staatsoper. ⌕ Stefferl; Ⓢ Leit-geb (MiNr. 1294–1295), Wimmer (MiNr. 1296 und 1300), Fischer (MiNr. 1297), Pfeiler (MiNr. 1298), Nefe (MiNr. 1299) und Laurent (MiNr. 1301); komb. StTdr. und RaTdr. (3×3); gez. K 14.

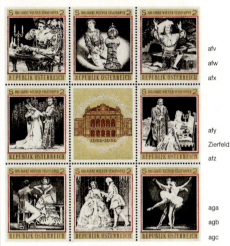

afv
afw
afx

afy
Zierfeld
afz

aga
agb
agc

afv) „Don Giovanni"; Oper von Wolfgang Amadeus Mozart
afw) „Die Zauberflöte"; Oper von W. A. Mozart
afx) „Fidelio"; Oper von Ludwig van Beethoven
afy) „Lohengrin"; Oper von Richard Wagner
afz) „Don Carlos"; Oper von Giuseppe Verdi
aga) „Carmen"; Oper von Georges Bizet
agb) „Der Rosenkavalier"; Oper von Richard Strauss
agc) „Schwanensee"; Ballett von Peter Tschaikowskij

			**	⊙	✉
1294	2 S mehrfarbig .... afv		0,60	0,60	1,—
1295	2 S mehrfarbig .... afw		0,60	0,60	1,—
1296	2 S mehrfarbig .... afx		0,60	0,60	1,—
1297	2 S mehrfarbig .... afy		0,60	0,60	1,—
1298	2 S mehrfarbig .... afz		0,60	0,60	1,—
1299	2 S mehrfarbig .... aga		0,60	0,60	1,—
1300	2 S mehrfarbig .... agb		0,60	0,60	1,—
1301	2 S mehrfarbig .... agc		0,60	0,60	1,—
	Satzpreis (8 W.)		4,50	4,50	
	Kleinbogen		6,—	6,—	12,—
	FDC				12,—

MiNr. 1294–1301 wurden mit 1 Zierfeld zusammenhängend im Kleinbogen ge-druckt.

1301	Z	Z	1299
Z	Z	Z	Z
Z	Z	Z	Z
1296	Z	Z	1294

Hz 1

		**	⊙	✉
Hz 1	Herzstück (Mittelstück aus Schalter-bogen), durch Zwischenstege getrennt			
	Schalterbogen mit 4 Kleinbogen	6,—	6,—	
		25,—	25,—	
1294 F–1301 F	Rotdruck stark verschoben			
	Satzpreis (8 W.)	—,—	1500,—	

Probedrucke

		(✱)
1294 P U–1301 P U	auf gelbem Andruckpapier, ungez., o.G. (aus Makulatur) . . . Satzpreis (8 W.)	200,—

Auflage: 3 300 000 Kleinbogen

1969, 4. Juni. Ausstellung „Maximilian I.", Innsbruck. [E] Pilch; [S] Fischer; komb. StTdr. und RaTdr. (10×5); gez. K 13½.

agd) Gotischer Harnisch, persönliche Rüstung für Kaiser Maximilian I. (1459–1519)

			✱✱	⊙	✉
1302	2 S	hellblaugrau/ blauschwarz . . . . agd	0,40	0,20	0,60
		FDC			1,—

Auflage: 3 000 000 Stück

1969, 16. Juni. Kongreß des Internationalen Gemeindeverbandes, Wien. [E] Zeiller; RaTdr. (10×5); gez. K 13½.

age) Ältestes Stadtsiegel von Wien

1303	2 S	mehrfarbig . . . . age	0,30	0,20	0,60
		FDC			1,—

Auflage: 3 000 000 Stück

1969, 16. Juni. 20 Jahre Kinderdorfbewegung in Österreich. [E] Stefferl; [S] Nefe; komb. StTdr. und RaTdr. (10×5); gez. K 13¾:14.

agf) Mädchen, Kinderheim

1304	2 S	dunkelolivgrün/schwarz-rötlichbraun [GA] . . . . agf	0,30	0,20	0,60
		FDC			1,—

Auflage: 3 050 000 Stück

1969, 22. Aug. 50 Jahre Internationale Arbeitsorganisation (ILO). [E] Pilch; RaTdr. (10×5); gez. K 12¾:13¾.

agg) Zwei Fäuste mit Schraubenschlüssel, UNO-Emblem

1305	2 S	schwarzopalgrün . . . . . agg	0,30	0,20	0,60
		FDC			1,—

Auflage: 3 200 000 Stück

Die Preisnotierungen gelten für Marken in handelsüblicher Qualität.

1969, 22. Aug. Jahr der Auslands-Österreicher. [E] Holzmeister; [S] Wimmer; komb. StTdr. und Odr. (10×5); gez. K 14½:13¾.

agh) Weltkugel von Flaggenband umschlungen

			✱✱	⊙	✉
1306	3.50 S	grünschwarz/ lebhaftrot . . . . agh	0,70	0,40	1,—
		FDC			1,20

Auflage: 3 200 000 Stück

1969, 26. Sept. 200 Jahre Albertina. [E] Pilch; [S] Wimmer (MiNr. 1307), Fischer (MiNr. 1308), Laurent (MiNr. 1309), Seidel (MiNr. 1310), Nefe (MiNr. 1311 und 1314) und Toth (MiNr. 1312–1313); komb. StTdr. und RaTdr. (10×5); gez. K 13¾:14.

agi) Der Cid Campeador tötet einen anderen Stier; Radierung von Francisco de Goya (1746–1828)

agk) Junger Feldhase; Aquarell von Albrecht Dürer (1471–1528)

agl) Die Madonna mif dem Granatapfel; Kreidezeichnung von Raffael (1483–1520)

agm) Künstler und Kenner; Federzeichnung von Pieter Bruegel d. Ä. (um 1525–1569)

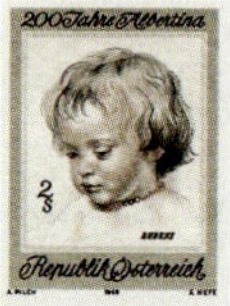

agn) Rubens Sohn Nikolaus; Kreide- und Rötelzeichnung von Peter Paul Rubens (1577–1640)

ago) Selbstbildnis an einer Steinbrüstung; Kaltnadelradierung von Rembrandt (1606–1669)

agp) Lesende Dame und kleines Mädchen; Kreidepastellzeichnung von F. Guérin (ca. 1735–1791)

agr) Die Gattin des Künstlers; Bleistiftzeichnung von Egon Schiele (1890–1918)

1307	2 S	mehrfarbig . . . . agi	0,40	0,40	0,80
1308	2 S	mehrfarbig . . . . agk	0,40	0,40	0,80
1309	2 S	mehrfarbig . . . . agl	0,40	0,40	0,80
1310	2 S	mehrfarbig . . . . agm	0,40	0,40	0,80
1311	2 S	mehrfarbig . . . . agn	0,40	0,40	0,80
1312	2 S	mehrfarbig . . . . ago	0,40	0,40	0,80
1313	2 S	mehrfarbig . . . . agp	0,40	0,40	0,80
1314	2 S	mehrfarbig . . . . agr	0,40	0,40	0,80
		Satzpreis (8 W.)	3,—	3,—	
		FDC			6,—

1308 Ur	rechts ungezähnt	4500,—	
1311 F	Rosadruck stark verschoben	—,—	400,—

Auflage: 3 300 000 Sätze

1969, 3. Okt. 70. Geburtstag von Franz Jonas. ⬚ Pilch; ⬚ Nefe; komb. StTdr. und RaTdr. (10×5); gez. K 13¾:14.

ags) F. Jonas (1899–1974), Bundespräsident

			★★	⊙	✉
1315	2 S	grausilber/schwarz-violettblau . . . . ags	0,30	0,20	0,60
		FDC			1,—

Auflage: 3 200 000 Stück

1969, 17. Okt. 50 Jahre Gewerkschaft der PTT-Bediensteten. ⬚ Slama; ⬚ Wimmer; komb. StTdr. und RaTdr. (5×10); gez. K 13¾:14½.

agt) Posthorn mit Blitz über Erdkugel

1316	2 S	mehrfarbig . . . . agt	0,30	0,20	0,60
		FDC			1,—

Auflage: 3 200 000 Stück

1969, 31. Okt. Spargedanke. ⬚ Pilch; RaTdr. (10×5); gez. K 12¾:13½.

agu) Sparbüchse (um 1450)

1317	2 S	schwarzgrünlichblau/silber . . . . agu	0,30	0,20	0,60
		FDC			1,—

Auflage: 3 200 000 Stück

1969, 28. Nov. Weihnachten. ⬚ Pilch; ⬚ Toth; komb. StTdr. und RaTdr. (10×5); gez. K 12.

agv) Madonna; Gemälde von Albin Egger-Lienz (1868–1926)

1318	2 S	gelblichweiß/dunkel-braunkarmin . . . . agv	0,20	0,20	0,60
		FDC			1,50

Auflage: 5 000 000 Stück

1969, 5. Dez. Tag der Briefmarke. ⬚ Pilch; ⬚ Fischer; komb. StTdr. und RaTdr. (10×5); gez. K 12.

agw) Aushängeschild der früheren Poststation Unken in Salzburg (nach Aquarell von Friedrich Zeller)

1319	3.50 S + 80 g	mehrfarbig agw	0,70	0,70	1,20
		FDC			1,50

Auflage: 2 432 000 Stück

1970

1970, 6. Febr. 60. Todestag von Josef Schöffel. ⬚ Pilch; ⬚ Nefe; StTdr. (10×5); gez. K 14½:13¾

agx) J. Schöffel (1832–1910), Retter des Wienerwaldes

			★★	⊙	✉
1320	2 S	schwarzbraunviolett . . . agx	0,30	0,20	0,60
		FDC			1,—

Auflage: 2 900 000 Stück

1970, 13. März. 150. Todestag des hl. Klemens Maria Hofbauer. ⬚ Pilch; ⬚ Nefe; komb. StTdr. und RaTdr. (10×5); gez. K 14½:13¾

agy) Hl. K. M. Hofbauer (1751–1820); Stadtpatron von Wien

1321	2 S	hellgelbgrau/schwarz-rötlichbraun . . . . agy	0,30	0,20	0,60
		FDC			1,—

Auflage: 2 900 000 Stück

1970, 27. April. 25 Jahre Zweite Republik Österreich. ⬚ Pilch (MiNr. 1322) und Zeiller (MiNr. 1323); ⬚ Nefe (MiNr. 1322) und Fischer (MiNr. 1323); StTdr. (5×10); gez. K 13¾.

agz) Leopold Figl (1902–1965), ehem. Bundeskanzler, National-flagge, Stacheldraht

aha) Schloß Belvedere, Wien

1322	2 S	schwarzbraunoliv . . . . . agz	0,40	0,30	0,80
1323	2 S	schwärzlichbräunlichlila aha	0,40	0,30	0,80
		Satzpreis (2 W.)	0,70	0,60	
		FDC			1,70

Auflage: 2 900 000 Sätze

1970, 15. Mai. Freimarke: Bauwerke. ⬚ Zeiller; Odr. (10×10); gez. K 14.

ahb) Romanischer Kreuzgang im Stift Millstatt

1324	1 S	dunkelrötlichbraun . . . . ahb	0,40	0,20	0,50
		FDC			1,—

Katalogisierung nach Papier- und Gummierungsarten siehe nach MiNr. 1055.

Weitere Werte siehe Übersicht nach Jahrgangswerttabelle.

Mit MICHEL besser sammeln

1970, 19. Mai. Europäisches Naturschutzjahr. Ⓖ Zeiller; Ⓢ Leitgeb; StTdr. (10×5); gez. K 13¾:14.

ahc) Obere Stufe der Krimmler Wasserfälle

			✶✶	☉	✉
1325	2 S	schwarzbläulichgrün . . . ahc	0,50	0,30	0,80
		FDC			1,50

Auflage: 2 900 000 Stück

1970, 5. Juni. 300 Jahre Leopold-Franzens-Universität, Innsbruck. Ⓖ Pilch; Ⓢ Wimmer; komb. Odr. und StTdr. (10×5); gez. K 13½.

ahd) Ältestes Siegel der Innsbrucker Universität

1326	2 S	(lebhaft)rot/schwarz . . . ahd	0,30	0,20	0,60
		FDC			1,—

Auflage: 2 900 000 Stück

1970, 5. Juni. 100 Jahre Musikvereinsgebäude. Ⓖ Stefferl; Ⓢ Pfeiler; komb. StTdr. und RaTdr. (5×10); gez. K 14¼:14.

ahe) Orgel im großen Musikvereinssaal, Wien

1327	2 S	gold/schwärzlich-graulila . . . . ahe	0,30	0,20	0,60
		FDC			1,—

Auflage: 2 900 000 Stück

1970, 22. Juni. Alte Uhren (I). Ⓖ Stefferl; komb. StTdr. und RaTdr. (10×5); gez. K 14.

ahf) Uhr von   ahg) Uhr von   ahh) Uhr von
1450–1550   1600–1650   1720–1760

ahf-ahh) Schauobjekte aus dem Uhrenmuseum, Wien

1328	1.50 S	mattbraungrau/schwarzbraun . . . . . . ahf	0,30	0,30	0,80
1329	2 S	blauweiß/lila-ultramarin . . . . ahg	0,40	0,40	0,80
1330	3.50 S	braunweiß/schwärz-lichkarminbraun . . . . ahh	0,70	0,60	1,—
		Satzpreis (3W.)	1,40	1,30	
		FDC			2,50

Probedruck

                                (✶)

1328 P U   auf Andruckpapier, ungezähnt, o.G. (aus Makulatur) . . . . 25,—

Auflage: 2 900 000 Sätze

Weitere Werte: MiNr. 1344–1346

1970, 3. Juli. Operetten (I). Ⓖ Stefferl; Ⓢ Leitgeb (MiNr. 1331), Laurent (MiNr. 1332) und Toth (MiNr. 1333); komb. StTdr. und RaTdr. (10×5); gez. K 13¾.

ahi) „Der Bettelstudent",   ahk) „Ein Walzertraum",   ahl) „Die lustige Witwe",
von Carl Millöcker   von Oscar Straus   von Franz Lehár

			✶✶	☉	✉
1331	1.50 S	grünweiß/schwarz-blaugrün . . . . ahi	0,30	0,30	0,80
1332	2 S	rosaweiß/schwarz-braunviolett . . . . ahk	0,40	0,40	0,80
1333	3.50 S	ultramarinweiß/schwarzviolettblau . . ahl	0,70	0,60	1,—
		Satzpreis (3 W.)	1,40	1,30	
		FDC			2,50

Auflage: 2 900 000 Sätze

Weitere Werte: MiNr. 1338–1340

1970, 23. Juli. 25 Jahre Bregenzer Festspiele. Ⓖ Pilch; RaTdr. (10×5); gez. K 13¾:14.

ahm) Szenenbild aus der Operette „Der Zigeunerbaron"

1334	3.50 S	mehrfarbig . . . . ahm	0,70	0,50	1,—
		FDC			1,20

Plattenfehler

1334 I

1334 I	Strich vor Treppe (Feld 42)	7,—	8,—	20,—

Probedruck

                                (✶)

1334 P U   auf weißem Andruckpapier, ungezähnt, o.G. (aus Makulatur) .   25,—

Auflage: 2 900 000 Stück

1970, 27. Juli. 50 Jahre Salzburger Festspiele. Ⓖ Zeiller; RaTdr. (10×5); gez. K 14¼.

ahn) Emblem der Salzburger Festspiele

1335	3.50 S	mehrfarbig . . . . ahn	0,70	0,50	1,—
		FDC			1,20

Auflage: 2 900 000 Stück

1970, 7. Aug. 125. Geburtstag von Thomas Koschat. ⌧ Pilch; Ⓢ Pfeiller; StTdr. (10×5); gez. K 14½:13¾.

aho) Th. Koschat (1845–1914), Liederkomponist aus Kärnten

			**	⊙	✉
1336	2 S	schwärzlichlilabraun . . . aho	0,30	0,20	0,60
		FDC			1,—

Probedruck

			(*)
1336 P U		auf gelbem Andruckpapier, ungezähnt, o.G. (aus Makulatur) .	25,—

Auflage: 3 100 000 Stück

1970, 31. Aug. Weltkongreß der Kriegsopfer. ⌧ Pilch; Ⓢ Pfeiler; StTdr. (10×5); gez. K 13¾.

ahp) Kopf des hl. Johannes (1700); Ölberggruppe (Pfarrkirche in Ried) von Thomas Schwanthaler

1337	3.50 S	schwarzgraubraun . ahp	0,70	0,40	0,80
		FDC			1,20

Auflage: 3 100 000 Stück

1970, 11. Sept. Operetten (II). ⌧ Stefferl; Ⓢ Toth (MiNr. 1338), Leitgeb (MiNr. 1339) und Pfeiler (MiNr. 1340); komb. StTdr. und RaTdr. (10×5); gez. K 13¾.

ahr) „Die Fledermaus", von Johann Strauß

ahs) „Der Vogelhändler", von Carl Zeller

aht) „Zwei Herzen im Dreivierteltakt", von Robert Stolz

1338	1.50 S	gelbweiß/schwarz-blauviolett . . . . ahr	0,30	0,30	0,80
1339	2 S	weißsmaragdgrün/schwarzsiena . . . . . . ahs	0,40	0,40	0,80
1340	3.50 S	orangeweiß/schwarz-preußischblau . . . . . . aht	0,70	0,60	1,—
		Satzpreis (3 W.)	1,40	1,30	
		FDC			2,50

Probedrucke

			(*)
1339 P U		auf Andruckpapier, ungezähnt, o.G. (aus Makulatur)	25,—
1340 P U		auf Andruckpapier, ungezähnt, o.G. (aus Makulatur)	25,—

Auflage: 2 900 000 Sätze

Weitere Werte: MiNr. 1331–1333

1970, 16. Sept. Wandern und Bergsteigen. ⌧ Zeiller; RaTdr. (5×10); gez. K 14:13¾.

ahu) Zwei Bergsteiger vor Gebirgspanorama

			**	⊙	✉
1341	2 S	violettultramarin/weißlilarot . . . . ahu	0,30	0,20	0,60
		FDC			1,—
1341 DD		Doppeldruck	1500,—		
1341 F		Rosadruck stark verschoben	800,—		

Plattenfehler

1341 I

1341 PF I		„H" in REICH gebrochen (Feld 4) . . .	6,—	6,—	15,—

Probedruck

			(*)
1341 P U		auf weißem Andruckpapier, ungezähnt, o.G. (aus Makulatur) .	25,—

Auflage: 3 100 000 Stück

1970, 2. Okt. 100. Geburtstag von Alfred Cossmann. ⌧ Pilch; Ⓢ Nefe; StTdr. (10×5); gez. K 14½:13¾.

ahv) A. Cossmann (1870–1951), Kupferstecher

1342	2 S	schwarzrotbraun . . . . . . ahv	0,30	0,20	0,60
		FDC			1,—

Auflage: 3 100 000 Stück

1970, 2. Okt. 50. Jahrestag der Kärntner Volksabstimmung. ⌧ Pilch; Ⓢ Fischer; komb. StTdr. und RaTdr. (10×5); gez. K 14.

ahw) Wappen von Kärnten

1343	2 S	mehrfarbig . . . . ahw	0,30	0,20	0,60
		FDC			1,—

Auflage: 3 100 000 Stück

1970, 23. Okt. Alte Uhren (II). ⌧ Stefferl; Ⓢ Leitgeb (MiNr. 1344), Nefe (MiNr. 1345) und Fischer (MiNr. 1346); komb. StTdr. und RaTdr. (10×5); gez. K 14.

ahx) Uhr von 1790–1815

ahy) Uhr von 1800–1830

ahz) Uhr von 1820–1850

1344	1.50 S	grünweiß/schwärz-lichbläulichgrün . . . ahx	0,30	0,30	0,80
1345	2 S	purpurweiß/dunkel-bräunlichkarmin . . . . ahy	0,40	0,40	0,80
1346	3.50 S	violettweiß/schwarz-graupurpur . . . . ahz	0,70	0,60	1,—
		Satzpreis (3 W.)	1,40	1,30	
		FDC			2,50

Auflage: 2 900 000 Sätze

Weitere Werte: MiNr. 1328–1330

1970, 23. Okt. 25 Jahre Vereinte Nationen (UNO). [E] **Pilch; Odr. (5×10); gez K 14.**

aia) UNO-Emblem

			★★	⊙	⊠
1347	3.50 S	mittelpreußischblau/ schwarz . . . . aia	0,70	0,40	1,—
		FDC			1,10

Auflage: 3 150 000 Stück

1970, 6. Nov. Sport (IV). [E] **Pilch;** [S] **Nefe; StTdr. (10×5); gez. K 14½:13¾.**

aib) Hürdenlauf

1348	2 S	braunviolett . . . . aib	0,30	0,20	0,60
		FDC			1,—

Auflage: 3 100 000 Stück

Weitere Werte: MiNr. 1069–1070, 1121, 1242, 1377, 1418, 1456, 1707

1970, 27. Nov. Weihnachten. [E] **Zeiller;** [S] **Pfeiler; StTdr. (5×10); gez. K 13¾:14.**

aic) Anbetung der Hirten; Kleinplastik aus dem Pfarrhof Garsten von Bruder Marian Rittinger OSB

1349	2 S	schwarzviolettblau . . . . . aic	0,30	0,20	0,60
		FDC			1,—

Auflage: 5 200 000 Stück

1970, 4. Dez. Tag der Briefmarke. [E] **Pilch;** [S] **Wimmer; komb. StTdr. und RaTdr. (10×5); gez. K 13¾:14.**

aid) Galaschlittenkummet, Sattel, Felleisen und Posthorn

1350	3.50 S + 80 g	mehrfarbig . aid	0,70	0,70	1,20
		FDC			1,50

Auflage: 2 392 000 Stück

1970, 14. Dez. 100. Geburtstag von Karl Renner. [E] **Zeiller;** [S] **Fischer; StTdr. (10×5); x = Papier und Gummi weiß, y = Papier und Gummi gelblich; gez. K14½:13¾.**

aie) K. Renner (1870–1950), 1. Bundespräsident der 2. Republik

1351	2 S	schwärzlichlilakarmin . aie			
	x	Papier u. Gummi weiß . . .	0,30	0,20	0,60
	y	Papier u. Gummi gelblich .	150,—	75,—	—,—
		FDC (x)			1,—

Auflage: 3 100 000 Stück

1970, 16. Dez. 200. Geburtstag von Ludwig van Beethoven. [E] **Pilch;** [S] **Toth; komb. StTdr. und RaTdr. (10×5); gez. K 13¾:13½.**

aif) L. van Beethoven (1770–1827), Komponist; nach Gemälde von Ferdinand Georg Waldmüller (1793–1865)

			★★	⊙	⊠
1352	3.50 S	gelbschwarz/ mattbraunocker . . . . . aif	0,70	0,50	1,—
		FDC			1,50

Auflage: 3 100 000 Stück

1971

1971, 11. Jan. 100. Geburtstag von Enrica Handel-Mazzetti. [E] **Pilch;** [S] **Nefe; StTdr. (10×5); gez. K 14½:13¾.**

aig) E. Handel-Mazzetti (1871–1955), Dichterin

1353	2 S	schwarzviolettbraun . . . aig	0,30	0,20	0,60
		FDC			1,—

Auflage: 2 900 000 Stück

1971, 18. Febr. Verkehrssicherheit. [E] **Stefferl; RaTdr. (5×10); gez. K 13½.**

aih) Kindergesicht, Verkehrsampel, Autoscheinwerfer, Inschrift

1354	2 S	mehrfarbig . . . . aih	0,40	0,20	0,60
		FDC			1,—
1354 F I		Farbe Opalgrün (Licht) fehlend	900,—	450,—	—,—
1354 F II		Farbe Opalgrün stark verschoben . . .	500,—	200,—	

Auflage: 2 900 000 Stück

1971, 22. März. Kunstschätze. [E] **Pilch;** [S] **Leitgeb (MiNr. 1355), Pfeiller (MiNr. 1356) und Nefe (MiNr. 1357); komb. StTdr. und RaTdr. (5×10); gez. K 14.**

aii) Deckelschale aus Florenz (um 1580)

aik) Reiterstandbild Kaiser Josefs I.; von Matthias Steinle

ail) Saliera (um 1540/1543); von B. Cellini

1355	1.50 S	mattrötlichgrau/ schwarzblaugrün . . . . aii	0,50	0,30	0,80
1356	2 S	mattgrau/schwarz- braunpurpur . . . . aik	0,60	0,40	0,80
1357	3.50 S	mehrfarbig . . . . ail	0,90	0,60	1,—
		Satzpreis (3 W.)	2,—	1,30	
		FDC			2,50

Auflage: 2 900 000 Sätze

1971, 16. April. Kongreß der Internationalen Handelskammer, Wien. Ⓖ Zeiller; RaTdr. (10×5); gez. K 13¾.

aim) Gremiumswappen der Großhändler (um 1900)

		**	☉	✉
1358	3.50 S mehrfarbig . . . . aim	0,70	0,40	1,—
	FDC			1,—

1358 F	Farbe Silber fehlend	2000,—

Auflage: 2 900 000 Stück

1971, 6. Mai. Jubiläumskongreß des Österreichischen Notariats, Wien. Ⓖ Zeiller; Ⓢ Seidel; komb. StTdr. und RaTdr. (10×5); gez. K 13¾.

ain) Notariatssignet (1380)

1359	3.50 S schwarzgraulila/			
	hellbraunocker . . . . . ain	0,70	0,40	1,—
	FDC			1,20

Auflage: 2 900 000 Stück

1971, 6. Mai. Kunstschätze: Gemälde. Ⓖ Pilch; Ⓢ Leitgeb (MiNr. 1360), Pfeiler (MiNr. 1361) und Toth (MiNr. 1362); StTdr. (10×5); gez. K 13¾: 13½

aio) Bildnis des Jacopo de Strada (Detail); von Tizian (um 1488–1576)

aip) Bauerntanz (Detail); von Pieter Bruegel d. Ä. (um 1525–1569)

air) Junge Venezianerin; von Albrecht Dürer (1471–1528)

1360	1.50 S schwärzlichbraunlila . aio	0,30	0,30	0,80
1361	2 S schwarzgraugrün . . . aip	0,40	0,40	0,80
1362	3.50 S schwärzlichrötlichbraun air	0,70	0,60	1,—
	Satzpreis (3 W.)	1,40	1,30	
	FDC			2,50

Auflage: 2 900 000 Sätze

1971, 27. Mai. Ausstellung „1000 Jahre Kunst in Krems". Ⓖ Pilch; Ⓢ Laurent; komb. StTdr. und RaTdr. (10×5); gez. K 13:13¾.

ais) Halbfigur des hl. Matthäus vom Lentl-Altar (1520) von Josef Maria Götz

1363	2 S lilapurpur/schwärzlichsiena ais	0,30	0,20	0,60
	FDC			1,—

Auflage: 2 900 000 Stück

1971, 1. Juni. 100. Todestag von August Neilreich. Ⓖ und Ⓢ Stefferl; StTdr. (10×5); gez. K14½:13¾.

ait) A. Neilreich (1803–1871), Botaniker

		**	☉	✉
1364	2 S rötlichbraun . . . . ait	0,30	0,20	0,60
	FDC			1,—

Auflage: 2 900 000 Stück

1971, 1. Juli. Internationales Chorfest Wien. Ⓖ Pilch; Ⓢ Fischer; komb. StTdr. und RaTdr. (5×10); gez. K 13¾:14½.

aiu) Sänger mit Lyra

1365	4 S mehrfarbig . . . . aiu	0,70	0,60	1,—
	FDC			1,50

Auflage: 2 900 000 Stück

1971, 23. Aug. 700 Jahre Stadt Kitzbühel. Ⓖ Zeiller; Ⓢ Pfeiler; komb. StTdr. und RaTdr. (10×5); gez. K 14.

aiv) Stadtwappen von Kitzbühel

1366	2.50 S mehrfarbig . . . . aiv	0,40	0,30	0,80
	FDC			1,—

Auflage: 3 200 000 Stück

1971, 1. Sept. 200 Jahre Wiener Börse. Ⓖ Zeiller; Ⓢ Wimmer; StTdr. (5×10); gez. K 14.

aiw) Vorderansicht der Wiener Börse

1367	4 S dunkelbraunrot . . . . aiw	0,70	0,40	1,—
	FDC			1,50

Auflage: 3 200 000 Stück

1971, 6. Sept. 50 Jahre Internationale Wiener Messe. Ⓖ Zeiller; RaTdr. (5×10); gez. K 13½:12¾.

aix) Jubiläumshalle, Teilansicht der Rotunde

1368	2.50 S dunkelpurpur . . . . . . aix	0,40	0,30	0,80
	FDC			1,—

Auflage: 3 200 000 Stück

Wenn Sie eine eilige philatelistische Anfrage haben, rufen Sie bitte (0 89) 3 23 93-2 24, die MICHEL-Redaktion gibt Ihnen gerne Auskunft.

1971, 20. Sept. 25 Jahre Österreichischer Gewerkschaftsbund. [E] **Slama; RaTdr. (10×5); gez. K 14½:13¾.**

aiy) Band und Lettern ÖGB

			**	⊙	✉
1369	2 S mehrfarbig	aiy	0,30	0,20	0,60
		FDC			1,—

Auflage: 3 350 000 Stück

1971, 1. Okt. 50 Jahre Burgenland bei Österreich. [E] **Stefferl; RaTdr. (10×5); gez. K 14.**

aiz) Wappen des Burgenlandes, Flechtwerk

1370	2 S mehrfarbig	aiz	0,30	0,20	0,60
		FDC			1,—

Auflage: 3 200 000 Stück

1971, 1. Okt. 75 Jahre Österreichischer Automobil-, Motorrad- und Touring Club (ÖAMTC). [E] **Stefferl;** [S] **Pfeiler; komb. StTdr. und RaTdr. (5×10); gez. K 14.**

aka) Marcus-Wagen

1371	4 S weißgelbgrün/schwarz	aka	0,70	0,50	1,—
		FDC			1,50

Auflage: 3 200 000 Stück

1971, 8. Okt. Eröffnung der Brenner-Autobahn. [E] **Zeiller;** [S] **Fischer; StTdr. (10×5); gez. K 14½:13¾.**

akb) „Europabrücke", Teilstück der Brenner-Autobahn

1372	4 S schwärzlichlilaultramarin	akb	0,70	0,50	1,—
		FDC			1,50

Auflage: 3 200 000 Stück

1971, 15. Okt. 25 Jahre verstaatlichte Unternehmen. [E] **Zeiller;** [S] **Pfeiler (MiNr. 1373) und Leitgeb (MiNr. 1374–1375); StTdr. (5×10); gez. K 13½.**

akc) Eisenbergbau am Steirischen Erzberg

akd) Stickstoffwerke in Linz

ake) Eisen- und Stahlwerke in Linz

1373	1.50 S dunkellilabraun [GA]	akc	0,40	0,20	0,60
1374	2 S schwarzblauviolett	akd	0,40	0,30	0,80
1375	4 S schwarzgrün	ake	0,80	0,80	1,30
		Satzpreis (3 W.)	1,50	1,30	
		FDC			2,50

Auflage: 3 200 000 Sätze

1971, 21. Okt. „Eisenbahnjubiläen". [E] **Pilch;** [S] **Fischer; StTdr. (10×5); gez. K 14.**

akf) Sechsteiliger elektr. Schnelltriebwagenzug BR 4010 auf der Semmeringstrecke, Krauseltunnel

			**	⊙	✉
1376	2 S schwärzlichrosalila	akf	0,40	0,30	0,80
		FDC			1,—

Auflage: 3 200 000 Stück

1971, 15. Nov. Sport (V). [E] **Stefferl;** [S] **Pfeiler; StTdr. (10×5); gez. K 13½.**

akg) Sportangeln

1377	2 S schwarzbraunkarmin	akg	0,30	0,20	0,60
		FDC			1,—

Auflage: 3 200 000 Stück

Weitere Werte: MiNr. 1069–1070, 1121, 1242, 1348, 1418, 1456, 1707

1971, 15. Nov. 100. Geburtstag von Erich Tschermak-Seysenegg. [E] **Zeiller;** [S] **Laurent; komb. StTdr. und RaTdr. (10×5); gez. K 14½:13¾.**

akh) E. Tschermak-Seysenegg (1871–1962), Botaniker

1378	2 S hellolivgrau/schwärzlichbraunviolett	akh	0,30	0,20	0,60
		FDC			1,—

Auflage: 3 200 000 Stück

1971, 26. Nov. Weihnachten. [E] **Geßner;** [S] **Nefe; komb. StTdr. und RaTdr. (10×5); gez. K 13½.**

aki) „Der Jesusknabe als Erlöser", Miniatur-Tempera von Albrecht Dürer

1379	2 S mehrfarbig	aki	0,30	0,20	0,60
		FDC			1,50

Auflage: 5 200 000 Stück

1971, 3. Dez. 50 Jahre Verband Österreichischer Philatelisten-Vereine. [E] **Stefferl;** [S] **Seidel; komb. StTdr. und RaTdr. (5×10); gez. K 13½.**

akk) Schriftbild zum Ausgabeanlaß

1380	4 S + 1.50 S gold/dunkellilakarmin	akk	0,90	0,90	1,50
		FDC			1,50

Auflage: 2 252 000 Stück

1972

1972, 21. Jan. 100. Todestag von Franz Grillparzer. [E] Pilch; [S] Nefe; komb. StTdr. und Odr. (10×5); gez. K 14½:13¾.

akl) F. Grillparzer (1791–1872), Dichter nach Aquarell von Moritz M. Daffinger (1790–1849)

			★★	⊙	✉
1381	2 S	mehrfarbig . . . . akl	0,40	0,20	0,60
		FDC			1,—

Auflage: 2 900 000 Stück

1972, 23. Febr. Kunstschätze: Brunnen. [E] Pilch; [S] Nefe (MiNr. 1382), Seidel (MiNr. 1383) und Pfeiler (MiNr. 1384); StTdr. (10×5); gez. K 14½:13¾.

akm) Brunnen in Friesach/Kärnten, Hauptplatz

akn) Bleibrunnen im Kreuzgang von Stift Heiligenkreuz, NÖ.

ako) Leopoldsbrunnen in Innsbruck

1382	1.50 S	dunkelbraunpurpur . akm	0,40	0,20	0,60
1383	2 S	dunkelsiena . . . . akn	0,30	0,30	0,80
1384	2.50 S	dunkelbräulichnoliv . ako	0,60	0,60	1,—
		Satzpreis (3 W.)	1,20	1,10	
		FDC			2,50

Auflage: 2 900 000 Sätze

1972, 11. April. Konferenz der Europäischen PTT-Minister, Wien. [E] Pilch; [S] Toth; StTdr. (10×5); gez. K 14½:13¾.

akp) Wiener Hofburg, Ansicht vom Michaelerplatz

1385	4 S	schwarzviolettblau . . . . akp	0,80	0,50	1,—
		FDC			1,50

Auflage: 2 900 000 Stück

1972, 11. April. Welt-Herzmonat. [E] Pilch; [S] Pfeiler; StTdr. (5×10); gez. K 13¾:14½.

akr) Patient, Herzüberwachungsgerät

1386	4 S	schwarzbraunpurpur . . . akr	0,80	0,50	1,—
		FDC			1,50

Auflage: 2 900 000 Stück

Die Bildbeschreibungen zu den Markenabbildungen sind so ausführlich wie möglich gehalten!

1972, 5. Mai. 900 Jahre Diözese Gurk. [E] Pilch; [S] Nefe; komb. StTdr. und RaTdr. (5×10); gez. K 14.

aks) Tragsäule des Hemma-Sarges in der Krypta des Gurker Doms

			★★	⊙	✉
1387	2 S	gold/schwarzviolett . . . . aks	0,40	0,20	0,60
		FDC			1,—

Auflage: 2 900 000 Stück

1972, 23. Mai. Internationaler Kongreß der Gemeinwirtschaft, Wien. [E] Pilch; [S] Seidel, komb. StTdr. und Odr. (10×5); gez. K 14.

akt) Wiener Rathaus, Kongreß-Emblem

1388	4 S	mehrfarbig . . . . akt	0,80	0,50	1,—
		FDC			1,50

Auflage: 2 900 000 Stück

1972, 28. Juni. 25 Jahre verstaatlichte Elektrizitätswirtschaft. [E] Zeiller; [S] Toth (MiNr. 1389) und Nefe (MiNr. 1390–1391); komb. StTdr. und Odr. (5×10); gez. K 13¾:14½.

aku) Hochspannungsleitung Lienz-Pelos

akv) Dampfkraftwerk Wien-Simmering

akw) Speicher Zemmkraftwerke

1389	70 g	schwärzlichgrüngrau/ schwärzlichiolett . . . aku	0,20	0,20	0,60
1390	2.50 S	schwärzlichgrüngrau/ rotbraun . . . . akv	0,50	0,30	0,80
1391	4 S	schwärzlichgrüngrau /schwarzgrünlichblau akw	0,80	0,50	1,—
		Satzpreis (3 W.)	1,50	1,—	
		FDC			2,50

Auflage: 2 900 000 Sätze

1972, 21. Aug. Österreichischer Fackellauf zu den Olympischen Sommerspielen, München. [E] Stefferl; [S] Leitgeb; komb. StTdr. und RaTdr. (10×5); gez. K 14½:13¾.

akx) Fackelläufer

1392	2 S	schwarzviolettbraun/rot akx	0,40	0,20	0,60
		FDC			1,—

Auflage: 3 300 000 Stück

1972, 21. Aug. Ausstellung „Spätgotik in Salzburg". [E] Pilch; [S] Nefe; StTdr. (10×5); gez. K 14½:13¾.

aky) „Heiliger Hermes", Gemälde von Conrad Laib

1393	2 S	schwärzlichbraunkarmin aky	0,40	0,20	0,60
		FDC			1,—

Auflage: 3 100 000 Stück

1972, 7. Sept. Internationaler Kleingärtnerkongreß. Ⓖ Riefel; Ⓢ Nefe; komb. StTdr. und RaTdr. (5×10); gez. K 14.

akz) Birnenzweig

		**	⊙	⊠
1394	2.50 S mehrfarbig . . . . akz	0,50	0,30	0,80
	FDC			1,—

Auflage: 3 150 000 Stück

1972, 12. Sept. Blockausgabe: 400 Jahre Spanische Reitschule. Ⓖ Pilch; Ⓢ Toth; komb. StTdr. und RaTdr.; gez. Ks 13¾.

ala) Spanischer Tritt	alb) Piaffe	alg
alc) Levade	ald) Am langen Zügel	
ale) Kapriole	alf) Courbette	

1395	2 S mehrfarbig . . . . ala	0,40	0,20	0,60
1396	2 S mehrfarbig . . . . alb	0,40	0,20	0,60
1397	2.50 S mehrfarbig . . . . alc	0,50	0,30	0,80
1398	2.50 S mehrfarbig . . . . ald	0,50	0,30	0,80
1399	4 S mehrfarbig . . . . ale	0,80	0,70	1,20
1400	4 S mehrfarbig . . . . alf	0,80	0,70	1,20
Block 2	(135×180 mm) . . . . alg	3,50	5,—	6,—
	FDC			5,50

Auflage: 3 550 000 Blocks

1972, 17. Okt. 100 Jahre Hochschule für Bodenkultur. Ⓖ Geßner; Ⓢ Fischer; komb. StTdr. und RaTdr. (10×5); gez. K 14½:13¾.

alh) Wappen der Hochschule

		**	⊙	⊠
1401	2 S mehrfarbig . . . . alh	0,40	0,20	0,60
	FDC			1,—

Auflage: 3 100 000 Stück

1972, 7. Nov. 350 Jahre Paris-Lodron-Universität, Salzburg. Ⓖ Pilch; Ⓢ Pfeiler; StTdr. (10×5); gez. K 14½:13¾.

ali) Kollegienkirche mit altem Universitätsgebäude

1402	4 S lebhaftrötlichbraun . . . . . ali	0,80	0,50	1,—
	FDC			1,50

Auflage: 3 100 000 Stück

1972, 14. Nov. 50. Todestag von Carl Michael Ziehrer. Ⓖ Pilch; Ⓢ Toth; StTdr. (10×5); gez. K 14½:13¾.

alk) C. M. Ziehrer (1843–1922), Komponist

1403	2 S dunkelbräunlichlila . . . . . alk	0,40	0,20	0,60
	FDC			1,—
1403 U	ungezähnt		*1800,—*	

Auflage: 3 100 000 Stück

1972, 1. Dez. Tag der Briefmarke. Ⓖ Pilch; Ⓢ Pfeiler; StTdr. (10×5); gez. K 14½:13¾.

all) Briefträger der „Klapperpost", Wien

1404	4 S + 1 (S) schwarzgrünoliv all	0,90	0,80	1,50
	FDC			1,50

Auflage: 2 166 000 Stück

1972, 1. Dez. Weihnachten. Ⓖ Pilch; Ⓢ Laurent; komb. StTdr. und RaTdr. (5×10); gez. K 14:13¾.

alm) „Muttergottes mit Kind", gotische Holzskulptur (ca. 1420) aus der Filialkirche Inzersdorf, OÖ., vom Meister von Seeon

1405	2 S gold/schwarzbraunviolett . . . . alm	0,40	0,20	0,60
	FDC			1,—

Auflage: 5 200 000 Stück

1972, 12. Dez. Kunstschätze aus der Wagenburg. Zeiller; Laurent (MiNr. 1406), Seidel (MiNr. 1407) und Fischer (MiNr. 1408); komb. StTdr. und RaTdr. (5×10); gez. K 13¾.

aln) Rennschlitten

alo) Krönungslandauer

alp) Imperialwagen des Wiener Hofes

			✹✹	☉	✉
1406	1.50 S	mattgraubraun/ schwarzorangebraun aln	0,20	0,20	0,60
1407	2 S	hellbraungrau/ schwarzbläulichgrün . alo	0,40	0,20	0,60
1408	2.50 S	hellolivgrau/ schwarzgraulila . . . . . alp	0,50	0,30	0,80
		Satzpreis (3 W.)	1,—	1,—	
		FDC			2,—

Auflage: 3 100 000 Sätze

1972, 14. Dez. Fertigstellung des vollautomatisierten Fernsprechnetzes. Pilch, RaTdr. (5×10); gez. K 14.

alr) Telefonhörer vor Landkarte Österreichs

1409	2 S	gelb/schwarz . . . . alr	0,40	0,20	0,60
		FDC			1,—

Auflage: 3 050 000 Stück

1973

1973, 26. Jan. 50. Todestag von Alfons Petzold. Pilch; Pfeiler; StTdr. (10×5); gez. K 14½:13¾.

als) A. Petzold (1882–1923), Dichter

1410	2 S	schwärzlichgraupurpur . als	0,40	0,20	0,60
		FDC			1,—

Auflage: 3 100 000 Stück

1973, 26. Jan. Drogenmißbrauch. Stefferl; RaTdr. (5×10); gez. K 13¾:14½.

alt) Gesicht einer jungen Frau, zur Hälfte als Skelett

1411	2 S	mehrfarbig . . . . alt	0,40	0,20	0,60
		FDC			2,—

Auflage: 4 200 000 Stück

1973, 24. April. 100. Geburtstag von Theodor Körner. Pilch; Toth; komb. StTdr. und RaTdr. (10×5); gez. K 14½:13¾.

alu) Th. Körner (1873–1957), früherer Bundespräsident

			✹✹	☉	✉
1412	2 S	hellrötlichgrau/schwärzlichbraunpurpur . . . . alu	0,40	0,20	0,60
		FDC			1,—

Auflage: 3 100 000 Stück

1973, 14. Mai. Luftfahrt-Jubiläen. Zeiller; Leitgeb; komb. StTdr. und RaTdr. (5×10); gez. K 13¾:14½.

alv) Douglas DC-9-30 der Austrian Airlines

1413	2 S	lilaultramarin/rot . . . . alv	0,40	0,20	0,60
		FDC			1,—

Auflage: 3 100 000 Stück

1973, 4. Juni. 100. Geburtstag von Otto Loewi. Pilch; Nefe; StTdr. (10×5); gez. K 14½:13¾.

alw) O. Loewi (1873–1961), deutsch-amerikanischer Physiologe und Pharmakologe, Nobelpreis 1936

1414	4 S	schwarzviolett . . . . alw	0,80	0,50	1,—
		FDC			1,50
1414 U		ungezähnt	1500,—		

Auflage: 3 100 000 Stück

1973, 25. Juni. 25 Jahre Hauptverband der österreichischen Sozialversicherungsträger. Stefferl; Toth; StTdr. (10×5); gez. K 14½:13¾.

alx) Symbolik für Hilfe und Unterstützung

1415	2 S	schwärzlichkobalt . . . . . alx	0,40	0,20	0,60
		FDC			1,—

Auflage: 3 300 000 Stück

1973, 9. Juli. Europa. Pilch; RaTdr. (5×10); gez. K 14.

aly) Posthorn mit Telefonwählscheibe

1416	2.50 S	mehrfarbig GA . . . . . . aly	1,—	0,50	0,80
		FDC			1,—

Auflage: 4 000 000 Stück

Achten Sie bei geprüften Marken auf die Stellung des Prüfzeichens. Lesen Sie die Prüfordnung des Bundes Philatelistischer Prüfer (BPP) am Ende des Kataloges.

1973, 27. Juli. Dornbirner Messe. ⬚ Stefferl; RaTdr. (5×10); gez. K 13¾:14½.

alz) Dornbirner Messewappen, Stoffbahnen

		✶✶	☉	✉
1417	2 S mehrfarbig . . . . alz	0,40	0,20	0,60
	FDC			1,—

Auflage: 3 200 000 Stück

1973, 13. Aug. Sport (VI). ⬚ Pilch; Ⓢ Fischer; StTdr. (10×5); gez. K 14½:13¾.

ama) Milit. Fünfkampf

1418	4 S schwarzbraunoliv . . . . ama	0,80	0,50	1,—
	FDC			1,20

Auflage: 3 200 000 Stück

Weitere Werte: MiNr. 1069–1070, 1121, 1242, 1348, 1377, 1456, 1707

1973, 17. Aug. 100. Geburtstag von Leo Slezak. ⬚ Pilch; Ⓢ Toth; StTdr. (10×5); gez. K 14.

amb) L. Slezak (1873–1946), Opernsänger und Filmschauspieler

1419	4 S schwärzlichrotbraun . . amb	0,80	0,50	1,—
	FDC			1,20

Auflage: 3 200 000 Stück

1973, 20. Aug. Kongreß des Internationalen Statistischen Instituts. ⬚ Pilch; Ⓢ Leitgeb; komb. StTdr. und RaTdr. (10×5); gez. K 14½:13¾.

amc) Eingangstor zum Wiener Kongreßzentrum in der Wiener Hofburg

1420	2 S mehrfarbig . . . . amc	0,40	0,20	0,60
	FDC			1,—

Auflage: 3 200 000 Stück

1973, 30. Aug. 100. Jahrestag der Entdeckung des Franz-Joseph-Landes. ⬚ Pilch; Ⓢ Leitgeb; StTdr. (5×10); gez. K 13¾:14½.

amd) Expeditionsschiff „Admiral Tegetthoff" (Ausschnitt aus Gemälde von I. Payer)

1421	2.50 S schwärzlichgrünblau amd	0,50	0,30	0,80
	FDC			1,—

1421 U	ungezähnt	*1500,—*

Auflage: 3 200 000 Stück

1973, 4. Sept. IULCS-Kongreß in Wien. ⬚ Zeiller; Ⓢ Fischer; komb. StTdr. und RaTdr. (10×5); gez. K 14.

ame) Wappen der Wiener Rotgerber – Emblem des Vereins Österreichischer Ledertechniker

		✶✶	☉	✉
1422	4 S mehrfarbig . . . . ame	0,80	0,50	1,—
	FDC			1,20

Auflage: 3 200 000 Stück

1973, 4. Sept. 100 Jahre internationale meteorologische Zusammenarbeit. ⬚ Zeiller; Ⓢ Toth; StTdr. (5×10); gez. K 13¾:14½.

amf) „Akademie der Wissenschaften, Wien", Gemäldeausschnitt von B. Bellotto, genannt Canaletto

1423	2.50 S schwärzl'violettblau . amf	0,50	0,30	0,80
	FDC			1,—

Auflage: 3 200 000 Stück

1973, 7. Sept. 100. Geburtstag von Max Reinhardt. ⬚ und Ⓢ Stefferl; StTdr. (10×5); gez. K 12¾:13½.

amg) M. Reinhardt (1873–1943), Theaterregisseur

1424	2 S dunkelrötlichlila . . . . . . amg	0,40	0,20	0,60
	FDC			1,—

Auflage: 3 200 000 Stück

1973, 28. Sept. 50. Todestag von Ferdinand Hanusch. ⬚ Stefferl; Ⓢ Nefe; StTdr. (10×5); gez. K 14½:13¾.

amh) F. Hanusch (1866–1923), Staatssekretär

1425	2 S dunkelbraunpurpur . . . amh	0,40	0,20	0,60
	FDC			1,—

Auflage: 3 200 000 Stück

1973, 28. Sept. 100 Jahre Wiener Trabrennverein. ⬚ Pilch; Ⓢ Laurent; StTdr. (5×10); gez. K 13½.

ami) Trabrennfahrer auf der Bahn

1426	2 S schwärzlicholivgrün . . . ami	0,40	0,20	0,60
	FDC			1,—

Auflage: 3 200 000 Stück

1973, 2. Okt. 50 Jahre Interpol. ⬚ Stefferl; Ⓢ Pfeiler; StTdr. (5×10); gez. K 13¾:14½.

amk) Polizeifunker

1427	4 S schwarzviolettblau . . . . amk	0,80	0,50	1,—
	FDC			1,20

Auflage: 3 200 000 Stück

1973, 8. Okt. Europhotkongreß, Wien. ⊠ Zeiller; Ⓢ Pfeiler; komb. StTdr. und RaTdr. (5×10); gez. K 14.

aml) Fotografisches Objektiv von Josef Petzval (1807–1891)

		**	⊙	⊠
1428	2.50 S mehrfarbig . . . . aml	0,50	0,30	0,80
	FDC			1,—

Auflage: 3 200 000 Stück

1973, 23. Okt. 100 Jahre erste Wiener Hochquellenleitung. ⊠ Stefferl; Ⓢ Seidel; komb. StTdr. und RaTdr. (5×10); gez. K 13½:14.

amm) Kaiserbrunnen (Wasserschloß) im Höllental

1429	2 S mehrfarbig . . . . amm	0,40	0,20	0,60
	FDC			1,—

Auflage: 3 200 000 Stück

1973, 13. Nov./12. Dez. Freimarken: Schönes Österreich. ⊠ Zeiller; Ⓢ Pfeiler; komb. StTdr. und RaTdr. (10×10); y = stark fluoreszierendes Papier, x = Rakelpapier, schwach rosa fluoreszierend; gez. K 14.

amn) Almsee, Oberösterreich

amo) Ruine Aggstein, Niederösterreich

amp) Burg Falkenstein, Kärnten

amr) Neusiedlersee, Burgenland

1430 y	4 S	hellpurpur/ dunkelrotlila (12.12.) Ⓖ . . . . . amn	0,80	0,20	0,50
1431	5 S	(30.11.) Ⓖ . . . . . amo	0,80	0,20	0,50
y a		hellbraunviolett/ dunkelviolett	1,—	0,20	0,50
x b		rotviolett/ dunkelviolett	—,—		
1432 y	7 S	hellgraupurpur/ schwärzlichviolett (13.11.) . . . . amp	2,—	0,20	0,50
1433 y	10 S	hellgraugrün/ schwarzgraugrün (13.11.) . . . . amr	2,70	0,20	0,50
		Satzpreis (4 W.)	6,50	0,50	
		FDC (MiNr. 1430)			1,20
		FDC (MiNr. 1431)			1,50
		FDC (MiNr. 1432)			1,70
		FDC (MiNr. 1433)			2,20

Mit anhängendem Leerfeld

1430 Lf	. . . .	1,50	1,50	2,50
1431 Lf	. . . .	2,—	2,—	3,—
1432 Lf	. . . .	2,50	2,50	3,50
1433 Lf	. . . .	3,—	3,—	4,—

Papierabart

1431 Pa	geklebte Papierbahn	350,—

Plattenfehler

1433 I	nur untere Hälfte der „1" vorhanden	—,—	—,—	—,—

Weitere Werte siehe Übersicht nach Jahrgangswerttabelle.

1973, 30. Nov. Tag der Briefmarke. ⊠ Stefferl; Ⓢ Fischer; StTdr. (10×5); gez. K 14½:13¾.

ams) Erzengel Gabriel (Schutzpatron der Philatelie) aus der Verkündigungsgruppe (ca. 1490) von Lorenz Luchsperger, Stadtpfarrkirche Wiener Neustadt

		**	⊙	⊠
1434	4 S + 1 (S) dkl'lilakarmin . ams	0,80	0,80	1,40
	FDC			1,50

Auflage: 2 158 000 Stück

1973, 30. Nov. Weihnachten. ⊠ Geßner; Ⓢ Fischer; komb. StTdr. und RaTdr. (10×5); gez. K 14.

amt) Gotisches Glasfenster mit Geburt Christi (ca. 1390), Pfarrkirche St. Erhard, Breitenau, Steiermark

1435	2 S mehrfarbig . . . . amt	0,40	0,20	0,60
	FDC			1,20

Auflage: 5 200 000 Stück

1973, 12. Dez. 50. Jahrestag der Verleihung des Nobelpreises für Chemie an Fritz Pregl. ⊠ Stefferl; Ⓢ Nefe; StTdr. (10×5); gez. K 14½:13¾.

amu) F. Pregl (1869–1930), Forscher der Chemie, Medizin, Mineralogie, Botanik, Pharmazie und Geologie

1436	4 S schwärzlichultramarin . amu	0,80	0,50	1,—
	FDC			1,20

Auflage: 3 200 000 Stück

1974

1974, 14. Jan. 50 Jahre Radio Austria. ⊠ Pilch; RaTdr. (10×5); gez. K 14½:13¾.

amv) Fernschreiber, Weltkugel

1437	2.50 S hellgraublau/ dunkellilaultramarin amv	0,50	0,30	0,80
	FDC			1,—

Auflage: 3 200 000 Stück

1974, 1. Febr. 100. Geburtstag von Hugo von Hofmannsthal. ⊠ Pilch; Ⓢ Pfeiler; StTdr. (10×5); gez. K 14.

amw) H. von Hofmannsthal (1874–1929), Dichter

1438	4 S schwarzviolettblau . . . . amw	0,80	0,50	1,—
	FDC			1,20

Auflage: 3 200 000 Stück

1974, 22. März/23. Okt. Freimarken: Schönes Österreich. ⒵ Zeiller; ⓈPfeiler; komb. StTdr. und RaTdr. (10×10); y = stark fluoreszierendes Papier, x = Rakelpapier, schwach rosa fluoreszierend; gez. K 14.

amx) Bludenz, Vorarlberg

amy) Alte Innbrücke bei Finstermünz, Tirol

amz) Murau, Steiermark

ana) Bischofsmütze im Dachsteinmassiv, Salzburg

				**	⊙	✉
1439 y	1.50 S	lebhafttrötlichkarmin/ schwärzlichbräunlich-lila (23. Okt.) ⒼⒶ . amx		0,50	0,20	0,50
1440	2 S	(12. Juli) . . . . amy				
y a		hellviolettultramarin/ schwarzkobalt		0,60	0,20	0,50
x b		grauultramarin/ schwärzlichblau		—,—		
1441 y	2.50 S	mittelgrauviolett/ schwärzlichviolett (24.5.) ⒼⒶ . . . . . . amz		0,70	0,20	0,50
1442 y	3 S	hellkobalt/dunkel-violettblau (22. März) ⒼⒶ . . . ana		0,80	0,20	0,50
		Satzpreis (4 W.)		2,50	0,40	
		FDC (MiNr. 1439)				1,20
		FDC (MiNr. 1440)				1,50
		FDC (MiNr. 1441)				1,50
		FDC (MiNr. 1442)				1,50

Mit anhängendem Leerfeld

1439 Lf	. . . .	0,70	0,70	1,50
1440 Lf	. . . .	0,80	0,80	1,50
1441 Lf	. . . .	0,90	0,90	1,50
1442 Lf	. . . .	1,—	1,—	1,50
1439 Pa	geklebte Papierbahn	350,—		
1442 Pa	geklebte Papierbahn	350,—		

Weitere Werte siehe Übersicht nach Jahrgangswerttabelle.

1974, 22. März. Eröffnung des Anton-Bruckner-Hauses in Linz. ⒵ Stefferl; ⓈNefe; StTdr. (5×10); gez. K 14.

anb) Anton Bruckner (1824–1896), Komponist

1443	4 S	dunkelsiena (Töne) . . . . anb	0,80	0,50	1,—
		FDC			1,20

Auflage: 3 050 000 Stück

1974, 18. April. Wiener Internationale Gartenschau. ⒵ Riefel; ⓈNefe; komb. StTdr. und RaTdr. (5×10); gez. K 14.

anc) Gemüse   and) Obst   ane) Blumen

1444	2 S	mehrfarbig . . . . anc	0,40	0,20	0,60
1445	2.50 S	mehrfarbig . . . . and	0,50	0,30	0,80
1446	4 S	mehrfarbig . . . . ane	0,80	0,50	1,—
		Satzpreis (3 W.)	1,50	1,—	
		FDC (MiNr. 1444)			1,—
		FDC (MiNr. 1445)			1,—
		FDC (MiNr. 1446)			1,20

Auflage: 3 200 000 Sätze

1974, 24. April. 750 Jahre Stadt Judenburg. ⒵ Zeiller; RaTdr. (10×5); gez. K 14½:13¾.

anf) Altes Stadtsiegel

			**	⊙	✉
1447	2 S	mehrfarbig . . . . anf	0,40	0,20	0,60
		FDC			1,—

Auflage: 3 050 000 Stück

1974, 26. April. 100. Geburtstag von Karl Kraus. ⒵ Stefferl; ⓈNefe; StTdr. (10×5); gez. K 14½:13¾.

ang) K. Kraus (1874–1936), Kritiker und Satiriker

1448	4 S	lilarot . . . . ang	0,80	0,50	1,—
		FDC			1,20

Auflage: 3 050 000 Stück

1974, 3. Mai. Ausstellung „Die Bildhauerfamilie Schwanthaler". ⒵ Pilch; ⓈNefe; StTdr. (10×5); gez. K 14½:13¾.

anh) Hl. Michael; Skulptur von Thomas Schwanthaler

1449	2.50 S	schwarzgrünoliv . . . anh	0,50	0,30	0,80
		FDC			1,—

Auflage: 3 050 000 Stück

1974, 8. Mai. Europa: Skulpturen. ⒵ Pilch; ⓈToth; StTdr. (10×5); gez. K 13¾.

ani) „König Arthur von England", Bronzefigur (Innsbrucker Hofkirche) von Albrecht Dürer und Peter Vischer

1450	2.50 S	gold/schwärzlich-grünlichblau . . . . ani	0,80	0,50	0,80
		FDC			1,—

Auflage: 3 200 000 Stück

Nicht ausgegeben:

1974. Für den 8. Mai vorbereitet. XI. Europäischer Gemeindetag. ⒵ Pilch; RaTdr. (10×5); gez. K 14.

anj) Emblem

VIII	2.50 S	mehrfarbig . . . . anj	750,—

Teilweise schon an die Postämter ausgegeben, jedoch wieder zurückgezogen, da der XI. Europäische Gemeindetag in Wien abgesagt wurde.

In ähnlicher Zeichnung: MiNr. 1484

1974, 17. Mai. 75 Jahre Auto-, Motor- und Rad-fahrerbund Österreichs (ARBÖ). ⧄ Stefferl; ⧄ Seidel; komb. StTdr. und RaTdr. (10×5); gez. K 14½:13¾.

ank) De-Dion-Bouton-Motordreirad

		**	⊙	✉
1451	2 S mittelgrau/schwarz-braunpurpur . . . . ank	0,40	0,20	0,60
	FDC			1,—

Auflage: 3 050 000 Stück

1974, 22. Mai. Ausstellung „Renaissance in Österreich". ⧄ Stefferl; ⧄ Fischer; komb. StTdr. und RaTdr. (5×10); gez. K 13¾:14½.

anl) Satyrkopf, aus Terrakotta geformter Schlußstein von der Schallaburg bei Melk, NÖ.

1452	2 S mehrfarbig . . . . anl	0,40	0,20	0,60
	FDC			1,—

Auflage: 3 050 000 Stück

1974, 24. Mai. Kongreß der Internationalen Straßentransport-Union (IRU). ⧄ Stefferl; RaTdr. (10×5); gez. K 14½:13¾.

anm) Reifen-Symbolik

1453	4 S lebhaftgelblichrot/schwarz . . . . anm	0,80	0,50	1,—
	FDC			1,20

Auflage: 3 050 000 Stück

1974, 7. Juni. 125 Jahre Österreichische Gendarmerie. ⧄ Stefferl; RaTdr. (5×10); gez. K 13¾:14½.

ann) Berittener und motorisierter Gendarm

1454	2 S mehrfarbig . . . . ann	0,40	0,20	0,60
	FDC			1,—

Auflage: 3 100 000 Stück

1974, 7. Juni. 250. Geburtstag von Franz Anton Maulbertsch. ⧄ Pilch; ⧄ Leitgeb; StTdr. (10×5); gez. K 14½:13¾.

ano) Selbstporträt; von F. A. Maulbertsch (1724–1796)

1455	2 S schwärzlichlilabraun . . . ano	0,40	0,20	0,60
	FDC			1,—

Auflage: 3 050 000 Stück

1974, 14. Juni. Sport (VII). ⧄ Pilch; ⧄ Laurent; komb. StTdr. und RaTdr. (5×10); gez. K 13¾.

anp) Fechten

		**	⊙	✉
1456	2.50 S mittelzinnober/schwarz . . . . anp	0,50	0,30	0,80
	FDC			1,—

Auflage: 3 050 000 Stück

Weitere Werte: MiNr. 1069–1070, 1121, 1242, 1348, 1377, 1418, 1707

1974, 18. Juni. Europäische Konferenz der Verkehrsminister (CEMT), Wien. ⧄ Zeiller; RaTdr. (10×5); gez. K 14½:13¾.

anr) Verkehrssymbole

1457	4 S mehrfarbig . . . . anr	0,80	0,50	1,—
	FDC			1,20

Auflage: 3 050 000 Stück

1974, 28. Juni. Tod von Franz Jonas. ⧄ Pilch; ⧄ Toth; StTdr. (10×5); gez. K 13¾.

ans) Franz Jonas (1899–1974), Bundespräsident

1458	2 S schwarz . . . . ans	0,40	0,20	0,60
	FDC			1,—

Auflage: 3 200 000 Stück

1974, 28. Juni. Salzburg – Zentrum der Christianisierung im 8. Jahrhundert. ⧄ Pilch; ⧄ Toth; StTdr. (10×5); gez. K 13¾:14.

ant) Hl. Virgil; Stuckdetail Stadtpfarrkirche Nonntal

1459	2 S schwarzviolettblau . . . . ant	0,40	0,20	0,60
	FDC			1,—

Auflage: 3 050 000 Stück

1974, 12. Juli. 100. Todestag von Franz Stelzhamer. ⧄ Stefferl; ⧄ Pfeiler; StTdr. (10×5); gez. K 14½:13¾.

anu) F. Stelzhamer (1802–1874), Mundartdichter

1460	2 S schwärzlichgrau-ultramarin . . . . anu	0,40	0,20	0,60
	FDC			1,—

Auflage: 3 200 000 Stück

1974, 16. Aug. Europameisterschaften im Schwimmen, Wasserspringen und Wasserball. [E] Pilch; [S] Leitgeb; komb. StTdr. und RaTdr. (10 × 5); gez. K 12¾:13½.

anv) Wasserspringen

				**	⊙	✉
1461	4 S	mattkobaltblau/ schwärzlichrötlichbraun	anv	0,80	0,50	1,—
			FDC			1,20

Auflage: 3 200 000 Stück

1974, 10. Sept. Tagung der Vereinigung deutschsprachiger Dermatologen, Graz. [E] Pilch; [S] Leitgeb; StTdr. (10 × 5); gez. K 14½:13¾.

anw) Ferdinand Ritter von Hebra (1816–1880), Begründer der wissenschaftlichen Dermatologie

1462	4 S	siena	anw	0,80	0,50	1,—
			FDC			1,20

Auflage: 3 250 000 Stück

1974, 13. Sept. 100. Geburtstag von Arnold Schönberg. [E] und [S] Stefferl; StTdr. (5 × 10); gez. K 13¾:14½.

anx) A. Schönberg (1874–1951), Komponist

1463	2.50 S	schwärzlichviolett-purpur	anx	0,50	0,30	0,80
			FDC			1,—

Auflage: 3 200 000 Stück

1974, 1. Okt. 50 Jahre Österreichischer Rundfunk. [E] Zeiller; RaTdr. (5 × 10); gez. K 13¾:14½.

any) ORF-Studio, Salzburg

1464	2 S	mehrfarbig	any	0,40	0,20	0,60
			FDC			1,—

1464 F I	Farbe Karminrot fehlend	1200,—	700,—
1464 F II	Farbe Karminrot stark verschoben	1000,—	

Auflage: 3 050 000 Stück

1974, 4. Okt. 25. Todestag von Edmund Eysler. [E] Pilch; [S] Toth; StTdr. (10 × 5); gez. K 14½:13¾.

anz) E. Eysler (1874–1949), Komponist

1465	2 S	schwärzlichbräunlich-oliv	anz	0,30	0,20	0,60
			FDC			1,—

Auflage: 3 200 000 Stück

In die **MICHEL**-Kataloge können nur Marken aufgenommen werden, wenn sie der Redaktion im Original vorlagen.

1974, 9. Okt. 100 Jahre Weltpostverein (UPU). [E] Pilch; RaTdr. (5 × 10); gez. K 13¾:14.

aoa) Landbriefträger von 1874, „Carriolwagen“, Eisenbahngepäckwagen

aob) Briefträger, Postverladung in Flugzeug

				**	⊙	✉
1466	2 S	schwärzlichkarminbraun/ mattgraulila	aoa	0,40	0,20	0,60
1467	4 S	dunkelviolettultramarin/ hellgrau	aob	0,80	0,50	1,—
		Satzpreis (2 W.)		1,20	0,70	
		FDC mit MiNr. 1466				1,—
		FDC mit MiNr. 1467				1,20

Auflage: 3 200 000 Sätze

1974, 23. Okt. 25 Jahre Sporttoto. [E] Geßner; RaTdr. (5 × 10); gez. K 13¾:14½.

aoc) Emblem des Österreichischen Sporttotos

1468	70 g	mehrfarbig	aoc	0,40	0,20	0,60
			FDC			1,—

Auflage: 5 000 000 Stück

1974, 23. Okt. Umweltschutz. [E] Stefferl; RaTdr. (5 × 10); gez. K 13¾:14½.

aod) Symbolik: Stahlhand mit Rose

1469	2 S	mehrfarbig	aod	0,40	0,20	0,60
			FDC			1,—

Auflage: 3 200 000 Stück

1974, 24. Okt. 175. Todestag von Carl Ditters von Dittersdorf. [E] Pilch; [S] Fischer; StTdr. (10 × 5); gez. K 14½:13¾.

aoe) C. Ditters von Dittersdorf (1739–1799) Komponist

1470	2 S	schwärzlichgrünblau	aoe	0,40	0,20	0,60
			FDC			1,—

Auflage: 3 200 000 Stück

1974, 29. Nov. Tag der Briefmarke. [E] Stefferl; [S] Nefe; StTdr. (10 × 5); gez. K 14½:13¾.

aof) Posthof des Post- und Telegraphenamtes 1010 Wien im Jahre 1905

1471	4 S	+ 2 (S) lebhaftlila-ultramarin	aof	0,90	0,90	1,50
			FDC			2,—

Auflage: 2 098 000 Stück

1974, 29. Nov. Weihnachten. ⬚ Zeiller; ⬚ Laurent; komb. StTdr. und RaTdr (10×5); gez. K 14½:13¾.

aog) Maria mit Kind; Holzplastik (ca. 1600) aus der Kirche St. Konrad in Oberwang, Oberösterreich

			**	⊙	⊠
1472	2 S	lebhaftsiena/gold . . . aog	0,40	0,20	0,60
		FDC			1,20

Auflage: 5 200 000 Stück

1974, 18. Dez. 100. Geburtstag von Franz Schmidt. ⬚ Stefferl; ⬚ Toth; komb. StTdr. und RaTdr. (10×5); gez. K 14½:13¾.

aoh) F. Schmidt (1874–1939), Komponist

			**	⊙	⊠
1473	4 S	hellgraubraun/ rotschwarz . . . . aoh	0,80	0,50	1,—
		FDC			1,20

Auflage: 3 150 000 Stück

1975

1975, 24. Jan. Europäisches Denkmalschutzjahr, 125 Jahre Denkmalpflege in Österreich. ⬚ Pilch; ⬚ Fischer; komb. StTdr. und RaTdr. (10×5); gez. K 13¾.

aoi) Hl. Christophorus mit Jesuskind; Figur vom Flügelaltar der Pfarrkirche zu Kefermarkt

			**	⊙	⊠
1474	2.50 S	dkl'graugrün/schwärzlichrötlichbraun . . . . aoi	0,50	0,30	0,80
		FDC			1,—

Auflage: 3 050 000 Stück

1975, 24. Jan./16. Sept. Freimarken: Schönes Österreich. ⬚ Zeiller; ⬚ Pfeiler; komb. StTdr. und RaTdr. (10×10, MiNr. 1478 10×5); y = weißes, stark fluoreszierendes Papier, x = Rakelpapier, schwach rosa fluoreszierend, z = gelbliches, stark fluoreszierendes Papier; MiNr. 1475–1477 gez. K 14, MiNr. 1478 gez. K 13¾:14.

aok) Mayrhofen im Zillertal, Tirol

aol) Kahlenbergerdorf, Wien

aom) Lindauer Hütte im Rätikon, Vorarlberg

aon) Kongreßzentrum Hofburg, Wien

			**	⊙	⊠
1475 y	50 g	dkl'türkisgrau/schwarzbläulichgrün (16.9.) . . aok	0,20	0,20	0,50
1476 y	1 S	mittelrötlichbraun/dkl'rotbraun (24. Jan.) . . aol	0,20	0,20	0,50
1477	6 S	(27. Mai) . . . . aom			
y a		mit'lilarot/schwarzviolett	1,70	0,20	0,50
x b		mit'lilarot/violettschwarz	—,—		
z c		mittellilarot/grauviolettschwarz	—,—		

			**	⊙	⊠
1478 y	50 S	violettgrau/dunkelblauviolett (27. Febr.) . . aon	15,—	1,70	2,50
		Satzpreis (4 W.)	17,—	2,—	
		FDC (MiNr. 1475)			1,—
		FDC (MiNr. 1476)			1,—
		FDC (MiNr. 1477)			1,70
		FDC (MiNr. 1478)			10,—

Mit anhängendem Leerfeld

1475 Lf	. . . .	0,70	0,70	1,50
1476 Lf	. . . .	0,70	0,70	1,50
1477 Lf	. . . .	2,50	2,50	3,50

Papierabart

1477 Pa	geklebte Papierbahn	350,—	

Plattenfehler

1475 I

1475 I   Viereck unter dem Dach, rechts neben dem großen Baum, schräg statt regelmäßig (Feld 41, Teilauflage) . . . . 10,— 10,—

Weitere Werte siehe Übersicht nach Jahrgangswerttabelle.

1975, 14. März. Olympische Winterspiele 1976, Innsbruck (I). ⬚ Pilch; RaTdr. (5×10); gez. K 13¾:14½.

aoo) Alpiner Skilauf, Damenabfahrt

aop) Eishockey

aor) Skispringen

aos) Bobfahren, Viererbob

					**	⊙	⊠
1479	1 S	+	50 g	mfg. . . aoo	0,20	0,20	1,—
1480	1.50 S	+	70 g	mfg. . . aop	0,30	0,30	1,—
1481	2 S	+	90 g	mfg. . . aor	0,50	0,50	1,—
1482	4 S	+	1.90 (S)	mfg. . . aos	1,—	1,—	2,—
			Satzpreis (4 W.)		2,—	2,—	
			FDC				3,50

Auflagen: MiNr. 1479 = 4 000 000, MiNr. 1480 = 4 000 000, MiNr. 1481 = 3 550 000, MiNr. 1482 = 3 550 000 Stück

Weitere Werte: MiNr. 1499–1502

1975, 1. April. Sicherheitsgurt. ⬚ Stefferl; RaTdr. (10×5); gez. K 14½:13¾.

aot) Mit Sicherheitsgurt zusammengebundene skelettierte Arme

			**	⊙	⊠
1483	70 g	mehrfarbig . . . . aot	0,20	0,20	0,60
		FDC			1,—

Auflage: 5 000 000 Stück

Die ⊠-Preise gelten nur für portogerecht frankierte Briefe.

1975, 2. April. Europäischer Gemeindetag. ☒ Pilch; RaTdr. (10×5); gez. K 14.

aou) Rosette eines Glasfensters des Wiener Rathauses

				★★	☉	✉
1484	2.50 S	mehrfarbig	aou	0,50	0,30	0,80
			FDC			1,—

Auflage: 3 150 000 Stück

In ähnlicher Zeichnung: MiNr. VIII (nach MiNr. 1450)

1975, 2. Mai. 30 Jahre Zweite Republik. ☒ Wotruba; Odr. (10×5); gez. K 14¼:14.

aov) „Österreich als Mittler zwischen den Staaten"

1485	2 S	schwarz/hellgelblich-orange	aov	0,40	0,20	0,60
			FDC			1,—

Auflage: 3 200 000 Stück

1975, 6. Mai. 50 Jahre Österreichische Bundesforste. ☒ Pilch; ☒ Toth; StTdr. (10×5); gez. K 14.

aow) Waldlandschaft

1486	2 S	schwärzlichgraugrün	aow	0,40	0,20	0,60
			FDC			1,—

Auflage: 3 000 000 Stück

1975, 27. Mai. Europa: Gemälde. ☒ Pilch; ☒ Toth; komb. StTdr. und RaTdr. (10×5); gez. K 14½:13¾.

aox) Vermählung Mariens (Detail: Der Hohepriester); von Michael Pacher

1487	2.50 S	mehrfarbig	aox	0,50	0,30	0,80
			FDC			1,—

Auflage: 3 200 000 Stück

1975, 23. Juni. Internationaler Seilbahnkongreß. ☒ Zeiller; ☒ Leitgeb; komb. StTdr. und RaTdr. (10×5); gez. K 14½:13¾.

aoy) Gosaukammbahn vor Dachstein

1488	2 S	schwarzgrünlichblau/rot	aoy	0,40	0,20	0,60
			FDC			1,—
1488 F		fehlender Rotdruck		2000,—		

Auflage: 3 000 000 Stück

1975, 27. Juni. 100. Todestag von Josef Misson. ☒ Pilch; ☒ Nefe; komb. StTdr. (5×10) und RaTdr.; gez. K 13¾:14½.

aoz) J. Misson (1803–1875), niederösterreichischer Mundartdichter; Porträt von Primus Skoft

				★★	☉	✉
1489	2 S	schwärzlichrötlichbraun/mattrotbraun	aoz	0,40	0,20	0,60
			FDC			1,—

Auflage: 3 000 000 Stück

1975, 27. Aug. Bundestreffen des Österreichischen Pensionistenverbandes. ☒ Zeiller und Bachofner; Odr. (10×5); gez. K 14½:13¾.

apa) Sonne, Emblem des Verbandes

1490	1.50 S	mehrfarbig	apa	0,30	0,20	0,60
			FDC			1,—

Auflage: 3 250 000 Stück

1975, 3. Sept. 100. Geburtstag von Ferdinand Porsche. ☒ Stefferl; ☒ Fischer; komb. StTdr. und RaTdr. (5×10); gez. K 13¾:14½.

apb) F. Porsche (1875–1951), Kraftwagenbauer

1491	1.50 S	schwärzlichgrau/schwärzlichpurpur	apb	0,30	0,20	0,60
			FDC			1,—

Auflage: 3 300 000 Stück

1975, 16. Sept. 50. Todestag von Leo Fall. ☒ Pilch; ☒ Leitgeb; StTdr. (10×5); gez. K 14½:13¾.

apc) L. Fall (1873–1925), Komponist

1492	2 S	schwärzlichblauviolett	apc	0,40	0,20	0,60
			FDC			1,—

Auflage: 3 250 000 Stück

1975, 20. Okt. Judo-Weltmeisterschaften, Wien. ☒ Stefferl; RaTdr. (10×5); gez. K 14½:13¾.

apd) Judokämpfer

1493	2.50 S	mehrfarbig	apd	0,50	0,30	0,80
			FDC			1,—

Auflage: 3 250 000 Stück

1975, 21. Okt. 50. Todestag von Heinrich Angeli.
⧈ Pilch; ⧈ Nefe; StTdr. (10×5); gez. K 14½:13¾.

ape) H. Angeli (1840–1925), Maler

			★★	☉	✉
1494	2 S	braunlila . . . . ape	0,40	0,20	0,60
		FDC			1,—

Auflage: 3 250 000 Stück

1975, 24. Okt. 150. Geburtstag von Johann Strauß Sohn. ⧈ Stefferl; ⧈ Toth; komb. StTdr. und RaTdr. (5×10); gez. K 13¾:14½.

apf) J. Strauß (1825–1899), Komponist; Tanzpaare

1495	4 S	gold/schwarzbraun . . apf	0,80	0,50	1,—
		FDC			1,20

Probedruck

1495 P		auf gelblichem Rakelpapier . . .	1000,—

Auflage: 3 250 000 Stück

1975, 30. Okt. 75 Jahre Wiener Symphoniker. ⧈ Stefferl; ⧈ Laurent; komb. StTdr. und RaTdr. (10×5); gez. K 14½:13¾.

apg) Musiker mit gambenartigem Instrument

1496	2.50 S	silber/dunkellila- ultramarin . . . . apg	0,50	0,30	0,80
		FDC			1,—

Auflage: 3 250 000 Stück

1975, 31. Okt. 50 Jahre Bausparen in Österreich. ⧈ Freund; RaTdr. (10×5); gez. K 14½:13¾.

aph) Haus

1497	2 S	mehrfarbig . . . . aph	0,40	0,20	0,60
		FDC			1,—

Auflage: 3 250 000 Stück

1975, 14. Nov. 200 Jahre Landestheater Salzburg. ⧈ Stefferl; RaTdr. (5×10); gez. K 13¾:14½.

api) Hanswurst-Fächer

1498	1.50 S	mehrfarbig . . . . api	0,30	0,20	0,60
		FDC			1,—

Auflage: 3 250 000 Stück

Mehr wissen mit MICHEL

1975, 14. Nov. Olympische Winterspiele 1976, Innsbruck (II). ⧈ Stefferl; RaTdr. (5×10); gez. K 13¾:14½.

apk) Eiskunstlauf, Paarlauf

apl) Nordischer Skilauf, Langlauf Damen

apm) Rodeln, Einsitzer Damen

apn) Biathlon, Schießen

				★★	☉	✉
1499	70 (g)	+ 30 g	mfg. . . . . apk	0,30	0,30	1,—
1500	2 S	+ 1 (S)	mfg. . . . apl	0,50	0,50	1,—
1501	2.50 S	+ 1 (S)	mfg. . . . apm	0,50	0,50	1,—
1502	4 S	+ 2 (S)	mfg. . . . . apn	0,90	0,90	1,50
			Satzpreis (4 W.)	2,20	2,20	
			FDC			3,50

Auflagen: MiNr. 1499 = 3 050 000, MiNr. 1500 = 3 550 000, MiNr. 1501 = 4 000 000, MiNr. 1502 = 3 550 000 Stück

Weitere Werte: MiNr. 1479–1482

1975, 28. Nov. Weihnachten. ⧈ Pilch; ⧈ Toth; komb. StTdr. und RaTdr (10×5).; gez. K 12¾:13¾.

apo) Muttergottes mit Kind aus der Bildtafel „Christi Geburt" vom Wiener Schottenaltar

1503	2 S	gold/schwärzlichgrau- violett . . . . apo	0,40	0,20	0,60
		FDC			1,20

Auflage: 5 200 000 Stück

1975, 28. Nov. 125 Jahre Österreichische Briefmarke. ⧈ Pilch; ⧈ Leitgeb; komb. StTdr. und RaTdr. (5×10); gez. K 14.

app) Marken MiNr. 5, 360 und 738

1504	4 S + 2 (S)	mehrfarbig . . . app	0,90	0,90	1,50
		FDC			2,—
1504 U		ungezähnt	—,—

Zur internationalen Briefmarkenausstellung WIEN '75 wurde MiNr. 1504 als Schwarzdruck im Viererblock (ohne Frankaturkraft) zusammen mit der Eintrittskarte zur Ausstellung verkauft (siehe unter „Gedenkblätter" MiNr. 6).

Auflage: 2 144 000 Stück

1975, 11. Dez. Moderne Kunst in Österreich (I). ⧈ Hundertwasser; ⧈ Seidel; komb. StTdr., RaTdr. und Pdr. (10×5); gez. K 13¾:14.

apr) Der Spiralbaum; Gemälde von Friedensreich Hundertwasser (1928–2000)

1505	4 S	mehrfarbig . . . . apr	1,—	0,40	0,80
		FDC			2,—

Auflage: 3 700 000 Stück

1976

1976, 25. Febr. Freimarke: Schönes Österreich. Ⓩ Zeiller; Ⓢ Pfeiler; komb. StTdr. und RaTdr. (10×10); gez. K 14.

aps) Bildstock aus Reiteregg, Steiermark

			**	⊙	✉
1506	8 S	h'bräunlichkarmin/schwarz-braunpurpur GA .... aps	2,20	0,20	0,50
		FDC			2,—

Mit anhängendem Leerfeld

1506 Lf	....	3,—	3,—	4,—

Weitere Werte siehe Übersicht nach Jahrgangswerttabelle.

1976, 8. April. Blockausgabe: 200 Jahre Burgtheater, Wien. Ⓩ Zeiller; Ⓢ Fischer; StTdr.; gez. Ks 13¾:14½, Blockrand gez. K 14.

apt) Altes Burgtheater am Michaelerplatz	apu) Nördliche Fest-stiege im neuen Burgtheater am Ring	apv

1507	3 S	schwarzultramarin ... apt	0,70	0,30	1,—
1508	3 S	schwärzlichlilabraun . apu	0,70	0,30	1,—
Block 3	(130×60 mm) .... apv	1,50	1,70	2,50
		FDC			2,50

Block 3 gedruckt im Bogen zu 5 Blocks	9,—	9,—	—,—
	FDC			20,—

Auflage: 3 450 000 Blocks

1976, 22. April. 100. Geburtstag von Robert Bárány. Ⓩ Pilch; Ⓢ Nefe; komb. StTdr. und RaTdr. (10×5); gez. K 14½:13¾.

apw) R. Bárány (1876–1936), Arzt, Nobelpreis 1914

1509	3 S	lebhaftviolettultramarin/dunkelgelbbraun ... apw	0,70	0,30	1,—
		FDC			1,—

Auflage: 3 250 000 Stück

1976, 30. April. Jubiläumsausstellung des Naturhistorischen Museums Wien. Ⓩ Stefferl; RaTdr. (5×10); gez. K 13¾:14½.

apx) Ammonit

			**	⊙	✉
1510	3 S	mehrfarbig .... apx	0,70	0,30	1,—
		FDC			1,—

1510 F	Farbe Gold fehlend	1500,—	800,—	1500,—

Auflage: 3 250 000 Stück

1976, 6. Mai. 1000 Jahre Kärnten. Ⓩ Exax; Ⓢ Pfeiler; komb. StTdr. und RaTdr. (10×5); gez. K 14½:13¾.

apy) Herzogstuhl auf dem Zollfeld

1511	3 S	schwarztürkisgrau/lebhaft-gelblichorange ..... apy	0,70	0,30	1,—
		FDC			1,—

Auflage: 3 300 000 Stück

1976, 14. Mai. Der oberösterreichische Bauern-krieg 1626. Ⓩ Zeiller; Ⓢ Toth; komb. StTdr. und RaTdr. (10×5); gez. K 14½:13¾.

apz) Belagerung von Linz; nach einem zeitgenössischen Kupferstich

1512	4 S	schwarz/hellgrüngrau apz	0,80	0,50	1,—
		FDC			1,20

Auflage: 3 250 000 Stück

1976, 14. Mai. Weltmeisterschaften im Sportkegeln auf Asphaltbahnen. Ⓩ Stefferl; Ⓢ Nefe; komb. StTdr. und RaTdr. (5×10); gez. K 13¾:14½.

ara) Kugelabgabe

1513	4 S	schwarz/orange ..... ara	0,80	0,50	1,—
		FDC			1,20

Auflage: 3 250 000 Stück

1976, 14. Mai. Babenberger-Ausstellung, Lili-enfeld. Ⓩ Pilch; Ⓢ Leitgeb; komb. StTdr. und RaTdr. (10×5); gez. K 14.

arb) Herzog Heinrich II. Jasomirgott; Glasgemälde im Stift Klosterneuburg

1514	3 S	mehrfarbig .... arb	0,70	0,30	1,—
		FDC			1,—

Auflage: 3 250 000 Stück

Bei Anfragen bitte Rückporto nicht vergessen!

1976, 26. Mai. Internationale Kunstausstellung, St. Wolfgang. ⬚ Pilch; ⬚ Fischer; StTdr. (10×5); gez. K 13¾.

arc) Der hl. Wolfgang baut die Kirche von St. Wolfgang (Detail); Gemälde von Michael Pacher (um 1435–1498)

			**	⊙	✉
1515	6 S	schwarzpurpur ..... arc	1,30	0,70	1,20
		FDC			1,50

Auflage: 3 300 000 Stück

1976, 13. Aug. Europa: Kunsthandwerk. ⬚ Stefferl; ⬚ Seidel; komb. StTdr. und RaTdr. (10×5); gez. K 14½:13¾.

ard) Tassilokelch aus dem Stift Kremsmünster

1516	4 S	mehrfarbig .... ard	0,80	0,50	1,—
		FDC			1,20

Auflage: 3 500 000 Stück

1976, 13. Aug. 25 Jahre Österreichische Holzmesse, Klagenfurt. ⬚ Exax; Odr. (10×5); gez. K 14½:13¾.

are) Emblem der Österreichischen Holzmesse

1517	3 S	mehrfarbig .... are	0,70	0,30	1,—
		FDC			1,—

Auflage: 3 300 000 Stück

1976, 23. Aug. 100. Geburtstag von Constantin von Economo. ⬚ Pilch; ⬚ Nefe; StTdr. (10×5); gez. K 14½:13¾.

arf) C. von Economo (1876–1931), Mediziner

1518	3 S	rotbraun .... arf	0,70	0,30	1,—
		FDC			1,—

Auflage: 3 300 000 Stück

1976, 24. Sept. Freimarken: Schönes Österreich. ⬚ Zeiller; ⬚ Pfeiler; komb. StTdr. und RaTdr. (10×10); gez. K 14.

arg) Windmühle aus Retz, Niederösterreich

arh) Enns, Oberösterreich

1519	4.50 S	gelbsmaragdgrün/			
		schwarzblaugrün .. arg	1,—	0,20	0,60
1520	11 S	lebhaftorangerot/			
		karminrot .... arh	2,50	0,20	0,60
		Satzpreis (2 W.)	3,50	0,40	
		FDC (MiNr. 1519)			1,50
		FDC (MiNr. 1520)			2,50

Mit anhängendem Leerfeld

		**	⊙	✉
1519 Lf	....	2,—	2,—	3,—
1520 Lf	....	3,50	3,50	4,50

Weitere Werte siehe Übersicht nach Jahrgangswerttabelle

1976, 25. Okt. 100 Jahre Verwaltungsgerichtshof. ⬚ Zeiller; ⬚ Laurent; StTdr. (5×10); gez. K 13¾:14½.

ari) Prospekt der königlich-böhmischen Hofkanzlei in der Wipplingerstraße; Stich von Salomon Kleiner (1700–1761)

1521	6 S	schwärzl'karminbraun . ari	1,30	0,70	1,20
		FDC			1,50

Auflage: 3 350 000 Stück

1976, 25. Okt. Blockausgabe: 1000 Jahre Österreich – Wappen der Bundesländer. ⬚ Geßner; ⬚ Fischer (MiNr. 1522–1523 und 1528–1530) und Seidel (MiNr. 1524–1527); komb. StTdr. und RaTdr.; gez. K 14.

ark) Niederösterreich	arl) Oberösterreich	arm) Steiermark	aru
arn) Kärnten	aro) Tirol	arp) Vorarlberg	
arr) Salzburg	ars) Burgenland	art) Wien	

1522	2 S	mehrfarbig .... ark	0,40	0,50	1,—
1523	2 S	mehrfarbig .... arl	0,40	0,50	1,—
1524	2 S	mehrfarbig .... arm	0,40	0,50	1,—
1525	2 S	mehrfarbig .... arn	0,40	0,50	1,—
1526	2 S	mehrfarbig .... aro	0,40	0,50	1,—
1527	2 S	mehrfarbig .... arp	0,40	0,50	1,—
1528	2 S	mehrfarbig .... arr	0,40	0,50	1,—
1529	2 S	mehrfarbig .... ars	0,40	0,50	1,—
1530	2 S	mehrfarbig .... art	0,40	0,50	1,—
Block 4	(135×180 mm) .... aru		4,—	4,50	6,—
	FDC				6,—

Auflage: 3 600 000 Blocks

1976, 17. Nov. Kampf dem Krebs. [E] **Stefferl; RaTdr. (5×10); gez. K 14:13¾.**

arv) Krebssymbolik

1531	2.50 S	mehrfarbig . . . . arv	0,50	0,30	0,80
		FDC			1,—

1531 F Farbe Violettblau (Gesicht im Krebsmaul) fehlend . . . . *3000,— 1500,—*
1531 Udr dreiseitig ungezähnt (⌸) . . . . 5200,—

Auflage: 4 200 000 Stück

1976, 17. Nov. 10 Jahre Organisation der Vereinten Nationen für industrielle Entwicklung (UNIDO). [E] **Zeiller; RaTdr. (10×5); gez. K 14½:13¾.**

arw) Brücke, UNO-Emblem

1532	3 S	mehrfarbig . . . . arw	0,70	0,30	1,—
		FDC			1,—

Auflage: 3 300 000 Stück

1976, 17. Nov. 30 Jahre Austria Presseagentur (APA). [E] **Pilch; RaTdr. (10×5); gez. K 14.**

arx) Landkarte von Europa, Lochstreifen

1533	1.50 S	mehrfarbig . . . . arx	0,20	0,20	0,60
		FDC			1,—

Auflage: 3 300 000 Stück

1976, 26. Nov. 100. Geburtstag von Viktor Kaplan. [E] **Stefferl;** [S] **Pfeiler; komb. StTdr. und RaTdr. (5×10); gez. K 13¾:14½.**

ary) V. Kaplan (1876–1934), Maschinenbauingenieur; nach ihm benannte Kaplanturbine

1534	2.50 S	mehrfarbig . . . . ary	0,50	0,30	0,80
		FDC			1,—

Auflage: 3 300 000 Stück

1976, 26. Nov. Weihnachten. [E] **Geßner;** [S] **Fischer; komb. StTdr. und RaTdr. (5×10); gez. K 13½:14¾.**

arz) Geburt Christi; Tafelbild eines Altarflügels (um 1450) in der Abtei St. Lambrecht von Konrad von Friesach

1535	3 S	mehrfarbig . . . . arz	0,70	0,30	1,—
		FDC			1,20

Auflage: 5 000 000 Stück

Satzpreise sind, wenn nicht anders angegeben, nach den niedrigsten Preisen eines Satzes ohne Unterarten errechnet.

1976, 3. Dez. Tag der Briefmarke. [E] **Stefferl;** [S] **Seidel; komb. StTdr. und RaTdr. (5×10); gez. K 13¾:14½.**

asa) Postillionsgalahut, Ehrenposthorn

			**	⊙	✉
1536	6 S	+ 2 (S) schwarz/ violettweiß . . . . asa	1,40	1,20	2,—
		FDC			2,—

Auflage: 1 915 000 Stück

1976, 29. Dez. Moderne Kunst in Österreich (II). [E] **Brauer;** [S] **Seidel; komb. StTdr. und RaTdr. (10×5); gez. K 13¾:14.**

asb) Der liebe Augustin; Gemälde von Arik Brauer (*1929)

1537	6 S	mehrfarbig . . . . asb	1,30	0,70	1,20
		FDC			1,50

Auflage: 3 700 000 Stück

1976, 29. Dez. 150 Jahre Wiener Stadttempel. [E] **Pilch; RaTdr. (10×5); gez. K 13¾.**

asc) Innenansicht des Wiener Stadttempels

1538	1.50 S	mehrfarbig . . . . asc	0,30	0,20	0,60
		FDC			1,—

Auflage: 3 300 000 Stück

1976, 29. Dez. 50. Todestag von Rainer Maria Rilke. [E] **Pilch;** [S] **Toth; StTdr. (10×5); gez. K 14½:13¾.**

asd) R. M. Rilke (1875–1926), Dichter

1539	3 S	schwärzlichblauviolett asd	0,70	0,30	1,—
		FDC			1,—

Auflage: 3 300 000 Stück

1977

1977, 16. Febr. 250. Geburtstag von Nikolaus Joseph Freiherr von Jacquin. [E] **Pilch;** [S] **Toth; StTdr. (10×5); gez. K 14½:13¾.**

ase) N. J. Frh. von Jacquin (1727–1817), Botaniker

1540	4 S	schwarzbraunpurpur . ase	0,80	0,50	1,—
		FDC			1,20

Auflage: 3 150 000 Stück

1977, 16. Febr. 600. Geburtstag von Oswald von Wolkenstein. Pilch; Leitgeb; komb. StTdr. und RaTdr. (10×5); gez. K 14.

asf) O. von Wolkenstein (1377–1445), Dichter und Liederkomponist

			★★	☉	✉
1541	3 S	mehrfarbig .... asf	0,70	0,30	1,—
		FDC			1,—

Auflage: 3 150 000 Stück

1977, 25. Febr. Hallenhandball-Weltmeisterschaft – Gruppe B. Stefferl; RaTdr. (5×10); gez. K 13¾:14½.

asg) Sprungwurf

1542	1.50 S	mehrfarbig .... asg	0,30	0,20	0,80
		FDC			1,—

Auflage: 3 150 000 Stück

1977, 12. April. 100. Geburtstag von Alfred Kubin. Pilch; Toth; StTdr. (10×5); gez. K 14½:13¾.

ash) A. Kubin (1877–1959), Maler und Graphiker

1543	6 S	schwärzlichviolettblau ash	1,30	0,70	1,20
		FDC			1,50

Auflage: 3 200 000 Stück

1977, 22. April. 25. Jahrestag der Wiedereröffnung des Stephansdomes, Wien. Zeiller; Seidel; StTdr. (10×5); gez. K 13¾.

asi) Fialen und Maßwerk vom Hochturm

ask) Südlicher Heidenturm mit dem Friedrichsgiebel

asl) Innenansicht des Domes

1544	2.50 S	schwarzviolettbraun asi	0,70	0,40	0,80
1545	3 S	lebh'violettultramarin ask	0,80	0,50	1,—
1546	4 S	dunkelbraunlila .... asl	1,—	0,70	1,20
		Satzpreis (3 W.)	2,50	1,60	
		FDC			2,50

Auflage: 3 200 000 Sätze

1977, 29. April. 100. Geburtstag von Fritz Herzmanovsky-Orlando. Zeiller; Pfeiler; komb. StTdr. und RaTdr. (5×10); gez. K 13¾:14½.

asm) F. Herzmanovsky-Orlando (1877–1954), Schriftsteller

1547	6 S	schwärzlichopalgrün/ gold .... asm	1,30	0,70	1,20
		FDC			1,50

Auflage: 3 200 000 Stück

1977, 2. Mai. 20 Jahre Internationale Atombehörde (IAEA), Wien. Stefferl; RaTdr. (10×5); gez. K 14.

asn) IAEA-Emblem

			★★	☉	✉
1548	3 S	mehrfarbig .... asn	0,70	0,30	1,—
		FDC			1,—

Auflage: 3 300 000 Stück

1977, 12. Mai/10. Okt. Freimarken: Schönes Österreich. Zeiller; Pfeiler; komb. StTdr. und RaTdr. (10×10); gez. K 14.

aso) Villach-Perau, Kärnten

asp) Festung Hohensalzburg

asr) Freilichtmuseum Bad Tatzmannsdorf, Burgenland

1549	6.50 S	lebh'türkisblau/schwarz-grünblau (12.5.) ... aso	1,50	0,20	0,60
1550	7.50 S	dunkelrosalila/schwarz-graulila (3.6.) ..... asp	2,50	0,30	0,80
1551	16 S	mittelgelbbraun/ schwärzlichrötlich-braun (10.10.) ..... asr	4,—	0,40	0,80
		Satzpreis (3 W.)	8,—	0,90	
		FDC (MiNr. 1549)			1,70
		FDC (MiNr. 1550)			2,—
		FDC (MiNr. 1551)			3,50

Mit anhängendem Leerfeld

1549 Lf	....	2,—	2,—	3,—
1550 Lf	....	2,50	2,50	3,50
1551 Lf	....	4,—	4,—	5,—

Weitere Werte siehe Übersicht nach Jahrgangswerttabelle.

1977, 10. Juni. 350 Jahre Stadt Schwanenstadt. Zeiller; RaTdr. (10×5); gez. K 14½:13¾.

ass) Stadtwappen

1552	3 S	mehrfarbig .... ass	0,70	0,30	1,—
		FDC			1,—

Auflage: 3 150 000 Stück

1977, 10. Juni. Europa: Landschaften. Zeiller; Nefe; StTdr. (5×10); gez. K 14.

ast) Attersee

1553	6 S	schwarzbraunoliv .... ast	1,50	0,70	1,20
		FDC			1,50

Auflage: 3 400 000 Stück

FDC = Ersttagsbrief (First Day Cover)

1977, 29. Juni. Internationales Symposium des Coronelli-Weltbundes der Globus-freunde. Ⓩ Stefferl; Ⓢ Pfeiler; komb. StTdr. und RaTdr. (10×5); gez. K 13¾.

asu) Erdglobus von Vincenzo Coronelli

				**	☉	✉
1554	3 S	schwarz/mittel-graugelb .... asu		0,70	0,30	1,—
		FDC				1,—

Auflage: 3 200 000 Stück

1977, 15. Juli. Weltmeisterschaften im Wildwasser-Kanuslalom, Spittal. Ⓩ Zeiller; RaTdr. (5×10); gez. K 13¾:14¼.

asv) Einerkajak

1555	4 S	mehrfarbig .... asv	0,80	0,50	1,—
		FDC			1,20

Auflage: 3 300 000 Stück

1977, 16. Sept. 50 Jahre Arbeiter-Samariter-Bund Österreichs. Ⓩ Zeiller; Ⓢ Pfeiler; komb. StTdr. und RaTdr. (5×10); gez. K 13¾:14½.

asw) Der Samariter (Detail); Gemälde von Francesco Bassano (1549–1592)

1556	1.50 S	dunkelrötlichbraun/lebhaftrot .... asw	0,30	0,20	0,60
		FDC			1,—

Auflage: 3 200 000 Stück

1977, 10. Okt. EUCEPA-Konferenz, Wien. Ⓩ Stefferl; Ⓢ Seidel; komb. StTdr. und RaTdr. (10×5); gez. K 14½:13¾.

asx) Papiermacherwappen

1557	3 S	mehrfarbig .... asx	0,70	0,30	1,—
		FDC			1,—

Auflage: 3 250 000 Stück

1977, 3. Nov. Den Opfern für die Freiheit Österreichs. Ⓩ Stefferl; Ⓢ Nefe; komb. StTdr. und RaTdr. (10×5); gez. K 14¼.

asy) Freiheitskämpfer hält Stacheldraht und Fahne, Grabkreuze

1558	2.50 S	schwarzviolettultra-marin/rot .... asy	0,50	0,30	0,80
		FDC			1,—

Auflage: 3 250 000 Stück

Zum Bestimmen der Farben:
MICHEL-Farbenführer

1977, 17. Nov. 140 Jahre österreichische Eisenbahnen. Ⓩ Pilch; Ⓢ Toth; komb. StTdr. und RaTdr. (5×10); gez. K 13¾.

asz) 1A n2-Schlepp-tenderlokomotive „Austria" (1837)

ata) 1-D2-h2-Schnellzug-Schlepp-tenderlokomotive BR 214 (1937)

atb) Elektr. Bo-Bo-Lokomotive BR 1044 (1974/75)

				**	☉	✉
1559	1.50 S	mehrfarbig .... asz		0,50	0,20	0,60
1560	2.50 S	mehrfarbig .... ata		0,80	0,30	0,80
1561	3 S	mehrfarbig .... atb		1,20	0,50	1,—
		Satzpreis (3 W.)		2,50	1,—	
		FDC				2,—

Auflage: 3 250 000 Sätze

1977, 25. Nov. Weihnachten. Ⓩ Pilch; Ⓢ Toth; komb. StTdr. und RaTdr. (10×5); gez. K 14½:13¾.

atc) Die thronende Madonna mit Kind; Holzplastik (um 1470) aus der Wallfahrtskirche Mariastein/Tirol

1562	3 S	mehrfarbig .... atc	0,70	0,30	1,—
		FDC			1,50

Auflage: 5 000 000 Stück

1977, 2. Dez. Tag der Briefmarke. Ⓩ Stefferl; Ⓢ Pfeiler; komb. StTdr. und RaTdr. (10×5); gez. K 14½:13¾.

atd) Dr. Emanuel Herrmann (1839–1902), Erfinder der Correspondenz-Karte (Postkarte)

1563	6 S	+ 2 (S) schwarzbraunlila/mattorange .... atd	1,50	1,30	2,—
		FDC			2,—

Auflage: 1 805 000 Stück

1977, 2. Dez. Moderne Kunst in Österreich (III). Ⓩ Hutter; Ⓢ Seidel; komb. StTdr. und RaTdr. (10×5); gez. K 13¾:14.

ate) Das Donaumädchen; Gemälde von Wolfgang Hutter (*1928)

1564	6 S	mehrfarbig .... ate	1,30	0,70	1,20
		FDC			2,—

Auflage: 3 700 000 Stück

1977, 7. Dez. Freimarke: Schönes Österreich. Ⓩ Zeiller; Ⓢ Pfeiler; komb. StTdr. und RaTdr. (10×10); gez. K 14.

atf) Myrafälle bei Muggendorf, Niederösterreich

1565	20 S	helloliivbraun/schwarz-bräunlicholiv .... atf	5,—	0,50	1,50
		FDC			4,—

Mit anhängendem Leerfeld

		★★	⊙	⊠
1565 Lf	....	5,50	5,50	6,50

Weitere Werte siehe Übersichtstabelle nach Jahrgangswerttabelle.

1978

1978, 23. Jan. 100. Geburtstag von Egon Friedell. ⬛ Stefferl; ⬛ Fischer; komb. StTdr. und RaTdr. (5×10); gez. K 13¾:14½.

atg) E. Friedell (1878–1938), Schriftsteller

1566	3 S	lebhaftpreußischblau/			
		schwarz .... atg	0,70	0,30	1,—
		FDC			1,—

Auflage: 3 200 000 Stück

1978, 24. Febr. Inbetriebnahme des ersten Teilstückes der Wiener U-Bahn. ⬛ Zeiller; RaTdr. (5×10); gez. K 13¾:14½.

ath) U-Bahnzug

1567	3 S	mehrfarbig .... ath	0,80	0,30	1,—
		FDC			1,20

Auflage: 3 200 000 Stück

1978, 28. Febr. Biathlon-Weltmeisterschaften, Hochfilzen. ⬛ Stefferl; ⬛ Fischer; komb. StTdr. und RaTdr. (5×10); gez. K 13¾:14½.

ati) Biathleten beim Schießen und Laufen

1568	4 S	mehrfarbig .... ati	0,80	0,50	1,—
		FDC			1,20

Auflage: 3 150 000 Stück

1978, 13. März. 25. Todestag von Leopold Kunschak. ⬛ Pilch; ⬛ Toth; StTdr. (10×5); gez. K 14½:13¾.

atk) L. Kunschak (1871–1953), Politiker

1569	3 S	schwarzviolettblau ... atk	0,70	0,30	1,—
		FDC			1,—

Auflage: 3 150 000 Stück

1978, 13. März. Jubiläumsausstellung des Museums für Völkerkunde, Wien. ⬛ Pilch; RaTdr. (5×10); gez. K 14.

atl) Aztekischer Federschild mit Darstellung eines Kojoten

1570	3 S	mehrfarbig .... atl	0,70	0,30	1,—
		FDC			1,—

Auflage: 3 200 000 Stück

1978, 23. März. 100. Geburtstag von Suitbert Lobisser. ⬛ Geßner; ⬛ Seidel; komb. StTdr. und RaTdr. (10×5); gez. K 13¾.

atm) Bergbauern; Holzschnitt von S. Lobisser (1878–1943)

		★★	⊙	⊠
1571	3 S schwarzviolettbraun . atm	0,70	0,30	1,—
	FDC			1,—

Auflage: 3 150 000 Stück

1978, 28. April. Internationale Jagdausstellung, Marchegg. ⬛ Pilch; ⬛ Toth; komb. StTdr. und RaTdr. (10×5); gez. K 13¾.

atn) Birkhahn (Lyrurus tetrix), Jagdtasche (1730), Jagdgewehr (1655)

1572	6 S	mehrfarbig .... atn	1,30	0,70	1,20
		FDC			1,50

Auflage: 3 100 000 Stück

1978, 3. Mai. Europa: Baudenkmäler. ⬛ Zeiller; ⬛ Nefe; StTdr. (5×10); gez. K 13¾.

ato) Riegersburg, Steiermark

1573	6 S	dunkelpurpur .... ato	2,—	0,70	1,20
		FDC			1,50

Auflage: 3 400 000 Stück

1978, 3. Mai. Interparlamentarische Konferenz über Sicherheit und Zusammenarbeit in Europa. ⬛ Zeiller; RaTdr. (10×5); gez. K 14¼:13¾.

atp) Parlamentsgebäude in Wien, Europakarte

1574	4 S	mehrfarbig .... atp	0,80	0,50	1,—
		FDC			1,20

Auflage: 3 200 000 Stück

1978, 26. Mai. Landesausstellung „Gotik in der Steiermark", St. Lambrecht. ⬛ Pilch; ⬛ Toth; komb. StTdr. und RaTdr. (10×5); gez. K 14¼:13¾.

atr) Admonter Pieta (1410), Wandrelief

1575	2.50 S	hellgelbbraun/			
		schwarz .... atr	0,50	0,30	0,80
		FDC			1,—

Auflage: 3 200 000 Stück

1978, 9. Juni. 700 Jahre Stadt Gmunden. [E] Zeiller; [S] Pfeiler; komb. StTdr. und RaTdr. (10×5); gez. K 14.

ats) Schloß Orth in Gmunden

			★★	⊙	✉
1576	3 S	mehrfarbig . . . . ats	0,70	0,30	1,—
		FDC			1,—

Auflage: 3 150 000 Stück

1978, 30. Juni. 25 Jahre Sozialtourismus. [E] Stefferl; [S] Fischer; komb. StTdr. und RaTdr. (10×5); gez. K 14¼:13¾.

att) Mädchenkopf, von Blumen, Obst, Getreide, Gräsern und Eiskristallen umrahmt

1577	6 S	mehrfarbig . . . . att	1,30	0,70	1,20
		FDC			1,50

Auflage: 3 100 000 Stück

1978, 14. Juli. Internationaler Lehár-Kongreß, Bad Ischl. [E] Stefferl; [S] Toth; StTdr. (10×5); gez. K 14¼:13½.

atu) Franz Lehár (1870–1948), Komponist; Lehár-Villa in Bad Ischl

1578	6 S	schwarzgrünblau . . . . atu	1,30	0,70	1,20
		FDC			1,50

Auflage: 3 150 000 Stück

1978, 21. Aug. Kongreß des internationalen Bundes der Bau- und Holzarbeiter, Wien. [E] Pilch; RaTdr. (5×10); gez. K 13¾:14¼.

atv) Werkzeug der Bau- und Holzarbeiter vor Globus

1579	1.50 S	mehrfarbig . . . . atv	0,30	0,20	0,60
		FDC			1,—

Auflage: 3 250 000 Stück

1978, 25. Aug. 700. Jahrestag der Schlacht bei Dürnkrut und Jedenspeigen. [E] Pilch; [S] Pfeiler; komb. StTdr. und RaTdr. (5×10); gez. K 13¾.

atw) König Ottokar von Böhmen und König Rudolf (von Habsburg) zu Pferde

1580	3 S	mehrfarbig . . . . atw	0,70	0,30	1,—
		FDC			1,—

Auflage: 3 250 000 Stück

1978, 4. Sept. Freimarke: Schönes Österreich. [E] Zeiller; [S] Pfeiler; komb. StTdr. und RaTdr. (10×10) ; gez. K 14.

atx) Osterkirche in Oberwart, Burgenland

			★★	⊙	✉
1581	3.50 S	mittelgelblichorange/ lebhaftbraun . . . . . . atx	0,90	0,20	0,50
		FDC			1,20

Mit anhängendem Leerfeld

1581 Lf	. . . .	1,50	1,50	2,—

Papierabart

1581 Pa	geklebte Papierbahn	350,—

Weitere Werte siehe Übersicht nach Jahrgangswerttabelle.

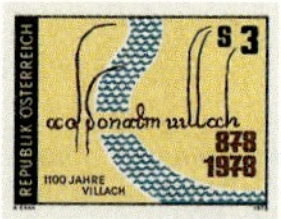

1978, 8. Sept. 1100 Jahre Stadt Villach. [E] Exax; Odr. (5×10); gez. K 13½:14¼.

aty) Urkunde aus dem Jahre 878

1582	3 S	mehrfarbig . . . . aty	0,70	0,30	1,—
		FDC			1,—

Auflage: 3 300 000 Stück

1978, 13. Sept. 850 Jahre Stadt Graz. [E] Zeiller; [S] Seidel; komb. StTdr. und RaTdr. (10×5); gez. K 14¼:13½.

atz) Mittleres Grazer Stadtsiegel von 1440

1583	4 S	mehrfarbig . . . . atz	0,80	0,50	1,—
		FDC			1,20

Auflage: 3 300 000 Stück

1978, 15. Sept. Weltmeisterschaft im Sportangeln. [E] Stefferl; [S] Pfeiler; komb. StTdr. und RaTdr. (10×5); gez. K 14¼:13½.

aua) Kaiser Maximilian I. (1459–1519) beim Angeln

1584	4 S	mehrfarbig . . . . aua	0,80	0,50	1,—
		FDC			1,20

Auflage: 3 300 000 Stück

1978, 2. Okt. Weltkongreß der Internationalen Liga zugunsten geistig Behinderter. [E] Stefferl; RaTdr. (5×10); gez. K 13¾:14¼.

aub) Symbolik

1585	6 S	mehrfarbig . . . . aub	1,30	0,70	1,20
		FDC			1,50

Auflage: 3 200 000 Stück

1978, 9. Okt. Internationaler Kongreß der Beton- und Fertigteilindustrie. ⒜ Stefferl; RaTdr. (10×5); gez. K 13¾.

auc) Fertigteil

			★★	☉	✉
1586	2.50 S	mehrfarbig . . . . auc	0,50	0,30	0,80
		FDC			1,—

Auflage: 3 200 000 Stück

1978, 27. Okt. Europäischer Familienkongreß. ⒜ Zeiller; RaTdr. (5×10); gez. K 13¾:14¼.

aud) Tischgebet; Gemälde von Albin Egger-Lienz (1868–1926)

1587	6 S	mehrfarbig . . . . aud	1,30	0,70	1,20
		FDC			1,50

Auflage: 3 200 000 Stück

1978, 7. Nov. 100. Geburtstag von Lise Meitner. ⒜ Pilch; ⒮ Leitgeb; StTdr. (10×5); gez. K 14¼:13½.

aue) L. Meitner (1878–1968), Atomphysikerin

1588	6 S	schwarzblauviolett . . aue	1,30	0,70	1,20
		FDC			1,50

Auflage: 3 200 000 Stück

1978, 10. Nov. 60. Todestag von Victor Adler. ⒜ Pilch; ⒮ Toth; komb. StTdr. und RaTdr. (5×10); gez. K 13¾:14¼.

auf) V. Adler (1852–1918), Politiker, Büste von Anton Hanak

1589	3 S	dunkelrosa/schwarz . . auf	0,70	0,30	1,—
		FDC			1,—

Auflage: 3 250 000 Stück

1978, 17. Nov. 150. Todestag von Franz Schubert. ⒜ Pilch; ⒮ Toth; StTdr. (10×5); gez. K 14¼:14.

aug) F. Schubert (1797–1828), Komponist

1590	6 S	dunkelrotbraun . . . . . aug	1,60	0,70	1,20
		FDC			1,50

Auflage: 3 800 000 Stück

Auch Prüfzeichen können falsch sein. Jeder Prüfer im Bund Philatelistischer Prüfer kontrolliert kostenlos die Richtigkeit seines Signums.

1978, 1. Dez. Weihnachten. ⒜ Pilch; ⒮ Toth; komb. StTdr. und RaTdr. (10×5); gez. K 12¾:13¾.

auh) Maria mit Kind; Altarbild aus der Stiftskirche Wilhering/Oberösterreich von Martino Altomonte (1657–1745)

			★★	☉	✉
1591	3 S	mehrfarbig . . . . auh	0,70	0,30	1,—
		FDC			1,20

MiNr. 1591 in Blockform, ☐, sogenannter Pro-Juventute-Baustein-Block ist nicht frankaturgültig.

Auflage: 5 200 000 Stück

1978, 1. Dez. Tag der Briefmarke. ⒜ Kral; RaTdr. (5×10); gez. K 13¾:14¼.

aui) Postauto (1913)

1592	10 S + 5 (S)	mehrfarbig . . aui	2,50	1,50	3,—
		FDC			4,—

Auflage: 1 689 000 Stück

1978, 6. Dez. 100 Jahre Österreichischer Alpenklub. ⒜ Zeiller; ⒮ Nefe; komb. StTdr. und RaTdr. (5×10); gez. K 13½:14¼.

auk) Erzherzog-Johann-Hütte, Großglockner

1593	1.50 S	schwärzlichviolettblau/ gold . . . . auk	0,20	0,20	0,60
		FDC			1,—

Auflage: 3 350 000 Stück

1978, 6. Dez. Moderne Kunst in Österreich (IV). ⒜ Hausner; RaTdr. (10×5); gez. K 14.

aul) Adam; Gemälde von Rudolf Hausner (1914–1995)

1594	6 S	mehrfarbig . . . . aul	1,30	0,70	1,20
		FDC			1,50

Auflage: 3 400 000 Stück

1978, 7. Dez. 30. Jahrestag der Allgemeinen Erklärung der Menschenrechte. ⒜ Stefferl; ⒮ Seidel; StTdr. (10×5); gez. K 14¼:13¾.

aum) Gefesselte Hände

1595	6 S	schwärzlichgraulila . . aum	1,30	0,70	1,20
		FDC			1,50

Auflage: 3 300 000 Stück

1978, 7. Dez. Freimarke: Schönes Österreich. In Zeichnung der MiNr. 1442 jedoch kleineres Format (Bildgröße 18×21 mm) für Automaten. RaTdr. in Rollen (R) (2000) und Bogen (B) (10×10); gez. K 15:14¼.

ana I) Bischofsmütze im Dachsteinmassiv, Salzburg

			**	⊙	✉
1596	3 S	hellblau/dunkellila-ultramarin . . . . ana I			
I		Hintergrund weiß (R) . . .	0,50	0,20	0,60
II		Hintergrund getönt (B) .	0,60	0,50	1,—
		FDC (I)			1,20
		FDC (II)			1,40

Waagerechtes Paar (aus Bogen)

1596 II/1596 II	1,50	1,50	
Einzelmarke mit Bogenrand	0,70	0,70	

Plattenfehler

1596 III

1596 III	3. Schornstein (Feld 21 im IBIB-Bogen, Teilauflage)	50,—	50,—	100,—
	FDC			250,—

Weitere Werte siehe Übersicht nach Jahrgangswerttabelle.

1979

1979, 16. Jan. Internationales Jahr des Kindes. ⌷ Stefferl; Ⓢ Fischer; komb. StTdr. und RaTdr. (5×10); gez. K 14.

aun) Kind, schützende Hand

1597	2.50 S	mehrfarbig . . . . . . aun	0,50	0,30	0,80
		FDC			1,—
1597 F		Farbe Schwarzbraun (Landesname) fehlend	1800,—	900,—	

Auflage: 3 500 000 Stück

1979, 16. Jan. 50 Jahre Internationaler Beratender Ausschuß für den Funkdienst (CCIR). ⌷ Wurnitsch; RaTdr. (5×10); gez. K 14.

auo) CCIR-Emblem

1598	6 S	mehrfarbig . . . . auo	1,—	0,60	1,—
		FDC			1,50

Auflage: 3 200 000 Stück

Mit MICHEL besser sammeln

1979, 7. März. Europameisterschaften im Luftgewehr- und Luftpistolenschießen, Graz. ⌷ Pilch; Ⓢ Pfeiler; komb. StTdr. und RaTdr. (5×10); gez. K 13¾.

aup) Luftgewehr, Luftpistole, Zielscheibe, Emblem

			**	⊙	✉
1599	6 S	mehrfarbig . . . . aup	1,30	0,70	1,20
		FDC			1,50
1599 F		Farbe Dunkelbraun stark verschoben		900,—	

Auflage: 3 050 000 Stück

1979, 13. März. Weltmeisterschaften im Eiskunstlaufen und Eistanzen, Wien. ⌷ Zeiller; RaTdr. (10×5); gez. K 14¼:13¾.

aur) Eiskunstläuferin

1600	4 S	mehrfarbig . . . . aur	0,80	0,50	1,—
		FDC			1,20

Auflage: 3 150 000 Stück

1979, 13. März. 150 Jahre Erste Donau-Dampfschiffahrts-Gesellschaft. ⌷ Pilch; Ⓢ Pfeiler; StTdr. (5×10); gez. K 13¾.

aus) Raddampfer „Franz I." (erstes Schiff der DDSG)　　auf) Schubschiff „Linz"　　auu) Fahrgastschiff „Theodor Körner"

1601	1.50 S	dunkelviolettblau . . aus	0,40	0,30	0,80
1602	2.50 S	dunkelbraun . . . . . . aut	0,60	0,40	0,80
1603	3 S	dunkelbräunlichlila . auu	1,—	0,30	1,—
		Satzpreis (3 W.)	2,—	1,—	
		FDC			2,—

Auflage: 3 150 000 Sätze

1979, 26. März. Internationale Wiener Damenmode-Woche. ⌷ Stefferl; Ⓢ Leitgeb; komb. StTdr. und RaTdr. (10×5); gez. K 12¾:13¾.

auv) Entwurf eines Kleides (1900) von Theo Zasche (1862–1922), Modezeichner

1604	2.50 S	mehrfarbig . . . . auv	0,50	0,30	0,80
		FDC			1,10

Auflage: 3 100 000 Stück

1979, 27. März. 700 Jahre Dom zu Wiener Neustadt. ⌷ Pilch; Ⓢ Seidel; komb. StTdr. und RaTdr. (10×5); gez. K 13¾.

auw) Dom, Wiener Neustadt

1605	4 S	mattgrünlichgrau/schwarzviolettblau . . auw	0,80	0,50	1,—
		FDC			1,20

Auflage: 3 100 000 Stück

1979, 30. März. 200 Jahre Gehörlosenbildung in Österreich. [E] **Zeiller;** [S] **Nefe; komb. StTdr. und RaTdr. (10×5); gez. K 14¼:13¾.**

aux) Bronzerelief am Denkmal Kaiser Josephs II., Wien

				**	⊙	✉
1606	2.50 S	mehrfarbig . . . . aux		0,50	0,30	0,80
		FDC				1,—

Auflage: 3 050 000 Stück

1979, 6. April. 150 Jahre Österreichisches Statistisches Zentralamt. [E] **Zeiller;** [S] **Seidel; komb. StTdr. und RaTdr. (10×5); gez. K 14¼:13¾.**

auy) Statistische Bevölkerungspyramide, Putte mit Meßinstrument

			**	⊙	✉
1607	2.50 S	mehrfarbig . . . . auy	0,50	0,30	0,80
		FDC			1,—

Auflage: 3 050 000 Stück

1979, 4. Mai. Europa: Geschichte des Post- und Fernmeldewesens. [E] **Pilch;** [S] **Toth; komb. StTdr. und RaTdr. (10×5); gez. K 14¼:13¾.**

auz) Laurenz Koschier (1804–1879), Pionier der Briefmarke

			**	⊙	✉
1608	6 S	schwärzlichocker/ schwarzbraunpurpur . auz	1,50	0,70	1,20
		FDC			1,50

Auflage: 3 300 000 Stück

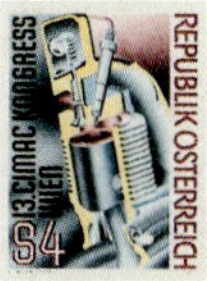

1979, 4. Mai. Kongreß des Internationalen Rates für Verbrennungskraftmaschinen (CIMAC). [E] **Wurnitsch; RaTdr. (10×5); gez. K 14¼:13¾.**

ava) Dieselmotor (Schnitt)

			**	⊙	✉
1609	4 S	mehrfarbig . . . . ava	0,80	0,50	1,—
		FDC			1,20

Auflage: 3 050 000 Stück

1979, 1. Juni. 200 Jahre Innviertel. [E] **Zeiller;** [S] **Seidel; komb. StTdr. und RaTdr. (10×5); gez. K 14¼:13¾.**

avb) Stadtwappen von Ried im Innkreis, Braunau am Inn und Schärding

			**	⊙	✉
1610	3 S	mehrfarbig . . . . avb	0,70	0,30	1,—
		FDC			1,—

Auflage: 3 150 000 Stück

1979, 1. Juni. Gewässerschutz. [E] **Dorner;** [S] **Nefe; komb. StTdr. und RaTdr. (5×10); gez. K 13¾:14¼.**

avc) Industriebetrieb neben Waldlandschaft

			**	⊙	✉
1611	2.50 S	schwärzlichgrün/ schwarzgrauviolett . avc	0,50	0,30	0,80
		FDC			1,—

Auflage: 3 050 000 Stück

1979, 22. Juni. Freimarke: Schönes Österreich. [E] **Zeiller;** [S] **Pfeiler; komb. StTdr. und RaTdr. (10×10); gez. K 14.**

avd) Hirschegg im Kleinwalsertal, Vorarlberg

			**	⊙	✉
1612	4.20 S	grau/schwarz . . . . . avd	1,20	0,50	1,—
		FDC			1,30

Mit anhängendem Leerfeld

		**	⊙	✉
1612 Lf	. . . .	2,80	2,80	3,50

Weitere Werte siehe Übersicht nach Jahrgangswerttabelle.

1979, 22. Juni. 700 Jahre Stadt Rottenmann. [E] **Zeiller;** [S] **Nefe; komb. StTdr. und RaTdr. (10×5); gez. K 14¼:13½.**

ave) Stadtwappen

			**	⊙	✉
1613	3 S	mehrfarbig . . . . ave	1,20	0,30	1,—
		FDC			1,—

Auflage: 3 100 000 Stück

1979, 29. Juni. 50. Todestag von Jodok Fink. [E] **Pilch;** [S] **Leitgeb; StTdr. (10×5); gez. K 14¼.**

avf) J. Fink (1853–1929), Politiker

			**	⊙	✉
1614	3 S	dunkellilakarmin . . . . . avf	0,70	0,30	1,—
		FDC			1,—

Auflage: 3 000 000 Stück

1979, 6. Juli. Europatreffen der Heimkehrer in Wels. [E] **Pilch; RaTdr. (10×5); gez. K 14¼:13¾.**

avg) Segel, Stadtwappen von Wels, Verbandsabzeichen

			**	⊙	✉
1615	4 S	gelbgrün/schwarz . . . avg	0,80	0,50	1,—
		FDC			1,20

Auflage: 3 100 000 Stück

Achten Sie bei geprüften Marken auf die Stellung des Prüfzeichens. Lesen Sie die Prüfordnung des Bundes Philatelistischer Prüfer (BPP) am Ende des Kataloges.

1979, 20. Aug. Konferenz der Vereinten Nationen über Wissenschaft und Technik im Dienste der Entwicklung. 🖊 Privitzer; Odr. (10×5); gez. K 14¼:13¾.

avh) Blume, Emblem

			✶✶	☉	✉
1616	4 S	lebhaftcyanblau ..... avh	0,80	0,50	1,—
		FDC			1,20

Auflage: 3 450 000 Stück

1979, 24. Aug. Eröffnung des Internationalen Zentrums Wien „Donaupark Wien". 🖊 Zeiller; 🅂 Toth; StTdr. (5×10); gez. K 13¾:14¼.

avi) Donaupark Wien

1617	6 S	blauschwarz/dunkel-preußischblau .... avi	1,30	0,70	1,20
		FDC			1,50

Auflage: 3 700 000 Stück

1979, 10. Sept. Weltkongreß der Internationalen Diabetes-Föderation. 🖊 Stefferl; RaTdr. (5×10); gez. K 14.

avk) Auge mit Blutgefäßen eines Diabetikers

1618	2.50 S	mehrfarbig .... avk	0,50	0,30	0,80
		FDC			1,—

1618 F		Farbe Hellblau (nur in der Wertangabe) fehlend	3000,—	1800,—

Auflage: 3 200 000 Stück

1979, 14. Sept. Weltstraßenkongreß, Wien. 🖊 Stefferl; 🅂 Toth; komb. StTdr. und RaTdr. (5×10); gez. K 14.

avl) Blick vom Arlbergstraßentunnel in das Stanzertal

1619	4 S	mehrfarbig .... avl	0,80	0,50	1,—
		FDC			1,20

Auflage: 3 250 000 Stück

1979, 18. Sept. 175 Jahre Österreichische Staatsdruckerei. 🖊 Geßner; 🅂 Seidel; komb. StTdr. und RaTdr. (5×10); gez. K 13¾.

avm) Koenig-Buchdruckschnellpresse mit Dampfantrieb (um 1840)

1620	3 S	mattchromgelb/schwarz .... avm	0,50	0,30	0,80
		FDC			1,—

Auflage: 3 200 000 Stück

Zum besseren Gebrauch des Kataloges empfehlen wir, die Einführung zu lesen.

1979, 21. Sept. 50. Todestag von Richard Zsigmondy. 🖊 Pilch; 🅂 Fischer; StTdr. (10×5); gez. K 14¼:13¾.

avn) R. Zsigmondy (1865–1929), Chemiker, Nobelpreis 1925

			✶✶	☉	✉
1621	6 S	schwarzrotbraun .... avn	1,30	0,70	1,20
		FDC			1,50

Auflage: 3 200 000 Stück

1979, 1. Okt. Energiesparen. 🖊 Stefferl; RaTdr. (5×10); gez. K 13¾.

avo) Abbrennendes Zündholz

1622	2.50 S	mehrfarbig .... avo	0,50	0,30	0,80
		FDC			1,—

1979, 1. Okt. Eröffnung des Festspiel- und Kongreßhauses Bregenz. 🖊 Stefferl; 🅂 Pfeiler; StTdr. (5×10); gez. K 13¾.

avp) Modell des Festspiel- und Kongreßhauses

1623	2.50 S	schwarzpurpur-violett .... avp	0,50	0,30	0,80
		FDC			1,—

Auflage: 3 200 000 Stück

1979, 11. Okt. Lions-Europa-Forum, Wien. 🖊 Böcskör; 🅂 Seidel; komb. StTdr. und RaTdr. (5×10); gez. K 13¾:14¼.

avr) Emblem von Lions International

1624	4 S	mehrfarbig .... avr	0,80	0,50	1,—
		FDC			1,20

Auflage: 3 300 000 Stück

1979, 19. Okt. 100 Jahre Technologisches Gewerbemuseum (TGM), Wien. 🖊 Zeiller; 🅂 Fischer; komb. StTdr. und RaTdr. (10×5); gez. K 14¼:13¾.

avs) Wilhelm Franz Exner (1840–1931), Gründer und Direktor des TGM

1625	2.50 S	schwärzlichgraulila/violettschwarz .... avs	0,50	0,30	0,80
		FDC			1,—

Auflage: 3 200 000 Stück

1979, 23. Okt. Moderne Kunst in Österreich (V). 🖊 Fronius; Odr. (10×5); gez. K 13¾:14.

avt) Der erbärmende Christus; Kaltnadelradierung von Hans Fronius (1903–1988)

1626	4 S	mattbraungelb/olivschwarz .... avt	0,80	0,50	1,—
		FDC			1,20

Auflage: 3 300 000 Stück

1979, 24. Okt. 100 Jahre Raab–Oeden-burg–Ebenfurter Eisenbahn. ⒢ Pilch; RaTdr. (5×10); gez. K 14.

avu) Güterlokomotive der Baureihe 52

			★★	⊙	⊠
1627	2.50 S	mehrfarbig ...... avu	0,70	0,30	0,80
		FDC			1,—

Auflage: 3 200 000 Stück

Gemeinschaftsausgabe mit Ungarn MiNr. 3378–3381, Bl. 139

1979, 30. Okt. 50. Todestag von August Musger. ⒢ Zeiller; Ⓢ Nefe; komb. StTdr. und RaTdr. (10×5); gez. K 14¼:13¾.

avv) A. Musger (1868–1929), Pionier der Zeitlupentechnik

1628	2.50 S	blauschwarz/ hellgrünlichgrau ... avv	0,50	0,30	0,80
		FDC			1,—

Auflage: 3 200 000 Stück

1979, 30. Nov. Internationale Briefmar-kenausstellung „WIPA 1981", Wien (I). ⒢ Zeiller; Ⓢ Pfeiler; komb. StTdr. und RaTdr. (5×10); gez. K 13¾.

avw) Heldenplatz Wien, Erzherzog-Karl-Denkmal, Neue Hofburg (1. Produktionsphase des Markenbildes)

1629	16 S + 8 (S)	mehrfarbig . avw	3,80	3,—	4,—
		FDC			5,—

Auflage: 1 800 000 Stück

Zur Internationalen Briefmarkenausstellung WIPA 1981 wurden MiNr. 1629, MiNr. 1662 und MiNr. 1665 als Schwarzdruck (ohne Frankaturkraft) nur zusammen mit der Eintrittskarte abgegeben (siehe unter „Gedenkblätter" MiNr. 7).

In ähnlicher Zeichnung: MiNr. 1662, 1665

1979, 30. Nov. Weihnachten. ⒢ Zeiller, Ⓢ Laurent; komb. StTdr. und RaTdr. (5×10); gez. K 13½:14¼.

avx) Christi Geburt: Ikone von Moses Subotić (1775) in der ukrainischen griech.-kath. Kirche St. Barbara, Wien

1630	4 S	mehrfarbig .... avx	0,80	0,50	1,—
		FDC			1,20

Auflage: 5 200 000 Stück

MICHELsoft – das komfortable Datenbankprogramm für Ihren Computer!

1980

1980, 25. Jan. 500 Jahre Stadt Baden. ⒢ Zeiller; Ⓢ Seidel; komb. StTdr. und RaTdr. (10×5); gez. K 14.

avy) Stadtwappen (1566)

			★★	⊙	⊠
1631	4 S	mehrfarbig .... avy	0,80	0,50	1,—
		FDC			1,20

Auflage: 3 200 000 Stück

1980, 21. Febr. „Kampf dem Rheuma". ⒢ Dor-ner; Ⓢ Seidel; komb. StTdr. und RaTdr. (10×5); gez. K 13¾.

avz) Hand eines Rheumakranken

1632	2.50 S	mehrfarbig ...... avz	0,50	0,30	0,80
		FDC			1,—

Auflage: 3 200 000 Stück

1980, 21. Febr. Förderung des österreichischen Exports. ⒢ Dorner; RaTdr. (10×5); gez. K 14¼:13¾.

awa) Gabelstapler mit österreichischem Exportgut

1633	4 S	mehrfarbig .... awa	0,80	0,50	1,—
		FDC			1,20

Auflage: 3 400 000 Stück

1980, 14. März. 100 Jahre Österreichisches Rotes Kreuz. ⒢ Dorner; RaTdr. (5×10); gez. K 13¾:14¼.

awb) Siegel des Österreichischen Roten Kreuzes von 1880 und 1980

1634	2.50 S	mehrfarbig ...... awb	0,50	0,30	0,80
		FDC			1,—

Auflage: 3 100 000 Stück

1980, 20. März. 65. Geburtstag von Rudolf Kirchschläger. ⒢ Pilch; Ⓢ Toth; komb. StTdr. und RaTdr. (10×5); gez. K 14¼:13¾.

awc) R. Kirchschläger (1915–2000), Bundespräsident

1635	4 S	mehrfarbig .... awc	0,80	0,50	1,—
		FDC			1,20

1635 F	Farbe Dunkelorangerot fehlend	2200,—

MiNr. 1635 in Blockform, ☐, sogenannter Kirchschläger-Geburtstags-Block ist nicht frankaturgültig.

Auflage: 3 200 000 Stück

1980, 24. März. 150. Geburtstag von Robert Hamerling. ✍ Pilch; ⬡ Leitgeb; StTdr. (5×10); gez. K 13¾:14¼.

awd) R. Hamerling (1830–1889), Dichter

			**	⊙	✉
1636	2.50 S	schwarzgrünoliv . . awd	0,50	0,30	0,80
		FDC			1,—

Auflage: 3 000 000 Stück

1980, 30. April. 750 Jahre Stadt Hallein. ✍ Baier; ⬡ Leitgeb; komb. StTdr. und RaTdr. (10×5); gez. K 14¼:13¾.

awe) Stadtsiegel (13. Jh.)

1637	4 S	dunkelrosarot/			
		schwarz . . . . awe	0,80	0,50	1,—
		FDC			1,20

Auflage: 3 200 000 Stück

1980, 13. Mai. 200. Todestag von Kaiserin Maria Theresia. ✍ Pilch; ⬡ Toth; StTdr. (10×5); gez. K 13¾.

awf) Andreas Moller (1684–1762): Maria Theresia als junges Mädchen

awg) Martin van Meytens (1695 bis 1770): Maria Theresia mit Stephanskrone

awh) Josef Ducreux (1735–1802): Maria Theresia als Witwe

1638	2.50 S	schwarzgraulila . . . awf	0,80	0,30	0,80
1639	4 S	schwarzviolettblau awg	1,10	0,50	1,—
1640	6 S	schwärzl'braunlila . awh	1,90	1,—	1,50
		Satzpreis (3 W.)	3,60	1,80	
		FDC			3,—

Auflage: 3 200 000 Sätze

1980, 14. Mai. 25 Jahre Österreichischer Staatsvertrag. ✍ Zeiller; RaTdr. (10×5); gez. K 13¾.

awi) Flaggen der Vertragsstaaten im Ornament

1641	4 S	mehrfarbig . . . . awi	0,80	0,50	1,—
		FDC			1,20

Auflage: 3 100 000 Stück

1980, 16. Mai. Kongreß der benediktinischen Orden Österreichs. ✍ Buchner; ⬡ Fischer; StTdr. (10×5); gez. K 14¼:13¾.

awk) Hl. Benedikt von Nursia; Skulptur von Meinrad Guggenbichler (1649–1723)

			**	⊙	✉
1642	2.50 S	dunkelbraunoliv/			
		schwarz . . . . awk	0,50	0,30	0,80
		FDC			1,—

Auflage: 3 100 000 Stück

1980, 20. Mai. Jahrestagung „175 Jahre Hygiene in Österreich". ✍ Pilch; RaTdr. (10×5); gez. K 13¾.

awl) Hygieia; Gemälde von Gustav Klimt (1862–1918)

1643	4 S	mehrfarbig . . . . awl	0,80	0,50	1,—
		FDC			1,20

Auflage: 3 050 000 Stück

1980, 30. Mai. Inbetriebnahme der Erdefunkstelle Aflenz. ✍ Zeiller; RaTdr. (10×5); gez. K 14¼:13½.

awm) Antenne 1 der Erdefunkstelle Aflenz

1644	6 S	mehrfarbig . . . . awm	1,30	0,70	1,20
		FDC			1,50
1644 F I		Farben Orange, Rot und Dunkelblau fehlend	5000,—	2800,—	
1644 F II		Farbe Dunkelblau fehlend	—,—	—,—	

Auflage: 3 100 000 Stück

1980, 4. Juni. 1000 Jahre Stadt Steyr. ✍ Zeiller; ⬡ Fischer; komb. StTdr. und RaTdr. (5×10); gez. K 13¾.

awn) Steyr um 1693 (Kupferstich)

1645	4 S	mehrfarbig ⊞GA . . . . . awn	0,80	0,50	1,—
		FDC			1,20

Plattenfehler

1645 I

1645 I		„R" in „REP" gebrochen (Feld 4)	3,50	3,50	10,—

Auflage: 3 100 000 Stück

1980, 12. Juni. 50 Jahre Erdölförderung in Österreich. ⧉ Stefferl; ⧉ Seidel; komb. StTdr. und RaTdr. (10×5); gez. K 13¾.

awo) Erdölarbeiter

			★★	⊙	⊠
1646	2.50 S	mehrfarbig . . . . . . awo	0,50	0,30	0,80
		FDC			1,—

Auflage: 3 050 000 Stück

1980, 23. Juni. 800 Jahre Stadt Innsbruck. ⧉ Zelger; RaTdr. (5×10); gez. K 13¾:14¼.

awp) Stadtsiegel (1267)

1647	2.50 S	mehrfarbig . . . . . . awp	0,50	0,30	0,80
		FDC			1,—

Auflage: 3 200 000 Stück

1980, 23. Juni. 800. Jahrestag der Erhebung Steiermarks zum Herzogtum. ⧉ Buchner; RaTdr. (10×5); gez. K 14¼:13¾.

awr) Herzogshut

1648	4 S	mehrfarbig . . . . awr	0,80	0,50	1,—
		FDC			1,20

Auflage: 3 100 000 Stück

1980, 27. Juni. Freimarke: Schönes Österreich. ⧉ Zeiller; ⧉ Pfeiler; komb. StTdr. (10×10) und RaTdr.; gez. K 14.

aws) Bergfried von Freistadt im Mühlviertel, Oberösterreich

1649	20 g	hellilaultramarin/			
		schwärzlichultramarin aws	0,60	0,30	0,80
		FDC			1,—

Mit anhängendem Leerfeld

1649 Lf	. . . .	1,—	1,—	1,50

Weitere Werte siehe Übersicht nach Jahrgangswerttabelle.

1980, 18. Aug. 100. Geburtstag von Leo Ascher. ⧉ Stefferl; ⧉ Seidel; StTdr. (10×5); gez. K 13¾.

awt) L. Ascher (1880–1942), Komponist

1650	3 S	schwarzblauviolett . . awt	0,50	0,30	0,80
		FDC			1,—

Auflage: 3 150 000 Stück

1980, 25. Aug. Kongreß der Internationalen Organisation für das Studium des Alten Testamentes. ⧉ Pilch; RaTdr. (10×5); gez. K 13¾.

awu) Verheißung Gottes an Abraham, Motiv aus der „Wiener Genesis"

			★★	⊙	⊠
1651	4 S	mehrfarbig . . . . awu	0,80	0,50	1,—
		FDC			1,20

Auflage: 3 200 000 Stück

1980, 25. Aug. Europa: Bedeutende Persönlichkeiten. ⧉ Pilch; ⧉ Toth; StTdr. (10×5); gez. K 14¼:13¾.

awv) Robert Stolz (1880–1975), Komponist

1652	6 S	dunkelbraunkarmin . . awv	1,50	0,70	1,20
		FDC			1,50

Auflage: 3 700 000 Stück

1980, 1. Sept. Kongreß der Internationalen Vereinigung für Brückenbau und Hochbau, Wien. ⧉ Stefferl; RaTdr. (5×10); gez. K 13¾.

aww) Alte und neue Brücke

1653	4 S	mehrfarbig . . . . aww	0,80	0,50	1,—
		FDC			1,20

Auflage: 3 170 000 Stück

1980, 3. Okt. Freimarke: Schönes Österreich. ⧉ Zeiller; ⧉ Pfeiler; komb. StTdr. (10×10) und RaTdr.; gez. K 14.

awx) Festung Kufstein

1654	12 S	lebhaftorangebraun/			
		schwarzbraun . . . . . . awx	3,—	0,40	0,80
		FDC			3,—

Mit anhängendem Leerfeld

1654 Lf	. . . .	3,50	3,50	4,—

Weitere Werte siehe Übersicht nach Jahrgangswerttabelle.

1980, 10. Okt. Moderne Kunst in Österreich (VI). ⧉ und ⧉ Brandstätter; komb. StTdr. und RaTdr. (10×5); gez. K 14¼:13¾.

awy) Mond-Figur; Gemälde von Karl Brandstätter (*1946)

1655	4 S	mehrfarbig . . . . awy	0,80	0,50	1,—
		FDC			1,20

Auflage: 3 400 000 Stück

1980, 13. Okt. 150 Jahre Zollwache. [E] **Pfeffer; RaTdr. (10×5); gez. K 14¼:13¾.**

awz) Zollwachebeamter

				✶✶	⊙	✉
1656	2.50 S	schwärzlichsiena/ lebhaftrot	awz	0,50	0,30	0,80
			FDC			1,—

Auflage: 3 170 000 Stück

1980, 23. Okt. 350 Jahre Amtliche Linzer Zeitung. [E] **Böcskör; RaTdr. (5×10); gez. K 13¾.**

axa) Titelblatt der Linzer Zeitung von 1816

1657	2.50 S	mehrfarbig	axa	0,50	0,30	0,80
			FDC			1,—

Auflage: 3 600 000 Stück

1980, 24. Okt. 750 Jahre Stadt Waidhofen an der Thaya. [E] **Stefferl;** [S] **Seidel; komb. StTdr. und RaTdr. (10×5); gez. K 14.**

axb) Titelseite des Waidhofener Stadtbuches (14. Jh.)

1658	2.50 S	mehrfarbig	axb	0,50	0,30	0,80
			FDC			1,—

Auflage: 3 200 000 Stück

1980, 24. Okt. 25 Jahre Österreichisches Bundesheer. [E] **Wurnitsch; RaTdr. (5×10); gez. K 13¾:14¼.**

axc) Angestellter, Soldat, Arbeiter

1659	2.50 S	mehrfarbig	axc	0,50	0,30	0,80
			FDC			1,—

Auflage: 3 200 000 Stück

1980, 31. Okt. 100. Geburtstag von Alfred Wegener. [E] **Pilch;** [S] **Pfeiler; StTdr. (5×10); gez. K 13¾:14¼.**

axd) A. Wegener (1880–1930), Geophysiker und Meteorologe

1660	4 S	dunkelviolettblau	axd	0,80	0,50	1,—
			FDC			1,20

Auflage: 3 180 000 Stück

1980, 6. Nov. 100. Geburtstag von Robert Musil. [E] **Buchner;** [S] **Nefe; StTdr. (10×5); gez. K 14¼:13¾.**

axe) R. Edler von Musil (1880–1942), Dichter

1661	4 S	schwärzlichrotbraun	axe	0,80	0,50	1,—
			FDC			1,20

Auflage: 3 180 000 Stück

1980, 21. Nov. Internationale Briefmarkenausstellung „WIPA 1981“, Wien (II). [E] **Zeiller;** [S] **Pfeiler; komb. StTdr. und RaTdr. (5×10); gez. K 13¾.**

avw I) Heldenplatz Wien, Erzherzog-Karl-Denkmal, Neue Hofburg (2. Produktionsphase des Markenbildes)

				✶✶	⊙	✉
1662	16 S + 8 (S)	mehrfarbig	avw I	4,—	3,—	4,—
			FDC			5,—

Auflage: 1 800 000 Stück

Zur Internationalen Briefmarkenausstellung WIPA 1981 wurden MiNr. 1629, MiNr. 1662 und MiNr. 1665 als Schwarzdruck (ohne Frankaturkraft) nur zusammen mit der Eintrittskarte abgegeben (siehe unter „Gedenkblätter“ MiNr. 7).

In ähnlicher Zeichnung: MiNr. 1629, 1665

1980, 28. Nov. Weihnachten. [E] **Pilch;** [S] **Fischer; komb. StTdr. und RaTdr. (10×5); gez. K 13¾.**

axf) Anbetung der Könige, Chorschlußfenster der Pfarrkirche Viktring (Detail)

1663	4 S	mehrfarbig	axf	0,80	0,50	1,—
			FDC			1,20

Auflage: 5 200 000 Stück

1981

1981, 19. Jan. 25 Jahre Allgemeines Sozialversicherungsgesetz (ASVG). [E] **Molitoris; Odr. (5×10); gez. K 13¾:14¼.**

axg) Symbolik

1664	2.50 S	mehrfarbig	axg	0,40	0,20	0,60
			FDC			1,10

Auflage: 3 100 000 Stück

1981, 20. Febr. Blockausgabe: Internationale Briefmarkenausstellung „WIPA 1981“, Wien (III). [E] **Zeiller;** [S] **Pfeiler; komb. StTdr. und RaTdr.; gez. Ks 13¾.**

axh

avw II) Heldenplatz Wien, Erzherzog-Karl-Denkmal, Neue Hofburg (fertiges Markenbild)

1665	16 S + 8 (S)	mehrfarbig	avw II	3,50	3,50	4,—
Block 5	(90×71 mm)		axh	3,60	4,—	5,—
			FDC			5,—

Plattenfehler

Bl. 5 I   1665 II

		✶✶	☉	✉
Bl. 5 I	Strich im „E" von „WIEN"	250,—	250,—	—,—
Bl. 5 II	mit MiNr. 1665 II Dreieck am Bein des Pferdes	20,—	20,—	—,—

Zur Internationalen Briefmarkenausstellung WIPA 1981 wurden MiNr. 1629, 1662 und 1665 als Schwarzdruck (ohne Frankaturkraft) nur zusammen mit der Eintrittskarte abgegeben (siehe unter „Gedenkblätter" MiNr. 7).

Als Beilage zur Festschrift wurde ein Block mit geändertem Markenbild von Bl. 5 mit Inschrift „WIPA 1981", ohne Wertangabe, abgegeben (siehe unter „Gedenkblätter" MiNr. 8).

Auflage: 2 421 000 Blocks

In ähnlicher Zeichnung: MiNr. 1629, 1662

1981, 6. April. 100. Geburtstag von Wilhelm Dachauer. ⬚ Pilch; Ⓢ Toth; StTdr. (10×5); gez. K 14¼:13¾.

axi) Nicht ausgeführter Briefmarkenentwurf zur Serie „Motive aus der Nibelungensage" (1926) von W. Dachauer (1881–1951)

1666	3 S	schwarzlilabraun ..... axi	0,50	0,30	0,80
		FDC			1,10

Auflage: 3 200 000 Stück

1981, 6. April. Europäische Regionalkonferenz von Rehabilitation International. ⬚ Wurnitsch; Ⓢ Seidel; komb. StTdr. und RaTdr. (10×5); gez. K 14¼:13¾.

axk) Rollstuhlfahrer an Werkzeugmaschine

1667	6 S	mehrfarbig .... axk	1,—	0,70	1,20
		FDC			1,60

Auflage: 3 200 000 Stück

1981, 6. Mai. 125. Geburtstag von Sigmund Freud. ⬚ Pilch; Ⓢ Leitgeb; StTdr. (10×5); gez. K 14¼:13¾.

axl) S. Freud (1856–1939), Nervenarzt und Begründer der Psychoanalyse

1668	3 S	schwärzlichviolett-purpur .... axl	0,50	0,30	0,80
		FDC			1,10

Auflage: 3 250 000 Stück

Ab MiNr. 838 gelten die ✉-Preise nur für bedarfsmäßige EF (Einzelfrankaturen), falls teurer als ✶✶; MiF höchstens wie ✶✶. Marken mit Falz: MiNr. 838–1072 ✶ 50–60% Abschlag, wenn nicht extra angegeben.

1981, 11. Mai. UNICHAL-Kongreß, Wien. ⬚ Kral; RaTdr. (10×5); gez. K 14¼:13¾.

axm) Heizungsrohr (Emblem)

			✶✶	☉	✉
1669	4 S	mehrfarbig .... axm	0,70	0,50	1,—
		FDC			1,30

Auflage: 3 220 000 Stück

1981, 15. Mai. Kuenringer-Ausstellung im Stift Zwettl. ⬚ Böcskör; Ⓢ Seidel; komb. StTdr. und RaTdr. (10×5); gez. K 14.

axn) Azzo (925–992), Stammvater der Kuenringer; Darstellung aus der Zwettler Handschrift „Bärenhaut"

1670	3 S	mehrfarbig .... axn	0,50	0,30	0,80
		FDC			1,10

Auflage: 3 250 000 Stück

1981, 22. Mai. Europa: Folklore. ⬚ Buchner; RaTdr. (10×5); gez. K 14¼:13¾.

axo) Maibaum

1671	6 S	mehrfarbig .... axo	1,50	0,70	1,20
		FDC			1,60

Auflage: 3 800 000 Stück

1981, 29. Mai. 100 Jahre Telefon in Österreich. ⬚ und Ⓢ Pfeiler; komb. StTdr. und RaTdr. (5×10); gez. K 13¾:14¼.

axp) Tischtelefon für Haus- und Nebenstellenanlagen (um 1900)

1672	4 S	mehrfarbig .... axp	0,70	0,50	1,—
		FDC			1,30

Auflage: 3 750 000 Stück

1981, 29. Juni. 25 Jahre Forschungszentrum Seibersdorf. ⬚ Böcskör; RaTdr. (5×10); gez. K 13¾.

axr) Forschungszentrum Seibersdorf

1673	4 S	mehrfarbig .... axr	0,70	0,50	1,—
		FDC			1,30

Plattenfehler

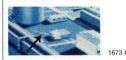

1673 I

1673 I	Diagonaler weißer Strich durch den Innenhof	10,—	6,—	20,—

Auflage: 3 200 000 Stück

1981, 29. Juni. Kindermarke. ⧆ Schüler der Realschule Reutte; RaTdr. (5×10); gez. K 13¾:14¼.

axs) Kinderzeichnung zum Märchen „Der Froschkönig"

			**	☉	✉
1674	3 S	mehrfarbig . . . . axs	0,50	0,30	0,80
		FDC			1,10

Auflage: 3 300 000 Stück

1981, 17. Juli. 850 Jahre Stadt St. Veit an der Glan. ⧆ und ⧈ Pfeiler; komb. StTdr. und RaTdr. (5×10); gez. K 13¼:14¼.

axt) Rathaus, Stadtsiegel

1675	4 S	mehrfarbig . . . . axt	0,70	0,50	1,—
		FDC			1,30

Auflage: 3 420 000 Stück

1981, 31. Aug. Internationaler Kongreß für Klinische Chemie. ⧆ Pilch; ⧈ Toth; StTdr. (10×5); gez. K 14¼:13¾.

axu) Johann Florian Heller (1813–1871), Pionier der chemischen Harndiagnostik

1676	6 S	dunkelbraunrot . . . . . axu	1,—	0,70	1,20
		FDC			1,60

Auflage: 3 370 000 Stück

1981, 4. Sept. 75. Todestag von Ludwig Boltzmann. ⧆ Buchner; ⧈ Nefe; StTdr. (10×5); gez. K 14¼:13¾.

axv) L. Boltzmann (1844–1906), Physiker

1677	3 S	schwärzlichgrünblau . axv	0,50	0,30	0,80
		FDC			1,10

Auflage: 3 400 000 Stück

1981, 7. Sept. 100. Geburtstag von Otto Bauer. ⧆ Zeiller; RaTdr. (10×5); gez. K 14¼:13¾.

axw) O. Bauer (1881–1938), Politiker

1678	4 S	mehrfarbig . . . . axw	0,70	0,50	1,—
		FDC			1,30

Auflage: 3 400 000 Stück

Mit der **MICHEL**-Nummer auf Nummer sicher!

1981, 7. Sept. Weltkongreß der Fédération Internationale Pharmaceutique. ⧆ Böcskör; ⧈ Seidel; komb. StTdr. und RaTdr. (10×5); gez. K 14¼:14.

axx) Standwaage mit Wappenadler, Kongreßemblem

			**	☉	✉
1679	6 S	mehrfarbig . . . . axx	1,—	0,70	1,20
		FDC			1,60

Auflage: 3 370 000 Stück

1981, 14. Sept. Internationaler Mathematiker-Kongreß, Innsbruck. ⧆ Wurnitsch; RaTdr. (10×5); gez. K 14¼:13¾.

axy) „Unmögliche Würfelkonstruktion" nach M. C. Escher (1898–1972)

1680	4 S	mehrfarbig . . . . axy	0,70	0,50	1,—
		FDC			1,30

Auflage: 3 400 000 Stück

1981, 25. Sept. Kongreß zum 500jährigen Bestehen des gotischen Flügelaltars von Michael Pacher in St. Wolfgang. ⧆ Buchner; ⧈ Leitgeb; StTdr. (10×5); gez. K 14¼:13¾.

axz) Kniende Maria (Detail aus der Gruppe der Marienkrönung im Mittelschrein des Pacheraltars)

1681	3 S	schwarzlilaultramarin . axz	0,50	0,30	0,80
		FDC			1,10

Auflage: 3 500 000 Stück

1981, 25. Sept. 75 Jahre Grazer Südost-Messe. ⧆ Krainz; RaTdr. (5×10); gez. K 13¾:14¼.

aya) Messeemblem

1682	4 S	mehrfarbig . . . . aya	0,70	0,50	1,—
		FDC			1,30

Auflage: 3 400 000 Stück

1981, 5. Okt. Internationaler Kongreß für Byzantinistik. ⧆ Pilch; RaTdr. (10×5); gez. K 13¾:14.

ayb) Trinitätsdarstellung in einer west-östlichen Handschrift des Neuen Testaments (12. Jh.)

1683	6 S	mehrfarbig . . . . ayb	1,—	0,70	1,20
		FDC			1,60

Auflage: 3 600 000 Stück

1981, 9. Okt. 100. Geburtstag von Hans Kelsen. [E] **Pilch;** [S] **Nefe; StTdr. (10×5); gez. K 14.**

ayc) H. Kelsen (1881–1973), Staatsrechtler

				★★	⊙	✉
1684	3 S	schwärzlichrötlich-karmin	ayc	0,50	0,30	0,80
			FDC			1,10

Auflage: 3 400 000 Stück

1981, 9. Okt. 200 Jahre Toleranzedikt. [E] **Buchner;** [S] **Toth; komb. StTdr. und RaTdr. (10×5); gez. K 14¼.**

ayd) Kaiser Joseph II. (1741–1790, reg. ab 1765)

1685	4 S	mehrfarbig	ayd	0,70	0,50	1,—
			FDC			1,30

Auflage: 3 400 000 Stück

1981, 16. Okt. Welternährungstag. [E] **Dorner; RaTdr. (5×10); gez. K 13¾.**

aye) FAO-Emblem, gefüllter und leerer Teller

1686	6 S	mehrfarbig	aye	1,—	0,70	1,20
			FDC			1,60

1686 F	Farbe Silber (FAO-Emblem) fehlend	2600,—

Auflage: 3 500 000 Stück

1981, 22. Okt. Moderne Kunst in Österreich (VII). [E] **Asboth; Odr. (5×10); gez. K 13¾:14¼.**

ayf) Zwischen den Zeiten; Gemälde von Oscar Asboth (*1925):

1687	4 S	mehrfarbig	ayf	0,70	0,50	1,—
			FDC			1,30

Auflage: 3 500 000 Stück

1981, 23. Okt. Internationale Katholische Arbeitnehmertagung, Wien. [E] **Dorner;** [S] **Leitgeb; komb. StTdr. und RaTdr. (10×5); gez. K 14¼:13¾.**

ayg) Zwei Arbeiter, KAB-Emblem

1688	3 S	mehrfarbig	ayg	0,50	0,30	0,80
			FDC			1,10

Auflage: 3 400 000 Stück

1981, 23. Nov. 125. Todestag von Joseph Freiherr von Hammer-Purgstall. [E] **Zeiller;** [S] **Laurent; komb. StTdr. und RaTdr. (5×10); gez. K 13¾:14.**

ayh) J. Frh. von Hammer-Purgstall (1774–1856), Orientalist

				★★	⊙	✉
1689	3 S	mehrfarbig	ayh	0,50	0,30	0,80
			FDC			1,10

Auflage: 3 400 000 Stück

1981, 27. Nov. 90. Geburtstag von Julius Raab. [E] **Pilch;** [S] **Toth; StTdr. (10×5); gez. K 13¾.**

ayi) J. Raab (1891–1964), Politiker, Bundeskanzler von 1953–1961

1690	6 S	schwärzlichgraulila	ayi	0,90	0,70	1,20
			FDC			1,80

Auflage: 3 500 000 Stück

1981, 27. Nov. Weihnachten. [E] **Zeiller;** [S] **Laurent; komb. StTdr. und RaTdr. (5×10); gez. K 13¾.**

ayk) Weihnachtskrippe aus Maisstroh

1691	4 S	mehrfarbig	ayk	0,60	0,50	1,—
			FDC			1,20

Auflage: 5 300 000 Stück

1981, 27. Nov. 100. Geburtstag von Stefan Zweig. [E] **Pilch;** [S] **Pfeiler; StTdr. (10×5); gez. K 14¼:13¾.**

ayl) St. Zweig (1881–1942), Dichter

1692	4 S	schwarzviolett	ayl	0,60	0,50	1,—
			FDC			1,30

Auflage: 3 400 000 Stück

1981, 4. Dez. 800 Jahre St. Nikola an der Donau. [E] **und** [S] **Pfeiler; komb. StTdr. und RaTdr. (10×5); gez. K 13¾.**

aym) Wappen

1693	4 S	mehrfarbig	aym	0,60	0,50	1,—
			FDC			1,30

Auflage: 3 500 000 Stück

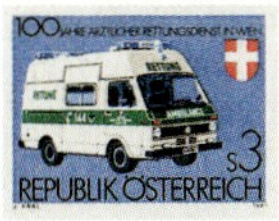

1981, 9. Dez. 100 Jahre ärztlicher Rettungsdienst, Wien. [E] **Kral; RaTdr. (5×10); gez. K 13¾:14¼.**

ayn) Rettungsfahrzeug

1694	3 S	mehrfarbig	ayn	0,50	0,30	0,80
			FDC			1,10

Auflage: 3 400 000 Stück

1982

1982, 27. Jan. Alpine Skiweltmeisterschaften, Schladming/Haus. ⓩ Pilch; RaTdr. (10×5); gez. K 14¼.

ayo) Abfahrtslauf

			✶✶	⊙	✉
1695	4 S	mehrfarbig . . . . ayo	0,60	0,40	0,80
		FDC			1,20

Auflage: 4 000 000 Stück

1982, 27. Jan. Freimarke: Schönes Österreich. ⓩ Zeiller; Ⓢ Pfeiler; komb. StTdr. und RaTdr. (10×10); gez. K 14:14¼.

ayp) Weißsee, Salzburg

1696	14 S	mit'smaragdgrün/schwarz- gelbsmaragdgrün . . . ayp	4,—	0,20	0,60
		FDC			3,50

Mit anhängendem Leerfeld

1696 Lf	. . . .	4,50	4,50	5,—

Weitere Werte siehe Übersicht nach Jahrgangswerttabelle.

1982, 12. März. 275 Jahre Dorotheum, Wien. ⓩ Zeiller; Ⓢ Laurent; komb. StTdr. und RaTdr. (10×5); gez. K 14.

ayr) Dorotheum

1697	4 S	mehrfarbig . . . . ayr	0,60	0,40	0,80
		FDC			1,30

Auflage: 3 400 000 Stück

1982, 19. März. 25 Jahre Österreichische Wasser-Rettung. ⓩ Dorner; RaTdr. (10×5); gez. K 14¼:13¾.

ays) Rettungsschwimmer in Aktion

1698	5 S	mehrfarbig . . . . ays	0,80	0,60	1,—
		FDC			1,30

Auflage: 3 500 000 Stück

1982, 23. April. Landesausstellung „St. Severin und das Ende der Römerzeit", Enns. Ⓩ Mayr; Ⓢ Leitgeb; komb. StTdr. und RaTdr. (10×5); gez. K 14¼:13¾.

ayt) Hl. Severin († 482). Tafelbild der Kirche San Severino e Sosio, Neapel

1699	3 S	mehrfarbig GA . . . . . ayt	0,50	0,30	0,80
		FDC			1,10

Auflage: 3 550 000 Stück

1982, 4. Mai. Internationaler Kneipp-Kongreß, Wien. ⓩ Zeiller; Ⓢ Seidel; komb. StTdr. und RaTdr. (10×5); gez. K 14¼:14.

ayu) Sebastian Kneipp (1821–1897), katholischer Geistlicher und Naturheilkundiger

			✶✶	⊙	✉
1700	4 S	mehrfarbig . . . . ayu	0,60	0,50	1,—
		FDC			1,30

Auflage: 3 500 000 Stück

1982, 7. Mai. 500 Jahre Druck in Österreich. ⓩ Böcskör; Ⓢ Seidel; komb. StTdr. und RaTdr. (10×5); gez. K 14¼:14.

ayv) Buchdruckerwappen

1701	4 S	mehrfarbig . . . . ayv	0,60	0,50	1,—
		FDC			1,30

Auflage: 3 400 000 Stück

1982, 12. Mai. Kongreß der Europäischen Vereinigung für Urologie, Wien. ⓩ Böcskör; RaTdr. (10×5); gez. K 14.

ayw) Harnbeschau (Miniatur aus dem „Canone di Avicenna")

1702	6 S	mehrfarbig . . . . ayw	0,90	0,70	1,20
		FDC			1,80

Auflage: 3 550 000 Stück

1982, 14. Mai. Landesausstellung „800 Jahre Franz von Assisi – Franziskanische Kunst und Kultur des Mittelalters", Krems. ⓩ und Ⓢ Pfeiler; komb. StTdr. und RaTdr. (10×5); gez. K 14.

ayx) Vogelpredigt des hl. Franz von Assisi (1182–1226), Ordensgründer (Buchmalerei)

1703	3 S	mehrfarbig . . . . ayx	0,50	0,30	0,80
		FDC			1,10

Auflage: 3 625 000 Stück

1982, 19. Mai. Landesausstellung „Joseph Haydn in seiner Zeit", Eisenstadt. ⓩ Pilch; Ⓢ Toth; StTdr. (10×5); gez. K 13¾:13½.

ayy) Joseph Haydn (1732–1809), Komponist

1704	3 S	schwarzgrünoliv . . . . ayy	0,60	0,30	0,80
		FDC			1,10

Auflage: 3 525 000 Stück

1982, 25. Mai. Weltmilchtag. ⬚ Kral; RaTdr. (10×5); gez. K 14¼:13¾.

ayz) Milchglas, Erdkugel

				★★	⊙	✉
1705	7 S	mehrfarbig . . . . ayz		1,20	0,80	1,30
		FDC				1,70

Auflage: 3 450 000 Stück

1982, 28. Mai. 800 Jahre Marktort Gföhl im Waldviertel. ⬚ und ⬚ Pfeiler; komb. StTdr. und RaTdr. (5×10); gez. K 14.

aza) Gemeindewappen

1706	4 S	mehrfarbig . . . . aza	0,60	0,50	1,—
		FDC			1,30

Auflage: 3 400 000 Stück

1982, 11. Juni. Sport (VIII). ⬚ Wurnitsch; RaTdr. (10×5); gez. K 14¼.

azb) Tennisspieler, Emblem des Österreichischen Tennisverbandes (ÖTV)

1707	3 S	mehrfarbig . . . . azb	0,50	0,30	0,80
		FDC			1,10

Auflage: 1 350 000 Stück

Weitere Werte: 1069–1070, 1121, 1242, 1348, 1377, 1418, 1456

1982, 11. Juni. 900 Jahre Stadt Langenlois. ⬚ Zeiller; ⬚ Seidel; komb. StTdr. und RaTdr. (5×10); gez. K 13¾:14¼.

azc) Hauptplatz von Langenlois, Stadtwappen

1708	4 S	mehrfarbig . . . . azc	0,60	0,40	0,80
		FDC			1,30

Auflage: 3 400 000 Stück

1982, 18. Juni. 800 Jahre Stadt Weiz. ⬚ Schöberl; RaTdr. (10×5); gez. K 14¼:13¾.

azd) Stadtwappen

1709	4 S	mehrfarbig . . . . azd	1.30	0,40	0,80
		FDC			1,30

Auflage: 3 500 000 Stück

1982, 1. Juli. Freimarken: Schönes Österreich. ⬚ Zeiller; ⬚ Pfeiler; komb. StTdr. und RaTdr. (10×10); gez. K 14:14¼.

aze) Friedenskirchlein am Stoderzinken, Steiermark

azf) Riezlern, Kleinwalsertal, Vorarlberg

			★★	⊙	✉
1710	5.50 S	lebhaftbläulichviolett/ schwärzl'violettblau aze	1,90	0,60	1,50
1711	5.60 S	mittelgelblichgrün/ schwarzgrünoliv . . . azf	1,90	0,90	1,50
		Satzpreis (2 W.)	3,80	1,50	
		FDC			3,—

Mit anhängendem Leerfeld

1710 Lf	. . . .	2,80	2,80	3,50
1711 Lf	. . . .	2,80	2,80	3,50

Weitere Werte siehe Übersicht nach Jahrgangswerttabelle.

1982, 30. Juli. 50. Todestag von Ignaz Seipel. ⬚ Pilch; ⬚ Toth; StTdr. (10×5); gez. K 14¼:13½.

azg) I. Seipel (1876–1932), Politiker, Bundeskanzler (1922–1929)

1712	3 S	schwarzgraulila . . . . . azg	0,50	0,30	0,80
		FDC			1,10

Auflage: 3 500 000 Stück

1982, 30. Juli. Europa: Historische Ereignisse. ⬚ Pilch; ⬚ Seidel; StTdr. (5×10); gez. K 13½:13¾.

azh) Erste Pferdeeisenbahn Linz–Freistadt–Budweis (1832)

1713	6 S	schwärzlichrötlichbraun azh	2,—	0,70	1,20
		FDC			1,80

Auflage: 3 850 000 Stück

1982, 6. Aug. 75 Jahre Postbusverkehr. ⬚ Kral; RaTdr. (10×5); gez. K 14¼:13½.

azi) Postbus, Burg Ottenstein

1714	4 S	mehrfarbig . . . . azi	0,60	0,50	1,—
		FDC			1,30

Auflage: 4 000 000 Stück

1982, 9. Aug. Konferenz der Vereinten Nationen über die Erforschung und friedliche Nutzung des Weltraums UNISPACE '82, Wien. [E] Zeiller; RaTdr. (10×5); gez. K 14.

azk) Raketenstart

				★★	⊙	✉
1715	4 S	mehrfarbig	azk	0,60	0,50	1,—
			FDC			1,30

Auflage: 3 550 000 Stück

1982, 1. Sept. Geodätentag, Wien. [E] Dorner; [S] Leitgeb; komb. StTdr. und RaTdr. (5×10); gez. K 13¾:14¼.

azl) Weltkugel auf dem Gebäude des Bundesamtes für Eich- und Vermessungswesen, Wien; Emblem

1716	3 S	mehrfarbig	azl	0,50	0,30	0,80
			FDC			1,10

Auflage: 3 550 000 Stück

1982, 9. Sept. Naturschutz: Gefährdete Tiere. [E] Wurnitsch; [S] Nefe; komb. StTdr. und RaTdr. (10×5); gez. K 14¼.

azm) Großtrappe (Otis tarda)

azn) Biber (Castor fiber)

azo) Auerhahn (Tetrao urogallus)

1717	3 S	mehrfarbig	azm	0,50	0,50	1,—
1718	4 S	mehrfarbig	azn	0,70	0,70	1,20
1719	6 S	mehrfarbig	azo	1,—	1,—	1,50
			Satzpreis (3 W.)	2,20	2,20	
			FDC			3,—

Auflage: 3 600 000 Stück

1982, 4. Okt. 10 Jahre Internationales Institut für angewandte Systemanalyse. [E] Zeiller; [S] Laurent; komb. StTdr. und RaTdr. (5×10); gez. K 14:14¼.

azp) Schloß Laxenburg, Sitz des Instituts

1720	3 S	schwarzsiena/mittelockerbraun	azp	0,40	0,30	0,80
			FDC			1,20

Auflage: 3 550 000 Stück

1982, 11. Okt. Jahresweltkongreß der Zahnärzte der FDI. [E] Buchner; [S] Leitgeb; komb. StTdr. und RaTdr. (5×10); gez. K 14:14¼.

azr) Hl. Apollonla, Schutzheilige der Zahnärzte

1721	4 S	mehrfarbig	azr	0,60	0,50	1,—
			FDC			1,30

Auflage: 3 550 000 Stück

1982, 22. Okt. 100. Geburtstag von Emmerich Kálmán. [E] Pilch; [S] Toth; StTdr. (10×5); gez. K 13¾.

azs) E. Kálmán (1882–1953), Komponist

				★★	⊙	✉
1722	3 S	violettultramarin	azs	0,50	0,30	0,80
			FDC			1,10

Auflage: 3 600 000 Stück

1982, 10. Nov. 100. Geburtstag von Max Mell. [E] Zeiller; RaTdr. (10×5); gez. K 14¼:13¾.

azt) M. Mell (1882–1971), Dichter

1723	3 S	mehrfarbig	azt	0,50	0,30	0,80
			FDC			1,10

Auflage: 3 550 000 Stück

1982, 25. Nov. Weihnachten. [E] Buchner; [S] Seidel; komb. StTdr. und RaTdr. (10×5); gez. K 13¾.

azu) Weihnachtskrippe in der Kirche von Damüls

1724	4 S	mehrfarbig	azu	0,60	0,50	1,—
			FDC			1,30

Auflage: 5 300 000 Stück

1982, 26. Nov. 100 Jahre Sankt-Georgs-Kolleg, Istanbul. [E] Lehmden; Odr. (10×5); gez. K 14.

azv) Bosporus

1725	4 S	mehrfarbig	azv	0,60	0,50	1,—
			FDC			1,30

Auflage: 3 550 000 Stück

1982, 26. Nov. Tag der Briefmarke. [E] und [S] Pfeiler; komb. StTdr. und RaTdr. (5×10); gez. K 13½:13¾.

azw) Briefkasten des Systems „Mainz-Weber" (um 1870)

1726	6 (S) + 3 S	mehrfarbig ..	azw	1,70	1,50	2,—
			FDC			1,70

Auflage: 1 900 000 Stück

1982, 10. Dez. Moderne Kunst in Österreich (VIII). ⬚ und ⬚ Fuchs; komb. StTdr. und RaTdr. (10×5); gez. K 13¾:14.

azx) Mädchenkopf; Stich von Ernst Fuchs (*1930)

				★★	⊙	✉
1727	4 S	schwarzviolett/ lebhaftkarminrot	.... azx	0,60	0,50	1,—
		FDC				1,30

Auflage: 3 700 000 Stück

1983

1983, 12. Jan. 100 Jahre Österreichische Postsparkasse. ⬚ und ⬚ Pfeiler; komb. StTdr. und RaTdr. (10×5); gez. K 14.

azy) Postsparkassengebäude, Wien

1728	4 S	mehrfarbig	.... azy	0,60	0,50	1,—
		FDC				1,30

Auflage: 3 550 000 Stück

1983, 28. Jan. 100. Geburtstag von Hildegard Burjan. ⬚ Pilch; ⬚ Toth; StTdr. (10×5); gez. K 13¾.

azz) Dr. H. Burjan (1883–1933), Gründerin der religiösen Schwesternschaft „Caritas socialis"

1729	4 S	(dunkel)lilakarmin	.... azz	0,60	0,50	1,—
		FDC				1,10

Auflage: 3 550 000 Stück

1983, 9. Febr. Freimarke: Schönes Österreich. ⬚ Zeiller; ⬚ Pfeiler; komb. StTdr. und RaTdr. (10×10); gez. K 14:14¼.

baa) Asten, Kärnten

1730	9 S	lebhaftkarmin/lilarot	. baa	2,60	0,50	1,—
		FDC				2,—

Mit anhängendem Leerfeld

1730 Lf	....	2,80	2,50	3,—

Weitere Werte siehe Übersicht nach Jahrgangswerttabelle.

1983, 18. Febr. Weltkommunikationsjahr. ⬚ Grissemann; RaTdr. (5×10); gez. K 13½:14¼.

bab) Arme bilden Kettenglied

1731	7 S	mehrfarbig	.... bab	1,10	0,70	1,20
		FDC				1,80

Auflage: 3 600 000 Stück

1983, 23. Febr. 75 Jahre Kinderfreunde. ⬚ Wurnitsch; ⬚ Nefe; komb. StTdr. und RaTdr. (10×5); gez. K 14¼:13½.

bac) Mädchen

				★★	⊙	✉
1732	4 S	mehrfarbig	.... bac	0,60	0,50	1,—
		FDC				1,30

Auflage: 3 650 000 Stück

1983, 18. März. 100. Geburtstag von Josef Matthias Hauer. ⬚ Pilch; ⬚ Leitgeb; StTdr. (10×5); gez. K 13¾.

bad) J. M. Hauer (1883–1959), Entdecker des Zwölftonspieles

1733	3 S	schwarzpurpur	..... bad	0,40	0,30	0,80
		FDC				1,—

Auflage: 3 550 000 Stück

1983, 31. März. 25 Jahre Austrian Airlines. ⬚ Wurnitsch; RaTdr. (5×10); gez. K 13½:14¼.

bae) Düsenflugzeug DC-9 Super 80, Weltkugel

1734	6 S	mehrfarbig	.... bae	0,90	0,70	1,20
		FDC				1,80

Auflage: 3 650 000 Stück

1983, 8. April. 100 Jahre Arbeitsinspektion. ⬚ Dorner; RaTdr. (10×5); gez. K 13¾.

baf) Schützende Hände, Arbeiter

1735	4 S	mehrfarbig	.... baf	0,60	0,50	1,—
		FDC				1,30

Auflage: 3 550 000 Stück

1983, 28. April. Landesausstellung „1000 Jahre Oberösterreich – das Werden eines Landes", Wels. ⬚ Pilch; RaTdr. (5×10); gez. K 13½.

bag) Burg Wels (1649), Landeswappen

1736	3 S	mehrfarbig	.... bag	0,40	0,30	0,80
		FDC				1,—

Auflage: 3 600 000 Stück

1983, 29. April. 900 Jahre Stift Göttweig. ◫ Mayr; Ⓢ Toth; komb. StTdr. und RaTdr. (10×5); gez. K 13½.

bah) Stiftswappen

			✶✶	☉	✉
1737	3 S	mehrfarbig . . . . bah	0,50	0,30	0,80
		FDC			1,10

Auflage: 3 600 000 Stück

1983, 29. April. Weltsymposium über Herzschrittmacher, Wien. ◫ Bachofner; RaTdr. (10×5); gez. K 14¼:13½.

bai) Symbolische Darstellung

1738	4 S	mehrfarbig . . . . bai	0,60	0,50	1,—
		FDC			1,30

Auflage: 3 550 000 Stück

1983, 20. Mai. 50 Jahre Katholisches Farbstudententum in Österreich. ◫ Böcskör; RaTdr. (5×10); gez. K 14:14¼.

bak) Mütze, „Bummler", Band, Embleme

1739	4 S	mehrfarbig . . . . bak	0,60	0,50	1,—
		FDC			1,30

Auflage: 3 550 000 Stück

1983, 20. Mai. 800 Jahre Stadt Weitra. ◫ und Ⓢ Pfeiler; komb. StTdr. und RaTdr. (5×10); gez. K 13½.

bal) Historische Ansicht von Weitra

1740	4 S	mehrfarbig . . . . bal	0,60	0,50	1,—
		FDC			1,30

Auflage: 3 600 000 Stück

1983, 27. Mai. 550 Jahre Stadtrecht für Hohenems. ◫ Pilch; RaTdr. (10×5); gez. K 14.

bam) Burg Glopper, Stadtwappen

1741	4 S	mehrfarbig . . . . bam	0,60	0,50	1,—
		FDC			1,30

Auflage: 3 550 000 Stück

1983, 24. Juni. 25 Jahre Wiener Stadthalle. ◫ Mitschka; RaTdr. (5×10); gez. K 14.

ban) Teil der Wiener Stadthalle

			✶✶	☉	✉
1742	4 S	mehrfarbig . . . . ban	0,60	0,50	1,—
		FDC			1,30

Auflage: 3 550 000 Stück

1983, 24. Juni. Europa: Große Werke des menschlichen Geistes. ◫ Pilch; Ⓢ Pfeiler; StTdr. (10×5); gez. K 14¼:13½.

bao) Victor Franz Hess (1883–1964), Physiker, Nobelpreisträger

1743	6 S	schwarzopalgrün . . . bao	1,50	0,70	1,20
		FDC			1,80

Auflage: 3 800 000 Stück

1983, 1. Juli. Welt- und Europakongreß von Kiwanis International, Wien. ◫ Böcskör; RaTdr. (10×5); gez. K 13½.

bap) Emblem, Stadtansicht von Wien

1744	5 S	mehrfarbig . . . . bap	0,80	0,60	1,—
		FDC			1,50

Auflage: 3 600 000 Stück

1983, 11. Juli. Weltkongreß für Psychiatrie, Wien. ◫ Hofer; RaTdr. (10×5); gez. K 14¼.

bar) Emblem des Weltverbandes für Psychiatrie; Stephansdom, Wien

1745	4 S	mehrfarbig . . . . bar	0,60	0,40	0,80
		FDC			1,30

Auflage: 3 550 000 Stück

1983, 20. Juli. 150. Geburtstag von Carl Freiherr von Hasenauer. ◫ Zeiller; Ⓢ Leitgeb; StTdr. (5×10); gez. K 13¾:14¼.

bas) C. Frh. von Hasenauer (1833–1894), Architekt; Naturhistorisches Museum, Wien

1746	3 S	dunkelsiena . . . . bas	0,50	0,30	0,80
		FDC			1,10

Auflage: 3 550 000 Stück

1983, 16. Aug. Internationaler Berufswett-bewerb, Linz. Ⓩ Wurnitsch; RaTdr. (5×10); gez. K 13¾:14¼.

bat) Wirtschaftsförderungsinstitut der Handelskammer Oberösterreich, Emblem

			**	⊙	✉
1747	4 S	mehrfarbig .... bat	0,70	0,50	1,—
		FDC			1,30

Auflage: 3 550 000 Stück

1983, 26. Aug. Internationaler Chemothe-rapiekongreß, Wien. Ⓩ Schenker-Langer; RaTdr. (5×10); gez. K 13¾:14¼.

bau) Penicillinkultur, Symbol für die Krebsbekämpfung

1748	5 S	schwarzgelbsmaragdgrün/ dunkelrosarot ...... bau	0,70	0,60	1,—
		FDC			1,20

Auflage: 3 500 000 Stück

1983, 9. Sept. Papstbesuch in Österreich. Ⓩ Pilch; Ⓢ Toth; komb. StTdr. und RaTdr. (10×5); gez. K 13¾.

bav) Papst Johannes Paul II. (1920–2005, reg. ab 1978)

1749	6 S	mehrfarbig GA ...... bav	1,20	0,70	1,20
		FDC			1,60

Auflage: 4 000 000 Stück

1983, 9. Sept. Blockausgabe: 300. Jahrestag des Sieges über die Türken am Kahlenberg bei Wien. Ⓩ Böcskör; Ⓢ Seidel; komb. StTdr. und RaTdr.; gez. Ks 14.

bax

baw) Entsatzschlacht 1683; Gemälde von Franz Geffels

1750	6 S	mehrfarbig .... baw	1,—	1,—	1,50
Block 6	(90×70 mm) .... bax		1,20	1,50	2,—
		FDC			2,50

Auflage: 3 850 000 Blocks

Neuheitenmeldungen zu diesem Katalog finden Sie in der monatlich erscheinenden MICHEL-Rundschau.

1983, 9. Sept. Österreichischer Katholikentag. Ⓩ Schmid; RaTdr. (10×5); gez. K 14¼:13¾.

bay) Emblem

			**	⊙	✉
1751	3 S	mehrfarbig .... bay	0,50	0,30	0,80
		FDC			1,10

Auflage: 4 000 000 Stück

1983, 23. Sept. 100 Jahre Wiener Rathaus. Ⓩ Zeiller; Ⓢ Seidel; komb. StTdr. und RaTdr. (10×5); gez. K 13¾:14.

baz) Wiener Rathaus, altes und neues Stadtwappen

1752	4 S	mehrfarbig .... baz	0,70	0,40	0,80
		FDC			1,30

Auflage: 3 600 000 Stück

1983, 3. Okt. 100. Geburtstag von Karl von Terzaghi. Ⓩ Pilch; Ⓢ Leitgeb; StTdr. (10×5); gez. K 13¾.

bba) K. v. Terzaghi (1883–1963), Begründer des modernen Tiefbaues und der Bodenmechanik

1753	3 S	lilaultramarin .... bba	0,50	0,30	0,80
		FDC			1,30

Auflage: 3 500 000 Stück

1983, 3. Okt. Bundeskongreß des Öster-reichischen Gewerkschaftsbundes (ÖGB). Ⓩ Buchner; RaTdr. (5×10); gez. K 13¾.

bbb) ÖGB-Emblem

1754	3 S	schwarz/lebhaftrot .. bbb	0,50	0,30	0,80
		FDC			1,10

Auflage: 3 550 000 Stück

Amtliche Maximum-Karten (MK):

Ab MiNr. 1755 werden von der österreichischen Postverwaltung 2 bis 3 Mal pro Jahr Maximum-Karten verausgabt. Die Bildseite zeigt jeweils das Markenbild in Postkartenformat, sie ist mit der Originalmarke beklebt und durch Ersttagssonderstempel entwertet. Die Rückseite entspricht einer Postkarte mit zusätzlichen Angaben die Ausgabe betreffend und dem Vermerk „amtliche Maximum-Karte der österreichischen Post". Nach der Katalogisierung der FDCs sind die Maximum-Karten unter „MK" und der Ausgabe-Nr. der Postverwaltung zu finden.

1983, 7. Okt. Moderne Kunst in Österreich (IX). ✏ Kumpf; ▣ Seidel; komb. StTdr. und RaTdr. (10×5); gez. K 13¾.

bbc) Abendsonne über dem Burgenland; Gemälde von Gottfried Kumpf (*1930)

			✶✶	☉	✉
1755	4 S	mehrfarbig .... bbc	0,60	0,50	1,—
		FDC			1,30
		MK 1		3,50	

1755 UI   links ungezähnt .... *4400,—   3000,—   5000,—*

Auflage: 3 800 000 Stück

1983, 21. Okt. Tag der Briefmarke. ✏ und ▣ Pfeiler; komb. StTdr. und RaTdr. (10×5); gez. K 14.

bbd) Kind betrachtet Briefkuvert

1756	6 S + 3 (S) mehrfarbig . bbd	1,60	1,30	1,80
	FDC			2,50

Auflage: 1 850 000 Stück

1983, 21. Okt. Erste elektrische Bahn Österreichs: Mödling-Hinterbrühl. ✏ Kral; RaTdr. (5×10); gez. K 13¾:14¼.

bbe) Triebwagen Nr. 5 (1883)

1757	3 S	mehrfarbig .... bbe	0,60	0,30	0,80
		FDC			1,—

Auflage: 3 600 000 Stück

1983, 4. Nov. 150 Jahre Oberösterreichisches Landesmuseum, Linz. ✏ Mayr; ▣ Toth; komb. StTdr. und RaTdr. (5×10); gez. K 13¾:14¼.

bbf) Museum Francisco Carolinum, Linz

1758	4 S	mehrfarbig .... bbf	0,70	0,50	1,—
		FDC			1,30

Auflage: 3 600 000 Stück

1983, 25. Nov. Weihnachten. ✏ Zeiller; ▣ Laurent; komb. StTdr. und RaTdr. (5×10); gez. K 14:13¾.

bbg) Weihnachtskrippe von Johann Giner d. Ä. (1756–1833) aus der Pfarrkirche Kitzbühel

1759	4 S	mehrfarbig .... bbg	0,60	0,50	1,—
		FDC			1,20

Auflage: 5 500 000 Stück

1983, 2. Dez. 100 Jahre Parlamentsgebäude, Wien. ✏ Zeiller; ▣ Nefe; StTdr. (10×5); gez. K 14¼:14.

bbh) Parlamentsgebäude

			✶✶	☉	✉
1760	4 S	schwarzblau/dunkel-preußischblau ...... bbh	0,70	0,50	1,—
		FDC			1,30

Auflage: 3 550 000 Stück

1983, 6. Dez. Jugend: Schülerzeichnung. ✏ Pram; RaTdr. (10×5); gez. K 14¼:13¾.

bbi) Altarbild der Filialkirche St. Nikola/Pram

1761	3 S	mehrfarbig .... bbi	0,50	0,30	0,80
		FDC			1,10

Auflage: 3 550 000 Stück

1983, 15. Dez. 25. Todestag von Wolfgang Pauli. ✏ Pilch; ▣ Leitgeb; StTdr. (10×5); gez. K 14¼:13¾.

bbk) W. Pauli (1900–1958), Physiker, Nobelpreisträger

1762	6 S	schwärzlichlilabraun . bbk	1,—	0,70	1,20
		FDC			1,80

Auflage: 3 500 000 Stück

1984

1984, 5. Jan. 100. Todestag von Gregor Johann Mendel. ✏ Pilch; ▣ Toth; komb. StTdr. und RaTdr. (5×10); gez. K 13¾.

bbl) G. J. Mendel (1822–1884), mährischer Entdecker der grundlegenden Vererbungsgesetze

1763	4 S	mehrfarbig .... bbl	0,60	0,50	1,—
		FDC			1,30

Auflage: 3 500 000 Stück

1984, 5. Jan. 50. Todestag von Anton Hanak. ✏ Pilch; ▣ Pfeiler; komb. StTdr. und RaTdr. (5×10); gez. K 13¾.

bbm) A. Hanak (1875–1934), Bildhauer

1764	3 S	lebhaftbraunrot/schwarz .... bbm	0,50	0,30	0,80
		FDC			1,10

Auflage: 3 500 000 Stück

1984, 5. Jan. Weltwinterspiele für Körper-
behinderte, Innsbruck. Ⓖ Wurnitsch;
RaTdr. (5×10); gez. K 13½:12¾.

bbn) Abfahrtslauf, Emblem

			✶✶	⊙	✉
1765	4 S + 2 (S) mehrfarbig . bbn		0,90	0,90	1,40
	FDC				1,80

Auflage: 2 600 000 Stück

1984, 10. Febr. „Nie wieder Bürger-
krieg". Ⓖ Pfeiler; RaTdr. (5×10); gez.
K 14.

bbo) Mahnmal, Wöllersdorf

1766	4.50 S	schwarz/zinnober-			
		rot . . . . bbo	0,70	0,50	1,—
		FDC			1,20

Auflage: 4 000 000 Stück

1984, 25. April. 900 Jahre Stift Reichersberg. Ⓖ
Stachl; Ⓢ Toth; komb. StTdr. und RaTdr. (10×5);
gez. K 14¼:13½.

bbp) Stifterstein (15. Jh.)

1767	3.50 S	schwärzlichsiena/			
		violettultramarin . . bbp	0,50	0,40	0,80
		FDC			1,10

Auflage: 3 600 000 Stück

1984, 27. April. Freimarke: Stifte und Klöster
in Österreich. Ⓖ Zeiller; Ⓢ Pfeiler; komb.
StTdr. und RaTdr. (10×10); gez. K 14:13¾.

bbr) Prämonstratenser-Chorherrenstift Geras

1768	3.50 S	mehrfarbig Ⓖ Ⓐ . . . . bbr	1,—	0,20	0,60
		FDC			1,20

Mit rechts anhängendem Leerfeld (Zf 1)

1768 Lf	. . . .	2,80	2,80	3,50

Weitere Werte siehe Übersicht nach Jahrgangswerttabelle.

Seit Februar 1990 kommt auf dem rechten Bogenrand der
Freimarkenserie „Stifte und Klöster in Österreich" ein Zierfeld aus Postemblemen in der Farbe des Markenrahmens
vor.

Zf 1) Posthörner im Sechseck

1984, 4. Mai. 200 Jahre Austria Tabak. Ⓖ
Baresch; Ⓢ Pfeiler; komb. StTdr. und
RaTdr. (5×10); gez. K 13½.

bbs) Zigarrenschleife mit Tabakpflanze

1769	4.50 S	mehrfarbig . . . . bbs	0,70	0,50	1,—
		FDC			1,30

1769 Udr	dreiseitig ungezähnt (▯)	4800,—

Auflage: 3 550 000 Stück

1984, 4. Mai. Weltkongreß der Automobil-
ingenieure (FISITA), Wien. Ⓖ Kral; RaTdr.
(5×10); gez. K 13½:14¼.

bbt) Kongreßemblem, Radlagerung

		✶✶	⊙	✉
1770	5 S mehrfarbig . . . . bbt	0,80	0,50	1,—
	FDC			1,50

Auflage: 3 550 000 Stück

1984, 4. Mai. 1200 Jahre Stadt Köstendorf. Ⓖ
Zeiller; Ⓢ Leitgeb; komb. StTdr. und RaTdr.
(10×5); gez. K 13½.

bbu) Stadtansicht, Gemeindewappen

1771	4.50 S	mehrfarbig . . . . bbu	0,70	0,50	1,—
		FDC			1,20

Auflage: 3 600 000 Stück

1984, 4. Mai. Europa: 25 Jahre Europäische
Konfernz der Verwaltungen für das Post-
und Fernmeldewesen (CEPT). Ⓖ Böcskör;
RaTdr. (5×10); gez. K 13½.

bbv) Brücke

1772	6 S	lebhaftcyanblau/dunkel-			
		lilaultramarin . . . . bbv	2,—	0,80	1,50
		FDC			1,80

Auflage: 3 850 000 Stück

1984, 11. Mai. Landesausstellung „Erz und
Eisen in der Grünen Mark", Eisenerz. Ⓖ Kam-
merer-Rogler; Ⓢ Laurent; komb. StTdr. und
RaTdr. (10×5); gez. K 13½.

bbw) Eisenblüte

1773	3.50 S	mehrfarbig . . . . . . bbw	0,50	0,30	0,80
		FDC			1,30

Auflage: 3 600 000 Stück

1984, 11. Mai. 125. Todestag von Erzherzog
Johann. Ⓖ Mayr; Ⓢ Nefe; komb. StTdr. und
RaTdr. (10×5); gez. K 14.

bbx) Erzherzog Johann (1782–1859); Gemälde von
Julius Schnorr von Carolsfeld (1794–1872)

1774	4.50 S	mehrfarbig . . . . . . bbx	0,70	0,50	1,—
		FDC			1,30

Auflage: 3 700 000 Stück

1984, 18. Mai. Niederösterreichische Landesausstellung „Das Zeitalter Kaiser Franz Josephs", Grafenegg. ⓏⓈ und Ⓢ Pfeiler; komb. StTdr. und RaTdr. (10×5); gez. K 13½.

bby) Einband des Buches „Viribus unitis"

			**	⊙	✉
1775	3.50 S	schwärzlichrosarot/ gold .... bby	0,60	0,40	0,80
		FDC			1,20

Auflage: 3 600 000 Stück

1984, 18. Mai. Freimarke: Stifte und Klöster in Österreich. Ⓩ Zeiller; Ⓢ Pfeiler; komb. StTdr. und RaTdr. (10×10); gez. K 14:13¾.

bbz) Stift Schlägel

1776	4.50 S	mehrfarbig .... bbz	1,—	0,20	0,60
		FDC			1,50

Mit rechts anhängendem Leer- bzw. Zierfeld (Zf 1)

1776 Lf	....		2,80	2,80	3,50
1776 Zf	....		2,80	2,80	3,50

Weitere Werte siehe Übersicht nach Jahrgangswerttabelle.

1984, 30. Mai. 850 Jahre Vöcklabruck. Ⓩ Pucalka; Ⓢ Seidel; komb. StTdr. und RaTdr. (10×5); gez. K 14¼:13½.

bca) Unterer Stadtturm, Stadtwappen

1777	4.50 S	mehrfarbig .... bca	0,70	0,50	1,—
		FDC			1,30

Auflage: 3 600 000 Stück

1984, 1. Juni. 100 Jahre Landesmuseum Kärnten. Ⓩ Mayr; Ⓢ Seidel; komb. StTdr. und RaTdr. (10×5); gez. K 13½.

bcb) Dionysos; Teil eines römischen Mosaiks

1778	3.50 S	mehrfarbig .... bcb	0,50	0,30	0,80
		FDC			1,30

Auflage: 3 600 000 Stück

1984, 5. Juni. 100 Jahre Wildbachverbauung in Österreich. Ⓩ Dorner; Ⓢ Leitgeb; StTdr. (10×5); gez. K 13¾.

bcc) Sperren in einem Wildbach

1779	4.50 S	schwarzgrünblau .. bcc	0,70	0,50	1,—
		FDC			1,20

Auflage: 3 650 000 Stück

1984, 5. Juni. Landesausstellung zur Tiroler Landesfeier. Ⓩ Haller; Ⓢ Leitgeb; komb. StTdr. und RaTdr. (10×5); gez. K 14¼:13½.

bcd) Tiroler Miliz und österreichischer Soldat; Detail eines Gemäldes

			**	⊙	✉
1780	3.50 S	mehrfarbig .... bcd	0,50	0,30	0,80
		FDC			1,30

Auflage: 3 650 000 Stück

1984, 5. Juni. 100. Geburtstag von Ralph Benatzky. Ⓩ Pilch; Ⓢ Nefe; StTdr. (10×5); gez. K 14¼:13½.

bce) R. Benatzky (1884–1957), Komponist

1781	4 S	schwärzlichbraun- purpur .... bce	0,60	0,50	1,—
		FDC			1,30

Auflage: 3 650 000 Stück

1984, 22. Juni. 125. Geburtstag von Freiherr Christian von Ehrenfels. Ⓩ Zeiller; RaTdr. (10×5); gez. K 13¾.

bcf) Frh. Chr. von Ehrenfels (1859–1932), Philosoph

1782	3.50 S	mehrfarbig .... bcf	0,50	0,30	0,80
		FDC			1,30

1782 F		stark verschobener Braundruck .	—,—		

Auflage: 3 550 000 Stück

1984, 22. Juni. 25 Jahre Miniaturstadt „Minimundus", Klagenfurt. Ⓩ Wurnitsch; RaTdr. (5×10); gez. K 13½:14¼.

bcg) Modelle berühmter Bauwerke in Minimundus

1783	4 S	schwarz/lebhaftgelb- lichorange .... bcg	0,60	0,50	1,—
		FDC			1,30

Auflage: 3 650 000 Stück

1984, 29. Juni. Naturschönheiten in Österreich (I). Ⓩ Pilch; Ⓢ Toth; komb. StTdr. und RaTdr. (5×10); gez. K 13¾.

bch) Naturpark „Blockheide Eibenstein"

1784	4 S	rosaweiß/schwarz- grünoliv .... bch	0,60	0,50	1,—
		FDC			1,20

Auflage: 3 600 000 Stück

Weitere Werte siehe Übersicht nach Jahrgangswerttabelle.

1984, 6. Juli. 100 Jahre Arlbergbahn; 75 Jahre Tauernbahn. ⊠ **Böcskör;** Ⓢ **Seidel; komb. StTdr. und RaTdr. (5×10); gez. K 14:14¼.**

bci) Arlbergbahn auf der Schanatobelbrücke

bck) Tauernbahn auf der Falkensteinbrücke

			**	⊙	⊠
1785	3.50 S	mehrfarbig ...... bci	0,80	0,50	1,—
1786	4.50 S	mehrfarbig ...... bck	1,—	0,60	1,—
		Satzpreis (2 W.)	1,80	1,10	
		FDC			2,60

Auflage: 3 700 000 Sätze

1984, 6. Juli. 200 Jahre Ballonfahrt in Österreich. ⊠ **Wurnitsch; RaTdr. (10×5); gez. K 14.**

bcl) Erste Ballonfahrt durch Johann Georg Stuwer (1732–1802)

1787	6 S	mehrfarbig .... bcl	0,90	0,70	1,20
		FDC			1,80
		MK 2		3,—	

Auflage: 4 000 000 Stück

1984, 13. Aug. Naturschönheiten in Österreich (II). ⊠ **Pilch;** Ⓢ **Toth; komb. StTdr. und RaTdr. (5×10); gez. K 13¾.**

bcm) Neusiedlersee

1788	4 S	mattgrünlichblau/ schwarzgraulila .... bcm	0,60	0,50	1,—
		FDC			1,20

Auflage: 3 600 000 Stück

Weitere Werte siehe Übersicht nach Jahrgangswerttabelle.

1984, 31. Aug. Internationaler Rechtsanwältekongreß (IBA), Wien. ⊠ **und** Ⓢ **Pfeiler; komb. StTdr. und RaTdr. (10×5); gez. K 14.**

bcn) Statue der Justitia im Wiener Justizpalast, IBA-Emblem

1789	7 S	mehrfarbig .... bcn	1,20	0,90	1,40
		FDC			1,70

Auflage: 3 550 000 Stück

Ab MiNr. 838 gelten die ⊠-Preise nur für bedarfsmäßige EF (Einzelfrankaturen), falls teurer als **; MiF höchstens wie **. Marken mit Falz: MiNr. 838–1072 * 50–60% Abschlag, wenn nicht extra angegeben.

1984, 3. Sept. Europäischer Anatomenkongreß, Innsbruck. ⊠ **Buchner; RaTdr. (10×5); gez. K 13½:13¾.**

bco) Joseph Hyrtl (1810–1894), Anatom; Glasfenster von J. Widmoser im Institut für Anatomie, Innsbruck

			**	⊙	⊠
1790	6 S	mehrfarbig .... bco	1,—	0,60	1,—
		FDC			1,80

Auflage: 3 600 000 Stück

1984, 28. Sept. Freimarke: Stifte und Klöster in Österreich. ⊠ **Zeiller;** Ⓢ **Pfeiler; komb. StTdr. und RaTdr. (10×10); gez. K 14:13¾.**

bcp) Zisterzienserstift Stams

1791	4 S	mehrfarbig GA ...... bcp	1,—	0,10	0,50
		FDC			1,30

Mit rechts anhängendem Leerfeld (Zf 1)

1791 Lf	....	2,80	2,80	3,50

Weitere Werte siehe Übersicht nach Jahrgangswerttabelle.

1984, 4. Okt. Freimarke: Stifte und Klöster in Österreich. ⊠ **Zeiller;** Ⓢ **Pfeiler; komb. StTdr. und RaTdr. (10×10); gez. K 14:13¾.**

bcr) Stift Rein-Hohenfurth

1792	6 S	mehrfarbig .... bcr	1,40	0,10	0,50
		FDC			1,70

Mit rechts anhängendem Leer- bzw. Zierfeld (Zf 1)

1792 Lf	....	2,80	2,80	3,50
1792 Zf	....	4,20	4,20	5,—

Weitere Werte siehe Übersicht nach Jahrgangswerttabelle.

1984, 12. Okt. Moderne Kunst in Österreich (X). ⊠ **Korab;** Ⓢ **Seidel; komb. StTdr. und RaTdr. (10×5); gez. K 13¾:14.**

bcs) Fenster; Gemälde von Karl Korab (*1937)

1793	4 S	mehrfarbig .... bcs	0,60	0,40	0,80
		FDC			1,30
		MK 3		3,—	

Auflage: 3 850 000 Stück

1984, 18. Okt. 600. Geburtstag des Naturwissenschaftlers Johannes von Gmunden. ⊠ **Zeiller;** Ⓢ **Leitgeb; komb. StTdr. und RaTdr. (10×5); gez. K 14.**

bct) Astrolabium „Imsser Uhr" (1555)

1794	3.50 S	mehrfarbig .... bct	0,50	0,40	0,80
		FDC			1,10

Auflage: 3 600 000 Stück

1984, 9. Nov. 125 Jahre Presseclub Concordia, Wien. ☒ Pilch; RaTdr. (10×5); gez. K 13½.

bcu) Clubemblem

			**	⊙	✉
1795	4.50 S	mehrfarbig . . . . bcu	0,70	0,50	1,—
		FDC			1,20

Auflage: 3 600 000 Stück

1984, 23. Nov. 100. Todestag von Fanny Elßler. ☒ Böckskör; ☒ Laurent; komb. StTdr. und RaTdr. (10×5); gez. K 13½:13¾.

bcv) F. Elßler (1810–1884), Tänzerin

1796	4 S	mehrfarbig . . . . bcv	0,70	0,40	0,80
		FDC			1,30

Auflage: 3 600 000 Stück

1984, 30. Nov. Tag der Briefmarke. ☒ und ☒ Pfeiler; komb. StTdr. und RaTdr. (10×5); gez. K 14.

bcw) Schreiber und Briefbote; Gemälde aus der Grabkammer Seschemnofers III. (um 2420 v. Chr.)

1797	6 S + 3 (S) mehrfarbig . bcw	1,60	1,40	2,—
	FDC			3,—

Auflage: 1 650 000 Stück

1984, 30. Nov. Weihnachten. ☒ Zeiller; ☒ Laurent; komb. StTdr. und RaTdr. (5×10); gez. K 14.

bcx) Weihnachtsbild des Älteren Aggsbacher Hochaltars

1798	4.50 S	mehrfarbig . . . . bcx	0,70	0,50	1,—
		FDC			1,30

Auflage: 6 000 000 Stück

1985

1985, 4. Jan. 400 Jahre Karl-Franzens-Universität, Graz. ☒ Rossi; ☒ Leitgeb; komb. StTdr. und RaTdr. (10×5); gez. K 14¼:13½.

bcy) Universitätssiegel

1799	3.50 S	mehrfarbig . . . . bcy	0,50	0,40	0,80
		FDC			1,—

Auflage: 3 550 000 Stück

1985, 15. Jan. 100. Geburtstag von Lorenz Böhler. ☒ Weyss-Lampel; ☒ Toth; StTdr. (10×5); gez. K 14¼:13½.

bcz) L. Böhler (1885–1973), Unfallchirurg

			**	⊙	✉
1800	4.50 S	schwärzlichgraulila bcz	0,70	0,50	1,—
		FDC			1,20

Auflage: 3 600 000 Stück

1985, 17. Jan. Nordische Skiweltmeisterschaften, Seefeld. ☒ Wurnitsch; RaTdr. (5×10); gez. K 13½.

bda) Skispringen, Skilanglauf, Emblem

1801	4 S	mehrfarbig . . . . bda	0,70	0,50	1,—
		FDC			1,30

Auflage: 3 600 000 Stück

1985, 25. Jan. 200 Jahre Diözese Linz. ☒ Zeiller; RaTdr. (10×5); gez. K 13¾.

bdb) Innenansicht des Linzer Doms

1802	4.50 S	mehrfarbig . . . . bdb	0,70	0,50	1,—
		FDC			1,20

Auflage: 3 600 000 Stück

1985, 8. Febr. 100. Geburtstag von Alban Berg. ☒ Pilch; ☒ Leitgeb; StTdr. (10×5); gez. K 13½.

bdc) A. Berg (1885–1935), Komponist

1803	6 S	schwärzlichviolett-ultramarin . . . . bdc	1,—	0,70	1,20
		FDC			1,80

Auflage: 3 600 000 Stück

1985, 15. Febr. 25 Jahre Berufsförderungsinstitut. ☒ Waldert; RaTdr. (5×10); gez. K 13½:14¼.

bdd) Emblem

1804	4.50 S	mehrfarbig . . . . bdd	0,70	0,50	1,—
		FDC			1,20

Auflage: 3 600 000 Stück

1985, 22. Febr. 2000 Jahre Stadt Bregenz. ☒ Buchner; RaTdr. (10×5); gez. K 14¼:13½.

bde) Symbolische Darstellung

			★★	⊙	✉
1805	4 S	mehrfarbig ....bde	0,60	0,40	0,80
		FDC			1,30

1805 F   fehlende Farbe Schwarz .... 2000,—

Auflage: 3 550 000 Stück

1985, 15. März. 100 Jahre Rekozettel in Österreich. ☒ Wurnitsch; RaTdr. (5×10); gez. K 13½:14¼.

bdf) Einschreibzettel (1885)

1806	4.50 S	mehrfarbig ....bdf	0,70	0,50	1,—
		FDC			1,20

Auflage: 3 600 000 Stück

1985, 22. März. 150. Geburtstag von Josef Stefan. ☒ Pilch; ☒ Toth; komb. StTdr. und RaTdr. (10×5); gez. K 14¼:13½.

bdg) J. Stefan (1835–1893), Physiker

1807	6 S	mehrfarbig ....bdg	1,—	0,70	1,20
		FDC			1,80

Auflage: 3 550 000 Stück

1985, 29. März. Niederösterreichische Landes-ausstellung „Der heilige Leopold – Landesfürst und Staatssymbol", Klosterneuburg. ☒ Härtel; ☒ Pfeiler; komb. StTdr. und RaTdr. (10×5); gez. K 14¼:13½.

bdh) Hl. Leopold (ca. 1075–1136), Markgraf von Österreich

1808	3.50 S	mehrfarbig ....bdh	0,50	0,40	0,80
		FDC			1,10

Auflage: 3 600 000 Stück

1985, 26. April. 150. Geburtstag von Franz Defregger. ☒ Zeiller; RaTdr. (10×5); gez. K 14:13¾.

bdi) Kinderszene; Gemälde von F. Defregger (1835–1921)

1809	3.50 S	mehrfarbig ....bdi	0,50	0,40	0,80
		FDC			1,20

1809 K   Hintergrundfarbe des Mittelstücks
kopfstehend .... 2000,—

Auflage: 3 600 000 Stück

1985, 26. April. 40. Jahrestag der Befreiung. ☒ Fuhrherr; RaTdr. (10×5); gez. K 14¼:13½.

bdk) Geknickter Baumstamm mit neuem Trieb, zerrissener Stacheldraht

			★★	⊙	✉
1810	4.50 S	mehrfarbig ....bdk	0,70	0,50	1,—
		FDC			1,30

Auflage: 3 600 000 Stück

1985, 3. Mai. Europa: Europäisches Jahr der Musik. ☒ Pilch; ☒ Leitgeb; komb. StTdr. und RaTdr. (10×5); gez. K 13¾.

bdl) Johann Joseph Fux (1660–1741), Komponist und Musiktheoretiker

1811	6 S	rötlichgrau/schwarz-siena ....bdl	2,—	0,80	1,20
		FDC			1,80

Auflage: 3 800 000 Stück

1985, 10. Mai. 1000 Jahre Böheimkir-chen. ☒ und ☒ Pfeiler; komb. StTdr. und RaTdr. (5×10); gez. K 14.

bdm) Stadtansicht, Wappen

1812	4.50 S	mehrfarbig ......bdm	0,70	0,50	1,—
		FDC			1,30

Auflage: 3 500 000 Stück

1985, 10. Mai. 25 Jahre Europäische Freihan-delszone (EFTA). ☒ Pilch; RaTdr. (10×5); gez. K 13½.

bdn) Merkurstab, Flaggen der EFTA-Staaten

1813	4 S	mehrfarbig ....bdn	0,60	0,50	1,—
		FDC			1,30

Auflage: 3 550 000 Stück

1985, 15. Mai. 200 Jahre Diözese St. Pölten. ☒ Böcskör; ☒ Seidel; komb. StTdr. und RaTdr. (10×5); gez. K 13½.

bdo) Bischofstor der bischöflichen Residenz, Diözesanwappen

1814	4.50 S	mehrfarbig ....bdo	0,70	0,50	1,—
		FDC			1,30

Auflage: 3 600 000 Stück

1985, 17. Mai. Diözesanausstellung Innsbruck „Die Baumeister Gumpp". [E] Köberl; RaTdr. (10×5); gez. K 14¼:13½.

bdp) Johannes-von-Nepomuk-Kirche, Innsbruck (1735)

				**	⊙	✉
1815	3.50 S	mehrfarbig	bdp	0,50	0,40	0,80
			FDC			1,10

Auflage: 3 500 000 Stück

1985, 7. Juni. 1000 Jahre Garsten. [E] Mayr; [S] Nefe; komb. StTdr. und RaTdr. (10×5); gez. K 13¾.

bdr) Ansicht von Garsten; Kupferstich von Georg Matthäus Fischer (1628–1696)

1816	4.50 S	mehrfarbig	bdr	0,70	0,50	1,—
			FDC			1,30

Auflage: 3 500 000 Stück

1985, 26. Juni. 40 Jahre Vereinte Nationen (UNO); Österreich 30 Jahre Mitglied. [E] Pfeiler; RaTdr. (5×10); gez. K 13½:14¼.

bds) UNO-Emblem, Staatswappen

1817	4 S	mehrfarbig	bds	0,70	0,50	1,—
			FDC			1,20

Auflage: 3 600 000 Stück

1985, 28. Juni. Weltkongreß der Internationalen Vereinigung für Selbstmordverhütung, Wien. [E] Pilch; [S] Seidel; komb. StTdr. und RaTdr. (5×10); gez. K 14.

bdt) Gründungsort, Emblem

1818	5 S	mehrfarbig	bdt	0,80	0,60	1,—
			FDC			1,50

Auflage: 3 450 000 Stück

1985, 28. Juni. Blockausgabe: Jahr des Waldes. [E] Pilch; [S] Seidel; komb. StTdr. und RaTdr.; gez. Ks 13½.

bdu) Wald

bdv

1819	6 S	mehrfarbig	bdu	1,10	1,10	1,50
Block 7	(90×70 mm)	. . . .	bdv	1,30	1,30	2,—
			FDC			2,50

Auflage: 3 800 000 Blocks

1985, 5. Juli. 25 Jahre Operettenwochen, Bad Ischl. [E] und [S] Pfeiler; komb. StTdr. und RaTdr. (5×10); gez. K 13¾:14.

bdw) Kurhaus, Emblem der Operettengemeinde

				**	⊙	✉
1820	3.50 S	mehrfarbig	bdw	0,60	0,50	1,—
			FDC			1,10

Auflage: 3 500 000 Stück

1985, 18. Juli. Internationale Feuerwehrwettkämpfe, Vöcklabruck. [E] Rotter; RaTdr. (10×5); gez. K 14¼:13½.

bdx) Feuerwehrmann, Emblem

1821	4.50 S	mehrfarbig	bdx	1,—	0,50	1,—
			FDC			1,30

Auflage: 3 500 000 Stück

1985, 2. Aug. 50 Jahre Großglockner-Hochalpenstraße. [E] Zeiller; [S] Seidel; komb. StTdr. und RaTdr. (5×10); gez. K 13¾:13½.

bdy) Teilstück am Fuschertörl, Großglockner

1822	4 S	mehrfarbig	bdy	0,60	0,50	1,—
			FDC			1,30

Auflage: 3 550 000 Stück

1985, 28. Aug. Kongreß des Weltschachbundes (FIDE), Graz. [E] Wurnitsch; RaTdr. (10×5); gez. K 13½.

bdz) Weltkugel mit Schachbrettmuster, FIDE-Emblem

1823	4 S	mehrfarbig	bdz	0,60	0,50	1,—
			FDC			1,30

Auflage: 3 450 000 Stück

1985, 30. Aug. 1200 Jahre Hofkirchen an der Trattnach, Taufkirchen an der Trattnach und Weibern. [E] Stachl; [S] Seidel; komb. StTdr. und RaTdr. (5×10); gez. K 14¼:13½.

bea) Gemeindewappen von Hofkirchen und Taufkirchen, Kirche von Weibern

1824	4.50 S	mehrfarbig	bea	0,70	0,50	1,—
			FDC			1,20

Auflage: 3 550 000 Stück

1985, 30. Aug. 1000 Jahre Königstetten. [E] **Mayr;** [S] **Nefe; komb. StTdr. und RaTdr. (10×5); gez. K 13¾.**

beb) Sagenhafte Gründung Königstettens durch Kaiser Karl den Großen; Gemälde von August Stephan

				**	⊙	✉
1825	4.50 S	mehrfarbig . . . . beb		0,70	0,50	1,—
		FDC				1,20

Auflage: 3 500 000 Stück

1985, 12. Sept. 150. Geburtstag von Adam Politzer. [E] **Pilch;** [S] **Toth; StTdr. (10×5); gez. K 14.**

bec) A. Politzer (1835–1920), Ohrenarzt

			**	⊙	✉
1826	3.50 S	schwärzlichblau-violett . . . . bec	0,60	0,40	0,80
		FDC			1,20

Auflage: 3 450 000 Stück

1985, 27. Sept. Freimarke: Stifte und Klöster in Österreich. [E] **Zeiller;** [S] **Pfeiler; komb. StTdr. und RaTdr. (10×10); gez. K 14:13¾.**

bed) Benediktinerstift St. Paul, Lavanttal

			**	⊙	✉
1827	5 S	mehrfarbig . . . . bed	1,—	0,10	0,50
		FDC			1,50

Mit rechts anhängendem Leer- bzw. Zierfeld (Zf 1)

1827 Lf	2,80	2,80	3,50
1827 Zf	4,20	4,20	5,—

Papierabart

1827 Pa geklebte Papierbahn . . . . 350,—

MiNr. 1827 trägt immer die Jahreszahl 1984 am Unterrand.

Weitere Werte siehe Übersicht nach Jahrgangswerttabelle.

1985, 7. Okt. Weltkongreß der Spediteure (FIATA), Wien. [E] **Böcskör; RaTdr. (10×5); gez. K 13½.**

bee) FIATA-Emblem, Stadtansicht von Wien

			**	⊙	✉
1828	6 S	mehrfarbig . . . . bee	1,—	0,70	1,20
		FDC			1,80

Auflage: 3 450 000 Stück

1985, 25. Okt. Moderne Kunst in Österreich (XI). [E] **Flora;** [S] **Seidel; komb. StTdr. und RaTdr. (5×10); gez. K 13¾.**

bef) Hochradfahrende Karnevalsfiguren; Zeichung von Paul Flora (*1922)

			**	⊙	✉
1829	4 S	mehrfarbig . . . . bef	0,70	0,50	1,—
		FDC			1,30
		MK 4		3,—	

Auflage: 3 650 000 Stück

1985, 8. Nov. 25 Jahre Diözese Eisenstadt. [E] **Böcskör; RaTdr. (10×5); gez. K 13¾.**

beg) Hl. Martin, Schutzpatron des Burgenlandes

			**	⊙	✉
1830	4.50 S	mehrfarbig . . . . beg	0,70	0,50	1,—
		FDC			1,50

Auflage: 3 600 000 Stück

1985, 28. Nov. Tag der Briefmarke. [E] **und** [S] **Pfeiler; komb. StTdr. und RaTdr. (10×5); gez. K 13¾.**

beh) Römischer Bote zu Pferd

			**	⊙	✉
1831	6 S + 3 (S)	mehrfarbig . beh	1,60	1,30	1,80
		FDC			2,50

Auflage: 1 550 000 Stück

1985, 29. Nov. Weihnachten. [E] **Pilch;** [S] **Toth; komb. StTdr. und RaTdr. (10×5); gez. K 13½.**

bei) Christi Geburt; Rotmarmorrelief eines Salzburger Bürgerhauses

			**	⊙	✉
1832	4.50 S	mehrfarbig . . . . bei	0,70	0,40	0,80
		FDC			1,20

Auflage: 6 300 000 Stück

1985, 29. Nov. 125. Geburtstag von Hanns Hörbiger. [E] **Zeiller;** [S] **Nefe; komb. StTdr. und RaTdr. (10×5); gez. K 13¾.**

bek) H. Hörbiger (1860–1931), Maschineningenieur, Erfinder

			**	⊙	✉
1833	3.50 S	gold/schwarzgrau-violett . . . . bek	0,50	0,40	0,80
		FDC			1,10

Auflage: 3 950 000 Stück

1985, 29. Nov. 75 Jahre 2. Wiener Hochquellenleitung. [E] **Dorner;** [S] **Nefe; komb. StTdr. und RaTdr. (5×10); gez. K 13½:14¼.**

bel) Aquädukt über den Hundsaubach im Steinbachtal bei Göstling

			**	⊙	✉
1834	3.50 S	mehrfarbig . . . . bel	0,50	0,40	0,80
		FDC			1,10

Auflage: 3 500 000 Stück

1985, 13. Dez. 25 Jahre Organisation für wirtschaftliche Zusammenarbeit und Entwicklung (OECD). Ⓩ Zeiller; Ⓢ Leitgeb; komb. StTdr. und RaTdr. (5×10); gez. K 13½:14¼.

bem) Château de la Muette, Paris (Sitz der OECD)

			✶✶	☉	✉
1835	4 S	mehrfarbig . . . . bem	0,60	0,50	1,—
		FDC			1,30

Auflage: 3 500 000 Stück

1986

1986, 24. Jan. 100. Geburtstag von Johann Böhm. Ⓩ Pilch; RaTdr. (10×5); gez. K 13¾.

ben) J. Böhm (1886–1959), Präsident des Österreichischen Gewerkschaftsbundes (ÖGB)

1836	4.50 S	schwarz/rosarot . . . ben	0,70	0,50	1,—
		FDC			1,50

Auflage: 3 500 000 Stück

1986, 24. Jan. Internationales Jahr des Friedens. Ⓩ Wurnitsch; RaTdr. (5×10); gez. K 13½:14¼.

beo) Friedenstaube, Erdkugel

1837	6 S	mehrfarbig . . . . beo	0,90	0,60	1,—
		FDC			1,70

Auflage: 3 500 000 Stück

1986, 29. Jan. Einführung des digitalen Telefon-Wählsystems (OES) in Österreich. Ⓩ Kral; RaTdr. (5×10); gez. K 13½:14¼.

bep) Tastatur

1838	5 S	mehrfarbig . . . . bep	0,70	0,50	1,—
		FDC			1,20

Auflage: 3 500 000 Stück

1986, 31. Jan. 250. Geburtstag von Johann Georg Albrechtsberger. Ⓩ Härtel; Ⓢ Nefe; komb. StTdr. und RaTdr. (10×10); gez. K 13½:14¼.

ber) J. G. Albrechtsberger (1736–1809), Komponist und Organist

1839	3.50 S	mehrfarbig . . . . ber	0,50	0,40	0,80
		FDC			1,10

Auflage: 3 500 000 Stück

1986, 7. Febr. 850 Jahre Stadt Korneuburg. Ⓩ Zeiller; RaTdr. (10×5); gez. K 13¾.

bes) Stadtansicht von Korneuburg

			✶✶	☉	✉
1840	5 S	mehrfarbig . . . . bes	0,80	0,50	1,—
		FDC			1,50

Auflage: 3 500 000 Stück

1986, 28. Febr. 100. Geburtstag von Oskar Kokoschka. Ⓩ Pilch; RaTdr. (10×5); gez. K 14¼:13½.

bet) O. Kokoschka (1886–1980), Maler, Grafiker und Dichter, Selbstporträt

1841	4 S	lebhaftrotkarmin/ schwarz . . . . bet	0,70	0,40	0,80
		FDC			1,30

Auflage: 3 500 000 Stück

1986, 28. Febr. Österreich – 30 Jahre Mitglied des Europarates. Ⓩ Wurnitsch; RaTdr. (10×5); gez. K 12¾:13½.

beu) Landesflagge, Europarat-Emblem

1842	6 S	mehrfarbig . . . . beu	0,90	0,70	1,20
		FDC			1,80

Auflage: 3 500 000 Stück

1986, 27. März. 100. Geburtstag von Clemens Holzmeister. Ⓩ Pilch; Ⓢ Leitgeb; komb. StTdr. und RaTdr. (5×10); gez. K 13½.

bev) C. Holzmeister (1886–1983), Baumeister und Architekt

1843	4 S	mehrfarbig . . . . bev	0,60	0,50	1,—
		FDC			1,30

Auflage: 3 400 000 Stück

1986, 7. April. Internationaler Geotextil-Kongreß, Wien. Ⓩ Blanka; RaTdr. (5×10); gez. K 13½:14¼.

bew) Straße, Geotextil-Rolle, Kongreßemblem

1844	5 S	mehrfarbig . . . . bew	0,80	0,50	1,—
		FDC			1,20

Auflage: 3 300 000 Stück

1986, 21. April. Prinz-Eugen-Ausstellungen, Schloßhof und Niederweiden. [E] und [S] Pfeiler; komb. StTdr. und RaTdr. (10×5); gez. K 14:13¾.

bex) Prinz Eugen von Savoyen (1663–1736), Feldherr; Marchfeldschloß Schloßhof

				✶✶	⊙	✉
1845	4 S	mehrfarbig	bex	0,60	0,50	1,—
			FDC			1,30

Auflage: 3 350 000 Stück

1986, 24. April. Oberösterreichische Landesausstellung „Die Welt des Barock“, Stift St. Florian. [E] Mayr; [S] Nefe; komb. StTdr. und RaTdr. (5×10); gez. K 14.

bey) Chorherrenstift St. Florian

1846	4 S	mehrfarbig	bey	0,60	0,50	1,—
			FDC			1,30

Auflage: 3 350 000 Stück

1986, 2. Mai. Landesausstellung „Die Steiermark – Brücke und Bollwerk“, Schloß Herberstein. [E] Dorner; [S] Nefe; komb. StTdr. und RaTdr. (5×10); gez. K 13½:14¼.

bez) Schloß Herberstein, Wappen der Steiermark

1847	4 S	mehrfarbig	bez	0,60	0,50	1,—
			FDC			1,30

Auflage: 3 300 000 Stück

1986, 2. Mai. Europa: Natur- und Umweltschutz. [E] Böcskör; [S] Laurent; komb. StTdr. und RaTdr. (10×5); gez. K 13½.

bfa) Große Küchenschelle (Pulsatilla grandis)

1848	6 S	mehrfarbig	bfa	2,—	0,70	1,20
			FDC			1,80

Auflage. 3 500 000 Stück

1986, 21. Mai. Internationaler Richard-Wagner-Kongreß, Wien. [E] Pilch; [S] Seidel; komb. StTdr. und RaTdr. (5×10); gez. K 13¾:13½.

bfb) R. Wagner (1813–1883), deutscher Komponist, Szene aus der Oper „Lohengrin“

1849	4 S	mehrfarbig	bfb	0,60	0,50	1,—
			FDC			1,30

Auflage: 3 500 000 Stück

1986, 23. Mai. Burgenländische Landessonderausstellung „Mineralien und Fossilien“, Oberpullendorf. [E] Wiedemann; [S] Nefe; komb. StTdr. und RaTdr. (5×10); gez. K 13½:14¼.

bfc) Antimonit

				✶✶	⊙	✉
1850	4 S	mehrfarbig	bfc	0,60	0,50	1,—
			FDC			1,20

Auflage: 3 300 000 Stück

1986, 13. Juni. Naturschönheiten in Österreich (III). [E] Pilch; [S] Toth; komb. StTdr. und RaTdr. (5×10); gez. K 13¾.

bfd) Martinswand bei Zirl

1851	5 S	mehrfarbig	bfd	0,90	0,60	1,—
			FDC			1,30

Auflage: 3 350 000 Stück

Weitere Werte siehe Übersicht nach Jahrgangswerttabelle.

1986, 20. Juni. 800 Jahre Stadt Waidhofen an der Ybbs. [E] Pilch; RaTdr. (5×10); gez. K 13¾:13½.

bfe) Stadtansicht, Stadtwappen

1852	4 S	mehrfarbig	bfe	0,70	0,50	1,—
			FDC			1,30

Auflage: 3 300 000 Stück

1986, 4. Juli. Naturschönheiten in Österreich (IV). [E] Pilch; [S] Toth; komb. StTdr. und RaTdr. (5×10); gez. K 13¾.

bff) Tschaukofall bei Ferlach

1853	5 S	mehrfarbig	bff	0,80	0,60	1,—
			FDC			1,30

Auflage: 3 350 000 Stück

Weitere Werte siehe Übersicht nach Jahrgangswerttabelle.

1986, 8. Aug. 100 Jahre Salzburger Lokalbahn. [E] Kral; RaTdr. (5×10); gez. K 14.

bfg) Dampftramwaylok (1886) und Gelenktriebwagen (1986)

1854	4 S	mehrfarbig	bfg	0,70	0,50	1,—
			FDC			1,30

Auflage: 3 400 000 Stück

Die Preisnotierungen gelten für Marken in handelsüblicher Qualität.

1986, 14. Aug. 800. Jahrestag der Unterzeichnung der Georgenberger Handfeste. [E] Mayr; [S] Leitgeb; komb. StTdr. und RaTdr. (5×10); gez. K 13¾.

bfh) Stadtansicht von Enns, Siegel der Vertragspartner

				✶✶	⊙	✉
1855	5 S	mehrfarbig	bfh	0,80	0,60	1,—
			FDC			1,50

Auflage: 3 300 000 Stück

1986, 22. Aug. 50. Todestag von Julius Tandler. [E] Zeiller; [S] Seidel; komb. StTdr. und RaTdr. (10×5); gez. K 14.

bfi) J. Tandler (1869–1936), Anatom und Politiker

1856	4 S	mehrfarbig	bfi	0,60	0,50	1,—
			FDC			1,30

Auflage: 3 300 000 Stück

1986, 5. Sept. 100 Jahre Observatorium auf dem Sonnblick. [E] Zeiller; [S] Schmirl; komb. StTdr. und RaTdr. (5×10); gez. K 13½:14¼.

bfk) Observatorium (1886); Stich von A. Heilmann

1857	4 S	mehrfarbig	bfk	0,60	0,50	1,—
			FDC			1,30

Auflage: 3 400 000 Stück

1986, 8. Sept. Europäischer Kongreß für Anästhesiologie, Wien. [E] Buchner; [S] Leitgeb; komb. StTdr. und RaTdr. (10×5); gez. K 14¼:13½.

bfl) Auffindung des Zauberkrautes Mandragora (Alraune); spätmittelalterliche Darstellung

1858	5 S	mehrfarbig	bfl	0,80	0,50	1,—
			FDC			1,50

Auflage: 3 300 000 Stück

1986, 12. Sept. Freimarke: Stifte und Klöster in Österreich. [E] Zeiller; [S] Pfeiler; komb. StTdr. und RaTdr. (10×10); gez. K 14:13¾.

bfm) Propstei St. Gerold

1859	5.50 S	mehrfarbig	bfm	1,40	0,20	0,60
			FDC			1,60

Mit rechts anhängendem Leer- bzw. Zierfeld (Zf 1)

1859 Lf	2,80	2,80	3,50
1859 Zf	4,20	4,20	5,—

Weitere Werte siehe Übersicht nach Jahrgangswerttabelle.

1986, 19. Sept. 50. Todestag von Otto Stoessl. [E] Zeiller; [S] Laurent; komb. StTdr. und RaTdr. (10×5); gez. K 14.

bfn) O. Stoessl (1875–1936), Dichter und Schriftsteller

				✶✶	⊙	✉
1860	4 S	mehrfarbig	bfn	0,60	0,50	1,—
			FDC			1,30

Auflage: 3 250 000 Stück

1986, 19. Sept. 300 Jahre Wiener Berufsfeuerwehr. [E] Kral; RaTdr. (10×5); gez. K 14.

bfo) Feuerknecht (1686)

1861	4 S	mehrfarbig	bfo	1,—	0,50	1,—
			FDC			1,30

Auflage: 3350 000 Stück

1986, 19. Sept. Internationale Konferenz für Orientteppiche, Wien und Budapest. [E] Wurnitsch; [S] Seidel; komb. StTdr. und RaTdr. (10×5); gez. K 13¾.

bfp) „Seidener Wiener Jagdteppich" (16. Jh.)

1862	5 S	mehrfarbig	bfp	0,80	0,60	1,—
			FDC			1,50

Auflage: 3 350 000 Stück

Gemeinschaftsausgabe mit Ungarn MiNr. 3840

1986, 3. Okt. Freimarke: Stifte und Klöster in Österreich. [E] Zeiller; [S] Pfeiler; komb. StTdr. und RaTdr. (10×10); gez. K 14:13¾.

bfr) Dominikanerkonvent, Wien

1863	7.50 S	mehrfarbig	bfr	2,—	0,20	0,60
			FDC			2,—

Mit rechts anhängendem Leer- bzw. Zierfeld (Zf 1)

1863 Lf	2,20	2,—	2,50
1863 Zf	2,80	2,80	3,50

Weitere Werte siehe Übersicht nach Jahrgangswerttabelle.

1986, 10. Okt. 125 Jahre Protestantenpatent; 25 Jahre Protestantengesetz. [E] und [S] Pfeiler; komb. StTdr. und RaTdr. (10×5); gez. K 14.

bfs) Evangelischer Pfarrer predigt von der Kanzel

1864	5 S	lebhaftviolett/schwarz	bfs	0,80	0,60	1,—
			FDC			1,50

Auflage: 3 350 000 Stück

1986, 17. Okt. Moderne Kunst in Österreich (XII). Ⓐ Schmögner; Ⓢ Seidel; komb. StTdr. und RaTdr. (10×5); gez. K 13¾.

bft) „Auflösung"; Gemälde von Walter Schmögner

				✶✶	☉	✉
1865	4 S	mehrfarbig .... bft		0,70	0,50	1,—
		FDC				1,30
		MK 5			3,—	

Auflage: 3 350 000 Stück

1986, 17. Okt. 175. Geburtstag von Franz Liszt. Ⓐ Weyss-Lampel; Ⓢ Toth; komb. StTdr. und RaTdr. (5×10); gez. K 13½.

bfu) F. Liszt (1811–1886), Komponist und Pianist; Geburtshaus in Raiding

1866	5 S	olivgrün/schwärzlich-				
		rotbraun .... bfu		0,80	0,50	1,—
		FDC				1,50

Auflage: 3 350 000 Stück

1986, 4. Nov. Blockausgabe: Konferenz über Sicherheit und Zusammenarbeit in Europa (KSZE), Wien. Ⓐ Dorner; Ⓢ Seidel; komb. StTdr. und RaTdr.; gez. Ks 13½:13¾.

bfv) Luftaufnahme von Wien

bfw

1867	6 S	mehrfarbig .... bfv	1,—	1,—	1,50
Block 8	(90×70 mm) .... bfw	1,10	1,50	2,—
		FDC			2,—

Block 8 U ungezähnt (1 Stück bekannt) ...... —,—

Auflage: 3 500 000 Blocks

1986, 26. Nov. 175 Jahre Steiermärkisches Landesmuseum Joanneum. Ⓐ Mayr; Ⓢ Seidel; komb. StTdr. und RaTdr. (5×10); gez. K 13¾:14.

bfx) Kultwagen von Strettweg (7. Jh. v. Chr.)

1868	4 S	mehrfarbig .... bfx	0,60	0,50	1,—
		FDC			1,30

Auflage: 3 350 000 Stück

1986, 28. Nov. Tag der Briefmarke. Ⓐ und Ⓢ Pfeiler; komb. StTdr. und RaTdr. (10×5); gez. K 13¾.

bfy) Nürnberger Briefbote (16. Jh.)

				✶✶	☉	✉
1869	6 S + 3 (S)	mehrfarbig .. bfy		1,60	1,30	2,—
		FDC				3,—

Auflage: 1 400 000 Stück

1986, 28. Nov. Weihnachten. Ⓐ Böcskör; Ⓢ Laurent; komb. StTdr. und RaTdr. (5×10); gez. K 13¾.

bfz) Kleine Schwanthaler-Krippe aus dem Zisterzienserstift Schlierbach

1870	5 S	gold/dunkellilakarmin . bfz	0,80	0,60	1,—
		FDC			1,80

Auflage: 6 300 000 Stück

1986, 2. Dez. 40 Jahre Bundeswirtschaftskammer. Ⓐ Wurnitsch; RaTdr. (10×5); gez. K 14.

bga) Gebäude der Bundeswirtschaftskammer, Wien

1871	5 S	mehrfarbig .... bga	0,80	0,60	1,—
		FDC			1,50

Auflage: 3 300 000 Stück

1986, 4. Dez. Die österreichische Arbeitswelt: Stahlindustrie. Ⓐ Pilch; RaTdr. (5×10); gez. K 13¾.

bgb) Stahlarbeiter am Hochofen

1872	4 S	mehrfarbig .... bgb	0,60	0,50	1,—
		FDC			1,30

Auflage: 3 300 000 Stück

1987

1987, 22. Jan. 100 Jahre Wiener Volksbildungsverein. Ⓐ Rainer; RaTdr. (10×5); gez. K 13½:13¾.

bgc) Das gebildete Auge; Gemälde von Arnulf Rainer (*1929)

1873	5 S	mehrfarbig .... bgc	0,80	0,60	1,—
		FDC			1,50

Auflage: 3 250 000 Stück

1987, 13. Febr. 100. Geburtstag von Anton Faistauer und Albert Paris-Gütersloh. [E] Pilch; RaTdr. (10×5); gez. K 13¾.

bgd) Die Große Blaue Madonna; Gemälde von A. Faistauer (1887–1930), Maler

bge) Selbstbildnis; Gemälde von A. Paris-Gütersloh (1887–1973), Maler und Schriftsteller

				✱✱	⊙	✉
1874	4 S	mehrfarbig	bgd	0,60	0,40	0,80
1875	6 S	mehrfarbig	bge	1,—	0,70	1,20
		Satzpreis (2 W.)		1,60	1,10	
			FDC			3,—

Auflage: 3 300 000 Sätze

1987, 6. April. Europa: Moderne Architektur; Europäisches Kulturfestival „Europalia '87 Österreich", Brüssel. [E] Böcskör; [S] Seidel; komb. StTdr. und RaTdr. (10×5); gez. K 13¾.

bgf) Hundertwasser-Haus, Wien

1876	6 S	mehrfarbig	bgf	2,—	1,—	1,50
			FDC			2,—

Auflage: 3 300 000 Stück

1987, 17. April. Eishockey-Weltmeisterschaft, Wien. 75 Jahre Österreichischer Eishockey-Verband. [E] Wurnitsch; RaTdr. (5×10); gez. K 13½:14¼.

bgg) Spielszene

1877	5 S	mehrfarbig	bgg	1,—	0,60	1,—
			FDC			1,50

Auflage: 3 250 000 Stück

1987, 22. April. Eröffnung des „Austria Center Vienna". [E] Farkalits; RaTdr. (5×10); gez. K 13½:14¼.

bgh) Austria Center Vienna

1878	5 S	mehrfarbig	bgh	1,—	0,60	1,—
			FDC			1,50

Auflage: 3 400 000 Stück

1987, 24. April. 700 Jahre Stadtrecht für Salzburg. [E] Zeiller; RaTdr. (5×10); gez. K 13½:14¼.

bgi) Stadtansicht

1879	5 S	mehrfarbig	bgi	1,10	0,70	1,20
			FDC			1,50

Auflage: 3 200 000 Stück

1987, 29. April. Oberösterreichische Landesausstellung „Arbeit – Mensch – Maschine, der Weg in die Industriegesellschaft", Steyr. [E] Mayr; [S] Nefe; komb. StTdr. und RaTdr. (10×5); gez. K 14.

bgk) Werkstätte für Metallbearbeitung (um 1920)

				✱✱	⊙	✉
1880	4 S	mehrfarbig	bgk	0,70	0,40	0,80
			FDC			1,30

Auflage: 3 200 000 Stück

1987, 29. April. Gleichbehandlung von Mann und Frau. [E] Böcskör; RaTdr. (10×5); gez. K 13½.

bgl) Mann und Frau

1881	5 S	mehrfarbig	bgl	0,80	0,60	1,—
			FDC			1,50

Auflage: 3 250 000 Stück

1987, 8. Mai. Niederösterreichische Landesausstellung „Das Zeitalter Kaiser Franz Josephs (2. Teil)", Grafenegg. [E] und [S] Pfeiler; komb. StTdr. und RaTdr. (10×5); gez. K 13½.

bgm) „Adele Bloch-Bauer I"; Gemälde (Detail) von Gustav Klimt (1862–1918)

1882	4 S	mehrfarbig	bgm	0,70	0,40	0,80
			FDC			1,30

Auflage: 3 150 000 Stück

1987, 15. Mai. 125. Geburtstag von Arthur Schnitzler. [E] Zeiller; [S] Seidel; komb. StTdr. und RaTdr. (10×5); gez. K 14¼:13½.

bgn) A. Schnitzler (1862–1931), Schriftsteller

1883	6 S	mehrfarbig	bgn	0,90	0,70	1,20
			FDC			1,50

Auflage: 3 250 000 Stück

1987, 15. Mai. Landesausstellung „Fürsterzbischof Wolf Dietrich von Raitenau, Begründer der barocken Stadt Salzburg". [E] und [S] Pfeiler; komb. StTdr. und RaTdr. (5×10); gez. K 14.

bgo) Wolf Dietrich von Raitenau (1559–1617), Erzbischof von Salzburg

1884	4 S	mehrfarbig	bgo	0,60	0,50	1,—
			FDC			1,30

Auflage: 3 150 000 Stück

1987, 22. Mai. 1100 Jahre Lustenau. ⬜ Ritter; ⬜ Seidel; komb. StTdr. und RaTdr. (5×10); gez. K 14.

bgp) Gemeindewappen, Stickereimuster

			**	☉	✉
1885	5 S	mehrfarbig .... bgp	0,80	0,60	1,—
		FDC			1,50

Auflage: 3 300 000 Stück

1987, 5. Juni. Blockausgabe: 150 Jahre Eisenbahn in Österreich. ⬜ Slattery und Poscharnegg; RaTdr.; gez. Ks 13¾:13½.

bgr) Jubiläums-emblem

bgs

1886	6 S	mehrfarbig .... bgr	1,10	1,10	1,50
Block 9	(90×70 mm) .... bgs		1,10	1,50	2,—
		FDC			2,—

Auflage: 3 500 000 Blocks

1987, 11. Juni. Naturschönheiten in Österreich (V). ⬜ Pilch; ⬜ Toth; komb. StTdr. und RaTdr. (5×10); gez. K 13¾.

bgt) Dachstein-Rieseneishöhle

1887	5 S	mehrfarbig .... bgt	0,80	0,50	1,—
		FDC			1,50

Auflage: 3 250 000 Stück

Weitere Werte siehe Übersicht nach Jahrgangswerttabelle.

1987, 17. Juni. Internationaler Kongreß der Graveure und Flexographen, Wien. ⬜ und ⬜ Pfeiler; komb. StTdr. und RaTdr. (5×10); gez. K 13¾.

bgu) Graveur (mittelalterlicher Stich)

1888	5 S	mehrfarbig .... bgu	0,80	0,50	1,—
		FDC			1,50

Auflage: 3 300 000 Stück

1987, 22. Juni. Internationale Leichtmetalltagung, Leoben–Wien. ⬜ Buchner; ⬜ Leitgeb; komb. StTdr. und RaTdr. (10×5); gez. K 14¼:13½.

bgv) Carl Josef Bayer (1847–1904), Chemiker

			**	☉	✉
1889	5 S	mehrfarbig .... bgv	0,80	0,60	1,—
		FDC			1,50

Auflage: 3 150 000 Stück

1987, 26. Juni. 100 Jahre Achenseeschifffahrt. ⬜ Kral; RaTdr. (10×5); gez. K 14¼:13½.

bgw) Fährschiff der Achenseeflotte

1890	4 S	mehrfarbig .... bgw	0,60	0,50	1,—
		FDC			1,30

Auflage: 3 200 000 Stück

1987, 1. Juli. 10 Jahre Volksanwaltschaft. ⬜ Rossi; RaTdr. (10×5); gez. K 14¼:13½.

bgx) Amtsgebäude der Volksanwaltschaft, Wien

1891	5 S	mehrfarbig .... bgx	0,80	0,60	1,—
		FDC			1,50

Auflage: 3 150 000 Stück

1987, 11. Aug. 100. Geburtstag von Erwin Schrödinger. ⬜ Herger; ⬜ Nefe; komb. StTdr. und RaTdr. (10×5); gez. K 14¼:13½.

bgy) E. Schrödinger (1887–1961), Physiker, Nobelpreis 1933

1892	5 S	mehrfarbig .... bgy	0,80	0,60	1,—
		FDC			1,50

Auflage: 3 300 000 Stück

1987, 11. Aug. 125 Jahre Ausstellungen in Freistadt. ⬜ Mayr; ⬜ Schmirl; komb. StTdr. und RaTdr. (5×10); gez. K 14.

bgz) Hauptplatz von Freistadt

1893	5 S	mehrfarbig .... bgz	0,80	0,60	1,—
		FDC			1,50

Auflage: 3 200 000 Stück

Zum besseren Gebrauch des Kataloges empfehlen wir, die Einführung zu lesen.

1987, 14. Aug. Freimarke: Stifte und Klöster in Österreich. Ⓩ Zeiller; Ⓢ Pfeiler; komb. StTdr. und RaTdr. (10×10); gez. K 14:13¾.

bha) Kloster Loretto

		✶✶	⊙	⊠
1894	7 S mehrfarbig . . . . bha	2,—	0,10	0,50
	FDC			1,80

Mit rechts anhängendem Leer- bzw. Zierfeld (Zf 1)

1894 Lf	. . . .	2,80	2,80	3,50
1894 Zf	. . . .	2,20	1,80	2,50

Weitere Werte siehe Übersicht nach Jahrgangswerttabelle.

1987, 21. Aug. 850 Jahre Arbing. Ⓩ Böcskör; Ⓢ Laurent; komb. StTdr. und RaTdr. (10×5); gez. K 13½.

bhb) Pfarrkirche und Wehrturm von Arbing, Stadtwappen

1895	5 S mehrfarbig . . . . bhb	0,80	0,60	1,—
	FDC			1,50

Auflage: 3 200 000 Stück

1987, 21. Aug. Naturschönheiten in Österreich (VI). Ⓩ Pilch; Ⓢ Toth; komb. StTdr. und RaTdr. (5×10); gez. K 13¾.

bhc) Gauertal im Montafon

1896	5 S mehrfarbig . . . . bhc	0,80	0,50	1,—
	FDC			1,50

Auflage: 3 250 000 Stück

Weitere Werte siehe Übersicht nach Jahrgangswerttabelle.

1987, 25. Aug. Rad-Weltmeisterschaften Wien–Villach. Ⓩ Kumpf; Ⓢ Seidel; komb. StTdr. und RaTdr. (10×5); gez. K 13¾.

bhd) Plakat von Gottfried Kumpf (*1930)

1897	5 S mehrfarbig . . . . bhd	0,80	0,60	1,—
	FDC			1,50

Auflage: 3 250 000 Stück

1987, 9. Sept. Weltkongreß der Sparkassen, Wien. Ⓩ Dorner; RaTdr. (5×10); gez. K 13½:14¼.

bhe) Sparkassen-Emblem, Weltkugel, Landesflagge

1898	5 S mehrfarbig . . . . bhe	0,80	0,60	1,—
	FDC			1,50

Auflage: 3 150 000 Stück

1987, 11. Sept. 450. Todestag von Paul Hofhaymer. Ⓩ Zeiller; Ⓢ Laurent; komb. StTdr. und RaTdr. (10×5); gez. K 13¾.

bhf) P. Hofhaymer (1459–1537), Komponist und Organist

		✶✶	⊙	⊠
1899	4 S mehrfarbig . . . . bhf	0,60	0,50	1,—
	FDC			1,30

Auflage: 2 600 000 Stück

1987, 14. Sept. 250. Geburtstag von Michael Haydn. Ⓩ Weyss-Lampel; Ⓢ Toth; StTdr. (5×10); gez. K 13½:14¼.

bhg) M. Haydn (1737–1806), Komponist

1900	4 S schwärzlichbläulichviolett/ violettschwarz . . . . . . bhg	0,60	0,50	1,—
	FDC			1,30

Auflage: 3 200 000 Stück

1987, 25. Sept. Naturschutz; 25 Jahre Alpenzoo, Innsbruck. Ⓩ Wurnitsch; Ⓢ Nefe; komb. StTdr. und RaTdr. (10×5); gez. K 14¼:14.

bhh) Bartgeier (Gypaëtus barbatus)

1901	4 S mehrfarbig . . . . .bhh	0,60	0,50	1,—
	FDC			1,20

Auflage: 3 200 000 Stück

1987, 5. Okt. Die österreichische Arbeitswelt. Ⓩ Pilch; RaTdr. (5×10); gez. K 13¾.

bhi) Büroangestellte am Bildschirmgerät

1902	4 S mehrfarbig . . . . bhi	0,70	0,50	1,—
	FDC			1,30

1902 DD	Doppeldruck	700,—

Auflage: 3 150 000 Stück

1987, 9. Okt. Moderne Kunst in Österreich (XIII). Ⓩ Neuwirth; Ⓢ Seidel; komb. StTdr. und RaTdr. (5×10); gez. K 13¾.

bhk) Baumgöttinnen; Gemälde von Arnulf Neuwirth (*1912)

1903	5 S mehrfarbig . . . . .bhk	0,80	0,50	1,—
	FDC			1,50
	MK 6		2,50	

Auflage: 3 350 000 Stück

1987, 30. Okt. 200 Jahre Glücksspielmonopol in Österreich. [E] **Kral; RaTdr. (10×5); gez. K 14¼:13½.**

bhl) Lostrommel

				✶✶	⊙	✉
1904	5 S	mehrfarbig . . . . bhl		0,80	0,60	1,—
			FDC			1,50

Auflage: 3 150 000 Stück

1987, 13. Nov. 200. Todestag von Christoph Willibald Gluck. [E] **Pilch;** [S] **Leitgeb; komb. StTdr. und RaTdr. (10×5); gez. K 13¾.**

bhm) Chr. W. Gluck (1714–1787), Komponist

1905	5 S	mittelgraugelb/ schwarzlilabraun . . . bhm		0,80	0,60	1,—
			FDC			1,50

Auflage: 3 300 000 Stück

1987, 13. Nov. 100. Geburtstag von Oskar Helmer. [E] **Zeiller;** [S] **Leitgeb; komb. StTdr. und RaTdr. (10×5); gez. K 14.**

bhn) O. Helmer (1887–1963), Politiker

1906	4 S	mehrfarbig . . . . bhn		0,60	0,50	1,—
			FDC			1,30

Auflage: 3 150 000 Stück

1987, 19. Nov. Tag der Briefmarke. [E] **und** [S] **Pfeiler; komb. StTdr. und RaTdr. (10×5); gez. K 13¾.**

bho) Der Postmeister (Detail); Lithographie (1841) von Carl Schustler

1907	6 S	+ 3 (S) mehrfarbig . bho		1,60	1,40	2,—
			FDC			2,50

Auflage: 1 350 000 Stück

1987, 27. Nov. Weihnachten. [E] **Pilch;** [S] **Seidel; komb. StTdr. und RaTdr. (10×5); gez. K 13¾.**

bhp) Josef Mohr (1792–1848) und Franz Xaver Gruber (1787–1863), Autoren des Weihnachtsliedes „Stille Nacht, Heilige Nacht“

1908	5 S	mehrfarbig . . . . bhp		1,20	0,60	1,—
			FDC			1,80

Auflage: 6 300 000 Stück

1988

1988, 12. Jan. Internationaler pädagogischer Kongreß der Salesianer Don Boscos, Wien. [E] **und** [S] **Pfeiler; komb. StTdr. und RaTdr. (10×5); gez. K 13½.**

bhr) Hl. Giovanni Bosco (1815–1888), italienischer Priester und Pädagoge; Kinder

				✶✶	⊙	✉
1909	5 S	gelblichorange/ schwarzviolett . . . . . . bhr		0,80	0,60	1,—
			FDC			1,50

Auflage: 3 100 000 Stück

1988, 15. Jan. Weltwinterspiele für Behinderte, Innsbruck. [E] **Krajnc; RaTdr. (5×10); gez. K 13½.**

bhs) Querschnittgelähmter Sportler in einem Langlaufschlitten

1910	5 S	+ 2.50 (S) mfg. . . . . bhs		1,40	1,10	1,80
			FDC			1,70

Auflage: 1 500 000 Stück

1988, 19. Febr. 150. Geburtstag von Ernst Mach. [E] **Herger;** [S] **Leitgeb; komb. StTdr. und RaTdr. (10×5); gez. K 14¼:13½.**

bht) E. Mach (1838–1916), Physiker

1911	6 S	mehrfarbig . . . . bht		0,90	0,60	1,—
			FDC			1,80

Auflage: 3 100 000 Stück

1988, 26. Febr. 25. Todestag von Franz von Zülow. [E] **Pilch; RaTdr. (10×5); gez. K 14¼:14.**

bhu) Dorf mit Brücke; Gemälde von F. von Zülow (1883–1963)

1912	4 S	mehrfarbig . . . . .bhu		0,70	0,50	1,—
			FDC			1,30

Auflage: 3 100 000 Stück

1988, 11. März. Ausstellung „Bürgersinn und Aufbegehren – Biedermeier und Vormärz in Wien“, Wien. [E] **und** [S] **Pfeiler; komb. StTdr. und RaTdr. (5×10); gez. K 13¾:14.**

bhv) Die Pfändung; Gemälde von Ferdinand Georg Waldmüller (1793–1865)

1913	4 S	mehrfarbig . . . . bhv		0,70	0,50	1,—
			FDC			1,30

Auflage: 3 000 000 Stück

1988, 11. März. 50. Jahrestag des Anschlusses Österreichs an das Deutsche Reich. Ⓒ Fuhrherr; RaTdr. (5×10); gez. K 13½.

bhw) Konzentrationslager, Landesflagge auf Halbmast, Soldatengräber

			**	☉	✉
1914	5 S	mehrfarbig . . . . bhw	0,80	0,50	1,—
		FDC			1,50

Auflage: 3 200 000 Stück

1988, 18. März. Freimarke: Stifte und Klöster in Österreich. Ⓒ Zeiller; Ⓢ Pfeiler; komb. StTdr. und RaTdr. (10×10); gez. K 14:13¾.

bhx) Stift Wilten

1915	10 S	mehrfarbig . . . . bhx	2,40	0,20	0,60
		FDC			2,20

Mit rechts anhängendem Leer- bzw. Zierfeld (Zf 1)

1915 Lf	. . . .	2,80	2,80	3,50
1915 Zf	. . . .	2,80	2,80	3,50

Weitere Werte siehe Übersicht nach Jahrgangswerttabelle.

1988, 22. März. 100 Jahre Mühlkreisbahn; 100 Jahre Wiener Lokalbahnen. Ⓒ Kral (MiNr. 1916) und Böcskör (MiNr. 1917); RaTdr. (5×10); gez. K 13½:14¼.

bhy) Dampflokomotive Nr. 2 Aigen (1887); Burgruine Pürnstein

bhz) Straßenbahn-Triebwagen; Haltestelle „Josefsplatz" in Baden bei Wien

1916	4 S	mehrfarbig . . . . bhy	0,80	0,50	1,—
1917	5 S	mehrfarbig . . . . bhz	1,—	0,60	1,—
		Satzpreis (2 W.)	1,80	1,10	
		FDC			2,60

Auflage: 3 100 000 Sätze

1988, 15. April. 25 Jahre österreichischer Landesverband des „World Wildlife Fund" (WWF). Ⓒ Wurnitsch; Ⓢ Nefe; komb. StTdr. und RaTdr. (10×5); gez. K 13½:13¾.

bia) Bienenfresser (Merops apiaster), WWF-Emblem

1918	5 S	mehrfarbig . . . . bia	0,90	0,60	1,—
		FDC			1,70

Auflage: 3 100 000 Stück

1988, 29. April. Steirische Landesausstellung „Glas und Kohle", Bärnbach. Ⓒ Kammerer-Rogler; Ⓢ Seidel; komb. StTdr. und RaTdr. (5×10); gez. K 13½.

bib) „Geschundenes Glas"

1919	4 S	mehrfarbig . . . . bib	0,70	0,50	1,—
		FDC			1,30

Auflage: 3 010 000 Stück

1988, 6. Mai. 125 Jahre Internationales Rotes Kreuz. Ⓒ Justin; RaTdr. (10×5); gez. K 13¾.

bic) Rettungsdienst, Rotes Kreuz

			**	☉	✉
1920	12 S	mehrfarbig . . . . bic	1,90	1,20	1,80
		FDC			2,60

Auflage: 3 050 000 Stück

1988, 6. Mai. Niederösterreichische Landesausstellung „Kunst und Mönchtum an der Wiege Österreichs", Stift Seitenstetten. Ⓒ Mayr; Ⓢ Nefe; komb. StTdr. und RaTdr. (10×5); gez. K 14.

bid) Spätgotisches silbernes Weihrauchfaß aus dem Stift Seitenstetten

1921	4 S	mehrfarbig . . . . bid	0,60	0,50	1,—
		FDC			1,10

Auflage: 3 020 000 Stück

1988, 13. Mai. Europa: Transport- und Kommunikationsmittel. Ⓒ Wurnitsch; RaTdr. (5×10); gez. K 14.

bie) Erdefunkstelle Aflenz

1922	6 S	mehrfarbig ⒼⒶ . . . . . . bie	1,50	0,60	1,—
		FDC			1,60

Als Beilage zum Ausstellungskatalog TRILATERALE '88 wurde ein gezähnter Kleinbogen mit 4 Schwarzdrucken der MiNr. 1922 abgegeben (siehe unter „Schwarzdrucke").

Auflage: 3 200 000 Stück

1988, 18. Mai. Salzburger Landesausstellung „Die Bajuwaren von Severin bis Tassilo", Stift Mattsee. Ⓒ Mayr; Ⓢ Leitgeb; komb. StTdr. und RaTdr. (10×5); gez. K 14.

bif) Stift Mattsee; Löwe von Ischl an der Alz (Ausstellungssymbol)

1923	4 S	mehrfarbig . . . . bif	0,70	0,50	1,—
		FDC			1,30

Auflage: 3 020 000 Stück

1988, 20. Mai. Oberösterreichische Landesausstellung „Das Mühlviertel – Natur, Kultur, Leben", Schloß Weinberg. Ⓒ Dorner; RaTdr. (5×10); gez. K 13½:14¼.

big) Schloß Weinberg

1924	4 S	mehrfarbig . . . . big	0,70	0,50	1,—
		FDC			1,30

Auflage: 3 050 000 Stück

1988, 27. Mai. Freimarke: Stifte und Klöster in Österreich. [E] Zeiller; [S] Pfeiler; komb. StTdr. und RaTdr. (10×10); gez. K 14:13¾.

bih) Zisterzienserstift Zwettl

				★★	⊙	✉
1925	8 S	mehrfarbig	bih	2,—	0,20	0,60
			FDC			2,—

Mit rechts anhängendem Leer- bzw. Zierfeld (Zf 1)

1925 Lf	....	2,20	2,20	3,—
1925 Zf	....	2,80	2,80	3,50

Weitere Werte siehe Übersicht nach Jahrgangswerttabelle.

1988, 1. Juni. 50. Todestag von Ödön von Horváth. [E] Weyss-Lampel; [S] Toth; komb. StTdr. und RaTdr. (10×5); gez. K 14¼:13½.

bii) Ö. von Horváth (1901–1938), Schriftsteller

1926	6 S	mehrfarbig	bii	0,90	0,60	1,—
			FDC			1,80

Auflage: 3 000 000 Stück

1988, 17. Juni. 25 Jahre Festspiele Stockerau. [E] Zeiller; [S] Schmirl; komb. StTdr. und RaTdr. (5×10); gez. K 14.

bik) Rathaus von Stockerau

1927	5 S	mehrfarbig	bik	0,80	0,50	1,—
			FDC			1,50

Auflage: 3 010 000 Stück

1988, 24. Juni. Fertigstellung der Tauernautobahn. [E] Wurnitsch; RaTdr. (10×5); gez. K 13½.

bil) Teilstück der Tauernautobahn

1928	4 S	mehrfarbig	bil	0,70	0,50	1,—
			FDC			1,30

Auflage: 3 050 000 Stück

1988, 1. Juli. 1200 Jahre Brixlegg. [E] Zeiller; [S] Laurent; komb. StTdr. und RaTdr. (5×10); gez. K 13½:14¼.

bim) Ansicht von Brixlegg, Gemeindewappen

1929	5 S	mehrfarbig	bim	0,90	0,50	1,—
			FDC			1,50

Auflage: 3 050 000 Stück

1988, 12. Aug. 400 Jahre ständiger Postdienst in Kärnten. [E] Buchner; [S] Leitgeb; komb. StTdr. und RaTdr. (5×10); gez. K 14.

bin) Stadtansicht von Klagenfurt; Stich von Matthäus Merian

				★★	⊙	✉
1930	5 S	mehrfarbig	bin	0,80	0,60	1,—
			FDC			1,30

Auflage: 2 980 000 Stück

1988, 12. Aug. 1200 Jahre Brixen im Thale. [E] Zeiller; [S] Schmirl; komb. StTdr. und RaTdr. (5×10); gez. K 14.

bio) Ortsansicht

1931	5 S	mehrfarbig	bio	0,80	0,50	1,—
			FDC			1,50

Auflage: 3 000 000 Stück

1988, 19. Aug. Naturschönheiten in Österreich (VII). [E] Pilch; [S] Toth; komb. StTdr. und RaTdr. (5×10); gez. K 13¾.

bip) Krimmler Wasserfälle

1932	5 S	mehrfarbig	bip	0,80	0,60	1,—
			FDC			1,30

Auflage: 3 000 000 Stück

Weitere Werte siehe Übersicht nach Jahrgangswerttabelle.

1988, 2. Sept. 1100 Jahre Feldkirchen. [E] Zeiller; [S] Kalina; komb. StTdr. und RaTdr. (10×5); gez. K 13½.

bir) Stadtwappen

1933	5 S	mehrfarbig	bir	0,80	0,60	1,—
			FDC			1,50

Auflage: 2 950 000 Stück

1988, 15. Sept. 800 Jahre Feldbach. [E] Zeiller; [S] Schmirl; komb. StTdr. und RaTdr. (5×10); gez. K 13½.

bis) Ansicht von Feldbach, Stadtwappen

1934	5 S	mehrfarbig	bis	0,80	0,60	1,—
			FDC			1,50

Auflage: 2 950 000 Stück

1988, 23. Sept. 1200 Jahre Ansfelden. [E] **Mayr;** [S] **Kalina; komb. StTdr. und RaTdr. (10×5); gez. K 14.**

bit) Ansicht von Ansfelden, Gemeindewappen

			★★	⊙	✉
1935	5 S	mehrfarbig .... bit	0,80	0,50	1,—
		FDC			1,50

Auflage: 3 120 000 Stück

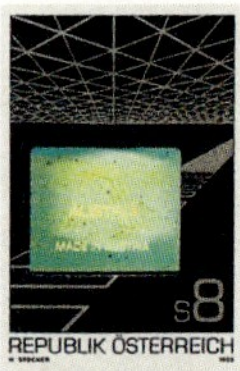

1988, 18. Okt. Österreichischer Export. [E] **Stocker; RaTdr. mit Hologrammfolie (4×2); gez. K 13¾:13½.**

biu) Würfel mit Markenzeichen „A“

1936	8 S	mehrfarbig .... biu	2,20	2,—	2,50
		FDC			3,20
		Kleinbogen	18,—	18,—	

Auflage: 3 040 000 Stück

1988, 19. Okt. 75 Jahre Wiener Konzerthaus. [E] **Härtel;** [S] **Schmirl; komb. StTdr. und RaTdr. (5×10); gez. K 13½.**

biv) Wiener Konzerthaus

1937	5 S	mehrfarbig .... biv	0,80	0,60	1,—
		FDC			1,50

Auflage: 3 000 000 Stück

1988, 21. Okt. Moderne Kunst in Österreich (XIV). [E] **Hoke;** [S] **Seidel; komb. StTdr. und RaTdr. (10×5); gez. K 13¾.**

biw) Wächter, Gemälde von Giselbert Hoke (*1927)

1938	5 S	mehrfarbig .... biw	0,80	0,60	1,—
		FDC			1,50
		MK 7		3,—	

Auflage: 3 150 000 Stück

1988, 21. Okt. Die österreichische Arbeitswelt. [E] **Pilch; RaTdr. (5×10); gez. K 13¾.**

bix) Chemielaborant

1939	4 S	mehrfarbig .... bix	0,70	0,40	0,80
		FDC			1,30

Auflage: 2 950 000 Stück

1988, 11. Nov. 100 Jahre Österreichische Sozialdemokratie. [E] **Lebisch; RaTdr. (10×5); gez. K 14.**

biy) Rote Nelke

			★★	⊙	✉
1940	4 S	mehrfarbig .... biy	0,70	0,60	1,—
		FDC			1,30

Auflage: 2 950 000 Stück

1988, 11. Nov. 100. Geburtstag von Leopold Schönbauer. [E] **Herger;** [S] **Leitgeb; komb. StTdr. und RaTdr. (10×5); gez. K 14¼:13½.**

biz) L. Schönbauer (1888–1963), Arzt

1941	4 S	mehrfarbig .... biz	0,60	0,50	1,—
		FDC			1,20

Auflage: 2 200 000 Stück

1988, 17. Nov. Tag der Briefmarke. [E] **und** [S] **Pfeiler; komb. StTdr. und RaTdr. (10×5); gez. K 14:13¾.**

bka) Bahnpostwagen

1942	6 S	+ 3 (S) mehrfarbig . bka	1,70	1,30	2,—
		FDC			2,50

Auflage: 1 200 000 Stück

1988, 25. Nov. Weihnachten. [E] **Böcskör;** [S] **Laurent; komb. StTdr. und RaTdr. (10×5); gez. K 14:13¾.**

bkb) Heilige Familie mit Engeln; Weihnachtsikone aus der ukrainischen griechisch-katholischen Zentralpfarrkirche St. Barbara, Wien

1943	5 S	mehrfarbig .... bkb	0,80	0,60	1,—
		FDC			1,80

Auflage: 6 300 000 Stück

1989

1989, 17. März. 900 Jahre Benediktinerstift Melk. [E] **Mayr;** [S] **Seidel; komb. StTdr. und RaTdr. (5×10); gez. K 14.**

bkc) Markgraf Leopold II. führt die Mönchskolonie aus Lambach in Melk ein; Fresko von Paul Troger (1698–1762) im Stift Melk

1944	5 S	mehrfarbig .... bkc	0,80	0,50	1,—
		FDC			1,50

Auflage: 3 000 000 Stück

1989, 17. März. 25 Jahre Diözese Innsbruck. Ⓩ Buchner; Ⓢ Seidel; komb. StTdr. und RaTdr. (10×5); gez. K 14¼:13½.

bkd) Madonna; Altargemälde von Lukas Cranach d. Ä. (1472–1553) im Dom St. Jakob, Innsbruck

			✶✶	☉	✉
1945	4 S	mehrfarbig .... bkd	0,60	0,50	1,—
		FDC			1,20

Auflage: 3 000 000 Stück

1989, 24. März. 150. Geburtstag von Marianne Hainisch. Ⓩ Herger; Ⓢ Leitgeb; komb. StTdr. und RaTdr. (10×5); gez. K 14¼:13½.

bke) M. Hainisch (1839–1936), Gründerin der österreichischen Frauenbewegung

1946	6 S	mehrfarbig .... bke	1,—	0,70	1,—
		FDC			1,60

Auflage: 3 000 000 Stück

1989, 31. März. Segelflug-Weltmeister-schaften, Wiener Neustadt; Paraski-Welt-meisterschaften, Damüls. Ⓩ Wurnitsch; RaTdr. (5×10); gez. K 14.

bkf) Segelflugzeug über Wiener Neustadt, Fallschirmspringer nähe Mittagsspitze

1947	6 S	mehrfarbig .... bkf	1,—	0,70	1,—
		FDC			1,60

Auflage: 2 950 000 Stück

1989, 21. April. 50. Todestag von Rudolf Jett-mar. Ⓩ Siegl; RaTdr. (10×5); gez. K 14¼:13½.

bkg) Die Malerei; Gemälde von R. Jettmar (1869–1939), Maler und Radierer

1948	5 S	mehrfarbig .... bkg	0,80	0,50	1,—
		FDC			1,50

Auflage: 2 840 000 Stück

1989, 21. April. 750 Jahre Stadt Bruck an der Leitha. Ⓩ Böcskör; RaTdr. (5×10); gez. K 14.

bkh) Stadtansicht nach einem Stich von Georg M. Vischer (1628–1696)

1949	5 S	mehrfarbig .... bkh	0,80	0,50	1,—
		FDC			1,50

Auflage: 3 000 000 Stück

Die MICHEL-Redaktion nimmt keine Markenprüfungen vor!

1989, 26. April. 250. Todestag von Johann Michael Prunner (1669–1739), Barockbaumei-ster. Ⓩ Korger; Ⓢ Schmirl; komb. StTdr. und RaTdr. (10×5); gez. K 14¼:13½.

bki) Dreifaltigkeitskirche, Stadl-Paura

			✶✶	☉	✉
1950	5 S	mehrfarbig .... bki	0,80	0,50	1,—
		FDC			1,50

Auflage: 3 000 000 Stück

1989, 26. April. 75. Todestag von Eduard Suess. Ⓩ und Ⓢ Pfeiler; komb. StTdr. und RaTdr. (10×5); gez. K 14¼:13½.

bkk) E. Suess (1831–1914), Geologe und Politiker; geologische Landkarte

1951	6 S	mehrfarbig .... bkk	0,90	0,80	1,20
		FDC			1,80

Auflage: 2 860 000 Stück

1989, 26. April. 100. Geburtstag von Ludwig Wittgenstein. Ⓩ Zeiller; Ⓢ Nefe; komb. StTdr. und RaTdr. (10×5); gez. K 14¼:13½.

bkl) L. Wittgenstein (1889–1951), Philosoph

1952	5 S	mehrfarbig .... bkl	0,80	0,50	1,—
		FDC			1,50

Auflage: 3 000 000 Stück

1989, 28. April. Steirische Landesaus-stellung „Menschen – Münzen – Märkte", Judenburg. Ⓩ und Ⓢ Pfeiler; komb. StTdr. und RaTdr. (5×10); gez. K 13¾.

bkm) Stadtansicht nach einem Stich von Georg M. Vischer (1628–1696)

1953	4 S	mehrfarbig .... bkm	0,70	0,50	1,—
		FDC			1,30

Auflage: 3 000 000 Stück

1989, 28. April. Niederösterreichische Landes-ausstellung „Magie der Industrie", Pottenstein. Ⓩ Stefferl; RaTdr. (10×5); gez. K 13½:13¾.

bkn) Stehende Dampfmaschine (um 1850)

1954	4 S	gold/mittellila-ultramarin .... bkn	0,70	0,50	1,—
		FDC			1,20

Auflage: 2 900 000 Stück

1989, 3. Mai. 700 Jahre Stadt Radstadt. [E] Pilch; RaTdr. (5×10); gez. K 13½:14¼.

bko) Ansicht von Radstadt, Stadtwappen

			★★	⊙	✉
1955	5 S	mehrfarbig . . . . bko	0,80	0,50	1,—
		FDC			1,50

Auflage: 3 000 000 Stück

1989, 5. Mai. Europa: Kinderspiele. [E] Kral; RaTdr. (5×10); gez. K 13½:14¼.

bkp) Boot mit Ruderern und fünf Salzstöcken (Holzspielzeug)

1956	6 S	mehrfarbig . . . . bkp	1,50	0,60	1,—
		FDC			1,70

Auflage: 2 970 000 Stück

1989, 19. Mai. Oberösterreichische Landesausstellung „Die Kunst der Graphik“, Lambach; 900 Jahre Klosterkirche Lambach. [E] Böcskör; [S] Laurent; komb. StTdr. und RaTdr. (10×5); gez. K 14:13¾.

bkr) Hl. Adalbero mit Familie sowie hl. Kilian und hl. Benedikt vor Muttergottes; Miniatur eines unbekannten Künstlers aus dem Rotelbuch des Stiftes Lambach

1957	4 S	mehrfarbig . . . . bkr	0,70	0,50	1,—
		FDC			1,30

Auflage: 2 950 000 Stück

1989, 19. Mai. 150 Jahre Traunseeschifffahrt. [E] Pucalka; RaTdr. (5×10); gez. K 13½.

bks) Raddampfer „Gisela“

1958	5 S	mehrfarbig . . . . bks	1,20	0,60	1,—
		FDC			1,50

Auflage: 3 000 000 Stück

1989, 24. Mai. Tag der Briefmarke. [E] und [S] Pfeiler; komb. StTdr. und RaTdr. (10×5); gez. K 14.

bkt) Postflugzeug Hansa-Brandenburg C I

1959	6 S	+ 3 (S) mehrfarbig . . bkt	1,60	1,30	2,—
		FDC			2,50

Auflage: 1 130 000 Stück

1989, 26. Mai. 650 Jahre Stadt St. Andrä im Lavanttal. [E] Böcskör; [S] Laurent; komb. StTdr. und RaTdr. (5×10); gez. K 13½.

bku) Ansicht von St. Andrä im Lavanttal, Stadtwappen

			★★	⊙	✉
1960	5 S	mehrfarbig . . . . bku	0,80	0,60	1,—
		FDC			1,50

Auflage: 2 860 000 Stück

1989, 1. Juni. 125. Geburtstag von Richard Strauss. [E] Weyss-Lampel; [S] Leitgeb; komb. StTdr. und RaTdr. (10×5); gez. K 14¼:13½.

bkv) Richard Strauss (1864–1949), Komponist

1961	6 S	mehrfarbig . . . . bkv	1,—	0,70	1,20
		FDC			2,—

Auflage: 2 890 000 Stück

1989, 8. Juni. 100 Jahre Achenseebahn. [E] Peintner; RaTdr. (5×10); gez. K 13½.

bkw) Zahnrad-Dampflokomotive, Achensee

1962	5 S	mehrfarbig . . . . bkw	1,—	0,50	1,—
		FDC			1,50

Auflage: 3 030 000 Stück

1989, 29. Juni. Freimarke: Stifte und Klöster in Österreich. [E] Zeiller; [S] Pfeiler; komb. StTdr. und RaTdr. (10×10); gez. K 14:13¾.

bkx) Erzabtei St. Peter, Salzburg

1963	17 S	mehrfarbig . . . . bkx	4,50	0,90	1,50
		FDC			3,50

Mit rechts anhängendem Leerfeld (Zf 1)

1963 Lf	. . . .	5,—	4,—	5,—

Weitere Werte siehe Übersicht nach Jahrgangswerttabelle.

1989, 30. Juni. 100 Jahre Interparlamentarische Union (IPU). [E] und [S] Pfeiler; komb. StTdr. und RaTdr. (5×10); gez. K 13¾.

bky) Parlamentsgebäude, Wien

1964	6 S	mehrfarbig . . . . bky	1,—	0,70	1,20
		FDC			2,—

Auflage: 2 870 000 Stück

1989, 1. Aug. 100 Jahre Sozialversicherung in Österreich. [E] Wurnitsch; RaTdr. (10×5); gez. K 14¼.

bkz) Symbolische Darstellung

				★★	⊙	✉
1965	5 S	mehrfarbig	bkz	0,80	0,50	1,—
			FDC			1,50

Auflage: 2 910 000 Stück

1989, 23. Aug. 10 Jahre Wiener Büro der Vereinten Nationen. [E] Dorner; RaTdr. (5×10); gez. K 14.

bla) Internationales Zentrum Wien

1966	8 S	mehrfarbig	bla	1,50	0,80	1,20
			FDC			2,—

1966 F	Farbe Rot stark verschoben	800,—	350,—	400,—

Auflage: 3 000 000 Stück

1989, 1. Sept. Freimarke: Stifte und Klöster in Österreich. [E] Zeiller; [S] Pfeiler; komb. StTdr. und RaTdr. (10×10); gez. K 14:13¾.

blb) Zisterzienserabtei Mehrerau

1967	1 S	mehrfarbig	blb	0,20	0,10	0,50
			FDC			1,—

Mit rechts anhängendem Leer- bzw. Zierfeld (Zf 1)

1967 Lf	. . . .	0,50	0,50	1,—
1967 Zf	. . . .	0,50	0,50	1,—

Weitere Werte siehe Übersicht nach Jahrgangswerttabelle.

1989, 1. Sept. Naturschönheiten in Österreich (VIII). [E] Pilch; [S] Toth; komb. StTdr. und RaTdr. (5×10); gez. K 13¾.

blc) Lusthauswasser im Wiener Prater

1968	5 S	mehrfarbig	blc	0,80	0,50	1,—
			FDC			1,50

Auflage: 2 930 000 Stück

Weitere Werte siehe Übersicht nach Jahrgangswerttabelle.

1989, 15. Sept. 850 Jahre Wildalpen. [E] Cuba; [S] Nefe; komb. StTdr. und RaTdr. (5×10); gez. K 13½:14¼.

bld) Ortsansicht mit ehemaligem Hammerwerk am Säusenbach, Gemeindewappen

1969	5 S	mehrfarbig	bld	0,80	0,60	1,—
			FDC			1,50

Auflage: 2 900 000 Stück

1989, 18. Sept. Internationaler Kongreß der Europäischen Organisation für Qualitätssicherung (EOQC), Wien. [E] Stocker; RaTdr. (10×5); gez. K 14¼:13½.

ble) Zahnräder, EOQC-Emblem

				★★	⊙	✉
1970	6 S	mehrfarbig	ble	0,90	0,70	1,20
			FDC			1,80

Auflage: 2 860 000 Stück

1989, 2. Okt. Internationaler Strafrechtskongreß der Internationalen Strafrechtsgesellschaft (AIDP). [E] und [S] Pfeiler; komb. StTdr. und RaTdr. (2×4); gez. K 13½.

blf) Hauptportal des Justizpalastes, Wien

1971	6 S	mehrfarbig	blf	0,90	0,70	1,20
			FDC			1,80
			Kleinbogen	9,—	9,—	

Auflage: 5 440 000 Stück

1989, 10. Okt. Moderne Kunst in Österreich (XV). [E] Steiner; [S] Seidel; komb. StTdr. und RaTdr. (10×5); gez. K 13½:14.

blg) Lebensbaum; Gemälde von Ernst Steiner (*1935)

1972	5 S	mehrfarbig	blg	0,80	0,60	1,—
			FDC			1,50
			MK 8		3,—	

Auflage: 3 020 000 Stück

1989, 10. Okt. Die österreichische Arbeitswelt. [E] Böcskör; RaTdr. (5×10); gez. K 14:13¾.

blh) Bauarbeiter

1973	5 S	mehrfarbig	blh	0,80	0,60	1,—
			FDC			1,50

Auflage: 2 880 000 Stück

1989, 6. Nov. 75. Todestag von Georg Trakl; 150. Geburtstag von Ludwig Anzengruber. [E] Schuler; RaTdr. (10×5); gez. K 14¼:13½.

bli) G. Trakl (1887–1914), Dichter

blk) L. Anzengruber (1839–1889), Dichter

1974	4 S	mehrfarbig	bli	0,70	0,50	1,—
1975	4 S	mehrfarbig	blk	0,70	0,50	1,—
			Satzpreis (2 W.)	1,40	1,—	
			FDC			2,60

Auflage: 2 880 000 Sätze

1989, 10. Nov. 125. Geburtstag von Alfred Hermann Fried. ⟨Z⟩ Zeiller; ⟨S⟩ Schmirl; komb. StTdr. und RaTdr. (10×5); gez. K 14¼:13½.

bll) A. H. Fried (1864–1921), Pazifist, Friedensnobelpreisträger

		**	⊙	⊠
1976	6 S mehrfarbig .... bll	1,—	0,70	1,20
	FDC			1,30

Auflage: 2 860 000 Stück

1989, 1. Dez. Weihnachten. ⟨Z⟩ Siegl; ⟨S⟩ Schmirl; komb. StTdr. und RaTdr. (5×10); gez. K 13½:14.

blm) Detail aus dem Gnadenbild von Johann Carl von Reslfeld (1658–1735) am Marienaltar der Pfarrkirche Christkindl

1977	5 S mehrfarbig .... blm	0,80	0,60	1,—
	FDC			1,50

Auflage: 6 800 000 Stück

1990

1990, 12. Jan. 500 Jahre internationale Postverbindungen in Europa. ⟨Z⟩ Gerstetter; ⟨S⟩ Seidel; komb. StTdr. und RaTdr. (10×5); gez. K 13¾:14.

bln) Der kleine Postreiter (Detail); Stich von Albrecht Dürer (1471–1528), deutscher Maler und Grafiker

1978	5 S mehrfarbig .... bln	0,90	0,50	1,—
	FDC			1,50
	FDC I (MiNr. 1978 u. BRD MiNr. 1445)			4,—
	FDC II (MiNr. 1978 u. Berlin MiNr. 860)			4,50
	FDC III (MiNr. 1978 u. DDR MiNr. 3299)			5,—
	FDC IV (MiNr. 1978 u. Belgien MiNr. 2402)			6,—
	FDC V mit allen 5 Markenausgaben			15,—

Gedenkblatt (GB):

GB 1/1990:   Illustrierte Gedenkkarte mit MiNr. 1978, entwertet mit Sonderstempel von Innsbruck, außerdem Abschlag des Ersttagszusatzstempels (Format 21×14,8 cm) ..   5,—

Parallelausgabe mit Bundesrepublik Deutschland MiNr. 1445, Berlin (West) MiNr. 860, Deutsche Demokratische Republik MiNr. 3299, Belgien MiNr. 2402

1990, 12. Jan. 50. Hahnenkammrennen, Kitzbühel. ⟨Z⟩ Dorner; RaTdr. (10×5); gez. K 13¾.

blo) Ortsansicht von Kitzbühel, Hahnenkamm mit eingezeichneter Abfahrtsstrecke „Streif" und Slalompiste „Ganslernhang"

1979	5 S mehrfarbig .... blo	0,80	0,60	1,—
	FDC			1,50

Auflage: 3 000 000 Stück

1990, 17. Jan. 100. Todestag von Salomon Sulzer. ⟨Z⟩ Schuler; RaTdr. (10×5); gez. K 14¼:13½.

blp) S. Sulzer (1804–1890), Begründer des modernen Synagogengesangs

		**	⊙	⊠
1980	4.50 S mehrfarbig .... blp	0,70	0,50	1,—
	FDC			1,20

Auflage: 2 700 000 Stück

1990, 22. Jan. 50. Todestag von Friedrich Emich. ⟨Z⟩ Weyss-Lampel; ⟨S⟩ Toth; komb. StTdr. und RaTdr. (10×5); gez. K 14¼:13½.

blr) F. Emich (1860–1940), Chemiker

1981	6 S mehrfarbig .... blr	0,90	0,70	1,20
	FDC			1,80

Auflage: 2 900 000 Stück

1990, 9. März. Freimarke: Stifte und Klöster in Österreich. ⟨Z⟩ und ⟨S⟩ Pfeiler; komb. StTdr. und RaTdr. (10×10); gez. K 14.

bls) Trappistenkloster Stift Engelszell

1982	11 S mehrfarbig .... bls	2,50	0,50	1,—
	FDC			2,50

Mit rechts anhängendem Zierfeld (Zf 1)

1982 Zf	....	2,80	2,80	3,50

Weitere Werte siehe Übersicht nach Jahrgangswerttabelle.

1990, 9. März. 500 Jahre Landeshauptstadt Linz. ⟨Z⟩ Pucalka; ⟨S⟩ Seidel; komb. StTdr. und RaTdr. (10×5); gez. K 14.

blt) Kaiser Friedrich III. und Wappen; Pergamentminiatur aus dem Greiner Marktbuch von Ulrich Schreier (um 1490)

1983	5 S mehrfarbig .... blt	0,80	0,60	1,—
	FDC			1,50

Auflage: 2 700 000 Stück

1990, 6. April. 625 Jahre Universität Wien; 175 Jahre Technische Universität Wien. ⟨Z⟩ Stefferl; ⟨S⟩ Seidel; komb. StTdr. und RaTdr. (5×10); gez. K 14.

blu) Dienstsiegel der beiden Universitäten

1984	5 S mehrfarbig .... blu	0,80	0,60	1,—
	FDC			1,50

Auflage: 2 800 000 Stück

1990, 27. April. Naturschönheiten in Österreich (IX). ⬚ Pilch; ⬚ Toth; komb. StTdr. und RaTdr. (5×10); gez. K 13¾.

blv) Südsteirische Weinstraße

				**	⊙	✉
1985	5 S	mehrfarbig	blv	0,80	0,60	1,—
			FDC			1,50

Auflage: 2 800 000 Stück

Weitere Werte siehe Übersicht nach Jahrgangswerttabelle.

1990, 27. April. 1200 Jahre Anthering. ⬚ Kral; RaTdr. (10×5); gez. K 14¼:13½.

blw) Pfarrkirche von Anthering, Gemeindewappen

1986	7 S	mehrfarbig	blw	1,10	0,70	1,20
			FDC			1,80

Auflage: 2 700 000 Stück

1990, 30. April. 100 Jahre Tag der Arbeit (1. Mai). ⬚ Pfeiler; RaTdr. (10×5); gez. K 13½.

blx) Historisches Motiv aus der Maifestschrift (1897)

1987	4.50 S	mehrfarbig	blx	0,70	0,60	1,—
			FDC			1,20

Auflage: 3 100 000 Stück

1990, 4. Mai. 850 Jahre Stift Seckau. ⬚ Buchner; ⬚ Kalina; StTdr. (10×5); gez. K 14¼:13½.

bly) Seckauer Gnadenbild (Relief)

1988	4.50 S	schwarzviolettblau	bly	0,70	0,50	1,—
			FDC			1,20

Auflage: 2 700 000 Stück

1990, 4. Mai. Europa: Postalische Einrichtungen. ⬚ Siegl; RaTdr. (5×10); gez. K 13½:14¼.

blz) Postamt Ebene Reichenau

1989	7 S	mehrfarbig	blz	2,—	1,—	1,20
			FDC			1,80

1989 F	Farbe Blau fehlend		—,—			

Auflage: 3 700 000 Stück

1990, 25. Mai. Tag der Briefmarke. ⬚ Stefferl; RaTdr. (2×4); gez. K 13¾.

bma) Symbolische Darstellung von Motiven

				**	⊙	✉
1990	7 S + 3 (S)	mehrfarbig	bma	1,80	1,40	2,—
			FDC			2,20
		Kleinbogen		15,—	15,—	

Zur Internationalen Briefmarkenausstellung Wien '90 wurde als Beilage zum Ausstellungskatalog ein Schwarzdruck der MiNr. 1990 als Kleinbogen zu 8 Stück abgegeben (siehe unter „Schwarzdrucke").

Auflage: 2 953 000 Stück

1990, 29. Mai. 150. Geburtstag von Hans Makart, 100. Geburtstag von Egon Schiele. ⬚ Böcskör; ⬚ Laurent; komb. StTdr. und RaTdr. (10×5); gez. K 14.

bmb) Hans Makart (1840–1884), Maler; Selbstporträt

bmc) Egon Schiele (1890–1918), Maler; Selbstporträt

1991	4.50 S	mehrfarbig	bmb	0,70	0,70	1,20
1992	5 S	mehrfarbig	bmc	0,90	0,90	1,40
		Satzpreis (2 W.)		1,60	1,60	
		FDC				3,—

Auflage: 2 700 000 Sätze

1990, 1. Juni. 200. Geburtstag von Ferdinand Raimund. ⬚ Schuler; RaTdr. (10×5); gez. K 14¼:13½.

bmd) F. Raimund (1790–1836), Dramatiker und Schauspieler

1993	4.50 S	mehrfarbig	bmd	0,70	0,60	1,—
			FDC			1,20

Auflage: 3 100 000 Stück

1990, 5. Juni. Internationaler Christus-Medicus-Kongreß, Bad Ischl. ⬚ Nefe; komb. StTdr. und RaTdr. (5×10); gez. K 13¾:14.

bme) Das Hundertguldenblatt; Radierung von Rembrandt (1606–1669), niederländischer Maler

1994	7 S	mehrfarbig	bme	1,10	0,70	1,20
			FDC			1,80

Auflage: 2 700 000 Stück

1990, 8. Juni. 700 Jahre Stadt Hardegg. [E] Dorner; [S] Schmirl; komb. StTdr. und RaTdr. (10×5); gez. K 13¼.

bmf) Ansicht von Hardegg, Stadtwappen

					★★	⊙	✉
1995	4.50 S	mehrfarbig	....	bmf	0,70	0,60	1,—
				FDC			1,20

Auflage: 2 700 000 Stück

1990, 8. Juni. 750 Jahre Oberdrauburg. [E] Schulz; RaTdr. (5×10); gez. K 13½:14¼.

bmg) Ansicht von Oberdrauburg (17. Jh.) nach einem Kupferstich von Freiherr von Valvasor

1996	5 S	mehrfarbig	....	bmg	0,90	0,60	1,—
				FDC			1,50

Auflage: 2 700 000 Stück

1990, 15. Juni. 850 Jahre Gumpoldskirchen. [E] Dorner; [S] Schmirl; komb. StTdr. und RaTdr. (5×10); gez. K 13½.

bmh) Rathaus, historische Ansicht der Wehrkirche, Gemeindewappen

1997	5 S	mehrfarbig	....	bmh	0,90	0,60	1,—
				FDC			1,50

Auflage: 2 700 000 Stück

1990, 20. Juni. 50. Todestag von Matthias Zdarsky. [E] Siegl; [S] Schmirl; komb. StTdr. und RaTdr. (10×5); gez. K 14¼:13½.

bmi) M. Zdarsky (1856–1940), Begründer der alpinen Skifahrtechnik

1998	5 S	mehrfarbig	....	bmi	0,80	0,60	1,—
				FDC			1,50

Auflage: 2 700 000 Stück

1990, 28, Juni. 150 Jahre moderner Schiffbau in Österreich. [E] Fuhrherr; RaTdr. (5×10); gez. K 14.

bmk) Kabinenfahrgastschiff „Anton Tschechow" (1978), Schnittzeichnung des Passagierraddampfers „Telegraph" (1880)

1999	9 S	mehrfarbig	....	bmk	1,40	0,90	1,40
				FDC			2,20

Auflage: 2 700 000 Stück

1990, 3. Aug. 100. Geburtstag von Josef Friedrich Perkonig. [E] Exax; [S] Schmirl; komb. StTdr. und RaTdr. (10×5); gez. K 14¼:13½.

bml) J. F. Perkonig (1890–1959), Dichter

2000	5 S	mehrfarbig	....	bml	0,80	0,60	1,—
				FDC			1,30

Auflage: 2 800 000 Stück

1990, 30. Aug. Moderne Kunst in Österreich (XVI). [E] Zeppel-Sperl; [S] Seidel; komb. StTdr. und RaTdr. (10×5); gez. K 13¼.

bmm) Herr des Regenbogens; Gemälde von Robert Zeppel-Sperl

					★★	⊙	✉
2001	5 S	mehrfarbig	....	bmm	0,80	0,60	1,—
				FDC			1,50
				MK 9		2,50	

Auflage: 2 800 000 Stück

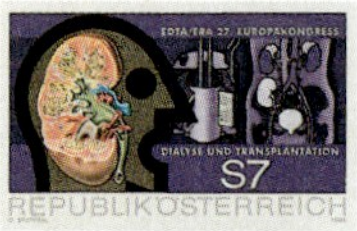

1990, 4. Sept. Kongreß der Europäischen Dialyse- und Transplantationsgesellschaft (EDTA – ERA), Wien. [E] Stefferl; RaTdr. (5×10); gez. K 14:13¾.

bmn) Niere (Längsschnitt), Kopf, Teil des menschlichen Körpers, Dialysegerät

2002	7 S	mehrfarbig	....	bmn	1,10	0,70	1,20
				FDC			1,80

Auflage: 2 700 000 Stück

1990, 11. Sept. 100. Geburtstag von Franz Werfel. [E] Herger; [S] Leitgeb; komb. StTdr. und RaTdr. (10×5); gez. K 14¼:13½.

bmo) F. Werfel (1890–1945), Dichter

2003	5 S	mehrfarbig	....	bmo	0,80	0,60	1,—
				FDC			1,50

Auflage: 2 700 000 Stück

1990, 20. Sept. 30 Jahre österreichische Soldaten in der UNO-Friedenstruppe. [E] Wurnitsch; RaTdr. (2×4); gez. K 13½.

bmp) Fahne der Vereinten Nationen, österreichische Nationalflagge

2004	7 S	mehrfarbig	....	bmp	1,10	0,70	1,20
				FDC			1,80
				Kleinbogen	11,—	11,—	

Auflage: 5 200 000 Stück

1990, 24. Sept. Föderalismus in Österreich. [E] und [S] Pfeiler; komb. StTdr. und RaTdr. (5×10); gez. K 13¾:13½.

bmr) Wappen der neun österreichischen Bundesländer

2005	5 S	mehrfarbig	....	bmr	0,80	0,50	1,—
				FDC			1,30

Auflage: 2 700 000 Stück

1990, 12. Okt. Freimarke: Stifte und Klöster in Österreich. ✍ und Ⓢ Pfeiler; komb. StTdr. und RaTdr. (10×10); gez. K 14.

bms) Chorherrenstift Vorau

			✶✶	☉	✉
2006	50 g	mehrfarbig .... bms	0,20	0,10	0,50
		FDC			1,—

Mit rechts anhängendem Zierfeld (Zf 1)

| 2006 Zf | .... | 0,50 | 0,50 | 1,— |

Weitere Werte siehe Übersicht nach Jahrgangswerttabelle.

1990, 22. Okt. 150 Jahre Montanuniversität Leoben. ✍ Mayr; Ⓢ Kalina; komb. StTdr. und RaTdr. (10×5); gez. K 14.

bmt) Universitätssiegel

2007	4.50 S	mehrfarbig .... bmt	0,70	0,40	0,80
		FDC			1,50

Auflage: 2 700 000 Stück

1990, 8. Nov. 100. Todestag von Karl Freiherr von Vogelsang. ✍ Herger; Ⓢ Leitgeb; komb. StTdr. und RaTdr. (10×5); gez. K 14¼:13½.

bmu) Karl Freiherr von Vogelsang (1818–1890), christlicher Sozialreformer

2008	4.50 S	mehrfarbig ...... bmu	0,70	0,40	0,80
		FDC			1,50

Auflage: 2 700 000 Stück

1990, 16. Nov. 100 Jahre Gewerkschaft Metall-Bergbau-Energie. ✍ und Ⓢ Stefferl; komb. StTdr. und RaTdr. (5×10); gez. K 14.

bmv) Hochofenarbeiter

2009	5 S	mehrfarbig .... bmv	0,80	0,60	1,—
		FDC			1,50

Auflage: 2 700 000 Stück

1990, 23. Nov. Weltmeisterschaften im Eisstockschießen, Wien. ✍ Wurnitsch; RaTdr. (10×5); gez. K 13¾:13½.

bmw) Eisstockschütze

2010	7 S	mehrfarbig .... bmw	1,10	0,70	1,20
		FDC			1,80

Auflage: 2 700 000 Stück

Einzelne Marken aus Sätzen können teurer sein als die Notierung im Katalog.

1990, 30. Nov. Wiedereröffnung des Palmenhauses Schönbrunn, Wien. ✍ Dorner; RaTdr. (5×10); gez. K 14.

bmx) Palmenhaus Schönbrunn

			✶✶	☉	✉
2011	5 S	mehrfarbig .... bmx	0,80	0,60	1,—
		FDC			1,50

| 2011 F | Hintergrund grün statt blau .... | —,— |

Auflage: 2 700 000 Stück

1990, 30. Nov. Weihnachten. ✍ Gessner; Ⓢ Nefe; komb. StTdr. und RaTdr. (10×5); gez. K 13½.

bmy) Christi Geburt; Detail des Verduner Altars im Stift Klosterneuburg

2012	5 S	mehrfarbig .... bmy	0,80	0,50	1,—
		FDC			1,80

Auflage: 7 000 000 Stück

1991

1991, 15. Jan. 200. Geburtstag von Franz Grillparzer. ✍ Weyss-Lampel; Ⓢ Toth; komb. StTdr. und RaTdr. (10×5); gez. K 14¼:13½.

bmz) F. Grillparzer (1791–1872), Dichter

2013	4.50 S	mehrfarbig ...... bmz	0,70	0,50	1,—
		FDC			1,50

Auflage: 2 700 000 Stück

1991, 21. Jan. Alpine Skiweltmeisterschaften, Saalbach-Hinterglemm. ✍ Brauer; Ⓢ Seidel; komb. StTdr. und RaTdr. (10×5); gez. K 13½:13¾.

bna) Skirennläufer

2014	5 S	mehrfarbig .... bna	0,80	0,60	1,—
		FDC			1,50

Auflage: 3 450 000 Stück

1991, 21. Jan. 80. Geburtstag von Bruno Kreisky. ✍ Herger; RaTdr. (10×5); gez. K 14¼:13½.

bnb) B. Kreisky (1911–1990), Politiker

2015	5 S	mehrfarbig .... bnb	0,80	0,70	1,20
		FDC			1,50

Auflage: 2 800 000 Sätze

1991, 21. Jan. 100. Todestag von Friedrich Freiherr von Schmidt. [E] Siegl; RaTdr. (5×10); gez. K 13¾:14.

bnc) F. Freiherr von Schmidt (1825–1891), Architekt; Rathaus, Wien

		★★	⊙	✉
2016	7 S mehrfarbig . . . . bnc	1,20	1,—	1,50
	FDC			2,—

Auflage: 3 000 000 Stück

1991, 8. Febr. Bildende Kunst: 250. Todestag von Georg Raphael Donner, 100. Geburtstag von Alfons Walde, 100. Todestag von Theophil Freiherr von Hansen. [E] Herger (MiNr. 2017) und Böcskör (MiNr. 2018–2019); [S] Leitgeb (MiNr. 2017) und Laurent (MiNr. 2018–2019); komb. StTdr. und RaTdr. (10×5); gez. K 13¾.

bnd) Donnerbrunnen, Wien; von G. R. Donner (1693–1741), Bildhauer

bne) Kitzbühel im Winter; von A. Walde (1891–1958), Maler

bnf) Börse Wien; von Th. Frh. v. Hansen (1813–1891), Architekt und Baumeister

2017	4.50 S mehrfarbig . . . . bnd	0,70	0,70	1,20
2018	5 S mehrfarbig . . . . bne	0,80	0,80	1,30
2019	7 S mehrfarbig . . . . bnf	1,—	1,—	1,50
	Satzpreis (3 W.)	2,50	2,50	
	FDC			4,50

Auflage: 2 800 000 Sätze

1991, 12. März. 75. Todestag von Marie von Ebner-Eschenbach. [E] Weyss-Lampel; [S] Nefe; StTdr. (5×10); gez. K 13½:14¼.

bng) M. von Ebner-Eschenbach (1830–1916), Schriftstellerin

2020	4.50 S dunkelgraupurpur . bng	0,70	0,50	1,—
	FDC			1,50

Auflage: 2 700 000 Stück

1991, 22. März. Blockausgabe: 200. Todestag von Wolfgang Amadeus Mozart. [E] Stefferl; [S] Seidel (MiNr. 2021–2022) und Stefferl (Zierfeld); komb. StTdr. und RaTdr.; gez. Ks 13½.

bnk

bnh) W. A. Mozart (1756–1791), Komponist

bni) Zauberflötenbrunnen, Wien

2021	5 S mehrfarbig . . . . bnh	0,70	0,70	1,20
2022	5 S mehrfarbig . . . . bni	0,70	0,70	1,20
Block 10	(115×69 mm) . . . . bnk	2,20	3,—	3,50
	FDC			4,—

Bl. 10 U ungezähnt (1 Stück bekannt) . . . . —,—

Gedenkblatt (GB):

		★★	⊙	✉
GB 1/1991:	4seitiges Karton-Faltblatt, auf der 3. Seite Block 10, entwertet mit Sonderstempeln von Salzburg und Wien, außerdem Abschlag des Ersttagszusatzstempels (Format 14,8 × 21 cm) .			15,—

Auflage: 3 500 000 Blocks

1991, 26. März. Naturschönheiten in Österreich (X). [E] Herger; [S] Kalina; komb. StTdr. und RaTdr. (5×10); gez. K 13¾.

bnl) Obir-Tropfsteinhöhlen, Eisenkappel

2023	5 S mehrfarbig . . . . bnl	0,80	0,60	1,—
	FDC			1,50

Auflage: 4 700 000 Stück

Weitere Werte siehe Übersicht nach Jahrgangswerttabelle.

1991, 11. April. 800 Jahre Spittal an der Drau. [E] Siegl; [S] Schmirl; komb. StTdr. und RaTdr. (5×10); gez. K 13¾.

bnm) Spittal an der Drau, nach einem Stich von Matthäus Merian; Stadtwappen

2024	4.50 S mehrfarbig . . . . . . bnm	0,70	0,60	1,—
	FDC			1,50

Auflage: 4 500 000 Stück

1991, 3. Mai. Freimarke: Stifte und Klöster in Österreich. [E] und [S] Pfeiler; komb. StTdr. und RaTdr. (10×10); gez. K 14:13¾.

bnn) Kloster Wernberg

2025	20 S mehrfarbig . . . . bnn	6,—	0,60	1,—
	FDC			4,—

Mit rechts anhängendem Zierfeld (Zf 1)

2025 Zf	. . . .	5,50	5,50	7,—

Weitere Werte siehe Übersicht nach Jahrgangswerttabelle.

1991, 3. Mai. Europa: Europäische Weltraumfahrt. [E] Kral; RaTdr. (5×10); gez. K 14.

bno) Erdbeobachtungssatellit „ERS-1“

2026	7 S mehrfarbig . . . . bno	2,50	0,90	1,50
	FDC			1,80

Auflage: 3 000 000 Stück

Zum Bestimmen der Farben:
MICHEL-Farbenführer

1991, 10. Mai. Vorarlberger Landesausstellung „Kleider und Leute", Hohenems. Ⓔ Böcskör; RaTdr. (5×10); gez. K 13¾:13½.

bnp) Gartengastmahl; Gemälde von Anthoni Bays

			**	⊙	✉
2027	5 S	mehrfarbig ....bnp	0,80	0,60	1,—
		FDC			1,50

Auflage: 4 850 000 Stück

1991, 24. Mai. Museen: 100 Jahre Heeresgeschichtliches Museum, 100 Jahre Kunsthistorisches Museum. Ⓔ und Ⓢ Pfeiler; komb. StTdr. und RaTdr. (5×10); gez. K 13½.

bnr) Innenansicht des Heeres-   bns) Innenansicht des
geschichtlichen Museums   Kunsthistorischen Museums

2028	5 S	mehrfarbig .... bnr	0,80	0,80	1,20
2029	7 S	mehrfarbig .... bns	1,20	1,20	1,80
		Satzpreis (2 W.)	2,—	2,—	
		FDC			3,50

Auflage: 2 900 000 Sätze

1991, 24. Mai. 500 Jahre Stadt Grein. Ⓔ Dorner; RaTdr. (5×10); gez. K 14.

bnt) Ansicht von Grein, Stadtwappen

2030	4.50 S	mehrfarbig .... bnt	0,70	0,60	1,—
		FDC			1,50

Auflage: 2 750 000 Stück

1991, 24. Mai. 1200 Jahre Tulln. Ⓔ Schulz; RaTdr. (5×10); gez. K 13½:14¼.

bnu) Stadtwappen in Form von Blumenornamenten

2031	5 S	mehrfarbig .... bnu	0,80	0,60	1,—
		FDC			1,50

Auflage: 2 750 000 Stück

1991, 29. Mai. Tag der Briefmarke. Ⓔ Stefferl; Ⓢ Seidel; komb. StTdr. und RaTdr. (4×2); gez. K 13½.

bnv) Buchstabenpaar „B" („BRIEFMARKE") und „P" („PHILATELIE")

2032	7 (S) + 3 (S)	mehrfarbig . bnv	1,60	1,50	2,—
		FDC			2,20
		Kleinbogen	14,—	14,—	

Zum Tag der Briefmarke 1991 wurde ein Schwarzdruck der MiNr. 2032 als Kleinbogen zu 8 Stück abgegeben (siehe unter „Schwarzdrucke").

Auflage: 3 040 000 Stück

1991, 31. Mai. Fertigstellung des Karawanken-Straßentunnels. Ⓔ Wurnitsch; RaTdr. (10×5); gez. K 14¼:13½.

bnw) Einfahrt zum Karawanken-Straßentunnel

			**	⊙	✉
2033	7 S	mehrfarbig .... bnw	1,10	0,90	1,40
		FDC			1,80

Auflage: 2 850 000 Stück

Gemeinschaftsausgabe mit Jugoslawien MiNr. 2482–2483

1991, 5. Juli. 5. Jahrestag der Erhebung von St. Pölten zur Landeshauptstadt von Niederösterreich. Ⓔ Siegl; RaTdr. (5×10); gez. K 13¾.

bnx) Rathaus, St. Pölten

2034	5 S	mehrfarbig .... bnx	0,90	0,60	1,—
		FDC			1,50

Auflage: 2 900 000 Stück

1991, 10. Juli. Bildende Kunst: 150. Geburtstag von Otto Wagner. Ⓔ Böcskör; Ⓢ Leitgeb; komb. StTdr. und RaTdr. (10×5); gez. K 13¾.

bny) Stationsgebäude „Karlsplatz" der Wiener Stadtbahn; von O. Wagner (1841–1918), Architekt

2035	4.50 S	mehrfarbig .... bny	0,70	0,60	1,—
		FDC			1,50

Auflage: 2 900 000 Stück

1991, 20. Aug. Ruder-Weltmeisterschaften und Kanu-Junioren-Weltmeisterschaften, Wien. Ⓔ Schulz; RaTdr. (5×10); gez. K 13½:14¼.

bnz) Doppelvierer mit Steuermann

2036	5 S	mehrfarbig .... bnz	0,80	0,60	1,—
		FDC			1,50

Auflage: 3 300 000 Stück

1991, 13. Sept. Europäischer Radiologen-kongreß, Wien. Ⓔ Kalmar; RaTdr. (5×10); gez. K 14.

boa) Röntgenröhre

2037	7 S	mehrfarbig .... boa	1,10	0,90	1,40
		FDC			1,80

Auflage: 2 900 000 Stück

1991, 27. Sept. 450. Todestag von Paracelsus. **[E] Buchheim; RaTdr. (10×5); gez. K 14¼:13½.**

bob) Paracelsus (1493–1541), Arzt und Naturforscher

				✶✶	⊙	✉
2038	4.50 S	mehrfarbig	bob	0,70	0,60	1,—
			FDC			1,50

Auflage: 2 900 000 Stück

1991, 27. Sept. Freimarke: Stifte und Klöster in Österreich. [E] und [S] Pfeiler; komb. StTdr. und RaTdr. (10×10); gez. K 14:13¾.

boc) Benediktinerabtei Michaelbeuren

2039	2 S	mehrfarbig	boc	0,50	0,10	0,50
			FDC			1,—

Mit rechts anhängendem Zierfeld (Zf 1)

2039 Zf	1,80	1,80	2,50

Weitere Werte siehe Übersicht nach Jahrgangswerttabelle.

1991, 2. Okt. Sowjetisch-Österreichisches Raumfahrtprojekt AUSTROMIR '91 – Der erste Österreicher im Weltall. [E] Wurnitsch; RaTdr. (10×5); gez. K 13¾.

bod) Raumstation „MIR", Emblem

2040	9 S	mehrfarbig	bod	1,40	1,10	1,50
			FDC			2,20

Auflage: 2 900 000 Stück

Gemeinschaftsausgabe mit Sowjetunion MiNr. 6228

1991, 4. Okt. Volksbrauchtum und volkskundliche Kostbarkeiten (I). [E] Schulz; [S] Leitgeb; komb. StTdr. und RaTdr. (10×5); gez. K 13¾.

boe) Almabtrieb, Tirol

bof) Winzerkrone, Wien

bog) Ernte-Monstranz, Steiermark

2041	4.50 S	mehrfarbig	boe	0,70	0,60	1,—
2042	5 S	mehrfarbig	bof	0,80	0,70	1,20
2043	7 S	mehrfarbig	bog	1,10	0,90	1,50
			Satzpreis (3 W.)	2,60	2,20	
			FDC			5,—

Auflage: 2 950 000 Sätze

Weitere Werte siehe Übersicht nach Jahrgangswerttabelle.

> Ab MiNr. 838 gelten die ✉-Preise nur für bedarfsmäßige EF (Einzelfrankaturen), falls teurer als ✶✶; MiF höchstens wie ✶✶. Marken mit Falz: MiNr. 838–1072 ✶ 50–60% Abschlag, wenn nicht extra angegeben.

1991, 11. Okt. Die österreichische Arbeitswelt. [E] Pfeiler; RaTdr. (5×10); gez. K 13¾.

boh) Textilarbeiterin

				✶✶	⊙	✉
2044	4.50 S	mehrfarbig	boh	0,70	0,50	1,—
			FDC			1,50

2044 F	Rotdruck stark verschoben	800,—

Auflage: 2 900 000 Stück

1991, 11. Okt. Moderne Kunst in Österreich (XVII). [E] Pointner; [S] Seidel; komb. StTdr. und RaTdr. (10×5); gez. K 13¾.

boi) Der General; Gemälde von Rudolf Pointner (1907–1991)

2045	5 S	mehrfarbig	boi	0,80	0,60	1,—
			FDC			3,—
			MK 10		2,50	

Auflage: 3 100 000 Stück

1991, 29. Nov. Weihnachten. [E] Buchner; [S] Seidel; komb. StTdr. und RaTdr. (5×10); gez. K 13¾:14.

bok) Geburt Christi; Fresko in der Stiftskirche Baumgartenberg

2046	5 S	mehrfarbig	bok	0,80	0,80	1,20
			FDC			2,—

Auflage: 8 150 000 Stück

1991, 29. Nov. 100. Geburtstag von Julius Raab. [E] Konkolits; [S] Kalina; komb. StTdr. und RaTdr. (10×5); gez. K 14¼:13½.

bol) J. Raab (1891–1964), Politiker

2047	4.50 S	mehrfarbig	bol	0,70	0,60	1,—
			FDC			1,50

Auflage: 2 850 000 Stück

1992

1992, 14. Jan. Olympische Winterspiele, Albertville; Olympische Sommerspiele, Barcelona. [E] Stefferl; RaTdr. (5×10); gez. K 13¾.

bom) Sonne und Eiskristall mit Staatsflaggen von Spanien und Frankreich, Olympische Ringe

2048	7 S	mehrfarbig	bom	1,10	1,—	1,50
			FDC			1,80

Auflage: 3 000 000 Stück

1992, 14. Jan. 100 Jahre Gewerkschaft der Privatangestellten (GPA). ⌧ Schulz und Heim; RaTdr. (5×10); gez. K 14:14¼.

bon) Personen, GPA-Emblem

			**	☉	✉
2049	5.50 S	mehrfarbig . . . . bon	0,90	0,70	1,20
		FDC			1,60

Auflage: 4 500 000 Stück

1992, 29. Jan. Weltmeisterschaften im Rodeln auf Naturbahn, Bad Goisern. ⌧ Schulz; RaTdr. (10×5); gez. K 14¼:13½.

boo) Sportrodler auf Naturrodelbahn

2050	5 S	mehrfarbig . . . . boo	0,80	0,60	1,—
		FDC			1,50

Auflage: 2 900 000 Stück

1992, 5. Febr. Naturschönheiten in Österreich (XI). ⌧ Dorner; Ⓢ Nefe; komb. StTdr. und RaTdr. (5×10); gez. K 13¾.

bop) Hohler Stein bei Braz im Klostertal

2051	5 S	mehrfarbig . . . . bop	0,80	0,60	1,—
		FDC			1,50

Auflage: 4 500 000 Stück

Weitere Werte siehe Übersicht nach Jahrgangswerttabelle.

1992, 5. Febr. 100 Jahre Arbeitersportbewegung. ⌧ Attersee; RaTdr. (10×5); gez. K 14.

bor) Ballsport; Gemälde von Christian Ludwig Attersee (*1940)

2052	5.50 S	mehrfarbig . . . . bor	0,90	0,70	1,20
		FDC			1,60

Auflage: 2 900 000 Stück

1992, 5. Febr. 100. Geburtstag von George Saiko. ⌧ Weyss-Lampel; Ⓢ Toth; StTdr. (10×5); gez. K 14¼:13½.

bos) G. Saiko (1892–1962), Schriftsteller

2053	5.50 S	rotschwarz/schwarzsiena . . . . . bos	0,90	0,70	1,20
		FDC			1,60

Auflage: 2 900 000 Stück

1992, 27. März. Blockausgabe: 150 Jahre Wiener Philharmoniker. ⌧ und Ⓢ Stefferl; komb. StTdr. und RaTdr.; gez. Ks 13¾.

bot) Musizierende Engel

bou

			**	☉	✉
2054	5.50 S	mehrfarbig . . . . . . bot	0,80	0,80	1,20
Block 11	(90×70 mm)	. . . . bou	1,20	1,50	2,—
		FDC			2,50

Auflage: 2 700 000 Blocks

1992, 27. März. Naturwissenschaftler. ⌧ Herger; RaTdr. (10×5); gez. K 14.

boy) Franz Joseph Müller von Reichenstein (1742–1825), Mineraloge

bow) Paul Kitaibel (1757–1817), Botaniker

box) Christian Doppler (1803 bis 1853), Physiker und Mathematiker

boy) Richard Kuhn (1900–1967), Chemiker, Nobelpreisträger

2055	5 S	mehrfarbig . . . . . . bov	0,80	0,70	1,20
2056	5.50 S	mehrfarbig . . . . . . bow	0,90	0,70	1,20
2057	6 S	mehrfarbig . . . . . . box	1,—	0,80	1,20
2058	7 S	mehrfarbig . . . . . . boy	1,10	1,—	1,50
		Satzpreis (4 W.)	3,80	3,20	
		FDC			6,50

Auflage: 2 900 000 Sätze

1992, 3. April. 100 Jahre Gewerkschaft der Eisenbahner. ⌧ Hieger; RaTdr. (5×10); gez. K 13¾.

boz) Gewerkschaftsemblem

2059	5.50 S	dunkelrosarot/schwarz . . . . boz	0,90	0,60	1,—
		FDC			1,80

Auflage: 2 900 000 Stück

1992, 30. April. 150. Geburtstag der Operettenkomponisten Carl Zeller und Karl Millöcker. ⌧ und Ⓢ Pfeiler; komb. StTdr. und RaTdr. (10×5); gez. K 13¾.

bpa) Szenen aus „Der Vogelhändler" von C. Zeller (1842–1898) und aus „Der Bettelstudent" von K. Millöcker (1842–1899)

2060	6 S	mehrfarbig . . . . bpa	1,—	0,80	1,30
		FDC			2,—

Auflage: 4 500 000 Stück

1992, 30. April. 150. Geburtstag von Norbert Hanrieder. Ⓩ Weyss-Lampel; Ⓢ Kalina; komb. StTdr. und RaTdr. (10×5); gez. K 14¼:13½.

bpb) N. Hanrieder (1842–1913), Mundartdichter; Ameisbergwarte

			**	⊙	✉
2061	5.50 S	mehrfarbig . . . . bpb	0,90	0,60	1,—
		FDC			1,60

Auflage: 2 900 000 Stück

1992, 8. Mai. Europa: 500. Jahrestag der Entdeckung von Amerika. Ⓩ und Ⓢ Pfeiler; komb. StTdr. und RaTdr. (5×10); gez. K 13¾.

bpc) Landkarte von Amerika (16. Jh.)

2062	7 S	mehrfarbig . . . . bpc	2,—	1,—	1,50
		FDC			1,80

Auflage: 3 000 000 Stück

1992, 8. Mai. Österreichischer Eisenhüttentag, Linz: LD-Verfahren zur Stahlerzeugung. Ⓩ Fuhrherr; RaTdr. (5×10); gez. K 13¾.

bpd) LD-Stahlwerk III; Schnittzeichnung des ersten LD-Tiegels

2063	5 S	mehrfarbig . . . . bpd	0,80	0,60	1,—
		FDC			1,50

Auflage: 2 900 000 Stück

1992, 8. Mai. 100 Jahre Rheinregulierungsvertrag zwischen Österreich und der Schweiz. Ⓩ Dorner; RaTdr. (5×10); gez. K 13½:14¼.

bpe) Schwimmbagger auf dem Rhein

2064	7 S	mehrfarbig . . . . bpe	1,20	1,—	1,50
		FDC			1,80

Auflage: 2 900 000 Stück

Gemeinschaftsausgabe mit Schweiz MiNr. 1465

1992, 22. Mai. Schützt die Alpen. Ⓩ Dorner; RaTdr. (10×5); gez. K 14¼:13½.

bpf) Alpen, Flaggen der europäischen Länder

2065	5.50 S	mehrfarbig . . . . bpf	0,90	0,80	1,30
		FDC			1,60
		FDC I (mit MiNr. 2065 und			
		Schweiz MiNr. 1477)			6,—

Gedenkblatt (GB):

			**	⊙	✉
GB 1/1993:	4seitiges Karton-Faltblatt, auf der 3. Seite Marken Österreich MiNr. 2065 und Schweiz MiNr. 1477, entwertet mit Sonderstempeln aus Innsbruck und Chur, außerdem Abschlag des österreichischen Ersttagszusatzstempels (Format 14,8×21 cm) . .				
					8,50

Parallelausgabe mit Schweiz MiNr. 1477

1992, 22. Mai. Tag der Briefmarke. Ⓩ Stefferl; Ⓢ Seidel; komb. StTdr. und RaTdr., Kleinbogen (4×2); gez. K 13½.

bpg) Buchstabenpaar „R" („BRIEFMARKE") und „H" („PHILATELIE")

2066	7 S + 3 (S)	mehrfarbig . bpg	1,60	1,50	2,—
		FDC			2,20
		Kleinbogen	14,—	16,—	

Zum Tag der Briefmarke 1992 wurde ein Schwarzdruck der MiNr. 2066 als Kleinbogen zu 8 Stück abgegeben (siehe unter „Schwarzdrucke").

Auflage: 3 040 000 Stück

1992, 22. Mai. 100. Geburtstag von Anna Dengel. Ⓩ Peintner; Ⓢ Toth; komb. StTdr. und RaTdr. (10×5); gez. K 14¼:13½.

bph) A. Dengel (1892–1980); Ärztin und Ordensgründerin

2067	5.50 S	mehrfarbig . . . . bph	0,90	0,60	1,—
		FDC			1,60

Auflage: 2 900 000 Stück

1992, 22. Mai. 125. Geburtstag von Sebastian Rieger (Reimmichl). Ⓩ Kral; Ⓢ Nefe; StTdr. (10×5); gez. K 14¼:13½.

bpi) S. Rieger (1867–1953), Volksdichter (war seit 1892 als „Reimmichl" bekannt)

2068	5 S	lilabraun . . . . bpi	0,80	0,60	1,—
		FDC			1,50

Auflage: 2 900 000 Stück

1992, 17. Juni. Internationaler Kongreß der Österreichischen Gesellschaft für Chirurgie, Eisenstadt. Ⓩ Siegl; Ⓢ Schmirl; komb. StTdr. und RaTdr. (10×5); gez. K 13¾.

bpk) Theodor Billroth (1829–1894), deutscher Chirurg, bei einer Operation während einer Vorlesung; Gemälde von A. F. Seligmann

2069	6 S	mehrfarbig . . . . bpk	0,90	0,80	1,30
		FDC			1,70

Auflage: 2 900 000 Stück

1992, 17. Juni. 750 Jahre Stadt Lienz. ☑ Böckskör; RaTdr. (5×10); gez. K 13¾.

bpl) Rathaus, Stadtwappen

			★★	☉	⊠
2070	5 S	mehrfarbig .... bpl	0,80	0,60	1,—
		FDC			1,30

Auflage: 2 900 000 Stück

1992, 17. Juni. Freimarke: Stifte und Klöster in Österreich. ☑ und ☑ Pfeiler; komb. StTdr. und RaTdr. (10×10); gez. K 14:13¾.

bpm) Konvent der Barmherzigen Brüder, Eisenstadt

2071	12 S	mehrfarbig .... bpm	4,—	0,90	1,50
		FDC			2,60

Mit rechts anhängendem Zierfeld (Zf 1)

2071 Zf	....	4,50	3,—	3,50

Weitere Werte siehe Übersicht nach Jahrgangswerttabelle.

1992, 22. Juni. Bundespräsident Dr. Kurt Waldheim. ☑ Herger; ☑ Seidel; komb. StTdr. und RaTdr. (10×5); gez. K 14¼:13½.

bpn) Dr. K. Waldheim (1918–2007), Bundespräsident

2072	5.50 S	mehrfarbig ...... bpn	0,90	0,80	1,30
		FDC			1,60

Auflage: 2 900 000 Stück

1992, 18. Sept. Volksbrauchtum und volkskundliche Kostbarkeiten (II). ☑ Böckskör; ☑ Laurent; komb. StTdr. und RaTdr. (10×5); gez. K 13¾.

bpo) Schützenscheibe, Niederösterreich

bpp) Bauerntruhe, Kärnten

bpr) Votivtafel, Vorarlberg

2073	5 S	mehrfarbig ...... bpo	0,80	0,80	1,30
2074	5.50 S	mehrfarbig ...... bpp	1,—	1,—	1,40
2075	7 S	mehrfarbig ...... bpr	1,20	1,20	1,60
		Satzpreis (3 W.)	3,—	3,—	
		FDC			5,—

Auflage: 2 900 000 Sätze

Weitere Werte siehe Übersicht nach Jahrgangswerttabelle.

Satzpreise sind, wenn nicht anders angegeben, nach den niedrigsten Preisen eines Satzes ohne Unterarten errechnet.

1992, 9. Okt. Internationale Ombudsmann-Konferenz, Wien. ☑ Siegl; ☑ Schmirl; komb. StTdr. und RaTdr. (5×10); gez. K 13¾.

bps) Äußeres Burgtor, Wien; Konferenzemblem

			★★	☉	⊠
2076	5.50 S	mehrfarbig ...... bps	0,90	0,60	1,—
		FDC			1,60

Auflage: 2 900 000 Stück

1992, 9. Okt. Moderne Kunst in Österreich (XVIII). ☑ Pongratz; ☑ Seidel; komb. StTdr. und Odr. (5×10); gez. K 13¾.

bpt) Die Reinigung des Meerwassers; Gemälde von Peter Pongratz (*1940)

2077	5.50 S	mehrfarbig ...... bpt	0,90	0,70	1,20
		FDC			3,—
		MK 11		2,50	

Auflage: 3 100 000 Stück

1992, 9. Okt. Flutung des Marchfeldkanals. ☑ Maireder; RaTdr. (10×5); gez. K 13¾.

bpu) Teil des Marchfeldkanals mit einer Brücke

2078	5 S	mehrfarbig .... bpu	0,80	0,60	1,—
		FDC			1,50

Auflage: 2 900 000 Stück

1992, 23. Okt. 300 Jahre Akademie der Bildenden Künste. ☑ Littasy-Rollier; ☑ Seidel; komb. StTdr. und RaTdr. (10×5); gez. K 13¾:14.

bpv) Siegel der Akademie

2079	5 S	mittellilarot/lilaultramarin .... bpv	0,80	0,70	1,20
		FDC			1,50

Auflage: 2 900 000 Stück

1992, 23. Okt. Freimarke: Stifte und Klöster in Österreich. ☑ und ☑ Seidel; komb. StTdr. und RaTdr. (10×10); gez. K 14:13¾.

bpw) Kloster des Deutschen Ordens, Wien

2080	1.50 S	mehrfarbig ...... bpw	0,20	0,10	0,50
		FDC			1,—

Mit rechts anhängendem Zierfeld (Zf 1)

2080 Zf	....	1,50	1,50	2,—

Weitere Werte siehe Übersicht nach Jahrgangswerttabelle.

1992, 27. Nov. Weihnachten. ⌨ Buchner; Ⓢ Seidel; komb. StTdr. und RaTdr. (5×10); gez. K 13¾.

bpx) Christi Geburt; Gemälde von Johann Georg Schmidt (um 1680–1748)

			**	☉	✉
2081	5.50 S	mehrfarbig ...... bpx	0,90	0,60	1,—
		FDC			2,—

Auflage: 9 000 000 Stück

1992, 27. Nov. 100. Geburtstag von Hermann Potocnik (1892–1929), Raumfahrtpionier. ⌨ Wurnitsch; RaTdr. (5×10); gez. K 13¾.

bpy) Satellit umkreist Erde

2082	10 S	mehrfarbig .... bpy	1,60	1,30	2,—
		FDC			2,20

Auflage: 2 900 000 Stück

1992, 27. Nov. 200. Todestag von Veit Königer. ⌨ Siegl; Ⓢ Schmirl; komb. StTdr. und RaTdr. (10×5); gez. K 13¾.

bpz) Verkündigung an Maria; Figurengruppe von V. Königer (1729–1792), Bildhauer

2083	5 S	mehrfarbig .... bpz	0,80	0,70	1,20
		FDC			1,50

Auflage: 2 900 000 Stück

1993

1993, 22. Jan. Bildende Kunst: 300. Geburtstag von Joseph Emanuel Fischer von Erlach, 325. Geburtstag von Johann Lukas von Hildebrandt, 125. Todestag von Eduard van der Null und August Siccard von Siccardsburg. ⌨ Böckskör; Ⓢ Schmirl (MiNr. 2084), Laurent (MiNr. 2085) und Leitgeb (MiNr. 2086); komb. StTdr. und RaTdr. (10×5); gez. K 13¾.

bra) Michaelertrakt der Wiener Hofburg; von J. E. Fischer von Erlach (1693–1742), Baumeister

brb) Palais Daun-Kinsky, Wien; von J. L. von Hildebrandt (1668–1745), Baumeister

brc) Staatsoper, Wien; von Eduard van der Null (1812–1868) und A. Siccard von Siccardsburg (1813–1868), Baumeister

2084	5 S	mehrfarbig ...... bra	0,80	0,60	1,—
2085	5.50 S	mehrfarbig ...... brb	0,80	0,70	1,20
2086	7 S	mehrfarbig ...... brc	1,30	0,80	1,20
		Satzpreis (3 W.)	3,—	2,—	
		FDC			5,—

Auflage: 2 900 000 Sätze

1993, 19. Febr. 25 Jahre Ärztefunkdienst in Österreich. ⌨ Wurnitsch; RaTdr. (10×5); gez. K 13¾:14.

brd) Blaulicht mit Äskulapstab

			**	☉	✉
2087	5 S	mehrfarbig .... brd	0,80	0,60	1,—
		FDC			1,50

Auflage: 2 900 000 Stück

1993, 19. Febr. 100. Todestag von Peter Mitterhofer. ⌨ Kral; RaTdr. (5×10); gez. K 13½:14¼.

bre) Erstes Modell einer Typenkorb-Schreibmaschine (1864) von P. Mitterhofer (1822–1893), Tischler, Erfinder der Schreibmaschine

2088	17 S	mehrfarbig .... bre	3,—	1,70	2,50
		FDC			3,50

Auflage: 2 700 000 Stück

1993, 19. Febr. Naturschönheiten in Österreich (XII). ⌨ Dorner; Ⓢ Nefe; komb. StTdr. und RaTdr. (5×10); gez. K 13¾:14.

brf) Wilder Kaiser

2089	6 S	mehrfarbig .... brf	1,—	0,70	1,20
		FDC			1,60

Auflage: 4 500 000 Stück

Weitere Werte siehe Übersicht nach Jahrgangswerttabelle.

1993, 19. März. 200. Geburtstag von Charles Sealsfield. ⌨ Fuchs; Ⓢ Schmirl; komb. StTdr. und RaTdr. (5×10); gez. K 13½:14¼.

brg) Ch. Sealsfield (1793–1864), österreichisch-amerikanischer Schriftsteller

2090	10 S	mehrfarbig .... brg	1,60	1,10	1,80
		FDC			2,20

Auflage: 2 700 000 Stück

1993, 19. März. Special Olympics Weltwinterspiele der Behinderten, Salzburg und Schladming. ⌨ Konrad; RaTdr. (5×10); gez. K 13½:14¼.

brh) Emblem der Sportspiele

2091	6 S + 3 (S)	mehrfarbig .. brh	1,50	1,50	2,—
		FDC			2,50

Auflage: 1 400 000 Stück

Mehr wissen mit MICHEL

1993, 19. März. Austropop (I). ◩ Konkolits; RaTdr. (5×10); gez. K 14:13¾.

bri) Bildhafte Umsetzung einer Textstelle aus dem Lied „Strada del Sole" von Rainhard Fendrich

			**	⊙	✉
2092	5.50 S	mehrfarbig . . . . bri	1,—	0,70	1,20
		FDC			1,50

Auflage: 3 100 000 Stück

1993, 16. April. Die Rechte des Kindes. ◩ Bretterbauer; RaTdr. (10×5); gez. K 13¾.

brk) Symbolische Darstellung für die Gleichberechtigung des Kindes

2093	7 S	mehrfarbig . . . . brk	1,20	0,80	1,20
		FDC			1,70

Auflage: 3 150 000 Stück

1993, 16. April. Freimarke: Kunstwerke aus Stiften und Klöstern. ◩ und ◫ Pfeiler; komb. StTdr. und RaTdr. (10×10); gez. K 13¾:14.

brl) Der Tod; Holzplastik von Josef Stammel (1695–1765) im Stift Admont

2094	5.50 S	mehrfarbig . . . . brl	1,80	0,20	0,60
		FDC			1,50

Mit anhängendem Zierfeld (Zf 1)

2094 Zf	. . . .	2,—	1,20	1,60

Weitere Werte: 2108, 2109, 2124, 2134, 2139, 2143, 2155, 2169, 2170.

1993, 16. April. Europa: Zeitgenössische Kunst. ◩ Flora; ◫ Seidel; komb. StTdr. und RaTdr. (5×10); gez. K 13½:14¼.

brm) Fliegender Harlekin; Zeichnung von Paul Flora (*1922)

2095	7 S	mehrfarbig . . . . brm	3,60	0,80	1,20
		FDC			2,—

Auflage: 3 250 000 Stück

1993, 5. Mai. Euregio Bodensee. ◩ Wittmer; RaTdr. (5×10); gez. K 14.

brn) Restaurierter Schaufelraddampfer „Hohentwiel", Flaggen der Bodensee-Anrainerstaaten

2096	6 S	mehrfarbig . . . . brn	1,30	0,80	1,20
		FDC			1,70
		FDC I (mit MiNr. 2096 sowie BRD			
		MiNr. 1678 und Schweiz MiNr. 1501)			12,—

Auflage: 4 000 000 Stück

Gedenkblatt (GB):

		**	⊙	✉
GB 1/1993:	4seitiges Karton-Faltblatt, auf der 3. Seite Marken Bundesrepublik Deutschland MiNr. 1678, Österreich MiNr. 2096 und Schweiz MiNr. 1501, entwertet mit Sonderstempeln aus Berlin, Bregenz und Winterthur, außerdem Abschlag des österreichischen Ersttagszusatzstempels (Format 14×19,5 cm)			
				12,—

Parallelausgabe mit Bundesrepublik Deutschland MiNr. 1678, Schweiz MiNr. 1501

1993, 5. Mai. Tag der Briefmarke. ◩ Stefferl; ◫ Pfeiler; komb. StTdr. und RaTdr. (4×2); gez. K 13½.

bro) Buchstabenpaar „I" (aus „BRIEFMARKE" und „PHILATELIE")

2097	7 S + 3 (S)	mehrfarbig . . bro	1,50	1,40	2,—
		FDC			2,—
		Kleinbogen	14,—	14,—	

Zum Tag der Briefmarke 1993 wurde ein Schwarzdruck der MiNr. 2097 als Kleinbogen zu 8 Stück abgegeben (siehe unter „Schwarzdrucke").

Auflage: 3 200 000 Stück

1993, 5. Mai. 150. Geburtstag von Peter Rosegger. ◩ Rogler-Kammerer; RaTdr. (10×5); gez. K 14¼:13½.

brp) P. Rosegger (1843–1918), Schriftsteller (Scherenschnitt); Handschrift Roseggers

2098	5.50 S	schwarzsmaragdgrün/ schwarz . . . . brp	0,80	0,70	1,20
		FDC			1,50

Auflage: 2 900 000 Stück

1993, 11. Juni. Weltkonferenz der Vereinten Nationen über Menschenrechte, Wien. ◩ Wurnitsch; RaTdr. (10×5); gez. K 13¾.

brr) Symbolische Darstellung

2099	10 S	mehrfarbig . . . . brr	1,60	1,—	1,50
		FDC			2,20

Auflage: 2 700 000 Stück

1993, 11. Juni. Volksbrauchtum und volkskundliche Kostbarkeiten (III). ◩ Schulz; ◫ Seidel; komb. StTdr. und RaTdr. (10×5); gez. K 13¾.

brs) Fronleichnamsprozession, Oberösterreich

brt) Blochziehen, Burgenland

bru) Aperschnalzen, Salzburg

			**	☉	✉
2100	5 S	mehrfarbig .... brs	0,80	0,50	1,—
2101	5.50 S	mehrfarbig .... brt	0,90	0,60	1,—
2102	7 S	mehrfarbig .... bru	1,10	0,80	1,20
		Satzpreis (3 W.)	2,80	1,90	
		FDC			5,—

Auflage: 2 900 000 Sätze

Weitere Werte siehe Übersicht nach Jahrgangswerttabelle.

1993, 6. Aug. 100. Geburtstag von Rudolf Wacker. ⌑ Siegl; ⌑ Schmirl; komb. StTdr. und RaTdr. (10×5); gez. K 13¾.

brv) Selbstbildnis mit Puppe; Gemälde von R. Wacker (1893–1939)

			**	☉	✉
2103	6 S	mehrfarbig .... brv	0,80	0,70	1,20
		FDC			1,60

Auflage: 2 900 000 Stück

1993, 6. Aug. 100. Jahre Schafbergbahn. ⌑ Dorner; RaTdr. (5×10); gez. K 13½:14¼.

brw) Schafbergbahn, Wolfgangsee

			**	☉	✉
2104	6 S	mehrfarbig .... brw	1,10	0,70	1,20
		FDC			1,60

Auflage: 2 900 000 Stück

1993, 6. Aug. 50. Todestag von Franz Jäger-stätter. ⌑ Herger; RaTdr. (10×5); gez. K 14¼:13½.

brx) F. Jägerstätter (1907–1943), Widerstandskämpfer

			**	☉	✉
2105	5.50 S	mehrfarbig .... brx	0,80	0,70	1,20
		FDC			1,50

Auflage: 2 900 000 Stück

1993, 3. Sept. Austropop (II). ⌑ Konkolits; RaTdr. (5×10); gez. K 14:13¾.

bry) Bildhafte Umsetzung einer Textstelle aus dem Lied „Die Omama" von Ludwig Hirsch

			**	☉	✉
2106	5.50 S	mehrfarbig .... bry	0,80	0,70	1,20
		FDC			1,50

Auflage: 3 100 000 Stück

1993, 17. Sept. 150 Jahre Wiener Männergesang-Verein. ⌑ Siegl; RaTdr. (5×10); gez. K 13¾.

brz) Konzertdarbietung im Dornbacher Park; Gemälde von Balthasar Wigand (1770–1846); Vereinsemblem

			**	☉	✉
2107	5 S	mehrfarbig .... brz	0,70	0,60	1,—
		FDC			1,80

Auflage: 2 900 000 Stück

1993, 17. Sept. Freimarke: Kunstwerke aus Stiften und Klöstern. ⌑ und ⌑ Pfeiler; komb. StTdr. und RaTdr. (10×10); gez. K 13¾:14.

bsa) Hl. Benedikt von Nursia; Glasgemälde in der Zisterzienserinnenabtei Mariastern, Gwiggen

			**	☉	✉
2108	6 S	mehrfarbig .... bsa	1,20	0,10	0,50
		FDC			1,60

Mit anhängendem Zierfeld (Zf 2)

2108 Zf	....	1,40	1,20	1,80

Auflage: 30 000 000 Stück

Weitere Werte siehe Fußnote nach MiNr. 2094.

1993, 8. Okt. Freimarke: Kunstwerke aus Stiften und Klöstern. ⌑ und ⌑ Pfeiler; komb. StTdr. und RaTdr. (10×10); gez. K 13¾:14.

bsb) Krümme und Knauf des Hartmannstabes, Benediktinerabtei St. Georgenberg-Fiecht

			**	☉	✉
2109	20 S	mehrfarbig .... bsb	5,—	0,50	1,—
		FDC			4,—

Mit anhängendem Zierfeld (Zf 2)

2109 Zf	....	5,50	4,—	5,—

Auflage: 15 000 000 Stück

Weitere Werte siehe Fußnote nach MiNr. 2094.

Seit 17. September 1993 kommt auf dem unteren Bogenrand der Freimarkenausgaben das neue Zierfeld Zf 2 in der Farbe des Markenrahmens vor.

Zf 2) Posthorn

1993, 8. Okt. Moderne Kunst in Österreich (XIX). ⌑ Weiler; ⌑ Seidel; komb. StTdr. und RaTdr. (10×5); gez. K 13¾.

bsc) Ostern; Gemälde von Max Weiler

			**	☉	✉
2110	5.50 S	mehrfarbig .... bsc	0,80	0,50	1,—
		FDC			1,50
		MK 12	2,50		

Auflage: 3 100 000 Stück

1993, 8. Okt. Gipfelkonferenz des Europarates, Wien. ⌑ Hundertwasser; ⌑ Seidel; komb. StTdr. und RaTdr. (10×5); gez. K 13¾.

bsd) Beiordnung von 99 Köpfen (Detail); Gemälde von Friedensreich Hundertwasser (1928–2000)

			**	☉	✉
2111	7 S	mehrfarbig .... bsd	1,80	0,90	1,40
		FDC			1,80

Auflage: 2 900 000 Stück

1993, 12. Nov. 100 Jahre Gewerkschafts-bewegung. ⬚ Wurnitsch; RaTdr. (5×10); gez. K 13¾.

bse) Arbeitnehmer aus verschiedenen Berufsgruppen, Flaggenband

			**	☉	✉
2112	5.50 S	mehrfarbig . . . . . . bse	0,80	0,70	1,20
		FDC			1,50

Auflage: 2 000 000 Stück

1993, 12. Nov. 75 Jahre Republik Österreich. ⬚ und ⬚ Stefferl; komb. StTdr. und RaTdr. (4×2); gez. K 13¾.

bsf) Pallas Athene; Statue vor dem Parlamentsgebäude, Wien

2113	5.50 S	mehrfarbig . . . . . . bsf	0,80	0,60	1,—
		FDC			1,50
		Kleinbogen	8,—	8,—	

Auflage: 5 400 000 Stück

1993, 26. Nov. Weihnachten. ⬚ Buchner; ⬚ Seidel; komb. StTdr. und RaTdr. (10×5); gez. K 13¾.

bsg) Geburt Christi; Gemälde der Meister des Krainburger Altars

2114	5.50 S	mehrfarbig . . . . . . bsg	0,80	0,60	1,—
		FDC			1,80

Auflage: 9 000 000 Stück

1994

1994, 14. Jan. Volksbrauchtum und volkskundliche Kostbarkeiten (IV). ⬚ Böcskör; ⬚ Laurent; komb. StTdr. und RaTdr. (10×5); gez. K 13¾.

bsh) Querschwinger-wiege (1808), Vorarlberg

bsi) Kinderschlitten (19. Jh.) aus dem Ausseerland, Steiermark

bsk) Godenschale (Patengeschenk), Oberösterreich

2115	5.50 S	mehrfarbig . . . . . . bsh	0,80	0,70	1,20
2116	6 S	mehrfarbig . . . . . . bsi	0,90	0,80	1,30
2117	7 S	mehrfarbig . . . . . . bsk	1,—	0,90	1,40
		Satzpreis (3 W.)	2,60	2,40	
		FDC			5,—

Auflage: 2 900 000 Sätze

Weitere Werte siehe Übersicht nach Jahrgangswerttabelle.

1994, 9. Febr. Olympische Winter-spiele, Lillehammer. ⬚ Kumpf; ⬚ Seidel; komb. StTdr. und RaTdr. (5×10); gez. K 14:13¾.

bsl) Abfahrtsläufer; Gemälde von Gottfried Kumpf (*1930)

			**	☉	✉
2118	7 S	mehrfarbig . . . . bsl	1,—	1,—	1,50
		FDC			1,80

Auflage: 3 800 000 Stück

1994, 18. Febr. 800 Jahre Münzstätte Wien. ⬚ und ⬚ Pfeiler; komb. StTdr. und RaTdr. (5×10); gez. K 13¾.

bsm) Münzschläger; Illustration zu „Weißkunig", unvollendeter Roman des Kaisers Maximilian I. (15./16. Jh.)

2119	6 S	mehrfarbig . . . . bsm	0,80	0,70	1,20
		FDC			1,60

Auflage: 4 600 000 Stück

1994, 18. März. Austropop (III). ⬚ Konkolits; RaTdr. (5×10); gez. K 14:13¾.

bsn) Bildhafte Umsetzung des Liedes „Rock me Amadeus" von Falco

2120	6 S	mehrfarbig . . . . bsn	0,90	0,70	1,20
		FDC			1,60

Auflage: 3 100 000 Stück

1994, 18. März. 800 Jahre Wiener Neustadt. ⬚ Siegl; RaTdr. (10×5); gez. K 13¾.

bso) Reckturm mit Teil der mittelalterlichen Stadtmauer

2121	6 S	mehrfarbig . . . . bso	0,80	0,70	1,20
		FDC			1,60
2121 U		ungezähnt	—,—		
2121 FU		Farben Gold und Schwarz fehlend, ungezähnt	—,—		

Auflage: 2 900 000 Stück

1994, 18. März. 100. Geburtstag von Herbert Boeckl. ⬚ Siegl; RaTdr. (5×10); gez. K 13¾.

bsp) Liegende Frau (Detail); Gemälde von H. Boeckl (1894–1966)

2122	5.50 S	mehrfarbig . . . . . . bsp	0,90	0,80	1,30
		FDC			1,50

Auflage: 3 900 000 Stück

Für unverlangt eingesandte Briefsendungen und Markenvorlagen wird keine Haftung übernommen

1994, 29. April. Naturschönheiten in Österreich (XIII). [E] Dorner; [S] Schmirl; komb. StTdr. und RaTdr. (5×10); gez. K 13¾:14.

bsr) Lurgrotte, Peggau/Semriach

				★★	⊙	✉
2123	6 S	mehrfarbig	bsr	0,80	0,70	1,20
			FDC			1,60

Auflage: 2 900 000 Stück

Weitere Werte siehe Übersicht nach Jahrgangswerttabelle.

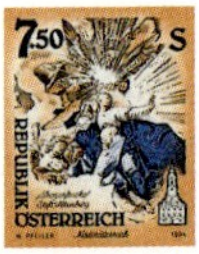

1994, 29. April. Freimarke: Kunstwerke aus Stiften und Klöstern. [E] und [S] Pfeiler; komb. StTdr. und RaTdr. (10×10); gez. K 13¾:14.

bss) Die Apokalypse (Detail); Kuppelfresko von Paul Troger (1698–1772) im Stift Altenburg

2124	7.50 S	mehrfarbig	bss	2,—	0,50	1,—
			FDC			1,80

Mit anhängendem Zierfeld (Zf 2)

2124 Zf	....	2,50	2,—	3,—

Weitere Werte siehe Fußnote nach MiNr. 2094.

1994, 27. Mai. 300. Geburtstag von Daniel Gran. [E] Schulz; [S] Nefe; komb. StTdr. und RaTdr. (5×10); gez. K 13¾.

bst) Allegorien der Theologie, Jurisprudenz, Philosophie und Medizin; Fresko von D. Gran (1694–1757), Barockmaler

2125	20 S	mehrfarbig	bst	3,80	2,—	3,—
			FDC			3,50

Auflage: 2 700 000 Stück

1994, 27. Mai. Europa: Entdeckungen und Erfindungen. [E] Sinawehl; [S] Leitgeb; komb. StTdr. und RaTdr. (5×10); gez. K 13¾.

bsu) Südende des Rudolph-Sees, Kenia; nach Abbildung aus dem Reisewerk der 1. österr.-ungarischen Ostafrikaexpedition (1887/88) unter Samuel Graf Teleki und Ludwig von Höhnel

2126	7 S	mehrfarbig	bsu	3,—	0,70	0,90
			FDC			2,—

Auflage: 3 100 000 Stück

1994, 27. Mai. Tag der Briefmarke. [E] Stefferl; [S] Pfeiler; komb. StTdr. und RaTdr. (4×2); gez. K 13½.

bsv) Buchstabenpaar „E“ und „L“ aus „BRIEFMARKE“ und „PHILATELIE“

2127	7 S + 3 (S)	mehrfarbig . .	bsv	1,50	1,40	2,—
			FDC			2,20
			Kleinbogen	14,—	14,—	

Zum Tag der Briefmarke 1994 wurde ein Schwarzdruck der MiNr. 2127 als Kleinbogen zu 8 Stück abgegeben (siehe unter „Schwarzdrucke“).

Auflage: 2 960 000 Stück

1994, 17. Juni. 75. Geburtstag von Hermann Gmeiner. [E] Tuma; [S] Seidel; komb. StTdr. und RaTdr. (10×5); gez. K 14¼:13½.

bsw) H. Gmeiner (1919–1986), Sozialpädagoge, Gründer des ersten SOS-Kinderdorfes in Imst; Kinder

				★★	⊙	✉
2128	7 S	mehrfarbig	bsw	1,—	0,80	1,30
			FDC			1,80

Auflage: 3 800 000 Stück

1994, 17. Juni. 25 Jahre Festspiele „Carinthischer Sommer“, Ossiach und Villach. [E] Fuchs; [S] Stefferl; komb. StTdr. und RaTdr. (5×10); gez. K 14:13¾.

bsx) Szene aus der Kirchenoper „Der verlorene Sohn“ von Benjamin Britten

2129	5.50 S	dunkelmagenta/ gold	bsx	0,80	0,60	1,10
			FDC			1,30

Auflage: 2 900 000 Stück

1994, 17. Juni. Eisenbahnen: 100 Jahre Gailtalbahn, 100 Jahre Murtalbahn. [E] Margreiter; [S] Schmirl; komb. StTdr. und RaTdr. (5×10); gez. K 14:13¾.

bsy) Dampflokomotive BR 93 und Dieseltriebwagen BR 5046

bsz) Damflokomotive U 43 und Dieseltriebwagen VT 31

2130	5.50 S	mehrfarbig	bsy	1,—	0,80	1,30
2131	6 S	mehrfarbig	bsz	1,20	0,80	1,30
			Satzpreis (2 W.)	2,20	1,60	
			FDC			3,20

Auflage: 4 500 000 Sätze

1994, 26. Aug. 125. Geburtstag von Karl Seitz. [E] Siegl; RaTdr. (10×5); gez. K 14¼:14.

bta) K. Seitz (1869–1950), Politiker (Büste)

2132	5.50 S	mehrfarbig	bta	0,80	0,60	1,10
			FDC			1,30

Auflage: 2 800 000 Stück

1994, 26. Aug. 100. Geburtstag von Karl Böhm. [E] Kral; [S] Seidel; komb. StTdr. und RaTdr. (10×5); gez. K 14¼:13½.

btb) K. Böhm (1894–1981), Dirigent

2133	7 S	gold/schwärzlich-graublau	btb	1,—	0,70	1,20
			FDC			1,80

Auflage: 2 900 000 Stück

1994, 26. Aug. Freimarke: Kunstwerke aus Stiften und Klöstern. ⓖ und Ⓢ Pfeiler; komb. StTdr. und RaTdr. (10×10); gez. K 13¾:14.

btc) Hl. Peregrinus Laziosi; Altarbild im Kloster Maria Luggau

			★★	⊙	✉
2134	10 S	mehrfarbig . . . . btc	2,50	0,30	0,80
		FDC			2,20

Mit anhängendem Zierfeld (Zf 2)

3134 Zf	. . . .	3,—	2,50	3,—

Weitere Werte siehe Fußnote nach MiNr. 2094.

1994, 9. Sept. Volksgruppen-Minderheiten in Österrreich. ⓖ Wurnitsch; RaTdr. (5×10); gez. K 13¾.

btd) Landkarte von Österreich mit bunten Piktogrammen

2135	5.50 S	mehrfarbig . . . . btd	0,80	0,60	1,10
		FDC			1,30

Auflage: 2 900 000 Stück

1994, 9. Sept. Literatur: 25. Todestag von Franz Theodor Csokor, 100. Geburtstag von Joseph Roth. ⓖ Herger; RaTdr. (10×5); gez. K 14¼:13½.

bte) F. Th. Csokor (1885–1969), Schriftsteller

btf) J. Roth (1894–1939), Schriftsteller

2136	6 S	mehrfarbig . . . . bte	0,80	0,60	1,10
2137	7 S	mehrfarbig . . . . btf	1,—	0,70	1,20
		Satzpreis (2 W.)	1,80	1,30	
		FDC			3,—

Auflage: 2 900 000 Sätze

1994, 7. Okt. 175 Jahre Sparkassen in Österreich. ⓖ Böcskör; Ⓢ Laurent; komb. StTdr. und RaTdr. (10×5); gez. K 14¼:13½.

btg) Sparbüchse

2138	7 S	mehrfarbig . . . . btg	1,—	0,70	1,20
		FDC			1,80

Auflage: 2 800 000 Stück

★★ = Ungebraucht mit Originalgummi (postfrisch)

⊙ = Mit Poststempel gebraucht

1994, 7. Okt. Freimarke: Kunstwerke aus Stiften und Klöstern. ⓖ und Ⓢ Pfeiler; komb. StTdr. und RaTdr. (10×10); gez. K 13¾:14.

bth) Madonna aus dem Schottenstift, Wien

			★★	⊙	✉
2139	30 S	mehrfarbig . . . . bth	8,—	1,—	4,—
		FDC			6,—

Mit anhängendem Zierfeld (Zf 2)

2139 Zf	. . . .	8,50	8,—	10,—

Weitere Werte siehe Fußnote nach MiNr. 2094.

1994, 7. Okt. Moderne Kunst in Österreich (XX). ⓖ Ringel; Ⓢ Seidel; komb. StTdr. und RaTdr. (10×5); gez. K 13¾.

bti) Kopf; Gemälde von Franz Ringel

2140	6 S	mehrfarbig . . . . bti	0,90	0,60	1,10
		FDC			1,60
		MK 13		2,20	

Auflage: 3 100 000 Stück

1994, 18. Nov. 100. Geburtstag von Richard Nikolaus Graf von Coudenhove-Kalergi. ⓖ und Ⓢ Stefferl; komb. StTdr. und RaTdr. (10×5); gez. K 13¾.

btk) R. N. Graf von Coudenhove-Kalergi (1894–1972), politischer Schriftsteller, Begründer der Paneuropa-Union

2141	10 S	mehrfarbig . . . . btk	1,40	1,—	1,80
		FDC			2,—

Auflage: 2 700 000 Stück

1994, 18. Nov. Die österreichische Arbeitswelt. ⓖ Stefferl; RaTdr. (5×10); gez. K 14:13¾.

btl) Flugbegleiterin, Heck einer McDonnell Douglas MD-83

2142	6 S	mehrfarbig . . . . btl	0,80	0,60	1,10
		FDC			1,60

Auflage: 2 900 000 Stück

1994, 18. Nov. Freimarke: Kunstwerke aus Stiften und Klöstern. ⓖ und Ⓢ Pfeiler; komb. StTdr. und RaTdr. (10×10); gez. K 13¾:14.

btm) Marmorlöwe (12. Jh.) aus dem Franziskanerkloster, Salzburg

2143	7 S	mehrfarbig . . . . btm	1,80	0,20	0,70
		FDC			1,70

Mit anhängendem Zierfeld (Zf 2)

2143 Zf	. . . .	2,—	2,—	2,50

Weitere Werte siehe Fußnote nach MiNr. 2094.

1994, 25. Nov. Weihnachten. ☒ Buchner; ☒ Seidel; komb. StTdr. und RaTdr. (10×5); gez. K 13¾.

btn) Christi Geburt; moderne Reliefikone von Anton Wollenek (*1920)

			★★	☉	✉
2144	6 S	mehrfarbig .... btn	0,80	0,60	1,10
		FDC			1,60

Auflage: 9 000 000 Stück

1995

1995, 13. Jan. 125. Geburtstag von Adolf Loos (1870–1933), Architekt und Designer. ☒ Sinawehl; RaTdr. (10×5); gez. K 13¾.

bto) „Loos-Haus" am Michaeler Platz, Wien (erbaut 1909–1911)

2145	10 S	mehrfarbig .... bto	1,40	1,—	1,80
		FDC			2,—

Auflage: 2 200 000 Stück

1995, 13. Jan. Beitritt Österreichs zur Europäischen Union. ☒ Wurnitsch; RaTdr. (10×5); gez. K 14¼:14.

btp) Österreichische Staatsflagge, Europafahne, Landkarte Europas

2146	7 S	mehrfarbig .... btp	1,—	0,60	1,10
		FDC			1,70

Auflage: 2 700 000 Stück

1995, 24. Febr. 75 Jahre Kammern für Arbeiter und Angestellte. ☒ Lehrl; RaTdr. (5×10); gez. K 13¾.

btr) Arbeitnehmer vor aufgehender Sonne

2147	6 S	mehrfarbig .... btr	0,80	0,50	1,—
		FDC			1,60

Auflage: 2 900 000 Stück

1995, 24. Febr. 50 Jahre Österreichische Turn- und Sportunion. ☒ Schmid; RaTdr. (5×10); gez. K 13¾.

bts) Sportler verschiedener Sportarten

2148	6 S	mehrfarbig .... bts	0,80	0,50	1,—
		FDC			1,60

Auflage: 5 000 000 Stück

1995, 24. März. Volksbrauchtum und volkskundliche Kostbarkeiten (V). ☒ Schulz; ☒ Seidel; komb. StTdr. und RaTdr. (10×5); gez. K 13¾.

btt) Gailtaler Gürtel btu) Wiener Weinhütertracht btv) Wachauer Goldhaube

			★★	☉	✉
2149	5.50 S	mehrfarbig .... btt	0,90	0,50	1,—
2150	6 S	mehrfarbig .... btu	0,90	0,50	1,—
2151	7 S	mehrfarbig .... btv	1,20	0,70	1,20
		Satzpreis (3 W.)	3,—	1,70	
		FDC			5,—

Auflage: 2 900 000 Sätze

Weitere Werte siehe Übersicht nach Jahrgangswerttabelle.

1995, 27. April. 50 Jahre Zweite Republik. ☒ Stefferl; ☒ Leitgeb; komb. StTdr. und RaTdr. (10×5); gez. K 13¾:14.

btw) Siegel mit Bundeswappen

2152	6 S	mehrfarbig .... btw	0,80	0,60	1,10
		FDC			1,60

Auflage: 10 000 000 Stück

1995, 28. April. Kärntner Landesausstellung „Geschichte von Bergbau und Industrie", Hüttenberg. ☒ Dorner; ☒ Kalina; komb. StTdr. und RaTdr. (5×10); gez. K 13½:14¼.

btx) Hochöfen der ehemaligen Eisenhütte Heft

2153	5.50 S	mehrfarbig .... btx	0,80	0,50	1,—
		FDC			1,50

Auflage: 2 600 000 Stück

1995, 28. April. 100 Jahre Vereinigung „Naturfreunde". ☒ und ☒ Pfeiler; komb. StTdr. und RaTdr. (5×10); gez. K 13¾:14.

bty) Titelbild der ersten Naturfreunde-Zeitschrift

2154	5.50 S	mehrfarbig .... bty	0,80	0,50	1,—
		FDC			1,50

Auflage: 2 600 000 Stück

Die Preisnotierungen sind Richtwerte für Marken in handelsüblicher Qualität. Preisbewegungen nach oben und unten sind aufgrund von Angebot und Nachfrage die Regel.

1995, 28. April. Freimarke: Kunstwerke aus Stiften und Klöstern. ⟨Ⓩ⟩ und ⟨Ⓢ⟩ Pfeiler; komb. StTdr. und RaTdr. (10×10); gez. K 13¾:14.

btz) Äbtissinnenstab (Detail) aus der Benediktinerinnenabtei Bertholdstein

			**	⊙	✉
2155	1 S	mehrfarbig . . . . btz	0,10	0,10	0,50
		FDC			1,—

Mit anhängendem Zierfeld (Zf 2)

| 2155 Zf | . . . . | 0,80 | 0,80 | 1,50 |

Weitere Werte siehe Fußnote nach MiNr. 2094.

1995, 19. Mai. Naturschönheiten in Österreich (XIV). ⟨Ⓩ⟩ Sinawehl; ⟨Ⓢ⟩ Schmirl; komb. StTdr. und RaTdr. (10×5); gez. K 13¾:14.

bua) Wald- und Moorlehrpfad, Heidenreichstein

2156	6 S	mehrfarbig . . . . bua	0,80	0,50	1,—
		FDC			1,60

Auflage: 2 900 000 Stück

Weitere Werte siehe Übersicht nach Jahrgangswerttabelle.

1995, 19. Mai. Europa: Frieden und Freiheit. ⟨Ⓩ⟩ Stefferl; ⟨Ⓢ⟩ Pfeiler; komb. StTdr. und RaTdr. (10×5); gez. K 13¾:14.

bub) Befreiter KZ-Häftling, Totenkopf, Stacheldraht

2157	7 S	mehrfarbig . . . . bub	3,60	0,80	1,30
		FDC			2,20

| 2157 F | Farbe Rot (Wertangabe) fehlend . . . . . | 1800,— |

Auflage: 2 800 000 Stück

1995, 26. Mai. Tag der Briefmarke. ⟨Ⓩ⟩ und ⟨Ⓢ⟩ Stefferl; komb. StTdr. und RaTdr. (4×2); gez. K 13½.

buc) Buchstabenpaar „F" und „A" aus „BRIEFMARKE" und „PHILATELIE"

2158	10 S	+ 5 (S) mehrfarbig . buc	2,—	1,80	2,50
		FDC			3,—
		Kleinbogen	18,—	18,—	

Zum Tag der Briefmarke 1995 wurde ein Schwarzdruck der MiNr. 2158 als Kleinbogen zu 8 Stück abgegeben (siehe unter „Schwarzdrucke").

Auflage: 2 720 000 Stück

1995, 26. Mai. Europäische Konferenz der Verkehrsminister (CEMT), Wien. ⟨Ⓩ⟩ Degen; RaTdr. (10×5); gez. K 13¾.

bud) Verschiedene Verkehrsmittel, Europakarte

			**	⊙	✉
2159	7 S	mehrfarbig . . . . bud	1,—	0,50	1,—
		FDC			1,70

Auflage: 2 700 000 Stück

1995, 9. Juni. 50 Jahre Bregenzer Festspiele. ⟨Ⓩ⟩ Siegl; RaTdr. (5×10); gez. K 14:14¼.

bue) Szene aus der Oper „Der fliegende Holländer"; von Richard Wagner (1813–1883)

2160	6 S	mehrfarbig . . . . bue	0,80	0,50	1,—
		FDC			1,60

Auflage: 2 900 000 Stück

1995, 9. Juni. 1000. Todestag des hl. Gebhard. ⟨Ⓩ⟩ Herger; RaTdr. (10×5); gez. K 14.

buf) Hl. Gebhard (949–995), Patron der Diözese Feldkirch; Buntglasfenster von Martin Häusle

2161	7.50 S	mehrfarbig . . . . buf	1,10	0,60	1,10
		FDC			1,80

Auflage: 2 800 000 Stück

1995, 26. Juni. 50 Jahre Vereinte Nationen (UNO). ⟨Ⓩ⟩ Wurnitsch; RaTdr. (10×5); gez. K 13¾.

bug) Flaggen einiger Mitgliedsländer

2162	10 S	mehrfarbig . . . . bug	1,40	0,70	1,20
		FDC			2,—

Auflage: 2 300 000 Stück

1995, 26. Juni. 100. Todestag von Josef Loschmidt. ⟨Ⓩ⟩ Tuma; ⟨Ⓢ⟩ Nefe; komb. StTdr. und RaTdr. (10×5); gez. K 14¼:13½.

buh) J. Loschmidt (1821–1895), Physikochemiker

2163	20 S	mehrfarbig . . . . buh	4,50	1,20	3,50
		FDC			4,—

Auflage: 2 100 000 Stück

1995, 18. Aug. 100. Geburtstag von Käthe Leichter. ⬚ Margreiter; ⬚ Trsek; komb. StTdr. und RaTdr. (10×5); gez. K 14¼:13½.

bui) K. Leichter (1895–1942), Widerstandskämpferin

			✶✶	☉	✉
2164	6 S	mehrfarbig .... bui	0,80	0,50	1,—
		FDC			1,60

Auflage: 2 900 000 Stück

1995, 18. Aug. 75 Jahre Salzburger Festspiele. ⬚ Siegl; ⬚ Schmirl; komb. StTdr. und RaTdr. (10×5); gez. K 13¾.

buk) Szene aus dem Schauspiel „Jedermann" von Hugo von Hofmannsthal

2165	6 S	mehrfarbig .... buk	0,80	0,50	1,—
		FDC			1,60

Auflage: 2 900 000 Stück

1995, 18. Aug. Moderne Kunst in Österreich (XXI). ⬚ Frohner; ⬚ Seidel; komb. StTdr. und RaTdr. (5×10); gez. K 13¾.

bul) Europäisches Landschaftsbild; Gemälde von Adolf Frohner (1934–2007)

2166	6 S	mehrfarbig .... bul	0,80	0,50	1,—
		FDC			1,60
		MK 14		2,20	

Auflage: 2 900 000 Stück

1995, 15. Sept. Operettenkomponisten: 100. Todestag von Franz von Suppé, 100. Geburtstag von Nico Dostal. ⬚ Böcskör; ⬚ Laurent; komb. StTdr. und RaTdr. (5×10); gez. K 14:14¼.

bum) F. von Suppé (1819–1895); Szene aus „Die schöne Galathee"

bun) N. Dostal (1895–1981); Szene aus „Die ungarische Hochzeit"

2167	6 S	mehrfarbig .... bum	0,80	0,50	1,—
2168	7 S	mehrfarbig .... bun	1,—	0,60	1,—
		Satzpreis (2 W.)	1,80	1,10	
		FDC			2,50

Auflage: 2 900 000 Sätze

MiNr. 2167 Gemeinschaftsausgabe mit Kroatien MiNr. 333.

In die **MICHEL**-Kataloge können nur Marken aufgenommen werden, wenn sie der Redaktion im Original vorlagen.

1995, 15. Sept. Freimarke: Kunstwerke aus Stiften und Klöstern. ⬚ und ⬚ Pfeiler; komb. StTdr. und RaTdr. (10×10); gez. K 13¾:14.

buo) Frühgotisches Portal, Stift Wilhering

			✶✶	☉	✉
2169	8 S	mehrfarbig .... buo	2,—	0,60	1,—
		FDC			2,—

Mit anhängendem Zierfeld (Zf 2)

2169 Zf	....	2,20	2,—	3,—

Weitere Werte siehe Fußnote nach MiNr. 2094.

1995, 6. Okt. Freimarke: Kunstwerke aus Stiften und Klöstern. ⬚ und ⬚ Pfeiler; komb. StTdr. und RaTdr. (10×10); gez. K 13¾:14.

bup) Mater Dolorosa; Plastik im Franziskanerkloster, Schwaz

2170	26 S	mehrfarbig .... bup	6,—	0,70	3,50
		FDC			5,—

Mit anhängendem Zierfeld (Zf 2)

2170 Zf	....	6,50	6,50	7,50

Weitere Werte siehe Fußnote nach MiNr. 2094.

1995, 6. Okt. 25 Jahre Universität Klagenfurt. ⬚ Siegl; RaTdr. (10×5); gez. K 13¾.

bur) Universitätsgebäude

2171	5.50 S	mehrfarbig ...... bur	0,80	0,50	1,—
		FDC			1,50

Auflage: 2 600 000 Stück

1995, 6. Okt. 75 Jahre Kärntner Volksabstimmung. ⬚ Böcskör; ⬚ Kalina; komb. StTdr. und RaTdr. (5×10); gez. K 13¾.

bus) Schloß Hollenburg

2172	6 S	mehrfarbig .... bus	0,80	0,50	1,—
		FDC			1,60

Auflage: 2 900 000 Stück

1995, 20. Okt. Die österreichische Arbeitswelt. ⬚ Stefferl; ⬚ Seidel; komb. StTdr. und RaTdr. (5×10); gez. K 14:13¾.

but) Postbeamter, Postfahrzeug

2173	6 S	mehrfarbig .... but	0,80	0,50	1,—
		FDC			1,60

2173 F	Farbe Gold fehlend	—,—

Auflage: 2 900 000 Stück

1995, 20. Okt. Komponisten: 50. Todestag von Anton Webern, 225. Geburtstag von Ludwig van Beethoven. ⬚ Fuchs; ⬚ Pfeiler; RaTdr. (10×5); gez. K 13¾.

buu) A. Webern (1883–1945)

buv) L. van Beethoven (1770–1827)

			★★	☉	✉
2174	6 S	lilaultramarin/ dunkelgelborange . . . buu	0,90	0,60	1,—
2175	7 S	schwärzlichrosakarmin/ dunkelgelborange . . . buv	1,10	0,70	1,—
		Satzpreis (2 W.)	2,—	1,30	
		FDC			3,—

Auflage: 2 900 000 Sätze

1995, 1. Dez. Weihnachten. ⬚ Buchner; ⬚ Seidel; komb. StTdr. und RaTdr. (10×5); gez. K 13¾.

buw) Gnadenbild in der Pfarrkirche von Christkindl, Umrisse der Kirche

2176	6 S	mehrfarbig . . . . buw	0,80	0,50	1,—
		FDC			1,60

Auflage: 10 000 000 Stück

1996

1996, 9. Febr. Volksbrauchtum und volkskundliche Kostbarkeiten (VI). ⬚ Peintner; ⬚ Nefe; komb. StTdr. und RaTdr. (10×5); gez. K 13¾.

bux) Fasnachtsfiguren „Roller" und „Scheller" beim Imster Schemenlaufen

2177	6 S	mehrfarbig . . . . bux	0,90	0,50	1,—
		FDC			1,80

Auflage: 2 900 000 Stück

Weitere Werte siehe Übersicht nach Jahrgangswerttabelle.

1996, 9. Febr. 250 Jahre Theresianische Akademie, Wien. ⬚ Schulz; ⬚ Kalina; komb. StTdr. und RaTdr. (5×10); gez. K 14:13¾.

buy) Kaiserin Maria Theresia (1717–1780); Gebäude der Akademie

2178	6 S	mehrfarbig . . . . buy	0,90	0,50	1,—
		FDC			1,80

Auflage: 2 900 000 Stück

1996, 9. Febr. Weltmeisterschaft im Skifliegen, Tauplitz/Bad Mitterndorf. ⬚ Florian; RaTdr. (10×5); gez. K 13¾.

buz) Skispringer

			★★	☉	✉
2179	7 S	mehrfarbig . . . . buz	1,10	0,50	1,—
		FDC			2,—

Auflage: 2 600 000 Stück

1996, 28. März. Fertigstellung des West-Terminals des Internationalen Flughafens Wien. ⬚ Siegl; RaTdr. (10×5); gez. K 13¾.

bva) Zentralbereich des Flughafens

2180	7 S	mehrfarbig . . . . bva	1,10	0,50	1,—
		FDC			2,—

Auflage: 2 600 000 Stück

1996, 29. März. Maler: 200. Geburtstag von Peter Fendi und von Leopold Kupelwieser. ⬚ Fuchs; RaTdr. (10×5); gez. K 13¾.

bvb) Mutter mit Kind; Miniatur von P. Fendi (1796–1842)

bvc) Selbstporträt von L. Kupelwieser (1796–1862)

2181	6 S	mehrfarbig . . . . bvb	0,90	0,50	1,—
2182	7 S	mehrfarbig . . . . bvc	1,10	0,50	1,—
		Satzpreis (2 W.)	2,—	1,—	
		FDC			2,50

Auflagen: MiNr. 2174 = 2 900 000, MiNr. 2175 = 2 600 000 Stück

1996, 29. März. Naturschönheiten in Österreich (XV). ⬚ Sinawehl; ⬚ Schmirl; komb. StTdr. und RaTdr. (5×10); gez. K 13¾.

bvd) Eiskögele, Nationalpark Hohe Tauern

2183	6 S	mehrfarbig . . . . bvd	0,90	0,50	1,—
		FDC			1,50

Auflage: 2 900 000 Stück

Weitere Werte siehe Übersicht nach Jahrgangswerttabelle.

1996, 26. April. 100. Todestag von Anton Bruckner (1824–1886), Komponist. ⬚ Sinawehl; ⬚ Schmirl; komb. StTdr. und RaTdr. (10×5); gez. K 13¾.

bve) Brucknerorgel, St. Florian; Notenhandschrift

2184	5.50 S	mehrfarbig . . . . bve	0,90	0,50	1,—
		FDC			1,50

Auflage: 2 700 000 Stück

1996, 26. April. 300. Todestag von Georg Matthäus Vischer. [E] **Siegl;** [S] **Trsek; komb. StTdr. und RaTdr. (5×10); gez. K 13¾.**

bvf) Burg Kollmitz; Stich von G. M. Vischer (1628–1696), Kartograph, Kupferstecher und Lehrer

				✶✶	⊙	✉
2185	10 S	schwarz/hellgraugelb	bvf	1,50	1,—	2,—
			FDC			2,—

Auflage: 2 100 000 Stück

1996, 3. Mai. 800 Jahre Klagenfurt. [E] **Schulz;** [S] **Leitgeb; komb. StTdr. und RaTdr. (5×10); gez. K 13¾.**

bvg) Alter Platz, Klagenfurt

2186	6 S	mehrfarbig	bvg	1,10	0,50	1,—
			FDC			2,—

Auflage: 2 900 000 Stück

1996, 17. Mai. Tag der Briefmarke. [E] **Stefferl;** [S] **Pfeiler; komb. StTdr. und RaTdr. (4×2); gez. K 13½.**

bvh) Buchstabenpaar „M“ und „T“ aus „BRIEFMARKE“ und „PHILATELIE“

2187	10 S + 5 (S)	mehrfarbig	bvh	2,40	1,80	2,50
			FDC			3,—
			Kleinbogen	22,—	22,—	

Auflage: 2 640 000 Stück

Zum Tag der Briefmarke 1996 wurde ein Schwarzdruck der MiNr. 2187 als Kleinbogen zu 8 Stück abgegeben (siehe unter „Schwarzdrucke“).

1996, 17. Mai. Die österreichische Arbeitswelt. [E] **Stefferl;** [S] **Seidel; komb. StTdr. und RaTdr. (5×10); gez. K 14:13¾.**

bvi) Koch und Kellnerin

2188	6 S	mehrfarbig	bvi	0,90	0,50	1,—
			FDC			2,—

Auflage: 2 900 000 Stück

1996, 17. Mai. Europa: Berühmte Frauen. [E] **Tuma;** [S] **Nefe; komb. StTdr. und RaTdr. (5×10); gez. K 13½:14¼.**

bvk) Paula von Preradović (1887–1951), Dichterin

2189	7 S	mehrfarbig	bvk	1,20	0,80	1,20
			FDC			2,—

Auflage: 2 700 000 Stück

1996, 21. Juni. Olympische Sommerspiele, Atlanta; 100 Jahre Olympische Spiele der Neuzeit. [E] **Kumpf;** [S] **Seidel; komb. StTdr. und RaTdr. (5×10); gez. K 14:13¾.**

bvl) Fahnenträger

				✶✶	⊙	✉
2190	10 S	mehrfarbig	bvl	1,60	1,—	2,—
			FDC			2,—

Auflage: 1 900 000 Stück

1996, 21. Juni. Volksbrauchtum und volkskundliche Kostbarkeiten (VII). [E] **Böcskör;** [S] **Laurent; komb. StTdr. und RaTdr. (10×5); gez. K 13¾.**

bvm) Prangstangentragen im Lungau

bvn) Tiroler Schützen

2191	5.50 S	mehrfarbig	bvm	0,90	0,50	1,—
2192	7 S	mehrfarbig	bvn	1,10	0,60	1,—
			Satzpreis (2 W.)	2,—	1,10	
			FDC			3,—

Auflagen: MiNr. 2191 = 2 500 000, MiNr. 2192 = 2 600 000 Stück

Weitere Werte siehe Übersicht nach Jahrgangswerttabelle.

1996, 20. Sept. 75 Jahre Bundesland Burgenland. [E] **Laubner;** [S] **Pfeiler; komb. StTdr. und RaTdr. (5×10); gez. K 13¾.**

bvo) Landschaftsbild

2193	6 S	mehrfarbig	bvo	0,90	0,50	1,—
			FDC			2,—

Auflage: 2 900 000 Stück

1996, 27. Sept. 100 Jahre Österreichischer Bergrettungsdienst. [E] **Margreiter;** [S] **Leitgeb; komb. StTdr. und RaTdr. (10×5); gez. K 13¾:14.**

bvp) Verunglückter Bergsteiger wird vom Bergrettungsdienst abgeseilt

2194	6 S	mehrfarbig	bvp	0,90	0,50	1,—
			FDC			2,—

Auflage: 2 900 000 Stück

MICHEL-Abartenführer

Anleitung zur Bestimmung von Abarten, Abweichungen und Fehlern auf Briefmarken.

1996, 25. Okt. Blockausgabe: 1000 Jahre Österreich. ⬚ Stefferl; Ⓢ Seidel (MiNr. 2195, 2197, 2199, 2201, 2203) und Pfeiler (MiNr. 2196, 2198, 2200, 2202, 2204); komb. StTdr. und RaTdr.; gez. Ks 13¾:14.

bvr	bvt	bvv	bvx	bvz		bwb
bvs	bvu	bvw	bvy	bwa		

bvr) Urkunde Ottos III. (996), früheste Nennung des Namens Österreich
bvs) Kaiser Joseph II. (1741–1790), Kaiserin Maria Theresia (1717–1780)
bvt) Herzog Heinrich II. Jasomirgott († 1177)
bvu) Herzog Rudolf IV., der Stifter (1339–1365)
bvv) Revolution (1848)
bvw) I. Republik: Dr. Karl Renner (1870–1950), Politiker
bvx) Kaiser Maximilian I. (1449–1519)
bvy) II. Republik: Staatsvertrag (1955)
bvz) Kaiserkrone Rudolfs II. (1552–1612)
bwa) Österreich und Europa

				**	⊙	⊠
2195	6 S	mehrfarbig	bvr	0,80	0,80	1,—
2196	6 S	mehrfarbig	bvs	0,80	0,80	1,—
2197	7 S	mehrfarbig	bvt	1,—	1,—	1,—
2198	7 S	mehrfarbig	bvu	1,—	1,—	1,—
2199	7 S	mehrfarbig	bvv	1,—	1,—	1,—
2200	7 S	mehrfarbig	bvw	1,—	1,—	1,—
2201	10 S	mehrfarbig	bvx	1,40	1,40	2,—
2202	10 S	mehrfarbig	bvy	1,40	1,40	2,—
2203	20 S	mehrfarbig	bvz	2,80	2,80	3,50
2204	20 S	mehrfarbig	bwa	2,80	2,80	3,50
Block 12	(223 × 160 mm)		bwb	18,—	20,—	30,—
		FDC				25,—

Auflage: 2 200 000 Blocks

Gedenkblatt (GB)

GB 1/1996	4seitiges Karton-Faltblatt, auf der 2. Seite die 10 Einzelmarken aus Bl. 12, entwertet mit Sonderstempeln von Neuhofen an der Ybbs und von Wien, außerdem Abschlag des Ersttagszusatzstempels. Außerdem enthält das Faltblatt einen postfrischen Bl. 12 sowie einen gezähnten Schwarzdruck des Blocks	90,—

1996, 22. Nov. 50 Jahre Kinderhilfswerk der Vereinten Nationen (UNICEF). ⬚ Kindergruppe; RaTdr. (5 × 10); gez. K 14:13¾.

bwc) Kinder verschiedener Völker (Kinderzeichnung)

				**	⊙	⊠
2205	10 S	mehrfarbig	bwc	1,60	1,—	1,50
		FDC				2,50

Auflage: 1 900 000 Stück

1996, 22. Nov. Moderne Kunst in Österreich (XXII). ⬚ Artberg; Ⓢ Seidel; komb. StTdr. und RaTdr. (5 × 10); gez. K 13¾.

bwd) Power Station; Gemälde von Reinhard Artberg (*1955)

				**	⊙	⊠
2206	7 S	mehrfarbig	bwd	1,10	0,60	1,—
		FDC				2,—
		MK 15			2,20	

Auflage: 2 700 000 Stück

1996, 29. Nov. Weihnachten. ⬚ Buchner; Ⓢ Seidel; komb. StTdr. und RaTdr. (10 × 5); gez. K 13¾.

bwe) Weihnachtskrippe vor Wiener Rathaus

				**	⊙	⊠
2207	6 S	mehrfarbig	bwe	0,90	0,50	1,—
		FDC				2,—

Auflage: 10 000 000 Stück

1997

1997, 17. Jan. Volksbrauchtum und volkskundliche Kostbarkeiten (VIII). ⬚ Schulz; Ⓢ Seidel; komb. StTdr. und RaTdr. (10 × 5); gez. K 13¾.

bwf) Sternsinger vor Eisenstädter Bergkirche

				**	⊙	⊠
2208	7 S	mehrfarbig	bwf	1,20	0,60	1,—
		FDC				2,—

Auflage: 2 700 000 Stück

Weitere Werte siehe Übersicht nach Jahrgangswerttabelle.

1997, 17. Jan. 100. Geburtstag von Theodor Kramer. ⬚ Fuchs; Ⓢ Pfeiler; StTdr. (5 × 10); gez. K 14.

bwg) Th. Kramer (1897–1958), Dichter und Schriftsteller

				**	⊙	⊠
2209	5.50 S	schwarzgrau-ultramarin	bwg	0,90	0,50	1,—
		FDC				2,—

Auflage: 2 700 000 Stück

1997, 21. Febr. 150 Jahre Österreichische Akademie der Wissenschaften, Wien. ⬚ Bahnmüller; RaTdr. (5 × 10); gez. K 14:13¾.

bwh) Symbolische Darstellung, Gebäude der Akademie

				**	⊙	⊠
2210	10 S	mehrfarbig	bwh	1,70	1,—	1,50
		FDC				2,50

Auflage: 1 900 000 Stück

1997, 21. Febr. Naturschönheiten in Österreich (XVI). ⬚ Tuma; ⬚ Schmirl; komb. StTdr. und RaTdr. (5×10); gez. K 13¾:14.

bwi) Weingärten auf dem Nußberg vor dem Leopoldsberg bei Wien

				★★	⊙	✉
2211	6 S	mehrfarbig . . . . bwi		0,90	0,50	1,—
		FDC				2,—

Auflage: 4 000 000 Stück

Weitere Werte siehe Übersicht nach Jahrgangswerttabelle.

1997, 21. März. Freimarke: Sagen und Legenden aus Österreich. ⬚ Tuma; ⬚ Pfeiler; komb. StTdr. und RaTdr. (10×10); gez. K 13¾:14.

bwk) Szene aus der burgenländischen Sage „Die grausame Rosalia von Forchtenstein"

2212	7 S	mehrfarbig . . . . bwk	2,—	0,10	0,50
		FDC			2,—

Mit anhängendem Zierfeld (Zf 2)

2212 Zf	. . . .	2,50	2,—	3,—

Weitere Werte siehe Übersicht nach Jahrgangswerttabelle.

1997, 21. März. 100. Geburtstag von Erich Wolfgang Korngold (1897–1957), Komponist. ⬚ und ⬚ Pfeiler; komb. StTdr. und RaTdr. (10×5); gez. K 13¾:14.

bwl) Bühnenbild zur Oper „Die tote Stadt"

2213	20 S	mehrfarbig . . . . bwl	4,50	2,—	3,—
		FDC			4,—

Auflage: 1 900 000 Stück

1997, 21. März. 50 Jahre Verbundkonzern. ⬚ Mark; RaTdr. (5×10); gez. K 13¾.

bwm) Symbolische Darstellung

2214	6 S	mehrfarbig . . . . bwm	0,90	0,50	1,—
		FDC			2,—

2214 F	Farbe Schwarz fehlend	—,—

Auflage: 2 900 000 Stück

1997, 25. April. 400. Todestag des hl. Petrus Canisius. ⬚ Siegl; ⬚ Schmirl; komb. StTdr. und RaTdr. (10×5); gez. K 13¾.

bwn) Petrus Canisius (1521–1597), erster deutscher Jesuit, Kirchenlehrer, erteilt acht Kindern Religionsunterricht; Holzrelief (Detail) von Josef Bachlechner

2215	7.50 S	mehrfarbig . . . . . . bwn	1,30	0,60	1,—
		FDC			2,—

Auflage: 2 900 000 Stück

1997, 25. April. Jagd und Umwelt (I). ⬚ Wurnitsch; RaTdr. (5×10); gez. K 14:14¼.

bwo) Rotwildfütterung im Winter

				★★	⊙	✉
2216	7 S	mehrfarbig . . . . bwo		1,20	0,60	1,—
		FDC				2,—

Auflage: 2 600 000 Stück

1997, 25. April. Österreichischer Fußballmeister 1996: SK Rapid Wien. ⬚ Margreiter; RaTdr. (5×10); gez. K 13¾.

bwp) Spielszene, Gerhard-Hanappi-Stadion, Vereinsemblem

2217	7 S	mehrfarbig . . . . bwp	1,20	0,60	1,—
		FDC			2,—

Auflage: 3 500 000 Stück

1997, 9. Mai. Komponisten: 100. Todestag von Johannes Brahms, 200. Geburtstag von Franz Schubert. ⬚ und ⬚ Stefferl; komb. StTdr. und RaTdr. (5×10); gez. K 13¾.

bwr) J. Brahms (1833–1897)   bws) F. Schubert (1797–1828)

2218	6 S	gold/schwärzlich-blauviolett . . . . bwr	0,90	0,60	1,—
2219	10 S	schwärzlichviolett-purpur/gold . . . . . . bws	1,70	1,—	1,50
		Satzpreis (2 W.)	2,60	1,60	
		FDC			4,—

Auflagen: MiNr. 2218 = 2 900 000, MiNr. 2219 = 1 900 000 Stück

1997, 9. Mai. Tag der Briefmarke. ⬚ und ⬚ Stefferl; komb. StTdr. und RaTdr. (4×2); gez. K 13½.

bwt) Buchstabenpaar „A" und „E" aus „BRIEFMARKE" und „PHILATELIE"

2220	7 S	mehrfarbig . . . . bwt	1,20	0,70	1,—
		FDC			2,—
		Kleinbogen	10,—	10,—	

2220 F	Farbe Rot (Wertangabe) fehlend	5000,—

Auflage: 4 000 000 Stück

Zum Tag der Briefmarke 1997 wurde ein Schwarzdruck der MiNr. 2220 als Kleinbogen zu 8 Stück abgegeben (siehe unter „Schwarzdrucke").

Mit der MICHEL-Nummer
auf Nummer sicher!

1997, 23. Mai. Europa: Sagen und Legenden. [E] Stocker; RaTdr. (10×5); gez. K 13¾.

bwu) Die Bremer Stadtmusikanten (Märchen der Brüder Grimm); Zeichnung von Bettina Stocker (9 J.)

				★★	⊙	✉
2221	7 S	mehrfarbig	bwu	3,20	0,80	1,20
			FDC			2,50

Auflage: 2 700 000 Stück

1997, 23. Mai/2000, 21. Jan. Internationale Briefmarkenausstellung WIPA 2000, Wien (I). [E] Tuma; [S] Seidel; komb. StTdr., RaTdr. und Bdr., Kleinbogen (Klb.) (2×2) und Block (Bl.); gez. K 14.

bwv) Postbote mit Dreirad (19. Jh.), Marke MiNr. 5 im Original-Druckverfahren

2222	27 S + 13 (S) mfg. ... bwv				
I	mit Jahreszahl 1997 (Klb.) (23.5.1997)	7,—	5,50	6,50
II	mit Jahreszahl 2000 (Bl.) (21.1.2000)	7,—	5,50	6,50
	FDC (I)			7,50
	Kleinbogen (I)	30,—	30,—	

MiNr.2222 II stammt aus Bl.14.

Auflage: I = 1 500 000 Stück

Zur Internationalen Briefmarkenausstellung WIPA 2000 wurde ein Schwarzdruck der MiNr. 2222 I als Kleinbogen zu 4 Stück abgegeben (siehe unter „Schwarzdrucke").

1997, 13. Juni. Eisenbahnen: 100 Jahre Zahnradbahn auf den Hochschneeberg, 150 Jahre Eisenbahnlinie Wiener Neustadt–Ödenburg. [E] Böcskör; [S] Laurent; komb. StTdr. und RaTdr. (10×5); gez. K 13¾.

bww) Hochschneebergbahn

bwx) Lokomotive Licaon, Viadukt bei Mattersburg

2223	6 S	mehrfarbig	bww	0,90	0,50	1,—
2224	7.50 S	mehrfarbig	bwx	1,40	0,70	1,20
		Satzpreis (2 W.)		2,30	1,20	
			FDC			3,—

Auflage: 2 700 000 Sätze

1997, 13. Juni. 125 Jahre Technischer Überwachungsverein (TÜV) Österreich. [E] Wurnitsch; RaTdr. (10×5); gez. K 13¾.

bwy) Zahnräder

2225	7 S	mehrfarbig	bwy	1,20	0,60	1,—
			FDC			2,—

Auflage: 2 700 000 Stück

1997, 11. Juli. Freimarke: Sagen und Legenden aus Österreich. [E] Tuma; [S] Pfeiler; komb. StTdr. und RaTdr. (10×10); gez. K 13¾:14.

bwz) Szene aus der Kärntner Sage „Der Lindwurm von Klagenfurt"

				★★	⊙	✉
2226	6.50 S	mehrfarbig	bwz	1,60	0,50	1,—
			FDC			2,—

Mit anhängendem Zierfeld (Zf 2)

2226 Zf	....	1,80	1,50	2,—

Weitere Werte siehe Übersicht nach Jahrgangswerttabelle.

1997, 11. Juli. Volksbrauchtum und volkskundliche Kostbarkeiten (IX). [E] Schulz; [S] Seidel; komb. StTdr. und RaTdr. (10×5); gez. K 13¾.

bxa) Blasmusikkapelle Kössen

2227	6.50 S	mehrfarbig	bxa	1,10	0,60	1,—
			FDC			2,—

Auflage: 5 000 000 Stück

Weitere Werte siehe Übersicht nach Jahrgangswerttabelle.

1997, 11. Juli. 100. Geburtstag von Karl Heinrich Waggerl. [E] Sinawehl; [S] Seidel; komb. StTdr. und RaTdr. (10×5); gez. K 14¼:14.

bxb) K. H. Waggerl (1897–1973), Schriftsteller

2228	7 S	mehrfarbig	bxb	1,20	0,60	1,—
			FDC			2,—

Auflage: 2 700 000 Stück

1997, 19. Sept. Orthopädenkongreß, Wien. [E] Siegl; RaTdr. (5×10); gez. K 13¾.

bxc) Adolf Lorenz (1854–1946), deutscher Arzt, Begründer der Deutschen Gesellschaft für Orthopädie; gestütztes Bäumchen

2229	8 S	mehrfarbig	bxc	1,30	0,70	1,20
			FDC			2,—

Auflage: 4 000 000 Stück

1997, 19. Sept. 125 Jahre Universität für Bodenkultur, Wien. [E] Sinawehl; RaTdr. (10×5); gez. K 13¾.

bxd) Symbolische Darstellung mit Emblem

2230	9 S	mehrfarbig	bxd	1,50	1,—	1,80
			FDC			2,—

Auflage: 4 000 000 Stück

1997, 19. Sept. Freimarke: Sagen und Legenden aus Österreich. ⟨Z⟩ Tuma; ⟨S⟩ Pfeiler; komb. StTdr. und RaTdr. (10×10); gez. K 13¾:14.

bxe) Szene aus der oberösterreichischen Sage „Die Donaunixe vom Strudengau"

			★★	⊙	⊠
2231	14 S	mehrfarbig . . . . bxe	3,20	1,50	2,—
		FDC			3,—

Mit anhängendem Zierfeld (Zf 2)

2231 Zf	. . . .	3,50	3,—	4,—

Weitere Werte siehe Übersicht nach Jahrgangswerttabelle.

1997, 17. Okt. 10 Jahre Blindenselbsthilfe in Österreich. ⟨Z⟩ Wurnitsch; komb. RaTdr. und Pdr. (10×5); gez. K 13¾:14.

bxf) Blinder mit Blindenhund am Fußgängerüberweg

2232	7 S	mehrfarbig . . . . bxf	1,20	0,60	1,—
		FDC			2,—

Auflage: 2 900 000 Stück

1997, 17. Okt. Die österreichische Arbeitswelt. ⟨Z⟩ Stefferl; ⟨S⟩ Leitgeb; komb. StTdr. und RaTdr. (5×10); gez. K 14:13¾.

bxg) Gemeindebedienstete bei Patientenpflege

2233	6.50 S	mehrfarbig . . . . bxg	1,10	0,60	1,—
		FDC			2,—

Auflage: 3 000 000 Stück

1997, 17. Okt. Moderne Kunst in Österreich (XXIII). ⟨Z⟩ Schickhofer; ⟨S⟩ Seidel; komb. StTdr. und RaTdr. (5×10); gez. K 13¾.

bxh) Haus im Wind; Gemälde von Helmut Schickhofer (*1942)

2234	7 S	mehrfarbig . . . . bxh	1,20	0,60	1,—
		FDC			2,—
		MK 16		2,20	

Auflage: 4 000 000 Stück

1997, 31. Okt. 65. Geburtstag von Thomas Klestil. ⟨Z⟩ Herger; ⟨S⟩ Seidel; komb. StTdr. und RaTdr. (10×5); gez. K 14¼:13½.

bxi) Th. Klestil (1932–2004), Diplomat, Politiker und Bundespräsident

2235	7 S	mehrfarbig . . . . bxi	1,20	0,60	1,—
		FDC			2,—

Auflage: 2 900 000 Stück

1997, 31. Okt. 75. Geburtstag von Oskar Werner. ⟨Z⟩ Konkolits; ⟨S⟩ Schmirl; komb. StTdr. und RaTdr. (10×5); gez. K 14.

bxk) O. Werner (1922–1984), Bühnen- und Filmschauspieler

			★★	⊙	⊠
2236	7 S	mehrfarbig . . . . bxk	1,20	0,60	1,—
		FDC			2,—

Auflage: 2 900 000 Stück

1997, 21. Nov. Volksbrauchtum und volkskundliche Kostbarkeiten (X). ⟨Z⟩ Schulz; ⟨S⟩ Seidel; komb. StTdr. und RaTdr. (10×5); gez. K 13¾.

bxl) Turmblasen in Steyr

2237	6.50 S	mehrfarbig . . . . bxl	1,10	0,60	1,—
		FDC			2,—

Auflage: 2 700 000 Stück

Weitere Werte siehe Übersicht nach Jahrgangswerttabelle.

1997, 28. Nov. 25 Jahre Aktion „Licht ins Dunkel". ⟨Z⟩ Margreiter; RaTdr. (5×10); gez. K 14:13¾.

bxm) Symbolische Darstellung der größten Hilfsaktion für psychisch, physisch und materiell benachteiligte Menschen, insbesondere Kinder in Österreich

2238	7 S	lebhaftviolettultramarin/ dunkelkobalt . . . . . . bxm	1,20	0,60	1,—
		FDC			2,—

Auflage: 3 000 000 Stück

Zum 25jährigen Jubiläum der Aktion „Licht ins Dunkel" wurde ein Schwarzdruck der MiNr. 2238 als Kleinbogen zu 4 Stück abgegeben (siehe unter „Schwarzdrucke").

1997, 28. Nov. Weihnachten. ⟨Z⟩ Buchner; ⟨S⟩ Seidel; komb. StTdr. und RaTdr. (10×5); gez. K 13¾.

bxn) Gnadenmadonna von Mariazell

2239	7 S	mehrfarbig . . . . bxn	1,20	0,60	1,—
		FDC			2,—

Auflage: 11 009 020 Stück

1998

1998, 23. Jan. Freimarken: Sagen und Legenden aus Österreich. [E] Tuma; [S] Pfeiler; komb. StTdr. und RaTdr. (10×10); gez. K 13¾:14.

bxo) Illustration zu der Wiener Sage „Der liebe Augustin“

bxp) Illustration zu der niederösterreichischen Sage „Der Rattenfänger von Korneuburg“

				✶✶	⊙	✉
2240	9 S	mehrfarbig . . . . bxo		2,20	1,—	1,50
2241	13 S	mehrfarbig . . . . bxp		3,30	1,50	2,—
		Satzpreis (2 W.)		5,50	2,50	
		2 FDC				6,—

Mit anhängendem Zierfeld (Zf 2)

2240 Zf	. . . .	2,—	2,—	3,—
2241 Zf	. . . .	3,—	3,—	4,—

Weitere Werte siehe Übersicht nach Jahrgangswerttabelle.

1998, 23. Jan. Naturschönheiten in Österreich (XVII). [E] Sinawehl; [S] Schmirl; komb. StTdr. und RaTdr. (5×10); gez. K 13¾.

bxr) Nationalpark Kalkalpen

2242	7 S	mehrfarbig . . . . bxr	1,—	0,60	1,—
		FDC			2,—

Auflage: 5 000 000 Stück

Weitere Werte siehe Übersicht nach Jahrgangswerttabelle.

1998, 6. Febr. Olympische Winterspiele, Nagano. [E] Kumpf; [S] Seidel; komb. StTdr. und RaTdr. (5×10); gez. K 14:13¾.

bxs) Eisläufer; Gemälde von Gottfried Kumpf (*1930)

2243	14 S	mehrfarbig . . . . bxs	2,—	1,50	2,—
		FDC			3,—

Auflage: 2 100 000 Stück

1998, 6. Febr. Jagd und Umwelt (II): Balzplatzerhaltung für das Birkwild. [E] Wurnitsch; RaTdr. (5×10); gez. K 14:14¼.

bxt) Balzende Birkhühner (Lyrurus tetrix)

2244	9 S	mehrfarbig . . . . bxt	1,30	1,—	1,60
		FDC			2,—

Auflage: 2 800 000 Stück

1998, 13. März. 100. Geburtstag von Joseph Binder. [E] Eisenmenger; RaTdr. (10×5); gez. K 13¾:14.

bxu) Ankündigungsplakat (Detail) zur „Österreichischen Plakatausstellung 1928 des Bundes österreichischer Gebrauchsgraphiker“ von Joseph Binder (1898–1972), Graphiker

				✶✶	⊙	✉
2245	7 S	mehrfarbig . . . . bxu		1,20	0,70	1,20
		FDC				2,—

Auflage: 2 900 000 Stück

1998, 13. März. 200 Jahre Steindruck. [E] Faiss; Odr. (10×5); gez. K 13¾.

bxv) Alois Senefelder (1771–1834), Erfinder der Lithographie; Lithographiestein

2246	7 S	mehrfarbig . . . . bxv	1,20	0,70	1,20
		FDC			2,—

Auflage: 2 900 000 Stück

1998, 13. März. 100 Jahre Wiener Secession. [E] Fuchs; [S] Seidel; komb. StTdr. und RaTdr. (10×5); gez. K 13¾:14.

bxw) Ausstellungsgebäude

2247	8 S	mehrfarbig . . . . bxw	1,30	0,80	1,30
		FDC			2,—

Auflage: 3 000 000 Stück

1998, 3. April. Volksbrauchtum und volkskundliche Kostbarkeiten (XI). [E] Böcskör; [S] Laurent; komb. StTdr. und RaTdr. (10×5); gez. K 13¾.

bxx) Fiaker, Wien

bxy) Palmeselumzug, Thaur

2248	6.50 S	mehrfarbig . . . . bxx	1,10	0,70	1,20
2249	7 S	mehrfarbig . . . . bxy	1,20	0,70	1,20
		Satzpreis (2 W.)	2,30	1,40	
		FDC			3,—

Auflagen: MiNr. 2248 = 2 800 000, MiNr. 2249 = 2 900 000 Stück

Weitere Werte siehe Übersicht nach Jahrgangswerttabelle.

Bei Anfragen bitte Rückporto nicht vergessen!

1998, 17. April. Österreichischer Fußball-meister 1997: FK Austria Memphis Wien. Ⓖ Margreiter; RaTdr. (5×10); gez. K 13¾.

bxz) Spielszene, Franz-Horr-Stadion, Vereinsemblem

				**	⊙	⊠
2250	7 S	mehrfarbig . . . . bxz		1,20	0,70	1,20
			FDC			2,—

Auflage: 3 500 000 Stück

1998, 17. April. Feuerwehren in Österreich. Ⓖ Siegl; RaTdr. (10×5); gez. K 13¾.

bya) Hl. Florian († um 304), Märtyrer, Schutzpatron der Feuerwehr; Hinterglasmalerei

2251	7 S	mehrfarbig . . . . bya		1,20	0,70	1,20
			FDC			2,—

Auflage: 3 000 000 Stück

1998, 17. April. 1200 Jahre Erzbistum Salzburg. Ⓖ Siegl; Ⓢ Schmirl; komb. StTdr. und RaTdr. (10×5); gez. K 13¾.

byb) Rupertuskreuz; Silhouette der Feste Hohensalzburg, der Kollegienkirche und des Doms

2252	7 S	mehrfarbig . . . . byb		1,20	0,70	1,20
			FDC			2,—

Auflage: 2 900 000 Stück

1998, 15. Mai. 175 Jahre Tiroler Landesmuseum Ferdinandeum, Innsbruck. Ⓖ Stefferl; Ⓢ Seidel; komb. StTdr. und RaTdr. (10×5); gez. K 13¾.

byc) Tyrolia als Hüterin der Wissenschaften; Lithographie von Ferdinand Cosandier

2253	7 S	mehrfarbig . . . . byc		1,20	0,70	1,20
			FDC			2,—

Auflage: 2 900 000 Stück

1998, 15. Mai. Europa: Nationale Feste und Feiertage. Ⓖ Tuma; Ⓢ Seidel; komb. StTdr. und RaTdr. (10×5); gez. K 13¾:14.

byd) Wiener Festwochen (8. Mai–17. Juni)

2254	7 S	mehrfarbig . . . . byd		3,20	0,70	1,20
			FDC			2,50

Auflage: 3 000 000 Stück

1998, 15. Mai. Eisenbahnen: 100 Jahre Ybbstalbahn. Ⓖ und Ⓢ Pfeiler; komb. StTdr. und RaTdr. (10×5); gez. K 13¾.

bye) Dampflokomotive der Baureihe Yv (1953) bei Waidhofen an der Ybbs

				**	⊙	⊠
2255	6.50 S	mehrfarbig . . . . . . bye		1,20	0,60	1,—
			FDC			2,—

Auflage: 2 700 000 Stück

1998, 5. Juni. 25. Todestag von Christine Lavant. Ⓖ Siegl; RaTdr. (5×10); gez. K 13¾.

byf) Chr. Lavant (1915–1973), Schriftstellerin; Gemälde von Werner Berg

2256	7 S	mehrfarbig . . . . byf		1,20	0,70	1,50
			FDC			2,—

Auflage: 2 900 000 Stück

1998, 5. Juni. Freimarke: Sagen und Legenden aus Österreich. Ⓖ Tuma; Ⓢ Pfeiler; komb. StTdr. und RaTdr. (10×10); gez. K 13¾:14.

byg) Szene aus der Vorarlberger Sage „Der Heilige Konrad von Altems"

2257	25 S	mehrfarbig . . . . byg		6,—	2,50	3,50
			FDC			5,—

Mit anhängendem Zierfeld (Zf 2)

2257 Zf	. . . .	6,50	6,50	8,—

Auflage: 3 000 000 Stück

Weitere Werte siehe Übersicht nach Jahrgangswerttabelle.

1998, 5. Juni. Volksbrauchtum und volkskundliche Kostbarkeiten (XII). Ⓖ Böcskör; Ⓢ Laurent; komb. StTdr. und RaTdr. (10×5); gez. K 13¾.

byh) Tamsweger Samson und die „Zwergln" vor dem Lungauer Heimatmuseum (ehem. Barbaraspital), Tamsweg

2258	6.50 S	mehrfarbig . . . . . . byh		1,20	0,60	1,—
			FDC			2,—

Auflage: 2 800 000 Stück

Weitere Werte siehe Übersicht nach Jahrgangswerttabelle.

1998, 12. Juni. Eisenbahnen: 100 Jahre Pöstlingbergbahn. Ⓖ und Ⓢ Pfeiler; komb. StTdr. und RaTdr. (10×5); gez. K 13¾.

byi) Triebwagen I, Pöstlingberg (539 m)

2259	6.50 S	mehrfarbig . . . . . . byi		1,20	0,60	1,—
			FDC			2,—

Auflage: 2 700 000 Stück

1998, 12. Juni. Tag der Briefmarke. 🖂 und Ⓢ Stefferl; komb. StTdr. und RaTdr. (4×2); gez. K 13½.

byk) Buchstabenpaar „R" und „L" aus „BRIEFMARKE" UND „PHILATELIE"

				**	⊙	⊠
2260	7 S	mehrfarbig . . . . byk		1,20	0,70	1,—
		FDC				2,—
		Kleinbogen		10,—	10,—	

Auflage: 4 000 000 Stück

Zum Tag der Briefmarke 1998 wurde ein Schwarzdruck der MiNr. 2260 als Kleinbogen zu 8 Stück abgegeben (siehe unter „Schwarzdrucke").

1998, 1. Juli. Vorsitz Österreichs in der Europäischen Union. 🖂 Wurnitsch; RaTdr. (10×5); gez. K 13¾.

byl) Emblem der österreichischen Präsidentschaft, Landkarte Europas

2261	7 S	mehrfarbig . . . . byl	1,20	0,70	1,20
		FDC			2,—

Auflage: 2 900 000 Stück

1998, 17. Juli. Eisenbahnen: 100 Jahre Pinzgaubahn. 🖂 und Ⓢ Pfeiler; komb. StTdr. und RaTdr. (10×5); gez. K 13¾.

bym) Triebwagen Baureihe 5090

2262	6.50 S	mehrfarbig . . . . . . bym	1,20	0,60	1,—
		FDC			2,—

Auflage: 2 700 000 Stück

1998, 10. Sept. 100 Jahre Volksoper Wien; 50. Todestag von Franz Lehár (1870–1947), Komponist. 🖂 Herger; RaTdr. (5×10); gez. K 14:13¾.

byn) Historisches Gebäude der Volksoper

2263	6.50 S	mehrfarbig . . . . . . byn	1,10	0,60	1,—
		FDC			2,—

Auflage: 2 300 000 Stück

1998, 10. Sept. 100 Jahre Wirtschaftsuniversität, Wien. 🖂 Sinawehl; RaTdr. (5×10); gez. K 13¾.

byo) Universitätsgebäude

2264	7 S	mehrfarbig . . . . byo	1,20	0,70	1,20
		FDC			2,—

Auflage: 2 900 000 Stück

1998, 10. Sept. 100. Todestag von Kaiserin Elisabeth. 🖂 Stefferl; Ⓢ Seidel; komb. StTdr. und RaTdr. (10×5); gez. K 13¾:14.

byp) Kaiserin Elisabeth (1837–1898, reg. ab 1854); Gemälde von Franz Xaver Winterhalter (1805–1873)

			**	⊙	⊠
2265	7 S	mehrfarbig . . . . byp	1,20	0,70	1,20
		FDC			2,—

Auflage: 2 900 000 Stück

1998, 23. Okt. 175. Geburtstag von Hans Kudlich. 🖂 Schulz; Ⓢ Trsek; komb. StTdr. und RaTdr. (10×5); gez. K 13¾.

byr) H. Kudlich (1823–1917), Politiker; Bauern bei der Heuarbeit

2266	6.50 S	mehrfarbig . . . . . . byr	1,20	0,60	1,—
		FDC			2,—

Auflage: 2 600 000 Stück

1998, 23. Okt. 350. Jahrestag der Erhebung Eisenstadts zur Freistadt. 🖂 Laubner; Ⓢ Pfeiler; komb. StTdr. und RaTdr. (5×10); gez. K 13¾.

bys) Rathaus von Eisenstadt, Stadtwappen

2267	7 S	mehrfarbig . . . . bys	1,20	0,70	1,20
		FDC			2,—

Auflage: 2 900 000 Stück

1998, 23. Okt. Moderne Kunst in Österreich (XXIV). 🖂 Staudacher; Ⓢ Seidel; komb. StTdr. und RaTdr. (10×5); gez. K 13¾.

byt) Mein Garten; Gemälde von Hans Staudacher (*1923)

2268	7 S	mehrfarbig . . . . byt	1,20	0,70	1,20
		FDC			2,—
		MK 17		2,20	

Auflage: 3 000 000 Stück

1998, 6. Nov. Die österreichische Arbeitswelt. 🖂 Stefferl; komb. StTdr. und RaTdr. (5×10); gez. K 14:13¾.

byu) Reporterin und Pressefotograf

2269	6.50 S	mehrfarbig . . . . . . byu	1,—	0,60	1,—
		FDC			2,—

Auflage: 2 700 000 Stück

1998, 6. Nov./2000, 21. Jan. Inter-nationale Briefmarkenausstellung WIPA 2000, Wien (II). Ⓚ Margreiter; Ⓢ Seidel; komb. StTdr. und RaTdr., Kleinbogen (2×2) und Block (Bl.); gez. K 14:13¾.

byv) Historischer Paketwagen, Marke MiNr. 511

			✶✶	⊙	✉
2270	32 S	+ 13 (S) mfg. .... byv			
I		mit Jahreszahl 1998			
		(Klb.) (6.11.1998)	8,—	6,50	7,50
II		mit Jahreszahl 2000			
		(Bl.) (21.1.2000)	8,—	6,50	7,50
		FDC (I)			8,50
		Kleinbogen (I)	32,—	32,—	

MiNr. 2270 II stammt aus Bl. 14.

Auflage: I = 1 500 000 Stück

Zur Internationalen Briefmarkenausstellung WIPA 2000 wurde ein Schwarzdruck der MiNr. 2270 I als Kleinbogen zu 4 Stück abgegeben (siehe unter „Schwarz-drucke").

1998, 27. Nov. Weihnachten. Ⓚ Buchner; Ⓢ Seidel; komb. StTdr. und RaTdr. (10×5); gez. K 13¾.

byw) Christi Geburt; Freskendetail in der Propstei Tainach

2271	7 S	mehrfarbig .... byw	1,20	0,70	1,20
		FDC			2,—

Auflage: 13 000 000 Stück

1999

Neue Währung ab 1.1.1999: 1 Euro (€) = 100 Cent (C); bis 31.12.2001: 1 € = 13.7603 S

1999, 19. Febr. Nordische Ski-Weltmeister-schaften, Ramsau am Dachstein. Ⓚ Attersee; Ⓢ Seidel; komb. StTdr. und RaTdr. (10×5); gez. K 13¾:14.

byx) Skilanglauf

2272	7 S	mehrfarbig .... byx	1,20	0,70	1,20
		FDC			2,—

Auflage: 2 800 000 Stück

Zum Bestimmen der Farben:
MICHEL-Farbenführer

1999, 19. Febr. Freimarke: Sagen und Legenden aus Österreich. Ⓚ Tuma; Ⓢ Pfeiler; komb. StTdr. und RaTdr. (10×10); gez. K 13¾:14.

byy) Szene aus der niederösterreichischen Sage „Die Schwarze Frau von Hardegg"

			✶✶	⊙	✉
2273	8 S	mehrfarbig .... byy	1,80	0,90	1,40
		FDC			2,—

Mit anhängendem Zierfeld (Zf 2)

2273 Zf	....	2,—	2,—	3,—

Auflage: 2 600 000 Stück

Weitere Werte siehe Übersicht nach Jahrgangswerttabelle.

1999, 19. März. Naturschönheiten in Österreich (XVIII). Ⓚ Sinawehl; Ⓢ Schmirl; komb. StTdr. und RaTdr. (5×10); gez. K 13¾.

byz) Stinglfelsen im Böhmerwald

2274	7 S	mehrfarbig .... byz	1,20	0,70	1,20
		FDC			2,—

Auflage: 2 900 000 Stück

Weitere Werte siehe Übersicht nach Jahrgangswerttabelle.

1999, 19. März. Volksbrauchtum und volks-kundliche Kostbarkeiten (XIII). Ⓚ Schulz; Ⓢ Seidel; komb. StTdr. und RaTdr. (10×5); gez. K 13¾.

bza) Station Hafnerberg der Fußwallfahrt auf der Via Sacra von Wien nach Mariazell

2275	6.50 S	mehrfarbig .... bza	1,10	0,60	1,—
		FDC			2,—

Auflage: 2 400 000 Stück

Weitere Werte siehe Übersicht nach Jahrgangswerttabelle.

1999, 16. April. 100 Jahre Österreichisches Patentamt. Ⓚ Pach; Ⓢ Pfeiler; komb. StTdr. und RaTdr. (10×5); gez. K 13¾:14.

bzb) Symbolische Darstellung der Patentarchivierung

2276	7 S	mehrfarbig .... bzb	1,20	0,70	1,20
		FDC			2,—

Auflage: 2 800 000 Stück

1999, 16. April. Kultur- und Naturerbe der Menschheit. Ⓚ Sinawehl; Ⓢ Seidel; komb. StTdr. und RaTdr. (5×10); gez. K 13¾.

bzc) Schloß Schönbrunn, Wien

2277	13 S	mehrfarbig .... bzc	2,20	1,50	2,—
		FDC			3,50

Auflage: 2 000 000 Stück

1999, 16. April. Österreichischer Fußball-meister 1998: SK Puntigamer Sturm Graz. ⬚ Margreiter; RaTdr. (5×10); gez. K 13¾.

bzd) Spielszene, Arnold-Schwarzenegger-Stadion, Vereinsemblem

			★★	⊙	✉
2278	7 S	mehrfarbig . . . . bzd	1,20	0,70	1,20
		FDC			2,—

Auflage: 2 800 000 Stück

1999, 7. Mai. 50 Jahre Allgemeiner Sport-verband Österreichs (ASV). ⬚ Konkolits; Ⓢ Trsek; komb. StTdr. und RaTdr. (10×5); gez. K 13¾.

bze) Snowboarder

2279	7 S	mehrfarbig . . . . bze	1,20	0,70	1,20
		FDC			2,—

Auflage: 2 800 000 Stück

1999, 7. Mai. 50 Jahre Europarat. ⬚ Wur-nitsch; RaTdr. (5×10); gez. K 13½:14¼.

bzf) Europaratsgebäude, Straßburg

2280	14 S / 1.02 €	mehrfarbig . bzf	2,40	1,50	2,—
		FDC			3,50

Auflage:1 800 000 Stück

1999, 7. Mai. Jagd und Umwelt (III): Lebensraumgestaltung für das Rebhuhn. ⬚ Wurnitsch; RaTdr. (5×10); gez. K 13¾.

bzg) Rebhuhnpaar mit Jungen (Perdix perdix)

2281	6.50 S	mehrfarbig . . . . . . bzg	1,20	0,70	1,20
		FDC			2,—

Auflage: 2 300 000 Stück

1999, 28. Mai. 100. Geburtstag von Karl Jenschke (1899–1969), Automobilkon-strukteur. ⬚ Kral; RaTdr. (5×10); gez. K 13½:14¼.

bzh) Steyr 50 „Baby" (1936)

2282	7 S	mehrfarbig . . . . bzh	1,20	0,70	1,20
		FDC			2,—

Auflage: 2 800 000 Stück

Aufdruck

Wenn die Farbe des Aufdrucks nicht angegeben ist, ist der Aufdruck immer schwarz.

1999, 28. Mai. Altes Kunsthandwerk (I). ⬚ und Ⓢ Pfeiler; komb. StTdr. und RaTdr. (10×5); gez. K 13¾.

bzi) Hl. Martin; Marmorrelief aus der Pfarrkirche von Peuerbach

			★★	⊙	✉
2283	8 S	mehrfarbig . . . . bzi	1,40	1,—	1,50
		FDC			2,—

Auflage: 2 300 000 Stück

1999, 4. Juni. 125 Jahre Diakonie in Öster-reich. ⬚ Stefferl; Odr. (10×5); gez. K 13¾.

bzk) Symbole für die Arbeitsbereiche der Diakonie

2284	7 S	mehrfarbig . . . . bzk	1,20	0,70	1,20
		FDC			2,—

Auflage: 2 800 000 Stück

1999, 4. Juni. Komponisten: 100. Todestag von Johann Strauß Sohn; 150. Todestag von Johann Strauß Vater. ⬚ und Ⓢ Stefferl; komb. StTdr. und RaTdr. (5×10); gez. K 13¾.

bzl) J. Strauß Sohn (1825–1899)   bzm) J. Strauß Vater (1804–1849)

2285	7 S	mehrfarbig . . . . bzl	1,20	0,70	1,20
2286	8 S	mehrfarbig . . . . bzm	1,30	0,80	1,30
		Satzpreis (2 W.)	2,50	1,50	
		FDC			3,—

Auflagen MiNr. 2285 = 2 900 000, MiNr. 2286 = 2 400 000 Stück

1999, 18. Juni. 150 Jahre Österreichische Bundesgendarmerie. ⬚ Böcskör; Ⓢ Laurent; komb. StTdr. und RaTdr. (10×5); gez. K 13¾.

bzn) Gendarmen in historischer Uniform

2287	7 S	mehrfarbig . . . . bzn	1,20	0,70	1,20
		FDC			2,—

Auflage: 2 800 000 Stück

1999, 18. Juni. Europa: Natur- und Natio-nalparks. ⬚ Tuma; Ⓢ Seidel; komb. StTdr. und RaTdr. (5×10); gez. K 13¾.

bzo) Nationalpark Donauauen

2288	7 S	mehrfarbig . . . . bzo	1,20	0,70	1,20
		FDC			2,—

Auflage: 2 900 000 Stück

1999, 18. Juni. Tag der Briefmarke. 🖾 und 🖾 **Stefferl; komb. Stdr. und RaTdr. (4×2); gez. K 13½.**

bzp) Buchstabenpaar „K" und „I" aus „BRIEFMARKE" und „PHILATELIE"

				★★	☉	✉
2289	7 S	mehrfarbig	bzp	1,20	0,70	1,20
		FDC				2,—
		Kleinbogen		12,—	10,—	

Auflage: 3 800 000 Stück

Zum Tag der Briefmarke 1999 wurde ein Schwarzdruck der MiNr. 2289 als Kleinbogen zu 8 Stück abgegeben (siehe unter „Schwarzdrucke").

1999, 27. Aug. Freimarke: Sagen und Legenden aus Österreich. 🖾 Tuma; 🖾 Pfeiler; komb. StTdr. und RaTdr. (10×10); gez. K 13¾:14.

bzr) Hl. Notburga (1265–1313), Landesheilige von Tirol, Patronin des Feierabends, mit einem Armen; Kirche von Eben

2290	20 S	mehrfarbig	bzr	5,—	2,50	3,—
		FDC				4,50

Mit anhängendem Zierfeld (Zf 2)

2290 Zf				5,50	4,50	6,—

Weitere Werte siehe Übersicht nach Jahrgangswerttabelle.

1999, 17. Sept. Altes Kunsthandwerk (II). 🖾 und 🖾 Pfeiler; komb. StTdr. und RaTdr. (10×5); gez. K 13¾.

bzs) Hl. Anna selbdritt; Holzplastik (um 1520) von Lienhart Astl in der Pfarrkirche St. Georg, Pürgg

2291	9 S	mehrfarbig	bzs	1,80	1,80	2,50
		FDC				3,—

Auflage: 2 300 000 Stück

1999, 17. Sept./2000, 21. Jan. Internationale Briefmarkenausstellung WIPA 2000, Wien (III). 🖾 Margreiter; 🖾 Seidel; komb. StTdr. und RaTdr., Kleinbogen (Klb.) (2×2) und Block (Bl.); gez. K 14:13¾.

bzt) Postverladung am Flughafen; Marke MiNr. 898

2292	32 S	+ 16 (S) mfg.	bzt			
I		mit Jahreszahl 1999				
		(Klb.) (17.9.1999)		9,—	7,—	8,—
II		mit Jahreszahl 2000				
		(Bl.) (21.1.2000)		9,—	7,—	8,—
		FDC (I)				9,—
		Kleinbogen (I)		36,—	34,—	

2292 II F	Farbe Blau fehlend			—,—

MiNr. 2292 II stammt aus Bl. 14.

Auflage: I = 1 500 000 Stück

Zur Internationalen Briefmarkenausstellung WIPA 2000 wurde ein Schwarzdruck der MiNr. 2292 I als Kleinbogen zu 4 Stück abgegeben (siehe unter „Schwarzdrucke").

1999, 17. Sept. Internationales Jahr der Senioren. 🖾 Tuma; RaTdr. (5×10); gez. K 13¾.

bzu) Paar auf einer Parkbank

				★★	☉	✉
2293	7 S	mehrfarbig	bzu	1,20	0,70	1,20
		FDC				2,—

Auflage: 2 800 000 Stück

1999, 17. Sept. 100 Jahre Grazer Oper. 🖾 Siegl; 🖾 Schmirl; komb. StTdr. und RaTdr. (10×5); gez. K 13¾.

bzv) Göttin des Lichtes; Gemälde von Alexander Rothaug auf dem eisernen Vorhang der Grazer Oper

2294	6.50 S	mehrfarbig	bzv	1,20	0,70	1,20
		FDC				2,—

Auflage: 2 300 000 Stück

1999, 15. Okt. 14. Bundeskongreß des Österreichischen Gewerkschaftsbundes (ÖGB), Wien. 🖾 Pflug; Odr. (10×5); gez. K 13¾.

bzw) Menschen aller Altersgruppen

2295	6.50 S	mehrfarbig	bzw	1,20	0,70	1,20
		FDC				2,—

Auflage: 2 400 000 Stück

1999, 22. Okt. Moderne Kunst in Österreich (XXV). 🖾 Herzig; 🖾 Seidel; komb. StTdr. und RaTdr. (10×5); gez. K 13¾.

bzx) Caffee Girardi; Gemälde von Wolfgang Herzig (*1941)

2296	7 S	mehrfarbig	bzx	1,20	0,70	1,20
		FDC				2,—
		MK 18 (☉ 22.10.)			2,20	

Auflage: 2 900 000 Stück

1999, 22. Okt. Volksbrauchtum und volkskundliche Kostbarkeiten (XIV). 🖾 Schulz; 🖾 Seidel; komb. StTdr. und RaTdr. (10×5); gez. K 13¾.

bzy) Kürbisfest im Retzer Land, Niederösterreich

2297	8 S	mehrfarbig	bzy	1,40	1,—	1,50
		FDC				2,—

Auflage: 2 400 000 Stück

Weitere Werte siehe Übersicht nach Jahrgangswerttabelle.

1999, 12. Nov. 150 Jahre Geologische Bundesanstalt. [E] Siegl; [S] Seidel; komb. StTdr. und RaTdr. (5×10); gez. K 13¾.

bzz) Gebäude der Geologischen Bundesanstalt, Wien; Fossilien

				**	⊙	✉
2298	7 S	mehrfarbig	bzz	1,20	0,70	1,20
			FDC			2,—

Auflage: 2 800 000 Stück

1999, 12. Nov. Volksbrauchtum und volkskundliche Kostbarkeiten (XV). [E] Schulz; [S] Seidel; komb. StTdr. und RaTdr. (10×5); gez. K 13¾.

caa) Neujahrsläuten der „Pummerin“, Wien

2299	7 S	mehrfarbig	caa	1,20	0,70	1,20
			FDC			2,—

Auflage: 2 900 000 Stück

Zum Anlaß „Jahrtausendläuten“ wurde ein Schwarzdruck der MiNr. 2299 als numerierter Kleinbogen zu 4 Stück abgegeben (siehe unter „Schwarzdrucke“).

Weitere Werte siehe Übersicht nach Jahrgangswerttabelle.

1999, 12. Nov. Freimarke: Sagen und Legenden aus Österreich. [E] Tuma; [S] Pfeiler; komb. StTdr. und RaTdr. (10×10); gez. K 13¾:14.

cab) Die Auffindung des Steirischen Erzberges

2300	32 S	mehrfarbig	cab	9,—	4,—	5,—
			FDC			6,50

Mit anhängendem Zierfeld (Zf 2)

2300 Zf		10,—	8,—	10,—

Weitere Werte siehe Übersicht nach Jahrgangswerttabelle.

1999, 26. Nov. Weihnachten. [E] Buchner; [S] Seidel; komb. StTdr. und RaTdr. (10×5); gez. K 13¾.

cac) Anbetung der Hirten (Detail); Hochaltarbild der Pfarrkirche Pinkafeld von Anton Jäntl

2301	7 S	mehrfarbig	cac	1,20	0,70	1,20
			FDC			2,—

Auflage: 13 000 000 Stück

Zur Internationalen Briefmarkenausstellung PINKABRIA ’99 wurde ein Schwarzdruck der MiNr. 2301 als Kleinbogen zu 4 Stück abgegeben (siehe unter „Schwarzdrucke“).

MICHEL, der Spezialist für Briefmarken, Münzen und Telefonkarten. Fordern Sie bitte unser Verlagsverzeichnis an!

2000

2000, 21. Jan. Volksbrauchtum und volkskundliche Kostbarkeiten (XVI). [E] Böcskör; [S] Laurent; komb. StTdr. und RaTdr. (10×5); gez. K 13¾.

cad) Kinder beim Kirchleintragen, Bad Eisenkappel

				**	⊙	✉
2302	7 S	mehrfarbig	cad	1,—	1,—	1,50
			FDC			2,—

Auflage: 4 000 000 Stück

Weitere Werte siehe Übersicht nach Jahrgangswerttabelle.

2000, 21. Jan. Freimarke: Sagen und Legenden aus Österreich. [E] Tuma; [S] Pfeiler; komb. StTdr. und RaTdr. (10×10); gez. K 13¾:14.

cae) Der Basilisk von Wien

2303	10 S	mehrfarbig	cae	2,50	1,50	2,—
			FDC			3,—

Blockausgabe mit MiNr. 2303, zusätzliche weiße Zähnung aufgedruckt.

cae

caf

Block 13 (65×90 mm)	caf	25,—	25,—	30,—
	FDC			30,—

Mit anhängendem Zierfeld (Zf 3)

2303 Zf		3,—	2,50	3,50

Bl. 13 wurde nur in Verbindung mit einer Eintrittskarte zur WIPA 2000 für zusammen 80 S verkauft.

Auflage: Bl. 13 = 136 000 numerierte Blocks sowie 1 unnumerierter Block, der zugunsten eines Kinderheims in Graz öffentlich versteigert wurde.

Weitere Werte siehe Übersicht nach Jahrgangswerttabelle.

Seit 21. Januar 2000 kommt auf dem unteren Bogenrand der Freimarkenserie „Sagen und Legenden aus Österreich“ das neue Zf 3 in der Farbe des Markenrahmens vor.

Zf 3) Posthorn mit Schriftzug „Post“

2000, 21. Jan. Blockausgabe: Internationale Briefmarkenausstellung WIPA 2000, Wien (IV). ✍ Tuma, Margreiter; ⬛ Seidel; komb. StTdr., RaTdr. und Bdr.; gez. K 14:13¾.

cag

		★★	⊙	✉
Block 14	mit MiNr. 2222 II, 2270 II und 2292 II (150×95 mm) . . . cag	28,—	35,—	40,—
	FDC			40,—

Auflage: 850 000 Blocks

Zur Internationalen Briefmarkenausstellung WIPA 2000 wurde ein Schwarzdruck bzw. Blaudruck von Bl. 14 abgegeben (siehe unter „Schwarzdrucke").

2000, 11. Febr. Volksbrauchtum und volkskundliche Kostbarkeiten (XVII). ✍ Böcskör; ⬛ Laurent; komb. StTdr. und RaTdr. (10×5); gez. K 13¾.

cah) Schleicherlaufen in Telfs

2304	6.50 S	mehrfarbig . . . . cah	1,10	1,50	2,—
		FDC			2,—

Auflage: 2 500 000 Stück

Weitere Werte siehe Übersicht nach Jahrgangswerttabelle.

2000, 3. März. Internationale Gartenschau, Graz. ✍ Schulz; komb. RaTdr. und Pdr. (4×2); gez. K 13¾.

cai) Sumpfkalla (Calla palustris)

2305	7 S	mehrfarbig . . . . cai	1,20	1,20	1,80
		FDC			2,—
		Kleinbogen	11,—	11,—	

Auflage: 3 100 000 Stück

2000, 3. März. Jagd und Umwelt (IV): Wiedereinbürgerung des Steinwildes. ✍ Wurnitsch; RaTdr. (5×10); gez. K 14.

cak) Alpensteinbock (Capra ibex ibex)

2306	7 S	mehrfarbig . . . . cak	1,20	1,20	1,80
		FDC			2,—

Auflage: 2 900 000 Stück

2000, 3. März. Österreichischer Fußballmeister 1999: FC Tirol Milch Innsbruck. ✍ Margreiter; RaTdr. (5×10); gez. K 13¾.

cal) Spielszene, Tivolistadion, Vereinsemblem

			★★	⊙	✉
2307	7 S	mehrfarbig . . . . cal	1,20	1,20	1,80
		FDC			2,—

Auflage: 2 800 000 Stück

2000, 28. April. Freimarke: Sagen und Legenden aus Österreich. ✍ Tuma; ⬛ Pfeiler; komb. StTdr. und RaTdr. (10×10); gez. K 13¾:14.

cam) Der Hexenritt von Mariatrost

2308	22 S	mehrfarbig . . . . cam	4,50	5,—	6,—
		FDC			7,—

Mit anhängendem Zierfeld (Zf 3)

2308 Zf	. . . .		5,—	6,—	8,—

Weitere Werte siehe Übersicht nach Jahrgangswerttabelle.

2000, 28. April. 200. Jahrestag der Erstbesteigung des Großglockners. ✍ Siegl; ⬛ Schmirl; komb. StTdr. und RaTdr. (10×5); gez. K 13¾.

can) Großglockner (3798 m), Beobachtungswarte

2309	7 S	mehrfarbig . . . . can	1,20	1,20	1,80
		FDC			2,—

Auflage: 2 800 000 Stück

2000, 9. Mai. Naturschönheiten in Österreich (XIX). ✍ Sinawehl; ⬛ Schmirl; komb. StTdr. und RaTdr. (5×10); gez. K 13¾.

cao) Weißsee mit Rudolfshütte

2310	7 S	mehrfarbig . . . . cao	1,20	1,20	1,80
		FDC			2,—

Auflage: 2 800 000 Stück

Weitere Werte siehe Übersicht nach Jahrgangswerttabelle.

2000, 9. Mai. Europa. ✍ Cousin; RaTdr. (10×5); gez. K 14¼:13½.

cap) Kinder bauen Sternenturm

2311	7 S	mehrfarbig . . . . cap	1,20	1,20	1,80
		FDC			2,—

Auflage: 2 800 000 Stück

2000, 19. Mai. 75 Jahre Zivilluftfahrt in Klagenfurt. [E] **Blecher; RaTdr. (10×5); gez. K 13¾.**

car) Flugzeug Junkers-Hahn F-13, Tower des Flughafens Klagenfurt, Düsenflugzeug

				★★	⊙	✉
2312	7 S	mehrfarbig	car	1,20	1,40	2,—
			FDC			2,—

Auflage: 2 700 000 Stück

2000, 19. Mai. 150 Jahre Denkmalschutz in Österreich. [E] **Siegl;** [S] **Schmirl; komb. StTdr. und RaTdr. (5×10); gez. K 14:13¾.**

cas) Altenmarkter Madonna, Glasdach des Palmenhauses im Wiener Burggarten

				★★	⊙	✉
2313	8 S	mehrfarbig	cas	1,30	1,50	2,20
			FDC			2,20

2000, 19. Mai. Altes Kunsthandwerk (III). [E] **und** [S] **Pfeiler; komb. StTdr. und RaTdr. (10×5); gez. K 13¾.**

cat) Initiale aus der „Vita des Malachias"; Handschrift aus der Stiftsbibliothek Zwettl

				★★	⊙	✉
2314	9 S	mehrfarbig	cat	1,60	1,30	1,80
			FDC			2,50

Auflage: 2 200 000 Stück

2000, 30. Mai. Tag der Briefmarke. [E] **und** [S] **Stefferl; komb. StTdr. und RaTdr. (4×2); gez. K 13½.**

cau) Buchstabenpaar „E" und „E" aus „BRIEFMARKE" und „PHILATELIE"

				★★	⊙	✉
2315	7 S	mehrfarbig	cau	1,20	1,20	1,80
			FDC			2,—
			Kleinbogen	12,—	12,—	

Auflage: 3 100 000 Stück

Zum Tag der Briefmarke 2000 wurde ein Schwarzdruck der MiNr. 2315 als Kleinbogen zu 8 Stück abgegeben (siehe unter „Schwarzdrucke").

2000, 30. Mai. 150 Jahre österreichische Briefmarken. [E] **und** [S] **Pfeiler; komb. StTdr. und RaTdr. (5×10); gez. K 13¾.**

cav) Marken MiNr. 5 und 2315

				★★	⊙	✉
2316	7 S	mehrfarbig	cav	1,20	1,20	1,80
			FDC			2,—

Zum Anlaß „150 Jahre österreichische Briefmarken" wurde ein Schwarzdruck der MiNr. 2316 als Kleinbogen zu 4 Stück abgegeben (siehe unter „Schwarzdrucke").

Auflage: 2 700 000 Stück

2000, 31. Mai. 6 Jahre Kinderfernsehprogramm „Confetti TiVi" (I). [E] **Pirker; komb. StTdr. und RaTdr. (10×5); gez. K 13¾.**

caw) Figur „Confetti"

				★★	⊙	✉
2317	7 S	mehrfarbig	caw	1,20	1,20	1,80
			FDC			2,—

Auflage: 2 700 000 Stück

2000, 2. Juni. Blockausgabe: Tod von Friedensreich Hundertwasser. [E] **Hundertwasser;** [S] **Seidel; komb. StTdr. und RaTdr.; gez. Ks 13¾.**

cax) Blue Blues; Gemälde von Fr. Hundertwasser (1928–2000), Maler und Grafiker

cay

				★★	⊙	✉
2318	7 S	mehrfarbig/silber	cax	1,50	1,—	1,50
2319	7 S	mfg./mittelkarminrot	cax	1,50	1,—	1,50
2320	7 S	mehrfarbig/lilapurpur	cax	1,50	1,—	1,50
2321	7 S	mehrfarbig/schwarz	cax	1,50	1,—	1,50
Block 15	(128×126 mm)		cay	8,—	8,—	12,—
			FDC			12,—

Die zusätzliche Farbangabe bezieht sich auf die Farbe der Rauchsäulen.

Auflage: 1 100 000 Blocks

Zum Tod von Friedensreich Hundertwasser wurde ein Schwarzdruck von Bl. 15 abgegeben (siehe unter „Schwarzdrucke").

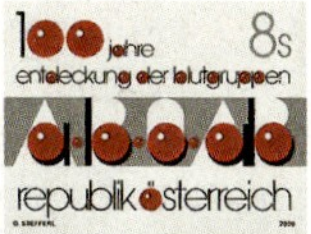

2000, 16. Juni. 100. Jahrestag der Entdeckung der Blutgruppen durch Karl Landsteiner (1868–1943), Bakteriologe. [E] **Stefferl; RaTdr. (5×10); gez. K 13¾.**

caz) Symbolische Darstellung der Blutgruppeneinteilung

				★★	⊙	✉
2322	8 S	mehrfarbig	caz	1,30	1,30	2,—
			FDC			2,20

Auflage: 2 100 000 Stück

2000, 16. Juni. 100 Jahre öffentlicher Kraftlinienverkehr in Österreich. [E] Pfeiler; komb. StTdr. und RaTdr. (5×10); gez. K 14:13¾.

cba) Cannstatter Daimler-Omnibus auf der Strecke Purkersdorf–Gablitz (1900)

				★★	⊙	✉
2323	9 S	mehrfarbig	cba	1,50	2,—	2,50
			FDC			2,50

Auflage: 2 100 000 Stück

2000, 16. Juni. Freimarke: Sagen und Legenden aus Österreich. [E] Tuma; [S] Pfeiler; komb. StTdr. und RaTdr. (10×10); gez. K 13¾:14.

cbb) Die Laib-Brot-Marter, Niederösterreich

2324	23 S	mehrfarbig	cbb	6,50	6,—	8,—
			FDC			7,50

Mit anhängendem Zierfeld (Zf 3)

2324 Zf	7,—	7,—	9,—

Weitere Werte siehe Übersicht nach Jahrgangswerttabelle.

2000, 25. Aug. Volksbrauchtum und volkskundliche Kostbarkeiten (XVIII). [E] Böcskör; [S] Laurent; komb. StTdr. und RaTdr. (10×5); gez. K 13¾.

cbc) Internationales Flößertreffen in Kärnten

2325	7 S	mehrfarbig	cbc	1,20	1,20	1,80
			FDC			2,—

Auflage: 2 900 000 Stück

Weitere Werte siehe Übersicht nach Jahrgangswerttabelle.

2000, 15. Sept. Kultur- und Naturerbe der Menschheit: Hallstatt – Dachstein – Salzkammergut. [E] Sinawehl; [S] Seidel; komb. StTdr. und RaTdr. (5×10); gez. K 13¾.

cbd) Hallstatt, Hallstätter See und Dachsteingebirge

2326	7 S	mehrfarbig	cbd	1,20	1,20	1,80
			FDC			2,—

Auflage: 2 900 000 Stück

2000, 15. Sept. Olympische Sommerspiele, Sydney. [E] Kumpf; [S] Seidel; komb. StTdr. und RaTdr. (5×10); gez. K 14:13¾.

cbe) Segeln

2327	9 S	mehrfarbig	cbe	1,60	2,—	2,50
			FDC			2,50

Auflage: 2 200 000 Stück

2000, 15. Sept. 100 Jahre Wiener Symphoniker. [E] Stefferl; [S] Pfeiler; komb. StTdr. und RaTdr. (5×10); gez. K 13¾.

cbf) Geigengehäuse (Detail)

				★★	⊙	✉
2328	7 S	mehrfarbig	cbf	1,20	1,20	1,80
			FDC			2,—

Auflage: 2 900 000 Stück

2000, 13. Okt. Altes Kunsthandwerk (IV). [E] und [S] Pfeiler; komb. StTdr. und RaTdr. (10×5); gez. K 13¾.

cbg) Initiale aus dem Kodex 965, Nationalbibliothek Wien

2329	8 S	mehrfarbig	cbg	1,50	1,80	2,40
			FDC			2,20

Auflage: 2 200 000 Stück

2000, 13. Okt. Die österreichische Arbeitswelt. [E] Guberner; [S] Schmirl; komb. StTdr. und RaTdr. (5×10); gez. K 14:13¾.

cbh) Papierherstellung, Drucker an Handpresse

2330	6.50 S	mehrfarbig	cbh	1,10	1,10	1,60
			FDC			2,—

Auflage: 2 000 000 Stück

2000, 13. Okt. Moderne Kunst in Österreich (XXVI). [E] Szigethy; [S] Seidel; komb. StTdr. und RaTdr. (10×5); gez. K 13¾.

cbi) Turf Turkey; Gemälde von Ida Szigethy

2331	7 S	mehrfarbig	cbi	1,20	1,20	1,80
			FDC			2,—
			MK 19		2,20	

Auflage: 2 900 000 Stück

2000, 24. Nov. 200 Jahre Schutzimpfung in Österreich. [E] Sinawehl; [S] Seidel; komb. StTdr. und RaTdr. (10×5); gez. K 14¼:13½.

cbk) Historische Impfszene

2332	7 S	weißbraun/schwarz	cbk	1,20	1,20	1,80
			FDC			2,—

Auflage: 2 800 000 Stück

2000, 24. Nov. 50 Jahre Verband Österreichischer Volkshochschulen. ⬛ Sinawehl; ⬛ Leitgeb; komb. StTdr. und RaTdr. (10×5); gez. K 13¾.

cbl) Wiener Urania

			✶✶	☉	✉
2333	7 S	mehrfarbig . . . . cbl	1,20	1,20	1,80
		FDC			2,—

Auflage: 2 800 000 Stück

2000, 1. Dez. Weihnachten. ⬛ Buchner; ⬛ Seidel; komb. StTdr. und RaTdr. (10×5); gez. K 13¾.

cbm) Christi Geburt; Gemälde aus dem Hochaltar der St.-Martin-Kirche, Ludesch

2334	7 S	mehrfarbig . . . . cbm	1,20	1,20	1,80
		FDC			2,—

Auflage: 13 000 000 Stück

2000, 15. Dez. Alpine Ski-Weltmeisterschaften 2001, St. Anton am Arlberg. ⬛ Peintner; ⬛ Trsek; komb. StTdr. und RaTdr. (5×10); gez. K 14:13¾.

cbn) Skirennläufer

2335	7 S	mehrfarbig . . . . cbn	1,20	1,20	1,80
		FDC			2,—

Auflage: 2 900 000 Stück

2001

2001, 16. Febr. Jagd und Umwelt (V): Feuchtgebietsschutz für Wasserwild. ⬛ Wurnitsch; RaTdr. (5×10); gez. K 14:14¼.

cbo) Stockentenpaar (Anas platyrhynchos)

2336	7 S	mehrfarbig . . . . cbo	1,20	1,20	1,80
		FDC			2,—

Auflage: 4 000 000 Stück

2001, 30. März. Österreichischer Fußballmeister 2000: SV Wüstenrot Salzburg. ⬛ Margreiter; RaTdr. (5×10); gez. K 13¾.

cbp) Spielszene, Casino-Stadion, Vereinsemblem

2337	7 S	mehrfarbig . . . . cbp	1,20	1,20	1,80
		FDC			2,—

Auflage: 2 600 000 Stück

2001, 30. März. Volksbrauchtum und volkskundliche Kostbarkeiten (XIX). ⬛ Schulz; ⬛ Seidel; komb. StTdr. und RaTdr. (10×5); gez. K 13¾.

cbr) Murecker Schiffmühle

			✶✶	☉	✉
2338	8 S	mehrfarbig . . . . cbr	1,50	1,30	2,—
		FDC			2,—

Auflage: 2 000 000 Stück

Weitere Werte siehe Übersicht nach Jahrgangswerttabelle.

2001, 30. März. 100 Jahre Zillertalbahn. ⬛ Siegl; ⬛ Schmirl; komb. StTdr. und RaTdr. (5×10); gez. K 13¾.

cbs) Dampflokomotive Nr. 3 der Reihe Uv

2339	7 S	mehrfarbig . . . . cbs	1,20	1,20	1,80
		FDC			2,—

Auflage: 2 700 000 Stück

2001, 20. April. 75 Jahre Salzburger Flughafen. ⬛ Konkolits; ⬛ Trsek; komb. StTdr. und RaTdr. (5×10); gez. K 14¼:13½.

cbt) Erstes Flughafengebäude (1926)

2340	14 S	mehrfarbig . . . . cbt	2,40	2,50	3,—
		FDC			4,—

Auflage: 1 600 000 Stück

2001, 20. April. Figuren aus dem Kinderfernsehprogramm „Confetti TiVi" (II). ⬛ Pirker und Widmann; RaTdr. (10×5); gez. K 13¾.

cbu) Rolf Rüdiger

2341	7 S	mehrfarbig . . . . cbu	1,20	1,20	1,80
		FDC			2,—

Auflage: 2 700 000 Stück

2001, 4. Mai. Naturschönheiten in Österreich (XX). ⬛ Sinawehl; ⬛ Leitgeb; komb. StTdr. und RaTdr. (5×10); gez. K 13¾.

cbv) Bärenschützklamm bei Mixnitz

2342	7 S	mehrfarbig . . . . cbv	1,20	1,20	1,80
		FDC			2,—

Auflage: 2 700 000 Stück

Weitere Werte siehe Übersicht nach Jahrgangswerttabelle.

2001, 4. Mai. Volksbrauchtum und volkskundliche Kostbarkeiten (XX). [E] **Schulz;** [S] **Seidel; komb. StTdr. und RaTdr. (10×5); gez. K 13¾.**

cbw) Osttiroler Fastentuch (Details)

				★★	⊙	✉
2343	7 S	mehrfarbig	cbw	1,20	1,20	1,80
			FDC			2,—

Auflage: 2 700 000 Stück

Weitere Werte siehe Übersicht nach Jahrgangswerttabelle.

2001, 18. Mai. Europa: Lebensspender Wasser. [E] **Grissemann; RaTdr. (10×5); gez. K 13¾.**

cbx) Blatt erwächst aus Wassertropfen

2344	15 S	mehrfarbig	cbx	4,—	3,—	3,50
			FDC			5,—

Auflage: 1 500 000 Stück

2001, 18. Mai. Tag der Briefmarke. [E] **Siegl;** [S] **Schmirl; komb. StTdr. und RaTdr. (1×5 Zd); gez. K 13¾.**

cby) Bahnpostwagen (1843)

Zierfeld

2345	20 S + 10 S	mehrfarbig	cby	7,—	7,—	8,—
			2345 Zf	7,—	7,—	8,—
			FDC			8,—
			Kleinbogen	35,—	35,—	

MiNr. 2345 wurde mit Zierfeld schachbrettartig zusammenhängend gedruckt.

Auflage: 1 100 000 Stück

Zum Tag der Briefmarke 2001 wurde ein Schwarzdruck der MiNr. 2345 als Kleinbogen zu 5 Stück und 5 Zierfeldern abgegeben (siehe unter „Schwarzdrucke").

2001, 8. Juni. 100 Jahre Österreichischer Aero-Club (ÖAeC). [E] **Böcskör;** [S] **Laurent; komb. StTdr. und RaTdr. (10×5); gez. K 13¾:14.**

cbz) Ballon mit ÖAeC-Emblem

2346	7 S	mehrfarbig	cbz	1,20	1,20	1,80
			FDC			2,—

Auflage: 2 700 000 Stück

Die Bildbeschreibungen zu den Markenabbildungen sind so ausführlich wie möglich gehalten!

2001, 8. Juni. 50 Jahre Hoher Flüchtlingskommissar der Vereinten Nationen (UNHCR). [E] **Stefferl;** [S] **Pfeiler; komb. StTdr. und RaTdr. (5×10); gez. K 14:13¾.**

cca) Flüchtling, UNHCR-Emblem

				★★	⊙	✉
2347	21 S	mehrfarbig	cca	3,60	3,50	4,—
			FDC			4,50

Auflage: 1 500 000 Stück

2001, 8. Juni. Kultur- und Naturerbe der Menschheit: Semmmeringbahn. [E] **Sinawehl;** [S] **Seidel; komb. StTdr. und RaTdr. (5×10); gez. K 13¾.**

ccb) Viadukt „Kalte Rinne"

2348	35 S	mehrfarbig	ccb	6,—	6,—	7,—
			FDC			10,—

Auflage: 1 500 000 Stück

2001, 22. Juni. 7. Wanderolympiade des Internationalen Volkssportverbandes (IVV). [E] **Schneeweiß; RaTdr. (5×10); gez. K 13¾.**

ccc) Murmeltier Seppl, Maskottchen der Wanderolympiade (Kinderzeichnung)

2349	7 S	mehrfarbig	ccc	1,20	1,20	1,80
			FDC			2,—

Auflage: 2 500 000 Stück

2001, 22. Juni. Feldpost im Ausland. [E] **Siegl; RaTdr. (5×10); gez. K 13¾.**

ccd) Österreichisches Feldpostamt in Famagusta (Zypern)

2350	7 S	mehrfarbig	ccd	1,20	1,20	1,80
			FDC			2,—

Auflage: 2 500 000 Stück

2001, 24. Aug. Volksbrauchtum und volkskundliche Kostbarkeiten (XXI). [E] **Schulz;** [S] **Seidel; komb. StTdr. und RaTdr. (10×5); gez. K 13¾.**

cce) Wasserscheibenschießen am Prebersee

2351	7 S	mehrfarbig	cce	1,20	1,20	1,80
			FDC			2,—

Auflage: 2 000 000 Stück

Weitere Werte siehe Übersicht nach Jahrgangswerttabelle.

2001, 31. Aug. Viergleisiger Ausbau der Westbahn. [E] **Sinawehl;** [S] **Leitgeb; komb. StTdr. und RaTdr. (10×5); gez. K 13¾.**

ccf) Zug mit Lokomotive „Taurus" auf neuem Streckenabschnitt

2352	7 S	mehrfarbig	ccf	1,20	1,20	1,80
			FDC			2,—

Auflage: 1 500 000 Stück

2001, 14. Sept. 200. Geburtstag von Johann Nepomuk Nestroy. Ⓚ Stefferl; Ⓢ Pfeiler; komb. StTdr. und RaTdr. (5×10); gez. K 13¾.

ccg) Szene aus dem Theaterstück „30 Jahre aus dem Leben eines Lumpen" von J. N. Nestroy (1801–1862), Schriftsteller und Schauspieler

			★★	⊙	✉
2353	7 S	mehrfarbig . . . . ccg	1,20	1,20	1,80
		FDC			2,—

Auflage: 2 000 000 Stück

2001, 14. Sept. 125. Todestag von Joseph Ritter von Führich. Ⓚ Fuchs; Ⓢ Seidel; komb. StTdr. und RaTdr. (5×10); gez. K 14:13¾.

cch) Verführung des verlorenen Sohnes (Detail); Zeichnung von J. Ritter von Führich (1800–1876), Maler und Zeichner

2354	8 S	grünschwarz/hell-			
		grünlichblau . . . . cch	1,40	1,40	2,—
		FDC			2,20

Auflage: 1 900 000 Stück

2001, 14. Sept. Moderne Kunst in Österreich (XXVII). Ⓚ Leherb; Ⓢ Seidel; komb. StTdr. und RaTdr. (10×5); gez. K 13¾.

cci) Australien (Detail aus dem Zyklus Universitäts-Fayencen „Die Kontinente"); Fayencemalerei von Helmut Leherb (1933–1997), Maler, Graphiker und Bildhauer

2355	7 S	mehrfarbig cci	1,20	1,20	1,80
		FDC			2,—
		MK 20		2,20	

Auflage: 1 500 000 Stück

2001, 14. Sept. Altes Kunsthandwerk (V). Ⓚ und Ⓢ Pfeiler; komb. StTdr. und RaTdr. (10×5); gez. K 13¾.

cck) Pluviale (um 1800) aus dem Feldkircher Domschatz

2356	10 S	mehrfarbig . . . . cck	1,80	1,80	2,50
		FDC			2,50

Auflage: 1 500 000 Stück

2001, 5. Okt. 200. Geburtstag von Leopold Ludwig Döbler. Ⓚ und Ⓢ Pfeiler; komb. StTdr. und RaTdr. (10×5); gez. K 13¾:14.

ccl) L. L. Döbler (1801–1864), Magier, Graveur, Physiker, Erfinder und Politiker; Illusion „Die Blumenspende"

2357	7 S	mehrfarbig ccl	1,20	1,20	1,80
		FDC			2,—

Auflage: 2 000 000 Stück

2001, 5. Okt. 150 Jahre Zentralanstalt für Meteorologie und Geodynamik, Wien. Ⓚ und Ⓢ Pfeiler; komb. StTdr. und RaTdr. (5×10); gez. K 14:13¾.

ccm) Gebäude der Zentralanstalt, Satellit und Erdefunkstelle, Sonnenstundenzähler

			★★	⊙	✉
2358	12 S	mehrfarbig . . . . ccm	2,20	2,50	3,—
		FDC			3,50

Auflage: 1 200 000 Stück

2001, 5. Okt. Altes Kunsthandwerk (VI). Ⓚ und Ⓢ Pfeiler; komb. StTdr. und RaTdr. (10×5); gez. K 13¾.

ccn) „Türkenornat" (16. Jh.) aus dem Kloster der Unbeschuhten Karmeliten, Wien

2359	7 S	mehrfarbig . . . . ccn	1,20	1,20	1,80
		FDC			2,—

Auflage: 1 500 000 Stück

2001, 5. Okt. Haustiere (I). Ⓚ Deix; Ⓢ Trsek; komb. StTdr. und RaTdr. (10×5); gez. K 13¾.

cco) Katze im Königsgewand; Zeichnung von Manfred Deix, Karikaturist

2360	19 S	mehrfarbig . . . . cco	3,50	4,—	5,—
		FDC			6,—

Auflage: 1 200 000 Stück

2001, 16. Okt. Die österreichische Arbeitswelt. Ⓚ Guberner; Ⓢ Schmirl; komb. StTdr. und RaTdr. (5×10); gez. K 14:13¾.

ccp) Angehörige des öffentlichen Dienstes, Schulklasse (19. Jh.)

2361	7 S	mehrfarbig . . . . ccp	1,20	1,20	1,80
		FDC			2,—

Auflage: 1 500 000 Stück

2001, 30. Nov. Weihnachten. Ⓚ Buchner; Ⓢ Seidel; komb. StTdr. und RaTdr. (10×5); gez. K 14.

ccr) Filzmooser Kindl; Holzfigur aus der St.-Peters-Kirche, Filzmoos

2362	7 S	mehrfarbig . . . . ccr	1,20	1,20	1,80
		FDC			2,—

Auflage: 10 000 000 Stück

> *MiNr. 838–2362 gültig bis 30.6.2002*
>
> *Ab MiNr. 2363 sind alle Marken frankaturgültig.*

2002

2002, 1. Jan. Freimarken: Ferienland Österreich. ☒ Tuma; RaTdr. (10×10); gez. K 13¾:14.

ccs) Schönlaterngasse, Wien

cct) Kellergasse, Hadres   ccu) Bauernhaus am Steinernen Meer   ccv) Alm bei Inneralpbach   ccw) Kreuzweg, Heiligenkreuz

				**	☉
2363	0.51 €	mehrfarbig	ccs	1,—	1,—
2364	0.58 €	mehrfarbig	cct	1,20	1,20
2365	0.73 €	mehrfarbig	ccu	1,50	1,50
2366	0.87 €	mehrfarbig	ccv	1,80	1,80
2367	2.03 €	mehrfarbig	ccw	4,50	4,—
		Satzpreis (5 W.)		10,—	9,50
		FDC			16,—

Mit anhängendem Zierfeld (Zf 4)

2363 Zf	....	1,20	1,20
2364 Zf	....	1,50	1,50
2365 Zf	....	2,—	2,—
2366 Zf	....	2,50	2,50
2367 Zf	....	5,—	5,—

Von MiNr. 2363–2367 existiert eine 2. Auflage, die geringfügige Farbunterschiede aufweist

Weitere Werte siehe Übersicht nach Jahrgangswerttabelle.

Seit 1. Januar 2002 kommt auf dem unteren Bogenrand der Freimarkenserie „Ferienland Österreich" das neue Zf 4 in der Farbe des Markenrahmens vor.

Zf 4) Posthorn mit Schriftzug „Post.at"

2002, 1. Jan. Einführung der Euro-Münzen und -Banknoten. ☒ Margreiter; komb. RaTdr., Pdr. und rückseitigem Bdr. (2×2); gez. K 13½:13¾.

ccx) 1-Euro-Münze, Europasterne, Europakarte mit Hervorhebung des Euro-Währungsgebietes

				**	☉
2368	3.27 €	mehrfarbig	ccx	7,50	7,50
		FDC			9,—
		Kleinbogen		35,—	35,—

Auflage: 900 000 Stück

Ein nicht frankaturgültiger Schwarzdruck der Marke lag der Spezialedition „Jahrbuch 2002" bei (siehe unter „Schwarzdrucke".

2002, 8. Febr. Olympische Winterspiele, Salt Lake City. ☒ Kumpf; ☒ Seidel; komb. StTdr. und RaTdr. (5×10); gez. K 14:13¾.

ccy) Skifahrer; Gemälde von Gottfried Kumpf (*1930)

				**	☉
2369	0.73 €	mehrfarbig	ccy	1,80	1,80
		FDC			3,—

Auflage: 420 000 Stück

2002, 14. Febr. Valentinstag. ☒ Blaim; RaTdr. (10×5); gez. K 14¼:14.

ccz) Blumenstrauß

				**	☉
2370	0.87 €	mehrfarbig	ccz	1,80	1,80
		FDC			3,—

Auflage: 720 000 Stück

2002, 8. März. Tag der Frau. ☒ Lassnig; RaTdr. (10×5); gez. K 13¾.

cda) Woman Power; Gemälde (1979)

				**	☉
2371	0.51 €	mehrfarbig	cda	1,20	1,20
		FDC			2,50

Auflage: 945 000 Stück

2002, 5. April. Comicserie „The Philis" (I). ☒ Pramel; RaTdr. (5×10); gez. K 14:13¾.

cdb) Mel und Lucy beim Briefeschreiben

				**	☉
2372	0.58 €	mehrfarbig	cdb	1,40	1,40
		FDC			2,50
2372 I	ohne Entwerferzeichen (Feld 2, 3, 4)			35,—	35,—

Auflage: 420 000 Stück

2002, 5. April. Grußmarke. ☒ Kubista; RaTdr. (5×10); gez. K 14:13¾.

cdc) Rosen

				**	☉
2373	0.58 €	mehrfarbig	cdc	1,40	1,40
		FDC			2,50

Auflage: 1 000 000 Stück

2002, 10. April. 125. Geburtstag von Alfred Kubin. ☒ Siegl; RaTdr. (10×5); gez. K 13¾.

cdd) Der 80. Geburtstag – dem Marianneum; Federzeichnung von A. Kubin (1877–1959), Zeichner und Schriftsteller

				**	☉
2374	0.87 €	schwarz/orangeweiß	cdd	1,80	1,80
		FDC			3,—

Auflage: 470 000 Stück

2002, 26. April. Caritas. ⒢ Schulz; RaTdr. (10×5); gez. K 13¾.

cde) Hl. Elisabeth von Thüringen; Glasfenster der Pfarr- und Wallfahrtskirche Maria Buch

			**	☉
2375	0.51 €	mehrfarbig . . . . cde	1,20	1,20
		FDC		2,50

Auflage: 720 000 Stück

2002, 3. Mai. Europa: Zirkus. ⒢ Konkolits; RaTdr. (10×5); gez. K 13¾.

cdf) Weißclown mit maskiertem Affen, Tiger, Artisten am Trapez

			**	☉
2376	0.87 €	mehrfarbig . . . . cdf	2,—	2,—
		FDC		3,—

Auflage: 420 000 Stück

2002, 10. Mai. Comicserie „The Philis" (II). ⒢ Pramel; RaTdr. (5×10); gez. K 14:13¾.

cdg) Sisko und Mauritius bringen Post zum Briefkasten

			**	☉
2377	0.58 €	mehrfarbig . . . . cdg	1,40	1,40
		FDC		2,50

Auflage: 420 000 Stück

2002, 17. Mai. 800 Jahre Stift Lilienfeld. ⒢ und Ⓢ Pfeiler; komb. StTdr. und RaTdr. (5×10); gez. K 13¾.

cdh) Herzog Leopold VI., der Glorreiche (1176–1230), überreicht der Muttergottes ein Modell des Stifts; Gemälde (1700)

			**	☉
2378	2.03 €	mehrfarbig . . . . cdh	4,50	4,50
		FDC		6,—

Auflage: 420 000 Stück

2002, 23. Mai. Figuren aus dem Kinderfernsehprogramm „Confetti TiVi" (III). ⒢ Pirker und Widmann; RaTdr. (10×5); gez. K 13¾.

cdi) Mimi

			**	☉
2379	0.51 €	mehrfarbig . . . . cdi	1,20	1,20
		FDC		2,50

Auflage: 520 000 Stück

2002, 24. Mai. Tag der Briefmarke. ⒢ Siegl; Ⓢ Schmirl; komb. StTdr. und RaTdr. (1×5 Zd); gez. K 13¾.

cdk) Bahnpostwagen Fkg 41-802 (1919)

Zierfeld

				**	☉
2380	1.60 €	+ 0.80 (€)	mehrfarbig . . . . cdk	5,—	5,—
			2380 Zf	5,50	5,50
			FDC		7,—
			Kleinbogen	28,—	28,—

MiNr. 2380 wurde mit Zierfeld schachbrettartig zusammenhängend gedruckt.

Auflage: 900 000 Stück

Zum Tag der Briefmarke 2002 wurde ein Schwarzdruck der MiNr. 2380 als Kleinbogen zu 5 Stück und 5 Zierfeldern abgegeben (siehe unter „Schwarzdrucke").

2002, 3. Juni. Blockausgabe: 250 Jahre Tiergarten Schönbrunn. ⒢ Tuma; Ⓢ Seidel; komb. StTdr. und RaTdr.; gez. Ks 13½:14¼.

cdl
cdm

cdn
cdo

cdp

cdl–cdo) Verschiedene Tiere

2381	0.51 €	mehrfarbig . . . . cdl	1,—	1,—
2382	0.58 €	mehrfarbig . . . . cdm	1,20	1,20
2383	0.87 €	mehrfarbig . . . . cdn	1,80	1,80
2384	1.38 €	mehrfarbig . . . . cdo	2,80	2,80
Block 16	(107×93 mm)	. . . . cdp	7,—	7,—
		FDC		12,—

Auflage: 420 000 Blocks

Ein nicht frankaturgültiger, ungezähnter Buntdruck des Blocks lag der Spezialedition „Jahrbuch 2002" bei (siehe unter „Schwarzdrucke").

2002, 14. Juni. 100 Jahre Teddybär. ⒢ Böcskör; RaTdr. (10×5); gez. K 14.

cdr) Steiff-Teddybären PB 28 und PB 35 (1904)

2385	0.51 €	mehrfarbig . . . . cdr	1,20	1,20
		FDC		2,50

Auflage: 1 000 000 Stück

Die MICHEL-Redaktion nimmt keine Markenprüfungen vor!

2002, 21. Juni. 75 Jahre Berufsverband „Design Austria" (I). ⬜ Sabolovic; RaTdr. (10 × 5); gez. K 13¾.

cds) Thonet-Stuhl Nr. 14 (1860) von Michael Thonet (1796–1871), Tischler und Industrieller

				★★	☉
2386	1.38 €	mehrfarbig . . . . cds		2,80	2,80
		FDC			5,—

Auflage: 420 000 Stück

2002, 21. Juni. Altes Kunsthandwerk (VII). ⬜ Sinawehl; Ⓢ Leitgeb; komb. StTdr. und RaTdr. (10 × 5); gez. K 13¾.

cdt) Deckelpokal (1590) aus der Innsbrucker Hofglashütte, Hall in Tirol

2387	1.60 €	mehrfarbig . . . . cdt	3,20	3,20
		FDC		5,—

Auflage: 420 000 Stück

2002, 4. Sept. Museumsviertel, Wien. ⬜ Dellisch; RaTdr. (5 × 10); gez. K 14:13¾.

cdu) Ansicht des Museumsviertels

2388	0.58 €	mehrfarbig . . . . cdu	1,20	1,20
		FDC		2,50

Auflage: 520 000 Stück

2002, 5. Sept. Jahr der Auslandsösterreicher. ⬜ Fuchs; Ⓢ Seidel; komb. StTdr. und RaTdr. (10 × 5); gez. K 13¾:14.

cdv) Mann und Frau mit Weltkugel

2389	2.47 €	mehrfarbig . . . . cdv	5,—	5,—
		FDC		7,—

Auflage: 420 000 Stück

2002, 10. Sept. Verein zur Förderung der Lebensfreude als Therapie für kranke Kinder „ROTE NASEN Clowndoctors". ⬜ Peichl; RaTdr. (10 × 5); gez. K 13¾.

cdw) Clowndoktor

2390	0.51 €	mehrfarbig . . . . cdw	1,—	1,—
		FDC		2,50

Auflage: 720 000 Stück

2002, 13. Sept. Linzer Klangwolke. ⬜ Dellisch; RaTdr. (10 × 5); gez. K 13¾.

cdx) Symbolische Darstellung

			★★	☉
2391	0.58 €	mehrfarbig . . . . cdx	1,20	1,20
		FDC		2,50
2391 F	stark verschobener Blaudruck		—,—	

Auflage: 420 000 Stück

2002, 27. Sept. Automobile (I). ⬜ Siegl; RaTdr. (5 × 10); gez. K 13¾.

cdx) Kaiserwagen Gräf & Stift Typ 40/45 (1913/14)

2392	0.51 €	mehrfarbig . . . . cdy	1,—	1,—
		FDC		2,50

Auflage: 1 000 000 Stück

2002, 4. Okt. Haustiere (II). ⬜ Deix; RaTdr. (10 × 5); gez. K 13¾.

cdz) Hund im Königsgewand; Zeichnung von Manfred Deix, Karikaturist

2393	0.51 €	mehrfarbig . . . . cdz	1,—	1,—
		FDC		2,50

Auflage: 1 000 000 Stück

2002, 4. Okt. Eisenbahnen (I). ⬜ Sinawehl; Ⓢ Schmirl; komb. StTdr. und RaTdr. (5 × 10); gez. K 13¾.

cea) Schnellzug mit Lokomotive der Baureihe 109 im alten Wiener Südbahnhof

2394	0.51 €	mehrfarbig . . . . cea	1,—	1,—
		FDC		2,50

Auflage: 1 000 000 Stück

2002, 11. Okt. Moderne Kunst in Österreich (XXVIII). ⬜ Goldammer; Ⓢ Seidel; komb. StTdr. und RaTdr. (10 × 5); gez. K 13¾.

ceb) Schützenhaus von Otto Wagner am Wiener Donaukanal; Gemälde von Karl Goldammer (*1950)

2395	0.51 €	mehrfarbig . . . . ceb	1,—	1,—
		FDC		2,50
		MK 21		2,20

Auflage: 520 000 Stück

2002, 17. Okt. Blockausgabe: 250 Jahre Zahlenlotto in Österreich. ✏ Tuma; RaTdr.; gez. Ks 14.

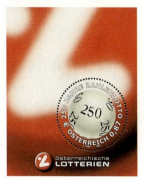

cec) Lottokugel mit Zahl „250"

ced

				★★	☉
2396	0.87 €	mehrfarbig	cec	1,80	1,80
Block 17	(72×90 mm)		ced	2,—	2,—
		FDC			4,50

Auflage: 420 000 Blocks

Ein nicht frankaturgültiger, ungezähnter Buntdruck des Blocks lag der Spezialedition „Jahrbuch 2002" bei (siehe unter „Schwarzdrucke").

2002, 25. Okt. Nationalpark Thayatal. ✏ Satke; ✏ Trsek; komb. StTdr. und RaTdr. (5×10); gez. K 13¾.

cee) Die Thaya bei Hardegg

2397	0.58 €	mehrfarbig	cee	1,20	1,20
		FDC			2,50

Auflage: 520 000 Stück

Ein nicht frankaturgültiger, ungezähnter Viererblock-Buntdruck der Marke lag der Spezialedition „Jahrbuch 2002" bei (siehe unter „Schwarzdrucke").

2002, 8. Nov. Motorräder (I). ✏ Siegl; RaTdr. (5×10); gez. K 13¾.

cef) Puch 175 SV

2398	0.58 €	mehrfarbig	cef	1,20	1,20
		FDC			2,50

Auflage: 420 000 Stück

2002, 15. Nov. 75 Jahre Berufsverband „Design Austria" (II). ✏ Homola; RaTdr. (10×5); gez. K 13¾.

ceg) Auge; Graphik von Wolfgang Homola (*1966)

2399	1.38 €	mehrfarbig	ceg	2,80	2,80
		FDC			4,50

Auflage: 420 000 Stück

2002, 22. Nov. Comicserie „The Philis" (III). ✏ Pramel; RaTdr. (5×10); gez. K 14:13¾.

ceh) Gogo und Edison mit Briefen am Strand

				★★	☉
2400	0.58 €	mehrfarbig	ceh	1,20	1,20
		FDC			2,50

Auflage: 520 000 Stück

2002, 29. Nov. Weihnachten. ✏ und ✏ Pfeiler; komb. StTdr. und RaTdr. (5×10); gez. K 14.

cei) Gloriole einer Weihnachtskrippe aus Thaur von Romed Speckbacher (1889-1972), Bildhauer und Krippenbauer

2401	0.51 €	mehrfarbig	cei	1,—	1,—
		FDC			2,50

Auflage: 10 000 000 Stück

2003

2003, 22. Jan. Freimarke. Odr. (10×5); gez. K 14.

cek) Euro-Zeichen, Postemblem

2402	0.45 €	mehrfarbig	cek	4,—	4,—
		FDC			6,—

MiNr. 2402 dient zur Addeckung des Postkartenportos in den Zollausschlußgebieten Kleinwalsertal und Jungholz, kann aber mit entsprechender Zusatzfrankatur in ganz Österreich verwendet werden.

In ähnlicher Zeichnung, jedoch mit handschriftlicher Wertangabe: Ergänzungsmarke MiNr. 1

2003, 14. März. Graz – Kulturhauptstadt Europas 2003. ✏ Acconci und Punkenhofer; RaTdr. (5×10); gez. K 13½:14¼.

cel) Murinsel mit Amphitheater

2403	0.58 €	mehrfarbig	cel	1,20	1,20
		FDC			2,—

Auflage: 880 000 Stück

2003, 14. März. Auslandsösterreicher: 1. Todestag von Billy Wilder. ✏ Konkolits; RaTdr. (10×5); gez. K 14¼:13½.

cem) Billy Wilder (1906–2002), amerikanischer Filmautor und -regisseur österreichischer Herkunft

2404	0.58 €	schwarz/dunkelrötlichgrau . .	cem	1,20	1,20
		FDC			2,—

Auflage: 500 000 Stück

2003, 21. März. Grußmarke für Hochzeitsglück-wünsche. ▨ Konkolits; RaTdr. (10×5); gez. K 14¼:13½.

cen) Taubenpaar, Ringe, Herzen

				★★	☉
2405	0.58 €	mehrfarbig . . . . cen		1,20	1,20
		FDC			2,—

Auflage: 2 000 000 Stück

2003, 11. April. Figuren aus dem Kinderfern-sehprogramm „Confetti TiVi" (IV): 45 Jahre „Kasperl" im österreichischen Fernsehen. ▨ Pirker und Widmann; RaTdr. (10×5); gez. K 13¾.

ceo) Kasperl

2406	0.51 €	mehrfarbig . . . . ceo		1,—	1,—
		FDC			2,—

Auflage: 1 000 000 Stück

2003, 11. April. 10 Jahre Verpackungsrecyc-ling im ARA-System. ▨ Dellisch; RaTdr. (10×5); gez. K 13¾.

cep) Wertstoffbehälter

2407	0.55 €	mehrfarbig . . . . cep		1,10	1,10
		FDC			2,—

Auflage: 1 000 000 Stück

2003, 11. April. 75 Jahre Berufsverband „Design Austria" (III). ▨ Sabolovic; RaTdr. (10×5); gez. K 13¾.

cer) Bar-Service Nr. 248 (1931) von Adolf Loos (1870–1933), Architekt und Designer

2408	1.38 €	mehrfarbig . . . . cer		3,—	3,—
		FDC			4,50

Auflage: 500 000 Stück

Wichtige philatelistische Informationen

finden Sie in der Einführung in den MICHEL-Katalog sowie in den Vortexten und Anmerkungen zu den einzelnen Ländern.

2003, 14. April. Blockausgabe: Panda-Forschung im Tiergarten Schönbrunn. ▨ Tuma; RaTdr.; gez. Ks 14.

ces–cet) Riesenpanda (Ailuropoda melanoleuca)

				★★	☉
2409	0.75 €	mehrfarbig . . . . ces		1,50	1,50
2410	1.00 €	mehrfarbig . . . . cet		2,—	2,—
Block 18	(110×76 mm)	. . . . ceu		4,—	4,—
		FDC			7,—

Auflage: 1 500 000 Blocks

Ein nicht frankaturgültiger, ungezähnter Buntdruck des Blocks lag der Spezial-edition „Jahrbuch 2003" bei (siehe unter „Schwarzdrucke").

2003, 25. April. Blockausgabe: Tod von Marcel Prawy. ▨ Scheidl; RaTdr.; gez. Ks 13¾.

cev) M. Horace Frydman Ritter von Prawy (1911–2003), Musikschriftsteller und -journalist; Staatsoper, Wien

2411	1.75 €	mehrfarbig . . . . cev		3,50	3,50
Block 19	(100×100 mm)	. . . . cew		4,—	4,—
		FDC			7,50

Auflage: 800 000 Blocks

Ein nicht frankaturgültiger Schwarzdruck des Blocks lag der Spezialedition „Jahr-buch 2003" bei (siehe unter „Schwarzdrucke").

2003, 25. April. 1000 Jahre Stift St. Geor-gen. ▨ Schulz; RaTdr. (5×10); gez. K 13¾.

cex) Benediktinerinnenstift St. Georgen am Längsee

2412	0.87 €	mehrfarbig . . . . cex		2,—	2,—
		FDC			3,—

Auflage: 500 000 Stück

2003, 9. Mai. Europa: Plakatkunst. ⬚ Alessandri; RaTdr. (10×5); gez. K 13¾.

cey) Plakat zur Ausstellungsreihe „100 Plakate aus Wien" (Tokio, 2003) von Cordula Alessandri

				★★	⊙
2413	1.02 €	mehrfarbig . . . . cey		2,—	2,—
			FDC		3,50

Auflage: 500 000 Stück

2003, 23. Mai. Tag der Briefmarke. ⬚ Siegl; ⬚ Schmirl; komb. StTdr. und RaTdr. (1×5 Zd); gez. K 13¾.

cez) Bahnpostwagen Siemens M 320 (1987)

Zierfeld

2414	2.54 € + 1.26 (€) mehrfarbig . . . . cez	8,—	8,—
	2414 Zf	8,50	8,50
	FDC	10,—	
	Kleinbogen	42,—	42,—

MiNr. 2414 wurde mit Zierfeld schachbrettartig zusammenhängend gedruckt.

Zum Tag der Briefmarke 2003 wurde ein Schwarzdruck der MiNr. 2414 als Kleinbogen zu 5 Stück und 5 Zierfeldern abgegeben (siehe unter „Schwarzdrucke").

Auflage: 850 000 Stück

2003, 30. Mai. Freimarken: Ferienland Österreich. ⬚ Tuma; RaTdr. (10×10); gez. K 13¾:14.

cfa) Spätgotische Bürgerhäuser, Steyr

cfb) Raddampfer „Hohentwiel" auf dem Bodensee

cfc) Weststeirisches Bauernhaus, Rossegg

cfd) Preßhaus am Eisenberg

cfe) Gotischer Bildstock (16. Jh.), Hochosterwitz

2415	0.55 €	mehrfarbig . . . . cfa	1,10	1,10
2416	0.75 €	mehrfarbig . . . . cfb	1,50	1,50
2417	1.00 €	mehrfarbig . . . . cfc	2,—	2,—
2418	1.25 €	mehrfarbig . . . . cfd	2,50	2,50
2419	3.75 €	mehrfarbig . . . . cfe	8,—	8,—
		Satzpreis (5 W.)	15,—	15,—
		FDC	20,—	

Mit anhängendem Zierfeld (Zf 4)

2415 Zf	. . . .	1,50	1,50
2416 Zf	. . . .	2,—	2,—
2417 Zf	. . . .	2,50	2,50
2418 Zf	. . . .	3,—	3,—
2419 Zf	. . . .	10,—	10,—

Auflagen: MiNr. 2415 = 150 000 000, MiNr. 2416 = 25 000 000, MiNr. 2417 = 15 000 000, MiNr. 2418 = 10 000 000, MiNr. 2419 = 5 000 000 Stück

Weitere Werte siehe Übersicht nach Jahrgangswerttabelle.

2003, 2. Juni. Freimarken: Ferienland Österreich. ⬚ Tuma; RaTdr. (10×10); gez. K 13¾:14.

				★★	⊙
2420	0.04 €	schwarz/orangebraun . . . . . ccs	0,20	0,20
2421	0.07 €	schwarz/mittelpreußischblau ccw	0,30	0,30
2422	0.13 €	mehrfarbig ccv	0,40	0,40
2423	0.17 €	schwarz/blauviolett . . . . . . cct	0,50	0,50
2424	0.27 €	schwarz/dunkelkobalt . . . . . ccu	0,70	0,70
		Satzpreis (5 W.)	2,—	2,—
		FDC	13,—	

Mit anhängendem Zierfeld (Zf 4)

2420 Zf	. . . .	0,80	0,80
2421 Zf	. . . .	0,80	0,80
2422 Zf	. . . .	0,80	0,80
2423 Zf	. . . .	0,80	0,80
2424 Zf	. . . .	1,—	1,—

Auflagen: MiNr. 2420 = 30 000 000, MiNr. 2421 = 400 000, MiNr. 2422–2423 je 15 000 000, MiNr. 2424 = 24 000 000 Stück

Weitere Werte siehe Übersicht nach Jahrgangswerttabelle.

2003, 6. Juni. Eisenbahnen (II). ⬚ Sinawehl; ⬚ Schmirl; komb. StTdr. und RaTdr. (5×10); gez. K 13¾.

cff) Zug der Baureihe 5045 „Blauer Blitz"

2425	0.75 €	mehrfarbig . . . . cff	1,50	1,50
			FDC	3,—	

Auflage: 700 000 Stück

2003, 12. Juni. 100 Jahre Salzachbrücke Oberndorf–Laufen. ⬚ Margreiter; ⬚ Schmirl; komb. StTdr. und RaTdr. (2×5); gez. K 13¾.

cfg) Oberndorf–Laufener Salzachbrücke

2426	0.55 (€) mehrfarbig . . . . cfg	1,10	1,10
	FDC	2,50	
	FDC I (mit MiNr. 2426 und BRD MiNr. 2345)	3,—	
	Kleinbogen	13,—	13,—

Auflage: 1 900 000 Stück

Gemeinschaftsausgabe mit Bundesrepublik Deutschland MiNr. 2345

2003, 16. Juni. Blockausgabe: 100 Jahre Ford-Automobile. ⒢ Kobald und Nickerl; RaTdr.; gez. Ks 13½:14¼.

cfh) Ford Modell T (1908)   Zierfeld   cfl

cfi) Henry Ford (1863–1947),   cfk) Ford StreetKa
amerikanischer Industrieller   (2003)

				✶✶	⊙
2427	0.55 €	mehrfarbig . . . . cfh		1,10	1,10
2428	0.55 €	mehrfarbig . . . . cfi		1,10	1,10
2429	0.55 €	mehrfarbig . . . . cfk		1,10	1,10
Block 20	(150×80 mm) . . . . cfl			3,50	3,50
			FDC		6,50

Auflage: 1 000 000 Blocks

2003, 18. Juni. Blockausgabe: The Rolling Stones. ⒢ Lenzenhofer; RaTdr.; gez. Ks 14:13¾.

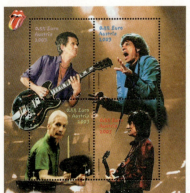

cfl

cfm) Keith Richards (*1943),   cfn) Mick Jagger (*1943),
Gitarrist   Leadsänger

cfo) Charlie Watts (*1941),   cfp) Ron Wood (*1947),
Schlagzeuger   Gitarrist

cfm–cfp) Mitglieder der britischen Rockgruppe „The Rolling Stones" (gegr. 1962)

				✶✶	⊙
2430	0.55 €	mehrfarbig . . . . cfm		1,10	1,10
2431	0.55 €	mehrfarbig . . . . cfn		1,10	1,10
2432	0.55 €	mehrfarbig . . . . cfo		1,10	1,10
2433	0.55 €	mehrfarbig . . . . cfp		1,10	1,10
Block 21	(100×100 mm) . . . . cfr			4,80	4,80
			FDC		7,50

Auflage: 1 000 000 Blocks

Die Ausführlichkeit der **MICHEL**-Kataloge
ist international anerkannt.

2003, 20. Juni. Jahr der Bibel. ⒢ Schulz; RaTdr. (5×10); gez. K 13¾.

cfs) Hl. Matthäus beim Schreiben des Evangeliums;
Illustration einer Handschrift (1165) aus dem
Augustiner-Chorherrenstift St. Florian, Salzburg

				✶✶	⊙
2434	0.55 €	mehrfarbig . . . . cfs		1,10	1,10
			FDC		2,50

Auflage: 700 000 Stück

2003, 20. Juni. Automobile (II). ⒢ Siegl; RaTdr. (5×10); gez. K 13¾.

cft) Flughafen-Feuerwehrfahrzeug Rosenbauer
Panther 8×8 (1991)

				✶✶	⊙
2435	0.55 €	mehrfarbig . . . . cft		1,10	1,10
			FDC		2,50

Auflage: 500 000 Stück

2003, 3. Juli. Moderne Kunst in Österreich (XXIX). ⒢ Kogelnik; ⒮ Seidel; komb. StTdr. und RaTdr. (10×5); gez. K 13¾.

cfu) Nehmen Sie sich Zeit für die Liebe; Gemälde von
Kiki Kogelnik (1935–1997); Graphikerin und Bildhauerin

				✶✶	⊙
2436	0.55 €	mehrfarbig . . . . cfu		1,10	1,10
			FDC		2,50
			MK 22		2,50

Auflage: 700 000 Stück

2003, 11. Juli. Kultur- und Naturerbe der Menschheit: Neusiedler See. ⒢ Sinawehl; ⒮ Seidel; komb. StTdr. und RaTdr. (5×10); gez. K 13¾.

cfv) Blick von Podersdorf über den Neusiedler See

				✶✶	⊙
2437	1.00 €	mehrfarbig . . . . cfv		2,—	2,—
			FDC		3,50

Auflage: 1 500 000 Stück

2003, 18. Juli. Freimarken: Ferienland Österreich. ⒢ Tuma; RaTdr. (10×10); gez. K 13¾:14.

cfw) Segelboote   cfx) Kreuzstein
auf dem   im Mondsee
Wörthersee

				✶✶	⊙
2438	0.20 €	mehrfarbig . . . . cfw		0,40	0,40
2439	0.25 €	mehrfarbig . . . . cfx		0,50	0,50
			Satzpreis (2 W.)	0,90	0,90
			FDC		4,—

Mit anhängendem Zierfeld (Zf 4)

			★★	☉
2438 Zf	....		0,80	0,80
2439 Zf	....		0,80	0,80

Auflagen: 20 000 000 Sätze

Weitere Werte siehe Übersicht nach Jahrgangswerttabelle.

2003, 19. Juli. Ausstellung „Samurai und Geisha, Liebe und Tod im Japan der Shogune", Leoben. ⌷ Sinawehl; RaTdr. (5×10); gez. K 13¾.

cfy) Samurai und Geisha; kolorierter Holzschnitt

2440	0,55 €	mehrfarbig . . . . cfy		1,30	1,30
			FDC		2,50

Auflage: 700 000 Stück

2003, 24. Juli. Opernfestspiele, St. Margarethen. ⌷ Gruber; RaTdr. (5×10); gez. K 13¾.

cfz) Plakat zur Puccini-Oper „Turandot"

2441	0,55 €	mehrfarbig . . . . cfz		1,30	1,30
			FDC		2,50

Auflage: 700 000 Stück

2003, 12. Sept. Kindermarke. ⌷ Wallner; RaTdr. (10×5); gez. K 12¾:13½.

cga) Kind und Familie (Kinderzeichnung)

2442	0,55 €	mehrfarbig . . . . cga		1,10	1,10
			FDC		2,50

Auflage: 700 000 Stück

2003, 18. Sept. 50. Österreichischer Gemeindetag, Wiener Neustadt. ⌷ Siegl; RaTdr. (10×5); gez. K 13¾.

cgb) Wasserturm, Wiener Neustadt

2443	0,55 €	mehrfarbig . . . . cgb		1,30	1,30
			FDC		2,50

Auflage: 700 000 Stück

2003, 19. Sept. Grußmarke: Dankeschön. ⌷ Kostron; RaTdr. (5×10); gez. K 13¾:14.

cgc) Comicfigur TomTom mit Blumenstrauß; von Thomas Kostron (*1965), Cartoonist

2444	0,55 €	mehrfarbig . . . . cgc		1,10	1,10
			FDC		2,50

Auflage: 2 000 000 Stück

2003, 24. Sept. Versandhandel. ⌷ Kostron; RaTdr. (10×5); gez. K 13¾:14.

cgd) Postbote in Ballon stellt Paket zu

			★★	☉
2445	0,55 € mehrfarbig . . . . cgd		1,30	1,30
	FDC			2,50

Auflage: 700 000 Stück

2003, 25. Sept. Werner Schlager – Gewinner bei den Tischtennis-Weltmeisterschaften, Paris. ⌷ Gruber; RaTdr. (5×10); gez. K 14:13¾.

cge) W. Schlager (*1972), Weltmeister 2003 im Herren-Einzel

2446	0,55 €	mehrfarbig . . . . cge		1,10	1,10
			FDC		2,50

Auflage: 700 000 Stück

2003, 26. Sept. Nationale Jugend-Briefmarkenausstellung JUGEND-PHILA '03, Graz. ⌷ Zell; RaTdr. (5×10); gez. K 14:13¾.

cgf) Schlangenhaupt (Kinderzeichnung), Ausstellungsemblem

2447	0,55 €	mehrfarbig . . . . cgf		1,30	1,30
			FDC		2,50

Auflage: 1 000 000 Stück

2003, 1. Okt. Aufführung des Musicals „Elisabeth" im Theater an der Wien. ⌷ Necás; RaTdr. (5×10); gez. K 14:13¾.

cgg) Plakat

2448	0,55 €	mehrfarbig . . . . cgg		1,10	1,10
			FDC		2,50

Auflage: 700 000 Stück

2003, 10. Okt. Blockausgabe: Gemälde aus österreichischen Sammlungen (I). ⬚ und ⬚ Seidel; komb. StTdr. und RaTdr.; gez. Ks 13½:13¾.

ÖSTERREICHISCHE GALERIE
BELVEDERE

GUSTAV KLIMT
JUDITH I

cgh) Judith I; von Gustav Klimt (1862–1918)

cgi

			**	⊙
2449	2.10 €	mehrfarbig . . . . cgh	4,20	4,20
Block 22	(80×100 mm) . . . . cgi		4,50	4,50
		FDC		8,—

Auflage: 500 000 Blocks

Ein nicht frankaturgültiger, ungezähnter Buntdruck des Blocks lag der Spezialedition „Jahrbuch 2003" bei (siehe unter „Schwarzdrucke").

2003, 11. Nov. 30 Jahre Spendenaktion „Licht ins Dunkel". ⬚ ORF-Design; RaTdr. (5×10); gez. K 13¾.

cgk) Hände, Lichtquelle

2450	0.55 €	mehrfarbig . . . . cgk	1,10	1,10
		FDC		2,50

Auflage: 1 500 000 Stück

2003, 19. Nov. 175 Jahre Klavierfabrik Bösendorfer. ⬚ Sinawehl; ⬚ Seidel; komb. StTdr. und RaTdr. (5×10); gez. K 13¾.

cgl) Anton-Grosser-Flügel

2451	0.75 €	mehrfarbig . . . . cgl	1,50	1,50
		FDC		3,—

Auflage: 700 000 Stück

Ein nicht frankaturgültiger, ungezähnter Viererblock-Buntdruck der Marke lag der Spezialedition „Jahrbuch 2003" bei (siehe unter „Schwarzdrucke").

2003, 19. Nov. Oscar-Peterson-Konzert anläßlich des Bösendorfer-Jubiläums, Wien. ⬚ Gruber; RaTdr. (5×10); gez. K 12¾:13½.

cgm) O. Peterson (*1925), Jazzpianist; Bösendorfer-Flügel

2452	1.25 €	mehrfarbig . . . . cgm	2,80	2,80
		FDC		4,—

Auflage: 700 000 Stück

2003, 28. Nov. Weihnachten. ⬚ und ⬚ Pfeiler; komb. StTdr. und RaTdr. (10×5); gez. K 13¾:14.

cgn) Christi Geburt; Glasfenster von Fritz Krcal (1888–1983) in der Pfarrkirche Hohenems

			**	⊙
2453	0.55 €	mehrfarbig . . . . cgn	1,10	1,10
		FDC		2,50

Auflage: 10 000 000 Stück

2003, 5. Dez. Freimarke: Ferienland Österreich. ⬚ Tuma; RaTdr. (10×10); gez. K 13¾:14.

cgo) St.-Martins-Kapelle, Kleinwalsertal

2454	0.45 €	mehrfarbig . . . . cgo	1,20	1,20
		FDC		3,—

Mit anhängendem Zierfeld (Zf 4)

2454 Zf	. . . .	1,40	1,40

MiNr. 2454 dient zur Abdeckung des Postkartenportos in den Zollausschlußgebieten Kleinwalsertal und Jungholz, kann aber mit entsprechender Zusatzfrankatur in ganz Österreich verwendet werden.

Auflage: 1 500 000 Stück

Weitere Werte siehe Übersicht nach Jahrgangswerttabelle.

2003, 5. Dez. Meine Marke (I). ⬚ Österr. Staatsdr.; RaTdr. (4×5, Hochformat ~); gez. K 13¾.

cgp

cgr

2455	0.55 €	mehrfarbig . . . . cgp	1,20	1,20
2456	0.55 €	mehrfarbig . . . . cgr	1,20	1,20
		Satzpreis (2 W.)	2,40	2,40
		FDC		5,—

MiNr. 2455–2456 konnten auch mit persönlich gestalteten Markenbildern bei der Österreichischen Post bestellt werden (siehe unter „Marken auf Privatbestellung" im Anhang).

Auflage: 500 000 Sätze

Weiterer Wert: MiNr. 2566

2004

2004, 1. Jan. Neujahrskonzert der Wiener Philharmoniker unter der Leitung von Riccardo Muti. ⬚ Gruber; RaTdr. (10×5); gez. K 13¾.

cgs) Riccardo Muti (*1941), italienischer Dirigent

2457 1 € mehrfarbig . . . . cgs · ★★ 2,20 · ⊙ 2,20
FDC 3,—
Auflage: 600 000 Stück

2004, 16. Jan. Seiji Ozawa. ⍁ Gruber; RaTdr. (5×10); gez. K 13¾.

cgt) Seiji Ozawa (*1935), japanischer Dirigent und Musikdirektor der Wiener Staatsoper

2458 1 € mehrfarbig . . . . cgt 2,20 2,20
FDC 3,—
Auflage: 600 000 Stück

2004, 23. Febr. 30. Jahrestag des ersten Auftritts von José Carreras an der Wiener Staatsoper. ⍁ Gruber; RaTdr. (5×10); gez. K 13¾.

cgu) José Carreras (*1946), spanischer Tenor

2459 1 € mehrfarbig . . . . cgu 2,20 2,20
FDC 3,—
Auflage: 600 000 Stück

2004, 18. März. 100 Jahre Österreichischer Fußballbund: Fußballspieler. ⍁ Gruber; RaTdr., Kleinbogen (5×2); gez. Ks 13¾.

cgv cgw cgx cgy cgz
cha chb chc chd che

cgv) Gerhard „Gschropp" Hanappi (1929–1980)
cgw) Mathias Sindelar (1903–1942)
cgx) Fußball, Jubiläumsemblem
cgy) Bruno Pezzey (1955–1994)
cgz) Ernst Ocwirk (1928–1980)
cha) Walter Zeman (1927–1991)
chb) Herbert Prohaska (*1955)
chc) Johann „Hans" Krankl (*1953)
chd) Andreas Herzog (*1968)
che) Anton „Toni" Polster (*1964)

2460 0.55 € mehrfarbig . . . . cgv 1,10 1,10
2461 0.55 € mehrfarbig . . . . cgw 1,10 1,10
2462 0.55 € mehrfarbig . . . . cgx 1,10 1,10
2463 0.55 € mehrfarbig . . . . cgy 1,10 1,10
2464 0.55 € mehrfarbig . . . . cgz 1,10 1,10
2465 0.55 € mehrfarbig . . . . cha 1,10 1,10
2466 0.55 € mehrfarbig . . . . chb 1,10 1,10
2467 0.55 € mehrfarbig . . . . chc 1,10 1,10
2468 0.55 € mehrfarbig . . . . chd 1,10 1,10
2469 0.55 € mehrfarbig . . . . che 1,10 1,10
Satzpreis (10 W.) 11,— 11,—
Kleinbogen 11,— 11,—
FDC 15,—
Auflage: 500 000 Kleinbogen

2004, 26. März. Ostern; 100. Geburtstag von Werner Berg. ⍁ Schulz; RaTdr. (10×5); gez. K 13¾.

chf) Bauern-Christus; Gemälde von Werner Berg (1904–1981)

2470 0.55 € mehrfarbig . . . . chf · ★★ 1,10 · ⊙ 1,10
FDC 2,—
Auflage: 600 000 Stück

2004, 29. März. Life Ball 2004, Wien – Benefizgala zugunsten der Aids-Hilfe. ⍁ Prache; RaTdr. (5×10); gez. K 14.

chg) Tanzende Menschen

2471 0.55 € mehrfarbig . . . . chg 1,10 1,10
FDC 2,—
Auflage: 600 000 Stück

2004, 30. März. Tod von Kardinal Franz König. ⍁ Tuma; ⍉ Seidel; komb. StTdr. und RaTdr. (10×5); gez. K 14.

chh) Kardinal Franz König (1905–2004)

2472 1.00 € mehrfarbig . . . . chh 2,— 2,—
FDC 3,—
Auflage: 1 000 000 Stück

2004, 23. April. Blockausgabe: 150. Jahrestag der Hochzeit von Kaiserin Elisabeth und Kaiser Franz Joseph. ⍁ und ⍉ Pfeiler; komb. StTdr. und RaTdr.; gez. Ks 14.

chk) Hochzeitszug am Karlsplatz
chl) Kaiser Franz Joseph I. (1830 bis 1916) und Kaiserin Elisabeth (1837–1898)
chi) Flitterwochen in Laxenburg
chm

2473 1.25 € mehrfarbig . . . . chi 2,50 2,50
2474 1.50 € mehrfarbig . . . . chk 3,— 3,—
2475 1.75 € mehrfarbig . . . . chl 3,50 3,50
Block 23 (157×109 mm) . . . . chm 9,— 9,—
FDC 14,—
Auflage: 500 000 Blocks

2004, 28. April. Blockausgabe: Mitteleuropäischer Katholiken-tag, Mariazell. ⬚ Tuma; ⬚ Seidel; komb. StTdr. und RaTdr.; gez. Ks 14.

chu

cho) Papst Johannes
Paul II. (1920–2005,
reg. ab 1978)

chp) Gnadenbild
„Magna Mater
Austriae" (um 1157)

chn) Emblem des
Katholikentages

chr) Muttergottes auf der
Frauensäule (um 1520)

chs) Gnadenbild des
Schatzkammeraltars
(um 1350/60)

cht) Kreuz des Hochaltars
von Johann Bernhard Fischer
von Erlach (1656–1723)

				✶✶	☉
2476	0.55 €	mehrfarbig	chn	1,10	1,10
2477	1.25 €	mehrfarbig	cho	2,50	2,50
2478	1.25 €	mehrfarbig	chp	2,50	2,50
2479	1.25 €	mehrfarbig	chr	2,50	2,50
2480	1.25 €	mehrfarbig	chs	2,50	2,50
2481	1.25 €	mehrfarbig	cht	2,50	2,50
Block 24	(110×160 mm)		chu	14,—	14,—
			FDC		18,—

Auflage: 600 000 Blocks

Oftmals ist es schwierig, Neuausgaben rechtzeitig zu erhalten oder die Franka-turgültigkeit und Legalität einer Ausgabe zu klären. Wir bitten um Verständnis, wenn es aus diesen Gründen zu Verzögerungen bei der Katalogisierung kommt.

2004, 7. Mai. Tag der Briefmarke. ⬚ Siegl; ⬚ Schmirl; komb. StTdr. und RaTdr. (1×5 Zd); gez. K 13¾.

chv) Postbeförderung
mit Militärflugzeug
Oeffag C II (1915)

Zierfeld

					✶✶	☉
2482	2.65 €	+ 1.30 (€)	mehrfarbig	chv	8,—	8,—
				2482 Zf	8,—	8,—
				FDC		10,—
				Kleinbogen	40,—	40,—

MiNr. 2482 wurde mit Zierfeld schachbrettartig zusammenhängend gedruckt.

Zum Tag der Briefmarke 2004 wurde ein Schwarzdruck der MiNr. 2482 als Kleinbogen zu 5 Stück und 5 Zierfeldern abgegeben (siehe unter „Schwarzdrucke").

Auflage: 720 000 Stück

2004, 8. Mai. Volksbrauchtum und volks-kundliche Kostbarkeiten (XXII). ⬚ Schulz; ⬚ Leitgeb; komb. StTdr. und RaTdr. (10×5); gez. K 13¾.

chw) Faßlrutschen in Klosterneuburg

2483	0.55 €	mehrfarbig	chw	1,10	1,10
			FDC		2,—

Auflage: 600 000 Stück

Weitere Werte siehe Übersicht nach Jahrgangswerttabelle.

2004, 24. Mai. Joe Zawinul. ⬚ Gruber; RaTdr. (10×5); gez. K 13¾.

chx) Joe Zawinul (1932–2007), Jazzpianist und
-keyboarder

2484	0.55 €	mehrfarbig	chx	1,10	1,10
			FDC		2,—

Auflage: 700 000 Stück

2004, 4. Juni. Päpstlicher Ritterorden vom Heiligen Grab zu Jerusalem. ⬚ Siegl; ⬚ Schmirl; komb. StTdr. und RaTdr. (5×10); gez. K 13¾.

chy) Grabeskirche, Jerusalem; Jerusalemkreuz

2485	125 (C)	mehrfarbig	chy	2,50	2,50
			FDC		3,50

Auflage: 500 000 Stück

2004, 4. Juni. Europa: Ferien. ⬚ Fuchs; RaTdr. (5×10); gez. K 13¾.

chz) Sonne über Blumenfeld

2486	75 (C)	mehrfarbig	chz	1,80	1,80
			FDC		2,50

Auflage: 600 000 Stück

2004, 19. Juni. Eisenbahnen (III). ✍ Sinawehl; ▨ Schmirl; komb. StTdr. und RaTdr. (5×10); gez. K 13¾.

cia) Engert-Lokomotive „Kapellen"
der K.K. südlichen Staatsbahn (1853/54)

				**	⊙
2487	55 (C) mehrfarbig	. . . . cia		1,10	1,10
		FDC			2,50

Auflage: 600 000 Stück

2004, 25. Juni. Donauinselfest, Wien. ✍ Konkolits; RaTdr. (10×5); gez. K 14.

cib) Feuerwerk, Symbolik

2488	55 (C) mehrfarbig	. . . . cib	1,10	1,10
		FDC		2,—

Auflage: 600 000 Stück

2004, 6. Juli. 100. Todestag von Theodor Herzl. ✍ Vanooijen; RaTdr. (3×3); gez. K 13¾.

cic) Th. Herzl (1860–1904), Schriftsteller; Titel des Buches „Der Judenstaat"

2489	55 (C) mehrfarbig	 cic	1,10	1,10
		FDC		1,60
		Kleinbogen	12,—	12,—

Auflage: 1 440 000 Stück

Parallelausgabe mit Israel MiNr. 1786 und Ungarn MiNr. 4871

2004, 30. Juli. Auslandsösterreicher: Arnold Schwarzenegger. ✍ Margreiter; RaTdr. (5×10); gez. K 13½:14¼.

cid) A. Schwarzenegger (*1947), Gouverneur von Kalifornien, Bodybuilder und Filmschauspieler

2490	100 (C) mehrfarbig	. . . . cid	2,—	2,—
		FDC		3,—

Auflage: 600 000 Stück

2004, 17. Aug. Ernst Happel. ✍ Gruber; RaTdr. (5×10); gez. K 13¾.

cie) E. Happel (1925–1992), Fußball-Nationaltrainer

2491	100 (C) rosarot/schwarz	. . . . cie	2,—	2,—
		FDC		3,—

Auflage: 500 000 Stück

Mehr wissen mit MICHEL

2004, 3. Sept. Figuren aus dem Kinderfernsehprogramm „Confetti TiVi" (V). ✍ Wolkerstorfer; RaTdr. (5×10); gez. K 13¾.

cif) Das turbotolle Fahrrad Tom Turbo; Zeichnung von Andreas Wolkerstorfer (7 J.)

			**	⊙
2492	55 (C) mehrfarbig	. . . . cif	1,10	1,10
		FDC		2,—

Auflage: 600 000 Stück

2004, 10. Sept. Grußmarke für Einladungen. ✍ Kostron; RaTdr. (10×5); gez. K 14.

cig) Tom Tom und Tom Tomette begrüßen Schneckodemus; Figuren von Thomas Kostron (*1965), Cartoonist

2493	55 (C) mehrfarbig	. . . . cig	1,10	1,10
		FDC		2,—

Auflage: 800 000 Stück

2004, 17. Sept. 100. Jahrestag der Eingemeindung der Stadt Floridsdorf nach Wien. ✍ Fuchs; ▨ Trsek; komb. StTdr. und RaTdr. (5×10); gez. K 14:13¾.

cih) Stadtansicht mit Dampfstraßenbahn (um 1890)

2494	55 (C) mehrfarbig	. . . . cih	1,10	1,10
		FDC		2,—

2494 Uu unten ungezähnt (▨) . . . . —,— —,—

Auflage: 600 000 Stück

Ein nicht frankaturgültiger, ungezähnter Viererblock-Buntdruck der Marke lag der Spezialedition „Jahrbuch 2004" bei (siehe unter „Schwarzdrucke").

2004, 20. Sept. Blockausgabe: Glaskunstausstellung „Swarovski Kristallwelten", Wattens. ✍ Gruber; RaTdr. mit aufgeklebten Kristallen; gez. Ks 14.

cii) Kristall   cik) Schwan   cil

2495	375 (C) mehrfarbig	 cii	7,50	7,50
2496	375 (C) mehrfarbig	. . . . cik	7,50	7,50
Block 25	(146×85 mm)	 cil	15,—	15,—
		FDC		20,—

Bl. 25 wurde in einer Geschenkpackung verkauft. Jede Blockmarke ist mit sechs Swarovski-Kristallen bestückt.

Auflage: 800 000 Blocks

55
HERMANN MAIER
GESAMTWELTCUPSIEGER

2004, 25. Sept. Skirennfahrer (I). [E] **Gruber; RaTdr. (5×10); gez. K 14:13¾.**

cim) Hermann Maier (*1972), Gesamtweltcupsieger, Weltmeister und Olympiasieger

			**	⊙
2497	55 (C) mehrfarbig	cim	1,10	1,10
		FDC		2,—

Auflage: 600 000 Stück

55
ÖSTERREICH

2004, 8. Okt. Moderne Kunst in Österreich (XXX). [E] **Bramer;** [S] **Seidel; komb. StTdr. und RaTdr. (10×5); gez. K 13¾.**

cin) Kaspar Winterbild; Gemälde von Josef Bramer (*1948), Maler und Graphiker

2498	55 (C) mehrfarbig	cin	1,10	1,10
		FDC		2,—
		MK 23		2,40

Auflage: 500 000 Stück

55
ÖSTERREICH

2004, 13. Okt. Freimarke: Ferienland Österreich. MiNr. 2363 mit fluoreszierendem Bdr.-Aufdruck. [E] **des Aufdrucks: Tuma.**

2499	**55 (C)** auf 0.51 € mehrfarbig	(2363)	1,10	1,10
		FDC		2,50

Mit anhängendem Zierfeld (Zf 4)

2499 Zf		1,50	1,50

Auflage: 20 677 000 Stück

Weitere Werte siehe Übersicht nach Jahrgangswerttabelle.

55
Wartende
AUSTRIA

2004, 15. Okt. Aktgemälde (I). [E] **Gredenberg; RaTdr. (10×5); gez. K 13¾.**

cio) Die Wartende; von Silvia Gredenberg, Malerin und Graphikerin

2500	55 (C) mehrfarbig	cio	1,10	1,10
		FDC		2,—

Auflage: 600 000 Stück

Ein nicht frankaturgültiger, ungezähnter Viererblock-Buntdruck der Marke lag der Spezialedition „Jahrbuch 2004“ bei (siehe unter „Schwarzdrucke“).

MICHEL-Kataloge

können Sie auch außerhalb Deutschlands beziehen. Unsere Vertretungen in vielen Ländern haben die neuen Kataloge stets lieferbar.

2004, 18. Okt. Blockausgabe: Gemälde aus österreichischen Sammlungen (II). [E] **und** [S] **Seidel; komb. StTdr. und RaTdr.; gez. K 13¾.**

TIROLER LANDESMUSEUM
FERDINANDEUM
ÖSTERREICH 210
MAX WEILER
JUNGE SONNENBLUME
1949

cip) Junge Sonnenblume; von Max Weiler (1910–2001), Maler und Graphiker

cir

			**	⊙
2501	210 (C) mehrfarbig	cip	4,20	4,20
Block 26	(80×100 mm)	cir	4,20	4,20
		FDC		7,—

Auflage: 500 000 Blocks

Ein nicht frankaturgültiger, ungezähnter Buntdruck des Blocks lag der Spezialedition „Jahrbuch 2004“ bei (siehe unter „Schwarzdrucke“).

ÖSTERREICH 55
DIE FREIE NATUR
UNSERE FREIHEIT

2004, 22. Okt. Nationalpark Donau-Auen. [E] **Hundertwasser;** [S] **Seidel; komb. StTdr. und RaTdr. (10×5); gez. K 13¾.**

cis) Plakat anläßlich der Donau-Au-Besetzung in Hainburg; von Friedensreich Hundertwasser, eigentlich Friedrich Stowasser (1928–2000), Maler und Graphiker

2502	55 (C) mehrfarbig	cis	1,10	1,10
		FDC		2,50

Auflage: 700 000 Stück

Ein nicht frankaturgültiger Viererblock-Buntdruck wurde zeitgleich von der Versandstelle verkauft (siehe unter „Schwarzdrucke“).

ÖSTERREICH
55

2004, 26. Okt. 50 Jahre Österreichisches Bundesheer. [E] **Siegl; RaTdr. (2×5); gez. K 14:13¾.**

cit) Vzlt. Horst Konrad, Staatswappen, Nationalflagge

2503	55 (C) mehrfarbig	cit	1,10	1,10
		FDC		2,50
		Kleinbogen	13,—	13,—

Auflage: 2 000 000 Stück

75 Geburtstag

2004, 29. Okt. 75. Geburtstag von Nikolaus Harnoncourt. [E] **Gruber; RaTdr. (5×10); gez. K 14:13¾.**

ciu) N. Harnoncourt (*1929), Dirigent

2504	1.00 € mehrfarbig	ciu	2,—	2,—
		FDC		3,—

Auflage: 500 000 Stück

2004, 26. Nov. Weihnachten. ⬛ und ⬛ Pfeiler; komb. StTdr. und RaTdr. (10×5); gez. K 13¾.

civ) Salzburger Christkindlmarkt 1987; Federzeichnung von Karl Neuhofer

				**	⊙
2505	55 (C) mehrfarbig	. . . .	civ	1,10	1,10
			FDC		2,—

Auflage: 11 000 000 Stück

2005

2005, 1. Jan. Neujahrskonzert der Wiener Philharmoniker unter der Leitung von Lorin Maazel. ⬛ Gruber; RaTdr. (5×10); gez. K 13¾.

ciw) Lorin Maazel (*1930), Dirigent

2506	1.00 (€) mehrfarbig	. . . .	ciw	2,—	2,—
			FDC		3,—

Auflage: 600 000 Stück

2005, 14. Jan. 10 Jahre Herbert-von-Karajan-Centrum, Wien. ⬛ Thor; RaTdr. (5×10); gez. K 14:14¼.

cix) H. von Karajan (1908–1989), Dirigent

2507	55 (C)	. . . .	cix		
a		mfg./dunkelblaugrau		1,10	1,10
b		mfg./lebhaftgrau		1,10	1,10
			FDC		2,—

Die Farbangaben beziehen sich auf den Markenhintergrund.

Auflagen: MiNr. 2507 a = 700 000, MiNr. 2507 b ca. 400 000 Stück

2005, 20. Jan. Skirennfahrer (II). ⬛ Gruber; RaTdr. (5×10); gez. K 14:13¾.

ciy) Stephan Eberharter (*1969), Gesamtweltcupsieger, Weltmeister und Olympiasieger

2508	55 (C) mehrfarbig	. . . .	ciy	1,10	1,10
			FDC		2,—

Auflage: 700 000 Stück

2005, 25. Jan./18. Febr. Freimarken: Ferienland Österreich. MiNr. 2364–2367, 2420 und 2422–2424 mit Bdr.-Aufdruck. ⬛ der Aufdrucke: Riha (MiNr. 2509), Wegerer (MiNr. 2510), Bradu (MiNr. 2511), Stöger (MiNr. 2512), Kiem (MiNr. 2513), Pierkowska (MiNr. 2514), Rattay (MiNr. 2515), Deschka (MiNr. 2516).

					**	⊙
2509	55 (C)	auf 0.04 € schwarz/orangebraun (4. Febr.)	(2420)	1,10	1,10
2510	55 (C)	auf 0.13 € mfg. (11. Febr.)	(2422)	1,10	1,10
2511	55 (C)	auf 0.17 € schwarz/blauviolett (11. Febr.)	(2423)	1,10	1,10
2512	55 (C)	auf 0.27 € schwarz/dunkelkobalt (18. Febr.) . . .	(2424)	1,10	1,10
2513	55 (C)	auf 0.58 € mfg. (4. Febr.) .	(2364)	1,10	1,10
2514	55 (C)	auf 0.73 € mfg. (25. Jan.)	(2365)	1,10	1,10
2515	55 (C)	auf 0.87 € mfg. (25. Jan.) .	(2366)	1,10	1,10
2516	55 (C)	auf 2.03 € mfg. (18. Febr.)	(2367)	1,10	1,10
		Satzpreis (8 W.)		8,80	8,80
		FDC mit MiNr. 2514–2515 (25.1.)			3,50
		FDC mit MiNr. 2509 und 2513 (4.2.)			3,50
		FDC mit MiNr. 2510–2511 (11.2.)			3,50
		FDC mit MiNr. 2512 und 2516 (18.2.)			3,50

Mit anhängendem Zierfeld (Zf 4)

2509 Zf	. . . .	1,50	1,50
2510 Zf	. . . .	1,50	1,50
2511 Zf	. . . .	1,50	1,50
2512 Zf	. . . .	1,50	1,50
2513 Zf	. . . .	1,50	1,50
2514 Zf	. . . .	1,50	1,50
2515 Zf	. . . .	1,50	1,50
2516 Zf	. . . .	1,50	1,50

Auflagen: MiNr. 2509 und 2512 je 4 000 000, MiNr. 2510, 2513 und 2516 je 7 000 000, MiNr. 2511 = 6 000 000, MiNr. 2514 = 11 000 000, MiNr. 2515 = 6 500 000 Stück

Weitere Werte siehe Übersicht nach Jahrgangswerttabelle.

2005, 23. Febr. 100 Jahre Rotary International. ⬛ Tuma; RaTdr. (2×5); gez. K 14:14¼.

ciz) Polarlandschaft, Erde, Rotary-Emblem

2517	55 (C) mehrfarbig	. . . .	ciz	1,10	1,10
			FDC		2,—
			Kleinbogen	11,—	11,—

Auflage: 2 000 000 Stück

Ein nicht frankaturgültiger ungezähnter Buntdruck des Kleinbogens wurde zeitgleich von der Versandstelle für 6 € verkauft (siehe unter „Schwarzdrucke").

2005, 1. März. Tod von Max Schmeling. ⬛ Sinawehl; ⬛ Leitgeb; komb. StTdr. und RaTdr. (10×5); gez. K 13¾.

cka) Max Schmeling (1905–2005), deutscher Boxweltmeister; Gemälde von George Grosz (1893–1959)

2518	100 (C) mehrfarbig	. . . .	cka	2,—	2,—
			FDC		3,—

Auflage: 1 000 000 Stück

2005, 7. März. Eröffnung des Liechtenstein-Museums, Wien: Fürstliche Kunstschätze. Ⓐ und Ⓢ Seidel; komb. StTdr. und RaTdr. (4×2); gez. K 13¾.

ckb) Venus vor dem Spiegel; Gemälde von Peter Paul Rubens (1577–1640), flämischer Maler

			★★	☉
2519	125 (C) mehrfarbig .... ckb		2,50	2,50
		FDC		3,50
		Kleinbogen	30,—	30,—

Auflage: 1 100 000 Stück

Parallelausgabe mit Liechtenstein MiNr. 1374

2005, 8. März. Blockausgabe: Carl Djerassi. Ⓐ Rosenfeld; RaTdr.; gez. Ks 14.

ckb) Carl Djerassi (*1923), Chemiker und Schriftsteller; Stadtansicht von Wien

ckc

			★★	☉
2520	100 (C) mehrfarbig .... ckc		2,—	2,—
Block 27	(60×80 mm) .... ckd		2,—	2,—
		FDC		4,—

Auflage: 400 000 Blocks

2005, 14. April. Tod von Papst Johannes Paul II. Ⓐ Sinawehl; Ⓢ Leitgeb; komb. StTdr. und RaTdr. (5×10); gez. K 13½:14¼.

cke) Papst Johannes Paul II. (1920–2005, reg. ab 1978)

			★★	☉
2521	1.00 € mehrfarbig .... cke		2,—	2,—
		FDC		3,—

Auflage: 1 000 000 Stück

2005, 21. April. Freimarken: Tierkreiszeichen und Sternbilder (I); Chinesisches Neujahr – Jahr des Hahnes. Ⓐ Margreiter; RaTdr., Folienblatt (2×4); selbstklebend; zähnungsähnliche Sicherheitsstanzung 13¾:14.

ckf) Stier   ckg) Zwillinge   ckh) Krebs   cki) Hahn

			★★	☉
2522	55 (C) mehrfarbig .... ckf		1,30	1,30
2523	55 (C) mehrfarbig .... ckg		1,30	1,30
2524	55 (C) mehrfarbig .... ckh		1,30	1,30

			★★	☉
2525	55 (C) mehrfarbig/rot .... cki		1,30	1,30
	Satzpreis (4 W.)		5,—	5,—
	4 FDC		11,—	
	Folienblatt		15,—	15,—

Die zusätzliche Farbangabe bei MiNr. 2525 bezieht sich auf die Zeichnung des Hahnes.

Die auf dem Folienblatt befindlichen (motiv)gleichen Marken unterscheiden sich geringfügig in der Randgestaltung.

Auflage: 200 000 Sätze

In gleicher Zeichnung wie MiNr. 2525: MiNr. 2542, 2554

2005, 22. April. Altes Österreich. Ⓐ Siegl; Ⓢ Schmirl; komb. StTdr. und RaTdr. (5×10); gez. K 13¾.

ckk) K.k. Österreichische Post, Jerusalem (1859–1914)

			★★	☉
2526	100 (C) mehrfarbig .... ckk		2,—	2,—
		FDC		3,—

Auflage: 500 000 Stück

2005, 4. Mai. Schutzpatrone (I). Ⓐ Schulz; Ⓢ Trsek; komb. StTdr. und RaTdr. (5×10); gez. K 13¾.

ckl) Hl. Florian, Landespatron von Oberösterreich

			★★	☉
2527	55 (C) mehrfarbig .... ckl		1,20	1,20
		FDC		2,50

Auflage: 1 000 000 Stück

2005, 6. Mai. 60. Jahrestag der Befreiung des Konzentrationslagers Mauthausen. Ⓐ und Ⓢ Tuma; komb. StTdr. und RaTdr. (10×5); gez. K 13¾.

ckm) „Todestreppe" zum Steinbruch „Wiener Graben"

			★★	☉
2528	55 (C) mehrfarbig .... ckm		1,20	1,20
		FDC		2,50

Auflage: 700 000 Stück

2005, 15. Mai. Blockausgabe: 60 Jahre Zweite Republik; 50 Jahre Staatsvertrag. Ⓐ Sinawehl (MiNr. 2529) und Tuma (MiNr. 2530); Ⓢ Seidel; komb. StTdr. und RaTdr.; gez. Ks 13¾.

ckn) Staatswappen   cko) Urkunde   ckp

		**	⊙
2529	55 (C) mehrfarbig . . . . ckn	1,10	1,10
2530	55 (C) mehrfarbig . . . . cko	1,10	1,10
Block 28 (120×80 mm) . . . . ckp		2,20	2,20
	FDC		4,50

Bl. 28 F   fehlende Farbe Schwarz bei MiNr. 2529 . . . . .   —,—

Auflage: 500 000 Blocks

2005, 20. Mai. Life Ball 2005, Wien – Benefizgala zugunsten der Aids-Hilfe. ☒ Rosenfeld; RaTdr. (5×10); gez. K 14.

ckq) Heidi Klum (*1973), deutsches Mannequin und Fotomodell

2531	75 (C) mehrfarbig . . . . ckq	1,50	1,50
	FDC		2,50

2531 U   ungezähnt . . . .   500,—

Auflage: 800 000 Stück

Ein nicht frankaturgültiger Sechserblock-Buntdruck der Marke wurde zeitgleich von der Versandstelle für 3.60 € verkauft (siehe unter „Schwarzdrucke").

2005, 27. Mai. Tag der Briefmarke. ☒ Siegl; Ⓢ Schmirl; komb. StTdr. und RaTdr. (1×5 Zd); gez. K 13¾.

ckr) Wasserflugzeug Junkers F13 der Flugpostlinie Wien–Budapest (1923)

Zierfeld

2532	265 (C) + 130 (C) mehrfarbig . . . . . ckr	8,—	8,—
	2532 Zf	8,—	8,—
	FDC		10,—
	Kleinbogen	40,—	40,—

MiNr. 2532 wurde mit Zierfeld schachbrettartig zusammenhängend gedruckt.

Zum Tag der Briefmarke 2005 wurde ein Schwarzdruck der MiNr. 2532 als Kleinbogen zu 5 Stück und 5 Zierfeldern abgegeben (siehe unter „Schwarzdrucke").

Auflage: 720 000 Stück

2005, 28. Mai. Europa: Gastronomie. ☒ Margreiter; RaTdr. (5×10); gez. K 13¾.

cks) Wiener Melange

2533	75 (C) mehrfarbig . . . . cks	1,50	1,50
	FDC		2,—

Auflage: 700 000 Stück

2005, 10. Juni. Schutzpatrone (II). ☒ Schulz; Ⓢ Trsek; komb. StTdr. und RaTdr. (10×5); gez. K 13¾.

ckt) Hl. Joseph mit Jesuskind, Landespatron der Steiermark

2534	0.55 € mehrfarbig . . . . ckt	1,10	1,10
	FDC		2,—

Auflage: 1 000 000 Stück

2005, 11. Juni. Formel-1-Rennfahrer (I). ☒ Frei; RaTdr. (5×10); gez. K 14.

cku) Jochen Rindt (1942–1970)

		**	⊙
2535	55 (C) mehrfarbig . . . . cku	1,10	1,10
	FDC		2,—

Auflage: 700 000 Stück

2005, 6. Juli. 70. Geburtstag des Dalai Lama Tenzin Gyatso. ☒ Rosenfeld; RaTdr. (5×2); gez. K 13¾.

ckv) Tenzin Gyatso (*1935), buddhistischer Mönch und 14. Dalai Lama (seit 1940), Friedensnobelpreis 1989

IX	125 C mehrfarbig . . . . ckv	1000,—	
	Kleinbogen	—,—	
IX I	mit Aufdruck „frankaturungültig"	100,—	
	Kleinbogen	1100,—	

Auf Intervention Chinas vom Verkauf zurückgezogen. Einige Exemplare gelangten jedoch in den Umlauf.

2005, 7. Juli. Erstaufführung des Trickfilms „Madagascar". ☒ Rosenfeld; RaTdr. (10×5); gez. K 14.

ckw) Giraffe Melman, Zebra Marty, Löwe Alex und Flußpferd Gloria

2536	55 (C) mehrfarbig . . . . ckw	1,10	1,10
	FDC		2,—

Auflage: 800 000 Stück

2005, 15. Juli. Einheimische Fauna. ☒ Margreiter; Ⓢ Mörck; komb. StTdr. und RaTdr. (5×10); gez. K 13½:14¼.

ckx) Tagpfauenauge (Inachis io)

2537	55 (C) mehrfarbig . . . . ckx	1,10	1,10
	FDC		2,—

Auflage: 1 000 000 Stück

2005, 19. Juli. Vorarlberger Stickerei. ☒ und Herstellung Hämmerle & Vogel; Stickgarn auf Atlasgewebe, Einzelanfertigung; selbstklebend; zähnungsähnliche Fransen.

cky) Edelweiß (Leontopodium alpinum)

2538	375 (C) mehrfarbig . . . . cky	7,50	7,50
	FDC		10,—

Auflage: 400 000 Stück

2005, 22. Juli. Freimarken: Tierkreiszeichen und Sternbilder (II); Chinesisches Neujahr – Jahr des Hahnes. Margreiter; RaTdr., Folienblatt (2×4); selbstklebend; zähnungsähnliche Sicherheitsstanzung 13¾:14.

ckz) Löwe   cla) Jungfrau   clb) Waage   cki) Hahn

			**	⊙
2539	55 (C) mehrfarbig	ckz	1,10	1,10
2540	55 (C) mehrfarbig	cla	1,10	1,10
2541	55 (C) mehrfarbig	clb	1,10	1,10
2542	55 (C) mehrfarbig/gelb	cki	1,10	1,10
	Satzpreis (4 W.)		4,40	4,40
	4 FDC			10,—
	Folienblatt		15,—	15,—

Die zusätzliche Farbangabe bei MiNr. 2542 bezieht sich auf die Zeichnung des Hahnes.

Die auf dem Folienblatt befindlichen (motiv)gleichen Marken unterscheiden sich geringfügig in der Randgestaltung.

Auflage: 200 000 Sätze

In gleicher Zeichnung wie MiNr. 2542: MiNr. 2525, 2554

2005, 29. Juli. Volksbrauchtum und volkskundliche Kostbarkeiten (XXIII). Schulz; Leitgeb; komb. StTdr. und RaTdr. (10×5); gez. K 13¾.

clc) Frankenburger Würfelspiel

2543	55 (C) mehrfarbig	clc	1,10	1,10
	FDC			2,—

Auflage: 700 000 Stück

Weitere Werte siehe Übersicht nach Jahrgangswerttabelle.

2005, 13. Sept. Formel-1-Rennfahrer (II). Frei; RaTdr. (5×10); gez. K 14.

cld) Andreas Nikolaus (Niki) Lauda (*1949)

2544	55 (C) mehrfarbig	cld	1,10	1,10

Auflage: 700 000 Stück

2005, 16. Sept. Herbstbrauchtum. Satke; RaTdr. (5×10); gez. K 13¾.

cle) Halloween

2545	55 (C) mehrfarbig	cle	1,10	1,10
	FDC			2,—

Auflage: 1 000 000 Stück

2005, 21. Sept. Blockausgabe: Gemälde aus österreichischen Sammlungen (III). und Seidel; komb. StTdr. und RaTdr.; gez. Ks 13¾.

clf) Der Häuserbogen; Gemälde von Egon Schiele (1890–1918), Maler und Zeichner

			**	⊙
2546	210 (C) mehrfarbig	clf	4,20	4,20
Block 29 (100×80 mm)		clg	4,20	4,20
	FDC			6,—

Auflage: 500 000 Blocks

Ein nicht frankaturgültiger Buntdruck des Blocks lag der Spezialedition „Jahrbuch 2005" bei (siehe unter „Schwarzdrucke").

2005, 30. Sept. Eisenbahnen (IV). Sinawehl; Schmirl; komb. StTdr. und RaTdr. (5×10); gez. K 13¾.

clh) Triebwagen ET 10.103 der Montafonerbahn (1965)

2547	55 (C) mehrfarbig	clh	1,10	1,10
	FDC			2,—

Auflage: 700 000 Stück

Ein nicht frankaturgültiger Viererblock-Buntdruck der Marke lag der Spezialedition „Jahrbuch 2005" bei (siehe unter „Schwarzdrucke").

2005, 7. Okt. Landhaus Klagenfurt. und Trsek; komb. StTdr. und RaTdr. (5×10); gez. K 13¾.

cli) Huldigung des Kaisers Karl VI.; Deckengemälde von Josef Ferdinand Fromiller (1693–1760)

2548	75 (C) mehrfarbig	cli	1,50	1,50
	FDC			2,—

Auflage: 600 000 Stück

2005, 14. Okt. Moderne Kunst in Österreich (XXXI). Hodina; Seidel; komb. StTdr. und RaTdr. (10×5); gez. K 13¾.

clk) Waldmeister; Gemälde von Karl Hodina (*1935), Maler und Musiker

2549	55 (C) mehrfarbig	clk	1,10	1,10
	FDC			2,—
	MK 24			2,40

Auflage: 700 000 Stück

Ein nicht frankaturgültiger Viererblock-Buntdruck der Marke lag der Spezialedition „Jahrbuch 2005" bei (siehe unter „Schwarzdrucke").

2005, 21. Okt. 200. Geburtstag von Adalbert Stifter. ▨ Herger; RaTdr. (5×10); gez. K 13¾.

cll) A. Stifter (1805–1868), Schriftsteller; Landschaft im Böhmerwald

				**	☉
2550	55	(C)	mehrfarbig cll	1,10	1,10
			FDC		2,—

Auflage: 600 000 Stück

2005, 24. Okt. Freimarken: Tierkreiszeichen und Sternbilder (III); Chinesisches Neujahr – Jahr des Hahnes. ▨ Margreiter; RaTdr., Folienblatt (2×4); selbstklebend; zähnungsähnliche Sicherheitsstanzung 13¾:14.

clm) Skorpion   cln) Schütze   clo) Steinbock   cki) Hahn

2551	55	(C)	mehrfarbig . . . . clm	1,10	1,10
2552	55	(C)	mehrfarbig . . . . cln	1,10	1,10
2553	55	(C)	mehrfarbig . . . . clo	1,10	1,10
2554	55	(C)	mehrfarbig/orange . . . . cki	1,10	1,10
			Satzpreis (4 W.)	4,40	4,40
			4 FDC		10,—
			Folienblatt	15,—	15,—

Die zusätzliche Farbangabe bei MiNr. 2554 bezieht sich auf die Zeichnung des Hahnes.

Die auf dem Folienblatt befindlichen (motiv)gleichen Marken unterscheiden sich geringfügig in der Randgestaltung.

Auflage: 200 000 Sätze

In gleicher Zeichnung wie MiNr. 2554: MiNr. 2525, 2542

2005, 25. Okt. Blockausgabe: 50. Jahrestag der Wiedereröffnung von Burgtheater und Staatsoper, Wien. ▨ Ranzoni und Tuma; ▨ Ranzoni; StTdr.; gez. Ks 13½:14¼.

clp) Wiener Burgtheater   clr) Wiener Staatsoper   cls

2555	55	(C)	schwarzsiena . . . . clp	1,10	1,10
2556	55	(C)	schwarzblau . . . . clr	1,10	1,10
Block 30	(130×60 mm) . . . . cls			2,20	2,20
			FDC		4,—

Auflage: 500 000 Blocks

In ähnlichen Zeichnungen: MiNr. 1020–1021

2005, 26. Okt. Blockausgabe: Neuaufstellung des Sattler-Panoramas, Salzburg. ▨ Sinawehl; ▨ Seidel; komb. StTdr. und RaTdr.; gez. Ks 13¾:13½.

clt   clu   clv

clt–clu) Blick von der Feste Hohensalzburg; Rundbild (1829) von Michael Sattler (1786–1847), Maler und Zeichner

				**	☉
2557	125	(C)	mehrfarbig . . . . clt	2,50	2,50
2558	125	(C)	mehrfarbig . . . . clu	2,50	2,50
Block 31	(155×56 mm) clv			5,—	5,—
			FDC		7,—

Auflage: 350 000 Blocks

2005, 28. Okt. Aktgemälde (II). ▨ Zillner; RaTdr. (10×5); gez. K 13¾.

clw) Erwartungshaltung; von Veronika Zillner (*1972)

2559	55	(C)	mehrfarbig . . . . clw	1,10	1,10
			FDC		2,—

Auflage: 600 000 Stück

2005, 8. Nov. Erstaufführung des Films „Die Chroniken von Narnia: Der König von Narnia". ▨ Disney/Walden; RaTdr. (10×5); gez. K 13¾.

clx) Werbeplakat mit dem Löwen Aslan

2560	55	(C)	mehrfarbig clx	1,10	1,10
			FDC		2,—

Auflage: 800 000 Stück

2005, 14. Nov. Mettengang. ▨ Stecher; RaTdr. (10×5); gez. K 13¾:14.

cly) Wallfahrtskapelle Maria Heimsuchung; Gemälde von Reinhold Stecher (*1921), früherer kath. Bischof von Innsbruck

2561	55	(C)	mehrfarbig . . . . cly	1,20	1,20
			FDC		2,—

Auflage: 4 000 000 Stück

2005, 18. Nov. 800 Jahre Deutscher Orden in Österreich. [E] Rosenfeld; komb. StTdr. und RaTdr. (5×10); gez. K 14.

clz) Historische Wappenschilde

			★★	⊙
2562	55 (C) mehrfarbig	clz	1,20	1,20
		FDC		2,—

Auflage: 700 000 Stück

2005, 25. Nov. Weihnachten. [E] Margreiter; RaTdr. (5×10); gez. K 14:14¼.

cma) Winterlandschaft

2563	55 (C) mehrfarbig	cma	1,10	1,10
		FDC		2,—

Auflage: 6 000 000 Stück

2006

2006, 1. Jan. Neujahrskonzert der Wiener Philharmoniker unter der Leitung von Mariss Jansons. [E] Gruber; RaTdr. (10×5); gez. K 13¾:14.

cmb) Mariss Jansons (*1943), lettischer Dirigent

2564	75 (C) mehrfarbig	cmb	1,50	1,50
		FDC		2,—

Auflage: 500 000 Stück

2006, 1. Jan. Vorsitz Österreichs in der Europäischen Union. [E] Bieniek; [S] Tuma; komb. StTdr. und RaTdr. (5×10); gez. K 14:14¼.

cmc) Bundeskanzleramt, Wien

2565	75 (C) mehrfarbig	cmc	1,50	1,50
		FDC		2,—

Auflage: 800 000 Stück

2006, 10. Jan. Meine Marke (II). [E] Österr. Staatsdr.; RaTdr. (4×5); gez. K 14:13¾.

cmd) Philatelie.Shop, Wien

2566	55 (C) blau/schwarz	cmd	1,10	1,10
		FDC		1,60

MiNr. 2566 kann auch mit persönlich gestalteten Markenbildern und variablen Wertstufen bei der Österreichischen Post bestellt werden (siehe unter „Marken auf Privatbestellung" im Anhang).

Weitere Werte: MiNr. 2455–2456

2006, 14. Jan. Muhammad Ali. [E] Frei; RaTdr. (4×5); gez. K 13¾:14.

cme) Muhammad Ali, vorm. Cassius Clay (*1942), amerikanischer Box-Olympiasieger und -Weltmeister

			★★	⊙
2567	125 (C) mehrfarbig	cme	2,50	2,50
		FDC		3,—

Auflage: 800 000 Stück

2006, 20. Jan. Freimarken: Tierkreiszeichen und Sternbilder (IV); Chinesisches Neujahr – Jahr des Hundes. [E] Margreiter; RaTdr., Folienblatt (2×4); selbstklebend; zähnungsähnliche Sicherheitsstanzung 13¾:14.

cmf) Wassermann

cmg) Fische

cmh) Widder

cmi) Hund

2568	55 (C) mehrfarbig	cmf	1,10	1,10
2569	55 (C) mehrfarbig	cmg	1,10	1,10
2570	55 (C) mehrfarbig	cmh	1,10	1,10
2571	55 (C) mehrfarbig	cmi	1,10	1,10
		Satzpreis (4 W.)	4,40	4,40
		4 FDC		6,50
		Folienblatt	12,—	12,—

Die auf dem Folienblatt befindlichen (motiv)gleichen Marken unterscheiden sich minimal in der Randgestaltung.

Auflage: 300 000 Sätze

2006, 27. Jan. 250. Geburtstag von Wolfgang Amadeus Mozart. [E] Poletto; komb. RaTdr. und Pdr. (5×2); gez. K 13¾:14.

cmk) W. A. Mozart (1756–1791), Komponist

2572	55 (C) mehrfarbig	cmk	1,10	1,10
		FDC		1,60
		Kleinbogen	15,—	15,—

Auflage: 800 000 Stück

Ein nicht frankaturgültiger, ungezähnter Kleinbogen der Marke lag der Spezialedition „Jahrbuch 2006" bei (siehe unter „Schwarzdrucke").

2006, 3. März. 50 Jahre Europamarken. [E] Rosenfeld; RaTdr. (10×5); gez. K 14:13¾.

cml) Europa; Plastik von Roger-Louis Chavanon (*1941), französischer Bildhauer

2573	125 (C) mehrfarbig	cml	2,50	2,50
		FDC		3,—

Auflage: 800 000 Stück

2006, 6. März. Gemälde im Liechtenstein-Museum, Wien (I). Ⓚ und Ⓢ Seidel; komb. StTdr. und RaTdr. (4×2); gez. K 13¾.

cmm) In Träumen versunken; von Friedrich von Amerling (1803–1887)

			**	⊙
2574	125 (C) mehrfarbig .... cmm		2,50	2,50
	FDC			3,—
	Kleinbogen		30,—	30,—

Auflage: 800 000 Stück

Parallelausgabe mit Liechtenstein MiNr. 1404

2006, 24. März. Blockausgabe: Post aus einer anderen Welt. Ⓚ Rosenfeld; komb. RaTdr. und Rdr.; rund gez. K 13¾.

cmn) Meteor
cmo

			**	⊙
2575	375 (C) mehrfarbig .... cmn		7,50	7,50
Block 32	(81×60 mm) .... cmo		7,50	7,50
	FDC			8,—

Block 32 U   ungezähnt (1 Stück bekannt) .... —,—

Der abgebildete Meteor wurde unter Verwendung von Meteoritenstaub gedruckt.

Auflage: 600 000 Blocks

2006, 30. März. 25 Jahre Hilfsorganisation „Menschen für Menschen". Ⓚ Rosenfeld; RaTdr.; gez. K 14¼.

cmp) Almaz Böhm, äthiopische Agronomin, und Karlheinz Böhm (*1928), deutscher Schauspieler, Leiter der Organisation; amharische Schrift

2576	100 (C) mehrfarbig .... cmp		2,—	2,—
	FDC			2,50

Auflage: 800 000 Stück

2006, 6. April. Blockausgabe: Freimaurerei in Österreich. Ⓚ und Ⓢ Seidel; komb. RaTdr. und StTdr.; gez. K 14¼.

cmr) Freimaurer-versammlung auf Schloß Rosenau (18. Jh.)
cms

2577	100 (C) mehrfarbig .... cmr		2,—	2,—
Block 33	(80×60 mm) .... cms		2,—	2,—
	FDC			2,50

Auflage: 350 000 Blocks

2006, 10. April. Ausstellung „Die Couch – vom Denken im Liegen" anläßlich des 150. Geburtstages von Sigmund Freud. Ⓚ Miller; RaTdr.; gez. K 14¼.

cmt) Um 90° geneigte Ruheliege, Inschrift

			**	⊙
2578	55 (C) mehrfarbig .... cmt		1,10	1,10
	FDC			1,60

Auflage: 600 000 Stück

2006, 12. April. Franz Beckenbauer. Ⓚ Rosenfeld; RaTdr.; gez. K 14.

cmu) Franz Beckenbauer (*1945), deutscher Fußballspieler und -manager; Graphik von Andy Warhol (1928–1987)

2579	75 (C) mehrfarbig .... cmu		1,50	1,50
	FDC			2,—

Auflage: 800 000 Stück

Ein nicht frankaturgültiger, ungezähnter Viererblock-Buntdruck der Marke lag der Spezialedition „Jahrbuch 2006" bei (siehe unter „Schwarzdrucke").

MiNr. 2580–2586 fallen aus

2006, 21. April. Freimarke: Hilfe für die Überschwemmungsopfer im Marchfeld. MiNr. 2439 mit Bdr.-Aufdruck.

2587	75 (C) + 425 (C) auf 0.25 €			
	mehrfarbig .... (2439)		10,—	10,—
	FDC			11,—

Auflage: 2 000 000 Stück

Weitere Werte siehe Fußnote nach MiNr. 2367.

2006, 15. Mai. Freimarke: Ferienland Österreich. MiNr. 2421 mit Bdr.-Aufdruck.

2588	55 (C) auf 0.07 € schwarz/			
	mittelpreußischblau ...... (2421)		1,10	1,10
	FDC			1,60

Auflage: 850 000 Stück

Weitere Werte siehe Fußnote nach MiNr. 2367.

2006, 18. Mai. Falco. Ⓚ Konkolits; Ⓢ Schmiedt; komb. StTdr. und RaTdr.; gez. K 14¼:13½.

cmw) Falco, eigentlich Hans Hölzel (1957–1998), Popsänger

2589	55 (C) mehrfarbig .... cmw		1,10	1,10
	FDC			1,60

Auflage: 800 000 Stück

Ein nicht frankaturgültiger, ungezähnter Viererblock-Buntdruck der Marke lag der Spezialedition „Jahrbuch 2006" bei (siehe unter „Schwarzdrucke").

2006, 20. Mai. Life Ball 2006, Wien – Benefizgala zugunsten der Aids-Hilfe. ◫ Rosenfeld; RaTdr. (5×10); gez. K 14.

cmx) Naomi Campbell (*1970), englisches Mannequin und Fotomodell

				**	☉
2590	75 (C)	mehrfarbig .... cmx		1,50	1,50
		FDC			2,—

Auflage: 800 000 Stück

2006, 4. Juni. Volksbrauchtum und volkskundliche Kostbarkeiten (XXIV). ◫ Schulz; ◫ Leitgeb; komb. StTdr. und RaTdr. (10×5); gez. K 13¾.

cmy) Weitenfelder Kranzelreiten

2591	55 (C)	mehrfarbig .... cmy	1,10	1,10
		FDC		1,60

Auflage: 800 000 Stück

Weitere Werte siehe Übersicht nach Jahrgangswerttabelle.

2006, 7. Juni. Formel-1-Rennfahrer (III). ◫ Frei; RaTdr. (2×4); gez. K 14¼.

cmz) James „Jim" Clark (1936–1968), Schottland

cnf) Bruce Leslie McLaren (1937–1970), Neuseeland

cnd) Stirling Moss (*1929), England

cng) Jack Brabham (*1926), Australien

cna) Jacques Bernard „Jacky" Ickx (*1945), Belgien

cnb) John Young „Jackie" Stewart (*1939), Schottland

cne) Mario Andretti (*1940), USA

cnc) Alain Prost (*1955), Frankreich

2592	55 (C)	mehrfarbig .... cmz	1,10	1,10
2593	55 (C)	mehrfarbig .... cna	1,10	1,10
2594	55 (C)	mehrfarbig .... cnb	1,10	1,10
2595	55 (C)	mehrfarbig .... cnc	1,10	1,10
2596	75 (C)	mehrfarbig .... cnd	1,50	1,50
2597	75 (C)	mehrfarbig .... cne	1,50	1,50
2598	100 (C)	mehrfarbig .... cnf	2,—	2,—
2599	125 (C)	mehrfarbig .... cng	2,60	2,60
		Satzpreis (8 W.)	12,—	12,—
		Kleinbogen	13,—	13,—
		FDC		14,—

Auflage: je 400 000 Stück

2006, 8. Juni. Teilprivatisierung der Österreichischen Post AG. ◫ Rosenfeld; RaTdr. (3×3); gez. K 13¾.

cnh) Postemblem

				**	☉
2600	55 (C)	mehrfarbig .... cnh		1,10	1,10
		FDC			1,60
		Kleinbogen		12,—	12,—

Auflage: 1 575 000 Stück

2006, 27. Juni. Schutzpatrone (III). ◫ Schulz; ◫ Trsek; komb. StTdr. und RaTdr. (10×5); gez. K 13¾.

cni) Hl. Hemma von Gurk, Gräfin von Friesach-Zeltschach (980–1045), Stifterin des Nonnenklosters in Gurk

2601	55 (C)	mehrfarbig .... cni	1,10	1,10
		FDC		1,60

Auflage: 600 000 Stück

2006, 28. Juni. 60 Jahre Bundeswirtschaftskammer (WKÖ). ◫ Rosenfeld; RaTdr. (5×10); gez. K 14.

cnk) WKÖ-Emblem, Zeitskala

2602	55 (C)	mehrfarbig .... cnk	1,10	1,10
		FDC		1,60

Auflage: 700 000 Stück

2006, 30. Juni. Mozartstadt Salzburg – 250. Geburtstag von Wolfgang Amadeus Mozart. ◫ Piorkowska; RaTdr. (2×5); gez. K 14:13¾.

cnl) W. A. Mozart (1756–1791), Komponist; Flügel; Burg Salzburg

2603	55 (C)	mehrfarbig .... cnl	1,10	1,10
		FDC		1,60
		Kleinbogen	12,—	12,—

Auflage: 1 400 000 Stück

2006, 1. Juli. Ottfried Fischer. ◫ Rosenfeld; RaTdr. (10×5); gez. K 13¾:14.

cnm) O. Fischer (*1953), deutscher Schauspieler und Kabarettist

2604	55 (C)	mehrfarbig .... cnm	1,10	1,10
		FDC		1,60

Auflage: 500 000 Stück

2006, 1. Juli. Europa: Integration. ⬚
Büchel; RaTdr. (5×10); gez. K 14:14¼.

cnn) Menschen verschiedener Völker tanzen
einen Reigen

			✶✶	☉
2605	75 (C) mehrfarbig .... cnn		1,50	1,50
		FDC		2,—

Auflage: 450 000 Stück

2006, 2. Juli. Tag der Briefmarke. ⬚ Siegl; Ⓢ Schmirl; komb.
StTdr. und RaTdr. (1×5 Zd); gez. K 13¾.

cno) Flugzeug Airbus
A310-300
Zierfeld

2606	265 (C) + 130 (C) mehrfarbig .... cno	8,—	8,—
	2606 Zf	8,—	8,—
	FDC		8,50
	Kleinbogen	45,—	45,—

MiNr. 2606 wurde mit Zierfeld schachbrettartig zusammenhängend gedruckt.

Auflage: 600 000 Stück

Zum Tag der Briefmarke 2006 wurde ein Schwarzdruck der MiNr. 2606 als Kleinbogen zu 5 Stück und 5 Zierfeldern abgegeben (siehe unter „Schwarzdrucke").

2006, 26. Juli. 300 Jahre Annasäule, Innsbruck.
⬚ und Ⓢ Seidel; komb. StTdr. und RaTdr.
(10×5); gez. K 14.

cnp) Annasäule in der Maria-Theresien-Straße, Innsbruck;
erbaut von Christophoro Benedetti (1660–1735), italienischer Bildhauer

2607	55 (C) mehrfarbig .... cnp	1,10	1,10
	FDC		1,60

Auflage: 420 000 Stück

2006, 19. Aug. Eisenbahnen (V). ⬚ Sinawehl; Ⓢ Schmirl; komb. StTdr. und RaTdr.
(5×10); gez. K 13¾.

cnr) Dampflokomotive Baureihe 106 der Pyhrnbahn

2608	55 (C) mehrfarbig .... cnr	1,10	1,10
	FDC		1,60

Auflage: 600 000 Stück

2006, 22. Aug. Blockausgabe: Feuerwerk. ⬚ Tuma; RaTdr. mit
aufgeklebten Kristallen; gez. Ks 14.

cns) Victoria-Hafen, Hongkong   cnt) Prater, Wien   cnu

cnt   cnv

			✶✶	☉
2609	3.75 € mehrfarbig .... cns		7,50	7,50
2610	3.75 € mehrfarbig .... cnt		7,50	7,50
Block 34	(146×85 mm) .... cnu		15,—	15,—
		FDC		16,—
Block 35	mit Österreich MiNr. 2610 und Hong-kong MiNr. 1365 (146×85 mm) ... cnv		*30,—*	*30,—*
		FDC		—,—

Die Blockmarken sind mit Swarovski-Kristallen bestückt.

Bl. 34 wurde in einer Geschenkpackung verkauft. Bl. 35 wurde zusammen mit
Hongkong Bl. 165 auf Bestellung zum Preis von 12.40 € ebenfalls in einer Geschenkpackung verkauft.

Bl. 35 ist identisch mit Hongkong Bl. 166.

Auflagen: Bl. 34 = 350 000, Bl. 35 = 60 000 Blocks

Parallelausgabe mit Hongkong MiNr. 1363–1366, Bl. 165–166

2006, 25. Aug. Einheimische Fauna. ⬚
Margreiter; Ⓢ Lubach; komb. StTdr. und
RaTdr. (5×10); gez. K 13½:14¼.

cnw) Nordluchs (Lynx lynx)

2611	55 (C) mehrfarbig .... cnw	1,10	1,10
	FDC		1,60

Auflage: 700 000 Stück

2006, 26. Aug. Internationale Briefmarkenausstellung WIPA '08, Wien (I). ⬚ Frei; RaTdr. (90); gez. K 13¾.

cnx) Riesenrad im Wiener Prater

			✶✶	☉
2612	55 (C) + 20 (C) mehrfarbig . . . . cnx		1,50	1,50
		FDC		2,—

MiNr. 2612 immer mit fehlerhafter Inschrift „ÖSTERRREICH".

Auflage: 540 000 Stück

2006, 1. Sept. Schutzpatrone (IV). ⬚ Schulz; ⬚ Trsek; komb. StTdr. und RaTdr. (10×5); gez. K 13¾.

cny) Hl. Gebhard (949–995), Bischof von Konstanz

2613	55 (C) mehrfarbig . . . . cny		1,10	1,10
		FDC		1,60

Auflage: 420 000 Stück

2006, 9. Sept. Automobile (III). ⬚ Siegl; RaTdr. (5×10); gez. K 13¾.

cnz) Steyr 220 (1937)

2614	55 C mehrfarbig . . . . cnz		1,10	1,10
		FDC		1,60

Auflage: 500 000 Stück

2006, 10. Sept. Motorräder (II). ⬚ Siegl; RaTdr. (5×10); gez. K 14:14¼.

coa) KTM R125 Tarzan

2615	55 C mehrfarbig . . . . coa		1,10	1,10
		FDC		1,60

Auflage: 500 000 Stück

2006, 23. Sept. Skirennfahrer (III). ⬚ Gruber; RaTdr. (5×10); gez. K 14:13¾.

cob) Benjamin Raich (*1978), Gesamtweltcupsieger, Weltmeister und Olympiasieger

2616	55 C mehrfarbig . . . . cob		1,10	1,10
		FDC		1,60

Auflage: 700 000 Stück

2006, 26. Sept. Musikinstrumente. ⬚ Tuma; RaTdr. (5×10); gez. K 13½:14¼.

coc) Bösendorfer-Flügel, Stadtansicht von Salzburg

cod) Guqin „Da Sheng Yi Yin Qin" aus der Tang-Dynastie (618–907), Guqintai-Monument, Wuhan

			✶✶	☉
2617	55 C mehrfarbig . . . . coc		1,10	1,10
2618	55 C mehrfarbig . . . . cod		1,10	1,10
	Satzpreis (2 W.)		2,20	2,20
		FDC		2,70

Auflage: je 600 000 Stück

Parallelausgabe mit VR China MiNr. 3791–3792

2006, 29. Sept. Aktgemälde (III). ⬚ Schlesinger; RaTdr. (5×10); gez. K 14:14¼.

coe) Youngboy Vienna Austria 2005; von Cornelia Schlesinger (*1955)

2619	55 C mehrfarbig . . . . coe		1,10	1,10
		FDC		1,60

Auflage: 420 000 Stück

2006, 6. Okt. Deutscher und Österreichischer Philatelistentag, Bad Reichenhall. ⬚ Tuma; RaTdr. (5×10); gez. K 14¼.

cof) Quellenbau der Alten Saline, Bad Reichenhall; hl. Rupert

2620	55 (C) + 20 (C) mehrfarbig . . . . cof		1,50	1,50
		FDC		2,—

Auflage: 420 000 Stück

2006, 9. Okt. Moderne Kunst in Österreich (XXXII). ⬚ Oman; ⬚ Seidel; komb. StTdr. und RaTdr. (10×5); gez. K 13¾:14.

cog) Gemälde aus dem Zyklus „Homo sapiens" von Valentin Oman (*1935)

2621	55 C mehrfarbig . . . . cog		1,10	1,10
		FDC		1,60
		MK 25		2,40

Auflage: 420 000 Stück

Ein nicht frankaturgültiger, ungezähnter Viererblock-Buntdruck der Marke lag der Spezialedition „Jahrbuch 2006" bei (siehe unter „Schwarzdrucke").

2006, 6. Nov. Freimarken: Tierschutz. ⊠ Margreiter; RaTdr., Folienblatt (2×5); selbstklebend; zähnungsähnliche Sicherheitsstanzung 14.

coh) Waldrapp (Geronticus eremita)   coi) Braunbär (Ursus arctos)

			✶✶	⊙
2622	55 (C) mehrfarbig . . . . coh	1,10	1,10
2623	55 (C) mehrfarbig . . . . coi	1,10	1,10
	Satzpreis (2 W.)	2,20	2,20
	2 FDC		3,20
	Folienblatt	11,—	11,—

MiNr. 2622–2623 wurden zusammen auf Folienblatt gedruckt.

Auflage: je 825 000 Stück

Weitere Werte: MiNr. 2624, 2648–2649, 2651, 2688

2006, 6. Nov. Freimarke: Tierschutz. ⊠ Margreiter; RaTdr. Enschedé, Rollen; selbstklebend; wellenförmig gestanzt 13¼:13½.

cok) Europäische Sumpfschildkröte (Emys orbicularis)

2624	55 (C) mehrfarbig . . . . cok	1,10	1,10
	FDC		1,60

Auflage: 5 100 000 Stück

Weitere Werte: MiNr. 2622–2623, 2648–2649, 2651, 2688

2006, 10. Nov. Weihnachten (I). ⊠ Weiß; RaTdr. (10×5); gez. K 14.

col) Heilige Familie; Gemälde von Franz Weiß (*1921)

2625	55 C mehrfarbig . . . . col	1,10	1,10
	FDC		1,60

Auflage: 5 000 000 Stück

2006, 24. Nov. Weihnachten (II). ⊠ Stecher; RaTdr. (10×5); gez. K 14¼:13½.

com) Wallfahrtskirche von Christkindl; Gemälde von Reinhold Stecher (*1921), Alt-Bischof von Innsbruck

2626	55 C mehrfarbig . . . . com	1,10	1,10
	FDC		1,60
2626 U	ungezähnt (Auflage: 500 Stück)	—,—	—,—

Auflage: 5 000 000 Stück

Die Ausführlichkeit der **MICHEL**-Kataloge
ist international anerkannt.

2006, 1. Dez. Altes Österreich: 750 Jahre Lemberg. ⊠ Taran; ⬚ Seidel; komb. StTdr. und RaTdr. (3×5); gez. K 14:13¾.

con) Ferdinandsplatz, Lemberg (1840)

Zierfeld

			✶✶	⊙
2627	55 (C) mehrfarbig . . . . con	1,10	1,10
	2606 Zf	1,10	1,10
	FDC		1,60
	Dreierstreifen	2,20	2,20
	Kleinbogen	12,—	12,—

MiNr. 2627 wurde im Kleinbogen zu 10 Marken und 5 Zierfeldern gedruckt.

Auflage: 1 200 000 Stück

Parallelausgabe mit Ukraine MiNr. 824

2006, 4. Dez. Formel-1-Rennfahrer (IV). ⊠ Frei; Odr. Enschedé (10×5); gez. K 14.

coo) Michael Schumacher (*1969), Deutschland

2628	75 (C) mehrfarbig . . . . coo	1,50	1,50
	FDC		2,—

Auflage: 700 000 Stück

In ähnlicher Zeichnung: MiNr. 2662

2006, 8. Dez. 100 Jahre Österreichischer Briefmarken-Händlerverband (ÖBMHV). ⊠ Tuma; komb. StTdr. und RaTdr. (10×5); gez. K 14¼:13½.

cop) Marke MiNr. 9

2629	55 C mehrfarbig . . . . cop	1,10	1,10
	FDC		1,60

Auflage: 500 000 Stück

2007

2007, 1. Jan. Neujahrskonzert der Wiener Philharmoniker unter der Leitung von Zubin Mehta. ⊠ Gruber; RaTdr. (10×5); gez. K 13¾:14.

cor) Zubin Mehta (*1936), indischer Dirigent

2630	75 (C) mehrfarbig . . . . cor	1,50	1,50
	FDC		2,40

Auflage: 500 000 Stück

2007, 26. Jan. Freimarken: Blumen. ⓐ Galler; Odr. (10×5); gez. K 14.

cos) Bewimperte Alpenrose (Rhododendron hirsutum), Clusius' Enzian (Gentiana clusii), Edelweiß (Leontopodium alpinum)

cot) Christrose (Helleborus niger)

cou) Dreilappiges Leberblümchen (Hepatica nobilis), Hohe Schlüsselblume (Primula elatior), Gewöhnlicher Seidelbast (Daphne mezereum)

				✶✶	⊙
2631	55 (C) mehrfarbig .... cos			1,10	1,10
2632	75 (C) mehrfarbig .... cot			1,50	1,50
2633	125 (C) mehrfarbig .... cou			2,50	2,50
		Satzpreis (3 W.)		5,—	5,—
		3 FDC			7,80

Auflagen: MiNr. 2631 = 150 000 000, MiNr. 2632 = 15 000 000, MiNr. 2633 = 5 000 000 Stück

Weitere Werte: MiNr. 2652, 2678–2682, 2696

2007, 15. Febr. Mensch und Technik. ⓐ Baker; Odr. Enschedé, Rollen; selbstklebend; gestanzt 13¼:13½.

cov) Symbolik

2634	55 (C) mehrfarbig .... cov			1,10	1,10
		FDC			2,—

Auflage: 1 250 000 Stück

2007, 16. Febr. Niederösterreichische Landesausstellung „Feuer & Erde", Waidhofen/Ybbs und St. Peter in der Au. ⓐ Rosenfeld; Odr. (5×10); gez. K 13¾.

cow) Sonne und Erde

2635	55 (C) mehrfarbig .... cow			1,10	1,10
		FDC			2,—

Auflage: 1 250 000 Stück

2007, 22. Febr. Blockausgabe: 100 Jahre Pfadfinderbewegung. ⓐ Reichenpfader; Odr.; gez. K 13¾.

cox) Robert Baden-Powell (1857–1941), britischer General und Begründer der Pfadfinderorganisation

coy) Lagerfeuer

coz) Zelt

cpa) Gitarre

cpb

				✶✶	⊙
2636	55 (C) mehrfarbig .... cox			1,10	1,10
2637	55 (C) mehrfarbig .... coy			1,10	1,10
2638	55 (C) mehrfarbig .... coz			1,10	1,10
2639	55 (C) mehrfarbig .... cpa			1,10	1,10
Block 36	(170×130 mm) .... cpb			4,40	4,40
		FDC			5,40

Auflage: 450 000 Blocks

2007, 23. Febr. Jagd und Umwelt (VI): Das Rehwild. ⓐ Wurnitsch; RaTdr. (10×5); gez. K 14¼.

cpc) Rehfamilie (Capreolus capreolus) in Grünlandschaft

2640	75 (C) mehrfarbig .... cpc			1,50	1,50
		FDC			2,40

Auflage: 500 000 Stück

2007, 5. März. Gemälde im Liechtenstein-Museum, Wien (II). ⓐ und ⓢ Seidel; komb. StTdr. und RaTdr. (4×2); gez. K 13¾:13½.

cpd) Porträt einer Dame; Gemälde von Bernardino Zaganelli di Cottignola (1460/70–um 1510), italienischer Maler

2641	125 (C) mehrfarbig .... cpd			2,50	2,50
		FDC			3,40
		Kleinbogen		20,—	20,—

Auflage: 800 000 Stück

Parallelausgabe mit Liechtenstein MiNr. 1437

2007, 8. März. Keine Gewalt an Frauen. ⍈ Wegerer; Odr. (10×5); gez. K 13¾:14.

cpe) Von Gewalteinwirkung gezeichnetes Frauengesicht

				✶✶	⊙
2642	55 (C) mehrfarbig	. . . . cpe		1,10	1,10
		FDC			2,—

Auflage: 700 000 Stück

Ein nicht frankaturgültiger Viererblock-Buntdruck lag der Spezialedition „Jahrbuch 2007" bei (siehe unter Schwarzdrucke).

2007, 9. März. Brauchtum: Osterratschen. ⍈ Tuma; Odr. (5×10); gez. K 13¾:14.

cpf) Geschmückte Osterratsche; Kirchturm von Hohenruppersdorf; Glocke „Die Pummerin" aus dem Stephansdom, Wien

2643	55 (C) mehrfarbig	. . . . cpf	1,10	1,10
		FDC		2,—

Auflage: 800 000 Stück

2007, 15. März. Schutzpatrone (V). ⍈ Schulz; ⍖ Trsek; komb. StTdr. und RaTdr. (10×5); gez. K 13¾:14.

cpg) Hl. Klemens Maria Hofbauer (1751–1820), Landespatron von Wien (Statue im Wiener Stephansdom)

2644	55 (C) mehrfarbig	. . . . cpg	1,10	1,10
		FDC		2,—

Auflage: 500 000 Stück

2007, 16. März. Internationale Briefmarkenausstellung WIPA '08, Wien (II). ⍈ Frei; RaTdr. (90); gez. K 13¾.

cph) Gloriette, Schloß Schönbrunn

2645	55 (C) + 20 (C) mehrfarbig	. . . . . . cph	1,50	1,50
		FDC		2,40

Auflage: 540 000 Stück

2007, 17. März. Freimarke für Kondolenzbriefe. ⍈ Klampferer; Odr. Enschedé (5×10); gez. K 14.

cpi) Rosen

2646	—	mehrfarbig	. . . . cpi	1,10	1,10
			FDC		2,—

Nominale zur Zeit der Ausgabe: 55 C

Auflage: 10 000 000 Stück

2007, 30. März. Freimarke für Glückwunschbriefe. ⍈ Kostron; Odr. Enschedé (5×10); gez. K 13¾.

cpk) Comicfiguren TomTom und Schneckodemus mit Blumenpaket; von Thomas Kostron (*1965), Cartoonist

			✶✶	⊙
2647	— mehrfarbig	. . . . cpk	1,10	1,10
		FDC		2,—

Nominale zur Zeit der Ausgabe: 55 C

Auflage: 5 000 000 Stück

2007, 31. März. Freimarken: Tierschutz. ⍈ Mergreiter; RaTdr., Folienblatt (2×5); selbstklebend; Sicherheitsstanzung 14.

cpl) Feuersalamander (Salamandra salamandra) cpm) Europäischer Flußkrebs (Astacus astacus)

2648	55 (C) mehrfarbig	. . . . cpl	1,10	1,10
2649	55 (C) mehrfarbig	. . . . cpm	1,10	1,10
		Satzpreis (2 W.)	2,20	2,20
		2 FDC		3,20
		Folienblatt	11,—	11,—

MiNr. 2648–2649 wurden zusammen auf Folienblatt gedruckt.

Auflage: je 1 500 000 Stück

Weitere Werte: MiNr. 2622–2623, 2624, 2651, 2688

2007, 12. April. 80. Geburtstag von Papst Benedikt XVI. ⍈ Tuma; RaTdr. (5×10); gez. K 14.

cpn) Papst Benedikt XVI. (*1927); Petersdom, Rom; päpstliches Wappen

2650	100 (C) mehrfarbig	. . . . cpn	2,—	2,—
		FDC		3,—
		MK 26		2,60

2650 F	Farbe Lilarot stark verschoben	. . . .	—,—

Auflage: 500 000 Stück

2007, 20. April. Freimarke: Tierschutz. ⍈ Margreiter; RaTdr., Rollen; selbstklebend; gestanzt 13¼:13½.

cpo) Große Bartfledermaus (Myotis brandtii)

2651	55 (C) mehrfarbig	. . . . cpo	1,10	1,10
		FDC		2,—

Auflage: 5 000 000 Stück

Weitere Werte: MiNr. 2622–2623, 2624, 2648–2649, 2688

2007, 27. April. Freimarke: Blumen. ⍈ Galler; Odr. (10×5); gez. K 14.

cpp) Duftveilchen (Viola odorata)

2652	100 (C) mehrfarbig	. . . . cpp	2,—	2,—
		FDC		3,—

Weitere Werte: MiNr. 2631–2633, 2678–2682, 2696

2007, 18. Mai. 80 Jahre Arbeiter-Samariter-Bund. ⬛ und ⬜ Trsek; komb. StTdr. und RaTdr. (10×5); gez. K 13¾.

cpr) Helfender Samariter; Fresko aus dem Franziskaner-kloster Schwaz

					✶✶	☉
2653	55	(C)	mehrfarbig . . . . cpr		1,10	1,10
			FDC			2,—

Auflage: 420 000 Stück

2007, 25. Mai. Blockausgabe: Moderne Kunst in Österreich. ⬛ Nitsch;] Österr. Staatsdr.; komb. StTdr. und RaTdr.; ☐, Zähnung aufgedruckt.

cps) Werk von Hermann Nitsch (*1938), Aktionskünstler

					✶✶	☉
Block 37	100	(C)	mfg. (60×80 mm) . . . . . . cps		2,—	2,—
			FDC			3,—

Auflage: 500 000 Blocks

Ein nicht frankaturgültiger, ungezähnter Viererblock-Buntdruck lag der Spezial-edition „Jahrbuch 2007" bei (siehe unter Schwarzdrucke).

2007, 29. Mai. Formel-1-Rennfahrer (V). ⬛ Rosenfeld; Odr. (2×4); gez. K 14.

cpt) Philip Toll „Phil" Hill (*1927), USA

cpu) Gian-Claudio Giuseppe „Clay" Regazzoni (1939–2006), Schweiz

cpv) Gerhard Berger (*1959), Österreich

cpw) Juan Manuel Fangio (1911–1995), Argentinien

cpx) John Surtees (*1934), Großbritannien

cpy) Mika Pauli Häkkinen (*1968), Finnland

cpz) Norman Graham Hill (1929–1975), Großbritannien

cra) Emerson Fittipaldi (*1946), Brasilien

					✶✶	☉
2654	55	(C)	mehrfarbig . . . . cpt		1,10	1,10
2655	55	(C)	mehrfarbig . . . . cpu		1,10	1,10
2656	55	(C)	mehrfarbig . . . . cpv		1,10	1,10
2657	55	(C)	mehrfarbig . . . . cpw		1,10	1,10
2658	55	(C)	mehrfarbig . . . . cpx		1,10	1,10
2659	55	(C)	mehrfarbig . . . . cpy		1,10	1,10
2660	55	(C)	mehrfarbig . . . . cpz		1,10	1,10
2661	55	(C)	mehrfarbig . . . . cra		1,10	1,10
			Satzpreis (8 W.)		8,80	8,80
			Kleinbogen		8,80	8,80
			FDC			10,—

2007, 29. Mai. Formel-1-Rennfahrer (VI). ⬛ Frei; Odr.; gez. K 13¾:14.

coo l) Michael Schumacher (*1969), Deutschland

					✶✶	☉
2662	75	(C)	mehrfarbig . . . . coo l		2,50	2,50
			Verkaufspackung mit MiNr. 2628 und 2662		4,—	4,—

MiNr. 2662 sollte ursprünglich am 4.12.2006 erscheinen, wurde aber wegen einer falschen Jahresangabe im Markenbild zurückgezogen und durch MiNr. 2628 ersetzt.

MiNr. 2662 ist nur zusammen mit MiNr. 2628 in einer Verkaufspackung erhältlich. Postpreis 2 €.

In ähnlicher Zeichnung: MiNr. 2628

2007, 31. Mai. Eisenbahnen (VI): 100 Jahre Mariazellerbahn. ⬛ Sinawehl; ⬜ Schmirl; komb. StTdr. und RaTdr. (5×10); gez. K 13¾.

crb) Schmalspur-Elektrozug der Mariazellerbahn

					✶✶	☉
2663	55	(C)	mehrfarbig . . . . crb		1,10	1,10
			FDC			1,60

Auflage: 600 000 Stück

2007, 1. Juni. 850 Jahre Mariazell. ⬛ Rosenfeld; Odr. (5×10); gez. K 13¾.

crc) Wallfahrtskirche, Mariazell

					✶✶	☉
2664	55	(C)	mehrfarbig . . . . crc		1,10	1,10
			FDC			1,60

Auflage: 700 000 Stück

Ein nicht frankaturgültiger, ungezähnter Viererblock-Buntdruck lag der Spezial-edition „Jahrbuch 2007" bei (siehe unter Schwarzdrucke).

2007, 5. Juni. Blockausgabe: Fußball-Europameisterschaft 2008, Österreich und Schweiz (I). [E] **Gruber; Odr. Enschedé; gez. K 13¼:12¾.**

crd–crg) Maskottchen Trix und Flix

			✶✶	⊙
2665	20 (C) mehrfarbig	crd	0,40	0,40
2666	25 (C) mehrfarbig	cre	0,50	0,50
2667	30 (C) mehrfarbig	crf	0,60	0,60
2668	35 (C) mehrfarbig	crg	0,70	0,70
Block 38	(100×80 mm)	crh	2,20	2,20
		FDC		3,20

Auflage: 700 000 Blocks

2007, 15. Juni. Tag der Briefmarke. [E] **Rosenfeld; RaTdr. (2×3); gez. K 13¾.**

cri) Passagierschiff „Helouan"; nach Gemälde von Harry Heusser (1881-1943), Marinemaler

2669	265 (C) + 130 (C) mehrfarbig	cri	8,—	8,—
		FDC		8,50
		Kleinbogen	48,—	48,—

Auflage: 660 000 Stück

2007, 15. Juni. Blockausgabe: Gemälde aus österreichischen Sammlungen (IV). [E] **und** [S] **Seidel; komb. StTdr. und RaTdr.; gez. K 13½.**

crk) Selbstporträt von Angelika Kauffmann (1741–1807), schweizerische Malerin

crl

2670	210 (C) mehrfarbig	crk	4,20	4,20
Block 39	(80×100 mm)	crl	4,20	4,20
		FDC		5,20

Auflage: 420 000 Blocks

2007, 16. Juni. Europa: Pfadfinder. [E] **Margreiter; Odr. (10×5); gez. K 14¼.**

crm) Weltkugel mit Pfadfinderhut und -halstuch

			✶✶	⊙
2671	55 (C) mehrfarbig	crm	1,10	1,10
		FDC		1,60

Auflage: 800 000 Stück

2007, 17. Juni. 250. Geburtstag von Ignaz Joseph Pleyel. [E] **Sinawehl;** [S] **Seidel; komb. StTdr. und RaTdr. (10×5); gez. K 13¾:14.**

crn) I. J. Pleyel (1757–1831), Komponist; Stich von Johann Neidl (1776–1832)

2672	1.00 (€) mehrfarbig	crn	2,—	2,—
		FDC		2,50

Auflage: 420 000 Stück

2007, 21. Juni. Erstaufführung des Kinofilms „Shrek der Dritte". [E] **Dreamworks Animation LLC; Odr. Enschedé (10×5); gez. K 13¼:13¾.**

cro) Fiona und Shrek, Hauptfiguren des Animationsfilms

2673	55 (C) mehrfarbig	cro	1,10	1,10
		FDC		1,60

Auflage: 600 000 Stück

2007, 2. Juli. Kunst der Gegenwart: Sammlung Essl. [E] **Enschedé; RaTdr. Enschedé, Rollen (25); selbstklebend; gestanzt 13¼:14.**

crp) Essl-Museum, Klosterneuburg

2674	55 (C) mehrfarbig	crp	1,10	1,10
		FDC		1,60

Auflage: 4 525 000 Stück

2007, 13. Juli. 150. Geburtstag von Wilhelm Kienzl. [E] **Tuma; RaTdr. (5×10); gez. K 14:13¾.**

crr) W. Kienzl (1857–1941), Komponist

2675	75 (C) mehrfarbig	crr	1,50	1,50
		FDC		2,—

Auflage: 420 000 Stück

2007, 4. Aug. Eisenbahnen (VII): Bregenzerwaldbahn. ⓖ Sinawehl; Ⓢ Schmirl; komb. StTdr. und RaTdr. (5×10); gez. K 13¾.

crs) Bregenzerwaldbahn mit Lokomotive U25 (1902)

				**	⊙
2676	75 (C) mehrfarbig . . . . crs			1,50	1,50
			FDC		2,—

Auflage: 500 000 Stück

2007, 24. Aug. Aktgemälde (IV). ⓖ Bernhart; RaTdr. (5×10); gez. K 14:13¾.

crt) Mann; von Astrid Bernhart (*1964)

2677	55 C mehrfarbig . . . . crt			1,10	1,10
			FDC		1,60

Auflage: 420 000 Stück

Ein nicht frankaturgültiger, ungezähnter Viererblock-Buntdruck lag der Spezialedition „Jahrbuch 2007" bei (siehe unter Schwarzdrucke).

2007, 25. Aug. Freimarken: Blumen. ⓖ Galler; RaTdr. Enschedé (10×5); gez. K 14.

cru) Löwenzahn (Taraxacum officinalis)

crv) Alpen-Goldregen (Laburnum alpinum)   crw) Gewöhnlicher Schneeball (Viburnum opulus)   crx) Fransenenzian (Gentianopsis ciliata)   cry) Waldrebe (Clematis sp.)

2678	4 (C) mehrfarbig . . . . cru			0,10	0,10
2679	10 (C) mehrfarbig . . . . crv			0,20	0,20
2680	65 (C) mehrfarbig . . . . crw			1,30	1,30
2681	115 (C) mehrfarbig . . . . crx			2,30	2,30
2682	140 (C) mehrfarbig . . . . cry			2,80	2,80
			Satzpreis (5 W.)	6,70	6,70
			FDC		7,20

Auflagen: MiNr. 2678 = 1 000 000, MiNr. 2679 = 2 000 000, MiNr. 2680 = 20 000 000, MiNr. 2681–2682 je 5 000 000 Stück

Weitere Werte: MiNr. 2631–2633, 2652, 2696

2007, 7. Sept. Seeadler. ⓖ Herger; RaTdr. (3×3); gez. K 13¾.

crz) Seeadler (Haliaeetus albicilla)

2683	55 (C) mehrfarbig . . . . crz			1,10	1,10
			FDC		1,60
			Kleinbogen	9,—	9,—

MiNr. 2683 wurde im Kleinbogen zu 8 Marken und einem zentralen Zierfeld gedruckt.

Auflage: 960 000 Stück

Parallelausgabe mit Serbien MiNr. 215

2007, 14. Sept. Blockausgabe: Josef Hoffmann. ⓖ Cartor; komb. Odr., Pdr. und Hfdr. Cartor; ☐, Zähnung aufgedruckt.

csa) Schmuckelement einer Halskette (1916); von Josef Hoffmann (1870–1956), Architekt und Designer

				**	⊙
Block 40	265 (C) mehrfarbig (80×51 mm) csa			5,50	5,50
			FDC		6,—

Auflage: 400 000 Blocks

2007, 17. Sept. 75 Jahre Erdölförderung in Österreich. ⓖ Rosenfeld; Odr. und Lack (2×5); gez. K 14:13¾.

csb) Historischer Pumpenbock, Zistersdorf; chemische Strukturformel; Emblem der Rohöl-Aufsuchungs-AG (RAG)

2684	75 (C) mehrfarbig . . . . csb			1,50	1,50
			FDC		2,—
			Kleinbogen	15,—	15,—

Der Öltropfen im Markenbild wurde mit Duftdruck versehen. Nach Berührung mit dem Finger riecht er nach Erdöl.

Auflage: 1 200 000 Stück

2007, 20. Sept. 200. Geburtstag von Friedrich Gauermann. ⓖ Sinawehl; Ⓢ Seidel; komb. StTdr. und RaTdr. (5×10); gez. K 14:13¾.

csc) Damwild; Gemälde von F. Gauermann (1807–1862), Landschaftsmaler

2685	55 (C) mehrfarbig . . . . csc			1,10	1,10
			FDC		1,60

Auflage: 420 000 Stück

2007, 24. Sept. Schutzpatrone (VI). ⓖ Schulz; Ⓢ Trsek; komb. StTdr. und RaTdr. (10×5); gez. K 13¾:14.

csd) Heiliger Rupert, Landespatron von Salzburg; Salzfässer

2686	55 (C) mehrfarbig . . . . csd			1,10	1,10
			FDC		1,60
2686 U	ungezähnt				500,—

Auflage: 500 000 Stück

2007, 29. Sept. Skirennfahrer (IV). ⓖ Gruber; Odr. (5×10); gez. K 14¼:14.

cse) Nicole „Niki" Hosp (*1983), Skirennläuferin, Gesamtweltcupsiegerin 2007

2687	55 (C) mehrfarbig . . . . cse			1,10	1,10
			FDC		1,60

Auflage: 700 000 Stück

2007, 10. Okt. Freimarke: Tierschutz. ☒ Margreiter; RaTdr. Enschedé, Rollen; selbstklebend; gestanzt 13¼:13½.

csf) Hirschkäfer (Lucanus cervus)

					★★	⊙
2688	75	(C)	mehrfarbig . . . . csf		1,50	1,50
				FDC		2,—

Auflage: 10 150 000 Stück

Weitere Werte: MiNr. 2622–2623, 2624, 2648–2649, 2651

2007, 12. Okt. Stahlschnitt. ☒ Mayr; komb. StTdr. und RaTdr. (10×5); gez. K 13¾:14.

csg) Schlüssel des Mariä-Empfängnis-Doms, Linz (1924); Werk von Michael Blümelhuber (1865–1936), Stahlschnittmeister

2689	75	(C)	mehrfarbig . . . . csg		1,50	1,50
				FDC		2,—

Auflage: 420 000 Stück

2007, 13. Okt. Christiane Hörbiger. ☒ Gruber; Odr. (5×10); gez. K 14:13¾.

csh) Christiane Hörbiger (*1938), Schauspielerin

2690	55	(C)	mehrfarbig . . . . csh		1,10	1,10
				FDC		1,60

Auflage: 500 000 Stück

2007, 28. Okt. Premiere der Oper „Pique Dame" in der Wiener Staatsoper. ☒ Rosenfeld; Odr. (5×10); gez. K 13¾:13½.

csi) Szene aus der Oper „Pique Dame" von Pjotr Tschaikowsky (1840–1893), russischer Komponist

2691	55	(C)	mehrfarbig . . . . csi		1,10	1,10
				FDC		1,60

Auflage: 500 000 Stück

2007, 9. Nov. Weihnachten (I). ☒ Rosenfeld; RaTdr. (10×5); gez. K 14¼:14.

csk) Christi Geburt; Ikone aus der St.-Barbara-Kirche, Wien

2692	65	(C)	mehrfarbig . . . . csk		1,30	1,30
				FDC		1,80

Auflage: 500 000 Stück

2007, 23. Nov. Weihnachten (II). ☒ Tuma; RaTdr. (10×5); gez. K 13¾.

csl) Christi Geburt; Altarbild der St.-Peter-und-Paul-Kirche, Oberwöllan

					★★	⊙
2693	55	(C)	mehrfarbig . . . . csl		1,10	1,10
				FDC		1,60

Auflage: 8 000 000 Stück

2007, 29. Nov. 50 Jahre Haus des Meeres, Wien. ☒ Gruber; komb. Odr. und Rdr. Cartor (5×2); gez. K 13½:13¼.

csm) Clownfische (Amphiprion ocellaris) und Korallen

2694	55	(C)	mehrfarbig . . . . csm		1,10	1,10
				FDC		1,60
				Kleinbogen	11,—	11,—

Auflage: 1 200 000 Stück

2007, 8. Dez. Thomas Gottschalk. ☒ Rosenfeld; Odr. (5×10); gez. K 13¾.

csn) Thomas Gottschalk (*1950), deutscher Rundfunk- und Fernsehmoderator, Entertainer und Schauspieler, in der Fernsehsendung „Wetten, dass..?"

2695	65	(C)	mehrfarbig . . . . csn		1,30	1,30
				FDC		1,80

Auflage: 700 000 Stück

2008

2008, 15. Jan. Freimarke: Blumen. ☒ Galler; RaTdr. Enschedé (10×5); gez. K 14.

cso) Frauenschuh (Cypripedium sp.) (Preßblumenbild)

2696	15	(C)	mehrfarbig . . . . cso		0,30	0,30
				FDC		1,20

Auflage: 10 000 000 Stück

Weitere Werte: MiNr. 2631–2633, 2652, 2678–2682

MICHEL-Kataloge werden ständig überarbeitet und durch Berücksichtigung der neuesten Forschungsergebnisse auf dem aktuellen Stand gehalten.

2008, 17. Jan. Fußball-Europameisterschaft, Österreich und Schweiz (II): Austragungsorte. ⬚ Gruber; Odr. (4×2); gez. K 14.

csp) Riesenrad, Wien	csr) Festung Hohensalzburg, Salzburg
css) Lindwurm, Klagenfurt	cst) Goldenes Dachl, Innsbruck
csu) Stadttürme, Zürich	csv) Rheinbrücke mit Münster, Basel
csw) Zytglogge, Bern	csx) Fontäne, Genf

2697	55	(C)	mehrfarbig . . . . csp	1,10	1,10
2698	55	(C)	mehrfarbig . . . . csr	1,10	1,10
2699	55	(C)	mehrfarbig . . . . css	1,10	1,10
2700	55	(C)	mehrfarbig . . . . cst	1,10	1,10
2701	65	(C)	mehrfarbig . . . . csu	1,30	1,30
2702	65	(C)	mehrfarbig . . . . csv	1,30	1,30
2703	65	(C)	mehrfarbig . . . . csw	1,30	1,30
2704	65	(C)	mehrfarbig . . . . csx	1,30	1,30
			Satzpreis (8 W.)	9,50	9,50
			Kleinbogen	9,50	9,50
			FDC		10,50

Auflage: je 500 000 Stück

2008, 18. Jan. Internationale Briefmarkenausstellung WIPA '08, Wien (III). ⬚ Frei; RaTdr. (90); gez. K 13¾.

csy) Stephansdom, Wien

2705	55 (C) + 20 (C)	mehrfarbig . . . . csy	1,50	1,50
		FDC		2,40

Auflage: 540 000 Stück

Soweit nicht gesondert im Kopftext angegeben wurden alle Ausgaben in der Österreichischen Staatsdruckerei hergestellt.

MiNr. 838–2362 gültig bis 30.6.2002. Ab MiNr. 2363 sind alle Marken frankaturgültig.

Neuheiten

Ein Abonnement der MICHEL-Rundschau sichert Ihnen einen immer vollständigen Katalog, zeigt Ihnen Preisänderungen an und bereichert Ihre philatelistischen Kenntnisse durch gut recherchierte Fachbeiträge.

Jahrgangswerttabelle

Die Aufstellung folgt der numerischen Reihenfolge der Katalogisierung ohne Rücksicht auf die Chronologie eventueller Ergänzungswerte.

Grundsätzlich ist nur die jeweils billigste Sorte pro Marke bzw. Ausgabe angegeben, sofern nichts anderes vermerkt. Bei den gebrauchten Werten ist immer die zeitgerechte postalische Abstempelung (○, Ⓢ oder Ⓣ) berücksichtigt worden.

Zusammendrucke aus Bogen, Marken mit Zierfeldern usw. sind dann berücksichtigt, wenn sie als normale Ausgabeform anzusehen sind. Einzelmarken aus Blocks und Marken mit der Preisnotierung „—,—" sind nicht berücksichtigt.

Jahr	MiNr.	Euro **	Euro ⊙
1945	721–770	17,50	26,—
1946	771–800	58,30	116,—
1947	801–853	115,90	73,80
1948	854–928	423,50	115,—
1949	929–947	203,20	190,—
1950	948–958	179,50	157,50
1951	959–967	95,50	85,—
1952	968–980	146,—	91,60
1953	981–995	411,50	291,30
1954	996–1011	119,50	43,30
1955	1012–1023	100,—	30,80
1956	1024–1030	42,80	13,80
1957	1031–1039	17,80	12,—
1958	1040–1058	22,—	8,10
1959	1059–1072	9,10	5,80
1960	1073–1083	8,90	4,90
1961	1084–1102	12,10	9,40
1962	1103–1127	16,80	11,30
1963	1128–1144	12,70	6,80
1964	1145–1176	16,20	10,50
1965	1177–1200	14,60	9,10
1966	1201–1230	16,40	9,30
1967	1231–1255	13,40	7,80
1968	1256–1283	13,90	10,20
1969	1284–1319	17,20	15,—
1970	1320–1352	14,70	11,50
1971	1353–1380	14,—	10,30
1972	1381–1409	15,—	12,80
1973	1410–1436	19,40	8,10
1974	1437–1473	20,30	10,80
1975	1474–1505	30,70	11,90
1976	1506–1539	26,70	15,30
1977	1540–1565	31,80	11,60
1978	1566–1596	29,70	14,90
1979	1597–1630	28,90	16,90
1980	1631–1663	30,70	17,20
1981	1664–1694	24,50	18,10
1982	1695–1727	29,60	17,—
1983	1728–1762	27,—	18,50
1984	1763–1798	28,60	17,50
1985	1799–1835	28,40	19,80
1986	1836–1872	31,10	20,70
1987	1873–1908	32,—	21,80
1988	1909–1943	34,90	21,80
1989	1944–1977	35,30	22,10
1990	1978–2012	31,50	20,40
1991	2013–2047	37,60	26,90
1992	2048–2083	37,90	28,30
1993	2084–2114	41,90	23,20
1994	2115–2144	43,70	23,—
1995	2145–2176	42,10	19,80
1996	2177–2207	41,90	33,80
1997	2208–2239	52,60	27,10
1998	2240–2271	55,50	31,50
1999	2272–2301	59,20	35,90
2000	2302–2335	108,10	115,80
2001	2336–2362	53,80	53,40
2002	2363–2401	78,70	78,20
2003	2402–2456	92,80	92,80
2004	2457–2505	98,80	98,80
2005	2506–2563	91,—	91,—
2006	2564–2629	143,30	143,30
2007	2630–2695	99,90	99,90
Gesamtsumme		**3847,90**	**2716,—**

Blockaufstellung

Block 1 siehe nach MiNr. 556 A		Block 21 siehe nach MiNr. 2433
Block 2 siehe nach MiNr. 1400		Block 22 siehe nach MiNr. 2449
Block 3 siehe nach MiNr. 1508		Block 23 siehe nach MiNr. 2475
Block 4 siehe nach MiNr. 1530		Block 24 siehe nach MiNr. 2481
Block 5 siehe nach MiNr. 1665		Block 25 siehe nach MiNr. 2496
Block 6 siehe nach MiNr. 1750		Block 26 siehe nach MiNr. 2501
Block 7 siehe nach MiNr. 1819		Block 27 siehe nach MiNr. 2520
Block 8 siehe nach MiNr. 1867		Block 28 siehe nach MiNr. 2530
Block 9 siehe nach MiNr. 1886		Block 29 siehe nach MiNr. 2546
Block 10 siehe nach MiNr. 2022		Block 30 siehe nach MiNr. 2556
Block 11 siehe nach MiNr. 2054		Block 31 siehe nach MiNr. 2558
Block 12 siehe nach MiNr. 2204		Block 32 siehe nach MiNr. 2575
Block 13 siehe nach MiNr. 2303		Block 33 siehe nach MiNr. 2577
Block 14 siehe nach MiNr. 2303		Block 34 siehe nach MiNr. 2610
Block 15 siehe nach MiNr. 2321		Block 35 siehe nach MiNr. 2610
Block 16 siehe nach MiNr. 2384		Block 36 siehe nach MiNr. 2639
Block 17 siehe nach MiNr. 2396		Block 37 siehe nach MiNr. 2653
Block 18 siehe nach MiNr. 2410		Block 38 siehe nach MiNr. 2668
Block 19 siehe nach MiNr. 2411		Block 39 siehe nach MiNr. 2670
Block 20 siehe nach MiNr. 2429		Block 40 siehe nach MiNr. 2683

Jahreszusammenstellungen der Österreichischen Post

Die nachfolgend aufgeführten Jahreszusammenstellungen enthalten in Steckkarten jeweils die Ausgaben der Briefmarken der Österreichischen Post eines kompletten Jahrgangs. Die Mappen bestehen aus Kunstlederkarton, Format: 29,7×21 cm

MiNr.	Jahr	Auflage	Postpreis	Kat.-Preis
1	1980	15 000	210 S	30,—
2	1981	40 000	220 S	30,—
3	1982	30 000	220 S	30,—
4	1983	35 000	220 S	28,—
5	1984	32 000	230 S	30,—
6	1985	32 000	235 S	32,—
7	1986	35 000	245 S	30,—
8	1987	36 000	250 S	32,—
9	1988	38 000	260 S	38,—
10	1989	40 000	260 S	32,—
11	1990		270 S	34,—
12	1991		280 S	36,—
13	1992		290 S	45,—
14	1993		300 S	45,—
15	1994		310 S	45,—
16	1995		330 S	48,—
17	1996		340 S	50,—
18	1997		360 S	55,—
19	1998		380 S	70,—
20	1999		390 S	60,—
21	2000		460 S	70,—
22	2001		470 S	70,—
23	2002	30 000	40 €	80,—
24	2003	30 000	45 €	90,—
25	2004	30 000	53 €	110,—
26	2005	30 000	49 €	100,—
27	2006	30 000	55 €	110,—
28	2007	30 000	53 €	110,—

Jahrbücher (Limitierte Spezialeditionen)

Die nachfolgend aufgeführten Jahrbücher enthalten in Steckkarten jeweils die Ausgaben der Briefmarken der Österreichischen Post eines kompletten Jahrgangs sowie nicht frankaturgültige Schwarz- bzw. Buntdrucke.

MiNr.	Jahr	Auflage	Postpreis	Kat.-Preis
1	2002	5000	95 €	200,—
2	2003	3000	99 €*	120,—
3	2004	3000	70 €	140,—
4	2005	3000	53 €	120,—
5	2006	3000	59 €	120,—
6	2007	3000	57 €	115,—

*) Postpreis ab 2007: 59,– €

Übersichtstabellen

Werte	Bild	MiNr.
Freimarken Bauwerke		
20 g	Bauernhof Mörbisch	1102
30 g	Rathaus Wien	1111
40 g	Schloß Porcia	1112
50 g	Wohnbau Wien-Heiligenstadt	1044
50 g	Wohnbau Wien-Heiligenstadt (kleines Format)	1153
60 g	Ledererturm Wels	1113
70 g	Residenzbrunnen Salzburg	1114
80 g	Bauernhof Pinzgau	1115
1 S	Basilika Mariazell (StTdr.)	1035
1 S	Basilika Mariazell (Bdr.)	1037
1 S	Basilika Mariazell (Odr.)	1045
1 S	Basilika Mariazell (kleines Format)	1073
1 S	Kreuzgang Millstatt	1324
1.20 S	Kornmesserhaus Bruck	1116
1.30 S	Schattenburg Feldkirch	1232
1.40 S	Klagenfurter Landhaus	1046
1.50 S	Rabenhof Wien-Erdberg	1047
1.50 S	Rabenhof Wien-Erdberg (kleines Format)	1178
1.80 S	Münzturm Hall in Tirol	1048
2 S	Gnadenkirche Christkindl	1049
2 S	Lindwurmbrunnen Klagenfurt	1256
2.20 S	Beethovenhaus Wien-Heiligenstadt	1117
2.50 S	Donaubrücke Linz	1118
3 S	Schweizertor Wien	1119
3.40 S	Steinertor Krems	1050
3.50 S	Schloß Esterházy, Eisenstadt	1120
4 S	Wienertor Hainburg/Donau	1051
4.50 S	Flughafen Wien-Schwechart	1052
5.50 S	Churer Tor Feldkirch	1053
6 S	Grazer Landhaus	1054
6.40 S	Goldenes Dachl Innsbruck	1055
8 S	Rathaus Steyr	1194
10 S	Burg Heidenreichstein (größeres Format)	1038
20 S	Stift Melk (Großformat)	1128
Freimarken Schönes Österreich		
20 g	Bergfried v. Freistadt	1649
50 g	Mayrhofen im Zillertal	1475
1 S	Kahlenbergerdorf, Wien	1476
1.50 S	Bludenz, Vorarlberg	1439
2 S	Innbrücke bei Finstermünz, Tirol	1440
2.50 S	Murau, Steiermark	1441
3 S	Bischofsmütze im Dachsteinmassiv, Salzburg	1442
3 S	Bischofsmütze (kleineres Format)	1596
3.50 S	Osterkirche, Oberwart	1581
4 S	Almsee, Oberösterreich	1430
4.20 S	Hirschegg, Kleinwalsertal	1612
4.50 S	Windmühle aus Retz	1519
5 S	Ruine Aggstein, Niederösterreich	1431
5.50 S	Friedenskirchlein am Stoderzinken, Steiermark	1710
5.60 S	Riezlern-Kleinwalsertal, Vorarlberg	1711
6 S	Lindauer Hütte i. Rätikon, Vorarlberg	1477
6.50 S	Villach-Perau, Kärnten	1549
7 S	Burg Falkenstein, Kärnten	1432
7.50 S	Festung Hohensalzburg	1550
8 S	Bildstock aus Reiteregg, Steiermark	1506
9 S	Asten, Kärnten	1730
10 S	Neusiedlersee, Burgenland	1433
11 S	Enns, Oberösterreich	1520
12 S	Festung Kufstein	1654
14 S	Weißsee, Salzburg	1696
16 S	Bad Tatzmannsdorf, Burgenland	1551
20 S	Myrafälle b. Muggendorf, Niederösterreich	1565
50 S	Kongreßzentrum Hofburg, Wien (Großformat)	1478
Freimarken Stifte und Klöster		
50 g	Chorherrenstift Vorau	2006
1 S	Abtei Mehrerau	1967
1.50 S	Kloster d. Deut. Ordens, Wien	2080
2 S	Abtei Michaelbeuren	2039
3.50 S	Chorherrenstift Geras	1768

Werte	Bild	MiNr.
4 S	Stift Stams	1791
4.50 S	Stift Schlägel	1776
5 S	Stift St. Paul	1827
5.50 S	Propstei St. Gerold	1859
6 S	Stift Rein-Hohenfurth	1792
7 S	Kloster Loretto	1894
7.50 S	Dominikanerkonvent, Wien	1863
8 S	Stift Zwettl	1925
10 S	Stift Wilten	1915
11 S	Stift Engelszell	1982
12 S	Konvent Eisenstadt	2071
17 S	Erzabtei Salzburg	1963
20 S	Kloster Wernberg	2025
Serie Naturschönheiten in Österreich		
4 S	Naturpark „Blockheide-Eibenstein"	1784
4 S	Neusiedlersee	1788
5 S	Martinswand bei Zirl	1851
5 S	Tschaukofall bei Ferlach	1853
5 S	Dachstein-Rieseneishöhle	1887
5 S	Gauertal im Montafon	1896
5 S	Krimmler Wasserfälle	1932
5 S	Lusthauswasser im Wiener Prater	1968
5 S	Südsteirische Weinstraße	1985
5 S	Obir-Tropfsteinhöhle, Eisenkappel	2023
5 S	Hohler Stein bei Braz	2051
6 S	Wilder Kaiser	2089
6 S	Lurgrotte, Peggau/Semriach	2123
6 S	Wald- und Moorlehrpfad, Heidenreichstein	2156
6 S	Eiskögle, Nationalpark Hohe Tauern	2183
6 S	Weingarten auf dem Nußberg bei Wien	2211
7 S	Nationalpark Kalkalpen	2242
7 S	Stinglfelsen im Böhmerwald	2274
7 S	Weißsee mit Rudolfshütte	2310
7 S	Bärenschützklamm bei Mixnitz	2342
Serie Volksbrauchtum und volkskundliche Kostbarkeiten		
4.50 S	Almabtrieb	2041
5 S	Winzerkrone	2042
5 S	Schützenscheibe	2073
5 S	Fronleichnamsprozession	2100
5.50 S	Bauerntruhe	2074
5.50 S	Blochziehen	2101
5.50 S	Querschwingerwiege	2115
5.50 S	Gaitaler Gürtel	2149
5.50 S	Prangstangentragen	2191
6 S	Kinderschlitten	2116
6 S	Weinhütertracht	2150
6 S	Imster Schemenlaufen	2177
6.50 S	Blasmusikkapelle	2227
6.50 S	Turmblasen	2237
6.50 S	Fiaker	2248
6.50 S	Lungauer Samson	2258
6.50 S	Fußwallfahrt	2275
6.50 S	Schleicherlaufen	2304
7 S	Ernte-Monstranz	2043
7 S	Votivtafel	2075
7 S	Aperschnalzen	2102
7 S	Godenschale	2117
7 S	Wachauer Goldhaube	2151
7 S	Tiroler Schützen	2192
7 S	Sternsingen	2208
7 S	Palmeselumzug	2249
7 S	Neujahrsläuten	2299
7 S	Kirchleintragen	2302
7 S	Flößertreffen	2325
7 S	Osttiroler Fastentuch	2343
7 S	Wasserscheibenschießen	2351
8 S	Kürbisfest	2297
8 S	Murecker Schiffmühle	2338
0.55 €	Faßlrutschen	2483
0.55 €	Frankenburger Würfelspiel	2543
55 C	Weitensfelder Kranzelreiten	2591

Werte	Bild	MiNr.

Freimarken Sagen und Legenden

Werte	Bild	MiNr.
6.50 S	Lindwurm von Kärnten	2226
7 S	Rosalia von Forchtenstein	2212
8 S	Frau von Hardegg	2273
9 S	Der liebe Augustin	2240
10 S	Der Basilisk von Wien	2303, Bl. 13
13 S	Rattenfänger von Korneuburg	2241
14 S	Donaunixe vom Strudengau	2231
20 S	Hl. Notburga	2290
22 S	Hexenritt von Mariatrost	2308
23 S	Die Laib-Brot-Marter	2324
25 S	Hl. Konrad von Altems	2257
32 S	Auffindung des Steirischen Erzberges	2300

Freimarken Ferienland Österreich

Werte	Bild	MiNr.
0.04 €	Schönlaterngasse, Wien	2420
0.07 €	Kreuzweg, Heiligenkreuz	2421
0.13 €	Alm, Inneralpach	2422
0.17 €	Kellergasse, Hadres	2423
0.20 €	Wörthersee	2438
0.25 €	Mondsee	2439
0.27 €	Bauernhaus, Steinernes Meer	2424
0.45 €	St.-Martins-Kapelle, Kleinwalsertal	2454
0.51 €	Schönlaterngasse, Wien	2363
0.55 €	Bürgerhäuser, Steyr	2415
55 C auf 0.04 €	Schönlaterngasse, Wien	2509
55 C auf 0.07 €	Kreuzweg, Heiligenkreuz	2588
55 C auf 0.13 €	Alm, Inneralpach	2510
55 C auf 0.17 €	Kellergasse, Hadres	2511
55 C auf 0.27 €	Bauernhaus, Steinernes Meer	2512
55 C auf 0.51 €	Schönlaterngasse, Wien	2499
55 C auf 0.58 €	Kellergasse, Hadres	2513
55 C auf 0.73 €	Bauernhaus, Steinernes Meer	2514
55 C auf 0.87 €	Alm, Inneralpach	2515
55 C auf 2.03 €	Kreuzweg, Heiligenkreuz	2516
55 C + 425 C auf 0.25 €	Mondsee	2587
0.58 €	Kellergasse, Hadres	2364
0.73 €	Bauernhaus, Steinernes Meer	2365
0.75 €	Bodensee	2416
0.87 €	Alm, Inneralpach	2366
1.00 €	Bauernhaus, Rosseg	2417
1.25 €	Presshaus am Eisenberg	2418
2.03 €	Kreuzweg, Heiligenkreuz	2367
3.75 €	Bildstock, Hochosterwitz	2419

Automatenmarken

1983

1983, 1. Juni. Freimarke: Posthorn, Inschrift REPUBLIK schmal. ☒ Pfeiler; Odr. Helf, Wien; Typendruck über Farbband; ☐.

a) Postembleme; Unterdruck: Postembleme

		✶✶	⊙	FDC
1	0.50 (S) – 79.50 (S) (in Stufen von 0.50 S) Unterdruck: lebh'rötlichgelb/schwarz . . . a			
b	bräunlichrot			
	0.50–4.00 (S), je Wert	1,50	1,50	4,—
	Höhere Werte . . . (1 S = 0,20)	+ 1,50	+ 1,50	+ 4,—
d	rotlila			
	0.50–4.00 (S), je Wert	2,—	2,—	
	Höhere Werte . . . (1 S = 0,20)	+ 2,—	+ 2,—	
1 XII	Wertfehldruck (verschiedene bekannt) . . . . je	50,—		

Laufzeit: 1.6.1983–10.5.1988

1988

1988, 11. Mai. Freimarke: Posthorn, Inschrift REPUBLIK breit. ☒ PTT Österreich; Odr. Helf, Wien; Typendruck über Farbband; ☐.

b) Postembleme; Unterdruck: Postembleme

		✶✶	⊙	FDC
2	0.50 (S) – 79.50 (S) (in Stufen von 0.50 S) Unterdruck: lebh'rötlichgelb/schwarz . . . b			
b	bräunlichrot			
	0.50–5.50 (S), je Wert	1,50	1,50	4,50
	Höhere Werte . . . (1 S = 0,20)	+ 1,50	+ 1,50	+ 4,50
d	rotlila			
	0.50–5.50 (S), je Wert	1,50	1,50	4,50
	Höhere Werte . . . (1 S = 0,20)	+ 1,50	+ 1,50	+ 4,50
2 XII	Wertfehldruck	25,–		

Laufzeit: 11.5.1988–25.5.1995

1995

1995, 26. Mai. Freimarke: Jugendstil-Ornament. Ⓐ Wurnitsch; Odr. Helf, Wien; Typendruck über Farbband; ☐.

c) Jugendstil-Ornament; Unterdruck: Postembleme

		**	⊙	FDC
3	0.50 (S) – 79.50 (S) (in Stufen von 0,20 S) rotlila (Tönungen); Unterdruck: lebhaftrötlichgelb/ schwarz c			
	0.50–7.00 S, je Wert	1,50	1,50	4,—
	Höhere Werte . . . (1 S = 0,20)	+ 1,50	+ 1,50	+ 4,—
3 XII	Wertfehldruck	30,—		

Laufzeit: 26.5.1995–21.11.2001

2000

2000, 30. Mai. Internationale Briefmar-kenausstellung WIPA 2000, Wien. Ⓐ Wurnitsch; Odr. Helf, Wien; Typendruck über Farbband; ☐.

d) Ornament mit WIPA-Emblem

		**	⊙	FDC
4	0.50 (S) – 79.50 (S) (in Stufen von 0.50 S) rotlila (Tönungen); Unterdruck: lebhaftrötlichgelb/ schwarz . . . . d			
	0.50–7.00 S, je Wert	2,50	2,50	4,50
	Höhere Werte . . . . . (1 S = 0,20)	+ 2,50	+ 2,50	+ 4,50
4 XII	Wertfehldruck	30,—		

Laufzeit: 30.5.–4.6.2000

2001

2001, 18. Mai. Nationale Briefmarkenaus-stellung ÖVEBRIA '01, Graz. Ⓐ Wurnitsch; Odr. Helf, Wien; Typendruck über Farb-band; ☐.

e) Ornament

		**	⊙	FDC
5	0.50 (S) – 79.50 (S) (in Stufen von 0.50 S) rotlila (Tönungen); Unterdruck: lebhaftrötlichgelb/ schwarz . . . . e			
	0.50–7.00 S, je Wert	2,50	2,50	4,50
	Höhere Werte . . . . . (1 S = 0,20)	+ 2,50	+ 2,50	+ 4,50

Laufzeit: 18.–20.5.2001

2006

2006, 25. Aug. Freimarken: Blumen. Odr.; Typendruck über Farb-band; ☐ mit je 2 Transportlöchern am Ober- und Unterrand.

f) Leberblümchen   g) Tulpen

		**	⊙	FDC
6	55 (C) – 3000 (C) (in Stufen von 5 C) schwarz; Unterdruck: mehrfarbig . . . . f			
	55–75 C, je Wert	1,50	1,50	2,50
	Höhere Werte . (100 C = 2,—)	+ 1,50	+ 1,50	+ 2,50
7	55 (C) – 3000 (C) (in Stufen von 5 C) schwarz; Unterdruck: mehrfarbig . . . . g			
	55–75 C, je Wert	1,50	1,50	2,50
	Höhere Werte . (100 C = 2,—)	+ 1,50	+ 1,50	+ 2,50

Wertstufen unter 55 C sind nur als Restwerte erhältlich.

Jede 5. Marke wurde rückseitig mit Zählnummer versehen.

MiNr. 6–7 gibt es jeweils mit Eindruck „GMUNDEN 2006" (ab 25.8.2006), „BAD REICHENHALL" (ab 6.10.2006), „PHILATELIE.SHOP" (ab 16.10.2006), „SON-DERPOSTAMT" (ab 7.1.2007), „KREMSBRIA 2007" (ab 30.3.2007), „MARKE & MÜNZE 07" (ab 30.3.2007), „ÖVEBRIA 2007" (ab 15.6.2007), „HIRTENBERG 2007" (ab 15.6.2007), „GMUNDEN 2007" (ab 24.8.2007), „STADTMUSEUM GRAZ" (ab 5.10.2007) und „SINDELFINGEN 07" (ab 26.10.2007).

2006, 24. Nov. Freimarken: Winter. Odr.; Typendruck über Farb-band; ☐ mit je 2 Transportlöchern am Ober- und Unterrand.

h) Spielende Kinder im Schnee   i) Winterlandschaft

		**	⊙	FDC
8	55 (C) – 3000 (C) (in Stufen von 5 C) schwarz; Unterdruck: mehrfarbig . . . . h			
	55–75 C, je Wert	1,50	1,50	2,50
	Höhere Werte . (100 C = 2,—)	+ 1,50	+ 1,50	+ 2,50
9	55 (C) – 3000 (C) (in Stufen von 5 C) schwarz; Unterdruck: mehrfarbig i			
	55–75 C, je Wert	1,50	1,50	2,50
	Höhere Werte . (100 C = 2,—)	+ 1,50	+ 1,50	+ 2,50

Wertstufen unter 55 C sind nur als Restwerte erhältlich.

Jede 5. Marke rückseitig mit Zählnummer.

MiNr. 8–9 gibt es mit Eindruck „CHRISTKINDL 06" (seit 24.11.2006), „PHILATE-LIE.SHOP" (seit 24.11.2006), „SONDERPOSTAMT" (seit 1.12.2006), „NUMIPHIL 2006" (seit 8.12.2006), „CHRISTKIND WIEN" (seit 11.12.2006), „CHRISTKINDL 07" (seit 23.11.2007) und „NUMIPHIL 2007" (seit 7.12.2007).

MiNr. 8–9 sind auch mit falsch programmiertem Eindruck „MOBIL" bekannt.

Neuheiten

Ein Abonnement der MICHEL-Rundschau sichert Ihnen einen immer vollständigen Katalog, zeigt Ihnen Preisände-rungen an und bereichert Ihre philatelistischen Kennt-nisse durch gut recherchierte Fachbeiträge.

Rollenmarken

Erstmals ab 1.12.1913 waren Bestellungen auf Marken in Rollen bei den österreichischen Postämtern möglich. Es gab Rollen zu 1000 bzw. zu 500 Marken, am Ende der Rollen befanden sich vier unbedruckte Leerfelder aus gelbem Papier. Zum Nachweis, daß es sich um Marken aus Rollen handelt, ist ein Streifen von mindestens 11 Marken nötig.

Ab 1960 gibt es Anfangs- bzw. Endstreifen in unterschiedlichen Längen, verschiedenen Papierarten und unterschiedlichen Aufschriften. Die Anfangsstreifen gibt es Ia: mit deutscher Beschriftung (Antiqua) „2000 1s Briefmarken", Ib: mit deutscher Beschriftung (Grotesk) „BUNDESMINISTERIUM FÜR / VERKEHR UND / ELEKTRIZITÄTSWIRTSCHAFT / 2000 BRIEFMARKEN / 50 GROSCHEN (1.50 SCHILLING)", jeweils mit einer Zahl und Lacksiegel. II: mit englischer Beschriftung (Grotesk) „AUSTRIA / POSTAGE STAMPS / 2000 POSTAGE STAMPS / I Sch (1/50 Sch) (3 Sch)" und jeweils einer Zahl. IIIa: mit Klebezettel (weiß) mit englischer Beschriftung: „2000 / AUSTRIA POSTAGE / STAMPS / VALUE I Sch (50 g.)", IIIb: mit Klebezettel (weiß) mit handschriftlichem Vermerk „2000 STAMPS / AUSTRIA 1s". Die Rollenmarken wurden immer in Bahnen hergestellt, die jeweils 12 nebeneinanderliegende Marken enthalten. Bei den Typen I und II, bei denen in der Beschriftung der Anfangsstücke eine Zahl enthalten ist, kommen daher die Zahlen 1 bis 12 vor.

Die Endstücke haben verschiedene Längen von 50, 72 oder 106 mm. Die Trennung erfolgte durch Zähnung (11) oder durch farblose oder farbige Durchstiche. Die Endstücke sind stets ohne Beschriftung. Die Rollenmarken wurden immer in 12 nebeneinanderliegenden Rollen hergestellt, so daß bei jenen Typen, bei denen in der Beschriftung der Anfangsstücke eine Zahl enthalten ist (Type I und II), stets die Zahlen 1–12 vorkommen. Nachfolgende Bewertung der Anfangs- und Endstücke gilt jeweils mit einer anhängenden Marke.

Freimarken 1913

			Endstreifen ★★ = ⊙	Elferstreifen ★★ = ⊙
141 x	3 H	rotlila	—,—	80,—
142	5 H	grün	—,—	90,—
142 x	5 H	grün	—,—	60,—
144	10 H	lilarosa	—,—	110,—
144 x	10 H	rosa	—,—	50,—
146 x	20 H	schwarzbraun	—,—	200,—
147 x	25 H	ultramarin	—,—	200,—
148 x	30 H	olivgrün	—,—	400,—
149 x	35 H	schieferblau, hellblaugrau	—,—	400,—

Freimarken 1916/1918

185	3 H	violett	—,—	30,—
186	5 H	(hell)gelbgrün	—,—	—
188	10 H	lilarot	—,—	25,—
190	15 H	hellrot	—,—	80,—
192	25 H	hell- bis dunkelblau	—,—	350,—
194	40 H	oliv	—,—	90,—
197	80 H	rotbraun	—,—	90,—

Freimarken 1917/1918

221	15 H	braunrot	—,—	100,—
222	20 H	blaugrün	—,—	130,—
223	25 H	dunkelblau	—,—	130,—
224	30 H	violett	—,—	130,—

Freimarke: Bauwerke 1960

			Anfangsstreifen ★★ = ⊙	Endstreifen ★★ = ⊙
1073	1 S	dunkelbraun		15,—
I a		deutsche Inschrift (Antiqua) schwarz	50,—	
II		englische Inschrift (Grotesk)		
a		hellbraune Schrift	70,—	
bx		dunkelbraune Schrift, dunkelbraunes Papier	60,—	
by		dunkelbraune Schrift, hellbraunes Papier	60,—	
c		blaue Schrift	75,—	
III a		Klebezettel mit Aufdruck	40,—	
III b		Klebezettel mit Handschrift	35,—	

Freimarke: Bauwerke 1964

1153	50 g	schwarzgrau		35,—
I b		deutsche Inschrift (Grotesk) grau	100,—	
III a		Klebezettel mit Aufdruck	65,—	

Freimarke: Bauwerke 1965

1178	1.50 S	karmin		15,—
I b		deutsche Inschrift (Grotesk) rot	60,—	
II		englische Inschrift (Grotesk) rot	80,—	

Freimarke: Schönes Österreich 1978

1596	3 S	hellkobalt		
II cx		englische Inschrift (Grotesk) blau, dunkelbraunes Papier	65,—	20,—
II cy		englische Inschrift (Grotesk) blau, hellbraunes Papier	70,—	20,—

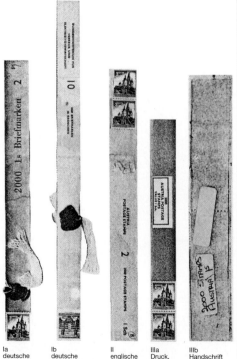

| Ia deutsche Inschrift (Antiqua) | Ib deutsche Inschrift (Grotesk) | II englische Inschrift (Grotesk) | IIIa Druck, englisch | IIIb Handschrift englisch |

Markenheftchen, Heftchenblätter, Zusammendrucke

Kaiser Franz Joseph (1908–1914)

a I linker Deckelrand unbedruckt

a II linker Deckelrand bedruckt

MH-MiNr.	Ausgabedatum	Nominale	Deckelfarbe	Deckelzeichnung/-type	Enthält H-Blätter	Preise ✶✶
1 a v I	Mai 1908	1.50 Kr*)	graubraun	a I	1 v (3), 2 v (1)	3500,—
1 a v II	Mai 1908	1.50 Kr*)	graubraun	a II	1 v (3), 2 v (1)	2400,—
1 a x	Dez. 1913	1.50 Kr*)	graubraun	a I	1 x (3), 2 x (1)	1800,—
1 b x	1. 3. 1914	1.50 Kr	dunkelsämisch	a II	1 x (3), 2 x (1)	1600,—

*) Postpreis: 1.52 Kr. Der Zuschlag von 2 H diente zur Deckung der Herstellungskosten.

5	5	5
5	5	5

H-Blatt 1   ✶✶
v mit MiNr. 142 v   50,—
x mit MiNr. 142 x   40,—

10	10	10
10	10	10

H-Blatt 2   ✶✶
v mit MiNr. 144 v   120,—
x mit MiNr. 144 x   100,—

MH 1 wurde mit Klammerheftung hergestellt.

Zwischen den Heftchenblättern waren zm Schutz unbedruckte, weiße (bei MH 1 b x gelbliche) Seidenpapierblättchen eingeheftet.

Die Heftchenblätter weisen oft angeschnittene Zähnungen auf. Dieser Mangel ist herstellungsbedingt, daher kein Preisabschlag.

Kaiserkrone / Kaiser Franz Joseph (1916

b

MH-MiNr.	Ausgabedatum	Nominale	Deckelfarbe	Deckelzeichnung	Enthält H-Blätter	Preis ✶✶
2	1. 10. 1916	2.00 Kr	dunkelsämisch	b	3 (1), 4 (1), 5 (1), 6 (1)	2200,—
2a**)	28. 02. 1918	2.00 Kr	dunkelsämisch	b	3 (1), 4 (1), 5 (1) [7 (1) lose beiliegend]	2000,—

5	5	5
5	5	5

H-Blatt 3   ✶✶
mit MiNr. 186   15,—

	5	5
	5	5

H-Blatt 4   ✶✶
mit MiNr. 186   100,—

10	10	10
10	10	10

H-Blatt 5   ✶✶
mit MiNr. 188   15,—

15	15	15
15	15	15

H-Blatt 6   ✶✶
mit MiNr. 190   20,—

Zd-MiNr.	MiNr.	Werte	Preise			
			★	★★	⊙	✉
W 1	X + 186	X + 5	15,—	30,—	30,—	100,—

MH 2 wurde mit Klammerheftung hergestellt.

Zwischen den Heftchenblättern waren zm Schutz unbedruckte, sämischfarbene Papierblättchen eingeheftet.

Die Heftchen weisen oft angeschnittene Zähnungen auf. Dieser Mangel ist herstellungsbedingt, daher kein Preisabschlag.

**) Am 28. 2. 1918 verloren die Werte in Zeichnung Kaiser Franz Joseph ihre Gültigkeit. Es wurden daher aus den noch nicht verkauften Heftchen das H-Blatt 6 herausgetrennt und durch die neue Zeichnung Kaiser Karl I. (H-Blatt 7) ersetzt, das lose beigelegt wurde (1800,—).

Kaiserkrone / Kaiser Franz Joseph, Kaiser Karl I. (1918)

b

MH-MiNr.	Ausgabedatum	Nominale	Deckelfarbe	Deckelzeichnung	Enthält H-Blätter	Preis ★★
3	Febr. 1918	2.00 Kr.	orangerot	b	3 (1), 4 (1), 5 (1), 7 (1)	1800,—

15	15	15
15	15	15

H-Blatt 7 ★★
mit MiNr. 221 10,—

MH 3 wurde mit Klammerheftung hergestellt.

Zwischen den Heftchenblättern waren zm Schutz unbedruckte, sämischfarbene Ppapierblättchen eingeheftet.

Die Heftchen weisen oft angeschnittene Zähnungen auf. Dieser Mangel ist herstellungsbedingt, daher kein Preisabschlag.

Trachten / Bauwerke (1962)

c I c II

MH-MiNr.	Ausgabedatum	Nominale	Deckelfarbe	Deckelzeichnung/-type	Enthält H-Blätter	Preise ★★
4 a	1962	5 S	ultramarin	c I	8 (1), 9 (1)	280,—
4 b	1962	5 S	hellgrünblau	c II	8 (1), 9 (1)	190,—

70	70

H-Blatt 8 ★★
mit MiNr. 906 2,—

1.80	1.80

H-Blatt 9 ★★
mit MiNr. 1048 × 1,20

H-Blatt 8–9 gibt es mit oben oder unten anhängendem Bogenrad (Preise gleich).

Trachten / Bauwerke (1962)

c II   c I

MH-MiNr.	Ausgabedatum	Nominale	Deckelfarbe	Deckelzeichnung Deckeltype	Enthält H-Blätter	Preise ★★
5 a	1962	5 S	hellsiena	c II	10 (1), 11 (1)	200,—
5 b	1962	5 S	schwärzlichbraunrot	c I	10 (1), 11 (1)	200,—
5 c	1962	5 S	braunrot	c I	10 (1), 11 (1)	240,—
5 d	1962	5 S	lebhaftrötlichbraun	c I	10 (1), 11 (1)	380,—

50	50
50	50

H-Blatt 10   ★★
mit MiNr. 1044 x b   40,—

1.50	1.50

H-Blatt 11   ★★
mit MiNr. 1047 x   1,—

H-Blatt 10–11 gibt es mit oben oder unten anhängendem Bogenrad (Preise gleich).

Markentäschchen

Seit 1980 gibt es von der Österreichischen Post Markentäschchen mit eingelegten Freimarken in verschiedenen Kombinationen nur über Automaten zu kaufen. Bisher sind folgende Ausgaben bekannt:

A. Schwarze Kunststoffhülle

1980. Versuchsausgabe. Kunststoffhülle, Vorderseite mit matter Folie, Rückseite rauh oder glatt, mit eingelegter weißer Verstärkungskarte.
Wert der eingelegten Marken 10 S.

1980. Kunststoffhülle, Vorderseite mit klarer Folie, Rückseite rauh, mit eingelegter dunkelrötlichgelber Verstärkungskarte bedruckt mit Reklame der Briefmarkenversandstelle der Österreichischen Post.
Wert der eingelegten Marken 10 S.

1981. Endgültige Ausgabe. Kunststoffhülle, Vorderseite mit klarer Folie, Rückseite rauh oder glatt, mit eingelegter rötlichgelber Verstärkungskarte, bedruckt mit Reklame der Briefmarkenversandstelle der Österreichischen Post, Druckvermerk Wbg. 1–1450.
Wert der eingelegten Marken 10 S.

1981. Ausgabe für Sondertarifgebiete. Kunststoffhülle, Vorderseite mit klarer Folie, Rückseite rauh, mit eingelegter rötlichgelber Verstärkungskarte, bedruckt mit den Briefpostgebühren nach der Bundesrepublik Deutschland.
Wert der eingelegten Marken 14 S.

Mehr wissen mit MICHEL

B. Klemmtasche aus starkem Karton

1986. Vorderseite rötlichgelb, bedruckt mit Reklame der Briefmarkenversandstelle der Österreichischen Post, Text in 9 Zeilen, Druckvermerk Wbg. 1–1450. Rückseite weiß, Text „Alle Fragen an die Post ..." in 5 Zeilen.
Wert der eingelegten Marken 10 S.

1987. Vorderseite jetzt orangerot. Druckvermerk 661144900. Rückseite weiß, Text „Alle Fragen an die Post ..." in 7 Zeilen.
Wert der eingelegten Marken 10 S.

1988. Beschriftung unverändert, Vorderseite jetzt dunkelgelborange.
Wert der eingelegten Marken 10 S.

1989. Beschriftung unverändert, Vorderseite jetzt gelblichgrün.
Wert der eingelegten Marken 10 S.

1990. Vorderseite jetzt mittellilarosa, Reklame der Briefmarkenversandstelle jetzt in 8 Zeilen, Rückseite unverändert.
Wert der eingelegten Marken 10 S.

1991. Vorderseite jetzt orangegelb. Rückseite zusätzlich Hinweis: Deckblatt aus PET.
Wert der eingelegten Marken 10 S.

1993. Vorderseite unverändert. Hinweis auf der Rückseite jetzt: Deckblatt PVC-frei. Zeilenabstand letzte Textzeile – Hinweis 5 mm.
Wert der eingelegten Marken 10 S.

1994. Vorderseite unverändert. Zeilenabstand letzte Textzeile – Hinweis auf der Rückseite jetzt 2 mm.
Wert der eingelegten Marken 10 S.

1997. Ausführung wie 1994, jedoch mit Einlegeblatt „Briefpostgebühren Österreich Inland: Standard bis 20 g, Format C 5 7.00 S".
Wert der eingelegten Marken 10 S.

Schwarzdrucke

auf Erläuterungsblättern

Schwarzdrucke sind ungezähnte Vorlagedrucke in Schwarz, die mit dem Originaldruckstöckel auf weißem, gekreidetem Papier gedruckt werden.

Diese Schwarzdrucke werden meist auf hellgelbe, seit einigen Jahren auch weiße Erläuterungsblätter im DIN-A4-Format (ca. 210×295 mm) **geklebt**. Abgegeben werden diese kostenlos an bevorzugte Personen. Vorsicht – nicht zu verwechseln mit den bei den Sammlerschaltern erhältlichen Erläuterungsblättern auf weißem Papier, bei denen das Markenbild **eingedruckt** ist.

Ab 2002 änderte sich die Ausgabeform wie folgt:

2002–2003	DIN-A5-Format (ca. 148×210 mm), zusätzlich vergrößerte Farbabbildungen, Beschreibung auf der Rückseite in Deutsch und Englisch.
2004	Doppelseitige Form. Beschreibung zusätzlich auch in Französisch.
ab 2005	Keine Blätter mehr, sondern kleinformatige Einzelstücke auf dünnem Papier. Freier Verkauf an jedermann.

1946

791–800	Stephansdom	600,—

1947

801	Franz Schubert	120,—
802	Franz Grillparzer	85,—
803–810	Wiener Frühjahrsmesse	120,—
811	Preis von Wien	65,—
812–821	Kunstausstellung	100,—
822–824, 828; 825-827		
	Flugpost (2 Blätter)	140,—
829–834	Kriegsgefangene	70,—
837	Telegrafie	65,—
Jahrgang (9 Blätter)		750,—

1948

854	Olympische Spiele	170,—
855	Carl M. Ziehrer	60,—
856	Adalbert Stifter	60,—
857	Friedrich Amerling	60,—
858–867	Wiederaufbau	100,—
868–877	Tuberkulose	100,—
878–884	Künstlerhaus	75,—
885–892	Salzburger Dom	70,—
927	30 Jahre Republik	50,—
928	Stille Nacht	130,—
Jahrgang (10 Blätter)		850,—

1949

929–932	Kinderfürsorge	130,—
934	Johann Strauß Sohn	65,—
936	Hl. Gebhard	20,—
937–940	Kriegsgefangene	70,—
941	Anton Bruckner	25,—
942	Johann Strauß Vater	25,—
943–945	UPU	80,—
946	Tag der Briefmarke	25,—
947	Karl Millöcker	25,—
Jahrgang (9 Blätter)		450,—

1950

926	Tracht, Wien	100,—
948	Moritz Daffinger	25,—
949	Andreas Hofer	25,—
950	100 J. österr. Briefmarken	40,—
951	Josef Madersperger	20,—
952–954	Volksabstimmung	
	in Kärnten	100,—
955–956	Flugpost	130,—
957	Tag der Briefmarke	25,—
958	Alexander Girardi	15,—
Jahrgang (9 Blätter)		450,—

1951

959	Karl Renner	20,—
960–963	Wiederaufbau	80,—
964	Joseph Lanner	25,—
965	Martin J. Schmidt	20,—
966	Weltpfadfindertreffen	100,—
967	Wilhelm Kienzl	20,—
Jahrgang (6 Blätter)		250,—

1952

968	Flugpost	70,—
969	Olympische Spiele	80,—
970	Josef Schrammel	20,—
971	K. Ritter v. Ghega	20,—

972	Tag der Briefmarke	45,—
973	Tiergarten Schönbrunn	20,—
974	JUSY-Lager	15,—
975	Nikolaus Lenau	20,—
976	Korrespondenzaustausch	20,—
977	Katholikentag	20,—
Jahrgang (10 Blätter)		300,—

1953

981	Hugo Wolf	45,—
982	Theodor Körner	15,—
983	Gewerkschaftsbewegung	10,—
984–987	Flugpost	250,—
988	Linzer Landestheater	20,—
989–993	Evang. Schule Wien	40,—
994	Weihnachten	20,—
995	Tag der Briefmarke	17,—
Jahrgang (8 Blätter)		400,—

1954

996	Moritz v. Schwind	20,—
997	Karl v. Rokitansky	20,—
999–1004	Gesundheitsfürsorge	35,—
1005	Esperanto	25,—
1006	Carl v. Welsbach	40,—
1007	Johann Rottmayr	20,—
1008	Kath. Kirchenmusik	15,—
1010	Tag der Briefmarke	18,—
1011	150 Jahre Staatsdruckerei	10,—
Jahrgang (9 Blätter)		200,—

1955

1012–1016	10 J. unabh. Republik	80,—
1017	Staatsvertrag	14,—
1018	Gewerkschaftskongreß	10,—
1019	Heimkehrer	10,—
1020–1021	Burgtheater	
	und Staatsoper	30,—
1022	Vereinte Nationen	30,—
1023	Tag der Briefmarke	20,—
Jahrgang (7 Blätter)		190,—

1956

1024	Wolfgang A. Mozart	40,—
1025	UNO-Aufnahme	28,—
1026	Weltkraftkonferenz	20,—
1027	Städtebaukongreß	10,—
1028	Johann Fischer v. Erlach	10,—
1029	Tag der Briefmarke	14,—
1030	Ungarische Flüchtlinge	9,—
Jahrgang (7 Blätter)		120,—

1957

1031	Theodor Körner	8,—
1032	Julius Wagner-Jauregg	12,—
1033	Anton Wildgans	8,—
1034	50 Jahre Postauto	8,—
1035	Bauwerke: Mariazell	10,—
1036	Himalaya-Expedition	8,—
1037	Bauwerke: Mariazell	10,—
1038	Bauwerke:	
	Heidenreichstein	30,—
1039	Tag der Briefmarke	9,—
Jahrgang (9 Blätter)		100,—

1958

1040	Alpine Ski-WM	8,—
1041	Austrian-Airlines	10,—

1042	Muttertag	7,—
1043	Sängerbundfest	7,—
1044	Bauwerke:	
	Wien-Heiligenstadt	6,—
1045	Bauwerke: Mariazell	8,—
1046,1048, 1050,1051,		
	1053-1055 Bauwerke	22,—
1047	Bauwerke:Wien-Erdberg	6,—
1049	Bauwerke: Christkindl	15,—
1052	Bauwerke: Flughafen	6,—
1056	Oswald Redlich	7,—
1057	40 Jahre Republik	8,—
1058	Tag der Briefmarke	9,—
Jahrgang (13 Blätter)		110,—

1959

1059	Europa	35,—
1060	Tabakregie	7,—
1061	Erzherzog Johann	7,—
1062–1065	Jagdratkongreß	16,—
1066	Joseph Haydn	7,—
1067	Tirol	7,—
1068	Richtfunknetz	7,—
1069–1070	Sport: Laufen; Handball	12,—
1071	Wiener Philharmoniker	12,—
1072	Tag der Briefmarke	8,—
Jahrgang (10 Blätter)		110,—

1960

1074	Weltflüchtlingsjahr	10,—
1075	Adolf Schärf	8,—
1076	Jugendwandern	7,—
1077	Anton v. Eiselsberg	7,—
1078	Gustav Mahler	7,—
1079	Jakob Prandtauer	7,—
1080	Großglockner-Hochalpenstr.	7,—
1081	Europa	22,—
1082	Volksabstimmung in Kärnten	7,—
1083	Tag der Briefmarke	8,—
Jahrgang (10 Blätter)		90,—

1961

1084	Opfer für die Freiheit	7,—
1085	Luposta, Wien	8,—
1086	Verkehrsministerkonferenz	25,—
1087–1090	Künstlerhaus	16,—
1091	Sonnblick-Observatorium	7,—
1092–1096	Verstaatl. Unternehmen	20,—
1097	Weltbankkongreß	7,—
1098	40 Jahre Burgenland	7,—
1099	Franz Liszt	15,—
1100	Tag der Briefmarke	6,—
1101	Rechnungshof	7,—
1102	Bauwerke: Mörbisch	6,—
Jahrgang (12 Blätter)		130,—

1962

1103–1108	Elektrizitätswerk	20,—
1109	Johann N. Nestroy	7,—
1110	Friedrich Gauermann	7,—
1111, 1114, 1118-1120 Bauwerke		20,—
1112, 1113, 1115-1117 Bauwerke		20,—
1121	Sport: Turnen	8,—
1122	Pfadfinderbewegung	14,—
1123–1125	Wald	15,—
1126	Österr. Eisenbahn	10,—
1127	Tag der Briefmarke	8,—
Jahrgang (10 Blätter)		120,—

1963

1128	Bauwerke: Stift Melk	10,—
1129	Postkonferenz, Paris	7,—
1130	Hermann Bahr	7,—
1131	Freiwillige Feuerwehr	10,—
1132	Bundeskongreß des ÖGB	7,—
1133	Tirol	7,—
1134	Prinz Eugen	7,—
1135	100 Jahre Rotes Kreuz	7,—
1136–1142	Olymp. Winterspiele	30,—
1143	Weihnachten	8,—
1144	Tag der Briefmarke	8,—
Jahrgang (11 Blätter)		100,—

1964

1145–1150	Wiener Gartenschau	20,—
1151	Romanische Kunst	7,—
1152	Parlament.-Wiss. Konferenz	18,—
1153	Bauwerke: Wien-Heiligenstadt	5,50
1154	Wiener Secession	8,—
1155	Barmherzige Brüder	5,50
1156–1163	Weltpostkongreß	20,—
1164–1171	WIPA 1965 (I)	20,—
1172	Arbeiterbewegung	7,—
1173	Europa	20,—
1174	Rundfunk	7,—
1175	Graphische Föderation	5,50
1176	Tag der Briefmarke	8,—
Jahrgang (13 Blätter)		140,—

1965

1177	Adolf Schärf	6,—
1178	Bauwerke: Wien-Erdberg	5,—
1179	Wiederaufbau	5,50
1180	Universität Wien	5,—
1181	Fernmeldeunion (ITU)	5,—
1182	Kunst der Donauschule	5,—
1183	Ferdinand Raimund	5,—
1184–1189	WIPA 1965 (II)	25,—
1190–1191	Gymnaestrada	12,—
1192	Ignaz Semmelweis	5,—
1193	Ferdinand Waldmüller	5,—
1194	Bauwerke: Steyr	8,—
1195	Rotkreuzkonferenz	6,—
1196	Städtebund	7,—
1197	UN-Mitgliedschaft	7,—
1198	Tech. Hochschule	5,—
1199	Bertha v. Suttner	5,—
1200	Tag der Briefmarke	7,—
Jahrgang (18 Blätter)		120,—

1966

1201	Postleitzahlen	5,—
1202	Post- und Telegrafenverwaltung	5,—
1203	Ebner-Eschenbach	5,—
1204	Wiener Prater	5,—
1205	Josef Hoffmann	5,—
1206	Landeskunstausstellung	5,—
1207	Nationalbank	5,—
1208	Tierschutzverein	6,—
1209–1214	Alpenflora	18,—
1215	Welser Messe	5,—
1216	Peter Anich	5,—
1217	Kongreß für Arbeitsmedizin	5,—
1218–1221	Nationalbibliothek	10,—
1222	„Rettet das Kind"	6,—
1223–1228	Obstarten	16,—
1229	Tag der Briefmarke	7,—
1230	Hochschule Linz	5,—
Jahrgang (17 Blätter)		120,—

1967

1231	Eislaufverein	5,—
1232	Bauwerke: Feldkirch	5,—
1233	Walzer „An der schönen blauen Donau"	7,—
1234	Karl Schönherr	5,—
1235	Eishockey-WM	7,—
1236	Wiener Philharmoniker	7,—

1237	Muttertag	5,—
1238	Ausstellung Gotik	5,—
1239	Ausstellung „Salzburgs Alte Schatzkammer"	5,—
1240	Ausstellung „Kunst im Nibelungengau"	5,—
1241	Europagespräche	10,—
1242	Sport: Hammerwerfen	5,—
1243	Pflanzenschutzkongreß	7,—
1244	Rieder Volksfest	5,—
1245	Brennerbahn	7,—
1246	Romanische Fresken	5,—
1247	Messekongreß	5,—
1248	Kunstakademie	5,—
1249	Reformation	5,—
1250	Grundkataster	5,—
1251	Akademisches Forststudium	6,—
1252	Leopold d. Heilige	5,—
1253	Musikakademie	6,—
1254	Weihnachten	7,—
1255	Tag der Briefmarke	6,—
Jahrgang (25 Blätter)		140,—

1968

1256	Bauwerke: Klagenfurt	7,—
1257	Winteruniversiade	5,—
1258	Camillo Sitte	5,—
1259	Tierärztliche Hochschule	5,—
1260	Muttertag	5,—
1261	Stickereiindustrie	5,—
1262–1264	IFA Wien	14,—
1265	Galopprennen	6,—
1266	Karl Landsteiner	5,—
1267	Peter Rosegger	5,—
1268	Ausgrabungen	5,—
1269	Ausstellung „Angelica Kauffmann"	5,—
1270	750 J. Diözese Graz-Seckau	5,—
1271	Koloman Moser	5,—
1272	Menschenrechte	5,—
1273–1275	50 Jahre Republik	14,—
1276	Weihnachten	14,—
1277	Tag der Briefmarke	7,50
1278–1283	Barocke Fresken	20,—
Jahrgang (19 Blätter)		140,—

1969

1284–1289	500 J. Diözese Wien	16,—
1290	Interparlamentarische Union	6,—
1291	Europa	25,—
1292	Europarat	16,—
1293	Bundesheer	5,—
1294–1301	Staatsoper (Klb.)	55,—
1302	Maximilian I.	5,—
1303	Gemeindeverband	5,—
1304	Kinderdorf	5,—
1305	50 Jahre IAO	5,—
1306	Auslandsösterreicher	5,—
1307–1314	200 Jahre Albertina	16,—
1315	Franz Jonas	5,—
1316	Gewerkschaft PTT	5,—
1317	Spargedanke	5,—
1318	Weihnachten	7,—
1319	Tag der Briefmarke	7,—
Jahrgang (17 Blätter)		180,—

1970

1320	Josef Schöffel	5,—
1321	Hl. Klemens M. Hofbauer	5,—
1322–1323	25 Jahre Zweite Republik	10,—
1324	Bauwerke: Millstatt	5,—
1325	Naturschutzjahr	20,—
1326	Universität Innsbruck	5,—
1327	Musikvereinsgebäude	5,—
1328–1330	Uhren (I)	14,—
1331–1333	Operetten (I)	14,—
1334	Bregenzer Festspiele	5,—
1335	Salzburger Festspiele	5,—
1336	Thomas Koschat	5,—
1337	Weltkongreß der Kriegsopfer	5,—
1338–1340	Operetten (II)	14,—

1341	Wandern und Bergsteigen	5,—
1342	Alfred Cossmann	5,—
1343	Kärntner Volksabstimmung	5,—
1344–1346	Uhren (II)	14,—
1347	25 Jahre UNO	8,—
1348	Sport: Hürdenlauf	5,—
1349	Weihnachten	7,—
1350	Tag der Briefmarke	7,—
1351	Karl Renner	5,—
1352	Ludwig v. Beethoven	7,—
Jahrgang (24 Blätter)		180,—

1971

1353	Enrica Handel-Mazzetti	5,—
1354	Verkehrssicherheit	5,—
1355–1357	Kunstschätze	14,—
1358	Handelskammerkongreß	5,—
1359	Notariat	5,—
1360–1362	Gemälde	14,—
1363	Ausst. „Kunst in Krems"	5,—
1364	August Neilreich	5,—
1365	Internationales Chorfest	6,—
1366	700 Jahre Stadt Kitzbühel	5,—
1367	200 Jahre Wiener Börse	5,—
1368	50 Jahre Wiener Messe	5,—
1369	25 Jahre ÖGB	5,—
1370	50 Jahre Burgenland	5,—
1371	Motorclub ÖAMTC	5,50
1372	Brenner-Autobahn	10,—
1373–1375	Verstaatl. Unternehmen	14,—
1376	Eisenbahnjubiläen	6,—
1377	Sport: Angeln	5,—
1378	Erich Tschermak-Seysenegg	5,—
1379	Weihnachten	7.50
1380	Tag der Briefmarke	7,—
Jahrgang (22 Blätter)		140,—

1972

1381	Franz Grillparzer	5,—
1382–1384	Brunnen	14,—
1385	PTT-Minister-Konferenz	16,—
1386	Welt-Herzmonat	5,—
1387	900 Jahre Diözese Gurk	5,—
1388	Gemeinwirtschaftskongreß	5,—
1389–1391	Elektrizitätswirtschaft	14,—
1392	Olympia-Fackellauf	6,—
1393	Ausstellung „Spätgotik"	5,—
1394	Kleingärtnerkongreß	5,—
1395–1400	Spanische Hofreitschule (Bl. 2)	40,—
1401	Hochschule für Bodenkultur	5,—
1402	Paris-Lodron-Universität	5,—
1403	Carl M. Ziehrer	6,—
1404	Tag der Briefmarke	7,—
1405	Weihnachten	7,—
1406–1408	Kunstschätze aus der Wagenburg	14,—
1409	Fernsprechautomatisierung	5,—
Jahrgang (18 Blätter)		160,—

1973

1410	Alfons Petzold	5,—
1411	Drogenmißbrauch	7,—
1412	Theodor Körner	5,—
1413	Luftfahrtjubiläen	6,—
1414	Otto Loewi	5,50
1415	Sozialversicherung	5,—
1416	Europa	15,—
1417	Dornbirner Messe	5,—
1418	Sport: Milit. Fünfkampf	5,50
1419	Leo Slezak	5,—
1420	Statistisches Institut	5,—
1421	Franz-Joseph-Land	5,50
1422	IULCS-Kongreß	5,—
1423	Meteorologische Zus.arbeit	5,50
1424	Max Reinhardt	5,—
1425	Ferdinand Hanusch	5,—
1426	Wiener Trabrennverein	5,—
1427	50 Jahre Interpol	5,—
1428	Europhot-Kongreß	6,50

1429	Hochquellenleitung	5,—
1430	Schönes Österr.: Almsee	6,—
1431	Schönes Österreich: Ruine Aggstein	6,—
1432–1433	Schönes Österreich: Burg Falkenstein und Neusiedler See	9,—
1434	Tag der Briefmarke	7.50
1435	Weihnachten	7,—
1436	Fritz Pregl	5,—
	Jahrgang (26 Blätter)	150,—

1974

1437	Radio Austria	5,—
1438	Hugo v. Hoffmannsthal	5,—
1439	Schönes Österr.: Bludenz	6,—
1440	Schönes Österr.: Innbrücke	6,—
1441	Schönes Österreich: Murau	6,—
1442	Schönes Österreich: Bischofsmütze	6,—
1443	Anton Bruckner-Haus	5,50
1444–1446	Wiener Gartenschau	14,—
1447	750 Jahre Stadt Judenburg	5,—
1448	Karl Kraus	5,—
1449	Ausst. Bildhauerfamilie Schwanthaler	5,—
1450	Europa: Skulpturen	15,—
1451	Auto-, Motor- und Radfahrerbund (ARBÖ)	6,—
1452	Ausstellung Renaissance	5,—
1453	IRU-Kongreß	5,—
1454	Österr. Gendarmerie	5,50
1455	Franz Maulbertsch	5,—
1456	Sport: Fechten	6,—
1457	Verkehrsministerkonferenz	16,—
1458	Franz Jonas	5,—
1459	Christianisierung	5,—
1460	Franz Stelzhamer	5,—
1461	Schwimm-WM	8,—
1462	Dermatologen-Tagung	5,—
1463	Arnold Schönberg	5,50
1464	Rundfunk	5,—
1465	Edmund Eysler	5,50
1466–1467	Weltpostverein (UPU)	10,—
1468	Sporttoto	5,—
1469	Umweltschutz	8,—
1470	Carl v. Dittersdorf	5,50
1471	Tag der Briefmarke	7,—
1472	Weihnachten	7,—
1473	Franz Schmidt	6,—
	Jahrgang (34 Blätter)	220,—

1975

1474	Denkmalschutzjahr	16,—
1475	Schönes Österr.: Mayrhofen	6,—
1476	Schönes Österreich: Kahlenbergerdorf	6,—
1477	Schönes Österreich: Lindauer Hütte	6,—
1478	Schönes Österreich: Hofburg, Wien	10,—
1479–1482	Olymp. Winterspiele (I)	14,—
1483	Sicherheitsgurt	5,—
1484	Gemeindetag	16,—
1485	30 Jahre Zweite Republik	5,—
1486	Bundesforste	6,—
1487	Europa: Gemälde	15,—
1488	Seilbahnkongreß	5,—
1489	Josef Misson	5,—
1490	Pensionistenverband	5,—
1491	Ferdinand Porsche	5,—
1492	Leo Fall	5,—
1493	Judo-WM	6,—
1494	Heinrich Angeli	5,—
1495	Johann Strauß Sohn	6,—
1496	Wiener Symphoniker	5,50
1497	Bausparen	5,—
1498	Landestheater Salzburg	5,—
1499–1502	Olymp. Winterspiele (II)	15,—
1503	Weihnachten	7,—
1504	125 Jahre Österr. Briefmarken	7,—
1505	Moderne Kunst: Fr. Hundertwasser	45,—
	Jahrgang (26 Blätter)	230,—

1976

1506	Schönes Österr.: Reiteregg	6,—
1507–1508	Burgtheater (Bl. 3)	25,—
1509	Robert Bárány	5,50
1510	Naturhistorisches Museum	6,—
1511	1000 Jahre Kärnten	5,—
1512	Bauernkrieg 1626	5,—
1513	Sportkegel-WM	5,50
1514	Babenberger-Ausstellung	5,—
1515	Kunstausst. St. Wolfgang	6,—
1516	Europa: Kunsthandwerk	15,—
1517	Holzmesse, Klagenfurt	5,—
1518	Constantin v. Economo	5,—
1519	Schönes Österreich: Retz	6,—
1520	Schönes Österreich: Enns	6,—
1521	Verwaltungsgerichtshof	5,—
1522–1530	1000 Jahre Österreich (Bl. 4)	40,—
1531	Kampf dem Krebs	6,—
1532	Industrielle Entw. (UNIDO)	7,—
1533	Presseagentur APA	5,—
1534	Viktor Kaplan	6,—
1535	Weihnachten	7,—
1536	Tag der Briefmarke	7,—
1537	Moderne Kunst: Arik Brauer	8,—
1538	Wiener Stadttempel	5,—
1539	Rainer Maria Rilke	5,—
	Jahrgang (24 Blätter)	200,—

1977

1540	Nikolaus v. Jacquin	5,—
1541	Oswald v. Wolkenstein	5,—
1542	Hallenhandball-WM	5,50
1543	Alfred Kubin	5,—
1544–1546	Stephansdom	15,—
1547	Fritz Herzmanovsky-Orlando	5,50
1548	Int. Atombehörde (JAEA)	5,50
1549	Schönes Österreich: Villach-Perau	6,—
1550	Schönes Österreich: Hohensalzburg	6,—
1551	Schönes Österreich: Bad Tatzmannsdorf	6,—
1552	350 J. Stadt Schwanenstadt	5,—
1553	Europa: Landschaften	15,—
1554	Coronelli-Weltbund	5,—
1555	Kanu-Slalom-WM	5,50
1556	Arbeiter-Samariter-Bund	5,—
1557	Europa-Konferenz, Wien	5,—
1558	Opfer für die Freiheit	5,—
1559–1561	Österr. Eisenbahn	15,—
1562	Weihnachten	7,—
1563	Tag der Briefmarke	7,—
1564	Moderne Kunst: Wolfgang Hutter	8,—
1565	Schönes Österreich: Muggendorf	6,—
	Jahrgang (22 Blätter)	150,—

1978

1566	Egon Friedell	5,—
1567	Wiener U-Bahn	6,—
1568	Biathlon-WM	5,50
1569	Leopold Kunschak	5,—
1570	Museum für Völkerkunde	5,—
1571	Suitbert Lobisser	5,—
1572	Jagdausstellung	6,—
1573	Europa: Baudenkmäler	15,—
1574	KSZE	18,—
1575	Landesausstellung „Gotik i. d. Steiermark"	5,—
1576	700 Jahre Stadt Gmunden	5,50
1577	Sozialtourismus	5,—
1578	Lehár-Ausstellung	5,50
1579	Bau- und Holzarbeiterbund	5,—
1580	Schlacht bei Dürnkrut und Jedenspeigen	5,—
1581	Schönes Österr.: Oberwart	6,—
1582	1100 Jahre Stadt Villach	5,—
1583	850 Jahre Stadt Graz	5,—
1584	Sportangel-WM	6,—
1585	Geistig Behinderte	5,—
1586	Beton- und Fertigteilindustrie	5,—
1587	Europ. Familienkongreß	16,—
1588	Lise Meitner	5,—
1589	Victor Adler	5,50
1590	Franz Schubert	6,—
1591	Weihnachten	8,—
1592	Tag der Briefmarke	7,—
1593	Alpenklub	5,—
1594	Moderne Kunst: Rudolf Hausner	8,—
1595	Menschenrechte	6,—
1596	Schönes Österreich: Bischofsmütze (kl. Format)	6,—
	Jahrgang (31 Blätter)	200,—

1979

1597	Jahr des Kindes	5,50
1598	Beratender Ausschuß Funkdienst (CCIR)	5,—
1599	EM im Luftgewehr- und Luftpistolenschießen	7,—
1600	Eiskunstlauf- u. Eistanz-WM	5,50
1601–1603	150 Jahre Donau-Dampfschiffahrts-Gesellschaft	15,—
1604	Wiener Damenmode	5,—
1605	700 Jahre Dom	5,—
1606	Gehörlosenbildung	5,—
1607	Statistisches Zentralamt	5,—
1608	Europa: Geschichte des Postwesens	15,—
1609	CIMAC	5,—
1610	200 Jahre Innviertel	5,—
1611	Gewässerschutz	6,—
1612	Schönes Österr.: Hirschegg	6,—
1613	700 Jahre Stadt Rottenmann	5,—
1614	Jodok Fink	5,—
1615	Heimkehrertreffen	10,—
1616	UN-Konferenz Wissenschaft und Technik	6,—
1617	„Donaupark Wien"	8,—
1618	Diabetes-Föderation	5,—
1619	Weltstraßenkongreß	5,—
1620	175 Jahre Staatsdruckerei	5,—
1621	Richard Zsigmondy	5,—
1622	Energiesparen	5,—
1623	Festspiel- u. Kongreßhaus Bregenz	5,—
1624	Lions-Europa-Forum	9,—
1625	Techn. Gewerbemuseum	5,—
1626	Moderne Kunst: Hans Fronius	7,—
1627	Eisenbahn Raab-Oedenburg-Ebenfurt	7,—
1628	August Musger	5,—
1629	WIPA 1981 (I)	10,—
1630	Weihnachten	8,—
	Jahrgang (32 Blätter)	200,—

1980

1631	500 Jahre Stadt Baden	5,—
1632	Kampf dem Rheuma	5,—
1633	Österreichischer Export	5,—
1634	Österr. Rotes Kreuz	6,—
1635	Rudolf Kirchschläger	6,—
1636	Robert Hamerling	5,50
1637	750 Jahre Stadt Hallein	5,—
1638–1640	Maria Theresia	20,—
1641	25 Jahre Staatsvertrag	7,—
1642	Benediktinerorden	16,—
1643	Hygiene-Tagung	5,—
1644	Erdfunkstelle Aflenz	5,—
1645	1000 Jahre Stadt Steyr	5,—
1646	Erdölförderung	5,—
1647	800 Jahre Stadt Innsbruck	5,—
1648	Herzogtum Steiermark	5,—
1649	Schönes Österreich: Freistadt, Oberösterreich	5,50

1650	Leo Ascher	5,—
1651	Kongreß Altes Testament	5,—
1652	Europa: Persönlichkeiten	15,—
1653	Brückenbau u. Hochbau	5,—
1654	Schönes Österreich:	
	Festung Kufstein	6,—
1655	Moderne Kunst:	
	Karl Brandstätter	7,—
1656	150 Jahre Zollwache	5,—
1657	350 Jahre Linzer Zeitung	5,—
1658	750 Jahre Stadt Waidhofen	5,—
1659	25 Jahre Österr. Bundesheer	5,—
1660	Alfred Wegener	5,—
1661	Robert Edler v. Musil	5,—
1662	WIPA 1981 (II)	10,—
1663	Weihnachten	7,—
Jahrgang (31 Blätter)		200,—

1981

1664	Sozialversicherungsgesetz	5,—
1665	WIPA 1981 (III) (Bl. 5)	40,—
1666	Wilhelm Dachauer	5,—
1667	Regionalkonf. Rehabilitation	10,—
1668	Sigmund Freud	6,—
1669	UNICHAL-Kongreß	5,—
1670	Kuenringer-Ausstellung	5,—
1671	Europa: Folklore	15,—
1672	100 Jahre Telefon	5,50
1673	Forschungszentrum	
	Seibersdorf	5,—
1674	Kindermarke	5,50
1675	850 Jahre Stadt	
	St. Veit an der Glan	5,—
1676	Kongreß Klinische Chemie	5,—
1677	Ludwig Boltzmann	5,—
1678	Otto Bauer	5,—
1679	Féd. Int. Pharmaceutique	5,—
1680	Mathematiker-Kongreß	5,—
1681	Kongreß Pacher-Altar	5,—
1682	Grazer Südost-Messe	5,—
1683	Byzantinistik-Kongreß	6,50
1684	Hans Kelsen	5,—
1685	200 Jahre Toleranzedikt	5,—
1686	Welternährungstag	5,—
1687	Moderne Kunst:	
	Oscar Asboth	8,—
1688	Kath. Arbeiternehmertagung	5,—
1689	Joseph v. Hammer-Purgstall	5,—
1690	Julius Raab	5,—
1691	Weihnachten	8,—
1692	Stefan Zweig	5,—
1693	800 Jahre St. Nikola	5,—
1694	Ärztlicher Rettungsdienst	6,—
Jahrgang (31 Blätter)		210,—

1982

1695	Alpine Ski-WM	6,—
1696	Schönes Österreich:	
	Weißsee, Salzburg	6,—
1697	275 Jahre Dorotheum	5,—
1698	Wasser-Rettung	5,50
1699	Landesausst. „St. Severin"	5,—
1700	Kneipp-Kongreß	5,—
1701	500 Jahre Druck	5,—
1702	Urologie-Kongreß	8,—
1703	Landesausstellung	
	„Hl. Franz von Assisi"	5,—
1704	Landesausstellung	
	„Joseph Haydn"	6,—
1705	Weltmilchtag	5,—
1706	800 Jahre Marktort Gföhl	5,—
1707	Sport: Tennis	6,—
1708	900 Jahre Stadt Langenlois	5,—
1709	800 Jahre Stadt Weiz	5,—
1710	Schönes Österreich:	
	Stoderzinken, Steiermark	7,—
1711	Schönes Österreich:	
	Riezlern, Vorarlberg	7,—
1712	Ignaz Seipel	5,50
1713	Europa: Hist. Ereignisse	15,—
1714	75 Jahre Postbusverkehr	5,—

1715	UNO-Weltraumkonferenz	6,—
1716	Geodätentag, Wien	5,—
1717–1719	Naturschutz	16,—
1720	Institut für Systemanalyse	5,—
1721	Zahnärzte-Kongreß	5,—
1722	Emmerich Kálmán	5,50
1723	Max Mell	5,—
1724	Weihnachten	7,50
1725	100 Jahre St.-Georgs-Kolleg	5,—
1726	Tag der Briefmarke	7,—
1727	Moderne Kunst: Ernst Fuchs	7,50
Jahrgang (31 Blätter)		190,—

1983

1728	100 Jahre Postsparkasse	5,—
1729	Hildegard Burjan	5,—
1730	Schönes Österreich:	
	Asten, Kärnten	8,—
1731	Weltkommunikationsjahr	5,—
1732	75 Jahre Kinderfreunde	5,—
1733	Josef Matthias Hauer	5,—
1734	25 Jahre Austrian Airlines	6,—
1735	100 Jahre Arbeitsinspektion	5,—
1736	Landesausstellung	
	„Oberösterreich"	5,—
1737	900 Jahre Stift Göttweig	5,—
1738	Herzschrittmacher	5,—
1739	Kath. Farbstudententum	5,—
1740	800 Jahre Stadt Weitra	5,—
1741	Stadtrecht Hohenems	5,—
1742	Wiener Stadthalle	5,—
1743	Europa: Große Werke	15,—
1744	Kiwanis International	10,—
1745	Psychiatrie-Kongreß	5,—
1746	Carl Frhr. v. Hasenauer	5,—
1747	Berufswettbewerb	5,—
1748	Chemotherapie-Kongreß	5,—
1749	Papstbesuch	6,—
1750	Sieg über die Türken (Bl. 6)	16,—
1751	Katholikentag	6,—
1752	100 Jahre Wiener Rathaus	5,—
1753	Karl v. Terzaghi	5,—
1754	Bundeskongreß des ÖGB	5,—
1755	Moderne Kunst:	
	Gottfried Kumpf	7,—
1756	Tag der Briefmarke	6,—
1757	1. elektrische Bahn	5,—
1758	Oberöst. Landesmuseum	5,—
1759	Weihnachten	7,—
1760	Parlamentsgebäude	5,—
1761	Jugend: Schülerzeichnung	5,—
1762	Wolfgang Pauli	5,—
Jahrgang (35 Blätter)		200,—

1984

1763	Gregor J. Mendel	5,—
1764	Anton Hanak	5,—
1765	Behinderten-Winterspiele	6,—
1766	Nie wieder Bürgerkrieg	5,—
1767	Stift Reichers-Merg	5,—
1768	Stifte u. Klöster: Geras	7,—
1769	200 Jahre Austria-Tabak	5,—
1770	FISITA-Weltkongreß	5,—
1771	1200 Jahre Stadt Köstendorf	5,—
1772	Europa: CEPT	15,—
1773	Landesausstellung	
	„Erz und Eisen"	5,—
1774	Erzherzog Johann	5,—
1775	Landesausstellung:	
	„Kaiser Franz Joseph (I)"	5,—
1776	Stifte u. Klöster: Schlägl	7,—
1777	850 Jahre Vöcklabruck	5,—
1778	Landesmuseum Kärnten	5,—
1779	Wildbachverbauung	5,50
1780	Landesausstellung	
	„Tiroler Landesfeier"	5,50
1781	Ralph Benatzky	5,—
1782	Christian v. Ehrenfels	5,—
1783	Minimundus	5,—
1784	Naturschönheiten:	
	Blockheide Eibenstein	6,—

1785–1786	Bahnen	10,—
1787	200 Jahre Ballonfahrt	6,—
1788	Naturschönheiten:	
	Neusiedlersee	6,—
1789	Rechtsanwältekongreß	5,—
1790	Anatomenkongreß	10,—
1791	Stifte u. Klöster: Stams	7,—
1792	Stifte u. Klöster:	
	Rein-Hohenfurth	7,—
1793	Moderne Kunst: Karl Korab	8,—
1794	Johannes v. Gmunden	5,—
1795	Presseclub Concordia	5,—
1796	Fanny Elßler	5,—
1797	Tag der Briefmarke	7,—
1798	Weihnachten	7,—
Jahrgang (35 Blätter)		200,—

1985

1799	400 Jahre Karl-Franzens-	
	Universität	5,—
1800	Lorenz Böhler	5,—
1801	Nordische Ski-WM	5,—
1802	200 Jahre Diözese Linz	5,—
1803	Alban Berg	5,—
1804	Berufsförderungsinstitut	5,—
1805	2000 Jahre Stadt Bregenz	5,—
1806	Rekozettel	5,—
1807	Josef Stefan	5,—
1808	Landesausstellung	
	„Hl. Leopold"	5,—
1809	Franz Defregger	5,—
1810	40. Jahrestag der Befreiung	5,50
1811	Europa: Jahr der Musik	15,—
1812	1000 Jahre Böheimkirchen	5,—
1813	25 Jahre EFTA	16,—
1814	200 Jahre Diözese St. Pölten	5,—
1815	Diözesanausstellung	5,—
1816	1000 Jahre Garsten	5,—
1817	40 Jahre UNO	6,—
1818	Selbstmordverhütung	5,—
1819	Jahr des Waldes (Bl. 7)	25,—
1820	Operettenwochen	5,—
1821	Feuerwehrwettkämpfe	7,—
1822	Großglockner-Hochalpenstr.	10,—
1823	Weltschachbund	25,—
1824	Hofkirchen, Taufkirchen	5,—
1825	1000 Jahre Königstetten	5,—
1826	Adam Politzer	5,—
1827	Stifte u. Klöster:	
	St. Paul, Lavanttal	6,—
1828	FIATA-Weltkongreß	5,50
1829	Moderne Kunst: Paul Flora	10,—
1830	25 J. Diözese Eisenstadt	5,—
1831	Tag der Briefmarke	7,—
1832	Weihnachten	7,—
1833	Hanns Hörbiger	5,—
1834	Hochquellenleitung	5,—
1835	25 Jahre OECD	6,—
Jahrgang (37 Blätter)		260,—

1986

1836	Johannes Böhm	5,—
1837	Jahr des Friedens	5,50
1838	Telefon-Wählsystem	5,—
1839	Johann Albrechtsberger	5,—
1840	850 Jahre Stadt Korneuburg	5,—
1841	Oskar Kokoschka	5,50
1842	Europarat	16,—
1843	Clemens Holzmeister	5,—
1844	Geotextil-Kongreß	5,—
1845	Ausst. „Prinz Eugen"	5,—
1846	Landesausstellung „Barock"	5,—
1847	Landesausstellung	
	„Steiermark"	5,—
1848	Europa: Naturschutz	15,—
1849	Richard Wagner	5,—
1850	Landesausstellung	
	„Mineralien u. Fossilien"	5,50
1851	Naturschönheiten:	
	Martinswand bei Zirl	6,—
1852	800 Jahre Stadt Waidhofen	5,—

1853	Naturschönheiten:	
	Tschaukofall bei Ferlach	6,50
1854	Salzburger Lokalbahn	6,—
1855	Georgenberger Handfeste	5,—
1856	Julius Tandler	5,—
1857	Sonnblick-Observatorium	5,—
1858	Anästhesiologie-Kongreß	10,—
1859	Stifte u. Klöster:	
	Propstei St. Gerald	6,—
1860	Otto Stoessl	5,—
1861	Wiener Berufsfeuerwehr	6,—
1862	Orientteppiche	5,—
1863	Stifte u. Klöster:	
	Dominikanerkonvent, Wien	7,—
1864	Protestantenpatent, -gesetz	5,—
1865	Moderne Kunst:	
	Walter Schmögner	7,—
1866	Franz Liszt	5,—
1867	KSZE (Block 8)	35,—
1868	Landesmuseum Joanneum	5,—
1869	Tag der Briefmarke	7,—
1870	Weihnachten	7,—
1871	Bundeswirtschaftskammer	5,—
1872	Arbeitswelt: Stahlindustrie	5,—
Jahrgang (37 Blätter)		**250,—**

1987

1873	Volksbildungsverein	5,—
1874–1875 Anton Faistauer,		
	Albert Paris-Gütersloh	12,—
1876	Europa: Mod. Architektur	45,—
1877	Eishockey-WM	6,—
1878	Austria Center Vienna	5,—
1879	700 Stadtrecht Salzburg	5,—
1880	Landesausstellung „Arbeit-	
	Mensch-Maschine"	5,—
1881	Gleichbehandlung von	
	Mann und Frau	5,—
1882	Landesausstellung:	
	„Kaiser Franz Joseph (II)"	5,—
1883	Arthur Schnitzler	5,—
1884	Landesausstellung:	
	„Wolf D. v. Raitenau"	5,—
1885	1100 Jahre Lustenau	5,—
1886	150 Jahre Eisenbahn (Bl. 9)	20,—
1887	Naturschönheiten:	
	Dachstein-Rieseneishöhle	6,—
1888	Graveure u. Flexographen	5,—
1889	Leichtmetalltagung	5,—
1890	Achenseeschiffahrt	6,50
1891	Volksanwaltschaft	5,—
1892	Erwin Schrödinger	5,—
1893	Ausstellung Freistadt	5,—
1894	Stifte und Klöster: Loretto	7,—
1895	850 Jahre Arbing	5,—
1896	Naturschönheiten: Gauertal	6,—
1897	Rad-WM	10,—
1898	Sparkassen-Weltkongreß	5,—
1899	Paul Hofhaymer	5,—
1900	Michael Haydn	5,—
1901	25 Jahre Alpenzoo	6,—
1902	Arbeitswelt: Büroangestellte	5,—
1903	Moderne Kunst:	
	Arnulf Neuwirth	7,—
1904	Glücksspielmonopol	5,—
1905	Christoph Willibald Gluck	5,—
1906	Oskar Helmer	5,—
1907	Tag der Briefmarke	7,50
1908	Weihnachten	7,—
Jahrgang (35 Blätter)		**250,—**

1988

1909	Pädagogischer Kongreß	5,—
1910	Behinderten-Winterspiele	5,—
1911	Ernst Mach	5,—
1912	Franz von Zülow	5,—
1913	Ausstellung „Biedermeier	
	und Vormärz"	5,—
1914	Anschluß Österreichs	5,—

1915	Stifte u. Klöster: Wilten	7,—
1916–1917 Bahnen		15,—
1918	World Wildlife Fund	7,—
1919	Landesausstellung	
	„Glas und Kohle"	5,—
1920	125 Jahre Rotes Kreuz	6,50
1921	Landesausstellung	
	„Kunst und Mönchtum"	5,—
1922	Europa: Transport und	
	Kommunikation	15,—
	Kleinbogen (4 W.)	35,—
1923	Landesausst. „Bajuwaren"	5,—
1924	Landesausst. „Mühlviertel"	5,—
1925	Stifte und Klöster: Zwettl	7,—
1926	Ödön von Horváth	5,—
1927	Festspiele Stockerau	6,—
1928	Tauernautobahn	5,—
1929	1200 Jahre Brixlegg	5,—
1930	Postdienst in Kärnten	5,—
1931	1200 Jahre Brixen im Thale	5,—
1932	Naturschönheiten: Krimmler	
	Wasserfälle	6,—
1933	1100 Jahre Feldkirchen	5,—
1934	800 Jahre Feldbach	5,—
1935	1200 Jahre Ansfelden	5,—
1936	Österreichischer Export	15,—
1937	Wiener Konzerthaus	5,—
1938	Moderne Kunst:	
	Giselbert Hoke	6,—
1939	Arbeitswelt: Chemielaborant	5,—
1940	Österr. Sozialdemokratie	5,—
1941	Leopold Schönbauer	5,—
1942	Tag der Briefmarke	7,50
1943	Weihnachten	7,—
Jahrgang (34 Blätter)		**210,—**

1989

1944	Benediktinierstift Melk	5,—
1945	25 Jahre Diözese Innsbruck	5,—
1946	Marianne Hainisch	5,—
1947	Flugsport-WM	5,—
1948	Rudolf Jettmar	5,—
1949	750 Jahre Stadt	
	Bruck an der Leitha	5,—
1950	Johann Michael Prunner	5,—
1951	Eduard Sueß	5,—
1952	Ludwig Wittgenstein	5,—
1953	Landesausstellung	
	„Menschen-Münzen-Märkte"	5,—
1954	Landesausstellung	
	„Magie der Industrie"	5,—
1955	700 Jahre Stadt Radstadt	5,—
1956	Europa: Kinderspiele	15,—
1957	Landesausstellung	
	„Kunst der Graphik"	5,—
1958	Trauenseeschiffahrt	6,—
1959	Tag der Briefmarke	7,—
1960	650 Jahre Stadt	
	St. Andrä im Lavanttal	5,—
1961	Richard Strauss	5,—
1962	Achenseebahn	6,—
1963	Stifte und Klöster:	
	St. Peter, Salzburg	8,—
1964	Interparlamentarische Union	10,—
1965	Sozialversicherung	5,—
1966	Wiener UNO-Büro	5,—
1967	Stifte und Klöster: Mehrerau	7,—
1968	Naturschönheiten:	
	Lusthauswasser im Prater	6,—
1969	850 Jahre Wildalpen	5,—
1970	Qualitätssicherung (EOQC)	5,—
1971	Strafrechtskongreß	10,—
1972	Moderne Kunst: Ernst Steiner	6,—
1973	Arbeitswelt: Bauarbeiter	5,—
1974–1975 Georg Trakl,		
	Ludwig Anzengruber	10,—
1976	Alfred Hermann Fried	5,—
1977	Weihnachten	7,—
Jahrgang (33 Blätter)		**200,—**

1990

1978	Postverbindungen	14,—
1979	Hahnenkammrennen	5,—
1980	Salomon Sulzer	5,—
1981	Friedrich Emich	5,—
1982	Stifte u. Klöster: Engelszell	8,—
1983	Landeshauptstadt Linz	5,—
1984	625 Jahre Uni Wien	5,—
1985	Naturschönheiten:	
	Südsteirische Weinstraße	6,50
1986	1200 Jahre Anthering	5,—
1987	Tag der Arbeit	5,—
1988	850 Jahre Stift Seckau	5,—
1989	Europa: Post. Einrichtungen	15,—
1990	Tag der Briefmarke	7,—
	Kleinbogen (8 W.)	20,—
1991–1992 Hans Makart,		
	Egon Schiele	10,—
1993	Ferdinand Raimund	5,—
1994	Christus-Medicus-Kongreß	5,—
1995	700 Jahre Stadt Hardegg	5,—
1996	750 Jahre Oberdrauburg	5,—
1997	850 Jahre Gumpoldskirchen	5,—
1998	Matthias Zdarsky	5,—
1999	Schiffbau	5,50
2000	Josef Friedrich Perkonig	5,—
2001	Moderne Kunst:	
	Robert Zeppel-Sperl	6,50
2002	Dialyse- u. Transplantations-	
	gesellschaft	6,—
2003	Franz Werfel	5,—
2004	UNO-Friedenstruppe	10,—
2005	Föderalismus	5,—
2006	Stifte u. Klöster: Vorau	8,—
2007	Montanuniversität Leoben	5,—
2008	Karl v. Vogelsang	5,—
2009	Gewerkschaft M-B-E	5,—
2010	WM im Eisstockschießen	5,—
2011	Palmenhaus Schönbrunn	5,—
2012	Weihnachten	7,—
Jahrgang (34 Blätter)		**220,—**

1991

2013	Franz Grillparzer	5,—
2014	Alpine Ski-WM	5,—
2015	Bruno Kreisky	5,—
2016	Friedrich v. Schmidt	5,—
2017–2019 Georg Donner, Alfons		
	Walde, Theophil v. Hansen	15,—
2020	M. v. Ebner-Eschenbach	5,—
2021–2022 W. A. Mozart (Bl. 10)		40,—
2023	Naturschönheiten:	
	Obir-Tropfsteinhöhle	6,—
2024	800 Jahre Spittal a.d. Dräu	5,—
2025	Stifte und Klöster: Wernberg	8,—
2026	Europa: Weltraumfahrt	15,—
2027	Landesausstellung	
	„Kleider und Leute"	5,—
2028–2029 Museen		10,—
2030	500 Jahre Stadt Grein	5,—
2031	1200 Jahre Tulln	5,—
2032	Tag der Briefmarke	7,—
	Kleinbogen (8 W.)	280,—
2033	Karawankentunnel	5,—
2034	Landeshauptstadt St. Pölten	5,—
2035	Otto Wagner	5,—
2036	Ruder-/ Kanu-WM	5,—
2037	Radiologenkongreß	7,—
2038	Paracelsus	5,—
2039	Stifte und Klöster:	
	Michaelbeuern	7,—
2040	Sowjet.-österr. Raumfahrt	6,—
2041–2043 Volksbrauchtum:		
	Almabtrieb, Winzerkrone,	
	Erntemonstranz	15,—
2044	Arbeitswelt: Textilarbeiterin	5,—
2045	Moderne Kunst:	
	Rudolf Pointner	6,—
2046	Weihnachten	7,—
2047	Julius Raab	5,—
Jahrgang (29 Blätter)		**220,—**

1992

2048	Olympische Winterspiele	5,—
2049	Gewerkschaft GPA	5,—
2050	Rodel-WM	5,—
2051	Naturschönheiten:	
	Hohler Stein bei Braz	6,—
2052	Arbeitersportbewegung	5,—
2053	George Saiko	5,—
2054	Wiener Philharmoniker (Bl. 11)	35,—
2055–2058	Naturwissenschaftler	20,—
2059	Eisenbahnergewerkschaft	5,—
2060	Carl Zeller, Karl Millöcker	5,—
2061	Norbert Hanrieder	5,—
2062	Europa:	
	Entdeckung Amerikas	16,—
2063	Eisenhüttentag	5,—
2064	Rheinregulierungsvertrag	6,—
2065	Schützt die Alpen	9,—
2066	Tag der Briefmarke	6,—
	Kleinbogen (8 W.)	35,—
2067	Anna Dengel	5,—
2068	Sebastian Rieger	5,—
2069	Chirurgie-Kongreß	5,—
2070	750 Jahre Stadt Lienz	5,—
2071	Stifte u. Klöster: Konvent d.	
	Barmherz. Brüder, Eisenstadt	7,—
2072	Kurt Waldheim	5,—
2073–2075	Volksbrauchtum:	
	Schießscheibe, Bauerntruhe,	
	Votivtafel	15,—
2076	Ombudsmann-Konferenz	5,—
2077	Moderne Kunst:	
	Peter Pongratz	6,—
2078	Marchfeldkanal	5,—
2079	Akad. der Bildenden Künste	5,—
2080	Stifte u. Klöster:	
	Deutschordenskloster, Wien	7,—
2081	Weihnachten	6,50
2082	Hermann Potocnik	6,—
2083	Veit Königer	5,—
	Jahrgang (31 Blätter)	230,—

1993

2084–2086	Bildende Kunst	15,—
2087	Ärztefunkdienst	5,—
2088	Peter Mitterhofer	5,—
2089	Naturschönheiten:	
	Wilder Kaiser	6,—
2090	Charles Sealsfield	5,—
2091	Special Olympics	5,—
2092	Austropop (I)	5,—
2093	Rechte des Kindes	10,—
2094	Kunstwerke aus Stiften und	
	Klöstern: Plastik „Der Tod"	10,—
2095	Europa: Zeitgen. Kunst	16,—
2096	Euregio Bodensee	10,—
2097	Tag der Briefmarke	7,—
	Kleinbogen (8 W.)	35,—
2098	Peter Rosegger	5,—
2099	Menschenrechte-Konferenz	10,—
2100–2102	Volksbrauchtum:	
	Prozession, Blochziehen,	
	Aperschnalzen	14,—
2103	Rudolf Wacker	5,—
2104	Schafbergbahn	7,—
2105	Franz Jägerstätter	5,—
2106	Austropop (II)	5,—
2107	Männergesang-Verein	5,—
2108	Kunstwerke aus Stiften und	
	Klöstern: Glasgemälde	
	„Hl. Benedikt"	10,—
2109	Kunstwerke aus Stiften und	
	Klöstern: Hartmannstab	10,—
2110	Moderne Kunst: Max Weiler	6,—
2111	Europarat	45,—
2112	Gewerkschaftsbewegung	5,—
2113	75 Jahre Republik	10,—
2114	Weihnachten	7,—
	Jahrgang (27 Blätter)	240,—

1994

2115–2117	Volksbrauchtum: Wiege,	
	Schlitten, Godenschale	14,—
2118	Olympische Winterspiele	6,—
2119	800 Jahre Münzstätte Wien	5,—
2120	Austropop (III)	5,—
2121	800 Jahre Wiener Neustadt	5,—
2122	Herbert Boeckl	5,—
2123	Naturschönheiten:	
	Lurgrotte, Peggau	6,—
2124	Kunstwerke aus Stiften und	
	Klöstern: Fresko	
	„Apokalypse"	10,—
2125	Daniel Gran	5,50
2126	Europa: Entdeckungen	16,—
2127	Tag der Briefmarke	7,—
	Kleinbogen (8 W.)	35,—
2128	Hermann Gmeiner	8,—
2129	Festspiele „Carinthischer	
	Sommer"	5,—
2130–2131	Eisenbahnen	12,—
2132	Karl Seitz	5,—
2133	Karl Böhm	5,—
2134	Kunstwerke aus Stiften und	
	Klöstern: Altarbild	
	„Hl. Peregrinus"	10,—
2135	Volksgruppen-Minderheiten	5,—
2136–2137	Franz Csokor,	
	Joseph Roth	10,—
2138	175 Jahre Sparkassen	5,—
2139	Kunstwerke aus Stiften und	
	Klöstern: Madonna	10,—
2140	Moderne Kunst: Franz Ringel	6,—
2141	Coudenhove-Kalergi	10,—
2142	Arbeitswelt: Flugbegleiterin	5,—
2143	Kunstwerke aus Stiften und	
	Klöstern: Marmorlöwe	10,—
2144	Weihnachten	7,—
	Jahrgang (26 Blätter)	190,—

1995

2145	Adolf Loos	5,—
2146	Beitritt zur EU	16,—
2147	Kammern für Arbeiter und	
	Angestellte	5,—
2148	Turn-und Sportunion	5,—
2149–2151	Volksbrauchtum: Gürtel,	
	Weinhütertracht, Goldhaube	14,—
2152	50 Jahre Zweite Republik	6,—
2153	Landesausstellung	
	„Bergbau und Industrie"	5,—
2154	Vereinigung Naturfreunde	5,—
2155	Kunstwerke aus Stiften und	
	Klöstern: Äbtissinnenstab	10,—
2156	Naturschönheiten:	
	Wald- und Moorlehrpfad	6,—
2157	Europa: Frieden u. Freiheit	16,—
2158	Tag der Briefmarke	6,50
	Kleinbogen (8 W.)	40,—
	Blaudruck-Kleinbogen (8 W.)	20,—
2159	Verkehrsministerkonferenz	16,—
2160	Bregenzer Festspiele	5,—
2161	Hl. Gebhard	5,—
2162	50 Jahre UNO	6,50
2163	Josef Loschmidt	5,—
2164	Käthe Leichter	5,—
2165	Salzburger Festspiele	5,—
2166	Moderne Kunst:	
	Adolf Frohner	6,—
2167–2168	Franz von Suppé,	
	Nico Dostal	10,—
2169	Kunstwerke aus Stiften und	
	Klöstern: Portal	10,—
2170	Kunstwerke aus Stiften und	
	Klöstern: Mater Dolorosa	10,—
2171	25 Jahre Universität Klagenfurt	5,—
2172	Kärntner Volksabstimmung	6,—
2173	Arbeitswelt: Postbeamter	5,—
2174–2175	Anton Webern,	
	Ludwig v. Beethoven	10,—

2176	Weihnachten	7,—
	Jahrgang (28 Blätter)	210,—

1996

2177	Volksbrauchtum:	
	Fasnachtsfiguren	6,—
2178	Theresianische Akademie	5,—
2179	WM im Skifliegen	6,—
2180	Terminal Flughafen Wien	5,—
2181–2182	Peter Fendi,	
	Leopold Kupelwieser	9,—
2183	Naturschönheiten:	
	Eiskögele, Hohe Tauern	6,50
2184	Anton Bruckner	6,—
2185	Georg Matthäus Vischer	5,—
2186	800 Jahre Klagenfurt	5,—
2187	Tag der Briefmarke	8,—
	Kleinbogen (8 W.)	35,—
2188	Arbeitswelt: Koch, Kellnerin	5,—
2189	Europa: Frauen	16,—
2190	Olympische Spiele	6,—
2191–2192	Volksbrauchtum: Prang-	
	stangentragen, Schützen	14,—
2193	Bundesland Burgenland	5,—
2194	Bergrettungsdienst	6,—
2195–2204	1000 Jahre	
	Österreich, gez. (Bl. 12)	25,—
	Block 12, □	300,—
2205	50 Jahre UNICEF	6,—
2206	Moderne Kunst:	
	Reinhard Artberg	6,—
2207	Weihnachten	6,50
	Jahrgang (20 Blätter)	150,—

1997

2208	Volksbrauchtum:	
	Sternsinger	6,—
2209	Theodor Kramer	5,—
2210	Akademie d. Wissenschaften	5,—
2211	Naturschönheiten:	
	Weingärten auf d. Nußberg	6,—
2212	Sagen und Legenden:	
	Die grausame Rosalia	
	von Forchtenstein	9,—
2213	Erich Korngold	5,50
2214	50 Jahre Verbundkonzern	5,—
2215	Hl. Petrus Canisius	5,—
2216	Jagd und Umwelt:	
	Rotwildfütterung	6,—
2217	SK Rapid Wien	6,—
2218–2219	Johannes Brahms,	
	Franz Schubert	14,—
2220	Tag der Briefmarke	6,—
	Kleinbogen (8 W.)	35,—
2221	Europa: Sagen u. Legenden	16,—
2222	WIPA 2000 (I)	10,—
	Kleinbogen (4 W.)	35,—
2223–2224	Eisenbahnen	14,—
2225	125 Jahre TÜV	5,—
2226	Sagen und Legenden:	
	Der Lindwurm v. Klagenfurt	9,—
2227	Volksbrauchtum:	
	Blasmusikkapelle	6,—
2228	Karl H. Waggerl	5,—
2229	Orthopädenkongreß	5,50
2230	Universität f. Bodenkultur	6,—
2231	Sagen und Legenden: Die	
	Donaunixe vom Strudengau	9,—
2232	Blindenselbsthilfe	5,—
2233	Arbeitswelt: Gemeinde-	
	bedienstete	5,—
2234	Moderne Kunst:	
	Helmut Schickhofer	6,—
2235	Thomas Klestil	5,—
2236	Oskar Werner	5,—
2237	Volksbrauchtum:	
	Turmblasen	6,—
2238	Licht ins Dunkel	6,—
	Kleinbogen (4 W.)	30,—
2239	Weihnachten	6,—
	Jahrgang (30 Blätter)	200,—

1998

2240–2241	Sagen und Legenden: Der liebe Augustin, Rattenfänger (2 Blätter)	18,—
2242	Naturschönheiten: Nationalpark Kalkalpen	6,—
2243	Olympische Winterspiele	6,—
2244	Jagd und Umwelt: Balzplatzerhaltung	6,—
2245	Joseph Binder	5,—
2246	200 Jahre Steindruck	5,—
2247	Wiener Secession	5,—
2248–2249	Volksbrauchtum: Fiaker, Palmeselumzug	14,—
2250	FK Austria Memphis	6,—
2251	Feuerwehren	6,—
2252	1200 J. Erzbistum Salzburg	5,—
2253	Landesmuseum Ferdinandeum, Innsbruck	5,—
2254	Europa: Nationale Feste	16,—
2255	Ybbstalbahn	6,—
2256	Christine Lavant	5,—
2257	Sagen und Legenden: Hl. Konrad von Altems	9,—
2258	Volksbrauchtum: Tamsweger Samson	6,—
2259	Pöstlingbergbahn	6,—
2260	Tag der Briefmarke	6,—
	Kleinbogen (8 W.)	35,—
2261	EU-Vorsitz	16,—
2262	Pinzgaubahn	6,—
2263	Volksoper; Franz Lehár	5,—
2264	Wirtschaftsuniversität	6,—
2265	Kaiserin Elisabeth	9,—
2266	Hans Kudlich	5,—
2267	Freistadt Eisenstadt	5,—
2268	Moderne Kunst: Hans Staudacher	6,—
2269	Arbeitswelt: Reporterin, Pressefotograf	5,—
2270	WIPA 2000 (I)	10,—
	Kleinbogen (4 W.)	35,—
2271	Weihnachten	6,50
	Jahrgang (31 Blätter)	220,—

1999

2272	Ski-WM	6,—
2273	Sagen und Legenden: Die schwarze Frau von Hardegg	9,—
2274	Naturschönheiten: Stinglfelsen	6,—
2275	Volksbrauchtum: Fußwallfahrt	6,—
2276	Patentamt	5,—
2277	Kultur- und Naturerbe: Schloß Schönbrunn	6,—
2278	SK Puntigamer Sturm Graz	6,—
2279	Allgemeiner Sportverband	5,—
2280	50 Jahre Europarat	16,—
2281	Jagd und Umwelt: Lebensraumgestaltung	6,—
2282	Karl Jenschke	5,—
2283	Kunsthandwerk: Hl. Martin	6,—
2284	125 Jahre Diakonie	5,—
2285–2286	Johann Strauß, Vater und Sohn	14,—
2287	Bundesgendarmerie	5,—
2288	Europa: Natur- und Nationalparks	16,—
2289	Tag der Briefmarke	6,—
	Kleinbogen (8 W.)	35,—
2290	Sagen und Legenden: Hl. Notburga	9,—
2291	Kunsthandwerk: Hl. Anna Selbdritt	5,—
2292	WIPA 2000 (III)	10,—
	Kleinbogen (4 W.)	35,—
2293	Jahr der Senioren	5,—
2294	100 Jahre Grazer Oper	5,—
2295	Bundeskongreß des ÖGB	5,—

2296	Moderne Kunst: Wolfgang Herzig	6,—
2297	Volksbrauchtum: Kürbisfest	6,—
2298	Geologische Bundesanstalt	6,—
2299	Volksbrauchtum: Neujahrsläuten	6,—
	Kleinbogen, □ (4 W.)	30,—
2300	Sagen und Legenden: Steirischer Erzberg	9,—
2301	Weihnachten	6,—
	Kleinbogen, □ (4 W.)	25,—
	Jahrgang (29 Blätter)	200,—

2000

2302	Volksbrauchtum: Kirchleintragen	6,—
2303	Sagen und Legenden: Basilisk von Wien	9,—
Bl. 14	WIPA 2000, gez.	55,—
	Schwarzdruck-Block, □	40,—
	Blaudruck-Block	25,—
2304	Volksbrauchtum: Schleicherlaufen	6,—
2305	Gartenschau, Graz	6,50
2306	Jagd und Umwelt: Steinwild	6,—
2307	FC Tirol Milch Innsbruck	6,—
2308	Sagen und Legenden: Hexenritt von Mariatrost	9,—
2309	Erstbesteig. Großglockner	6,—
2310	Naturschönheiten: Weißsee	6,—
2311	Europa: Sternentürm	16,—
2312	Zivilluftfahrt Klagenfurt	6,—
2313	150 Jahre Denkmalschutz	6,—
2314	Kunsthandwerk: Vita des Malachias	6,—
2315	Tag der Briefmarke	6,—
	Kleinbogen (8 W.)	35,—
2316	150 Jahre österr. Briefmarken	9,—
	Kleinbogen, □ (4 W.)	240,—
2317	Confetti TiVi (I)	5,50
2318–2321	Friedensreich Hundertwasser (Bl.15)	50,—
	Schwarzdruck-Block, □	50,—
2322	Blutgruppenentdeckung	6,—
2323	Öffentl. Kraftlinienverkehr	5,50
2324	Sagen u. Legenden: Laib-Brot-Marter	9,—
2325	Volksbrauchtum: Flößertreffen	6,—
2326	Kultur- u. Naturerbe: Hallstatt	9,—
2327	Olympische Spiele	6,—
2328	Wiener Symphoniker	6,—
2329	Kunsthandwerk: Kodex 965	6,—
2330	Arbeitswelt: Drucker	5,—
2331	Moderne Kunst: Ida Szigethy	6,—
2332	200 Jahre Schutzimpfung	6,—
2333	Volkshochschulen	5,—
2334	Weihnachten	6,—
2335	Alpine Ski-WM	6,—
	Jahrgang (31 Blätter)	300,—

2001

2336	Jagd und Umwelt: Feuchtgebietsschutz	6,—
2337	SV Wüstenrot Salzburg	6,—
2338	Volksbrauchtum: Murecker Schiffmühle	6,—
2339	Zillertalbahn	6,—
2340	Salzburger Flughafen	6,—
2341	Confetti TiVi (II)	6,—
2342	Naturschönheiten: Bärenschützklamm	6,—
2343	Volksbrauchtum: Fastentuch	6,—
2344	Europa: Lebensspender Wasser	16,—
2345	Tag der Briefmarke	9,—
	Kleinbogen (5 W.+Zf.)	30,—
2346	100 Jahre Aero-Club	6,—
2347	50 Jahre UNHCR	6,—

2348	Kultur- und Naturerbe: Semmeringbahn	8,—
2349	Wanderolympiade des IVV	6,—
2350	Feldpost im Ausland	6,—
2351	Volksbrauchtum: Wasserscheibenschießen	6,—
2352	Ausbau der Westbahn	6,—
2353	Johann Nepomuk Nestroy	5,—
2354	Joseph Ritter v. Führich	5,50
2355	Moderne Kunst: Helmut Leherb	6,—
2356	Kunsthandwerk: Pluviale	6,—
2357	Leopold Döbler	5,—
2358	Meteorologie u. Geodynamik	6,—
2359	Kunsthandwerk: „Türkenornat"	6,—
2360	Haustiere (I): Katze	6,50
2361	Arbeitswelt: Öffentl. Dienst	5,—
2362	Weihnachten	6,—
	Jahrgang (27 Blätter)	170,—

2002

2363–2367	Ferienland Österreich	40,—
2368	Euro-Einführung	20,—
	Kleinbogen (4 W.)	50,—
2369	Olympische Winterspiele	6,—
2370	Valentinstag	6,—
2371	Tag der Frau	5,—
2372	The Philis (I)	6,—
2373	Grußmarke	6,—
2374	Alfred Kubin	6,—
2375	Caritas	6,—
2376	Europa: Zirkus	16,—
2377	The Philis (II)	6,—
2378	800 Jahre Stift Lilienfeld	6,—
2379	Confetti TiVi (III)	5,—
2380	Tag der Briefmarke	6,—
	Kleinbogen (5 W.+Zf.), gez.	25,—
	Kleinbogen (5 W.+Zf.), □	400,—
2381–2384	250 Jahre Tiergarten Schönbrunn (Bl. 16)	35,—
	Buntdruck-Bl., □	35,—
2385	100 Jahre Teddybär	5,—
2386	Design Austria (I)	6,50
2387	Altes Kunsthandwerk	7,—
2388	Museumsviertel	9,—
2389	Jahr der Auslandsösterreicher	6,—
2390	ROTE NASEN Clowndoctors	6,—
2391	Linzer Klangwolke	6,—
2392	Automobile (I)	6,—
2393	Haustiere (II): Hund	6,—
2394	Eisenbahnen (I)	6,—
2395	Moderne Kunst: Karl Goldammer	6,—
2396	250 Jahre Zahlenlotto (Bl. 17)	35,—
	Buntdruck-Bl., □	35,—
2397	Nationalpark Thayatal	6,—
	Buntdruck-Klb., □ (4 W.)	35,—
2398	Motorräder	6,—
2399	Design Austria (II)	6,—
2400	The Philis (III)	6,—
2401	Weihnachten	6,—
	Jahrgang (32 Blätter)	300,—

2003

2403	Graz – Kulturhauptstadt	6,—
2404	Billy Wilder	5,—
2405	Grußmarke	5,—
2406	Confetti TiVi (IV)	5,—
2407	ARA-System	5,—
2408	Design Austria	5,—
2409–2410	Panda-Forschung (Bl. 18)	10,—
	Buntdruck-Bl., □	35,—
2411	Marcel Prawy (Bl. 19)	12,—
	Buntdruck-Bl., □	35,—
2412	Stift St. Georgen	6,—
2413	Europa: Plakatkunst	10,—
2414	Tag der Briefmarke	15,—
	Kleinbogen (5 W.+Zf.)	30,—
2415–2419	Ferienland Österreich	18,—
2420–2424	Ferienland Österreich	14,—

2425	Eisenbahnen (II)	5,—
2426	Salzachbrücke	5,—
2427–2429	100 Jahre Ford-Automobile (Bl. 20)	7,—
2430–2433	The Rolling Stones (Bl. 21)	10,—
2434	Jahr der Bibel	6,—
2435	Automobile (II)	6,—
2436	Moderne Kunst: Kiki Kogelnik	7,—
2437	Kultur- und Naturerbe: Neusiedlersee	8,—
2438–2439	Ferienland Österreich	8,—
2440	Ausstellung „Samurai und Geisha"	7,—
2441	Opernfestspiele, St. Margarethen	7,—
2442	Kindermarke	6,—
2443	Gemeindetag	5,—
2444	Grußmarke: Dankeschön	5,—
2445	Versandhandel	5,—
2446	Werner Schlager	7,—
2447	JUGENDPHILA '03	5,—
2448	Musical „Elisabeth"	6,—
2449	Gemälde (I): Gustav Klimt (Bl. 22)	10,—
	Buntdruck-Bl., □	35,—
2450	Licht ins Dunkel	6,—
2451	Bösendorfer	8,—
	Buntdruck-Klb., □ (4 W.)	35,—
2452	Oscar Petersen	8,—
2453	Weihnachten	6,—
2454	Ferienland Österreich	5,—
2455–2456	Meine Marke	8,—
	Jahrgang (38 Blätter)	290,—

2004

2457	Ricardo Muti	6,—
2458	Seiji Ozawa	6,—
2459	José Carreras	6,—
2460–2469	100 Jahre ÖFB	18,—
2470	Ostern	6,—
2471	Life Ball 2004	6,—
2472	Kardinal Franz König	10,—
2473–2475	150. Jahrestag der Kaiserhochzeit (Bl. 23)	15,—
2476–2481	Mitteleuropäischer Katholikentag (Bl. 24)	20,—
2482	Tag der Briefmarke	15,—
	Kleinbogen (5 W.+Zf.)	30,—
	Blaudruck	10,—
2483	Volksbrauchtum: Faßlrutschen	5,—
	Blaudruck	10,—
2484	Joe Zawinul	7,—
2485	Päpstlicher Ritterorden	8,—
2486	Europa	10,—
2487	Eisenbahnen (III)	8,—
2488	Donauinselfest	6,—
2489	Theodor Herzl	8,—
2490	Arnold Schwarzenegger	10,—
2491	Ernst Happel	9,—
2492	Confetti TV (V)	7,—
2493	Grußmarke: Tom Tom	6,—
2494	Floridsdorf	6,—
	Buntdruck-Klb., □ (4 W.)	30,—
2495–2496	Swarovski Kristallwelten (Bl. 25)	18,—
2497	Skirennfahrer (I): Hermann Maier	10,—
2498	Moderne Kunst: Josef Bramer	7,—
2500	Aktgemälde (I)	7,—
	Buntdruck-Klb., □ (4 W.)	30,—
2501	Gemälde (II): Max Weiler (Bl. 26)	10,—
	Buntdruck-Bl., □	35,—
2502	Nationalpark Donau-Auen	6,—
	Buntdruck-Klb., □ (4 W.)	50,—
2503	50 Jahre Österreichisches Bundesheer	7,—

2504	Nikolaus Harnoncourt	7,—
2505	Weihnachten	6,—
	Jahrgang (31 Blätter)	260,—

2005

2506	Lorin Maazel	5,50
2507	Karajan-Centrum	5,—
2508	Skirennfahrer (II): Stephan Eberharter	5,—
2517	Rotary International	5,—
	Buntdruck-Klb., □ (10 W.)	20,—
2518	Max Schmeling	7,—
2519	Liechtenstein-Museum	7,—
2520	Carl Djerassi (Bl. 27)	7,—
2521	Tod von Papst Johannes Paul II.	5,50
2526	Altes Österreich	7,—
2527	Schutzpatrone: Hl. Florian	5,—
2528	Befreiung des KZ Mauthausen	5,—
2529–2530	60 Jahre Zweite Republik, 50 Jahre Staatsvertrag (Bl. 28)	7,—
2531	Life Ball 2005	5,—
	Buntdruck-Klb., □ (6 W.)	8,—
2532	Tag der Briefmarke	11,50
	Kleinbogen (5 W.+Zf.)	30,—
2533	Europa	5,—
2534	Schutzpatrone: Hl. Joseph	5,—
2535	Formel-1-Rennfahrer: Jochen Rindt	5,—
2536	Erstaufführung „Madagascar"	5,—
2537	Einheimische Fauna	5,—
2543	Volksbrauchtum: Frankenburger Würfelspiel	5,—
2544	Formel-1-Rennfahrer: Niki Lauda	5,—
2545	Herbstbrauchtum	5,—
2546	Gemälde (III): Egon Schiele (Bl. 29)	8,—
	Buntdruck-Block	15,—
2547	Eisenbahnen (IV)	5,—
	Buntdruck-Klb., □ (4 W.)	25,—
2548	Landhaus Klagenfurt	5,—
2549	Moderne Kunst: Karl Hodina	5,—
2550	Adalbert Stifter	5,—
2555–2556	Burgtheater und Staatsoper (Bl. 30)	9,—
2557–2558	Sattler-Panorama (Bl. 31)	9,—
2559	Aktgemälde (II)	5,—
2560	Film „Die Chroniken von Narnia"	5,—
2561	Mettengang	5,—
2562	Deutscher Orden	5,—
2563	Weihnachten	5,—
	Jahrgang (34 Stück)	200,—

2006

2564	Mariss Jansons	2,—
2565	EU-Vorsitz	2,—
2566	Meine Marke	2,—
2567	Muhammad Ali	2,—
2572	Wolfgang Amadeus Mozart	2,—
	Buntdruck-Klb., □ (10 W.)	8,—
2573	50 Jahre Europamarken	2,—
2574	Gemälde	2,—
2575	Post aus einer anderen Welt (Bl. 32)	5,—
2576	Menschen für Menschen	2,—
2577	Freimaurer (Bl. 33)	5,—
2578	Sigmund Freud	2,—
2579	Franz Beckenbauer	2,—
	Buntdruck-Klb., □ (4 W.)	8,—
2589	Falco	2,—
	Buntdruck-Klb., □ (4 W.)	8,—
2590	Life Ball 2006	2,—
2591	Volksbrauchtum: Kranzelreiten	2,—
2592–2599	Formel-1-Rennfahrer	5,—
2600	Teilprivatisierung der Post	2,—
2601	Schutzpatrone: Hl. Hemma von Gurk	2,—

2602	Bundeswirtschaftskammer	2,—
2603	Mozartstadt Salzburg	2,—
2604	Ottfried Fischer	2,—
2605	Europa: Integration	2,—
2606	Tag der Briefmarke	2,—
	Kleinbogen (5 W.+Zf.)	30,—
2607	Annasäule, Innsbruck	2,—
2608	Eisenbahnen (V)	2,—
2609–2610	Feuerwerk (Bl. 34)	5,—
2611	Einheimische Fauna	2,—
2612	WIPA '08 Wien (I)	2,—
2613	Schutzpatrone: Hl. Gebhard	2,—
2614	Automobile (III)	2,—
2615	Motorräder (II)	2,—
2616	Skirennfahrer (III): Benjamin Raich	5,—
2617	Musikinstrumente: Bösendorfer-Flügel	2,—
2618	Musikinstrumente: Guqin	2,—
2619	Aktgemälde (III)	2,—
2620	Deutscher und Österreichischer Philatelistentag	2,—
2621	Moderne Kunst: Valentin Oman	2,—
	Buntdruck-Klb., □ (4 W.)	8,—
2625	Weihnachten (I)	2,—
2626	Weihnachten (II)	2,—
2627	Altes Österreich: Lemberg	2,—
2628	Formel-1-Rennfahrer: Michael Schumacher	2,—
2629	100 Jahre Händlerverband	2,—
	Jahrgang (42 Stück)	96,—

2007

2630	Zubin Mehta	2,—
2631	Blumen: Alpenrose	2,—
2632	Blumen: Christrose	2,—
2633	Blumen: Leberblümchen	2,—
2635	Landesausstellung „Feuer und Erde"	2,—
2636–2639	Pfadfinder (Bl. 36)	5,—
2640	Jagd und Umwelt	2,—
2641	Gemälde im Liechtenstein-Museum	2,—
2642	Keine Gewalt an Frauen	2,—
	Buntdruck-Klb., □ (4 W.)	8,—
2643	Brauchtum: Osterrasten	2,—
2644	Schutzpatrone	2,—
2645	WIPA '08, Wien (II)	2,—
2646	Kondolenzbriefe	2,—
2647	Glückwunschbriefe	2,—
2650	Papst Benedikt XVI.	2,—
2652	Blumen: Duftveilchen	2,—
2653	Arbeiter-Samariter-Bund	2,—
Block 37	Moderne Kunst: H. Nietsch	5,—
	Buntdruck-Block, □	8,—
2654–2661	Formel-1-Rennfahrer	5,—
2663	Eisenbahnen (VI)	2,—
2664	850 Jahre Mariazell	2,—
	Sepiadruck-Klb., □ (4 W.)	8,—
2665–2668	Fußball-Europameisterschaft 2008 (I) (Bl. 38)	5,—
2669	Tag der Briefmarke	2,—
2670	Gemälde als Österr. Sammlungen (Bl. 39)	5,—
2671	Europa	2,—
2672	Ignaz Joseph Pleyel	2,—
2673	„Schreck der Dritte"	2,—
2675	Wilhelm Kienzl	2,—
2676	Eisenbahnen (VII)	2,—
2677	Aktgemälde (IV)	2,—
	Schwarzdruck-Klb., □ (4 W.)	8,—
2678	Blumen: Löwenzahn	2,—
2679	Blumen: Alpen-Goldregen	2,—
2680	Blumen: Schneeball	2,—
2681	Blumen: Fransenenzian	2,—
2682	Blumen: Waldrebe	2,—
2683	Seeadler	2,—
Block 40	Josef Hoffmann	5,—
2684	Erdölförderung	2,—
2685	Friedrich Gauermann	2,—
2686	Schutzpatrone VI: Hl. Rupert	2,—

2687	Skirennfahrer (IV): Niki Hosp	2,—	
2689	Stahlschnitt	2,—	
2690	Christiane Hörbiger	2,—	
2691	Premiere von „Pique Dame"	2,—	
2692	Weihnachten (I)	2,—	
2693	Weihnachten (II)	2,—	

2694	Haus des Meeres	2,—	
2695	Thomas Gottschalk	2,—	
	Jahrgang (48 Stück)	114,—	

2008

2696	Blumen: Frauenschuh	2,—	

2697–2704	Fußball-Europameister-		
	schaft (II)	2,50	
2705	WIPA '08, Wien (III)	2,—	

**Die Jahrgangspreise sind ohne Klein-
bogen, Bunt- und Blaudrucke berechnet.**

Gedenkblätter
(Ausstellungsblocks, Neudrucke zu Briefmarkenausstellungen)

Die Katalogisierung erfolgte nach den bei dem Verbandstag 1978 in Graz erstellten Richtlinien des Verbandes Österreichischer Philatelisten-Vereine.

1890. Internationale Briefmarkenausstellung in Wien. Ausgabe wie 1881, jedoch Veränderung des unteren Schriftbandes durch Einsetzen der Jahreszahl „1890".

		(*)	**
2	Bogen (4×4) . . . . je	180,—	—,—
	Einzelmarke . . . . je	7,—	35,—

1881. Briefmarkenausstellung in Wien. Die Österreichische Staatsdruckerei führte auf einer Tiegelpresse den Markendruck vor, auch auf von den Ausstellungsbesuchern mitgebrachtem Papier mit oder ohne Gummi. Der Originaldruckstock wurde wie folgt verändert: Anstelle der Wertbezeichnung im unteren Schriftband wurde die Jahreszahl „1881" eingesetzt. Alle Farben möglich.

		(*)	**
1	Bogen (4×4) . . . . je	—,—	—,—
	Einzelmarke . . . . je	14,—	40,—

1933. Briefmarkenausstellung WIPA in Wien. Ausgegeben von der Österr. Staatsdruckerei nach Druckvorführung in den Ausstellungsräumen. Der Originaldruckstock wurde verändert durch Einsetzen von „WIPA" im oberen und der Jahreszahl „1933" im unteren Schriftband. Bogen (4×4) in 9 verschiedenen Farben: dunkelgrün, gelb, bläulichgrau, olivgelb, dunkelblau, orange, karminrot, dunkelviolett, weinrot.

3	Bogen . . . . je	20,—	
	Einzelmarke . . . . je	1,20	
	Satzpreis (9 Farben)	12,—	

1965. Briefmarkenausstellung WIPA in Wien. WIPA-Neudruck. Wiedergabe des Markenbildes vom Originaldruckstock mit Bdr.-Aufdruck „NEUDRUCK" (oben) und „WIPA" (unten links), „1965" (unten rechts) in Ultramarin.

4   Gedenkblatt (100 × 134 mm) braunrot . . . .   5,— ^(*)

Auflage: 262 285 Stück

1968. ✈ Flugpostausstellung IFA WIEN 1968. Neudruck der Flugpostmarken von 1918 □, in Farbänderung. MiNr. 225 in Grün, MiNr. 226 in Braun, MiNr. 227 in Rot. Texteindruck an den oberen Markenrändern „Neudruck der Flugpostmarkenserie 1918" in Schwarz.

5   Gedenkblatt (148 × 104 mm) . . . .   12,—

Auflage: 199 256 Stück

1975. Internationale Briefmarkenausstellung WIEN '75. Schwarzdruck-Viererblock der MiNr. 1504. Der Schwarzdruck wurde nur in Verbindung mit der Eintrittskarte zur Ausstellung verkauft.

6   Schwarzdruck-Viererblock . . . .   6,— ^(*)

Auflage: 108 000 Stück

1980. Internationale Briefmarkenausstellung WIPA 1981. Schwarzdruck der MiNr. 1629, 1662 und 1665. Der Schwarzdruck wurde nur in Verbindung mit der Eintrittskarte zur Ausstellung verkauft.

7   Schwarzdruck . . . .   6,—

Auflage: 250 000 Stück

1981. Internationale Briefmarkenausstellung WIPA 1981. Geändertes Markenbild von Block 5 mit Inschrift „WIPA 1981" ohne Wertangabe, Himmel rot statt blau; □ o.G. Dieser Block wurde als Beilage zur Festschrift abgegeben.

8   Gedenkblock . . . .   18,— ^(*)

Auflage: 60 000 Stück

Ein Blaudruck-Gedenkblatt ähnlich Block 5, Marke jedoch ohne Wertangabe und Schriftzeilen über und unter dem Markenbild, mit goldfarbenem Eindruck „50. FIP KONGRESS" wurde zusammen mit dem Ergebnisbericht dieses Kongresses abgegeben (15,—).

Jahresgaben des Verbandes Österreichischer Philatelistenvereine (VÖPh)

1991 mit MiNr. 2032 (15.7.1992) . . . . 12,—

1993 mit MiNr. 2097 (4.5.1994) . . . . 10,—

1992 mit MiNr. 2066 (5.6.1993) . . . . 12,—

1994 mit MiNr. 2127 (9.6.1995) . . . . 8,—

1995   mit MiNr. 2158 (24.5.1996) . . . .   8,—

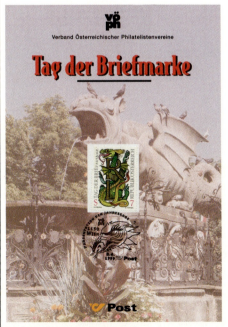

1997   mit MiNr. 2220 (8.6.1998) . . . .   7,—

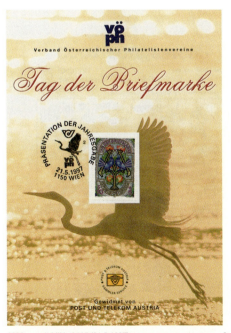

1996   mit MiNr. 2187 (21.5.1997) . . . .   6,—

1998   mit MiNr. 2260 (Juni 1999) . . . .   8,—

1999   mit MiNr. 2289 (9.5.2000) . . . .   9,—   **2001**   mit MiNr. 2345 (26.5.2002) . . . .   12,—

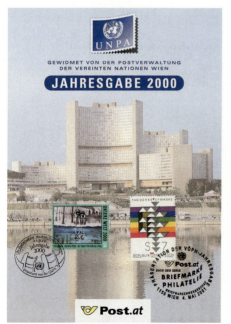

2000   mit MiNr. 2315 und UNO – Wien MiNr. 307
(4.5.2001) . . . .   12,—   **2003**   mit MiNr. 2375 (4.6.2003) . . . .   9,—

2004   mit MiNr. 2483 (8.5.2004) . . . .   11,—

2007   mit MiNr. 2663 (31.5.2007) . . . .   11,—

2005   mit MiNr. 2503 (21.5.2005) . . . .   11,—

2006   mit MiNr. 2603 (30.6.2006) . . . .   11,—

Übersicht über die Darstellung von Persönlichkeiten auf Briefmarken

Name	MiNr.	Nominale	Jahr	Name	MiNr.	Nominale	Jahr
Albrechtsberger	1839	3.50 S	1986	Eugen von Savoyen	617	12 g (+12)	1935
v. Alt	547	30 g (+30)	1932		1134	1.50 S	1963
Amerling	857	60 g	1948		1845	4 S	1986
Andretti	2597	75 C	2006	Exner	1625	2.50 S	1979
Angeli	1494	2 S	1975	Eysler	1465	2 S	1974
Anich	1216	1.80 S	1966				
Anzengruber	528	50 g (+50)	1931	Falco	2589	55 C	2006
	1975	4 S	1989	Fall	1492	2 S	1975
v. Arlt (Ritter)	654	30 g (+30)	1937	Fangio	2657	55 C	2007
Ascher	1650	3 S	1980	Ferstel	595	60 g (+60)	1934
Auenbrugger v. Auenbrugg	650	8 g (+8)	1937	Figl	1322	2 S	1970
Auer v. Welsbach	635	40 g (+40)	1936	Fink	1614	3 S	1979
	1006	1.50 S	1954	Fischer, Ottfried	2604	55 C	2006
d'Aviano	558	24 g (+24)	1933	Fischer v. Erlach	592	24 g (+24)	1934
					1028	1.50 S	1956
Baden-Powell	2636	55 C	2007	Fittipaldi	2661	55 C	2007
Bahr	1130	1.50 S	1963	Ford, Henry	2428, Block 20	0.55 €	2003
Bárány	1509	3 S	1976				
Bauer	1678	4 S	1981	Franz Joseph (Kaiser)	2474	1.50 €	2004
Bayer	1889	5 S	1987		2475	1.75 €	2004
Beckenbauer	2579	75 C	2006	Freud	1668	3 S	1981
Beethoven	420	7½ g (+67.5)	1922	Fried	1976	6 S	1989
	1352	3.50 S	1970	Friedell	1566	3 S	1978
	2175	7 S	1995	Fux	1811	6 S	1985
Benatzky	1781	4 S	1984				
Benedikt XVI., Papst	2650	100 C	2007	Gauermann	1110	1.50 S	1962
Berg	1803	6 S	1985	v. Ghega	633	24 g (+24)	1936
Berger	2656	55 C	2007		971	1 S	1952
Billroth	656	60 g (+60)	1937	Girardi	958	30 g	1950
Böhler	1800	4.50 S	1985	Gluck	1905	5 S	1987
Böhm, Almaz	2576	100 C	2006	Gmeiner	2128	7 S	1994
Böhm, Johannes	1836	4.50 S	1986	Gottschalk	2695	65 C	2007
Böhm, Dr. Karl	2133	7 S	1994	Grillparzer	525	20 g (+20)	1931
Böhm, Karlheinz	2576	100	2006		802	18 g	1947
Boltzmann	1677	3 S	1981		1381	2 S	1972
Bosco	1909	5 S	1988		2013	4.50 S	1991
Brabham	2599	125 C	2006	Gruber	928	60 g	1948
Brahms	2218	6 S	1997		1908	5 S	1987
Bruckner	422	25 g (+225)	1922				
	941	40 g	1949	Hainisch, Marianne	1946	6 S	1988
	1443	4 S	1974	Hainisch, Dr. Michael	494 bis	10 g (+10) bis	
Burjan, Dr. Hildegard	1729	4 S	1983		497	40 g (+40)	1928
				Häkkinen	2659	55 C	2007
Campbell	2590	75 C	2006	Hamerling	1336	4 S	1980
Canon	882	60 g (+30)	1948	v. Hammer-Purgstall (Frhr.)	1689	3 S	1981
Carreras	2459	1 €	2004	Hanak	1764	3 S	1984
Clark	2592	55 C	2006	Hanappi	2460	0.55 €	2004
Conrad v. Hötzendorf	622	64 g (+64)	1935	Handel-Mazzeti	1353	2 S	1971
Coßmann	1342	2 S	1970	Hanrieder	2061	5.50 S	1992
v. Coudenhove-Kalergi	2141	10 S	1994	v. Hansen	922	2.40 S (+60 g)	1953
Csokor	2136	6 S	1994	Hanusch	1425	2 S	1973
				Happel	2491	1.00 €	2004
Daffinger	948	60 g	1950	v. Hasenauer (Frhr.)	1746	6 S	1983
Dengel	2067	5.50 S	1992	Hauer	1733	3 S	1983
Ditters. v. Dittersdorf	1470	2 S	1974	Haydn, Joseph	418	2½ g (+22.50)	1922
Djerassi	2520, Block 27	100 C	2005		1066	1.50 S	1959
Döbler	2357	7 S	2001		1704	3 S	1982
Dollfuß	588	10 S	1934	Haydn, Michael	1900	4 S	1987
	589 bis		1934	Hebra (Ritter v.)	653	24 g (+24)	1937
	590	je 24 S	1935		1462	4 S	1974
Doppler	2057	6 S	1992	Heinrich II. Jasomirgott	2197	7 S	1996
Dostal	2168	7 S	1995	Heller	1676	6 S	1981
				Helmer	1906	4 S	1987
Eberharter	2508	55 C	2005	Hernancourt	2504	1.00 €	2004
v. Ebner-Eschenbach	1203	3 S	1966	Herrmann	1563	6 S (+3)	1977
	2020	4.50 S	1991	Herzl	2489	0.55 €	2004
v. Economo	1518	3 S	1976	Herzmanovsky-Orlando	1547	6 S	1977
Egger-Lienz	550	1 S (+1)	1932	Herzog	2468	0.55 €	2004
v. Ehrenfels	1782	3.50 S	1984	Hess	1743	6 S	1983
v. Eiselsberg (Frhr.)	1077	1.50 S	1960	Hill, Graham	2660	55 C	2007
Elisabeth (Kaiserin)	2265	7 S	1998	Hill, Phil	2654	55 C	2007
	2474	1.50 €	2004	Hörbiger, Hans	1833	3.50 S	1985
	2475	1.75 €	2004	Hörbiger, Christiane	2690	55 C	2007
Elßler	1796	4 S	1984	Hötzendorf (s. Conrad von H.)			
Emich	1981	6 S	1990	Hofbauer	1321	2 S	1970

Name	MiNr.	Nominale	Jahr
Hofer, Andreas	949	60 g	1950
Hoffmann	1205	3 S	1966
Hofhaymer	1899	4 S	1987
v. Hofmannsthal	1438	4 S	1974
Holzmeister	1843	4 S	1986
v. Horváth	1926	6 S	1988
Hosp	2687	55 C	2007
Hyrtl	655	40 g (+ 40)	1937
	1790	6 S	1984
Ickx	2593	55 C	2006
v. Jacquin (Frhr.)	1540	4 S	1977
Jägerstetter	2105	5.50 S	1993
Jagger, Mick	2430, Block 21	0.55 €	2003
Jansons	2564	75 C	2006
Johann (Erzherzog)	1061	1.50 S	1959
	1774	4.50 S	1984
Johann Sobieski (König von Polen)	560	40 g (+40)	1933
Johannes Paul II., Papst	1749	6 S	1983
	2477	1.25 €	2004
	2521	1.00 €	2005
Jonas	1315	2 S	1969
	1458	2 S	1974
Joseph II. (Kaiser)	2196	6 S	1996
Kálmán	1722	3 S	1982
Kaplan	637	64 g (+64)	1936
	1534	2.50 S	1976
Karajan	2507	55 C	2005
Karl (Erzherzog)	619	30 g (+30)	1935
Karl V. (Hzg. v. Lothringen)	561	50 g (+50)	1933
Kauffmann, Angelika	1269	2 S	1968
	2670	210 C	2007
Kelsen	1684	3 S	1981
Kepler	990	1 S (+25 g)	1953
Kienzl	967	1.50 S	1951
	2675	75 C	2007
Kirchschläger	1635	4 S	1980
Kitaibel	2056	5.50 S	1992
Klestil	2235	7 S	1997
Klimt	549	64 g (+64)	1932
	982	1.50 S	1953
Klum	2531	75 C	2005
Kneipp	1700	4 S	1982
König	2472	1.00 €	2004
Körner	1031	1.50 S	1957
	1412	2 S	1973
Kokoschka	1841	4 S	1986
Konrad	2503	55 C	2004
Koschat	1336	2 S	1970
Koschier	1608	6 S	1979
Kramer	2209	5.50 S	1997
Krankl	2467	0.55 €	2004
Kraus	1448	4 S	1974
Kreisky	2015	5 S	1991
Kubin	1543	6 S	1977
	2374	0.87 €	2002
Kudlich	2266	6.50 S	1998
Kahn	2058	7 S	1992
Kundmann	880	40 g (+20)	1948
Kunschak	1569	3 S	1978
Kupelwieser	2183	7 S	1996
Landsteiner	1266	3.50 S	1968
Lanner	964	60	1951
Lauda	2544	55 C	2005
Laudon	618	24 g (+24)	1935
Lavant, Christine	2256	7 S	1998
Lehár	1578	6 S	1978
Leichter, Käthe	2164	6 S	1995
Lenau	975	1 S	1952
v. Lieben	636	60 g (+60)	1936
v. Liebenberg	562	64 g (+64)	1933
Liszt	1099	3 S	1961
	1866	5 S	1986
Loewi	1414	4 S	1973

Name	MiNr.	Nominale	Jahr
Lorenz, Adolf	2229	8 S	1997
Loschmidt	2163	20 S	1995
Maazel	2506	1.00 €	2005
Mach	1911	6 S	1988
Madersperger	951	40 g	1950
Mahler	1078	1.50 S	1960
Maier, Hermann	2497	55 C	2004
Makart	879	30 g (+15)	1948
	1991	4.50 S	1990
Maria Theresia (Kaiserin)	2196	6 S	1996
Maulbertsch	1455	2 S	1974
Maximilian I. (Kaiser)	1584	4 S	1978
	2201	10 S	1996
McLaren	2598	100 C	2006
Meitner, Lise	1588	6 S	1978
Metha	2630	75 C	2007
Mell	1723	3 S	1982
Mendel	1763	4 S	1984
Meynert	657	64 g (+64)	1937
Miklas	512 bis	10 g (+10) bis	
	517	1 S (+1)	1930
Millöcker	947	1 S	1949
Misson	1489	2 S	1975
Mohr	928	60 g	1948
	1908	5 S	1987
Moser	1271	2 S	1968
Moss	2596	75 C	2006
Mozart	419	5 g (+45)	1922
	1024	2.40 S	1956
	2572	55 C	2006
	2603	55 C	2006
Muhammad Ali	2567	125 C	2006
Müller v. Reichenstein	2055	5 S	1992
Musger	1628	2.50 S	1979
Musil	1661	4 S	1980
Muti	2457	1 €	2004
Neilreich	1364	2 S	1971
Nestroy	526	30 g (+30)	1931
	1109	1 S	1962
v. d. Nüll	594	40 g (+40)	1934
Ocwirk	2464	0.55 €	2004
Ozawa	2458	1 €	2004
Paracelsus	2038	4.50 S	1991
Pauli	1762	6 S	1983
Perkonig	2000	5 S	1990
Peterson	2452	1.25 €	2003
Petzold	1410	2 S	1973
Pezzey	2463	0.55 €	2004
Pilgrim	591	12 g (+12)	1934
	794	8 g (+32)	1946
Pleyel	2672	1.00 €	2007
Politzer	1826	3.50 S	1985
Polster	2469	0.55 €	2004
Porsche	1491	1.50 S	1975
Prandtauer	593	30 g (+30)	1934
	1079	1.50 S	1960
Prawy	2411, Block 19	1.75 €	2003
Pregl	1436	4 S	1973
v. Preradović, Paula	2189	7 S	1996
Prohaska	2466	0.55 €	2004
Prost	2595	55 C	2006
Raab	1690	6 S	1981
	2047	4.50 S	1991
Radetzky	620	40 g (+40)	1935
Raich	2616	55 C	2006
Raimund	524	10 g (+10)	1931
	1183	3 S	1965
	1993	4.50 S	1990
Raitenau	1884	4 S	1987
Redlich	1056	2.40 S	1958
Regazzoni	2655	55 C	2007
Reimmichl (siehe Rieger)			
Reinhardt, Max	1424	2 S	1973

Name	MiNr.	Nominale	Jahr
Renner	772 bis	1 g (+1) bis	
	775	5 g (+5)	1946
	927	1 S	1948
	1057	1.50 S	1958
	1351	2 S	1970
	2200	7 S	1996
Ressel	632	12 g (+12)	1936
Richards	2430, Block 21	0.55 €	2003
Rieger	2068	5 S	1992
Rilke	1539	3 S	1976
Rindt	2535	55 C	2005
v. Rokitansky (Frhr.)	651	12 g (+12)	1937
	997	1.50 S	1954
Rosegger	529	1 g (+1)	1931
	1267	2 S	1968
	2098	5.50 S	1993
Roth, Joseph	2137	7 S	1994
Rottmayr v. Rosenbrunn	1007	1 S	1954
Rudolf IV., der Stifter	2198	7 S	1996
Saiko	2053	5.50 S	1992
Schärf	1075	1.50 S	1960
	1177	1.50 S	1965
Schiele	1992	5 S	1990
Schlager	2466	0.55 €	2003
Schmeling	2518	100 C	2005
Schmidt, Franz	1473	4 S	1974
Schmidt, Martin Johann	965	1 S	1951
v. Schmidt	884	1.40 S (+70 g)	1948
	2016	7 S	1991
Schnitzler	1883	6 S	1987
Schöffel	1320	2 S	1970
Schönbauer	1941	4 S	1988
Schönherr	1234	3 S	1967
Schrammel	970	1.50 S	1952
Schrödinger	1892	5 S	1987
Schubert	421	10 g (+90)	1922
	801	12 g	1947
	1590	6 S	1978
	2219	10 S	1997
Schumacher	2629	75 C	2006
	2662	75 C	2007
Schwarzenegger	2490	1.00 €	2004
v. Schwind	546	24 g (+24)	1932
	996	1.50 S	1954
Sealsfield	2090	10 S	1993
Seipel	544	50 g (+50)	1932
	1712	3 S	1982
Seitz	2132	5.50 S	1994
Semmelweis	1192	1.50 S	1965
Senefelder	2246	7 S	1998
v. Siccardsburg	594	40 g (+40)	1934
	881	50 g (+25)	1948
Sindelar	2461	0.55 €	2004
Sitte	1258	2 S	1968
Skoda	652	20 g (+20)	1937
Slezak, Leo	1419	4 S	1973
v. Starhemberg (Graf)	559	30 g (+30)	1933
Stefan	1807	6 S	1985
Stelzhamer	1460	2 S	1974
Stewart	2594	55 C	2006
Stifter, Adalbert	527	40 g (+40)	1931
	856	40 g	1948
	2550	55 C	2005
Stolz, Robert	1652	6 S	1980
Stoessl	1860	4 S	1986
Strauß, Johann (Vater)	423	50 g (+450)	1922
	942	30 g	1949
	2286	8 S	1999
Strauß, Johann (Sohn)	934	1 S	1949
	1495	4 S	1975
	2285	7 S	1999
Strauss, Richard	1961	6 S	1989
Sueß	1951	6 S	1989
Sulzer	1980	4.50 S	1990
v. Suppé	2167	6 S	1995
Surtees	2658	55 C	2007
v. Suttner, Berta	1199	1.50 S	1965
v. Swieten	649	5 g (+5)	1937

Name	MiNr.	Nominale	Jahr
Tandler	1856	4 S	1986
Tegetthoff	621	60 g (+60)	1935
v. Terzaghi, Dr. Karl	1753	3 S	1983
Trakl	1974	4 S	1989
Tschermak-Seysenegg	1378	2 S	1971
Unger	883	1 S (+50 g)	1948
Vogelsang (Frhr. v.)	2008	4.50 S	1990
Waggerl	2228	7 S	1997
Wagner, Otto	596	64 g (+64)	1934
	2035	4.50 S	1991
Wagner, Richard	1849	4 S	1986
Wagner-Jauregg	1032	2.40 S	1957
Waldheim	2072	5.50 S	1992
Waldmüller	545	12 g (+12)	1932
	1193	3 S	1965
Watts	2431, Block 21	0.55 €	2003
v. Webern	2174	6 S	1995
Wegener	1660	4 S	1980
Welsbach (s. Auer v. Welsbach)			
Werfel	2003	5 S	1990
Werndl	634	30 g (+30)	1936
Werner	2236	7 S	1997
Wilder	2404	0.58 €	2003
Wildgans	1033	1 S	1957
Wittgenstein	1952	5 S	1989
Wolf, Hugo	424	100 g (+900)	1922
	981	1.50 S	1953
v. Wolkenstein	1541	3 S	1977
Wood	2433, Block 21	0.55 €	2003
Zawinul	2484	0.55 €	2004
Zdarsky	1998	5 S	1990
Zeman	2465	0.55 €	2004
Ziehrer	855	20 g	1948
	1403	2 S	1972
Zsigmondy	1621	6 S	1979
Zweig	1692	4 S	1981

Einschreibemarken

2002

2002, 29. Juli. Einschreibemarke. Bdr. Hans Helf KG, Schachteln (50) und Blister (3); Papier fl.; selbstklebend; rautenförmiger Durchstich im Markenbild, Durchstich in Form des Postemblems im Aufgabeschein; ☐.

Ea) Strichcode, Postemblem, Symbol für das Abziehen des Gebührenzettels

Aufgabeschein

				✱✱	✉
1	—	schwarz/gelb . . . . Ea		8,—	8,—

MiNr. 1 deckt die Einschreibegebühr ab und wird zusätzlich zum entsprechenden Briefporto aufgeklebt. Nominale zur Zeit der Ausgabe: 2.03 €.

MiNr. 1 wird am Postschalter verkauft. Der obere Teil (Einschreibemarke) wird auf den Brief geklebt, der untere Teil (Aufgabeschein) verbleibt beim Absender. Der Postkunde kann den Einschreibebrief entweder in einen Briefkasten werfen oder am Postschalter aufgeben (nur dann wird der Aufgabeschein abgestempelt und dient als Nachweis).

Der ✱✱-Preis gilt für Einschreibemarke mit anhängendem Aufgabeschein.

Auflage: 5 000 000 Stück (Nr. RR 20 000 000–23 999 999 in Schachteln und 24 000 000–24 999 999 in Blistern).

2003

2003, 3. April. Einschreibemarke. Geänderter Schrifttyp. Bdr. Bluhm Systeme, Rollen (100); Papier fl.; selbstklebend; rautenförmiger Durchstich im Markenbild; ohne Aufgabeschein; ☐.

Eb) Strichcode, Postemblem

				✱✱	✉
2	—	schwarz/gelb . . . . Eb		8,—	10,—

MiNr. 2 deckt die Einschreibegebühr ab und wird zusätzlich zum entsprechenden Briefporto aufgeklebt. Nominale zur Zeit der Ausgabe: 2.03 €, ab 1. Juni 2.10 €.

Auflage: 9 000 000 Stück (Nr. RR 19 480 000–19 999 999, 29 480 000–29 999 999, 34 490 000–34 999 999, 39 460 000–39 479 999, 39 490 000–39 999 999, 44 430 000–44 999 999, 49 420 000–49 999 999, 59 480 000–59 999 999, 69 000 000–69 999 999, 75 110 000–75 999 999, 79 000 000–79 999 999, 89 030 000–90 889 999, 99 480 000–99 679 999, 99 690 000–99 999 999.
Aus den Nummernkreisen RR 69... und 75... wurden ca. 10 000 Nummern für MiNr. 4 verwendet. Achtung! Der Nummernkreis RR 34 490 000–34 999 999 wurde doppelt verwendet; vgl. MiNr. 6.)

2003, 1. März. Einschreibemarke. Geänderter Schrifttyp. Odr. Omega Druck, Schachteln (50); Papier fl.; selbstklebend; rautenförmiger Durchstich im Markenbild, Durchstich in Form des Postemblems im Aufgabeschein; ☐.

Ec) Strichcode, Postemblem, Symbol für das Abziehen des Gebührenzettels

Aufgabeschein

				✱✱	✉
3	—	schwarz/gelb . . . . Ec		8,—	10,—

MiNr. 3 deckt die Einschreibegebühr ab und wird zusätzlich zum entsprechenden Briefporto aufgeklebt. Nominale zur Zeit der Ausgabe: 2.10 €.

MiNr. 3 wird am Postschalter verkauft. Der obere Teil (Einschreibemarke) wird auf den Brief geklebt, der untere Teil (Aufgabeschein) verbleibt beim Absender. Der Postkunde kann den Einschreibebrief entweder in einen Briefkasten werfen oder am Postschalter aufgeben (nur dann wird der Aufgabeschein abgestempelt und dient als Nachweis).

Der ✱✱-Preis gilt für Einschreibemarke mit anhängendem Aufgabeschein.

Auflage: 3 000 000 Stück (Nr. RR 25 000 000–27 999 999)

2004

2004, Nov. Einschreibemarke. Schrifttyp wie MiNr. 2, jedoch ohne schwarzen Rahmen. Bdr. Bluhm Systeme, Rollen (100); Papier fl.; selbstklebend; rautenförmiger Durchstich im Markenbild; ohne Aufgabeschein; ☐.

Ed) Strichcode, Postemblem

				✱✱	✉
4	—	schwarz/gelb . . . . Ed		—,—	—,—

MiNr. 4 deckt die Einschreibegebühr ab und wird zusätzlich zum entsprechenden Briefporto aufgeklebt. Nominale zur Zeit der Ausgabe: 2.10 €.

Auflage: ca. 10 000 Stück (aus den Nummernkreisen RR 69... und 75...; vgl. MiNr. 2)

Wissen kommt nicht von selbst
MICHEL

2004, Nov. Einschreibemarke. Geänderter Schrifttyp. Bdr. Securikett, Schachteln (50); Papier fl.; selbstklebend; rautenförmiger Durchstich im Markenbild; Durchstich in Form des Postemblems im Aufgabeschein; ▢.

Ee) Strichcode, Postemblem, Symbol für das Abziehen des Gebührenzettels

Aufgabeschein

				**	✉
5	—	schwarz/gelb .... Ee		6,—	8,—

MiNr. 5 deckt die Einschreibegebühr ab und wird zusätzlich zum entsprechenden Briefporto aufgeklebt. Nominale zur Zeit der Ausgabe: 2.10 €.

Der ✱✱-Preis gilt für Einschreibemarke mit anhängendem Aufgabeschein.

Auflage: 6 600 000 Stück (Nr. RR 30 000 000–36 599 999)

2004, Nov. Einschreibemarke. Geänderter Schrifttyp. Bdr. Securikett, Schachteln (50); Papier fl.; selbstklebend; rautenförmiger Durchstich im Markenbild; Durchstich in Form des Postemblems im Aufgabeschein; ▢.

Ef) Strichcode, Postemblem

MiNr. 6 liegt der Redaktion bisher nur ohne Aufgabeschein vor.

				**	✉
6	—	schwarz/gelb .... Ef		—,—	10,—

MiNr. 6 deckt die Einschreibegebühr ab und wird zusätzlich zum entsprechenden Briefporto aufgeklebt. Nominale zur Zeit der Ausgabe: 2.10 €.

Der ✱✱-Preis gilt für Einschreibemarke mit anhängendem Aufgabeschein.

Auflage: 510 000 Stück (Nr. RR 34 490000–34 999 999, Achtung! Dieser Nummernkreis wurde doppelt verwendet; vgl. MiNr. 2.)

Neuheiten

Ein Abonnement der MICHEL-Rundschau sichert Ihnen einen immer vollständigen Katalog, zeigt Ihnen Preisänderungen an und bereichert Ihre philatelistischen Kenntnisse durch gut recherchierte Fachbeiträge.

Ergänzungsmarken

2002, 1. Jan. Freimarke für Ergänzungsporti. Odr.; gez. K 14.

a) Euro-Zeichen, Postemblem

			✱✱*)	☉	✉
1	0.01 € – 0.50 € (in Stufen von 0.01 €) mehrfarbig ..... a		—,—		
	0.01–0.10 €, je Wert		—,—	2,—	8,—
	Höhere Werte ....(1 € = 2,—)		—,—	+ 2,—	+ 8,—
	ohne Wertangabe		40,—		
	FDC				60,—

Gültig bis 31.5.2003

2002, 24. Mai. Freimarke für Ergänzungsporti. Odr.; selbstklebend; ▢.

b) Euro-Zeichen, Postemblem

			✱✱*)	☉	✉
2	0.01 € – 0.50 € (in Stufen von 0.01 €) mehrfarbig ..... b		—,—		
	0.01–0.10 €, je Wert		—,—	0,20	16,—
	Höhere Werte ....(1 € = 2,—)		—,—	+ 0,20	16,—
	ohne Wertangabe		35,—		
	FDC				60,—

Frühverwendungen ab 10. Mai sind bekannt.

Gültig bis 31.5.2003

) Nach Ablauf der Gültigkeit wurden die nicht aufgebrauchten Ergänzungsmarken von der Versandstelle (ohne Nominalangabe) kostenlos an die Abonnenten abgegeben.

MiNr. 1–2 wurden von Postämtern, die nicht am OPAL-System angeschlossen waren, im Schalterdienst verwendet, um Portostufen, die mit den vorhandenen Briefmarken nicht genau erreicht werden konnten, exakt darzustellen. Der Betrag wurde von postalischer Seite handschriftlich eingetragen. Postfrische Ergänzungsmarken waren am Schalter nicht erhältlich.

MiNr. 1–2 kommen auch, entgegen der amtlichen Verordnung, mit höheren Werteinträgen vor.

Gerichts-Zustellungsmarken

Diese Marken wurden in Galizien und Bukowina im Bereich des Oberlandesgerichtes Lemberg, für die Zustellung von Formularen durch Gerichtsboten verwendet. Der Poststempel wurde auf dem Formular abgeschlagen, während die Marken ausschließlich mit dem jeweiligen Dienstsiegel des Gerichts entwertet wurden. Bei nachträglicher Bezahlung der Gebühr wurden sie als Verrechnungsmarken benutzt und dabei in die Zustellungsbücher geklebt.

1898, 1. Jan. Kleines Querrechteck mit Doppeladler und Wertziffer in Guldenwährung. Bdr. auf dünnem Stempelmarkenpapier; A = gez. L 10½, B = gez. L 12½, C = gez. L 12½:10½, D = gez. L 12½:11½.

			✱	✱✱	⊙	⊠
1	17½ Kr	. . . . a				
a		blau				
A		gez. L 10½ . . .	30,—	100,—	25,—	90,—
B		gez. L 12½ . . .	35,—	120,—	30,—	100,—
C		gez. L 12½:10½	30,—	100,—	20,—	85,—
b		blauviolett				
A		gez. L 10½ . . .	35,—	120,—	30,—	100,—
B		gez. L 12½ . . .	40,—	140,—	35,—	120,—
C		gez. L 12½:10½	30,—	100,—	80,—	300,—
D		gez. L 12½:11½	—,—	—,—	70,—	—,—

⊠ = Formular

1899, 1. Sept. Wie MiNr. 1, jedoch in Kronenwährung. Bdr.; A = gez. L 10½, B = gez. L 12½, C = gez. L 12½:10½.

			✱	✱✱	⊙	⊠
2	34 H	blau . . . . b				
A		gez. L 10½	15,—	50,—	20,—	65,—
B		gez. L 12½	18,—	60,—	20,—	45,—
C		gez. L 12½:10½ . . .	30,—	100,—	40,—	100,—

1908, 1. März/1912. Neue Wertstufe in Kronenwährung. Bdr.; gez. L 12½.

			✱	✱✱	⊙	⊠
3	10 H	blau . . . . b				
a		hellblau (1.3.1908) .	9,—	34,—	11,—	45,—
b		blau (1910)	8,—	30,—	10,—	40,—
c		dunkelblau/schwarz				
		(glänzend) (1912) . .	8,—	30,—	10,—	40,—

Ungezähnt

			(✱)
3 b U		ungezähnt, o.G.	45,—

Preise für Schwarz- oder Violett-⊙. Rot-⊙ 500% Aufschlag. Federzugentwertung 30% Preisnachlaß. MiNr. 1–3 auf kompletten Formularen ca. 200% Aufschlag. (✱) 80% Preisnachlaß.

MiNr. 1 gültig bis 31.8.1899, MiNr. 2 und 3 gültig bis Kriegsende 1918

Marken auf Privatbestellung

2003, 31. Juli. Meine Marke. RaTdr.; gez. K 13¾.

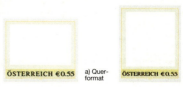

a) Querformat   b) Hochformat

					Mindestpreise	
1	0.55 €	gelb/schwarz	. . . . a		4,—	4,—
2	0.55 €	gelb/schwarz	. . . . b		4,—	4,—
			Satzpreis (2 W.)		8,—	8,—

MiNr. 1–2 waren mit persönlich gestalteten Markenbildern bei der Versandstelle der Österreichischen Post erhältlich. Die beiden katalogisierten unterschiedlichen Rahmenzeichnungen blieben unverändert. Marken ohne Bildeindruck wurden nicht verkauft.

Unterschiedliche Konfektionierung möglich, auch Markenheftchen bekannt.

Mit gleichen Rahmenzeichnungen, jedoch mit Sujet der Post: MiNr. 2455–2456

2005, Nov./2006, Mai. Meine Marke. RaTdr.; gez. K 14:13¾.

c) Querformat, Inschrift ÖSTERREICH

d) Hochformat, Inschrift ÖSTERREICH   c l) Querformat, Inschrift AUSTRIA   d l) Hochformat, Inschrift AUSTRIA

				Mindestpreise	
3	55*	(C)	blau/schwarz (Nov. 2005) c	4,—	4,—
4	55*	(C)	blau/schwarz (Nov. 2005)		
I			RaTdr. (Nov. 2005)	4,—	4,—
II			Odr. (12.5.2006 (MH)	4,—	4,—
5	55*	(C)	gelb/schwarz (Mai 2006) c	4,—	4,—
6	55*	(C)	gelb/schwarz (Mai 2006) . . . . . . d	4,—	4,—
7	55*	(C)	blau/schwarz		
I			RaTdr. (Nov. 2005)	4,—	4,—
II			Odr. (12.5.2006 (MH)	4,—	4,—
8	55*	(C)	blau/schwarz (Mai 2006) . . . . . . c l	4,—	4,—
9	55*	(C)	gelb/schwarz (Mai 2006) . . . . . . c l	4,—	4,—
10	55*	(C)	gelb/schwarz (Mai 2006) . . . . . . d l	4,—	4,—
			Satzpreis (8 W.)	32,—	32,—

MiNr. 3–10 sind mit persönlich gestalteten Markenbildern bei der Versandstelle der Österreichischen Post erhältlich. Die acht katalogisierten unterschiedlichen Rahmenzeichnungen bleiben unverändert. Marken ohne Bildeindruck werden nicht verkauft.

Unterschiedliche Konfektionierung möglich, auch Markenheftchen bekannt.

*) Die Nominale ist zwischen 55 und 999 C frei wählbar, dazu kommen Herstellungskosten in Höhe von ca. 1,45 € pro Stück bei Abnahme von 100 Exemplaren. Für die Katalogpreisberechnung von höheren Wertstufen gilt: 100 C = 2,— (+ 2,90).

Mit gleicher Rahmenzeichnung wie MiNr. 3, jedoch mit Sujet der Post: MiNr. 2566

Portomarken

Kaiserreich

1894

---

1 Gulden (G) = 100 Kreuzer (Kr)

Pa

1894, 1. Febr./1895, April. Ziffern im Queroval. Bdr. (10×10 im Druckbogen zu 4 Bogen); verschieden gez.

Billigste Sorte

				★	★★	⊙	⊠
1	1 Kr	dunkelockerbraun (Töne) .... Pa		2,50	11,—	1,50	25,—
2	2 Kr	dunkelockerbraun (Töne) (April 1895) .... Pa		3,50	13,—	3,—	30,—
3	3 Kr	dunkelockerbraun (Töne) .... Pa		4,—	14,—	1,50	14,—
4	5 Kr	dunkelockerbraun (Töne) .... Pa		4,—	15,—	1,—	10,—
5	6 Kr	dunkelockerbraun (Töne) (April 1895) .... Pa		3,—	11,—	8,—	90,—
6	7 Kr	dunkelockerbraun (Töne) (April 1895) .... Pa		1,—	6,—	7,50	140,—
7	10 Kr	dunkelockerbraun (Töne) .... Pa		6,—	25,—	1,20	20,—
8	20 Kr	dunkelockerbraun (Töne) .... Pa		1,—	6,—	7,50	300,—
9	50 Kr	dunkelockerbraun (Töne) .... Pa		45,—	100,—	75,—	3000,—
		Satzpreis (9 W.)		70,—	200,—	100,—	

Marken mit Wz. 50–100% Aufschlag.

Zähnungsunterschiede

		A = L 10½ E = L 11½ F = L 12½ ★★	⊙	B = L 10 ★★	⊙	C = L 11 ★★	⊙	D = L 13½ ★★	⊙	Mischzähnungen ★★	⊙
1	1 Kr	11,—	1,50	30,—	15,—	30,—	15,—	120,—	75,—	50,—	30,—
2	2 Kr	13,—	3,—							75,—	40,—
3	3 Kr	14,—	1,50	25,—	5,—	45,—	10,—			50,—	25,—
4	5 Kr	15,—	1,—	12,—	5,—	50,—	10,—	75,—	30,—	70,—	15,—
5	6 Kr	11,—	8,—							200,—	200,—
6	7 Kr	6,—	7,50								
7	10 Kr	25,—	1,20	35,—	5,—	70,—	15,—			120,—	30,—
8	20 Kr	6,—	7,50	40,—	15,—	350,—	300,—			250,—	250,—
9	50 Kr	100,—	75,—	500,—	500,—	350,—	220,—			400,—	400,—

Preise für teuere Zähnungsarten gelten nur für (BPP-)geprüfte Stücke. Mischzähnungen auf ⊠ sind selten.

Folgende Mischzähnungen sind bekannt: L 9¼:11½, L 10½:11½, L 10½:12½, L 11½:10½, L 11½:9¼, L 11½:12½, L 11½:13½, L 12½:10½, L 12½:11½, L 13½:10½, L 12½:12½:12½:10½.

Farbige Entwertungen

			Rot- ⊙	⊠	Blau- ⊙	⊠	Violett- ⊙	⊠
1	1 Kr	....	16,—	170,—	30,—	300,—	25,—	200,—
2	2 Kr	....	20,—	190,—	35,—	320,—	20,—	220,—
3	3 Kr	....	4,—	75,—	12,—	130,—	9,—	100,—
4	5 Kr	....	2,50	45,—	9,—	80,—	7,—	65,—
5	6 Kr	....	35,—	280,—	60,—	550,—	50,—	400,—
6	7 Kr	....	50,—	360,—	90,—	650,—	75,—	550,—
7	10 Kr	....	4,—	75,—	12,—	90,—	7,50	65,—
8	20 Kr	....	90,—	—,—	160,—	—,—	125,—	—,—
9	50 Kr	....	400,—	—,—	650,—	—,—	600,—	—,—

⊞ Paare, Mitte ungezähnt

			★★	⊙
2 UMs		waagerechtes Paar, Mitte ungezähnt	450,—	400,—
4 UMs		waagerechtes Paar, Mitte ungezähnt	350,—	300,—
6 UMs		waagerechtes Paar, Mitte ungezähnt	600,—	650,—
6 UMw		senkrechtes Paar, Mitte ungezähnt	600,—	650,—

◩ Halbierungen

			▷	⊠
1 H	1 Kr	....	35,—	100,—
2 H	2 Kr	....	80,—	250,—
3 H	3 Kr	....	55,—	200,—
5 H	6 Kr	....	55,—	250,—
7 H	10 Kr	....	45,—	180,—

Probedrucke

		(★)
1 P I	in Blau, o.G.	200,—
3 P I	in Grün, o.G.	200,—
4 P I	in Karmin, o.G.	200,—
7 P I	in Blau, o.G.	200,—
1 P II–9 P II	in Schwarz, o.G. .... je	50,—
1 P III–9 P III	Einzelabzüge in Schwarz auf Japanpapier, o.G. .... je	100,—

Gesamtauflagen: MiNr. 1 = 5 800 000, MiNr. 2 = 4 300 000, MiNr. 3 = 17 200 000, MiNr. 4 = 21 800 000, MiNr. 5 = 16 100 000, MiNr. 6 = 873 000, MiNr. 7 = 7 000 000, MiNr. 8 = 543 000, MiNr. 9 = 143 000 Stück

Gültig bis 30.9.1900

1899

Neue Währung: 1 Krone (Kr) = 100 Heller (H)

1899, Dez./1900, Jan. Ziffern im Queroval. Gleiche Zeichnung, jedoch Kronenwährung. Bdr. (10×10 im Druckbogen zu 4 Bogen); X = oWz., Y = Wz. 2 (Bogen-Wz.); x = normales, y = gestreiftes Papier; □.

Pb

x X = normales Papier, oWz.

					✳	✳✳	☉	✉
10 x X	1 H	dunkelgelbbraun (Töne)	....	Pb	0,20	3,—	0,50	14,—
11 x X	2 H	dunkelgelbbraun (Töne)	....	Pb	0,30	3,—	0,70	15,—
12 x X	3 H	dunkelgelbbraun (Töne) (1900)	....	Pb	0,20	3,—	0,50	14,—
13 x X	4 H	dunkelgelbbraun (Töne)	....	Pb	2,50	10,—	2,50	18,—
14 x X	5 H	dunkelgelbbraun (Töne) (1900)	....	Pb	2,—	10,—	1,50	12,—
15 x X	6 H	dunkelgelbbraun (Töne) GA	....	Pb	0,30	4,—	0,60	45,—
16 x X	10 H	dunkelgelbbraun (Töne)	....	Pb	0,30	4,—	0,60	8,—
17 x X	12 H	dunkelgelbbraun (Töne)	....	Pb	0,40	5,—	3,—	80,—
18 x X	15 H	dunkelgelbbraun (Töne)	....	Pb	0,40	4,—	2,—	50,—
19 x X	20 H	dunkelgelbbraun (Töne)	....	Pb	30,—	85,—	6,—	20,—
20 x X	40 H	dunkelgelbbraun (Töne)	....	Pb	3,—	20,—	3,20	340,—
21 x X	100 H	dunkelgelbbraun (Töne)	....	Pb	6,—	30,—	4,—	1600,—
			Satzpreis X (12 W.)		45,—	180,—	25,—	

x Y = normales Papier, mit Wz. 2

10 x Y	1 H	dunkelgelbbraun (Töne)	....	1,—	5,—	1,20	—,—
12 x Y	3 H	dunkelgelbbraun (Töne)	....	1,—	5,—	1,20	—,—
14 x Y	5 H	dunkelgelbbraun (Töne)	....	4,—	20,—	2,20	—,—

y X = gestreiftes Papier, oWz.

10 y X	1 H	dunkelgelbbraun (Töne)	....	3,—	10,—	10,—	—,—
11 y X	2 H	dunkelgelbbraun (Töne)	....	3,—	10,—	10,—	—,—
12 y X	3 H	dunkelgelbbraun (Töne)	....	3,—	10,—	10,—	—,—
13 y X	4 H	dunkelgelbbraun (Töne)	....	10,—	30,—	14,—	—,—
14 y X	5 H	dunkelgelbbraun (Töne)	....	10,—	30,—	11,—	—,—
15 y X	6 H	dunkelgelbbraun (Töne)	....	4,—	15,—	12,—	—,—
16 y X	10 H	dunkelgelbbraun (Töne)	....	4,—	15,—	11,—	—,—
17 y X	12 H	dunkelgelbbraun (Töne)	....	5,—	15,—	20,—	—,—
19 y X	20 H	dunkelgelbbraun (Töne)	....	80,—	150,—	15,—	—,—
21 y X	100 H	dunkelgelbbraun (Töne)	....	15,—	30,—	14,—	—,—

Farbige Abstempelungen

			Rot		Blau		Violett	
			☉	✉	☉	✉	☉	✉
10	1 H	....	9,—	90,—	9,—	50,—	2,—	14,—
11	2 H	....	14,—	120,—	12,—	50,—	3,—	15,—
12	3 H	....	9,—	90,—	9,—	50,—	2,—	14,—
13	4 H	....	20,—	180,—	16,—	100,—	14,—	30,—
14	5 H	....	15,—	140,—	14,—	80,—	7,—	25,—
15	6 H	....	5,—	90,—	10,—	50,—	4,—	15,—
16	10 H	....	5,—	70,—	7,—	35,—	15,—	30,—
17	12 H	....	38,—	200,—	30,—	150,—	12,—	30,—
18	15 H	....	25,—	200,—	20,—	180,—	12,—	30,—
19	20 H	....	15,—	140,—	25,—	130,—	20,—	70,—
20	40 H	....	70,—	500,—	60,—	500,—	12,—	85,—
21	100 H	....	320,—		150,—		50,—	—,—

MiNr. 10–15 und 17 wurden in Prag halbamtlich durchstochen 9 oder 11½ (Prager Durchstich) verwendet (auf ✉ ab 50,—).

Gültig bis 31.10.1920

MICHEL-Abartenführer

Anleitung zur Bestimmung von Abarten, Abweichungen und Fehlern auf Briefmarken.

1900

1900. Ziffern im Queroval. Gleiche Zeichnung. Bdr. (10×10 im Druckbogen zu 4 Bogen); verschieden gez.

Pb

			A = K 12½:13 B = K13½:13 D = L 12½				C = L 10½			
			★	★★	⊙	✉	★	★★	⊙	✉
22	1 H dunkelgelbbraun (Töne) .... Pb		0,70	3,—	0,20	7,—	1,—	3,—	1,—	8,—
23	2 H dunkelgelbbraun (Töne) .... Pb		0,50	3,—	0,20	6,—	1,—	3,—	1,—	7,—
24	3 H dunkelgelbbraun (Töne) .... Pb		0,50	3,—	0,20	15,—	1,20	4,—	2,—	15,—
25	4 H dunkelgelbbraun (Töne) .... Pb		0,80	3,—	0,20	16,—	1,50	4,—	1,—	20,—
26	5 H dunkelgelbbraun (Töne) .... Pb		0,70	4,—	0,20	6,—	1,80	4,—	1,—	10,—
27	6 H dunkelgelbbraun (Töne) .... Pb		0,50	4,—	0,20	8,—	7,—	30,—	35,—	15,—
28	10 H dunkelgelbbraun (Töne) .... Pb		0,70	5,—	0,20	5,—	1,20	5,—	1,—	7,—
29	12 H dunkelgelbbraun (Töne) .... Pb		0,70	7,—	0,90	60,—	15,—	60,—	70,—	250,—
30	15 H dunkelgelbbraun (Töne) .... Pb		1,—	7,—	1,—	30,—	1,20	5,—	1,—	45,—
31	20 H dunkelgelbbraun (Töne) .... Pb		1,20	10,—	0,30	15,—	25,—	100,—	80,—	50,—
32	40 H dunkelgelbbraun (Töne) .... Pb		1,50	15,—	0,90	300,—	2,50	10,—	1,—	300,—
33	100 H dunkelgelbbraun (Töne) .... Pb		30,—	110,—	2,50	1300,—	30,—	60,—	6,—	1300,—
	Satzpreis (12 W.)		36,—	170,—	7,—		85,—	280,—	200,—	

		E = L 10½:12½				F = L 12½:10½			
		★	★★	⊙	✉	★	★★	⊙	✉
22–33	.... je ab	15,—	40,—	70,—	—,—	15,—	40,—	70,—	—,—

Marken mit gestreiftem Papier: 10-fache Preise; Marken mit Wasserzeichen: 100% Aufschlag.

Farbige Abstempelungen

			Rot		Blau		Violett	
			⊙	✉	⊙	✉	⊙	✉
22	1 H	......	7,—	90,—	6,—	35,—	2,—	15,—
23	2 H	......	13,—	100,—	7,50	45,—	2,50	15,—
24	3 H	......	7,—	90,—	6,—	35,—	2,—	15,—
25	4 H	......	15,—	160,—	12,—	90,—	10,—	25,—
26	5 H	......	14,—	120,—	10,—	50,—	6,—	25,—
27	6 H	......	5,—	80,—	9,—	40,—	2,—	15,—
28	10 H	......	4,—	50,—	5,—	26,—	3,—	12,—
29	12 H	......	40,—	200,—	20,—	140,—	12,—	30,—
30	15 H	......	25,—	200,—	16,—	120,—	10,—	30,—
31	20 H	......	7,—	80,—	12,—	110,—	30,—	80,—
32	40 H	......	65,—	500,—	23,—	500,—	10,—	500,—
33	100 H	......	350,—	—,—	110,—	—,—	40,—	—,—

Kehrdruckpaare

		★★	⊙
27 KZ–33 KZ	Kehrdruckpaar von der Bogenmitte .... je ab	300,—	

Probedrucke

23 P I–33 P I	Einzelabzüge .... je	140,—
23 P II	auf grünem Andruckpapier	40,—
		(✶)
23 P U	in Schwarz auf gelbem Andruckpapier, o.G.	30,—
28 P U	in Schwarz auf gelbem Andruckpapier, o.G.	30,—

In gleicher Zeichnung mit Aufdruck türkischer Währung: Österreichische Post in der Levante – Portomarken MiNr. 1–5.

1908

1908/1913. Große Wertziffer auf vollfarbigem Grund, Doppeladler. ◪ Moser, ◩ Schirnböck; Bdr. **(10×10 im Druck-bogen zu 4 Bogen); gez. K 12½.**

Pc

Billigste Sorte

				★	★★	☉	✉
34	1	(H) lebhaftlilarot (Töne)	Pc	1,—	3,—	2,—	30,—
35	2	(H) lebhaftlilarot (Töne)	Pc	0,60	2,—	0,40	10,—
36	4	(H) lebhaftlilarot (Töne)	Pc	0,60	2,—	0,20	10,—
37	6	(H) lebhaftlilarot (Töne)	Pc	0,60	2,—	0,20	10,—
38	10	(H) lebhaftlilarot (Töne)	Pc	0,60	2,—	0,20	2,—
39	14	(H) lebhaftlilarot (Töne) (15.5.1913)	Pc	5,—	20,—	3,—	400,—
40	20	(H) lebhaftlilarot (Töne)	Pc	10,—	40,—	0,20	10,—
41	25	(H) lebhaftlilarot (Töne) (1.5.1910)	Pc	10,—	50,—	8,—	1300,—
42	30	(H) lebhaftlilarot (Töne)	Pc	10,—	30,—	0,40	70,—
43	50	(H) lebhaftlilarot (Töne)	Pc	15,—	65,—	0,50	100,—
44	100	(H) lebhaftlilarot (Töne)	Pc	20,—	80,—	1,—	1300,—
		Satzpreis (11 W.)		70,—	290,—	16,—	

x = glänzendes, gestrichenes Kreidepapier (1908)

			★	★★	☉	✉
34 x	1	(H)	2,—	5,—	6,—	30,—
35 x	2	(H)	5,—	15,—	12,—	45,—
36 x	4	(H)	3,—	10,—	3,—	10,—
37 x	6	(H)	1,50	5,—	3,50	15,—
38 x	10	(H)	10,—	30,—	0,70	5,—
40 x	20	(H)	10,—	45,—	6,—	45,—
42 x	30	(H)	10,—	50,—	4,—	90,—
43 x	50	(H)	15,—	65,—	8,—	150,—
44 x	100	(H)	20,—	80,—	20,—	1400,—
		Satzpreis x (9 W.)	70,—	300,—	60,—	

y = dünnes, fast durchsichtiges, glanzloses Papier (1909)

			★	★★	☉	✉
34 y	1	(H)	1,—	3,—	2,—	30,—
35 y	2	(H)	2,50	10,—	1,50	12,—
36 y	4	(H)	12,—	25,—	1,50	15,—
37 y	6	(H)	0,60	2,—	1,—	15,—
38 y	10	(H)	0,60	4,—	0,80	5,—
40 y	20	(H)	50,—	150,—	9,—	120,—
44 y	100	(H)	100,—	260,—	60,—	—,—
		Satzpreis y (7 W.)	160,—	450,—	70,—	

z = gewöhnliches, glattes Papier (1910/1913)

			★	★★	☉	✉
34 z	1	(H)	4,—	15,—	2,50	70,—
35 z	2	(H)	0,60	2,—	0,40	10,—
36 z	4	(H)	0,60	2,—	0,20	10,—
37 z	6	(H)	0,60	2,—	0,20	10,—
38 z	10	(H)	0,60	2,—	0,20	2,—
39 z	14	(H)	5,—	20,—	3,—	400,—
40 z	20	(H)	12,—	40,—	0,20	10,—
41 z	25	(H)	10,—	50,—	8,—	1300,—
42 z	30	(H)	12,—	30,—	0,40	70,—
43 z	50	(H)	35,—	110,—	0,50	100,—
44 z	100	(H)	30,—	90,—	1,—	1300,—
		Satzpreis z (11 W.)	100,—	350,—	16,—	

▧ Halbierungen und Viertelung

			▷	✉
35 z H	2	(H)	25,—	120,—
36 z H	4	(H)	25,—	120,—
38 z H	10	(H)	12,—	60,—
40 z H	20	(H)	25,—	120,—
36 z V	4	(H) ▨ (Viertel)	75,—	280,—

Ende 1916 wurden MiNr. 36 und 37 (MiNr. 37 in Oklaj) mit handschriftlicher „5" umgewertet.

36 I	5	(H) auf 4 (H)	100,—	400,—
37 I	5	(H) auf 6 (H)	100,—	400,—

Mischfrankaturen

1899/1900+1908/13 mindestens 20,— Zuschlag zum ✉-Preis.

Ungezähnt

		★	★★
34 z U–44 z U ungezähnt .... Satzpreis (11 W.)		300,—	600,—

Vorlagestücke

		★	★★
34 x V–44 x V Vorlagestücke, gez. L 12½ . Satzpreis (9 W.)		300,—	550,—

Gültig bis 31.10.1920

In ähnlicher Zeichnung mit türkischer Währung: Österreichische Post in der Levante – Portomarken MiNr. 6–14.

1911

1911, 16. Juli. Große Wertziffer auf vollfarbigem Grund, Doppeladler. Ähnliche Zeichnung wie Pc, jedoch Währungsbezeichnung „K " hinter der Wertziffer. Bdr. (10×10 im Druckbogen zu 4 Bogen); gewöhnliches glattes Papier; gez. K 12½.

Pd

				✴	✴✴	☉	✉
45	5 Kr	dunkelviolettgrau .... Pd		100,—	300,—	15,—	50,—
46	10 Kr	dunkelviolettgrau .... Pd		300,—	900,—	5,—	50,—
			Satzpreis (2 W.)	400,—	1200,—	20,—	

✉ = Verrechnungsbogen

MiNr. 45 und 46 sind auf Brief als Nachporto verwendet nicht bekannt.

Ungezähnt

45 U–46 U	ungezähnt .... Satzpreis (2 W.)			1000,—	1500,—

Probedrucke

45 P–46 P	in anderen Farben .... je		300,—

Auflagen: MiNr. 45 = 222 000, MiNr. 46 = 130 000 Stück

Lokale Aushilfsportomarken „Tachau" siehe unter Lokalausgaben „Eil-, Porto- und ähnliche Provisorien".

1916

Ab 1. Oktober 1916 (bis incl. Ausgabe 1925) existiert eine Vielzahl an **Portoprovisorien, Halbierungen,** Frei- und Zeitungsmarken, verwendet als Portomarken. Diese wurden teils mit „Porto" überstempelt oder überschrieben. Die geringste Nachportogebühr betrug 5 Heller; alle Nachportobeträge wurden auf durch fünf teilbare Zahlen aufgerundet. Die Wertstufen zu 5 und 15 Heller waren von der Nachportomarken-Ausgabe 1916 nur in ungenügenden Mengen an den Postämtern vorhanden, so daß bald Mangel an diesen Wertstufen eintrat und die Postämter zu verschiedenen Aushilfsmaßnahmen greifen mußten. **Vorsicht:** Es existieren große Mengen philatelistischer Produkte. **Prüfung** ist daher ratsam.

1916, 1. Okt. Ziffern. Neue Zeichnung. ⊠ Junk; Bdr. (MiNr. 47–54 10×10, MiNr. 55–57 8×10 im Druckbogen zu 4 Bogen); A = gez. K 12½:13, B = gez. L 12½.

Pe   Pf

				✴	✴✴	☉	✉
47 B	5 H	dunkelrosa (Töne) .... Pe		0,10	0,50	0,20	10,—
48 B	10 H	dunkelrosa (Töne) .... Pe		0,10	0,50	0,20	7,—
49 B	15 H	dunkelrosa (Töne) .... Pe		0,10	0,50	0,20	20,—
50 B	20 H	dunkelrosa (Töne) .... Pe		0,10	0,50	0,20	8,—
51 B	25 H	dunkelrosa (Töne) .... Pe		0,20	1,—	1,20	400,—
52 B	30 H	dunkelrosa (Töne) .... Pe		0,20	0,50	0,50	28,—
53 B	40 H	dunkelrosa (Töne) .... Pe		0,20	0,50	0,50	20,—
54 B	50 H	dunkelrosa (Töne) .... Pe		1,20	3,—	4,—	200,—
55	1 Kr	dunkelgraublau .... Pf					
A		gez. K 12½:13		1,—	5,—	0,50	700,—
B		gez. L 12½		35,—	100,—	8,—	1000,—
56	5 Kr	dunkelgraublau .... Pf					
A		gez. K 12½:13		3,—	10,—	70,—	—,—
B		gez. L 12½		90,—	250,—	70,—	—,—
57	10 Kr	dunkelgraublau .... Pf					
A		gez. K 12½:13		4,50	18,—	2,—	—,—
B		gez. L 12½		180,—	450,—	100,—	—,—
			Satzpreis (11 W.)	10,—	40,—	13,—	

Zähnungsabarten

			*	**	☉	✉
47 U–57 U	ungezähnt . . . . Satzpreis (11 W.)		180,—	500,—		
55 UMs	waagerechtes Paar, Mitte ungezähnt		300,—	650,—	650,—	

◩ Halbierungen

					▷	✉
48 H	10 H	. . . .			17,—	85,—
52 H	30 H	. . . .			35,—	200,—
53 H	40 H	. . . .			25,—	180,—

Auflagen: MiNr. 47 = 54 200 000, MiNr. 48 = 11 100 000, MiNr. 49 = 6 850 000, MiNr. 50 = 2 100 000, MiNr. 51 = 1 000 000, MiNr. 52 = 1 700 000, MiNr. 53 = 1 800 000, MiNr. 54 = 740 000, MiNr. 55 = 1 740 000, MiNr. 56 = 210 000, MiNr. 57 = 270 000 Stück

Gültig bis 31.10.1920

Mit Aufdruck: MiNr. 64–74

1916. 21. Okt. Freimarken MiNr. 139 x–140 x mit Aufdruck PORTO, MiNr. 59 zusäzlich mit neuem Wert, als Portomarken verwendet.

			*	**	☉	✉
58	1 H	schwärzlichgraugrün (Töne) . . . . (139 x) R	0,10	0,50	0,20	18,—
59	15 H	auf 2 H dunkelblau(grau)violett . . . . (140 x) S	0,30	1,50	0,70	25,—

Satzpreis, Abarten und Besonderheiten siehe nach MiNr. 63.

1917

1917, April/Mai. Kaiser Franz Joseph. Nicht ausgegebene Freimarken von 1916 mit Aufdruck PORTO und neue Wertziffer, dazwischen Stern; gez. K 12½.

					*	**	☉	✉
60	10 H	auf 24 H	lilaultramarin . . . . (bc)		2,—	10,—	0,70	35,—
61	15 H	auf 36 H	dunkelbläulichviolett . . . . (bc)		0,60	2,50	0,20	18,—
62	20 H	auf 54 H	rötlichorange . . . . (bc)		0,30	2,50	0,50	18,—
63	50 H	auf 42 H	dunkelsiena (Töne) . . . . (bc)		0,40	2,50	0,40	400,—
			MiNr. 58–63 Satzpreis (6 W.)		3,50	17,—	2,50	

✉-Preise gelten nur für Belege, die vor Ende der Monarchie verwendet wurden.

Ungezähnt

			*
58 U–63 U	ungezähnt . . . . Satzpreis (6 W.)		200,—

Kopfstehender Aufdruck

			*	**
59 K	kopfstehender Aufdruck		500,—	900,—

Fehlender Aufdruck

			*
58 I	Paar, mit und ohne Aufdruck zusammenhängend		250,—
60 I	ohne Aufdruck gezähnt oder ☐ . . . . je		60,—
61 I	ohne Aufdruck gezähnt oder ☐ . . . . je		60,—
62 I	ohne Aufdruck gezähnt oder ☐ . . . . je		60,—
63 I	ohne Aufdruck gezähnt oder ☐ . . . . je		60,—

Plattenfehler

			*	**	☉
58 II	erstes „O" in „PORTO" schmal (8 mal im Bogen)		0,70	1,50	2,—

Bei den MiNr. 59–63 sind verschiedene Stellungen des „PORTO" zu den Wertüberdrucken bekannt. Im Paar mit Aufdruck in verschiedenen Stellungen 10facher Preis des Einzelwertes.

Auflagen: MiNr. 58 = 7 500 000, MiNr. 59 = 4 000 000, MiNr. 60 = 7 000 000, MiNr. 61 = 8 000 000, MiNr. 62 = 5 000 000, MiNr. 63 = 3 500 000 Stück

MiNr. 10–63 gültig bis 31.10.1920

Republik Deutsch-Österreich

1919

1919. Ziffern. Portomarken MiNr. 47–57 mit schrägem Aufdruck „Deutschösterreich", wie die gleichzeitig ausgegebenen Freimarken.

					✱	✱✱	⊙	✉
64	5 H	dunkelrosa (Töne) (März)	....	(47)	0,10	0,50	0,20	10,—
65	10 H	dunkelrosa (Töne) (März)	....	(48)	0,10	0,50	0,20	10,—
66	15 H	dunkelrosa (Töne) (Juni)	....	(49)	0,30	1,—	0,50	35,—
67	20 H	dunkelrosa (Töne) (Juni)	....	(50)	0,30	1,—	0,50	10,—
68	25 H	dunkelrosa (Töne) (Juni)	....	(51)	10,—	27,—	30,—	300,—
69	30 H	dunkelrosa (Töne) (Juni)	....	(52)	0,10	0,50	0,50	10,—
70	40 H	dunkelrosa (Töne) (Juni)	....	(53)	0,30	1,—	1,—	20,—
71	50 H	dunkelrosa (Töne) (Juni)	....	(54)	0,30	1,50	1,50	120,—
72	1 Kr	dunkelgraublau (Juni)	....	(55)	5,50	18,—	18,—	300,—
73	5 Kr	dunkelgraublau (Mai)	....	(56)	11,—	30,—	18,—	—,—
74	10 Kr	dunkelgraublau (Mai)	....	(57)	13,—	40,—	5,—	—,—
			Satzpreis (11 W.)		40,—	120,—	70,—	

64 U, 65 U, 67 U, 70 U   ungezähnt .... Satzpreis (4 W.)   400,—

64 K   kopfstehender Aufdruck .... 400,—   400,—

Viele Druckarten bekannt.

Liechtensteinstempel bis 31.10.1920 möglich.

FALSCH Besonders der kopfstehende Aufdruck bei MiNr. 64 (nur geprüft erwerben!), aber auch normale Aufdrucke – vor allem bei MiNr. 68 und 72 – wurden gefälscht.

Auflagen: MiNr. 64 = 2 997 000, MiNr. 65 = 2 496 800, MiNr. 66 = 2 543 300, MiNr. 67 = 400 000, MiNr. 68 = 70 000, MiNr. 69 = 885 000, MiNr. 70 = 900 000, MiNr. 71 = 300 000, MiNr. 72 = 78 640, MiNr. 73 = 92 720, MiNr. 74 = 103 760 Stück

Gültig bis 31.10.1920

1920

1920/21. Ziffern. Neue Zeichnung. ✎ Renner; Bdr. (MiNr. 75–83 10×10, MiNr. 84–92 8×10); x = weißes, y = graues Papier; MiNr. 75–83 gez. K 12½, MiNr. 84–92 gez. K 12½:13.

 Pg Ph

x = weißes Papier

					✱	✱✱	⊙	✉
75 x	5 H	rot (Töne)	....	Pg	0,20	0,20	0,40	25,—
76 x	10 H	rot (Töne)	....	Pg	0,10	0,20	0,20	5,—
77 x	15 H	rot (Töne)	....	Pg	0,20	0,20	1,50	100,—
78 x	20 H	rot (Töne)	....	Pg	0,10	0,20	0,20	5,—
79 x	25 H	rot (Töne)	....	Pg	0,20	0,20	1,50	80,—
80 x	30 H	rot (Töne)	....	Pg	0,10	0,20	0,40	10,—
81 x	40 H	rot (Töne)	....	Pg	0,10	0,20	0,40	10,—
82 x	50 H	rot (Töne)	....	Pg	0,10	0,20	0,40	10,—
83 x	80 H	rot (Töne)	....	Pg	0,10	0,20	0,50	15,—
84 x	1 Kr	dunkelblau	....	Ph	0,10	0,20	0,40	10,—
85 x	1½ Kr	dunkelblau (Febr.1921)	....	Ph	0,10	0,20	0,40	20,—
86 x	2 Kr	dunkelblau (Febr.1921)	....	Ph	0,10	0,20	0,40	20,—
87 x	3 Kr	dunkelblau (Febr.1921)	....	Ph	0,10	0,20	1,—	20,—
88 x	4 Kr	dunkelblau (Febr.1921)	....	Ph	0,10	0,20	1,—	25,—
89 x	5 Kr	dunkelblau	....	Ph	0,10	0,20	0,40	20,—
90 x	8 Kr	dunkelblau (Febr.1921)	....	Ph	0,10	0,50	1,—	30,—
91 x	10 Kr	dunkelblau	....	Ph	0,10	0,30	0,50	20,—
92 x	20 Kr	dunkelblau (Febr.1921)	....	Ph	0,40	1,20	2,50	50,—
			Satzpreis x (18 W.)		1,50	5,—	13,—	

y = graues Papier

					✱	✱✱	☉	✉
84 y	1	Kr	dunkelblau	. . . . Ph	0,10	0,30	0,50	10,—
85 y	1½	Kr	dunkelblau (Febr.1921)	. . . . Ph	0,10	0,30	0,50	20,—
86 y	2	Kr	dunkelblau (Febr.1921)	. . . . Ph	0,10	0,30	0,50	20,—
87 y	3	Kr	dunkelblau (Febr.1921)	. . . . Ph	0,10	0,30	0,50	20,—
88 y	4	Kr	dunkelblau (Febr.1921)	. . . . Ph	0,10	0,30	0,80	20,—
89 y	5	Kr	dunkelblau	. . . . Ph	1,—	2,50	5,—	60,—
90 y	8	Kr	dunkelblau (Febr.1921)	. . . . Ph	0,20	1,—	1,50	30,—
91 y	10	Kr	dunkelblau	. . . . Ph	0,40	1,20	2,50	20,—
92 y	20	Kr	dunkelblau (Febr.1921)	. . . . Ph	0,50	1,50	3,—	60,—
				Satzpreis y (9 W.)	2,50	7,50	14,—	

84 U–92 U		ungezähnt (x + y gemischt)	. . . . Satzpreis (9 W.)		300,—	

Besonderheiten, Auflagezahlen und Gültigkeitsvermerk siehe nach MiNr. 101.

1920. Ziffern. Gleiche Zeichnung. Bdr.; jedoch ☐.,

Pg

					✱	✱✱	☉	✉
93	5	H	rot (Töne)	. . . . Pg	0,10	0,20	0,80	50,—
94	10	H	rot (Töne)	. . . . Pg	0,10	0,20	0,50	10,—
95	15	H	rot (Töne)	. . . . Pg	0,20	0,70	2,—	70,—
96	20	H	rot (Töne)	. . . . Pg	0,10	0,20	0,50	10,—
97	25	H	rot (Töne)	. . . . Pg	0,20	0,70	2,—	100,—
98	30	H	rot (Töne)	. . . . Pg	0,10	0,70	1,50	100,—
99	40	H	rot (Töne)	. . . . Pg	0,10	0,20	0,80	30,—
100	50	H	rot (Töne)	. . . . Pg	0,10	0,60	1,40	100,—
101	80	H	rot (Töne)	. . . . Pg	0,10	0,50	1,—	30,—
				Satzpreis (9 W.)	1,—	4,—	10,—	

Abstempelungen mit Liechtensteinstempeln nur bei MiNr. 75–84, 89 und 91 möglich.

Mischfrankaturen mit anderen Portomarken relativ häufig.

Auflagen: MiNr. 75 = 3 440 000, MiNr. 76 = 6 044 000, MiNr. 77 = 2 488 000, MiNr. 78 = 6 400 000, MiNr. 79 = 3 808 000, MiNr. 80 = 3 080 000, MiNr. 81 = 5 544 000, MiNr. 82 = 5 808 000, MiNr. 83 = 4 280 000, MiNr. 84 = 812 000, MiNr. 85 = 4 720 000, MiNr. 86 = 6 320 000, MiNr. 87 = 2 700 000, MiNr. 88 = 2 160 000, MiNr. 89 = 3 320 000, MiNr. 90 = 1 880 000, MiNr. 91 = 2 440 000, MiNr. 92 = 1 880 000, MiNr. 93 = 1 200 000, MiNr. 94 = 1 796 000, MiNr. 95 = 624 000, MiNr. 96 = 2 448 000, MiNr. 97 = 1 288 000, MiNr. 98 = 848 000, MiNr. 99 = 2 224 000, MiNr. 100 = 1 736 000, MiNr. 101 = 1 840 000 Stück

Gültig bis 31.7.1923, MiNr. 92 bis 30.9.1923

1921

1921, Dez. Posthorn. Freimarke MiNr. 262 y, mit stahlblauem Aufdruck.

					✱	✱✱	☉	✉
102	7½	Kr	auf 15 H dunkelocker	. . . . (262 y)	0,10	0,30	0,50	10,—

Als Grundlage für die Ermittlung von Preisnotierungen dienten Unterlagen des Briefmarkenhandels, von Arbeitsgemeinschaften sowie Sammlern im In- und Ausland.

Aufdruckfehler

102 K

			★	★★	☉
102 K	kopfstehender Aufdruck		350,—	700,—	550,—
102 I	gebrochenes „a" in „Marke"			2,—	2,50

Unwesentliche Aufdruckmängel kommen vor.

FALSCH

Auflage: 9 120 000 Stück

Gültig bis 31.7.1923

Republik Österreich

1922

1922, Jan. Ziffern. Neue Zeichnungen. ✎ Dachauer, Bdr. (MiNr. 103–107 10×10, MiNr. 108–111 8×10); gez. K 12½.

Pi

Pk

					★	★★	☉	⊠
103	1 Kr	braunorange		Pi	0,10	0,30	0,40	50,—
104	2 Kr	braunorange		Pi	0,10	0,30	0,50	50,—
105	4 Kr	braunorange		Pi	0,10	0,30	0,80	100,—
106	5 Kr	braunorange		Pi	0,10	0,30	0,40	20,—
107	7½ Kr	braunorange		Pi	0,10	0,30	1,—	100,—
108	10 Kr	grünblau		Pk	0,10	0,30	0,50	10,—
109	15 Kr	grünblau		Pk	0,10	0,30	0,70	20,—
110	20 Kr	grünblau		Pk	0,10	0,30	0,70	10,—
111	50 Kr	grünblau		Pk	0,10	0,30	0,70	15,—

Satzpreis, Auflagezahlen und Gültigkeitsvermerk siehe nach MiNr. 117.

Weitere Werte in Zeichnung Pi: MiNr. 112–117

Pi

1922, 2. Juni. Ziffern. Kronen-Werte im kleinen Format. Bdr.; gez. K 12½.

					★	★★	☉	⊠
112	10 Kr	schwärzlichblaugrün		Pi	0,10	0,30	0,60	10,—
113	15 Kr	schwärzlichblaugrün		Pi	0,10	0,30	0,90	20,—
114	20 Kr	schwärzlichblaugrün		Pi	0,10	0,30	0,70	8,—
115	25 Kr	schwärzlichblaugrün		Pi	0,10	0,30	1,50	20,—
116	40 Kr	schwärzlichblaugrün		Pi	0,10	0,30	0,50	20,—
117	50 Kr	schwärzlichblaugrün		Pi	0,10	0,30	1,50	20,—
			MiNr. 103–117 Satzpreis (15 W.)		1,—	3,50	11,—	

103 U–117 U   ungezähnt . . . . Satzpreis (15 W.)   350,—

Auflagen: MiNr. 103 = 4 500 000, MiNr. 104 und 105 je 2 500 000, MiNr. 106 = 4 000 000, MiNr. 107, 110 und 117 je 2 000 000, MiNr. 108 = 2 800 000, MiNr. 109 = 2 080 000, MiNr. 111 = 2 960 000, MiNr. 112 = 2 400 000, MiNr. 113 = 2 160 000, MiNr. 114 = 2 400 000, MiNr. 115 = 2 160 000, MiNr. 116 = 3 760 000 Stück

Gültig bis 1.10.1923

1922, Juni/1924. Ziffern. Neue Zeichnung. Bdr.; gez. K 12½.

Pl

					★	★★	☉	✉
118	100	Kr	schwärzlichgraulila (Juni 1922)	Pl	0,10	0,60	0,20	40,—
119	150	Kr	schwärzlichgraulila (Juni 1922)	Pl	0,10	0,60	0,20	10,—
120	200	Kr	schwärzlichgraulila (Juni 1922)	Pl	0,10	0,60	0,20	5,—
121	400	Kr	schwärzlichgraulila (Nov.1922)	Pl	0,10	0,60	0,20	5,—
122	600	Kr	schwärzlichgraulila (Aug.1923)	Pl	0,20	2,—	0,50	15,—
123	800	Kr	schwärzlichgraulila (Nov.1922)	Pl	0,10	0,60	0,20	15,—
124	1000	Kr	schwärzlichgraulila (Nov.1923)	Pl	0,10	2,—	0,20	5,—
125	1200	Kr	schwärzlichgraulila (Aug.1923)	Pl	1,30	4,—	6,—	100,—
126	1500	Kr	schwärzlichgraulila (Dez.1924)	Pl	0,10	2,—	1,—	15,—
127	1800	Kr	schwärzlichgraulila (Jan.1924)	Pl	4,—	12,—	15,—	150,—
128	2000	Kr	schwärzlichgraulila (Nov.1923)	Pl	0,50	4,—	2,—	100,—
129	3000	Kr	schwärzlichgraulila (Dez.1924)	Pl	7,—	20,—	25,—	300,—
130	4000	Kr	schwärzlichgraulila (Jan.1924)	Pl	4,—	12,—	25,—	700,—
131	6000	Kr	schwärzlichgraulila (Jan.1924)	Pl	4,—	12,—	30,—	2000,—
			Satzpreis (14 W.)		20,—	70,—	100,—	

118 U–131 U	ungezähnt	Satzpreis (14 W.)			500,—	

Auflagen: MiNr. 118 = 5 760 000, MiNr. 119 = 4 160 000, MiNr. 120 = 6 400 000, MiNr. 121 und 124 je 4 000 000, MiNr. 122 = 1 920 000, MiNr. 123 = 3 200 000, MiNr. 125 und 131 je 400 000, MiNr. 126 = 2 240 000, MiNr. 127 = 240 000, MiNr. 128 = 1 600 000, MiNr. 129 = 320 000, MiNr. 130 = 800 000 Stück

Gültig bis 30.6.1925

1925

Neue Währung: 1 Schilling (S) = 100 Groschen (g)

1925. 1. Juni/1934. Ziffern. Neue Zeichnungen. ▨ Klien; Bdr. (15 × 10); gez. K 12½.

Pm   Pm   Pn

					★	★★	☉	✉
132	1	g	rot (Töne) (1.6.1925)	Pm	0,10	0,30	0,10	2,—
133	2	g	rot (Töne) (1.6.1925)	Pm	0,10	0,30	0,10	2,—
134	3	g	rot (Töne) (12.1925)	Pm	0,10	0,40	0,10	5,—
135	4	g	rot (Töne) (1.6.1925)	Pm	0,10	0,40	0,10	5,—
136	5	g	rot (Töne) (1.1927)	Pm	0,10	0,40	0,10	3,50
137	6	g	rot (Töne) (1.6.1925)	Pm	0,20	0,70	0,30	3,50
138	8	g	rot (Töne) (1.6.1925)	Pm	0,20	0,70	0,10	5,—
139	10	g	schwärzlichkobalt (1.6.1925)	Pm	0,20	4,—	0,10	1,50
140	12	g	schwärzlichkobalt (1.6.1925, erneut 9.1932)	Pm	0,10	0,50	0,10	2,50
141	14	g	schwärzlichkobalt (6.1927)	Pm	0,10	0,70	0,10	8,—
142	15	g	schwärzlichkobalt (1.6.1925)	Pm	0,10	0,50	0,10	2,50
143	16	g	schwärzlichkobalt (5.1929)	Pm	0,20	1,50	0,50	8,—
144	18	g	schwärzlichkobalt (6.1934)	Pm	1,60	2,50	3,50	20,—
145	20	g	schwärzlichkobalt (1.6.1925)	Pm	0,20	1,50	0,10	2,—
146	23	g	schwärzlichkobalt (1.6.1925)	Pm	0,50	2,50	0,20	7,—
147	24	g	schwärzlichkobalt (9.1932)	Pm	2,—	12,—	0,10	2,—
148	28	g	schwärzlichkobalt (1.1927)	Pm	2,—	12,—	0,20	5,—
149	30	g	schwärzlichkobalt (1.6.1925)	Pm	0,20	4,—	0,10	3,—
150	31	g	schwärzlichkobalt (2.1929)	Pm	1,50	12,—	0,20	8,—
151	35	g	schwärzlichkobalt (1.1930)	Pm	1,50	12,—	0,10	5,—
152	39	g	schwärzlichkobalt (9.1932)	Pm	2,—	15,—	0,10	5,—
153	40	g	schwärzlichkobalt (1.6.1925)	Pm	2,50	7,—	3,—	20,—
154	60	g	schwärzlichkobalt (1.6.1925)	Pm	2,50	7,—	2,50	40,—
155	1	S	dunkelgrün (Töne) (1.6.1925)	Pn	3,50	30,—	1,50	120,—
156	2	S	dunkelgrün (Töne) (12.1925)	Pn	30,—	130,—	5,—	500,—
157	5	S	dunkelgrün (Töne) (12.1925)	Pn	110,—	300,—	55,—	—,—
158	10	S	dunkelgrün (Töne) (12.1925)	Pn	45,—	150,—	10,—	—,—
			Satzpreis (27 W.)		200,—	700,—	80,—	

Verrechnungsbogen mit 5 S mind. 75,—; andere Werte mind. 15,—.

132 U–142 U, 145 U–149 U, 153 U–158 U	ungezähnt	Satzpreis (22 W.)	1000,—
144 U	ungezähnt		—,—
152 U	ungezähnt		—,—

Plattenfehler

Lücke in der rechten unteren Rahmenecke

		*	**	⊙	✉
139 I			—,—		
145 I			—,—		

Halbierung ✉ (in Stainz, Steiermark) (sogenanntes Stainzer Provisorium)

139 H	(nur auf Paketkarten)				200,—

Mischfrankaturen

1922+1925	mind. Zuschlag				60,—

[PFä] **Fälschung zum Schaden der Post** Verwendungsort Andritz (April bis Oktober 1933).

Postfälschung

Original

					⊙
147 PFä					—,—

Auflagen: MiNr. 132 = 10 069 200, MiNr. 133 = 10 485 200, MiNr. 134 = 2 422 500, MiNr. 135 = 3 364 350, MiNr. 136 = 42 739 350, MiNr. 137 = 1 590 300, MiNr. 138 = 3 338 850, MiNr. 139 = 46 968 150, MiNr. 140 = 4 245 000, MiNr. 141 = 2 342 250, MiNr. 142 = 14 120 000, MiNr. 143 = 2 977 500, MiNr. 144 = 289 350, MiNr. 145 = 27 655 950, MiNr. 146 = 8 962 500, MiNr. 147 = 7 764 150, MiNr. 148 = 5 895 000, MiNr. 149 = 11 929 800, MiNr. 150 = 5 565 600, MiNr. 151 = 18 745 800, MiNr. 152 = 16 135 650, MiNr. 153 = 3 073 800, MiNr. 154 = 2 476 800, MiNr. 155 = 3 927 000, MiNr. 156 = 1 161 750, MiNr. 157 = 446 550, MiNr. 158 = 864 900 Stück

Gültig bis 31.12.1929 (MiNr. 135, 137, 138, 142, 146, 153) bzw. 31.12.1935 (übrige Werte). MiNr. 140 gültig bis 3.12.1929 und von Sept. 1932 bis 31.12.1935

1935

1935, 1. Juni. Ziffer und neues Staatswappen (Doppeladler). ▨ Retzl; Bdr. (15 × 10); gez. K 12½.

 Po   Pp    Pr

				*	**	⊙	✉
159	1 g	rot (Töne)	Po	0,10	0,40	0,20	3,50
160	2 g	rot (Töne)	Po	0,10	0,40	0,20	3,50
161	3 g	rot (Töne)	Po	0,10	0,40	0,20	3,50
162	5 g	rot (Töne)	Po	0,10	0,40	0,20	3,50
163	10 g	dunkellilaultramarin	Pp	0,10	0,40	0,10	3,—
164	12 g	dunkellilaultramarin	Pp	0,10	0,40	0,10	2,50
165	15 g	dunkellilaultramarin	Pp	0,20	0,70	0,60	4,—
166	20 g	dunkellilaultramarin	Pp	0,20	0,70	0,20	3,50
167	24 g	dunkellilaultramarin	Pp	0,30	1,50	0,20	2,50
168	30 g	dunkellilaultramarin	Pp	0,30	1,50	0,20	3,—
169	39 g	dunkellilaultramarin	Pp	0,40	2,—	0,20	3,—
170	60 g	dunkellilaultramarin	Pp	0,60	2,—	1,50	3,50
171	1 S	grün	Pr	1,—	4,50	0,40	120,—
172	2 S	grün	Pr	1,80	10,—	1,20	500,—
173	5 S	grün	Pr	3,80	20,—	5,—	—,—
174	10 S	grün	Pr	6,—	25,—	0,80	—,—
			Satzpreis (16 W.)	15,—	70,—	11,—	

Verrechnungsbogen mind. 30,—.

159 U–174 U	ungezähnt	Satzpreis (16 W.)	450,—		

Mischfrankaturen

1925+1935 mind. 20,— Zuschlag.

Gültig bis 31.10.1938

Republik Österreich

nach dem Zweiten Weltkrieg

Ausgabe für die sowjetische Besatzungszone

1945

1945, 10./24. Sept. Einköpfiger Adler über Wertziffer. Bdr.; gez. L 11.

 Ps

 Pt

					★★	☉	✉*)
175	1	(Pf)	orangerot (10. Sept.)	Ps	0,20	0,20	5,—
176	2	(Pf)	orangerot (10. Sept.)	Ps	0,20	0,20	5,—
177	3	(Pf)	orangerot (10. Sept.)	Ps	0,20	0,20	4,—
178	5	(Pf)	orangerot (10. Sept.)	Ps	0,20	0,20	4,—
179	10	(Pf)	orangerot (10. Sept.)	Ps	0,20	0,20	5,—
180	12	(Pf)	orangerot (24. Sept.)	Ps	0,20	0,20	4,—
181	20	(Pf)	orangerot (24. Sept.)	Ps	0,20	0,20	10,—
182	24	(Pf)	orangerot (24. Sept.)	Ps	0,20	0,50	12,—
183	30	(Pf)	orangerot (24. Sept.)	Ps	0,20	0,50	14,—
184	60	(Pf)	orangerot (24. Sept.)	Ps	0,20	0,50	35,—
185	1	(M)	(lebhaft)grauviolett (24. Sept.)	Pt	0,20	0,50	60,—
186	2	(M)	(lebhaft)grauviolett (24. Sept.)	Pt	0,20	1,—	—,—
187	5	(M)	(lebhaft)grauviolett (24. Sept.)	Pt	0,20	1,—	—,—
188	10	(M)	(lebhaft)grauviolett (24. Sept.)	Pt	0,20	1,—	—,—
			Satzpreis (14 W.)		2,50	6,50	

*) Preise gelten für Behörden-✉, auf Privatpost doppelte Preise.

Verrechnungsbogen mind. 9,—

Plattenfehler

 175 I / 183 I

175 I	beschädigter Hammer (Feld 15, 20, 65, 75)	3,—	3,—
183 I	ausgehöhlte „3" (Feld 56)	5,—	5,—

Gültig bis 7.1.1948

Ausgabe für das gesamte Österreich

1946

 1946, 23. April/20. Mai. Freimarken in der Posthornzeichnung mit waagerechtem Aufdruck „PORTO".

				★★	☉	✉*)
189	3 g	(lebhaft)rötlichorange	(722)	0,20	0,20	8,—
190	5 g	(dunkel)smaragdgrün	(724)	0,20	0,20	7,—
191	6 g	dunkel(lila)purpur	(725)	0,20	0,20	12,—
192	8 g	lebhaftmagenta	(726)	0,20	0,20	10,—
193	10 g	dunkelgraubraun	(727)	0,20	0,20	10,—
194	12 g	mittelbraun (Töne)	(728)	0,20	0,20	7,—
195	15 g	dunkel- bis schwärzlichrosa	(729)	0,20	0,20	20,—

			✶✶	⊙	✉*)
196	20 g	lebhaftrötlichbraun .... (730)	0,20	0,20	10,—
197	25 g	violettultramarin .... (731)	0,20	0,20	20,—
198	30 g	(dunkel)purpurviolett .... (732)	0,20	0,20	12,—
199	40 g	graulultramarin (Töne) .... (733)	0,20	0,20	18,—
200	60 g	(dunkel)gelboliv .... (734)	0,20	0,20	18,—
201	1 S	dunkelbraunviolett (Töne) (20. Mai) .... (735)	0,20	0,20	20,—
202	2 S	dunkel- bis schwärzlichorangegelb (20. Mai) .... (736)	0,70	1,—	80,—
203	5 S	schwarzviolettblau (Töne) (20. Mai) .... (737)	0,70	1,—	250,—
		Satzpreis (15 W.)	4,—	4,—	

*) Preise gelten für Behörden-✉, auf Privatpost doppelte Preise.

Verrechnungsbogen mind. 18,—

192 DD	Doppeldruck	250,—
193 DD	Doppeldruck der Urmarke	250,—
194 DD	Doppeldruck der Urmarke	250,—
195 DD	Doppeldruck der Urmarke	250,—
198 DD	Doppeldruck der Urmarke	250,—
201 DD	Doppeldruck der Urmarke	250,—

189 K	kopfstehender Aufdruck	60,—	60,—
192 K	kopfstehender Aufdruck	40,—	50,—
193 K	kopfstehender Aufdruck	60,—	50,—
194 K	kopfstehender Aufdruck	40,—	40,—
196 K	kopfstehender Aufdruck	300,—	80,—
198 K	kopfstehender Aufdruck	60,—	60,—
200 K	kopfstehender Aufdruck	100,—	90,—
201 K	kopfstehender Aufdruck	100,—	90,—

Plattenfehler

I = abgeplattetes „O"

III = dünnes „O"

I = abgeplattetes „O"

		✶✶	⊙
189 I	....	6,—	4,50
190 I	....	6,—	4,50
191 I	....	4,—	4,50
192 I	....	5,50	6,—
193 I	....	11,—	12,—
194 I	....	3,50	4,—
195 I	....	5,—	4,—
196 I	....	30,—	30,—
197 I	....	4,—	4,50
198 I	....	5,50	4,—
199 I	....	4,—	4,—
200 I	....	5,50	4,—
201 I	....	4,50	5,—
202 I	....	7,—	5,—
203 I	....	8,—	8,50

III = dünnes „O"

		✶✶	⊙
189 III	....	3,50	4,—
190 III	....	3,50	4,—
191 III	....	3,50	4,—
192 III	....	8,—	4,50
193 III	....	6,50	5,50
194 III	....	3,—	3,20
195 III	....	5,—	4,—
196 III	....	25,—	25,—
197 III	....	4,—	4,—
198 III	....	5,50	5,—
199 III	....	3,50	4,—
200 III	....	4,—	4,—
201 III	....	6,—	4,—
202 III	....	5,—	5,50
203 III	....	6,—	5,50

Gültig bis 7.1.1948

II = fehlende Schnur, wie bei Urmarken

		✶✶	⊙
193 II	....	4,—	4,—
194 II	....	4,—	2,—
198 II	....	3,50	4,—

In allen Fragen über philatelistische Literatur stehen Ihnen die

Münchner Stadtbibliothek, Philatelistische Abteilung,

Rosenheimer Straße 5, 81667 München, und die Philatelistische Bücherei

Hamburg e.V., Schloßstraße 12, 22041 Hamburg, zur Verfügung.

1947

1947, 14. Aug./25. Sept. Ziffernzeichnung. Bdr.; gez. K 14.

Pu

Pu

				✶✶	☉	✉
204	1 g	dunkelrotbraun (25.Sept.)	Pu	0,20	0,50	7,—
205	2 g	dunkelrotbraun (14.Aug.)	Pu	0,20	0,50	7,—
206	3 g	dunkelrotbraun (14.Aug.)	Pu	0,20	0,50	7,—
207	5 g	dunkelrotbraun (14.Aug.)	Pu	0,20	0,20	5,—
208	8 g	dunkelrotbraun (14.Aug.)	Pu	0,20	0,20	7,—
209	10 g	dunkelrotbraun (14.Aug.)	Pu	0,20	0,50	5,—
210	12 g	dunkelrotbraun (14.Aug.)	Pu	0,20	0,20	7,—
211	15 g	dunkelrotbraun (14.Aug.)	Pu	0,20	0,20	5,—
212	16 g	dunkelrotbraun (14.Aug.)	Pu	0,40	1,20	25,—
213	17 g	dunkelrotbraun (14.Aug.)	Pu	0,40	1,20	30,—
214	18 g	dunkelrotbraun (14.Aug.)	Pu	0,40	1,20	30,—
215	20 g	dunkelrotbraun (25.Sept.)	Pu	0,90	0,20	4,—
216	24 g	dunkelrotbraun (14.Aug.)	Pu	0,40	1,20	20,—
217	30 g	dunkelrotbraun (14.Aug.)	Pu	0,20	0,40	20,—
218	36 g	dunkelrotbraun (14.Aug.)	Pu	0,90	1,80	30,—
219	40 g	dunkelrotbraun (14.Aug.)	Pu	0,20	0,30	5,—
220	42 g	dunkelrotbraun (14.Aug.)	Pu	1,—	1,80	60,—
221	48 g	dunkelrotbraun (14.Aug.)	Pu	1,—	1,80	60,—
222	50 g	dunkelrotbraun (25.Sept.)	Pu	0,90	0,40	7,—
223	60 g	dunkelrotbraun (14.Aug.)	Pu	0,20	0,40	12,—
224	70 g	dunkelrotbraun (14Aug.)	Pu	0,20	0,40	30,—
225	80 g	dunkelrotbraun (25.Sept.)	Pu	5,50	2,—	8,—
226	1 S	dunkelkobaltblau (14.Aug.)	Pu	0,20	0,40	8,—
227	1.15 S	dunkelkobaltblau (25.Sept.)	Pu	4,—	0,60	40,—
228	1.20 S	dunkelkobaltblau (25.Sept.)	Pu	4,—	1,50	40,—
229	2 S	dunkelkobaltblau (14.Aug.)	Pu	0,40	0,40	60,—
230	5 S	dunkelkobaltblau (14.Aug.)	Pu	0,40	0,40	200,—
231	10 S	dunkelkobaltblau (14.Aug.)	Pu	0,50	0,50	—,—

Satzpreis (28 W.) 20,— 20,—

Verrechnungsbögen mind. 6,—

211 UI links ungezähnt .... —,—

Plattenfehler

216 I

224 I

		✶✶	☉
216 I	2 fehlende Perlen	2,50	2,50
224 I	„REP" in größeren Buchstaben	3,—	2,50
225 I	1 fehlende Perle	12,—	8,—

Zahlreiche weitere unbedeutende Plattenfehler bekannt.

Gültig bis 17.11.1949

MICHEL-Einführung in die Druckverfahren

Die ausführliche Erklärung der wichtigsten Druckverfahren mit Abbildungen und Beispielen.

1949

Währungsreform

1949, 17. Nov./1957, 30. April. Ziffernzeichnung im Zierrahmen. Bdr. gez. 14.

 Pv   Pv

Billigste Sorte

				✶✶	⊙
232	1 g	dunkelrosarot bis lilarot (17.11.1949)	Pv	0,40	0,10
233	2 g	dunkelrosarot bis lilarot (17.11.1949)	Pv	0,40	0,20
234	4 g	dunkelrosarot bis lilarot (4.12.1951)	Pv	0,60	0,40
235	5 g	dunkelrosarot bis lilarot (17.11.1949)	Pv	2,40	0,50
236	8 g	dunkelrosarot bis lilarot (4.12.1951)	Pv	2,40	2,—
237	10 g	dunkelrosarot bis lilarot (17.11.1949)	Pv	0,40	0,10
238	20 g	dunkelrosarot bis lilarot (17.11.1949)	Pv	0,40	0,10
239	30 g	dunkelrosarot bis lilarot (17.11.1949)	Pv	0,40	0,10
240	40 g	dunkelrosarot bis lilarot (17.11.1949)	Pv	0,40	0,10
241	50 g	dunkelrosarot bis lilarot (17.11.1949)	Pv	0,40	0,10
242	60 g	dunkelrosarot bis lilarot (7.8.1950)	Pv	13,—	0,50
243	63 g	dunkelrosarot bis lilarot (30.4.1957)	Pv	6,—	4,20
244	70 g	dunkelrosarot bis lilarot (17.11.1949)	Pv	0,50	0,10
245	80 g	dunkelrosarot bis lilarot (17.11.1949)	Pv	0,40	0,20
246	90 g	dunkelrosarot bis lilarot (7.8.1950)	Pv	0,70	0,20
247	1 S	braunviolett, schwärzlichpurpurviolett (17.11.1949)	Pv	0,50	0,10
248	1.20 S	braunviolett, schwärzlichpurpurviolett (17.11.1949)	Pv	0,70	0,50
249	1.35 S	braunviolett, schwärzlichpurpurviolett (17.11.1949)	Pv	0,50	0,40
250	1.40 S	braunviolett, schwärzlichpurpurviolett (4.12.1951)	Pv	0,50	0,50
251	1.50 S	braunviolett, schwärzlichpurpurviolett (18.2.1953)	Pv	0,50	0,10
252	1.65 S	braunviolett, schwärzlichpurpurviolett (7.8.1950)	Pv	0,50	0,50
253	1.70 S	braunviolett, schwärzlichpurpurviolett (17.11.1949)	Pv	0,50	0,50
254	2 S	braunviolett, schwärzlichpurpurviolett (17.11.1949)	Pv	1,70	0,10
255	2.50 S	braunviolett, schwärzlichpurpurviolett (4.12.1951)	Pv	0,90	0,20
256	3 S	braunviolett, schwärzlichpurpurviolett (4.12.1951)	Pv	1,—	0,20
257	4 S	braunviolett, schwärzlichpurpurviolett (4.12.1951)	Pv	1,20	1,20
258	5 S	braunviolett, schwärzlichpurpurviolett (17.11.1949)	Pv	1,50	0,20
259	10 S	braunviolett, schwärzlichpurpurviolett (17.11.1949)	Pv	3,—	0,20
			Satzpreis (28 W.)	40,—	13,—

Spezialkatalogisierung

x = gelbliches Papier

xa = gelber Gummi

w = waagerecht geriffelt, s = senkrecht geriffelt, K = Kreuzriffelung, o = ohne Riffelung

		w ✶✶	s ✶✶	K ✶✶	o ✶✶
232	1 g	0,40	0,70	1,50	1,30
233	2 g	0,40	0,70	1,70	1,30
234	4 g	0,60			1,70
235	5 g	2,40	2,40	4,—	4,—
236	8 g	2,40			6,50
237	10 g	2,50	2,50		2,50
238	20 g	2,60			4,—
239	30 g	3,50	5,50	3,50	5,—
240	40 g	0,40			1,30
241	50 g	6,—	6,50	8,—	10,—
242	60 g	15,—	18,—	30,—	22,—
243	63 g		6,—		8,—
244	70 g	4,—	4,—	20,—	12,—
245	80 g	0,50			1,30
246	90 g	0,70			1,70
247	1 S	4,—	4,—		9,—
248	1.20 S	0,70			2,40
249	1.35 S	0,50			1,70
250	1.40 S	1,80			4,—
251	1.50 S	8,—	8,—	14,—	12,—
252	1.65 S	0,50			2,50
253	1.70 S	0,50			2,20
254	2 S	1,70			2,20
255	2.50 S	7,—	10,—	25,—	15,—
256	3 S	11,—	11,—		12,—
257	4 S	1,20			2,—
258	5 S	9,—			12,—
259	10 S	8,—			8,—

xb = hellgelber Gummi, xc = grauer Gummi

w = waagerecht geriffelt, s = senkrecht geriffelt, o = ohne Riffelung

		w **	xb s **	o **	xc o **
232	1 g	1,10	1,80		
233	2 g		0,60		
235	5 g	7,50	3,50	7,50	
237	10 g	5,—	5,—	6,—	3,50
238	20 g	8,—	8,—	6,—	3,50
239	30 g	5,—	4,—	5,50	3,50
241	50 g	6,50	8,—		4,50
242	60 g	17,—	17,—		20,—
244	70 g	5,—	3,—		3,50
247	1 S	4,50	5,—		4,—
251	1.50 S	14,—	13,—		9,—
255	2.50 S	15,—	30,—		10,—
256	3 S	18,—	22,—	18,—	12,—
258	5 S				8,—

z = weißes Papier, weiße Gummierung mit Aufheller

		**	⊙
237	10 g	0,40	0,20
238	20 g	0,40	0,20
239	30 g	0,40	0,20
241	50 g	0,40	0,20
242	60 g	13,—	2,—
244	70 g	0,40	0,20
246	90 g	3,—	3,—
247	1 S	0,50	0,20
248	1.20 S	3,—	3,—
250	1.40 S	0,50	0,50
251	1.50 S	0,50	0,50
254	2 S	3,—	3,—
255	2.50 S	0,90	0,40
256	3 S	1,—	1,—
257	4 S	10,—	9,—
258	5 S	1,50	1,50
259	10 S	3,—	1,20
	Satzpreis (17 W.)	30,—	17,—

☐ **Ungezähnt:**

237 U, 238 U, 239 U, 241 U, 242 U, 244 U, 247 U, 251 U, 255 U, 256 U, 259 U .... je 100,—

Zwischenstegpaar:

255 U/L/256 U .... 1200,—

Geklebte Papierbahn

254 z Pa .... 250,—

Symbolzahlen

Bei einigen Werten sind Symbolzahlen auf der Randleiste bei der linken unteren Bogenecke zu finden. Siehe MICHEL-Handbuch-Katalog-Österreich 1981/82 sowie Spezial-Katalog: Symbolzahlen der österr. Bauten-, Trachten-, Landschafts- und Nachportomarken von Dipl.-Ing. Herwig Rainer.

Weitere Spezialisierung siehe Sonderdrucke der „Briefmarke" (1977).

1985

1985, 12. Dez. Ziffernzeichnung. ⊠ Pfeiler; Odr.; gez. K 13¾:14.

Pw

260	5 S	dunkelgelborange/schwarz .... Pw	1,—	0,80

1986

1986, 19. März. Ziffernzeichnung. ⊠ Pfeiler; Odr.; gez. K 13¾:14.

 Pw   Pw   Pw

261	0.20 S	(lebhaft)lilarosa/schwarz .... Pw	0,10	0,10
262	1 S	mittelkobalt/schwarz .... Pw	0,20	0,40
263	3 S	mittelviolett/schwarz .... Pw	0,40	0,70
		Satzpreis (3 W.)	0,70	1,20

1986, 3. Okt. Ziffernzeichnung. ⊠ Pfeiler; Odr.; gez. K 13¾:14.

 Pw   Pw   Pw

264	0.10 S	hellgrünlichgelb/schwarz .... Pw	0,10	0,10
265	0.50 S	mittelrotorange/schwarz .... Pw	0,20	0,30
266	2 S	hellrötlichbraun/schwarz .... Pw	0,30	0,60
		Satzpreis (3 W.)	0,60	1,—

1989

1989, 30. Juni. Ziffernzeichnung. ⊠ Pfeiler; Odr.; gez. K 13¾:14.

Pw

267	10 S	mittelbläulichgrün/schwarz .... Pw	1,40	2,—

Seit dem 1.1.2002 werden in Österreich keine Portomarken mehr verwendet.

Premium-Brief-Wertzeichen

2001, 1. Okt. Postemblem. Bdr.; selbstklebend; rautenförmiger Durchstich im Markenbild; ☐.

PBa

1	—	.... PBa
a		schwarz/gelb .... 6,— 6,—
b		schwarz/rötlichgelb .... 6,— 6,—

Nominale zur Zeit der Ausgabe: 20 S; ab 1.1.2002: 1.45 €

MiNr. 1 konnte zusätzlich zum entsprechenden Briefporto aufgeklebt werden, wodurch der Brief zum „Premium-Brief" (schnellere und bevorzugte Beförderung) erhoben wurde.

Verwendung bis 31.12.2003

MICHEL-
Abartenführer

Anleitung zur Bestimmung von Abarten, Abweichungen und Fehlern auf Briefmarken.

In dieser illustrierten Broschüre werden Abarten, Abweichungen und Fehler auf Briefmarken eingehend beschrieben. Mit dem Erwerb des Abartenführers hat der Philatelist eine sichere Hilfe zum Erkennen von Abarten in der Hand, die ihm auch die Unterscheidung von Zufälligkeiten ermöglicht.

Erhältlich bei Ihrem Briefmarkenhändler!

Stempelmarken

postalisch verwendet

Stempelmarken (Urkunden-Stempelmarken) als Freimarken verwendet

Die Verwendung von Stempelmarken (ausgegeben ab 1.11.1854) mit Eindruck „C. M." (= Conventions-Münze) als Freimarken war bis 9.7.1857 geduldet, danach verboten. Dennoch kommen auch noch später postalisch verwendete Stempelmarken vor. Die Hauptverwendungszeit als Freimarken lag in den Jahren 1855 und 1856. Stempelmarken ohne C.-M.-Vermerk wurden nur fiskalisch verwendet.

			⊙	▷	⊠
1	1 Kr	C. M. braunorange, grün/schwarz	2000,—	4500,—	40000,—
2	2 Kr	C. M. braunorange, grün/schwarz			
3	3 Kr	C. M. grün/schwarz	120,—	225,—	900,—
4	6 Kr	C. M. grün/schwarz	130,—	275,—	1100,—
5	10 Kr	C. M. grün/schwarz			45000,—
6	15 Kr	C. M. grün/schwarz			35000,—
7	½ Kr	C. M. (Ankündigungsstempel, als Zustellgebühr verwendet) ...			—,—

Von MiNr. 5 sind 2 ⊠, von MiNr. 6 sind 3 ⊠ und 1 ▷, von MiNr. 7 ist nur 1 ⊠ bekannt.
Von MiNr. 7 sind bisher keine postalisch verwendeten Stücke bekannt geworden.

Mischfrankaturen (Stempelmarken mit Freimarken)

Stmk.-	mit	Frmk.-		
MiNr.		MiNr.		▷	⊠
3	+	3	....		30000,—
3	+	4	....	3200,—	24000,—
4	+	3	....	3500,—	25000,—

Alle Zuschriften, auch E-Mails, Fax etc., werden aufmerksam gelesen, aber nicht immer beantwortet. Anfragen, die ausschließlich im eigenen Interesse gestellt werden, beantworten wir in aller Regel nur dann, wenn Rückporto (Ausland Antwortschein) beiliegt.

Telegrafenmarken

1870. Telegrafenmarken der Wiener Privat-Tele-grafen-Gesellschaften.

				*	⊙	~
I	10 Kr	rot/grau	Tb	20,—	15,—	4,—
II	20 Kr	rot/blau	Tb	20,—	7,50	4,—
III	40 Kr	rot/grün	Tb	20,—	7,50	4,—
IV	80 Kr	rot/lila	Tb	20,—	20,—	4,—
V	1.20 Fl	rot/gold	Tb	40,—	30,—	4,—
		Satzpreis (5 W.)		120,—	80,—	20,—

Diese Marken waren von 1870 bis 1873 in Gebrauch; im August 1873 wurden sie durch einen schwarzen Strich durch den oberen Teil ungültig gemacht.

Ta

1873, 1. Aug./1. Nov. Kaiser Franz Joseph. Stdr.; verschieden gez.

Type I · Type II

Billigste Sorte

				(*)	*	⊙	⊠*)
1	5 Kr	braun (T. I)	Ta	25,—	110,—	80,—	800,—
2	5 Kr	braun (T. II) (21. Okt.) GA	Ta	25,—	100,—	75,—	800,—
3	20 Kr	blau GA	Ta	40,—	160,—	130,—	—,—
4	25 Kr	schwarz (1.11.)	Ta	500,—	2400,—	2200,—	
5	40 Kr	grün	Ta	50,—	200,—	180,—	—,—
6	50 Kr		Ta				
a		grau		220,—	1000,—	1100,—	
b		lilagrau GA		220,—	1000,—	1100,—	
7	60 Kr	karmin	Ta	80,—	320,—	270,—	—,—
8	1 Fl		Ta				
a		gelb		650,—	3000,—	550,—	
b		orange		650,—	3000,—	650,—	
9	2 Fl	violett	Ta	300,—	1400,—	550,—	
		Satzpreis (9 W.)		1800,—	8500,—	5000,—	

Zähnungsunterschiede

A = gez. L 10½

			(*)	*	⊙	~	⊠*)
1	5 Kr		25,—	110,—	85,—	22,—	900,—
2	5 Kr		25,—	100,—	80,—	20,—	900,—
3	20 Kr		45,—	180,—	130,—	45,—	—,—
4	25 Kr		500,—	2400,—	2200,—	600,—	
5	40 Kr		50,—	220,—	180,—	55,—	—,—
6	50 Kr						
a			220,—	1000,—	1100,—	220,—	
b			240,—	1000,—	1100,—	250,—	
7	60 Kr		100,—	350,—	270,—	70,—	—,—
8	1 Fl						
a			650,—	3000,—	550,—	350,—	
b			750,—	3000,—	650,—	400,—	
9	2 Fl		300,—	1400,—	550,—	300,—	

B = gez. L 10½:9

			(*)	*	⊙	~	⊠*)
1	5 Kr		25,—	110,—	80,—	22,—	800,—
2	5 Kr		25,—	100,—	75,—	20,—	800,—
3	20 Kr		40,—	160,—	130,—	35,—	—,—
4	25 Kr		500,—	2500,—	2200,—	500,—	
5	40 Kr		50,—	200,—	180,—	50,—	—,—

			(*)	*	⊙	~	⊠*)
6	50 Kr						
a			220,—	1000,—	1100,—	200,—	
b			250,—	1000,—	1100,—	240,—	
7	60 Kr		80,—	320,—	300,—	70,—	—,—
8	1 Fl						
a			700,—	3500,—	680,—	300,—	
b			800,—	3500,—	680,—	450,—	
9	2 Fl		320,—	1400,—	600,—	260,—	

C = gez. L 9:10½

			(*)	*	⊙	~	⊠*)
1	5 Kr		26,—	130,—	85,—	28,—	800,—
2	5 Kr		28,—	120,—	80,—	26,—	800,—
4	25 Kr		600,—	2500,—	2200,—	680,—	

D = gez. L 9

			(*)	*	⊙	~	⊠*)
1	5 Kr		25,—	120,—	85,—	30,—	800,—
2	5 Kr		25,—	110,—	75,—	25,—	800,—
3	20 Kr		40,—	170,—	135,—	35,—	—,—
5	40 Kr		50,—	210,—	180,—	55,—	—,—
6	50 Kr		240,—	1100,—	1100,—	220,—	
7	60 Kr		80,—	330,—	300,—	80,—	
8	1 Fl		750,—	3500,—	650,—	260,—	

Preise für gute Durchschnittsstücke (vereinzelt kurze Zahnspitzen und leichte Rauhungen); schwarz ⊙ Marken mit stärkeren Mängeln wesentlich billiger. Marken in Luxusqualität bis zu 150% Aufschlag. Blau ⊙ 25%, rot ⊙ 250% Aufschlag.

*) ⊠-Preise gelten für Formulare.

Gültig bis 31.3.1879

1874, Gleiche Zeichnung, jedoch StTdr.; verschieden gez.

Billigste Sorte

				(*)	*	⊙	~	⊠*)
10	5 Kr	braun	Ta	0,40	2,—	14,—	1,—	400,—
11	20 Kr	blau	Ta	0,40	2,—	18,—	1,50	—,—
12	25 Kr	schwarz	Ta	0,40	2,—	32,—	3,50	—,—
13	40 Kr	grün	Ta	0,40	2,—	18,—	2,50	—,—
14	50 Kr	lilagrau	Ta	0,40	2,—	25,—	1,50	1200,—
15	60 Kr	karmin	Ta	12,—	55,—	120,—	22,—	—,—
16	1 Fl	orange	Ta	0,60	3,—	25,—	3,—	1200,—
17	2 Fl	lila, violett	Ta	0,60	5,—	30,—	3,—	—,—
		Satzpreis (8 W.)		14,—	70,—	280,—	38,—	

*) Preise gelten für Formulare

Zähnungsunterschiede

A = gez. L 10½

			*	⊙
10	5 Kr	braun	2,—	14,—
11	20 Kr	blau	2,—	18,—
12	25 Kr	schwarz	2,—	32,—
13	40 Kr	grün	2,—	18,—
14	50 Kr	lilagrau	2,—	25,—
15	60 Kr	karmin	70,—	120,—
16	1 Fl	orange	3,—	25,—
17	2 Fl	lila, violett	5,—	30,—

B = gez. L 10½:9

			*	⊙
11	20 Kr	blau	30,—	40,—
12	25 Kr	schwarz	30,—	50,—
16	1 Fl	orange	60,—	80,—

C = gez. L 9:10½

			*	⊙
11	20 Kr	blau	30,—	40,—
12	25 Kr	schwarz	30,—	50,—
16	1 Fl	orange	60,—	80,—

D = gez. L 9

			*	⊙
10	5 Kr	braun	6,—	14,—
11	20 Kr	blau	5,—	18,—
12	25 Kr	schwarz	10,—	32,—
13	40 Kr	grün	5,—	18,—
14	50 Kr	lilagrau	10,—	25,—
15	60 Kr	karmin	55,—	120,—
16	1 Fl	orange	30,—	40,—

E = gez. L 10½:12

				✳	☉
11	20 Kr	blau		18,—	25,—
12	25 Kr	schwarz		20,—	45,—
13	40 Kr	grün		20,—	35,—
14	50 Kr	lilagrau		25,—	45,—
16	1 Fl	orange		40,—	45,—
17	2 Fl	lila, violett		40,—	50,—

F = gez. L 10½:13

				✳	☉
10	5 Kr	braun		15,—	15,—
11	20 Kr	blau		18,—	25,—
12	25 Kr	schwarz		22,—	45,—
13	40 Kr	grün		20,—	30,—
14	50 Kr	lilagrau		22,—	40,—
16	1 Fl	orange		25,—	40,—
17	2 Fl	lila, violett		25,—	45,—

G = gez. L 12

				✳	☉
10	5 Kr	braun		2,—	16,—
11	20 Kr	blau		2,—	20,—
12	25 Kr	schwarz		2,—	35,—
13	40 Kr	grün		2,—	20,—
14	50 Kr	lilagrau		2,—	25,—
15	60 Kr	karmin		70,—	130,—
16	1 Fl	orange		3,—	25,—
17	2 Fl	lila, violett		5,—	30,—

H = gez. L 13

				✳	☉
10	5 Kr	braun		3,—	16,—
11	20 Kr	blau		3,—	20,—
12	25 Kr	schwarz		3,50	35,—
13	40 Kr	grün		3,—	25,—
14	50 Kr	lilagrau		3,—	25,—
15	60 Kr	karmin		55,—	120,—
16	1 Fl	orange		3,—	25,—
17	2 Fl	lila, violett		5,—	30,—

J = gez. L 12:13

				✳	☉
13	40 Kr	grün		65,—	80,—

K = gez. L 12:10½

				✳	☉
11	20 Kr	blau		18,—	25,—
12	25 Kr	schwarz		20,—	45,—
13	40 Kr	grün		20,—	25,—
14	50 Kr	lilagrau		25,—	45,—
16	1 Fl	orange		40,—	45,—
17	2 Fl	lila, violett		40,—	50,—

L = gez. L 13:10½

				✳	☉
10	5 Kr	braun		15,—	15,—
11	20 Kr	blau		18,—	25,—
12	25 Kr	schwarz		22,—	45,—
13	40 Kr	grün		20,—	30,—

				✳	☉
14	50 Kr	lilagrau		22,—	40,—
16	1 Fl	orange		25,—	40,—
17	2 Fl	lila, violett		25,—	45,—

Preise für Rot- oder Grün-☉ mind. 200% Aufschlag.

				✳
MiNr. 10–17	mit Aufdruck „Specimen" oben		je	1,50
		Satzpreis (8 W.)		12,—
MiNr. 10–17	„Specimen" in der Mitte		je	2,—
		Satzpreis (8 W.)		16,—

Spezialsammler unterscheiden noch Aufdrucktypen und Aufdruckzufälligkeiten.

Gültig bis 31.3.1879

Verrechnungsmarken

1948, 1. Febr. Zur Verrechnung der internen Zustellgebühren bis 31. März 1950. „Österreichische Post-Verrechnungsmarke" schwarz eingedruckt; Format schwankend bis 170 × 30 mm; oben und unten gez. 11, MiNr. 2 auch gez. 14½.

				✳✳	☉	✉*)
1	100 S	mehrfarbig	2200,—	15,—	45,—
2	200 S	mehrfarbig			
A		gez. 11	2200,—	130,—	240,—
B		gez. 14½	2200,—	160,—	320,—
3	500 S	mehrfarbig	2200,—	40,—	150,—
		Satzpreis (3 W.)	6000,—	180,—	

*) Preise gelten für komplette Verrechnungsbögen.

Wertmarken zu 100, 200, 500 und 1000 S in kartonstarker Ausführung sind keine Wertzeichen. Diese dienen zur Gebührenentrichtung für die Freistempelmaschinen, kommen jedoch ganz vereinzelt als Verrechnungsmarken verwendet vor; auf Verrechnungsbogen mind. 120,—.

Gestempelte Verrechnungsmarken haben infolge ihrer Verwendungsart meist Büge. ☉ Marken ohne Büge relativ selten und berechtigen ca. 100% Zuschlag.

Zeitungsstempelmarken

Die Zeitungsstempelmarken galten einer fiskalischen Gebühr. Der auf diesen Marken angegebene Betrag wurde durch die Post eingezogen und an die Finanzbehörde abgeführt. Zur Entwertung dienten die Poststempel, fiskalische Stempel der Finanzämter oder auch Zeitungsdruckentwertung. Bei Zeitungen aus dem Ausland wurden die Marken vom Grenzpostamt verklebt und entwertet, die Gebühr wurde dann vom Empfänger eingezogen.

Stempelgebühr

	im und aus dem Inland (Postverein)	aus dem Ausland
1. 3.1853	0 Kreuzer	2 Kreuzer
1.11.1858	2 Kreuzer (nicht durch Marken eingezogen)	4 Kreuzer
1. 1.1859	1 Kreuzer	2 Kreuzer

ab 1.1.1900 wurde die Stempelgebühr für Zeitungen aufgehoben.

1853, 1. März. Doppeladler mit großer Krone und einfacher äußerer Rahmenlinie. Bdr. (10×10 im Druckbogen zu 4 Bogen); □.

 Z-St a

Zeitungs-
Unterart I

Zeitungs-
Unterart II

Bei MiNr. 1 unterscheidet man zwei Unterarten:

Unterart I: Das „Z" in „Zeitungs-" ist deutlich gekennzeichnet, die beiden Punkte über dem „ä" in „Stämpel" sind freistehend, das „ö" in „Kön" ist ebenfalls klar geprägt, das Kreuz des Reichsapfels ist mit dem rechten Adlerflügel zusammenhängend.

Unterart II: Das „Z" in „Zeitungs-" ist oben verstümmelt, die Punkte auf dem „ä" in „Stämpel" berühren den Buchstaben, an der rechten Seite des „ö" in „Kön" befindet sich ein farbiger Punkt, Kreuz und Adlerflügel hängen nicht zusammen.

Unterart I

			(*)	*	⊙	Zeitung	□□ *	⊞ *
1	2 Kr	.... Z-St a						
a		blaugrün	550,—	3500,—	90,—	500,—		
b		gelbgrün	—,—	—,—	120,—	600,—		
c		grün	—,—	—,—	—,—	—,—		
d		dunkelgrün	600,—	5000,—	200,—	600,—		

Unterart II

			(*)	*	⊙	Zeitung	□□ *	⊞ *
1	2 Kr	.... Z-St a						
a		blaugrün	400,—	2200,—	75,—	350,—		
b		gelbgrün	400,—	2200,—	100,—	420,—		
c		grün	320,—	1900,—	65,—	350,—		
d		dunkelgrün	350,—	1900,—	85,—	350,—	6000,—	18000,—
e		mattgrün	350,—	2000,—	70,—	350,—		

Besonderheiten:

			Naht-Wz. ⊙	Bogenrand 5 mm ⊙	Bogenecke 5×5 mm ⊙	Rot- ⊙	Lomb.-Venetien Schwarz- ⊙	Rot- ⊙
1 II c	2 Kr	grün	280,—	140,—	800,—	1600,—	100,—	600,—

Auflage: 1 416 000 Stück

Gültig bis 31.10.1858

ND siehe nach Zeitungsstempelmarken.

Für unverlangt eingesandte Briefsendungen und Markenvorlagen wird keine Haftung übernommen!

1858, 1. Nov./1859, 1. Jan. Ähnliche Zeichnung mit äußerer Doppelumrahmung. Wertangabe in Neukreuzern; X = oWz., ab 1864 Y = mit Wz. 2 (Bogen-Wz.); I = grober Druck, II = feiner Druck; verschiedene Typen; Bdr.; ☐.

Z-St b

Type I

Type II

Type I

Type II

MiNr. 5–6
(1878)

Die Typen

Type I: Das Kronenbandende des linken Adlerkopfes ist mit dem Schnabel durch einen Farbklecks verbunden.

Type II: Das Band liegt frei über dem Schnabel.

Type III: Wie II, jedoch unter dem ersten „r" von „Kreuzer" und neben dem „S" von „Stämpel" befindet sich zwischen den beiden Einfassungslinien je 1 Punkt.

Bei den Werten 1 und 2 Kr Type II und III gibt es 2 Platten:

Platte I: hat 2,4–3 mm senkrechten Abstand der Marken im Bogen
Platte II: hat 1,1–1,5 mm senkrechten Abstand der Marken im Bogen

*) Einzelstücke der Platte II müssen zur Erkennung deutlich sichtbare Restlinien der oberen und unteren Nebenmarke aufweisen.

X = oWz.

			(*)	*	⊙	⊞ *	Zeitung
2 X	1 Kr	. . . . Z-St b					
I		grober Druck					
I		Type I (1.1.1859)					
a		blau	200,—	1100,—	220,—	5500,—	500,—
b		hellblau	—,—	—,—	1000,—	—,—	2000,—
II		Type II blau					
Pl. I		Platte I	12,—	80,—	12,—	500,—	40,—
Pl. II		Platte II*)	110,—	450,—	140,—	—,—	400,—
III		Type III blau					
Pl. I		Platte I	5,—	40,—	5,—	240,—	20,—
Pl. II		Platte II*)	100,—	400,—	120,—	—,—	360,—
II		feiner Druck (1874)					
II		Type II blau	40,—	—,—	40,—	—,—	160,—
III		Type III blau	35,—	160,—	25,—	—,—	120,—
3 X	2 Kr	. . . . Z-St b					
I/II		grober Druck, Type II					
Pl. I		Platte I braun (1.1.1859)	6,—	35,—	8,—	250,—	20,—
Pl. II		Platte II rotbraun*)	30,—	450,—	250,—	2400,—	600,—
II/II		feiner Druck (1874), Type II braun	30,—	—,—	25,—	1200,—	120,—
4 X	4 Kr	. . . . Z-St b					
I/I		grober Druck, Type I					
a		braun (1.11.1858)	100,—	450,—	1300,—	2200,—	3200,—
b		dunkelbraun	120,—	550,—	1400,—	—,—	3500,—

Y = Wz. 2 (Bogen-Wz.) (1864)

			(*)	*	⊙	⊞ *	Zeitung
2 Y	1 Kr	. . . . Z-St b					
I		grober Druck					
II		Type II blau					
Pl. I		Platte I	16,—	90,—	14,—	550,—	60,—
Pl. II		Platte II*)	—,—	600,—	140,—	—,—	400,—
III		Type III blau					
Pl. I		Platte I	8,—	45,—	7,—	200,—	250,—
Pl. II		Platte II*)	—,—	500,—	140,—	—,—	280,—
II		feiner Druck					
II		Type II blau	30,—	—,—	25,—	—,—	65,—
III		Type III blau	20,—	120,—	14,—	—,—	55,—
3 Y	2 Kr	. . . . Z-St b					
I/II		grober Druck, Type II					
Pl. I		Platte I braun	5,—	40,—	10,—	—,—	40,—
Pl. II		Platte II rotbraun*)	100,—	550,—	280,—	2500,—	800,—

Signette

Die Signette galt als Gebührenstempel für eine Gebühr von 1 Kreuzer, sie war allein und auch als Zusatzgebühr zu den Kreuzermarken möglich.

Sa

Sa 1   (1 Kr) Signette ohne Kreuzermarke als Alleingebühr . . . .   10,—

Besonderheiten

			Naht-Wz.	Bogen-rand 5 mm	Bogen-ecke 5×5 mm	▢▢	Rot-⊙	Blau-⊙	Fiskal-Ent. ⊗	Signette	Zeitungs-druck-Entwert.	Zeitung
2	1 Kr	blau										
I/I		Type I	—,—	280,—	1200,—	1100,—	—,—	200,—	210,—	800,—	210,—	500,—
I/II		Type II	110,—	30,—	220,—	80,—	45,—	100,—	12,—	140,—	10,—	35,—
I/III		Type III	100,—	16,—	120,—	50,—	20,—	35,—	7,—	120,—	5,—	20,—
3	2 Kr	braun										
I/II		Type II/Pl. I	100,—	18,—	120,—	—,—	20,—	40,—	8,—	—,—	—,—	—,—
4	4 Kr	braun	1500,—	—,—	—,—	—,—	—,—	—,—	1500,—	—,—	—,—	—,—

Die Verwendungszeit der MiNr. 4 als 4-Kr-Wert war vom 1.11.–31.12.1858. Später wurde die Marke in Bodenbach als 2-Kr-Wert aufgebracht.

Bodenbach-Provisorium

In Bodenbach wurde die Wertziffer 4 der MiNr. 4 handschriftlich in 2 abgeändert und so noch bis 1873 verwendet.

		☞	Zeitung
Bodenbach-Provisorium	. . . .	1800,—	4200,—

◨ Halbierung

		☞	Zeitung
3 H (2 Kr braun halbiert als 1 Kr-Frankatur)	200,—	1200,—

Mehr wissen mit **MICHEL**

Cattaro/Semlin-Stempel

Aus Cattaro bzw. Semlin sind vor Einführung montenegrinischer bzw. serbischer Briefmarken Zeitungen mit österreichischer Frankatur bekannt, wobei Frei- und Zeitungsstempelmarken mit demselben Stempel entwertet sind.

		☞	Zeitung
Cattaro	. . . .	650,—	2200,—
Semlin	. . . .	650,—	2200,—

		☞	Zeitung
Zeitungen mit Frei- bzw. Zeitungs-marken frankiert und Zeitungs-stempelmarken sind beliebt . . . . mind.	260,—	700,—

🔲 Rovereto-Fälschungen

Aus den Jahren 1875 und 1876 sind Fälschungen der MiNr. 2 zum Schaden des Ärar bekannt. Es blieben nur wenige Stücke erhalten, die überwiegend stark verschnitten sind und meist auch undeutlicheren Druck gegenüber den Originalen aufweisen. Es existieren Stücke in feinerem und solche in gröberem Druck.

		☞	Zeitung
Rovereto-Fälschung	. . . .	1500,—	12000,—

1877, Juni. Geänderte Zeichnung. Doppeladler, jedoch kleine Krone und großer Wappenschild. W = oWz., X = Wz. 2 (Bogen-Wz.), Y = Wz. 4 (Bogen-Wz.), Z = Wz. 6 (Bogen-Wz.); x = stehend; y = liegend; Bdr.; ▢.

Z-St c

Wz. 6 (Bogen-Wz.)

MiNr. 5:

Type I: Wertziffer oben flach

Type II: Wertziffer oben spitz

MiNr. 6:

Type I
Abschlußpunkt im Kopf der 2 oval
und klein

Type II
wie I, jedoch Verdickung der oberen Einfassungslinie,
innere Einfassungslinie oft durchgezogen

Type III
„Große 2", Abschlußpunkt im Kopf
der 2 rund

W = oWz.

				(✱)	✱	⊙	▱▱ ⊙	⊞ ✱	⊞ ⊙	Zeitung
5 W	1 Kr	.... Z-St c								
a		hell- dunkelblau								
I		Type I		5,—	20,—	1,50	7,—	65,—	260,—	6,—
II		Type II		20,—	80,—	25,—	80,—	450,—	750,—	60,—
b		ultramarin		—,—	—,—	2500,—				13000,—
6 W	2 Kr	.... Z-St c								
I		Type I braun bis rotbraun		5,—	16,—	3,—	90,—	85,—		8,—
II		Type II braun bis rötlichbraun		2,50	10,—	2,—	80,—	65,—	—,—	7,—
III		Type III blaßbraun		60,—	280,—	150,—	—,—	—,—	—,—	400,—

X = Wz. 2 (Bogen-Wz.)

				(✱)	✱	⊙	▱▱ ⊙	⊞ ✱	⊞ ⊙	Zeitung
5 X	1 Kr	.... Z-St c								
a		hell- dunkelblau								
I		Type I		5,—	20,—	2,50	7,—	100,—	260,—	10,—
II		Type II		30,—	90,—	30,—	90,—	500,—	750,—	90,—
b		ultramarin		—,—	—,—	2800,—				12000,—
6 X	2 Kr	.... Z-St c								
I		Type I braun bis rotbraun		6,—	20,—	3,50	110,—	110,—		12,—
II		Type II braun bis rötlichbraun		4,50	16,—	2,50	90,—	90,—	—,—	10,—
III		Type III blaßbraun		90,—	300,—	150,—	—,—	—,—	—,—	400,—

Y = Wz. 4 (Bogen-Wz.)

				(✱)	✱	⊙	▱▱ ⊙	⊞ ✱	⊞ ⊙	Zeitung
5 Y	1 Kr	.... Z-St c								
a		hell- dunkelblau								
I		Type I		5,—	20,—	3,—	7,—	100,—	260,—	9,—
II		Type II		20,—	90,—	35,—	80,—	450,—	750,—	90,—
b		ultramarin		—,—	—,—	2400,—				11000,—
6 Y	2 Kr	.... Z-St c								
I		Type I braun bis rotbraun		5,—	20,—	3,50	100,—	100,—		15,—
II		Type II braun bis rötlichbraun		2,50	15,—	3,—	90,—	80,—	—,—	10,—
III		Type III blaßbraun		65,—	300,—	150,—	—,—	—,—	—,—	400,—

Z = Wz. 6 (Bogen-Wz.)

				(✱)	✱	⊙	▱▱ ⊙	⊞ ✱	⊞ ⊙	Zeitung
5 Z	1 Kr	hell- dunkelblau .... Z-St c								
I		Type I								
x		Wz. stehend		5,—	20,—	4,—	10,—	100,—	350,—	10,—
y		Wz. liegend		5,—	18,—	4,—	10,—	90,—	300,—	8,—
II		Type II								
x		Wz. stehend		20,—	100,—	40,—	100,—	650,—	600,—	90,—
y		Wz. liegend		20,—	95,—	40,—	90,—	550,—	550,—	80,—
6 Z	2 Kr	.... Z-St c								
I		Type I braun bis rotbraun								
x		Wz. stehend		6,—	25,—	6,—	110,—	150,—		18,—
y		Wz. liegend		5,—	20,—	5,—	90,—	130,—		15,—
II		Type II braun bis rötlichbraun								
x		Wz. stehend		3,50	18,—	4,—	100,—	90,—	—,—	13,—
y		Wz. liegend		3,50	18,—	3,—	85,—	75,—	—,—	10,—

Besonderheiten

			Naht-Wz. ⊙	Bogen-rand 5 mm ⊙	Bogen-ecke 5×5 mm ⊙	Rot- ⊙	Rot-Zeitung	Blau- ⊙	Blau-Zeitung
5	1 Kr	blau							
I		Type I	80,—	4,—	20,—	8,—	50,—	40,—	110,—
II		Type II	90,—	35,—	110,—	50,—	220,—	120,—	—,—
6	2 Kr	braun							
I		Type I	90,—	6,—	25,—	10,—	55,—	—,—	—,—
II		Type II	80,—	5,—	20,—	10,—	50,—	45,—	—,—
III		Type III	—,—	150,—	260,—	300,—	—,—	—,—	—,—

				Fiskalische Entwertung ⊗	Signette + Zeitungsdruckentw. ⊠ ⊙	Signette ⊙
5	1 Kr	blau				
I		Type I	3,—	10,—	25,—	70,—
II		Type II	35,—	70,—	50,—	120,—
6	2 Kr	braun				
I		Type I	5,—	15,—		
II		Type II	4,50	10,—		
III		Type III	180,—	—,—		

Halbierungen ◨ ▣ ◧

				▷	Zeitung
6 H	2 Kr	halbiert (als 1-Kr-Frankatur) auf ausländischer Zeitung	je	70,—	350,—

Zeitungen

		▷	Schleife	Zeitung
mit Frei- bzw. Zeitungsmarken und zusätzlichen Zeitungsstempelmarken frankiert	80,—	250,—	300,—

Paare mit Zwischensteg

			(★)	⊙
5 a I WZ	1 Kr		1200,—	—,—
5 a II WZ	1 Kr		1100,—	—,—
6 I WZ	2 Kr		320,—	—,—
6 II WZ	2 Kr		400,—	—,—
6 III WZ	2 Kr		—,—	—,—

Kehrdruckpaare ⊔⊓

			★	⊙
5 a I K	1 Kr		1000,—	—,—
6 II K	2 Kr		—,—	—,—
6 III K	2 Kr		—,—	—,—

Doppelseitiger Druck

5 II DG	1 Kr		—,—	—,—

1890, 1. Juni. Neue Zeichnung. Doppeladler im Kreis; Bdr. (10×10); X = oWz., Y = Wz. 4 (Bogen-Wz.); □.

Z-St d

X = oWz.

				(★)	★	⊙	□□ ⊙	⊞ ★	⊞ ⊙	Zeitung
7 X	1 Kr	gelblich- bis rötlichbraun	Z-St d	2,—	12,—	1,50	8,—	140,—	60,—	8,—
8 X	2 Kr	gelblich- bis bläulichgrün	Z-St d	2,—	12,—	2,50	10,—	150,—	130,—	10,—

Y = Wz. 4 (Bogen-Wz.)

				(★)	★	⊙	□□ ⊙	⊞ ★	⊞ ⊙	Zeitung
7 Y	1 Kr	gelblich- bis rötlichbraun	Z-St d	3,—	15,—	2,50	8,—	80,—	70,—	10,—
8 Y	2 Kr	gelblich- bis bläulichgrün	Z-St d	3,50	16,—	3,20	16,—	90,—	180,—	15,—

Besonderheiten

			Bogenrand 5 mm ⊙	Bogenecke 5×5 mm ⊙	Rot ⊙	Rot ⊠	Blau ⊙	Blau ⊠	Letzttag (31.12.1899) ⊙	⊠
7	1 Kr	braun	3,—	10,—	45,—	200,—	20,—	100,—	45,—	260,—
8	2 Kr	grün	4,—	12,—	55,—	280,—	30,—	130,—	55,—	300,—

			Signette ⊙ / ⌀		Fiskalische Entwertung schwarz ⊗ / ⊠		blauviolett ⊗ / ⊠		Zeitungsdruckentwertung ⊙ / ⊠		Priv. Zähnung oder Durchstich ⊗ / ⊠	
7	1 Kr	braun	100,—	50,—	2,50	10,—	4,—	20,—	2,—	8,—	10,—	40,—
8	2 Kr	grün	65,—	3,50	12,—	6,—	25,—	15,—	50,—

Paare mit Zwischensteg

			(★)	★
7 WZ	1 Kr		400,—	—,—
8 WZ	2 Kr		450,—	—,—

Halbierungen ◨ ▣ ◧

				▷	Zeitung
8 H	2 Kr	halbiert (als 1-Kr-Frankatur)		20,—	150,—

Kehrdruckpaare ⊔⊓

			(★)	★
7 K	1 Kr		450,—	—,—
8 K	2 Kr		550,—	—,—

Zeitungen

	▷	Schleife	Zeitung
mit Frei- bzw. Zeitungsmarken und zusätzlichen Zeitungsstempelmarken frankiert	100,—	350,—	450,—

Die Preise von Einheiten (z. B. Markenheftchen, H-Blätter, Zusammendrucke, Rollenmarkenstreifen) müssen nicht der Summe der Einzelpreise entsprechen.

1890, 1. Juni. Ähnliche Zeichnung, größeres Format; X = oWz., Y = Wz. 7 (Bogen-Wz.); Bdr. (10×10); A = gez. L 13, B = gez. L 12½.

Z-St e

STEMPEL-MARKEN.

Wz. 7 (Bogen-Wz.)

X = oWz.

					(*)	*	⊗	Fiskalische Entwertung □□ ⊗	⊞ *	⊞ ⊗
9 X	25 Kr	rosarot		Z-St e						
A		gez. L 13			35,—	140,—	260,—	580,—	600,—	2000,—
B		gez. L 12½			25,—	110,—	240,—	500,—	550,—	2000,—

Y = Wz. 7 (Bogen-Wz.)

9 Y	25 Kr	rosarot		Z-St e						
A		gez. L 13			35,—	160,—	270,—	600,—	600,—	2000,—
B		gez. L 12½			35,—	140,—	240,—	500,—	550,—	2000,—

Besonderheiten

					Signette ⊙	Signette 🏴	Rot- ⊙	Blau- ⊙	Zeitung
9 X	25 Kr	rosarot		Z-St e					
A		gez. L 13			550,—	1600,—	650,—	750,—	—,—
B		gez. L 12½			500,—	1600,—	—,—	—,—	—,—
9 Y	25 Kr	rosarot		Z-St e					
A		gez. L 13			550,—	1700,—	650,—	750,—	—,—
B		gez. L 12½			—,—	1700,—	—,—	—,—	—,—

Auflage: 12 500 Stück

MiNr. 2–9 gültig bis 31.12.1899

Stempelmarken als Zeitungsstempelmarken verwendet

Ankündigungsstempelmarken 1858

				Zeitung
1	1 Kr	blau/schwarz		
A		eng gez. (weißes Papier)		350,—
B		weit gez. (blaues Papier)		700,—
2	2 Kr	blau/schwarz		—,—

Stempelmarken 1858

				Zeitung
3	½ Kr	braun/schwarz		—,—
4	1 Kr	braun/schwarz		600,—

Stempelmarken 1875

				Zeitung
5	1 Kr	grün/schwarz		300,—
6	1 Kr	rot/schwarz		300,—

Gültig bis 31.12.1899

Am 1.1.1900 wurde in Österreich die Zeitungsstempelgebühr abgeschafft.

Amtliche Neudrucke

Bogen-Wz. BRIEFMARKEN (VII. und VIII. Auflage Bogen-Wz. ZEITUNGSMARKEN).

Wz. haben nur II., III., VI bis VIII. Auflage.

I. Auflage: 1866. Papier weiß, dick und glatt, sauberer Druck. Die gezähnten Ausgaben gez. L 12, Gummierung dünn und weiß. (Auflage 500 Sätze).

II. Auflage: 1870. Papier weiß, dick und glatt, mit Wz., unsauberer Druck. Die gezähnten Ausgaben gez. L 10½ bzw. 9½:10½, Gummierung dick, hellgelblich und brüchig. (Auflage 2500 Sätze).

III. Auflage: 1884. Papier dünn, braungelb getönt. Mit Wz. Druck in matten Farben, die gezähnten Ausgaben gez. L 13, auch L 12. Gummierung glatt, weiß. (Auflage 25 000 Sätze).

IV. Auflage: 1885 (?). Fellner-Neudrucke: „Abfallpapier" – weich und faserig, unreine Zähnung L 10½ oder □, schwach aufgetragene, gelbliche Gummierung; sehr geringe Auflage.

V. Auflage: 1886. Papier dünn und gelblich, mit Wz., Gummierung gelblich. (Auflage 2000 Sätze).

VI. Auflage: 1887. Papier dünnes (vergé) Maschinenpapier. Mit Wz., schlechter flüchtiger Druck, die gezähnten Ausgaben gez. L 12 oder L 10½. Gummierung dünn und gelblich. (Auflage 10 000 Sätze).

VII. Auflage: 1894. Papier dünn, glasig und gelbbraun. Mit Wz., klarer Druck, die gezähnten Ausgaben gez. L 13½, L 11½ oder L 10½. Gummierung schwach gelblich und schräg gestrichen. (Auflage 10 000 Sätze).

VIII. Auflage: 1904 (nur Merkurköpfe). Papier dünn und gelb getönt, durchschlagender Druck, Gummierung gelblich, 1904 weiß. (Auflage 20 000 Sätze).

Im allgemeinen sind die Farben der Neudrucke kräftiger; die geprägten Marken weisen nur schwache Prägungen von abgenutzten Matrizen auf.

Ⓖ Neudrucke gibt es mit Falschstempel.

Alle Preisangaben gelten für ✶✶ Erhaltung.

ND Neudruck-Ausgabe 1850

			I 1866	II 1870	III 1884	IV Fellner	VI 1887	VII 1894
1 ND	1 Kr.	gelb, orange .... a	300,—	50,—	50,—	160,—	13,—	
2 ND	2 Kr.	schwarz .... a	300,—	38,—	40,—			15,—
3 ND	3 Kr.	rot .... a	300,—	30,—	34,—			
4 ND	6 Kr.	braun .... a	350,—	30,—	34,—			
5 ND	9 Kr.	blau .... a	300,—	30,—	34,—			

Auflagen: I = 500, II = 5000, III = 2500, VI = 10 000, VII = 10 000 Stück

ND Neudrucke Zeitungsmarken von 1851

			I 1866	II 1870	III 1884	IV Fellner	V 1886	VI 1887	VII 1894	VIII 1904
6 ND	(0.6 Kr.)	blau .... b	300,—	30,—	240,—	150,—	280,—	20,—	20,—	17,—
7 ND	(6 Kr.)	gelb .... b	350,—	75,—	240,—	150,—	280,—	45,—	40,—	35,—
8 ND	(30 Kr.)	rosa .... b	350,—	60,—	240,—	150,—	280,—	20,—	18,—	15,—
9 ND	(6 Kr.)	rot .... b	300,—	55,—	250,—	150,—	280,—	45,—	40,—	35,—

Alle ND dieser Ausgabe sind in Type I hergestellt.

Auflagen: I = 500, II = 10 000, III = 1000, V = 2000, VI = 10 000, VII = 10 000, VIII = 20 000 Sätze

ND Neudruck-Ausgabe 1858

			I 1866	II 1870	III 1884	IV Fellner	VI 1887	VII 1894
10 ND	2 Kr.	gelb, orange c	250,—	20,—	30,—	110,—	10,—	8,—
11 ND	3 Kr.	schwarz .... d	250,—	50,—	90,—	120,—	50,—	
12 ND	3 Kr.	grün .... d	250,—	40,—	50,—	100,—	40,—	
13 ND	5 Kr.	rot .... e	240,—	35,—	40,—			
14 ND	10 Kr.	braun .... f	240,—	35,—	40,—			
15 ND	15 Kr.	blau .... g	240,—	40,—	40,—			

Alle ND dieser Ausgabe sind in Type II hergestellt.

Auflagen: I = 500, II = 5000, III = 2500, V = 10 000, VII = 10 000 Sätze

ND Neudruck-Zeitungsmarken von 1856, 1858, 1861, 1863. Prägungen sehr schwach

			I 1866	II 1870	III 1884	IV Fellner	V 1886	VI 1887	VII 1894
16 ND	(1.05 Kr.)	blau .... h	300,—	40,—	65,—	160,—	220,—	20,—	18,—
17 ND	(1.05 Kr.)	graulila .... h	300,—	30,—	65,—	150,—	220,—	20,—	18,—
23 ND	(1.05 Kr.)	graulila .... k	300,—	50,—	80,—	140,—	220,—	20,—	18,—
29 ND	(1.05 Kr.)	braunlila .... m	20,—	90,—	120,—	120,—			10,—

Bei den Neudrucken von MiNr. 16 und 17 ist die Auflage 1870 (siehe Einleitung) in Type I, die übrigen in Type II ausgeführt.

Auflagen: I = 500, II = 10 000, III = 1000, V = 2000, VI = 10 000, VI = 10 000, VII = 10 000 Stück

ND Neudruck-Ausgabe 1860/61

			I 1866	II 1870	III 1884	IV Fellner	V 1887
18 ND	2 Kr.	gelb, orange i	300,—	25,—	2000,—	100,—	5,—
19 ND	3 Kr.	grün i	260,—	25,—	25,—	100,—	10,—
20 ND	5 Kr.	rot i	250,—	30,—	30,—		
21 ND	10 Kr.	braun i	250,—	30,—	30,—		
22 ND	15 Kr.	blau i	250,—	30,—	30,—		

ND Neudruck-Ausgabe 1863/64

			III 1884	IV Fellner	VI 1887	VII 1894
30 ND	2 Kr.	gelb, orange l	20,—	120,—	10,—	
31 ND	3 Kr.	grün l	15,—	120,—	11,—	
32 ND	5 Kr.	rot l	20,—			
33 ND	10 Kr.	blau l	20,—		10,—	
34 ND	15 Kr.	braun l	40,—		12,—	
					25,—	

ND Neudruck der Marke 46 von 1883. Gelblicher Gummi; gez. 10½

46 ND	5 Kr.	fahlrot VII 1887 .... s	10,—	

ND Neudruck-Ausgabe Zeitungsstempelmarken 1858/59

1 ND	2 Kr.	grün (Type I)	420,—
4 ND	4 Kr.	braun (Type II)	400,—

> Die Bestimmung von Neudrucken, besonders der □ Zeitungsmarken, ist nicht immer einfach, die teuren Ausgaben sollte man daher nur mit einem Gutachten erwerben.

Lokalausgaben

In der nachstehenden Aufstellung sind die Marken nach folgendem Schema gegliedert:
I. Republik 1918–1938
II. Republik ab 1945

FALSCH Die teils primitive Ausführung aller Lokalausgaben bot und bietet den Fälschern leichte Möglichkeiten zur Herstellung von falschen Aufdrucken. Spezialprüfung ratsam!

I. Republik 1918–1938

In den Jahren 1918 bis 1938 entstanden entgegen den diesbezüglichen Vorschriften der Wiener Generaldirektion Lokalausgaben, die teilweise von den Landesregierungen (Tirol und Salzburg) angeordnet wurden, zum Teil auch nur nationalpolitischer oder privater Initiative ihr Entstehen verdanken. Aufzählung anschließend in alphabetischer Reihenfolge. Nummern der österreichischen Urmarken in Klammern.

Burgenland

1921, 17 Okt. Befreiung des Burgenlands (I). Zweizeiliger Handstempelaufdruck auf Freimarken: „Burgenlands / Befreiung", bei 285 waagerecht.

		★★	◎
5 H–5 Kr	(257, 262–264, 266, 267, 269, 271, 272, 277, 285, 312–318) .... Satzpreis (18 W.)	80,—	40,—

1921, Okt. Befreiung des Burgenlands (II). Waagerechter Handstempelaufdruck auf Freimarken: „Burgen / land" in Schwarz, Grün oder Rot.

80 H–2½ Kr	(286, 312–315) .... Satzpreis (5 W.)	30,—

Kärnten (private Propagandamarken)

Nicht ausgegeben:

1920, Okt. Abstimmungsausgabe. Schwurhand, Wappen. Kärntner Landschaften.

---

5 H–20 Kr	Gemischter Normalsatz . . Satzpreis (24 W.)	★★ 70,—	◎

I: 1. Auflage in Bdr. vom Gutenberghaus um den Wert zu 1½ Kr ergänzt, gez. 11½, zeigt feinen Druck in satten Farben.

Kompletter Satz	.... Satzpreis (21 W.)	200,—

II: 2. Auflage , von neuen Druckstöcken in schlechtem Innsbrucker Druck und abweichenden Farben; gez. 11½ und ☐.

Kompletter Satz	.... Satzpreis (24 W.)	75,—

Es existieren vielerlei Abarten, u.a. verschiedene Überdrucke, 15 Kr hellgrünes statt rotes Mittelstück.

Probedrucke	zu 30, 60, 75 und 80 H .... je	22,—
Kehr- und Zusammendrucke .... ca.		12,50

Als Werbevignetten ⊙ Stücke kein Aufschlag.

Auflagen: I = 1000 Sätze, II = 5000 Sätze

Knittelfeld

1918, 7.–8. Dez. Freimarken mit dreizeiligem Bdr.-Aufdruck von Wagner: Republik / Deutsch- / Österreich.

3 H (185), 5 H (186), 6 H (187), 10 H (188),
12 H (189), 15 H (221), 20 H (222), 25 H (223),

	★★	◎
30 H (224), 40 H (194) .... Satzpreis (10 W.)	400,—	300,—

		✉
Philatelistische Poststücke .... (Satzbrief)		300,—
Bedarfsmäßig frankierte Poststücke .... mind.		100,—

Abarten:

		★★
⚡⚡ Doppelaufdrucke auf 3, 5 und 30 H .... je		80,—
⚡ Kopfstehender Aufdruck auf 3 H		80,—

Von dieser Ausgabe existieren sehr gefährliche Fälschungen.

Linz

Während des Streiks der österreichischen Eisenbahnbediensteten am 10. und 11. Nov. 1924 wurde von privater Seite in Linz eine Notpostverbindung mit Wien eingerichtet. Zur Deckung der Gebühren wurden private Gedenkmarken einer katholischen Organisation (Domweihemarken) mit einem Aufdruck „Notpost / Linz Wien" versehen.

500, 500, 500, 1000, 1000, 2000 Kr ...... Satzpreis (6 W.)   ✶✶ 10,—   ◎ 30,—

Markenabbildungen: 500 Kr (Straßenbild, Linzer Dom, Bischof Rudigier), 1000 Kr (Seipel, Hauser) und 2000 Kr (Bischof Gföllner).

Notpostbriefe .... je   ✉ 50,—

Ohne Aufdruck (Domweihvignetten) ...... Satzpreis (6 W.)   1,—

Ohne Aufdruck auf gelbem Papier in kleiner Blockform in Geschenkmappe 2,50

Auflage: 20 000 Sätze

Osttirol (private Propagandamarken)

1920, 16. Okt. Freimarken mit drei- bzw. zweizeiligem Bdr.-Aufdruck: „Deutscher / Gau / Osttirol" in Gold und Schwarz, gez. und □.

  ✶✶   ◎

I: 1. Auflage: Aufdruck gold (256, 260 x, 262 y, 264, 266, 267, 269, 271 a+b, 272, 285–291, 312 x+y, 313 x, 315 x+y) Normalsatz (billigste Sorte) .... Satzpreis (19 W.)   350,—

II: 2. Auflage: Aufdruck schwarz (256, 260 x, 262 y, 264, 266, 267, 269, 271 x, 272, 285–291, 312 y, 313 y, 315 y) Kompletter Satz .... Satzpreis (19 W.)   —,—

⟦FALSCH⟧

Nachdruck bekannt.

Angeblich existieren bei allen Ausgaben noch weitere Wertstufen.

Aufdruckplattenfehler:

I

I	„T"eutscher Gau	—,—
II	Deutscher „H"au	—,—

Plattenfehler der Urmarken .... mind.   7,50

Auflagen: I und II je 100 Sätze

Radkersburg

1920, 26. Juli. Befreiung Radkersburgs (I). Dreizeiliger Aufdruck (matt verschwommen) von Semlitsch auf Freimarken: „Radkersburgs / Befreiungstag / 26. Juli 1920".

  ✶✶   ◎

5 H–20 Kr   (257, 259–260, 262–266, 268–269, 271–272, 274, 276, 279–291, 293, 297, 306, 312, 315 ...... Satzpreis (32 W.)   —,—   —,—

Einzelwerte .... ab   40,—
Poststücke .... mind.   90,—

Einige kleine Abarten sowie Plattenfehler der Urmarken bekannt.

1920, 26. Juli. Befreiung Radkersburgs (II). Dreizeiliger Aufdruck (glänzend) von Deutscher Vereinsdruckerei: „Radkersburgs / Befreiungstag /26. Juli 1920."

  ✶✶   ◎

5 H–20 Kr   (256–257, 259–260, 262–264, 266, 269, 271–275, 277–278, 280–281, 283, 285–291, 312 y, 315) .... Satzpreis (28 W.)   350,—   250,—

Plattenfehler der Urmarken .... mind.   25,—

Ψ Kopfstehende Aufdrucke   (259, 264, 271, 280, 312 y) je   40,—

ΔΔ Doppelaufdruck ....(262 y)   50,—

Rote Probeaufdrucke .... je   50,—

Salzburg

1921, 29. Mai. Volksabstimmung (I). Zwei- bzw. dreizeiliger Aufdruck auf Freimarken: „Salzburger / Volks- / Abstimmung".

  ✶✶   ◎

5 H–20 Kr   (257, 260 x, 262 y, 264 x, 266, 267, 269, 271 x, 272, 285–291, 312 y, 313 y, 314 x, 315 y) Normalsatz .... Satzpreis (20 W.)   100,—   60,—

Phil. Satzbrief mit ◎ ....   70,—

In numerierter Mappe Aufschlag 20 %.

   teilweise Ψ

Plattenfehler der Urmarken .... mind.   12,—

Einige Werte mit Ψ oder ΔΔ .... je   50,—

Teilweise kopfstehende Aufdrucke .... je   80,—

⟦FALSCH⟧

1921, 29. Mai. Volksabstimmung (II). Vierzeiliger Bdr.-Aufdruck auf Freimarken: „Abstimmung / in Salzburg / 29. Mai / 1921".

  ✶✶   ◎

1, 1½, 2 Kr   (313 x, 314 x, 315 x) ..... Satzpreis (3 W.)   10,—   12,—
1, 1½, 2 Kr   (313 y, 314 y, 315 y) ..... Satzpreis (3 W.)   10,—   12,—

Ψ Kopfstehender Aufdruck   (313 x) ....   25,—

Phil. Briefe (meist mit Bahnpoststempeln)   7,50

⟦FALSCH⟧

Motiv- und Themensammler
finden reichlich Ergänzungsstücke unter den Ganzsachen!

Spielfeld

1920, 8. Aug. Befreiung Spielfelds. Dreizeiliger schwarzer bis blauvioletter Gummistempelaufdruck auf Freimarken: „Befreiung / Spielfelds / 29. Juli 1920".

Einzig postalische Entwertung   Komiteestempel

		★★	Komitee-⊙
5 H–20 Kr	(255–291, 312–314) ..... Satzpreis (40 W.)	450,—	400,—

Ohne Aufdruck mit „Befreiungsstempel" phil. hergestellt . je   0,50

Diese Ausgabe zeichnet sich durch eine enorme Vielfalt an Abarten aus. Aufdrucke von oben nach unten oder von unten nach oben werten gleich, ebenfalls „Spielfeld(s)" mit oder ohne „s". Mischfrankaturen mit Normalmarken und Stempel SPILJE ca. ☞ 35,—. Gegen Gebühr konnte jede vorgelegte Marke überdruckt werden, daher existieren noch rund 70 weitere Werte, auch mit Aufdruck „Deutschösterreich" - diese selten!: mind. 10,—. FALSCH

Tirol

1918, 12. Dez. Land Tirol. Freimarken mit violettschwarzem Gummihandstempel „Tiroler Adler".

3 H (185), 5 H (186), 6 H (187), 10 H (188), 12 H (189), 15 H (221), 20 H (222), 25 H (223), 30 H (224), 40 H (194), 50 H (195), 60 H (196), 80 H (197), 90 H (198), 1 Kr (199), 2 Kr (208), 3 Kr (209), 4 Kr (206), 10 Kr (207), 2 H Eilmarke (219), 5 H Eilmarke (220)

	★★	◎
Satzpreis (21 W.)	600,—	400,—

		✉
Bedarfmäßig frankierte Poststücke .... mind.		140,—
Überfrankierte ✉ .... mind.		10,—

Viele Fälschungen bekannt, auch bei ⊙-Ausgaben! Prüfung vorteilhaft!

Gültig bis 20.1.1919

Die Preisnotierungen gelten für Marken in handelsüblicher Qualität.

1921, 24. April. Volksabstimmung. Roter Stdr.-Aufdruck auf Freimarken: Tiroler Adler / 24. April 1921.

Type I: Adler ohne Schwanzspitze, bei den Parlamentswerten ohne Bindestrich nach April

Type II: Adler mit Schwanzspitze, bei den Parlamentswerten mit Bindestrich nach April

		★★	◎
Type I	(257, 271 xa+b, ya, 285, 288, 289, 291, 312 x+y, 313 x+y, 315x+y) .... Satzpreis (9 W.)	80,—	80,—
Type II	(257, 271 xa+b, 285, 288, 289, 291, 312 y, 313 x+y, 314 x, 315 y) ...... Satzpreis (10 W.)	200,—	200,—
Plattenfehler der Urmarken .... mind.		35,—	

			*
℣ Kopfstehender Aufdruck	(271, 314 x) .... je		80,—

Tief- bzw. lilaroter Aufdruck = FALSCH

Streik-Notpostmarken

Während des Streiks der österreichischen Postangestellten vom 10. bis 13.12.1923 erfolgte im Auftrag der Tiroler Landesregierung durch den „Tiroler Gewerbebund (TGB)" in Innsbruck und Tirol ein Notpostverkehr.

1923, 11.–13. Dez. Notpostmarken für Tirol. 2 Typen: I = Adler ohne, II = Adler mit Lorbeerkranz. Bdr. Koppelstädters Erben; gez. 11½

Type I

				★★	◎	✉
1 I	3000 Kr	schwarzbraun/rot auf weiß ..		14,—	30,—	150,—
2 I	5000 Kr	schwarzviolett/rot auf weiß ..		14,—	30,—	150,—
3 I	8000 Kr	schwarzbraun/rot auf gelb ..		14,—	30,—	140,—
4 I	10000 Kr	schwarzgrün/rot auf gelb				
a		breite Null		20,—	40,—	180,—
b		schmale Null		40,—	70,—	200,—
		Satzpreis (4 W.)		60,—	130,—	

Type II

				★★	◎	✉
1 II	3000 Kr	schwarzbraun/rot auf weiß ..		14,—	30,—	150,—
2 II	5000 Kr	schwarzviolett/rot auf weiß ..		14,—	30,—	150,—
3 II	8000 Kr	schwarzbraun/rot auf gelb ..		14,—	30,—	140,—
4 II	10000 Kr	schwarzgrün/rot auf gelb				
a		breite Null		20,—	40,—	180,—
b		schmale Null		40,—	70,—	200,—
		Satzpreis (4 W.)		60,—	130,—	

Besonderheiten:

Fehldruck T.G.G.   4 a   4 b

Fehldruck „T.G.G." (statt „T.G.B.") nur bei MiNr. 1–3, und zwar jeweils Type I (Feld 6): je vierfacher Preis.

Die obere und untere Bogenhälfte waren verkehrt aneinandergereiht (10 Stück), sind jedoch meist getrennt worden. ⊓ 20fache Preise der Normalmarke.

Auflagen: MiNr. 1 = 4000, MiNr. 2 = 4340, MiNr. 3 = 4000, MiNr. 4 = 3860

Paketkontrollmarken

Laut Beschluß der Tiroler Landesregierung wurde die Kontrolle von Paketen im Post- und Eisenbahnverkehr angeordnet. Jedes Paket wurde nach erfolgter Kontrolle mit einer Kontrollmarke versehen (selten aufgeklebt auf einem Paketanhänger).

1919, Mai/1921, 1. Sept. Paketkontrollmarken. Hochrechtecke, dünnes oder dickes Papier. Bdr. der Wagnerschen Universitätsdruckerei, Innsbruck, schlecht gez. 11½.

I, II   III, IV

			**	Voraus-entwer-tung
I	20 H	rot auf weiß	1,—	3,—
II	20 H	rot auf gelb	1,—	3,—
III	20 H	rot auf weiß	1,—	3,—
IV	20 H	rot auf gelb	1,—	3,—
V	50 H	auf 20 H, Fraktur, waagerecht auf III oder IV	2,—	16,—
VI	50 H	auf 20 H, Antiqua, dick auf III oder IV	2,—	16,—
VII	50 H	auf 20 H, Antiqua, schmal auf III oder IV	2,—	16,—
		Satzpreis (7 W.)	10,—	60,—

Besonderheiten:

II U	ungezähnt	25,—
III U	ungezähnt	25,—
IV U	ungezähnt	25,—

Bei MiNr. V–VII kommen unwesentliche Farbtönungen vor; die Wertaufdrucke („50 Heller", Handstempelaufdruck) sind oft in verschiedener Art angebracht (senkrecht, schief etc.) Bei allen Werten gibt es dünneres und dickeres Papier, außerdem existieren Druckproben und Andrucke.

Die gestempelten Marken stammen aus vorweg entwerteten Bogen bzw. Bogenteilen. Marken auf Paketanhängern (sehr selten) 240,—.

Private Botenpost – Zuschlagsmarken

Katschberg

1933, 1. Jan./1948, 1. Okt. I = gestrichenes weißes Papier, gez. 11½ (1. Auflage 1933); II = graues Papier, gez. 11½ (2. Auflage 1948)

3 g dunkelblau (Karten)

		**	⊙	▷	✉ *)
I	1. Auflage	13,—	14,—	16,—	65,—
II	2. Auflage	7,50	13,—	15,—	90,—

6 g orangerot (Briefe)

		**	⊙	▷	✉ *)
I	1. Auflage	13,—	22,—	30,—	80,—
II	2. Auflage	7,50	20,—	20,—	100,—

1 S violett (Pakete)

		**	⊙	▷	✉ *)
I	1. Auflage	13,—	25,—	35,—	150,—
II	2. Auflage	7,50	18,—	25,—	—,—
	Satzpreis I (3 W.)	38,—	60,—	80,—	100,—
	Satzpreis II (3 W.)	22,—	50,—	50,—	75,—

*) Die Preise gelten bei 1-S-Marken für Formularabschnitte, bei Sätzen für Bekanntmachungen.

Die erste Ausgabe wurde auch 1948 weiter verwendet, nicht selten!

Die zweite Ausgabe existiert auch □ je 60,—.

Zell am See

1926/1927. Kesselfall Alpenhaus und Moserboden. Steindruck von Waldheim-Eberle, Wien.

Kesselfall-Alpenhaus

			**	⊘	✉
1926	5 g	blau/schwarz (gez. 9)	25,—	30,—	110,—
	5 g	grün/schwarz (gez. 9)	5,—	6,—	—,—
1927	5 g	grün/braunschwarz (gez. 10½)	60,—	60,—	110,—

Moserboden

			**	⊘	✉
1926	5 g	blau/schwarz (gez. 9)	8,—	6,—	—,—
	5 g	grün/schwarz (gez. 9)	28,—	30,—	110,—
1927	5 g	karminrosa/braunschw. (gez. 10½)	50,—	75,—	220,—
	5 g	blau/braunschwarz (gez. 10½)	35,—	45,—	140,—

Eilportoprovisorien und ähnliches

1920/1921. Es existieren eine Vielfalt von Provisorien, u.a. aus Wien, Linz, Graz, Liezen, Tachau.

** oder phil. Briefstücke 10,— bis 35,—. Echte Bedarfsstücke —,—.

Lokalausgabe in Südtirol zu Ende des Ersten Weltkrieges

Nach der Besetzung Merans um den 6. November 1918 durch italienische Truppen kam der zivile Postverkehr im Vinschgau völlig zum Erliegen. Auf Ansuchen des Gremiums der Kaufmannschaft Meran erteilte am 24. November 1918 das kgl.-ital. Militärkommando Meran die Erlaubnis, einen postalischen Hilfsdienst im Vinschgau einzurichten und zur Deckung der Spesen eine Sondergebühr in Form von Zuschlagsmarken einzuheben. Die Poststücke mußten mit den kursgültigen (vorwiegend noch österreichischen) Marken versehen sein. Zu diesen wurden die Zuschlagsmarken geklebt und meist entwertet. Echt gelaufene Poststücke sind aus Algund, Partschins, Naturns, Schlanders, Mals und Töll bekannt. Zeitungszustellung ab dem 25., Briefpost ab dem 28. November 1918.

Hilfspost Meran

1918, 25. Nov. Zuschlagsmarke für Geschäftspost der Handelskammer. Bdr. von Pleticha-Meran, MiNr. 2 und 3 auf farbigem Glanzpapier, □.

				*	**	☉	✉
1		2	(H)	schwarz auf rosa ...	10,—	20,—	28,—	110,—[1]
2		5	(H)	....				
a				schwarz auf olivgrün	360,—	850,—	500,—	1400,—[2]
b				schwarz auf hellgrün	550,—	1300,—	700,—	1500,—
3		10	(H)	....				
a				schwarz auf dk'blau	450,—	1000,—	400,—	1400,—[3]
b				schwarz auf hellblau	600,—	1400,—	500,—	1800,—
				Satzpreis (3 W.)	800,—	1800,—	900,—	

[1] Zeitungsschleife, [2] Karte, [3] Brief

Besonderheiten:

1–3 K   ↿⇂ senkrecht .... je   —,—

Von MiNr. 1–3 existieren Nachdrucke mit geänderter Rahmenzeichnung.

Auflagen: MiNr. 1 = 5000, MiNr. 2 = 420, MiNr. 3 = 420 Stück

2-H-Marken gültig bis 15.12.1918, 5-H- und 10-H-Marken gültig bis 5.12.1918

1918, 30. Nov. Ähnliche Zeichnung aber mit Stadtwappen und Wertbezeichnung. □.

I = 1. Auflage MiNr. 4 a–6 a: gleichmäßiger Abstand zwischen Wertziffer und „Heller". Enge Markenabstände.
II = 2. Auflage MiNr. 4 b–6 b linke Wertziffer weiter vom Wort „Heller" entfernt als die rechte Ziffer. Weite Abstände zwischen den Marken. Meist ohne Gummi ausgegeben.

				(*)	**	☉	billigster ✉
4		2 H	.... b				
a			schwarz auf hellgrün glanzloses Papier	18,—	40,—	30,—	200,—[1]
b			schwarz auf grün normales Papier	14,—	35,—	28,—	180,—[2]
5		5 H	.... b				
a			schwarz auf dunkelblau	50,—	100,—	80,—	220,—[2]
b		10 H	schwarz auf hellblau ...	40,—	80,—	70,—	200,—
6			.... b				
a			schwarz auf ziegelrot ..	170,—	350,—	200,—	450,—[3]
b			schwarz auf orange ...	90,—	180,—	140,—	230,—

[1] Zeitungsschleife, [2] Karte, [3] Brief

				*	
I		10 H	schwarz auf anilinrot (nicht verausgabt) ... b	60,—	140,—

Plattenfehler

   6 a I

6 a I	Plattenfehler: Kfmschst .	700,—		600,—	1100,—

↿⇂ senkrechte Kehrdruckpaare 6fache Preise der Einzelmarke.

richtig frankierte Schleife

Auflagen: MiNr. 4 a = ca. 2500, MiNr. 4 b = ca. 1000, MiNr. 5 a und b = ca. 2500, MiNr. 6 a und b = ca. 2500 Stück

2-H-Marken gültig bis 15.12.1918, 5-H-, und 10-H-Marken gültig bis 5.12.1918

Portomarken

Im November 1918 wurden die Postämter durch ein Zirkular angewiesen, Freimarken durch Vermerk oder Aufdruck zu Portomarken bei Bedarf umzuwidmen. Die Durchführung wurde den einzelnen Postämtern überlassen. Dies wurde durch ein weiteres Postdirektionszirkular am 22. Januar 1919 wiederholt. Es wurden in der Folge sehr viele Aufdrucke „erzeugt", die stark philatelistischen Einfluß besitzen.

Achtung: Es wurden nur Ausgaben bzw. Wertstufen aufgenommen, die auch auf Bedarfspost vorkommen.

Bozen 1

1918, Nov./Dez. Als Notmaßnahme überdruckte man in Bozen zuerst italienische Freimarken, später auf den Überdruckausgaben mit dem Aufdruck „T".

				**	☉	⊠
1	5 C	grün	(88)	3,50	4,50	20,—
2	10 C	braunrosa	(89)	3,50	4,50	20,—
3	20 C	braunorange	(125)	4,—	5,—	22,—

1918, 18. Dez. Marken der italienischen Besetzung Trentino mit Aufdruck „T" in Schwarz und Rot.

4	5 H	auf 5 C grün	(27)			
a		schwarzer Aufdruck		1,50	1,80	7,50
b		roter Aufdruck		12,—	17,—	—,—
5	10 H	auf 10 C braunrosa	(28)			
a		schwarzer Aufdruck		1,50	1,80	10,—
b		roter Aufdruck		12,—	17,—	—,—
6	20 H	auf 20 C braunorange	(29)			
a		schwarzer Aufdruck		1,50	2,20	12,—
b		roter Aufdruck		12,—	20,—	—,—

1919. Marken der Gemeinschaftsausgaben für Julisch-Venetien, Trentino und Dalmatien mit Aufdruck „T"

7	5 cent. di corona	auf 5 C grün	(3)	1,—	1,20	7,50
8	10 cent. di corona	auf 10 C braunrosa	(4)	1,—	1,20	10,—
9	20 cent. di corona	auf 20 C braunorange	(5)	1,50	1,50	10,—
		Satzpreis (9 W.)		19,—	22,—	

Bozen 3

1919, Febr. Marken der italienischen Besetzung Trentino mit rotem Maschinenaufdruck „PORTO/S.T." (S.T. = Segnatassa) von links unten nach rechts oben. Druckerei Tyrolia Bozen.

1	5 H	auf 5 C grün	(27)	14,—	17,—	50,—
2	10 H	auf 10 C braunrosa	(28)	14,—	17,—	50,—
3	20 H	auf 20 C braunorange	(29)	15,—	17,—	60,—

1919, Febr. Marken der Gemeinschaftsausgaben für Julisch-Venetien, Trentino und Dalmatien mit Aufdruck „PORTO/S.T."

4	5 cent. di corona	auf 5 C grün	(3)	5,—	6,—	20,—
5	10 cent. di corona	auf 10 C braunrosa	(4)	5,—	6,—	20,—
6	20 cent. di corona	auf 20 C braunorange	(5)	6,—	7,50	22,—
		Satzpreis (6 W.)		55,—	70,—	220,—

Plattenfehler: „S.T." kopfstehend ca. 200 % Aufschlag.

Es ist eine Vielfalt an anderen Wertstufen bekannt, diese wurden jedoch nicht „postalisch" verwendet.

Auflagen: MiNr. 1–3 je 600, MiNr. 4 = 2300, MiNr. 5 = 1500, MiNr. 6 = 2000 Stück

---

Dorf Tirol

1919. Marken der Gemeinschaftsausgaben für Julisch-Venetien, Trentino und Dalmatien mit Aufdruck von links unten nach rechts oben: „Nachzahlung / Heller".

				**	☉	⊠
1	5 cent. di corona	auf 5 C grün				
a		Aufdruck rot	(3) R	15,—	15,—	75,—
b		Aufdruck blau	(3) Bl	60,—		
2	10 cent. di corona	auf 10 C braunrosa	(4) S	15,—	15,—	65,—
3	20 cent. di corona	auf 20 C braunorange	(5) S	15,—	15,—	50,—
		Satzpreis (3 W.)		45,—	45,—	

Besonderheiten: ** = ☉

2 I	Aufdruck von links oben nach rechts unten		35,—
3 I	Aufdruck von links oben nach rechts unten		35,—

Es wurden in fast allen Postorten Südtirols „T" (Taxe) Aufdrucke auf italienischen oder österreichischen Marken vorgenommen. Bedarfspoststücke vorwiegend mit 20 C werten mind. 10,—.

II. Republik ab 1945

Die Lokalausgaben des Jahres 1945 nehmen philatelistisch gesehen gegenüber den Ausgaben nach dem Ersten Weltkrieg eine andere Stellung ein. In einigen Orten befahlen die örtlichen Befehlshaber der Besatzungsmacht die Aufnahme eines oft bescheidenen Postverkehrs und damit verbunden die Ausgabe von abgeänderten Briefmarken des Deutschen Reiches. Die Herstellung der Überdruckmarken erfolgte meistens in größter Eile mit den primitivsten Hilfsmitteln. Verkehrte, verschobene, kopfstehende und doppelte Aufdrucke sowie die Verwendung verschiedenfarbiger Stempelkissen kommen vor, ja sie sind oft ein Kennzeichen der Echtheit dieser Überdrucke.
Nummern der deutschen Urmarken in Klammern.

Dorfstetten (Niederösterreich)

1945, 8. Mai. Schwarzer oder blauer Handstempelaufdruck: „Österreich / wieder /frei".

				**	⌀
1 (Pf)–5 RM	(781–786, 789–802, 826–827, 896–898, 902–903, 906–908) ... Satzpreis (31 W.)			5000,—	5000,—
10 (Pf)–12 (Pf)	(788–789)	Satzpreis (2 W.)		300,—	300,—

Einige Werte sind mit ℣ Aufdruck bekannt: 100 % Aufschlag.

Am 8. Mai wurden einige Sätze mißbräuchlich gestempelt.

FALSCH Eine Ausgabe von 10 Werten, jedoch mit Bdr.-Aufdruck, wurde 1946 in Wien produziert.

Dürnstein (Niederösterreich)

1945, 24. Mai. Blauvioletter schräger Handstempelaufdruck (Setzkasten): „Rep. Öst.".

			**	☉
1, 3, 6 (Pf)	(781–782, 785)	...... Satzpreis (3 W.)	450,—	500,—

1945, 24. Mai. Schwarzer oder roter schräger Handstempelaufdruck (Setzkasten): „Österreich".

			**	☉
1 (Pf)	(781)	....	120,—	130,—
3 (Pf)	(782)	....	75,—	85,—
6 (Pf)	(785)	....	90,—	100,—
4–24 (Pf)	(783–784, 786, 791–792, 826–827)	..... je ab	250,—	250,—

Die Marken wurden trotz der am Postamt gehandhabten Barfreimachung gefälligkeitshalber entwertet.

Frankenfels (Niederösterreich)

1945, 19./26. Juni. Blauvioletter Handstempelaufdruck (Setzkasten): „Österreich".

			✍	✉
6 (Pf)	violett, Aufdruck schräg .... (785)		500,—	800,—
6+6 (Pf)	violett, Aufdruck waagerecht			
	über zwei Marken gehend .... (785)		350,—	700,—

Furth bei Göttweig, früher Krems/Furth (Niederösterreich)

1945, Juni. Privater Handstempelaufdruck liegend oder stehend: Wappen + Österreich

Es wurde eine bisher unbekannte Anzahl (über 50) von Marken des Deutschen Reiches, auch Werte der Kameradschaftsserie etc. überdruckt ** oder ⊘. Einzelwerte ab 20,—.

Gmünd (Niederösterreich)

Die Fülle der Aufdrucke läßt sich dadurch erklären, daß mehrere Postbeamte gleichzeitig mit verschiedenen Behelfsmitteln diese Ausgabe produzierten. Die aufgeführten Marken sind die bisher bekannt gewordenen.

1945, 12. Mai. Schwarzblauer primitiver Handstempelaufdruck (Setzkasten): „österreich" (dick, verschmiert, kleines „ö".

			**
4–50 (Pf)	(783, 789, 791, 793–796, 827)	..... je ab	85,—

1945, 12. Mai. Roter oder schwarzvioletter primitiver Handstempelaufdruck (Setzkasten): „österreich" (kleines „ö" mit Innenkreis statt Punkten).

3 (Pf)–1 RM	(782–786, 789–791, 793–799,		
	826–827)	.... je ab	45,—

1945, 12. Mai. Schwarzgrauer Handstempelaufdruck (Setzkasten): ÖSTERREICH (Großbuchstaben, Ö-Punkte als Innenkreis).

			**
25 (Pf)–1 RM	(793–799)	.... je ab	60,—

1945, Mai. Violetter schräger Handstempelaufdruck (Setzkasten): „Oesterreich" (mit „Oe").

3–25 (Pf)	(782–791, 793)	.... je ab	75,—

1945, Mai. Violetter schräger Handstempelaufdruck (Setzkasten): „Österreich".

1 (Pf)–2 RM	(781–786, 789–800, 826–827)	.. je ab	50,—

Von diesem Aufdruck existiert eine Untertype mit kleinem „i".

Der Wert zu 12 Pf wurde angeblich in NAGELBERG echt ☉.

1945, Juni. Blauvioletter, ähnlicher schräger Gummistempelaufdruck (Setzkasten): „Österreich" (breites „Ö", ca. 4 mm, Ö-Punkte als Innenkreis).

6–80 (Pf)	(785, 790–791, 798, 827)	.... je ab	110,—

1945, Juni. Blauvioletter ähnlicher, aber größerer Gummistempelaufdruck (Setzkasten): (Breites „Ö", ca. 30,5×4 mm, Ö-Punkte als Innenkreis).

25 (Pf)–1 RM	(793–A 795, 797–799)	.... je ab	60,—

Eine Anzahl Gmünder Aufdruckmarken existieren auch mit Poststempel ca. 20% Aufschlag. Auf ✉ mind. 60,—.

FALSCH Alle Aufdrucke.

Graz (Steiermark)

1945, 5. Mai. Sog. Panther-Ausgabe: Wappenaufdruck (Bronze-Klischee).

			**	⊘
1 (Pf)–5 RM	(781–786, 789–802,			
	826–827, 830, 908) ... Satzpreis (24 W.)		1000,—	1000,—
10 Pf StTdr. (787), 12 Pf StTdr. (788)	.... je		240,—	240,—

Von einigen Pfennig-Marken Farbtönungen bekannt; die Werte zu 1, 2 und 3 RM existieren in beiden Zähnungen. Von einigen Werten wurden ⚇ oder ⚇⚇ bekannt, ca. doppelte Preise. Ein Verkauf bei der Post fand nicht statt, da die normalen - unüberdruckten - Freimarken im russisch besetzten Teil der Steiermark noch bis 22. Mai Gültigkeit besaßen. Es sind jedoch entwertete philatelistische Poststücke bekannt, ca. 10 % Aufschlag.

Hoheneich (Niederösterreich)

1945, Mai/Juni. Violetter, schräger Gummistempelaufdruck (Setzkasten): „Österreich" (breites „Ö", ca. 4 mm).

			★★	@	✉
12 (Pf)	(827)	. . . . je ab	170,—	200,—	—,—

Über Anordnung des Postamtes Gmünd wurde die Wertstufe zu 12 Pf am Postamt Hoheneich überdruckt. Weitere Wertstufen mit diesem Aufdruck sollen bekannt sein.

FALSCH

Horn (Niederösterreich)

1945, 15./16. Mai. Schräger Handstempelaufdruck der Druckerei Berger: „Österreich".

			★★	@
1 (Pf)–1 RM	(781–786, 789–802, 826–827, 908)	. . . . . Satzpreis (23 W.)	1700,—	2000,—

Nachdrucke u.a. mit zerkratztem Druckstöckel bekannt.

FALSCH

Mit dem Originaldruckstöckel wurden auch von privater Seite eine größere Anzahl Marken (u.a. die 5-RM-Marke) überdruckt. Bedarfspost bisher unbekannt.

Langschlag (Niederösterreich)

1945, 12. Mai. Blauvioletter schräger Handstempelaufdruck (Setzkasten): „Österreich".

			★★	☉
1 (Pf)–1 RM	(781–786, 789, 791–799, A 795, 826–827)	. . . . Satzpreis (19 W.)	1000,—	—,—

Bedarfspost hat bisher nicht vorgelegen.

Leibnitz (Steiermark)

1945, 22. Mai. Senkrechter Maschinenaufdruck von Cäsar: „Österreich" (Cicero-Lateinschrift mit verschiedenen „Ö").

			★★	@
1–24 (Pf)	(781 a+b, 782–792, 826–827)	Satzpreis (14 W.)	—,—	—,—
Normalsatz	(781–786, 789–792, 826–827)	Satzpreis (12 W.)	1200,—	1300,—
Häufigste Wertstufen 6 und 12 Pf	. . . . je			12,—
1 (Pf)	schwarz			200,—
10 (Pf)	StTdr. (787)			160,—
12 (Pf)	StTdr. (788)			160,—

8 Pf Hindenburg (517) und andere Werte sind illegale Nachdrucke.

Es existieren 2 Aufdrucktypen mit einigen Untertypen:

Zuschläge in Klammern:

Type I: schmales „Ö"

a	b	c (+ 250 %)	d (+ 500 %)

Type II: breites „Ö"

a	b	c (+ 30 %)	d (+ 170,—)	e (+ 170,—)

Davon ist die Type I c 3mal, die Typen I d, II d und e nur 1mal im Bogen vorhanden, daher sind Einheiten mit verschiedenen Typen, außer bei den Wertstufen zu 6 und 12 Pf, äußerst selten. —,—.

Diese Ausgabe wurde zum selben Zeitpunkt gedruckt, als die Grazer Aufdruckwerte ausgeliefert wurden. Sie wurde daher zur Frankatur nicht zugelassen. Mit den Wertstufen zu 6, 8 und 12 Pf existieren jedoch einige portogerecht (aber mißbräuchlich) frankierte Briefe 100,—.

Es existieren alle Wertstufen mit mißbräuchlich verwendeten echten Stempeln aus Leibnitz. 10 % Zuschlag.

Von dieser Ausgabe existieren sehr gefährliche Fälschungen und Nachdrucke.

Leoben (Steiermark)

1945, 26. Juni. Maschinenaufdruck von Druckerei Horst: „Österreich" zwischen 5 bzw. 6 Reihen des Kreuzbalkenmusters, bei der Volkssturmmarke zwischen 2 Balken und 11 Linien.

Type I   Type II

			★★	@
1 (Pf)–5 RM	(781–802, A 795, 826–827, 908)	. . . . Satzpreis (26 W.)	1000,—	1000,—
Volkssturm Type II	. . . . Satzpreis (26 W.)		900,—	900,—

Spezialsammler unterscheiden noch einige Farbtönungen, Gummiriffelungen und Plattenfehler, sowie 1 RM bis 3 RM in beiden Zähnungen.

Diese Ausgabe wurde ohne Genehmigung der Grazer Postdirektion ausgeführt und ist als lokale Gedenkserie anzusehen. Sie wurde nicht zur Frankatur zugelassen, es existieren jedoch trotzdem einige philatelistische Poststücke.

Auflage: 350 Sätze

Losenstein (Oberösterreich)

1945, 20. Juli. Maschinenaufdruck Bdr. oder Stdr. der Druckerei Strietzl: Österreich / wieder / „frei" / 5.5.1945.

			★★	@
1–80 (Pf)	(781–786, 789–798, 826–827)			
	Bdr.	. . . . Satzpreis (19 W.)	400,—	400,—
	Stdr.	. . . . Satzpreis (19 W.)	70,—	70,—

Einige Abarten, wie Ψ oder verschobene Aufdrucke bekannt.

Die Steindruckausgabe existiert mit echten, jedoch mißbräuchlich verwendeten Poststempeln. Kein Aufschlag. Die „Spendenmarken" wurden von der Gemeinde zum doppelten Nennwert (für einen Brückenaufbaufonds) verkauft, jedoch nicht zur Frankatur zugelassen.

Auflagen: Bdr. = 100, Stdr. = 3700 Sätze

Mondsee (Oberösterreich)

1945, 12. Mai. A = schwarzer Maschinenaufdruck, B = schwarzer oder violetter Handstempel (Buchdrucklettern) der Druckerei Gamperl: „Republik / Österreich".

			✶✶	◎
1–80 (Pf)	(781–786, 789, 791–798, 826–827) . . . Satzpreis A (17 W.)		300,—	300,—
1 (Pf)–5 RM	(781–802, 826–827, 908) Normalsatz ohne 787–788 . . . . Satzpreis B (25 W.)		1700,—	1700,—
10 und 12 Pf	(787–788) Tiefdruck . . . . je		240,—	240,—

Spezialsammler unterscheiden noch einige Farbnuancen, Gummiriffelungen etc. Abstempelungen wurden trotz Einstellung des Postverkehrs, mit echten Poststempeln ◎ vorgenommen. Daten vor dem 16. Mai sind Rückdatierungen. Kein Verkauf am Postschalter.

Nußdorf am Attersee (Oberösterreich)

1945, 20. Mai. Senkrechter, ab 25 Pf waagerechter Gummihandstempel: „Nussdorf / frei / ÖFB".

			✶✶	◎
6–80 (Pf)	(781–786, 789, 791, 793–797, 826–827) . . . . Satzpreis (15 W.)		180,—	180,—

Diese Ausgabe wurde mißbräuchlich mit echten Poststempeln entwertet – kein Aufschlag. Das Postamt war vom 4. Mai bis 3. Juli geschlossen.

Perg (Oberösterreich)

1945, 23. Mai. Schwarzer oder roter (ab 25 Pf) Handstempelaufdruck (Metall): Mauerkrone mit Hammer und Sichel.

			✶✶	◎
1–40 (Pf)	(514, 520, 781–789, 791–795, 827) . . . . Satzpreis (17 W.)		500,—	500,—

Weitere Ausgaben sind Schwindelprodukte.

Die Ausgabe Perg erfüllte keinen postalischen Zweck.

Raabs an der Thaya (Niederösterreich)

1945, Mai. Schräger Handstempelaufdruck (Setzkasten): „Oesterreich".

			✶✶	◎
1 (Pf)–5 RM	(781–786, 789–802, 826–827) . . . . Satzpreis (22 W.)		1200,—	1200,—

Dienstmarken:

1–12 (Pf)	(D 155, 156, 158–159, 161) Satzpreis (5 W.)		—,—	—,—

Diese Ausgabe wurde noch vor der Kapitulation erzeugt. Es wurden jedoch auch bereits entwertete Marken überdruckt. Eine Prüfung ist anzuraten.

Raxendorf (Niederösterreich)

1945, 11. Juni. Blauvioletter schräger Handstempelaufdruck (Setzkasten): „Österreich", Deutsches Reich teils durchstrichen.

			✶✶	◎
1–50 (Pf)	(781–782, 785, 791, 795–796, 827) . . . . Satzpreis (7 W.)		—,—	—,—
				✉
Bedarfsbriefe sind bekannt . . . . ab				300,—

Ried im Innkreis (Oberösterreich)

FALSCH Die bisher als Lokalausgabe Ried angeführte Ausgabe hat sich nach neueren Forschungen als Produkt bedeutend späteren Ursprungs herausgestellt. Sie wurde auch mit rückdatierten (echten) Stempeln versehen.

Scheibbs (Niederösterreich)

1945, 1. Juni/2. Juli. Waagerechter Maschinenaufdruck (Handsatz) von Radinger in 3 Typen:

I = „Oesterreich": Leipziger Fraktur mit „Oe"
II = „Österreich": Leipziger Fraktur mit „Ö"
III = „Oesterreich": Leipziger Gotisch mit „Oe"

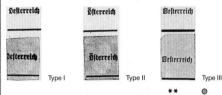

		Type I		Type II		Type III

				✶✶	◎	✉
1	6 Pf	violett . . . . (785)				
I		Type I (45 500)		6,—	6,—	100,—
II		Type II (6500)		35,—	35,—	300,—
III		Type III (14 300)		7,—	7,—	150,—
2	8 Pf	orangerot . . . . (786)				
I		Type I (4200)		300,—	300,—	500,—
II		Type II (600)		2000,—	2000,—	3200,—
III		Type III (2300)		300,—	300,—	450,—
3	12 Pf	violett . . . . (827)				
I		Type I (77 000)		5,—	5,—	60,—
II		Type II (11 000)		35,—	35,—	150,—
III		Type III (13 300)		10,—	10,—	90,—

Zahlen in ( ) = Auflage

Senkrechte Dreierstreifen aus Reihe 7 + 8 + 9 mit allen drei Typen:

				✶✶	◎
1	6 Pf	. . . .		100,—	—,—
2	8 Pf	. . . .		4200,—	—,—
3	12 Pf	. . . .		100,—	—,—
		Satzpreis (3 W.)		4400,—	—,—

Senkrechter Dreierstreifen in Type III:

				✶✶	◎
1	6 Pf	. . . .		100,—	—,—
2	8 Pf	. . . .		5000,—	—,—
3	12 Pf	. . . .		500,—	—,—
		Satzpreis (3 W.)		5500,—	—,—

Abarten:

Type I: A (gestückelte Balken) 100 %, B („Oesterreicn") 250 %, C („Oeslerreich") 100 %, D (winziges „r", weiter Abstand zwischen „s" und „t") 50 %, E Paar (normaler und weiter Abstand) 500 % Aufschlag.

Type II: A (Balken geteilt 0,6 mm) 150 % Aufschlag

Type III: A („Oeiterreich") 200 % Aufschlag

Type I: A

B

C

D

Type II: A

Type III: A

Diese Ausgabe wurde in einem großen Teil des südwestlichen Niederösterreichs bedarfsmäßig verwendet. FÄLSCH

FÄLSCH Bei dieser Ausgabe existieren zum Teil sehr gefährliche Fälschungen oder Nachdrucke. Besonders der Nachdruck der Druckerei Radinger ist nur von Fachleuten vom Original zu unterscheiden. Eine Prüfung ist daher unbedingt anzuraten.

Schwarzenbach an der Pielach (Niederösterreich)

1945, 21. Juni. Blauvioletter Handstempelaufdruck (Setzkasten): „österreich" (mit kleinem „ö", ca. 28,5 × 3 mm).

12 (Pf)   . . . . (827)   700,— ✉

Senftenberg (Niederösterreich)

1945, 8. Mai. Kastenförmiger Metallstempelaufdruck ÖSTERREICH in zwei Typen: A = ca. 29 mm, B = ca. 24 mm breit.

A

B

1 (Pf)–1 RM   (781–786, 789–799, 826–827, 830,   902–903, 906, Dienstmarken 155–162)   Satzpreis A und B (33 W.)   450,—   **   ☉

Diese Ausgabe besitzt keinerlei postalischen Charakter und ist nur als private Gedenkserie anzusehen.

Steyr (Oberösterreich)

1945, Mai. Privater schwarzer oder roter Handstempelaufdruck: „Wir sind / wieder / frei / 5.5.1945".

                                     **   ⊘

1 (Pf)–2 RM   (781–786, 789–799,
2 RM   826–827) . . . . .Satzpreis (19 W.)   450,—   450,—
            (800) . . . . 240,—   240,—

1945, Mai. Maschinenaufdruck der Druckerei Strietzl: Wir sind / wieder / „frei" / 5.5.1945 und zusätzlicher Balken oder drei Striche.

                                       **   ⊘

1 (Pf)–2 RM   (781–786, 789–799,
2 RM   826–827) . . . . .Satzpreis (19 W.)   450,—   450,—
            (800) . . . . 220,—   220,—

Diese Ausgaben sind von privater Seite vorbereitet gewesen, wurden jedoch von der amerikanischen Besatzungsmacht verboten. Mißbräuchliche Entwertungen von Steyr und Losenstein existieren. Kein Aufschlag.

Alle weiteren Ausgaben waren nur für den von den Russen besetzten Ostteil (rechts der Enns) gedacht und wurden zum Teil auch dort (Steyr 2) mißbräuchlich entwertet, da auch die russischen Behörden alle Überdrucke untersagten.

1945, Mai. Maschinenaufdruck der Druckerei Strietzl: Steyr / „rechts" / der / Enns / 9.5.1945.

                                       **   ⊘

1 (Pf)–2 RM   (781–786, 789–799,
2 RM   826–827) . . . . .Satzpreis (19 W.)   450,—   450,—
            (800) . . . . 200,—   200,—

1945, Juni. Gleicher Aufdruck, etwas enger gesetzt und Balken.

1 (Pf)–2 RM   (781–786, 789–799,
2 RM   826–827) . . . . .Satzpreis (19 W.)   550,—   550,—
            (800) . . . . 240,—   240,—

1945. Aufdruck wie vorhergehende Type, jedoch zusätzlich mit Stern.

1 (Pf)–80 (Pf)   (781–786, 789–798,
             826–827) . . . . .Satzpreis (18 W.)   180,—   180,—

Die Preisnotierungen sind Richtwerte für Marken in handelsüblicher Qualität. Preisbewegungen nach oben und unten sind aufgrund von Angebot und Nachfrage die Regel.

Waidhofen an der Ybbs (Niederösterreich)

1945, 9.–20. Mai. Violetter Handstempelaufdruck (Setzkasten): „Oesterreich" von links oben nach rechts unten.

		✯✯	◎
1 (Pf)–5 RM	(781–786, 789–802) . . .Satzpreis (20 W.)	1400,—	1400,—
3 RM und 5 RM	(826–827) . . . . je	—,—	—,—

Einzelwerte ab 15,—

1945, 4 Juni. Maschinensatz-Handstempel: „Österreich" schräg von links oben nach rechts unten.

		✯✯	◎
1 (Pf)–5 RM	(781–786, 789–802) . . .Satzpreis (20 W.)	1200,—	1200,—
3 RM und 5 RM	(826–827) . . . . je	—,—	—,—

✉ + 20 % auf ◎-Preis

In den dem Abrechnungspostamt Waidhofen unterstellten Zweigpostämtern Hollenstein, St. Georgen an der Reith, Göstling und Ybbsitz sollen handschriftliche Vermerke „Österreich" auf einigen Freimarken vorgekommen sein. ✉ mind. 50,—.

Weitra (Niederösterreich)

1945, 29. Mai. Schräger Handstempelaufdruck (Setzkasten): „Österreich".

		✯✯	◎
4, 6, 8, 12 (Pf)	(783, 785–786, 827) . .Satzpreis (4 W.)	600,—	600,—

Wien-Hernals

 1945, 11. April. Vierzeiliger waagerechter Maschinenaufdruck: „Mobile / Ordnungstruppe / Österreichische / Freiheitsfront".

		✯✯
1–40 (Pf)	(790–792, 826–827, Dienstmarken 155–162, 164–165) . . . . Satzpreis (15 W.)	750,—

Einzelwerte ab 10,—

Es handelt sich bei diesem Aufdruck um einen privaten Kontrollüberdruck. Plattenfehler „-tuppe" (statt „-truppe") je 50,—. Es existieren einige Probedrucke (auf MiNr. 782, 784, 794, 797) —,—.

Literatur zu den Österreich-Lokalausgaben: Ing. K. H. Friedl, Spezialkatalog „Austria-Philatelist" 1954.

Lagerpost

Tarp (Dänemark)

Es handelt sich bei diesen „Portofrei-Marken" um private Produkte, die im Rot-Kreuz-Lager von ESBJERG von internierten Österreichern auf Poststücke geklebt wurden.

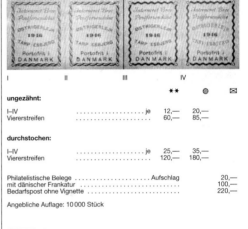

I	II	III	IV

		✯✯	◎	✉
ungezähnt:				
I–IV	. . . . je	12,—	20,—	
Viererstreifen	. . . .	60,—	85,—	
durchstochen:				
I–IV	. . . . je	25,—	35,—	
Viererstreifen	. . . .	120,—	180,—	
Philatelistische Belege . . . . Aufschlag			20,—	
mit dänischer Frankatur			100,—	
Bedarfspost ohne Vignette			220,—	

Angebliche Auflage: 10 000 Stück

Ähnliche Vignetten (Abb. links), braun auf grün, angebliche Auflage 500 Stück, sind private Mache.

Prüfungen und Prüfordnung

Der beste Schutz gegen den Erwerb falscher oder minderwertiger Marken ist der Einkauf im gutberufenen Fachgeschäft. In Zweifelsfällen ist die Hinzuziehung eines Experten angebracht.

Prüfordnung. Die von den Spitzenverbänden der Sammler und Händler anerkannten Experten für Marken, Abstempelungen und Erhaltung prüfen nach einheitlichen Richtlinien, die jeder Philatelist kennen sollte.

Ergänzend sei hier nochmals darauf hingewiesen, daß der Verlag der MICHEL-Kataloge keine Markenprüfungen vornimmt.

Lombardei und Venetien

Diese zum Kaiserreich Österreich, aber nicht zum Deutschen Bund gehörenden Gebiete hatten Silberwährung, nicht wie das übrige Österreich die geringer wertende Papierwährung. Deshalb waren die besonderen Marken für die Lombardei und Venetien nötig. Sie galten im ganzen Kaiserreich, dagegen die österreichischen Marken nicht in der Lombardei und Venetien.

1 Lira (L) = 100 Centisimi (C) (= 20 Kr); ab 1.11.1858: 1 Florin (Fl) = 100 Soldi (So)

MiNr. I siehe nach MiNr. 5

1850, 1. Juni/1857. Freimarken: Wappenzeichnung. Bdr. (8×8 + 4 Andreaskreuze im Druckbogen zu 4 Bogen); X = Handpapier mit Bogen-Wz. 1, Y = Maschinenpapier oWz.; □.

a) Wappen

Bogen-Wz. 1

Der Druck der Marken erfolgte gleichzeitig mit der 1. Ausgabe Österreichs in der Staatsdruckerei in Wien. Es fanden auch die gleichen Papiere Verwendung.

Die Zeitungsmarken von Österreich hatten bis Anfang Juli 1859 in der Lombardei und bis 19. August 1866 (dem Zeitpunkt der Abtretung der Gebiete) in Venetien Gültigkeit.

X = Handpapier mit Wz. 1 (1850):

			(*)	*	⊙	▷	✉	□□ ⊙	□□□ ⊙	⊞ ⊙
1 X	5 C									
a		ockergelb I	300,—	1300,—	90,—	120,—	500,—	280,—	750,—	25000,—
b		orange I	450,—	2000,—	100,—	140,—	550,—	320,—	800,—	26000,—
c		gelb (Erstdruck) I	900,—	4500,—	500,—	600,—	1300,—	1800,—	2000,—	—,—
d		zitronengelb (Erstdruck)	—,—	—,—	1500,—	1800,—	3700,—	—,—	—,—	—,—
e		braunorange I	400,—	3500,—	800,—	1000,—	2400,—	—,—	—,—	—,—
2 X	10 C									
a		schwarz I	450,—	2200,—	80,—	90,—	400,—	300,—	650,—	38000,—
b		silbergrau (Erstdruck) I	1250,—	6500,—	600,—	650,—	1800,—	1600,—	3000,—	—,—
c		grauschwarz I	500,—	2600,—	90,—	120,—	450,—	320,—	800,—	40000,—
3 X	15 C									
a		rot bis karminrot I	500,—	2200,—	15,—	18,—	75,—	90,—	300,—	18000,—
b		rosa bis karmin II	300,—	1200,—	12,—	15,—	60,—	50,—	200,—	10000,—
c		hellrot bis karmin III	200,—	800,—	4,—	8,—	25,—	15,—	90,—	4500,—
4 X	30 C									
a		braun bis dunkelbraun I	500,—	2000,—	9,—	13,—	50,—	110,—	500,—	20000,—
b		braun bis violettbraun III	450,—	2000,—	6,—	8,—	35,—	60,—	320,—	18000,—
5 X	45 C									
a		hell bis dunkelblau I	1800,—	8000,—	45,—	60,—	160,—	200,—	700,—	26000,—
b		blau bis graublau III	1200,—	6000,—	20,—	25,—	90,—	160,—	500,—	18000,—
c		grünblau II	—,—	—,—	55,—	65,—	180,—	220,—	850,—	40000,—
		Satzpreis (5 W.)	2600,—	12000,—	200,—					

Y = Maschinenpapier, oWz. (1854–57):

			(*)	*	⊙	▷	✉	□□ ⊙	□□□ ⊙	⊞ ⊙
2 Y	10 C									
a		schwarz III	900,—	5000,—	200,—	250,—	600,—	600,—	1500,—	—,—
b		schwarzgrau III	1100,—	5500,—	900,—	1000,—	2200,—	—,—	—,—	—,—
3 Y	15 C	rosa bis rot III	120,—	600,—	4,—	5,—	10,—	14,—	60,—	2700,—
4 Y	30 C	braun bis graubraun III	450,—	2500,—	5,—	8,—	20,—	35,—	250,—	9000,—
5 Y	45 C	blau bis lebhaftblau III	1200,—	7000,—	22,—	30,—	75,—	140,—	500,—	10000,—
		Satzpreis (4 W.)	2600,—	15000,—	230,—					

Die Bezeichnung „—,—" innerhalb der Preisspalten bedeutet: „Diese Marke gibt es, eine Notierung ist jedoch nicht möglich, weil Bewertungsunterlagen fehlen." Dies bedeutet aber nicht, daß die Marke sehr teuer ist.

Ist weder —,— noch Preis eingesetzt, gibt es diese Marke nicht bzw. wurde sie noch nicht vorgelegt.

Die Typen der einzelnen Werte:

5 C kommt nur in der Type I vor.

10 C:

Type I: Das 2. „E" bei „CENTES." hat einen unterbrochenen unteren Querbalken. Das Wappen hat die gleichen Merkmale wie die Type I Österreich.

Type III: Das zweite „E" ist nicht mehr unterbrochen, das Wappen nachgraviert (siehe Abbildung bei Österreich).

Type I   Type III

15 C:

Type I: Beide Ziffern haben dieselbe Höhe. Der Fuß des zweiten „K" in „KKPOST" ist abgebrochen, das erste „E" in „STEMPEL" hat einen kurzen, unteren Fußstrich, das „S" in „CENTES." steht links unterhalb der oberen Einbuchtung des Wertschilds.

Type II: Die „5" der Wertziffer steht deutlich höher, sie berührt oben das Wertschild. Die „5" ist außerdem links verschlossen. Die Inschrift „KKPOST STEMPEL" weist keine Beschädigung auf. Das zweite „E" in „CENTES." hat einen gebrochenen Fußstrich (wie bei 10 C Type I). Das „S" schließt genau unterhalb der Einbuchtung des Wertschilds.

Type III: Die Wertziffer „5" ist links offen, steht aber höher als die „1". Das Wappen ist nachgraviert (vergl. Österreich). Das zweite „E" in „CENTES." ist nicht gebrochen (wie 10 CENTES. Type III).

Type I

Type II

30 C:

Type I: die Wertziffer 3 ist oben mit dem Wertschild verbunden, der untere Abschlußpnkt der „3" hat Keulenform.

Type III: Der Abschlußpunkt der „3" ist eine Kugel, die Ziffer stößt oben nicht mehr an das Wertschild an. Das Wappen ist nachgraviert.

45 C:

Type I: Die Wertziffer „45" steht tiefer als „CENTES.", jedoch schwankt der Abstand zwischen den Ziffern und der unteren Linie des Wertschildes zwischen 0,2 und 0,5 mm. Dabei kommt es vor, daß die beiden Ziffern untereinander bezüglich der Höhe verschieden sind, manchmal steht die „4" höher, manchmal die „5". Der Abstand zwischen „5" und „C" schwankt zwischen 0,2 und 0,7 mm.

Type II: Die Wertziffern sind auf gleicher Höhe, sowohl untereinander als auch gegenüber „CENTES". Der Abstand „5-C" ist gleichbleibend 0,6 mm.

Type III: Wertziffer und Abstand wie Type II, jedoch nachgraviertes Wappen.

Wertschild von Type II und III

45 C Type I - Abstände zwischen 45 und C:

		⊙	▷	✉
engster	Abstand 0,1 mm	800,—	1000,—	—,—
	Abstand 0,2 mm	60,—	80,—	250,—
normaler	Abstand 0,3–0,4 mm	Normalpreise		
	Abstand 0,5 mm	140,—	180,—	450,—
	Abstand 0,6 mm	800,—	1000,—	2200,—
weitester	Abstand 0,7 mm	1800,—	2100,—	4000,—

Mischpaare

15 C	Type I + II	400,—	500,—	1200,—

bei Mischstreifen gelten diese Preise als Zuschlag zum Streifen in Type I.

Geripptes Papier

		✳	⊙	✉
3 XR	Type I	9000,—	150,—	450,—
	Type II	23000,—	500,—	1500,—
4 XR	Type I	3600,—	75,—	320,—
5 XR	Type I	13000,—	190,—	650,—

		⊙	✉
Mischpaar 3 XR	Type I und II	900,—	2500,—

Preise gelten für deutlich erkennbare Rippung.

Gestreiftes Papier

		✳	⊙	✉
3 XS	Type III	—,—	7000,—	22000,—

Seidenpapier

			0,05 mm ⊙	0,06 mm ⊙	0,07 mm ⊙
1 X	5 C		160,—	140,—	130,—
2 X	10 C		180,—	130,—	100,—
2 Y	10 C		—,—	—,—	—,—
3 X	15 C		80,—	30,—	15,—
3 Y	15 C		—,—	—,—	—,—
4 X	30 C		100,—	35,—	18,—
4 Y	30 C		—,—	—,—	—,—
5 X	45 C		130,—	90,—	60,—
5 Y	45 C		—,—	—,—	—,—

Kartonpapier

			0,12 mm ⊙	0,13 mm ⊙	0,14 mm ⊙
1 X	5 C		130,—	180,—	
2 X	10 C		150,—	200,—	
2 Y	10 C		220,—	250,—	300,—
3 X	15 C		23,—	40,—	60,—
3 Y	15 C		18,—	25,—	45,—
4 X	30 C		25,—	35,—	50,—
4 Y	30 C		20,—	25,—	40,—
5 X	45 C		35,—	45,—	60,—
5 Y	45 C		40,—	50,—	60,—

Marken mit Wz. je nach Größe 30–150% Aufschlag.

Maschinenpapier mit Nahtwasserzeichen (Ladurner) Zuschläge je nach Deutlichkeit 40,— bis 200,—; Papierfalten je nach Deutlichkeit 20,— bis 70,— Zuschlag.

Doppelseitiger Druck

			⊙
1 X DG	Druck auf der Vorder- und Gummiseite		170,—

Balken, unterlegte Mitte

			Balken waagr. ⊙	Balken senkr. ⊙	Unterl. Mitte ⊙
1 X	5 C		550,—	—,—	140,—
2 X	10 C		400,—	—,—	200,—
2 Y	10 C		1600,—	—,—	
3 X	15 C		100,—	700,—	30,—
3 Y	15 C		250,—	750,—	
4 X	30 C		100,—	—,—	65,—
4 Y	30 C		400,—	900,—	
5 X	45 C		200,—	—,—	100,—
5 Y	45 C		600,—	1100,—	

Andreaskreuze und Andreaskreuzansätze

Die Preise für Andreaskreuze befinden sich bei den Kreuzermarken.

Marken mit anhängendem Andreaskreuzansatz von 1 mm (pro mm mehr 50–100% Aufschlag)

			rechts anh. ⊙	links anh. ⊙	unten anh. ⊙
1 X	5 C		300,—		300,—
2 X	10 C		320,—		350,—
2 Y	10 C		700,—	900,—	800,—
3 X	15 C		45,—	60,—	55,—
3 Y	15 C		40,—	50,—	50,—
4 X	30 C		65,—	80,—	80,—
4 Y	30 C		65,—	65,—	65,—
5 X	45 C		120,—	120,—	120,—
5 Y	45 C		100,—	120,—	120,—

Marken mit anhängendem kompletten Andreaskreuz

			✳	⊙	✉
1 X	5 C		65000,—	80000,—	130000,—
2 X	10 C		—,—	125000,—	
2 Y	10 C		—,—	—,—	
3 X	15 C		26000,—	20000,—	50000,—
3 Y	15 C		14000,—	14000,—	45000,—
4 X	30 C		—,—	60000,—	
4 Y	30 C		35000,—	75000,—	
5 X	45 C		—,—	100000,—	
5 Y	45 C		—,—	85000,—	

Zwischenstegpaare waagerecht

			✳	⊙
3 X ZW15 C			—,—	60000,—
3 Y ZW10 C			—,—	45000,—

Marke mit anh. waagrechtem Zwischensteg und Markenansatz		mind.		—,—
5 C	doppelseitiger Druck mit Zwischensteg im rückseitigem Druck			—,—

⊓ Kehrdruck 5 Cmi doppelseitiger Druck des rückseitigen Druckes   —,—

Rand- und Eckrandstücke

Randstücke

		5 mm ⊙	10 mm ⊙	15 mm ⊙
1 X	5 C	200,—	400,—	900,—
2 X	10 C	180,—	400,—	900,—
2 Y	10 C	300,—	700,—	1200,—
3 X	15 C	15,—	70,—	250,—
3 Y	15 C	10,—	60,—	250,—
4 X	30 C	20,—	90,—	280,—
4 Y	30 C	15,—	70,—	400,—
5 X	45 C	70,—	160,—	550,—
5 Y	45 C	70,—	150,—	500,—

Eckrandstücke

		5×5 mm ⊙	5×10 mm ⊙
1 X	5 C	1000,—	1600,—
2 X	10 C	1000,—	1500,—
2 Y	10 C	1400,—	2200,—
3 X	15 C	240,—	400,—
3 Y	15 C	220,—	450,—
4 X	30 C	320,—	600,—
4 Y	30 C	300,—	500,—
5 X	45 C	550,—	800,—
5 Y	45 C	500,—	800,—

Untere Rand- und Eckrandstücke 20% Aufschlag.

Buntfrankaturen

	▷	⊠
3 Farben	1000,—	5500,—
4 Farben	20000,—	—,—
5 Farben	—,—	—,—

Hohe Frankaturen

150–300 C	mind.	350,—	800,—
über 300 C	mind.	900,—	3500,—

Aushilfsfrankatur (Halbierung)

		▷	⊠
4 H	30 C halbiert als 15-C-Frankatur	—,—	—,—

Mischfrankaturen

		▷	⊠
Zwischen Frei- und Stempelmarken	mind.	3000,—	18000,—

Mischfrankaturen Centesimi- + Kreuzermarken siehe Österreich.

Betrügerische Frankaturen

		▷	⊠
Kreuzermarken mit durch CENTES überklebter Wertangabe	Aufschlag	1000,—	4000,—

Ersttagsstempel (1. Juni 1850)

15 C	3500,—	35000,—
30 C	4500,—	50000,—
45 C	6000,—	65000,—

Frühverwendungen (1850)

		⊠
2. Juni	ab	5500,—
3.–9. Juni	ab	900,—
10.–15. Juni	ab	650,—
16.–30. Juni	ab	280,—

Entwertungen

		Rot ⊙	Rot ⊠	Blau ⊙	Blau ⊠
1 X	5 C	3500,—	—,—	2000,—	20000,—
2 X	10 C	2600,—	—,—	1400,—	18000,—
2 Y	10 C	—,—	—,—	2200,—	—,—
3 X	15 C	800,—	13000,—	250,—	2500,—
3 Y	15 C	1200,—	—,—	700,—	—,—
4 X	30 C	800,—	15000,—	350,—	3500,—
4 Y	30 C	1500,—	—,—	1000,—	—,—
5 X	45 C	1200,—	20000,—	600,—	5000,—
5 Y	45 C	1800,—	—,—	1700,—	—,—

		Federzug ⊙	Federzug ⊠	Österreichstempel ⊙	Österreichstempel ⊠
1 X	5 C	350,—	4000,—	550,—	6500,—
2 X	10 C	350,—	4000,—	250,—	1400,—
2 Y	10 C	600,—	—,—	550,—	3000,—
3 X	15 C	100,—	900,—	200,—	1300,—
3 Y	15 C	180,—	1500,—	300,—	2500,—
4 X	30 C	100,—	900,—	200,—	1400,—
4 Y	30 C	180,—	1500,—	300,—	2500,—
5 X	45 C	280,—	2200,—	350,—	2200,—
5 Y	45 C	400,—	2500,—	500,—	4000,—

Freimarken als Stempelmarken verwendet

		auf Dokument
1 X	5 C	2700,—
2 X	10 C	5000,—
3	15 C	1300,—
4	30 C	1200,—
5	45 C	4000,—

⊗ ca. 50% Aufschlag.

ND Amtliche Neudrucke am Schluß des Landes.

Gültig bis 31.12.1858

[PFä] Veroneser Postfälschung (Kupferdruck) (Mai 1853)

				✱	(✱)	⊙	⊠
3 [PFä]	15 C	rot	a	7000,—	2700,—	3200,—	11000,—
4 [PFä]	30 C	braun	a	11500,—	4500,—	5000,—	18000,—

Ungebrauchte Veroneser Postfälschungen auf Brief ca. 20% weniger als gebraucht auf Brief.

Gegenüber den Originalen ist das „N“ und „S“ von „CENTES.“ merklich breiter, das Kreuz am Reichsapfel fehlt. Andere Stempel als VERONA verdienen Zuschläge.

Mailänder Postfälschungen (Holzschnitt) (Oktober 1857)

				✱	(✱)	⊙	⊠
3 [PFä]	15 C	rot	a	—,—	—,—	1800,—	9000,—
4 [PFä]	30 C	braun	a	—,—	—,—	2700,—	10000,—
5 [PFä]	45 C	blau	a	—,—	—,—	3000,—	15000,—

Grobe Ausführung mit schmalen Ziffern. Jeder Wert infolge Nachgravierung in mehreren Typen.

Literaturhinweis: Handbuch und Spezialkatalog Österreich 1850 bis 1918 von Dr. Ulrich Ferchenbauer.

Nicht zur Ausgabe gelangt:

				✱	⊙	⊠
I	60 C	blau	a	—,—	—,—	—,—

1858, 1. Nov./1862, Jan. Freimarken: Kaiser Franz Joseph. [E] Meißner; [S] Schmidt und Schrepfer; Präge-Bdr. in 2 Typen (8×8 + 4 Andreaskreuze im Druckbogen zu 4 Bogen); gez. K 14½.

b

c

d

e

f

b–f) Kaiser Franz Joseph

Type I der MiNr. 6

Die Merkmale der bei dieser Ausgabe vorkommenden Typen I und II sind die gleichen wie bei MiNr. 10–15 von Österreich. MiNr. 6 I hat unter dem „O“ von „SOLDI“ außerdem einen deutlichen Farbpunkt (weniger deutlich nach dem „I“), die bei Type II des gleichen Wertes nicht vorkommen.

			(✳)	✶	⊙	⊠	▫▫ ⊙	▫▫▫ ⊙	✠ ✶	✠ ⊙

Type I (1858)

				(✳)	✶	⊙	⊠	▫▫⊙	▫▫▫⊙	✠✶	✠⊙
6 I	2 So	gelb	b	500,—	2800,—	500,—	1100,—	1100,—	2000,—	—,—	—,—
7 I	3 So		c								
a		schwarz		400,—	2000,—	220,—	520,—	500,—	1000,—	—,—	—,—
b		grauschwarz		600,—	3200,—	450,—	1000,—	1100,—	1800,—	—,—	—,—
9 I	5 So	rot	d	130,—	600,—	15,—	35,—	45,—	150,—	4000,—	6000,—
10 I	10 So	braun, lilabraun	e	70,—	320,—	45,—	90,—	100,—	230,—	1800,—	—,—
11 I	15 So	blau	f	450,—	2400,—	80,—	200,—	250,—	450,—	—,—	—,—
		Satzpreis (5 W.)		1600,—	8000,—	850,—					

Type II (1859)

				(✳)	✶	⊙	⊠	▫▫⊙	▫▫▫⊙	✠✶	✠⊙
6 II	2 So	gelb	b	100,—	500,—	90,—	260,—	220,—	420,—	4500,—	10000,—
7 II	3 So		c								
a		schwarz		800,—	4000,—	110,—	280,—	300,—	580,—	—,—	—,—
b		grauschwarz		1100,—	4500,—	230,—	550,—	—,—	—,—	—,—	—,—
c		schwarzgrau		—,—	—,—	700,—	1600,—	—,—	—,—	—,—	—,—
8 II	3 So	(Januar 1862)	c								
a		grün		60,—	350,—	120,—	250,—	170,—	520,—	2300,—	—,—
b		bläulichgrün		160,—	1000,—	150,—	320,—	—,—	—,—	—,—	—,—
9 II	5 So	rot	d	40,—	200,—	4,—	12,—	12,—	30,—	1600,—	1600,—
10 II	10 So	lilabraun	e	300,—	1700,—	10,—	28,—	30,—	110,—	16000,—	5000,—
11 II	15 So	blau	f	350,—	1900,—	16,—	55,—	55,—	200,—	18000,—	5000,—
		Satzpreis (6 W.)		1500,—	8500,—	350,—					

Briefstücke verdienen ca. 20% Aufschlag auf den ⊙-Preis.

Besonderheiten

		Naht-Wz. ⊙	Nagelkopf-prägung ⊙	Andreaskreuzansatz unten ⊙	Andreaskreuzansatz links ⊙	Rot ⊙	Blau ⊙	Öster-reich- ⊙
6 I	2 So	800,—	750,—	600,—	1000,—	3200,—	—,—	1800,—
7 I	3 So	500,—	500,—	320,—	600,—	1400,—	1200,—	350,—
9 I	5 So	180,—	60,—	45,—	120,—	1200,—	1300,—	250,—
10 I	10 So	220,—	120,—	80,—	200,—	1300,—	1500,—	300,—
11 I	15 So	270,—	180,—	150,—	400,—	—,—	—,—	600,—
6 II	2 So	320,—	220,—	180,—	330,—	2200,—	—,—	900,—
7 II	3 So	380,—	250,—	200,—	380,—	1800,—	1100,—	250,—
8 II	3 So	320,—	200,—	170,—	380,—	2500,—	1200,—	400,—
9 II	5 So	150,—	30,—	30,—	70,—	900,—	1300,—	220,—
10 II	10 So	180,—	40,—	45,—	110,—	1000,—	1300,—	250,—
11 II	15 So	240,—	50,—	75,—	200,—	1400,—	—,—	350,—

Doppeldrucke, doppelseitige Drucke, meist ein Druck im Blinddruck sind von verschiedenen Werten bekannt.

Andreaskreuze siehe Österreich.

Zähnungsabarten:

			✶	⊙	⊠
7 I C	gez. L 16		5000,—	900,—	2200,—
7 I D	gez. L 15:16		3500,—	400,—	1100,—
7 I E	gez. L 16:15		3500,—	400,—	1100,—

Marken mit anhängendem Andreaskreuz

			Type I ✶	Type I ⊙	Type II ✶	Type II ⊙
6	2 So		35000,—	50000,—	30000,—	42000,—
7	3 So		—,—	—,—	—,—	—,—
8	3 So		—,—	—,—	—,—	—,—
9	5 So		25000,—	25000,—	—,—	25000,—
10	10 So		42000,—	32000,—	—,—	—,—
11	15 So		—,—	—,—	45000,—	—,—

Mischfrankaturen 1850 + 1858 Type I

		⊳	⊙
15 C + 10 So		6000,—	35000,—
30 C + 5 So		5000,—	28000,—

andere Kombinationen wesentlich teurer.

Mischfrankaturen mit Kreuzermarken siehe bei Österreich.

Es sind auch Mischfrankaturen mit Sardinien und Romagna bekannt.

Buntfrankaturen

		Type I ⊳	Type I ⊠	Type II ⊳	Type II ⊠
3 Farben	.... mind.	2700,—	14000,—	1500,—	8000,—
4 Farben	.... mind.	13000,—	60000,—	13000,—	60000,—

Kombinationen zwischen Type I und Type II, Preise wie Type II + 15%.

Hohe Frankaturen

		Type I ⊳	Type I ⊠	Type II ⊳	Type II ⊠
50–100 So	...... mind.	500,—	2200,—	200,—	1200,—
über 100 So	...... mind.	—,—	—,—	—,—	—,—

Preise gelten als Zuschlag zum Preis der Briefstücke bzw. der Einzelfrankaturen.

Ersttage (1.11.1858)

		⊙	⊳	⊠
5 So		1300,—	2200,—	17000,—
10 So		1500,—	2600,—	21000,—
15 So		2500,—	4000,—	—,—

Freimarken als Stempelmarken verwendet

			kompl. Dokument Type I ≈	Type II ≈
2 So			6000,—	3400,—
3 So	schwarz		5500,—	4000,—
3 So	grün			4000,—
5 So			1700,—	1200,—
10 So			2000,—	1600,—
15 So			3000,—	2400,—

⊗ ca. 50% Aufschlag.

ND Amtliche Neudrucke am Schluß des Landes.

Gültig bis 31.5.1863

1859 trat Österreich die Lombardei an das Königreich Sardinien ab. Die folgenden Marken galten nur noch in Venetien, ab 1863 außerdem bei den österreichischen Postämtern in der Türkei (Levante).

Mit MICHEL machen Sie mehr aus Ihren Briefmarken!

1861, Juni/1862, Juni. Freimarken: Kaiser Franz Joseph. [S] **Tautenhayn; Präge-Bdr. (10×10); gez. K 14.,**

g) Kaiser Franz Joseph

				(✶)	✶	⊙	⊠	□□ ⊙	⊞ ✶	⊞ ⊙
12	5 So	rot (Juni 1861) [GA]	g	280,—	1200,—	2,—	10,—	7,—	9000,—	1700,—
13	10 So	rötlichbraun (Juni 1862) [GA]	g	400,—	2000,—	23,—	80,—	120,—	—,—	—,—
		Satzpreis (2 W.)		680,—	3200,—	25,—				

Besonderheiten

		Naht-Wz. ⊙	Nagelkopf-prägung ⊙	19 Zähne hoch ⊙	17 Zähne hoch ⊙	Rot ⊙	Blau ⊙	Öster-reich- ⊙
12	5 So	110,—	120,—			1000,—	400,—	270,—
13	10 So	180,—	220,—	200,—	160,—	1500,—	900,—	900,—

Buntfrankatur

	◸	⊠
5 + 10	120,—	500,—

Randleisten oben oder unten ca. + 50,—.

Von beiden Werten sind Doppeldrucke, davon einer im Blinddruck, bekannt.

Mischfrankaturen

			◸	⊠
mit 1858	Type I	mind.	650,—	2500,—
mit 1858	Type II	mind.	65,—	220,—

Mischfrankaturen zwischen Kreuzer und Soldimarken siehe Österreich.

Hohe Frankaturen

		◸	⊠
50–100 So	mind.	600,—	—,—
über 100 So	mind.	—,—	—,—

Ganzsachenausschnitte als Briefmarken verwendet

			◸	⊠
3	So	grün	4200,—	35000,—
5	So	rot	550,—	4000,—
10	So	braun	500,—	4200,—
15	So	blau	2000,—	15000,—
20	So	orange	8500,—	—,—
25	So	dunkelbraun	10000,—	—,—
30	So	violett	10000,—	—,—
35	So	braun	—,—	—,—

Die Preise gelten für vollrandige, viereckig geschnittene Stücke, ovale vollrandige Ausschnitte werten ca. halbe Preise. Angeschnitten wesentlich billiger.

Freimarken als Stempelmarken verwendet

		auf Dokument
12	5 So	1500,—
13	10 So	2700,—

⊗ ca. 50% Aufschlag.

[ND] 2, 3 und 15 Soldi in dieser Zeichnung gibt es nur als Neudrucke, vgl. Aufstellung am Schluß des Landes.

Gültig bis 31.5.1864

1863, 1. Juli. Freimarken: Doppeladler. [S] **Tautenhayn; Präge-Bdr. (10×10); gez. K 14.**

h) Doppeladler

				(✶)	✶	⊙	⊠	□□ ⊙	⊞ ✶	⊞ ⊙
14	2 So	gelb	h	14,—	100,—	140,—	440,—	300,—	550,—	9500,—
15	3 So	grün [GA]	h	140,—	850,—	80,—	400,—	200,—	16000,—	—,—
16	5 So	rosa [GA]	h	200,—	1200,—	12,—	45,—	35,—	—,—	2100,—
17	10 So	blau [GA]	h	500,—	3000,—	70,—	180,—	180,—	—,—	—,—
18	15 So	braun [GA]	h	300,—	1900,—	100,—	350,—	320,—	16000,—	11000,—
		Satzpreis (5 W.)		1100,—	7000,—	400,—				

Die Preise gelten für in Venetien gebrauchte Stücke, in der Levante verwendete siehe dort.

Besonderheiten

			Naht-Wz. ⊙	Nagelkopf-prägung ⊙	19 Zähne hoch ⊙	17 Zähne hoch ⊙	Rot ⊙	Blau ⊙	Öster-reich- ⊙
14	2 So	gelb	280,—	250,—			2600,—	950,—	700,—
15	3 So	grün	270,—	200,—	220,—	200,—	3000,—	800,—	160,—
16	5 So	rosa	90,—	120,—	100,—	90,—	1000,—	260,—	180,—
17	10 So	blau	180,—	180,—			600,—	320,—	450,—
18	15 So	braun	220,—	240,—			1000,—	330,—	450,—

Randleisten oben oder unten mind. + 50,—. Von der MiNr. 14 existieren vorderseitige Doppeldrucke, einer im Blinddruck.

Mischfrankaturen

		▷	✉
mit 1858 Type I	....	1100,—	4500,—
mit 1858 Type II	....	700,—	2700,—
mit 1861/62	....	250,—	1100,—
mit Ausgaben 1858 und 1861/62	....	2000,—	13000,—

Mischfrankaturen mit Kreuzer- und Soldimarken der 4. Ausgabe siehe bei Österreich.

Buntfrankaturen

		▷	✉
3 Farben	....	1200,—	4500,—
4 Farben	....	1800,—	—,—

Hohe Frankaturen

			▷	✉
50–100 So	....	mind.	500,—	2000,—
über 100 So	....	mind.	—,—	—,—

Preise gelten als Zuschlag zum Preis der Briefstücke bzw. der Einzelfrankaturen.

Ganzsachenausschnitte als Briefmarken verwendet

			▷	✉
3 So	grün	....	8000,—	—,—
5 So	rosa	....	700,—	3800,—
10 So	blau	....	2000,—	20000,—
15 So	braun	....	6000,—	42000,—
25 So	violett	....	—,—	—,—

Die Preise gelten für vollrandige, viereckig geschnittene Stücke, ovale Ausschnitte ca. 1/3, eng geschnittene, ovale Ausschnitte noch weniger.

Freimarken als Stempelmarken verwendet

			auf Dokument
			~
14	2 So	....	—,—
15	3 So	....	3400,—
16	5 So	....	1800,—
17	10 So	....	4400,—
18	15 So	....	—,—

⊗ ca. 50% Aufschlag.

ND Amtliche Neudrucke am Schluß des Landes.

In Venetien bis 19. August 1866 gültig

1864. Freimarken: Doppeladler. Ⓢ Tautenhayn; Präge-Bdr.; zuerst ohne, ab Juni 1864 mit Bogen-Wz. 3 BRIEFMARKEN; gez. K 9½.

h

				(✱)	✱	☉	✉	□□ ☉	⊞ ✱	⊞ ☉
19	2 So	gelb	.... h	18,—	90,—	450,—	1100,—	1100,—	450,—	—,—
20	3 So	grün	.... h	7,—	15,—	18,—	220,—*)	50,—	100,—	—,—
21	5 So	rosa	.... h	0,50	2,20	1,50	8,50	6,50	14,—	1100,—
22	10 So	blau	.... h	2,50	14,—	5,—	25,—	28,—	95,—	6500,—
23	15 So	dunkelbraun	.... h	14,—	60,—	45,—	150,—	130,—	500,—	5200,—
			Satzpreis (5 W.)	42,—	180,—	500,—				

Die Preise gelten nur für in Venetien gebrauchte Stücke; in der Levante gebrauchte siehe dort!

*) Preis gilt für Einzelfrankatur auf Ortsbrief.

Besonderheiten

				Naht-Wz. ☉	Nagelkopf ☉	Rot ☉	Blau ☉	Österreich ☉
19	2 So	gelb	....	—,—	—,—	—,—	—,—	1000,—
20	3 So	grün	....	140,—	110,—	1700,—	1000,—	120,—
21	5 So	rosa	....	70,—	60,—	700,—	200,—	130,—
22	10 So	blau	....	100,—	90,—	500,—	250,—	260,—
23	15 So	braun	....	130,—	150,—	700,—	300,—	400,—

Naht-Wz., Nagelkopf auf ungebrauchten Marken 3- bis 4-fache Preise wie ☉. Stücke mit Randleiste oben oder unten mind. 60,—, Marken mit Wz.-Teilen + 20%.

Von der 5, 10 und 15 Soldi gibt es vorderseitige Doppeldrucke, davon einer im Blinddruck (600,— bis 1400,—).

Mischfrankaturen

			▷	✉
mit Ausgabe 1858	Type I	....	3000,—	—,—
mit Ausgabe 1858	Type II	....	2200,—	—,—
mit Ausgabe 1861/62		....	700,—	—,—
mit Ausgabe 1863		....	120,—	450,—
mit Ausgabe 1858 und 1861/62		....	2300,—	11000,—
mit Ausgabe 1858 und 1863		....	1800,—	8500,—
mit Ausgabe 1861/62 und 1863		....	1800,—	8500,—
mit Ägypten		....	2000,—	15000,—
mit ☉ Kustendje		....	—,—	—,—

Mischfrankaturen mit Kreuzermarke siehe Österreich.

Buntfrankaturen

			▷	✉
3 Farben	....	mind.	450,—	2600,—
4 Farben	....	mind.	2600,—	15000,—
5 Farben	....		—,—	—,—

Preise gelten als Zuschlag zum Preis der Briefstücke bzw. der Einzelfrankaturen.

Hohe Frankaturen

		▷	✉
50–100 So	....	300,—	900,—
über 100 So	....	—,—	—,—

Freimarken als Stempelmarken verwendet

			auf Dokument
			~
2 So	....		—,—
3 So	....		3000,—
5 So	....		1150,—
10 So	....		3000,—
15 So	....		—,—

⊗ a. 50% Aufschlag.

In Venetien bis 19. August 1866 gültig

1866 wurde Venetien von Österreich an Italien abgetreten.

Bitte teilen Sie uns von Ihnen festgestellte Fehler mit, damit wir sie berichtigen können.

Stempelmarken

postalisch verwendet

 Ebenso wie in Österreich konnten auch in der Lombardei und in Venetien bis 9.7.1857 Stempelmarken postalisch verwendet werden. Sie lauten auf Centesimi.

I = komb. StTdr. und Bdr. (Nominale und Währungsangabe)

				☉	✉	✉
1 I	5 C	grün/schwarz/ braunorange	....	900,—	1500,—	6500,—
2 I	10 C	grün/schwarz/ braunorange	....	4500,—	6500,—	30000,—
3 I	15 C	grün/schwarz	....	85,—	110,—	400,—
4 I	30 C	grün/schwarz	....	150,—	210,—	800,—
5 I	50 C	grün/schwarz	....	25000,—	40000,—	—,—
6 I	75 C	grün/schwarz	....	10000,—	1500,—	65000,—
7 I	1.50 L	grün/schwarz	....	—,—	25000,—	—,—

II = StTdr.

3 II	15 C	grün/schwarz	....	55,—	90,—	220,—
4 II	30 C	grün/schwarz	....	110,—	125,—	650,—
5 II	50 C	grün/schwarz	....	—,—	—,—	—,—
6 II	75 C	grün/schwarz	....	4500,—	7500,—	40000,—
7 II	1.50 L	grün/schwarz	....	—,—	—,—	—,—

Prüfungen und Prüfordnung

Der beste Schutz gegen den Erwerb falscher oder minderwertiger Marken ist der Einkauf im guten Fachgeschäft. In Zweifelsfällen ist die Hinzuziehung eines Experten angebracht.

Prüfordnung. Die von den Spitzenverbänden der Sammler und Händler anerkannten Experten für Marken, Abstempelungen und Erhaltung prüfen nach einheitlichen Richtlinien, die jeder Philatelist kennen sollte.

Ergänzend sei hier nochmals darauf hingewiesen, daß der Verlag der MICHEL-Kataloge keine Markenprüfungen vornimmt.

Zeitungsmarken

Die Zeitungsmarken Österreichs von 1851–1863 wurden auch in Lombardei-Venetien gebraucht, sind aber nur am Poststempel zu erkennen (50–100% Aufschlag.)

Zeitungsstempelmarken

Vorläufer: Zeitungsstempelmarke MiNr. 1 von Österreich nur mit Lombardei-Venetien-Abstempelung (Preisaufschlag 100%).

 1858, 1. Nov./1859, 1. Jan. Zeitungsstempelmarken MiNr. 2–4 von Österreich in Farbänderung. Bdr.; oWz., MiNr. 2 auch mit Wz. 2; ☐.

MiNr. 3 mit Lombardei-☉

			(✳)	✳	Venetien ☉	Lombardei ☉	Österreich ☉	Zeitung
1	1 Kr	schwarz (Type I) (1.1.1859)	200,—	1400,—	3500,—	5500,—	—,—	7000,—
2	2 Kr	rot (Type II) (1.1.1859)	40,—	300,—	70,—	600,—	800,—	300,—
3	4 Kr	rot (Type I) (1.11.1858)	15000,—	—,—	3100,—	5000,—	—,—	24000,—

MiNr. 2   Senkrechtes Paar ....   —,—

MiNr. 2 mit Wz. + 20%

Ungebrauchte Einheiten von MiNr. 1 und 2 bekannt, aber selten. Alle angegebenen Preise der MiNr. 1–3 gelten nur für vollständige Stücke! Berührte und angeschnittene Marken bedingen z.T. erhebliche Abschläge. Randstücke mit 5 mm Bogenrand ☉ und ✳ + 50%.

Bei den „Wien"-Stempel auf der MiNr. 1 dürfte es sich um Versuchsentwertungen handeln. Vorsicht vor Falschstempel.

MiNr. 3 war nur kurze Zeit in Gebrauch. Abstempelungen zwischen dem 1.11. und 31.12.1858 verdienen mindestens 200% Zuschlag zum ☉-Preis.

Zeitungsstempelmarken waren fiskalische Zuschlagsmarken.

Gültig bis 19.8.1866

ND Amtliche Neudrucke am Schluß des Landes.

Amtliche Neudrucke

Kennzeichen der Auflagen siehe bei den Neudrucken von Österreich. Die Auflagen der einzelnen Ausgaben entsprechen denen von Österreich.

Alle Preisangaben gelten für ✶✶ Erhaltung.

ND Neudrucke der Marken 1850.

			I 1866	II 1870	III 1884	IV FELL-NER	VI 1887	VIII 1894
1 ND	5 Cmi.	orange, . gelb	300,—	70,—	55,—	150,—	12,—	
2 ND	10 Cmi.	schwarz	300,—	60,—	50,—			12,—
3 ND	15 Cmi.	rot	300,—	34,—	38,—			
4 ND	30 Cmi.	braun ...	280,—	34,—	38,—			
5 ND	45 Cmi.	blau	300,—	34,—	38,—			

ND Neudrucke der Marken 1858.

			I 1866	II 1870	III 1884	IV FELL-NER	VI 1887	VIII 1894
6 ND	2 So.	or., gelb .	250,—	24,—	200,—	100,—	4,80	5,—
7 ND	3 So.	schwarz	250,—	45,—	70,—	100,—	35,—	
8 ND	3 So.	grün	250,—	36,—	70,—	100,—	28,—	
9 ND	5 So.	rot	250,—	22,—	30,—			
10 ND	10 So.	braun ...	250,—	30,—	32,—			
11 ND	15 So.	blau	250,—	35,—	32,—			

ND Neudrucke der Marken 1861.

			I 1866	II 1870	III 1884	IV FELL-NER	VI 1887	VIII 1894
I ND	2 So.	gelb, ... orange ..	250,—	85,—	220,—	90,—	5,—	
II ND	3 So.	grün	280,—	17,—	240,—	90,—	5,—	5,—
12 ND	5 So.	rot	250,—	25,—	25,—			
13 ND	10 So.	braun ...	250,—	44,—	44,—			
III ND	15 So.	blau	250,—	44,—	44,—			

2, 3 und 15 Soldi sind Essays. **ND**. Von der 3. Soldi gibt es einen Farbfehldruck: Gelb (statt grün) (Auflage 500 Stück). **ND** IV sollen privater Natur sein.

ND Neudrucke der Marken 1863/64.

			III (1884) gez. 13	IV FELLNER (1885)	VI 1894 gez. 10½
14 ND	2 So.	schwefelgelb, orange .	180,—	110,—	8,50
15 ND	3 So.	hellolivgrün	18,—	110,—	10,—
16 ND	5 So.	rosarot	30,—		
17 ND	10 So.	stumpfblau	70,—		
18 ND	15 So.	gelblichbraun	80,—		

Zeitungs-Stempelmarken

ND Neudrucke 1873. Dünnes gelbliches bzw. grünes Papier, ☐ (Auflage je 1000 Stück).

1 ND	1 Kr.	schwarz (Type II)	600,—
2 ND	2 Kr.	rot (Type II)	300,—
3 ND	4 Kr.	rot (Type II)	500,—

Hinweise für den Katalog-Benutzer

Prüfungen und Begutachtungen von Briefmarken oder Feststellungen, ob es sich evtl. um Abarten oder Plattenfehler u. ä. handelt, sowie Ermittlungen von Katalognummern etc. sind der Redaktion aus Zuständigkeits- bzw. Zeitgründen nicht möglich. Für unverlangt eingesandte Briefsendungen und Markenvorlagen wird keinerlei Haftung übernommen. Vor Einsendung geprüfter Marken halten Sie bitte kurz telefonische Rücksprache mit der Redaktion.

Alle Zuschriften, auch E-Mails, Fax etc., werden aufmerksam gelesen, aber nicht immer beantwortet. Anfragen, die ausschließlich im eigenen Interesse gestellt werden, beantworten wir in aller Regel nur dann, wenn Rückporto (Ausland Antwortschein) beiliegt.

Sollten Sie Irrtümer, Satz- oder Druckfehler entdecken, bitten wir Sie, uns diese mitzuteilen. Sie tragen so dazu bei, daß wir diese Fehler für die nächste Auflage korrigieren können.

Vergessen Sie bitte in Ihrem eigenen Interesse nie, auf Ihrem Schreiben deutlich Ihren Namen und Ihre genaue Anschrift mit Postleitzahl, nach Möglichkeit auch Ihre telefonische Erreichbarkeit anzugeben.

Österreichische Post auf Kreta

1 Franc (Fr) = 100 Centimes (C)

Die Marken mit Wertangabe in CENTIMES und FRANCS waren auch bei allen Postämtern der Levante aus Währungsgründen in Verwendung. Aus Zweckmäßigkeitsgründen werden diese Ausgaben getrennt unter obiger Gebietsbezeichnung aufgeführt. ✆

1903, März/1904, Sept. Freimarken: Marken von Österreich mit Wertaufdruck in französischer Währung.

				∗	∗∗	⊙	✉
1	**5 C**	auf 5 H schwärzlichgrünblau/schwarz					
A		gez. K 13:13½ . . . . (87 B)		1,50	6,—	6,—	45,—
B		gez. K 13:12½ . . . . (87 A)		50,—	200,—	150,—	300,—
2	**10 C**	auf 10 H lebhaftrosakarmin/schwarz GA . . . . (89 B)		1,—	4,—	6,—	60,—
3	**25 C**	auf 25 H mittelgrauultramarin/schwarz (Sept. 1903) GA					
A		gez. K 13:13½ . . . . (91 B)		45,—	150,—	40,—	500,—
B		gez. K 13:12½ . . . . (91 A)		—,—	—,—	—,—	—,—
4	**50 C**	auf 50 H mittelpreußischblau/schwarz (Sept. 1903)					
A		gez. K 13:13½ . . . . (95 B)		13,—	45,—	200,—	1500,—
B		gez. K 13:12½ . . . . (95 A)		30,—	150,—	450,—	—,—
5	**1 Fr**	auf 1 Kr (Sept. 1903) . . . . (81 E)					
a		rötlichlila		1,50	4,—	180,—	2200,—
b		lilarot		12,—	40,—	—,—	—,—
6	**2 Fr**	auf 2 Kr dunkelviolettgrau (Sept. 1904) . . . . (82 E)		10,—	40,—	500,—	—,—
7	**4 Fr**	auf 4 Kr graugrün (Sept. 1904) . . . . (83 A)		15,—	50,—	800,—	—,—
			Satzpreis (7 W.)	85,—	260,—	1700,—	

			∗	∗∗
5 UMw	senkrechtes Paar, Mitte ungezähnt		200,—	500,—

Privat gezähnte Marken (Friedlzähnungen): ∗∗ 50% Aufschlag

Besondere Entwertungen

			Blau- oder Violett- ⊙	Öster- reich- ⊙
1	**5 C**	auf 5 H	40,—	50,—
2	**10 C**	auf 10 H	40,—	50,—
3	**25 C**	auf 25 H	60,—	200,—
4	**50 C**	auf 50 H		—,—

Besondere Frankaturen

		✉
Mischfrankatur mit Para-/Piaster-Marken . . . . ab		150,—
Mischfrankatur mit Heller-/Kronen-Marken . . . . ab		450,—

Probedrucke

			∗	∗∗
1 P I–7 P I	Aufdruckprobe . . . . Satzpreis (7 W.)		100,—	250,—
			(∗)	
1 P II–7 P II	Einzel-Aufdruckprobe, o.G. . . . . Satzpreis (7 W.)	350,—	

Gültig bis 31.12.1908

1904, Nov. Freimarken: Marken von Österreich mit Lackstreifen mit gleichem Aufdruck.

				★	★★	⊙	✉
8	5 C	auf 5 H schwärzlichgrünlichblau					
A		gez. K 13:13½ .... (108 C)		3,—	7,—	7,—	50,—
B		gez. K 13:12½ .... (108 A)		20,—	90,—	100,—	200,—
9	10 C	auf 10 H lilarot/schwarz .... (110 C)		40,—	150,—	80,—	200,—
10	25 C	auf 25 H mittelviolettultramarin/schwarz					
A		gez. K 13:13½ .... (112 C)		10,—	40,—	240,—	1000,—
B		gez. K 13:12½ .... (112 A)		0,70	1,80	180,—	1000,—
11	50 C	auf 50 H lebhaftpreußischblau					
A		gez. K 13:13½ .... (116 C)		1,—	2,—	750,—	—,—
B		gez. K 13:12½ .... (116 A)		10,—	20,—	1500,—	—,—
		Satzpreis (4 W.)		44,—	160,—	1000,—	

Privat gezähnte Marken (Friedlzähnungen): ★★ 50% Aufschlag

Besondere Entwertungen

			Blau- oder Violett- ⊙	Öster- reich- ⊙
8	**5 C**	auf 5 H	18,—	50,—
9	**10 C**	auf 10 H	70,—	160,—
10	**25 C**	auf 25 H	250,—	—,—
11	**50 C**	auf 50 H	1000,—	—,—

Gültig bis 31.12.1908

1906. Freimarken: Marken von Österreich ohne Lackstreifen mit gleichem Aufdruck.

			★	★★	⊙	✉
12	5 C	auf 5 H schwärzlichgrünlichblau .... (122)	70,—	150,—	60,—	220,—
13	10 C	auf 10 H lilarot/schwarz .... (124)	0,70	2,—	20,—	70,—
		Satzpreis (2 W.)	70,—	150,—	80,—	

Besondere Entwertungen

			Blau- oder Violett- ⊙	Öster- reich- ⊙
12	**5 C**	auf 5 H	120,—	100,—
13	**10 C**	auf 10 H	50,—	50,—

Gültig bis 31.12.1908

1907. Freimarken: Marken von Österreich, Wertziffer auf weißem Grund, mit gleichen Aufdruck.

			★	★★	⊙	✉
14	5 C	auf 5 H dunkel- bis schwärzlichgrün .... (133)	1,—	2,50	5,—	40,—
15	10 C	auf 10 H (dunkel)karminrot .... (134)	1,50	4,—	50,—	180,—
16	15 C	auf (—)				
a		violett/schwarz	1,—	3,—	50,—	280,—
b		grauviolett/schwarz	4,—	15,—	80,—	—,—
		Satzpreis (3 W.)	3,50	9,50	100,—	

Besondere Entwertungen

			Blau- oder Violett- ⊙	Öster- reich- ⊙
14	5 C	auf 5 H	40,—	30,—
15	10 C	auf 10 H	90,—	90,—
16	15 C	auf (—)	150,—	90,—

Gültig bis 31.12.1908

1908, 15. Juli. Freimarken: 60jähriges Regierungsjubiläum von Kaiser Franz Joseph. Marken in Zeichnung af und ao der Ausgabe Österreich MiNr. 139–156, jedoch in französischer Währung (Centimes und Franc). MiNr. 17–20 Bdr. auf vorderseitig getöntem, gestrichenem Papier, MiNr. 21–22 StTdr. auf durchgefärbtem Kupferdruckpapier; gez. K 12½, MiNr. 21–22 gez. L 12½.

a) Franz Joseph I. (1830–1916), Kaiser von Österreich
und König von Ungarn

b) Franz Joseph im Krönungsornat

				✱	✱✱	⊙	✉
17	5 C	grün auf gelb	a	0,20	0,80	1,20	15,—
18	10 C	rot auf rosa	a	0,40	1,—	1,50	10,—
19	15 C	dunkelbraun auf sämisch	a	0,60	1,80	10,—	250,—
20	25 C	dunkelblau	a				
x		Papier hellblau		20,—	50,—	8,—	130,—
y		Papier grünlichblau		30,—	75,—	50,—	150,—
21	50 C	rot auf gelb	b	5,—	12,—	40,—	500,—
22	1 Fr	sepiabraun auf grau	b	10,—	20,—	75,—	1600,—
			Satzpreis (6 W.)	35,—	85,—	130,—	

Zähnungsabarten

22 UMw		senkrechtes Paar, Mitte ungezähnt		250,—	400,—
17 U–22 U		ungezähnt	Satzpreis (6 W.)	200,—	500,—

Besondere Entwertungen

			Blau- oder Violett- ⊙	Öster- reich- ⊙
17	5 C		15,—	25,—
18	10 C		15,—	25,—
19	15 C		25,—	25,—
20	25 C		30,—	70,—
21	50 C		—,—	—,—
22	1 Fr		—,—	—,—

Probedrucke

				(✱)	
17 P I–20 P I		gez. L 12½	Satzpreis (4 W.)		400,—
17 P II–22 P II		Einzelprobe, o.G.	je	4000,—	
17 P III–22 P III		Bogenprobe	Satzpreis (6 W.)		1000,—
17 P IV–20 P IV		Andrucke, o.G.	je	50,—	

1914. Freimarken. Wie MiNr. 18 und 20, jedoch auf gewöhnlichem glanzlosem, durchgefärbtem Papier; Bdr.; gez. K 12½.

				✱	✱✱	⊙	✉
23	10 C	karmin auf rosa	a	1,50	3,50	2800,—	5000,—
24	25 C	ultramarin auf blau	a	1,—	2,—	200,—	1500,—
			Satzpreis (2 W.)	2,50	5,50	3000,—	

Die Zähnung der Ausgabe 1914 ist fast immer etwas mangelhaft. Abschlag bei starken Zahnmängeln, jedoch ca. 25% Aufschlag auf völlig einwandfreie Zähnung.

Ⓖ Ⓠ MiNr. 4–7, 10, 11, 21–24 kommen besonders häufig falsch oder rückdatiert gestempelt vor.

Mischfrankaturen mit österreichischen Levantemarken beliebt, jedoch nicht selten!

Am 30.9.1914 wurden alle österreichischen Postämter auf Kreta geschlossen.

Österreichische Post in der Levante

1 Florin (Gulden) = 100 Soldi; ab 1.5.1888: 1 Piaster = 40 Para und 1 Franc = 100 Centimes

Es gab im ganzen 81 „Levantepostämter", von denen etwa die Hälfte sog. „Lloydpostämter" (vertraglich von der Schiffahrtsgesellschaft des „Österr. Lloyd" betrieben) waren; diese befanden sich naturgemäß nur in Hafenplätzen. Die Levantepostämter befanden sich:
Ägäische Inseln: Leros, Meteline, Rhodos, Scio-Cesme; **Ägypten:** Alexandria, Port Said; **Albanien:** Durazzo, Santi Quaranta, San Giovanni, Scutari, Valona; **Bulgarien:** Burgas, Küstendje, Philippopel, Rustschuk, Sofia, Varna (2 Ämter), Widdin; **Griechenland:** Cavalla, Corfu, Dedeagatsch, Janina, Lagos, Prevesa, Saloniki (2 Ämter; mit Zweigpostämtern in Mitrowitza, Monastir, Prizren und Üsküb), Sayada, Serres, Volo; **Kreta:** Candia, Canea, Rettimo; **Montenegro:** Antivari, Dulcigno (da sich in Dulcigno kein Lloydpostamt befand, mußte der trotzdem verwendete Stempel auf Einspruch Montenegros zurückgezogen werden); **Moldau-Walachei (Rumänien):** Bakau, Berlad, Bottuschan, Bukarest, Czernawoda, Fokschan, Galatz, Giurgevo, Ibraila, Jassy, Piatra, Ploeschti, Roman, Sulina, Tekutsch, Tultscha; **Samos:** Vathi; **Serbien:** Belgrad; **Türkei:** Adrianopel, Alexandrette, Beyrut, Caifa (Haifa), Constantinopel (3 Ämter), Dardanellen, Gallipoli, Ineboli, Jaffa, Jerusalem, Kerassund, Latakieh, Mersina, Rodosto, Samsun, Sinope, Smyrna (2 Ämter), Tenedos, Trapezunt, Tripolis in Syrien; **Zypern:** Larnaca.

Vorläufer:

1863. Freimarken: Doppeladler. Marken Lombardei-Venetien MiNr. 14–18 (Zähnung K 14) von der Österreichischen Post in der Levante verwendet, kenntlich an den Poststempeln vorstehend genannter Postämter in der Levante.

			⊙	⊠	☐☐ ⊙	⊞ ⊙	Rot- ⊙	Blau- ⊙
V 14	2 So gelb		170,—	550,—	380,—	3000,—	—,—	300,—
V 15	3 So grün		180,—	600,—	500,—	4500,—	—,—	250,—
V 16	5 So rosa		150,—	450,—	320,—	2200,—	—,—	380,—
V 17	10 So blau		120,—	300,—	250,—	2000,—	—,—	130,—
V 18	15 So braun		170,—	350,—	350,—	3500,—	2000,—	200,—

Besonderheiten der Frankaturen

Mischfrankaturen:

			▷	⊠
mit Kreuzer-Marken 1863		mind.	—,—	—,—
mit Kreuzer-Marken 1864		mind.	5000,—	20000,—

Mit ausländischen Marken (Weiter- bzw. Nachfrankaturen):

mit türkischen Marken		mind.	750,—	5500,—
mit griechischen Marken		mind.	250,—	1000,—
mit ägyptischen Marken		mind.	—,—	15000,—

Buntfrankaturen:

2-Farben-Frankatur		mind.	450,—	2000,—
3-Farben-Frankatur		mind.	2000,—	10000,—

1864. Freimarken: Doppeladler. Marken von Lombardei-Venetien MiNr. 19–23 (Zähnung K 9½) von der Österreichischen Post in der Levante verwendet.

			⊙	⊠	☐☐ ⊙	⊞ ⊙	Rot- ⊙	Blau- ⊙
V 19	2 So gelb		500,—	1100,—	1200,—	2200,—	—,—	900,—
V 20	3 So grün		140,—	450,—	500,—	2200,—	—,—	250,—
V 21	5 So rosa		50,—	320,—	250,—	2000,—	—,—	90,—
V 22	10 So blau		15,—	70,—	70,—	1000,—	600,—	20,—
V 23	15 So dunkelbraun		50,—	150,—	140,—	850,—	1000,—	60,—

Besonderheiten der Frankaturen

Mischfrankaturen:

			▷	⊠
mit Ausgabe 1863		mind.	180,—	1100,—
mit Kreuzer-Marken 1864		mind.	5000,—	20000,—

Buntfrankaturen:

2-Farben-Frankatur		mind.	140,—	800,—
3-Farben-Frankatur		mind.	550,—	2700,—

Preise gelten für Marken in einwandfreier Erhaltung und leserlichem, großem Teilstempel. ▷ mit sitzendem, klarem Stempel bedeutend teurer.

K.k. Österreichische Post in der Türkei

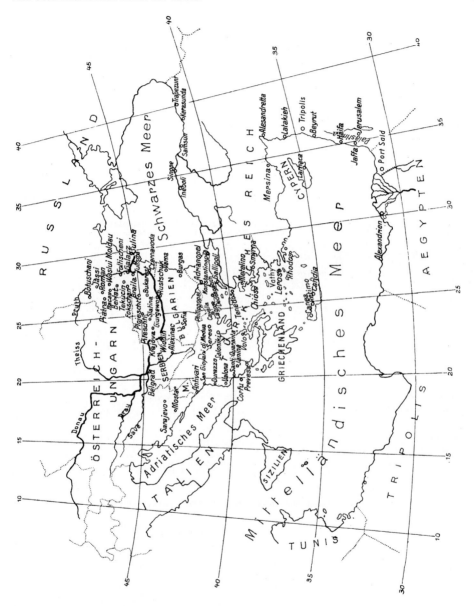

Maßstab 1:20 000 000

1867, Juni/1883, Okt. Freimarken: Kaiser Franz Joseph. Wertangabe in Soldi. I = grober, II = feiner Bdr.; Bogen-Wz. 3 „BRIEFMAR-KEN" (wie Österreich); verschieden gez.

a

b

a–b) Franz Joseph I. (1830–1916), Kaiser von Österreich und König von Ungarn

I = grober Druck

Zähnungen: MiNr. 1–6 gez. K 9½, MiNr. 7: A = gez. L 10½, B = gez. L 9, C = gez. L 12, E = gez. L 13, F = alle Mischzähnungen

			✱	✱✱	⊙	EF ⊠	⊞ ✱	⊞ ⊙
1 I	2 So	....a						
a		orange, gelborange	3,—	5,—	35,—	3500,—	20,—	600,—
b		gelb .... GA	80,—	160,—	100,—	—,—	500,—	
2 I	3 So	GA ....a						
a		grün	180,—	400,—	85,—	1000,—	1000,—	1000,—
b		dunkelgrün	400,—	650,—	320,—	—,—		
3 I	5 So	GA ....a						
a		rot	290,—	800,—	17,—	1200,—	1200,—	450,—
b		lilarot	350,—	900,—	30,—	—,—		
c		dunkelrot	400,—	1200,—	50,—	—,—		
4 I	10 So	GA ....a						
a		blau	250,—	400,—	3,—	30,—	1200,—	250,—
b		hellblau	350,—	550,—	4,—	40,—		
c		dunkelblau	300,—	450,—	4,—	45,—		
5 I	15 So	GA ....a						
a		braun, hellbraun	30,—	50,—	10,—	60,—	150,—	700,—
b		dunkelbraun	120,—	300,—	80,—	175,—		
c		rötlichbraun	50,—	90,—	20,—	70,—		
d		graubraun	100,—	250,—	20,—	70,—		
6 I	25 So	GA ....a						
a		graulila	150,—	300,—	60,—	1200,—	150,—	1000,—
b		violett	30,—	60,—	50,—	1200,—		
c		braunviolett	50,—	100,—	75,—	1200,—		
7 I	50 So	braun ....b						
A		gez. L 10½, braun	1,50	2,50	80,—	10000,—	15,—	2000,—
B		gez. L 9, braun	35,—	70,—	180,—	—,—		
C		gez. L 12						
a		bräunlichrosa	200,—	360,—	200,—	—,—		
b		rötlichbraun	120,—	200,—	140,—	—,—		
E		gez. L 13, rötlichbraun	—,—	—,—	—,—	—,—		
F		Mischzähnungen, braun	100,—	160,—	220,—	—,—		
		Satzpreis (7 W.)	750,—	1200,—	280,—			

(✱) = 20% von ✱.

II = feiner Druck, gez. K 9½

			✱	✱✱	⊙	EF ⊠	⊞ ✱	⊞ ⊙
1 II	2 So	gelb (1882) .... a	0,50	1,—	3800,—	—,—	5,—	
2 II	3 So	grün (Mai 1878) .... a	1,50	3,—	35,—	350,—	15,—	700,—
3 II	5 So	rot (Nov. 1878) .... a	0,50	1,50	25,—	—,—	5,—	500,—
4 II	10 So	blau, hellblau (Sept. 1876) .... a	120,—	250,—	1,50	25,—	650,—	800,—
5 II	15 So	braun (Juli 1881) .... a	15,—	35,—	200,—	1800,—	100,—	—,—
6 II	25 So	graulila (Aug. 1883) .... a	1,—	1,50	450,—	17500,—	10,—	—,—
		Satzpreis (6 W.)	130,—	280,—	4500,—			

(✱) = 20% von ✱.

Besonderheiten der Zähnung

		✱	✱✱	⊙
2 II D	gez. L 10½:9	—,—	—,—	500,—
3 II C	gez. L 9	—,—	—,—	320,—
4 II B	gez. L 10½	250,—	400,—	20,—
4 II C	gez. L 9	150,—	280,—	150,—
4 II D	gez. L 10½:9	—,—	—,—	180,—
5 II B	gez. L 10½	—,—	—,—	350,—

Paare, Mitte ungezähnt

			✱	✱✱	⊙
7 I A UMs/UMw	waagerechtes oder senkrechtes Paar, Mitte ungezähnt		350,—	500,—	500,—

Besonderheiten des Drucks

			Randleiste 1 mm *) ⊙	gegittertes Medaillon ⊙
1 I	2 So	....	250,—	45,—
2 I	3 So	....	160,—	90,—
3 I	5 So	....	60,—	25,—
4 I	10 So	....	45,—	10,—
5 I	15 So	....	100,—	60,—

*) gilt für Stücke, bei denen die Randleiste über die Zahnspitzen hinausgehend bis in das Markenbild geht.

Verschiedene Stempelarten

Preise gelten für großen leserlichen Stempelteil. Dies gilt für alle Levantemarken.

Besonderheiten der Entwertung

			Österreich- ☉	Blau- ☉	Rot- ☉
1 I	2 So	....	150,—	100,—	—,—
2 I	3 So	....	170,—	140,—	1000,—
3 I	5 So	....	100,—	40,—	550,—
4 I	10 So	....	90,—	15,—	600,—
5 I	15 So	....	160,—	30,—	600,—
6 I	25 So	....	500,—	190,—	
7 I	50 So	....	1100,—	300,—	
1 II	2 So	....	3500,—		
2 II	3 So	....	220,—	100,—	
3 II	5 So	....	150,—	80,—	
4 II	10 So	....	80,—	15,—	
5 II	15 So	....	500,—	400,—	
6 II	25 So	....	1250,—	—,—	

Ⓔ MiNr. 1 II und 6 II.

MiNr. 1 II echt ☉ nur mit Stempel Alexandrien, Canea und Beyrut bekannt.

Besonderheiten der Frankaturen

Buntfrankaturen			I grober Druck ▷	✉	II feiner Druck ▷	✉
2-Farben-Frankatur	....	mind.	40,—	220,—	100,—	450,—
3-Farben-Frankatur	....	mind.	250,—	750,—	1200,—	6000,—
4-Farben-Frankatur	....	mind.	1200,—	7500,—	—,—	—,—
5-Farben-Frankatur	....	mind.	3500,—	25000,—	—,—	—,—

Mischfrankaturen				
mit Ausgabe 1863	....	mind.	300,—	1200,—
mit Ausgabe 1864	....	mind.	1000,—	6000,—
mit Kreuzer-Marken 1867 *)	....	mind.	200,—	750,—
grober mit feinem Druck	....	mind.	500,—	3000,—
mit Türkei-Marken	....	mind.	120,—	700,—
mit Griechenland-Marken	....	mind.		

*) in der Levante verwendet

Probedrucke

			(∗)
1 I P–7 I P	Andruck auf farbigem oder weißem Papier, o.G. .... je		50,—
1 I P U I–7 I P U I	Einzelprobe im Kleinbogenformat in Goldbronze, ungezähnt, o.G. .... je		1000,—
1 I P U II–7 I P U II	Einzelprobe im Kleinbogenformat in Schwarz, ungezähnt, o.G. .... je		500,—

ND 1894 MiNr. 4 auf glasigem Papier, gez. L 10½ siehe am Ende des Landes.

Gültig bis 31.10.1884

1883, 15. Aug. Freimarken: Wappenzeichnung, lateinische Inschrift „Imper(ialis) reg(ia) posta austr(iaca)"; Bogen-Wz. 3 „BRIEFMARKEN"; gez. K 9½, MiNr. 10 und 12 auch gez. K 10, MiNr. 11 auch gez. L 10½.

c) Doppeladler

			∗	∗∗	☉	EF ✉
8	2 So gelbbraun/schwarz	 c	0,20	0,70	220,—	
9	3 So blaugrün/schwarz	 c	1,50	10,—	45,—	350,—
10	5 So rot/schwarz GA	 c				
A	gez. K 9½		0,30	0,80	25,—	300,—
B	gez. K 10		7,—	18,—	500,—	—,—
11	10 So ultramarin/schwarz GA	 c				
A	gez. K 9½		1,—	2,50	1,—	30,—
C	gez. L 10½		—,—	—,—	200,—	1000,—
12	20 So grau/schwarz	 c				
A	gez. K 9½		2,—	4,—	12,—	500,—
B	gez. K 10		8,—	18,—	500,—	—,—
13	50 So rotlila/schwarz	 c	1,50	3,50	25,—	3000,—
		Satzpreis (6 W.)	6,—	11,50	320,—	

Marken mit Wz. bedingen (je nach Größe) einen Aufschlag von 15–50% auf den Markenwert.

Besonderheiten der Entwertung

			Öster-reich-⊙	Violett ⊙	Blau ⊙
8	2 So	....	200,—	400,—	550,—
9	3 So	....	70,—	120,—	200,—
10	5 So	....	90,—	40,—	80,—
11	10 So	....	70,—	15,—	40,—
12	20 So	....	200,—	60,—	130,—
13	50 So	....	500,—	250,—	350,—

Besonderheiten der Frankaturen

Buntfrankaturen

		▷	⊠
2-Farben-Frankatur	.... mind.	20,—	200,—
3-Farben-Frankatur	.... mind.	250,—	1000,—
4-Farben-Frankatur	.... mind.	700,—	3500,—
5-Farben-Frankatur	.... mind.	1500,—	25000,—

Mischfrankaturen

mit Ausgabe 1867, grober Druck	.... mind.	1000,—	5000,—
mit Ausgabe 1867, feiner Druck	.... mind.	200,—	1000,—
mit Kreuzer-Marken 1883 *)	.... mind.	1000,—	4000,—

*) in der Levante verwendet

Probedrucke

			(*)
8 P I–13 P I	mit abweichender Wertbezeichnung, o.G.	.... je	250,—
8 P II–13 P II	mit farbigen Wertziffern, o.G.	.... je	250,—

MiNr. 8 gültig bis 31.3.1887, MiNr. 9 bis 30.9.1886, die übrigen bis 31.7.1888

1886, 1. Sept. Freimarke: MiNr. 9 mit Aufdruck; A = gez. K 9½, B = gez. K 10.

10 PARA 10   I. Wiener Aufdruck   **10 PARA 10**   II. Konstantinopeler Aufdruck

Typenunterschiede:

Type Ia = Aufdruck für jede Marke geringfügig unterschiedlich. Allgemeine Erkennungsmerkmale: Aufdrucklänge 15,5 bis 16 mm; Abstand von der 0 der linken 10 bis P von PARA 1,5 mm, Abstand von A von PARA bis 1 der rechten 10 1 mm; PARA und Wertangaben auf gleicher Höhe.

Type Ib = Aufdruck bei jeder Marke gleich. Aufdrucklänge 15,75 mm; Abstände von Ziffern und Buchstaben wie bei Type Ia; PARA steht etwas tiefer als die Wertangaben.

Type IIb = Aufdruck bei jeder Marke gleich. Aufdrucklänge 16,5 mm; Abstand von 0 bis P 2 mm, von A bis 1 1,5 mm; PARA steht höher als die Wertangaben.

				✴	✴✴	⊙	⊠
14	**10 Pa**	auf 3 So blaugrün/schwarz	.... (9)				
	Ia A	Type Ia, gez. K 9½	....	10,—	25,—	40,—	220,—
	Ib A	Type Ib, gez. K 9½	....	1,20	3,—	35,—	200,—
	Ib B	Type Ib, gez. K 10	....	0,40	0,80	10,—	100,—
	IIb A	Type IIb, gez. K 9½	....	250,—	500,—	600,—*)	—,—

*) Preis gilt für Stempeldaten vom September 1886, spätere 30% Abzug.

Abart

			✴	✴✴	⊙	
14 IIb A K	kopfstehender Aufdruck	....	—,—	—,—	2500,—*)	

*) Preis gilt für leicht beschädigte Stücke.

Besonderheiten der Entwertung

		Öster-reich-⊙	Blau-reich ⊙
14 I	....	150,—	30,—

FALSCH

Gültig bis 30.6.1891

1888, 1. Mai. Freimarken: Marken von Österreich MiNr. 45–49 mit einzeiligem Aufdruck; gez. K 10, MiNr. 17 auch gez. L 13½.

				✴	✴✴	⊙	⊠
15	**10 Pa**	auf 3 Kr	.... (45)				
	a	blaugrün/schwarz	....	5,—	12,—	13,—	100,—
	b	hellgrün/schwarz	....	6,—	14,—	15,—	120,—
16	**20 Pa**	auf 5 Kr lebhaftlilarot/schwarz GA	.... (46)	0,50	1,50	12,—	120,—
17	**1 Pia**	auf 10 Kr mittelviolettultramarin/schwarz	... (47)				
	A	gez. K 10	....	80,—	170,—	2,—	20,—
	B	gez. L 13½	....	—,—	—,—	1000,—	—,—
18	**2 Pia**	auf 20 Kr olivgrau/schwarz	.... (48)	2,—	6,—	6,—	350,—
19	**5 Pia**	auf 50 Kr rotlila/schwarz	.... (49)	2,50	5,—	25,—	1700,—
			Satzpreis (5 W.)	85,—	190,—	55,—	

Abarten

			★	★★	⊙	✉
15 I	linke Wertziffer 01 statt 10		—,—	—,—	1500,—	
16 DD	doppelter Wertaufdruck		500,—	1500,—	—,—	
17 DD	doppelter Wertaufdruck		—,—	—,—	—,—	

Besonderheiten der Entwertung

			Öster-reich-⊙	Blau-⊙	Violett-⊙
15	10 Pa	auf 3 Kr	50,—	30,—	40,—
16	20 Pa	auf 5 Kr	50,—	30,—	40,—
17	1 Pia	auf 10 Kr	50,—	10,—	15,—
18	2 Pia	auf 20 Kr	200,—	60,—	60,—
19	5 Pia	auf 50 Kr	400,—	120,—	160,—

Probedrucke

			(★)
15 P I–19 P I	Einzelproben im Kleinbogenformat, o.G.	je	200,—
15 P II–19 P II	Bogenproben, o.G.	je	80,—
15 P III–19 P III	auf gelblichem Andruckpapier, o.G.	je	35,—

Gültig bis 30.6.1891

1890, 1. Sept./1892. Freimarken: Marken von Österreich, gefasertes Papier, mit einzeiligem neuem Wertaufdruck.

				★	★★	⊙	✉
20	8 Pa	auf 2 Kr (dunkel)braunocker/schwarz (1.6.1892)	(51)				
A		gez. K 10, L 10½, L 11½, L 12½		0,20	0,60	0,80	20,—
B		gez. L 9¼		15,—	40,—	20,—	100,—
21	10 Pa	auf 3 Kr dunkelgrünblau/schwarz GA	(52)	0,70	1,60	0,80	15,—
22	20 Pa	auf 5 Kr mittelkarmin/schwarz	(53)	0,40	0,80	0,80	7,—
23	1 Pia	auf 10 Kr mattgrauultramarin/schwarz GA	(54)	0,50	1,20	0,30	10,—
24	2 Pia	auf 20 Kr lebhaftolivgrün/schwarz	(57)	10,—	20,—	40,—	900,—
25	5 Pia	auf 50 Kr lebhaftbraunviolett/schwarz	(60)	15,—	30,—	90,—	2200,—
26	10 Pia	auf 1 G schwärzlichultramarin (Nov.1892)	(61)	15,—	30,—	40,—	—,—
27	20 Pia	auf 2 G dunkelkarmin (Nov.1892)	(62)	20,—	40,—	60,—	—,—
		Satzpreis (8 W.)		60,—	120,—	230,—	

Überfrankierter ✉ = ⊙ + 25%.

Paare, Mitte ungezähnt

					⊙	
21 UMs	waagerechtes Paar, Mitte ungezähnt				700,—	
23 UMs	waagerechtes Paar, Mitte ungezähnt				700,—	

Besonderheiten der Entwertung

			Öster-reich-⊙	Blau-⊙	Violett-⊙
20	8 Pa	auf 2 Kr	50,—	20,—	20,—
21	10 Pa	auf 3 Kr	50,—	9,—	5,—
22	20 Pa	auf 5 Kr	50,—	6,—	3,—
23	1 Pia	auf 10 Kr	50,—	10,—	4,—
24	2 Pia	auf 20 Kr	220,—	220,—	200,—
25	5 Pia	auf 50 Kr	—,—	—,—	250,—
26	10 Pia	auf 1 G	200,—	170,—	100,—
27	20 Pia	auf 2 G	—,—	250,—	200,—

Probedrucke

			(★)
20 P I–27 P I	Einzelproben im Kleinbogenformat, o.G.	je	200,—
20 P II–27 P II	Bogenproben, o.G.	je	100,—
20 P III–27 P III	auf gelblichem Andruckpapier, o.G.	je	35,—

Gültig: MiNr. 20–23 bis 30.9.1900, MiNr. 24 und 25 bis 31.8.1891, MiNr. 26 und 27 bis 31.1.1896

1891. Freimarken: Marken Österreich MiNr. 63 und 66 mit einzeiligem neuem Wertaufdruck.

				★	★★	⊙	✉
28	2 Pia	auf 20 Kr grünlicholiv/schwarz	(63)				
A		gez. K 10, L 10½, L 11, L 11½, L 13½		8,—	20,—	2,—	50,—
B		gez. L 9¼		250,—	500,—	200,—	—,—
29	5 Pia	auf 50 Kr lebhaftbraunviolett/schwarz	(66)	4,—	10,—	4,—	550,—
		Satzpreis (2 W.)		12,—	30,—	6,—	

Besonderheiten der Entwertung

			Öster-reich-⊙	Blau-⊙	Violett-⊙
28	2 Pia	auf 20 Kr	60,—	20,—	30,—
29	5 Pia	auf 50 Kr	150,—	40,—	70,—

Gültig bis 30.9.1900

1896, 1. Febr. Freimarken: Marken Österreich MiNr. 67 und 68 mit neuem Wertaufdruck.

					✷	✷✷	⊙	✉
30	10 Pia	auf 1 G (dunkel)violettgrau .... (67)			20,—	60,—	30,—	2200,—
31	20 Pia	auf 2 G grün (Töne) .... (68)			40,—	110,—	100,—	—,—
		Satzpreis (2 W.)			60,—	170,—	130,—	

Überfrankierter ✉ = ⊙ + 25%.

Besonderheiten der Entwertung

			Öster-reich-⊙	Blau-⊙	Violett-⊙
30	10 Pia	auf 1 G	—,—	95,—	110,—
31	20 Pia	auf 2 G	—,—	190,—	250,—

Gültig bis 30.9.1900

1900, 1. Jan. Freimarken: Marken von Österreich in Kronenwährung ohne Lackstreifen mit einzeiligem Aufdruck; verschieden gez.

					✷	✷✷	⊙	✉
32	10 Pa	auf 5 H schwärzlichgrünblau/schwarz, gez. K 13:12½, K 13:13½ GA . (72)			6,—	25,—	1,—	18,—
33	20 Pa	auf 10 H lebhaftrosakarmin/schwarz GA .... (74)						
A		gez. K 13:12½, K 13:13½			7,—	35,—	1,—	15,—
C		gez. L 12½:10½			500,—	1500,—	450,—	—,—
34	1 Pia	auf 25 H mittelgrauultramarin/schwarz GA .... (76)						
A		gez. K 13:12½, K 13:13½			4,—	20,—	0,50	9,—
B		gez. L 10½			25,—	90,—	15,—	75,—
35	2 Pia	auf 50 H mittelpreußischblau/schwarz .... (79)						
A		gez. K 13:12½, K 13:13½			10,—	50,—	5,—	45,—
B		gez. L 10½			60,—	200,—	50,—	300,—
36	5 Pia	auf 1 Kr gez. 12½ .... (81)						
a		rötlichlila			0,70	5,—	0,50	500,—
b		lilarot			1,—	10,—	1,50	600,—
37	10 Pia	auf 2 Kr dunkelviolettgrau, gez. 12½ .... (82)			2,50	15,—	4,50	1200,—
38	20 Pia	auf 4 Kr graugrün, gez. 12½ .... (83)			2,—	13,—	10,—	2500,—
		Satzpreis (7 W.)			30,—	160,—	20,—	

Paketkarten mit 5, 10 oder 20 Pia höchstens 30% der ✉-Preise.

Paare, Mitte ungezähnt

			✷	✷✷
36 UMs, UMw	waagerechtes oder senkrechtes Paar, Mitte ungezähnt		200,—	350,—
37 UMs	waagerechtes Paar, Mitte ungezähnt		—,—	—,—

Besonderheiten der Entwertung

			Öster-reich-⊙	Blau-⊙	Violett-⊙
32	10 Pa	auf 5 H	25,—	10,—	10,—
33	20 Pa	auf 10 H	25,—	10,—	10,—
34	1 Pia	auf 25 H	25,—	5,—	5,—
35	2 Pia	auf 50 H	30,—	25,—	25,—
36	5 Pia	auf 1 Kr	25,—	20,—	20,—
37	10 Pia	auf 2 Kr	75,—	30,—	30,—
38	20 Pia	auf 4 Kr	150,—	60,—	60,—

Probedrucke

			(✷)
32 P I–38 P I	Einzelproben im Kleinbogenformat, o.G. .... je	400,—
32 P II–38 P II	Bogenproben, o.G. .... je	250,—
32 P III–38 P III	auf gelblichem Andruckpapier, o.G. .... je	35,—

Gültig bis 31.12.1908

1901, 18. Juni. Freimarken: Marken Österreich MiNr. 87, 89, 91 und 95 (mit Lackstreifen) mit gleichem Aufdruck; gez. K 13:12½, K 13:13½.

					✳	✳✳	☉	✉
39	10 Pa	auf	5 H	schwärzlichgrünblau/schwarz .... (87)	2,—	15,—	3,50	25,—
40	20 Pa	auf	10 H	lebhaftrosakarmin/schwarz .... (89)	3,—	15,—	500,—	—,—
41	1 Pia	auf	25 H	mittelgrauultramarin/schwarz .... (91)	1,50	10,—	10,—	25,—
42	2 Pia	auf	50 H	mittelpreußischblau/schwarz .... (95)	3,50	22,—	20,—	50,—
				Satzpreis (4 W.)	10,—	60,—	530,—	

Besonderheiten der Entwertung

			Öster-reich-☉	Blau-☉	Violett-☉
39	10 Pa	auf 5 H	25,—	12,—	12,—
40	20 Pa	auf 10 H	—,—	—,—	—,—
41	1 Pia	auf 25 H	35,—	6,—	6,—
42	2 Pia	auf 50 H	45,—	25,—	25,—

Probedrucke

		(✳)
39 P I–42 P I	Einzelproben im Kleinbogenformat, o.G. .... je	400,—
39 P II–42 P II	Bogenproben, o.G. .... je	250,—
39 P III–42 P III	auf gelblichem Andruckpapier, o.G. .... je	35,—

Alle Werte auch in Mischzählungen wie bei Österreich bekannt.

Gültig bis 31.12.1908

1903. Freimarken. Wie Österreich 1901/02, aber Urmarken ohne österreichische Wertziffern. Wertaufdruck oben und unten, mit Lackstreifen; Bdr.; gez. K 13:12½, K 13:13½.

			✳	✳✳	☉	✉
43	10 Pa	grünlichschiefer	6,—	15,—	2,50	18,—
44	20 Pa	hellkarmin	4,—	13,—	1,—	15,—
45	1 Pia	ultramarin	3,—	10,—	0,50	15,—
46	2 Pia	graublau	200,—	400,—	4,—	45,—
		Satzpreis (4 W.)	210,—	430,—	8,—	

Besonderheiten der Entwertung

			Öster-reich-☉	Blau-☉	Violett-☉
43	10 Pa	....	40,—	13,—	13,—
44	20 Pa	....	40,—	10,—	10,—
45	1 Pia	....	40,—	5,—	5,—
46	2 Pia	....	45,—	25,—	25,—

Probedrucke

		(✳)
43 P I–46 P I	Einzelproben im Kleinbogenformat, o.G. .... je	500,—
43 P II–46 P II	Bogenproben, o.G. .... je	250,—
43 P III–46 P III	auf gelblichem Andruckpapier, o.G. .... je	35,—

FALSCH Vorsicht falsche Lackstreifen!

Gültig bis 31.12.1908

1905. Freimarken. Wie MiNr. 43–46, jedoch ohne Lackstreifen; Urmarken ohne österreichische Wertziffern; Bdr.; gez. K 13:12½, K 13:13½.

			✳	✳✳	☉	✉
47	10 Pa	grünlichschiefer	15,—	40,—	5,—	20,—
48	20 Pa	hellkarmin	1,—	6,—	1,50	15,—
49	1 Pia	ultramarin	1,—	5,—	0,50	15,—
50	2 Pia	graublau	1,—	5,—	1,50	40,—
		Satzpreis (4 W.)	17,—	55,—	8,—	

Besonderheiten der Entwertung

			Öster-reich-☉	Blau-☉	Violett-☉
47	10 Pa	....	45,—	15,—	15,—
48	20 Pa	....	40,—	10,—	10,—
49	1 Pia	....	40,—	5,—	5,—
50	2 Pia	....	40,—	20,—	20,—

Probedrucke

		(✳)
47 P I–50 P I	Einzelproben im Kleinbogenformat, o.G. .... je	350,—
47 P II–50 P II	Bogenproben, o.G. .... je	130,—
47 P III–50 P III	auf gelblichem Andruckpapier, o.G. .... je	35,—

Gültig bis 31.12.1908

Levante wird vielfach nach verschiedenen Abstempelungen gesammelt, siehe z.B. Ing. Müller: „Handbuch der Entwertungen von Österreich und Lombardei-Venetien (Levante-Teil)", Tchilinghirian etc.

1906/07. Freimarken. Farbänderungen. Grundmarken ohne österreichische Wertziffern; Bdr.; gez. K 13:12½.

			✳	✳✳	☉	✉
51	10 Pa	grasgrün	0,70	2,—	2,50	40,—
52	30 Pa	violett (1907)	0,70	2,—	5,—	150,—
		Satzpreis (2 W.)	1,20	4,—	7,—	

Besonderheiten der Entwertung

			Öster-reich-☉	Blau-☉	Violett-☉
51	10 Pa	. . . .	40,—	20,—	20,—
52	30 Pa	. . . .	45,—	55,—	55,—

Probedrucke

			(✳)
51 P I–52 P I	Einzelproben im Kleinbogenformat, o.G. . . . . je	350,—
51 P II–52 P II	Bogenproben, o.G. . . . . je	130,—
51 P III–52 P III	auf gelblichem Andruckpapier, o.G. . . . . je	35,—

Gültig bis 31.12.1908

1908, 15. Juli. 60jähriges Regierungsjubiläum von Kaiser Franz Joseph. MiNr. 53–57 Bdr. auf vorderseitig getöntem, gestrichenem Papier; gez. K 12½, MiNr. 58–61 StTdr. auf durchgefärbtem Papier, gez. L 12½.

 d   e

d–e) Kaiser Franz Joseph (reg. 1848–1916)

				✳	✳✳	☉	✉
53	10 Pa	grün auf gelb GA . . . . d		0,30	1,—	0,50	15,—
54	20 Pa	rot auf rosa GA . . . . d		0,30	1,—	0,50	15,—
55	30 Pa	dunkelbraun auf sämisch . . . . d		0,50	1,50	2,50	80,—
56	60 Pa	violett auf graublau . . . . d		0,80	2,—	7,—	300,—
57	1 Pia	GA . . . . d					
a		dunkelblau auf hellblau		18,—	80,—	0,20	12,—
b		dunkelblau auf grünlichblau		20,—	85,—	1,10	18,—
58	2 Pia	rot auf gelb . . . . e		0,40	1,—	0,20	130,—
59	5 Pia	braun auf grau . . . . e		0,80	2,50	1,20	750,—
60	10 Pia	grün auf gelb . . . . e		1,20	3,50	3,—	1500,—
61	20 Pia	dunkelblau auf grau . . . . e		3,—	8,—	6,—	—,—
		Satzpreis (9 W.)		25,—	100,—	20,—	

philatelistischer ✉ + 25% auf ☉.

Ungezähnt

			✳	✳✳
53 U–61 U	ungezähnt	350,—	800,—

Besonderheiten der Entwertung

			Öster-reich-☉	Violett-☉
53	10 Pa	. . . .	15,—	4,—
54	20 Pa	. . . .	15,—	4,—
55	30 Pa	. . . .	17,—	15,—
56	60 Pa	. . . .	22,—	4,—
57	1 Pia	. . . .	15,—	25,—
58	2 Pia	. . . .	15,—	7,—
59	5 Pia	. . . .	30,—	15,—
60	10 Pia	. . . .	40,—	20,—
61	20 Pia	. . . .	70,—	35,—

Probedrucke

			(✳)
53 P I–57 P I	gez. L 12½, o.G. . . . . Satzpreis (5 W.)	350,—
53 P II	in anderen Farben, o.G. . . . . je	250,—
55 P II	in anderen Farben, o.G. . . . . je	250,—
58 P II	in anderen Farben, o.G. . . . . je	320,—
59 P II	in anderen Farben, o.G. . . . . je	320,—
53 P III–61 P III	Einzelproben, o.G. . . . . je	500,—
53 P IV–61 P IV	auf gelblichem Andruckpapier, o.G. . . . . je	40,—

1914. Freimarken. Wie MiNr. 54 und 57, jedoch Bdr. auf gewöhnlichem glanzlosem, durchgefärbtem Papier; gez. K 12½.

			★	★★	⊙	✉
62	20 Pa	karmin auf rosa ....d	0,70	2,50	800,—	3500,—
63	1 Pia	ultramarin auf mattblau ....d	0,40	1,10	0,70	10,—
		Satzpreis (2 W.)	1,—	3,50	800,—	

Die Zähnung der Ausgabe 1914 ist fast immer etwas mangelhaft. Abschlag bei starken Zahnmängeln, jedoch ca. 25% Aufschlag auf völlig einwandfreie Zähnung. ☜

Die österreichischen Postämter in der Levante führten aus Währungsgründen auch die Marken der Post auf Kreta.

Alle österreichischen Postämter in der Türkei und auf Kreta wurden am 30.9.1914 geschlossen; in Albanien gültig bis Frühjahr 1915.

> ⬛FALSCH Vorsicht: Es existieren gefährliche Stempelfälschungen; teure Marken (u. a. MiNr. 1 II, 6 II, 7 I, 14 II, 40, 62) oder bessere Abstempelungen sollten daher nur mit (Foto)-Attest erworben werden!

Portomarken

1902, 1. Jan. Zeichnung der österreichischen Portomarken mit zweizeiligem Aufdruck der türkischen Währung. Bdr.; gez. K 12½:13, MiNr. 2 auch gez. K 13½:13, L 12½.

Pa

					★	a graugrün ★★	⊙	✉	b gelbgrün ★	★★
1	**10 Pa**	auf	5 H	dunkelgrün ....Pa	2,—	10,—	10,—	750,—	5,—	25,—
2	**20 Pa**	auf	10 H	dunkelgrün ....Pa	2,—	12,—	15,—	500,—	3,—	18,—
3	**1 Pia**	auf	20 H	dunkelgrün ....Pa	2,—	12,—	15,—	500,—	4,—	18,—
4	**2 Pia**	auf	40 H	dunkelgrün ....Pa	2,—	15,—	15,—	850,—	15,—	60,—
5	**5 Pia**	auf	100 H	dunkelgrün ....Pa	2,—	10,—	10,—	1000,—	5,—	35,—
				Satzpreis (5 W.)	10,—	55,—	65,—		30,—	150,—

5 x	dickes Papier	45,—	100,—	20,—

Probedrucke

1 P I–5 P I	Aufdruckprobe Einzelprobe ....je	500,—
1 P II–5 P II	Aufdruckprobe Bogenprobe ....je	250,—

Alle Werte auch in Mischzähnungen wie bei Österreich bekannt.

☜

Gültig bis 31.12.1908

1908. Zeichnung der österreichischen Portomarken, Wertangabe in türkischer Währung. Bdr.; gez. K 12½.

Pb

x = gestrichenes Papier:

				★	★★	⊙	✉
6 x	¼ Pia	....Pb					
a		hellgrün	4,—	12,—	15,—	900,—
b		dunkelgrün	3,—	9,—	25,—	1100,—
7 x	½ Pia	....Pb					
a		hellgrün	2,50	8,—	12,—	400,—
b		dunkelgrün	2,50	9,—	25,—	1100,—
8 x	1 Pia	....Pb					
a		hellgrün	3,—	9,—	12,—	400,—
b		dunkelgrün	2,50	9,—	25,—	1100,—
9 x	1½ Pia	....Pb					
a		hellgrün	1,50	5,—	25,—	500,—
b		dunkelgrün	2,50	8,—	25,—	1100,—
10 x	2 Pia	....Pb					
a		hellgrün	2,—	9,—	25,—	800,—
b		dunkelgrün	8,—	16,—	35,—	—,—
11 x	5 Pia	hellgrün ....Pb	3,—	12,—	18,—	—,—

					∗	∗∗	⊙	✉
12 x	10 Pia			Pb				
a		hellgrün			20,—	75,—	180,—	—,—
b		dunkelgrün			80,—	200,—	1500,—	—,—
13 x	20 Pia			Pb				
a		hellgrün			13,—	40,—	200,—	—,—
b		dunkelgrün			70,—	170,—	1000,—	—,—
14 x	30 Pia			Pb				
a		hellgrün			20,—	80,—	18,—	—,—
b		dunkelgrün			120,—	350,—	50,—	—,—
			Satzpreis a (9 W.)		65,—	250,—	500,—	
			Satzpreis b (8 W.)		280,—	770,—	2600,—	

y = glanzloses Papier, a = dünnes (1909), b = dickes Papier (1910):

					∗	∗∗	⊙	✉
6 y	¼ Pia	dunkelgrün		Pb				
a		dünnes Papier			5,—	15,—	50,—	1200,—
b		dickes Papier			5,—	20,—	50,—	1000,—
7 y	½ Pia	dunkelgrün		Pb				
a		dünnes Papier			2,—	10,—	50,—	1200,—
b		dickes Papier			2,—	10,—	25,—	1000,—
8 y	1 Pia	dunkelgrün		Pb				
a		dünnes Papier			3,—	10,—	40,—	1200,—
b		dickes Papier			2,—	10,—	25,—	1000,—
9 y	1½ Pia	dunkelgrün		Pb				
a		dünnes Papier			3,—	10,—	100,—	—,—
b		dickes Papier			2,—	10,—	100,—	1200,—
10 y	2 Pia	dunkelgrün		Pb				
a		dünnes Papier			4,—	15,—	120,—	—,—
b		dickes Papier			3,—	15,—	130,—	—,—
11 y	5 Pia	dunkelgrün		Pb				
a		dünnes Papier			8,—	20,—	60,—	—,—
b		dickes Papier			5,—	20,—	35,—	—,—
12 y	10 Pia	dunkelgrün		Pb				
a		dünnes Papier			75,—	180,—	1500,—	—,—
b		dickes Papier			60,—	180,—	1500,—	—,—
13 y	20 Pia	dunkelgrün		Pb				
a		dünnes Papier			60,—	150,—	1200,—	—,—
b		dickes Papier			60,—	230,—	1200,—	—,—
14 y	30 Pia	dunkelgrün		Pb				
a		dünnes Papier			40,—	110,—	200,—	—,—
b		dickes Papier			10,—	35,—	35,—	—,—
			Satzpreis a (9 W.)		200,—	500,—	3100,—	
			Satzpreis b (9 W.)		140,—	600,—	2800,—	

Komplette Postformulare	mind.		1000,—

Ungezähnt

14 y b U	ungezähnt		200,—	300,—

Probedrucke

			(∗)
1 P I–14 P I	gez. L 12½, o.G.	Satzpreis (14 W.)	1000,—
1 P II–14 P II	Einzelproben im Kleinbogenformat, o.G.	je	500,—
1 P III–14 P III	Bogenproben, o.G.	je	300,—
1 P IV–14 P IV	auf gelblichem Andruckpapier, o.G.	je	60,—

Auflagen: MiNr. 6 y = 28 100, MiNr. 7 y = 48 500, MiNr. 8 y = 54 700, MiNr. 9 y = 32 800, MiNr. 10 y = 40 800, MiNr. 11 y = 46 800, MiNr. 12 y = 6700, MiNr. 13 y = 9000, MiNr. 14 y = 27 500 Stück

Gültig bis 30.9.1914, in Albanien bis Frühjahr 1915

Neudrucke

ND Neudruck der Marke MiNr. 4 von 1867. Gelblicher Gummi auf glasigem Papier; gez. 10½.

			∗	∗∗	⊙	✉
4 **ND**	10 So blau		8,—			

Österreichisch-ungarische Post in China

Nach Niederwerfung des Boxeraufstandes 1900/01 wurde bei der österrreichisch-ungarischen Gesandtschaft in Peking für den Postverkehr des dort stationierten Wach-Detachements und des übrigen Personals eine Postagentur eröffnet. Dieselbe war bis Ende 1919 in Tätig-
keit und die Freimachung der Post erfolgte in der Regel mit österreichischen Marken, es waren jedoch auch die ungarischen Briefmarken
frankaturgültig. Bosnien-Marken mit diesen Stempeln sind ⊘.

Die Bezeichnung „K. und K. Gesandtschafts-Wach-Detachement –
Peking" wurde Ende 1907 in „K. u. K. Marinedetachement – Peking"
abgeändert; es konnten 3 verschiedene Poststempel festgestellt
werden (siehe Abbildungen).

Folgende Marken können damit abgestempelt vorkommen:

			☞
Österreich	MiNr. 84–177	. . . je Wert mindestens	30,—
Ungarn	MiNr. 54–126	. . . je Wert mindestens	60,—
Bosnien	MiNr. 10–118	. . . je Wert mindestens	80,—

Bedarfsbriefe bzw. Postkarten mit Österreich- oder Ungarn-Marken ✉

Stempel 1904–1908	schwarz	250,—
Stempel 1908–1917	schwarz	200,—
	blau	350,—
	violett	450,—
Stempel 1913–1917	violett	450,—
Briefe aus den Jahren 1916 bzw. 1917		550,—

(auf Österreich)   (1907)   (auf Ungarn)

Einschreibebriefe ca. 100% Zuschlag.

Post der Ersten k. k. priv. Donau-Dampfschiffahrts-Gesellschaft (1840–1880)

Der Postdienst der DDSG erstreckte sich auf die Donauhäfen in Rumänien, Bulgarien, Serbien und Odessa. Agenturen bestanden von
1840–1844 in der Türkei, Konstantinopel, Saloniki, Smyrna und Trapezunt sowie den Dardanellen, in Gallipoli, Mitelene und Varna.

Zur Zeit der Ausgabe der ersten DDSG-Briefmarken erstreckte sich der Postdienst auf die Gebiete der unteren Donau und Odessa. Ursprünglich betrug der Portosatz für einen Brief 17 Kreuzer, Mitte 1867 wurde er auf 10 Kreuzer ermäßigt. In Österreich-Ungarn waren die
Marken nicht frankaturgültig.

**1866, 15. April/1867. Freimarken. Wertziffer mit
Schiffahrtsemblemen. Type I = „f" der Inschrift
mit flachen Köpfen; Stdr.; A = gez. L 12, B = gez.
L 9½.**
a

				✳	⊙	✉
1	17 (Kr)	scharlachrot . . . . a				
A			gez. L 12 (15.4.1866) . .	1200,—	100,—	360,—
B			gez. L 9½ (1867)	500,—	120,—	450,—

1866, Sept. Freimarke. Type I; gez. L 9½.

				✳	⊙	✉
2	10 (Kr)	lila . . . . a	350,—	200,—	750,—

**1867/1878. Freimarke. Farbänderung; Type I = „f" der Inschrift
mit flachen Köpfen, ab 1878 Type II = „f" mit runden Köpfen; gez.
L 9½.**

				✳	⊙	✉
3	10 (Kr)	grün . . . . a			
I			Type I (1867)	100,—	60,—	250,—
II			Type II (1878)	120,—	350,—	1400,—

**1870, Ende. Freimarke. Erneute Farbänderung; Type I; gez. L
9½.**

				✳	⊙	✉
4	10 (Kr)	rot . . . . a	500,—	400,—	1400,—

□ = Probedrucke.

Mischfrankaturen mit Freimarken der Ausgaben Österreich 1863/64 und 1867,
Levante 1864 und 1867 und Ungarn 1871 und 1874. ✉ ab ca. 8000,—.

Doppelfrankaturen (für Briefe über 1 Loth) (Paare) 8000,— bis 10000,—.

[FÄLSCH]

Der Postdienst der Donau-Dampfschiffahrts-Gesellschaft wurde 1873 in Rumänien, 1844 in den türkischen Häfen, 1880 in Bulgarien, Serbien und in Odessa eingestellt.

Neudrucke

Neudrucke der DDSG-Postmarken wurden nach 1880 in zwei Auflagen hergestellt.

1. Neudruckauflage: „f" der Inschrift hat flache Köpfchen (Type I) und zwei Farb-
punkte außerhalb des Ovals. Weiches, dickes Papier, schwache Gummierung,
mangelhafte Zähnung (fehlende Zähnungslöcher) gez. 5,—, □ 5,—.

2. Neudruckauflage: „f" der Inschrift hat runde Köpfchen (Type II). Weiches
Papier von verschiedener Gummierung, blasse Farbtöne, mittelgute Zähnung,
gez. 5,—, □ 5,—.

Mit der **MICHEL**-Nummer auf Nummer sicher!

Bosnien und Herzegowina

Durch österreichisch-ungarische Truppen besetztes Gebiet, umfassend das vormalige türkische Vilayet (Provinz) Bosna; ab 5. Okt. 1908 gemeinsames österreichisch-ungarisches Verwaltungsgebiet. Postalische Versorgung bis 15. Nov. 1879 durch die österreichisch-ungarische Feldpost, danach durch die österreichisch-ungarische Militärpost. Diese unterstand zwar dem österreichisch-ungarischen Kriegsministerium, wurde aber als jedermann zugängliche Landespost betrieben. Nach dem Zerfall der österreichisch-ungarischen Monarchie 1918 wurde das Gebiet ein Teil Jugoslawiens.

Währung: 1 österreichisch-ungarischer Gulden (Fl) = 100 Kreuzer (Kr); ab 1900: 1 Krone (Kr) = 100 Heller (H)

Eintritt in den Weltpostverein: 1. Juli 1892

Vorläufer: türkische Marken mit Stempeln von Bosna (Sarajevo), Banaluka (Banjaluka), Beline (Bjeljina), Berçika (Brčka), Biheke (Bihać), Ehlune (Livno), Prut (Bos. Brod), Travnik, Tuzla und Vişgirad (Višegrad).

Vor Ausgabe eigener Marken wurden gültige Marken Österreichs und Ungarns benutzt. Mit Feldpoststempeln vom Beginn der Besetzung (29. Juli 1878) bis zum 30. Juni 1879 sind diese Marken von Spezialsammlern gesucht.

Alle Marken, außer MiNr. 1 I–9 I und I–XIII, gedruckt in der K. K. Hof- und Staatsdruckerei, Wien

MiNr. I-XIV siehe nach MiNr. 148.

Karte der Postorte (nach einer Eisenbahnkarte)

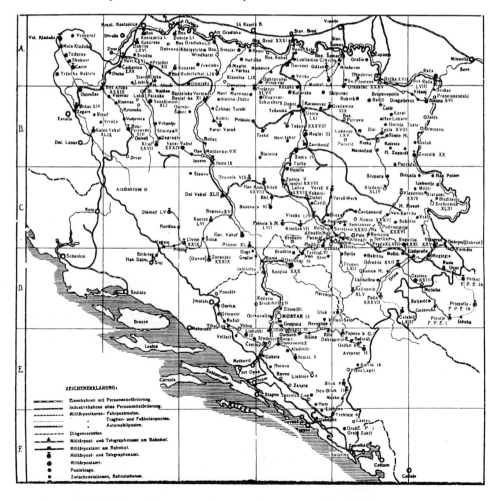

Preise: MiNr. 1–9 (✶) und ✶, für ✶✶ 100% Aufschlag, ab MiNr. 10 ✶ und ✶✶.

1879

1879, 1. Juli/1898. Freimarken: Doppeladler. Wertziffer in den oberen Ecken. I = Stdr. Militärgeographisches Institut, Wien; II und III = Bdr.; W = oWz., X = Wz. 1, Y = Wz. 2, Z = Wz. 3; verschieden gez.

Wz. 1 (Österr. = Wz. 3) 1879–1882
Buchstabenhöhe 25 mm, mit durchgezogenen Linien (Bogen-Wz.)

Wz. 2 (Österr. = Wz. 5) 1883
Buchstabenhöhe 25 mm, ohne durchgezogene Linien (Bogen-Wz.)

Wz. 3 (Österr. = Wz. 4) 1890
Buchstabenhöhe 25 mm, ohne durchgezogene Linien (Bogen-Wz.)

a) Doppeladler mit Wappen

Platte I:　Stdr. W = oWz. (ca. 90% der Marken im Bogen), teils mit X = Wz. 1 bis 1882, Y = Wz. 2 ab 1883 oder Z = Wz. 3 ab 1890; verschieden gez.
Platte II:　Bdr. von 1894 bis 1898. W = oWz., teils mit Z = Wz. 3; verschieden gez.
Platte III:　Bdr. W = oWz., teils mit Z = Wz. 3; verschieden gez. Die drei kleinen Adler sind wie bei Platte I weiß. Das Auge des Löwen steht frei. Der Adlerschwanz ist unregelmäßig schraffiert und kürzer als bei Platte I und II, er reicht meistens nicht bis an die Randlinie.

Platte I und II

Platte III

Zur Bestimmung dieser Ausgaben können neben den Zähnungen und Farben auch die Stempeldaten herangezogen werden.

Unterscheidungsmerkmale Stdr.–Bdr.:

I. Steindruck

Die drei kleinen Adler im Schrägbalken sind reinweiß (Ausnahme ½ Kreuzer). Das Auge des Löwen steht frei und ist oft nur in Form eines kleinen Pünktchens angedeutet.
MiNr. 2 I: Ziffer „2" mit geschwungenem Fuß.
MiNr. 3 I: Ziffer „3" mit kleinem, vierkantigem Ansatz zwischen beiden Bogen.
MiNr. 9 I: Beide Punkte oberhalb der unteren Eckverzierungen sind nach rechts mit der Zierleiste verbunden.

II. Buchdruck:

Der unterste (vereinzelt auch der mittlere) Adler zeigt eine farbige Linie.
Das Auge des Löwen ist deutlich mit der Kopflinie verbunden.
MiNr. 2 II: Ziffer „2" mit geradem Fuß.
MiNr. 3 II: Ziffer „3" schlanker, ohne Ansatz.
MiNr. 9 II: Beide Punkte oberhalb der unteren Eckverzierungen stehen frei.

Typenunterschied bei MiNr. 6 I:

6 I/I dicke „15"

6 I/II magere „15",
„1" mit steilem Aufstrich

I = Steindruck (1879–1894)

Billigste Sorte:

				✱	✱✱	⊙	✉	☐☐ ✱	☐☐ ⊙	⊞ ✱	⊞ ⊙
1 I	1 (Kr)	(1.7.1879) .... a						50,—	10,—	200,—	60,—
a		grau		20,—	30,—	3,—	250,—[1]				
b		lilagrau*)									
I		mit Blaustrich		4,—	10,—						
II		ohne Blaustrich		450,—	700,—	900,—					
2 I	2 (Kr)	gelb, orange (Nov.1879) GA .... a		30,—	45,—	2,—	35,—[2]	70,—	8,—	250,—	80,—
3 I	3 (Kr)	grün (1.7.1879) GA .... a		35,—	50,—	4,—	600,—[3]	90,—	12,—	300,—	150,—
4 I	5 (Kr)	rosa, rot (1.7.1879) GA .... a		50,—	80,—	0,50	30,—	120,—	4,—	500,—	80,—
5 I	10 (Kr)	blau (1.7.1879) .... a		200,—	400,—	2,—	220,—	550,—	6,—	2000,—	280,—
6 I	15 (Kr)	braun (1.7.1879) .... a									
I		Type I		330,—	500,—	30,—	1400,—	1000,—	120,—	4000,—	
II		Type II		200,—	300,—	13,—	700,—	550,—	40,—	1500,—	750,—
7 I	25 (Kr)	violett, lila (1.7.1879) .... a		170,—	250,—	15,—	1000,—[4]	400,—	40,—	1500,—	1200,—
8 I	20 (Kr)	olivgrün (1893) .... a		680,—	1100,—	18,—	2500,—	2000,—	60,—		2200,—
9 I	½ (Kr)	schwarz (1894) .... a		35,—	50,—	55,—	700,—[1]	90,—	120,—	270,—	350,—
		Satzpreis (9 W.)		1400,—	2200,—	110,—					

[1] Einzelfrankatur auf Schleife, [2] auf Karte (Drucksache 350,—), [3] Einzelfrankatur, [4] auf Postanweisung (✉ 6000,—).

*) MiNr. 1 b/I bzw. 1 b/II: Die Marke wurde kurz nach der Ausgabe zurückgezogen und durch Blaustrich entwertet. Steindruckmarken auf Postformularen werten
mind. 100,—.

Marken mit Wz.-Teilen je nach Größe 20–50% Aufschlag; mit ganzen Wasserzeichen-Buchstaben 200% Aufschlag.

Die Bezeichnung „—,—" innerhalb der Preisspalten bedeutet: „Diese Marke
gibt es, eine Notierung ist jedoch nicht möglich, weil Bewertungsunterlagen
fehlen." Dies bedeutet aber nicht zwangsläufig, daß die Marke sehr teuer ist.

Ist weder —,— noch Preis eingesetzt, gibt es diese Marke nicht bzw. wurde
sie noch nicht vorgelegt.

Spezialkatalogisierung Steindruck:

A = gez. L 12 (unregelmäßig) (1879), B = gez. L 12¼ (1879), C = gez. L 12¾ (1879), D = gez. L 13 (1879), E = gez. L 12–12¾ (Wirrzähnung) (1880), F = gez. L 13¾ (1883), G = gez. L 12½ (regelmäßig) (1884)

			A = L 12 ★	A ⊙	B = L 12¼ ★	B ⊙	C = L 12¾ ★	C ⊙	D = L 13 ★	D ⊙
1 I	1 (Kr)									
a		hell- bis dunkelgrau	30,—	6,—	20,—	3,—	20,—	3,—	40,—	8,—
b I		lilagrau, mit Blaustrich	4,—						5,—	
2 I	2 (Kr)									
a		gelb	32,—	2,50	30,—	2,—	30,—	2,—	80,—	10,—
c		orange	35,—	3,—	32,—	2,50	32,—	2,50		
e		ockergelb	40,—	7,—	40,—	7,—	40,—	7,—		
3 I	3 (Kr)									
a		grün (Töne)	35,—	4,—	35,—	4,—	35,—	4,—	80,—	15,—
b		blaugrün	40,—	5,—	40,—	5,—	40,—	5,—		
d		gelbgrün	50,—	6,—						
4 I	5 (Kr)									
a		rot	50,—	0,50					160,—	7,—
b		rosa	80,—	1,20	50,—	0,50	50,—	0,80	180,—	7,—
c		karmin	80,—	1,50	80,—	1,50	80,—	1,50		
d		ziegelrot	110,—	2,—	110,—	2,—	110,—	2,—	180,—	7,—
e		orangerot	—,—	230,—	2000,—	180,—	2000,—	180,—		
f		zinnober			80,—	2,—	80,—	2,—		
5 I	10 (Kr)									
a		blau (Töne)	200,—	3,—	200,—	3,—	200,—	3,—	350,—	10,—
b		hellblau	320,—	13,—	320,—	13,—	320,—	13,—	360,—	10,—
c		schieferblau	300,—	5,50	300,—	5,50	300,—	5,50		
d		schwarzblau	280,—	5,50	280,—	5,50	280,—	5,50		
6 I/I	15 (Kr)	Type I								
a		braun	500,—	75,—	500,—	65,—	500,—	65,—		
b		graubraun	600,—	90,—	600,—	90,—	600,—	90,—		
I/II		Type II (1880)								
a		braun (Töne)	210,—	15,—	200,—	13,—	200,—	13,—	300,—	18,—
b		graubraun	220,—	15,—	200,—	14,—	200,—	14,—		
d		rötlichbraun	210,—	14,—					300,—	18,—
e		gelbbraun	210,—	14,—	200,—	16,—	200,—	16,—	300,—	18,—
7 I	25 (Kr)									
a		violett (Töne)	230,—	22,—	230,—	22,—	230,—	22,—		
b		grauviolett	230,—	22,—	230,—	22,—	230,—	22,—		
c		lila (Töne)	230,—	22,—	230,—	22,—	230,—	22,—	350,—	30,—
d		mattlila	230,—	22,—	230,—	22,—	230,—	22,—	350,—	30,—
f		hochviolett	1400,—	45,—	1400,—	45,—	1400,—	45,—		
g		leuchtendviolett	500,—	30,—	500,—	30,—	500,—	30,—		

E = gez. L 12–12¾ (Wirrzähnung) (1880), F = gez. L 13¾ (1883), G = gez. L 12½ (regelmäßig) (1884), H = gez. L 13½ (1885)

			E = L 12–12¾ ★	E ⊙	F = L 13¼ ★	F ⊙	G = L 12½ ★	G ⊙	H = L 13½ ★	H ⊙
1 I	1 (Kr)									
a		hell- bis dunkelgrau	55,—	25,—	75,—	8,—	30,—	6,—		
2 I	2 (Kr)									
a		gelb	60,—	90,—	160,—	25,—	50,—	6,—		
c		orange	60,—	90,—						
3 I	3 (Kr)									
a		grün (Töne)	90,—	20,—	160,—	25,—	45,—	5,—	550,—	75,—
d		gelbgrün					75,—	8,—		
4 I	5 (Kr)									
a		rot	50,—	17,—	280,—	25,—	80,—	4,—	550,—	50,—
5 I	10 (Kr)									
a		blau (Töne)	320,—	20,—	340,—	22,—	220,—	5,—	600,—	55,—
b		hellblau					320,—	20,—		
d		schwarzblau					280,—	6,—		
6 I/I	15 (Kr)	Type I								
a		braun	330,—	30,—						
I/II		Type II (1880)								
a		braun (Töne)			400,—	35,—	240,—	13,—		
b		graubraun					210,—	13,—		
c		dunkelolivbraun					270,—	20,—		
7 I	25 (Kr)									
a		violett (Töne)	360,—	30,—						
b		grauviolett					170,—	15,—		
c		lila (Töne)			420,—	35,—			420,—	45,—
d		mattlila					180,—	17,—		

J = gez. L 11 (1889), K = gez. L 9¼ (1890), L = gez. 10½ (1890), M = gez. 11½ (1890)

			J = L 11 ★	J = L 11 ⊙	K = L 9¼ ★	K = L 9¼ ⊙	L = L 10½ ★	L = L 10½ ⊙	M = L 11½ ★	M = L 11½ ⊙
1 I	1 (Kr)									
a		hell- bis dunkelgrau	55,—	24,—			23,—	6,—	25,—	6,—
2 I	2 (Kr)									
a		gelb	95,—	120,—			30,—	3,—	30,—	3,—
b		braungelb							110,—	15,—
c		orange	140,—	28,—			30,—	3,—	30,—	3,—
d		braunorange							80,—	18,—
3 I	3 (Kr)									
a		grün (Töne)	140,—	25,—			40,—	5,—	40,—	5,—
b		blaugrün					40,—	6,—	40,—	6,—
c		graugrün					40,—	6,—	40,—	6,—
e		flaschengrün					800,—	200,—	750,—	190,—
4 I	5 (Kr)									
a		rot	300,—	15,—	2200,—	200,—	60,—	1,—	75,—	1,—
c		karmin	450,—	18,—			80,—	2,—	75,—	2,—
d		ziegelrot	500,—	20,—			60,—	2,—	70,—	2,—
f		zinnober					60,—	2,—		
5 I	10 (Kr)									
a		blau (Töne)	340,—	25,—	—,—	450,—	200,—	2,—	230,—	2,—
c		schieferblau					230,—		230,—	2,—
d		schwarzblau					280,—	3,—	280,—	4,—
6 I/II	15 (Kr)	Type II (1880)								
a		braun (Töne)					210,—	14,—	210,—	15,—
b		graubraun					220,—	15,—	220,—	15,—
c		dunkelolivbraun	750,—	55,—					240,—	32,—
d		rötlichbraun					220,—	17,—	240,—	20,—
7 I	25 (Kr)									
a		violett (Töne)					280,—	25,—		
b		grauviolett					270,—	23,—		
e		purpur					210,—	27,—		
8 I	20 (Kr)									
a		olivgrün					780,—	20,—	900,—	22,—
b		gelbgrün					680,—	18,—	800,—	20,—
c		resedagrün					680,—	18,—	800,—	20,—
9 I	½ (Kr)	schwarz	200,—	180,—			35,—	55,—	35,—	55,—

MiNr. 3 I e stammt von einer 1893/94 kurzzeitig verwendeten Platte. Sie hat die gleichen Merkmale wie die ½-Kreuzer-Marke MiNr. 9 I.

Mischzähnungen ⊙ ab 20,—. Detaillierte Bewertung siehe Dr. Ferchenbauer „Handbuch und Spezialkatalog 1850–1918".

Folgende Mischzähnungen sind bekannt: L 10½:11, 10½:11½, L 10½:12, L 11:10½, L 11:11½, L 11:12, L 11:12½, L 11:12¾, L 11:13, L 11½:10½, L 11½:11, L 11½:12, L 11½:12½, L 11½:13¼, L 12:11½, L 12:12½, L 12:12¾, L 12:13, L 12:13¼, L 12½:11, L 12½:11½, L 12½:12, L 12½:13, L 12½:13¼, L 12¾:11, L 12¾:11½, L 12¾:12, L 12¾:13¼, L 13:11, L 13:12, L 13:12½, L 13½:13, L 13¼:12, L 13¼:12½, L 13¼:12¾, L 13½:13.

Paare Mitte ungezähnt

			⊙
3 I UMs	waagerechtes Paar, Mitte ungezähnt	....	—,—
5 I UMs	waagerechtes Paar, Mitte ungezähnt	....	1800,—
9 I UMw	senkrechtes Paar, Mitte ungezähnt	....	1300,—

Halbierungen

		⊠
2 I H	....	—,—
5 I H	....	—,—

Buntfrankaturen

			⊠
2 Farben	....	mind.	120,—
3 Farben	....	mind.	320,—
4 Farben	....	mind.	2000,—
5 Farben	....	mind.	4500,—
6 Farben	....	mind.	5500,—
7 Farben	....	mind.	6500,—
kompletter Satzbrief	....		7000,—

Plattenfehler

5 I H/F   5 I J/F

		✱	☉
3 I/F	Weißer Fleck in der Mitte des Löwen	—,—	80,—
4 I/F	Großer Fleck im Wappenschild	160,—	80,—
5 I H/F	linke „0" wie „Q"	900,—	220,—
5 I J/F	linke „0" wie „Q"	700,—	220,—
6 I/I F	Großer Punkt vor rechter „15"	500,—	50,—

Probedrucke

			(✱)
1 P I–7 P I	Einzelproben im Kleinbogenformat, o.G.	je	1000,—
1 P II–9 P II	Andrucke auf dünnem, gelblichem Papier, o.G.	je	50,—

II und III = Buchdruck (ab 1895)

Billigste Sorte:

				✱	✱✱	☉	✉	▢▢ ✱	▢▢ ☉	⊞ ✱	⊞ ☉
1 II	1 (Kr)	grau	a	7,—	11,50	2,—	350,—	30,—	7,—	60,—	15,—
2 II	2 (Kr)	gelb	a	4,50	7,50	1,—	15,—	25,—	3,—	50,—	13,—
3 II	3 (Kr)	grün	a	7,—	11,—	2,—	200,—	30,—	6,—	60,—	15,—
4 II	5 (Kr)	rot	a	170,—	280,—	1,—	20,—	800,—	4,—	2000,—	30,—
5 II	10 (Kr)	blau	a	10,—	17,—	1,50	150,—	40,—	5,—	80,—	25,—
6 II	15 (Kr)	braun	a	9,—	14,—	6,—	260,—	35,—	15,—	70,—	50,—
7 II	25 (Kr)	violett	a	12,—	20,—	12,—	600,—	50,—	30,—	100,—	100,—
8 II	20 (Kr)	oliv	a	10,—	17,—	8,—	2200,—	40,—	20,—	90,—	100,—
9 II	½ (Kr)	schwarz	a	22,—	35,—	30,—	750,—[1]	90,—	70,—	200,—	150,—
		Satzpreis (9 W.)		250,—	400,—	60,—					
4 III	5 (Kr)	rot, Platte III	a	7,—	30,—	1,—	15,—	14,—	5,—	30,—	15,—

[1] Einzelfrankatur auf Schleife.

Marken mit Wz.-Teilen je nach Größe 20–50% Aufschlag; mit ganzen Wasserzeichen-Buchstaben 200% Aufschlag.

Spezialkatalogisierung Buchdruck:

A = gez. L 10½, B = gez. L 12½, C = gez. L 11½, D = gez. K 13:12½, E = gez. K 10

			A = L 10½ ✱	A = L 10½ ☉	B = L 12½ ✱	B = L 12½ ☉	C = L 11½ ✱	C = L 11½ ☉	D = K 13:12½ ✱	D = K 13:12½ ☉	E = K 10 ☉
1 II	1 (Kr)	grau	15,—	2,50	7,—	2,—	40,—	7,—			
2 II	2 (Kr)	gelb	15,—	1,20	4,50	1,—	55,—	11,—	150,—	25,—	—,—
3 II	3 (Kr)	grün	17,—	3,—	7,—	2,—	55,—	11,—			950,—
4 II	5 (Kr)	rot	170,—	1,—			750,—	11,—			
5 II	10 (Kr)	blau									
I		Type I	22,—	2,—	10,—	1,50	120,—	8,—			
II		Type II (Kreuzchentype)	110,—	10,—	50,—	7,—	1000,—	40,—			
6 II	15 (Kr)	braun	25,—	8,—	9,—	6,—	45,—	8,—			
7 II	25 (Kr)	violett	35,—	14,—	12,—	12,—	30,—	17,—			
8 II	20 (Kr)	oliv	22,—	10,—	10,—	7,—	1200,—	18,—			
9 II	½ (Kr)	schwarz	22,—	30,—			28,—	40,—			
4 III	5 (Kr)	rot, Platte III	17,—	2,—	7,—	1,—	100,—	4,—			

Mischzähnungen ☉ ab 150,—

Bei der 10-Kreuzer-Marke kommt Type I je 50 mal, Type II je 40 mal und Type II F (Kreuzchentype) je 10 mal im Bogen vor. Paar mit Type II F ist nur 1 mal im Bogen enthalten.

5 II/II Kreuzchentype.
Kreuzchen rechts oben im Wappen.

Mischpaar

			✶	☉
1 II/I mit 1II/II	Type I und II im Paar		60,—	130,—

Teilgezähnt

2 II UI	links ungezähnt	300,—

Paare, Mitte ungezähnt

4 III UMw	senkrechtes Paar, Mitte ungezähnt	1700,—
5 II UMs	waagerechtes Paar, Mitte ungezähnt	1700,—

Buntfrankaturen

gleiche Preise wie Steindruckausgabe.

Mischfrankaturen

mit Marken der Steindruckausgabe ab 500,—.

Probedrucke

			(✶)
1 II P U I–9 II P U I	Einzelproben auf gelblichem Kartonpapier, ungezähnt, o.G. . . . . Satzpreis (9 W.)		2500,—
1 II P U II–9 II P U II	Einzelproben in Schwarz, auf gelblichem Kartonpapier, ungezähnt, o.G. . . . . Satzpreis (9 W.)		2500,—
1 II P U III	auf Kartonpapier, ungezähnt, o.G.		100,—
2 II P U IV–7 II P U IV	auf dünnem, weißem Papier, ungezähnt, o.G. . . . . Satzpreis (9 W.)		1000,—
1 II P U V–9 II P U V	Andrucke auf dickem, gelblichem Papier, ungezähnt, o.G. . . . . je ab		50,—

ND Neudrucke am Ende des Landes.

Gültig bis 31.3.1900

1900

Neue Währung: 1 Krone (Kr) = 100 Heller (H)

1900, 1. Jan./1901, Febr. Freimarken: Doppeladler. Geänderte Währung. Hellerwerte: Wertziffer in den unteren Ecken, Kronenwerte: Wertziffer oben und unten mit abgekürzter Währungsangabe. Bdr.; x = gewöhnliches Papier oWz., bei den ersten Druckauflagen der MiNr. 10–18 und 20 auch mit Wz. 3, y = geripptes Papier oWz., z = Kartonpapier; verschieden gez.
MiNr. 10 wurde in Zähnung L 12½ am 1.1.1900 verausgabt. MiNr. 10 in anderer Zähnung sowie MiNr. 11–18 und 20 kamen im Allgemeinen erst dann zur Verwendung, als die äquivalenten oder nahezu äquivalenten Wertstufen (1 Kr = 2 H) der vorhergehenden Ausgabe aufgebraucht waren, spätestens aber am 1.4.1900.

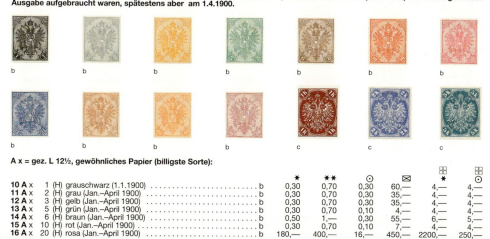

A x = gez. L 12½, gewöhnliches Papier (billigste Sorte):

				✶	✶✶	☉	⊠	⊞ ✶	⊞ ☉
10 A x	1	(H) grauschwarz (1.1.1900) . . . . b		0,30	0,70	0,30	60,—	4,—	4,—
11 A x	2	(H) grau (Jan.–April 1900) . . . . b		0,30	0,70	0,30	35,—	4,—	4,—
12 A x	3	(H) gelb (Jan.–April 1900) . . . . b		0,30	0,70	0,30	35,—	4,—	4,—
13 A x	5	(H) grün (Jan.–April 1900) . . . . b		0,30	0,70	0,10	4,—	4,—	4,—
14 A x	6	(H) braun (Jan.–April 1900) . . . . b		0,50	1,—	0,30	55,—	6,—	5,—
15 A x	10	(H) rot (Jan.–April 1900) . . . . b		0,30	0,70	0,10	7,—	4,—	4,—
16 A x	20	(H) rosa (Jan.–April 1900) . . . . b		180,—	400,—	16,—	450,—	2200,—	250,—

				★	★★	☉	⊠	🏷★	🏷☉
17 A x	25	(H)	blau (Jan.–April 1900) .... b	1,50	3,—	1,50	70,—	16,—	10,—
18 A x	30	(H)	braun (Jan.–April 1900) .... b	180,—	400,—	18,—	500,—	2200,—	400,—
19 A x	40	(H)	orangegelb (Okt. 1900) .... b	230,—	500,—	20,—	750,—	3700,—	500,—
20 A x	50	(H)	lila (Jan.–April 1900) .... b	1,—	2,50	5,—	1500,—	13,—	12,—
21 A x	1 Kr		dunkelrosa (Okt. 1900) c	1,40	3,—	0,80	2000,—	17,—	15,—
22 A x	2 Kr		ultramarin (Okt. 1900) c	2,—	4,50	2,50		25,—	20,—
23 A x	5 Kr		blaugrün (Febr. 1901) c	4,50	10,—	8,—		50,—	60,—
			Satzpreis (14 W.)	600,—	1300,—	65,—			

A = gez. L 12½, B = gez. L 10½; x = gewöhnliches, y = geripptes Papier, z = Kartonpapier

			A					B	
				y		z	x		y
			★★	☉		☉	★★	☉	★★	☉
10	1	(H)	....	120,—	50,—			600,—	20,—		
11	2	(H)	....	120,—	50,—		200,—	15,—	15,—	—,—	300,—
12	3	(H)						460,—	20,—		
13	5	(H)	....	160,—	25,—		220,—	260,—	10,—		
14	6	(H)	....	120,—	40,—		220,—	10,—	8,—	350,—	180,—
15	10	(H)	....	120,—	22,—			120,—	4,—		
16	20	(H)	....	500,—	100,—			400,—	12,—		
17	25	(H)	....	750,—	140,—		250,—	160,—	15,—		
18	30	(H)	....	500,—	100,—			420,—	15,—		
19	40	(H)	....	600,—	90,—						
20	50	(H)	....	50,—	25,—						
21	1 Kr		....	40,—	25,—						
22	2 Kr		....	100,—	50,—						
23	5 Kr		....	140,—	100,—						

C = gez. K 12¾:13¼, D = gez. L 12½:10½, E = gez. L 10½:12½

			C		D		E	
			★★	☉	★★	☉	★★	☉
10	1	(H)	....					—,—	150,—
11	2	(H)	....	20,—	15,—			—,—	200,—
12	3	(H)	....			650,—	250,—		
13	5	(H)	....						
14	6	(H)	....				200,—	—,—	200,—
15	10	(H)	....			320,—	30,—		
16	20	(H)	....			—,—	—,—		
17	25	(H)	....			—,—	—,—		
18	30	(H)	....			—,—	300,—	—,—	250,—

Marken mit Wz.-Teilen je nach Größe 20–50% Aufschlag; mit ganzen Wasserzeichen-Buchstaben 200% Aufschlag.

Postformulare werten mind. 100,—.

Mischfrankaturen mit Ausgabe 1894: ⊠ ab 100,—.

Ungezähnt

	★★	☉
10 U–15 U, 17 U, 20 U–23 U ungezähnt .... Satzpreis (11 W.)	250,—	

Doppeldrucke

		★★	☉
10 DD	Doppeldruck	900,—	—,—
13 DD	Doppeldruck	250,—	300,—
15 DD	Doppeldruck	250,—	300,—
19 DD	Doppeldruck	900,—	1000,—

Kehrdruckpaar

		(★)
10 KZ	Kehrdruckpaar mit Zwischensteg, ungezähnt, o.G.	—,—

Vorzugsstücke (Spezialausgabe in anderen Zähnungen)

10 V–15 V, 17 V, 20 V–23 V   teilweise ungezähnt bzw. in den Zähnungen 6½, 9¼, 10½, 12½ und 13½,
       alle auch gemischt gezähnt .... Satzpreis (11 W.)   200,—

Die Marken wurden nicht am Schalter verkauft, sondern dienten dem Kriegsministerium zu Sammel- und Geschenkzwecken. Sie hatten aber Frankaturkraft, so daß echt gebrauchte Stücke vorkommen.

Probedrucke

		(★)
10 P U I	Einzeldruck in Schwarz im Kleinbogenformat, ohne Wertangabe, ungezähnt, o.G.	500,—
10 P U II–23 P U II	Einzeldrucke in Schwarz im Kleinbogenformat auf Kartonpapier, ungezähnt, o.G. .... Satzpreis (14 W.)	1200,—
10 P U III–23 P U III	Einzeldrucke im Kleinbogenformat auf Kartonpapier, ungezähnt, o.G. .... Satzpreis (14 W.)	3000,—
10 P U IV–23 P U IV	Einzeldrucke in Schwarz im Kleinbogenformat auf dünnem Papier, ungezähnt, o.G. .... Satzpreis (14 W.)	1000,—
13 P U V	Einzeldruck im Kleinbogenformat auf dünnem Papier, ungezähnt, o.G.	150,—
10 P U V–23 P U VI	auf gelblichem Andruckpapier, ungezähnt, o.G. .... je	20,—
11 P U VII	auf graugrünem Papier, beidseitig bedruckt, ungezähnt, o.G.	50,—

Gültig bis 31.10.1906

ND Neudrucke siehe am Ende des Landes.

Bei Anfragen bitte Rückporto nicht vergessen!

1901

1901/1905. Freimarken: Doppeladler. Ähnliche Zeichnung. Wertziffer schwarz eingedruckt. Bdr.; x = gewöhnliches, y = geripptes Papier; gez. L 12½.

d) Doppeladler

					x		y	
				★★	⊙	⊠	★★	⊙
24	20	(H)	rosarot/schwarz (1902) .... d	3,—	0,70	100,—	200,—	50,—
25	30	(H)	braunocker/schwarz (1903) .... d	3,—	0,70	100,—	—,—	280,—
26	35	(H)						
a			grauultramarin/schwarz (1901) .... d	500,—	12,—	200,—	—,—	280,—
b			blau/schwarz (1904) .... d	4,—	1,—	100,—		
27	40	(H)	gelblichorange/schwarz (1903) .... d	3,50	1,—	500,—	350,—	200,—
28	45	(H)	grünlichblau/schwarz (1905) .... d	3,50	1,—	750,—		
			Satzpreis (5 W.)	17,—	4,—			

Ungezähnt

24 U–28 U ungezähnt .... Satzpreis (5 W.) 200,—

Kehrdruckpaar

24 KZ Kehrdruckpaar mit Zwischensteg .... —,—

Vorzugsstücke (Versuchszähnung)

siehe vorherige Ausgabe

Probedrucke

		(★)
24 P U I–27 P U I	mit schwarzen Wertziffern auf farbig gestrichelten Feldern, ungezähnt, o.G. .... je	—,—
24 P U II–28 P U II	Einzeldrucke in Schwarz im Kleinbogenformat auf Kartonpapier, ungezähnt, o.G. .... je	100,—
24 P U III–28 P U III	Einzeldrucke im Kleinbogenformat auf Kartonpapier, ungezähnt, o.G.	200,—
24 P U IV–28 P U IV	Einzeldrucke in Schwarz im Kleinbogenformat auf dünnem Papier, ungezähnt, o.G. .... je	150,—
24 P U V–28 P U V	auf gelblichem Andruckpapier, ungezähnt, o.G. .... Satzpreis (5 W.)	200,—
24 P U VI	auf ockerfarbigem Papier, ungezähnt, o.G.	50,—
26 P U VI	auf ockerfarbigem Papier, ungezähnt, o.G.	50,—
27 P U VI	auf ockerfarbigem Papier, ungezähnt, o.G.	50,—

Gültig bis 31.10.1906

1906

1906, 1. Nov. Freimarken. ✍ Moser; Ⓢ Schirnböck; StTdr.; verschieden gez.

e) Doboj

f) Mostar mit Brücke

g) Plivator, Jajce

h) Narentafluß und Prenjgipfel

i) Ramatal

k) Vrbasfluß und Paßstraße

l) Alte Narentabrücke, Mostar

m) Bey-Moschee, Sarajevo

n) Maultierpost

o) See bei Jajce

p) Postkutsche

r) Basar, Sarajevo

s) Militär-Postauto

t) Tscharschija (Handelsviertel), Sarajevo

u) St.-Lukas-Turm, Jajce

v) Kaiser Franz Joseph I. (1830–1916)

A = gez. L 12½

				*	******	**⊙**	**Rot-** **⊙**[1]	**✉**
29 A	1	(H) schwarz .... e		0,20	0,50	0,20	2,—	10,—
30 A	2	(H) violett .... f		0,20	0,50	0,20	2,—	5,—
31 A	3	(H) gelboliv .... g		0,20	0,50	0,20	2,—	5,—
32 A	5	(H) dunkelgrün .... h		0,50	2,—	0,10	3,—	3,—
33 A	6	(H) braun i		0,30	1,50	0,40	4,—	13,—
34 A	10	(H) karmin .... k		0,50	2,50	0,10	3,—	3,—
35 A	20	(H) schwarzbraun l		1,—	4,50	0,60	5,—	20,—
36 A	25	(H) blau .... m		2,—	8,—	2,—	10,—	30,—
37 A	30	(H) grün .... n		2,—	8,—	1,—	7,—	50,—
38 A	35	(H) schwarzgrün .... o		2,—	8,—	1,—	7,—	45,—
39 A	40	(H) orange .... p		2,—	8,—	1,—	7,—	55,—
40 A	45	(H) bräunlichrot .... r		2,—	8,—	2,50	12,—	100,—
41 A	50	(H) dunkellila .... s		3,—	10,—	2,50	10,—	200,—
42 A	1	Kr braunrot .... t		7,—	20,—	4,—	25,—	400,—
43 A	2	Kr graugrün .... u		10,—	35,—	15,—	70,—	—,—
44 A	5	Kr dunkelblau v		6,—	15,—	10,—	50,—	—,—
		Satzpreis (16 W.)		38,—	130,—	40,—	210,—	

Weitere Zähnungen

			*	******	**⊙**
29 B–44 B	gez. L 6½ .... Satzpreis (16 W.)		450,—	1000,—	1200,—
29 C–44 C	gez. L 9¼ .... Satzpreis (16 W.)		120,—	350,—	220,—
29 D–44 D	gez. L 10½ .... Satzpreis (16 W.)		1100,—	2200,—	—,—
33 E	gez. K 13½		15,—	40,—	40,—
35 E[2]	gez. K 13½		50,—	160,—	170,—
40 F[2]	gez. L 11½				600,—
29 G–44 G[3]	Mischzähnung .... Satzpreis (16 W.) ab		35,—	150,—	150,—

[1] Rote Stempel gibt es von einigen Orten während des Besuchs des Kaisers zwischen 27.5. und 4.6.1910.

[2] Privatzähnung, sogenannte Banja-Luka-Zähnung, in einem Kloster bei Banja Luka hergestellt und verwendet. Die meisten bekannten Stücke sind teilgezähnt.

[3] Mischzähnung: Da die erste Ausgabe war, die in Österreich im großen Querformat hergestellt wurde, gab es Unsicherheiten bezüglich der hierfür geeigneten Zähnungsarten. Das K.u.K.-Kriegsministerium beauftragte deshalb die Staatsdruckerei Wien mit der Herstellung verschiedener Versuchszähnungen in den Größen 6½, 9¼ und 12½, wobei auch gemischte Zähnungen hergestellt werden sollten. In der Staatsdruckerei wurde dieser Auftrag so verstanden, daß jede mögliche Zähnungsvariante hergestellt werden sollte, was auch geschah; dabei wurde später die 6½ gegen die 10½ Zähnungsleiste ausgetauscht. Infolge des Verlustes der 1. Markenlieferung war in Sarajevo ein plötzlicher Markenmangel eingetreten, der das Ministerium veranlaßte, alle noch befindlichen Vorräte der Marken einschließlich der Ungezähnten und allen Versuchszähnungen sofort abzuschicken und diese regulär an den Postschaltern ausgeben zu lassen. Unter den Restbeständen befanden sich auch Marken mit der Zähnung 5¼ (nur in Mischzähnung mit 9¼, 12½ oder 9¼ und 12½). Die Enstehung dieser Zähnungen ist jedoch ungeklärt (Einzelwerte ✱ 20,— ⊙ 40,—).

Ungezähnt

			*	******	**⊙**
29 U–44 U	ungezähnt .... Satzpreis (16 W.)		100,—	220,—	100,—
29 U PNr–44 U PNr	mit Plattennummern, ungezähnt .... Satzpreis (16 W.)		1200,—	2000,—	

Paare, Mitte ungezähnt

			*	******	**⊙**
29 UMw–44 UMw	senkrechte Paare, Mitte ungezähnt .... je		120,—	200,—	200,—
29 UMs–44 UMs	waagechte Paare, Mitte ungezähnt .... je		120,—	200,—	200,—

FALSCH Zähnungsfälschungen aus ungezähnten Marken kommen häufig vor.

Marken mit Bogenrand-Plattennummern

			*		******
29 UPNr–44 UPNr	ungezähnt mit Plattennummer .... je		50,—		60,—
	Satzpreis (16 W.)		1000,—		1000,—

Probedrucke

			(*)	*****
29 P I–44 P I	Einzelabzüge im Kleinbogenformat, o.G. .... (Satzpreis (16 W.)		3000,—	
29 P II–44 P II	in Schwarz, o.G. .... (Satzpreis (16 W.)		300,—	
29 P III–44 P III	mit Probeaufdruck „K und K MILITÄRPOST" .... je ab			150,—
29 P U I–44 P U I	Einzelabzüge in Schwarz im Kleinbogenformat, ungezähnt, o.G. ... (Satzpreis (16 W.)		750,—	
29 P U II–44 P U II	Einzelabzüge im Kleinbogenformat auf Kartonpapier, ungezähnt, o.G.		2500,—	
29 P U III–44 P U III	Einzelabzüge im Kleinbogenformat auf Kartonpapier, ungezähnt, o.G. ... (Satzpreis (16 W.)		2500,—	
29 P U IV–44 P U IV	Einzelabzüge im Kleinbogenformat, Rahmen und Mittelstück getrennt, ungez., o.G. ... (Satzpreis (16 W.)		2200,—	
29 P U V–44 P U V	Einzelabzüge im Kleinbogenformat, in anderen Farben, ungezähnt, o.G.		500,—	
29 P U VI–44 P U VI	10er-Streifen im Kleinbogenformat, in Schwarz, ungezähnt, o.G. ... je		500,—	
29 P U VII–44 P U VII	10er-Streifen im Kleinbogenformat, in anderen Farben, ungezähnt, o.G. ... je		700,—	
29 P U VIII–44 P U VIII	in anderen Farben, ungezähnt, o.G. .... je ab		25,—	

Gültig bis 3.12.1912

MiNr. 32 und 34 mit Aufdruck: MiNr. 89–90, 91–92;
MiNr. 35, 39 und 42 mit Aufdruck siehe Jugoslawien MiNr. 30–32

1910

1910, 18. Aug. 80. Geburtstag von Kaiser Franz Joseph I. Wie Ausgabe 1906, jedoch mit Jahreszahlen 1830 bis 1910. StTdr.; gez. L 12½.

w) Doboj

x) Mostar mit Brücke | y) Plivator, Jajce | z) Narentafluß und Prenjgipfel | aa) Ramatal | ab) Vrbasfluß und Paßstraße

ac) Alte Brücke | ad) Beg-Moschee | ae) Maultierpost | af) See bei Jajce | ag) Postkutsche

ah) Basar, Sarajewo | ai) Militär-Postauto | ak) Tscharschija (Handelsviertel), Sarajewo | al) St.-Lukas-Turm, Jajce | am) Kaiser Franz Joseph I. (1830–1916)

				✱	✱✱	⊙	Rot-⊙	⊠
45	1	(H)	schwarz . . . . w	0,50	2,—	0,50	—,—	75,—
46	2	(H)	violett x	0,50	2,—	0,50	—,—	50,—
47	3	(H)	gelboliv . . . . y	0,50	2,—	0,50	—,—	50,—
48	5	(H)	dunkelgrün . . . . z	0,50	2,—	0,50	—,—	15,—
49	6	(H)	braun . . . . aa	0,50	3,—	0,50	—,—	90,—
50	10	(H)	karmin . . . . ab	1,—	3,—	0,20	—,—	15,—
51	20	(H)	schwarzbraun . . . . ac	2,—	6,—	3,—	—,—	150,—
52	25	(H)	blau . . . . ad	3,—	10,—	5,—	—,—	180,—
53	30	(H)	grün . . . . ae	3,—	10,—	5,—	—,—	250,—
54	35	(H)	schwarzgrün . . . . af	3,—	10,—	5,—	—,—	250,—
55	40	(H)	orange . . . . ag	3,—	10,—	6,—	—,—	280,—
56	45	(H)	bräunlichrot . . . . ah	4,—	15,—	10,—	—,—	350,—
57	50	(H)	dunkellila . . . . ai	5,—	20,—	10,—	—,—	500,—
58	1	Kr	braunrot . . . . ak	6,—	20,—	10,—	—,—	1000,—
59	2	Kr	graugrün . . . . al	20,—	70,—	40,—	—,—	—,—
60	5	Kr	schwarzblau . . . . am	2,—	6,—	12,—	—,—	—,—
			Satzpreis (16 W.)	50,—	190,—	100,—		

Paare, Mitte ungezähnt

		✱	✱✱
48 UMw	senkrechtes Paar, Mitte ungezähnt	200,—	350,—
50 UMw	senkrechtes Paar, Mitte ungezähnt	200,—	350,—
53 UMw	senkrechtes Paar, Mitte ungezähnt	300,—	550,—
55 UMw	senkrechtes Paar, Mitte ungezähnt	280,—	550,—
59 UMw	senkrechtes Paar, Mitte ungezähnt	250,—	420,—

Probedrucke

		(✱)	
45 P I–60 P I	in 6 verschiedenen Farben, o.G. . . . . je	35,—	
	Satzpreis (80 W.)		4500,—
46 P II	nur Rahmen, o.G.	350,—	
53 P III	nur Rahmen, o.G.	350,—	
54 P II	nur Rahmen, o.G.	350,—	
45 P III–60 P III	in Schwarz, auf Japanpapier, o.G. . . . . Satzpreis (16 W.)	750,—	
45 P IV–60 P IV	Einzelabzüge im Kleinbogenformat, o.G. . . . . je	450,—	

Gültig bis 31.12.1910

MiNr. 46 mit Aufdruck „1918": MiNr. 147
MiNr. 46–59 mit Aufdruck siehe Jugoslawien MiNr. 1–16

1912

1912, 1. Juni. Freimarken. StTdr.; gez. L 12½.

an) Jajce   ao) Konjic mit Narentabrücke   ap) Višegrad mit Drinabrücke

					✱	✱✱	☉	✉
61	12 (H)	ultramarin	....	an	7,—	18,—	9,—	130,—
62	60 (H)	stahlblau	....	ao	4,—	10,—	6,—	200,—
63	72 (H)	karminrosa	....	ap	15,—	42,—	30,—	500,—
				Satzpreis (3 W.)	25,—	70,—	45,—	

Ungezähnt

61 U–63 U	ungezähnt ....Satzpreis (3 W.)	150,—	280,—

Marken mit Bogenrand-Plattennummern

61 U PNr–63 U PNr	ungezähnt mit Plattennummer ....Satzpreis (3 W.)	500,—	1000,—

Probedrucke

		(✱)	
61 P I–63 P I	Einzelproben im Kleinbogenformat, o.G. .... je	700,—	
61 P II–63 P II	in anderen Farben, o.G. .... je ab	100,—	
61 P U I–63 P U I	Einzelproben in Schwarz im Klb. auf Japanpapier, ohne Wertangabe, ungezähnt, o.G. .. je	700,—	
61 P U II–63 P U II	Einzelproben im Klb., Rahmen und Mittelstück getrennt, ungezähnt, o.G. Satzpreis (3 W.)	1200,—	
61 P U III–63 P U III	Einzelproben im Kleinbogenformat, ungezähnt, o.G. ....Satzpreis (3 W.)	1000,—	

FALSCH in Bdr.

Gültig bis 3.12.1912

1912, 4. Okt./1914, 1 Okt. Freimarken: Kaiser Franz Joseph I. StTdr.; Heller-Werte weißes, Kronen-Werte farbiges Papier; gez. L 12½.

ar   ar   ar   ar   ar   ar   ar

ar   ar   ar   as   as   as

as   as   at   at   au   au   at

ar–au) Franz Joseph I. (1830–1916), Kaiser von Österreich und König von Ungarn

					✱	✱✱	☉	✉
64	1 (H)	oliv	....	ar	0,50	2,—	0,20	7,—
65	2 (H)	hellblau	....	ar	0,50	2,—	0,20	7,—
66	3 (H)	braunkarmin	....	ar	0,50	2,—	0,20	7,—
67	5 (H)	grün	....	ar	0,50	2,—	0,10	2,50
68	6 (H)	schwarz	....	ar	0,50	2,—	0,20	15,—
69	10 (H)	hellkarmin	....	ar	0,50	2,—	0,10	2,50
70	12 (H)	grünoliv	....	ar	0,70	3,—	0,50	25,—
71	20 (H)	gelbbraun	....	ar	3,60	14,—	0,30	15,—
72	25 (H)	ultramarin	....	ar	2,—	8,—	0,30	15,—
73	30 (H)	orangerot	....	ar	2,—	8,—	0,30	35,—
74	35 (H)	grünschiefer	....	as	2,—	10,—	0,30	30,—
75	40 (H)	violett	....	as	6,—	30,—	0,30	25,—
76	45 (H)	dunkelbraun	....	as	3,—	17,—	0,50	50,—

						✱	✱✱	☉	✉
77	50	(H)	schwarzblau	. . . .	as	3,—	20,—	0,30	40,—
78	60	(H)	rotlila	. . . .	as	2,—	10,—	0,30	40,—
79	72	(H)	dunkelblau	. . . .	as	4,50	12,—	7,—	250,—
80	1	Kr	dunkellila auf gelblich	. . . .	at	11,—	44,—	1,—	300,—
81	2	Kr	schwarz auf hellblau	. . . .	at	10,—	30,—	1,—	—,—
82	3	Kr	karmin auf grün	. . . .	au	11,—	44,—	15,—	—,—
83	5	Kr	dunkelviolett auf hellgrau	. . . .	au	20,—	65,—	40,—	—,—
84	10	Kr	violettblau auf grau (1.10.1914)	. . . .	at	120,—	280,—	170,—	—,—
			Satzpreis (21 W.)			200,—	600,—	230,—	

Unterschiedliche Bildgrößen besonders bei den MiNr. 74–79 kommen häufig vor. Preiszuschläge sind nicht gerechtfertigt.

Ungezähnt

			✱	✱✱
64 U–83 U	ungezähnt	. . . . Satzpreis (20 W.)	200,—	400,—
84 U	ungezähnt	. . . .	250,—	500,—

Paare, Mitte ungezähnt

			✱✱
64 UMs–79 UMs	waagerechte Paare Mitte ungezähnt	. . . . je ab	150,—
64 UMw–79 UMw	senkrechte Paare, Mitte ungezähnt	. . . . je ab	150,—
80 UMs–83 UMs	waagerechte Paare, Mitte ungezähnt	. . . . je ab	350,—
80 UMw–83 UMw	senkrechte Paare, Mitte ungezähnt	. . . . je ab	350,—
84 UMs	waagerechtes Paar, Mitte ungezähnt	. . . .	1200,—
84 UMw	senkrechtes Paar, Mitte ungezähnt	. . . .	1200,—

Farbproben

			(✱)
64 P I–79 P I	Einzelproben im Kleinbogenformat, o.G.	. . . . je ab	200,—
80 P I–83 P I	Einzelproben im Kleinbogenformat, o.G.	. . . . je ab	700,—
84 P I	Einzelprobe im Kleinbogenformat, o.G.	. . . .	1500,—
64 P II–79 P II	Einzelproben im Kleinbogenformat in anderen Faben, o.G.	. . . . je ab	200,—
80 P II–83 P II	Einzelproben im Kleinbogenformat in anderen Faben, o.G.	. . . . . . je ab	700,—
84 P II	Einzelprobe im Kleinbogenformat in anderen Faben, o.G.	. . . .	1500,—
64 P III–83 P III	in Schwarz auf Kartonpapaier, o.G.	. . . . Satzpreis (20 W.)	1800,—
84 P III	in Schwarz auf Kartonpapaier, o.G.	. . . .	1000,—
69 P IV	in Schwarz, o.G.	. . . .	200,—
64 P V	in anderen Farben, o.G.	. . . . je	50,—
69 P V	in anderen Farben, o.G.	. . . . je	50,—
69 P V	in anderen Farben, o.G.	. . . . je	500,—
64 P U I–79 P U I	Einzelproben im Kleinbogenformat, ungezähnt, o.G.	. . . . je ab	200,—
80 P U I–83 P U I	Einzelproben im Kleinbogenformat, ungezähnt, o.G.	. . . . je ab	700,—
84 P U I	Einzelprobe im Kleinbogenformat, ungezähnt, o.G.	. . . .	1500,—
64 P U II–79 P U II	Einzelproben im Kleinbogenformat in anderen Faben, ungezähnt, o.G.	je ab	200,—
80 P U II–83 P U II	Einzelproben im Kleinbogenformat in anderen Faben,ungezähnt, o.G.	je ab	700,—
84 P U II	Einzelprobe im Kleinbogenformat in anderen Faben, ungezähnt, o.G.	. .	1500,—
64 P U III–83 P U III	Einzelproben im Kleinbogenformat, Rahmen und Mittelstück getrennt, ungezähnt, o.G. je ab		400,—

Gültig bis 31.12.1917

Mit Aufdruck: MiNr. 93–94, 95–96, 148, Österreichisch-ungarische Feldpost – Allgemeine Ausgaben MiNr. 1–21, Österreichisch-ungarische Feldpost – Ausgaben für Serbien MiNr. 1–21, 22–42, Jugoslawien MiNr. 33–50

1913

1913, 15. Okt. Zeitungsmarken. Bdr.; x = gestrichenes weißes, y = dickes Papier; ☐.

av) Mädchen in bosnischer Tracht

					✱ = ⊘	✱✱	☉	✉ Schleife
85	x	2	(H)	. . . . av				
	a			hellblau	1,—	2,50	1,50*)	50,—
	b			blau	1,—	2,50	2,—*)	50,—
86		6	(H)	rotlila . . . . av				
	x			gestrichenes Papier	3,—	7,—	4,50*)	250,—
	y			dickes Papier	10,—	25,—	25,—	—,—
87		10	(H)	rosa . . . . av				
	x			gestrichenes Papier	3,50	8,—	4,50*)	240,—
	y			dickes Papier	20,—	40,—	35,—*)	—,—
88	x	20	(H)	grün . . . . av	4,—	10,—	5,—*)	450,—
				Satzpreis x (4 W.)	11,—	30,—	15,—	

*) mit Stempeln bis 28.10.1918.

privat gezähnt auf ✉ 200% Aufschlag

Probedrucke

			(✱)
87 P I	Einzelabzug im Kleinbogenformat in anderen Farben auf Kreidepapier, o.G. .... je		450,—
87 P II	Einzelabzug im Kleinbogenformat in anderen Farben, o.G. .... je		450,—
87 P III	in anderen Farben, gez. L 11½, o.G. .... je		450,—
87 P U I	Einzelabzug im Kleinbogenformat in anderen Farben auf Kreidepapier, ungezähnt, o.G. .... je		350,—
87 P U II	Einzelabzug im Kleinbogenformat in anderen Farben, ungezähnt, o.G. .... je		350,—

Gültig bis zum Zusammenbruch der Monarchie.

Wie MiNr. 85–88, jedoch gez. 11½, siehe Jugoslawien MiNr. 23–26.
Mit Aufdruck siehe Jugoslawien MiNr. 21–22, 27–29.

1914

1914, 1. Nov. MiNr. 32 und 34 mit rotem Bdr.-Aufdruck in verschiedenen Typen.

4 Type I:
schmale, geschlossene „4"
(42mal im Bogen)

4 Type II:
breite, geschlossene „4"
(7mal im Bogen)

4 Type III:
offene „4"
(1mal im Bogen, 29. Marke)

Type I (Billigste Sorte)

				★★	☉	✉
89 I	**7 H**	auf 5 H dunkelgrün .... (32) R		1,—	1,—	30,—
90 I	**12 H**	auf 10 H karmin .... (34) R		1,—	1,—	30,—
		Satzpreis (2 W.)		2,—	2,—	

Type II

				★★	☉	✉
89 II	**7 H**	auf 5 H dunkelgrün .... (32) R		6,—	5,—	90,—
90 II	**12 H**	auf 10 H karmin .... (34) R		6,—	5,—	90,—

Type III

				★★	☉	✉
89 III	**7 H**	auf 5 H dunkelgrün .... (32) R		45,—	40,—	180,—
90 III	**12 H**	auf 10 H karmin .... (34) R		45,—	40,—	180,—

Die aufgedruckte Wertangabe setzt sich aus dem Frankaturwert der Urmarken und einem Zuschlag von 2 H für Kriegswohltätigkeitszwecke zusammen.

	☐☐☐ od. ⊞ ★★	☐☐☐ od. ⊞ ☉	☐☐☐ od. ⊞ ✉
Einheiten der MiNr. 89 mit den Typen I, II und III .... je	180,—	190,—	400,—
Einheiten der MiNr. 90 mit den Typen I, II und III .... je	180,—	190,—	400,—

Spezialisten unterscheiden auch verschiedene Formen der „1" sowohl in der Jahreszahl als auch bei der „12".

Aufdruckfehler

89 I/I

89 I/II

		★	★★	☉	✉
89 I/I	„H" mit Querbalken in der Mitte (Feld 35)		25,—	50,—	100,—
90 I/I	„H" mit Querbalken in der Mitte (Feld 35)		25,—	50,—	100,—
89 I/II	höherstehendes „r" (Feld 16)		20,—	40,—	80,—

Doppelaufdrucke

			★★	☉	
89 I DD	doppelter Aufdruck	30,—	50,—	—,—	
90 I DD	doppelter Aufdruck	30,—	50,—	—,—	

Kopfstehende Aufdrucke

			★★	☉	
89 I K	kopfstehender Aufdruck	35,—	60,—	—,—	
90 I K	kopfstehender Aufdruck	35,—	60,—	—,—	

Paare, Mitte ungezähnt

			★★	
89 UMs	waagerechtes Paar, Mitte ungezähnt	220,—	400,—	
90 UMs	waagerechtes Paar, Mitte ungezähnt	220,—	400,—	

Auflagen: MiNr. 89 = 100 000, MiNr. 90 = 250 000 Stück

1915

1915, 10. Juli. Freimarken. MiNr. 32 A, 32 C und 34 A mit geändertem rotem bzw. blauem Bdr.-Aufdruck.

			✳	✳✳	☉	✉
91	**7 H**	auf 5 H dkl'grün				
A		gez. L 12½ . . . . (32 A) R	14,—	30,—	20,—	125,—
B		gez. L 9¼ . . . . (32 C) R	250,—	420,—	320,—	—,—
92	**12 H**	auf 10 H karmin . . . . (34 A) Bl	0,50	3,—	0,70	60,—
		Satzpreis (2 W.)	14,—	32,—	20,—	

Die aufgedruckte Wertangabe setzt sich aus dem Frankaturwert der Urmarken und einem Zuschlag von 2 H für Kriegswohltätigkeitszwecke zusammen.

Doppelaufdrucke

91 DD	doppelter Aufdruck	40,—	75,—
92 DD	doppelter Aufdruck	35,—	60,—

Kopfstehende Aufdrucke

91 K	kopfstehender Aufdruck	40,—	75,—
92 K	kopfstehender Aufdruck	35,—	60,—

Auflagen: MiNr. 91 = 100 000, MiNr. 92 = 350 000 Stück

1915, 1. Dez. Freimarken. MiNr. 67 und 69 mit rotem bzw. blauem Bdr.-Aufdruck in verschiedenen Typen.

Type   I: Jahreszahl 18 mm, Wertangabe 14 mm lang
Type II: Jahreszahl 16 mm, Wertangabe 14 mm lang
Type III: Jahreszahl 18 mm, Wertangabe 16 mm lang
Type IV: Jahreszahl 16 mm, Wertangabe 16 mm lang

			✳	✳✳	☉	✉
93	**7 H**	auf 5 H grün . . . . (67) R				
I		Type I	1,—	3,—	2,80	60,—
II		Type II	1,—	3,—	3,—	60,—
94	**12 H**	auf 10 H hellkarmin . . . . (69) Bl				
I		Type I	20,—	40,—	40,—	130,—
II		Type II	2,—	6,—	7,—	60,—
III		Type III	2,—	5,—	5,50	70,—
IV		Type IV	30,—	70,—	55,—	180,—
		Satzpreis (2 W.)	3,—	8,—	8,—	

Die aufgedruckte Wertangabe setzt sich aus dem Frankaturwert der Urmarken und einem Zuschlag von 2 H für Kriegswohltätigkeitszwecke zusammen.

Abarten

93 F	1915 statt 7 Heller (Feld 49)	50,—	90,—	90,—	160,—
94 F	7 statt 12 Heller (Feld 16)	50,—	90,—	90,—	160,—

Doppelaufdrucke

93 I DD	doppelter Aufdruck	30,—	50,—
94 I DD	doppelter Aufdruck	30,—	50,—
93 F DD–94 F DD	doppelter Aufdruck . . . . je	—,—	—,—

Kopfstehende Aufdrucke

93 I K	kopfstehender Aufdruck	30,—	50,—
94 III K	kopfstehender Aufdruck	30,—	50,—
93 F K–94 F K	kopfstehender Aufdruck . . . . je	—,—	—,—

Auflagen: MiNr. 93 = 299 000, MiNr. 94 = 148 800, MiNr. 93 F = 1000, MiNr. 94 F = 1200 Stück

Mit **MICHEL** machen Sie mehr aus Ihren Briefmarken!

1916

1916, 1. Febr. Freimarken: MiNr. 67 und 69 mit rotem bzw. blauem Bdr.-Aufdruck der Jahreszahl „1916".

				★	★★	☉	✉
95	7 H	auf 5 H grün	(67) R				
I		Type I		1,—	2,—	1,—	60,—
II		Type II		1,—	2,—	1,50	60,—
96	12 H	auf 10 H hellkarmin	(69) Bl				
I		Type I		1,—	2,—	1,50	60,—
II		Type II		1,—	1,80	1,—	60,—
			Satzpreis (2 W.)	2,—	3,80	2,—	

Die aufgedruckte Wertangabe setzt sich aus dem Frankaturwert der Urmarken und einem Zuschlag von 2 H für Kriegswohltätigkeitszwecke zusammen.

Typenunterschiede:

MiNr. 95: I = „Heller" mit Punkt, II = „Heller" ohne Punkt
MiNr. 96: I = Wertangabe 14 mm lang, II = Wertangabe 16 mm lang.

Doppelaufdrucke

95 DD	doppelter Aufdruck	22,—	45,—	—,—
96 DD	doppelter Aufdruck	22,—	45,—	—,—
96 DK	doppelter Aufdruck, einmal kopfstehend	—,—	—,—	—,—

Kopfstehender Aufdruck

95 K	kopfstehender Aufdruck	17,—	35,—	—,—
96 K	kopfstehender Aufdruck	17,—	35,—	—,—

Auflage: 150 000 Sätze

1916, 10. Juli. Invalidenhilfe. ✍ Cossmann; Wertziffer weiß. StTdr.; gez. L 12½.

 aw) Kriegsinvalide

 ax) Kriegsblinder

				★	★★	☉	✉
97	5 H	(+ 2 H) hellgrün	aw	1,10	3,—	2,50	90,—
98	10 H	(+ 2 H) lilarot	ax	2,—	5,—	3,50	90,—
			Satzpreis (2 W.)	3,—	8,—	6,—	

Ungezähnt

97 U–98 U	ungezähnt	Satzpreis (2 W.)	120,—	250,—

Probedruck

97 P U	violette Einzelprobe im Kleinbogen, ungezähnt, o.G.	300,— (★)

Gültig bis 30.6.1918

In gleichen Zeichnungen, jedoch Wertziffer farbig: MiNr. 142–143

Mit Aufdruck: Jugoslawien MiNr. A 19, A 20

1916, 1. Okt./30. Okt. Freimarken: Kaiser Franz Joseph. StTdr.; Hellerwerte auf weißem, Kronenwerte auf getöntem Papier; A = gez. L 12½, B = gez. L 11½.

ay   ay   ay   ay   ay   ay

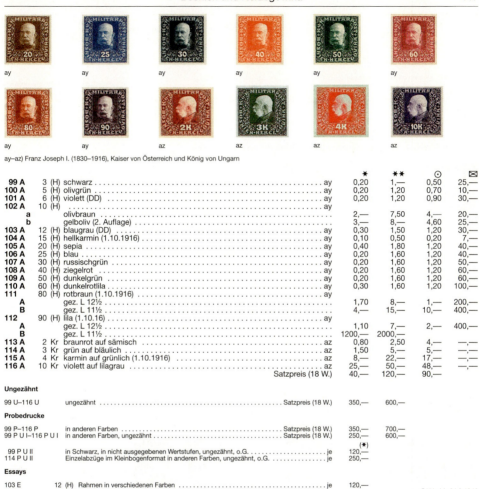

ay–az) Franz Joseph I. (1830–1916), Kaiser von Österreich und König von Ungarn

				★	★★	☉	⊠
99 A	3 (H)	schwarz	ay	0,20	1,—	0,50	25,—
100 A	5 (H)	olivgrün	ay	0,20	1,20	0,70	10,—
101 A	6 (H)	violett (DD)	ay	0,20	1,20	0,90	30,—
102 A	10 (H)		ay				
a		olivbraun		2,—	7,50	4,—	20,—
b		gelboliv (2. Auflage)		3,—	8,—	4,60	25,—
103 A	12 (H)	blaugrau (DD)	ay	0,30	1,50	1,20	30,—
104 A	15 (H)	hellkarmin (1.10.1916)	ay	0,10	0,50	0,20	7,—
105 A	20 (H)	sepia	ay	0,40	1,80	1,20	40,—
106 A	25 (H)	blau	ay	0,20	1,60	1,20	40,—
107 A	30 (H)	russischgrün	ay	0,20	1,60	1,20	50,—
108 A	40 (H)	ziegelrot	ay	0,20	1,60	1,20	60,—
109 A	50 (H)	dunkelgrün	ay	0,20	1,60	1,20	60,—
110 A	60 (H)	dunkelrotlila	ay	0,30	1,60	1,20	100,—
111	80 (H)	rotbraun (1.10.1916)	ay				
A		gez. L 12½		1,70	8,—	1,—	200,—
B		gez. L 11½		4,—	15,—	10,—	400,—
112	90 (H)	lila (1.10.16)	ay				
A		gez. L 12½		1,10	7,—	2,—	400,—
B		gez. L 11½		1200,—	2000,—		
113 A	2 Kr	braunrot auf sämisch	az	0,80	2,50	4,—	—,—
114 A	3 Kr	grün auf bläulich	az	1,50	5,—	5,—	—,—
115 A	4 Kr	karmin auf grünlich (1.10.1916)	az	8,—	22,—	17,—	—,—
116 A	10 Kr	violett auf lilagrau	az	25,—	50,—	48,—	—,—
		Satzpreis (18 W.)		40,—	120,—	90,—	

Ungezähnt

99 U–116 U	ungezähnt	Satzpreis (18 W.)	350,—	600,—	

Probedrucke

99 P–116 P	in anderen Farben	Satzpreis (18 W.)	350,—	700,—
99 P U I–116 P U I	in anderen Farben, ungezähnt	Satzpreis (18 W.)	250,—	600,—
			(*)	
99 P U II	in Schwarz, in nicht ausgegebenen Wertstufen, ungezähnt, o.G.	je	120,—	
114 P U II	Einzelabzüge im Kleinbogenformat in anderen Farben, ungezähnt, o.G.	je	250,—	

Essays

103 E	12 (H)	Rahmen in verschiedenen Farben	je	120,—

Gültig bis 31.3.1918

MiNr. 102 und 104 mit Aufdruck: MiNr. 119–120

1916, 25. Okt. Eilmarken für Drucksachen. ▣ Cossmann; StTdr.; A = gez. L 12½, B = gez. L 11½, C = gez. L 11½:12½.

ba) Fliegender Merkur

				★	★★	☉	⊠[*)]
117	2 H	rotorange	ba				
A		gez. L 12½		0,30	0,70	1,—	150,—
C		gez. L 11½:12½		500,—	800,—		
118	5 H	olivgrün	ba				
A		gez. L 12½		0,50	1,50	1,50	250,—
B		gez. L 11½		20,—	50,—	50,—	
		Satzpreis (2 W.)		0,80	2,20	2,50	

[*)] als Drucksacheneilmarke verwendet.

Zähnungsabarten

			*	**
117 U–118 U	ungezähnt .... Satzpreis (2 W.)		150,—	250,—

Probedrucke

			(*)
117 P I	Einzelabzug im Kleinbogenformat, o.G.		500,—
117 P II	in anderen Farben, o.G. .... je		200,—

FALSCH MiNr. 117 C kommt oft falsch gezähnt vor.

Gültig bis zum Zusammenbruch

Mit Aufdruck: Österreichisch-ungarische Feldpost – Ausgaben für Italien MiNr. 24–25; Jugoslawien MiNr. 17, 18

1917, 9. Mai. Witwen- und Waisenwoche. MiNr. 102 und 104 mit Bdr.-Aufdruck.

			*	**	⊙	⊠
119	10 H	(+ 2 H)				
a		olivbraun .... (102 a)	5,—	10,—	10,—	125,—
b		gelboliv .... (102 b)	0,10	0,20	0,30	75,—
120	15 H	(+ 2 H) hellkarmin .... (104)	0,10	0,20	0,70	10,—
		Satzpreis (2 W.)	0,20	0,40	1,—	

Zähnungsabarten

			*	**
119 U–120 U	ungezähnt .... Satzpreis (2 W.)		200,—	300,—

Doppelaufdrucke

			*	**
119 DD	doppelter Aufdruck		20,—	40,—
120 DD	doppelter Aufdruck		20,—	40,—

Kopfstehende Aufdrucke

			*	**
119 K	kopfstehender Aufdruck		25,—	50,—
120 K	kopfstehender Aufdruck		25,—	50,—

1917, 28. Juni. 3. Todestag des Thronfolgerpaares. ⚼ Cossmann; Bdr.; A = gez. L 12½, B = gez. L 11½.

bb) Entwurf der Gedächtniskirche mit Sophienheim in Sarajewo

bc) Thronfolger Franz Ferdinand

bd) Thronfolger Franz Ferdinand mit Gemahlin Sophie

			*	**	⊙	Rot-⊙	⊠
121	10 H	(+ 2 H) schiefer .... bb					
A		gez. L 12½	0,10	0,50	0,50	1,50	110,—
B		gez. L 11½	0,70	2,50	2,50	5,—	150,—
122	15 H	(+ 2 H) lilarot .... bc					
A		gez. L 12½	0,10	0,50	0,50	1,50	85,—
B		gez. L 11½	0,70	2,50	2,50	5,—	120,—
123	40 H	(+ 2 H) blau .... bd					
A		gez. L 12½	0,10	0,50	0,50	1,50	85,—
B		gez. L 11½	0,70	2,50	2,50	5,—	120,—
		Satzpreis A (3 W.)	0,30	1,50	1,50		
		FDC					6,—
		Satzpreis B (3 W.)	2,—	7,50	7,50		
		FDC					12,—

Gegen Gebühr von 1 Krone konnten die Marken in Sarajewo auch mit rotem Stempel entwertet werden.

Zähnungsabarten

			*	**
121 U–123 U	ungezähnt .... Satzpreis (3 W.)		45,—	120,—

Doppeldrucke

			*	**
121 A DD–123 A DD	Doppeldrucke .... Satzpreis (3 W.)		7,—	15,—

Probedrucke

			*	**
121 P–123 P	jeweils in 4 verschiedenen Farben . . . . Satzpreis (12 W.)		20,—	40,—
121 P U I–123 P U I	Einzelabzüge im Kleinbogenformat . . . . je			100,—
121 P U II–123 P U II	Einzelabzüge in anderen Farben im Kleinbogenformat . . . . je			100,—
123 P U III	Einzelabzug in Schwarz im Kleinbogenformat			300,—

Gültig nur am 28.6.1917

1917

1917, ab 1. Juli. Freimarken: Kaiser Karl I. ⊠ Cossmann; StTdr.; Hellerwerte auf weißem, Kronenwerte auf farbigem Papier; A = gez. L 12½, B = gez. L 11½, C = gez. L 12½:11½, D = gez. L 11½:12½.

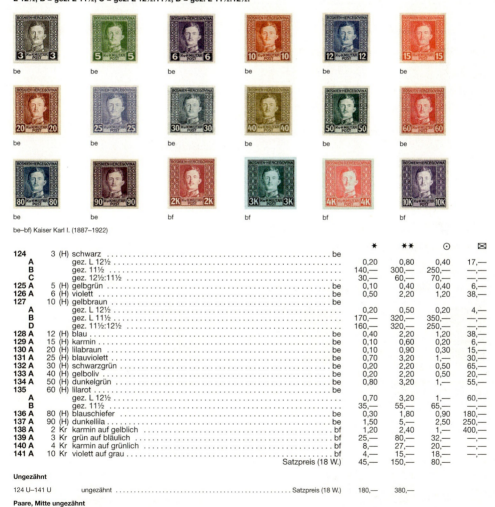

be–bf) Kaiser Karl I. (1887–1922)

					*	**	⊙	⊠
124	3	(H)	schwarz . . . . be					
A			gez. L 12½		0,20	0,80	0,40	17,—
B			gez. 11½		140,—	300,—	250,—	—,—
C			gez. 12½:11½		30,—	60,—	70,—	—,—
125 A	5	(H)	gelbgrün . . . . be		0,10	0,40	0,40	6,—
126 A	6	(H)	violett . . . . be		0,50	2,20	1,20	38,—
127	10	(H)	gelbbraun . . . . be					
A			gez. L 12½		0,20	0,50	0,20	4,—
B			gez. L 11½		170,—	320,—	350,—	—,—
D			gez. 11½:12½		160,—	320,—	250,—	—,—
128 A	12	(H)	blau . . . . be		0,40	2,20	1,20	38,—
129 A	15	(H)	karmin . . . . be		0,10	0,60	0,20	6,—
130 A	20	(H)	lilabraun . . . . be		0,10	0,90	0,30	15,—
131 A	25	(H)	blauviolett . . . . be		0,70	3,20	1,—	30,—
132 A	30	(H)	schwarzgrün . . . . be		0,20	2,20	0,50	65,—
133 A	40	(H)	gelboliv . . . . be		0,20	2,20	0,50	20,—
134 A	50	(H)	dunkelgrün . . . . be		0,80	3,20	1,—	55,—
135	60	(H)	lilarot . . . . be					
A			gez. L 12½		0,70	3,20	1,—	60,—
B			gez. 11½		35,—	55,—	65,—	—,—
136 A	80	(H)	blauschiefer . . . . be		0,30	1,80	0,90	180,—
137 A	90	(H)	dunkellila . . . . be		1,50	5,—	2,50	250,—
138 A	2	Kr	karmin auf gelblich . . . . bf		1,20	2,40	1,—	400,—
139 A	3	Kr	grün auf bläulich . . . . bf		25,—	80,—	32,—	—,—
140 A	4	Kr	karmin auf grünlich . . . . bf		8,—	27,—	20,—	—,—
141 A	10	Kr	violett auf grau . . . . bf		4,—	15,—	18,—	—,—
			Satzpreis (18 W.)		45,—	150,—	80,—	

Ungezähnt

			*	**		
124 U–141 U	ungezähnt . . . . Satzpreis (18 W.)		180,—	380,—		

Paare, Mitte ungezähnt

			*	**	⊙
124 UMs–138 UMs	waagerechte Paare, Mitte ungezähnt . . . . je Paar		60,—	100,—	130,—
124 UMw–138 UMw	senkrechte Paare, Mitte ungezähnt . . . . je Paar		60,—	100,—	130,—
139 UMs–141 UMs	waagerechte Paare, Mitte ungezähnt . . . . je Paar		150,—	280,—	300,—
139 UMw–141 UMw	senkrechte Paare, Mitte ungezähnt, ... je Paar		150,—	180,—	300,—

Probedrucke

		(*)
125 P I und 134 P I	in den Farben aller Heller-Werte, o.G.	
	in den Farben aller Kronen-Werte, o.G. . . . . Satzpreis (18 W.)	2000,—
124 P II–141 P II	Einzelabzüge in anderen Farben im Kleinbogenformat, o.G. . . . . je	250,—
124 P U I–141 P U I	Einzelabzüge im Klb.-Format, Rahmen u. Mittelstück getrennt, □, o.G. . Satzpreis (18 W.)	800,—
124 P U II–141 P U II	Einzelabzüge in Schwarz im Kleinbogenformat, ungezähnt, o.G. . . . . je	100,—
124 P U III–141 P U III	Einzelabzüge in anderen Farben im Kleinbogenformat, ungezähnt, o.G. . . . . je	150,—

FALSCH Zähnungsfälschungen bekannt.

Gültig bis zum Zusammenbruch

1918

1918, 1. März. Invalidenhilfe. Ähnlich MiNr. 97 und 98. Farbänderung und neue Werte; Wertziffern farbig. StTdr.; gez. L 12½.

  ax) Kriegsblinder   aw) Kriegsinvalide

			★	★★	☉	✉
142	10 H (+ 2 H) dunkelblaugrün . . . . ax		0,70	2,50	2,—	85,—
143	15 H (+ 2 H) braunrot . . . . aw		0,70	2,50	2,—	85,—
		Satzpreis (2 W.)	1,40	5,—	4,—	

Zähnungsabarten

142 U–143 U	ungezähnt . . . . Satzpreis (2 W.)	90,—	170,—	

Probedrucke

142 P–143 P	in 4 verschiedene Farben . . . . Satzpreis (8 W.)	1300,—	2200,—	
142 P U I–143 P U I	in 4 verschiedene Farben, ungezähnt . . . . Satzpreis (8 W.)	1300,—	2200,—	
			(*)	
142 P U II–143 P U II	Einzelabzüge im Kleinbogenformat, ungezähnt, o.G. . . . . je	320,—		
142 P U III–143P U III	Einzelabzüge in anderen Farben im Kleinbogenformat, ungezähnt, o.G. . . . . je	350,—		

Gültig bis 30.6.1918

Mit Aufdruck: Jugoslawien MiNr. 19, 20

1918, 20. Juli. Kaiser-Karl-Fürsorgefonds. ✎ Cossmann; Bdr.; gez. K 12½:13.

 bg) Kaiser Karl I.   bh) Kaiserin Zita   bg

			★	★★	☉	✉
144	10 H (+ 10 H) grün . . . . bg		0,50	1,50	1,50	130,—
145	15 H (+ 10 H) rot . . . . bh		0,50	1,50	1,50	130,—*)
146	40 H (+ 10 H) purpurviolett . . . . bg		0,50	1,50	1,50	130,—*)
		Satzpreis (3 W.)	1,50	4,50	4,50	

*) ✉-Preis gilt für portogerechte Einzelfrankatur.

Zähnungsabarten

144 U–146 U	ungezähnt . . . . Satzpreis (3 W.)	80,—	160,—	

Probedrucke

			(*)	
144 P–146 P	Einzelabzüge im Klb., in anderen Farben auf Glanzpapier, o.G. . . . . je	300,—		
			★	★★
144 P U I–146 P U I	in anderen Farben, ungezähnt . . . . Satzpreis (6 W.)	200,—	350,—
144 P U II–146 P U II	in Grau, ungezähnt . . . . Satzpreis (3 W.)	35,—	70,—
			(*)	
144 P U III–146 P U III	Einzelabzüge in anderen Farben im Kleinbogenformat auf Kartonpapier, □, o.G. . . . . je	300,—	
144 P U IV–146 P U IV	Einzelabzüge in anderen Farben auf Glanzpapier im Kleinbogenformat, □, o.G. . . . . . je	300,—	

Gültig bis 23.7.1918

Mit Inschrift „K und K Feldpost": Österreich-ungarische Feldpost MiNr. 73–75

1918, 1. Sept. Freimarken. MiNr. 46 und 65 mit rotem Aufdruck „1918".

						✱	✱✱	☉	✉*)
147	2	(H)	violett	(46) R		0,60	1,50	1,80	60,—
148	2	(H)	hellblau	(65) R		0,60	1,50	1,80	60,—
				Satzpreis (2 W.)		1,20	3,—	3,50	

*) Die Marken wurden als Ergänzungsfrankatur auf 8-H-Corr.-Karten verwendet.

Doppelte und kopfstehende Aufdrucke

147 DD	doppelter Aufdruck	25,—	40,—
148 DD	doppelter Aufdruck	15,—	30,—
147 K	kopfstehender Aufdruck	50,—	80,—
148 K	kopfstehender Aufdruck	20,—	40,—
147 DK	doppelter Aufdruck, einmal kopfstehend	30,—	50,—
148 DK	doppelter Aufdruck, einmal kopfstehend	30,—	50,—

Plattenfehler

147 I

147 II

			✱	✱✱	☉	✉
147 I	„1913" statt „1918" (Feld 41)		10,—	25,—	25,—	
147 II	„1918" mit schräger „1" (Feld 44)		10,—	25,—	25,—	

Probedrucke

147 P	Aufdruck schwarz	320,—
148 P	Aufdruck schwarz	180,—

Gültig bis zum Zusammenbruch

Nicht ausgegeben:

1918. Freimarken: Kaiser Karl I. MiNr. I–XIII Bdr., MiNr. XIV. StTdr. auf farbigem Papier; gez. L 12½.

bi bi bi bi bi bi bi

bi bi bi bi bi bi bf

bi, bf) Kaiser Karl I. (1887–1922)

						✱	✱✱
I	2	(H)	orange	bi		15,—	35,—
II	3	(H)	dunkelgrau	bi		15,—	35,—
III	5	(H)	hellgrün	bi		15,—	35,—
IV	6	(H)	blaugrün	bi		15,—	35,—
V	10	(H)	braun	bi		15,—	35,—
VI	20	(H)	ziegelrot	bi		15,—	35,—
VII	25	(H)	ultramarin	bi		15,—	35,—
VIII	45	(H)	schwarzschiefer	bi		15,—	35,—
IX	50	(H)	seegrün	bi		15,—	35,—
X	60	(H)	blauviolett	bi		15,—	35,—
XI	70	(H)	ocker	bi		15,—	35,—

						*	**
XII	80	(H)	rosa	....	bi	15,—	35,—
XIII	90	(H)	lilabraun	....	bi	15,—	35,—
				Satzpreis (13 W.)		190,—	420,—
XIV	1 Kr		olivgrün auf grünlich	....	bf	2500,—	3800,—

Vorsicht! MiNr. XIV nicht verwechseln mit Österreichische Feldpost MiNr. XIV

Ungezähnt

					*	**
I U–XIII U	ungezähnt	....	Satzpreis (13 W.)		250,—	450,—
XIV U	ungezähnt	....			2300,—	3600,—

Probedrucke

			(*)
I P I–XIII P I	Einzelabzüge im Kleinbogenformat, o.G.	.... je	400,—
I P II–XIII P II	auf Kreidepapier, o.G.	.... je	200,—
I P I–XIII P I	in anderen Farben, o.G.	.... je	200,—

ND: Amtliche Neudrucke

ND 1911. Neudruck der Marken von 1879 auf reinweißem, gut satiniertem, dickerem Papier. Druck von Platte II in matteren Farben, gez. L 12½.

				*	**
1 II ND	1 Kr	grau	....	3,—	6,—
2 II ND	2 Kr	gelb	....	3,—	6,—
3 II ND	3 Kr	grün	....	3,—	6,—
4 II ND	5 Kr	rot	....	3,—	6,—
5 II ND	10 Kr	blau	....	4,—	8,—
6 II ND	15 Kr	braun	....	3,—	6,—
7 II ND	25 Kr	violett	....	4,—	8,—
8 II ND	20 Kr	oliv	....	4,—	8,—
9 II ND	½ Kr	schwarz	....	5,—	10,—
			Satzpreis (9 W.)	30,—	60,—

ND Neudruck der Marken von 1900. MiNr. 16 und 18 gez. 10½, MiNr. 19 gez. 12½, sehr matte Farben und farblose Gummierung. Bei MiNr. 19 ist der vordere Schrägbalken der 4 dünner als bei den Originalen.

				*	**
16 ND	20 H	rosa	....	4,—	8,—
18 ND	30 H	braun	....	5,—	10,—
19 ND	40 H	orangegelb	....	3,50	7,—
			Satzpreis (3 W.)	12,—	25,—

Portomarken

1904, 1. Dez. Ziffernzeichnung. Bdr.; A = gez. L 12½, B = gez. K 12½:13, C = gez. K 13¼:13.

Pa

					★	★★	A ⊙	⊠[1]	★★	B ⊙	★★	C ⊙
1	1 H	mehrfarbig	. . . .	Pa	1,—	1,80	0,40	175,—	3,—	1,—	6,—	3,50
2	2 H	mehrfarbig	. . . .	Pa	1,—	1,80	0,40	175,—	2,—	1,—	2,—	0,70
3	3 H	mehrfarbig	. . . .	Pa	1,—	1,80	0,40	175,—	2,—	1,—	2,—	1,—
4	4 H	mehrfarbig	. . . .	Pa	1,—	1,80	0,40	300,—	2,—	1,—	2,—	0,70
5	5 H	mehrfarbig	. . . .	Pa	5,—	10,—	0,40	125,—	9,—	0,70		
6	6 H	mehrfarbig	. . . .	Pa	1,—	1,80	0,40	200,—	2,—	0,50	2,—	0,70
7	7 H	mehrfarbig	. . . .	Pa	7,—	15,—	5,—	300,—	12,—	6,—	12,—	6,—
8	8 H	mehrfarbig	. . . .	Pa	7,—	15,—	3,—	250,—	12,—	2,50	12,—	2,50
9	10 H	mehrfarbig	. . . .	Pa	1,—	3,—	0,40	100,—	3,—	0,50		
10	15 H	mehrfarbig	. . . .	Pa	1,—	3,—	0,40	175,—	3,—	0,50	3,—	1,—
11	20 H	mehrfarbig	. . . .	Pa	8,—	15,—	0,40	125,—	18,—	1,—	16,—	2,—
12	50 H	mehrfarbig	. . . .	Pa	4,—	8,—	0,50	750,—	8,—	1,—	10,—	1,50
13	200 H	mehrfarbig	. . . .	Pa	35,—	65,—	4,—		65,—	4,—		
			Satzpreis (13 W.)		70,—	140,—	15,—		140,—	20,—		

[1] Auf Brief, auf Postformular ab 35,—.

Weitere Zähnungen

				★	★★
D	gez. L 10½	. . . .	Satzpreis (13 W.)	220,—	400,—
E	gez. L 9¼	. . . .	Satzpreis (13 W.)	220,—	400,—
F	gez. L 6¼	. . . .	Satzpreis (13 W.)	250,—	500,—
G	Mischzähnung	. . . .	Satzpreis (13 W.)	250,—	450,—

Folgende Mischzähnungen sind bekannt: L 6½:12½, L 9¼:12½, L 10½:9¼, L 10½:12½, L 12½:12½:12½:9¼.

Ungezähnt

1 U–13 U		ungezähnt	. . . .	Satzpreis (13 W.)	180,—	300,—

Probedrucke

13 P	mit gelbem Unterdruck	. . . .		250,—	500,—

				(∗)
1 P U I–13 P U I	Einzelabzüge im Kleinbogenformat, ungezähnt, o.G.	Satzpreis (13 W.)	500,—
1 P U II–13 P U II	Einzelabzüge im Kleinbogenformat, einfarbig, ungezähnt, o.G.	Satzpreis (13 W.)	300,—
1 P U Zd–13 P U Zd	Zusammendrucke zweier Wertstufen, ungezähnt, o.G.	je	100,—

Diese und die folgende Ausgabe wurden auch von der österreichisch-ungarischen Feldpost verwendet.

1916, 30. Okt./1918, 10. Juli. Ziffernzeichnung. Bdr.; gez. L 12½.

Pb	Pb	Pb	Pb	Pb	Pb	Pb			
Pb	Pb	Pb	Pb	Pc	Pc				

						✱	✱✱	☉*)	✉**)
14	2 H	rot (10.7.1918)	. . . . Pb			0,50	0,80	2,—	—,—
15	4 H	rot (10.7.1918)	. . . . Pb			0,30	0,80	2,—	—,—
16	5 H	rot	. . . . Pb			0,50	1,10	2,—	—,—
17	6 H	rot (10.7.1918)	. . . . Pb			0,30	0,80	2,—	—,—
18	10 H	rot	. . . . Pb			0,50	0,80	2,—	350,—
19	15 H	rot	. . . . Pb			4,—	8,—	12,—	—,—
20	20 H	rot	. . . . Pb			0,50	0,80	2,—	400,—
21	25 H	rot	. . . . Pb			1,50	3,20	5,—	—,—
22	30 H	rot	. . . . Pb			1,20	3,—	5,—	500,—
23	40 H	rot	. . . . Pb			11,—	30,—	28,—	—,—
24	50 H	rot	. . . . Pb			35,—	80,—	85,—	—,—
25	1 Kr	blau	. . . . Pc			5,—	17,—	15,—	—,—
26	3 Kr	blau	. . . . Pc			20,—	70,—	55,—	—,—
				Satzpreis (13 W.)		80,—	200,—	200,—	

   *) mit Stempel bis Ende Okt. 1918
**) auf Brief, auf Postformular ab 60,—

Ungezähnt

14 U–26 U	ungezähnt . . . . Satzpreis (13 W.)	180,—	450,—

Probedrucke

		(✱)
14 P–26 P	in anderen Farben, o.G. . . . . je	150,—

Mit Aufdruck: Österreichisch-ungarische Feldpost – Ausgaben für Italien/Portomarken MiNr. 1–7, Österreichisch-ungarische Feldpost – Ausgaben für Montenegro MiNr. IV

Stempelmarken auf Postformularen und Zeitungen

Sa

Sb

1	1 Nov	rot	. . . . Sa
2	2 Nov	rot	. . . . Sa
3	4 Nov	rot	. . . . Sa
4	1 Nov	braun	. . . . Sb
5	2 Nov	braun	. . . . Sb
6	4 Nov	braun	. . . . Sb

Stempelmarken wurden zur Entrichtung fiskalischer Gebühren auf Paketkarten und Zeitungen verwendet und dort mit Poststempel entwertet. Ganzstücke 100,— bis 600,—.

Bedarfsmäßige postalische Verwendung bisher nicht nachgewiesen.

Nach dem Zerfall Österreichs kam Bosnien zu Jugoslawien. Die Restbestände der Bosnischen Briefmarken und Portomarken wurden, um die neue Zugehörigkeit zum Ausdruck zu bringen, mit verschiedenen Aufdrucken versehen, in Jugoslawien ausgegeben (siehe Jugoslawien MiNr. 1–50 und Portomarken MiNr. 1–26).

Österreichisch-ungarische Feldpost

K(aiserliche) und K(önigliche) Feldpost
Freimarken von Österreich, Ungarn und Bosnien kommen mit Feldpost- oder Etappenpoststempel vor.
Die meisten Abarten im Aufdruck, wie ⯒, Ⱥ Ⱥ, vertauschte Aufdrucke u. a. wurden illegal hergestellt und in Verkehr gebracht.

Allgemeine Ausgaben

MiNr. I-XIV siehe nach MiNr. 75

1915, März. Marken Bosnien MiNr. 64–84 mit schrägem zweizeiligem Aufdruck.

					✳	✳✳	☉	✉
1	1	(H)	oliv	(64)	0,20	0,50	0,50	45,—
2	2	(H)	hellblau	(65)	0,20	0,50	0,50	40,—
3	3	(H)	braunkarmin	(66)	0,20	0,50	0,50	45,—
4	5	(H)	grün	(67)	0,10	0,30	0,30	25,—
5	6	(H)	schwarz	(68)	0,20	0,50	0,50	60,—
6	10	(H)	hellkarmin	(69)	0,10	0,30	0,30	25,—
7	12	(H)	grünoliv	(70)	0,30	1,—	1,—	45,—
8	20	(H)	gelbbraun	(71)	0,40	1,—	1,—	70,—
9	25	(H)	ultramarin	(72)	0,30	1,—	1,—	70,—
10	30	(H)	orangerot	(73)	4,—	8,—	8,—	80,—
11	35	(H)	grünschiefer	(74)	3,—	6,—	6,—	180,—
12	40	(H)	violett	(75)	3,—	6,—	6,—	220,—
13	45	(H)	olivbraun	(76)	3,—	6,—	6,—	250,—
14	50	(H)	schwarzblau	(77)	3,—	6,—	6,—	280,—
15	60	(H)	rotlila	(78)	0,50	1,—	1,—	200,—
16	72	(H)	dunkelblau	(79)	3,—	6,—	6,—	—,—
17	1	K	dunkellila auf gelblich	(80)	3,—	6,—	6,—	—,—
18	2	K	schwarz auf hellblau	(81)	3,—	6,—	6,—	—,—
19	3	K	karmin auf grün	(82)	30,—	60,—	55,—	—,—
20	5	K	dunkelviolett auf hellgrau	(83)	25,—	50,—	45,—	—,—
21	10	K	violettblau auf grau	(84)	180,—	380,—	360,—	—,—
			Satzpreis (21 W.)		260,—	520,—	500,—	600,—

✉-Bewertung gilt nur für echtgelaufene portogerecht frankierte Bedarfspost (ausgenommen Satz-✉).

Ungezähnt

1 U–21 U	ungezähnt ....Satzpreis (21 W.)	500,—	1000,—

Probedrucke

1 P I–21 P I	doppelter Aufdruck .... Satzpreis (21 W.)	400,—	800,—
1 P II–21 P II	doppelter Aufdruck, davon einer kopfstehend .... Satzpreis (21 W.)	400,—	800,—
1 P U I–21 P U I	doppelter Aufdruck, ungezähnt .... Satzpreis (21 W.)	400,—	800,—
1 P U II–21 P U II	doppelter Aufdruck, davon einer kopfstehend, ungezähnt .... Satzpreis (21 W.)	400,—	800,—

1915. 1. Juli/1917. Freimarken: Kaiser Franz Joseph I. StTdr.; A = gez. L 12½, B = gez. L 11½, C = gez. L 11½:12½, D = gez. L 12½:11½.

 a   b

a–b) Franz Joseph I. (1830–1916), Kaiser von Österreich und König von Ungarn

					✳	✳✳	☉	✉
22 A	1	(H)	helloliv	a	0,10	0,40	0,30	12,—
23 A	2	(H)	trübblau	a	0,10	0,50	0,40	12,—
24 A	3	(H)	braunkarmin	a	0,10	0,30	0,30	12,—
25	5	(H)	grün	a				
A			gez. L 12½		0,10	0,30	0,30	5,—
B			gez. L 11½		120,—	250,—	180,—	—,—
C			gez. L 11½:12½		180,—	350,—	300,—	—,—
D			gez. L 12½:11½		250,—	450,—	400,—	—,—

					*	**	⊙	✉
26 A	6	(H)	schwarz	a	0,10	0,30	0,40	18,—
27 A	10	(H)	karmin	a	0,10	1,—	0,30	5,—
28 A	10	(H)	trübblau	a	0,10	1,50	0,40	15,—
29 A	12	(H)	olivgün	a	0,10	0,80	0,50	25,—
30	15	(H)	rot	a				
A			gez. L 12½		0,10	0,20	0,50	10,—
B			gez. L 11½		10,—	25,—	30,—	—,—
31 A	20	(H)	braun	a	0,40	3,50	0,50	12,—
32 A	20	(H)	oliv	a	0,20	2,50	0,60	18,—
33 A	25	(H)	ultramarin	a	0,20	2,—	0,40	15,—
34 A	30	(H)	ziegelrot	a	0,40	2,—	0,60	25,—
35 A	35	(H)	dunkelgrün	a	0,40	3,50	0,80	40,—
36 A	40	(H)	violett	a	0,40	3,50	0,80	40,—
37 A	45	(H)	sepia	a	0,40	3,50	0,80	60,—
38 A	50	(H)	grünlichschwarz	a	0,40	3,50	0,80	40,—
39 A	60	(H)	rotlila	a	0,40	3,50	0,80	100,—
40 A	72	(H)	blau	a	0,40	3,50	0,80	120,—
41 A	80	(H)	rotbraun	a	0,40	3,50	0,40	80,—
42 A	90	(H)	lilarot	a	1,—	6,—	1,50	150,—
43 A	1	K	rotlila auf sämisch	b	2,—	12,—	3,—	100,—
44 A	2	K	schwarz auf hellblau	b	1,—	10,—	2,—	100,—
45 A	3	K	karmin auf grün	b	1,—	8,—	8,—	300,—
46 A	4	K	purpur auf grau	b	1,—	6,—	10,—	600,—
47 A	5	K	violett auf hellgrau	b	25,—	60,—	45,—	800,—
48 A	10	K	ultramarin auf grau	b	5,—	12,—	20,—	1200,—
			Satzpreis (27 W.)		40,—	150,—	100,—	

Postformulare

mit Frankaturen bis 1 K	ca.	60,—
mit Frankaturen von 1 K bis 5 K	ca.	180,—
mit Frankaturen ab 5 K	mind.	350,—
Bedarfsmischfrankaturen mit FP I auf Postformularen	mind.	300,—

Ungezähnt

22 U–48 U	ungezähnt	Satzpreis (27 W.)	300,—	550,—

Probedrucke

			(*)	
22 P I–48 P I	in Schwarz auf dünnem Karton, o.G.	Satzpreis (27 W.)	350,—	
22 P U I–48 P U I	in anderen Farben, ungezähnt, o.G.	je ab	10,—	
		Satzpreis (105 W.)	1000,—	

MiNr. 28 und 30 mit Aufdruck: Ausgaben für Montenegro MiNr. 1–2, I–II

1916. Zeitungsmarken: Merkurkopf. Stdr.; A = gez. L 12½, B = gez. L 11½, D = gez. L 12½:11½.

Za) Merkur

					*	**	⊙	kompl. Schleife
49	2 H	blau		Za				
A		gez. L 12½			0,20	0,40	0,40	35,—
B		gez. L 11½			1,50	3,—	2,50	—,—
D		gez. L 12½:11½			300,—	550,—	300,—	—,—
50 A	6 H	orange		Za	0,60	2,—	1,80	300,—
51 A	10 H	rosa		Za	0,70	2,50	1,80	300,—
52	20 H	braun		Za				
A		gez. L 12½			1,—	2,—	1,80	500,—
B		gez. L 11½			4,—	10,—	10,—	—,—
		Satzpreis (4 W.)			2,—	6,50	5,50	

Ungezähnt

49 U	ungezähnt		50,—	150,—
50 U	ungezähnt		2,—	5,—
51 U	ungezähnt		2,—	5,—
52 U	ungezähnt		50,—	100,—

Probedrucke

		(*)
49 P U I	in Grauschwarz, ungezähnt, o.G.	—,—
49 P U I ZW	in Grauschwarz, Zwischenstegpaar, ungezähnt, o.G.	—,—

Vorsicht vor Zähnungsverfälschungen.

Mit Aufdruck: Ausgaben für Italien MiNr. 20–23, Ausgaben für Montenegro MiNr. III

Die ✉-Preise gelten für Bedarfsfrankaturen. Philateliebriefe werten nur wenig mehr als ⊙. Zur Preisbildung trägt selbstverständlich auch die Entwertung bei: siehe Spezialliteratur von Majetic, Clement, Dr. Ferchenbauer usw.

1917/18. Freimarken: Kaiser Karl I. StTdr.; A = gez. L 12½, B = gez. L 11½, C = gez. L 11½:12½.

  d

  e

d–e) Karl I. (1887–1922), Kaiser von Österreich und König von Ungarn

						✳	✳✳	☉	✉
53	1	(H)	grünblau	. . . .	d				
A			gez. L 12½	. . . .		0,10	0,50	0,30	8,—
B			gez. L 11½	. . . .		7,—	20,—	15,—	—,—
54 A	2	(H)	orange	. . . .	d	0,10	0,50	0,30	8,—
55	3	(H)	schwarzoliv	. . . .	d				
A			gez. L 12½	. . . .		0,10	0,50	0,30	8,—
B			gez. L 11½	. . . .		25,—	50,—	50,—	—,—
C			gez. L 11½:12½	. . . .		40,—	100,—	100,—	—,—
56 A	5	(H)	gelbgrün	. . . .	d	0,10	0,90	0,30	5,—
57 A	6	(H)	violett	. . . .	d	0,10	0,50	0,30	15,—
58 A	10	(H)	rotbraun	. . . .	d	0,10	0,80	0,30	5,—
59	12	(H)	blau	. . . .	d				
A			gez. L 12½	. . . .		0,10	0,50	0,30	20,—
B			gez. L 11½	. . . .		5,—	15,—	15,—	—,—
60 A	15	(H)	rosa	. . . .	d	0,10	0,50	0,30	6,—
61 A	20	(H)	lilabraun	. . . .	d	0,10	0,50	0,30	8,—
62 A	25	(H)	ultramarin	. . . .	d	0,30	2,—	0,70	10,—
63 A	30	(H)	grünschiefer	. . . .	d	0,10	1,—	0,30	15,—
64	40	(H)	gelboliv	. . . .	d				
A			gez. L 12½	. . . .		0,10	0,50	0,30	12,—
B			gez. L 11½	. . . .		3,—	8,—	8,—	—,—
65	50	(H)	dunkelgrün	. . . .	d				
A			gez. L 12½	. . . .		0,10	1,—	0,30	25,—
B			gez. L 11½	. . . .		10,—	40,—	40,—	—,—
66 A	60	(H)	lilarot	. . . .	d	0,10	1,—	0,50	20,—
67 A	80	(H)	blauschiefer	. . . .	d	0,10	0,50	0,30	30,—
68 A	90	(H)	dunkellila	. . . .	d	0,40	3,—	1,—	100,—
69	2	Kr	karmin auf gelb	. . . .	e				
A			gez. L 12½	. . . .		0,20	1,—	0,30	50,—
B			gez. L 11½	. . . .		5,—	15,—	15,—	—,—
70 A	3	Kr	dunkelgrün auf bläulich	. . . .	e	1,50	6,—	3,50	250,—
71	4	Kr	karmin auf grünlich	. . . .	e				
A			gez. L 12½	. . . .		20,—	80,—	30,—	350,—
B			gez. L 11½	. . . .		50,—	100,—	100,—	—,—
72	10	Kr	violett auf grau	. . . .	e				
A			gez. L 12½	. . . .		1,50	10,—	10,—	1000,—
B			gez. L 11½	. . . .		20,—	60,—	60,—	—,—
			Satzpreis A (20 W.)			25,—	110,—	50,—	85,—

Postformulare ähnliche Preise wie bei Feldpost MiNr. 22–48.

Bedarfsmischfrankaturen mit FP II auf Postformularen . . . . mind. 150,—

Auf ✉ und alle anderen Kombinationen sind philatelistisch.

Ungezähnt

			✳	✳✳
53 U–72 U	ungezähnt . . . . Satzpreis (20 W.)		200,—	400,—
53 UMs–72 UMs	Paare, Mitte ungezähnt . . . . je ab		75,—	150,—

Probedrucke

		(✳)	
53 P I–72 P I	Einzelproben im Kleinbogenformat, o.G. . . . . je ab	250,—	
53 P II	in Orange		25,—
54 P II	in Grünlichblau		25,—
60 P II	in anderen Farben . . . . je		100,—
69 P II	in anderen Farben . . . . je		250,—
53 P U I–72 P U I	Einzelproben im Kleinbogenformat, Rahmen und Mittelstück getrennt, o.G. . . . . je	70,—	
53 P U II–72 P U II	Einzelproben im Klb.-Format, Rahmen u. Mittelstück getrennt, auf Japanpapier, o.G. . . je	70,—	
53 P U III–72 P U III	Einzelproben im Kleinbogenformat, o.G. je ab	250,—	
53 P U IV–72 P U IV	Einzelproben in Schwarz im Kleinbogenformat, o.G. . . . . je ab	100,—	
53 P U V–72 P U V	in anderen Farben, o.G. . . . . je ab	50,—	

Mit Aufdruck: Ausgaben für Italien MiNr. 1–19

1918, 22. Okt. Kaiser-Karl-Woche: Kaiser Karl I. und Kaiserin Zita; Bdr.; gez. K 12½.

f) Karl I. (1887–1922), Kaiser von Österreich und König von Ungarn   g) Zita (1892–1989), Kaiserin von Österreich und Königin von Ungarn

					✶	✶✶	☉	✉
73	10 H	(+ 10 H)	grün	f	0,40	1,20	1,—	—,—
74	20 H	(+ 10 H)	lilarot	g	0,40	1,20	1,—	—,—
75	45 H	(+ 10 H)	blau	f	0,40	1,20	1,—	—,—
				Satzpreis (3 W.)	1,—	3,50	3,—	12,—

Ungezähnt

			(✶)	✶	✶✶
73 U–75 U	ungezähnt	Satzpreis (3 W.)		80,—	250,—

Probedrucke

				(✶)	✶	✶✶
73 P I	in anderen Farben	je			80,—	150,—
74 P I	in anderen Farben	je			80,—	150,—
74 P II	Einzelprobe im Kleinbogenformat, in anderen Farben, o.G.	je		250,—		
74 P III	Einzelprobe im Kleinbogenformat, in anderen Farben, auf Kreidepapier, o.G.	je		250,—		
75 P I	in anderen Farben	je			80,—	150,—

Nicht ausgegeben:

1918. Freimarken: Kaiser Karl I. MiNr. I–XIII Bdr., MiNr. XIV StTdr.; gez. L 12½.

h   e

e, h) Karl I. (1887–1922), Kaiser von Österreich und König von Ungarn

						✶	✶✶
I	1	(H)	grün		h	30,—	70,—
II	2	(H)	orange		h	12,—	30,—
III	3	(H)	schiefer		h	12,—	30,—
IV	5	(H)	grün		h	0,50	1,—
V	10	(H)	lilabraun		h	0,50	1,—
VI	20	(H)	zinnober		h	1,—	3,—
VII	25	(H)	ultramarin		h	1,—	3,—
VIII	30	(H)	oliv		h	100,—	250,—
IX	45	(H)	schwarzschiefer		h	100,—	250,—
X	50	(H)	graugrün		h	60,—	150,—
XI	60	(H)	violett		h	120,—	300,—
XII	80	(H)	rosa		h	80,—	200,—
XIII	90	(H)	dunkellila		h	2,—	5,—
XIV	1	K	oliv auf grünlich		e	0,50	1,—
				Satzpreis (14 W.)		500,—	1200,—

Ungezähnt

				✶	✶✶
I U–XIV U	ungezähnt	Satzpreis (14 W.)		800,—	1700,—

Probedrucke □

			(✶)	✶✶
I P U I–XIV P U I	im Kleinbogen auf Kreidepapier, ungezähnt, o.G.	je ab	400,—	
I P U II–XIV P U II	auf Kreidepapier, ungezähnt, o.G.	je ab	150,—	
I P U III–XIV P U III	in Schwarz, ungezähnt, o.G.	je ab	200,—	
I P U IV–XIV P U IV	(ohne 5 H, 10 H und 1 K) in vertauschten Farben, ungezähnt	Satzpreis (11 W.)		1000,—

Diese Serie gelangte wegen des Zusammenbruches nicht mehr in Verkehr.

Mit Aufdruck: Ausgaben für Italien MiNr. I–XIV

Ausgaben für Italien

MiNr. I–XIV siehe nach MiNr. 25

1918, 1. Juni. Freimarken: Feldpostmarken MiNr. 53–71 mit Aufdruck der italienischen Währung.

				∗	∗∗	⊙	⊠
1	2 C	auf 1 H grünblau	(53)	0,10	0,50	0,50	40,—
2	3 C	auf 2 H rotorange	(54)	0,10	0,50	0,50	40,—
3	4 C	auf 3 H schwarzoliv	(55)	0,10	0,50	0,50	40,—
4	6 C	auf 5 H gelbgrün	(56)	0,10	0,50	0,50	35,—
5	7 C	auf 6 H violett	(57)				
A		gez. L 2½		0,10	0,50	0,50	40,—
D		gez. L 12½:11½		8,—	15,—	25,—	—,—
6	11 C	auf 10 H rotbraun	(58)	0,10	0,50	0,50	35,—
7	13 C	auf 12 H blau	(59)	0,10	0,50	0,50	40,—
8	16 C	auf 15 H rosa	(60)	0,10	0,50	0,50	40,—
9	22 C	auf 20 H lilabraun	(61)				
A		gez. L 12½		0,10	0,50	0,50	40,—
B		gez. L 11½		6,—	12,—	20,—	—,—
10	27 C	auf 25 H ultramarin	(62)	0,40	1,—	1,—	90,—
11	32 C	auf 30 H grünschiefer	(63)	0,40	1,—	1,—	75,—
12	43 C	auf 40 H gelboliv	(64)				
A		gez. L 12½		0,40	1,—	1,—	55,—
B		gez. L 11½		10,—	20,—	30,—	—,—
13	53 C	auf 50 H dunkelgrün	(65)	0,40	1,—	1,—	75,—
14	64 C	auf 60 H lilarot	(66)	0,40	1,—	1,—	120,—
15	85 C	auf 80 H blauschiefer	(67)	0,40	1,—	1,—	—,—
16	95 C	auf 90 H dunkellila	(68)	0,40	1,—	1,—	—,—
17	2.11 L	auf 2 Kr karmin auf gelblich	(69)	0,40	1,—	1,50	—,—
18	3.16 L	auf 3 Kr d'grün auf bläulich	(70)	0,80	2,—	3,—	—,—
19	4.22 L	auf 4 Kr karmin auf grünlich	(71)	1,20	3,—	4,—	—,—
		Satzpreis (19 W.)		6,—	17,—	20,—	30,—

Postformulare .... mind. 100,—

Ungezähnt

1 U–19 U	ungezähnt	Satzpreis (19 W.)	200,—	400,—	
1 U K–19 U K	ungezähnt, Aufdruck kopfstehend	Satzpreis (19 W.)	250,—	500,—	

Aufdruckfehler

2 I	Paar mit und ohne Aufdruck		100,—	200,—
11 I	Paar mit und ohne Aufdruck		100,—	200,—
1 K–19 K	Aufdruck kopfstehend	Satzpreis (19 W.)	250,—	500,—
13 DD	Doppelaufdruck, davon einer im Blinddruck		250,—	

Probedrucke

1 P I–19 P I	mit rotem Aufdruck	Satzpreis (19 W.)	250,—	500,—
1 P I K–19 P I K	mit rotem Aufdruck, kopfstehend	Satzpreis (19 W.)	250,—	500,—
1 P II–19 P II	vertauschte Wertziffern	Satzpreis (19 W.)	250,—	500,—
1 P II K–19 P II K	vertauschte Wertziffern, kopfstehend	Satzpreis (19 W.)	250,—	500,—
1 P III–19 P III	vertauschte rote Wertziffern	Satzpreis (19 W.)	250,—	500,—
1 P III K–19 P III K	vertauschte rote Wertziffern, kopfstehend	Satzpreis (19 W.)	250,—	500,—
1 P IV–19 P IV	Aufdruck in anderen Lettern, in verschiedenen Farben	Satzpreis (19 W.)	250,—	500,—
1 P U I–19 P U I	mit rotem Aufdruck, ungezähnt	Satzpreis (19 W.)	250,—	500,—
1 P U I K–19 P U I K	mit rotem Aufdruck, kopfstehend, ungezähnt	Satzpreis (19 W.)	250,—	500,—
1 P U II–19 P U II	vertauschte Wertziffern, ungezähnt	Satzpreis (19 W.)	250,—	500,—
1 P U II K–19 P U II K	vertauschte Wertziffern, kopfstehend, ungezähnt	Satzpreis (19 W.)	250,—	500,—
1 P U III–19 P U III	vertauschte rote Wertziffern, ungezähnt	Satzpreis (19 W.)	250,—	500,—
1 P U III K–19 P U III K	vertauschte rote Wertziffern, kopfstehend, ungezähnt	Satzpreis (19 W.)	250,—	500,—

Alle Werte existieren auch auf grünem (Heller-Werte) bzw. grauem (Kronen-Werte) Papier. Gleiche Preise.

1918. Zeitungsmarken MiNr. 49–52 mit Aufdruck in italienischer Währung; A = gez. L 12½, B = gez. L 11½.

				∗	∗∗	⊙	kompl. Schleife
20	3 C	auf 2 H blau	(49)				
A		gez. L 12½		0,10	0,50	0,50	120,—
B		gez. L 11½		6,—	20,—	20,—	
21 A	7 C	auf 6 H orange	(50)	0,30	1,—	1,50	350,—
22 A	11 C	auf 10 H rosa	(51)	0,30	1,—	1,50	450,—
23	22 C	auf 20 H braun	(52)				
A		gez. L 12½		0,30	1,—	1,50	1000,—
B		gez. L 11½		100,—	200,—	200,—	
		Satzpreis (4 W.)		1,—	3,50	4,—	

Ungezähnt   ✳   ✳✳

			✳	✳✳
20 U–23 U	ungezähnt .... Satzpreis (4 W.)		150,—	250,—
20 U K–23 U K	ungezähnt, Aufdruck kopfstehend .... Satzpreis (4 W.)		100,—	250,—

Probedrucke

			✳	✳✳
20 P I–23 P I	Aufdruck in Rot oder Blau .... Satzpreis (4 W.) je		100,—	250,—
20 P I K–23 P I K	Aufdruck in Rot oder Blau, kopfstehend .... Satzpreis (4 W.) je		100,—	250,—
20 P II–23 P II	vertauschte rote Aufdrucke .... Satzpreis (4 W.)		100,—	250,—
20 P III–23 P III	Aufdruck in anderen Lettern, in verschiedenen Farben .... Satzpreis (4 W.)		100,—	250,—
20 P III K–23 P III K	Aufdruck in anderen Lettern, in verschiedenen Farben, kopfstehend .... Satzpreis (4 W.)		100,—	250,—

1918. Eilmarken Bosnien MiNr. 117–118 mit Aufdruck in italienischer Währung, gelbliches Papier.

				✳	✳✳	⊙	⊠
24	**3 C** auf 2 H rotorange .... (117)			8,—	18,—	20,—	—,—
25	**6 C** auf 5 H olivgrün .... (118)			8,—	18,—	20,—	—,—
			Satzpreis (2 W.)	15,—	35,—	40,—	

Ungezähnt

			✳	✳✳
24 U–25 U	ungezähnt .... Satzpreis (2 W.)		280,—	500,—
24 Ul	links ungezähnt		100,—	150,—
24 Ur	rechts ungezähnt		100,—	150,—
24 U K–25 U K	ungezähnt, Aufdruck kopfstehend .... Satzpreis (2 W.)		—,—	—,—

Aufdruckfehler

			✳	✳✳
24 K–25 K	Aufdruck kopfstehend .... Satzpreis (2 W.)		200,—	400,—

Probedrucke

			✳	✳✳
24 P I–25 P I	mit rotem Aufdruck .... Satzpreis (2 W.)		200,—	500,—
24 P I K–25 P I K	mit rotem Aufdruck, kopfstehend .... Satzpreis (2 W.)		200,—	500,—
24 P II–25 P II	vertauschter Wertaufdruck .... Satzpreis (2 W.)		200,—	500,—
24 P II K–25 P II K	vertauschter Wertaufdruck, kopfstehend .... Satzpreis (2 W.)		200,—	500,—
24 P III–25 P III	vertauschter roter Wertaufdruck .... Satzpreis (2 W.)		200,—	500,—
24 P III K–25 P III K	vertauschter roter Wertaufdruck, kopfstehend .... Satzpreis (2 W.)		200,—	500,—
24 P IV–25 P IV	Aufdruck in anderen Lettern, in verschiedenen Farben .... Satzpreis (2 W.)		200,—	500,—
24 P U I–25 P U I	mit rotem Aufdruck, ungezähnt .... Satzpreis (2 W.)		200,—	500,—
24 P U I K–25 P U I K	mit rotem Aufdruck, kopfstehend, ungezähnt .... Satzpreis (2 W.)		200,—	500,—
24 P U II–25 P U II	vertauschter Wertaufdruck, ungezähnt .... Satzpreis (2 W.)		200,—	500,—
24 P U II K–25 P U II K	vertauschter Wertaufdruck, kopfstehend, ungezähnt .... Satzpreis (2 W.)		200,—	500,—
24 P U III–25 P U III	vertauschter roter Wertaufdruck, ungezähnt .... Satzpreis (2 W.)		200,—	500,—
24 P U III K–25 P U III K	vertauschter roter Wertaufdruck, kopfstehend, ungezähnt .... Satzpreis (2 W.)		200,—	500,—

Von beiden Werten existiert ein Nachdruck auf weißem oder gelblich weißem Papier zum Teil auch mit nachträglich angebrachten (rückdatierten) Stempeln.

24 ND	....	0,80	1,50
25 ND	....	0,80	1,50
	Satzpreis (2 W.)	1,50	3,—

Nicht ausgegeben:

1918. Neue Zeichnung der nicht ausgegebenen Feldpostmarkenreihe von 1918 mit Aufdruck in italienischer Währung.

				✳	✳✳
I	**2 C**	auf 1 H grün .... (I)		5,—	17,—
II	**3 C**	auf 2 H orange .... (II)		5,—	17,—
III	**4 C**	auf 3 H schiefer .... (III)		5,—	17,—
IV	**6 C**	auf 5 H grün .... (IV)		5,—	17,—
V	**11 C**	auf 10 H lilabraun .... (V)		5,—	17,—
VI	**22 C**	auf 20 H zinnober .... (VI)		5,—	17,—
VII	**27 C**	auf 25 H ultramarin .... (VII)		5,—	17,—
VIII	**32 C**	auf 30 H oliv .... (VIII)		5,—	17,—
IX	**48 C**	auf 45 H schwarzschiefer .... (IX)		5,—	17,—
X	**53 C**	auf 50 H graugrün .... (X)		5,—	17,—
XI	**64 C**	auf 60 H violett .... (XI)		5,—	17,—
XII	**85 C**	auf 80 H rosa .... (XII)		5,—	17,—
XIII	**95 C**	auf 90 H dunkellila .... (XIII)		5,—	17,—
XIV	**1.06 L**	auf 1 Kr oliv auf grünlich .... (XIV)		5,—	17,—
			Satzpreis (14 W.)	70,—	230,—

Ungezähnt | | | ∗ | ∗∗

			∗	∗∗
I U–XIV U	ungezähnt	Satzpreis (14 W.)	350,—	700,—
I U K–XIV U K	ungezähnt, Aufdruck kopfstehend	Satzpreis (14 W.)	500,—	800,—

Aufdruckfehler

			∗	∗∗
I K–XIV K	Aufdruck kopfstehend	Satzpreis (14 W.)	500,—	800,—

Probedrucke

			∗	∗∗
I P I–XIV P I	mit rotem Aufdruck	Satzpreis (14 W.)	500,—	800,—
I P I K–XIV P I K	mit rotem Aufdruck, kopfstehend	Satzpreis (14 W.)	500,—	800,—
I P II–XIII P II	vertauschter Wertaufdruck	Satzpreis (13 W.)	500,—	800,—
I P II K–XIII P II K	vertauschter Wertaufdruck, kopfstehend	Satzpreis (13 W.)	500,—	800,—
I P III–XIII P III	vertauschter roter Wertaufdruck	Satzpreis (13 W.)	500,—	800,—
I P III K–XIII P III K	vertauschter roter Wertaufdruck, kopfstehend	Satzpreis (13 W.)	500,—	800,—
XIV P IV	in Orange		60,—	100,—
XIV P IV K	in Orange, Wertaufdruck kopfstehend		60,—	100,—
XIV P V	in Orange, mit rotem Wertaufdruck		60,—	100,—
XIV P V K	in Orange, mit rotem Wertaufdruck, kopfstehend		60,—	100,—
XIV P VI	in Olivbraun, auf grünem Papier		60,—	100,—
XIV P VI K	in Olivbraun, auf grünem Papier, Wertaufdruck kopfstehend		60,—	100,—
XIV P VII	in Olivbraun, auf grünem Papier, mit rotem Wertaufdruck		60,—	100,—
XIV P VII K	in Olivbraun, auf grünem Papier, mit rotem Wertaufdruck, kopfstehend		60,—	100,—
I P U I–XIV P U I	mit rotem Aufdruck, ungezähnt	Satzpreis (14 W.)	500,—	800,—
I P U I K–XIV P U I K	mit rotem Aufdruck, kopfstehend, ungezähnt	Satzpreis (14 W.)	500,—	800,—
I P U II–XIII P U II	vertauschter Wertaufdruck, ungezähnt	Satzpreis (13 W.)	500,—	800,—
I P U II K–XIII P U II K	vertauschter Wertaufdruck, kopfstehend, ungezähnt	Satzpreis (13 W.)	500,—	800,—
I P U III–XIII P U III	vertauschter roter Wertaufdruck, ungezähnt	Satzpreis (13 W.)	500,—	800,—
I P U III K–XIII P U III K	vertauschter roter Wertaufdruck, kopfstehend, ungezähnt	Satzpreis (13 W.)	500,—	800,—
XIV P U IV	in Orange, ungezähnt		60,—	100,—
XIV P U V	in Orange, mit rotem Wertaufdruck, ungezähnt		60,—	100,—
XIV P U VI	in Olivbraun, auf grünem Papier, ungezähnt		60,—	100,—
XIV P U VII	in Olivbraun, auf grünem Papier, mit rotem Wertaufdruck, ungezähnt		60,—	100,—

Alle Werte existieren auch nit Aufdruck oben (statt unten). Gleiche Preise.

Marken auf Andruckpapier oder aus Makulaturbeständen je ab (∗) 10,—.

Portomarken

1918. Portomarken von Bosnien 1916 mit einzeiligem Aufdruck in italienischer Währung; A = gez. L 12½, B = gez. L 11½.

				∗	∗∗	⊙	⊠
1	6 C	auf 5 H rot	(P 16)				
A		gez. L 12½		4,—	8,—	9,—	—,—
B		gez. L 11½		7,—	15,—	15,—	—,—
2	11 C	auf 10 H rot	(P 18)				
A		gez. L 12½		3,—	7,—	8,—	—,—
B		gez. L 11½		7,—	15,—	15,—	—,—
3 A	16 C	auf 15 H rot	(P 19)	1,—	4,—	5,—	—,—
4 A	27 C	auf 25 H rot	(P 21)	1,—	4,—	5,—	—,—
5 A	32 C	auf 30 H rot	(P 22)	1,—	4,—	5,—	—,—
6 A	43 C	auf 40 H rot	(P 23)	1,—	4,—	5,—	—,—
7 A	53 C	auf 50 H rot	(P 24)	1,—	4,—	5,—	—,—
			Satzpreis (7 W.)	12,—	35,—	40,—	

Ungezähnt

			∗	∗∗
1 U–7 U	ungezähnt	Satzpreis (7 W.)	150,—	350,—
1 U K–7 U K	ungezähnt, Aufdruck kopfstehend	Satzpreis (7 W.)	150,—	350,—

Aufdruckfehler

			∗	∗∗
1 K–7 K	Aufdruck kopfstehend	Satzpreis (7 W.)	150,—	350,—

Probedrucke

			∗	∗∗
1 P I–7 P I	mit blauem Aufdruck	Satzpreis (7 W.)	150,—	350,—
1 P I K–7 P I K	mit blauem Aufdruck, kopfstehend	Satzpreis (7 W.)	150,—	350,—
1 P II–7 P II	Aufdruck in anderen Lettern, in verschiedenen Farben	Satzpreis (7 W.)	150,—	350,—
1 P U I–7 P U I	mit blauem Aufdruck, ungezähnt	Satzpreis (7 W.)	150,—	350,—
1 P U I K–7 P U I K	mit blauem Aufdruck, kopfstehend, ungezähnt	Satzpreis (7 W.)	150,—	350,—

Mit MICHEL machen Sie mehr aus Ihren Briefmarken!

Örtliche Zustellungsmarken

Nicht ausgegeben:

1918. Italienische Stempelmarken mit einzeiligem farbigem Aufdruck ORTSPOST-MARKE – Wappen der österreichisch-ungarischen Monarchie – Ortsname – italienische Währung. □.

Preise der billigsten Ortsaufdrucke

				(✽)
I	**1 C**	auf 5 C rotorange	V	1,50
II	**2 C**	auf 1 C gelbbraun	R	1,50
III	**3 C**	auf 7½ C lila	V	1,50
IV	**4 C**	auf 2 C hellgrün	Gr	1,50
		Satzpreis (4 W.)		6,—

Diese Marken sind von untergeordneten Militärstellen hergestellt worden, das Armeeoberkommando versagte aber die erforderliche Genehmigung, so daß die Ausgabe unterblieb.

MiNr. I–IV sind je mit nachfolgenden 18 italienischen Ortsnamen bekannt:

Orte:	MiNr.:	I	II	III	IV
Ampezzo		20,—	20,—	20,—	5,—
Auronzo		120,—	30,—	120,—	30,—
Cividale		6,—	6,—	6,—	6,—
Codroipo		1,50	1,50	1,50	1,50
Gemona		2,50	2,—	2,—	2,50
Latisana		15,—	15,—	15,—	15,—
Longarone		6,—	6,—	6,—	5,—
Maniago		6,—	5,—	5,—	6,—
Moggio		18,—	18,—	18,—	3,—
Palmanova		6,—	6,—	6,—	3,—
Pieve di Cadore		5,—	2,—	2,—	2,—
S. Daniele di Fr.		5,—	5,—	5,—	2,—
S. Giorgio di N.		20,—	20,—	20,—	5,—
S. Pietro al N.		150,—	70,—	150,—	70,—
Spilimbergo		6,—	6,—	6,—	2,—
Tarcento		4,—	4,—	4,—	2,—
Tolmezzo		2,—	2,—	2,—	2,—
Udine		1,50	1,50	1,50	1,50
Satzpreis komplette Serie (72 W.)			1100,—		

Ausgaben für Montenegro

MiNr. I–IV siehe nach MiNr. 2

1917, 1. März. 1 Jahr Besetzung. Feldpostmarken MiNr. 28 und 30 mit seitlichem dreizeiligem, senkrechtem Aufdruck (zwei Zeilen links, eine Zeile rechts): K. U. K. MILIT.-VERWALTUNG MONTENEGRO; A = gez. L 12½, B = gez. L 11½.

				✽	✽✽	⊙	✉
1 A	10	(H) trübblau	(28)	18,—	40,—	15,—	35,—
2	15	(H) rot	(30)				
A		gez. L 12½		18,—	40,—	15,—	35,—
B		gez. L 11½		150,—	250,—	220,—	—,—
		Satzpreis (2 W.)		35,—	80,—	30,—	60,—

Aufdruckfehler

			✽	✽✽
1 DD	doppelter Aufdruck		120,—	250,—
1 I–2 I	Paar, mit und ohne Aufdruck	je	120,—	250,—

Die Marken waren nur am Ausgabetag gültig!

Zum Bestimmen der Farben   **MICHEL-Farbenführer**

Nicht ausgegeben:

 1918. Feldpostmarken mit waagerechtem Aufdruck „Montenegro".

				Aufdruck schwarz		Probedrucke P I Aufdruck rot		P II Aufdruck blau	
				★	★★	★	★★	★	★★
I	10 (H)	trübblau	(28)	50,—	125,—	65,—	160,—	300,—	500,—
II	15 (H)	rot	(30)	2,—	5,—	300,—	500,—	20,—	50,—
		Satzpreis (2 W.)		50,—	130,—	350,—	650,—	300,—	550,—
III	1 (H)	helloliv	(22)	300,—	500,—	300,—	500,—	300,—	500,—
IV	2 (H)	trübblau	(23)	300,—	500,—	300,—	500,—	300,—	500,—
V	3 (H)	braunkarmin	(24)	300,—	500,—	300,—	500,—	300,—	500,—
VI	5 (H)	grün	(25)	200,—	400,—	200,—	400,—	200,—	400,—
VII	6 (H)	schwarz	(26)	300,—	500,—	300,—	500,—	300,—	500,—
VIII	12 (H)	olivgrün	(29)	300,—	500,—	300,—	500,—	300,—	500,—
IX	20 (H)	braun	(31)	300,—	500,—	300,—	500,—	300,—	500,—
X	20 (H)	oliv	(32)	300,—	500,—	300,—	500,—	300,—	500,—
XI	25 (H)	ultramarin	(33)	300,—	500,—	300,—	500,—	300,—	500,—
XII	30 (H)	ziegelrot	(34)	300,—	500,—	300,—	500,—	300,—	500,—
XIII	35 (H)	dunkelgrün	(35)	300,—	500,—	300,—	500,—	300,—	500,—
XIV	45 (H)	sepia	(37)	300,—	500,—	300,—	500,—	300,—	500,—
XV	50 (H)	grünlichschwarz	(38)	300,—	500,—	300,—	500,—	300,—	500,—
XVI	72 (H)	blau	(40)	300,—	500,—	300,—	500,—	300,—	500,—
XVII	80 (H)	rotbraun	(41)	300,—	500,—	300,—	500,—	300,—	500,—
XVIII	90 (H)	lilarot	(42)	300,—	500,—	300,—	500,—	300,—	500,—
XIX	2 K	schwarz auf hellblau	(44)	—,—	—,—	—,—	—,—	—,—	—,—
XX	3 K	karmin auf grün	(45)	—,—	—,—	—,—	—,—	—,—	—,—
XXI	4 K	purpur auf grau	(46)	—,—	—,—	—,—	—,—	—,—	—,—
XXII	5 K	violett auf hellgrau	(47)	—,—	—,—	—,—	—,—	—,—	—,—
XXIII	10 K	ultramarin auf grau	(48)	—,—	—,—	—,—	—,—	—,—	—,—

Aufdruckfehler

I K		kopfstehender Aufdruck		200,—	300,—
II K		kopfstehender Aufdruck		200,—	300,—
V K		kopfstehender Aufdruck		140,—	200,—
VI K		kopfstehender Aufdruck		40,—	60,—

Plattenfehler

I/I	10 H	Monte„u"egro		70,—	140,—
I/II	10 H	Monte„uo"gro		90,—	170,—
II/I	15 H	Monte„u"egro		20,—	50,—
II/II	15 H	Monte„uo"gro		20,—	50,—

Probedruck

III P III		Zusammendruck aller drei Aufdruckfarben	—,—	—,—

Desgleichen auf Zeitungsmarken:

XIV	2 H	blau	(49)	800,—	1300,—
XV	6 H	orange	(50)	800,—	1300,—
XVI	10 H	rosa	(51)	800,—	1300,—
XVII	20 H	braun	(52)	800,—	1300,—
		Satzpreis (4 W.)		3000,—	5000,—

Desgleichen auf Portomarke von Bosnien MiNr. 16:

XVIII	5 H	rot	(P 16)	1000,—	1500,—

Alle Marken vorwiegend mit kleinen Zahnmängeln.

Für unverlangt eingesandte Briefsendungen und Markenvorlagen wird keine Haftung übernommen!

Ausgaben für Rumänien

1 Lei (L) = 100 Bani (B)

MiNr. I–XIII siehe nach MiNr. 34

1917, 1. Nov. Freimarken: Kaiser Karl I. Währungsbezeichnung auf farbigem Grund; StTdr.; A = gez. L 12½, B = gez. L 11½, C = gez. L 11½:12½.

a) Karl I. (1887–1922), Kaiser von Österreich und König von Ungarn

				✳	✳✳	☉	⊠
1 A	3 B	schwarzoliv/rot	a	3,—	8,—	5,—	—,—
2 A	5 B	gelbgrün/rot	a	3,—	8,—	3,50	—,—
3 A	6 B	violett/rot	a	3,—	8,—	3,50	—,—
4 A	10 B	rotbraun/rot	a	0,50	1,—	1,—	—,—
5 A	12 B	blau/rot	a	2,—	6,—	3,50	—,—
6 A	15 B	rosa/rot	a	2,—	5,—	3,50	—,—
7 A	20 B	lilabraun/rot	a	0,50	1,—	1,—	—,—
8 A	25 B	ultramarin/rot	a	0,50	1,—	1,—	—,—
9 A	30 B	grünschiefer/rot	a	1,—	2,—	1,50	—,—
10	40 B	gelboliv/rot	a				
A		gez. L 12½		1,—	2,—	1,50	—,—
B		gez. L 11½		150,—	300,—	250,—	—,—
C		gez. L 11½:12½		150,—	300,—	250,—	—,—
11 A	50 B	dunkelgrün/rot	a	1,—	2,—	1,50	—,—
12 A	60 B	lilarot/rot	a	1,—	2,—	1,50	—,—
13 A	80 B	blauschiefer/rot	a	0,50	1,—	1,—	—,—
14 A	90 B	dunkellila/rot	a	1,—	2,—	2,—	—,—
15 A	2 L	karmin/schwarz auf gelblich	a	1,50	3,—	2,50	—,—
16 A	3 L	dunkelgrün/schwarz auf bläulich	a	1,50	3,—	3,—	—,—
17 A	4 L	karmin/schwarz auf grünlich	a	2,—	5,—	3,50	—,—
		Satzpreis (17 W.)		25,—	60,—	40,—	50,—

Bedarfsbriefe	mind.				400,—
Postformulare	mind.				150,—

Ungezähnt

1 U–17 U	ungezähnt	Satzpreis (17 W.)	200,—	400,—

Probedrucke

1 P I–17 P I	Aufdruck kopfstehend	Satzpreis (17 W.)	250,—	500,—
1 P II–17 P II	Wertangaben vertauscht	Satzpreis (17 W.)	250,—	500,—
1 P U I–17 P U I	Aufdruck kopfstehend, ungezähnt	Satzpreis (17 W.)	250,—	500,—
1 P U II–17 P U II	Wertangaben vertauscht, ungezähnt	Satzpreis (17 W.)	250,—	500,—

1918, 1. März. Freimarken: Kaiser Karl I. Währungsbezeichnung schwarz auf weißem Grund; StTdr.; gez. L 12½.

b) Karl I. (1887–1922), Kaiser von Österreich und König von Ungarn

				✳	✳✳	☉	⊠
18	3 B	schwarzoliv/schwarz	b	0,50	1,—	1,—	—,—
19	5 B	gelbgrün/schwarz	b	0,50	1,—	1,—	—,—
20	6 B	violett/schwarz	b	0,50	1,—	1,50	—,—
21	10 B	rotbraun/schwarz	b	0,50	1,—	1,50	—,—
22	12 B	blau/chwarz	b	0,50	1,—	1,50	—,—
23	15 B	rosa/schwarz	b	0,50	1,—	1,—	—,—
24	20 B	lilabraun/schwarz	b	0,50	1,—	1,—	—,—
25	25 B	ultramarin/schwarz	b	0,50	1,—	1,—	—,—
26	30 B	grünschiefer/schwarz	b	0,50	1,—	1,—	—,—
27	40 B	gelboliv/schwarz	b	0,50	1,—	1,—	—,—
28	50 B	dunkelgrün/schwarz	b	0,50	1,—	1,—	—,—
29	60 B	lilarot/schwarz	b	0,50	1,—	1,50	—,—
30	80 B	lauschiefer/schwarz	b	0,50	1,—	1,50	—,—
31	90 B	dunkellila/schwarz	b	0,50	1,—	1,—	—,—
32	2 L	karmin/schwarz auf gelblich	b	0,50	1,—	1,50	—,—
33	3 L	d'grün/schwarz auf bläulich	b	1,—	2,—	3,50	—,—
34	4 L	karmin/schwarz auf grünlich	b	1,50	2,50	3,50	—,—
		Satzpreis (17 W.)		10,—	19,—	25,—	35,—

Bedarfsbriefe	mind.				250,—
Postformulare	mind.				120,—

Ungezähnt

18 U–34 U	ungezähnt	Satzpreis (17 W.)	100,—	180,—

Probedrucke

		(*)	**
18 P I–34 P I	ohne Werteindruck, o.G. .... Satzpreis (17 W.)	350,—	

		*	**
18 P II–34 P II	in anderen Farben .... Satzpreis (17 W.)	250,—	500,—
18 P III–34 P III	Aufdruck rot .... Satzpreis (17 W.)	250,—	500,—
18 P IV–34 P IV	Aufdruck kopfstehend .... Satzpreis (17 W.)	250,—	500,—
18 P V–34 P V	Aufdruck rot, kopfstehend .... Satzpreis (17 W.)	250,—	500,—

		(*)	
18 P U I–34 P U I	ohne Werteindruck, ungezähnt, o.G. .... Satzpreis (17 W.)	350,—	

		*	**
18 P U II–34 P U II	in anderen Farben, ungezähnt .... Satzpreis (17 W.)	250,—	500,—
18 P U III–34 P U III	Aufdruck rot, ungezähnt .... Satzpreis (17 W.)	250,—	500,—
18 P U IV–34 P U IV	Aufdruck kopfstehend, ungezähnt .... Satzpreis (17 W.)	250,—	500,—
18 P U V–34 P U V	Aufdruck rot, kopfstehend, ungezähnt .... Satzpreis (17 W.)	250,—	500,—

Nicht ausgegeben:

1918. Zeichnung der nicht ausgegebenen Feldpostmarkenreihe von 1918 mit Aufdruck der rumänischen Währungsbezeichnung „BANI".

				*	**
I	**1 B**	auf	1 H grün .... (I)	50,—	110,—
II	**2 B**	auf	2 H orange .... (II)	30,—	60,—
III	**2 B**	auf	3 H schiefer .... (III)	60,—	110,—
IV	**5 B**	auf	5 H grün .... (IV)	30,—	60,—
V	**10 B**	auf	10 H lilabraun .... (V)	90,—	180,—
VI	**20 B**	auf	20 H zinnober .... (VI)	90,—	180,—
VII	**25 B**	auf	25 H ultramarin .... (VII)	35,—	70,—
VIII	**30 B**	auf	30 H oliv .... (VIII)	60,—	120,—
IX	**45 B**	auf	45 H hellschwarzschiefer .... (IX)	65,—	130,—
X	**50 B**	auf	50 H graugrün .... (X)	75,—	150,—
XI	**60 B**	auf	60 H violett .... (XI)	100,—	200,—
XII	**80 B**	auf	80 H rosa .... (XII)	1250,—	2500,—
XIII	**90 B**	auf	90 H dunkellila .... (XIII)	100,—	200,—
			Satzpreis (13 W.)	2000,—	4000,—

Ausgaben für Serbien

1914/1916, 6. März. Bosnien MiNr. 64–84 mit waagerechtem einzeiligem Aufdruck „SERBIEN" unten.

				*	**	⊙	⊠
1	1 (H)	oliv .... (64)		10,—	20,—	25,—	—,—
2	2 (H)	hellblau .... (65)		10,—	20,—	25,—	—,—
3	3 (H)	braunkarmin .... (66)		10,—	20,—	25,—	—,—
4	5 (H)	grün (1914) .... (67)		2,—	3,—	4,—	150,—
5	6 (H)	schwarz .... (68)		10,—	20,—	25,—	—,—
6	10 (H)	hellkarmin (1914) .... (69)		2,—	3,—	4,—	150,—
7	12 (H)	grünoliv .... (70)		10,—	20,—	25,—	—,—
8	20 (H)	gelbbraun .... (71)		10,—	20,—	25,—	—,—
9	25 (H)	ultramarin .... (72)		10,—	20,—	25,—	—,—
10	30 (H)	orangerot .... (73)		10,—	20,—	25,—	—,—
11	35 (H)	grünschiefer .... (74)		10,—	20,—	25,—	—,—
12	40 (H)	violett .... (75)		10,—	20,—	25,—	—,—
13	45 (H)	olivbraun .... (76)		10,—	25,—	25,—	—,—
14	50 (H)	schwarzblau .... (77)		10,—	25,—	25,—	—,—
15	60 (H)	rotlila .... (78)		10,—	25,—	25,—	—,—
16	72 (H)	dunkelblau .... (79)		10,—	25,—	25,—	—,—
17	1 K	dkl'lila auf gelblich .... (80)		25,—	45,—	55,—	—,—
18	2 K	schwarz auf hellblau .... (81)		25,—	45,—	55,—	—,—
19	3 K	karmin auf grün .... (82)		30,—	55,—	65,—	—,—
20	5 K	dkl'violett auf hellgrün .... (83)		35,—	75,—	80,—	—,—
21	10 K	violettblau auf grau .... (84)		70,—	130,—	140,—	—,—
		Satzpreis (21 W.)		320,—	650,—	750,—	1000,—

Spezialisten unterscheiden 2 Aufdrucktypen: breites „N" (1,9 mm) und schmales „N" (1,7 mm).

Ungezähnt

			*	**
1 U–21 U	ungezähnt .... Satzpreis (21 W.)	1500,—	2500,—

Aufdruckfehler

		*	**
2 K	mit kopfstehendem Aufdruck	70,—	150,—

Die Serie war für 1914 vorbereitet, wurde jedoch erst 1916 ausgegeben.

1916, 6. März. Marken Bosnien MiNr. 64–84 mit größerem fettem, schrägem Aufdruck „SERBIEN".

					✱	✱✱	☉	✉
22	1	(H)	oliv	(64)	3,—	7,—	7,—	60,—
23	2	(H)	hellblau	(65)	3,—	7,—	7,—	60,—
24	3	(H)	braunkarmin	(66)	3,—	7,—	7,—	60,—
25	5	(H)	grün	(67)	0,50	1,—	1,—	30,—
26	6	(H)	schwarz	(68)	2,—	5,—	5,—	60,—
27	10	(H)	hellkarmin	(69)	0,50	1,—	1,—	30,—
28	12	(H)	grünoliv	(70)	1,—	3,—	3,—	75,—
29	20	(H)	gelbbraun	(71)	1,—	2,—	1,—	55,—
30	25	(H)	ultramarin	(72)	1,—	3,—	3,—	70,—
31	30	(H)	orangerot	(73)	1,—	2,—	2,—	85,—
32	35	(H)	grünschiefer	(74)	1,—	2,—	2,—	100,—
33	40	(H)	violett	(75)	1,—	2,—	2,—	100,—
34	45	(H)	olivbraun	(76)	1,—	2,—	2,—	180,—
35	50	(H)	schwarzblau	(77)	1,—	2,—	2,—	300,—
36	60	(H)	rotlila	(78)	1,—	2,—	2,—	300,—
37	72	(H)	dunkelblau	(79)	1,—	2,—	2,—	400,—
38	1 K		dunkellila auf gelblich	(80)	2,—	3,—	3,—	—,—
39	2 K		schwarz auf hellblau	(81)	2,—	3,—	3,—	—,—
40	3 K		karmin auf grün	(82)	2,—	3,—	3,—	—,—
41	5 K		dunkelviolett auf hellgrau	(83)	2,—	3,—	3,—	—,—
42	10 K		violettblau auf grau	(84)	20,—	40,—	40,—	—,—
			Satzpreis (21 W.)		50,—	100,—	100,—	150,—

Postformulare . . . . mind.   90,—

Ungezähnt

22 U–42 U   ungezähnt . . . . Satzpreis (21 W.)   500,—   1000,—

Probedrucke

| 22 P I–42 P I | mit rotem Aufdruck . . . . | Satzpreis (21 W.) | 600,— | 1200,— |
| 29 P II–40 P II | mit kopfstehendem Aufdruck . . . . | Satzpreis (10 W.) | 250,— | 500,— |

Von den „Serbien"-Aufrucken existieren verschiedene Typen, jedoch auch gefährliche Fälschungen. Vorsicht!

UNO:
Österreichische Truppen im Dienst der Vereinten Nationen

Feldpost der österreichischen UNO-Truppen in Zypern

1501 UNFICYP AUSCON
(UN Force In CYPrus AUStrian CONtingent)

Am 15.11.1976 wurde ein weiteres österreichisches Feldpostamt in LARNACA errichtet, das am 18.10.1977 mit dem Bataillon nach FAMAGUSTA verlegt wurde. Es ist wie das Postamt in Syrien mit einem eigenen Poststempel und einem Feldpostmeister als Auf- und Abgabepostamt errichtet und kann nur durch Angehörige der UNO-Truppen benützt werden.
✉ ab 2,50
FDC 20,—

Österreichische Kommanden, Einheiten und Teileinheiten in Syrien und Zypern verwenden illustrierte Zusatzstempel, die Symbole der UNO und aus Österreich darstellen und auch den Nahen Osten und den Orient zum Motiv haben.

Feldpost der österreichischen UNO-Truppen in Syrien

1500 UNDOF AUSBATT
(UN Disengagement Observer Force AUStrian BATTalion)

Seite 21.7.1974 existiert ein österreichisches Postamt für die österreichischen UNO-Truppen, die in der israelisch/syrischen entmilitarisierten Waffenstillstandszone auf den Golanhöhen eingesetzt sind. Die offizielle Postamtserrichtung war am 15.11.1974. Das Postamt befindet sich im UNDOF-Hauptquartier in DAMASKUS. Die bei AUSBATT auf den Golanhöhen anfallende Dienst- und Privatpost wird über dieses Postamt nach Österreich abgefertigt.
✉ ab 2,50

Ganzsachen

Vorbemerkungen zu den Umschlägen

Mehrere Ausgaben der Umschläge mit WSt. (b) und (c) unterscheiden sich voneinander durch verschiedene Wasserzeichen, Formate, Klappenschnitte und Klappenstempel. Diese Merkmale werden hier zusammengestellt.

Die Wasserzeichen der Umschläge: „BRIEF – COUVERTS"

Wz. 1

Wz. 2

Wz. 3

Wasserzeichen der Umschläge:

BRIEFCOUVERTS

Die Umschläge haben ein Wasserzeichen, das in drei verschiedenen Ausführungen vorkommt:

Wz. 1 (1846–66): dünne, schwach hervortretende Buchstaben, stets auf einer der beiden Seitenklappen.

Wz. 2 (1866–68): dicke, sehr eng stehende, stark hervortretende Buchstaben, stets auf einer der beiden Seitenklappen.

Wz. 3 (1868–99): dicke, sehr weit stehende Buchstaben, schräg auf der Vorderseite der Umschläge, in zwei sehr schwer unterscheidbaren Längen.

Die Wasserzeichen kommen auch kopfstehend vor, gelegentlich auch sehr verschoben.

Die Klappenschnitte der Umschläge:

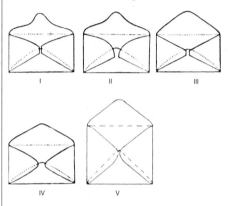

Die Klappenstempel der Umschläge

Die Umschläge der ersten Ausgaben 1861–1872 weisen Klappenstempel in verschiedenen Typen auf.

Man kann unterscheiden:

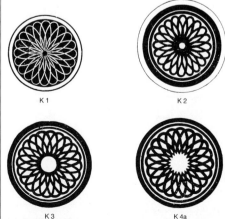

K 4b   K 5

K 6a   K 6b

K 7   K 8

Beschreibung der Klappenstempel

K-Nr.	Anzahl der Flügel	Ø des inn. Kreises	Beschreibung
K 1	20	13 mm	vertieft geprägt
K 2	20	12,5 mm	Mittelloch klein, 1 mm
K 3	20	13,5 mm	Mittelloch groß, ca. 3 mm, kreisförmig geschlossen
K 4a	20	14 mm	Mittelloch groß, gezackt, die beiden Außenringe ungleich dick
K 4b	20	14 mm	wie 4a, die beiden Außenringe gleich stark
K 5	18	11,5 mm	Mittelloch klein, 1 mm
K 6a	16	12 mm	Mittelloch von dickem Ring umschlossen, Mittelloch klein, 1mm
K 6b	16	12 mm	wie 6a, Mittelloch groß, 2,5 mm
K 7	24	14 mm	Preußischer Klappenstempel vertieft geprägt
K 8	19	12 mm	Mittelloch 1 mm

Formate der Umschläge:

- A   147×85 mm
- B   148×118 mm
- C   154×85 mm
- D   132×108 mm
- E   158×130 mm

Aufstellung der Umschläge nach den beschriebenen Merkmalen:

Ausgabe	Nr.	Format	Kl.-Schnitt	Wz.	Klappenstempel
1861	U 1–8 A	A	I	ohne	K 1, 2, 3, 4a
1861	U 1–8 B	B	I	ohne	K 3
1863	U 17–21	A	I	ohne	K 2, 3, 4a, 4b
1864	U 27–31	A	II	ohne	K 2, 3, 4a, 4b
1865	U 32–36	A	II	1	K 2, 3, 4a, 4b
1866	U 41–42	A	II	2	K 2, 3, 4a, 4b
1867	U 43–47	A	I	2	K 2, 3, 4a, 4b
1867	U 48–50	A	II	2	K 2, 3, 4a, 4b
1867	U 51–53	C	III	2	K 3, 5
1868	U 54–58	C	III	3	K 3, 4a, 4b, 5, 6a, 6b, 8
1872	U 59–61	C	IV	3	ohne, K3, 4a, 4b, 6a, 6b, 7
1883	U 62–63	D, E	V	3	ohne, K 7
1890	U 64–65	D, E	V	3	ohne, K 7
1896	U 66–67	D, E	V	3	K 7
1899	U 68–69	D, E	V	3	K 7
1901	U 70–71	D, E	V	ohne	K 7

Kaiser Franz Joseph nach rechts im Doppeloval (a), 1861–1863

a

Mit diesem Wertstempel gibt es nur amtliche Umschläge!

Umschläge

1861. Ausgabe mit Wertstempel links oben (a), **Klappenschnitt I** ohne Wz. A = 147×85 mm, B = 148×118 mm. Kleines Format A mit Klappenstempel K 1, 2, 3, 4a, großes Format B mit Klappenstempel K 3.

			A		B	
U 1	3 Kr	grün	98,—	280,—	750,—	900,—
U 2	5 Kr	rot	100,—	45,—	225,—	160,—
U 3	10 Kr	braun	70,—	50,—	225,—	175,—
U 4	15 Kr	blau	70,—	50,—	300,—	175,—
U 5	20 Kr	orange	330,—	1200,—	750,—	3500,—
U 6	25 Kr	dunkelbraun	330,—	950,—	600,—	2250,—
U 7	30 Kr	violett	380,—	1800,—	750,—	4200,—
U 8	35 Kr	graubraun	380,—	2000,—	750,—	4500,—

Von U 1–U 8 gibt es ND. Umschläge in Soldiwährung siehe Lombardei-Venetien. U 9–U 16 entfällt.

Gültig bis 31.5.1864

Adler im Doppeloval (b), 1863–1867

b

Umschläge

1863. Ausgabe mit Klappenschnitt I. ohne Wz. 147×85 mm. Mit langer Gummierung, Klappenstempel K 2, 3, 4a, 4b.

U 17	3 Kr	grün	47,50	90,—
U 18	5 Kr	rot	28,—	12,50
U 19	10 Kr	blau	30,—	27,50
U 20	15 Kr	hellbraun	32,50	20,—
U 21	25 Kr	violett	42,50	650,—

Umschläge in Soldiwährung siehe Lombardei-Venetien. U 22–U 26 entfällt.

1864. Neue Ausgabe, mit neuem Klappenschnitt II. ohne Wz. 147×85 mm. Klappenstempel K 2, 3, 4a, 4b.

U 27	3 Kr	grün	65,—	62,50
U 28	5 Kr	rot	30,—	10,—
U 29	10 Kr	blau	27,50	22,50
U 30	15 Kr	hellbraun	20,—	15,—
U 31	25 Kr	violett	35,—	650,—

1865. Ausgabe mit Wz. 1, Klappenschnitt II. 147×85 mm. Mit Klappenstempel K 2, 3, 4a, 4b.

U 32	3 Kr	grün	15,—	47,50
U 33	5 Kr	rot	28,—	6,—
U 34	10 Kr	blau	12,—	22,50
U 35	15 Kr	braun	21,—	12,—
U 36	25 Kr	violett	52,50	725,—

Umschläge in Soldiwährung siehe Lombardei-Venetien. U 37–U 40 entfällt.

1866. Ausgabe mit Wz. 2, **Klappenschnitt II.** 147×85 mm. **Mit Klappenstempel K 2, 3, 4a, 4b.**

U 41	3 Kr grün	20,—	50,—
a	mit Klappenschnitt I	190,—	390,—
U 42	5 Kr rot	25,—	5,—

Bei dem U 41a handelt es sich wohl um eine Zwischenausgabe, die unmittelbar vor der neuen Ausgabe 1867 mit neuem WSt. (c) erschien. U 41a hat daher so wie diese den Klappenschnitt I.

Die Umschläge U 17–42 waren in Österreich gültig bis 31.8.1869. In Ungarn wurden sie schon 1867 (bei Ausgabe eigener Ganzsachen) und in Kroatien 1868 ungültig.

Aufbrauchausgabe für Niederösterreich:

Von den Umschlägen mit WSt. (b) – U 17–42 – waren nach Außerkurssetzung noch Restbestände übrig. Mit Verordnung vom 4.10.1870 wurden diese Umschläge, wie auch die entsprechenden Ausgaben in Soldi-Währung amtlich mit einer 5-Kr.-Briefmarke der Ausgabe 1867 überklebt und im Gebiet der Postdirektion Niederösterreich verkauft. Bei echt gelaufenen Stücken sollte der Aufgabestempel stets aus einem Ort in Niederösterreich sein.
Sehr selten. Wert je Stück echt gebraucht: 225,—.

Kaiserreich

Im Februar 1867 wurde Ungarn als Königreich vom Kaiserreich Österreich getrennt. Die folgende Ganzsachenreihe galt bis zum 1.8.1871 auch in Ungarn und enthielt deshalb außer der Abkürzung kr., die auch für die umgarische Sprache paßte, keinen Text.

c

Kaiser Franz Joseph nach rechts im Kreis (c), 1867–1883

Die Ausgabe mit WSt. (c) wurde mit Dekret vom 25.5.1867 in Umlauf gebracht. Das Dekret sah vor, daß die neue Ausgabe in Ungarn und Siebenbürgen bereits ab 1.6.1867 abgegeben wurden. In den übrigen Teilen des Kaiserreichs sollte die neue Ausgabe erst nach Aufbrauch der alten Ausgaben an die Ämter ausgeliefert werden.

Umschläge

1867. Umschläge mit Klappenschnitt I, Wz. 2. 147×85 mm.

U 43	3 Kr grün	55,—	65,—
U 44	5 Kr rot	70,—	20,—
U 45	10 Kr blau	15,—	95,—
U 46	15 Kr braun	30,—	67,50
U 47	25 Kr violett	25,—	650,—

1867. Ausgabe mit Klappenschnitt II, sonst wie vorherige Ausgabe.

U 48	3 Kr grün	85,—	200,—
U 49	5 Kr rot	115,—	100,—
U 50	15 Kr braun	475,—	165,—

1867. Ausgabe mit neuem Klappenschnitt III. 154×85 mm. **Klappenstempel K 3, K 5.**

U 51	5 Kr rot	165,—	80,—
U 52	10 Kr blau	12,50	90,—
U 53	15 Kr braun	12,50	90,—

1868. Ausgabe mit neuem Wz. 3, **Klappenschnitt III.** 154×85 mm. **Mit Klappenstempel K 2, 3, 4a, 4b, 5, 6a, 6b, 8.**

U 54	3 Kr grün		15,—	7,—
U 55	5 Kr rot			
I		mit WSt.-Type I	10,—	2,50
II		mit WSt.-Type II	20,—	22,50

U 56	10 Kr blau	65,—	135,—
U 57	15 Kr braun	16,—	65,—
U 58	25 Kr violett	14,—	625,—

U 55 II ist eine Zwischenausgabe: auf Restbestände von Umschlägen mit Klappenschnitt III wurde die nachgravierte WSt.-Type II aufgedruckt, die für die spätere U 60 mit Schnitt IV vorgesehen und verwendet worden ist.
Der Unterschied zwischen WSt.-Type I und II ist bei den Anweisungen mit WSt. (c) nach MiNr. A 1 dargestellt.

1872. Ausgabe mit Wz. 3, **und Klappenschnitt IV.** 154×85 mm. **Mit Klappenstempel K 3, 4a, 4b, 6a, 6b, 7 oder ohne Klappenstempel.**

U 59	3 Kr grün			
I		mit Klappenstempel	8,—	4,—
II		ohne Klappenstempel	24,—	20,—
U 60	5 Kr rot			
I		mit Klappenstempel	4,—	12,50
II		ohne Klappenstempel	17,50	2,—
U 61	15 Kr braun			
I		mit Klappenstempel	11,—	40,—
II		ohne Klappenstempel	14,—	55,—

Die Umschläge mit WSt. (c) – U 43–61 – waren gültig in Ungarn bis 31.7.1871, danach dort eigene Ausgaben

Gültigkeit in der österreichischen Reichshälfte bis 31.10.1884

Streifbänder

1872/75. Streifbänder S 1 = Ränder mit zwei breiten gelben Streifen, S 2 = ohne Streifen. Schwankendes Format 375–385×70–75 mm.

S 1	2 Kr gelb (1872)	8,—	17,50
S 2	2 Kr gelb (1875)	7,—	10,—

Postkarten

Die innere Umrandungslinie der ersten Ausgaben 1869 bis 1873 besteht abwechselnd aus ● und ♦. Die einzelnen Auflagen unterscheiden sich im wesentlichen durch die Anordnung der Punkte und Karos, besonders in den 4 Ecken.

1869. Postkarte mit doppelter Zierumrandung. Vs. „An", Rs. mit Bemerkung oben und unten, *rahmfarben, weiß.* **122×85 mm** (c).

P 1	2 Kr dunkelgelb, orange	15,—	
	gebraucht: am 1. Okt. 1869	700,—	
	2. Okt.–10. Okt. 1869	150,—	
	12. Okt.–20. Okt. 1869	35,—	
	21. Okt.–31. Okt. 1869	15,—	
	Nov.– Dez. 1869	5,—	
	ab 1. Jan. 1870	3,—	

1871, Juli. Neue Ausgabe, Vs. „Adresse", Rs. Datumvordruck links oben. P 2 = ein-, P 3–P 7 = zweisprachig, *weiß.* **122×85 mm.**

P 6

P 2	2 Kr gelb (deutsch)	17,50	5,—
P 3	2 Kr gelb (böhmisch)	35,—	7,50
P 4	2 Kr gelb (italienisch)	20,—	9,—
P 5	2 Kr gelb (polnisch)	20,—	9,—
P 6	2 Kr gelb (ruthenisch)	27,50	35,—
P 7	2 Kr gelb (slovenisch)	35,—	22,50

Überschrift: immer Correspondenz-Karte, bei fremdsprachigen Überschriften zusätzlich:

P 3: Korešpondenční Listek
P 4: Carta da corrispondenza
P 5: Karta korespondencyjna
P 6: карта кореспонденціннан
P 7: Listnica.

1871, Nov. Wie P 2–P 7, **jedoch Rs. Datum jetzt rechts oben. 122×85 mm.**

P 8	2 Kr gelb (deutsch)	14,—	2,50
P 9	2 Kr gelb (böhmisch)	25,—	3,—
P 10	2 Kr gelb (italienisch)	27,50	7,50
P 11	2 Kr gelb (polnisch)	27,50	7,50
P 12	2 Kr gelb (slovenisch)	32,50	9,—

1872. Desgl., zusätzlich Sprachvermerk rechts unten (f. Dalmatien). 122×85 mm.

P 13	2 Kr gelb (illyr)	500,—	850,—

1872, Okt. Wie P 8–P 12, **jedoch Rs. ohne Vordruck, ohne Sprachvermerk. 122×85 mm.**

P 14	2 Kr gelb (deutsch)	7,—	2,—
P 15	2 Kr gelb (Böhm.)	17,50	3,—
P 16	2 Kr gelb (Ruth.)	110,—	100,—
P 17	2 Kr gelb (Slov.)	35,—	10,—

1872. Wie P 14–P 17, **Rs. ohne Vordruck, Vs. mit Sprachvermerk rechts unten. 122×85 mm.**

P 18

P 18	2 Kr gelb (Böhm.)			
a	Überschrift 57 mm lang, Akzent breit	7,50	3,—
b	Überschrift 54 mm lang, Akzent schmal	8,—	3,—
P 19	2 Kr gelb (Ital.)			
a	Sprachverm. ohne Klammer	10,—	7,50
b	Sprachverm. mit Klammer	12,—	3,—
P 20	2 Kr gelb (Poln.)	8,—	4,—
P 21	2 Kr gelb (Ruth.)	15,—	10,—
P 22	2 Kr gelb (Slov.)	15,—	7,50
P 23	2 Kr gelb (Illyr.)	30,—	85,—

1873. Karte P 18 **mit Fehldruckwertstempel 5 Kr. statt 2 Kr. ohne oder mit amtlich aufgeklebter 2 Kr.-Marke.**

		I ohne		II mit	
		*	⊙	*	⊙
P 24	5 Kr gelb	70,—	400,—	50,—	32,50

Der Fehldruck wurde kurz nach der Ausgabe bemerkt. Er wurde Mitte Mai 1874 mit einer 2 Kr.-Marke überklebt. Der Preis für Karten ohne aufgeklebte 2 Kr.-Marke betrifft daher nur Stücke mit Abstempelung vor dem 30. Mai 1874. Später wurden die 2 Kr.-Marken öfters zum Schaden der Post abgelöst, solche gebrauchte Karten ohne Marken werten erheblich billiger (—,—).

Alle Karten mit Zierumrandung (P 1–P 23) waren gültig bis zum Aufbrauch. Sie durften bis 1.2.1873 nur für den Verkehr in Österreich verwendet werden, danach laut Verordnung vom 19.1.73 auch nach Alexandrien, den Orten in der Türkei mit k.u.k. Postanstalten, nach Deutschland, Luxemburg und der Schweiz.

1876/82. Neue Ausgabe. WSt. (c), **jedoch Karten ohne Zierum-rahmung. Karton** *hell-, dunkel- oder rötlich-sämisch,* **rauh oder glatt. 140 × 85 mm.**

P 26

P 25	2 Kr rotbraun (deutsch)		3,50	2,50
P 26	2 Kr rotbraun (Böhm.)			
a	mit „An"; in „KORRESPONDENCNI" 2 Akzente		10,—	4,—
b	ohne „An"; in „KORRESPONDENCNI" 2 Akzente		5,—	3,—
c	ohne „An"; in „KORRESPONDENCNI" 1 Akzent		3,—	3,—
P 27	2 Kr rotbraun (Ital.)			
a	kleines „An" – 1,8 mm (1876)		6,—	4,50
b	großes „An" – 2,2 mm (1878)		4,—	4,—
P 28	2 Kr rotbraun (Poln.)			
a	mit „An" (1876)		8,—	8,—
b	ohne „An" (Nov. 1876)		3,50	2,—
P 29	2 Kr rotbraun (Ruthen.)			
a	kleines „An" – 1,2 mm (1876)		12,—	10,—
b	großes „An" – 1,4 mm (1878)		8,—	11,50
P 30	2 Kr rotbraun (Slov.)			
a	kleines „An" – 1,8 mm (1876)		9,—	7,50
b	großes „An" – 2,2 mm (1879)		6,—	5,—
P 31	2 Kr rotbraun (Illyr.) mit „An"		9,—	12,50
P 32	2 Kr rotbraun (Rumän.) mit „An"		10,—	14,—

P 33

P 33	5 Kr ziegelrot			
a	ohne * unten rechts		6,—	20,—
b	mit * unten rechts		22,50	80,—
P 34	2/2 Kr ✒ rotbraun (deutsch)		4,—	17,50
F	Frageteil			6,—
A	Antwortteil			9,—
P 35	2/2 Kr ✒ rotbraun (Böhm.)		10,—	42,50
F	Frageteil			15,—
A	Antwortteil			22,50
P 36	2/2 Kr ✒ rotbraun (Ital.)		10,—	50,—
F	Frageteil			20,—
A	Antwortteil			25,—
P 37	2/2 Kr ✒ rotbraun (Poln.)		6,—	55,—
F	Frageteil			25,—
A	Antwortteil			27,50
P 38	2/2 Kr ✒ rotbraun (Ruth.)		11,—	150,—
F	Frageteil			50,—
A	Antwortteil			80,—

Wertstempel aus Ganzsachen niemals ausschneiden!

P 39

P 39	2/2 Kr ✒ rotbraun (Slov.)		10,50	125,—
F	Frageteil			40,—
A	Antwortteil			75,—
P 40	2/2 Kr ✒ rotbraun (Illyr.)		12,—	175,—
F	Frageteil			60,—
A	Antwortteil			90,—
P 41	2/2 Kr ✒ rotbraun (Rum.)		15,—	200,—
F	Frageteil			70,—
A	Antwortteil			100,—
P 42	5/5 Kr ✒ ziegelrot			
a	beide Teile ohne * unten rechts		12,—	175,—
F	Frageteil			92,50
A	Antwortteil			62,50
b	Frageteil mit * unten rechts		37,50	175,—
F	Frageteil			150,—

Der abgetrennte Antwortteil ist bei P 42a und b nicht zu unterscheiden.

Gültig bis 31.10.1883

Rohrpost-Postkarten

1879. Überschrift „CORRESPONDENZ-CARTE zur pneumati-schen Expressbeförderung innerhalb der Linien Wiens" WSt. (c), **links 10 Aufgabestationen. „Bezirk" in Höhe der 4. Punktzeile,** *hellblau – graublau.* **142 × 86 mm.**

RP 1	10 Kr ultramarin		112,50	45,—

1880. Wie RP 1, jedoch „Bezirk" in Höhe der 3. Punktlinie.

RP 2	10 Kr ultramarin		87,50	37,50

1880. Wie RP 2, ohne die 3. Zeile der Überschrift (innerhalb der Linien Wiens), jetzt 12 Aufgabestationen. Bemerkung unter der Überschrift jetzt links vom Wertstempel.

RP 3

RP 4

RP 3		10 Kr ultramarin		
I		Zieglergasse (s = lang)	45,—	11,—
II		Zieglergasse (s = kurz)	37,50	9,—
RP 4		10/10 Kr ✒ ultramarin	22,50	200,—
F		Frageteil		87,50
A		Antwortteil		92,50

Frageteil: „Zieglergasse" wie bei RP 3 I, Antwortteil: wie bei RP 3 II.

1881. Wie RP 3–4, jetzt 17 Aufgabe-Ämter.

RP 5 II

RP 5		10 K ultramarin		
I		Schönbrunnerstr. 22		
		(Druckfehler)	40,—	10,—
II		Schönbrunnerstr. 42	15,—	2,50
RP 6		10/10 Kr ✒ ultramarin	20,—	175,—
F		Frageteil		70,—
A		Antwortteil		80,—

Bei RP 5 I und 5 II: „Zieglergasse" mit kurzem „ss".
Bei RP 6: Frage- und Antwortteil: „Zieglergasse" mit langem „ß", sowie „Schönbrunnerstr. 42".

1883. Wie RP 5–6, jetzt 27 Aufgabe-Ämter für den pneumatischen Dienst in Wien.

RP 7	10 Kr ultramarin	9,—	5,—

Postnachnahmekarten

Postnachnahmekarten dienten dazu, durch die Post Beträge von Schuldnern an die Auftraggeber einzutreiben.

1871, 15. Dez. WSt. (c). 4. Anschriftenzeile: Letzte Post. Über den Stempelkreisen: „Stämpel". Rasterfeld für den Betrag beginnt und endet gerade. 235×300 mm.

		Papier:			
		I		**II**	
		dkl'lilarosa		hellrosa	
NK 1	10 Kr blau (deutsch) . .	15,—	32,50	13,—	30,—
NK 2	10 Kr blau (Böhm.) . . .	18,75	45,—	18,—	40,—
NK 3	10 Kr blau (Ital.)	25,—	60,—	22,50	55,—
NK 4	10 Kr blau (Poln.)	25,—	60,—	22,50	55,—
NK 5	10 Kr blau (Ruth.)	37,50	100,—	30,—	90,—
NK 6	10 Kr blau (Slov.)	30,—	70,—	30,—	75,—
NK 7	10 Kr blau (Illyr.)	30,—	140,—	35,—	125,—

1875. Wie NK 1 und NK 2, aber 4. Anschriftenzeile: Letzte Post, darunter: Land. Über den Stempelkreisen: „Stempel". Rasterfeld für den Betrag beginnt und endet schräg, rosa.

NK 8		10 Kr blau (Deutsch)	15,—	30,—
I		Aufgabs ... Abgabs-Stempel 187	☐	☐
II		Aufgabs ... Abgabe-Stempel 18 .	☐	☐
III		Aufgabe ... Abgabe-Stempel 18 .	☐	☐
NK 9		10 Kr blau (Böhm.)	25,—	40,—
I		Aufgabs ... Abgabs-Stempel 187	☐	☐
II		Aufgabs ... Abgabe-Stempel 18 .	☐	☐
III		Aufgabe ... Abgabe-Stempel 18 .	☐	☐

Die Postnachnahme-Karten NK 1–9 waren gültig bis zum Aufbrauch bzw. bis 31.10.1884. Sie haben sich wahrscheinlich nicht bewährt, da weitere Ausgaben nicht erschienen sind.

Bereits am 1.11.1882 wurden Postauftragskarten eingeführt, die ebenfalls zur Einziehung von Geldbeträgen dienten, zunächst als Formulare ohne WSt., ab 1913 mit WSt. (n), siehe dort. Sie können als Nachfolger der Postnachnahmekarten gesehen werden.

Postsparkarten

Die Postsparkarten wurden 1882 eingeführt und dienten, wie aus der Belehrung auf der Rückseite hervorgeht, zum Ansparen von Kleinbeträgen bis 50 Kreuzer. Sie konnten für 5 Kr. gekauft werden (= WSt.). Danach konnten 9 Briefmarken zu 5 Kr. hinzugeklebt werden.

Preise für postfrische Stücke in guter Erhaltung, auch wenn sie teilweise oder ganz mit Briefmarken beklebt waren.

Abgestempelte, also von der Post eingelöste Karten konnten nicht in Sammlerhände kommen.

1882. WSt. (c). Sprachvermerk senkrecht, rechts unten. 1.–3. Auflage ohne Aufl.-Angabe. 210×88 mm.

SK 3

			✱
SK 1	5 Kr rot (Deutsch)		18,—
SK 2	5 Kr rot (Böhm.)		20,—
SK 3	5 Kr rot (Poln.)		21,—
SK 4	5 Kr rot (Rum.)		40,—

SK 5–8 bleibt frei.

1882. Wie SK 1, jedoch rechts unten Druckvermerk: Vierte Auflage. 210×88 mm.

SK 9	5 Kr rot (Deutsch)	18,—
SK 10	5 Kr rot (Böhm.)	18,—
SK 11	5 Kr rot (Ital.)	20,—
SK 12	5 Kr rot (Ruth.)	30,—
SK 13	5 Kr rot (Slov.)	25,—
SK 14	5 Kr rot (Kroat.)	25,—

SK 15–16 bleibt frei.

1883. Sprachvermerk Vs. links oben. 5. Auflage. Kleineres Format 158–162×76–79 mm.

SK 17	5	Kr	rot (Deutsch)	10,—
SK 18	5	Kr	rot (Böhm.)	10,—
SK 19	5	Kr	rot (Ital.)	10,—
SK 20	5	Kr	rot (Poln.)	10,—
SK 21	5	Kr	rot (Ruth.)	13,75
SK 22	5	Kr	rot (Slov.)	13,75
SK 23	5	Kr	rot (Kroat.)	13,75
SK 24	5	Kr	rot (Rum.)	16,25

Postanweisungen

Der Geldüberweisungsdienst mittels Postanweisungen wurde 1867 eingeführt. Zunächst wurden Formulare ausgegeben, die als Vorläufer der ab 1871 erschienenen Ganzsachen anzusehen sind. Ab 1.2.1875 wurde der Postanweisungsverkehr ins Ausland, zunächst nach Deutschland und in die Schweiz, ab 1.9.1878 nach Frankreich aufgenommen. Dafür dienten besondere Anweisungen.

Alle Postanweisungen mit WSt. (c) – A 1–24 – waren gültig bis 31.12.1884. Bereits im Oktober 1878 anläßlich der Einführung neuer Posttarife Postanweisungen ohne WSt. (= Formulare) mit ein- oder mehrsprachigem Vordruck für die einzelnen Landesteile ausgegeben, die bis 1919 beibehalten wurden. Danach wieder Anweisungen mit WSt. (v, w).

Format der Anweisungen 185×150 (schwankend). Preise für gestempelt mit Abschnitt; Wert ohne Abschnitt etwa ⅓.

1870. WSt. (c). Karten *hell-* **oder** *dunkelsämisch* **mit „An" im Vordruck. Wertstempel Type I.**

A 1	5	Kr	rot	13,—	30,—

1871, 1. Sept. Im Vordruck mit „Adresse", veränderte Anordnung. Linker Abschnitt mit Wellenlinie eingefaßt, ohne Sprachverm. Mit Punkt hinter: „in Buchstaben".

Type I

Type II (1872)

Type II ist nachgraviert; bestes Kennzeichen: das Blatt in der Ranke links neben der 5 ist bei I verkümmert, bei II scharf ausgezeichnet.

A 6

		WSt.-Type:			
		I		**II**	
A 2	5 Kr rot (deutsch)	10,—	12,50	10,—	12,50
A 3	5 Kr rot (böhmisch)	10,—	15,—	10,—	15,—
A 4	5 Kr rot (italienisch)	22,50	30,—	22,50	30,—
A 5	5 Kr rot (polnisch)	20,—	50,—	20,—	50,—
A 6	5 Kr rot (ruthenisch)	20,—	70,—	20,—	70,—
A 7	5 Kr rot (slovenisch)	175,—	55,—	17,50	55,—

Die fremdsprachigen Überschriften laufen.

böhm.: A 3 Poukázka poštovní
ital.: A 4 Vaglia postale
poln.: A 5 Przekaz pocztowy
ruth.: A 6 Переказъ Почтовый
slov.: A 7 Postní nakaz

1872, 25. Jan. Mit oder ohne Sprachvermerk Vs. rechts unten. WSt. Type I oder II.

A 8		5 Kr rot (illyr.: Naputica poštanska)		
	I	WSt.-Type I, ohne Sprachvermerk	175,—	300,—
	II	WSt.-Type II, mit Sprachvermerk	150,—	275,—

1873. Wie A 8, jedoch Sprachvermerk jetzt Vs. links unten. Keine Punkte hinter: in Buchstaben. WSt-Type II.

A 9	5	Kr	rot (deutsch)	10,—	12,—
A 10	5	Kr	rot (Böhm.)	12,—	22,50
A 11	5	Kr	rot (Ital.)	20,—	30,—
A 12	5	Kr	rot (Poln.)	15,—	30,—
A 13	5	Kr	rot (Ruth.)	20,—	60,—
A 14	5	Kr	rot (Slov.)	25,—	75,—
A 15	5	Kr	rot (Illyr.)	22,50	67,50

1875, 10 Jan. Für den Auslandsverkehr mit Deutschland und der Schweiz.

A 16		10 Kr blau		
	I	rechts oben: Auszahlungs-Verzeichnis	18,—	600,—
	II	rechts oben: Ausgabs-Journal	40,—	500,—

1875. Der Abschnitt ist mit einer Strichlinie statt einer Wellenlinie eingefaßt. Anweisungen ohne Abschnitt von dieser Ausgabe unterscheidet man von der vorherigen Ausgabe an der Länge der Zeile „Eingetragen im Aufnahmebuch unter MiNr.".

A 17	5 Kr rot (deutsch) – (52 statt 50 mm)	9,—	18,—
A 18	5 Kr rot (Böhm.) – (49 statt 47 mm)	10,—	20,—
A 19	5 Kr rot (Ital.) – (50 statt 48 mm)	13,—	25,—
A 20	5 Kr rot (Poln.) – (48,5 statt 47,5 mm)	12,—	25,—
A 21	5 Kr rot (Ruth.) – (50 statt 47 mm)	18,—	50,—
A 22	5 Kr rot (Slov.) – (49 statt 47 mm)	12,—	40,—
A 23	5 Kr rot (Illyr.) – (49 statt 47 mm)	20,—	67,50

1878. Für den Auslandsverkehr mit Frankreich.

A 24	25 Kr grauviolett	50,—	1250,—

Steuer-Postanweisung

(Steuereinzahlungsschein)

Dreiteiliges Formular, bestehend aus einer Korrespondenzkarten mit WSt. (Rs. Steueramtsquittung), einer Steuer-Anweisung und einem Kupon (STA 1–6).

Alle 3 Teile wurden vom Steuerpflichtigen ausgefüllt. Die Steuerpostanweisung wurde von der Post einbehalten, den Kupon erhielt das Steueramt. Der 3. Teil, die Korrespondenzkarte, wurde nach Buchung der Zahlung vom Steueramt an den Einzahler zurückgeschickt. Die Preise für gebraucht gelten nur für diesen 3. Teil.

Die erste Ausgabe der Steuer-Postanweisungen galt nur für Wien. Ab 1883 wurden solche für Oberösterreich, Niederösterreich und Salzburg ausgegeben, ab 1890 auch für Prag.

Ab 1896 wurde die Steuereinzahlung über das Postsparkassenamt erledigt. Dafür wurden neue, ebenfalls dreiteilige Formulare eingeführt, bestehend aus Empfangsschein, Erlagschein und einer Korrespondenzkarte mit WSt. (Rs. „Amtliche Bestätigung") (ab STA 7).

Die erste Ausgabe (1896 – STA 7–9) war für Wien, Prag sowie Niederösterreich, Oberösterreich und Salzburg bestimmt, die folgenden (ab 1897) für alle Gebiete der Monarchie, mit deutschem Vordruck oder mit zweisprachigem für die entsprechenden Landesteile.

1882. WSt. (c). 138 × 317 mm.

STA 1   2 Kr schwarz, *grün* (für Wien) . . . .   6,—   22,50

Kaiser Franz Joseph nach rechts im Oval (d), 1873–1883

WSt. ähnlich den gleichzeitig kursierenden Telegraphenmarken.

d

Rohrpost-Umschläge

1875. WSt. (d) links unten. Rs. ohne Bemerkungen.

RU 2

RU 1   20 Kr blau (Bogenformat 238 × 300 mm)   35,—   625,—
RU 2   20 Kr blau (Umschlagformat
       122 × 75 mm)
   a   geschweifte Klappe   67,50   215,—
   b   gerade Klappe   62,50   205,—

Gültig bis 31.10.1884

1881. Wie RU 2, größeres Format 142 × 86 mm. Rückseitig mit Bemerkungen, „Aufgabeämter" und Schönbrunnerstr. 22. Überschrift: „Brief zur pneumatischen Expressbeförderung ...".

RU 3   20 Kr blau
   a   spitze Klappe . . . .   60,—   160,—
   b   abgerundetete Klappe . . . .   75,—   190,—

Wie RU 3, jedoch Rs. Schönbrunnerstr. 42.

RU 4   20 Kr blau . . . .   50,—   150,—

1882. Bemerkung, Rs. jetzt: „Ämter für den pneumatischen Dienst in Wien". 142 × 86 mm.

RU 5   20 Kr blau   32,50   115,—

Telegrammblätter

1873. WSt. (d) links oben. Überschrift: „Telegraphische Depesche". 284–289 × 216–227 mm.

TB 1   50 Kr schwarzgrau . . . .   70,—   225,—

1876. WSt. (d). Überschrift: „Telegraphen-Aviso" (für ein Telegramm von 10 Wörtern), *sämisch*. 155 × 127 mm.

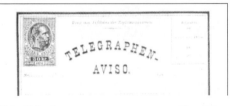

TB 2   30 Kr oliv . . . .   30,—   180,—

1878. Ausführung wie die TB-1, jedoch Farbänderung.

TB 3   50 Kr lilagrau . . . .   45,—   250,—

TB 1–3 gültig bis 31.3.1879

Danach kamen Restbestände mit ausgestanztem Loch in den Handel.
Preis: ca 50% der postfrischen Stücke.
TB 1–3 gebraucht sind selten.
Bei TB 1–3 schließt die WSt. die Gebühr für eine bestimmte Wortzahl ein.

Telegrammaufgabescheine

1873. WSt. (d) innerhalb eines Zierrahmens (125 × 85 mm) rechts oben. Überschrift: „Aufgabe-Recepisse". Wertangabe auf dem Wertstempel auf verziertem Grunde, *weiß*. 143 × 103 mm.

TA 1   5 Kr braun (deutsch) . . . .   9,—   10,—
TA 2   5 Kr braun (Böhmisch) . . . .   11,—   8,75
TA 3   5 Kr braun (Poln.) . . . .   18,—   22,50
TA 4   5 Kr braun (Ital.) . . . .   15,—   18,—

Gültig bis 31.3.1879

1876. WSt.-Änderung, jetzt Wertangabe auf glattfarbigem Grunde.

TA 5	5 Kr	braun (deutsch)	7,—	4,50
TA 6	5 Kr	braun (Böhm.)	9,—	10,—
TA 7	5 Kr	braun (Poln.)	9,—	10,—
TA 8	5 Kr	braun (Ital.)	10,—	12,—

Gültig bis 31.3.1879

Aushilfsausgabe ohne Wert- stempel

1879. Rahmen aus Doppellinien, ohne WSt., Wert schräg in den beiden oberen Ecken. Überschrift bei 9: „Aufgabe-Recepisse", bei 10: „Aufgabeschein", *rahmfarben*.

TA 9	2 Kr	schwarz (Rahmengröße 125×79) ..	20,—	37,50
TA 10	2 Kr	schwarz (Rahmengröße 145×87) ..	25,—	50,—

Adler im Großformat (e), 1880–1884

e

Telegrammaufgabescheine

1880, Okt. Wertstempel (e) rechts oben. Rahmen aus 4 Linien (133×92 mm). Überschrift „Aufgabeschein". Sprachvermerk rechts unten. 149–151×105–108 mm.

TA 11	5 Kr	lilabraun (deutsch)	7,—	4,75
TA 12	5 Kr	lilabraun (Böhm.)	7,—	9,—
TA 13	5 Kr	lilabraun (Poln.)	9,—	11,—
TA 14	5 Kr	lilabraun (Ital.)	9,—	10,—
TA 15	5 Kr	lilabraun (ital. -illyr.)	11,—	18,—
TA 16	5 Kr	lilabraun (deutsch-slov.)	9,—	15,—

Doppeladler mit schwarzer Wertziffer im Brustschild (f), 1883–1890

f

Umschläge

1883. WSt. (f). Flachdruck. Wz. 3. Ohne oder mit Klappenstempel K 7.

U 62	5 Kr	rosa, *weiß*, 132×108 mm		
a		mit Klappenstempel	6,—	5,—
b		ohne Klappenstempel	18,—	25,—
U 63	5 Kr	rosa, *sämisch*, 158×130 mm		
a		mit Wasserzeichen	7,—	6,—
b		ohne Wasserzeichen	17,50	15,—

Gültig bis 30.6.1891

Rohrpost-Umschläge

1883. WSt. (f) links unten, Rs. mit Bemerkungen. 142×86 mm.

RU 6	20 Kr	grau, *weiß*	17,50	18,—

1887. Neue Wertstufe wegen Portoermäßigung. Rückseitig ohne Bemerkungen.

RU 7	15 Kr	grau, *weiß*	21,—	30,—

1888. Wie RU 7, jedoch WSt. jetzt oben rechts und Rs. wieder mit Bemerkungen. 142×86 mm.

RU 8	15 Kr	grau, *rosa*	15,—	11,—

Streifband

1883. WSt. (f), *gelblichweiß*. 375–385×70–75 mm.

S 3	2 Kr	braun		
a		Abstand des Wertstempels vom linken Rand 215 mm, links gummiert	5,—	4,50
b		Abstand des Wertstempels vom linken Rand 275 mm, rechts gummiert (1887)	4,—	4,—

S 3a gültig bis zum Aufbrauch, S 3b bis 30.6.1891

Wir bitten um Verständnis, daß der MICHEL-Europa-Ganzsachen-Katalog als Standardausgabe keine Spezialisierungen ermöglicht. Diese müssen Spezialkatalogen der einzelnen Sammelgebiete vorbehalten bleiben.

Kartenbriefe

Bei den ersten Ausgaben bis 1890 unterscheidet man 2 verschiedene Zähnungs-arten, Linienzähnung und Kammzähnung.

1886. WSt. (f). **Überschrift „Kartenbrief" für die deutsche Ausgabe oder „Kartenbrief" und darunter die entsprechende Übersetzung für die übrigen Ausgaben, 140 × 83 mm.**

K 3

		★	☉	☉
Kartonfarbe: a. *grün*				
K 1 a	3 Kr grün (deutscher Text)	2,50	4,50	6,—
K 2 a	3 Kr grün (Böhmisch)	3,—	6,—	8,—
K 3 a	3 Kr grün (Italienisch)	3,50	27,50	32,—
K 4 a	3 Kr grün (Ital.-Illyr.)	6,—	40,—	45,—
K 5 a	3 Kr grün (Poln.-Ruthen.)	4,—	25,—	28,—
K 6 a	3 Kr grün (Slovenisch)	5,—	32,50	36,—
K 7 a	3 Kr grün (Rumänisch)	7,50	40,—	45,—
Kartonfarbe: b. *blau*				
K 1 b	3 Kr grün (deutscher Text)	6,—	12,50	16,—
K 2 b	3 Kr grün (Böhmisch)	6,—	12,50	16,—
K 3 b	3 Kr grün (Italienisch)	5,—	35,—	40,—
K 6 b	3 Kr grün (Slovenisch)	6,—	35,—	40,—
Kartonfarbe: *grau*				
K 8	5 Kr rosa (deutscher Text)	4,—	4,—	5,—
K 9	5 Kr rosa (Böhmisch)	2,50	7,—	9,—
K 10	5 Kr rosa (Italienisch)	4,—	12,—	15,—
K 11	5 Kr rosa (Ital.-Illyr.)	5,—	19,—	22,—
K 12	5 Kr rosa (Poln.-Ruthen.)	4,—	14,—	16,—
K 13	5 Kr rosa (Slovenisch)	5,—	19,—	22,—
K 14	5 Kr rosa (Rumänisch)	7,50	17,50	20,—

Gültig bis 30.6.1891

Rohrpost-Kartenbriefe

1887. WSt. (f). **Linien- oder Kammzähnung. 139 bis 141 × 83–87 mm.**

RK I	20 Kr grau, *rosa,* innen rosa ...	22,50			
RK 1	15 Kr grau, *rosa,* innen rosa ...	14,—	18,—	23,—	
RK 2	15 Kr grau, *dunkelrosa,* innen grau	12,—	19,—	23,—	

RK I war zur Ausgabe vorbereitet, wurde aber infolge Portoherabsetzung nicht verausgabt.

Gültig bis 30.6.1891

Postkarten

Unterschied bei Auslandskarten P 51 , 60, 69, 82, 91, 120, 129, 140, 151.
I (ADMINISTRATION D'AUTRIGHE.)
II (ADMINISTRATION D'AUTRICHE,)

1883. WSt. (f). **Karten ohne Umrandung,** *rahmfarben, sämisch, gelblich.* **140 × 85 mm.**

P 43

P 43	2 Kr braun (deutscher Text)	2,—	2,—
P 44	2 Kr braun (Böhm.)	3,—	2,—
P 45	2 Kr braun (Ital.)	3,—	2,—
P 46	2 Kr braun (Poln.)	3,—	3,—
P 47	2 Kr braun (Ruth.)	4,—	6,—
P 48	2 Kr braun (Slow.)	4,—	5,—
P 49	2 Kr braun (Illyr.)	5,—	11,—
P 50	2 Kr braun (Rum.)	4,—	10,—
P 51	5 Kr rosa		
I	AUTRIGHE, 3. Zeile 48 mm lang ...	4,—	7,50
II	AUTRICHE, 3. Zeile 52 mm lang ...	5,—	9,—
III	wie II, jedoch Klammer vor		
	„Weltpost ..."	10,—	15,—
P 52	2/2 Kr ✉ braun (deutsch)	5,—	12,50
F	Frageteil		4,50
A	Antwortteil		6,—
P 53	2/2 Kr ✉ braun (Böhm.)	5,—	15,—
F	Frageteil		5,—
A	Antwortteil		7,50
P 54	2/2 Kr ✉ braun (Ital.)	5,—	17,50
F	Frageteil		6,—
A	Antwortteil		9,—
P 55	2/2 Kr ✉ braun (Poln.)	5,—	15,—
F	Frageteil		5,—
A	Antwortteil		7,50
P 56	2/2 Kr ✉ braun (Ruth.)	5,—	60,—
F	Frageteil		20,—
A	Antwortteil		30,—
P 57	2/2 Kr ✉ braun (Slow.)	7,—	70,—
F	Frageteil		22,50
A	Antwortteil		35,—
P 58	2/2 Kr ✉ braun (Illyr.)	7,—	70,—
F	Frageteil		32,50
A	Antwortteil		35,—
P 59	2/2 Kr ✉ braun (Rum.)	7,—	90,—
F	Frageteil		30,—
A	Antwortteil		45,—
P 60 I	5/5 Kr ✉ rosa, AUTRIGHE auf beiden		
	Teilen, 3. Zeile 48 mm lang	6,—	45,—
F	Frageteil		19,—
A	Antwortteil		14,—
P 60 II	5/5 Kr ✉ rosa, AUTRICHE nur auf		
	Frageteil, 3. Zeile 52 mm lang	18,—	125,—
F	Frageteil		70,—
P 60 III	wie II, jedoch 3. Klammer vor		
	„Weltpost ..."	50,—	150,—
F	Frageteil		70,—
A	Antwortteil		80,—

Der abgetrennte Antwortteil ist bei P 60 I und P 60 II nicht zu unterscheiden.

Die P 45 mit italienischem Text gibt es auch mit Sprachvermerk ohne Klammern (3,75 3,75).

Gültig bis 30.6.1891

1890. Wie P 43–P 60, **jedoch mit Zierumrandung,** *rahmfarben.* **140 × 90 mm.**

P 63

P 61	2 Kr	braun (deutscher Text)	3,—	2,—
P 62	2 Kr	braun (Böhm.)	3,—	3,—
P 63	2 Kr	braun (Ital.)	4,—	150,—
P 64	2 Kr	braun (Poln.)	4,—	5,—
P 65	2 Kr	braun (Ruth.)	5,—	13,—
P 66	2 Kr	braun (Slow.)	7,—	13,—
P 67	2 Kr	braun (Illyr.)	10,—	25,—
P 68	2 Kr	braun (Rum.)	9,—	32,50

P 69 I

P 69	5 Kr	rosa		
I		AUTRIGHE, 3. Zeile 48 mm lang	7,—	20,—
II		AUTRICHE, 3. Zeile 52 mm lang	7,—	20,—
P 70	2/2 Kr ✓	braun (deutscher Text)	5,—	40,—
F		Frageteil		12,50
A		Antwortteil		17,50
P 71	2/2 Kr ✓	braun (Böhm.)	5,—	80,—
F		Frageteil		30,—
A		Antwortteil		45,—
P 72	2/2 Kr ✓	braun (Poln.)	10,—	275,—
F		Frageteil		100,—
A		Antwortteil		150,—
P 73	2/2 Kr ✓	braun (Ruth.)	12,50	400,—
F		Frageteil		150,—
A		Antwortteil		200,—

Gültig bis 30.6.1891

Rohrpost-Postkarten

1883. WSt. (f). Links 30 Ämter, viertletztes Amt „Abgeordnetenhaus", *blaugrau.* 142 × 86 mm.

RP 8 10 Kr ultramarin . . . . 13,— 4,—

Gültig bis 30.6.1891

1884/85. Wie RP 8, jedoch links 31 Ämter, ohne Abgeordnetenhaus. 142 × 86 mm. I. nach Nr. weite Striche (12–15), II. nach Nr. enge Punkte (20–22).

RP 9

RP 10 a F

			I		II	
RP 9	10 Kr ultramarin					
a	Niebelungen-. . . . . gasse 6	10,—	9,—	15—	3,—	
b	Nibelungen-. . . . . . gasse 6	10,—	9,—	7,50	3,—	
RP 10 10/10	Kr ✓ ultramarin. . .					
a	Niebelungen-. . . . . gasse	18,—	90,—			
F	Frageteil		40,—			
A	Antwortteil		47,50			
b	Nibelungen-gasse .	10,—	90,—			
F	Frageteil		37,50			
A	Antwortteil		45,—			

Gültig bis 30.6.1891

1888. Desgl., ohne Aufgabeämter. 142 × 86 mm.

RP 11 10 Kr ultramarin . . . . 5,— 3,—

Gültig bis 30.6.1891

Postsparkarten

1883. WSt. (f). 6.–7. Auflage. Rückseitig Belehrung mit 5 Absätzen, *weiß.* 160 × 75 mm.

SK 25	5 Kr	rot (deutsch)	12,50
SK 26	5 Kr	rot (Böhm.)	17,50
SK 27	5 Kr	rot (Ital.)	18,75
SK 28	5 Kr	rot (Poln.)	18,75

SK 29–32 bleibt frei.
SK 26 auch ohne Auflagenvermerk.

1889. Wie SK 25, 8.–9. Auflage, jedoch Rs. Belehrung 6 Absätze.

SK 34

SK 33	5 Kr	rot (deutsch)	12,50
SK 34	5 Kr	rot (Böhm.)	12,—

| SK 35 | 5 Kr | rot (Ital.) | . . . . | 15,— |
| SK 36 | 5 Kr | rot (Poln.) | . . . . | 15,— |

SK 33: Auflagenvermerk 22 mm oder 16 mm lang (gleiche Preise).

SK 37–40 bleibt frei.

Steuer-Postanweisungen

(Steuereinzahlungsschein)

1883/88. WSt. (f) **auf einer Correspondenz-Karte, anhängend eine Steuerpostanweisung und Coupon.**

STA 2	2 Kr	schwarz, *grün* (für Wien)			
		138×317 mm	5,—	12,—
STA 3	2 Kr	schwarz, *rosa* (für Oberösterreich, Niederösterreich, Salzburg) 145×325 mm	6,—	13,—

Echt ⊙ betrifft nur die Correspondenz-Karte.

Telegrammblätter

Für gestundete Telegramme

1885. WSt. (f) **auf dem linken Teile des Blattes. Überschrift „TELEGRAMM" in schattierter Schrift. 262×219 mm mit Abweichungen bis 5 mm.**

| TB 4 | 2 Kr | brau, *orange* | . . . . | 30,— | —,— |
| TB 5 | 2 Kr | braun, *sämisch* | . . . . | 35,— | —,— |

Telegrammaufgabescheine

1884. WSt. (f) **rechts oben. Rahmen aus 4 Linien (133×92 mm). Überschrift: Aufgabeschein. Sprachvermerk rechts unten,** *rahmfarben.*

TA 17	5 Kr	lilabraun (Deutsch)	. . . .	10,50	4,50
TA 18	5 Kr	lilabraun (Böhm.)	. . . .	14,—	7,50
TA 19	5 Kr	lilabraun (Poln.)	. . . .	19,—	12,—
TA 20	5 Kr	lilabraun (Ital.)	. . . .	19,—	10,—
TA 21	5 Kr	lilabraun (Ital.-Illyr.)	. . . .	19,—	20,—
TA 22	5 Kr	lilabraun (Deutsch-Ital.-Illyr.)	. . . . .	17,50	25,—
TA 23	5 Kr	lilabraun (Deutsch-Slow)	. . . .	21,—	14,—

1890. TA 17 **in Farbänderung.**

| TA 24 | 5 Kr | orangebraun | . . . . | 30,— | 11,25 |

Telefonkarten

Seit 1885 gab die Post Telefonsprechkarten aus, um auf diesem Wege die Telefongebühren zu verrechnen.

Es gab Formulare ohne WSt. – diese zweisprachig für die jeweiligen Landesteile – sowie Telefonkarten mit WSt. nur mit deutschem und deutsch-böhmischem Vordruck.

Die Telefonkarten bestanden aus 2 Teilen: links die eigentliche Sprechkarte, rechts der Abschnitt, der nach Gebrauch von der Post einbehalten wurde.

Preise für postfrisch: Sprechkarte mit Abschnitt.

Preise für gebraucht: Sprechkarte ohne Abschnitt.

Alle Telefonkarten waren gültig bis 31.12.1916.

1886. Telefonkarten mit WSt. (f) **links oben. Vordruck: „Sprechkarte zur telephonischen Correspondenz zwischen den beiden Staatstelegraphenämtern Wien und Brünn auf die Dauer von 5 Minuten . . .".**

TK 1

| TK 1 | Ein fl violett, *weiß* | . . . . | 150,— | 25,— |
| TK 2 | Ein fl violett, *sämisch* | . . . . | 150,— | 22,50 |

1888. Geänderter Vordruck: „Karte zum telephonischen Sprechen zwischen . . .".

| TK 3 | Ein fl violett, *sämisch* | . . . . | 175,— | 40,— |

1888/89. Geänderter Vordruck: „Karte zum telephonischen Sprechen im Localverkehr".

| TK 4 | 20 Kr | grau, *rosa* | . . . . | 175,— | 25,— |

Desgl., Vordruck: „. . . auf der interurbanen Linie . . .".

TK 5	20 Kr	grau, *rosa*	. . . .	175,—	22,50
TK 6	30 Kr	grau, *blaugrün*	. . . .	225,—	35,—
TK 7	50 Kr	grau, *bräunlichorange*	. . . .	250,—	37,50

Nur saubere Ganzsachen

gehören in eine Sammlung. Verstempelte, verschmutzte oder beschädigte Stücke sollten ausgetauscht werden.

Desgl., Vordruck: „... im interurbanen Verkehre ..." (ohne Angabe der Sprechzeit), *weiß*.

TK 8

TK 8	1 fl	violett (deutsch)	150,—	22,50
TK 9	1 fl	violett (deutsch-tschechisch)	225,—	45,—

Desgl., Vordruck: „... im dringenden interurbanen Verkehre" (grauer gemusterter Unterdruck innerhalb des Rahmens).

TK 10	3 fl	violett (deutsch)	375,—	50,—
TK 11	3 fl	violett (deutsch-tschechisch)	750,—	375,—

Die TK 9 und 11 mit deutsch-tschechischem Vordruck sind Ausgaben für Prag. TK 12 entfällt

Kaiser Franz Joseph nach links (g). Währungsangabe in Kreuzer, 1890–1899

g

Umschläge

1890. WSt. (g). Unterklappe unter den Seitenklappen. Flachdruck.

			a mit	**b** ohne
			Klappenstempel K 7	
U 64	5 Kr	rosa, *weiß*,		
		132 × 108 mm .... 5,—	3,50	30,— 25,—
U 65	5 Kr	rosa, karmin,		
		sämisch,		
		158 × 130 mm .... 6,—	5,—	30,— 30,—

1896. Wie U 64 und U 65, jedoch Unterklappe über den Seitenklappen. Mit Klappenstempel K 7.

U 66	5 Kr	rosa, karmin, *weiß*, 132 × 108 mm .	6,—	5,—
U 67	5 Kr	rot, karmin, *sämisch*		
		158 × 130 mm	10,—	12,50

Umschläge mit WSt. (g) gültig bis 31.3.1900

Rohrpost-Umschläge

1890. WSt. (g) rechts oben, Rs. mit Bemerkung. 142 × 86 mm.

RU 9 15 Kr rotlila, *rosa* .... 15,— 10,—

1892. Wie RU 9, jedoch Vs. zweizeilige Bemerkung unter der Überschrift, Rs. ohne Bemerkungen. Unterklappe wie bisher unter den Seitenklappen. 142 × 86 mm.

RU 10 15 Kr rotlila, *rosa* 11,25 8,50

1894/97. Wie RU 10, jedoch Unterklappe jetzt über den Seitenklappen. Oberklappe höher (49 statt 41 mm).

RU 11 II

RU 11	15 Kr rotlila, *rosa*	
I	hinter No. . weite	
	(10–11) Punkte	10,— 7,—
II	hinter No. . enge	
	(17) Punkte	9,— 9,—

1899. Desgl. für Prag, links böhmische, rechts deutsche Überschrift.

RU 12 15 Kr rotlila, *rosa* .... 18,— 50,—

Rohrpostumschläge mit WSt. (g) gültig bis 30.9.1900

Streifbänder

1890/92. Ausführung wie bisher, WSt. (g).

S 4	2 Kr braun, *weiß*,	
	375–385 × 70–75 mm (1890)	4,— 3,—
S 5	2 Kr braun, *sämisch*,	
	150 × 300 mm (1892)	3,50 2,50

S 4 gültig bis zum Aufbrauch, S 5 gültig bis 30.9.1900.

Notierungen auf Ganzsachen

sollten nur auf der Rückseite mit einem weichen Bleistift (HB oder B) angebracht werden. Nicht entfernbare Notierungen (mit Tinte o. ä.) bzw. deutliche Radierspuren auf der Vorderseite sind als 2. Wahl anzusetzen und verdienen nicht den vollen Preisansatz.

Kartenbriefe

1890. WSt. (g). **Karton** K 15–K 21 *grünlich-bläulich*, K 22-K 28 *hellgrau bis grauweiß.* **140×83 mm.**

K 19

			✱	☉	☉
K 15	3 Kr	grün (deutscher Text)	2,—	2,50	3,50
K 16	3 Kr	grün (Böhm.)	2,50	4,50	5,50
K 17	3 Kr	grün (Ital.)	3,50	18,—	21,—
K 18	3 Kr	grün (Ital.-Illyr.)	5,—	30,—	33,—
K 19	3 Kr	grün (Poln.-Ruth.)	4,—	15,—	17,—
K 20	3 Kr	grün (Slow.)	4,—	22,50	25,—
K 21	3 Kr	grün (Rum.)	5,—	25,—	27,50
K 22	5 Kr	rosa (deutscher Text)	2,—	2,—	3,—
K 23	5 Kr	rosa (Böhm.)	2,—	4,—	6,—
K 24	5 Kr	rosa (Ital.)	3,—	6,—	8,—
K 25	5 Kr	rosa (Ital.-Illyr.)	4,50	15,—	17,—
K 26	5 Kr	rosa (Poln.-Ruth.)	4,—	9,—	11,—
K 27	5 Kr	rosa (Slow.)	4,50	12,50	15,—
K 28	5 Kr	rosa (Rum.)	5,—	19,—	22,—

1898/99. Desgl. Geänderte Überschrift. Fremdsprachige Überschrift in größeren Lettern. Sprachvermerk mit Zusatz „Deutsch". Karton K 29–K 34 *grünlichblau,* K 35–K 40 *hellgrau.* **140×83 mm.**

K 30

K 29	3 Kr	grün (Deutsch-Böhmisch) .	3,—	9,—	11,—
K 30	3 Kr	grün (Deutsch-Poln. Ruth.)	4,—	27,50	30,—
K 31	3 Kr	grün (Deutsch-Slow.)	4,50	35,—	38,—
K 32	3 Kr	grün (Deutsch-Ital.-Illyr.) .	4,50	40,—	43,—
K 33	3 Kr	grün (Deutsch-Ital.)	4,—	25,—	27,—
K 34	3 Kr	grün (Deutsch-Rum.)	5,—	45,—	48,—
K 35	5 Kr	rosa (Deutsch-Böhm.)	3,—	6,—	8,—
K 36	5 Kr	rosa (Deutsch-Poln.-Ruth.)	4,—	15,—	17,—
K 37	5 Kr	rosa (Deutsch-Slow.)	4,50	22,50	25,—
K 38	5 Kr	rosa (Deutsch-Ital.-Illyr.) ...	6,—	25,—	27,—
K 39	5 Kr	rosa (Deutsch-Ital.)	4,—	15,—	17,—
K 40	5 Kr	rosa (Deutsch-Rum.)	5,—	32,50	36,—

Gültig bis 30.9.1900

Rohrpost-Kartenbriefe

1890, 1. Sept. WSt. (g). **Linien- oder Kammzähnung,** *außen rosa, innen grau,* **140×83 mm.**

RK 3   15 Kr rotlila ....   9,—   11,—   14,—

1892. Desgl., jedoch zweizeilige Bemerkung unter der Überschrift. Das Wort Sammelkasten (langes s).

RK 4   15 Kr rötlich ....   13,—   18,—   23,—

1893. Desgl. Sammelkasten mit kurzem s.

RK 5

RK 5		15 Kr rotlila			
	I	Nach „N°" "weitpunktierte Linie (10–11 Punkte)	9,—	13,—	16,—
	II	Nach „N°"engpunktierte Linie (22 Punkte)	7,—	10,—	13,—

1899, 4. März. Desgl. für Prag. Links tschechische Überschrift. Ohne seitliche Inschrift.

RK 6   15 Kr rotlila ....   18,—   50,—   60,—

RK 4–6 gültig bis 30.9.1900

Postkarten

1890. WSt. (g). **Karten mit Zierumrandung. Inschrift: Korrespondenzkarte mit kurzem s,** *rahmfarben.* **140×90 mm. Rahmengröße: 129×80 mm (1890); 127×79 mm (1891); 125×78 mm (1892).**

P 75

P 74	2 Kr braun (Deutsch)	2,—	1,50
P 74 I	5 Kr braun – Fehldruck	100,—	150,—
P 75	2 Kr braun (Böhm.)	2,—	1,—
P 76	2 Kr braun (Ital.)	3,—	2,—
P 77	2 Kr braun (Poln.)	3,—	2,—
P 78	2 Kr braun (Ruth.)	4,—	6,—
P 79	2 Kr braun (Slow.)	4,—	4,—
P 80	2 Kr braun (Illyr.)	5,—	10,—
P 81	2 Kr braun (Rum.)	6,—	11,—
P 82	5 Kr mattrot		
I	AUTRIGHE,		
	3. Zeile 48 mm lang	5,—	5,—
II	AUTRICHE,		
	3. Zeile 52 mm lang	5,—	6,—
P 83	2/2 Kr  braun (Deutsch)	5,—	12,50
F	Frageteil		4,—
A	Antwortteil		6,—
P 84	2/2 Kr  braun (Böhm.)	7,—	14,—
F	Frageteil		4,—
A	Antwortteil		8,—
P 85	2/2 Kr  braun (Ital.)	7,—	15,—
F	Frageteil		5,—
A	Antwortteil		7,50
P 86	2/2 Kr  braun (Poln.)	7,—	12,50
F	Frageteil		3,75
A	Antwortteil		6,—
P 87	2/2 Kr  braun (Ruth.)	7,—	45,—
F	Frageteil		15,—
A	Antwortteil		25,—
P 88	2/2 Kr  braun (Slow.)	7,—	30,—
F	Frageteil		10,—
A	Antwortteil		17,50
P 89	2/2 Kr  braun (Illyr.)	7,—	60,—
F	Frageteil		20,—
A	Antwortteil		22,50
P 90	2/2 Kr  braun (Rum.)	10,—	75,—
F	Frageteil		25,—
A	Antwortteil		35,—
P 91 I	5/5 Kr  mattrot, AUTRIGHE auf beiden Teilen, 3. Zeile 48 mm lang .	7,—	45,—
F	Frageteil		20,—
A	Antwortteil		15,—
P 91 II	5/5 Kr  mattrot, AUTRICHE nur auf Frageteil, 3. Zeile 52 mm lang . . .	7,—	50,—
F	Frageteil		25,—

Der abgetrennte Antwortteil ist bei P 91 I und P 91 II nicht zu unterscheiden.

Gültig bis 31.3.1900

Druckunterschiede:

Man kann verschiedene Größen des Zierrahmens unterscheiden. Die äußere Rahmengröße beträgt:

  I 129 × 80 mm (1.9.1890)
  II 127 × 79 mm (März 1891)
  III 125 × 78 mm (Juli 1892)

Bei den Antwortkarten gibt es 2 Varianten betreffend den Frageteil:

  I 4. Anschriftzeile in Höhe der 2. Zeile der Fußnote.
  II 4. Anschriftzeile in Höhe der 1. Zeile der Fußnote.

1897. Desgl. Corresspondenzkarte mit langem s.

P 95

P 92	2 Kr braun (deutscher Text)	2,—	2,—
P 93	2 Kr braun (Böhm.)	8,—	1,25
P 94	2 Kr braun (Ital.)	12,—	2,50
P 95	2 Kr braun (Poln.)	33,—	3,—
P 96	2 Kr braun (Ruth.)	22,50	5,—
P 97	2 Kr braun (Slow.)	22,—	2,50
P 98	2 Kr braun (Illyr.)	30,—	45,—
P 99	2 Kr braun (Rum.)	22,50	32,50
P 100	2/2 Kr  braun (deutscher Text) . . .	5,—	9,—
F	Frageteil		3,—
A	Antwortteil		4,50
P 101	2/2 Kr  braun (Böhm.)	20,—	25,—
F	Frageteil		10,—
A	Antwortteil		13,—
P 102	2/2 Kr  braun (Ital.)	30,—	75,—
F	Frageteil		25,—
A	Antwortteil		40,—
P 103	2/2 Kr  braun (Ruth.)	32,50	175,—
F	Frageteil		60,—
A	Antwortteil		85,—
P 104	2/2 Kr  braun (Slow.)	25,—	100,—
F	Frageteil		35,—
A	Antwortteil		52,50
P 105	2/2 Kr  braun (Rum.)	18,—	65,—
F	Frageteil		22,50
A	Antwortteil		32,50

Gültig bis 31.3.1900

Nicht zur Ausgabe gelangt:

P I	2/2 Kr  braun (Poln.)	40,—
P II	2/2 Kr  braun (Illyr.)	40,—

1898. Wie vorherige Ausgabe, jedoch mit dreisprachigem Vordruck.

P 106

P 106	2 Kr braun (Deutsch-Poln.-Ruth.) . .	11,—	2,—
P 107	2 Kr braun (Deutsch-Illyr.-Ital.)	11,—	9,—
P 108	2 Kr  braun (Deutsch-Poln.-Ruth.)	22,50	70,—
F	Frageteil		22,50
A	Antwortteil		37,50
P 109	2/2 Kr  braun (Deutsch-Illyr.-Ital.)	30,—	125,—
F	Frageteil		47,50
A	Antwortteil		70,—

1897. Wie vorherige Ausgabe, jedoch ist bei den fremdsprachigen Karten die deutsche Überschrift kleiner mit unverzierten Anfangsbuchstaben, die fremde Sprache größer als bisher. Die deutschen Karten wie P 92 **und** P 100, **jedoch sind die unteren Punktzeilen gleich lang, „in" davor (bei den Antwortkarten nur auf der 2. Karte).**
Zwischenausgabe. Untere Punktlinie auf der Antwortkarte wie bisher verschieden lang (71 und 76 mm).

P 110	2/2 Kr  braun (Deutsch-Böhm.)	30,—	100,—
F	Frageteil		35,—
A	Antwortteil		52,50
P 111	2/2 Kr  braun (Deutsch-Ruth.)	32,50	115,—
F	Frageteil		37,50
A	Antwortteil		60,—

Endgültige Ausgabe. Untere Punktzeilen gleich lang.

P 113

P 112	2 Kr	braun (deutscher Text)	2,—	2,—
P 113	2 Kr	braun (Deutsch-Böhm.)	2,50	2,—
P 114	2 Kr	braun (Deutsch -Poln.- Ruthen.)	3,50	3,—
P 115	2 Kr	braun (Deutsch-Ruth.)	3,—	4,—
P 116	2 Kr	braun (Deutsch-Slow.)	3,—	4,—
P 117	2 Kr	braun (Deutsch-Illyr.-Ital.) ...	7,—	8,—
P 118	2 Kr	braun (Deutsch-Ital.)	3,—	2,50
P 119	2 Kr	braun (Deutsch-Rum.)	4,50	10,—
P 120	5 Kr	karminrosa		
I		AUTRIGHE, ...		
		3 . Zeile 48 mm lang	12,50	19,25
II		AUTRICHE,		
		3. Zeile 52 mm lang	20,—	25,—
P 121	2/2 Kr 🖂	braun (deutscher Text) ...	3,75	20,—
F		Frageteil		7,50
A		Antwortteil		9,—
P 122	2/2 Kr 🖂	braun (Deutsch-Böhm.)	9,—	20,—
F		Frageteil		7,50
A		Antwortteil		9,—
P 123	2/2 Kr 🖂	braun (Deutsch-Poln.-Ruth.)	6,75	25,—
F		Frageteil		8,—
A		Antwortteil		12,50
P 124	2/2 Kr 🖂	braun (Deutsch-Ruth.) ...	7,50	35,—
F		Frageteil		10,—
A		Antwortteil		15,—
P 125	2/2 Kr 🖂	braun (Deutsch-Slow.) ...	6,75	60,—
F		Frageteil		19,—
A		Antwortteil		30,—
P 126	2/2 Kr 🖂	braun (Deutsch-Illyr.-Ital.)	7,50	65,—
F		Frageteil		22,50
A		Antwortteil		32,50
P 127	2/2 Kr 🖂	braun (Deutsch-Ital.) ...	6,75	50,—
F		Frageteil		17,50
A		Antwortteil		25,—
P 128	2/2 Kr 🖂	braun (Deutsch-Rum.) ...	7,50	65,—
F		Frageteil		22,50
A		Antwortteil		32,50
P 129 I	5/5 Kr 🖂	karminrosa, AUTRIGHE, 3. Zeile 48 mm lang	25,—	115,—
F		Frageteil		60,—
A		Antwortteil		40,—
P 129 II	5/5 Kr 🖂	karminrosa, AUTRICHE, 3. Zeile 52 mm lang	—,—	—,—
F		Frageteil		—,—
A		Antwortteil		—,—

Gültig bis 31.3.1900

P 129 II ist bisher nur mit Überdruck für die Österreichische Post in der Levante gefunden worden.

Rohrpost-Postkarten

1890, 1. Sept. WSt. (g), **ohne Aufgabeämter,** *graublau.* 142 × 86 mm.

RP 12	10 Kr ultramarin	9,—	4,—
RP 13	10/10 Kr 🖂 ultramarin	13,—	65,—
F	Frageteil		25,—
A	Antwortteil		32,50

1892. Wie RP 12 und RP 13, jedoch Bemerkung unter der Überschrift jetzt: „Die Aushebung der ...".

RP 14	10 Kr			
a		grünlichblau	11,25	8,—
b		ultramarin	4,50	2,50
RP 15	10/10 Kr 🖂			
a		grünlichblau	16,—	100,—
F		Frageteil		40,—
A		Antwortteil		47,50
b		ultramarin	9,—	50,—
F		Frageteil		17,50
A		Antwortteil		22,50

1899, 4. März. Ausgabe für Prag. Links böhmische, rechts deutsche Überschrift. Ohne Bemerkungen.

RP 16

RP 17

RP 16	10 Kr ultramarin	14,—	32,50
RP 17	10/10 Kr 🖂 ultramarin	20,—	125,—
F	Frageteil		50,—
A	Antwortteil		60,—

RP 12–17 gültig bis 30.9.1900

Postsparkarten

1890. WSt. (g), **Veränderte Belehrung: 6 Absätze, Dr. Verm. „D. S. Nr. 9 (10.)"** *weiß.* 160 × 75 mm.

SK 41	5 Kr rot (Deutsch)	10,—
SK 42	5 Kr rot (Böhm.)	13,—
SK 43	5 Kr rot (Ital.)	15,—
SK 44	5 Kr rot (Poln.)	13,—
SK 45	5 Kr rot (Ruth.)	20,—
SK 46	5 Kr rot (Slow.)	22,50
SK 47	5 Kr rot (Kroat.)	20,—
SK 48	5 Kr rot (Rum.)	37,50

1892. Wie SK 41, Druckvermerk jetzt „D. S. Nr. 9 (10) ex 92" (93, 94 ... 99). Die Fremdsprachen sind durch Großbuchstaben gekennzeichnet.

SK 49	5 Kr mattrosa (Deutsch)	12,50
SK 50	5 Kr mattrosa (Böhm.)	17,50
SK 51	5 Kr mattrosa (Ital.)	17,50
SK 52	5 Kr mattrosa (Kroat.)	20,—

SK 53–56 bleibt frei!

Kennbuchstaben der Fremdsprachen: A = Böhm., B = Poln.,C = Rulth., D = Slow., E = Kroat., F = Ital., G = Rum.

Steuer-Postanweisungen

1890. WSt. (g) **an einer Korrespondenz-Karte anhängend eine Steuer-Postanweisung und ein Coupon. 284 × 142 mm.**

			I	II
STA 4	2 Kr schwarz, *grün* (Wien)		7,—	9,—	II *
			7,—	9,—	4,—
STA 5	2 Kr schwarz, *rosa* (N.-Öst., Ob.-Öst., Salzburg)		7,—	17,50	6,—
STA 6	2 Kr schwarz, *grün* (Prag)		16,—	10,—	

I: Gebühr bis 5 fl., II: Gebühr bis 10 fl.
Gebrauchte I und II lassen sich nicht unterscheiden.

1896. WSt. (g) an einer Korrespondenz-Karte anhängend ein Empfangschein und ein Erlagschein. 150×290 mm.

STA 7	2 Kr schwarz, *grün* (Wien)	....	3,75	9,—
STA 8	2 Kr schwarz, *rosa* (Nied.-Österreich)	....	5,—	13,50
STA 9	2 Kr schwarz, *sämisch* (f. Gebührenzahlungen)	....	6,—	9,—

1897/99. Ausgabe für alle Gebiete der Monarchie, mehrsprachig, Karte mit Umrandung, *rosa*, 155×310 mm.

			I		II
		Jahreszahl	ex 97		ex 98
STA 10	2 Kr schwarz, deutscher Text	 3,25	4,50	5,—
STA 11	2 Kr schwarz (Böhm.)	 3,25	7,50	
STA 12	2 Kr schwarz (Poln.)	...3,75	10,50	
STA 13	2 Kr schwarz (Ruth.)	...6,—	45,—	
STA 14	2 Kr schwarz (Slow.)	...5,—	18,—	
STA 15	2 Kr schwarz (Kroat.)	.... 5,—	18,—	
STA 16	2 Kr schwarz (Ital.)	4,75	12,—	6,—
STA 17	2 Kr schwarz (Rum.)	...6,—	37,50	

Gebrauchte I und II lassen sich nicht unterscheiden.

Telegrammblatt

1890. WSt. (g). Links Überschrift „TELEGRAMM" in schattierter Schrift, ca. 262×219 mm.

TB 6	2 Kr braun	....	25,—	—,—

Telegrammaufgabescheine

1890. WSt. (g) rechts oben, Rahmen in 4 Linien (133×92 mm). Überschrift „Aufgabeschein". „K. K. Telegraphen-Station. Rückseitig 6 Bemerkungen, *rahmfarben*.

TA 25

TA 25	5 Kr rosa (Deutsch)	....	4,50	3,75
TA 26	5 Kr rosa (Böhm.)	....	6,—	5,—
TA 27	5 Kr rosa (Poln.)	....	6,50	9,—
TA 28	5 Kr rosa (Slow.)	....	6,50	8,50
TA 29	5 Kr rosa (Ital.)	....	8,50	16,—
TA 30	5 Kr rosa (Deutsch-Ital.-Illyr.)	....	8,50	12,—

1892. WSt. (g). Ausführung wie vorherige Ausgabe, jedoch rückseitig 5 Bemerkungen.

TA 31	5 Kr rosa (Deutsch)	....	5,—	4,50
TA 32	5 Kr rosa (Böhm.)	....	6,75	6,—
TA 33	5 Kr rosa (Poln.)	....	7,50	9,—
TA 34	5 Kr rosa (Ital.)	....	8,50	11,—

TA 35-36 blieben frei!

1894. Ausführung wie Ausgabe 1890, jedoch unten veränderte Inschrift „K. K. Telegrafen-Amt", rückseitig nur 5 Bemerkungen. Erweiterter Sprachvermerk z. B. Deutsch-Böhmisch (vorher nur Böhmisch).

TA 37	5 Kr rosa (Deutsch)	....	3,75	3,—
TA 38	5 Kr rosa (Deutsch-Böhm.)	....	5,—	5,—
TA 39	5 Kr rosa (Deutsch-Poln.)	....	6,50	9,—
TA 40	5 Kr rosa (Deutsch-Ital.)	....	6,50	8,50
TA 41	5 Kr rosa (Deutsch-Ital.-Illyr.)	....	10,—	12,50
TA 42	5 Kr rosa (Deutsch-Poln.-Ruth.)	....	8,50	11,—
TA 43	5 Kr rosa (Deutsch-Ruth.)	....	15,—	18,—
TA 44	5 Kr rosa (Deutsch-Rum.)	....	15,—	18,—

Telefonkarte

1894. Sonderausgabe zum Gebrauch bei der Wiener Effektenbörse. Ausgabe mit WSt. (g), rechts. Die Karten waren im Bogen gedruckt, oben und unten gezähnt. 74×36 mm. Vordruck: „K. k. Post- und Telegraphenanstalt/Telephonstelle Effectenbörse".

TK 13	10 Kr hellblau, *sämisch*	....	150,—	150,—

TK 14 bleibt frei!

Neue Währung: 1 Krone = 100 Heller

Kaiser Franz Joseph nach links, Wertangabe in Heller. (h), 1899–1908

h

Umschläge

1899. WSt. (h). Unterklappe über den Seitenklappen. Wz. 3.

U 68	10 H rosa, *weiß*, 132×108 mm	....	6,—	7,—
U 69	10 H rosa, *sämisch*, 158×130 mm	.....	7,—	12,50

Wollen Sie mehr wissen?
Der MICHEL sagt es Ihnen!

1901. Neue Ausgabe, ohne Wz., **dickeres, innen graues Papier.**

U 70	10 H rosa, *weiß*,132×108 mm	6,—	5,—
U 71	10 H rosa, *sämisch*,158×130 mm	6,—	10,—

Mit dem 31.12.1904 endete der Verkauf von amtlichen Umschlägen an den k. u. k. Postämtern. Weitere Umschläge wurden nicht mehr verausgabt.

Erneute Ausgabe von amtlichen Umschlägen 1980!

Rohrpost-Umschläge

1900. WSt. (h). **Unterklappe unter den Seitenklappen,** *rosa.* **142×86 mm.**

RU 13	30 H rotlila (für Wien)	10,—	10,—
RU 14	30 H rotlila (für Prag zweisprachig)	16,—	50,—

1902. Geänderter Schnitt: Unterklappe wieder über den Seitenklappen, *rosa.* **142×86 mm.**

RU 15	30 H rotlila (für Wien)	10,—	8,75
RU 16	30 H rotlila (für Prag)	30,—	75,—

1904. Wie RU 15, **jedoch mit schrägem Absendervermerk. Vereinfachter Vordruck in der Farbe des WSt.,** *rosa.*

RU 17

RU 17	30 H rotlila (für Wien)	7,—	10,—
RU 18	30 H rotlila (für Prag zweisprachig)	22,50	60,—

1907. Vordruck in WSt.-Farbe. Ohne Vordruck (für beide Städte).

RU 19	45 H orangebraun, *rosa*	15,—	22,50

Streifbänder

1899. WSt. (h) **in Heller-Währung. Links ohne Doppeladler. 150×300 mm.**

S 6	3 H brau, *sämisch*	3,—	3,—

1907. Desgl., links jetzt mit Doppeladler, darunter 4 h (= 1 h Papierzuschlag). 150×300 mm.

S 7	3 (4 h) H braun, *sämisch*		
a	offene 4	4,—	2,—
b	geschlossene 4	3,50	1,75

Kartenbriefe

1899. WSt. (h) **in Heller-Währung. Linien- oder Kastenzähnung. Ohne Vordruck. 140×83 mm.**

		★	⊙ ☐	⊙ ☐
K 41	6 H orange, *grünlichblau*	3,—	3,—	4,—
K 42	10 H rot, *blaugrau*	3,—	3,—	4,—

1900. Änderung der Kartonfarbe: *sämisch,* **innen weiß.**

K 43	6 H orange	3,—	4,—	5,—

1901. Wie K 43, **jedoch Innenseite graugrünlich. 140×83 mm.**

K 44	6 H orange	3,—	3,—	4,—

1907, Ausführung wie K 42, **jedoch links mit Doppeladler, darunter 11 h (= 1 h Papierzuschlag).**

K 45	10 (11 h) H rot, *grünlichgrau*			
a	innen *sämisch*	3,—	3,—	4,—
b	innen *gelb*	7,—	8,—	10,—

1907. Aushilfsausgabe infolge Portoerhöhung. Alter Wertstempel dreifach rot durchbalkt, daneben neuer Wertstempel und links Doppeladler.

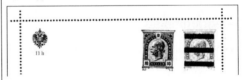

K 46	10 (11 h) H rot neben 6 H orange			
a	Zudruck auf K 41	25,—	45,—	50,—
b	Zudruck auf K 43	22,50	37,50	40,—
c	Zudruck auf K 44	2,50	3,75	6,—

Rohrpost-Kartenbriefe

1900. WSt. (h), **Vordruck schwanz,** *rosa.*

RK 7	30 H rotlila (für Wien)	7,—	9,—	14,—
RK 8	30 H rotlila (für Prag, links böhm. Überschrift)	15,—	50,—	60,—

1904. Vordruck in der Farbe des Wertstempels, *rosa.* **Mit schrägem Absendervermerk.**

RK 9

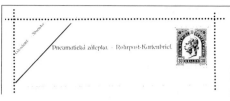

RK 10

RK 9 30 H rotlila (für Wien) .... 7,— 10,— 13,—
RK 10 30 H rotlila (für Prag) .... 18,— 50,— 55,—

1907. Vordruck in WSt.-Farbe. Ohne Textvordruck.

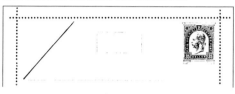

RK 11 35 H grün .... 10,— 16,— 20,—

Postkarten

1900. Ausgabe in der neuen Währung mit WSt. (h), mit Zierumrandung, Vordruck wie bei vorherigen Ausgaben schwarz, 140×90 mm, *rahmfarben.*

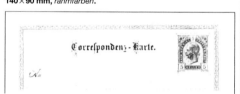

P 130

P 130 5 H dunkelgrün (deutscher Text) 1,50 1,50
P 131 5 H dunkelgrün (Deutsch-Böhm.) 2,50 1,50
P 132 5 H dunkelgrün (Deutsch-Poln.) .... 3,— 5,—

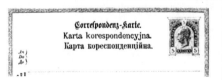

P 133

P 133 5 H dunkelgrün
(Deutsch-Poln.-Ruth.) 2,50 1,50
P 134 5 H dunkelgrün (Deutsch-Ruth.) 3,75 5,—
P 135 5 H dunkelgrün (Deutsch-Slow.) 3,75 3,25
P 136 5 H dunkelgrün
(Deutsch-Illyr.-Ital.) 3,75 3,75
P 137 5 H dunkelgrün (Deutsch-Ital.) .. 3,75 1,80
P 138 5 H dunkelgrün (Deutsch-Rumän.) 3,75 10,—
P 139 5 H dunkelgrün
(Deutsch-Rum.-Ruth.) ...... 3,75 7,—
P 140 10 H karminrosa
I AUTRIGHE, 3. Zeile 48 mm
lang .... 3,— 3,75
II AUTRICHE, 3. Zeile 52 mm
lang .... 22,50 30,—

P 141 5/5 H  dunkelgrün
(deutscher Text) .... 5,— 6,25
F Frageteil 2,25
A Antwortteil .... 3,—
P 142 5/5 H dunkelgrün
(Deutsch-Böhm.) 4,50 7,50
F Frageteil 2,50
P 143 5/5 H dunkelgrün
(Deutsch-Poln.) .... 5,— 20,—
F Frageteil .... 6,—
A Antwortteil .... 9,—
P 144 5/5 H dunkelgrün
(Deutsch-Poln.-Ruth, ... 5,— 12,50
F Frageteil 4,50
A Antwortteil 6,75
P 145 5/5 H dunkelgrün
(Deutsch-Ruth.) .... 6,— 22,50
F Frageteil .... 8,—
A Antwortteil .... 12,—
P 146 5/5 H dunkelgrün
(Deutsch-Slow.) .... 6,— 17,50
F Frageteil 6,75
A Antwortteil 9,25
P 147 5/5 H dunkelgrün
(Deutsch-Illyr.-Ital.) 6,75 17,50
F Frageteil 6,75
A Antwortteil 9,25
P 148 5/5 H dunkelgrün
(Deutsch-Ital.) .... 7,— 13,50
F Frageteil 4,75
A Antwortteil 6,75
P 149 5/5 H dunkelgrün
(Deutsch-Rumän.) .... 10,— 50,—
F Frageteil 17,50
A Antwortteil .... 25,—
P 150 5/5 H dunkelgrün
(Deutsch-Rum.-Ruth.) .... 9,— 45,—
F Frageteil .... 15,—
A Antwortteil 22,50
P 151 I 10/10 H karminrosa,
AUTRIGHE auf beiden Teilen,
3. Zeile 48 mm lang .... 10,— 30,—
F Frageteil .... 13,—
A Antwortteil 8,50
P 151 II 10/10 H karminrosa, AUTRICHE
nur auf dem Frageteil,
3. Zeile 52 mm lang .... 60,— 300,—
F Frageteil .... 150,—

Der abgetrennte Antwortteil ist bei P 151 I und P 151 II nicht zu unterscheiden.

1904/06. Neuausgabe mit WSt. (h), jetzt ohne Zierumrandung. Vordruck jetzt in Wst.-Farbe, mit schrägem Absendervermerk. 140×90 mm, *rahmfarben.*

P 152

P 152 5 H dunkelgrün (deutscher Text) ...... 2,— 2,—
P 153 5 H dunkelgrün (Deutsch-Böhm.) 3,75 1,25
P 154 5 H dunkelgrün (Deutsch-Poln.) .... 3,— 6,50

P 155

P 155 5 H dunkelgrün
(Deutsch-Poln.-Ruth.) .... 3,— 4,—
P 156 5 H dunkelgrün (Deutsch-Slow.) .... 3,— 3,—

P 157	5 H	dunkelgrün (Deutsch-Illyr.-Ital.)	3,75	3,—
P 158	5 H	dunkelgrün (Deutsch-Ital.)	3,25	1,80
P 159	5 H	dunkelgrün (Deutsch-Rum.-Ruth.)	3,75	7,50
P 160	10 H	rosa	5,—	3,25
P 161	5/5 H 	dunkelgrün (deutscher Text)	3,—	7,50
F		Frageteil		4,50
A		Antwortteil		4,—
P 162	5/5 H	dunkelgrün (Deutsch-Böhm.)	5,—	22,50
F		Frageteil		7,50
A		Antwortteil		11,25
P 163	5/5 H	dunkelgrün (Deutsch-Poln.)	5,—	32,50
F		Frageteil		11,25
A		Antwortteil		17,50
P 164	5/5 H	dunkelgrün (Deutsch-Poln.-Ruthen.)	7,50	32,50
F		Frageteil		11,—
A		Antwortteil		15,—
P 165	5/5 H	dunkelgrün (Deutsch-Slov.)	6,75	55,—
F		Frageteil		18,75
A		Antwortteil		30,—
P 166	5/5 H	dunkelgrün (Deutsch-Illyr.-Ital.)	7,50	60,—
F		Frageteil		20,—
A		Antwortteil		30,—
P 167	5/5 H	dunkelgrün (Deutsch-Ital.)	6,—	37,50
F		Frageteil		11,—
A		Antwortteil		15,—
P 168	5/5 H	dunkelgrün (Deutsch-Rum.-Ruth.)	7,50	75,—
F		Frageteil		25,—
A		Antwortteil		37,50

P 169	10/10 H 	rosa	5,—	25,—
F		Frageteil		12,50
A		Antwortteil		8,75

1906. WSt. (h), Farbänderung des Wertstempels und des Vordrucks, *rahmfarben.* **140 × 90 mm.**

P 170	5 H	grasgrün (deutscher Text)	3,—	2,—
P 171	5 H	grasgrün (Deutsch-Böhm.)	2,25	1,50
P 172	5 H	grasgrün (Deutsch-Poln.)	3,—	4,50
P 173	5 H	grasgrün (Deutsch-Poln.-Ruth.)	3,—	1,50
P 174	5 H	grasgrün (Deutsch-Slow.)	3,—	5,—
P 175	5 H	grasgrün (Deutsch-Illyr.-Ital.) . . .	3,—	3,75
P 176	5 H	grasgrün (Deutsch-Ital.)	3,—	2,—
P 177	5 H	grasgrün (Deutsch-Rum.-Ruth.)	3,25	7,—
P 178	5/5 H 	grasgrün (deutscher Text) . . .	2,25	7,50
F		Frageteil		2,25
A		Antwortteil		3,75
P 179	5/5 H 	grasgrün (Deutsch-Böhm.)	3,75	15,—
F		Frageteil		5,—
A		Antwortteil		7,50
P 180	5/5 H	grasgrün (Deutsch-Poln.)	4,50	20,—
F		Frageteil		6,—
A		Antwortteil		8,—
P 181	5/5 H	grasgrün (Deutsch-Poln.-Ruth.)	4,50	17,50
F		Frageteil		5,—
A		Antwortteil		7,50
P 182	5/5 H 	grasgrün (Deutsch-Slow.) . . .	5,—	35,—
F		Frageteil		11,25
A		Antwortteil		16,25

P 183	5/5 H 	grasgrün (Deutsch-Illyr.-Ital.)	5,—	35,—
F		Frageteil		11,50
A		Antwortteil		17,50
P 184	5/5 H 	grasgrün (Deutsch-Ital.) . . .	5,—	25,—
F		Frageteil		8,75
A		Antwortteil		12,50
P 185	5/5 H 	grasgrün (Deutsch-Rum.-Ruth.)	5,—	35,—
F		Frageteil		11,25
A		Antwortteil		17,50

Anläßlich der 1905 beabsichtigten Portoerhöhung sind Probedrucke zu 6 H. und 6/6 H. hergestellt. Text: D.-Slov.; D.-Ital.; D.-Illyr.-Ital.; D.-Rum.-Ruth.

1906. Wie P 171, P 173, **jedoch mit abgekürztem Sprachvermerk (nur Anfangsbuchstaben). 140 × 90 mm.**

P 186	5 H	grasgrün (d. b.)	2,25	1,50
P 187	5 H	grasgrün (d. p. r.)	2,25	2,—

1907. WSt. (h), Vs. jetzt mit Teilungsstrich. Absendervermerk schräg wie bisher. 140 × 90 mm.

P 188	5 H	grasgrün (deutscher Text)	2,—	1,—

1907. WSt. (h), Vs. mit Teilungsstrich, jedoch Absendervermerk jetzt waagerecht, *rahmfarben.* **140 × 190 mm.**

P 189

P 189	5 H	grasgrün, deutscher Text	1,50	1,50
P 190	5 H	grasgrün (d.b.)	2,50	1,50
P 191	5 H	grasgrün (d.p.)	4,50	4,—
P 192	5 H	grasgrün (d.p.r.)	3,75	2,25
P 193	5 H	grasgrün (d.s.)	3,75	7,—
P 194	5 H	grasgrün (d.sk.i.) (= serb.kroat.)	3,75	8,—
P 195	5 H	grasgrün (d.i.)	3,—	6,25
P 196	5 H	grasgrün (d.r. r.)	4,—	7,50
P 197	10 H	rosa	3,75	5,—
P 198	5/5 H 	grasgrün, deutscher Text	3,—	8,—
F		Frageteil		2,50
A		Antwortteil		4,—
P 199	5/5 H 	grasgrün (d.b.)	3,75	22,50
F		Frageteil		7,50
A		Antwortteil		11,25
P 200	5/5 H 	grasgrün (d.p.)	7,50	50,—
F		Frageteil		17,50
A		Antwortteil		25,—
P 201	5/5 H 	grasgrün (d.p.r.)	6,—	45,—
F		Frageteil		15,—
A		Antwortteil		22,50
P 202	5/5 H 	grasgrün (d.s.)	6,—	75,—
F		Frageteil		22,50
A		Antwortteil		35,—
P 203	5/5 H 	grasgrün (d.sk.i.)	6,75	75,—
F		Frageteil		25,—
A		Antwortteil		37,50
P 204	5/5 H 	grasgrün (d.i.)	5,—	50,—
F		Frageteil		17,50
A		Antwortteil		25,—

P 205

P 205	5/5 H grasgrün (d.r.r.)	....	6,75	90,—
F	Frageteil	....		30,—
A	Antwortteil	....		45,—
P 206	10/10 H rosa	....	7,50	40,—
F	Frageteil	....		20,—
A	Antwortteil	....		12,50

P 197 und P 206 ohne Absendervermerk.

Am 1.1.1908 wurde in Österreich der Ankunfstempel auf Postkarten abgeschafft.

Rohrpost-Postkarten

1900. Neue Heller-Währung. Vordruck für die Karten für Prag (RP 20–21) links böhmische, rechts deutsche Überschrift in schwarzer Farbe, *grau.*

RP 18

RP 18	20 H braun (für Wien)	....	3,75	1,50
RP 19	20/20 H braun (für Wien)	....	7,50	40,—
F	Frageteil	....		15,—
A	Antwortteil	....		17,50
RP 20	20 H braun (für Prag zweisprachig) .		9,—	22,50
RP 21	20/20 H braun (für Prag zweisprachig)	....	17,50	90,—
F	Frageteil	....		40,—
A	Antwortteil	....		47,50

Es gibt Probedrucke zu 20 H. und 20/20 H. grün für Wien.

1904. Mit vereinfachtem braunem Vordruck in der Farbe des WSt. Mit schrägem Absendervermerk, *grau.*

RP 22

RP 22	20 H braun (für Wien)	....	4,50	2,25
RP 23	20/20 H braun (für Wien)	....	9,—	35,—
F	Frageteil	....		15,—
A	Antwortteil	....		15,—
RP 24	20 H braun (für Prag)	....	15,—	40,—
RP 25	20/20 H braun (für Prag zweisprachig)	....	45,—	—,—
F	Frageteil	....		—,—
A	Antwortteil	....		—,—

Bemerkungen zu RP 25 gebraucht:

Der größte Teil der Karten soll in Sammlerhände übergegangen sein. Gebraucht kommen vor, seit Mitte 1906, vorwiegend von oder an Philatelisten, ob jedoch per Rohrpost verwendet, läßt sich nicht feststellen.

Nach der Portoerhöhung vom 16.1.1907 kommt die Karte gebraucht mit Zusatzfrankatur 5 H. vor (30,—).

1905. Anläßlich der beabsichtigten Portoerhöhung wurden Probedrucke in der Wertstufe 30 H. dunkellila, *hellgrau* hergestellt (ca. 180,—).

1907. Neue Ausgabe infolge Portoerhöhung. Ohne jeden Textvordruck. Papier *grau.*

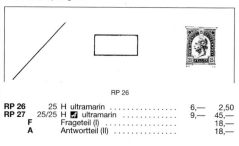

RP 26

RP 26	25 H ultramarin	....	6,—	2,50
RP 27	25/25 H ultramarin	....	9,—	45,—
F	Frageteil (I)	....		18,—
A	Antwortteil (II)	....		18,—

1908. Desgl., Vs. jetzt mit Teilungsstrich.

RP 28	25 H ultramarin, *grau*	....	10,—	3,75

Postsparkarten

Ohne Berücksichtigung der Unterarten des Druckvermerks.

1900. WSt. (h). Mit Kennbuchstaben für die Fremdsprachen. Im Druckvermerk: „... ex 1900" (ex 1901), Rs. Belehrung 6 Absätze. 158–162×76–79 mm.

SK 57	10 H rosa (deutsch)	....	10,—
SK 58	10 H rosa (Böhm.)	....	10,—
SK 59	10 H rosa (Ital.)	....	12,50
SK 60	10 H rosa (Poln.)	....	11,25
SK 61	10 H rosa (Ruth.)	....	25,—
SK 62	10 H rosa (Slow.)	....	18,75
SK 63	10 H rosa (Kroat.)	....	17,50
SK 64	10 H rosa (Rum.)	....	20,—

1902. Wie SK 57, **jedoch mit kurzer Belehrung (4 Absätze). Im Druckvermerk „... ex 1902" (1904, 1906, 1908).**

SK 65	10 H karmin (deutsch)	....	10,—
SK 66	10 H karmin (Böhm.)	....	10,—
SK 67	10 H karmin (Ital.)	....	11,25

SK 68

SK 68	10 H karmin (Poln.)	....	11,25
SK 69	10 H karmin (Ruth.)	....	25,—
SK 70	10 H karmin (Slov.)	....	18,—
SK 71	10 H karmin (Kroat.)	....	16,—

SK 72 bleibt frei.

1908. Vordruck rot statt schwarz. 180 × 88 mm.

SK 73

SK 73	10 H karmin (deutsch)	10,—
SK 74	10 H karmin (Böhm.)	12,—
SK 75	10 H karmin (Ital.)	15,—
SK 76	10 H karmin (Poln.)	15,—
SK 77	10 H karmin (Ruth.)	30,—
SK 78	10 H karmin (Rum.)	32,50

SK 79–80 bleibt frei!

Steuer-Postanweisungen

1900. WSt. (h) an einer Korrespondenz-Karte anhängend ein Empfangschein und ein Erlagschein, senkrecht „Einzahlungsschein", Preis 11 h, *rosa.* **155 × 310 mm.**

STA 18	5 H schwarz (deutscher. Text)	6,—	3,75
STA 19	5 H schwarz (Böhm.)	7,25	7,25
STA 20	5 H schwarz (Poln.)	11,25	15,—
STA 21	5 H schwarz (Ruth.)	15,—	32,50
STA 22	5 H schwarz (Slow.)	15,—	22,50
STA 23	5 H schwarz (Kroat.)	15,—	22,50
STA 24	5 H schwarz (Ital.)	11,25	15,—
STA 25	5 H schwarz (Rum.)	17,50	37,50

1901. WSt. (h). Formular jetzt vierteilig: („Empfangsschein", Buchungsschein", „Erlagschein" und „Amtliche Bestätigung") Preis 7 h, *rosa.* **155 × 310 mm.**

STA 26	5 H schwarz (deutscher Text)	5,—	4,—
STA 27	5 H schwarz (Böhm.)	4,50	6,—
STA 28	5 H schwarz (Poln.)	5,—	11,25
STA 29	5 H schwarz (Ruth.)	9,—	25,—
STA 30	5 H schwarz (Slow.)	7,50	11,25
STA 31	5 H schwarz (Kroat.)	7,50	18,—
STA 32	5 H schwarz (Ital.)	7,50	15,—
STA 33	5 H schwarz (Rum.)	10,—	22,50

1907. Wie STA 29 und STA 32, jedoch mit Sprachvermerk rechts unten senkrecht auf der Vs.

| STA 34 | 5 H schwarz (Ruthen.) | 45,— | 67,50 |
| STA 35 | 5 H schwarz (Ital.) | 40,— | 6,— |

Telegrammblätter

1900. WSt. (h) links, Überschrift „TELEGRAMM".

| TB 7 | 5 H braun | 25,— |

1900. Desgleichen, Farbänderung.

| TB 8 | 5 H grün (d.) | 25,— |
| TB 9 | 5 H grün (d.b.) | 37,50 |

1906. Neue Ausführung. Über dem WSt. noch ein Wappenadler zwischen 7 und h. Überschrift „Telegramm", *rahmfarben.* **228 × 224 mm.**

| TB 10 | 5 (7) H grün | 22,50 |
| TB 11 | 5 (7) H grün (d.b.) | 32,50 |

Telegrammaufgabescheine

1900. WSt. (h), Vordruck rosa, vierfache Linienumrandung. Rs. unbedruckt, *sämisch.*

TA 45

TA 45	10 H rosa, karmin (Deutsch)	5,—	4,—
TA 46	10 H rosa, karmin (Deutsch-Böhm.)	4,50	6,—
TA 47	10 H rosa, karmin (Deutsch-Poln.)	8,—	7,—
TA 48	10 H rosa, karmin (Deutsch-Poln.-Ruth.)	6,75	11,25
TA 49	10 H rosa, karmin (Deutsch-Ruth.)	11,25	15,—

TA 50

TA 50	10 H rosa, karmin (Deutsch-Rum.-Ruth.)	8,75	12,50
TA 51	10 H rosa, karmin (Deutsch-Rum.)	12,—	15,—
TA 52	10 H rosa, karmin (Deutsch-Ital.)	7,—	6,—
TA 53	10 H rosa, karmin (Deutsch-Illyr.-Ital.)	9,—	15,—
TA 54	10 H rosa, karmin (Deutsch-Slov.)	10,—	12,50

Amtliche Telefonkarten

1900. WSt. (h) links oben, Vordruck: „Karte zum telephonischen Sprechen im Wiener Lokalverkehre...". Vordruck und WSt. gleichfarbig. 162 × 80 mm.

| TK 15 | 20 H braun, *sämisch* | 150,— | 125,— |

1900. Vordruck geändert: „Sprechkarte für Gespräche im Lokalverkehr bis zur Dauer von 3 Minuten."

| TK 16 | 20 H braun, *sämisch* | 150,— | 130,— |

1900. Sonderausgabe für die Wiener Effektenbörse. Ausführung wie vorherige Ausgabe, mit WSt. (h) in Heller-Währung.

TK 17   20 H braun, *weiß* .... 130,— 130,—

Wertstempel im Muster der Zeitungsmarken (i), (k)

Zeitungs-Adreßzettel

1904. Merkur nach links (i) **auf der rechten Seite. 145×26 mm.**

i) Merkurkopf nach links

ZA 1   2 H blau, *hellgelb* 7,50   6,—
ZA 2   2 H blau, *grün* 8,75   7,50

1908. Merkur nach rechts (k) **auf der rechten Seite. 145×26 mm.**

k) Merkurkopf nach rechts

ZA 3   2 H blau, *hellgelb* .... 6,—   4,50
ZA 4   2 H blau, *hellgrün* 7,50   6,—

ZA 1–ZA 4 in Bogen zu 30 Stück gedruckt und an Zeitungs expeditionen verkauft.

Ziffer im Queroval (l)

Zeitungs-Postanweisungen

1905. WSt. (l), *rahmfarben.* **186×123 mm.**

l) Ziffer im Oval

ZPA 1

ZPA 1   10 H braun (deutscher Text) 7,50   25,—
ZPA 2   10 H braun (Deutsch-Böhm.) 8,75   30,—
ZPA 3   10 H braun (Deutsch-Poln.) 12,50   30,—
ZPA 4   10 H braun (Deutsch-Ital.) 12,50   30,—
ZPA 5   10 H braun (Deutsch-Slow.) .... 15,—   32,50
ZPA 6   10 H braun (Deutsch-Rum.-Ruth.) ..... 18,—   47,50
ZPA 7   10 H braun (Deutsch-Poln.-Ruth.) ..... 18,—   37,50
ZPA 8   10 H braun (Deutsch-Illyr.-Ital) .... 18,—   47,50

1906. Etwas veränderter Vordruck. Rasterfelder der Heller nur 9 bzw. 6 mm statt 11 bzw. 8 mm lang und mehr abgeschrägt, *weiß.*

ZPA 9   10 H braun, deutscher Text .... 15,—   30,—

60jähriges Regierungs-jubiläum Kaiser Franz Josephs (m, n), 1908–1916.

m) Franz Joseph im   n) Franz Joseph
Jahre 1848   (1830–1916)

Rohrpost-Umschlag

1908. WSt. (n), **mit Zierumrandung. 142×86 mm.**

RU 20   45 H olivbraun, *rosa* .... 20,—   25,—

Streifband

1908. WSt. (n), **ohne Papierzuschlag. 297×150 mm.**

S 8   3 H rotlila
  a   *hellsämisch* 1,50   1,25
  b   *gelbsämisch* .... 18,—   15,—
  c   *bräunlich* 1,50   1,25

Der Verkauf von Streifbändern endete am 10.4.1916. Weitere Streifbänder wurden nicht ausgegeben.

Kartenbrief

1908. WSt. (n), **ohne Vordruck. 140×83 mm.**

K 48

		★	⊙	⊙
K 47	10 H rot, *grau*	2,—	2,—	2,50
K 48	5 H grün neben 10 H rot, *grau* .	15,—	22,50	25,—

K 48 wurde infolge Portoerhöhung 1916 mit amtlich zugedrucktem zweitem WSt. verausgabt.

> Preise für gestempelte Ganzsachen gelten stets für Stücke **ohne** Zusatzfrankatur. Weitere Angaben dazu in der Einführung!

Rohrpost-Kartenbrief

1908. WSt. (n), **ohne Vordruck,** *rosa.* **140 × 84 mm.**

			✱	⊙ □	⊙ □
RK 12	35 H	mattblau			
a		innen graugelb	9,50	15,—	18,—
b		innen graugrünlich	12,50	18,—	22,—

Postkarten

1908. 18. Aug. Zum 60. Regierungsjubiläum Kaiser Franz Josephs mit WSt. (m), **Teilungsstrich punktiert,** *rahmfarben.* **140 × 90 mm.**

P 212

P 207	5 H grün, deutscher Text	3,—	3,—
P 208	5 H grün, d.-böhm. Text	3,—	2,25
P 209	5 H grün, d.-poln. Text	7,—	7,50
P 210	5 H grün, d.-poln.-ruth. Text	7,—	6,—
P 211	5 H grün, d.-slow. Text	7,—	7,50
P 212	5 H grün, d.-illyr.-ital. Text	7,—	8,75
P 213	5 H grün, d.-ital. Text	7,—	6,—
P 214	5 H grün, d.-rum.-ruth. Text	7,—	12,—

Rückseitig braunschwarze Vignette: Kniebild des Kaisers und zu beiden Seiten Ansichten von Schönbrunn und des Michaeler Trakts d. Hofburg.

Die Karten der Jubiläumsausgabe P 207–214 kommen vielfach mit eigens für diese Ausgabe angefertigten Stempeln 2. XII. 1908 (Stempelfarbe rot) der verschiedenen Landeshauptstädte vor (Wien, Brünn, Czernowitz, Graz, Innsbruck, Klagenfurt, Laibach, Linz, Prag, Salzburg, Triest, Troppau, Zara).

Schalterpreis: 15 Heller, Aufschlag pro Stück 1,—.

1908. Prager Jubiläumskarte. Ausführung wie vorher, jedoch WSt. (m) **in der Mitte. RS. Ansichten der Burg Karlstein und des Hradschin.**

P 215   5 H grün ....   3,—   4,—

1908. Endgültige Ausgabe. WSt. (n). **Mit Zierrahmen. Ohne Textvordruck, oben links durch Strich abgeteiltes Feld für Absendervermerk,** *rahmfarben.* **140 × 90 mm.**

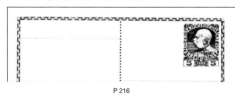

P 216

P 216	5 H grün	2,—	2,—
P 217	10 H karmin	3,—	4,—

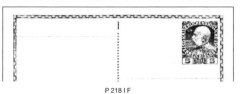

P 218 I F

P 218	5/5 H	🔲	grün		
I		Röm. Zahlen I und II über dem			
		Teilungsstrich		7,50	22,50
F		Frageteil (I)			7,50
A		Antwortteil (II)			10,—
II		Röm. Zahlen I und II rechts			
		vom Teilungsstrich		2,50	10,—
F		Frageteil (I)			3,—
A		Antwortteil (II)			4,—
P 219	10/10 H	🔲	karmin	5,—	20,—
F		Frageteil..................			10,—
A		Antwortteil			7,50

P 217 und P 219 mit Textvordruck im Anschriftteil, ohne römische Zahlen.

1914. Anfragekarte. WSt. (n) **an das Rote Kreuz mit Antwortkarte ohne Wertstempel. Auf der Fragekarte Adresse vorgedruckt: An das Auskunftsbureau der Österreichischen Gesellschaft vom Roten Kreuz.**

P 220	5/0 H	🔲	grün		
a		oben zusammenhängend	12,50	15,—
b		unten zusammenhängend	17,50	20,—
c		unten zusammenhängend mit		
		Zusatz: III. Stock	22,50	25,—
d		oben zusammenhängend		
		(böhm. Vordr.)	30,—	40,—

Vordruck bei a–c: grün, bei d: schwarz.
Echt gebrauchte Stücke stets getrennt.

1914. Jubiläumskarten WSt. (m) **mit schwarzgelbem Aufdruck einer Krone mit Inschrift „Viribus unitis 1914" links oben. Ohne Sprachvermerk. Schalterpreis 15 Heller.**

P 224

P 221	5 H grün, deutscher Text ..... (P 207)	3,—	2,50
P 222	5 H grün, d.-böhm .... (P 208)	7,—	10,—
P 223	5 H grün, d.-poln .... (P 209)	15,—	18,75
P 224	5 H grün, d.-poln.-ruth. .... (P 210)	10,—	17,50
P 225	5 H grün, d.-slow .... (P 211)	11,25	18,75
P 226	5 H grün, d.-illyr.-ital .... (P 212)	11,25	22,50
P 227	5 H grün, d.-ital .... (P 213)	12,—	17,50
P 228	5 H grün, d.-rum.-ruth .... (P 214)	12,50	40,—

Rohrpost-Postkarten

1908. WSt. (n), **Karten mit Zierumrandung, waagerechter Absendervermerk links oben, 140 × 90 mm.**

RP 29	25 H	ultramarin, *rosa*	4,—	3,—
RP 30	25/25 H	🔲 ultramarin, *rosa*	17,50	50,—
F		Frageteil		18,—
A		Antwortteil		25,—

Postauftragskarten

Die Postauftragskarten dienten dazu durch die Post Beträge von Schuldnern an die Auftraggeber einzuheben.

1913. WSt. (n), **mit anhängendem Postanweisungsformular ohne WSt. Vordruck weinrot, gültig bis 10 Kronen,** *grau, graublau.* **185×125 mm.**

AK 6

AK 1	10 H weinrot, deutsch. Text	11,—	25,—
AK 2	10 H weinriot, d.-b	15,—	30,—
AK 3	10 H weinrot, d.-p	18,—	45,—
AK 4	10 H weinrot, d.-p.-r	25,—	50,—
AK 5	10 H weinrot, d.-i.	25,—	50,—
AK 6	10 H weinrot, d.-sk.-i.	25,—	50,—
AK 7	10 H weinrot, d.-s.	27,50	55,—
AK 8	10 H weinrot, d.-r.-r.	30,—	67,50

Postsparkarten

Ohne Berücksichtigung der Unterarten des Druckvermerks.

1908. WSt. (n), *weiß.* **180×88 mm.**

SK 81	10 H karmin (deutsch)	6,75
SK 82	10 H karmin (Böhm.)	8,75
SK 83	10 H karmin (Poln.)	11,25
SK 84	10 H karmin (Ruth.)	11,25
SK 85	10 H karmin (Slow.)	24,—
SK 86	10 H karmin (Kroat.)	18,—
SK 87	10 H karmin (Ital.)	15,—
SK 88	10 H karmin (Rum.)	27,50

Es gibt die Auflagen 1–23 mit den Druckjahren 1908–1916.

Telegrammblätter

1910, März. Mit WSt. (n). **Vordruck in Kästchen eingeteilt,** *rahmfarben.* **230–234×230 mm.**

TB 12	5 H grün, r.u. 1908 I	18,—
TB 13	5 H grün, r.u. 1908 I d.b.	
	(dtsch.-tschech.)	30,—

Telegrammaufgabescheine

1909. WSt. (n). **Vordruck im Kästchen. Zierleiste als Umrandung,** *dunkelsämisch.* **149–151×105–108 mm. Sprachvermerke abgekürzt.**

TA 61

TA 55	10 H karmin (Deutsch 1908 I)	3,75	1,80
TA 56	10 H karmin (1908 I. d.b.)	4,50	3,—
TA 57	10 H karmin (1908 I. d.p.)	5,—	7,—
TA 58	10 H karmin (1908 I. d.s.)	8,75	12,50
TA 59	10 H karmin (1908 I. d.i.)	4,50	4,50
TA 60	10 H karmin (1908 I. d.p.-r)	6,75	10,—
TA 61	10 H karmin (1908 I. d.-r.-r.)	8,75	12,50
TA 62	10 H karmin (1908 I. d.-sk.-i.)	8,75	12,50

Telefonkarten

1908. WSt. (n). **Vordruck: „Karte für ein telephonisches Gespräch im Wiener Lokalverkehre".**

TK 18	20 H schwarzbraun, *sämisch*	125,—	75,—

WSt. (n). **Sonderausgabe für die Wiener Effektenbörse,** *weiß.* **75×37 mm.**

TK 19	20 H schwarzbraun, *sämisch*	150,—	—,—

Kaiserkrone (o), Kaiser-Porträt nach vorn (p), Wappen (q)

o) Kaiserkrone   p) Kaiser Franz Joseph   q) Wappen

Kartenbrief

1916. WSt. (p), **ohne Vordruck, sonst Ausführung wie vorherige Ausgabe. 140×83 mm.**

		*	⊙ ☐	⊙ ☐
K 49	15 H rot, *grau*	3,—	4,50	6,—

Rohrpost-Kartenbriefe

1917. WSt. (q), **ohne Vordruck. 140×84 mm.**

RK 13	45 H blau			
a	*hellrosa, dünner Karton*	12,50	30,—	35,—
b	*rosa, dicker Karton*	6,75	12,50	15,—
c	*rosa, innen graugrün*	15,—	37,50	42,—

1918. Neuausgabe infolge Portoerhöhung. WSt. (q). **140 × 84 mm.**

		★	⊙ ⌷	⊙ ⌷
RK 14	80 H ziegelrot, *dunkelrosa*	6,—	10,—	13,—

Postkarten

1916. Neue Ausgabe infolge Portoerhöhung. Karten mit Zierrahmen, sonst Ausführung wie vorherige Ausgabe.

P 229	8 H	grün, *sämisch* .... p	2,—	2,—
P 230	8/8 H	✓ grün, *sämisch* .... p	4,—	12,50
F		Frageteil (I)		3,75
A		Antwortteil (II)		5,25
P 231	10 H	weinrot, *sämisch*		
		(zweisprachig) .... o	3,—	3,75
P 232	10/10 H	✓ weinrot, *sämisch*		
		(zweisprachig) .... o	7,—	20,—
F		Frageteil		7,50
A		Antwortteil		10,—

1918. Erhöhung des Inlandportos. Wie P 231–P 232, jedoch ohne Umrandung.

P 233	10 H	weinrot		
a		sämisch .... o	1,50	1,—
b		grau .... o	2,50	9,—
P 234	10/10 H	✓ weinrot, *sämisch* ..... o	3,50	9,—
F		Frageteil		3,—
A		Antwortteil		4,—

Rohrpost-Postkarten

1916. WSt. (q). **Mit Zierumrandung. 131 × 83 mm.**

RP 31	38 H karminrot, *rosa*	4,—	4,50

1918. Portoerhöhung. WSt. (q), **jedoch ohne Zierumrandung.**

RP 32	70 H grauschwarz, *rosa*	4,—	4,—

Postauftragskarten

1916. WSt. (o) **mit anhängendem Postanweisungsformular (ohne WSt.). Vordruck weinrot, gültig bis 20 Kronen. 185 × 125 mm.**

			I graublau		II grau	
AK 9	10 H	weinrot, deutsch. Text	8,75	25,—	10,—	30,—
AK 10	10 H	weinrot, d.-b.	12,50	47,50		
AK 11	10 H	weinrot, d.-p.			27,50	67,50
AK 12	10 H	weinrot, d.-p.-r. ...	22,50	55,—	22,50	55,—
AK 13	10 H	weinrot, d.-i.	21,50	55,—		
AK 14	10 H	weinrot, d.-sk.-i. ...			22,50	55,—
AK 15	10 H	weinrot, d.-s.			27,50	60,—
AK 16	10 H	weinrot, d.-r.-r. ...			30,—	75,—

Telegrammblätter

1916. WSt. (o), **sonst Ausführung wie vorherige Ausgabe.**

TB 14	5 H grün, d.	20,—	
TB 15	5 H grün, d. b.	32,50	

Ziffer im Quadrat im Muster der Portomarken 1916–1918 (r)

r

Telegrammaufgabescheine

1916. WSt. (r). **Vordruck rot in Kästchen eingeteilt,** *rahmfarben.* **Ca. 151 × 105 mm.**

TA 63	10 H rot (1916)	3,75	2,50
TA 64	10 H rot (1916, d.b.)	5,—	7,—
TA 65	10 H rot (1916, d.-p.-r.)	7,—	18,—
TA 66	10 H rot (1916, d.-s.)	6,75	16,50
TA 67	10 H rot (1916, d.-i.)	6,—	11,—
TA 68	10 H rot (1916, d.-sk.-i.)	11,25	18,—

TA 69–70 bleibt frei!

1918. Vordruckänderung in Frakturschrift. Ohne Jahreszahl und ohne Sprachvermerk.

TA 71	10 H rot		
a		sämisch	4,50	3,—
b		grünlichgelb	5,—	4,50

Kaiser Karl I. (s), 1917–1918

s) Kaiser Karl I. (1887–1922)

Kartenbriefe

1917/18. WSt. (s), **ohne Vordruck,** *grau.* **140 × 85 mm.**

		★	⊙ ⌷	⊙ ⌷
K 50	15 H rot	3,—	3,—	4,—
K 51	20 H grün	3,—	3,—	4,—

Postkarten

1917. Inlandkarten mit WSt. (s) **mit Zierumrandung, ohne Textvordruck, Frage- und Antwortteil bezeichnet mit röm. Zahlen I und II. 140 × 90 mm.**

P 235	8 H	grün		
a		sämisch	2,—	2,—
b		grau	2,—	1,50
P 236	8/8 H	✓ grün,		
a		sämisch	10,—	7,50
F		Frageteil (I)		3,—
A		Antwortteil (II)		3,—
b		grau	22,50	45,—
F		Frageteil (I)		15,—
A		Antwortteil (II)		22,50

Republik Deutsch-Österreich

Im November 1918 brach das Kaiserreich Österreich zusammen und löste sich in die Republik Deutschösterreich, die Tschechoslowakei, die Westukraine, den südlichen Teil Polens, die italienischen Besetzungsgebiete Trentino und Venezia Giulia, den Landesteil Slowenien, Jugoslawien und das rumänische Besetzungsgebiet Bukowina auf.

Wertstempel früherer Ausgaben mit Überdruck „Deutschösterreich" (t), (u)

Kartenbrief

1918. K 51 **mit Überdruck WSt.** (u)

u

		✶	☉ ▢	☉ ▢
K 52	20 H grün, *grau*	4,—	4,—	5,—

Postkarten

1918/19. WSt. (t) **auf** P 233 a **und** P 234, *sämisch.* **140 × 90 mm.**

t

			✶	
P 237	10 H weinrot	(P 233 a)	4,—	3,50
P 238	10/10 H ☑ weinrot	(P 234)	5,—	12,50
F		Frageteil (I)		4,—
A		Antwortteil (II)		6,—

Neuer Wappenadler, Inschrift „Deutschösterreich", 1919–1921 (v, w)

v   w

Kartenbriefe

1919/21. Neue Ausgabe mit WSt. (v) **bzw.** (w), *grau.* **140 × 85 mm.**

K 54

				✶	☉ ▢	☉ ▢
K 53	20 H	blaugrün	v	2,—	2,50	4,—
K 54	40 H	karminrosa	v	2,—	7,50	9,—
K 55	80 H	karmin	w	2,—	2,50	4,—
K 56	1½ Kr	olivgrün	w	3,—	20,—	24,—
K 57	2 Kr	hellblau	w	3,—	7,50	9,—

Rohrpost-Kartenbriefe

1920. Neuausgabe mit WSt. (v) **bzw.** (w), *rosa.*

RK 15

				✶	☉ ▢	☉ ▢
RK 15	1 Kr	blau	v	7,—	30,—	35,—
RK 16	2 Kr	blau	w	6,—	32,—	38,—

Postkarten

1919/1922. Laufende Neuausgaben wegen wiederholter Portoerhöhungen mit WSt. (v–w)**. Geänderter Vordruck: 4 Anschriften- und 2 Absenderzeilen, 140 × 90 mm,** *sämisch bis rahmfarben.*

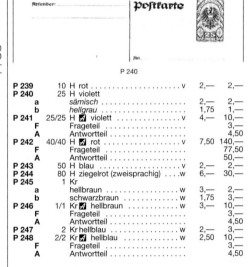

P 240

				✶	☉ ▢
P 239	10 H	rot	v	2,—	2,—
P 240	25 H	violett			
a		*sämisch*		2,—	2,—
b		*hellgrau*		1,75	1,—
P 241	25/25 H ☑	violett	v	4,—	10,—
F		Frageteil			3,—
A		Antwortteil			4,50
P 242	40/40 H ☑	rot	v	7,50	140,—
F		Frageteil			77,50
A		Antwortteil			50,—
P 243	50 H	blau	v	2,—	2,—
P 244	80 H	ziegelrot (zweisprachig)	w	6,—	30,—
P 245	1 Kr				
a		hellbraun	w	3,—	2,—
b		schwarzbraun		1,75	3,—
P 246	1/1 Kr ☑	hellbraun	w	3,—	10,—
F		Frageteil			3,—
A		Antwortteil			4,50
P 247	2 Kr	hellblau	w	2,—	3,—
P 248	2/2 Kr ☑	hellblau	w	2,50	10,—
F		Frageteil			3,—
A		Antwortteil			4,50

Rohrpost-Postkarte

1920, WSt. (v) **„Rohrpostkarte" in Fraktur,** *rosa.* **140 × 85 mm.**

				✶	☉ ▢
RP 33	85 H	grau		4,—	22,50

Postauftragskarten

1920. WSt. (v) **mit anhängendem Postanweisungsformular (ohne WSt.). Vordruck in WSt.-Farbe,** *grau.* **185 × 125 mm.**

AK 17	10 H				
a		karminrot	....	15,—	30,—
b		ziegelrot	....	15,—	30,—
AK 18	60 H	olivgrün	....	7,50	22,50

AK 17 bis 20 Kronen, AK 18 bis 50 Kronen gültig.

Postanweisungen

1919. WSt. (v) **bzw.** (w) **Vordruck in WSt.-Farbe,** *sämisch.* **183 × 127 mm.**

A 25	50 H	dunkelblau	....	v	4,50	15,—
A 26	1 Kr	braun	....	w	7,—	30,—

1920. Telegraphische Postanweisung.

A 27	50 H	dunkelblau, *weiß*	....	v	7,50	22,50

Ziffer im Kreis, Inschrift „Deutschösterreich" (x)

Telegrammaufgabescheine

1919, WSt. (x) roter Vordruck Fraktur in Kästchen eingeteilt, Text nur deutsch, ca. 151 × 105 mm.

x

TA 72	30 H	rot, *sämisch*	....	3,—	1,80
TA 73	30 H	rot, *grünlichgelb*	....	4,50	3,25

Postpaketbestellamt Wien (y)

Paketkarten

1919. WSt. (y), Überschrift „Postbegleitadresse", *grünlich.* 178 × 123 mm.

y) Postpaketbestellamt

AP 1	1 Kr	blau	....	6,—	18,—
AP 2	2 Kr	50 H braun	....	7,50	22,50

> Bei postfrischen, **gummierten Kuverts** verhindert eine Folie (säure- und weichmacherfrei) zwischen Klappe und Kuvert das Zusammenkleben.

Nachnahme-Paketkarten

(mit anhängendem Postanweisungsformular)

1919. WSt. (y). **250 × 179 mm.**

NPK 1	1 Kr	10 H blau bis blaugrau,			
		hellgrau	....	7,50	18,—
NPK 2	1 Kr	blaugrau, *mattrosa*	....	11,—	25,—
NPK 3	2 Kr	90 weinrot, *hellgrau*	....	9,25	45,—

Verkaufspreise: NPK 1 = 1 K 22 h,
NPK 2 = 2 K 12 h,
NPK 3 = 3 K 10 h

Republik Österreich

Quadratischer Wertstempel, Inschrift „Österreich", Wertziffer im Dreieck (z), 1922–1924

z

Kartenbriefe

1922/24. Quadratischer Wertstempel (z)**, Ergänzungswerte wegen wiederholter Portoerhöhungen,** *grau.* **140 × 83 mm.**

				✳	☉	☉
K 58	20 Kr	blau	....	6,—	10,—	12,—
K 59	25 Kr	weinrot	....	4,50	25,—	28,—
K 60	400 Kr	gelbgrün	....	4,50	7,50	9,—
K 61	600 Kr	schwarzblau	....	6,—	14,—	17,—
K 62	1000 Kr	violett	....	5,—	9,—	11,—

Rohrpost-Kartenbrief

1922. Neue Ausgabe infolge Portoerhöhung. WSt. (z).

RK 17	27½ Kr	grau, *rosa*	....	10,—	60,—	70,—

Postkarten

1922/24. Karten mit WSt. (z)**, laufende Neuausgaben wegen inflationärer Portoentwicklung. 140 × 90 mm,** *sämisch bis rahmfarben.*

P 249	5 Kr olivgrün		2,—	1,50
P 250	5/5 Kr ✓ olivgrün		5,—	10,—
F	Frageteil			3,—
A	Antwortteil			4,50
P 251	12½ Kr olivgrün		4,—	25,—
P 252	12½/12½ Kr ✓ olivgrün		5,—	30,—
F	Frageteil			17,50
A	Antwortteil			25,—

P 258

P 253	15/15 Kr ✓ hellrot (zweisprachig) ..		12,50	75,—
F	Frageteil			35,—
A	Antwortteil			25,—
P 254	50 Kr rostbraun		0,75	0,50
P 255	50/50 Kr ✓ rostbraun		3,—	10,—
F	Frageteil			3,—
A	Antwortteil			4,50
P 256	50 Kr rostbraun neben 50 Kr rostbraun .... (P 254)		1,80	2,—
P 257	100 Kr hellgrau		5,—	3,—
P 258	100 Kr hellgrau neben 100 Kr hellgrau .... (P 257)		5,—	3,—
P 259	200 Kr rosa		3,—	0,75
P 260	200/200 Kr ✓ rosa		3,25	11,25
F	Frageteil			3,75
A	Antwortteil			5,—
P 261	100 Kr grau neben 200 Kr rosa (1923) .... (P 259)		4,—	6,—
P 262	300 Kr hellblau (1923)		2,—	3,—
P 263	300/300 Kr ✓ hellblau (1923)		3,75	17,50
F	Frageteil			7,50
A	Antwortteil			10,—
P 264	500 Kr lila (1924)		1,50	1,50
P 265	500/500 Kr ✓ lila (1924)		3,75	15,—
F	Frageteil			5,—
A	Antwortteil			7,50
P 266	700 Kr braun (1924)		3,—	1,50
P 267	700/700 Kr ✓ braun (1924)		4,50	17,50
F	Frageteil			6,—
A	Antwortteil			9,—

Rohrpost-Postkarte

1922. Neuausgabe infolge Portoerhöhung. WSt. (z).

RP 34	25 Kr blau, *rosa*	4,50	20,—

1. April 1925 neue Währung
1 Schilling (S.) = (= 10 000 Kr.) = 100 Groschen (g.)

Stilisierter Adler (aa)

aa   aa l

stilisierter Adler

aa) WSt. mit Rahmen: für Dauerausgaben
aa l) WSt. ohne Rahmen: für Sonderausgaben und Bildpostkartenserien

Kartenbriefe

1925. WSt. (aa). **Rs „Absender" 8 mm von der Perforation.**
147 × 106 mm.

K 63	15 g rotlila				
a	hellgrau	7,—	5,—	7,50
b	hellgraugrün	8,50	3,50	6,—

1928/32. Rs. „Absender" tiefer, 14 mm von der Perforierung.
147 × 106 mm.

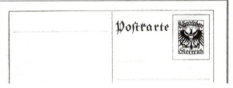

K 64

K 64	16 g mattblau, *grau* .... aa	10,—	10,—	13,—
K 65	20 g dunkelgrau, *grau* ...... aa	10,—	4,—	9,—
K 66	24 g grauviolett, *grau* ...... aa	7,50	5,—	7,50

Postkarten

1925. WSt. (aa), **im Absenderteil eine Strichlinie, Linienumrandung,** *sämisch.* **147 × 106 mm.**

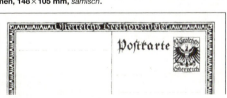

P 268

P 268	8 g grün		2,50	2,—
P 269	10 g braun		2,50	2,—
P 270	18 g schwarz		6,—	6,—
P 271	24 g hellrot		5,—	7,50
P 272	8/8 g ✓ grün		8,—	10,—
F	Frageteil			3,50
A	Antwortteil			4,50
P 273	18/18 g ✓ schwarz		10,—	25,—
F	Frageteil			12,50
A	Antwortteil			9,—
P 274	24/24 g ✓ hellrot		12,50	30,—
F	Frageteil			16,50
A	Antwortteil			11,—

1927. Sonderkarte zum 100. Todestag des Komponisten Ludwig van Beethoven(1770–1827) **mit WSt.** (aa l) **mit breitem Zierrahmen, 148 × 105 mm,** *sämisch.*

P 275	10 g hellbraun .... aa l		3,—	5,—

Auf der RS: Bild Beethovens und Ansicht von 8 seiner Wohnstätten in dunkelbrauner Farbe.

Auflage: 1 500 000 Stück

1927. Neue Ausgabe in ähnlicher Ausführung wie bisher, jedoch „Absender" und zwei Strichlinien links oben im Absenderteil.

P 276

P 276	10 g braun		
a	sämisch	1,50	1,50
b	gelblich	3,50	2,—
P 277	10/10 g ☑ braun		
a	sämisch	10,—	9,—
F	Frageteil		3,—
A	Antwortteil		4,50
b	gelblich	10,—	12,—
F	Frageteil		4,—
A	Antwortteil		6,—

1927/30. Bildpostkartenserie mit WSt. (aa I). Bilder links oben. Es gibt 3 verschiedene Ausgaben mit unterschiedlichem Farbton der WSt. und Bilder und Bildrahmen. Jede Hauptnummer hat 56 verschiedene Bilder, die jedoch nicht in allen drei Farbtönen auftreten.

P 278

P 278	10 g		
a	dunkelbraun, Bild dto (1927)	3,—	3,—
b	hellbraun, Bild dunkelbraun (1929)	2,—	3,—
c	rotbraun, Bild dto (1930)	2,—	3,—
P 279	18 g		
a	dunkeloliv bis schwarz, Bild dto (1927)	4,—	2,—
b	hellgrau, Bild schwarzgrün (1929)	4,—	4,—
c	olivgrün, Bild dto (1930)	4,—	2,50
P 280	24 g		
a	dunkelrotbraun, Bild dto (1927)	4,—	3,—
b	braunkarmin, Bild hellbraunkarmin (1929)	5,—	3,75
c	hellrot, Bild dto (1930)	4,50	3,25

Jahrgang 1927 = je 27, 1929 = je 25 und 1930 = je 51 verschiedene Bilder.

1928. Sonderausgabe zum 100. Todestag von Franz Schubert mit WSt. (aa I). In Kartenmitte oben Verzierung, links oben Inschrift Franz Schubert, Geburts- und Todestag.

P 281	10 g schwarzbraun	aa I	5,—	3,25

Rs. Bild in schwarzbrauner Farbe: Landschaftsbild, im Vordergrund Schubert am Hang sitzend.

Auflage: 500 000 Stück

1932. Auslandkarte ähnlich wie P 274, jedoch jetzt Absendervermerk mit 2 Strichlinien, *sämisch.*

P 282	24/24 g ☑ rot	aa	22,50	70,—
F	Frageteil			35,—
A	Antwortteil			22,50

1932. Neue Ausgabe infolge Portoerhöhung, WSt. (aa). Absendervermerk mit 2 Strichlinien, *sämisch.*

P 283	12 g blaugrün		5,—	1,50
P 284	12/12 g ☑ blaugrün		9,—	10,—
F	Frageteil			3,—
A	Antwortteil			4,50
P 285	30/30 g ☑ karminrot		80,—	275,—
F	Frageteil			155,—
A	Antwortteil			100,—

1932. Bildpostkartenserie mit geänderter Zierleiste, *sämisch.* **Die Zahl der Bilder in Klammern.**

P 288

P 286	12 g blaugrün (51 Bilder)	4,—	4,—
P 287	24 g violett (50 Bilder)	4,—	4,—
P 288	30 g bräunlichrot (50 Bilder)	5,—	5,—

1933. Sonderausgabe zum Vierländerflug Robert Kronfelds. WSt. (aa I), links daneben zweiter WSt. zu 2 S.: Flugzeug, darunter fliegender Kranich. Mit Zierumrandung, 148 × 105 mm, *hellgelb.*

P 290

P 289	2 S dunkelgrün neben 12 g dunkelblaugrün	aa I	60,—	37,50
P 290	2 S dunkelgrün neben 24 g dunkelviolett	aa I	67,50	40,—
P 291	2 S dunkelgrün neben 30 g bräunlichkarmin	aa I	50,—	32,50

Bild auf der Rs.: jeweils Adler und Segelflugzeug über Wien.

Auflage je 5000 Stück. Verkauf vom 19. 6.–9.7.33 beim PA Wien 1 und vom 23.6.–9.7.33 bei den Sonderpostämtern der WIPA. Verkauft wurden: P 289: 1841 Stück, P 290: 1642 Stück, P 291: 2371 Stück. Restbestände vernichtet.

1934. Geänderter Vordruck. Absendervermerk jetzt ohne Strichlinien, *sämisch.*

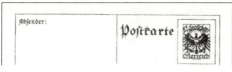

P 292

P 292	12 g blaugrün .... aa	4,—	1,50
P 293	12/12 g ☑ blaugrün	11,—	15,—
F	Frageteil		5,—
A	Antwortteil		8,—

Anschriftenänderungskarte

1932. WSt. (aa I). Bezeichnung „Anschriftenvormerkschein" und Druckvermerk links unten. Rechts Vordruck „An das / Postamt / in". Karton *grünlich.* **150 × 105 mm.**

AÄK 1 12 g blaugrün .... aa I 22,50 25,—

Druckvermerk: (B.M.Z. 35.381/32).

Postauftragkarte

1930. Stilisierter Adler im Linienhochrechteck (aa). Geänderter Vordruck auf beiden Formularteilen.

AK 19 15 g lila, *grau* .... aa 10,— 20,—

Druckvermerk: (B.M.Z. 16486/30.).

Postanweisung

1932. WSt. (aa I), Zierumrandung, *sämisch.* **178 × 125 mm.**

A 28 24 g violett .... aa I 15,—

Doppeladler im Kreis, 1935 (ab)

ab   ab I

Doppeladler mit Kreis
ab) WSt. mit Rahmen: für Dauerausgaben
ab I) WSt. ohne Rahmen: für Bildpostkartenserien und Luftpostkarte

Luftpost-Umschlag

1936. WSt. (ab), Luftpostvermerk links unten, *grau,* **innen blau gemustert.**

LU 1 40 g blau .... ab I 25,— 45,—

Kartenbrief

1935. WSt. (ab). 147 × 105–107 mm.

			✳	☉ ☐	☉ ☐
K 67	24 g blaugrün				
a	*hellgrau*		6,75	5,—	6,—
b	*hellblaugrau*		6,75	5,—	6,—

Postkarten

1935. WSt. (ab), *sämisch.* **147 × 106 mm.**

P 294	12 g braun	2,—	2,—
P 295	12/12 g ☑ braun	6,—	9,—
F	Frageteil		2,50
A	Antwortteil		4,50

1935. Bildpostkarten mit WSt. (ab I), Bildunterschriften in gemischter Fraktur wie P 286. **Karten mit Zierumrandung. Bilder links oben,** *rahmfarben.*

Lockenhaus, Burgenland

P 296	12 g schwarzbraun	4,—	4,—
P 297	25 g dunkelviolett	5,—	4,—
P 298	35 g dunkelrot	5,—	6,—

Je 50 verschiedene Bilder.

1936. Luftpostkarte, WSt. (ab I). Luftpostzettel links unten. Gleichfarbige glatte Umrandung, *bläulich.*

P 299 20 g dkl'ultramarinblau .... 30,— 35,—

1936/37. Bildpostkarten, WSt. (ab I). Ausführung ähnlich wie P 296–P 298. **Bildunterschrift jedoch in Groteskversalien,** *rahmfarben.* **147 × 106 mm.**

**MILLSTATT AM MILLSTÄTTERSEE, KÄRNTEN
Modernes Strandbad**

P 300

P 300	12 g schwarzbraun	3,—	3,—
P 301	25 g dunkelviolett	4,—	3,—
P 302	35 g dunkelrot	4,—	5,—

P 300 und 301 mit je 50, P 302 mit 51 verschiedenen Bildern.
P 303 bleibt frei.

Anschriftenänderungskarten

1932. WSt. (ab I), Bezeichnung „Anschriftenvormerkschein" links unten. Rechts „An das Postamt in" und 2 Anschriftenzeilen. Links oben 8zeilige Bemerkung (deutsch-französisch), auf der Rs. sowie links oben Vermerk: „Nachzusenden sind:" Rastervordrucke für die Nachsendungsverfügungen.

AÄK 2 12 g dunkelbraun, *blaugrün* ...... ab I 30,— 32,50

Druckvermerk: 25. 399/34.

1934. WSt. (ab I), geänderte Kartonfarbe. Auf der Rs. links oben zwei Spalten: „Nachzusenden sind:" und „Zuzustellen sind:". Bemerkung links oben geändert.

AÄK 3   12 g dunkelbraun, *grünlichgrau* ... ab I   22,50   25,—

Druckvermerk: 28. 432/34.

1937. WSt. (ab I), erneut geänderte Kartonfarbe, Vordruck zum Teil geändert (Bemerkung oben links und auf der Rs.).

AÄK 4   12 g dunkelbraun, *gelb* .... ab I   32,50   37,50

Druckvermerk: 8062/37.

Postauftragskarten

1934. WSt. (ab), im Vergleich zu AK 19 erneut Vordruckänderung.

AK 20   15 g braunkarmin, *grau* .... ab   12,50   24,—

Druckvermerk: 18.363/1934.

1934. WSt. (ab), Vordruck wieder wie bei AK 19.

AK 21   15 g braunkarmin, *grau* .... ab   15,—   30,—

Druckvermerk: 25.399/34.

1935. WSt. (ab) in Farbänderung.

AK 22   15 g rotlila, *bläulich* .... ab   12,50   22,50

1937. Desgl., jedoch mit geändertem Vordruck; jetzt mit Bemerkung: „Bei Nichteinlösung sofort zurück".

AK 23   15 g karmin .... ab   22,50   32,50

Postanweisung

1935. Mit WSt. (ab I).

A 29   24 g blaugrün, *sämisch* .... ab I   12,50   25,—

Nach der Eingliederung Österreichs in das Deutsche Reich wurden der Kartenbrief K 67 und die Postkarten P 294, 295, 300 mit einem Hakenkreuz überdruckt, die Postkarten zusätzlich mit „6 Rpf."

Diese Ganzsachen sind nicht zur Ausgabe gekommen. Eine nicht bekannte Anzahl gelangte jedoch in Sammlerhände. Von einer Bewertung wird abgesehen.

Nur saubere Ganzsachen

gehören in eine Sammlung. Verstempelte, verschmutzte oder beschädigte Stücke sollten ausgetauscht werden.

Republik Österreich nach dem Zweiten Weltkrieg

Der Postverkehr wurde nach Kriegsende in den verschiedenen Besatzungszonen wieder aufgenommen:

Sowjet-Zone:	*am 2. Mai 1945*
US-Zone:	*am 4. Juli 1945*
Britische Zone:	*am 16. Juli 1945*
Französische Zone:	*am 30. Juli 1945*

Aushilfsausgaben nach dem Zweiten Weltkrieg

Hitler-Postkarten mit Überdruck „Österreich" (sog. Grazer Provisorien)

Postkarten

1945. Postkarten des Deutschen Reiches mit WSt. Kopfbild Hitlers mit senkrechtem schwarzblauem Aufdruck „Österreich" in Fraktur zwischen je drei senkrechten Linien in zwei verschiedenen Längen: A und B.

A = 22 mm
B = 18 mm

Die auf den deutschen Karten links unten vorhandenen Werbesprüche wurden überdruckt in vier verschiedenen Mustern: I, II, III und IV.

   I   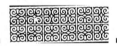   II

I = 12 Säulenkapitälen in 2 Reihen ohne Rand
II = 12 Säulenkapitälen in 2 Reihen mit Rand
III = 24 Säulenkapitälen in 4 Reihen ohne Rand
IV = 24 Säulenkapitälen in 4 Reihen mit Rand

Die Nummern der deutschen Urkarte werden in Klammern vor der Preisspalte wiedergegeben.

P 304	5	(Pf) dunkelgrün .... (P 298 I)	45,—	250,—
		(mit Aufdrucktype A und B)		
P 305	6	(Pf) violett .... (P 299 I)	37,50	225,—
		(mit Aufdrucktype A und B)		
P 306	6/6	(Pf) ▨ violett .... (P 302)	60,—	250,—
		(mit Aufdrucktype B)		
P 307	6/6	(Pf) ▨ violett (Ost-arbeiterkarte) .... (P 310)	—,—	—,—
		(mit Aufdrucktype A und B)		
P 308	6	(Pf) violett, purpur .... (P 312)	37,50	180,—
		(mit Aufdrucktype A III, A IV, B I, B III, B IV)		
P 309	5	(Pf) dunkelgrün .... (P 313)	40,—	225,—
		(mit Aufdrucktype A I, A II, B II)		
P 310	6	(Pf) purpur .... (P 314)	45,—	162,50
		(mit Aufdrucktype A I, A II)		

Die P 307 bleibt ohne Bewertung, da ihre Existenz nicht genau bekannt ist.
Es gibt außerdem noch deutsche Postkarten der Hitlerkopf-Serie, deren WSt. mit einer bereits überdruckten Briefmarke (MiNr. 660, 661, 664, 665, 668, 669) überklebt wurde. Eine Aufstellung wird für eine spätere Auflage zurückgestellt.
Bei den aufgeführten Ausgaben sowie den mit Briefmarken überklebten Postkarten ist es schwierig, die Grenze zwischen echtem Bedarf und Spekulationsausgaben festzulegen.

P 311–320 bleibt frei.

Ausgaben für die Sowjetische Besatzungszone

1 Reichsmark = 100 Pfennig

Postkarten

1945. WSt. (ad), Vordruck Grotesk in Farbe des WSt., *sämisch.* 148×105 mm.

ad) Staatswappen

P 321	5 (Pfg) grün	2,—	2,—
P 322	6 (Pfg) hellviolett	2,—	2,—
P 323	5/5 (Pfg) ☑ grün	12,—	30,—
F	Frageteil		9,—
A	Antwortteil		14,—
P 324	6/6 (Pfg) ☑ hellviolett	9,—	30,—
F	Frageteil		10,—
A	Antwortteil		15,—

Ausgaben für das gesamte Österreich

Landschaften I, 1945–1947 (ae-ah)

ae) Rathauspark (Wien) · af) Burg Forchtenstein (Burgenland) · ag) Neusiedler See (Burgenland) · ah) Semmering (Niederösterreich)

Postkarte

1946. Antwortkarte mit WSt. (ae). 4 punktierte Anschriftzeilen, dritte unterstrichen, 1 Textzeile. Links oben „Absender:" und 3 Punktzeilen. Verschiedene Druckauftrags-Nr. auf Frageteil (6727 46) und auf dem Antwortteil (9572 46). 148×105 mm, *grauweiß.*

P 325	8/8 g ☑ dunkelolivgrün	20,—	125,—
F	Frageteil		60,—
A	Antwortteil		60,—

Gebraucht – nur mit Zusatzfrankatur.
Der größte Teil der Antwortkarte P 325 wurde nach der Währungsreform als Formblätter aufgebracht. Sie wurden entweder mit einem Stempel „UNGÜLTIG" durch den Wertstempel versehen oder mit zwei 20-g.-Marken der Trachten-Serie überklebt und so aufgebracht.

Anschriftenänderungskarte

1947. WSt. (ae), Wertschild mit waagerechten Strichen. Bdr., Karton *grauweiß.*

AÄK 5 8 g schwarz .... ae 32,50 35,—

Druckvermerk: (St.) 1526 47.

Postauftragskarten

(Postauftrag)

(mit anhängender Postanweisung ohne WSt.)

Die WSt. sind im Hintergrund waagerecht schraffiert.

1946. WSt. (af). Zweiteiliges Formular mit Bezeichnung „I. Postauftragsschein" neben dem WSt. und „II. Auftrags-Postanweisung" auf der zweiten Hälfte. Überschrift „Postauftrag" oben links.

AK 24	15 g schwarz		
a	orangerot	15,—	24,—
b	blaugrau	15,—	24,—
c	dunkelgrau	12,—	20,—

Druckvermerk: (St.) 1467 46–85 oder 92 mm lang.

1946. Neue Wertstufe infolge Portoerhöhung. Vordruck wie bei vorheriger Ausgabe.

AK 25 30 g schwarz, *dunkelgrau* .... ag 15,— 25,—

Druckvermerk: 7369 46.

1946. Neue Ausgabe mit geänderter Überschrift: Postauftragskarte.

AK 26   30 g schwarz . . . . ag
   I a   *dunkelgrau,* oben
         zusammenhängend . . . .   15,—   22,50
   II a   *dunkelgrau,* unten
         zusammenhängend   11,25   20,—
   b   *hellgelb,* nur oben
         zusammenhängend . . . .   15,—   22,50

Druckvermerk: 1468 46.

1946. Neue Ausgabe infolge Portoerhöhung. WSt. (ah).

AK 27   60 g schwarz, *dunkelgrau* . . . . ah   47,50   100,—

Durchstich oben oder links.

Druckvermerk: 7370 46.

Postauftragskarten auf Bestellung von Behörden

(zum Gebrauch durch Finanzämter)

Der Vordruck ähnelt den amtlichen Postauftragskarten, jedoch in der Rubrik „Auftraggeber": Punktzeilen weggelassen, dafür Adresse des entsprechenden Finanzamtes eingedruckt. Unten rechts eine Bezeichnung, die auf die Gebührenart hinweist, z. B. „Fin. 1"; „Fin. 2a" (nicht auf den Ausgaben mit WSt. Landschaften). Auf der Auftragspostanweisung im Adressenfeld statt der Punktzeilen Vordruck: „An das Postsparkassenamt in Wien" Konto-MiNr. und Anschrift des entsprechenden Finanzamtes.

1946. WSt. (ag), Überschrift „Postauftrag". Vordruck wie bei den normalen Postauftragskarten, mit oben angegebenen Zusätzen.

AKB 1   30 g schwarz, *dunkelgrau* . . . . ag   30,—

Druckvermerk: 5179 46.

1946. WSt. (ag), Überschrift „Postauftrag". Vordruck eines zweiten WSt. unterhalb des ersten.

AKB 2   30 g schwarz, darunter 30 g
           schwarz, *dunkelgrau* . . . . ag
   I   Druckvermerk: 5179 46 . . . .   40,—
   II   Druckvermerk: 5235 48 . . . .   30,—

I Zudruck des 2. WSt. auf Restbestand von AKB 1.
II Neuauflage mit 2 WSt.

Flugzeug von oben gesehen, 1948–1967 (ai)

   ai

Luftpostumschläge

1948. WSt. (ai). Papier *weiß,* Innendruck violettblau.

LU 2   1 S blau, dunkelblau . . . .   20,—   30,—

1950. Desgl., Portoerhöhung, *weiß.*

LU 3   1,70 S blau   13,75   40,—

1951/53. Desgl. WSt. (ai) Portoerhöhung, Luftpostzettel links unten.

LU 4   2.40 S blau, *weiß*
   a   innen violettblau . . . .   12,—   19,—
   b   innen graublau . . . .   12,—   18,—

1954/57. Dieselbe Ausführung wie LU 4. Luftpostzettel jetzt links oben.

LU 5   2.40 blau, *weiß*
   a   dünnes Papier, innen graublau . . . .   9,—   15,—
   b   dünnes Papier, innen rötlichblau . . .   10,—   17,50
   c   dickeres Papier, innen violettblau . .   9,—   15,—

1963. Neue Ausgabe. Vordruck ähnlich wie LU 5, Luftpostzettel dreisprachig. Ohne Anschrift- und Absendervordruck, *weiß.*

LU 6   3 S blau, dunkelblau . . . .   6,—   20,—

1965. Ähnliche Ausführung, jedoch Anschrift-Vordruck 5 Punkt-, 1 Strichlinie, 2 Textzeilen, *weiß.*

LU 7   3 S dunkelblau
   I   ohne rückseitige Werbung . . . .   6,—   12,—
   II   mit rückseitiger Werbung
        (Bad Gastein) . . . .   9,—   16,—

1966. Desgl., jedoch mit Absender-Vordruck: 3 Punktzeilen, 1 Strichlinie, „Absender", „A - ... / Postleitzahl/Code postal".

LU 8   3 S dunkelblau, mit rückseitiger
        Werbung (Bad Gastein) . . . .   6,—   12,—

Seit August 1967 wurde der Druck der Luftpostumschläge eingestellt. Die vorhandenen Bestände werden aufgebraucht.

Bitte schreiben Sie uns,
wenn Sie Fehler und Unklarheiten in der
Katalogisierung feststellen.

Trachten, 1948–1958 (ak–at)

ak) Vorarlberg, Montafon al) Salzburg, Pongau am) Wien 1840 an) Kärnten, Lesachtal ao) Kärnten, Lavanttal

ap) Niederöster-reich, Wachau aq) Tirol, Pustertal ar) Wilten, Innsbruck as) Osttirol, Kals at) Ober-österreich

Kartenbrief

1949. Neue Ausgabe mit Wertstempel (am) **mit Rahmen. Vordruck unverändert wie bei den Ausgaben nach der Währungsreform von 1925. Format 151 × 105 mm,** *gelbgrau.*

		⊙ ✱	⊙ ▢	▭
K 68	40 g dunkelblauviolett . . . . . am	6,—	18,—	22,—

Dies ist der letzte Kartenbrief, da das Interesse der Postkunden stark gesunken war. Ab 1963 gab es noch 1 Formular ohne WSt., aber mit Vordruck wie K 68.

Postkarten

1948/49. Inlandkarten mit WSt. (ak–al) **mit Überschrift „Korrespondenzkarte". Format 148 × 105 mm.**

P 326	20 g dkl'bläulichgrün . . . . ak			
a	*grauweiß*		4,50	2,—
b	*rahmfarben*		12,—	2,50
P 327	30 g karminrot, *rahmfarben* . . . . . al		8,75	2,—
P 328	20/20 g ☑ dkl'bläulichgrün,			
	grauweiß . . . . ak		15,—	15,—
F	Frageteil			5,—
A	Antwortteil			7,50
P 329	30/30 g ☑ karminrot, *rahmfarben* . . al		30,—	45,—
F	Frageteil			15,—
A	Antwortteil			20,—

P 327 und P 329 erschienen nach der Inlandsportoerhöhung am 1. Juni 1949.

1948/50. Neue Wertstufe für den Verkehr nach Ungarn und in die Tschechoslowakei mit WSt. (an). **Doppelkarte mit Vordruck deutsch und französisch. 148 × 105 mm,** *grauweiß.*

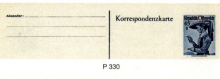

P 330

P 331

P 330	45 g	stahlblau (2. 9. 48) . . . . . . an	18,—	200,—
P 331	45/45 g ☑	stahlblau 1. 2. 50) . . . . . an	40,—	s. u.

Portoerhöhung nach Ungarn und in der CSR am 1. 1. 50 auf 75 g.

P 331 konnte daher ohne Zusatzfrankatur nicht gebraucht werden.

P 330:	der ⊙-Preis bezieht sich auf Karten nach CSR	
	und Ungarn ohne Zusatzfrankatur bis 1. 1. 50	
–	mit Zusatzfrankatur ins Ausland bis 1. 1. 50	50,—
–	mit Zusatzfrankatur nach dem 1. 1. 50	10,—
P 331:	gebraucht mit Zusatzfrankatur	50,—
F	Frageteil mit Zusatzfrankatur	20,—
A	Antwortteil mit Zusatzfrankatur	20,—

Erhebliche Restbestände der P 330 und P 331 wurden von der Postverwaltung nach Entwertung des 45-g-WSt. mit einer 30-g-Marke überklebt zum Verbrauch als Inlandkarten.

Nummernänderung:

bisher P 328 – jetzt P 330
bisher P 329 – jetzt P 328
bisher P 330 – jetzt P 329

1950. Karten in vorheriger Ausführung, in Farbänderung.

P 332	30 g dkl'violett, *rahmfarben* . . . . al	7,—	3,—
P 333	30/30 g ☑ dkl'violett, *rahmfarben* . . al	25,—	50,—
F	Frageteil		17,50
A	Antwortteil		25,—

1950. Bildpostkarte. Vordruck Korrespondenzkarte.

P 334	30 g dunkelviolett, *gelblich* . . . . al	9,—	10,—

1. Auflage = 40 verschiedene Bilder

1951. Neue Ausgabe infolge Portoerhöhung. Vordruck wie bisher, *rahmfarben.*

P 335	70 g smaragdgrün . . . . ap	10,—	2,—
P 336	70/70 g ☑ smaragdgrün . . . . ap	20,—	30,—
F	Frageteil		10,—
A	Antwortteil		14,—

Die MICHEL-Redaktion nimmt keine Markenprüfungen vor!

1951. Neue Inlandkarten. Vordruck „Korrespondenzkarte", darunter „Ortsverkehr" oder „Fernverkehr", I = mit, II = ohne Anführungsstriche.

P 337 I mit Anführungsstrichen

P 337 II ohne Anführungsstriche

				I		II	
P 337	70 g	smaragdgrün ap	10,—	2,50	12,—	3,—	
P 338	1 S	dkl'olivgrün . aq	7,—	2,—	6,—	2,—	
P 339	70/70 g	☑					
		smaragdgrün . . ap	25,—	30,—			
F		Frageteil		10,—			
A		Antwortteil		15,—			
P 340	1/1 S	☑					
		dkl'olivgrün . . . aq	12,50	20,—	15,—	20,—	
F		Frageteil		6,—		6,75	
A		Antwortteil		9,—		9,25	

1951/52. Auslandskarten. Vordruck „Korrespondenzkarte", *rahmfarben.*

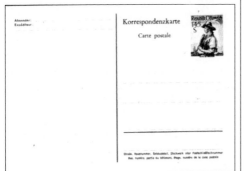

P 342

P 341	60 g	ziegelrot . . . . ao	30,—	40,—
P 342	1,45 S	karminrot . . . . ar	10,—	10,—
P 343	60/60 g ☑	ziegelrot . . . . ao	62,50	200,—
F		Frageteil		90,—
A		Antwortteil		85,—
P 344	1,45/1,45 S ☑	karminrot . . . . ar	20,—	30,—
F		Frageteil		12,50
A		Antwortteil		8,75

Die Karten P 341 und P 343 zu 60 g. stellten einen Sondertarif nach Deutschland für die Zollausschlußgebiete im Kleinwalsertal und Tirol dar.

1951/55. Bildpostkarten für das Inland und Ausland. WSt. der Trachtenserie. Ausführung der Inlandkarten wie P 334, Auslandkarten mit mehrsprachigen Bildunterschriften, ohne Auflagen- und Bildnummer, *hellgelb.*

P 345

P 345	1 S	dunkelolivgrün . . . . aq	4,—	1,—
		(2.–24. Auflage Inland = 722 Bilder)		
P 346	1.45 S	karminrot . . . . ar	4,50	7,50
		(1. Auflage Ausland = 11 Bilder)		
P 347	1.45 S	karminrot . . . . ar	4,—	4,—
		(2.–7. Auflage Ausland = 78 Bilder)		
P 348	1.45 S	karminrot . . . . ar	4,50	7,50
		(8. Auflage Ausland = 12 Bilder)		

Unterscheidungsmerkmale der Auslandskarten über dem Bild: bei P 346 „LERNT ÖSTERREICH KENNEN!" wie bei den Inlandkarten, bei P 347 „Besuchet Österreich" – viersprachig (deutsch, englisch, französisch, esperanto), bei P 348 „Besuchet Österreich" – dreisprachig (ohne esperanto).

1955. Sonderkarten zum Villacher Volksfest. Je 1 Bildkarte von P 345 und P 348, links statt der Landschaft Abbildung eines Mädchens in Volkstracht, darunter Werbetext für das Villacher Volksfest (13.–24. Juli 1955).

P 345 I	1 S	dunkelolivgrün . . . . aq	☐	☐
		(Bild 015 der 24. Auflage Inland)		
P 348 I	1.45 S	karminrot . . . . ar	☐	☐
		(Bild 012 der 8. Auflage Ausland)		

Auflage: P 345 I = 20 000, P 348 I = 10 000 Stück

1952. 50. Todestag von Prof. Dr. Emanuel Herrmann, *gelblich.*

P 349	1 S	dunkelolivgrün . . . . aq	15,—	20,—

Auflage: 10 000 Stück

1956. Neue Ausgabe. Geänderter Vordruck: Postkarte anstatt Korrespondenzkarte (in Antiqua). Anschrift: 4 Punktzeilen, dritte unterstrichen, mit Orts- bzw. Fernverkehr. Auslandkarten haben unter der 4. Punktzeile zwei Textzeilen.

P 350	70 g	smaragdgrün	..........ap	4,50	1,50
P 351	1 S	dunkelolivgrün	..........aq	4,—	1,—
P 352	1,45 S	karminrot	..............ar	10,—	6,—
P 353	70/70 g	☑ smaragdgrün	........ap	20,—	22,25
F		Frageteil	....		9,—
A		Antwortteil	....		15,—
P 354	1/1 S	☑ dunkelolivgrün	.......aq	20,—	15,—
F		Frageteil	....		5,—
A		Antwortteil	....		7,50

P 335 bleibt frei.
Die Antwortkarte zu 1.45 S. ist nicht erschienen!

1956. Bildpostkarten. Ausführung wie vorherige Ausgabe. „Postkarte" in Antiqua anstatt „Korrespondenzkarte", *gelblich*.

P 357

P 356	70 g	smaragdgrün	.............ap	25,—	30,—
		(43. Auflage = 6 Bilder)			
P 357	1 S	dunkelolivgrün	...........aq	4,—	4,—
		(25.–41. Auflage = 444 Bilder)			
P 358	1.45 S	karminrot	...............ar	4,—	5,—
		(9.–10.Auflage = 22 Bilder)			

1956. Auslandkarten mit neuem Vordruck: 2½ Punktzeilen, 1 Strichlinie, 2 Punktzeilen, darunter (Bestimmungsland – Pays de destination).

P 359	60 g	orangerot	..........ao	50,—	60,—
P 360	1.45 S	karminrot	..............ar	3,50	4,—
P 361	1.45/1.45 S	☑ karminrot	.......ar	16,—	35,—
F		Frageteil	....		17,50
A		Antwortteil	....		12,50

P 359 = Sondertarif für Zollausschlussgebiete.

1956. Ausland-Bildkarten mit neuem Vordruck wie P 360. Mit oder ohne Angabe der Auflagen-Nr., ohne Bildnummer, *gelblich*.

P 362	1.45 S	karminrot	................ar	4,—	3,50
		(ohne Angabe der Auflagen-Nr.:			
		11.–20. Auflage = 201 Bilder)			
P 363	1.45 S	karminrot	................ar	4,—	5,—
		(mit Angabe der Auflagen-Nr.			
		rechts unten: 21.–24.			
		Auflage = 91 Bilder)			

1962. Auslandkarte für die Zollausschlussgebiete. Neuer Vordruck: 3½ Punktzeilen, 1 Strichlinie, 1 Punktzeile, darunter 1 Vordruckzeile.

P 364	70 g	blaugrün	................ap	45,—	60,—

1962. Neue Ausgabe. Inlandausgabe für den Ortsverkehr mit geändertem Vordruck: 4½ Punktzeilen, die vierte unterstrichen, *rahmfarben*.

P 365	70 g	smaragdgrün	..........ap	11,25	3,75
P 366	70/70 g	☑ smaragdgrün	.......ap	25,—	35,—
F		Frageteil	....		12,50
A		Antwortteil	....		20,—

1962. Bildpostkarte mit gleichem Vordruck wie vorherige Ausgabe, *gelblich*.

P 367	70 g	smaragdgrün	..............ap	20,—	15,—

(69. Auflage = 1 Bild)

Anschriftenänderungskarten

1948. WSt. (ak), Karton *rahmfarben*. WSt. im Hintergrund waagerecht schraffiert.

AÄK 6	20 g	schwarz	.....................ap	225,—	250,—

Druckvermerk: K 24 49.

1949. Portoerhöhung. Neuer WSt. (al), Vordruck unverändert.

AÄK 7	30 g	schwarz, *grauweiß*	..........al	30,—	35,—
AÄK 8	30 g	schwarz, *grauweiß*	..........al	25,—	25,—

Druckvermerk (St.) K 180 49
Unterschied: AÄK 7: WSt. - Hintergrund Strichklischee (Buchdr.)
AÄK 8: WSt. - Hintergrund Rasterklischee (Offsetdr.)

AÄK 9 bleibt frei.

1951/57. Neue Wertstufe. WSt. (ap). Vorne links unten neue Bemerkung: „Bei Verwendung des Anschriftenvormerkscheines im Fernverkehr ist zur Ergänzung der Gebühr eine 30-g.-Marke aufzukleben." Mehrere Auflagen bis 1957, zu unterscheiden an den Druckvermerken.

AÄK 10	70 g	schwarz, *grauweiß*	.........ap	15,—	11,25

Bekannt gewordene Druckvermerke:
K 315 51; K 457 52; K 354 53; K 508 53; K 309 54; K 137 55;
K 336 55; K 390 55; K 238 56; (2K 38 56) Druckfehler; K 36 57

Von 1957–1964 gab es Formulare ohne Wertstempel.

Postauftragskarten

 1948/49. Neue Ausgabe mit WSt. (ao), WSt.-Hintergrund waagerecht schraffiert (Bdr.). Auf der Rs. der Auftrags- Postanweisung: „Bestätigung des Empfängers:" mit 1 Punktzeile.

AK 28   60 g schwarz, *graublau* . . . . ao   18,—   18,—

Druckvermerk: 6183 48; 7687 49

 1950. WSt. (ao) wie oben, jedoch auf der Rs. der Auftrags-Postanweisung: „Bestätigung des Empfängers:" mit Rasterfeld.

AK 29   60 g schwarz, *graublau* . . . . ao   18,—   18,—

Druckvermerk: K 27 50; 6599 50

1951. WSt. (ao), WSt.-Hintergrund jetzt gerastert, sonst Ausführung wie AK 29.

AK 30   60 g schwarz, *graublau* . . . . ao   12,50 16,50

Druckvermerk: 1786 51

1952/54. neue Ausgabe infolge Portoerhöhung. WSt. (as). Auf der Vs. der Postauftragskarte: „Einzuheben S ... g ...," darunter 1 Rasterzeile.

AK 31   1.70 S schwarz . . . . as
a   *graublau* . . . . 15,—   18,—
b   *hellgelb* . . . . 15,—   16,—

Druckvermerk: AK 31 a: 12 667 51; K 381 52.
AK 31 b: K 23 53; K 278 53; K 164 54; K 403 54.

Die Bildbeschreibungen zu den Markenabbildungen sind so ausführlich wie möglich gehalten!

1955/57. WSt. (as). Wie AK 31, jedoch auf der Postauftragskarte: „Einzuheben S ... g ...", darunter 2 Rasterfelder.

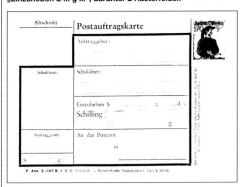

AK 32   1.70 S schwarz, *hellgelb* . . . . as   10,—   15,—

Druckvermerk: K 57 55; K 382 55; K 106 56; K 368 56; K 57 57

Letzte Ausgabe, weiterhin Formulare ohne WSt.

Postauftragskarten auf Bestellung von Behörden

(zum Gebrauch durch Finanzämter)

1948. Ausgabe mit WSt. Trachten.

AKB 3   60 g schwarz, *graublau* . . . . ao   15,—

1953. Portoerhöhung. Vordruck „S" und 1 Rasterzeile.

AKB 4   1.70 S schwarz . . . . as   15,—
a   *grau*, Druckvermerk   11750 51 ☐
                                   5608 52 ☐
b   *gelb*, Druckvermerk   K 389 53 ☐
                                   K 155 54 ☐

1955. Desgl., „Vordrucksänderung: „Schilling" und zwei Rasterzeilen und „g".

AKB 5   1.70 S schwarz, *gelb* . . . . as   16,—
AKB 6   2 S   schwarz, *gelb* (1958) . . . . at   14,—

Druckvermerk AKB 5: K 129 55; K 129 57.
AKB 6: K 65 58; K 127 58; K 165 58; K 77 60; K 277 61; K 75 62; K 138 62; K 100 63.

Flugzeug von unten gesehen (au), 1952–1967

 au

Luftpostfaltbriefe

(Aerogramme)

1952, 5. Jan. Vordruck: AEROGRAMM / LETTRE AVION / AIR LETTER. Mit blauem Rhombenrand. Unterdruck: Kreuzlinienmuster, *grau.* **146×95 mm.**

LF 1   3,80 S dunkelblau .... 12,50 25,—

1953 11. Nov. Neue Ausgabe infolge Portoermäßigung. Geänderter Vordruck: „AEROGRAMM/AEROGRAMME/AIR LETTER", *grau.*

LF 2   3,60 S dunkelblau .... 14,— 30,—

1954, 1. Juli. Neue Ausgabe mit geändertem Unterdruck: Kettennetzmuster, *weiß.* **I = Rhombenrand links und rechts: I = 5 mm breit, II = dto. 8–9 mm.**

		I		II	
LF 3	2,80 S braunrot, Unterdruck gelbbraun	15,—	40,—	20,—	52,50
LF 4	3,60 S ultramarin, Unterdruck grün	15,—	15,—	15,—	25,—

1960, 4. April. Neue Ausgabe infolge Portoerhöhung. Vordruck: 4 Strichlinien. Luftpostzettel dreisprachig (bisher zweisprachig), *weiß.*

LF 5	3,40 S braunrot, Unterdurck gelbbraun	10,—	30,—
LF 6	4,20 S ultramarin, Unterdruck hellgrün	7,50	12,50

1963. Neue Ausgabe mit geändertem Vordruck: 4½ Punktzeilen, 1 Strichlinie, 2 Textzeilen, *weiß.*

LF 7	3,40 S braunrot, Unterdruck hellgelb	12,50	30,—
LF 8	4,20 S dunkelblau, Unterdruck hellgrün	7,50	12,50

1965. Sonderausgabe zur WIPA 1965. Vordruck wie bei Ausgabe 1963, jedoch Luftpostzettel tiefer gesetzt, darüber WIPA-Emblem und dreisprachiger Text, *weiß.*

LF 9	3,40 S braunrot, Unterdruck hellgelb	18,—	15,—
LF 10	4,20 S dunkelblau, Unterdruck hellgrün	16,—	14,—

1966. Neue Ausgabe mit geändertem Vordruck: Rs. mit: „A-.../Postleitzahl/Code postal", *weiß.*

LF 11	3,40 S braunrot, Unterdruck gelbbraun		
I	ohne Werbung auf der Rückseite.	10,—	27,50
II	mit rückseitiger Werbung: Bad Tatzmannsdorf und dreisprachigem Text im quadratischen Rahmen.	12,50	33,75
LF 12	4,20 S dunkelblau, Unterdruck hellgrün	7,50	17,50

Der Verkauf der Aerogramme für den Europaverkehr wurde am 31.7.1967 eingestellt.

1967. Vordruck jetzt mit Teilstrich und Absendervermerk vorderseitig links, darunter nur AEROGRAMME.

LF 13	5 S dkl'blau, Unterdruck hellgrün		
I	ohne rückseitige Werbung	2,50	5,—
II	mit rückseitiger Werbung Bad Schallerbach (1968)	5,—	10,—
III	mit rückseitiger Werbung für Bad Ischl	4,—	7,50
IV	mit rückseitiger Werbung für Badgastein	25,—	30,—

1973. Vordruck wie bisher. Verschlussklappen an 3 Seiten. Neues Format 150×105 mm.

LF 14   5 S dkl'blau, Untergrund hellgrün ..... 4,50 9,—

Baudenkmäler 1958–1968 (aw–bf)

aw) Residenzbrunnen in Salzburg   ax) Basilika von Mariazell   ay) Wohnbau „Rabenhof" Wien-Erdberg   az) Münzturm in Hall i. T.

ba) Gnadenkirche von Christkindl   bb) Klagenfurt: Lindwurmbrunnen   bc) Donaubrücke in Linz   bd) Schweizertor in Wien

be) Schloß Esterházy in Eisenstadt   bf) Rathaus in Steyr   bg) Churer Tor in Feldkirch

Postkarten

1958. Inlandkarten für den Fernverkehr. WSt. Mariazell, mit 2 Signaturen am Unterrand: A. STROHOFER und G. WIMMER. *Rahmfarben.* **Anschriftenteil: 4 Punktzeilen, 3. unterstrichen.**

P 368

P 368	1 S dunkelbraun .... ax	5,—	7,—
P 369	1/1 S 🔲 dunkelbraun .... ax	15,—	20,—
F	Frageteil		6,—
A	Antwortteil		9,—

1958. Bildpostkarte für das Inland mit gleichem Vordruck. ohne Auflagen-Nr., *gelblich.*

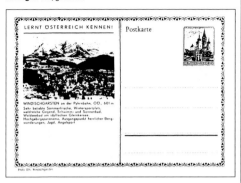

P 370	1 S dunkelbraun .... ax	4,—	1,50	

(42. und 44.–48. Auflage = 181 Bilder)

1959. Neue Ausgabe. WSt. (ax) mit nur einer Signatur in der Mitte des Unterrandes A. STROHOFER, *rahmfarben.*

P 371	1 S dunkelbraun .... ax	2,—	1,—	
P 372	1/1 S ☑ dunkelbraun .... ax	10,—	17,50	
F	Frageteil		6,—	
A	Antwortteil		9,—	

1959. Bildpostkarte für das Inland in Ausführung wie P 371. **Jetzt mit Auflagen-Nr. rechts unten, mit oder ohne Bild-Nr.,** *rahmfarben.*

P 373	1 S dunkelbraun .... ax	2,—	2,—	

(ohne Bild-Nr. – 49.–64. Auflage = 367 Bilder)

P 374	1 S dunkelbraun .... ax	2,50	2,—	

(mit Bild-Nr. – 65.–67. Auflage = 92 Bilder)

1959, 23. Okt. Sonderkarte zum 90. Jahrestag der Herausgabe der ersten Korrespondenzkarte. Ausführung wie P 371, **jedoch ohne „Fernverkehr".**

P 375	1 S dunkelbraun .... ax	5,—	5,—	

Auflage: 3 000 000 Stück

1961, Auslandkarten in neuer Ausführung: Anschriftenteil mit 2½ Punktzeilen, 1 Strichlinie, 2 Punktzeilen, *rahmfarben.*

P 376	1,80 S ultramarin .... az	3,75	4,50	
P 377	1,80/1,80 S ☑ ultramarin .... az	13,—	25,—	
F	Frageteil		12,50	
A	Antwortteil		8,—	

1961. Bildpostkarten in gleicher Ausführung wie P 376, *gelblich.*

P 378	1,80 S ultramarin .... az	4,—	4,—	

(25.–27. Auflage = 83 Bilder)

1962. Bildpostkarte für das Inland in Ausführung wie P 374, **jetzt mit Zusatz „Fernverkehr" unter der Überschrift „Postkarte".**

P 379	1 S dunkelbraun .... ax	4,50	5,—	

(68. Auflage = 10 Bilder)

1962. Auslandkarte mit neuem Vordruck im Arschriftenteil: 3½ Punktzeilen, 1 Strichlinie, 1 Punktzeile, 1 Textzeile, *rahmfarben.*

P 380	1.80 S ultramarin .... az	25,—	40,—	

P 381 bleibt frei.
Die Antwortkarte in der Wertstufe 1.80 S ist nicht erschienen.

1962. Bildpostkarte für das Ausland mit gleichem Vordruck wie P 380, *gelblich.*

P 382	1.80 S ultramarin .... az			
I	Auflagenvermerk 11–12 mm lang	2,—	3,50	

(28.–30. Auflage = 61 Bilder)

II	Auflagenvermerk 14–15 mm lang	4,—	4,—	

(31.–36., 40.–41. Auflage = 213 Bilder)

1962. Neue Ausgabe mit Vordruckänderung: jetzt mit Ortsverkehr bzw. Fernverkehr. Bei Auslandkarten P 385 **und** P 388 **im Anschrifttteil 3½ Punktzeilen, 1 Strichlinie, 1 Textzeile, 1 Punktzeile, 1 Textzeile. Überschrift „Postkarte" in Grotesk statt Antiqua.**

P 383	70 g stahlblau .... aw	10,—	8,—	
P 384	1 S dunkelbraun .... ax	1,50	1,—	
P 385	1,80 S ultramarin .... az	3,—	3,75	
P 386	70/70 g ☑ stahlblau .... aw	22,25	50,—	
F	Frageteil		17,50	
A	Antwortteil		25,—	
P 387	1/1 S ☑ dunkelbraun ...... ax	9,—	15,—	
F	Frageteil		5,—	
A	Antwortteil		7,50	
P 388	1,80/1,80 S ☑ ultramarin .... az	15,—	25,—	
F	Frageteil		11,25	
A	Antwortteil		8,—	

1962. Bildpostkarte (Inland). Gleicher Vordruck wie P 384, *gelblich.*

P 389	1 S dunkelbraun .... ax			
I	Auflagenvermerk 10 mm breit	2,25	3,—	

(70. Auflage = 23 Bilder)

II	Auflagenvermerk 13 mm breit	3,—	3,—	

(71.–83., 86.–89. Auflage = 453 Bilder)

1963. Auslandkarte: Sondertarif für die Zollausschlußgebiete. Vordruck Grotesk. 3½ Punktzeilen, 1 Strichlinie, 1 Punktzeile. Letzte Textzeile: „Bestimmungsland", *rahmfarben.*

P 390	1 S dunkelbraun .... ax	200,—	200,—	

1964/65. Neue Ausgabe. Inlandkarten: Vordruck wie bisher, jedoch ohne Fernverkehr, da die ermäßigte Ortsgebühr weggefallen ist. Auslandkarten: Vordruck Postkarte heruntergesetzt neben den Unterrand des Wertstempels.

P 391	1 S dunkelbraun .... ax	5,—	1,50	
P 392	1,80 S ultramarin .... az	5,—	4,—	
P 393	1/1 S ☑ dunkelbraun ...... ax	9,—	15,—	
F	Frageteil		5,—	
A	Antwortteil		7,50	
P 394	1,80/1,80 S ☑ ultramarin ...... az	9,—	22,50	
F	Frageteil		11,25	
A	Antwortteil		7,50	

1964. Bildpostkarte (Inland). Ebenfalls ohne Fernverkehr, *gelblich.*

P 395	1 S dunkelbraun . . . . ax	4,—	4,—
	(90. Auflage = 25 Bilder)		

1964. Bildpostkarten in Ausführung wie bisher. Doppelter Rahmen, Doppelteilstrich mit senkrechtem Text: P 396 „LERNT ÖSTERREICH KENNEN", P 397 „Besuchet Österreich / Come to Austria / Visitéz Autriche".

P 396	1 S dunkelbraun . . . . ax	4,—	2,—
	(91.–92. Auflage = 45 Bilder)		
P 397	1,80 S ultramarin . . . . az	4,—	3,25
	(42.–43. Auflage = 47 Bilder)		

1965. Wiener Int. Postwertzeichen-Ausstellung „WIPA 1965". Links WIPA-Emblem und Text.

P 396 I	1 S dunkelbraun . . . . ax	☐	☐
	(Bild 24 der 92. Auflage Inland)		
P 397 I	1.80 S ultramarin . . . . az	☐	☐
	(Bild 17 der 43. Auflage Ausland)		

Auflage: je 15 000 Stück

1965. Neue Ausgabe mit geändertem Vordruck: beim Absendervermerk zusätzlich „Postleitzahl", *hellrahmfarben.*

P 398	1 S dunkelbraun . . . . ax	3,75	2,25
P 399	1,80 S ultramarin . . . . az	2,25	3,—
P 400	1/1 S ☑ dunkelbraun . . . . . . ax	7,50	15,—
F	Frageteil		5,50
A	Antwortteil		7,50
P 401	1,80/1,80 S ☑ ultramarin . . . . az	7,50	25,—
F	Frageteil		12,50
A	Antwortteil		10,—

P 398 und P 400 Wolken mit unregelmäßigem Raster.
Vordruck bei den Inlandkarten:
P 398 = Postfach-/nummer (2 Zeilen)
P 402 = Postfachnummer (1 Zeile)

1966. Wie P 398, WSt. (ax), **jedoch Wolken mit gleichmäßigem Raster und „Postfachnummer" in einer Zeile.**

P 402	1 S dunkelbraun . . . . ax	1,25	1,—

1966. Inland-Bildpostkarte. Geänderter Absendervermerk in Grotesk, zusätzlich mit „Postleitzahl", *gelblich.*

P 403	1 S dunkelbraun . . . . ax	1,25	2,—
	(93.–95. Auflage = 136 Bilder)		

1966. Bildpostkarten mit neuem Vordruck. Inlandkarte mit 3 Punktzeilen, 2 Textzeilen, 1 unterstrichenen Punktzeile (davor kurze Punktzeile), 1 Textzeile in der Anschrift. Absendervermerk mit 3 Punktzeilen, dritte unterstrichen. Auslandkarte mit 4 Punktzeilen, 1 Textzeile, 1 Strichzeile, 1 Textzeile in der Anschrift, jetzt mit Zusatz „Postleitzahl". Doppelter Rahmen und Teilstrich wie vorher, *gelblich.*

P 404	1 S dunkelbraun . . . . ax	2,—	2,—
	(96.–102. Auflage = 143 Bilder)		
P 405	1.80 S ultramarin . . . . az	4,—	4,—
	(46. Auflage = 42 Bilder)		

1967. Neue Ausgabe infolge Portoerhöhung, Vordruck unverändert, *hellrahmfarben.*

P 406	1,50 S rotbraun . . . . ay	1,25	1,—
P 407	2 S stahlblau . . . . ba	12,—	7,—
P 408	1,50/1,50 S ☑ rotbraun . . . . ay	10,—	20,—
F	Frageteil		6,—
A	Antwortteil		9,—
P 409	2/2 S ☑ stahlblau . . . . ba	11,—	37,50
F	Frageteil		17,50
A	Antwortteil		12,50

1967. Bildpostkarten zum neuen Portosatz, *gelblichsämisch.*

P 410	1.50 S weinrot . . . . ay	2,—	2,—
	(103.–106. Auflage = 251 Bilder)		
P 411	2 S stahlblau . . . . ba	10,—	3,—
	(48.–49. Auflage = 87 Bilder)		

1968. Neuer WSt. (bb) für die Auslandkarte. Vordruck unverändert, *grausämisch.*

P 412	2 S stahlblau . . . . bb	1,50	2,25
P 413	2/2 S ☑ stahlblau . . . . bb	5,—	17,50
F	Frageteil		9,—
A	Antwortteil		6,—

1968. Ausland-Bildpostkarten mit neuem WSt. (bb), Vordruck unverändert.

P 414	2 S stahlblau	2,—	2,—
	(50. Auflage = 43 Bilder)		

1969. Bildpostkarten mit geändertem Vordruck, jetzt ohne Umrandung. Inlandkarte mit einfachem Teilstrich, Werbung „LERNT ÖSTERREICH KENNEN" jetzt unter dem Bild. Anschriftvordruck wie P 404. Letzte Absenderzeile 6 mm über der Unterkante. Auslandkarte mit dreisprachiger Werbung „Besuchet Österreich!" statt des Teilstrichs. Anschriftvordruck mit 3 Punktzeilen, 1 Punkt-Strichzeile, 1 Textzeile, 1 Punktzeile, 1 Textzeile. Links unten 3 Punktzeilen, darüber „Absender" zweisprachig.

P 415	1.50 S weinrot . . . . ay	1,25	1,—
	(107.–111. Auflage = 220 Bilder)		
P 416	2 S stahlblau . . . . bb	2,50	2,—
	(53. Auflage = 40 Bilder)		

1969. Bildpostkarten mit erneut geändertem Vordruck. Inlandkarte wie P 415, jedoch letzte Absenderzeile 12–14 mm über der Unterkante. Auslandskarte: Erste Absenderzeile verkürzt, davor „Absender" statt wie bisher darüber.

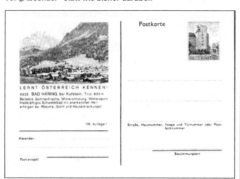

P 417

P 418

P 417	1.50 S weinrot . . . . ay			
a	*hellgelb*		2,—	2,—
	(112–121. und 123. Auflage = 208 Bilder)			
b	*rahmfarben*		2,—	2,—
	(125.–126. Auflage = 24 Bilder)			
P 418	2 S stahlblau . . . . bb			
a	P *hellgelb*		2,—	2,—
	(55.–57. Auflage = 88 Bilder)			
b	P *rahmfarben*		2,50	3,50
	(58. Auflage = 4 Bilder)			

1969/70. 100jähriges Jubiläum der Korrespondenzkarte. Bildkarten von P 415 und 417 a, links Abbildung der ersten Korrespondenzkarte.

P 415 I	1.50 S weinrot . . . . ay	☐	☐
	(Bild 1 der 108. Auflage Inland)		
P 415 II	1.50 S weinrot . . . . ay	☐	☐
	(Bild 21 der 110. Auflage Inland)		
P 417a I	1.50 S weinrot . . . . ay	☐	☐
	(Bild 1 der 112. Auflage Inland)		

Zunächst wurde fälschlicherweise die Karte P 2 abgebildet, erst in einer späteren Auflage erfolgte Berichtigung.

P 415 I	Abbildung der Karte P 2, darunter 2 mm dicker Balken, im Text: „geboren" (Auflage 10 000).
P 415 II	Abbildung der Karte P 2, darunter 2 mm dicker Balken, im Text: „geboren" (Auflage 5000).
P 417 a I	Abbildung der Karte P 1, ohne Balken, im Text „geboren" (Auflage 10 000).

1970. 100 Jahre Ansichtskarte Melk. Links Abbildung des Stiftes Melk (= ältester privater Bildzudruck auf der Karte P1.)

P 417 a II	1.50 S weinrot . . . . ay	☐	☐
	(Bild 13 der 113. Auflage Inland)		

Auflage: 5000 Stück

1971. Generalversammlung der Int. Sportverbände „AGFI / GDIS / GAIF". Links Emblem.

P 417 a III	1.50 S weinrot . . . . ay	☐	☐
	(Bild 15 der 118. Auflage Inland)		

1973. 25 Jahre Bergstadt Eisenerz. Links Stadtwappen und Inschrift.

P 417 b I	1.50 S weinrot . . . . ay	☐	☐
	(Bild 2 der 126. Auflage Inland)		

Auflage: 20 000 Stück

1971. Werbepostkarte. Geänderter Vordruck: dreizeiliger Absendervermerk jetzt links unten. Statt des Teilstriches jetzt Werbespruch: „ATB AKTUELL ATB WERBETRÄGER ATB".

P 419	1.50 S rotbraun . . . . ay		
I	Länge des Werbespruchs 93,5 mm	1,—	1,—
II	Länge des Werbespruchs 91,5 mm	1,—	1,—

1971/72. Inlandkarten in geänderter Ausführung. Absender links unten wie P 419, jedoch mit einfachem Teilstrich statt des Werbespruches.

P 420	1.50 S rotbraun . . . . ay	1,—	1,—
P 421	1.50/1.50 S ☑ rotbraun . . . . ay	75,—	250,—
F	Frageteil		70,—
A	Antwortteil		110,—

Von der Antwortkarte kamen nur geringe Mengen an die Postämter zur Verteilung, da der Verkauf von Antwort-Postkarten bereits am 1.10.71 eingestellt wurde.

Notierungen auf Ganzsachen

sollten nur auf der Rückseite mit einem weichen Bleistift (HB oder B) angebracht werden. Nicht entfernbare Notierungen (mit Tinte o. ä.) bzw. deutliche Radierspuren auf der Vorderseite sind als 2. Wahl anzusetzen und verdienen nicht den vollen Preisansatz.

1971/73. Neue Auslandkarte infolge Portoerhöhung. Absendervermerk links unten.

P 422	2.50 S lilablau, *grauweiß* . . . . bc		
I	„Postkarte" 31 mm vom oberen Rand, letzte Absenderzeile 11 mm vom unteren Rand entfernt	1,80	2,50
II	„Postkarte" 27 mm vom oberen Rand, letzte Absenderzeile 15 mm vom unteren Rand entfernt	1,80	2,50

1971/73. Ausland-Bildpostkarte in der neuen Wertstufe. Vordruck wie P 418.

P 423	2.50 S lilablau . . . . bc		
a	*hellgelb*	2,—	3,—
	(59. Auflage = 14 Bilder)		
b	*rahmfarben*	1,50	2,—
	(60.–62. und 64.–65. Auflage = 75 Bilder)		

1972. Bildpostkarte für das Inland mit Vordruck wie P 417, jedoch 1. Anschriftzeile auf 20 mm verkürzt.

P 424	1.50 S weinrot . . . . ay	1,—	1,50
	(124. Auflage = 26 Bilder)		

1972. 3. Int. Pfadfinder-Briefmarkenausstellung in Salzburg. Links Ansicht von Salzburg, darunter Emblem.

P 424 I	1.50 S weinrot . . . . ay	☐	☐
	(Bild 26 der 124. Auflage Inland)		

Auflage: 10 000 Stück

1973/74. Erneut geänderter Vordruck der Inlandskarte: 3. Absenderzeile jetzt auf gleicher Höhe wie die 4. Anschriftzeile (bei P 420 2. Absenderzeile auf der gleichen Höhe).

P 425	1.50 S rotbraun . . . . ay	2,—	2,—

1973/74. Bildpostkarte für das Inland. Vordruck wie P 425, jedoch vor der letzten unterstrichenen Anschriftzeile jetzt „Postleitzahl", darüber Punktzeile.

P 426	1.50 S rotbraun . . . . ay	2,—	2,—
	(127.–130. Auflage = 64 Bilder)		

1973. 60 Jahre Wiener Ganzsachen-Sammler-Verein 1913–1973. Links Abbildung der 1. österreichischen Ganzsachen-Umschläge.

P 426 I	1.50 S rotbraun . . . . ay	☐	☐
	(Bild 17 der 127. Auflage Inland)		

Auflage: 5000 Stück

1974. Werbepostkarte in Ausführung wie P 419. Statt des Teilstrichs jetzt Werbetext: „DIE POST – UM SIE BEMÜHT".

P 427	1.50 S rotbraun . . . . ay	1,50	1,—

Anschriftenänderungskarten

1964. Neue Bezeichnung „Nachsendungsantrag Inland" jetzt links oben. WSt. Rathaus in Steyr (bf), links daneben punktiertes Kästchen mit Inschrift: „Wenn Nachsendung über drei Monate verlangt wird, ist hier eine Briefmarke zu S 7' – aufzukleben." Vordruck „An das Postamt" und 2 Punktzeilen, auf der Rs. 8 Zeilen Bemerkungen.

AÄK 11	8 S schwarz, *grauweiß* . . . . bf	7,50	9,—
	Druckvermerk: 1300 64, K 134 65.		

1965. Nachsendungsantrag Inland. WSt (bf). Vordruck „An das Postamt" und 1 unterbrochene Punktzeile, auf der Rs. 8 Zeilen Bemerkungen und zusätzlich „Postleitzahl".

AÄK 12	8 S schwarz, *grauweiß* . . . . bf	9,—	12,—
	Druckvermerk: K 299 65.		

1966. Nachsendungsantrag Inland. WSt. (bf). Ausführung wie AÄK 12, jedoch auf der Rs. jetzt 11 Zeilen Bemerkungen.

AÄK 13	8 S schwarz, *grauweiß* . . . . bf	7,50	9,—
	Druckvermerk: K 116 66, K 350 66		

1966. Überschrift „Nachsendungsantrag Ausland" links oben, Vordruck deutsch und französisch. WSt. (bf). **Links 5 Zeilen deutsche und 4 Zeilen französische Bemerkungen, auf der Rs. unten 5 Zeilen Bemerkungen.**

AÄK 14 8 S schwarz, *grauweiß* . . . . bf   10,—   15,—
Druckvermerk: K 367 66.

1967. Nachsendungsantrag Inland. WSt. (bf). **Ausführung wie** AÄK 13, auf der Rs. jetzt 19 Zeilen Bemerkungen.

AÄK 15 8 S schwarz, *grauweiß* . . . . bf   7,50   10,—
Druckvermerk: K 259 67, K 392 67.

1968/71. Nachsendungsantrag Inland. WSt. (bf), auf der Vs. jetzt **14 Zeilen Bemerkungen, verschiedene Länge des Druckvermerks, auf der Rs. völlig geänderter Vordruck und verschiedene Größe des Rahmens.**

AÄK 16   8 S schwarz, *grauweiß* . . . . bf
  I   Rahmen 137 × 93 mm
       (1968/69) Länge des
       Druckvermerks: 55–57 mm. . . . .   5,—   5,—
       LK 001 299, LK 002 879,
       LK 003 098, K 62 01780.
  II Rahmen 135 × 94 mm
       (1970/71) Länge des
       Druckvermerks: 50 mm   3,50   4,50
       K 62 01961.

1968/70. Nachsendungsantrag Ausland. WSt. (bf). **Vordruck auf der Vs. Wie** AÄK 14, auf der Rs. jetzt 9 Zeilen Bemerkungen.

AÄK 17 8 S schwarz, *grauweiß* . . . . bf   8,—   12,50
Druckvermerk: LK 000 928,
K 62 04460

1972/73. Nachsendungsantrag Inland. WSt (bf). **In den Bemerkungen auf der Vs. jetzt „3 Werktage" (statt bisher „3 Tage"), auf der Rs. Vordrucksänderung in der rechten Hälfte, verschiedene Längen des Wortes „Postamt" in der Anschrift.**

AÄK 18   8 S schwarz, *grauweiß* . . . . bf
  I   „Postamt" – 16 mm lang . . . .   6,—   6,—
       Druckvermerk: K 62 01592,
       K 62 00983.
  II „Postamt" – 14 mm lang . . . .   6,—   7,—
       Druckvermerk: K 62 01304.

1972/74. Nachsendungsantrag Ausland. WSt. (bf). **Vordruck auf der Vs. wie** AÄK 17, auf der Rs. Vordrucksänderung im rechten Teil, sowie unten 11 Zeilen Bemerkungen.

AÄK 19 8 S schwarz, *grauweiß* . . . . bf   6,—
Druckvermerk: K 62 00582,
K 62 01293, K 62 03014

1975. Nachsendungsantrag Inland. Geänderter Vordruck, auf der Vs. in der Anschrift steht „An das" über „Postamt" statt wie bisher links davon.

AÄK 20 8 S schwarz, *grauweiß* . . . . bf   4,50
Druckvermerk K 62 01205.

1976. Nachsendungsantrag Inland. WSt. (bf). **Erhöhung der Nachtragsgebühr im Kästchen neben dem WSt. von 7 S. auf 8 S. auf der Vs. jetzt 8 Zeilen Bemerkungen (bisher 14).**

AÄK 21 8 S schwarz, *grauweiß* . . . . bf   5,—
Druckvermerk: K 62 01156,
K 62 03825.

1976. Nachsendungsantrag Ausland. WSt. (bf). **Erhöhung der Nachtragsgebühr wie bei** AÄK 21, auf der Vs. jetzt 5 Zeilen französische Bemerkungen (bisher 4) in der Anschrift „An" über „Postamt" (statt links davon).**

AÄK 22 8 S schwarz, *grauweiß* . . . . bf   5,—   5,—
Druckvermerk: K 62 00056,
K 62 01166, K 62 03825.

Postauftragskarten auf Bestellung von Behörden

(zum Gebrauch durch Finanzämter)

1964/66. Ausgabe mit neuem WSt. aus der Bautenserie (ba). **Ausführung wie vorherige Ausgabe.**

AKB 7 2 S schwarz, *gelb* . . . . ba   18,—
Druckvermerk: K 77 60; K 97 64;
K 71 65; K 95 65; K 225 65; K 291 65;
K 144 66 (bekannt mit Hinweis
„Fin. 1", „Fin. 2 a", „Fin. 3 b",
„Fin. 4", „Fin. 6").

1967/72. Neue Ausgabe infolge Portoerhöhung, WSt. (bd). **Vordruck unverändert.**

AKB 8   3 S schwarz . . . . bd
  a *hellgelb,* achteckige
      Stempelfelder . . . .   8,—
  b *hellgelb,* runde Stempel-
      felder . . . .   8,—
  c *dunkelgelb,* runde Stempel-
      felder . . . .   9,—
      Druckvermerk: DAK 8 a –
        LK 000 959; LK 001 068;
        LK 001 238; LK 001 388;
        LK 001 749; LK 001 868;
        LK 002 419.
      8 b – K 81 67; K 108 67,
      8 c – K 62 00601; K 62 00810
      (bekannt mit Hinweis „Fin. 1",
      „Fin 2 a", „Fin 4").

1973. Portoerhöhung, WSt. (be). **Vordruck unverändert.**

AKB 9 3.50 S schwarz, *dunkelgelb* . . . . be   7,50
Druckvermerk:
K 62 00952; K 62 00923; K 62 01563;
K 62 00984; K 62 01535 (bekannt mit
Hinweis „Fin. 1", „Fin. 2 a", „Fin. 5").

1976. Portoerhöhung, WSt. (bf I), **sonst wie vorherige Ausgabe.**

AKB 10 5.50 S schwarz, *dunkelgelb* . . . . . . bg   5,—
Druckvermerk: K 62 01456
(bekannt mit Hinweis „Fin. 2 a",
„Fin. 3 b/68").

Sonderwertstempel 1964–1973

Luftpostfaltbrief

1968, 30 Mai. IFA Wien. Vordruck wie LF 13, **jedoch Absendervermerk auf der Rs. Auf der Vs. Hinweis auf die IFA Wien 1968.**

REPUBLIK ÖSTERREICH   av) Flugzeug über Weltkugel

LF 15   5 S dkl'blau, Untergrund hellgrün . . . . .   12,—   5,—

Leichte Spuren durch die Beförderung verursacht (z. B. kleine Risse, Knicke an den Ecken) sind bei ⊙ Ganzsachen als völlig normale Erhaltung vollwertig.

Postkarten

1964. Sonder-Bildpostkarte zur Winter-Olympiade in Innsbruck 1964, *gelblich.*

bh) Eiskunstläuferin

P 428 1.80 S rotlila .... 4,— 4,—
(37.–39. Auflage = 69 Bilder)

1964. Sonder-Bildpostkarte zum 15. Weltpostkongreß in Wien.

bi) „Überbringung der Meldung vom Sieg bei Kunersdorf" von B. Bellotto

P 429 1 S rotlila .... 10,— 7,—
(84.–85. Auflage = 8 Bilder)

1964. Sonder-Postkarte zum 100. Jahrestag der Internationalen Arbeiterbewegung, *grauweiß.*

bj) Arbeitende Menschen als Pyramide, das oberste Paar vor Sonne

P 430 1 S grauschwarz .... 7,— 3,—

1965. Sonder-Bildpostkarte. 20 Jahre Wiederaufbau.

bk) Neubauten vor Häuserruinen

P 431 1.80 S rotlila .... 4,— 4,—
(44. Auflage = 8 Bilder)

1966. Desgl., jedoch mit geändertem Vordruck, im Absendervermerk jetzt mit Zusatz „Postleitzahl".

P 432 1.80 S rotlila .... 2,50 3,—
(45. und 47. Auflage = 42 Bilder)

1968. Sonder-Bildpostkarte zur Internationalen Flugpost-Ausstellung IFA Wien 1968. Karte ohne Umrandung.

bl) Etrichtaube vor Konstruktionsplan (Grundriß)

P 433 2 S dunkelbraun .... bl
  a Bild 1–6: verschiedene
    IFA-Embleme .... 10,— 4,—
  b Bild 7–16: Landschaften .... 10,— 4,—
(51. Auflage Ausland = 16 Bilder)

1968. Sonder-Bildpostkarte zu Weihnachten aus Anlaß des 150. Jahrestages des Liedes „Stille Nacht".

bm) Krippe der Gedächtniskapelle Oberndorf-Salzburg

P 434 2 S dunkelgrün .... 10,— 4,—
(52. Auflage = 18 Bilder)

1969. Sonder-Bildpostkarte 20 Jahre Kinderdorfbewegung.

bn) Mädchenkopf, Kinderheim

P 435 2 S dunkelgrün .... 2,— 2,—
(54. Auflage = 13 Bilder)

1971. Sonder-Bildpostkarte für das Inland: 25 Jahre verstaatlichte Unternehmen.

bo) Alpine-Erzberg

P 436 1,50 S rotbraun .... 15,— 10,—
(122. Auflage = 16 Bilder)

1973. Sonder-Bildpostkarte zur Nationalen Briefmarken-Ausstellung JUVABA 73 in Salzburg. Statt des Teilstriches dreisprachig: „Besucht Salzburg! Come to Salzburg! Visitez Salzburg!"

bp) Posthorn mit Telefonwählscheibe

P 437 2,50 S hellbraun .... 1,50 2,—
(63. Auflage = 16 Bilder)

Düsenflugzeug von unten gesehen (br)

br

Luftpostfaltbriefe

1975. Ausgabe mit neuem WSt. (br). Links oben Überschrift „AEROGRAMME". 5 Anschriftzeilen, unter der 4. und 5. je 1 Textzeile.

LF 16 5 S dunkelblau, *hellgrün* .... 3,— 3,—

1976. Portoerhöhung, sonst Ausführung wie vorherige Ausgabe.

LF 17   7 S   dunkelblau, *hellgrün* ....   3,—   2,—

1977. Neue Ausgabe in bisheriger Wertstufe. Vordruck der Vs. unverändert, auf der Rs. jetzt kopfstehend, auf den Seitenklappen links und rechts je eine Schere.

LF 18   7 S   dunkelblau, *hellgrün* .... br   3,—   2,50

1982, 1. März. Neue Ausgabe infolge Portoerhöhung, Vordruck unverändert, WSt. (br).

LF 19   9 S   dunkelblau ....   3,—   3,—

„Schönes Österreich" (bs–bx)

bs) Bludenz   bt) Murau   bu) Almsee

bv) Bischofsmütze/   bw) Ruine Aggstein   bx) Reiteregg,
Salzburg   Steiermark

Die Klischeezeichen by–cb bleiben frei.

Die Qualität

ist für die Beurteilung der Katalogpreise entscheidend. Alle Notierungen gelten für Stücke in handelsüblicher einwandfreier Erhaltung. Stücke mit Fehlern (Risse, fehlende Teile, Knicke), starker Verstempelung, Zusatzfrankatur usw. sind wesentlich billiger im Handel.

Umschlag

1980, 3. Nov. WSt. Almsee (bu). Links unten Werbung: „Schreib öfter ...", 162 × 114 mm.

U 72   4 S   lebhaftpurpur .... bu   2,—   2,—

Verkaufspreis 5 S. mit eingelegtem Schreibpapier.

Postkarten

1974. Postkarten mit neuem WSt. der Serie „Schönes Österreich". Auslandkarte mit Teilstrich, Inlandkarte statt des Teilstrichs mit Werbetext: „die POST – um gute Kontakte bemüht".

P 438   1.50 S   rotbraun, *grauweiß* .... bs   3,—   2,—
P 439   2.50 S   lilablau, *grauweiß* .... bt   3,—   2,—

1974. Inlands-Bildpostkarte, ähnlich wie P 424 **mit verkürzter erster Anschriftzeile (24 mm). Abstand zwischen der ersten und letzten Anschriftzeile 44 mm.**

P 440   1.50 S   rotbraun, *hellgelb* .... bs   2,—   1,50
          (131. Auflage = 13 Bilder)

1975. Inland-Bildpostkarte mit Vordruckänderung. Gegenüber P 440 **alle Anschriftzeilen gleich lang, Abstand zwischen der ersten und letzten jetzt 39 mm, Ausland-Bildkarten mit Überschrift „Postkarte" in Höhe des oberen WSt.-Randes.**

P 441   1.50 S   rotbraun, *hellgelb* .... bs   2,—   2,—
          (132.–136. Auflage = 74 Bilder)
P 442   2.50 S   lilablau, *hellgelb* .... bt   2,—   2,—
          (66.–67. Auflage = 26 Bilder)

1975. 125 Jahre österreichische Briefmarken. Int. Briefmarkenausstellung „WIEN '75".

P 441 I   1.50 S   rotbraun, *hellgelb* .... bs   ☐   ☐
          (Bild 1 der 136. Auflage Inland)
Auflage: 10 000 Stück

1975. Sonderbildpostkarte zu den XII. Olympischen Winterspielen 1976 in Innsbruck. Unter den Bildern Inschrift „OLYMPIA-STADT" bzw. „INTERNATIONALER WINTERSPORTPLATZ" statt der Werbung „LERNT ÖSTERREICH KENNEN". Kleines Olympiaemblem in der rechten unteren Ecke des Bildes oder großes Emblem und kleines Bild.

P 443   1.50 S   rotbraun, *hellgelb* .... bs
   a   mit kleinem Olympia-Emblem
           (Bild 1–9) ....   4,—   2,—
   b   mit großem Olympia-Emblem
           (Bild 10–16) ....   4,—   2,—
          (137. Auflage Inland = 16 Bilder)

1976. Neue Ausgabe infolge Portoerhöhung. Vordruck wie P 438 **und** P 439.

P 444	2.50 S	hellblauviolett, *grauweiß* ..... bt	1,50	3,—	
P 445	4 S	lebhaftpurpur, *grauweiß* ..... bu	2,—	2,50	

1976. Bildpostkarten in den neuen Portostufen, Vordruck wie bei P 441 **und** P 442.

P 446	2.50	hellblauviolett, *hellgelb* .... bt	2,—	2,—
	(138.–145. Auflage Inland = 162 Bilder)			
P 447	4 S	lebhaftpurpur, *hellgelb* ..... bu	2,—	2,—
	(68.–70. Auflage Ausland = 58 Bilder)			

1977. 50 Jahre Arbeiter-Briefmarken-Sammler-Verein „ABSV". Links Emblem und Text.

P 446 I 2.50 S hellblauviolett, *hellgelb* .... bt ☐ ☐
(Bild 1 der 144. Auflage Inland)

Auflage: 20 000 Stück

1978. Neue Ausgabe in beiden Wertstufen, Vordruck wie P 444– 445, **jedoch statt des Teilstrichs die Werbung: „Österreich ist schön. Komm bleib".**

P 448	2.50 S	grauviolett, *grauweiß* .... bt	3,—	1,50
P 449	4 S	lebhaftpurpur, *grauweiß* ..... bu	2,—	2,—

1978. Inlands-Bildpostkarte, Vordruck wie P 446, **geänderte Kartonfarbe.**

P 450 2.50 S lebhaftviolett, *gelblichgrau* ... bt 2,— 2,—
(146. Auflage Inland = 29 Bilder)

1978. Inbetriebnahme der 1. Teilstrecke der Wiener U-Bahn. Links U-Bahn-Zug im Bahnhof.

P 450 I 2.50 S hellblauviolett, *gelblichgrau* ...... bt ☐ ☐
(Bild 29 der 146. Auflage Inland)

1978/80. Bildpostkarten für In- und Ausland, Vordruck wie P 446 **und** 447, **geänderte Kartonfarbe. Inlandkarte: Letzte Absenderzeile 5 mm unter der letzten Anschriftenzeile (= P 451) bzw. beide Zeilen auf gleicher Höhe (= P 452).**

P 451	2.50 S	hellblauviolett, *bläulichgrau* ... bt	2,—	2,—
	(147.–150., 152. und 154. Auflage = 157 Bilder)			
P 452	2.50 S	hellblauvio. *bläulichgrau* ..... bt	2,—	2,—
	(156., 157. und 159. Auflage = 72 Bilder)			
P 453	4 S	lebhaftpurpur, *bläulichgrau* ... bu	2,—	2,—
	(72., 75., 77. und 79. Auflage Ausland = 95 Bilder)			

1978. Ausstellung „PHILA GRAZ". Links alte Ansicht von Graz in schwarzgrauer Farbe.

P 451 I 2.50 S hellblauviolett .... bt ☐ ☐
(Bild 8 der 148. Auflage Inland)

1979. 200 Jahre Innviertel bei Österreich.

P 451 II 2.50 S hellblauviolett .... bt ☐ ☐
(Bild 1 der 150. Auflage Inland)

P 451 III 2.50 S hellblauviolett .... bt ☐ ☐
(Bild 1 der 152. Auflage Inland)

1979. 75 Jahre Floridsdorf bei Wien. Links Bild: Floridsdorfer Hauptstraße vor 75 Jahren.

P 451 IV 2.50 S hellblauviolett .... bt ☐ ☐
(Bild 24 der 152. Auflage Inland)

1980. Inbetriebnahme der Linie U 2 der Wiener U-Bahn. Links U-Bahn-Zug.

P 452 I 2.50 S hellblauviolett .... bt ☐ ☐
(Bild 21 der 156. Auflage Inland)

1980. 60jähriges Jubiläum des Briefmarken-Sammler-Vereins „DONAU".

P 452 II 2.50 S hellblauviolett .... bt ☐ ☐
(Bild 24 der 157. Auflage Inland)

1978/80. WIPA 1981. Karten mit einfarbigen Bildern aus verschiedenen Auflagen. Links Bild mit Text und WIPA-Emblem.

P 451 V	2.50 S hellblauviolett, *bläulichgrau* ... bt	☐	☐
	(Bild 1 der 148. Auflage Inland)		
P 451 VI	dto. – Bild 2 der 149. Auflage Inland .... bt	☐	☐
P 451 VII	dto. – Bild 3 der 150. Auflage Inland .... bt	☐	☐
P 451 VIII	dto. – Bild 4 der 152. Auflage Inland .... bt	☐	☐
P 451 IX	dto. – Bild 5 der 154. Auflage Inland .... bt	☐	☐
P 452 III	dto. – Bild 6 der 156. Auflage Inland .... bt	☐	☐
P 452 IV	dto. – Bild 7 der 157. Auflage Inland .... bt	☐	☐
P 452 V	dto. – Bild 8 der 159. Auflage Inland .... bt	☐	☐
P 453 I	4 S lebhaftpurpur, *bläulichgrau* ... bu	☐	☐
	(Bild 1 der 72. Auflage Ausland)		
P 453 II	dto. – Bild 2 der 75. Auflage Ausland .... bu	☐	☐
P 453 III	dto. – Bild 3 der 77. Auflage Ausland .... bu	☐	☐

1978. Gewöhnliche Karte zum Inlandporto. Ausführung wie P 448, **jedoch mit Teilstrich statt der Werbeleiste.**

P 454 2.50 S grauviolett, *bläulichgrau* ..... bt 3,— 2,—

1978/80. Bildpostkarte für In- und Ausland, Vordruck wie P 451–453. **Bilder links jetzt mehrfarbig,** *reinweißer Kreidekarton.* **Inlandkarte: Letzte Absenderzeile ca. 5 mm unter der letzten Anschriftenzeile (= P 455) bzw. beide Zeilen auf gleicher Höhe (= P 456).**

P 457

P 455	2.50 S hellblauviolett, *weiß* . . . . bt	2,—	2,—
	(151. und 153. Auflage Inland = 26 Bilder)		
P 456	2.50 S hellblauviolett, *weiß* . . . . bt	2,—	2,—
	(155. und 158. Auflage Inland = 22 Bilder)		
P 457	4 S lebhaftpurpur, *weiß* . . . . bu	2,—	2,—
	(71., 73., 74., 78. und 80.–88. Auflage Ausland = 174 Bilder)		

1978/80. WIPA 1981. Karten mit mehrfarbigen Bildern aus verschiedenen Auflagen. Links Bild mit Text und WIPA-Emblem.

P 455 I	2.50 S hellblauviolett, *weiß* . . . . bt	☐	☐
	(Bild 1 der 151. Auflage Inland)		
P 455 II	dto. – Bild 2 der 153. Auflage Inland . . . . bt	☐	☐
P 456 I	dto. – Bild 3 der 155. Auflage Inland . . . . bt	☐	☐
P 456 II	dto. – Bild 4 der 158. Auflage Inland . . . . bt	☐	☐
P 457 I	4 S lebhaftpurpur, *weiß* . . . . bu	☐	☐
	(Bild 1 der 73. Auflage Ausland)		
P 457 II	dto. – Bild 2 der 74. Auflage Ausland . . . . bu	☐	☐
P 457 III	dto. – Bild 3 der 78. Auflage Ausland . . . . bu	☐	☐

1981, 25. Febr. Aufbrauchsausgabe nach Portoerhöhung. Karte P 454 **mit Zudruck eines zweiten WSt. aus der Bautenserie in kleinerem Format.**

P 458	50 g grauschwarz neben 2.50 S grauviolett	3,—	2,—

1981. Neue Wertstufe mit WSt. Bischofsmütze (bv). **Unter der 3. Anschriftenlinie jetzt „..... Postfachnummer". Mit Strich über dem Absenderverk.**

P 459	3 S graublau	2,—	2,—

Ohne Strich über dem Absendervermerk: P 463.

1981. Bildpostkarten in der neuen Wertstufe, WSt. (bv). **Bilder links einfarbig.**

P 460	3 S hellblauviolett	2,—	2,—
	(160., 162. und 168. Auflage Inland = 78 Bilder)		

1981. Bildpostkarten mit WSt. (bv), **Bilder links mehrfarbig,** *weißer Kreidekarton.*

P 461	3 S hellblauviolett	2,—	2,—
	(161., 163–165., 167., 169–174., 176. Auflage Inland = 180 Bilder)		

1981. 850 Jahre St. Veit an der Glan. Statt des Bildes oben links altes Stadtsiegel.

P 461 I	3 S graublau	☐	☐
	(Bild 6 der 161. Auflage Inland)		

1982. Zur Landesausstellung „Erzherzog Johann '82". Ohne „LERNT ÖSTERREICH KENNEN!" und Bilderläuterung, dafür Ausstellungsemblem.

P 461 II	3 S graublau	☐	☐
	(Bild 1 der 167. Auflage Inland)		

1982/83. Für die ÖJUBRIA 1983. Links neben dem Erläuterungstext Ausstellungsemblem.

P 461 III	3 S graublau	☐	☐
	(Bild 14 der 169. Auflage Inland)		
P 461 IV	dto. – Bild 15 der 172. Auflage Inland	☐	☐
P 461 V	dto. – Bild 13 der 176. Auflage Inland	☐	☐

1983. „1000 JAHRE OBERÖSTERREICH – Oberösterreichische Landesausstellung in der Burg zu Wels.

P 461 VI	3 S graublau	☐	☐
	(Bild 15 der 171. Auflage Inland)		

1983. Briefmarkenausstellung „Garstina 1000" zur 1000-Jahr-Feier von Garsten, NÖ.

P 461 VII	3 S graublau	☐	☐
	(Bild 14 der 176. Auflage Inland)		

1982, 1. März. Auslandkarte für Länder außerhalb der CEPT mit WSt. Ruine Aggstein (bw). Vordruck wie P 449 mit Werbung „Österreich ist Schön. Komm, bleib" statt des Teilstriches.

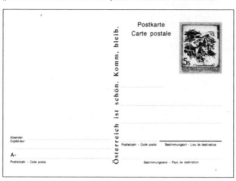

P 462   5 S dunkelrötlichlila ....   2,—   3,—

1982. Inlandskarte, Ausführung wie P 459, jedoch ohne Strich über dem Absendervermerk.

P 463   3 S graublau ....   3,—   2,—

1983, 18. Aug. Sonder-Bildpostkarte anläßlich des Papstbesuches in Österreich zum österreichischen Katholikentag. WSt. (bv).

P 464   3 S graublau ....   2,—   2,—
        (175. Auflage = 2 Bilder)

1984, 1. Febr. Aufbrauchsausgabe nach Portoerhöhung. P 459 und P 463 mit Zudruck eines zweiten WSt. aus der Bautenserie in kleinerem Format. Mit oder ohne Strich über dem Absendervermerk.

P 465

P 465   50 g grauschwarz neben 3 S
        graublau .... (P 459)   3,—   2,—
P 466   50 g grauschwarz neben 3 S
        graublau .... (P 463)   3,—   2,—

P 467–470 bleiben frei.

Anschriftenänderungskarte

1977. Nachsendungsantrag - Inland mit neuem WSt. (bx) der Serie „Schönes Österreich". Vordruck wie bei vorheriger Ausgabe.

bx) Reiteregg

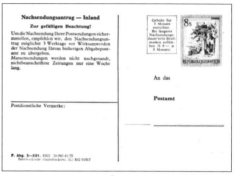

AÄK 23

AÄK 23		8 S schwarz, *grauweiß* .... bx		
	I	Druckvermerk: 50 mm lang:		
		K 62 01017	5,—	4,—
	II	Druckvermerk: 54 mm lang:		
		K 62 01728	5,—	4,—
	III	Druckvermerk: 57 mm lang:		
		K 62 04239	5,—	4,—

Weitere Unterschiede:

I Druckvermerk: in schmaler Schrift, II. und III. in normaler Schrift.
II Die Zeile für die Postleitzahl in der Anschrift verdickt wie ein Strich wirkend.
III Die Zeile für die Postleitzahl dünn punktiert.

„Gebühr-bezahlt"-Vermerk, ohne WSt.

Anschriftenänderungskarten

Gebühr für 3 Monate entrichtet = entsprechend dem 8-S.-WSt. bei AÄK 23.

Bei längerer Nachsendedauer sind Briefmarken hinzuzukleben – je 3 Monate 8 S. (AÄK 24–25), ab 1985 12 S. (AÄK 27–29).

1980. Nachsendungsantrag – Inland. Statt des WSt. rechts oben dreizeiliger Vermerk: „Gebühr für 3 Monate entrichtet ...", darunter punktierter Stempelkreis. Geänderter Text. Links unten Druckvermerk mit oder ohne zweiter Zeile: „Österreichische Staatsdruckerei ...".

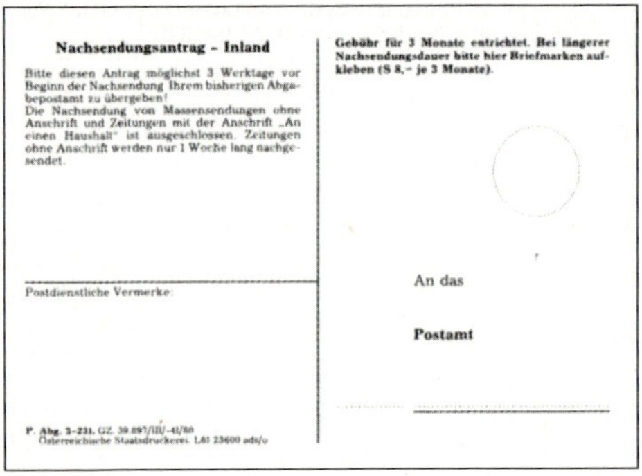

AÄK 24 I

AÄK 24	(8 S) schwarz, *rosa*	4,—
I	Rs. links: „Datum" und „Unterschrift" unter den dazugehörigen Punktzeilen. Mit „Österreichische .... Staatsdruckerei". Druckvermerk GZ 39 897 / III – 41/80	☐
II	Rs. links – wie bei I. Ohne „Österreichische Staatsdruckerei". Druckvermerk GZ 39 387 / III – 41/81	☐
III	Rs. links: „Datum" und „Unterschrift" über den dazugehörigen Punktzeilen. Ohne „Österreichische Staatsdruckerei". Druckvermerk GZ 38 627 / III – 41/81	☐

1980. Nachsendungsantrag – Ausland. Statt des WSt. rechts oben neben dem Teilstrich im Kästchen: „Gebühr für 3 Monate entrichtet ...", deutsch und französisch. Mit oder ohne punktiertem Stempelkreis vorne rechts, mit oder ohne „Österreichische Staatsdruckerei" als zweite Zeile des Druckvermerks, links unten.

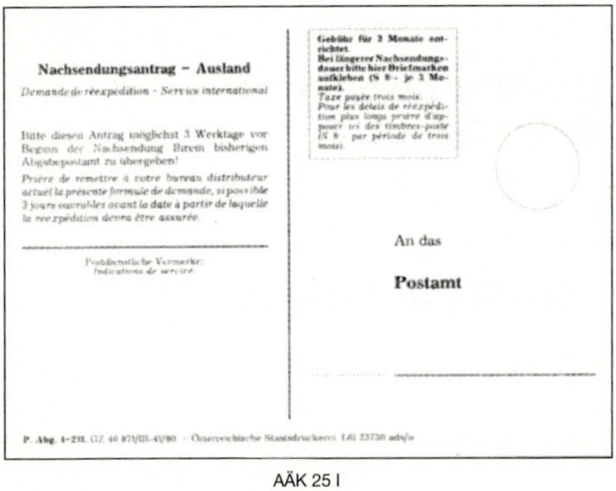

AÄK 25 I

AÄK 25	(8 S) schwarz, *rosa*	4,—
I	Rs. oben: „2) Vom Antragsteller ...". Mit Stempelkreis, mit „Österreichische Staatsdruckerei. Druckvermerk GZ 40 871 / III – 41/80	☐

| II | Rs. oben „2) Nachsendungen ...". Ohne Stempelkreis, mit „Österreichische Staatsdruckerei. Druckvermerk GZ 28 585 / III – 41/80 .... | ☐ |
| III | Rs. oben „2) Nachsendungen ...". Ohne „Österreichische Staatsdruckerei. Druckvermerk GZ 28 585 / III – 41/81 .... | ☐ |

1983. Portoerhöhung für Nachsendungsantrag – Inland. Aufbrauchsausgaben von AÄK 24 II: in der 3. Zeile des Vermerks oben rechts „S. 8,–" schwarz durchbalkt, darunter Eindruck der neuen Gebühr „S. 12,–". Im Druckvermerk Zahlen ebenfalls überdruckt, darunter neuer Druckvermerk.

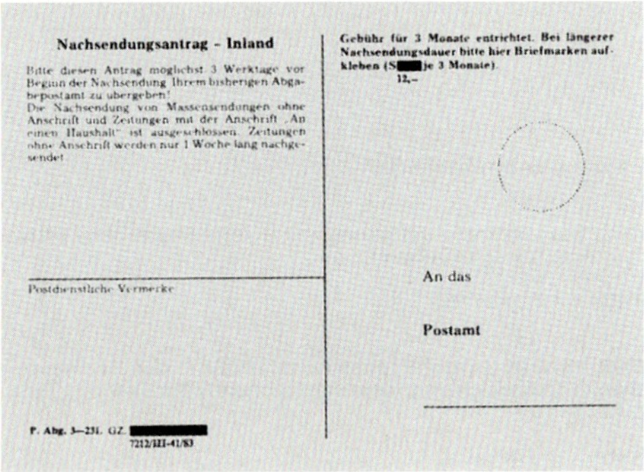

AÄK 26 (12 S auf 8 S) schwarz 2,50

Druckvermerk GZ 41 211 / III – 41/83.

1983. Neuer Nachsendungsantrag–Inland, Vordruck unverändert, jetzt mit Eindruck der neuen Gebühr.

AÄK 27	(12 S) schwarz	4,—	3,—
	Druckvermerk:		
I	GZ 41 211 / III – 41/83	☐	
II	GZ 41 211 / III – 41/83 – Österreichische Staatsdruckerei 4506 4 ads/o	☐	
III	GZ 41 211 / III – 41/83 – Österr. Staatsdruckerei 2901 6 ads/o 5 4 3	☐	
IV	GZ 41 211 / III – 41/83 – Österr. Staatsdruckerei 2901 6 ads/o 5 4	☐	

1983. Nachsendungsantrag – Ausland in der neuen Gebührenstufe. Vordruck wie bisher mit geänderter Gebühr im Kästchen rechts oben.

AÄK 28 (12 S) schwarz 2,50

Druckvermerk GZ 43 920 / III – 41/83.

1992. Nachsendungsantrag Inland ohne Wertangabe (15 S.). „Gebühr für 3 Monate entrichtet, bei längerer Nachsendungsdauer 15 S je 3 Monate". Links oben Verwendungshinweise jetzt in 7 statt bisher 8 Zeilen. Links unten Druckvermerk.

AÄK 29 (15 S) schwarz, *rosa* . . . . 3,—
Druckvermerk: P. Abg. 3 – 231. GZ 41 211 / III – 41/83. –
Österr. Staatsdruckerei. 923090 df/o 54321.

1992. Nachsendungsantrag Ausland ohne Wertangabe (15 S.). Vordruck wie AÄK 25 mit neuen Gebührenangaben im Kästchen, hier ist der französische Text 5 statt bisher 6 Zeilen lang. Links unten Druckvermerk.

AÄK 30 (15 S) schwarz, *rosa* . . . . 3,—
Druckvermerk: P. Abg. 4 – 231. GZ 43 920 / III – 41/83. –
Österr. Staatsdruckerei. 923099 df/efa 54321.

1994, Aug. Nachsendungsantrag Inland nach Gebührenerhöhung (20 S.). Vordruck rechts oben unverändert. Verwendungshinweise links oben nun 9 statt bisher 7 Zeilen. Links unten Druckvermerk.

AÄK 31 (20 S) schwarz, *rosa* . . . . 4,—
Druckvermerk: P. Abg. 3 – 231. GZ 111 949 / III – 05/93. –
Österr. Staatsdruckerei. 935874 df/o 5432.

1994, Sept. Nachsendungsantrag Ausland nach Gebührenerhöhung (20 S.). Vordruck rechts oben unverändert, links oben zusätzlicher Verwendungshinweis in Deutsch im Fettdruck. Links unten Druckvermerk.

AÄK 32 (20 S) schwarz, *rosa* . . . . 4,—

Druckvermerk: P. Abg. 4 – 231. ÖSD. 944447 df/efa 54321.

1996, Juni. Nachsendungsantrag Inland. Rechts oben Gebühr bezahlt Vermerk wie bei AÄK 31. Neuauflage mit neuen Buchstabentypen und neuem Satz des neunzeiligen Verwendungshinweises links oben. Links unten DV mit neuer Formularnummer.

AÄK 33 (20 S) schwarz, *rosa* . . . . 4,—
DV: 678 600 001 SiWu 6/96

1997, 2. Jan. Neuausgabe des Nachsendungsantrages Inland mit geänderter Vordrucksanordnung der ganzen Vs. und neuer Kartonfarbe. Links oben jetzt Postemblem und „Post & Telekom Austria" Vordruck der Rs. ebenfalls neu gestaltet.

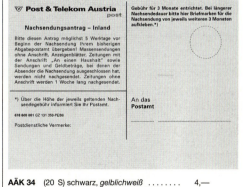

AÄK 34 (20 S) schwarz, *gelblichweiß* . . . . 4,—
DV: 678 600 001 GZ 131 350–PE/96 –

MICHEL-Kataloge werden ständig überarbeitet und durch Berücksichtigung der neuesten Forschungsergebnisse auf dem aktuellen Stand gehalten.

1997. Neuauflage von AÄK 34 nach Portoerhöhung (neue Gebühr jetzt 25 öS.). Ohne Wertangabe, Gebühr bezahlt Vermerk rechts oben wie bei AÄK 34. Neuer DV mit neuer Formularnummer, Papier jetzt grauweiß.

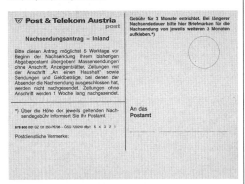

AÄK 35   (25 S) schwarz ....   3,—

DV: 678 600 001 GZ 131 350– PE/96– ÖSD 720210 dfp/r 5 4 3 2 1

2000. Nachsendungsantrag – Inland mit völlig neuer Vordruckgestaltung. Links oben das neue Postemblem und Überschrift, darunter 15 Zeilen Verwendungshinweise. Rechts oben „Entgelt für 3 Monate entrichtet". Bei längerer Nachsendedauer sind Briefmarken hinzuzukleben. Auf der Rs. ebenfalls neuer Vordruck, auf der Vs. links senkrecht Druckvermerk. Format 148×105 mm, weiß. Verkaufspreis 25 ö.Sh.

AÄK 37   (25 S) schwarz ....   3,—

DV: 7 678 600 001 GZ 106 107-PG/99 Wu2.2000

Bereithaltungsanträge

1980. Bereithaltungsantrag. Statt der WSt. „GEBÜHR ENTRICHTET", darunter punktierter Stempelkreis. Links oben: „Antrag auf Bereithalten von Sendungen zur Abholung". Links unten Druckvermerk.

1997, 2.Jan. Nachsendungsantrag – Ausland. Rechts oben „Gebühr für 3 Monate entrichtet. Bei / längerer Nachsendedauer bitte hier / Briefmarken für die Nachsendung / von jeweils weiteren 3 Mohaten / aufkleben.)". Rechts daneben großer Buchstabe „A", darunter gestrichelter Stempelkreis. Neue textliche Gestaltung der Vorderseite. Links unten neue Formularnummer.

AÄK 36   (20 S) schwarz, gelblichweiß ......   4,—

DV: 678 600 002 GZ 131 350/PE/96

BA 1	(10 S) schwarz, *blau*		2,50
I	mit „Österreichische Staatsdruckerei". Druckvermerk GZ 39 897/ III – 41/80		☐
II	ohne „Österreichische Staatsdruckerei". Druckvermerk GZ 38 627 / III – 41/81		☐

1982/83. Vordruckänderung: Vs. links „zur Abholung" nach rechts zur Mitte gerückt. „GEBÜHR ENTRICHTET" nach rechts gerückt.

BA 2 (10 S) schwarz 2,50
   I   *dunkelblauer* Karton, mit „Österreichische Staatsdruckerei". Druckvermerk GZ 29 331 / III – 41/82 . . . . □
   II *blaugrüner* Karton, ohne „Österreichische Staatsdruckerei". Druckvermerk GZ 29 331 / II – 41/82 SiWu 9/83 . . . □
   III *dunkelblauer* Karton, mit „Österreichische Staatsdruckerei". Druckvermerk 34 707 ads/o 5 4 3 2 1 . . . . □

1993. Bereithaltungsantrag ohne Wertangabe (10 S.) in neuer Auflage. Rechts oben „GEBÜHR ENTRICHTET" nach rechts verschoben über den Stempelkreis, 1 Anschriftzeile, jetzt mit „Postleitzahl". Links unten Druckvermerk.

BA 3 (10 S) schwarz 2,50
   I *blauer* Karton. Druckvermerk: P. Abg. 3 – 323. GZ 29 331 / III – 41/82. – ÖSD. 933623 df/efa 54321 . . . . □
   II *grünlicher* Karton. Druckvermerk: P. Abg. 3 – 323. GZ 29 331 / III – 41/82. – ÖSD. 933623 df/efa 5432 . . . . □

1996. Bereithaltungsantrag in Neuauflage. Rechts oben Gebühr bezahlt Vermerk, darunter Stempelkreis wie bei BA 3. Neuer Satz des rückseitigen siebenzeiligen Textes „Bitte beachten Sie...". Links unten DV mit neuer Formularnummer.

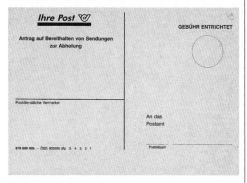

BA 4 (10 S) schwarz, *grautürkis* 2,50
DV: 678 600 003.–
ÖSD 620 580 dfp 5 4 3 2 1

1998. Bereithaltungsantrag mit neuer Inschrift links oben. DV mit neuer Formularnummer.

BA 5 (10 S) schwarz, *hellgrünlichblau* 2,50
DV: 678 600 003 GZ 131 563–PE/96

2000. Bereithaltungsantrag mit neuer Gestaltung der Vs. und Rs. Rechts oben „ENTGELT ENTRICHTET". Im unteren Teil links Druckvermerk mit derselben Formularnummer wie bei BA 5.

BA 6 (10 S) schwarz, *hellgraublau* 2,50
Verkaufspreis 10 öSch.

Sonderwertstempel 1980–1982

Die Bildbeschreibungen sind so informativ wie möglich gehalten, können und wollen jedoch kein Lexikon ersetzen. Fortlaufende Buchstaben (= Klischeezeichen) vor den Bildlegenden sowie vor den Preisspalten in den Katalogisierungszeilen ermöglichen problemlos die Zuordnung von Abbildungen und MICHEL-Nummern.

Postkarten

1980. 1000 Jahre Steyr, WSt. (ca), statt des
Teilstrichs Werbung: „Besuche Steyr" in
Deutsch, Englisch und Französisch. Links
mehrfarbige Bilder.

ca

P 471   4 S mehrfarbig ....   5,—   2,—

(76. Auflage Ausland = 16 Bilder)
In dieser Serie sind 8 Bilder waagerecht und 8 Bilder senkrecht angeordnet.

1982. Landesausstellung „St. Severin und das Ende der Römerzeit". WSt. (cb). Links farbiges Plakat der Ausstellung.

P 472   3 S mehrfarbig ....   2,—   2,—

(166. Auflage Inland = 1 Bild)

Sonderwertstempel 1982–1985

Umschläge

1982, 2. Nov. WSt. Ebensee (cc), ohne Vordruck. Links Tintenfaß
mit eingetauchter Feder, darüber Werbung „Willkommen in
Österreich" in Deutsch, Englisch, Französisch und Italienisch.

U 73   6 S mehrfarbig ....   2,—   2,—

1983, 17. Juni. Umschlag mit WSt. Bad Aussee (cd), ohne Vordruck. Links Vase mit Blumen und Inschrift „Willkommen in

Österreich".

U 74   4 S mehrfarbig ....   2,—   2,—

1984, 31. Aug. Umschlag mit WSt. Stockerau (ce), ohne Vordruck. Links Brustbild mit der Umschrift „Willkommen in der
Lenaustadt".

U 75   4.50 S mehrfarbig ....   2,—   2,—

1985, 6. Sept. Umschlag mit WSt. Landschaftsmotiv Keut-
schach am See (cf), ohne Vordruck. Links Seerose mit Umschrift
„Willkommen in Österreich – Das Keutschacher 4 Seental".

U 76   4.50 S mehrfarbig ....   2,—   2,—

„Stifte und Klöster" (cg), (ch)

cg) Stift Geras

ch) Stift Stams

Postkarten

1984. Bildpostkarten mit neuem WSt. Stift Geras (cg). **Links oben mehrfarbige Bilder,** *weißer* **Kreidekarton.**

P 473   3.50 S mehrfarbig . . . .   2,—   2,—

(177.–182. Auflage Inland = 89 Bilder)

1984. 80 Jahre Floridsdorf bei Wien – Briefmarkenausstellung.

P 473 I   3.50 S mehrfarbig . . . .   ☐   ☐

(Bild 1 der 179. Auflage Inland)

1985. Sonderausgabe: 40 Jahre UNO, Österreich 30 Jahre Mitglied". Statt des Bildes Reprodukton der Briefmarke zum gleichen Anlaß.

P 473 II   3.50 S mehrfarbig . . . .   ☐   ☐

(Bild 1 der 182. Auflage Inland)

1984, Aug. Postkarte mit neuem WSt. (cg). **Vordruck unverändert wie bei** P 459.

P 474   3.50 S mehrfarbig . . . .   2,—   2,—

1985, 3. Okt. Auslandskarte mit WSt. Stift Stams (ch). **Statt des Teilstrichs Werbung: „Österreich ist schön. Komm, bleib" wie** P 449.

P 475   4 S mehrfarbig . . . .   2,—   2,50

1986, 3. Juli. Aufbrauchsausgabe nach Portoerhöhung. Inlandskarte P 474 mit Zudruck eines zweiten WSt. aus der Bautenserie im kleineren Format.

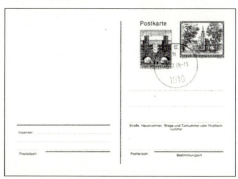

P 476   50 g grauschwarz neben 3.50 S
mehrfarbig . . . .   3,—   2,—

Seit 1986

wurden keine Postkarten mehr mit WSt. aus der Dauermarkenserie ausgegeben. Weitere Ausgaben nur noch mit Sonder-WSt. und zwar jedes Jahr:

– ein Umschlag – WSt. Fremdenverkehrsorte in Österreich

– ein Luftpostfaltbrief – WSt. Düsenflugzeug (cm), links jedes Jahr ein Bild (Ansichten aus Österr. Landeshauptstädten), ab 1992 links Abbildung von Greifvögeln

– zwei Inlandkarten – WSt. geschützte Pflanzen und Tiere – zusätzlich Bildpostkartenserien

– eine Auslandkarte (in die CEPT-Länder und nach der CSSR und Ungarn) mit WSt. Burgen und Schlösser in Österreich – zusätzlich Bildpostkartenserien

– zusätzliche Ausgaben nach Bedarf und Anlaß

Die Katalogisierung erfolgt nach Jahrgängen. Zur besseren Übersicht werden jeweils alle WSt. eines Jahrgangs zusammengefaßt.

Sonderwertstempel 1986

ci) Gols am Neusiedlersee

ck) Düsenflugzeug vor stilis. Weltkugel

cl) Türkenbundlilie

cm) Burg Groppenstein

cn) Osterluzeifalter

Umschlag

1986, 11. Aug. WSt. Ortsansicht von Gols am Neusiedlersee (ci).
Ohne Vordruck. Links unten Werbevignette.

U 77   5 S mehrfarbig ci   2,—   2,—

Luftpostfaltbriefe

1986, 31. Jan. Portoerhöhung. WSt. (ck), **blaurote Rhombenum-
randung. Links Stephansdom in Wien,** *rahmfarben.*

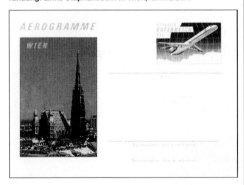

LF 20   11 S mehrfarbig . . . . ck   2,50   2,50

1987, 27. Mai. WSt. (ck). **wie bei vorheriger Ausgabe. Links farbiges Bild der Bergkirche in Eisenstadt.**

LF 21   11 S mehrfarbig . . . . ck   2,50   2,50

**1988. 18. Mai. Int. Luftpostausstellung LUPO '88 in Wien-Ober-
laa. WSt.** (ck), **Ausführung wie LF 20, links Ansicht Wien-Ober-
laa.**

LF 22   11 S mehrfarbig . . . . ck   2,50   2,50

1989, 5. April WSt. (ck) **wie bei vorheriger Ausgabe. Links farbige
Ansicht von Innsbruck, Altstadt – Goldenes Dachl.**

LF 23   11 S mehrfarbig . . . . ck   2,50   2,50

1990, 25. Mai. WSt. (ck) **wie bei vorheriger Ausgabe. Links farbige Ansicht des Rathauses und der Dreifaltigkeitssäule der
Landeshauptstadt St. Pölten.**

LF 24   11 S mehrfarbig, *hellrahmfarben* . . . . ck   2,50   2,50

Postkarten

**1986, 31. Jan. Inlandkarten in neuer Wertstufe. WSt. Türken-
bundlilie** (cl). **Vordruck wie bei vorherigen Ausgaben mit Strich
über dem Absendervermerk,** *weiß.*

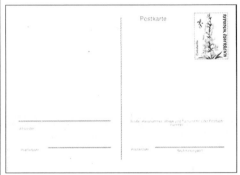

P 477   4 S mehrfarbig cl   3,—   2,—

1986, Febr. Inland-Bildpostkarten mit WSt. Türkenbundlilie (cl),
weiß.

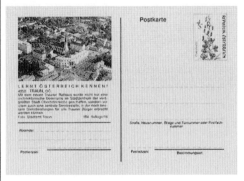

P 478   4 S mehrfarbig cl   2,—   2,—

(183. Auflage Inland = 14 Bilder – Febr. 86)
(184. Auflage Inland = 16 Bilder – Mai 86)
(185. Auflage Inland = 15 Bilder – August 86)

> Preise für gestempelte Ganzsachen gelten stets für
> Stücke **ohne** Zusatzfrankatur. Weitere Angaben
> dazu in der Einführung!

1986, 31. Jan. Auslandkarte mit WSt. Burg Groppenstein (cm).
Statt des Teilstriches Werbung „Österreich ist Schön. Komm,
bleib". **Vordruck hellblau,** *weiß*.

P 479   5 S mehrfarbig . . . . cm   2,—   2,—

1986, Mai. Ausland-Bildpostkarten mit WSt. Burg Groppenstein
(cm). **Vordruck hellblau,** *weiß*.

P 480   5 S mehrfarbig . . . . cm   2,—   2,—

(89. Auflage Ausland = 15 Bilder – Mai 86)
(90. Auflage Ausland = 14 Bilder – Nov. 86)
(91. Auflage Ausland = 14 Bilder – April 87)

1986. 23. Okt. Inlandkarte mit WSt. Osterluzeifalter (cn). **Vordruck wie bei** P 477 **violett,** *weiß*.

P 481   4 S mehrfarbig . . . . cn   2,—   2,—

1987, Febr. Inland-Bildpostkarten mit WSt. Osterluzeifalter (cn).
Vordruck wie bei vorheriger Ausgabe.

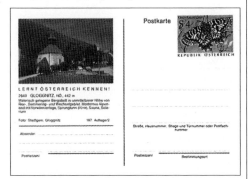

P 482   4 S mehrfarbig
   a   Vordruck in violetter Farbe . . . . . . cn   3,—   2,—
       (186. Auflage Inland = 15 Bilder
       – Februar 87)
   b   Vordruck in hellblauer Farbe . . . . . cn   3,—   2,—
       (187. Auflage Inland = 13 Bilder
       – Mai 87)

Bei Anfragen
bitte Rückporto nicht vergessen!

Sonderwertstempel 1987

co) Klafferkessel   cp) Rundblättriger Sonnentau

cr) Burg Schlaining   cs) Steinbock

Umschlag

1987, 2. Okt. WSt. Ansicht des Klafferkessels (co). **Ohne Vordruck. Links unten Emblem des Fremdenverkehrsvereins Dach-
stein/Tauernregion.**

U 78   5 S mehrfarbig . . . . co   2,—   2,—

Postkarten

1987, 10. April Inlandkarte mit WSt. rundblättriger Sonnentau
(cp). **Vordruck wie bei** P 477 **dunkelbraun,** *weiß*.

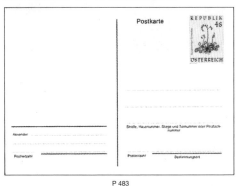

P 483

P 483   4 S mehrfarbig . . . . cp   2,—   2,—

1987, 14. Mai. Auslandkarte mit WSt. Burg Schlaining (cr). **Vordruck wie bei** P 479 **gelborange,** *weiß*.

P 484   5 S mehrfarbig . . . . cr   2,—   2,—

1987, 3. Nov. Ausland-Bildpostkarten mit WSt. Burg Schlaining (cr). **Vordruck wie bei** P 480 **gelborange,** *weiß*.

P 485   5 S mehrfarbig . . . . cr   2,—   2,—

(92. Auflage Ausland = 13 Bilder)

1988, 26. April Ausland-Bildpostkarten mit WSt. Burg Schlaining (cr). **Vordruck gelborange. Geänderter Werbespruch: „Österreich – Ihr Urlaubsziel",** *weiß*.

P 486   5 S mehrfarbig . . . . cr   2,—   2,—

(93. Auflage Ausland = 12 Bilder)

1987, 18. Sept. Inlandkarte mit WSt. Steinbock (cs). **Vordruck unverändert wie bei** P 477 **hellblau,** *weiß*.

P 487   4 S mehrfarbig . . . . cs   2,—   2,—

1987, 3. Nov. Inland-Bildpostkarten mit WSt. Steinbock (cs). **Vordruck wie bei** P 478 **hellblau,** *weiß*.

P 488

P 488   4 S mehrfarbig . . . . cs   2,—   2,—

(188. Auflage Inland = 15 Bilder – 3. Nov. 87)
(189. Auflage Inland = 11 Bilder – 11. Nov. 87)
(190. Auflage Inland = 15 Bilder – 17. Mai 88)

Sonderwertstempel 1988

ct) Kloster Rieden-   cu) Langsporniges   cv) Erdfunkstelle
burg, Bregenz   Veilchen   Aflenz

cw) Papst Johannes   cx) Burg Grein   cy) Huchen (Fisch)
Paul II.

Umschlag

1988, 10. Juni. WSt. Kloster Riedenburg, Bregenz (ct). **Ohne Vordruck. Links unten Ansicht des Martinsturms in Bregenz.**

U 79   5 S mehrfarbig . . . . ct   2,—   2,—

Postkarten

1988, 13. Mai. Inlandkarte mit WSt. langsporniges Veilchen (cu). **Vordruck wie bei** P 477 **violett,** *weiß*.

P 489   4 S mehrfarbig . . . . cu   2,—   2,—

Motiv- und Themensammler
finden reichlich Ergänzungsstücke
unter den Ganzsachen!

1988, 2. Nov. Inland-Bildpostkarten mit WSt. langsporniges Veilchen (cu). **Vordruck wie bei** P 478 **violett,** *weiß.*

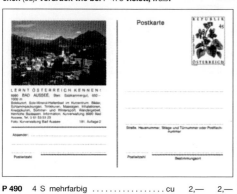

P 490   4 S mehrfarbig . . . . cu   2,—   2,—
(191. Auflage Inland = 16 Bilder)

1988, 13. Mai. Auslandkarte für Nicht-CEPT-Länder mit WSt. Erdfunkstelle Aflenz (cv). **Vordruck in hellblauer Farbe mit Werbespruch „Österreich – Ihr Urlaubsziel",** *weiß.*

P 491   6 S mehrfarbig cv   2,—   2,—

1988, 26. Mai. Ausland-Bildpostkarten zum Papstbesuch in Österreich. WSt. Papst Johannes Paul II. (cw). **Statt eines Werbespruchs Teilstrich. Vordruck lilarot,** *weiß.*

P 492   6 S mehrfarbig . . . . cw   2,—   2,—
(94. Auflage Ausland = 8 Bilder)

1988, 3. Juni. Auslandkarte mit neuem WSt. Burg Grein (cx). **Vordruck mit Werbespruch wie** P 491 **lilarot,** *weiß.*

P 493   5 S mehrfarbig cx   2,—   2,—

1988, 8. Nov. Ausland-Bildpostkarten mit WSt. Burg Grein (cx). **Vordruck wie bei** P 491 **lilarto,** *weiß.*

P 494   5 S mehrfarbig cx   2,—   2,—
(95. Auflage Ausland = 15 Bilder)

1988, 14. Okt. Inlandkarte mit Tiermotiv: WSt. Huchen (cy). **Vordruck wie bei** P 477 **dunkelbraun,** *weiß.*

P 495   4 S mehrfarbig . . . . cy   2,—   2,—

1989, 23. Mai. Inland-Bildpostkarten mit WSt. Huchen (cy). **Vordruck wie bei** P 478 **dunkelbraun,** *weiß.*

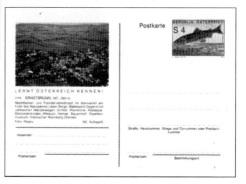

P 496   4 S mehrfarbig . . . . cy   2,—   2,—
(192. Auflage Inland = 16 Bilder)

Sonderwertstempel 1989

cz) Markt Reutte

da) Weiß-Storch

db) Schloß Spielfeld

dc) Fichtensteinpilz

Umschlag

1989, 10. Febr. WSt. Markt Reutte/Tirol (cz). **Ohne Vordruck. Links unten Wappen von Reutte mit Umschrift.**

U 80   5 S mehrfarbig . . . . cz   2,—   2,—

Postkarten

1989, 14. April. Inlandkarte mit WSt. Weiß-storch (da). **Vordruck wie bei** P 477 **hellblau,** *weiß.*

da) Weißstorch beim Füttern seiner Jungen

P 497   4 S mehrfarbig . . . . da   2,—   2,—

1989, 9. Juni. Auslandkarte mit WSt. Schloß Spielfeld (db). **Vordruck wie bei** P 491 **dun-kelgrün,** *weiß.*

db) Schloß Spielfeld, Steiermark

P 498   5 S mehrfarbig . . . . db   2,—   2,—

1989, 15. Sept. Inlandkarte mit WSt. Fichten-steinpilz (dc). **Vordruck wie bei** P 477 **dunkel-braun,** *weiß.*

dc) Fichtensteinpilz

P 499   4 S mehrfarbig . . . . dc   2,—   2,—

1990, 1. Jan. Aufbrauchsausgabe nach Portoerhöhung. Inland-karte P 499 **mit zudruck eines zweiten WSt. aus der Bautenserie im kleinen Format.** *Weiß.*

P 500

P 500   50 g   grauschwarz neben 4 S.
       mehrfarbig . . . . dc   3,—   2,—

1990, 13. Aug. Inland-Bildpostkarten mit WSt. Fichtensteinpilz (dc) **und Zugedrucktem 50-g.-WSt. wie** P 500. **Vordruck wie bei** P 478 **dunkelbraun.** *Weiß.*

P 501   50 g   grauschwarz neben 4 S.
       mehrfarbig . . . . dc   2,—   2,—

(193. Auflage Inland = 16 Bilder)

Sonderwertstempel 1990

dd) Spital am Pyhrn, Hauptplatz   de) Frühling-Adonis

df) Schloß Rosenburg   dg) Laubfrosch

Notierungen auf Ganzsachen

sollten nur auf der Rückseite mit einem weichen Bleistift (HB oder B) angebracht werden. Nicht entfernbare Notierungen (mit Tinte o. ä.) bzw. deutliche Radierspuren auf der Vorderseite sind als 2. Wahl anzusetzen und verdienen nicht den vollen Preisansatz.

Umschlag

1990, 17. Aug. 800-Jahr-Feier der Stadt Spital am Pyhrn. WSt. Ansicht des Hauptplatzes (dd). **Ohne Vordruck. Links unten Löwe, Stadtwappen und Umschrift.**

U 81   5 S mehrfarbig, *weiß* . . . . dd   3,—   2,—

Postkarten

1990, 6. April. Inlandkarte mit WSt. Frühlings-Adonis (de). **Vordruck in grüner Farbe, statt des Teilstrichs Werbespruch „Schützt gefährdete Pflanzen und Tiere". *Weiß.***

P 502   4.50 S mehrfarbig . . . . de   2,—   2,—

1990, 11. Mai. Auslandkarte für die CEPT-Länder mit WSt. Schloß Rosenburg, Niederösterreich (df). **Vordruck wie bei P 491 schwarz. *Weiß.***

df) Schloß Rosenburg

P 503   5 S mehrfarbig . . . . df   2,—   2,—

> **Motiv- und Themensammler** finden reichliche Ergänzungsstücke unter den Ganzsachen!

1991, 3. Juni. Ausland-Bildpostkarten mit WSt. Schloß Rosenburg (df). **Vordruck in schwarzer Farbe, Werbespruch und dicker Teilstrich. Absendervermerke jetzt links oben, darunter mehrfarbige Bilder. *Weiß.***

P 504   5 S mehrfarbig . . . . df   2,—   2,—

(96. Auflage Ausland = 13 Bilder)

1990, 29. Aug. Inlandkarte mit WSt. Laubfrosch (dg). **Vordruck wie bei P 502 in dunkelgrüner Farbe. *Weiß.***

dg) Laubfrosch

P 505   4.50 S mehrfarbig . . . . dg   2,—   2,—

1990, 5. Nov. Inland-Bildpostkarten mit WSt. Laubfrosch (dg). **Vordruck wie bei P 478 dunkelgrün. *Weiß.***

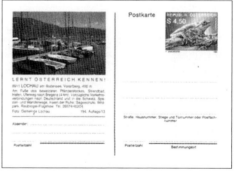

P 506   4.50 S mehrfarbig . . . . dg   2,—   2,—

(194. Auflage Inland = 16 Bilder)

Sonderwertstempel 1991

dh) Mosaikboden von Teurnia   di) Steirischer Fanghaft

dk) Arnika   dl) Burg Hohenwerfen

Umschlag

1991, 19. Juli. 1100 Jahre Lurnfeld. WSt. Ausschnitt aus dem Mosaikboden von Teurnia (dh). Ohne Vordruck. Links unten St.-Magdalena-Kirche und Wappen von Lurnfeld.

U 82   5 S mehrfarbig, *weiß* . . . . dh   2,—   2,—

Postkarten

di) Steirischer Fanghaft

1991, 2. April. Inlandkarte mit WSt. Steirischer Fanghaft (di). Geänderter Vordruck in dunkelbrauner Farbe: dicker Teilstrich, links davon „Schützt gefährdete Tiere und Pflanzen". Links oben Umweltschutzsymbol, darunter Absendervermerk. *Hellrahmfarbenes* **Recycling-Papier.**

P 507   4.50 S mehrfarbig . . . . di   2,—   2,—

1991, 22. Juli. Inland-Bildpostkarten mit WSt. steirischer Fanghaft (di). Vordruck wie P 507 in dunkelbrauner Farbe. Absendervermerk oben. Ohne Umweltschutzsymbol, *weiß*.

P 508   4.50 S mehrfarbig . . . . di   2,—   2,—

(195. Auflage Inland = 16 Bilder)

1991, 3. Mai. Inlandkarte mit WSt. Arnika (dk). Vordruck wie bei P 507 in blauer Farbe. Links oben Umweltschutzsymbol, darunter Absendervermerk. *Hellrahmfarbenes* **Recycling-Papier.**

dk) Arnika

P 509   4.50 S mehrfarbig . . . . dk   2,—   2,—

1991, 14. Juni. Auslandkarte für die CEPT-Länder mit WSt. Burg Hohenwerfen, Salzburg (dl). Vordruck Geänderter Absendervermerk jetzt links oben, rechts vom Werbespruch dicker Teilstrich. Links oben Umweltschutzsymbol, darunter Absenderzeilen. *Hellrahmfarbenes* **Recycling-Papier.**

dl) Burg Hohenwerfen

P 510   5 S mehrfarbig . . . . dl   2,—   2,—

1992, 2. Jan. Aufbruchsausgabe nach Portoerhöhung. Inlandkarte P 509 mit Zudruck eines 2. WSt. aus der Bautenserie im kleinen Format. *Weiß.*

P 511   50 g grauschwarz neben
             4.50 S mehrfarbig . . . .   2,—   2,—

1992, 27. Apr. Inland-Bildpostkarten mit WSt. Burg Hohenwerfen (dl). *Weiß.*

P 512   5 S mehrfarbig . . . . dl   2,—   2,—

(196. Auflage Inland = 16 Bilder)

Sonderwertstempel 1992

dm) Burg Güssing

dn) Airbus

do) Schloß   dp) Trollblume   dr) Rotsterniges
Schwarzenau   Blaukehlchen

Umschlag

1992, 24. April. WSt. Burg Güssing (dm). Ohne Vordruck. Links unten Ansicht der Stadt Güssing, Umschrift „BURGENLÄNDI-SCHE LANDESAUSSTELLUNG".

U 83   5.50 S mehrfarbig, *weiß* .... dm   2,—   2,—

Luftpostfaltbriefe

1992, 29. Sept. WSt. Airbus (dn), 5 Anschriftzeilen. Links farbige Abb. Habicht im Steigflug. Langformat 189×95 mm. Innen *weiß*, außen *graublau*.

LF 25   12 S mehrfarbig .... dn   3,—   4,—

LF 26 (Linke Hälfte)   LF 27 (Linke Hälfte)

1994, 16. Sept. Neuauflage 1994 mit WSt. (dn). Vordruck unverändert, links farbige Abb. mit einem Steinadler.

LF 26   12 S mehrfarbig, *graublau* .... dn   3,—   4,—

1995, 18. Mai. Neuauflage 1995 mit WSt. (dn), Vordruck unverändert. Links farbige Abb. mit einem Bartgeier.

LF 27   12 S mehrfarbig, *graublau* .... dn   3,—   4,—

Postkarten

1992, 5. Febr. Auslandkarte für die CEPT-Länder mit WSt. Schloß Schwarzenau, Niederösterreich (do). Vordruck wie bei P 510 **schwarz**. *Weißes* Recyclingpapier.

P 513   6 S mehrfarbig .... do   2,—   2,—

1992, 16. März. Ausland-Bildpostkarten mit WSt. Schloß Schwarzenau (do). Vordruck wie bei P 504 **schwarz**, ohne Umweltschutzsymbol, *weißes* Recyclingpapier.

P 514   6 S mehrfarbig .... do   2,—   2,—

(97. Auflage Ausland = 15 Bilder)

1992, 27. März. Inlandkarte mit WSt. Trollblume (dp). **Vordruck unverändert wie bei** P 509 **dunkelviolett,** *weißes* **Recyclingpapier.**

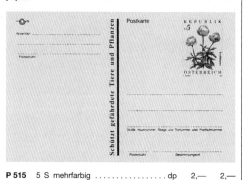

P 515   5 S mehrfarbig .... dp   2,—   2,—

1992, 26. Juni. Inlandkarte mit WSt. rotsterniges Blaukehlchen (dr). **Vordruck wie bei** P 515 **schwarz,** *weißes* **Recyclingpapier.**

P 516   5 S mehrfarbig .... dr   2,—   2,—

1992, 27. Juli. Inland-Bildpostkarten mit WSt. rotsterniges Blaukehlchen (dr). **Absendervermerk links oben, ohne Umweltschutzsymbol,** *weißes* **Recyclingpapier.**

P 517   5 S mehrfarbig .... dr   2,—   2,—
         (197. Auflage Inland = 10 Bilder)

Bild 1 mit Portrait des Dichters Peter Rosegger (1834–1918) und Hinweis auf die Steirische Landesausstellung zum Thema „Peter Rosegger"

P 517 I   Bild 1 der 197. Auflage Inland ....   □   □

Sonderwertstempel 1993

ds) Schachbrettblume   dt) Schloß Rosenau   du) Smaragdeidechse

Postkarten

1993, 19. März. Inlandkarte mit WSt. Schachbrettblume (ds). **Vordruck unverändert dunkelviolett,** *weißes* **Recyclingpapier.**

P 518   5 S mehrfarbig .... ds   2,—   2,—

1993, 2. April. Auslandkarte für die CEPT-Länder mit WSt. Schloß Rosenau, Niederösterreich (dt). **Vordruck unverändert schwarz,** *weißes* **Recyclingpapier.**

P 519   6 S mehrfarbig .... dt   2,—   2,—

1993, 18. Juni. Inlandkarte mit WSt. Smaragdeidechse (du). **Vordruck unverändert dunkelbraun,** *weißes* **Recyclingpapier.**

P 520   5 S mehrfarbig .... du   2,—   2,—

1993, 13. Juli. Inland-Bildpostkarten mit WSt. Smaragdeidechse (du). **Vordruck wie** P 517 **dunkelbraun, jetzt mit Umweltschutzsymbol links oben,** *weißes* **Recyclingpapier.**

P 521   5 S mehrfarbig .... du   2,—   2,—
         (198. Auflage Inland = 15 bilder)

1994, 3. Jan. Aufbrauchsausgabe nach Portoerhöhung. Inlandkarte P 520 **mit Zudruck eines 2. WSt. aus der Bautenserie im kleinen Format.**

P 522   50 g grauschwarz neben
         5 S mehrfarbig ....   3,—   3,—

Sonderwertstempel 1994

dv) Neunkirchen

dw) Donautal

dx) Edelweiß

dy) 125 Jahre Postkarte

dz) Schloßberg Graz

ea) Ziesel

Umschläge

1994, 29. April. 900 Jahre Stadt Neunkirchen. WSt. Teilansicht der Kirche Maria Himmelfahrt (dv). Links neben dem WSt. Strichcode, ohne Vordruck, links unten Abb. des Jubiläumsemblems.

U 84   6 S mehrfarbig, *weiß* . . . . dv   2,—   2,—

1994, 29. April. Auslandumschlag mit WSt. Donautal in der Gegend von Engelhardszell (dw). Ohne Vordruck, links unten Werbeemblem der oberösterreichischen Landesausstellung „Die Donau".

U 85   7 S mehrfarbig, *weiß* . . . . dw   2,—   2,—

Postkarten

1994, 11. März. Inlandkarte mit WSt. Edelweiß (dx). Vordruck unverändert in Blau, *weißes* Recyclingpapier.

P 523   5.50 S mehrfarbig . . . . dx   2,—   2,—

1994, 27. Mai. „125 Jahre Korrespondenzkarte". WSt. Teilabbildung der P 1 von 1869 (dy). Vordruck unverändert in Weinrot, jedoch ohne Werbetext links vom Teilstrich, *Weißes* Recyclingpapier.

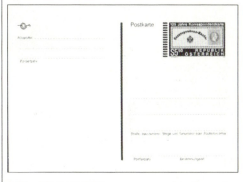

P 524   5.50 S mehrfarbig . . . . dy   2,—   2,—

1994, 27. Mai. Auslandkarte für die CEPT-Länder mit WSt. Schloßberg Graz (dz). Vordruck schwarz, jetzt mit Werbespruch „100 Jahre Schloßbergbahn" links vom Teilstrich. *Weißes* Recyclingpapier.

P 525   6 S mehrfarbig . . . . dz   2,—   2,—

1994, 5. Aug. Inlandkarte mit WSt. Ziesel (ea). Vordruck dunkelgrün, *weißes* Recyclingpapier.

P 526   5.50 S mehrfarbig . . . . ea   2,—   2,—

1994, 16. Sept. Inland-Bildpostkarten mit WSt. Ziesel (ea). Vordruck dunkelgrün mit Umweltschutzsymbol links oben, *weißes* **Recyclingpapier.**

P 527   5.50 S mehrfarbig .... ea   2,—   2,—

(199. Auflage Inland = 15 Bilder) 9.9.94
(200. Auflage Inland = 16 Bilder) 24.4.95

1994, 30. Sept. Ausland-Bildpostkarten mit WSt. Schloßberg Graz (dz). Vordruck schwarz, Werbespruch wie bei P 525. *Weißes* **Recyclingpapier.**

P 528   6 S mehrfarbig .... dz   2,—   2,—

(98. Auflage Ausland = 16 Bilder) – (99. Auflage Ausland = 16 Bilder)

Letzte Ausgabe – weitere Auflagen von Bildpostkartenserien Ausland wurden nicht mehr ausgegeben.

Sonderwertstempel 1995

eb) Harnisch

ec) Nachtpfauenauge   ed) Schloß Ort

ee) Glimmersteinbrech

ef) Gozzoburg in Krems

Umschlag

1995, 19. Mai. 350 Jahre Landeszeughaus Graz. WSt. Harnisch mit getriebenem Blattwerkdekor (el), ohne Vordruck. Links unten farbige Abb. mit Teilansicht des Grazer Landhauses.

U 86   6 S mehrfarbig, *weiß* .... eb   2,—   2,—

Postkarten

1995, 19. Mai. Inlandkarte mit WSt. Wiener Nachtpfauenauge (ec). Vordruck braun, neuer Werbespruch links vom Teilstrich: „Europäisches Naturschutzjahr 1995". *Weißes* **Recyclingpapier.**

P 529   5.50 S mehrfarbig .... ec   2,—   2,—

1995, 24. Mai. Auslandkarte für die CEPT-Länder mit WSt. Schloß Ort in Gmunden, Oberösterreich (ed). Vordruck dunkelgraublau, links neben dem Teilstrich Werbespruch: „Österreich – Ihr Urlaubsziel". *Weißes* **Recyclingpapier.**

P 530   6 S mehrfarbig .... ed   2,—   2,—

1995, 22. Sept. Inlandkarte mit WSt. Glimmersteinbrech (ee). Vordruck dunkelgrün, Werbespruch wie bei P 529. *Weißes* **Recyclingpapier.**

P 531   5.50 S mehrfarbig .... ee   2,—   2,—

1995, 25. Okt. Auslandkarte für die CEPT-Länder zum 1000jährigen Bestehen der Stadt Krems mit WSt. Gozzoburg in Krems (ef). Vordruck in dunkelvioletter Farbe, Werbespruch wie bei P 530, weißes Recyclingpapier.

P 532 6 S mehrfarbig .... ef 2,— 2,—

Sonderwertstempel 1996

eg) NÖ Landhaus St. Pölten   eh) Kiebitz   ei) Schloß Landeck Tirol

Umschlag

1996, 15. Nov. WSt. Niederösterreichisches Landhaus im neuen Regierungsviertel in St. Pölten (eg). Ohne Vordruck, links farbige Abb. mit dem Klangturm. 162×114 mm, weiß.

U 87 6 S mehrfarbig .... eg 2,— 2,—

Postkarten

1996, 17. Mai. Inlandkarte mit WSt. Kiebitz (eh). Vordruck dunkelgrün, links vom Teilstrich Werbespruch „Schützt gefährdete Tiere und Pflanzen". Am linken Kartenrand senkrecht Jubiläumsinschrift: „75 Jahre Österreichische Philatelistenvereine". Weißes Recyclingpapier.

P 533 5.50 S mehrfarbig .... eh 2,— 2,—

1996, 31. Mai. Auslandkarte für die CEPT-Länder mit WSt. Schloß Landeck, Tirol (ei). Vordruck braunorange, Werbespruch wie bei P 532, weißes Recyclingpapier.

P 534 6 S mehrfarbig .... ei 2,— 2,—

1996, Juli/Nov. Inland-Bildpostkarten mit WSt. Kiebitz (eh). Vordruck grün, unter den Bildern verschiedene Werbesprüche. Weißes Recyclingpapier.

P 535 I

P 535 5.50 S mehrfarbig .... eh 2,— 2,—
I Jubiläums-Werbespruch: „75 Jahre Burgenland"
(201. Auflage Inland = 16 Bilder – 15. Juli 96)
II Werbespruch („LERNT ÖSTERREICH KENNEN"
(202. Auflage Inland = 8 Bilder – 18. Nov. 96)

Letzte Ausgabe – weitere Auflagen von Bildpostkartenserien Inland wurden nicht mehr ausgegeben.

Sonderwertstempel 1997

ek) Pumpenbock f.   el) Silberdistel   em) Schloß Hellbrunn
Erdölgewinnung   Salzburg
u. Weingarten

en) Igel   eo) Lungenenzian

Umschlag

1997, 28. Nov. WSt. Pumpenbock für die Erdölgewinnung und ein Weingarten (ek). Ohne Vordruck, links unten stilisierte Ansicht des Kurzentrums Bad Pirawarth. 162×114 mm, weiß.

U 88 7 S mehrfarbig .... ek 2,— 2,—

Postkarten

1997, 17. Jan. Inlandkarte mit WSt. Silberdistel (el). Vordruck gelbbraun, links vom Teilstrich Werbespruch wie bei P 533. *Weißes* Recyclingpapier.

P 536   5.50 S mehrfarbig .... el   2,—   2,—

1997, 9. Mai. Auslandkarte für die CEPT-Länder mit WSt. Schloß Hellbrunn, Salzburg (em). Vordruck in orangener Farbe. Links vom Teilstrich Werbespruch wie bei P 532. *Weißes* Recyclingpapier.

P 537   6 S mehrfarbig .... em   2,—   2,—

1997, 11. Juli. Inlandkarte mit WSt. Igel (en). Vordruck dunkelbraun, links vom Teilstrich Werbespruck wie bei P 533. *Weißes* Recyclingpapier.

P 538   6.50 S mehrfarbig .... en   2,—   2,—

1997, 11. Juli. Restbestände von P 534 und P 537 mit Zudruck eines zweiten WSt. Basilika Mariazell infolge Portoerhöhung, sowie eines dunkelblauen Balkens unter dem WSt. mit ausgespartem „PRIORITY".

P 539   P 540

P 539   1 S dunkelbraun neben 6
       S mehrfarbig .... (P 534)   2,50   2,50
P 540   1 S dunkelbraun neben 6
       S mehrfarbig ....(P 537)   2,50   2,50

1997, 17. Okt. Inlandkarte mit WSt. Lungenenzian (eo). Vordruck blau, links vom Teilstrich Werbespruch wie bei P 533. *Weißes* Recyclingpapier.

P 541   6.50 S mehrfarbig .... eo   2,—   2,—

Sonderwertstempel 1998

ep) Kloster Ranshofen,
Hl. Pankratius

er) Franz Gruber
u. Josef Mohr

es) Luchs

et) Franzensburg

eu) Portrait der Kaiserin
Elisabeth

ev) Alpenwaldrebe

Umschläge

1998, 15. Mai. 1100. Jahrestag des Klosters Ranshofen. WSt. Ansicht des Klosters nach historischem Stich und der Hl. Pankratius (ep). Ohne Vordruck, links Ansicht des Klosters aus der Zeit um 1714, darüber Portrait des Probstes Ivo Kurzbauer und des Hl. Pankratius. 162×114 mm, *weiß*.

U 89   7 S mehrfarbig .... ep   2,—   2,50

1998, 27. Nov. Weihnachtsumschlag mit WSt. Portraits von Franz Gruber und Josef Mohr, Komponist und Textdichter des Liedes „Stille Nacht, heilige Nacht" (er). Ohne Vordruck, links Ansicht der Gedächtniskapelle und des Portals der Brücke über die Salzach nach Laufen in Bayern. 162×114 mm, *weiß*.

U 90   7 S mehrfarbig .... er   2,—   2,50

mit dem selben WSt. (er) – siehe U 94 (2000)

Postkarten

1998, 22. Mai. Inlandkarte mit WSt. Luchs (es). Vordruck dunkelbraun, links vom Teilstrich Werbespruch wie bei P 533. *Weißes* Recyclingpapier.

P 542   6.50 S mehrfarbig .... es   2,—   2,—

1998, 22. Mai. Auslandkarte „PRIORITY" zum Jubiläum 200 Jahre Franzensburg. WSt. Ansicht der Franzensburg im Schloßpark in Laxenburg (et). Vordruck grün, links neben dem Teilstrich Werbespruch wie bei P 532. *Weißes* Recyclingpapier.

P 543   7 S mehrfarbig .... et   2,—   2,50

1998, 17. Juli. Bildkartenserie mit WSt. Portrait der Kaiserin Elisabeth im ungarischen Krönungsornat (eu). 4 punktierte Anschriftzeilen, links Beschreibung der Bilder auf der Rückseite. 6 verschiedene Ansichten, nummeriert von 1/1 bis 1/6. Größeres Format 160×110 mm.

P 544   7 S mehrfarbig .... eu   3,—   2,—
    Bilder auf der Rückseite:
    1/1. Wien, Elisabeth-
    Dankmal/Volksgarten .... ☐ ☐
    1/2. Wien, Fiaker vor
    Hofburg .... ☐ ☐
    1/3. Wien, Stadtpanorama mit
    Stephansdom .... ☐ ☐
    1/4. Wien, Schloß Schönbrunn -
    Haupteingang .... ☐ ☐
    1/5. Wien, Schloß Schönbrunn und Gloriette
    (bei Nacht) .... ☐ ☐
    1/6. Zusammenfassung der Bilder 1–4 ☐ ☐

Verkauf einzeln oder als Serie zu 6 Stück zum Preis von 15 öS. pro Karte.

1998, 10. Sept. Inlandkarte mit WSt. Alpenwaldrebe (ev). Vordruck dunkelviolettblau. Links vom Teilstrich Werbespruch wie bei P 543. *Weißes* Recyclingpapier.

P 545   6.50 S mehrfarbig .... ev   2,—   2,—

Sonderwertstempel 1999

ew) Lauda Air Boing 747   ex) Stadt Schwaz

ey) Kugelorchis   ez) Hand und Katze

Umschläge

1999, 23. Apr. Auslandumschlag „PRIORITY" nach Übersee. WSt. Flugzeug Boing 747 der Lauda Air (ew). Ohne Vordruck, links Statue von Johann Strauß Sohn und Umschrift. Wertangabe in Schilling und Euro. 162×114 mm, *weiß*.

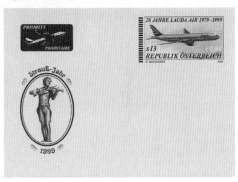

U 91   13 S/0,94 € mehrfarbig .... ew   3,—   3,50

Verkaufspreis 15.50 Schilling

1999, 14. Mai. 100 Jahre der Stadt Schwaz. WSt. Stadtansicht mit Pfarrkirche Unserer Lieben Frau Himmelfahrt (ex). Ohne Vordruck, links Stadtwappen von Schwaz. 162×114 mm, *weiß*.

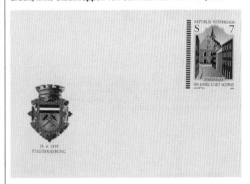

U 92   7 S mehrfarbig .... ex   2,—   2,—

Postkarten

1999, 18. Juni. Inlandkarte mit WSt. Kugelorchis (ey). Vordruck dunkellilarot, links vom Teilstrich Werbespruch wie P 543. *Weißes* Recyclingpapier.

P 546   6.50 S mehrfarbig .... ey   2,—   2,—

1999, 22. Okt. Inlandkarte mit WSt. Hund und Katze (ez). Vordruck dunkelbraun, links vom Teilstrich Jubiläumsinschrift: 100 Jahre Österreichischer Tierschutzverein. 148×105 mm, *weißes* Recyclingpapier.

P 547   6.50 S mehrfarbig .... ez   3,—   3,—

2000, April. Karte P 547 **mit WSt. Hund und Katze** (ez). **Jubiläumsinschrift links vom Teilstrich jetzt mit Zierleiste mit einer Haustier-Silhouette schwarzer Farbe überdruckt.**

P 548   6.50 S   mehrfarbig .... ez   2,50   3,—

Sonderwertstempel 2000

fa) Minoriten-Kloster in Wels

Umschläge

2000, 28. Apr. Oberösterreichische Landesausstellung „Wels 2000" vom 27.4.–2.11.2000. WSt. Ansicht des Minoriten-Klosters in Wels. Ohne Vordruck. Links Veranstaltungsplakat mit einer renovierten Gartensonnenuhr.

U 93   7 S   mehrfarbig .... fa   2,—   3,—

Am 30. Mai 2000 erschien auf Privatbestellung ein Umschlag mit WSt. (fa) zur Wipa. Ohne Vordruck. Links: Veranstaltungsemblem der WIPA 2000, darunter konnten Besucher der WIPA am Stand der Österr. Staatsdruckerei ein farbiges Portraitphoto einscannen lassen, darunter „OeSD / Österreichische Staatsdruckerei".

2000, Nov. Weihnachtsumschlag von 1998 – U 90 mit WSt. Franz Gruber und Josef Mohr (er) mit Zudruck links über dem Bild: „MILLENIUMS-WEIHNACHT 2000", darüber stilisierter Weihnachtsstern und Kästchen mit Text: für die Sonderpostbeförderung mit historischem Postbus von Oberndorf nach Altötting/Bayern.

U 94   7 S   mehrfarbig .... er   3,50   4,—

Verkaufspreis 10 ö.Sch.

Mit demselben WSt. (er) – siehe U 90.

fb) Fledermaus „Kleine Hufeisennase"

Postkarten

2000, 2. Juni. Inlandkarte mit WSt. Fledermaus „kleine Hufeisennase" (fb). Vordruck und Strichcode links vom WSt. in dunkellilabrauner Farbe. Links neben dem Teilstrich „Schützt gefährdete Tiere und Pflanzen", darüber Veranstaltungsemblem der „WIPA 2000". 148×105 mm, *weißes* Recyclingpapier.

P 549   6.50 S   mehrfarbig .... fb   2,—   3,—

2001, 2. Jan. Aufbrauchsausgabe nach Portoerhöhung. Karte P 549 mit Zudruck eines zweiten WSt. Wien–Heiligenstadt – wie Marke MiNr. 1044.

P 550   50 g   grauschwarz neben 6.50 S
               mehrfarbig .... fb   2,—   3,—

Sonderwertstempel 2001

Umschläge

fc) Kaffeehaustradition

fd) Wiener Secession

fe) Futurezone Austria I

ff) Donauwalzer Strauss

fg) Wiener Steffl

fh) Futurezone Austria II

MICHEL-
Abartenführer

Anleitung zur Bestimmung von
Abarten, Abweichungen
und Fehlern auf Briefmarken.

In dieser illustrierten Broschüre werden
Abarten, Abweichungen und Fehler auf
Briefmarken eingehend beschrieben. Mit
dem Erwerb des Abartenführers hat der
Philatelist eine sichere Hilfe zum Erkennen von Abarten in der Hand, die ihm
auch die Unterscheidung von Zufälligkeiten ermöglicht.

Erhältlich bei Ihrem Briefmarkenhändler!

2001, 1. Juni. Umschlagserie „Bonusbriefe" für das Inland und
Europa mit WSt. (fc–fh) ohne Wertangabe. Am Unterrand des
WSt. „Österreich" in Druckbuchstaben auf dunkelgrauem
Grund. Links vom WSt. Rastercode, rechts „INLAND" oder „EU-
ROPA", die letzteren zusätzlich mit violettblauem Kästchen:
„PRIORITY / PRIORITAIRE", Oberklappe schmal 29–30 mm.
Ohne Vordruck, hellviolettgrauer Innendruck, *weiß*.

U 95

U 98

U 95	(–)	mehrfarbig, INLAND . . . . fc	3,—	3,—
		162 × 114 mm		
U 96	(–)	mehrfarbig, INLAND . . . . fd	3,—	3,—
		220 × 110 mm ohne Fenster		
U 97	(–)	mehrfarbig, INLAND . . . . fe	3,—	3,—
		220 × 110 mm mit Fenster		
U 98	(–)	mehrfarbig, EUROPA . . . . ff	3,—	3,—
		162 × 114 mm		
U 99	(–)	mehrfarbig, EUROPA . . . . fg	3,—	3,—
		220 × 110 mm ohne Fenster		
U 100	(–)	mehrfarbig, EUROPA . . . . fh	3,—	3,—
		220 × 110 mm mit Fenster		

Verkauf nur in Verkaufspackungen zu jeweils 10 Stück einer Sorte mit beigefügtem Werbeblatt in den Postämtern zum Preis von 79.90 ö.Sch./5.81 € je Set.

Auflage: U 95: 218 650 Sets; U 96: 217 500 Sets; U 97: 44 115 Sets; U 98: 38 600
Sets; U 99: 37 500 Sets; U 100: 75 500 Sets zu jeweils 10 Stück.

Ab 1. Juni 2003: Anhebung des Verkaufspreises für Bonusbriefe Inland
(U 95–U 97) auf 6.90 € je Set.

Restbestände des Fensterumschlages Inland P 97 wurden im Auftrag des Bun-
desministeriums für Justiz mit einem Zudruck versehen und als Dienstumschlag
aufgebraucht (siehe DUB 1 in der Gruppe Sonder-WSt. 2004).

Eine zweite Auflage der Serie Bonusbriefe – siehe bei Ausgaben 2002.

fi) Kopf eines Islandpferdes

2001, 13. Aug. Weltmeisterschaft für Islandpferde in Stadl-Paura 12.8.–19.8.2001. WSt. Kopf eines Islandpferdes (fi), links hellblauer Rastercode. Links Islandpferd vor den österreichischen Landesfarben, darunter Veranstaltungsemblem. 162×114 mm, *weiß*.

U 101   7 S mehrfarbig .... fi   2,50   3,—

Verkaufspreis 8.50 ö.Sch.

Mit demselben WSt. wurde von der österreichischen Staatsdruckerei ein Umschlag herausgebracht, der auf Privatbestellung mit entsprechenden Zudrucken links für philatelistische Anlässe verwendet werden konnte.

fk) Engel mit Harfe
FROHE WEIHNACHTEN

fl) Schneemann WINTERZEIT

2001, 30. Nov. Weihnachtsumschläge (Weihnachtsbonusbriefe) für das Inland. WSt. (fk–fl) ohne Wertangabe, links goldfarbener Rastercode. Ohne Vordruck. Format 220×110 mm ohne Fenster, hellgrauer Innendruck, *weiß*.

U 102   (–) mehrfarbig .... fk   4,—   4,—
U 103   (–) mehrfarbig .... fl   4,—   4,—

Verkauf in Packungen zu jeweils 5 Stück einer Sorte mit beigefügtem Werbeblatt in den österreichischen Postämtern in der Weihnachtszeit 2001/2002 und 2002/2003 zum Preis von 49.90 ö.Sch./3.63 €.

Auflage: je 250 000 Stück in 50 000 Fünfersets.

Wissen kommt nicht von selbst
MICHEL

Postkarten

fm) Weißer Diptam

fn) Waldohreule

2001, 16. Febr. Inlandkarte nach Portoerhöhung. WSt. (fm). Vordruck und Rastercode links vom WSt. in dunkelgrüner Farbe. Links neben dem Teilstrich „Schützt gefährdete Tiere und Pflanzen". 148×105 mm, *weißes* Recyclingpapier.

P 551   7 S mehrfarbig .... fm   2,—   3,—

2001, 19. Juli. Inlandkarte mit WSt. Waldohreule (fn). Vordruck und Rastercode links vom WSt. in dunkelbrauner Farbe. Links vom Teilstrich „Schützt gefährdete Tiere und Pflanzen". 148×105 mm, *weißes* Recyclingpapier.

P 552   7 S mehrfarbig .... fn   2,—   3,—

2001, 19. Juli. Karte P 552 mit Werbezudruck links zum Pfadfinder-Welttreffen in Bad Ischl.

P 553   7 S mehrfarbig .... fn   3,—   4,50

Sonderwertstempel 2002

Umschläge

2002, 7. Juni. 175 Jahre Österreichische Gartenbau-Gesellschaft. WSt. (fo). Ohne Vordruck. Links Text und Emblem der Ausstellung, darüber historische Darstellung der Blumensäle, darunter Ansicht des Palais Coburg. 162×114 mm, *weiß*.

fo) Hügelie

U 104   0,51 € mehrfarbig .... fo   3,—   3,—

Verkaufspreis 0.65 €.

Mit demselben WSt. wurde von der österreichischen Staatsdruckerei ein Umschlag herausgebracht, der mit entsprechenden Zudrucken links für philatelistische Anlässe verwendet werden kann. Es handelt sich um einen Umschlag auf Privatbestellung.

2002, Okt. Neuauflage der Umschlagserie „Bonusbriefe" für das Inland mit WSt. (fc–fe) – wie U 95–U 97 mit folgenden Unterschiedsmerkmalen: „Österreich" im WSt. jetzt auf silbernem statt bisher auf dunkelgrauem Grund. Der graue Innendruck endet auf der Verschlußklappe an den Ecken „rund/rund" statt bisher „spitz/spitz". Verschlußklappe etwas länger: für C 6-Format 33,5 mm statt bisher 30,5 mm, für Langformat 35 mm statt bisher 29 mm. Innendruck hellviolettgrau; *weiß*.

U 105	(–)	mehrfarbig, INLAND . . . . fc		3,—	3,—
		162×114 mm			
U 106	(–)	mehrfarbig, INLAND . . . . fd		3,—	3,—
		220×110 mm ohne Fenster			
U 107	(–)	mehrfarbig, INLAND . . . . fe		3,—	3,—
		220×110 mm mit Fenster			

Verkauf in Packungen jeweils 5 Stück jeder Sorte mit beigefügtem Werbeblatt in den Postämtern zum Preis von 3.50 €.

Auflage: U 105: 100 000 Sets; U 106: 101 000 Sets; U 107: 104 600 Sets zu je 5 Stück.

Von U 105 wurden am 19. Mai 2003 nochmals 50 000 Sets erneut zu 10 Stück ausgeliefert, die sich von der 2. Auflage nicht unterscheiden.

fp) Donauwalzer Strauß

fr) Wiener Steffl

fs) Futurezone Austria II

Im Vergleich mit WSt. (ff–fh) jetzt „ÖSTERREICH" in Großbuchstaben.

2002, 21. Okt. 2. Aufl. der Bonusbriefe „Europa" mit WSt. (fp–fs) Landesname „ÖSTERREICH" in Großbuchstaben. Im Vergleich zur 1. Auflage gibt es dieselben Unterscheidungsmerkmale wie bei U 105–U 107 angegeben. Oberklappe deutlich breiter: 33 mm (U 108) bzw. 35 mm (U 109–U 110). Innendruck hellviolettgrau, *weiß*.

U 108	(–)	mehrfarbig, EUROPA . . . . fp		3,—	5,—
		162×114 mm			
U 109	(–)	mehrfarbig, EUROPA . . . . fr		3,—	5,—
		220×110 mm ohne Fenster			
U 110	(–)	mehrfarbig, EUROPA . . . . fs		3,—	5,—
		220×110 mm mit Fenster			

Verkauf in Packungen zu 5 Stück der jeweiligen Sorte mit beigefügtem Werbeblatt in den Postämtern zum Preis von 3.90 €.

Auflage: U 108: 53 400 Sets; U 109: 75 500 Sets; U 110: 83 100 Sets zu je 5 Stück.

Ab 1. Juni 2003 wurden die Bonusbriefe „Europa" aus dem Verkehr genommen.

Postkarten

ft) Gemsen im Gebirge

fu) Frauenschuh

2002, 1. Jan. Inlandkarte in Euro-Währung mit WSt. Gemsen im Gebirge (ft). Vordruck und Rastercode links vom WSt. in dunkelbrauner Farbe. Links neben dem Teilstrich „Schützt gefährdete Tiere und Pflanzen". 148×105 mm, *weißes* Recyclingpapier.

P 554	0.51 €	mehrfarbig . . . . ft	2,—	2,—

2002, 23. Aug. Inlandkarte mit WSt. Frauenschuh (fu). Vordruck und Rastercode links vom WSt. in dunkelbrauner Farbe. Links neben dem Teilstrich „Schützt gefährdete Tiere und Pflanzen". 148×105 mm, *weißes* Recyclingpapier.

P 555	0.51 €	mehrfarbig . . . . fu	2,—	2,—

2002, 23. Aug. Jugend-Briefmarkenausstellung in Gmunden. Karte P 555 mit Werbezudruck links „GMUNDEN JUNIOR '02".

P 556	0.51 €	mehrfarbig . . . . fu	2,—	2,—

Sonderwertstempel 2003

Umschläge

fv) Stephanus-Altar von Johann P. Schwanthaler d. Ä.

fw) Emblem des LIONS-CLUBS INTERNATIONAL

2003, 16. Mai. Zur 1100-Jahr-Feier der Ortschaft Pram im Hausruckviertel. WSt. (fv), links davon senkrecht Rastercode in hellgrauer Farbe. Kein Anschriftenvordruck, Rs. ohne Vordruck, Oberklappe 44 mm breit, rechts unten schwarzer Strichcode, grauer Innendruck, 162×114 mm, *weiß*.

U 111	0.55 €	mehrfarbig . . . . fv	2,—	3,—

Bild links: Pfarrkirche St. Stephanus, Dorfbrunnen und Gemeindeamt vor Hügellandschaft, davor Gemeindewappen von Pram.

Verkaufspreis 0.70 €.

2003, 29. Aug. 50. Jahrestag der Gründung des ersten Lions-Clubs in Österreich im Jahre 1952. WSt. (fw), **links davon senkrecht Rastercode in blauer Farbe. Ohne Vordruck im Anschriftenfeld, auf der Oberklappe Emblem des Lions-Clubs. Rs. unten rechts schwarzer Strichcode, 162×114 mm,** *weiß.*

U 112   0.55 € mehrfarbig .... fw   2,—   3,—

Bild links: ein Stativ mit aufgesteckten Landesflaggen der Mitgliedsländer. Auf der Rs. Text über die Geschichte und Aufgaben der Lions-Clubs.

Verkaufspreis 0.70 €.

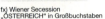

fx) Wiener Secession „ÖSTERREICH" in Großbuchstaben

fy) Futurezone Austria II „ÖSTERREICH" in Großbuchstaben

2003, Aug. 3. Ausgabe des Bonusbriefes Inland mit WSt. (fx), **links daneben senkrecht Rastercode in silberner Farbe. Im Vergleich zur 1. Auflage (U 96) und 2. Auflage (U 106) ist der Landesname „ÖSTERREICH" jetzt in Großbuchstaben. Oberklappe mit 40 mm deutlich breiter. Innendruck hellgrünlichgrau statt wie bei Vorauflagen hellviolettgrau, 220×110 mm,** *weiß.*

U 113   (–) mehrfarbig .... fx   3,—   3,—

Verkauf nur in Sets zu 10 Stück zum Preis von 6.90 €.

Auflage: 1 066 500 Stück = 106 650 Sets.

2004. 3. Auflage des Fensterumschlages Inland mit WSt. (fy), **„ÖSTERREICH" jetzt in Großbuchstaben, Oberklappe mit 35 mm deutlich breiter. Innendruck jetzt mit Herstellerzeichen „ÖKI" und dem Druckvermerk „II/04-M627" bzw. „III/04-M627" in verschiedenen Stellungen. Innendruck hellgrünlichgrau.**

U 114   (–) mehrfarbig .... fy   —,—   —,—

Auflage: 3 500 000 Stück.

Wurde nicht mehr an die Postämter ausgeliefert. Die gesamte Auflage wurde mit einem Justiz-Zudruck links vom WSt. versehen und als Dienstumschlag aufgebraucht. (Siehe DUB 2 in der Gruppe Sonder-WSt. 2004).

> Der Verkauf aller Bonusbriefe wurde am 7. Febr. 2005 eingestellt. Die Postämter hatten sämtliche Vorräte zurückzuliefern ins Wertzeichenlager, wo der größte Teil vernichtet wurde.
> Bereits verkaufte Umschläge blieben weiterhin gültig.

fz) Symbolische Darstellung mit zwei jungen Menschen und Inschrift

2003, 14. Aug. Sonderausgabe zum 15. Bundeskongress des Österreichischen Gewerkschaftsbundes ÖGB. WSt. (fz), **links daneben Rastercode in roter Farbe. Ohne Vordruck im Anschriftenfeld und auf der Rs., hier unten rechts schwarzer Strichcode. 162×114 mm,** *weiß.*

U 115   0.55 € mehrfarbig .... fz   2,—   3,—

Bild links: eine Komposition junger Menschen und Gewerkschaftsparolen.

Verkaufspreis: von 0.70 €.

Postkarten

ga) Wiener Konzerthaus

gb) Kopf eines Lipizzaner-Pferdes

2003, 23. Mai. 90. Jahrestag des Wiener Konzerthauses. WSt. (ga), **links daneben senkrecht dunkelbrauner Rastercode. Vordruck im Anschriftenfeld wie bisher, Teilstrich ohne Text, links oben Umweltsymbol und Absendervermerk, 148×105 mm, Recycling-Papier** *weiß.*

P 557   (–) mehrfarbig .... ga   2,—   2,—

Verkaufspreis: 0.51 € bis 31. Mai 2003, danach wegen Portoerhöhung: 0.55 €.

2003, 23. Mai. Sonderkarte 90 Jahre Wiener Ganzsachensammlerverein. WSt. (ga), **Ausführung wie P 557, mit Bildzudruck.**

P 558

P 558   (–) mehrfarbig .... ga   2,—   2,—

Bild links: Postsparkarte SK 81 von 1908, darüber Inschrift zum Ausgabenanlass.

Verkaufspreis: 0.51 € bis 31. Mai 2003, danach wegen Portoerhöhung: 0.55 €.

2003, 26. Juni. Zur Steirischen Landesausstellung 2003 „MYTHOS PFERD". WSt. (gb), **links daneben senkrecht schwarzer Rastercode. Vordruck in schwarzer Farbe, statt des Teilstriches Text zum Ausgabeanlass, darüber farbiges Emblem mit einem stilisierten Reiter zu Pferde. 148×105 mm, Recycling-Papier** *weiß.*

P 559   0.55 € mehrfarbig .... gb   2,—   2,—

Verkaufspreis: 0.55 €.

Sonderwertstempel 2004

Umschläge

gc) Rupert Hollaus,
Motorrad-Weltmeister 1954
mit Sieger-Lorbeerkranz

gd) Ornamente im liegenden Oval

2004, 23. Juli. 50. Jahrestag der Erringung der Motorrad-Weltmeisterschaft 1954 in der 125-ccm-Klasse durch den Österreicher Rupert Hollaus. WSt. (gc), links daneben senkrecht Rastercode in hellgrauer Farbe. Ohne Vordruck, Rs. unten rechts schwarzer Strichcode. Ohne Innendruck, 162×114 mm, *weiß.*

U 116   0.55 € hellgrau/schwarz .... gc   2,—   3,—

Bild links: Name des Siegers zwischen den Nationalfarben, darunter Rennszene mit ihm in einer Kurve.

Verkaufspreis 0.70 €.

2004, 17. Sept. Inlandsumschlag mit WSt. (gd), links daneben senkrecht Rastercode in schwarzer Farbe. Ohne Vordruck, auf der Rs. unten rechts schwarzer Strichcode. Ohne Innendruck, 162×114 mm, *weiß.*

U 117   0.55 € mehrfarbig .... gd   2,—   3,—

Verkaufspreis 0.70 €.

2004, 17. Sept. Zur Briefmarken-Jugendausstellung in Götzis/ Vorarlberg. U 117 mit WSt. (gd) mit Bild links.

U 118   0.55 € mehrfarbig .... gd   2,—   3,—

Bild links: Jonas-Schlößle in Götzis, Vorarlberg, Ort der Ausstellung.

Verkaufspreis 0.70 €.

Dienstumschläge auf Bestellung von Behörden

(Bundesministerium für Justiz)

ge

gf

2003/04. Nicht in Umlauf gebrachte Bonusumschläge Inland mit Fenster wurden in der Druckerei der Justizanstalt Stein an der Donau mit einem Zudruck links neben dem WSt. versehen. Links oben Zudruck der Absenderangaben verschiedener Auftraggeber (z. B. Bezirksgerichte).

DUB 1   (–) mehrfarbig (U 97) .... ge   10,—
            2. Auflage, „Österreich",
            O'klappe 35 mm
DUB 2   (–) mehrfarbig (U 114) .... ge   10,—
            2. Auflage, „Österreich",
            O'klappe 40 mm

Postkarten

gg) Amethyst

gh) Salzkristall

aus der Serie Mineralien

2004, 12. März. Inlandkarte mit WSt. (gg), links daneben senkrecht Rastercode in schwarzer Farbe. Vordruck unverändert, links neben dem Teilstrich senkrecht: „Amethystwelt Maissau". 148×105 mm, Recycling-Papier *weiß.*

P 560   0.55 € mehrfarbig .... gg   2,—   2,—

Verkaufspreis: 0.55 €.

2004, 27. Aug. Karte mit WSt. (gh), links daneben senkrecht Rastercode in schwarzer Farbe. Vordruck unverändert, links neben dem Teilstrich senkrecht: „Gmunden und Salz" – Stadtmuseum Gmunden. 148×105 mm, Recycling-Papier *weiß.*

P 561   0.55 € mehrfarbig .... gh   2,—   2,—

Verkaufspreis: 0.55 €.

Sonderwertstempel 2005

Umschläge

gi) Stephansdom Wien

gk) Kunsthaus Graz

gl) Albertina Wien

2005, 7. Febr. Umschlagserie „Österreich Klassisch und Modern" mit WSt. (gi–gl), links daneben senkrecht Rastercode in der Hauptfarbe des jeweiligen WSt. Ohne Vordruck. Bei den Langformaten U 120 und U 121 hat die Innenseite der rechten Seitenklappe einen Druckvermerk: „XI/04 – M 627". Innendruck hellgelbgrau, *weiß.*

U 119	55 (C)	mehrfarbig, 162×114 mm	.. gi	2,—	3,—
U 120	55 (C)	mehrfarbig, 220×110 mm			
		ohne Fenster .... gk		2,—	3,—
U 121	55 (C)	mehrfarbig, 220×110 mm			
		mit Fenster .... gl		2,—	3,—

Verkauf der jeweiligen Sorte in 10er-Packung in den Postfilialen für 6.50 €.

Der Umschlag **U 120** erschien 2006 in einer 2. Auflage mit folgenden Unterschieden: Innendruck hellviolettgrau, fehlender Druck auf dcer Innenseite der Seitenklappe.

gm) Kreisgräber in Niederösterreich

2005, 5. Mai. Niederösterreichische Landesausstellung 2005 – Der Heldenberg – Klein-Wetzdorf. WSt. (gm), links daneben senkrecht Rastercode in roter Farbe. Ohne Vordruck, auf der Rs. unten rechts schwarzer Strichcode. Ohne Innendruck, 162×114 mm, _weiß_.

U 122	55 (C)	mehrfarbig .... gm		2,—	3,—

Bild links: Mausoleum, davor Statue der Muse der Geschichtsschreibung Clio und zwei Jünglinge vor dem Eingang zum Heldenberg.

Verkaufspreis: 0.70 €.

Postkarten

gn) Uhrturm Graz   go) Pyrop, Aggsbach-Dorf/NÖ

2005, 7. Febr. Postkarte zur Serie „Österreich Klassisch und Modern" mit WSt. (gn), links daneben senkrecht Rastercode in hellgrüner Farbe. Vordruck wie bisher, über dem Absendervermerk kein Recycling-Symbol. Format 148×105 mm, _reinweißes_ Glanzpapier.

P 562	55 C	mehrfarbig .... gn		2,—	3,—

Verkauf nur in 10er-Packungen in den Postfilialen für 5.50 €.

2005, 28. Mai. Karte zur Nationalen Briefmarkenausstellung „ÖVEBRIA 2005" in St. Pölten mit WSt. (go) aus der Serie Mineralien, links daneben senkrecht Rastercode in schwarzer Farbe. Vordruck unverändert, links vom Teilstrich senkrecht: „Tag der Jugend – Övebria 2005". 148×105 mm, Recycling-Papier _weiß_.

P 563	0.55 €	mehrfarbig .... go		2,—	2,—

Verkaufspreis: 0.55 €.

In die **MICHEL**-Kataloge können nur Marken aufgenommen werden, wenn sie der Redaktion im Original vorlagen.

Sonderwertstempel 2006/2007

Umschlag

2006. 2. Auflage von U 120 mit WSt. Kunsthaus Graz (gk) mit folgenden Unterscheidungsmerkmalen: seitliche Innenklappe jetzt ohne Druckvermerk, Innendruck hellviolettgrau. 220×110 mm, _weiß_.

U 123	55 C	mehrfarbig .... gk		2,—	3,—

Verkauf nur in 10er-Packungen für 6.50 €.

Postkarten

gp) Kunstmuseum LENTOS in Linz

2007, 17. April. Karte mit WSt. (gp), links daneben senkrecht Rastercode in hellrötlichlila Farbe. Vordruck unverändert, über dem Absendervermerk kein Recycling-Symbol. 148×105 mm, _reinweißes_ Glanzpapier.

P 564	55 C	mehrfarbig .... gp		2,—	3,—

Verkauf nur in 10er-Packungen zum Preis von 5.50 €.

gr) Bunte Luftballons   gs) Sonnenblume

gt) Rotes Herz   gu) Blumenstrauß

gv) Sektflasche und Glas mit Sekt

2007, 17. April. Postkartenserie „Glückwünsche" mit WSt. (gr–gv), links daneben senkrecht schwarzer Rastercode. Im Anschriftenteil 4 Stichlinien ohne Text, links oben ohne Absendervermerk. 148×105 mm, _weiß_.

P 565	55 C	mehrfarbig .... gr		2,—	2,—
P 566	55 C	mehrfarbig .... gs		2,—	2,—
P 567	55 C	mehrfarbig .... gt		2,—	2,—
P 568	55 C	mehrfarbig .... gu		2,—	2,—
P 569	55 C	mehrfarbig .... gv		2,—	2,—

Bilder auf der Rs.: ganzseitig vergrößerte Wiedergabe des jeweiligen WSt.-Motivs.

Verkauf: nur komplett in einem Glückwunschset mit Werbung für 5.00 €.

Lombardei und Venetien

Diese zum Kaiserreich Österreich, aber nicht zum Deutschen Bund gehörenden Gebiete hatten Silberwährung, nicht wie das übrige Österreich die geringer wertende Papierwährung. Deshalb waren die besonderen Ganzsachen für die Lombardei und Venetien nötig. Sie galten im ganzen Kaiserreich, dagegen die österreichischen Ganzsachen nicht in der Lombardei und Venetien.

1 Lira = 100 Centesimi (= 20 Kr.); ab 1.11.1858: 1 Florin = 100 Soldi

Die Variationen bezüglich Format, Klappenschnitte, Wz., Klappenstempel und Gummierung der Umschläge für Lombardei –Venetien sind dieselben wie für die entsprechenden Ausgaben in Kreuzer-Währung für Österreich. Sie sind dort ausführlich besprochen.

Kopf Kaiser Franz Joseph nach rechts im Doppeloval (a), 1860–1863

a

Umschläge

1861. Ausgabe mit WSt. links oben (a), Klappenschnitt I, ohne Wz. A = 147 × 85 mm, B = 148 × 118 mm. Kleines Format A mit Klappenstempel K 1, 2, 3, 4a; großes Format B mit Klappenstempel K 3.

			A		B	
U 1	3 S	grün	115,—	1500,—	2250,—	2250,—
U 2	5 S	rot	67,50	60,—	450,—	250,—
U 3	10 S	braun	67,50	75,—	450,—	400,—
U 4	15 S	blau	75,—	115,—	850,—	600,—
U 5	20 S	orange	600,—	3000,—	5500,—	4500,—
U 6	25 S	dunkelbraun	750,—	3000,—	1800,—	4500,—
U 7	30 S	violett	750,—	3000,—	1800,—	4500,—
U 8	35 S	graubraun	750,—	3000,—	1800,—	4500,—

Von U 1–U 8 gibt es **ND** .

Adler im Doppeloval (b), 1863–1866

b

Dieser WSt. kommt nur auf amtlichen Umschlägen vor!

1863. Ausgabe ohne Wz., Klappenschnitt I, 147 × 85 mm (b).

U 9	3 S	grün	25,—	450,—
U 10	5 S	rot	25,—	32,50
U 11	10 S	blau	25,—	150,—
U 12	15 S	hellbraun	30,—	225,—
U 13	25 S	violett	30,—	1500,—

1864. Ausgabe mit Wz. 1, Klappenschnitt II, 147 × 85 mm.

U 14	3 S	grün	30,—	475,—
U 15	5 S	rot	11,—	37,50
U 16	10 S	blau	22,50	300,—
U 17	15 S	braun	32,50	450,—

Österreichische Post in der Levante

Es gab im ganzen 79 „Levantepostämter", von denen etwa die Hälfte sog. „Lloydpostämter" (vertraglich von der Schiffahrtsgesellschaft des „Österr. Lloyd betrieben) waren; diese befanden sich naturgemäß nur in Hafenplätzen. Die Levantepostämter befanden sich:

Ägäische Inseln: Leros, Meteline, Rhodos, Scio-Cesme; Ägypten: Alexandria, Port Said; Albanien: Durazzo, Santi Quaranta, San Giovanni, Scutari, Valona; Bulgarien: Burgas, Philippopel, Rutschuk, Sofia, Varna (2 Ämter), Widdin; Griechenland: Cavalla, Corfu, Dedeagatsch, Janina, Lagos, Prevesa, Saloniki (2 Ämter; mit Zweigpostämtern in Mitrowitza, Monastir, Pizren und Üsküb), Serres, Volo; Kreta: Candia, Canea, Rettimo; Montenegro: Antivari, Dulcigno (da sich in Dulcigno kein Lloydpostamt befand, mußte der trotzdem verwendete Stempel auf Einspruch Montenegros zurückgezogen werden); Moldau-Walachei (Rumänien): Bakau, Berlad, Bottuschan, Bukarest, Czernawoda, Fokschan, Galatz, Giurgevo Ibraila, Jassy, Küstendje, Piatra, Ploeschti, Roman, Sulina, Tekutsch, Tutlscha; Samos: Vathí; Serbien: Belgrad; Türkei: Adrianopel, Alexandrette, Beyrut, Caifa (Haifa), Constantinopel (3 Ämter), Dardanellen, Gallipoli, Ineboli, Jaffa, Jerusalem, Kerassund, Latakien, Mersina, Rodosto, Samsun, Sinope, Smyrna (2 Ämter), Tenedos, Trapezunt, Tripolis in Syrien; Zypern: Larnaca.

I. Gulden-Währung: 100 Soldi = 1 Florin; II. Piaster-Währung: 40 Para = 1 Piaster; III. Französ. Währung: 100 Centimes = 1 Franc

Alle Variationen bezüglich Formate, Klappenstempel, Klappenschnitte Wz. sind dieselben wie bei den entsprechenden Ausgaben für Österreich. Sie sind dort ausführlich besprochen.

Kaiser Franz Joseph nach rechts im Kreis (a), 1867–1883

a

Umschläge

1867. Ausgabe mit WSt. (a), Klappenschnitt II, Klappenstempel K 2, 3, 4a, 4b. Wz. 2. 147 × 85 mm.

U 1	3 So grün	5,—	375,—
U 2	5 So rosa	110,—	375,—
U 3	10 So blau	110,—	300,—
U 4	15 So braun	110,—	310,—
U 5	25 So. violett	15,—	1500,—

1870. Wie U 2–U 5, jedoch mit Klappenschnitt III und im größeren Format 155 × 130 mm. Klappenstempel K 2, 3, 4a, 4b, 5.

U 6	5 So rosa	6,—	250,—
U 7	10 So blau	22,50	180,—
U 8	15 So braun	11,—	300,—
U 9	25 So violett	22,50	1100,—

1872. Wie U 7, jedoch mit Klappenschnitt IV. Klappenstempel K 7.

U 10	10 So blau	11,25	200,—

U 1–10 gültig bis 31.10.1884

Postkarten

1873. Ausgabe mit WSt. (a). **Karten mit Umrandung. Vordruck schwarz,** *rahmfarben.* **122×85 mm.**

a

P 1	4 So mattrosa .... a			
a	Ziffer 4 mit breitem Fuß		7,50	225,—
b	Ziffer 4 mit schmalem Fuß		22,50	500,—
P 2	5 So ziegelrot .... a		2,50	25,—

P 2

1880. Neue Ausgabe ohne Umrandung, *dunkelsämisch.* **140× 85 mm.**

P 3	5 So ziegelrot .... a			
a	mit Stern rechts unten		6,—	150,—
b	ohne Stern rechts unten		60,—	750,—
P 4	5/5 So ▨ ziegelrot .... a			
a	mit Stern rechts unten auf dem Frageteil		11,25	250,—
F	Frageteil			175,—
A	Antwortteil			250,—
b	ohne Stern rechts unten		67,50	750,—
F	Frageteil			450,—

Bei P 4a und 4b ist der abgetrennte Antwortteil voneinander nicht zu unterscheiden

Doppeladler mit schwarzer Wertziffer im Brustschild (b), 1883–1890

b

Kartenbriefe

1886. Ausgabe mit WSt. (b), **Kammzähnung oder Linienzähnung,** *dunkelgrau.* **140×83 mm.**

		✳	☉⊟	☉⊟
K 1	10 So blau	15,—	75,—	80,—

1888. Neue Ausgabe mit WSt. in Kreuzer-Währung und schwarzem Aufdruck der fürkischen Wertangabe: am Unterrand.

K 2

			✳	☉⊟	☉⊟
K 2	**1 Piaster** auf 10 Kr blau				
a	*dunkelgrau*		12,50	70,—	80,—
b	*hellgrau*		10,—	60,—	70,—

Postkarten

1883. Ausgabe mit WSt. (b), *sämisch.* **140×85 mm.**

P 5	5 So rot			
I	AUTRIGHE (48 mm)		5,—	12,50
II	AUTRICHE (52 mm)		25,—	80,—
P 6	5/5 So ▨ AUTRIGHE (48 mm)		12,50	200,—
F	Frageteil			75,—
A	Antwortteil			112,50

A. Ausgaben in türkischer Währung

1888. Gleichzeitig kursierende Auslandkarten von Österreich P 51 und P 60, ohne Umrandung, mit schwarzem Aufdruck der türkischen Währung.

P 7	**20 Para** auf 5 Kr rot, *sämisch*			
I	AUTRIGHE (48 mm)		5,—	10,—
II	AUTRICHE (52 mm)		7,50	12,50
P 8	**20 Para** auf 5 Kr/dto. ▨ rot, *sämisch*			
I	AUTRIGHE (48 mm)		20,—	225,—
F	Frageteil			125,—
A	Antwortteil			87,50
II	AUTRICHE (52 mm)		10,—	150,—
F	Frageteil			70,—
A	Antwortteil			60,—

1890. Auslandskarte von Österreich mit Umrandung P 69, mit schwarzem Aufdruck der türkischen Währung.

P 9	**20 Para** auf 5 Kr rot			
a	„AUTRIGHE" – 48 mm lang		22,50	67,50
b	„AUTRICHE" – 52 mm lang, PARA in gleicher Höhe wie die 20		5,—	25,—
c	wie b., PARA tiefer stehend		7,50	30,—

Kaiser Franz Joseph

c = Kreuzer-Währung
d = Heller-Währung

c　　　　　d

Streifbänder

1899. Ausgabe in Kreuzer-Währung mit schwarzem Aufdruck der türkischen Wertangabe. 150×300 mm.

S 1	**10 Para** auf 3 Kr grün	10,—	37,50

1900. Ausgabe in Heller-Währung mit demselben Aufdruck wie S 1.

S 2	**10 Para** auf 5 H grün	7,50	15,—

Kartenbriefe

1890. Ausgaben in Kreuzer-Währung mit schwarzem Aufdruck der türkischen Wertangabe.

				✱	⊙ □	⊙ □
K 3	**1 Piaster** auf 10 Kr blau, *grau* . .		9,—		45,—	55,—

1900. Desgl., Ausgaben in Heller-Währung mit demselben Aufdruck wie K 3.

K 4	**1 Piaster** auf 25 H blau, *grau* . .	7,50	30,—	38,—

A. Ausgaben in türkischer Währung

Postkarten

1891. Postkarten mit Umrandung. Ausgabe mit WSt. Franz Joseph im Türbogenrahmen (c) in Kreuzer-Währung mit schwarzem Aufdruck der türkischen Wertangabe am Oberrand. 140 × 90 mm.

P 10	**20 Para** auf 5 Kr rosa,		
	hellsämisch . . . . (P 82)		
a	„AUTRIGHE"– 48 mm lang	3,75	5,—
b	„AUTRICHE"– 52 mm lang	3,50	4,50
P 11	**20 Para** auf 5 Kr/dto. 🔲 rosa,		
	hellsämisch . . . . (P 91)		
a	„AUTRIGHE"– 48 mm lang		
	auf beiden Teilen	11,25	45,—
F	Frageteil		25,—
A	Antwortteil		17,50
b	„AUTRICHE"– 52 mm lang,		
	nur auf Frageteil	9,25	
F	Frageteil		12,—

1898. Desgl., jedoch 3. und 4. Punktzeile gleich lang, (bei P 13 nur auf der Antwortkarte).

P 12

P 12	**20 Para** auf 5 Kr rosa		
a	„AUTRIGHE"– 48 mm lang	11,25	15,—
b	„AUTRICHE"– 52 mm lang	15,—	18,—
P 13	**20 Para** auf 5 Kr/dto. 🔲 rosa		
a	„AUTRIGHE"– 48 mm lang		
	auf beiden Teilen	22,50	175,—
F	Frageteil		60,—
A	Antwortteil		90,—
b	„AUTRICHE"– 52 mm lang,		
	nur auf Frageteil	30,—	
F	Frageteil		75,—

1900. Ausgabe in neuer Heller-Währung, WSt. (d) mit demselben Aufdruck wie vorherige Ausgaben.

P 14	**20 Para** auf 10 H rosa . . . . (P 140)		
a	„AUTRIGHE" 46–47 mm lang	5,—	7,50
b	„AUTRICHE" 51–52 mm lang	20,—	30,—
P 15	**20 Para** auf 10 H/dto 🔲 rosa. (P 151)		
a	„AUTRIGHE" – 47 mm lang,		
	auf beiden Teilen	10,—	50,—
F	Frageteil		25,—
A	Antwortteil		17,50
b	„AUTRICHE" – 51 mm lang,		
	nur auf Frageteil	15,—	
F	Frageteil		32,50

1904. Neue Ausgabe ohne Umrandung, mit schrägem Absendervermerk links oben, *rahmfarben*. Mit schwarzem Aufdruck der türkischen Wertangabe wie oben.

P 16

P 16	**20 Para** auf 10 H rot . . . . (P 160)	3,—	4,50
P 17	**20 Para** auf 10 H/dto 🔲 rot . . . (P 169)	7,50	4,50
F	Frageteil		15,—
A	Antwortteil		22,50

1907. Desgl., jedoch mit Teilstrich. Mit schwarzem Aufdruck der türkischen Wertangabe wie oben.

P 18

P 18	**20 Para** auf 10 H rot . . . . (P 197)	5,—	8,75
P 19	**20 Para** auf 10 H/dto 🔲 rot . . . (P 206)	12,50	60,—
F	Frageteil		24,—
A	Antwortteil		32,50

B. Ausgaben in französischer Währung

1903. Ausgaben in Heller-Währung, Karten Österreichs P 140 und P 151 mit schwarzem Aufdruck der französischen Wertangabe.

P 20	**10 CENTIMES** auf 10 H rosa . . . (P 140)	5,—	12,50
P 21	**10 CENTIMES** auf 10 H/dto		
	🔲 rosa . . . . (P 151)	11,—	60,—
F	Frageteil		20,—
A	Antwortteil		30,—

1904. Desgl., neue Ausgabe ohne Umrandung, mit Absendervermerk, mit demselben Aufdruck.

P 22	**10 CENTIMES** auf 10 H rosa . . . (P 160)	5,—	12,50
P 23	**10 CENTIMES** auf 10 H/dto		
	🔲 rosa . . . . (P 169)	11,25	55,—
F	Frageteil		20,—
A	Antwortteil		30,—

1907. Desgl., neue Ausgabe, jetzt mit Teilungsstrich, mit demselben Aufdruck.

P 24	**10 CENTIMES** auf 10 H rosa . . . (P 197)	7,50	15,—
P 25	**10 CENTIMES** auf 10 H/dto		
	🔲 rosa . . . . (P 206)	12,50	62,50
F	Frageteil		24,—
A	Antwortteil		35,—

Franz Joseph nach links

e = französische Währung
e l = türkische Währung

e   e l

Österreichisch-ungarische Feldpost

K. u. K. (Kaiserliche und Königliche) Feldpost

Ganzsachen von Österreich, Ungarn und Bosnien kommen mit Feldpost- oder Etappenpoststempel vor.

Umschlag

1908. Ausgabe mit Jubilums-WSt., französische Währung, ohne Wz. 155×130 mm.

U 11   5 Cent grün, *zitronengelb* . . . . e   15,—   30,—

Streifbänder

1908. Ausgabe mit Jubiläums-WSt.

S 3   10 Para grün . . . . .e l   7,50   18,—

1908. Französische Währung.

S 4   5 Cent grün . . . . e   25,—   67,50

Kartenbrief

1908. Ausgabe mit Jubiläums-WSt. mit eingedruckter türkischer Währung.

		⊙ 🏠	⊙ 🏠
		✳	
K 5	1 Piaster blau, *grau* . . . . e l	10,— 37,50	45,—

Postkarten

1908. Ausgaben mit Jubiläums-WSt. (e l), mit Umrandung. Türkische Währung, *rahmfarben.* 140×90 mm.

P 26

P 26	20 Para karmin . . . . .e l	3,—	4,50
P 27	20/20 Para ☑ karmin . . . . .e l	7,50	37,50
F	Frageteil		12,50
A	Antwortteil.		20,—

1908. Ausgabe in französischer Währung, WSt. (e). Mit Umrandung, sonst Ausführung wie P 26 **und** P 27.

P 28	10 Cent karminrosa . . . . e	3,75	6,—
P 29	10/10 Cent ☑ karminrosa . . . . e	9,—	60,—
F	Frageteil		20,—
A	Antwortteil.		30,—

Feldpostkarten

1915. Postkarte von Bosnien P 17 **mit zweizeiligem schwarzem Aufdruck am oberen Rande, waagerecht.**

a

FP 1   5 (H) dunkelgrün, *rahmfarben* . . . .   10,—   20,—

1916. Karte ohne Umrandung mit WSt. wie Bosnien P 11 **mit zweizeiligem schrägem Aufdruck.**

b

FP 2   5 (H) gelbgrün, *rahmfarben* . . . .   6,—   12,50

1916. Quadratischer WSt. (c) **mit gemeinsamem österreichischem, ungarischem und Habsburger Wappen. Ohne Umrandung.**

c

FP 3	8 (H) gelbgrün		
a	*weiß*	10,—	20,—
b	*sämisch*	5,—	11,—
c	*grau*	6,—	12,50
FP 4	8/8 (H) ☑ gelbgrün		
a	*rahmfarben*	12,50	50,—
F	Frageteil		17,50
A	Antwortteil		25,—
b	*sämisch*	17,50	60,—
F	Frageteil		20,—
A	Antwortteil		30,—

1918. Ausgabe für Italien. Feldpostkarte FP 3 b **mit schwarzem Aufdruck: 9 Centesimi.**

FP 5   9 Cent auf 8 (H) gelbgrün, *sämisch* . . . . .   3,—   50,—

Bosnien und Herzegowina

Kaiserl. Österr. und Kgl. Ungar. Militärpost (1879–1919)

1 Österr. Gulden (Forint) = 100 Kreuzer (Novčića). Ab 1900: 1 Krone = 100 Heller

K. u. K. Okkupationsgebiet, umfassend die ehemals türkischen Sandschaks Sarajewo un Novipazar, bedient durch die K. u. K. Militärpost. Die Postverwaltung des Gebietes lag in den Händen des K. u. K. Kriegsministeriums. Wegen der innerhalb der Österreichisch-Ungarischen Monarchie herrschenden Sprachstreitigkeiten wurde auf den bosnischen Marken bis 1904 jede Inschrift vermieden, um keiner Sprache und damit keiner Völkerschaft einen Vorrang zu geben. Nach dem Zerfall der Österreichisch-Ungarischen Monarchie 1918 wurde das Gebiet ein Teil Jugoslawiens.

Preise der gebrauchten Ganzsachen bis 1919 gelten für Stücke mit Militärpoststempel.
⊘ = 50%. Für bedarfsmäßige Privatpost erhebliche Zuschläge.

Adlerzeichnung (1879–1901)

a   b

a) Wertziffer oben = Kreuzerwährung
b) Wertziffer unten = Hellerwährung

Umschläge

1882. Wappenadler, Wertziffern oben. Preußischer Klappenstempel, Wz. BRIEFCOUVERTS; *weiß.* **155×85 mm.**

a) Wappenadler, Wertziffer oben

U 1	5 (Kr) rot . . . . a	10,—	30,—

1894/96. Neues Format 132×107 mm. Untere Klappe I. = über, II. = unter den Seitenklappen.

U 2 I	5 (Kr) rot . . . . a	9,—	20,—
U 2 II	5 (Kr) rot . . . . a	10,—	22,50

Neue Währung: 1 Krone = 100 Heller

1900. WSt. (b). Wertziffern unten. Breitere Seitenklappen wie U 2 I; *weiß.* **132×107 mm.**

b) Wappenadler, Wertziffern unten

U 3	10 (H) braunrot . . . . b	9,—	15,—

1901. Wie U 3, jedoch innen grau, ohne Wasserzeichen. 155×85 mm.

U 4	10 (H) braunrot . . . . b	30,—	100,—

Die Umschläge insgesamt gebraucht als Einschreibe- oder Expreßbriefe mit entsprechender Zusatzfrankatur und Aufklebeetiketten rechtfertigen mehrfache Preisansätze für die gebrauchte Erhaltung, max. 10fach.

Kartenbriefe

1886. Wappenadler, Wertziffern oben. Rückseitig „ist" mit kleinem „s". WSt. (a); *dkl'grau.* **140×85 mm.**

K 1

			★	⊙	⊙
K 1	5 (Kr)	rosa . . . . a			
I		gez. 11½	7,50	18,—	20,—
II		gez. 12	9,—	20,—	24,—

1888. Dünnerer Karton; *hellgrau.*

K 2	5 (Kr)	rosa . . . . a			
I		Linienzähnung			
a		„An" 10 mm vor P	7,50	12,50	17,50
b		„An" 14 mm vor P	9,—	14,—	20,—
II		Kammzähnung			
a		wie I a)	7,50	12,50	17,50
b		wie I b)	9,—	14,—	20,—

WSt. in lachsrot = 20% Zuschlag.

1888. Überschrift jetzt „Local-Karten-Brief", auf der Rs. „ist" mit langem „s". Linien- oder Kammzähnung 9½–12.

K 3

K 3	3 (Kr)	grün (Töne), *hellgrün* . . . . a	6,—	12,50	25,—
K 4	5 (Kr)	rosa (Töne), *grau* . . . . a	5,—	6,—	12,50

K 3 dunkelgrün bis blaugrün 10% billiger.

1900. WSt. (b). Neue Währung. Wertziffern im WSt. unten. Linienzähnung. 140×85 mm.

K 5	6 (H) braun, *blau* . . . . b	6,—	22,50	37,50
K 6	10 (H) rot, *blaugrau* . . . . b	4,50	8,—	12,—

K 5 auch unperforiert.

1900/01. Kartonfarbe jetzt *h'sämisch*, Linienzähnung.

K 7	6 (H) braun . . . . b			
a	innen gelblichweiß	15,—	25,—	40,—
b	innen grünlich (1901)	7,50	15,—	25,—

1905. Mit schrägem Absendervermerk links oben. Linien- oder Kammzähnung.

K 8	10 (H) ziegelrot . . . . b	10,—	12,50	20,—

K 8 I gibt es auch unperforiert.

Postkarten

1879. WSt. Wappenadler (a), Wertziffern oben. Mit Umrandung. 140×85 mm.

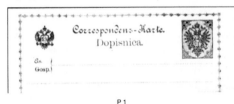

P 1

P 1	2 (Kr) braun (Töne) . . . . a		
a)	sämisch (weicher Karton, glatt)	5,—	7,50
b)	braun, (Töne), *rahmfarben*		
	(steifer Karton, rauh)	25,—	15,—
P 2	2/2 (Kr) ✓ braun . . . . a		
I	mit Strich an der Bruchstelle . .	10,—	80,—
F	Frageteil		32,50
A	Antwortteil		45,—
II	ohne Strich an der Bruchstelle .	9,—	67,50
F	Frageteil		27,50
A	Antwortteil		37,50

1891/92. Größeres Format 140×90 mm; *rahmfarben*.

P 4

P 3	2 (Kr) rötlichbraun . . . . a	3,—	2,50
P 4	5 (Kr) karmin . . . . a	6,—	30,—
P 5	2/2 (Kr) ✓ rötlichbraun . . . . a	8,—	45,—
F	Frageteil		18,—
A	Antwortteil		25,—
P 6	5/5 (Kr) ✓ karmin . . . . a	10,—	150,—
F	Frageteil		60,—
A	Antwortteil		82,50

1900/01. Neue Währung, WSt. (b), Wertziffern unten, *rahmfarben*.

P 7	5 (H) blaugrün . . . . b	3,50	2,50
P 8	5 (H) grasgrün (Töne) (1901) . . . b	3,—	3,—
P 9	10 (H) rot . . . . b		
I	ohne B. u. H. auf Vs		
	rechts unten	6,—	18,—
II	mit B. u. H. auf Vs		
	rechts unten	5,—	15,—
P 10	5/5 (H) ✓ blaugrün . . . . b	9,25	70,—
F	Frageteil		27,50
A	Antwortteil		37,50
P 11	5/5 (H) ✓ grasgrün (Töne) (1901) b	7,50	50,—
F	Frageteil		20,—
A	Antwortteil		27,50
P 12 I	10/10 (H) ✓ rot, ohne B. u. H.		
	auf Vs rechts unten . . . . . b	11,—	87,50
F	Frageteil		35,—
A	Antwortteil		47,50
P 12 II	10/10 (H) ✓ rot, mit B. u. H.		
	auf Vs rechts unten . . . . . b	10,—	80,—
F	Frageteil		32,50
A	Antwortteil		42,50

Telegramm-Aufgabescheine (PRIMKA)

1882. Wappenadler, Wertziffern oben. Rs. 6 Bemerkungen. 133×92 mm.

TA 1	5 (Kr) violett . . . . a		
I	Sprachvermerk illyrisch	15,—	40,—
II	ohne Sprachvermerk (1890)	18,—	45,—

1890. Rs. 5 Bemerkungen; unten B. u. H.

TA 2	5 (Kr) violett . . . . a		
I	B. u. H. vor- und rückseitig	10,—	25,—
II	B. u. H. nur rücks. unten links . . .	12,50	30,—

1900. Wertziffern unten. 133×92 mm.

TA 3	10 (H) rosa . . . . b	10,—	25,—

Schicken Sie uns Meldungen

bitte nur mit den entsprechenden Ganzsachen. Ohne Originalvorlage ist eine Bearbeitung leider nicht möglich. Alle Vorlagen werden schnellstmöglich zurückgegeben.

Neue Währung: 1 Krone = 100 Heller

Landschaften (1906–1916)

c) Karagjoz-Moschee

d) Jajce mit Plivafällen

Kartenbriefe

1906. WSt. (d). Jajce mit Plivafällen. Linienzähnung; *rahmfarben.* **140 × 90 mm.**

				✱	☉ ⊡	☉ ⊡
K 9	10 (H) karmin	. . . . d		7,50	12,—	20,—

1907. Jetzt links mit Wappenadler, darunter „11 h" (1 H. Papieraufschlag); Linienzähnung, auch ungezähnt.

P 10	10 (11 H) karmin	. . . . d		6,—	9,—	15,—

Postkarten

1906. Landschaften. P 13 und P 15 mit schrägem Absenderteilstrich links oben, P 14 und P 16 mit französischem und deutschem Text; *rahmfarben.* **140 × 90 mm.**

Carte postale avec réponse payée
Postkarte mit bezahlter Antwort

P 13	5 (H)	dunkelgrün c		4,—	3,—
P 14	10 (H)	karminrosa . . . . d		5,—	15,—
P 15	5/5 (H)	🔲 dunkelgrün c		6,—	40,—
F		Frageteil			16,—
A		Antwortteil			22,—
P 16	10/10 (H)	🔲 karminrosa . . . . d		10,—	80,—
F		Frageteil			30,—
A		Antwortteil			40,—

Bei P 16 Abstand Schrift – WSt.: 20½ bis 24 mm. P 15 auch mit auf beiden Seiten bedrucktem Frageteil bekannt.

1907/12. P 17 und P 19 jetzt ohne Absenderteilstrich, P 18 nur „Carte postale" (1912).

P 17	5 (H)	dunkelgrün c			
a		*rahmfarben*		3,—	2,—
b		*gelb*		4,—	3,—
P 18	10 (H)	karminrosa . . . . d			
a		*rahmfarben*		14,—	32,50
b		*gelb*		15,—	35,—

P 19	5/5 (H)	🔲 dunkelgrün c			
a		*rahmfarben*	6,—	32,50
F		Frageteil		13,—
A		Antwortteil		18,—
b		*gelb*	7,50	35,—
F		Frageteil		15,—
A		Antwortteil		20,—

Postsparkarte

1908. WSt. (d), Text dreisprachig, Rs. Belehrung je Sprache 3 Absätze; Vordruck karmin, *weiß.* **222 × 116 mm.**

PS 1	10 (H) karmin	. . . .	45,—

Postauftragskarte

1915. WSt. (d). Anhängende Postanweisung ohne WSt.; *grau.*

AK 1	10 (H) karmin	. . . . d		50,—

Telegramm-Aufgabescheine (PRIMKA)

1907/16. WSt. (d). Text dreisprachig (3) bzw. zweisprachig (2), unten Zusatz „B. u. H." und Jahreszahl.

TA 4	10 (H) karmin (3)	. . . . d		12,50	30,—
TA 5	10 (H) karmin (2)	. . . . d		17,50	50,—

„Antiker Krieger" (1916–1918)

Kartenbrief

1916. WSt. Antiker Krieger (e) mit Inschrift K. u. K. MILITÄRPOST; *gelb.* **140 × 90 mm.**

e) Antiker Krieger

				✱	☉ ⊡	☉ ⊡
K 11	15 (H) rot	. . . . e		9,—	25,—	40,—

Postkarten

1916. WSt. (e). **Ohne Vordruck;** *rahmfarben, sämisch* **(Töne).**
140×90 mm.

P 20	8 (H) grün .... e	2,—	3,50
P 21	8/8 (H) 🔲 grün .... e	12,—	37,50
F	Frageteil		15,—
A	Antwortteil		21,—

Postkarten zu 6 Heller grün bzw. rosa sowie Karten mit Turm und Schild sind Probedrucke.

1917. Portoerhöhung. P 22 und P 24 **ohne,** P 23 **mit rotem Vordruck „Carte postale", sowie auch auf** P 25; **aber zusätzlich mit „I" bzw. „II" auf** P 24 **und** P 25.

P 22	10 (H) weinrot .... e	12,50	20,—
P 23	10 (H) hellrot .... e	27,50	55,—
P 24	10/10 (H) 🔲 weinrot .... e	50,—	
F	Frageteil		
A	Antwortteil		
P 25	10/10 (H) 🔲 hellrot .... e	85,—	
F	Frageteil (I)		
A	Antwortteil (II)		

Weinrot = Inland, hellrot = Ausland

Gebrauchte Stücke von P 24 und P 25 werden nicht nachgewiesen.

1918. Aufbrauchausgabe. P 20 **mit den eigens hierfür gedruckten Bosnien-Briefmarken MiNr. 147 und 148 mit rotem Aufdruck „1918" beklebt.**

P 26	2 (H) violett (MiNr. 147)			
	neben 8 (H) grün (e) .... (P 20)	4,—	12,50
P 27	2 (H) hellblau (MiNr. 148)			
	neben 8 (H) grün (e) .... (P 20)	4,—	12,50

Postauftragskarte

1916. WSt. (e). **Anhängende Postanweisung ohne WSt.;** *grau.*

AK 2	10 (H) weinrot .... e	50,—

Der Wertaufdruck der Postanweisungen und Paketkarten ist eine Stempelmarke und daher kein Wertstempel für eine entrichtete Postgebühr.

Die letzten Ganzsachen von Bosnien sind privat von der Firma Buchwald & Co. in Sarajewo mit dem Aufdruck „Portofrei" auf dem WSt. sowie „Feldpostbrief" bzw. „Feldpost" in verschiedenen Typen überdruckt worden. Es kommen vor: U 3 und U 4, K 7 und K 8, P 8 und P 11.

Postgebühren ab 1. 6. 1850

Die vorher gültigen Briefporto-Taxen wurden durch Einführung der Briefmarken ersetzt. Durch Entschließung vom 25.9.1849 wurde die Anwendung der Briefmarken ab 1.6.1850 wirksam. Zum Inlandsverkehr gehörten folgende Länder: Deutschland (mit Danzig bis 1938), Luxemburg, Liechtenstein (bis 31.1.1921), Serbien, Italien (bis 1866), Ungarn (1918 bis 30.4.1922), Tschechoslowakei (bis 14.1.1920), Jugoslawien (bis 31.7.1921) und Schweiz (vom April 1919 bis 14.1.1920). Die Gewichtsberechnung erfolgte nach Loth. bis 31.12.1865 betrug 1 Loth ca. 17,5 g, danach 16²/₃ g, ab 1.7.1873 Berechnung nach Gramm (g).

Brief – Inlandsverkehr:

Datum	Gewicht	I. Zustellbezirk des Aufgabepostamts	II. bis 10 Meilen (1 M = 7,5859 km)	III. über 10 Meilen bis 20 Meilen	IV. über 20 Meilen
ab 1. 6.1850	je Loth	2 Kr.	3 Kr.[1]	6 Kr.	9 Kr.
ab 1.11.1858	je Loth	3 Kr.[2]	5 Kr.	10 Kr.	15 Kr.
ab 1. 1.1866	je Loth	3 Kr.	5 Kr.	5 Kr.	5 Kr.

[1] Höchstgewicht 16 Loth
[2] Gebühr von 3 Kr. galt bis 16 Loth

Datum	Gewicht	Ortsverkehr	Fernverkehr		
ab 1. 7.1873	bis 15 g	3 Kr.	5 Kr.		
	bis 250 g	6 Kr.	10 Kr.		
ab 1. 1.1883	bis 20 g	3 Kr.	5 Kr.		
	bis 250 g	6 Kr.	10 Kr.		
ab 1. 1.1900	bis 20 g	6 h.	10 h.		
	bis 250 g	12 h.	20 h.		
ab 16. 1.1907	bis 20 g	10 h.	10 h.		
	bis 250 g	20 h.	20 h.		
ab 1.10.1916	bis 20 g	15 h.	15 h.	je weitere 20 g 5 h.	
ab 1. 9.1918	bis 20 g	20 h.	20 h.	je weitere 20 g 5 h.	
ab 15. 1.1920	bis 20 g	40 h.	40 h.	je weitere 20 g 10 h.	
ab 15. 4.1920	bis 20 g	80 h.	80 h.	je weitere 20 g 20 h.	
ab 1. 2.1921	bis 20 g	1,50 K.	2 K.	je weitere 20 g 50 h.	
ab 1. 8.1921	bis 20 g	3 K.	4 K.	je weitere 20 g 1 K.	
ab 1.12.1921	bis 20 g	7.50 K.	10 K.	je weitere 20 g 2 K.	

	Ortsverkehr						Fernverkehr						
	20 g	40 g	100 g	250 g	500 g	1000 g	2000 g	20 g	40 g	100 g	250 g	500 g	1000 g	2000 g

Portobetrag in Kronen

Datum	20 g	40 g	100 g	250 g	500 g	1000 g	2000 g	20 g	40 g	100 g	250 g	500 g	1000 g	2000 g
ab 1. 5.1922	20	25	30	60	120	250	500	25	30	40	60	120	250	500
ab 21. 8.1922	80	100	120	240	480	1000	2000	100	120	160	240	480	1000	2000
ab 18. 9.1922	160	200	240	480	960	2000	4000	200	240	320	480	960	2000	4000
ab 1.11.1922	320	400	480	960	1920	4000	8000	400	480	640	960	1920	4000	8000
ab 1. 8.1923	600	800	1000	1500	3000	6000	12000	600	800	1000	1500	3000	6000	12000
ab 1.12.1923	1000	1200	1600	2400	4000	8000	16000	1000	1200	1600	2400	4000	8000	16000
ab 1.12.1924	1500	1700	2000	3000	5000	10000	20000	1500	1700	2000	3000	5000	10000	20000
ab 1. 2.1925 nach Ungarn	2000													

Portobetrag in Groschen

Datum	20 g	40 g	100 g	250 g	500 g	1000 g	2000 g	20 g	40 g	100 g	250 g	500 g	1000 g	2000 g
ab 1. 3.1925								15	17	20	30	50	100	200
ab 1.12.1926		Orts- und Fernverkehr gleiche Portobeträge						15			30	50	100	200
ab 1. 2.1929								16			30	50	100	200
ab 1. 1.1930								20			30	50	100	200
ab 1. 9.1932								24			36	50	100	200

Portobetrag in Rpf. / Groschen

Datum	20 g	40 g	100 g	250 g	500 g	1000 g	2000 g	20 g	40 g	100 g	250 g	500 g	1000 g	2000 g
ab 4. 4.1938	8 / 12			16 / 24	20 / 30			12 / 18			24/36	40/60	40/60	40/60

Portobetrag in Rpf.

Datum	20 g	40 g	100 g	250 g	500 g	1000 g	2000 g	20 g	40 g	100 g	250 g	500 g	1000 g	2000 g
ab 1. 8.1938	8			16	20	30		12			24	40	60	

Portobetrag in Groschen

Datum	20 g	40 g	100 g	250 g	500 g	1000 g	2000 g	20 g	40 g	100 g	250 g	500 g	1000 g	2000 g
ab 1. 1.1947	12			20	30	50	100	18			25	40	75	150
ab 1. 9.1947		} Orts- und Fernverkehr gleiche Portobeträge						40			70	100	160	300
ab 1. 6.1949								60			90	140	200	350
ab 1. 9.1951	100			150	220	350	500	150			220	350	500	700
ab 1. 2.1960	100			150	220	350	600	150			220	350	500	700

ab 1.1.1964 Orts- und Fernverkehr gleiche Portobeträge in Schilling

Datum	20 g	100 g	250 g	500 g	1000 g	2000 g	Datum	20 g	100 g	250 g	500 g	1000 g	2000 g
ab 1.1.1964	1.50		2.20	3.50	5.—	7.—	ab 1.2.1984	4.50[2]	6.50	9.—	12.—	20.—	28.—
ab 1.1.1967	2.—		3.—	4.—	6.—	9.—	ab 1.2.1986	5.—[2]	7.50	10.—	13.50	22.—	31.—
ab 1.1.1976	3.—		5.—	8.—	12.—	18.—	ab 1.1.1990	5.—[2]	8.—	11.—	15.—	25.—	35.—
ab 1.1.1978	3.—[2]	4.50	5.—	8.—	12.—	18.—	ab 1.1.1992	5.50[2]	7.—	10.—	15.—	26.—	35.—
ab 1.1.1979	4.—[2]	6.—	8.—	11.—	18.—	25.—	ab 1.1.1994	6.—[2]	7.50	11.—	16.—	28.—	38.—
ab 1.3.1981	4.—[2]	6.—	8.—	11.—	18.—	25.—							

[2] Standardbrief bis 20 g; Länge zwischen 14 u. 23,5 cm, Breite zwischen 9 u. 12 cm, Höhe bis 0,5 cm; Länge mindestens das 1,41fache der Breite.

Brief – Auslandsverkehr

Datum	Gewicht		ermäßigte Gebühr³)	Datum	Gewicht	K.	ermäßigte Gebühr³)
ab 1. 7.1875	je 15 g	10 Kr.		ab 1.12.1921	bis 20 g	25	
(nach					je weit. 20 g	12.50	
Montenegro)		7 Kr.		ab 1. 5.1922	bis 20 g	75	60
(nach Serbien:					je weit. 20 g	37.50	
aus Öster-				ab 21. 8.1922	bis 20 g	300	240
reich,		7 Kr.			je weit. 20 g	150	
aus Ungarn)		5 Kr.		ab 18. 9.1922	bis 20 g	600	480
(nach der					je weit. 20 g	300	
Schweiz, Ent-				ab 1.11.1922	bis 20 g	1500	1200
fernung bis zu					je weit. 20 g	750	
4 Meilen)		5 Kr.		ab 1. 8.1923	bis 20 g	2000	1600
ab 1. 1.1883	je 20 g	10 Kr.			je weit. 20 g	1000	
ab 1. 1.1900	je 20 g	25 h.		ab 1.12.1923	bis 20 g	3000	2400
(nach Serbien)	je 20 g	15 h.			je weit. 20 g	1500	
ab 1. 9.1918	bis 20 g	25 h.		ab 1.12.1924	bis 20 g	4000	3000
	je weit. 20 g	15 h.			je weit. 20 g	2000	
ab 15. 1.1920	bis 20 g	1 K.					
	je weit. 20 g	60 h.					
ab 15. 4.1920	bis 20 g	2 K.					
	je weit. 20 g	1.20 K.					
ab 1. 2.1921	bis 20 g	5 K.					
	je weit. 20 g	2.50 K.					
ab 1. 8.1921	bis 20 g	10 K.					
	je weit. 20 g	5 K.					

³) Die ermäßigte Gebühr galt für folgende Länder:

Ungarn (ab 1. 5. 1922), Tschechoslowakei (ab 1. 5. 1922), Rumänien (ab 1. 5. 1922), Italien ab 1. 6. 1922), Polen ab 1. 12. 1924). Für Bulgarien galt während des 1. Weltkrieges der Inlandstarif.

	Ungarn				Italien, Polen, Rumänien und ČSR			
	Gewicht	Groschen	Gewicht	Groschen	Gewicht	Groschen	Gewicht	Groschen
ab 1. 3.1925	bis 20 g	30	je weit. 20 g	15	bis 20 g	30	je weit. 20 g	20
ab 1.12.1926	bis 20 g	30	je weit. 20 g	18	bis 20 g	30	je weit. 20 g	24
ab 1. 9.1932	bis 20 g	40	je weit. 20 g	24	bis 20 g	40	je weit. 20 g	30
ab 1. 5.1934	bis 20 g	45	je weit. 20 g	25	bis 20 g	45	je weit. 20 g	35

	Österreichisch–Schweizer Grenzverkehr⁴)				Übriges Ausland			
ab 1. 3.1925	bis 20 g	24	je weit. 20 g	20	bis 20 g	40	je weit. 20 g	20
ab 1.10.1925	bis 20 g	24	je weit. 20 g	20	bis 20 g	40	je weit. 20 g	25
ab 1.12.1926	bis 20 g	24	je weit. 20 g	24	bis 20 g	40	je weit. 20 g	24
ab 1. 9.1932	bis 20 g	30	je weit. 20 g	30	bis 20 g	50	je weit. 20 g	30
ab 1. 5.1934	bis 20 g	35	je weit. 20 g	35	bis 20 g	60	je weit. 20 g	35

	Portobetrag in Rpf. / Groschen							
	Ungarn				Tschechei			
ab 4. 4.1938	bis 20 g	20/30	je weit. 20 g	10/15	bis 20 g	20/30	je weit. 20 g	15/23
	Luxemburg				Übriges Ausland			
	bis 20 g	12/18	bis 250 g	24/36	bis 500 g	40/60	bis 20 g	25/38	je weit. 20 g	15/23

	Portobetrag in Rpf.										
	Ungarn				Tschechei				Übriges Ausland			
ab 1. 8.1938	bis 20 g	20	je weit. 20 g	10	bis 20 g	20	je weit. 20 g	15	bis 20 g	25	je weit. 20 g	15

Für Luxemburg galt der Inlandstarif.

	Portobetrag in Rpf./Groschen	
5.10.1945 bis 10.11.1945	bis 20 g 25 Pf.	nur in die Tschechoslowakei

	Portobetrag in Groschen			
	Deutschland		Japan²⁴)	übriges Ausland
ab 2.1.1946	—	—	—	bis 20 g 50
ab 17.4.1946	bis 20 g	50	—	bis 20 g 50
ab 24.6.1946	bis 20 g	60	—	bis 20 g 60
				je weitere 20 g 35
ab 25.7.1946	bis 20 g	50	—	bis 20 g 50
				je weitere 20 g 30

Brief – Auslandsverkehr

Datum	CSSR, Ungarn		Österr.-Schweiz. Grenzverkehr⁴)		Übriges Ausland	
	Portobetrag in Groschen					
ab 1. 1.1947	bis 20 g	45			bis 20 g	60
	je weit. 20 g	25			je weit. 20 g	35
ab 1. 9.1947	bis 20 g	75			bis 20 g	100
	je weit. 20 g	45			je weit. 20 g	60
ab 1. 1.1950	bis 20 g	130			bis 20 g	170
	je weit. 20 g	75			je weit. 20 g	100
ab 1. 9.1951	bis 20 g	180	bis 20 g	180	bis 20 g	240
	je weit. 20 g	110	je weit. 20 g	110	je weit. 20 g	145
ab 1. 2.1960			bis 20 g	230	bis 20 g	300
			je weit. 20 g	140	je weit. 20 g	180
ab 1. 1.1967			bis 20 g	270	bis 20 g	350
			je weit. 20 g	150	je weit. 20 g	200

Datum	Gewicht	Österreich.-Schweiz. Grenzverkehr⁴)	Übriges Ausland	Standardbrief²) aus dem Kleinwalsertal und Jungholz nach Deutschland
ab 1. 7.1971	20 g	300	400	
	50 g	500	700	
	100 g	750	1000	
	250 g	1500	2000	
	500 g	3000	4000	
	1000 g	5000	7000	
	2000 g	8000	11000	
ab 1. 7.1974	20 g	300	400	350
ab 1. 1.1976	20 g	500	600	
	50 g	800	1000	
	100 g	1000	1500	
	250 g	2000	3000	
	500 g	4000	5500	
	1000 g	7500	10000	
	2000 g	12000	16000	
ab 1. 1.1979	20 g	500	600	420
ab 1. 3.1982	20 g	600	700	560 (ab 1.7.1982)
	50 g		1100	
	100 g		1700	
	250 g		3400	
	500 g		6500	
	1000 g		11000	
	2000 g		18000	
ab 1. 2.1986	20 g	600	800	
	50 g		1200	
	100 g		2000	
	250 g		4000	
	500 g		8000	
	1000 g		13000	
	2000 g		22000	
ab 1. 1.1990	20 g	700	900	700 (ab 1.4.1989)
	50 g		1200	
	100 g		2000	
	250 g		4000	
	500 g		8000	
	1000 g		13000	
	2000 g		22000	
ab 1. 1.1992	20 g	700	1000	
	50 g		1400	
	100 g		2300	
	250 g		4500	
	500 g		9000	
	1000 g		15000	
	2000 g		26000	

⁴) Österreichisch-Schweizer Grenzverkehr galt für die an Österreich grenzenden Postbezirke. Ab 1.3.1982 für alle CEPT-Länder: Andorra, Belgien, Bundesrepublik Deutschland, Dänemark, Finnland, Frankreich (einschl. Übersee-Departements Guadeloupe, Guayana, Martinique, Réunion, St. Pierre und Miquelon), Griechenland, Großbritannien und Nordirland, Irland, Island, Italien, Jugoslawien, Liechtenstein, Luxemburg, Malta, Monako, Niederlande, Norwegen, Portugal, San Marino, Schweden, Schweiz, Spanien, Türkei, Vatikan, Zypern. (CEPT = Europäische Konferenz der Post- und Fernmeldeverwaltungen). Ab 1.8.1984 auch in die Tschechoslowakei, ab 1.6.1990 auch in die Deutsche Demokratische Republik, ab 1.11.1990 auch nach Bulgarien, Polen und Rumänien, ab 1.1.1992 auch nach Albanien, ab 1.1.1994 nach allen europäischen Ländern sowie Armenien, Aserbeidschan und Georgien.

²⁴) Briefe nach Japan ab 15.10.1948 wieder zugelassen.

Postkarte

Inland		Ausland		Inland		Ausland	
Datum		Datum		Datum	K.	Datum	K.
ab 1.10.1869	2 Kr.	ab 1. 7.1875 (nach Montenegro und Serbien	5 Kr. 4 Kr.	ab 1.12.1921	5	ab 1.12.1921	15
ab 1. 1.1900	5 h.	ab 1. 1.1900 (nach Montenegro)	10 h. 5 h.	ab 1. 5.1922	12.50	ab 1. 5.1922	45/35[5]
ab 1.10.1916	10 h.		5 h.	ab 21. 8.1922	50	ab 21. 8.1922	180/140[5]
Ganzsache	8 h.						
ab 1. 9.1918	10 h.	ab 1. 9.1918	10 h.	ab 18. 9.1922	100	ab 18. 9.1922	360/280[5]
ab 18. 1.1920	25 h.	ab 15. 1.1920	40 h.	ab 1.11.1922	200	ab 1.11.1922	900/720[5]
ab 15. 4.1920	50 h.	ab 15. 4.1920	80 h.	ab 1. 8.1923	300	ab 1. 8.1923	1200/900[5]
ab 1. 2.1921	1 K.	ab 1. 2.1921	3 K.	ab 1.12.1923	500	ab 1.12.1923	1800/1400[5]
ab 1. 8.1921	2 K.	ab 1. 8.1921	6 K.	ab 1.12.1924	700	ab 1.12.1924	2400/1800[5]

[5]) Ermäßigte Gebühr für Ungarn (ab 1.5.1922), Tschechoslowakei (ab 1.5.1922), Rumänien (ab 1.5.1922), Italien (ab 1.5.1922), Polen (ab 1.12.1924).

Datum	Inland	Italien, Polen, Rumänien, CSSR, Ungarn	Österr.-Schweiz. Grenzverkehr[4]	Übriges Ausland
		Portobetrag in Groschen		
ab 1. 3.1925	7	18	16	24
ab 1.10.1925	8	18	16	24
ab 1.12.1926	10	18	16	24
ab 1. 9.1932	12	24	20	30
ab 1. 5.1934	12	25	25	35

	Ortsverkehr	Fernverkehr	CSSR, Ungarn	Luxemburg	Übriges Ausland
		Portobetrag in Rpf. / Groschen			
	einfache Postkarte:				
ab 4. 4.1938	5 / 8	6 / 9	10 / 15	6 / 9	15 / 23
	mit Antwortkarte:				
	10 / 16	12 / 18	20 / 30	12 / 18	30 / 46
	Portobetrag in Rpf.				
	Verrechnung dieser Gebühren mit österr. Briefmarken war noch bis 31.10.1938 möglich!				
ab 1. 8.1938	5	6	10	6	15

	Ortsverkehr	Fernverkehr	Tschechoslowakei	
		Portobetrag in Rpf./Groschen		
ab 2. 5.1945	5			
ab 14. 5.1945	5	6		
ab 5.10.1945	5	6	bis 10.11.1945 15	

	Ortsverkehr	Fernverkehr	Ausland	
		Portobetrag in Groschen		
ab 1. 2.1946	5	6	30	
ab 24. 6.1946	5	6	35	
ab 25. 7.1946	5	6	30	

	Inland	CSSR, Ungarn	Österr.-Schweiz. Grenzverkehr[4]	Übriges Ausland
		Portobetrag in Groschen		
ab 1. 1.1947	8	25		35
ab 1. 9.1947	20	45		60
ab 1. 6.1949	30	45		60

Postkarten nach Deutschland ab 17.4.1946, nach Japan ab 15.10.1948 wieder zugelassen.

Datum	Inland		CSSR, Ungarn	Österr.-Schweiz. Grenzverkehr[4])	Übriges Ausland
	Ortsverkehr	Fernverkehr			
ab 1.1.1950			75		100
ab 1.9.1951	70	100	110	110	145
ab 1.2.1960				140	180
ab 1.1.1964	100			140	180
ab 1.1.1967	150			150	200
ab 1.7.1971	150			200	250
ab 1.1.1976	250			300	400
ab 1.3.1981	300				

Datum	Inland	CEPT-Länder	Übriges Ausland
ab 1.3.1982	300	400	500
ab 1.2.1984	350		
ab 1.2.1986	400	500	600
ab 1.1.1990	450	500	600
ab 1.1.1992	500	600	600
ab 1.1.1994	550		700

Drucksache bis Februar 1925

Inland					Ausland		
Datum	Gewicht	Höchstgewicht	Kr./h.		Datum	Gewicht	Kr./h.
ab 1. 6.1850	je 1 Loth	bis 16 Loth	1 Kr.		ab 1.7.1875	je 50 g	3 Kr.
ab 1.11.1858	je 1 Loth	bis 16 Loth	2 Kr.		(nach		
ab 1. 1.1866	bis 2,5 Loth	bis 15 Loth	2 Kr.		Montenegro		
ab 1. 7.1873		bis 50 g	2 Kr.		und Serbien)		2 Kr.
		bis 100 g	4 Kr.				
		bis 150 g	6 Kr.				
		bis 200 g	8 Kr.				
		bis 250 g	10 Kr.				
		bis 500 g	15 Kr.				
ab 1. 7.1875		bis 50 g	2 Kr.				
		bis 250 g	5 Kr.				
		bis 500 g	10 Kr.				
		bis 1 kg	15 Kr.				
ab 1. 1.1900		bis 50 g	3 h.		ab 1.1.1900	je 50 g	5 h.
		bis 100 g	5 h.				
		bis 250 g	10 h.				
		bis 500 g	20 h.				
		bis 1 kg	30 h.				
ab 1.10.1916	je 50 g	bis 2 kg	3 h.				
Zuschlag für Expreßsendung			2 h.				
ab 1.10.1918	je 50 g		3 h.		ab 1.9.1918	je 50 g	5 h.
(nach Ungarn und Dt. Reich)	je 50 g		5 h.				
	je 100 g		11 h.				
	je weitere 50 g		3 h.				
ab 15. 1.1920	je 50 g		10 h.		ab 15.1.1920	je 50 g	20 h.
ab 15. 4.1920	je 50 g		20 h.		ab 15.4.1920	je 50 g	40 h.
ab 1. 2.1921	je 50 g		40 h.		ab 1.2.1921	je 50 g	1 K.
(in Rollen)	je 50 g		80 h.				
ab 1. 8.1921	je 50 g		80 h.		ab 1.8.1921	je 50 g	2 K.
(in Rollen)	je 50 g		1.60 Kr.				
ab 1.12.1921	je 50 g		2 K.		ab 1.12.1921	je 50 g	5 K.
(in Rollen)	je 50 g		4 K.				
ab 1. 5.1922		bis 50 g	5 K.		ab 1. 5.1922	je 50 g	15 K.
		bis 100 g	10 K.				
		bis 250 g	25 K.				
		bis 500 g	50 K.				
		bis 1000 g	75 K.				
		bis 2000 g	125 K.				
ab 21. 8.1922		bis 50 g	20 K.		ab 21.8.1922	je 50 g	60 K.
		bis 100 g	40 K.				
		bis 250 g	100 K.				
		bis 500 g	200 K.				
		bis 1000 g	300 K.				
		bis 2000 g	500 K.				
ab 18. 9.1922		bis 50 g	40 K.		ab 18.9.1922	je 50 g	120 K.
		bis 100 g	80 K.				
		bis 250 g	200 K.				
		bis 500 g	400 K.				
		bis 1000 g	600 K.				
		bis 2000 g	1000 K.				

Inland				Ausland		
Datum	Gewicht	Höchstgewicht	Kr./h.	Datum	Gewicht	Kr./h.
ab 1.11.1922		bis 50 g	80 K.	ab 1.11.1922	je 50 g	300 K.
		bis 100 g	160 K.			
		bis 250 g	400 K.			
		bis 500 g	800 K.			
		bis 1000 g	1200 K.			
		bis 2000 g	2000 K.			
ab 1. 8.1923		bis 50 g	100 K.	ab 1. 8.1923	je 50 g	400 K.
		bis 100 g	200 K.			
		bis 250 g	600 K.			
		bis 500 g	1200 K.			
		bis 1000 g	1800 K.			
		bis 2000 g	3000 K.			
ab 1.12.1923		bis 25 g	100 K.	ab 1.12.1923	je 50 g	600 K.
		bis 50 g	200 K.			
		bis 100 g	400 K.			
		bis 250 g	1000 K.			
		bis 500 g	2000 K.			
		bis 1000 g	3000 K.			
		bis 2000 g	5000 K.	ab 1.12.1924		
ab 1.12.1924		bis 25 g	100 K.		je 50 g	800 K.
		bis 50 g	300 K.			
		bis 100 g	600 K.			
		bis 250 g	1500 K.			
		bis 500 g	3000 K.			
		bis 1000 g	4500 K.			
		bis 2000 g	7500 K.			

In Rollen (bis 30.11.1923 möglich) doppelte Gebühr

Drucksache – Inlandsverkehr ab 1.3.1925

Datum	Gewicht	Groschen	Datum	Gewicht	
ab 1. 3.1925	bis 25 g	1			Rpf./Groschen
	bis 50 g	3			
	bis 100 g	6	ab 4. 4.1938	bis 20 g	3 / 5
	bis 250 g	15		bis 25 g	4 / 6
	bis 500 g	30		bis 50 g	4 / 6
	bis 1000 g	45		bis 100 g	8 / 12
	bis 2000 g	75		bis 250 g	15 / 23
ab 1.10.1925	bis 15 g	1		bis 500 g	30 / 45
	über 15 bis 2000 g wie unter 1. 3. 1925				Rpf.
ab 1. 1.1926	bis 15 g	2	ab 1. 8.1938	bis 20 g	3
	über 15 g bis 2000 g wie unter 1. 3. 1925			bis 50 g	4
ab 1.12.1926	bis 10 g	2		bis 100 g	8
	bis 50 g	5		bis 250 g	15
	bis 100 g	10		bis 500 g	30
	bis 250 g	15			
	bis 500 g	30	Vom 2.5.1945 bis 3.9.1945 keine Drucksachen zugelassen		
	bis 1000 g	45			Pfg./Groschen
	bis 2000 g	75			
ab 1. 2.1929	über 100 g bis 250 g	16	ab 4. 9.1945	bis 20 g	3
	sonst wie unter 1. 12. 1926				Groschen
ab 1. 1.1930	über 100 g bis 250 g	20	ab 1.11.1945	bis 20 g	3
	sonst wie unter 1. 12. 1926			bis 50 g	4
ab 1. 9.1932	bis 10 g	3		bis 100 g	8
	bis 50 g	5		bis 250 g	15
	bis 100 g	10		bis 500 g	30
	bis 250 g	20		bis 1000 g	45
	bis 500 g	30	ab 1. 1.1947	bis 20 g	3
	bis 1000 g	45		bis 50 g	4
	bis 2000 g	75		bis 100 g	8
				bis 250 g	15
				bis 500 g	30
				bis 1000 g	45
				bis 2000 g	50

Datum	Gewicht	Groschen	Datum	Gewicht	Groschen
ab 1. 9.1947	bis 20 g	10	ab 1. 1.1978	bis 20 g[2]	150
	bis 50 g	15		bis 100 g	200
	bis 100 g	20		bis 250 g	250
	bis 250 g	40		bis 500 g	450
	bis 500 g	80		bis 1000 g	800
	bis 1000 g	100		bis 2000 g	1200
	bis 2000 g	120	ab 1. 1.1979	bis 20 g[2]	250
ab 1. 6.1949	bis 20 g	15		bis 100 g	350
	bis 50 g	20		bis 250 g	500
	bis 100 g	25		bis 500 g	700
	bis 250 g	50		bis 1000 g	1200
	bis 500 g	90		bis 2000 g	1800
	bis 1000 g	120	ab 1. 3.1981	bis 20 g[2]	300
	bis 2000 g	150		bis 100 g	450
ab 1. 9.1951	bis 20 g	30		bis 250 g	650
	bis 50 g	40		bis 500 g	900
	bis 250 g	80		bis 1000 g	1400
	bis 500 g	100		bis 2000 g	2000
	bis 1000 g	150	ab 1. 2.1984	bis 20 g[2]	350
	bis 2000 g	200		bis 100 g	500
ab 1.12.1953	bis 20 g	30		bis 250 g	750
	bis 50 g	40		bis 500 g	1050
	bis 250 g	80		bis 1000 g	1600
	bis 500 g	100		bis 2000 g	2300
	bis 1000 g	150	ab 1. 2.1986	bis 20 g[2]	400
	bis 2000 g	200		bis 100 g	550
ab 1. 2.1960	bis 20 g	30		bis 250 g	850
	bis 50 g	40		bis 500 g	1150
	bis 250 g	80		bis 1000 g	1800
	bis 500 g	140		bis 2000 g	2600
	bis 1000 g	300	ab 1. 1.1990	bis 20 g[2]	500
	bis 2000 g	550		bis 100 g	600
ab 1. 1.1964	bis 50 g	50		bis 250 g	950
	bis 250 g	100		bis 500 g	1250
	bis 500 g	150		bis 1000 g	2000
	bis 1000 g	300		bis 2000 g	2800
	bis 2000 g	550			
ab 1. 1.1967	bis 50 g	70			
	bis 250 g	130			
	bis 500 g	200			
	bis 1000 g	350			
	bis 2000 g	600			
ab 1. 1.1976	bis 50 g	150			
	bis 250 g	250			
	bis 500 g	450			
	bis 1000 g	800			
	bis 2000 g	1200			

Ab 1.1.1992 wurde die Versendungsart „Drucksache" im Inlandsverkehr abgeschafft.

Nach Deutschland und Danzig entsprach die Mindestgebühr der für die Gewichtsklasse bis 50 g.

Drucksache – Auslandsverkehr ab 1. 3. 1925

Datum	Gewicht	Groschen	Datum	Gewicht	Groschen
ab 1.3.1925			ab 1.1.1976	bis 20 g	300
nach Ungarn	je 50 g	6		bis 50 g	500
übriges Ausland	je 50 g	8		bis 100 g	700
				bis 250 g	1200
		Rpf. / Groschen		bis 500 g	2000
				bis 1000 g	3500
ab 4.4.1939	je 50 g	5 / 8		bis 2000 g	5000
				je weit. 1000 g[6]	2500
		Rpf.	ab 1.3.1982	bis 20 g	400
ab 1.8.1938				bis 50 g	600
nach Luxem-	bis 20 g	3		bis 100 g	800
burg u. Ungarn	bis 50 g	4		bis 250 g	1400
	bis 100 g	8		bis 500 g	2500
	bis 250 g	15		bis 1000 g	4000
	bis 500 g	30		bis 2000 g	6000
	bis 1000 g	40		je weit. 1000 g[6]	3000
	für je weit. 50 g	5	ab 1.2.1986	bis 20 g	500
übriges Ausland	je 50 g	5		bis 50 g	700

Vom 2.5.1945 bis 14.7.1946 keine Drucksachen zugelassen

Datum	Gewicht	Groschen	Datum	Gewicht	Groschen
			ab 1.2.1986	bis 100 g	1000
				bis 250 g	1700
ab 15.7.1946	je 50 g	8		bis 500 g	3000
ab 1.9.1947	je 50 g	20		bis 1000 g	5000
ab 1.6.1949	bis 50 g	40		bis 2000 g	7000
	je weit. 50 g	20		je weit. 1000 g[6]	3500
ab 1.1.1950	bis 50 g	70	ab 1. 1.1990	bis 20 g	500
	je weit. 50 g	35		bis 50 g	700
ab 1.1.1951	bis 50 g	100		bis 100 g	1000
	je weit. 50 g	50		bis 250 g	1700
ab 1.1.1960	je 50 g	120		bis 500 g	3000
	je weit. 50 g	60		bis 1000 g	5000
ab 1.1.1967	bis 50 g	140		bis 2000 g	7000
	je weit. 50 g	70		je weit. 1000 g[6]	3500
ab 1.7.1971	bis 20 g	200	ab 1. 1.1992	bis 20 g	600
	bis 50 g	250		bis 50 g	800
	bis 100 g	350		bis 100 g	1200
	bis 250 g	500		bis 250 g	2000
	bis 500 g	1000		bis 500 g	3500
	bis 1000 g	1600		bis 1000 g	6000
	bis 2000 g	2600		bis 2000 g	8000
	je weit. 1000 g[6]	1300			

6) Unteilbare Drucksache, Bücher – einschl. Broschüren bis 5 kg

Drucksachen nach Deutschland ab 24.3.1950, nach Japan ab 8.1.1954 (?) wieder zugelassen.

Zeitungen – Inlandsverkehr bis 1925

Datum	
ab 1. 6.1850	0.6 Kr.
ab 1.11.1858	1.05 Kr.
ab 1. 6.1867	1 Kr.
ab 1. 1.1900	2 H.

Einschreiben, Eilzustellung, Rückschein, Blindensendungen, Nachporto – Inlandsverkehr bis Februar 1925

Datum	Zuschlag für Einschreiben		Zuschlag für Eilzustellung		Rückschein	Blindensendungen[23]	Nachporto	
	Ortsverkehr	Fernverkehr	Ortsverkehr	Fernverkehr[7]			Ortsverkehr	Fernverkehr
ab 1. 6.1850	3 Kr.	6 Kr.			8)		+3 Kr.	
ab 1.11.1858	5 Kr.	10 Kr.			10 Kr.		+5 Kr.	
ab 1. 6.1867								
ab 1. 7.1873							+3 Kr.	+ 5 Kr.
ab 1. 1.1900	25 h.		30 h.	+1 K.	25 h.		+6 h.[9]	+10 h.[9]
ab 16. 1.1907							doppelter Fehlbetrag[10]	doppelter Fehlbetrag[10]
ab 1.10.1916	25 h.		30 h.	+1.50 K.			doppelter Fehlbetrag[10]	doppelter Fehlbetrag[10]
ab 1. 9.1918	25 h.		60 h.					
ab 15. 1.1920	60 h.		60 h.		60 h.		doppelter Fehlbetrag[10]	
ab 15. 4.1920	120 h.		120 h.		120 h.		doppelter Fehlbetrag[10]	
			2.50 K.		2 K.		doppelter Fehlbetrag[10]	
ab 1. 2.1921	2 K.							

Datum	Zuschlag für Einschreiben Ortsverkehr	Zuschlag für Eilzustellung Ortsverkehr	Rückschein	Blinden-sendungen[23]	Nachporto	Mindestgebühr
			Portobetrag in Kronen			
ab 1. 8.1921	5	10	5		doppelter Fehlbetrag	2
ab 1.12.1921	10	20	10		doppelter Fehlbetrag	5
ab 1. 5.1922	40	50	25		doppelter Fehlbetrag	10
ab 21. 8.1922	160	200	100		doppelter Fehlbetrag	40
ab 18. 9.1922	320	400	200		doppelter Fehlbetrag	80
ab 1.11.1922	640	800	400		doppelter Fehlbetrag	160
ab 1. 8.1923	1000	2000	600		doppelter Fehlbetrag	600
ab 1.12.1923	2000	2000	1000		doppelter Fehlbetrag	1000
ab 1.12.1924	3000	2000	1500		doppelter Fehlbetrag	1000

[7]) Fernverkehr = ab 1.6.1850 Zusatzgebühr (+ =) für je 7,5 km außerhalb des Ortes.
[8]) Gebühr eines 1-Lot-Briefes (siehe Zoneneinteilung I–IV Briefe – Inlandsverkehr).
[9]) Gilt nur für Briefe. Postkarte = Fehlporto + 5 h., Drucksache oder Warenprobe = doppelter Fehlbetrag.
[10]) Doppelter Fehlbetrag, jedoch aufgerundet auf 5 h.
[23]) Siehe eigene Tabelle

Einschreiben, Eilzustellung, Rückschein, Blindensendungen, Nachporto – Inlandsverkehr ab 1. 3. 1925

Datum	Zuschlag für Einschreiben	Zuschlag für Eilzustellung		Rückschein	Blinden-sendungen[23]	Nachporto	Mindestgebühr
				Portobetrag in Groschen			
ab 1. 3.1925	30	20		15		doppelter Fehlbetrag	15
ab 1.10.1925	30	20		15		doppelter Fehlbetrag	8
ab 1.12.1926	30	20		25		doppelter Fehlbetrag	10
ab 1. 1.1928	30	30		30		doppelter Fehlbetrag	10
ab 1. 1.1930	30	30		30 bis 20 g 15			
ab 1. 9.1932	40	30				doppelter Fehlbetrag	12
		Ortszu-stellbezirk	Landzu-stellbezirk	Portobetrag in Rpf./Groschen			
ab 4. 4.1938	30 / 45	40 / 60	80 / 120	30 / 45			
ab 8. 7.1938	27 / 40	20 / 30					
				Portobetrag in Rpf.			
ab 1. 8.1938	30	40	80	30		1,5facher Fehlbetrag, aufgerundet	
ab 2.7.1945	Wien NÖ 30					doppelter Fehlbetrag	
ab 23.7.1945	Wien NÖ 30	Wien 30				doppelter Fehlbetrag	
				Portobetrag in Groschen			
ab 1.11.1945	30	Wien 40				doppelter Fehlbetrag	
ab 16. 3.1946	30	Wien 40				doppelter Fehlbetrag	
ab 5. 8.1946	30	40	40			doppelter Fehlbetrag	

Datum	Portobetrag in Groschen					
ab 1. 1.1947	30	20	30		doppelter Fehlbetrag	8
ab 1. 9.1947	100	80	75		doppelter Fehlbetrag	20
ab 1. 6.1949	100	80	75		doppelter Fehlbetrag	30
ab 1. 9.1951	200	150	300		doppelter Fehlbetrag	40
ab 1.12.1953	200	150	300			
ab 1. 2.1960	250	150	300			
ab 1. 1.1964	250	150	300		doppelter Fehlbetrag	Postkarte 50 Brief 100
ab 1. 1.1967	400	300	300		doppelter Fehlbetrag	alle Sendg. 100
ab 1. 1.1976	800	800	800			
ab 1. 3.1981	1000	1000	1000			
ab 1. 2.1984	1500	1500	1500			
ab 1. 2.1986	1700	2000	1700			
ab 1. 1.1990	1700	2000	1700			
ab 1. 1.1992	1700	2500	2000			
ab 1. 1.1994	2000	3000	2300			

Einschreiben, Eilzustellung, Rückschein, Warenproben, Geschäftspapiere – Auslandverkehr bis Febr. 1925

Datum	Zuschlag für Einschreiben	Zuschlag für Eilzustellung	Rückschein	Warenproben		Geschäftspapiere	
				bis 100 g	je weitere 50 g	bis 250 g	je weitere 50 g
ab 1. 7.1875 (nur nach Belgien, Dänemark, Montenegro, Niederlande, Rumänien, Schweden, Schweiz und Serbien)	10 Kr.		10 Kr. 15 Kr.				
ab 1. 1.1900	25 h.		25 h.				
ab 1. 9.1918	25 h.	1.20 K.	25 h.				
ab 15. 1.1920	1 K.	1.20 K.	1 K.	40 h.	20 h.	1 K.	20 h.
ab 15. 4.1920	2 K.	2.40 K.	2 K.	80 h.	40 h.	2 K.	40 h.
ab 1. 2.1921	2 K.	2.50 K.	2 K.	2 K.	1 K.	5 K.	1 K.
ab 1. 8.1921	10 K.	20 K.	10 K.	4 K.	2 K.	10 K.	2 K.
ab 1.12.1921	25 K.	50 K.	25 K.	10 K.	5 K.	25 K.	5 K.
ab 1. 5.1922	75 K.	150 K.	75 K.	30 K.	15 K.	75 K.	15 K.
ab 21. 8.1922	300 K.	600 K.	300 K.	120 K.	60 K.	300 K.	60 K.
ab 18. 9.1922	600 K.	1200 K.	600 K.	240 K.	120 K.	600 K.	120 K.
ab 1.11.1922	1500 K.	3000 K.	1500 K.	600 K.	300 K.	1500 K.	300 K.
ab 1. 8.1923	2000 K.	4000 K.	2000 K.	800 K.	400 K.	2000 K.	400 K.
ab 1.12.1923	3000 K.	6000 K.	3000 K.	1200 K.	600 K.	3000 K.	600 K.
ab 1.12.1924	4000 K.	8000 K.	4000 K.	1600 K.	800 K.	4000 K.	800 K.

Nachgebühr-Auslandverkehr = doppelter Fehlbetrag.
Nach Übersee galten die Weltpostvereinsgebühren zunächst nur im Verkehr mit den USA.

Einschreiben, Eilzustellung, Rückschein, Blindensendungen, Nachporto – Auslandverkehr ab 1. 3. 1925

Datum	Zuschlag für Einschreiben	Zuschlag für Eilzustellung	Rückschein	Blindensendungen[23]	Nachporto
					Mindestgebühr
Portobetrag in Groschen					
ab 1. 3.1925	40	80	40		–
ab 1.10.1925	60	80	40		–
ab 1.12.1926	60	80	40		14
ab 1. 9.1932	70	80	40		14
ab 1. 5.1934	70	120	40		18
ab 1. 1.1935	70	120	60		10
Portobetrag in Rpf. / Groschen					
ab 4. 4.1938	30 / 45	50 / 75			
Portobetrag in Rpf. (Ende 1945, 1 RM = 1.50 S)					
ab 1. 8.1938	30	50			
Portobetrag in Groschen					
ab 26. 6.1946	100				5
ab 15. 7.1946	100				5
ab 1. 1.1947	30	20	30		8

Datum	Zuschlag für Einschreiben	Zuschlag für Eilzustellung	Rückschein	Blindensendungen[23] Gewicht		Nachporto Mindestgebühr
				Portobetrag in Groschen		
ab 1. 1.1947	30	20	30			8
ab 1. 9.1947	140	200	100			20
ab 1. 6.1949	140	200	100			30
ab 1. 1.1950	240	360	180			30
ab 1. 9.1951	340	500	260			40
ab 1. 2.1960	340	500	340			40
ab 1. 1.1964	340	500	340			50 bei Postkarten 100 bei Briefen
				Phonopost[12]		
ab 1. 1.1967	500	680	350	je 50 g	240	100 bei allen Sendungen
ab 1. 1.1971	500	700	500	je 50 g	240	100
ab 1. 1.1976	1000	800	800	je 50 g	240	100
ab 1. 3.1982		1000	1000			
ab 1. 2.1986	1700	2000	1700			
ab 1. 1.1990	1700	2000	1700			
ab 1. 1.1992	1700	2500	2000			
ab 1. 1.1994	2000	3000	2300			

[11]) Für Wertbriefe, Geschäftsbriefe, Nachnahmesendungen und Postscheckbriefe fehlen uns leider die nötigen Unterlagen, für Hinweise zur Ergänzung dieser Portotabelle wären wir dankbar!
[12]) Phonopost = Versand von Tonbändern.

Warenproben, Geschäftspapiere – Auslandsverkehr ab 1. 3. 1925:

Datum	Warenproben					Geschäftspapiere (bis 31. 12. 1966)					
	50 g	100 g	150 g	200 g	je weit. 50 g	200 g	250 g	300 g	350 g	400 g	je weit. 50 g
					Portobetrag in Groschen						
ab 1.3.1925		16			8		40				8
nach Ungarn		12			6		30				6
ab 1.9.1932								50	56		8
nach Ungarn								40	42		6
ab 1.5.1934		20	24	32	8				60	64	8
nach Ungarn		15	18	24	6				45	48	6
					Portobetrag in Rpf.						
ab 1.8.1938		10			5		25			nach	5
				250 g	500 g	100 g	250 g	500 g	1000 g	Ungarn mind. 20	
nach Ungarn und Luxemburg		8		15	30	8	15	30	40		
					Portobetrag in Groschen						
	50 g	100 g	150 g	200 g	je weit. 50 g	200 g	250 g	300 g	350 g	400 g	je weit. 50 g
ab 24.6.1946		20	24		8				60	64	8
ab 1.1.1947		20	24		8				60	64	8
ab 1.9.1947		40			20						20
ab 1.6.1949	40				20		100				20
ab 1.1.1950	70				35	170	175				35
ab 1.9.1951	100				50	240	250				50
ab 1.2.1960				300	60		300				60
ab 1.1.1967				350	70						

Geschäftspapiere nach Deutschland ab 27.6.1947, Warenproben nach Deutschland ab 16.7.1948, Warenproben und Geschäftspapiere nach Japan ab 12.8.1949 wieder zugelassen.

Päckchen – Auslandsverkehr ab 1. 7. 1930

Datum	Deutschland und Danzig	Ungarn				übriges Ausland			
	1000 g	150 g	200 g	250 g	je weit. 50 g	150 g	200 g	250 g	je weit. 50 g
	Portobetrag in Groschen								
ab 1.7.1930	80	60	72		18	80	96		24
ab 1.9.1932	100	80	96		24	100	120		30
ab 1.5.1934	110	85	100		25	110	140		35
ab 1.1.1935			85	100	20	110		125	25

	Portobetrag in Rpf.							
	Danzig	Luxemburg	Ungarn			übriges Ausland		
	2000 g	1000 g	300 g	350	je weit. 50 g	250 g	300 g	je weit. 50 g
ab 1.8.1938	40	60	50	56	8	50	60	10

Datum	**Portobetrag in Groschen, für alle Länder gleich**						
	100 g	150 g	200 g	250 g	500 g	1000 g	je weit. 50 g
ab 24.6.1946		110	140				35
ab 1.9.1947				200			40
ab 1.1.1950			340	350			70
ab 1.9.1951			480	500			100
ab 1.2.1960				600			120
ab 1.1.1967				700			140
ab 1.7.1971	400			800	1300	2400	
ab 1.1.1976	700			1200	2000	3500	
ab 1.3.1982	800			1400	2500	4000	
ab 1.2.1986	1000			1700	3000	5000	
ab 1.1.1990	1000			1700	3000	5000[1])	

Päckchen nach Deutschland ab 27.6.1947, nach Japan ab 12.8.1949 wieder zugelassen.
Höchstgewicht für Päckchen in einige Länder 2000 g statt 1000 g, Tarif: 7000 Groschen.

Warenproben, Geschäftspapiere, Rohrpost – Inlandsverkehr bis Februar 1925

Datum	Warenproben					Geschäftspapiere						Rohrpost
	I / bis 100 g	II / bis 150 g	III / bis 250 g	IV[13] / über 250 g	je weit. 50 g	bis 200 g	bis 250 g	bis 500 g	bis 1000 g	bis 2000 g	je weitere 50 g	Rohrpostzuschlag[14]
	je 2 Loth (Höchstgewicht 16 Loth)											
ab 1. 6.1850	2 Kr.	3 Kr.	6 Kr.	9 Kr.								
	je Loth (Höchstgewicht 16 Loth)											
ab 1.11.1858	3 Kr.	5 Kr.	10 Kr.	15 Kr.								
ab 1. 7.1873			5 Kr.									
ab 1. 1.1900			10 h.	20 h.								
ab 1.10.1916	10 h.				5 h.			25 h.			5 h.	30 h.
ab 1.10.1918	10 h.				5 h.			25 h.			5 h.	60 h.
ab 15. 1.1920		25 h.			10 h.	40 h.					10 h.	60 h.
ab 15. 4.1920		50 h.			20 h.	80 h.					20 h.	
ab 1. 2.1921		1 K.			40 h.			2 K.			40 h.	
ab 1. 8.1921		2 K.			80 h.			4 K.			80 h.	
ab 1.12.1921		5 K.			2 K.			10 K.			2 K.	

Datum	Warenproben					Geschäftspapiere						Rohrpost
	bis 100 g	bis 150 g	bis 250 g	über 250 g	je weit. 50 g	bis 200 g	bis 250 g	bis 500 g	bis 1000 g	bis 2000 g	je weitere 50 g	Rohrpostzuschlag[14])
				bis 500 g		Portobetrag in Kronen						
ab 1. 5.1922			25	50			25	50	75	125		
ab 21. 8.1922			100	200			100	200	300	500		
ab 18. 9.1922			200	400			200	400	600	1000		
ab 1.11.1922			400	800			400	800	1200	2000		
ab 1. 8.1923			600	1200			600	1200	1800	3000		
ab 1.12.1923			1000	2000			1000	2000	3000	5000		
ab 1.12.1924			1500	2000			1500	3000	4500	7500		

[13]) I–IV siehe Zoneneinteilung unter Briefe – Inlandsverkehr
[14]) Rohrpostzuschlag bis 20 g je Aufgabe- und Empfangspostamt.

Warenproben, Geschäftspapiere, Rohrpost – Inlandsverkehr ab 1. 3. 1925

Datum	Gewicht	Warenproben	Geschäftspapiere ab 1. 1. 1964 Geschäftsbriefe	Geschäftsdrucksache[15])	Briefdrucksache[16])	Rohrpost[14]) Ortsverkehr	Fernverkehr
	(nicht für Rohrpost)					Zuschlag für	
		Portobetrag in Groschen					
ab 1. 3.1925	250 g	15	15			20	20
	500 g	30	30				
	1000 g		45				
	2000 g		75				
ab 1. 1.1928						30	30
ab 1. 2.1929	250 g	16	16				
	500 g	30	30				
	1000 g		45				
	2000 g		75				
ab 1. 1.1930	250 g	20	20				
	500 g	30	30				
	1000 g		45				
	2000 g		75				
ab 1. 5.1934						30	40
		Portobetrag in Rpf. / Groschen					
ab 4. 4.1938	250 g	8 / 12	[11])				
		Portogebühren in Rpf. (Ende 1945, 1 RM = 1.50 S)					
ab 1. 8.1938	20 g					10	
	100 g	8	8	8			
	250 g	15	15	15			
	500 g	30	30	30			
ab 1.11.1945	100 g	8	8	8			
	250 g	15	15	15			
	500 g	30	30	30			
	1000 g	45	45	45			

MICHEL-Einführung in die Druckverfahren

Die ausführliche Erklärung der wichtigsten Druckverfahren mit Abbildungen und Beispielen.

Datum	Gewicht (nicht für Rohrpost)	Waren-proben	Geschäfts-papiere ab 1.1.1964 Geschäftsbriefe	Geschäftsdrucksache [15]	Briefdrucksache [16]	Rohrpost [14] Zuschlag für Ortsverkehr	Fernverkehr
			Portogebühren in Groschen				
ab 1. 1.1947	50 g			2			
	100 g	10		5		10	10
	250 g	15	15	10			
	500 g	30	30	15			
	1000 g	40		30			
	2000 g	50		40		30	30
ab 1. 9.1947	50 g			6			
	100 g			12			
	250 g	40	40	24			
	500 g	80	80	40			
	1000 g		100	80			
	2000 g		120	100			
ab 1. 6.1949	50 g			8			
	100 g			15			
	250 g	50	50	30			
	500 g	90	90	45			
	1000 g		120	90			
	2000 g		150	120			
ab 1. 9.1951	50 g			15		60	60
	100 g			30			
	250 g	120	120	60			
	500 g	160	160	90			
	1000 g		270	180			
	2000 g		450	360 (bis 31.12.1952)			
ab 1.12.1953	20 g				60		
	50 g				70		
	100 g						
	250 g				110		
	500 g	100	100		130		
	1000 g	150	150		180		
	2000 g		200		230		
ab 1.12.1954	20 g	30			60		
	50 g	40			70		
	100 g						
	250 g	80			110		
	500 g	100	100		130		
	1000 g	150	150		180		
	2000 g		200		230 (bis 31.1.1960)	(bis 31.1.1960)	(bis 31.1.1960)
ab 1. 2.1960	50 g	100	100				
	250 g	150	150				
	500 g	250	250				
	1000 g		350				
	2000 g		600				

	Warenproben						Geschäftsbriefe						
	20 g²)	50 g	100 g	250 g	500 g	1000 g	20 g²)	50 g	100 g	250 g	500 g	1000 g	2000 g
ab 1. 1.1964								100		150	250	350	600
ab 1. 1.1967		130		200	300			130		200	300	450	700
ab 1. 1.1976		250		400	650			250		400	650	1000	1500
ab 1. 1.1978	250		350	400	650		250		350	400	650	1000	1500
ab 1. 1.1979	350		500	700	900		350		500	700	900	1400	2200

15) Geschäftsdrucksache = verbilligte Massendrucksache.
16) Briefdrucksache konnte mit einer Mitteilung bis 10 Worte ergänzt werden.

Päckchen, Nachnahme, Wertbriefe, Zeitungssache – Inland ab 4. 4. 1938

Datum	Päckchen	Nachnahme	Wertbriefe	Zeitungssache
	Portobetrag in Rpf. / Groschen			
ab 4.4.1938	40 / 60	20 / 30	50 / 75	10 / 15
	Portobetrag in Rpf. (Ende 1945, 1 RM = 1.50 S)			
ab 1.8.1938	40	20	50	10

Flugpostzuschläge

Inland mit Deutschland und Danzig:

Datum	Versandart	20 g	40 g	50 g	100 g	150 g	200 g	250 g	500 g	1000 g	2000 g	je weitere 15 g	je weitere 20 g	je weitere 50 g
		Portobetrag in Groschen												
ab 1.3.1925	Briefe	15	17		20			30	50	100	200			
	Postkarten	7												
	Drucksache			5	10			25	50	100	200			
	Warenprobe							25	50					
	Geschäftspapiere,							25	50	100	200			
	Mischsendungen[18])													
	Pakete									250	500			

Frankreich, Jugoslawien, Polen, Rumänien, Schweiz, CSSR, Europ. Türkei, Ungarn:

Datum	Versandart	20 g	40 g	50 g	100 g	150 g	200 g	250 g	500 g	1000 g	2000 g	je weitere 15 g	je weitere 20 g	je weitere 50 g
ab 1.3.1925	Briefe	30											20	
	Postkarten	18												
	Drucksache			8										
	Warenprobe				16									8
	Mischsendungen[17])													
	Geschäftspapiere							40						
	Mischsendungen[18])													8

Asiatische Türkei:

Datum	Versandart	20 g	40 g	50 g	100 g	150 g	200 g	250 g	500 g	1000 g	2000 g	je weitere 15 g	je weitere 20 g	je weitere 50 g
ab 1.3.1925	Briefe	50											30	
	Postkarten	25												
	Drucksache			15										
	Warenprobe,													
	Mischsendungen[17])			25	30									15
	Geschäftspapiere,													
	Mischsendungen[18])					50	60							15

Inland mit Deutschland und Danzig:

Datum	Versandart	20 g	40 g	50 g	100 g	150 g	200 g	250 g	500 g	1000 g	2000 g	je weitere 15 g	je weitere 20 g	je weitere 50 g
ab 23.4.1928	Briefe	20		40	80			160	320	640	1280			
	Postkarten	10												
	Drucksache	20		40	80			160	320	640	1280			
	Warenprobe	20		40	80			160	320	640	1280			
	Geschäftspapiere	20		40	80			160	320	640	1280			

Italien, Jugoslawien, Polen, Schweiz, CSSR, Ungarn:

Datum	Versandart	20 g	40 g	50 g	100 g	150 g	200 g	250 g	500 g	1000 g	2000 g	je weitere 15 g	je weitere 20 g	je weitere 50 g
ab 23.4.1928	Briefe	25											25	
	Postkarten	15												
	Drucksache	25											25	
	Warenprobe	25											25	
	Geschäftspapiere	25											25	

Übriges Europa / Europ. UdSSR:

Datum	Versandart	20 g	40 g	50 g	100 g	150 g	200 g	250 g	500 g	1000 g	2000 g	je weitere 15 g	je weitere 20 g	je weitere 50 g
ab 23.4.1928	Briefe	30/40											30/40	
	Postkarten	15/20												
	Drucksache	30/40											30/40	
	Warenprobe	30/40											30/40	
	Geschäftspapiere	30/40											30/40	

Deutschland und Danzig (Inland wie 23.4.1928):

Datum	Versandart	20 g	40 g	50 g	100 g	150 g	200 g	250 g	500 g	1000 g	2000 g	je weitere 15 g	je weitere 20 g	je weitere 50 g
ab 1.12.1933	Briefe	30											30	
	Postkarten	20												

Inland:

ab 3.10.1937	Briefe Postkarten	20 20									30	
		bis 10g	bis 20g									
	Drucksache	20	25								20	
		bis 20g										
	Warenprobe, Geschäftspapiere	40									20	

Ostmark (ab 4.4.1938 allmählich Übergang zu den Reichstarifen):

ins Altreich:

Datum	Versandart	10 g	20 g	je weitere 20 g	Datum	Versandart	10 g	20 g	je weitere 20 g
		Portobetrag in Groschen					Portobetrag in Groschen		
27. 3. 1938	Briefe Postkarten Drucksache	20[19]	40[19] 20[19] 25[19]	20 20	27.3.1938	Briefe Postkarten Drucksache		30 15 30	20

[17] Warenprobe, Mischsendungen – Geschäftspapiere enthaltend;
[18] Geschäftspapiere, Mischsendungen – nur Drucksachen und Warenproben enthaltend;
[19] Gesamtgebühr – Normalporto + Flugzuschlag

Übersee:	ab 1.11.1929		ab 1.12.1931	
	Briefe je 20 g	Postkarten	Briefe je 10 g	Postkarten
	Portobetrag in Groschen			
Algerien, Marokko, Tunesien	75	30	40	20
Senegal, Mauretanien	225	90	100	60
Ägypten	–	–	40	20
Sudan	–	–	60	30
Belgisch-Kongo, Kenia, Uganda, Tanganjika	–	–	80	40
USA, Alaska, Hawaii	80	30	60	30
Canada	100	50	60	30
Bahama, Cuba	100	50	–	–
Mexiko, Haiti, Dominikanische Republik, Puerto Rico	200	100	100	50
Jamaika	–	–	100	50
Honduras, Britisch-Honduras	300	150	150	75
Nicaragua	400	200	150	75
Panama, Panama-Kanalzone	400	200	180	90
Guatemala, Salvador	–	–	150	75
Costa Rica	–	–	180	90
Kolumbien, Ecuador	250[20]	150[20]	–	–
Kolumbien (Barranquilla – Neiva – der SCADTA)	–	–	125	70
Kolumbien (Betriebsgem. USA und SCADTA), Ecuador, Venezuela	–	–	250	200
Irak	50	30	60	30
Britisch Indien und Birma	80	50	100	50
Persien	80	50	70	35
Niederländisch Indien	–	–	140	70
Palästina	–	–	50	25
Siam, Straits-Settlements	–	–	120	60
UdSSR (asiatisch)	–	–	120	60
	Briefe je 10 g			
Australien (Linie Perth-Adelaide)	50	25	50	25
Australien (Linie London–Delhi und Perth–Adelaide)	–	–	150	75
	Briefe je 5 g		Briefe je 5 g	
Brasilien	300	200	250	200
Argentinien, Chile, Paraguay, Peru, Uruguay	400	300	350	300
Bolivien	–	–	350	300

[20] + Zuschlag für Einschreiben 170 Groschen.

Postverkehr mit den österreichischen Feldpostämtern 1500 UNDOF AUSBATT und 1501 UNFICYP AUSCON

Portobetrag in Groschen

Datum	Gewicht	Briefe[21]	Drucksachen[22]	Warensendungen[22]	Postkarten[21]	andere Dienste	Flugzuschläge
ab 1.1.1979	bis 20 g bis 100 g bis 250 g bis 500 g bis 1000 g bis 2000 g	400 600 3000 5500 10000 16000	250 350 500 700 1200 1800	350 500 700 900	250	Geschäfts- briefe, Blin- densendun- gen: wie In- land zuzüglich Flugzuschlag Einschreib- gebühr: 800 Eilgebühr: 800	nach 1500 UNDOF AUSBATT (Syrien): je 5 g: 20 Gr. nach 1501 UNFICYP AUSCON (Zypern): je 20 g: 50 Gr.
ab 1.3.1981	bis 20 g bis 100 g bis 250 g bis 500 g bis 1000 g bis 2000 g	400 600 3000 5500 10000 16000	300 450 650 900 1400 2000	nicht mehr zugelassen	300	Geschäfts- briefe, Blin- densendun- gen: wie In- land zuzüglich Flugzuschlag Einschreib- gebühr: 800 Eilgebühr: 1000	

[21] kein Flugzuschlag
[22] zuzüglich Flugzuschlag

Die hier in Tabellenform wiedergegebenen Gebührenangaben sind überwiegend den österreichischen Jahrbüchern 1979 und 1980 für Postgeschichte und Philatelie von Dr. R. Wurth entnommen.

Blindensendungen

	13.10. 1909	15.1. 1920	15.4. 1920	1.8. 1921	1.12. 1921	1.5. 1922	21.8. 1922	18.9. 1922	1.11. 1922	1.8. 1923	1.12. 1923	1.12. 1924
Inland		25)	25)	25)	26)	26)	26)	26)	26)	26)	26)	26)
bis 50 g	3 H	10 H	10 H									
bis 100 g	5 H	20 H	20 H	20 H								
bis 500 g				40 H	50 H	50 H	1 K	2 K	4 K	10 K	100 K	
bis 1000 g	10 H	50 H	50 H	80 H	100 H	100 H	2 K	4 K	8 K	20 K	200 K	100 K
bis 1500 g				120 H	150 H	150 H	3 K	6 K	12 K	30 K	300 K	
bis 2000 g	20 H	75 H	75 H	160 H	200 H	200 H	4 K	8 K	16 K	40 K	400 K	200 K
bis 2500 g				200 H	250 H	250 H	5 K	10 K	20 K	50 K	500 K	
bis 3000 g	30 H	100 H	100 H	240 H	300 H	300 H	6 K	12 K	24 K	60 K	600 K	300 K
Ausland												
bis 50 g	3 H	20 H	40 H									
bis 100 g	5 H	40 H	80 H									
bis 500 g		dann	dann	1 K	2,50 K	5 K	30 K	60 K	150 K	200 K	300 K	400 K
bis 1000 g	10 H	je 50 g	je 50 g	2 K	5 K	10 K	60 K	120 K	300 K	400 K	600 K	800 K
bis 1500 g		= 20 H	= 40 H	3 K	7,50 K	15 K	90 K	180 K	450 K	600 K	900 K	1200 K
bis 2000 g	20 H	(bis 3000 g)	(bis 3000 g)	4 K	10 K	20 K	120 K	240 K	600 K	800 K	1200 K	1600 K
bis 2500 g				5 K	12,50 K	25 K	150 K	300 K	750 K	1000 K	1500 K	2000 K
bis 3000 g	30 H			6 K	15 K	30 K	180 K	360 K	900 K	1200 K	1800 K	2400 K

25) Gilt auch nach Deutschland und der Tschechoslowakei
26) Gilt auch nach Deutschland, der Tschechoslowakei und Ungarn

	1.3. 1925	1.12. 1925	1.7. 1930	1.5. 1935	1.11. 1938	2.5. 1945	1.1. 1947	1.1. 1950	1.9. 1951	1.7. 1953	19.11. 1954
Inland	26)	26)	26)	26)	27)						
bis 1000 g	1 g	1 g	1 g	1 g		1 g					
bis 2000 g	2 g	2 g	2 g	2 g		2 g					
bis 3000 g	3 g	3 g	3 g	3 g		3 g					
bis 4000 g	4 g	4 g	4 g	4 g							
bis 5000 g	5 g	5 g	5 g	5 g	3 Rpf		3 g	3 g	5 g	5 g	
bis 7000 g											frei
Ausland											
bis 500 g	4 g										
bis 1000 g	8 g	8 g	8 g	6 g	3 Rpf	4 g	10 g	20 g			
bis 1500 g	12 g										
bis 2000 g	16 g	16 g	16 g	12 g	6 Rpf	8 g	20 g	40 g			
bis 2500 g	20 g										
bis 3000 g	24 g	24 g	24 g	18 g	9 Rpf	12 g	30 g	60 g			
bis 4000 g			32 g	24 g	12 Rpf	16 g	40 g	80 g			
bis 5000 g			40 g	30 g	15 Rpf	20 g	50 g	100 g			
bis 6000 g							60 g	120 g			
bis 7000 g							70 g	140 g	25 g	frei	frei

25) Gilt auch nach Deutschland und der Tschechoslowakei
26) Gilt auch nach Deutschland, der Tschechoslowakei und Ungarn
27) Gilt auch nach der Tschechoslowakei und Ungarn

Postgebühren ab 1997

	1.7.1997
Inland	
Postkarte	6.50 S
Briefe	
bis 20 g (Standard)	7 S
bis 50 g	8 S
bis 100 g	9 S
bis 250 g	14 S
bis 1000 g	34 S
bis 2000 g	45 S
Einschreiben	25 S
Eilzustellung	30 S
Ausland	
Priority Europa:	
Standard	7 S
bis 50 g	14 S
bis 100 g	23 S
bis 250 g	45 S
bis 500 g	90 S
bis 1000 g	150 S
bis 2000 g	260 S
je weitere 1000 g	
(nur Bücher und Broschüren)	100 S
Priority Welt:	
Standard	13 S
bis 50 g	22 S
bis 100 g	35 S
bis 250 g	65 S
bis 500 g	120 S
bis 1000 g	230 S
bis 2000 g	450 S
je weitere 1000 g	
(nur Bücher und Broschüren)	180 S
Non-Priority Europa:	
Standard	6.50 S
bis 50 g	9 S
bis 100 g	13 S
bis 250 g	20 S
bis 500 g	37 S
bis 1000 g	70 S
bis 2000 g	125 S
je weitere 1000 g	
(nur Bücher und Broschüren)	55 S
Non-Priority Welt:	
Standard	7.50 S
bis 50 g	10 S
bis 100 g	14 S
bis 250 g	22 S
bis 500 g	40 S
bis 1000 g	75 S
bis 2000 g	135 S
je weitere 1000 g	
(nur Bücher und Broschüren)	60 S
Einschreiben	25 S
Eilzustellung	30 S

Postgebühren ab 2001

	1.1.2001	1.6.2003
Inland		
Postkarte	7 S / 0.51 €	0.55 €
Briefe		
bis 20 g (Standard)	7 S / 0.51 €	0.55 €
bis 50 g	8 S / 0.58 €	0.75 €
bis 100 g	12 S / 0.87 €	1.00 €
bis 350 g	19 S / 1.38 €	1.25 €
bis 500 g	22 S / 1.60 €	1.75 €
bis 1000 g	34 S / 2.47 €	2.75 €
bis 2000 g	45 S / 3.27 €	3.75 €
Ausland		
Postkarte	7 S / 0.51 €	0.55 €
Priority Europa:		
Standard	7 S / 0.51 €	0.55 €
bis 50 g	14 S / 1.02 €	1.10 €
bis 100 g	21 S / 1.53 €	2.00 €
bis 350 g	66 S / 4.80 €	6.00 €
bis 500 g	100 S / 7.27 €	8.00 €
bis 1000 g	150 S / 10.90 €	11.00 €
bis 2000 g	250 S / 18.17 €	18.00 €
Priority Welt:		
Standard	15 S / 1.09 €	1.25 €
bis 50 g	20 S / 1.45 €	1.75 €
bis 100 g	40 S / 2.91 €	3.75 €
bis 350 g	80 S / 5.81 €	6.75 €
bis 500 g	130 S / 9.45 €	10.75 €
bis 1000 g	230 S / 16.71 €	18.75 €
bis 2000 g	450 S / 32.70 €	33.75 €
Non-Priority Europa:		
bis 50 g	10 S / 0.73 €	1.00 €
bis 100 g	15 S / 1.09 €	1.50 €
bis 350 g	35 S / 2.54 €	3.50 €
bis 500 g	60 S / 4.36 €	5.50 €
bis 1000 g	80 S / 5.81 €	7.50 €
bis 2000 g	140 S / 10.17 €	12.50 €
Non-Priority Welt:		
bis 50 g	14 S / 1.02 €	1.25 €
bis 100 g	21 S / 1.53 €	2.25 €
bis 350 g	66 S / 4.80 €	5.25 €
bis 500 g	100 S / 7.27 €	6.25 €
bis 1000 g	150 S / 10.90 €	11.15 €
bis 2000 g	250 S / 18.17 €	18.25 €
Zusatzleistungen:		
Einschreiben	28 S / 2.03 €	2.10 €
Eilzustellung (nur Ausland)	35 S / 2.54 €	3.50 €
Eigenhändig	28 S / 2.03 €	2.10 €
Nachnahme		
Überweisung	35 S / 2.54 €	2.60 €*
Barauszahlung	50 S / 3.63 €	3.60 €**
Wertbrief		
bis 20 000 S / 1453.46 €	1% des Wertes,	
(ab 2003: 1500 €)	mind. 10 S / 0.73 €	—
über 20 000 S / 1453.46 €		
(ab 2003: 1500 €)	500 S / 36.34 €	36.00 €
Rückschein	28 S / 2.03 €	2.10 €

*) Ab 1.1.2005: 3.50 €, Ausland 4.50 €
**) Ab 1.1.2005: nur Ausland 4.50 €

Prüferliste des Bundes Philatelistischer Prüfer e.V. (BPP) (Auszug)

Prüfgebiete

Österreich:
1850–1867: Kimmel, Rismondo
ab MiNr. 44 (ohne Lokalausgaben und Nebengebiete): Soecknick
Bosnien und Herzegowina: Soecknick
Levante: derzeit nicht besetzt
Levante, nur Kreta-Stempel: Schmitt
Lombardei-Venetien: Kimmel

Anschriften der Verbandsprüfer

Internetadresse: www.bpp.de (jeweils aktuellster Stand der Prüferliste)

Präsident: Dr. Hans-Karl Penning, Irlenpütz 24, 53332 Bornheim, Tel. (0 22 27) 52 79, Fax (02227) 92 54 57

Geschäftsstelle (Bürozeiten Mo–Fr 8–12 und 13–16 Uhr): Dr. Helmut P. Oechsner, Gustav-Weißkopf-Weg 13, 90411 Nürnberg, Telefon (09 11) 5 21 68 61, Fax (09 11) 5 21 62 92, E-Mail: HPOechsner@t-online.de

Die angegebenen Vorwahlnummern gelten von Deutschland aus.

Kimmel, Kurt, CP 376, CH-6908 Massagno, SCHWEIZ, Tel. (0041 91) 9 66 74 74, Fax (0041 91) 9 66 34 83,
E-Mail: kurt.kimmel@arvest.ch

Rismondo, Tilo, Postfach 71 01 12, 09056 Chemnitz, An der Kohlung 82, 09114 Chemnitz, Tel. u. Fax (03 71) 44 21 53

Schmitt, Joh. Ulrich, Hochleite 7, 86911 Diessen a. A., Tel. (0 88 07) 60 51, Fax (0 88 07) 60 53

Soecknick, Rüdiger, Geusaugasse 12/8, A-1030 Wien, ÖSTERREICH, Tel. (0 04 31) 2 08 35 46, E-Mail: ruediger.soecknick@chello.at

Prüfordnung des Verbandes Österreichischer Briefmarkenprüfer (VÖB)

Mit der Einlieferung zur Prüfung anerkennt der Auftraggeber die Bestimmungen des Reglements, auch wenn er nicht der Eigentümer der Marken ist. Der Auftraggeber ist verpflichtet, dem Prüfer bei Einlieferung alle Tatsachen mitzuteilen (z. B. Ablehnung der Prüfung der eingelieferten Marken durch andere Prüfer, welche das Prüfergebnis beeinflussen könnten).

1. Die zur Prüfung übergebenen Marken sind, soweit sie nicht ungebraucht oder auf Brief bzw. Briefstück befindlich, in gewaschenem, falz- und papierrestfreiem Zustand vorzulegen.
2. Die Prüfung umfaßt die Feststellung der Echtheit von Marke und Entwertung sowie den Erhaltungszustand.
3. Der Prüfer ist ermächtigt, bei Notwendigkeit Marken zur Untersuchung in kaltes oder heißes Wasser bzw. in Benzin zu legen.
4. Die zur Anwendung kommenden Grundstellungen der Prüfzeichen sind im MICHEL- und „Austria-Netto-Katalog" genau beschrieben und abgebildet.
5. Der Prüfer ist berechtigt, Fälschungen oder Verfälschungen sowie reparierte Marken als solche zu kennzeichnen.
6. Über den Handelswert einer Marke äußert sich der Prüfer nicht.
7. Für gerichtliche Auseinandersetzungen ist ausschließlich das am Wohnsitz des Prüfers geltende Recht anzuwenden. Alleiniger Gerichtsstand und Erfüllungsort ist der Wohnsitz des Prüfers.
8. Der Prüfer kann ohne Angabe eines Grundes die Prüfung einer Marke ablehnen (z. B. größere Mengen nur nach vorheriger Anmeldung).
9. Die Prüfung erfolgt nach bestem Wissen und nach dem jeweiligen Stand der Forschung, jedoch ohne Haftung.

Honorarordnung

1. Der Grundbetrag für jede Prüfvorlage (max. 6 Marken) beträgt ca. € 15.—. Für jede weitere Marke kann ein Mindesthonorar von ca. € 1.50 verrechnet werden.
2. Bei höherwertigen Marken beträgt das Honorar bis zu 4% des üblichen Handelswertes der Prüfsendung; dieser richtet sich nach Katalogwert und Erhaltung.
3. Bei Fotoattesten wird für das Foto ein entsprechender Kostenersatz verrechnet.
4. Die Versandspesen, das Versandrisiko (Hin- und Rückweg) sowie die Gefahr der Aufbewahrung wie auch etwaige sonstige Folgen gehen in vollem Umfang zu Lasten des Einlieferers.

Prüfgebiete

Österreich 1850/1918: Babor, Bazant, Dr. Ferchenbauer, Matl, Puschmann, Rismondo
Nur Österreich 1850: Labres

I. Republik ohne Lokalausgaben:
Babor, Bazant, Puschmann (ohne Farben)
MiNr. 185–446, Farben: Karasek
MiNr. 228–446, Belege: Kroiß
Lokalausgaben 1918/1920: Svoboda

II. Republik ohne Lokalausgaben und Provisorien:
Babor, Bazant, Puschmann
Wiener und Grazer Aushilfsausgaben: Glavanovitz, Kovar
Provisorien 1945 (nur Belege): Glavanovic, Sturzeis
Lokalausgaben: (ohne Graz und Wien): Svoboda
Postgeschichtliche Belege ab 1945: Majörg

Lombardei und Venetien: Babor, Bazant, Dr. Ferchenbauer, Matl, Puschmann
Österr. Post in der Levante: Dr. Ferchenbauer, Hochleutner, Matl, Puschmann
Bosnien: Dr. Ferchenbauer, Matl, Puschmann
DDSG: Vodrazka

Essays, Druckproben, Probedruck, Entwürfe, Vorlagen und Fehldrucke: Turin

Ganzsachen Österreich: Hochleutner

Anschriften der Prüfer

Babor, Mag. Gerhard, Lainzer Straße 80/8, A-1130 Wien
Bazant, Andreas, Josefstädterstr. 52, A-1080 Wien
Ferchenbauer, Ministerialrat Dr. Ulrich, VÖB-Präsident, Postfach 359, A-1181 Wien
Glavanovitz, Dr. Werner, Vorgartenstr. 63/38, A-1200 Wien
Hochleutner, Franz, Simmeringer Hauptstraße 383, A-1110 Wien
Kovar, Adolf, Hamiltongasse, 3/1/4, A-1140 Wien
Kroiß, Dipl.-Ing. Peter, Parkstr. 7/2, A-2362 Biedermannsdorf
Labres, Hofrat Mag. Klaus, Postfach 74, A-1134 Wien
Majörg, Karl, Roßlauf 18/1, A-4552 Wartberg a. d. Krems
Matl, Albert, VÖB-Ehrenpräsident, Friedlgasse 40, A-1190 Wien (Prüfungen nur auf Anfrage)
Puschmann, Fritz, Postfach 161, A-1015 Wien, Telefon (00 43 1) 5 12 63 72
Rismondo, Tilo, Postfach 71 01 12, D-09056 Chemnitz
Sturzeis, Fritz, Beckmanngasse 32, A-1140 Wien
Svoboda, Gerhard, Katharinengasse 16/2/6/2/24, A-1100 Wien
Turin, Heimo, Postfach 105, A-6580, St. Anton am Arlberg
Vodrazka, Prof. Dkfm. Dr. Karl, Parzhofstr. 7–9, A-4040 Linz

Literaturhinweise

Diese, sowie zahlreiche weitere Spezialwerke werden von der Philatelistischen Bibliothek, Rosenheimer Str. 5, 81667 München, bzw. der Philatelistischen Bücherei Hamburg e.V., Hohenfelder Str. 10, 22087 Hamburg, in ihren Lesesälen, teils aber auch im Fernverleih, zur Verfügung gestelltt.

Armstrong, D. B.
Stamps of the Levant Post Offices
London 1913

Austria – Österreich-Spezial-Katalog
Wien 1990, 2002
Bundesministerium für Verkehr, Generaldirektion für die Post- und Telegrafenverwaltung
100 Jahre Österreichische Briefmarke
Wien 1950

Clement, Alfred
Handbuch der Feld- und Militärpost in Österreich
Graz 1964

Dachauer, Wilhelm
Gemälde und Briefmarken
Wien 1963

Erster österreichischer Rekozettelsammler-Verein
Katalog der österreichischen Posthilfsstellen-Stempel mit Postleitzahlen
Wien 1978

Ferchenbauer, Dr. Ulrich
Österreich 1850–1918 Spezialkatalog und Handbuch
Wien 1974, 1976, 1990
Österreich 1850–1918 Handbuch und Spezialkatalog
Wien 2000

Feuchtmüller, Rupert
Kleine Kunstgeschichte der Österreichischen Briefmarke 1850–1938
Wien 1967

Frey, Karl
Österreich 1850, die 9-Kreuzer-Type I
Wien 1972

Gaube, Anton Th.
Zeitungsstempelmarken Österreichs und Lombardei-Venetiens Bd. I/II/III
Wien 1958/1960/1962

Gindl, Heinz L.
Die Österreichische Trachtenserie 1948/52
Linz 1961

Gindl, Heinz L. und Eibl, F.
Die Symbole der österreichischen Bautenserie 1957
Linz 1967

Gruber, Wolfgang
Österreichischer Flugpostkatalog
Salzburg 1961/1965/1968/1971
Die Ballogpost der Österreichischen Pro Juventute
Salzburg 1969

Hanus, L.
Stempelsignetten-Katalog von Österreich-Ungarn
1930

Huber/Dirnberger
Spezialkatalog Österreich 1850
Linz 1967

Huber, Karl
Österreich-Lombardei-Venetien, das Wappen-Mittelstück 1850
Linz 1969

Huber-Tafeln, Platten und Typen der Ausg.
Österreich und Lombardei-Venetien 1850
Graz 1977

Huber, Karl und Wessely, Gerhard
Großes Handbuch Österreich und Lombardei-Venetien 1850–1858
Wien 1976 und **Spezialkatalog** 1979/1980

Jerger, Dr. Anton
**Monographie der Frankaturen 1850–1867
Band I: Mischfrankaturen Österreich, Lombardei-Venetien**
Wien 1981
Band II: Allgemeine und Besondere Frankaturen Österreich, Lombardei-Venetien
Wien 1983

Jung, Wilhelm
Spezialkatalog der Freim.-Ausg. Volkstrachten/Baudenkmäler
Wien 1978

Katscher, Ing. S.
Österreich 1850/9-Kreuzer Type I
Wien 1932

Keil, Dr. Nora
Der Österreichische Briefmarkenstich
Wien 1965

Kiraly, Karl
Handbuch der RZ-Provisorien Österreich 1938–1945
Pettenbach 1951

Klein, Wilhelm
Entwertungsarten der österreichischen Postwertzeichen-Ausgaben I/II
Wien 1967/1973

Kohn, Frank
First Issue of Austria
New York 1963

Kolbe, Ing. H.
Typen und Platten 1850
Wien 1952

König, K. E.
Eigensardige Zegels von van Oostenrijk uit den tijd na den weeldoorlog 1918–1924
Amsterdam 1941

Krause, Otto
Katalog der Rekozettel Österreichs 1885–1938, der Rekozettel Ungarns 1890–1921
Wien 1978
Rekozettel-Katalog Österreich 1945–1965
Wien 1976

Kropf, H.
Die Postwertzeichen der Österr.-ungar. Monarchie
Wien

Kühnel, Gerhard
Katalog der österreichischen Posthilfsstellen Stempel mit Postleitzahlen
Wien 1978

Majetic, Victor
Spezial-Katalog der Feld- und Etappenpost-Stempel von Österreich-Ungarn 1914–1918 Bd. I/II
Wien 1935/Salzburg 1965

Müller, Ing. Edwin
Die Postmarken von Österreich
Wien 1927

Großes Handbuch der Abstempelungen von Altösterreich und Lombardei-Venetien
Wien 1925

Die Post während der Kämpfe und der Volksabstimmung in Kärnten 1918–1920
Wien 1931

Handbook of the pre-stamp postmarks of Austria 1960/1965/1975
New York / Collectors Club

Passer, Adolf
Postwertzeichen von Bosnien und der Herzegowina
Breslau 1930

Pfalz, Helmut/Richter, Helmut
Österreich Spezial-Katalog für amtliche Zähnungen 1867–1906
Wien 1969

Philatelistische Gesellschaft Graz
Grazer Handbuch für Postgeschichte und Stempelkunde
Graz 1978

Pilch, Adalbert
Gemälde/Zeichnungen/Briefmarken
Wien 1966

Rainer, Herwig
Die Nachportoserie 1949/1957 (Die Briefmarke)
Wien 1977
Symbolzahlen der Österreichischen Bautenmarken, Trachtenmarken und Nachportomarken
Graz 1975

Sieger, Hermann W.
Katalog der Flugpost der Austrian Airlines
Lorch

Sobetzky, Georg
Österreich-Flugpostkatalog
Wien 1938

Sturzeis, Fritz H.
Österreich 1945 – Grazer Aushilfsausgabe
Graz 1978

Tchilinghirian, S. D. / W. S. E. Stephen
Austrian Post Offices Abroad. P. 2–7
G.B. Austrian Stamp Club 1962–1967

Tranmer, Keith
Austrian Post Offices Abroad. P. 1 (Austrian Lloyd)
G.B. 1981
Austrian Post Offices Abroad. P. 8 (Middle East)
G.B. 1976
Austro-Hungarian Army Post Offices 1914–1918
G.B. 1973
Postal History of Austria 1938–1946
G.B. 1972

Weinert, Viktor
Donaupost Katalog. Handbuch der Postwertzeichen Österreich-Ungarns und der Nachfolgestaaten
Pressburg 1921

Wurth. Dr. Rüdiger
Sonderpostämter in Österreich
Wien 1979

Österreichisches Jahrbuch für Postgeschichte und Philatelie I/II/III/IV/V/VI
Wien 1978–1990

Inhalts- und Stichwortverzeichnis